LE TIERS
ET L'INEXÉCUTION
DU CONTRAT

Le droit aujourd'hui

La collection « Le droit aujourd'hui » regroupe des études juridiques concernant des problèmes d'actualité nationale et internationale, dans divers domaines (éthique, politique, questions de société…).

Déjà parus

Mickaël Le Borloch, *L'application du droit d'auteur aux hyperliens, Analyse de droit français et de droit américain*, 2019.
Arafat Abi, *La protection des droits des migrants, Interactions entre la protection des droits de l'homme et la protection diplomatique et consulaire*, 2019.
Georges Labrecque, *Les cours d'eau internationaux. Étude jurisprudentielle*, 2019.
Fabien Bottini, *Droits fondamentaux et crise(s) des solidarités*, 2019.
Hadi Azari, *La demande reconventionnelle devant la Cour internationale de Justice,* 2018.
Claire Joachim, *Protection de la qualité des eaux douces au canada et dans l'union européenne, Le partage des compétences,* 2018.
Ianjatiana Randrianandrasana, *Le droit de la protection de la nature à Madagascar : entre centralisme et consensualisme*, 2018.
Wendkouni Judicaël Djiguemdé, *L'aménagement conventionnel de la société commerciale en droit français et en droit OHADA*, 2018.
A. A. Cançado Trindade, *Vers un nouveau* jus gentium *humanisé. Recueil des opinions individuelles du juge A. A. cançado trindade*, 2018.
Fabienne Labelle et Damien Thierry (dir.), *Droit des sites et sols pollués. Bilans et perspectives*, 2018.
Moustapha Kamara (avec la collaboration d'Isabel Falconer et Samba Thiam), *Le contentieux du transfert des joueurs devant la FIFA et le Tribunal arbitral du sport. Guide juridique pratique*, 2017.
Marie Pelé et Cédric Sueur (Coord.), *Questions d'actualité en éthique animale*, 2017.
Guy Dibangue, *La recherche de l'équilibre contractuel dans le cautionnement*, 2017.
David Defrance, *Le retour à meilleure fortune, Étude en droit des difficultés économiques*, 2017.
Mariem Aydi Ghozzi, *Les principes généraux dans la jurisprudence de l'organe de règlement des différends de l'OMC, 2017.*
Boris Barraud, *Le droit postmoderne. Une introduction*, 2017.
Boris Barraud, *La jurisprudence et la doctrine*, 2017.
Geneviève Iacono, *Voyages au cœur des propriétés publiques*, 2016.

Lassaâd CHÉRIF

LE TIERS ET L'INEXÉCUTION DU CONTRAT

Préface de Mohamed Kamel CHARFEDDINE

L'Harmattan

5-7, rue de l'Ecole-Polytechnique, 75005 Paris

www.editions-harmattan.fr

ISBN : 978-2-343-19042-6
EAN : 9782343190426

SOMMAIRE

LISTE DES PRINCIPALES ABRÉVIATIONS

• Act. Jur.	Actualité Jurisprudentielle (Dans le Recueil Dalloz)
• *Adde*	Ajouter
• AJDA	L'Actualité Juridique du Droit Administratif
• AJDI	L'Actualité Juridique du Droit Immobilier
• AJT	Actualités Juridiques Tunisiennes
• Al.	Alinéa
• Arch.	Archives
• Art.	Article
• Ass.	Assemblée
• Bull. civ.	Bulletin civil de la Cour de cassation
• Bull. pén.	Bulletin pénal de la Cour de cassation
• CA	Code des Assurances
• CAC	Code de l'Aéronautique Civile
• Cass.	Cassation
• Cass.civ.	Cassation civile
• Cass.com.	Cassation commerciale
• Cass.pén.	Cassation pénale
• CC	Code de commerce
• CCC	Contrats, concurrence, consommation
• CCM	Code de Commerce Maritime
• C.civ.fr	Code civil français
• C.con.	Conseil de la concurrence
• CDM	Code de Déontologie Médicale
• CDR	Code des Droits Réels
• CE	Conseil d'État
• CEJJ	Centre des Études Juridiques et Judiciaires
• CERP	Centre d'Études, de Recherches et de Publications
• Ch. réun.	Chambres Réunies
• Chron.	Chronique
• CNRS	Centre National de la Recherche Scientifique
• COC	Code des Obligations et des Contrats
• Col.	Colonne
• Coll.	Collection
• Concl.	Conclusions
• *Contra*	En sens contraire
• CP	Code Pénal
• CPCC	Code de Procédure Civile et Commerciale

- CPU Centre de Publication Universitaire
- CSC Code des Sociétés Commerciales
- CSP Code du Statut Personnel
- CT Code du Travail
- D. Recueil Dalloz
- D.Aff. Recueil Dalloz Affaires
- DC Recueil Dalloz Critique
- D.H. Recueil Dalloz Hebdomadaire
- Doc. Doctrine
- D.P. Revue Dalloz Périodique
- D.S. Recueil Dalloz Sirey
- Éd. Édition
- Ex. Exemple
- Fasc. Fascicule
- FDS Faculté de Droit de Sfax
- FDSEPS Faculté de Droit et des Sciences Économiques et Politiques de Sousse
- FDSPT Faculté de Droit et des Sciences Politiques de Tunis
- FSJEGJ Faculté des Sciences Juridiques Économiques et de Gestion de Jendouba
- FSJPST Faculté des Sciences Juridiques Politiques et Sociales de Tunis
- GP Gazette du Palais
- *Ibid.* *Ibidem* = Au même endroit
- IME Imprimerie Maghreb Éditions
- *In* Dans
- *In fine* À la fin
- *Infra.* Ci-dessous
- IORT Imprimerie Officielle de la République Tunisienne
- IR Informations Rapides
- J. Jurisprudence
- JCP éd. CI Juris-Classeur Périodique, édition Commerce et Industrie
- JCP éd. E Juris-Classeur Périodique, édition Entreprise
- JCP éd. G Juris-Classeur Périodique, édition Générale
- JCP éd. N Juris-Classeur Périodique, édition Notariale
- JCP éd. S Juris-Classeur Périodique, édition Sociale
- JORT Journal Officiel de la République Tunisienne
- J.-Cl. Juris-Classeur civil
- LGDJ Librairie Générale de Droit et de Jurisprudence
- LPA Les Petites Affiches
- *Loc.cit.* *Loco citato* = À l'endroit précité
- N° Numéro
- N^{os} Numéros
- Obs. Observations
- *Op.cit.* *Operecitato* = Ouvrage précité
- P. Page
- Pan. Panorama
- Plén. Plénière
- PP. Pages

- Préc. Précité(e)(s)
- PUAM Presses Universitaires d'Aix-Marseille
- PUB Presses Universitaires de Bordeaux
- PUF Presses Universitaires de France
- PUG Presses Universitaires de Grenoble
- RCA Responsabilité Civile et Assurances
- RCJB Revue Critique de Jurisprudence Belge
- RCLJ Revue Critique de Législation et de Jurisprudence
- RDBF Revue de Droit Bancaire et Financier
- RDC Revue des Contrats
- RDI Revue de Droit Immobilier
- RDP Revue Droit et Patrimoine
- Rep. Defrénois Répertoire du Notariat Defrénois
- Req. Requête
- RGDA Revue Générale du Droit des Assurances
- RIDC Revue Internationale de Droit Comparé
- RJL Revue de Jurisprudence et de Législation
- RRJ Revue de la Recherche Juridique, droit prospectif
- RTD Revue Tunisienne de Droit
- RTD civ. Revue Trimestrielle de Droit civil
- RTD com. Revue Trimestrielle de Droit commercial
- RTDS Revue Tunisienne de Droit Social
- S. Sirey
- s. Suivantes
- Somm. comm. Sommaires Commentés
- Spéc. Spécialement
- *Supra* Ci-dessus
- T. Tome
- T.G.I. Tribunal de Grande Instance
- T.P.I. Tribunal de Premier Instance
- V. Voir
- Vol. Volume

- ص. صفحة
- م. إ. ع. مجلة الإلتزامات والعقود
- م. ر. ج. ت. المطبعة الرسمية للجمهورية التونسية
- م. ت. ق. المجلة القانونية التونسية
- م. ت. ق. إ. المجلة التونسية للقانون الإجتماعي
- م. م. د. ق. ق. منشورات مركز الدراسات القانونية والقضائية
- م. ن. ج. مركز النشر الجامعي
- م. ق. ت. مجلة القضاء والتشريع
- ج. جزء

DÉDICACE

Je dédie ce travail

À celui qui m'a appris le vrai sens de la générosité, mon père

À celle qui m'a toujours inculqué la patience et le dévouement, ma mère

À l'ange qui a embaumé ma vie de saveur, de tendresse et de bon sens, ma femme

À celle que je vois dans ses yeux, le passé, le présent et l'avenir, ma fille

À ceux qui m'ont comblé par leur soutien et leur encouragement, mes beaux-parents

À celui qui m'a impressionné par son savoir, sa modestie et son humanité, mon Grand Maître : Monsieur Mohamed-Kamel CHARFEDDINE

À ceux qui ont donné une autre dimension à ma vie, mes chers amis

PRÉFACE

Certains thèmes de recherche se révèlent inépuisables. On croyait que la doctrine civiliste développée autour du personnage du tiers en matière contractuelle avait tout écrit et tout décrit. C'était méconnaître la richesse de la notion sur le plan à la fois conceptuel et fonctionnel, richesse qui nourrit la curiosité renouvelée des juristes malgré la fermeté du vieux principe « *res inter alios acta…* ». Le tiers est aux confins de la sphère contractuelle, sphère dont les effets impactent de plus en plus son statut juridique particulièrement dans l'hypothèse de l'inexécution du contrat.

C'est l'objet de la thèse de Monsieur Lassaâd Chérif. Pour mesurer l'intensité et surtout la nature de l'impact de l'immixtion du tiers dans l'étape de l'inexécution du contrat, l'auteur mène sa réflexion préalable dans trois directions : l'inévitable difficulté d'identification des tiers, la détermination du moment où se réalise l'interaction avec les effets du contrat et enfin l'essence même d'une telle interaction.

La réflexion préalable cumulant les résultats des trois directions de recherche s'avère à la fois riche et complexe. Le tiers n'est plus un personnage exclu du champ contractuel. Bien qu'il n'est pas partie à la formation du contrat, le tiers développe des interactions croissantes avec les effets de celui-ci. Il s'y immisce. Une telle immixtion le met dans deux positions différentes : il peut être responsable de l'inexécution du contrat comme il peut en être la victime. Dans un cas comme dans l'autre, le conflit d'intérêts est, dès lors, inévitable.

Dans cette perspective, l'équilibre entre les intérêts des parties et ceux du tiers et surtout la prééminence de l'impératif de sécurité pratique, sont des objectifs à assurer malgré toutes les difficultés. Partant d'une telle problématique, l'auteur se propose de démontrer la pertinence de l'hypothèse de recherche suivante : Le tiers, n'est plus le personnage étranger à la sphère contractuelle dont on ne se préoccupe de sa présence que pour l'expulser et l'éloigner. Très souvent, le tiers est impliqué, comme responsable ou comme victime, dans l'inexécution du contrat. L'axe fondamental qui détermine, dès lors, son statut est la garantie de la sécurité juridique, élément régulateur pour assurer l'équilibre nécessaire entre les différents intérêts protagonistes.

Le plan est bâti sur la base des deux postures possibles du tiers : lorsqu'il est responsable de l'inexécution du contrat, le tiers vit le conflit entre ses intérêts et ceux des parties notamment du créancier. Pour engager la responsabilité du tiers, un équilibre doit être sauvegardé. L'auteur cantonne une telle responsabilité dans des exigences assez étroites : la fraude et la mauvaise foi établies. De même, il pense que la nature de la responsabilité devrait être fondée non pas sur la simple qualité de tiers, mais plutôt sur l'obligation méconnue et sa portée. Lorsque le tiers est victime de l'inexécution du contrat, la même idée de recherche de l'équilibre entre les différents intérêts, se confirme. Le tiers peut être une victime principale ou par ricochet. L'idée de sécurité juridique est de nouveau mise en avant pour garantir à la fois la sauvegarde des intérêts du tiers et de ceux du débiteur défaillant.

En somme, la thèse se propose d'établir que seul l'équilibre juste et mesuré entre les intérêts du tiers et ceux des parties, est de nature à assurer à l'immixtion des tiers dans la sphère contractuelle, un caractère paisible et raisonné. Sur le plan substantiel, je n'en doute guère : les idées et les propositions de M. Chérif seront analysées et surtout discutées. Mais c'est le propre de la véritable thèse. Sur le plan méthodique, le travail est remarquable. La thèse est réussie ; elle est bien écrite et elle se distingue par sa grande richesse.

Toutes ces qualités scientifiques du travail de M. Chérif augurent de beaucoup d'espoirs pour son auteur. C'est un premier jalon pour un avenir universitaire prometteur. Sur un plan subjectif, la direction puis la présentation de la thèse, me plongent dans des souvenirs personnels qui font revivre une passion partagée autour de ce personnage toujours attachant et troublant : le tiers.

Mohamed Kamel CHARFEDDINE

INTRODUCTION

1. L'incertitude. Tout contrat a pour objectif d'inclure dans une opération de prévision les parties et d'exclure de cette même opération les tiers[1]. Cette idée rebelle à tout rapprochement du tiers de la sphère contractuelle résiste-t-elle dans un monde qui devient de plus en plus ouvert où les frontières s'estompent et les intérêts s'enchevêtrent ? Est-il encore légitime, face aux mutations socio-économiques, d'enfermer le contrat dans une stricte acception individualiste limitant ses effets aux seules parties signataires ?

Ces interrogations furent le point de départ d'une réflexion sur la relation entre le tiers et le contrat. Elles sont chargées de contingences et d'approximations découlant de la confrontation des principes classiques, à l'instar de l'autonomie de la volonté[1] et de l'effet relatif du contrat[1], à ceux modernes qui appréhendent le contrat plutôt comme un lieu d'imbrication croissante des rapports sociaux[1], un espace économique d'échange de

---

[1]**J. HAUSER**, préface à la Thèse de **Ph.-D. SAINT-HILAIRE**, Le tiers à l'acte juridique, LGDJ, Paris, 2000, sans pagination ; **H. LÉCUYER**, « Le contrat, acte de prévision », *in* L'avenir du droit, Mélanges en l'hommage à F. TERRÉ, Dalloz-PUF, Paris, 1999, pp.643-659. *Adde* :
عبد الفتاح عبد الباقي، نظرية العقد والإرادة المنفردة، دراسة معمقة ومقارنة بالفقه الإسلامي، نشر للحساب الخاص، 1984، عدد 283، ص.569.

[1]**J. GHESTIN**, Traité de droit civil, La formation du contrat, 3ème éd., LGDJ, Paris, 1993, nos36 et s., pp.27 et s. ; **F. TERRÉ, Ph. SIMLER et Y. LEQUETTE**, Droit civil, Les obligations, 10ème éd., Dalloz, Paris, 2009, nos20 et s., pp.30 et s. ; **J. FLOURT, J.-L. AUBERT et E. SAVAUX**, Les obligations, T.1- L'acte juridique, 12ème éd., Sirey, Paris, 2006, nos94 et s., pp.69 et s. *Adde* :
محمد الزين، النظرية العامة للإلتزامات، 1- العقد، طبعة ثانية، تونس، 1997، عدد 35 وما يليه، ص.42 وما يليها. **محمد محفوظ**، دروس في العقد، م. ن. ج.، تونس، 2004، عدد 51، ص.62. **محمد محفوظ**، النظرية العامة للإلتزام (I)، العقد، منشورات مجمع الأطرش للكتاب المختص، تونس، 2012، ص.26.

[1]**A. BÉNABENT**, Droit des obligations, 14ème éd., LGDJ, Paris, 2014, nos242 et s., pp.193 et s. ; **J. GHESTIN, Ch. JAMINetM. BILLIAU**, Traité de droit civil, Les effets du contrat, 2ème éd., LGDJ et DELTA, Paris, 1996, nos319 et s., pp.367 et s. ; **Ph. MALAURIE, L. AYNES et Ph. STOFFEL-MUNCK**, Droit civil, Les obligations, 5ème éd., Defrénois, Paris, 2011, nos788 et s., pp.403 et s. *Adde* :
محمد المالقي، محاضرات في شرح القانون المدني التونسي، م. ر. ج. ت.، طبعة ثانية، 2003، ص.215. **محمد الزين**، مرجع سابق، عدد 404 وما يليه، ص.330 وما يليها. **محمد محفوظ**، دروس في العقد، مرجع سابق، عدد 311، ص.309-310. **محمد محفوظ**، النظرية العامة للإلتزام (I)، العقد، مرجع سابق، ص.104-105.

[1]**C. GUELFUCCI-THIBIERGE**,« Libres propos sur la transformation du droit des contrats », RTD civ., 1997, pp.357-385 ; **J. MESTRE**, « L'évolution du contrat en droit privé français », *in* L'évolution contemporaine du Droit des Contrats, Journée René SAVATIER (Poitiers, 24-25 octobre 1985), PUF, Paris, 1986, pp.41-60 ; **Ph. LE TOURNEAU**, « Quelques aspects de l'évolution des contrats », *in* Mélanges offerts à P. RAYNAUD, Dalloz-Sirey, 1985, pp.349-380 ; **D. PUGSLEY**, « L'évolution du droit des contrats vue par un comparatiste », *in* Le droit contemporain des contrats, Economica, Paris, 1987, pp.155-168. **M. VASSEUR**, « Un nouvel essor du concept contractuel. Les aspects juridiques de

richesses et de services, dans une société marquée par l'importance grandissante des marchés[1].

2. L'origine du problème. On n'a pas assez répété que le contrat est la chose, l'affaire des parties[2]. Dans le balancement du raisonnement juridique, s'il y a d'abord les uns, il y a ensuite les autres. Les tiers sont les autres, ceux qu'on rejette dans le bloc du non-acte. Ceux qu'on préfère garder hors le carré du contrat pour ne pas perturber le raisonnement juridique. Cette aversion pour le tiers est patente chez la doctrine. Ainsi, comme le souligne R. RODIÈRE : « Dès qu'un troisième personnage apparaît dans une situation juridique, les difficultés se multiplient. Passer de deux à trois ce n'est pas, comme en arithmétique, multiplier par 1,5 ; c'est décupler les difficultés »[3].

Le rejet du tiers de la sphère contractuelle n'est autre que la conséquence d'un individualisme à outrance, qui a pesé si lourd et si longtemps sur le contrat au point de le suffoquer. Les tenants de l'individualisme ont, en effet, trouvé, dans ce qu'ils baptisaient « la règle de l'effet relatif du contrat », une source intarissable pour alimenter leurs vœux de conserver le contrat dans un splendide isolément, à l'abri de toute intrusion parasitaire des tiers[4].

La catégorie[5] de tiers n'est, en définitive, que résiduelle. « La notion [de tiers],..., n'a pas de valeur opératoire : elle ne déclenche pas, par le jeu de la qualification, l'application d'un régime juridique »[6]. Le tiers n'a pour seul statut[7] que le fait d'être affranchi de l'effet obligatoire du contrat, à la

---

l'économie concertée et contractuelle », RTD civ., 1964, pp.5-48. **H. BATIFFOL**, « La "crise du contrat" et sa portée », Archives de philosophie du droit, n°13, Sirey, Paris, 1968, pp.13-30, spéc. p.27. *Adde* :
محمد حمودة، "النظرية العامة للعقد"، بكتاب مسائل في فقه القانون المدني المعاصر، تحت إشراف الأستاذ محمد كمال شرف الدين، منشورات مجمع الأطرش للكتاب المختص، تونس، 2014، ص.244 إلى 246. **محمد الزين**، مرجع سابق، عدد 48، ص.49-50. **محمد محفوظ**، دروس في العقد، مرجع سابق، عدد 58-59، ص.72 إلى 74. **محمد محفوظ**، النظرية العامة للإلتزام (I)، العقد، مرجع سابق، ص.26 إلى 28.

[1]**A. ARSAC-RIBEYROLLES**, Essai sur la notion d'économie du contrat, Thèse pour le Doctorat en Droit, Université Clermont Ferrand I, 2005, n[os]9 à 12, pp.13 à 16. **É. BROUSSEAU**, « L'économiste, le juriste et le contrat », *in* Le contrat au début du XXIe siècle, Études offertes à J. GHESTIN, LGDJ, Paris, 2001, pp.153-176 ; **B. BERLIOZ-HOUIN et G. BERLIOZ**, « Le droit des contrats face à l'évolution économique », *in* Études offertes à Roger HOUIN, DALLOZ-SIREY, 1985, pp.3-33.

[2]**S. CALASTRENG**, La relativité des conventions, Thèse pour le Doctorat en Droit, Toulouse, 1939, p.5 ; **A. WEILL**, Le principe de la relativité des conventions en droit privé français, Dalloz, Paris, 1938, n°18, p.33 et n[os]22-23, pp.40-41; **J. DUCLOS**, L'opposabilité (Essai d'une théorie générale), préface de D. MARTIN, LGDJ, Paris, 1984, n°22, p.47. V. plus sur la question, *infra*, n[os]35 à 41.

[3]**R. RODIÈRE**, préface à la Thèse d'A. UTUDJIAN, La location de véhicules pour le transport routier de marchandises, Librairies techniques, Paris, 1964, p.6.

[4] **J. GAUDEMET**, « Naissance d'une notion juridique, Les débuts de l'« obligation » dans le droit de la Rome antique », *in* L'obligation, Archives de philosophie du droit, T.44, CNRS- Dalloz, 2000, p.27. **R. SACCO**, « A la recherche de l'origine de l'obligation », *in* L'obligation, Archives de philosophie du droit, T.44, CNRS- Dalloz, 2000, p.33. **P. HUVELIN**, Cours élémentaire de droit romain, p.152, note 1, cité par A. WEILL, *op.cit.*, note 1, p.34. V. plus sur la question, *infra*, n[os]35 à 41.

[5] Les catégories juridiques sont « des ensembles de droits, de choses, de personnes, de faits ou d'actes ayant entre eux des traits communs caractéristiques et obéissant à un régime commun » : **J.-L. BERGEL**, Méthodologie juridique, PUF, Paris, 2001, p.106.

[6]**J.-L. GOUTAL**, Essai sur le principe de l'effet relatif du contrat, préface d'H. BATIFFOL, LGDJ, Paris, 1981, n°20, p.27.

[7] Le statut est un « ensemble cohérent des règles applicables à une catégorie de personnes ou d'agents ou à une institution et qui en déterminent, pour l'essentiel, la condition et le régime juridique : **G. CORNU**, Vocabulaire juridique, Association Henri Capitant, 10ème éd., PUF, Paris, 2014, V. « Statut », p.988.

conclusion duquel il est demeuré extérieur. Cet état d'esprit individualiste explique le peu d'entrain de la doctrine à identifier le statut de tiers.

L'héritage musulman n'a pas brouillé cette vision étriquéedes effets du contrat à l'égard des tiers. Ces effets sont l'apanage du législateur musulman[1]. Les tiers qui en sont éventuellement concernés, n'ont aucune existence pour les parties dont la volonté ne contribue qu'à la formation de l'acte[2]. Quant au législateur, soucieux plutôt des solutions pratiques, il n'a pas cherché à doter le tiers d'une théorie générale. Au comble de cette tendance, une partie de la doctrine conçoit que le contrat, en droit musulman, ne peut avoir aucun effet, d'aucune sorte, à l'égard des tiers[3].

3. Les métamorphoses. Face aux « négations, longtemps répétées, de tout effet, ou presque, des contrats à l'égard des tiers »[4], la réalité de la vie professionnelle, la complexité des relations sociales et économiques, les besoins à la fois de la sécurité et de la rapidité des transactions, justifient de plus en plus l'intervention du tiers dans la sphère du contrat. Dans la pensée juridique, ces interférences font que le tiers, par sa propre volonté, voire par l'effet de la loi, soit impliqué dans le contrat. « *A l'égard des tiers*, le rayonnement du contrat, nul à l'origine, est devenu de plus en plus puissant »[5]. Le contrat s'intègre, dès lors, avec sa sphère d'effets plus larges dans un ordre juridique qui influe sur les tiers.

4. Le constat. Les mutations socio-économiques ont fait que le tiers n'est plus cet étranger au contrat, dont le droit positif ne se préoccupait que pour l'expulser du foyer contractuel. Aujourd'hui, le tiers n'est plus un exclu. C'est là notre constat de départ. Partant de ce constat, la quête d'une nouvelle construction du statut du tiers semble nécessaire pour rendre compte de cette nouvelle réalité.

On ne prétend pas étudier le statut du tiers dans le champ d'investigation très large des effets du contrat à l'égard des tiers. On se propose

---

[1] V. en ce sens :
الإمام محمد أبو زهرة، الملكية ونظرية العقد في الشريعة الإسلامية، دار الفكر العربي، القاهرة، 1977، عدد 126 إلى 130، ص.225 إلى 232 وخاصة عدد 126، ص.225-226 : " أما في الشريعة الإسلامية فالإرادة تنشئ العقد فقط، ولكن أحكام العقود وآثارها تكون من الشارع، لا من العاقد، فالعاقد ينشئ العقد فقط، ولكن لا ينشئ الآثار، وتأثير إرادته في تكوين العقد وإيجاده، لا في إعطاء أحكامه وآثاره، وعلى ذلك تكون مقتضيات العقود كلها من أعمال الشارع لا من أعمال العاقد". **أبو إسحاق الشاطبي**، الموافقات في أصول الشريعة، دار الكتب العلمية، بيروت، غير مؤرخ، ج.1، ص.131 وما يليها وخاصة ص.151.

[2] V. en ce sens :
صبري حمد خاطر، الغير عن العقد: دراسة في النظرية العامة للإلتزام، الدار العلمية الدولية ودار الثقافة للنشر والتوزيع، عمان، 2001، ص.19-20 : " وبوجه عام يمكن القول أن الفقه الإسلامي لم يصغ من كلمة الغير أو الأجنبي التي ترد عنده بعض الأحيان، مفهوما عاما، ويرجع ذلك إلى أمرين: أولهما أن الفقه الإسلامي... لم يعن بوضع المفاهيم العامة بنفس القدر الذي عني فيه بالحلول العملية. وثانيهما أن الإتجاه في الفقه الإسلامي هو أن ترتيب آثار العقود وأحكامها هو في الأصل من عمل الشارع لا من عمل المتعاقدين... وعلى وفق هذا المنهج ليس ثمة ضرورة لحياة "الغير" من إرادة المتعاقدين في مواجهة أثر العقد".

[3] V. en ce sens :
عبد المنعم فرج الصدة، نظرية العقد في الشريعة الإسلامية والقانون الوضعي، دار النهضة العربية، القاهرة، 1990، عدد 86، ص.91-91 : " وتقوم نظرية التصرف القانوني على مبدأين: الأول هو مبدأ سلطان الإرادة. والثاني هو مبدأ نسبية الأثر الذي يترتب على التصرف... وهذان المبدآن مقرران في الشريعة الإسلامية. فمبدأ سلطان الإرادة عرفته الشريعة كاملا من بدء وجودها... ومبدأ نسبية الأثر الذي يترتب على التصرف يبدو فيما يقرره الفقه الإسلامي من انصراف أثر العقد إلى المتعاقدين... أما بالنسبة إلى الغير فإن أثر العقد لا ينصرف إليه، سواء كان هذا الأثر حقا أو إلتزاما. وهو ما يخالف القانون الوضعي...".

[4]**H. BATIFFOL**, préface à la Thèse de **J.-L. GOUTAL**, *op.cit.*, p.13.

[5]**L. JOSSERAND**,« L'essor moderne du concept contractuel », *in* Recueil d'études sur les sources du droit en l'honneur de F. GÉNY, T.II, Librairie Edouard Duchemin, Paris, 1977, p.338.

d'entreprendre l'étude de ce statut en cas d'inexécution du contrat. Pour ce faire, l'identification des termes du sujet constitue un préalable pour cerner l'objet de l'étude (I). Le constat de la transformation du statut du tiers, suite à l'essor d'une nouvelle acception contractuelle (II), n'est pas sans révéler plusieurs enjeux, d'où la problématique de l'étude (III).

I. L'OBJET DE L'ETUDE

5. Précisions terminologiques. La reconsidération du statut de tiers vis-à-vis de l'inexécution du contrat mérite, de prime abord, une précision servant à délimiter l'objet de l'étude. Inexécution du contrat et notion de tiers, telles seront les deux termes de l'équation qu'on se propose de résoudre.

L'inexécution du contrat

6. Le contrat, l'acte juridique et la convention. Le contrat est un « *accord de deux ou plusieurs personnes en vue de faire naître une ou plusieurs obligations* »[1].

En tant qu'accord de deux ou plusieurs volontés, le contrat se distingue de l'acte juridique unilatéral, qui n'est l'œuvre que d'une volonté. Il se distingue, par ailleurs, de l'acte juridique collectif, qui est susceptible de s'imposer à des personnes qui n'y ont pas participé, à l'instar des conventions collectives ou décisions des assemblées délibérantes[2].

En tant que générateur d'obligations, le contrat, au sens strict du terme, se distingue de la convention. Plus large, celle-ci peut avoir pour objet non seulement de faire naître une obligation, à l'instar du contrat, « mais aussi de la transmettre, de la modifier ou de l'éteindre »[3]. Le contrat est, dès lors, l'espèce qui appartient au genre qu'est la convention. Cette distinction n'est, cependant, pas d'une importance majeure au regard du Code des obligations et des contrats, qui utilise indistinctement les deux termes. Ainsi, et pour ne citer que deux exemples, la cession de créance qui constitue, au regard de cette distinction, une convention dans la mesure où elle a pour objet de transmettre une obligation est, tantôt, qualifiée de convention par l'article 199[4], tantôt, de contrat par l'article 204[5]. Le législateur utilise, dès lors, indistinctement les deux termes. Un autre exemple peut être tiré de la

---

[1]**F. TERRÉ, Ph. SIMLER et Y. LEQUETTE**, Droit civil, Les obligations, *op.cit.*, n°49, p.59. *Adde* :
محمد الزين، مرجع سابق، عدد 39، ص.328. **محمد محفوظ**، النظرية العامة للالتزام (I)، العقد، مرجع سابق، ص.13 إلى 15.

[2]**J.-L. GOUTAL**, *op.cit.*, n^{os}60-61, p.50.

[3]**J. FLOURT, J.-L. AUBERT et E. SAVAUX**, Les obligations, T.1- L'acte juridique, *op.cit.*, n°79, p.57.

[4] L'art.199 du COC dispose que « Le transport des droits et créances du créancier primitif à une autre personne peut avoir lieu, soit en vertu de la loi, soit en vertu d'une convention entre les parties ».

[5] L'art.204 du COC dispose que « La cession contractuelle d'une créance, ou d'un droit ou d'une action, est parfaite par le consentement des parties, et le cessionnaire est substitué de droit au cédant, à partir de ce moment ».

transaction. Cette dernière en tant qu'elle a pour objet d'éteindre une obligation doit, au regard de la distinction, être conçue comme une convention, pourtant l'article 1458 la définit comme « un contrat par lequel les parties terminent ou préviennent une contestation moyennant la renonciation de chacune d'elles à une partie de ses prétentions réciproques, ou la cession qu'elle fait d'une valeur ou d'un droit à une partie ». Il se révèle, en clair, que la distinction ne se rencontre pas dans le Code des obligations et des contrats[1]. On emploie indifféremment les deux termes.

Un contrat peut alors, au même titre qu'une convention, transmettre, modifier ou éteindre des obligations, comme il peut y donner naissance[2]. « C'est un accord de volontés, qui sont exprimées en vue de produire des effets de droit »[3]. C'est le sens large du terme « contrat » qu'on retiendra dans le cadre de cette étude.

7. L'inexécution du contrat. Le Chapitre III du Titre V du Code des obligations et des contrats, intitulé « De l'inexécution de l'obligation[4] et de ses effets », consacre sa Section première à la « demeure du débiteur ». L'article 268, portail de la Section, prévoit que« le débiteur est en demeure lorsqu'il est en retard d'exécuter son obligation, en tout ou en partie, sans cause valable ». Comme en harmonie avec cette disposition, on estime que « l'inexécution peut être un **défaut total d'exécution**, une **exécution partielle**, **défectueuse**, ou **tardive** »[5]. L'article 282 du Code des obligations et des contrats envisage, il est vrai, distinctement l'inexécution et le retard dans l'inexécution[6]. Cependant, « le retard constitue une forme d'inexécution partielle, à savoir l'inexécution par rapport au temps

---

[1] *Adde* : l'art.24 du COC.

[2] V. en ce sens :

محمد المالقي، مرجع سابق، ص.29.

[3] **J. GHESTIN**, « La notion de contrat », D., 1990, chron. p. 156, 1re col.

[4] Lorsque l'obligation n'est pas exécutée, c'est le contrat qui en est la source qui n'est pas exécuté. La doctrine majoritaire emploie les deux expressions : inexécution du contrat ou de l'obligation contractuelle indistinctement. En cens V. **J. CARBONNIER**, Droit civil, T.4, Les obligations, 22ème éd., PUF, Paris, 2000, n°153, p.291 ; **A. BÉNABENT**, Droit des obligations, *op.cit.*, n°403, pp.293-294 ; **F. TERRÉ, Ph. SIMLER et Y. LEQUETTE**, Droit civil, Les obligations, *op.cit.*, n°558, pp.564-565 ; **Ph. LE TOURNEAU**, Droit de la responsabilité et des contrats, 9ème éd., Dalloz, Paris, 2012, nos1006-1007, p.458. *Contra* : **Y.-M. LAITHIER**, Étude comparative des sanctions de l'inexécution du contrat, préface de H. MUIR WATT, LGDJ-DELTA, Paris, 2004, pp.6-7.

[5] **G.LÉGIER, L. TRANCHANT et V. ÉGÉA**, Droit civil, Les obligations, Dalloz, 21ème éd., Dalloz, Paris, 2014, p.77. Ce sont les auteurs qui soulignent ; **F. TERRÉ, Ph. SIMLER et Y. LEQUETTE**, *idid.*, n°570, p.574 ; **Ph. LE TOURNEAU**, *ibid.*, n°1006, p.458.

[6] L'art.282 du COC dispose qu'« Il n'y a lieu à aucuns dommages-intérêts, lorsque le débiteur justifie que l'inexécution ou le retard proviennent d'une cause qui ne peut lui être imputée, telle que la force majeure, le cas fortuit ou la demeure du créancier ».

convenu »[1]. Le conceptd'inexécution a, dès lors, une portée générale[2]. Ses formes varient de l'inexécution partielle à l'inexécution totale[3].

L'inexécution suppose la réunion de deux conditions. D'une part, l'insatisfaction du créancier. D'autre part, la violation par le débiteur de ses engagements contractuels. Pour pouvoir parler d'inexécution, il faut que « non seulement l'obligation n'ait pas atteint son but mais qu'en outre son objet n'ait pas été respecté par le promettant »[4]. De ce point de vue, « l'inexécution est définie comme la méconnaissance d'une obligation contenue dans le contrat et qui cause un dommage »[5].

L'inexécution du contrat peut, dès lors, être définie comme le non-accomplissement d'un contrat qui peut être total ou partiel, dû à la méconnaissance d'une obligation contenue dans le contrat et qui cause un dommage.

La notion de tiers

8. Ambiguïté de la notion de tiers. Notion à géométrie variable, le tiers est un véritable caméléon du droit, rebelle à toute tentative de systématisation[6]. Le tiers est une notion « troublante et ambiguë »[7], mouvante[8], et « essentiellement relative »[9], « souvent fuyante et multiforme »[10], « très générale et incertaine, à signification multiples »[11]. Chercher à définir le tiers, c'est comme naviguer dans une mer agitée au gré des vents.

---

[1] **M. FAURE-ABBAD**,Le fait générateur de la responsabilité contractuelle : contribution à la théorie de l'inexécution du contrat, préface de Ph. REMY, LGDJ, Paris, 2003, n°166, p.136.

[2] « Les concepts sont des représentations mentales générales et abstraites des objets » : **J.-L. BERGEL**, Méthodologie juridique, *op.cit.*, p.107 ; **G. CORNU**, Droit civil, Introduction, Les personnes, Les biens, 12ème éd., Montchrestien, Paris, 2005, n°187, p.84.

[3] La même définition peut être déduite de l'art.1217 du C.civ.fr., introduit par l'ordonnance n°2016-131 du 10 fév. 2016 portant réforme du droit des contrats, du régime général et de la preuve des obligations. Cet art., qui s'inscrit dans une Section 5, intitulée « L'inexécution du contrat », dispose que « La partie envers laquelle l'engagement n'a pas été exécuté, ou l'a été imparfaitement, peut… ».

[4] **B. PETIT**, Le débiteur contractuel responsable ou garant de l'inexécution par le fait d'un tiers, Thèse pour le Doctorat en Droit, Grenoble, 1980, II, p.4.

[5] **F. ROUVIÈRE**, Le contenu du contrat : Essai sur la notion d'inexécution, préface de Ch. ATIAS, PUAM, Paris, 2005, n°390, pp.309-310 et n°319, p.255. Sur la notion d'inexécution, V.: **M.-M. CHAFFAI**, La demeure du débiteur dans l'exécution du contrat en droit civil, FDSPT, Thèse pour le Doctorat d'État en Droit, 1984, pp.6 à 9.

[6] La systématisation est l'effort qui consiste au classement en un ensemble cohérent et harmonieux d'éléments interdépendants : **J.-L. BERGEL**, *ibid.*, p.23. « La systémique est l'art du classement des notions, des concepts ou même des règles, en bref des catégories du droit » : **J.-L. BERGEL**, *ibid.*, p.27.

[7] **M.-K. CHARFEDDINE**, Les droits des tiers et les actes translatifs de propriété immobilière, préface de M. LARBI HACHEM, CERP, Tunis, 1993, n°7, p.12.

[8] **F. BERTRAND**, L'opposabilité du contrat aux tiers, Thèse pour le Doctorat en Droit, Paris II, 1979, n°131, p.191.

[9] **Ch. LARROUMET**, Droit civil, Les obligations, Le contrat, T.3, 2ème partie : Effets, 6ème éd., Economica, Paris, 2007, n°744, p.879 ; **J. DUCLOS**, *op.cit.*, n°3, p.25.

[10] **G. MARTY et P. RAYNAUD**, Droit civil, Les obligations, T.1, Les sources, 2ème éd., Sirey, Paris, 1988, n°261, p.272.

[11] **J.-M. AUSSEL**, Essai sur la notion de tiers en droit civil français, Thèse pour le Doctorat en Droit, Montpellier, 1953, n°271, p.275.

Le concept « tiers » venant du latin *tertitus*, troisième, lui-même dérivé de *tres* : trois, est par définition le « troisième personnage », c'est-à-dire celui qui est extérieur au contrat[1]. A. WEILL relève que le mot « tiers » est d'apparition récente. En 1804, « les *alii* du droit romain sont devenus les *tierces personnes* chez Domat ; et c'est une expression que Pothier va amputer : désormais il ne sera plus question que de *tiers* »[2]. Le concept est donc nouveau. En l'absence d'un présupposé doctrinal permettant de lui donner un sens technique précis, le terme est largement utilisé par les Codes pour le plus grand embarras des interprètes. Ce constat n'a pas épargné le droit tunisien[3].

La notion de « tiers » varie, en effet, avec chaque emploi qu'en fait le législateur tunisien. Suivant qu'il s'agisse de l'effet de la contre-lettre[4], de l'exécution du contrat[5], de la remise de dette[6], de l'effet relatif de l'obligation[7], de la date certaine des actes[8], du désaveu de signature[9], de l'effet de la publicité foncière[10], le terme ne désigne pas les mêmes personnes. Ceci pour s'en tenir au seul domaine du contrat ; son emploi dans d'autres domaines contribue davantage à son éclatement. En droit de la responsabilité, on distingue le « fait du tiers »[11] du « fait d'autrui »[12]. Dans le domaine des sûretés réelles, il est question du « tiers-détenteur »[13]. En matière de voie d'exécution, on parle du « tiers-saisi ». Même dans ces domaines le contrat n'est pas perdu de vue. La responsabilité peut être contractuelle, la sûreté peut garantir une dette conventionnelle, la saisie peut être opérée en vertu d'un contrat.

Pour une notion polysémique[14], jugée « des plus équivoques de la langue juridique »[15], la seule certitude, point de départ incontournable de toute étude

---

[1]**M.-L. MATHIEU-IZORCHE**, « Une troisième personne bien singulière ou "2+1= tout autre chose" », RTD civ., 2003, p.51, n°1.

[2]**A. WEILL**, *op.cit.*, n°52, p.91. C'est l'auteur qui souligne.

[3] V. en ce sens :

نجلاء نصير، الغير وتنفيذ العقد، مذكرة لنيل شهادة الدراسات المعمقة في القانون الخاص، كلية الحقوق والعلوم السياسية بتونس، 1996-1997، ص.4.

[4] Art.26 du COC.

[5] Art.128 et 137 du COC.

[6] Art.166 du COC.

[7] Art.37 et 240 du COC.

[8] Art.450 du COC.

[9] Art.458, al. second, et 459 du COC.

[10] Art.305, al. second, du CDR.

[11] V. notamment : Art.282-607-644-753-779-782-783-848-849-850-1007-1022-1023-1075-1076-1143-1207 et 1208 du COC ; Art.49, al. second-224-240, al.2, et 276 du CDR.

[12] V. notamment : Art.245-845-849-850/3-1050-1061-1129-1145-1209-1270 et 1342 du COC ; Art.243 du CDR.

[13] Art.281, al. second, du CDR.

[14] « La polysémie est la propriété d'un terme susceptible d'exprimer plusieurs sens » : **J. BECQUART**, Les mots à sens multiples en droit français : contribution au perfectionnement du vocabulaire juridique, préface de R. CASSIN, Lille, PUF, 1928, n°12, p.28. *Adde* :

صبري حمد خاطر، مرجع سابق، ص.1.

[15]**Ph. MALAURIE, L. AYNES et Ph. STOFFEL-MUNCK**, Droit civil, Les obligations, *op.cit.*, p.407. On souligne que « l'expression a souvent dans les textes une acception mal définie » **E. GAUDEMET**, Théorie générale des obligations, Sirey, Paris, 1965 réimpression, Dalloz, 2004, p.209 ; son

sur la notion de tiers, est dictée par le principe de la relativité de l'obligation, qui permet d'opposer ceux qui ont été parties à l'acte aux autres qui sont les tiers. C'est ce qu'on peut déduire de la lecture de l'article 240 du Code des obligations et des contrats. Sitôt, l'article 241 dudit Code ajoute que « les obligations ont effet non seulement entre les parties elles-mêmes, mais aussi entre les héritiers ou ayants cause… ». Au stade de l'exécution du contrat, les ayants cause sont, désormais, assimilés aux parties. Au vu de ces deux articles, on peut déduire que la distinction entre les parties et les tiers au stade de la formation du contrat, ne peut être purement et simplement reconduite au stade de l'exécution[1].

9. Le tiers au stade de la formation du contrat, un positionnement statique. En précisant que « les obligations n'engagent que ceux qui ont été parties à l'acte[2]… », l'article 240 renvoie à un moment, celui de la formation du contrat[3]. À ce stade, il offre un critère clair pour départager les qualités de tiers et de parties, à savoir la participation au contrat.

On en déduit que parmi les parties[4] au contrat, figure celles dont la volonté a participé à la création de celui-ci[5]. Ce sont les parties au moment de la formation du contrat, qu'il s'agisse des personnes qui ont conclu le contrat par elles-mêmes ou par l'intermédiaire d'un représentant[6]. Dès lors,

---

« hétérogénéité » et son caractère « évolutif » : **Ph. MALAURIE, L. AYNES et Ph. STOFFEL-MUNCK**, *ibid.*, n°s 794-795, p.408. *Adde* :
هنري شمامة، "الغير"، محاضرة ألقيت بكتابة الدولة للعدل بتاريخ 6 ماي 1963، م. ق. ت.، 1963، عدد خاص: "إن كلمة الغير هي من أبعد المفاهيم عن الضبط والوضوح في آرائنا القانونية".

[1]**C. GUELFUCCI-THIBIERGE**, « De l'élargissement de la notion de partie au contrat… à l'élargissement de la portée du principe de l'effet relatif », RTD civ., 1994, n°23, pp.280-281 ; **J.GHESTIN**, « La distinction entre les parties et les tiers au contrat », JCP éd. G, 1992, I, 3682, pp.518-519, n°5 ; **J. FLOURT, J.-L. AUBERT et E. SAVAUX**, Les obligations, T.1- L'acte juridique, *op.cit*, n°431, pp.352-353.

[2] La version arable qui fait foi utilise plutôt l'expression contrat. V. Art.1er de la loi n°93-64 du 5 juill. 1993 relative à la publication des textes au Journal Officiel de la République tunisienne et à leur exécution, JORT n°50 du 6 juill. 1993, p.931.

[3]**J.-L. AUBERT**, « A propos d'une distinction renouvelée des parties et des tiers », RTD civ., 1993, p.277, n°55. Certes, l'art.240 du COC s'applique au stade de l'exécution du contrat, mais sa contribution à la définition des catégories de parties et de tiers devient à ce stade très limitée. En ce sens : **J.GHESTIN**, « Nouvelles propositions pour un renouvellement de la distinction des parties et des tiers », RTD civ., 1994, p.783, n°6.

[4] « Etymologiquement, le mot « partie » vient du verbe « partir » avec son sens de partage : la partie est la personne qui « prend part » au contrat » : **J. FLOURT, J.-L. AUBERT et E. SAVAUX**, *ibid*, n°425, p.348.

[5] Parfois, c'est la loi qui accorde cette qualité au stade de la formation du contrat. Ainsi, en est-il des mineurs pour les actes accomplis dans leur intérêt (V. Art.6-8-15-16 et 17 du COC). On distingue, ainsi, au stade de la formation du contrat, entre les parties par l'effet de leurs volontés et les parties par l'effet de la loi. En ce sens : **J. GHESTIN, Ch. JAMIN et M. BILLIAU**, Traité de droit civil, Les effets du contrat, *op.cit.*, n°349, p.405.

[6]**J. FLOURT, J.-L. AUBERT et E. SAVAUX**, Les obligations, T.1- L'acte juridique, *op.cit.*, n^{os}425 et s., pp.348 et s. ; **F. TERRÉ, Ph. SIMLER et Y. LEQUETTE**, Droit civil, Les obligations, *op.cit.*, n°487, p.502 ; **J.GHESTIN**, « Nouvelles propositions pour un renouvellement de la distinction des parties et des tiers », art. préc., n^{os}13 à 17, pp.790 à 792 ; « La distinction entre les parties et les tiers au contrat », art. préc., n^{os}6 à10, pp.519-520 ; **J.-L. AUBERT**, art. préc., p.276, n°54. *Adde* :
محمد المالقي، مرجع سابق، ص.211.**محمد الزين**، مرجع سابق، عدد 406، ص.331-332. **محمد محفوظ**، دروس في العقد، مرجع سابق، عدد 305، ص.303. **عبد الرزاق أحمد السنهوري**، الوسيط في شرح القانون المدني، نظرية الإلتزام بوجه عام، مصادر الإلتزام، الطبعة الثانية، دار النهضة العربية، بيروت، 1964، عدد 344، ص.596.

on distingue entre les parties présentes et celles représentées[1]. La qualité de partie s'applique donc seulement aux personnes qui échangent leur consentement, soit personnellement soit par intermédiaire[2], pour produire des effets de droit[3].

À suivre cette démarche, « *les tiers*, précise une doctrine, *sontceux qui n'ont pas conclu le contrat*, ni en personne, ni par mandataire, c'est-à-dire ceux qui n'ont pas fait concourir leur volonté à sa formation… . Cela signifie que tous les ayants cause, à titre particulier comme à titre universel, *sont des tiers* »[4]. La distinction des parties et des tiers « commandée par ce simple critère : avoir ou n'avoir pas fait concourir sa volonté à la formation du contrat »[5], permet d'ajouter aux ayants cause, les créanciers chirographaires et les *penitus extranei*.

10. Les ayants cause. L'expression « ayant cause » est la traduction littérale du latin *habens causam*. Le terme *causa* vise la condition ou la situation juridique. L'expression implique une transmission. Dans la notion d'« ayant cause » il y a donc l'idée essentielle d'une succession d'une personne aux droits d'une autre. Il y a deux manières d'acquérir des droits : on peut recueillir l'universalité ou une quote-part de l'universalité du patrimoine, ou bien ne recueillir qu'un élément distinct et isolé. De là, émerge la classification des ayants cause en deux catégories : les ayants cause universels ou à titre universel et les ayants cause à titre particulier[6].

Les ayants cause universels sont ceux qui recueillent l'intégralité du patrimoine de leur auteur. Cette transmission ne peut avoir lieu que par le

---

[1] La représentation peut être conventionnelle ou légale. Dans ce dernier cas, la qualité de partie est acquise par l'effet de la loi. Les parties, au stade de la formation du contrat sont, dès lors, les personnes qui, ayant conclu elles-mêmes ou par l'effet d'une représentation conventionnelle ou légale le contrat. En ce sens : **J. GHESTIN, Ch. JAMIN et M. BILLIAU**, *op.cit.*, n°364, p.414.

[2] La représentation peut être parfaite comme elle peut être imparfaite. Dans la première alternative, le représentant agit au nom et pour le compte du représenté, ce dernier est la partie alors que le représentant demeure un tiers (Art.1149 du COC). Lorsque le représentant contracte pour le compte du représenté, mais en son nom personnel, à l'instar du commissionnaire (Art.601 à 608 du CC), la représentation est dite imparfaite et le représenté demeure un tiers par rapport au contrat. Le représentant acquiert, en revanche, la qualité de partie (Art.1148 du COC). L'attribution de cette qualité au représenté n'est possible que lorsque ce dernier exprime sa volonté d'être lié par le contrat. V sur la question : **J. FLOURT, J.-L. AUBERT et E. SAVAUX**, *op.cit.*, n[os]428-429, pp.349 à 351. *Adde* :
محمد الزين، مرجع سابق، عدد 106-107، ص.101-102 و103.

[3] Le critère de l'échange de consentements pour produire des effets de droit, en tant que condition pour acquérir la qualité de partie, permet d'exclure certaines personnes de cette qualité malgré leur présence à la conclusion du contrat. Ainsi en est-il de l'avocat ou du notaire requis d'instrumenter un acte authentique. Ces personnes dont la volonté personnelle ne participe pas à la substance de l'acte et par lequel elles ne ne sont pas obligées, demeurent tiers . En ce sens : **F. TERRÉ, Ph. SIMLERetY. LEQUETTE**, *ibid.*, n°487, pp.502-503 ; **J. FLOURT, J.-L. AUBERT et E. SAVAUX**, *ibid.*, n°425, p.348.*Contra* : **M. VASSEUR**,« Essai sur la présence d'une personne à un acte juridique accompli par d'autres. Contribution à la théorie générale des actes juridiques », RTD civ., 1949, pp.173-211, spéc. n[os]4-5, pp.176-177.

[4]**J.-L. GOUTAL**, *op.cit.*, n°29, p.30. C'est l'auteur qui souligne.

[5]**J.-L. GOUTAL**, *ibid.*, n°31, p.32.

[6]**D. BASTIAN**, Essai d'une théorie générale de l'inopposabilité, Sirey, Paris, 1929, p.7 ; **A. WEILL**, *op.cit.*, n[os]60-61 et 62, pp.106 à 111.*Adde* :
حنان بوقطاية، إنتقال الإلتزامات العقدية إلى الخلف الخاص، أطروحة دكتوراه في القانون الخاص، كلية الحقوق والعلوم السياسية بتونس، 2011-2012.

décès du titulaire du patrimoine. Il s'agit pratiquement des héritiers *ab intestat* ou des légataires universels[1]. En revanche, les ayants cause à titre universel sont ceux qui recueillent une fraction du patrimoine de leur auteur. Il en est ainsi, par exemple, lorsqu'il y a deux ou plusieurs héritiers, ou lorsqu'un legs porte sur une fraction de la succession[2]. Cette transmission à titre universel suppose également le décès du titulaire du patrimoine[3]. « Les ayants cause universels ou à titre universel ne cessent d'être des tiers qu'au décès de leur auteur »[4]. Les « assimiler aux parties, comme on le fait en général, c'est admettre que, d'eux-mêmes, ils ne sont pas parties »[5].

L'ayant cause à titre particulier est celui auquel n'est transmis qu'un droit déterminé provenant de son auteur. Il ne reçoit ni l'ensemble, ni une fraction du patrimoine, mais simplement un droit isolé[6]. Les ayants cause à titre particulier ne sont visés en tant que tels que lorsqu'une dette ou une créance relative au bien transmis peut leur être transférée en même temps que le bien qu'ils reçoivent d'un contractant. Ce qui signifie qu'à l'origine, notamment au stade de la formation du contrat de leur auteur, ils sont des tiers et ce n'est que par l'effet du transfert d'un droit accessoire au bien transmis qu'ils sont assimilés à des parties.

11. Les créanciers chirographaires. Ils sont ceux qui ne possèdent aucune sûreté réelle ou personnelle qui garantit leur créance[7]. Néanmoins, ils ont un droit de gage général sur le patrimoine de leur débiteur[8]. Les actes qui amputent le patrimoine de leur débiteur affectent par la même leur gage. « Les créanciers chirographaires sont considérés comme des tiers par rapport aux contrats conclus par leurs débiteurs »[9].

---

[1]**Ch. LARROUMET**, Droit civil, Les obligations, Le contrat, T.3, 2ème partie : Effets, *op.cit.*, n°741, p.875 ; **J. GHESTIN, Ch. JAMIN et M. BILLIAU**, *op.cit.*, n°332, p.384.

[2] V. en ce sens :

محمد الزين،مرجع سابق، عدد 409، ص.333. **محمد محفوظ**، دروس في العقد، مرجع سابق، عدد 307، ص.305. **محمد محفوظ**، النظرية العامة للإلتزام، التصرف الأحادي والعقد والمسؤولية المدنية، م. م. د. ق. ق.، تونس، 2008، عدد 151، ص.115. **محمد المالقي**، مرجع سابق، ص.212. **عبد الرزاق أحمد السنهوري**، مرجع سابق، عدد 344، ص.596.

[3]**J. GHESTIN, Ch. JAMIN et M. BILLIAU**, *ibid.*, n°332, p.384.

[4]**B. PETIT**, Thèse préc., VII, p.11.

[5]**J.-L. GOUTAL**, *op.cit.*, n°29, p.30.

[6]**Ph. MALAURIE, L. AYNES et Ph. STOFFEL-MUNCK**, *op.cit.*, n°798, p.402 ; **E. GAUDEMET**, *op.cit.*, p.212 ; **J. GHESTIN, Ch. JAMIN et M. BILLAU**, *ibid.*, n°333, p.387 ; **J. FLOURT, J.-L. AUBERT et E. SAVAUX**, Les obligations, T.1- L'acte juridique, *op.cit*, .n°438, p.359 ; **A. WEILL**, *op.cit.*, n°62, p.109. *Adde* :

محمد الزين،مرجع سابق، عدد 411، ص.334. **محمد محفوظ**، دروس في العقد، مرجع سابق، عدد 307، ص.305. **محمد محفوظ**، النظرية العامة للإلتزام، التصرف الأحادي والعقد والمسؤولية المدنية، مرجع سابق، ص.115، عدد 152. **محمد المالقي**، مرجع سابق، ص.213. **عبد الرزاق أحمد السنهوري**، مرجع سابق، عدد 344، ص.596.

[7] V. en ce sens :

حاتم بن عبد الحميد الرواتبي، الحماية القانونية للدائن العادي، دار الميزان للنشر، تونس، 2008، عدد 5 وما يليه، ص.27 وما بعدها وخاصة عدد 7، ص.33-34.

[8] V. en ce sens :

محمد الزين،مرجع سابق، عدد 420، ص.341.

[9]**G.LÉGIER, L. TRANCHANT et V. ÉGÉA**, *op.cit.*, p.71. Pour certains, les créanciers chirographaires ne peuvent être considérés comme des tiers. Sans être assimilés aux ayants cause à titre universel ou particulier, ils présentent une catégorie particulière d'ayants cause. En ce sens : **A. WEILL**, *ibid.*, n[os]67-68, pp.121 à 123. Selon l'auteur, ce ne sont pas des ayants cause à titre universel car, si l'on identifie le créancier au successeur universel, il ne devrait pas pouvoir contrôler la gestion patrimoniale de son débiteur avant l'exigibilité de la créance. Or, par l'action paulienne ou par l'action oblique, il peut

12. Les *penitus extranei*[1]. Ils sont « les individus *entièrement étrangers* à la conclusion du contrat, ceux qui n'y ont figuré ni par eux-mêmes ni par représentants, et qui ne sont pas les ayants cause des parties »[2]. On a parfois reproché à l'expression *penitus extranei* de constituer une redondance. Cette critique serait décisive si le terme tiers avait une signification unique. Mais comme la notion varie et qu'on englobe sous ce terme les créanciers chirographaires et parfois mêmes les ayants cause, il était utile d'insister sur le terme *extraneus* pour pouvoir caractériser les tiers absolus ceux qui n'ont, au stade de la formation du contrat, aucun lien avec les parties.

La catégorie des tiers est, dès lors, cohérente au plan de la formation du contrat. La qualification de tiers exprime ce trait commun à toutes les personnes demeurées étrangères au contrat, à savoir les ayants cause, les créanciers chirographaires et les *penitus extranei*[3]. Il convient, alors, de s'interroger si cette clarté persiste au stade de l'exécution du contrat.

Si, au stade de la formation du contrat, la notion de« tiers » paraît saisissable, c'est « l'insertion du contrat dans la vie sociale [qui] pose précisément le problème des tiers »[4].

13. Le tiers au stade de l'exécution du contrat, un positionnement dynamique. Au stade de l'exécution du contrat le tiers divise et embarrasse. Sont assimilés aux parties, au visa de l'article 241 du Code des obligations et des contrats, les ayants cause universels ou à titre universels et les ayants cause à titre particulier. Les contrats de leurs auteurs leur sont, en effet, *de*

---

critiquer des actes de son débiteur. Ce ne sont pas non plus des ayants cause à titre particulier car, l'idée fondamentale que les créanciers sont pourvus d'un droit de gage général qui porte sur tout le patrimoine de leur débiteur, est absolument incompatible avec la notion d'ayant cause à titre particulier.*Contra* : **J. GHESTIN, Ch. JAMIN et M. BILLAU**, *op.cit.*, n°359, p.411. Selon les auteurs, au même titre que les *penitus extranei*, les créanciers chirographaires sont évidemment des tiers.Ils ne disposent d'aucun droit sur le contrat auquel est partie leur débiteur, ils ne peuvent, par leur propre volonté, ni le modifier ni l'anéantir. En ce sens : **C. GUELFUCCI-THIBIERGE**, « De l'élargissement de la notion de partie au contrat… à l'élargissement de la portée du principe de l'effet relatif », art. préc., n°37, p.284 ; **D. VEAUX**, Effets des conventions à l'égard des tiers, Règles générales, J.-Cl. civil, Art.1165, Fasc.37-1, 1996, n°79, p.23. *Adde* :

محمد الزين، مرجع سابق، عدد 420، ص.341-342.

[1] Au singulier le *penitus extraneus* c'est-à-dire le « tiers absolu » : **J. CARBONNIER**, Droit civil, T.4, Les obligations, *op.cit.*, n°122, p.242.

[2] **J. CARBONNIER**, *ibid.*, *loc.cit.* ; **Ch. LARROUMET**, Droit civil, Les obligations, Le contrat, T.3, 2ème partie : Effets, *op.cit.*, n°745, p.879 ; **C. GUELFUCCI-THIBIERGE**, « De l'élargissement… », art. préc., p.277, n°10. On les appelle aussi « les tiers au plein sens du terme » : **D. VEAUX**, Effets des conventions à l'égard des tiers, Règles générales, Fasc. préc., n°78, p.23 ; ou encore « les tiers véritables » : **H., L.et J. MAZEAUD**, Leçons de droit civil, T.II, Premier Vol., Obligations, Théorie générale, 9ème éd., par **F. CHABAS**, Montchrestien-DELTA, Paris, 1998, n°756, p.880 ; **J. GHESTIN, Ch. JAMIN et M. BILLAU**, *ibid.*, n°333, p.387 ; **J. FLOURT, J.-L.AUBERT et E. SAVAUX**, Les obligations, T.1- L'acte juridique, *op.cit*, .n°438, p.359 ; **A. WEILL**, *ibid.*, n°62, p.109. *Adde* :

محمد الزين، مرجع سابق، عدد 407، ص.332. **عبد الرزاق أحمد السنهوري**، مرجع سابق، عدد 356، ص.615.

[3] V. en ce sens :

محمد الزين، مرجع سابق، عدد 407، ص.332. **محمد محفوظ**، النظرية العامة للإلتزام (I)، العقد، مرجع سابق، ص.104.

V. *Contra* :

محمد المالقي، مرجع سابق، ص.211.

[4]**J. FLOURT, J.-L. AUBERT et E. SAVAUX**, Les obligations, T.1- L'acte juridique, *op.cit*, n°431, p.352.

plano transmissibles[1]. Est-ce que cela signifie, qu'au stade de l'exécution du contrat, les ayants cause sont désormais parties ?Une réponse négative nous paraît s'imposer. Au gré des cas, les ayants cause sont tantôt assimilés à des parties, tantôt réintégrés à leur qualité d'origine, qualité de tiers.

Ainsi, lorsqu'un créancier est décèdé suite à une exécution défectueuse d'un contrat, en principe ses héritiers acquièrent la qualité d'ayants cause à titre universel. Tel n'est pas le cas lorsqu'ils se présentent en tant que victimes par ricochet de l'inexécution du contrat. Les héritiers, désormais ayants droit, reprennent leur qualité de tiers pour les fins de l'indemnisation[2]. Il en est de même pour les actes accomplis par le *de cujus*pendant sa dernière maladie, les héritiers acquièrent la qualité de tiers en vue de l'annulation de ces actes.

La même situation est possible pour les ayants cause à titre particulier. En principe, celui qui acquiert un droit antérieurement conclu par son auteur[3] et que ce droit soit accessoire au bien transmis[4],bénéficie de la qualité d'ayant cause. Cette qualité se vérifie, notamment, chez l'acquéreur d'un bien. Pourtant, celui qui, de bonne foi, acquiert un immeuble immatriculé, sur la base d'inscriptions annulables, se voit reconnaître la qualité de tiers. Dans un souci protecteur, l'article 305, alinéa second, du Code des droits réels lui ôte la qualité d'ayant-cause à titre particulier aux fins de déclarer inopposable à son égard l'annulation de l'inscription.

L'acception qui fait des *penitus extranei* « des ombres sans importances [qui] ne font que peupler le décor humain de la scène contractuelle »[5] porte peu au stade de l'exécution du contrat. Les *penitus extranei* « ne sont pas nécessairement des personnes totalement étrangères aux parties ». « En fait, ajoute GHESTIN, si la question des effets du contrat se pose à leur égard c'est précisément parce qu'elles ont ou sont susceptibles d'avoir un certain lien avec l'une au moins des parties. Simplement ce lien ne leur donne pas la

---

[1]**J. CARBONNIER**, Droit civil, T.4, Les obligations, *op.cit.* , n°118, p.236. *Adde* :
محمد محفوظ، النظرية العامة للإلتزام، التصرف الأحادي والعقد والمسؤولية المدنية، مرجع سابق، عدد 150 وما يليه، ص.115 وما بعدها. **محمد محفوظ**، دروس في العقد، مرجع سابق، عدد 307، ص.304-305. **محمد الزين**، مرجع سابق، عدد 408، ص.332-333. ق. ت. م. عدد 29638 مؤرخ في 02 مارس 2004 ، م. ق. ت.، 2004، عدد 5، ص.195. ق. ت. م. عدد 31480 صادر بتاريخ 14 أكتوبر 1992، ن. م. ت.، 1992، ص.437.

[2] Art.143 et 146 du CA tels qu'ajoutés par la loi n°2005-86 du 15 août 2005, portant insertion d'un cinquième titre au code des assurances concernant l'assurance de la responsabilité civile du fait de l'usage des véhicules terrestres à moteur et au régime d'indemnisation des préjudices résultant des atteintes aux personnes dans les accidents de la circulation, JORT n°67 du 23 août 2005, p.2182.

[3] V. en ce sens : T.P.I. de Mahdia, Jugement civil n°521 en date du 25 avr. 1965, RJL, 1966, n°2, p.57 (partie en langue arabe) :
" إن الإلتزامات و العقود لا تجري أحكامها على المتعاقدين فقط بل تجري أيضا على ورثتهم وعلى من انجر لهم حق منهم بوجه خاص كالمشتري والموهوب له إلا إذا كان الشراء أو الهبة أسبق تاريخا من ذلك العقد حسبما نص على ذلك الفصلان 240 - 241 من مجلة العقود والإلتزامات".
Adde :
محمد المالقي، مرجع سابق، ص.213. **حنان بوقطاية**، إنتقال الإلتزامات العقدية إلى الخلف الخاص، أطروحة سابقة، عدد 41 إلى 49، ص.27 إلى 33.

[4]**M.-K. CHARFEDDINE**, *op.cit.*, n°104, p.92. *Adde* :
أحمد بن طالب، تحليل الفصل 581 من مجلة الإلتزامات والعقود، مذكرة لنيل شهادة الدراسات المعمقة في القانون الخاص، كلية الحقوق والعلوم السياسية بتونس، 1989-1990، ص.104.

[5]**J. HAUSER**, préface à la Thèse de **Ph.-D. SAINT-HILAIRE**, *op.cit.,* sans pagination, n°V.

qualité d'ayant-cause ou de créancier, qui correspond à une situation juridique précise »[1].

14. Le tiers au stade de l'exécution du contrat : une richesse conceptuelle mais aussi fonctionnelle. Dans la phase d'exécution du contrat, le tiers est une notion variable par son contenu. On voit se dérouler un véritable spectacle juridique, un ballet autour du contrat, où tiers et parties peuvent échanger leurs qualités. La catégorie des tiers n'est plus fixée au moment de la conclusion de l'acte, mais elle est susceptible d'évoluer au cours de son exécution. On pourrait ainsi devenir tiers autant que l'on pourrait perdre cette qualité[2]. Cette évolution de la notion de « tiers » que seule la phase de l'exécution du contrat permet de s'en rendre compte, mérite tout l'intérêt.

Au fur et à mesure qu'on passe de la phase de conclusion à la phase d'exécution de l'acte juridique la dynamique créatrice s'accroît. « L'acte devient un nouveau fait qui prend place dans le milieu objectif »[3]. En s'intégrant dans l'ordre juridique, le contrat, par son exécution, est susceptible d'intéresser ceux demeurés tiers et donc de troubler leur parfaite extranéité. L'électron libre, par rapport à l'acte qu'est ce tiers, s'approche au point de se trouver sur les lisières, voire au centre du contrat.

Cette richesse fonctionnelle n'est autre que la résultante de l'essor d'une nouvelle acception contractuelle.

II. L'ESSOR D'UNE NOUVELLE ACCEPTION CONTRACTUELLE

15. Traditionnellement le contrat apparaît comme « une bulle protégée des influences extérieures, un monde clos »[4]. Aujourd'hui, l'opinion est devenue un lieu commun que « l'approche classique du contrat, c'est-à-dire d'un contrat vu de l'intérieur, en la personne même des contractants, fait actuellement l'objet d'un renouvellement »[5]. Une nouvelle approche du contrat, se dessine. « Le contrat destiné à traduire les réalités économiques et sociales nouvelles s'élève du plan individuel au plan collectif »[6].

---

[1]**J. GHESTIN, Ch. JAMIN et M. BILLAU**, *op.cit.*, n°331, pp.383-384.

[2]**Ph. MALAURIE, L. AYNES et Ph. STOFFEL-MUNCK**, Droit civil, Les obligations, *op.cit.*, n°795, p.408 ; **J. GHESTIN, Ch. JAMIN et M. BILLIAU**, *ibid.*, n°339, p.395 ; **C. GUELFUCCI-THIBIERGE**, « Del'élargissement… », art. préc., n°12, p.278.

[3]**J. HAUSER**, Objectivisme et subjectivisme dans l'acte juridique, préface de P. RAYNAUD, LGDJ, Paris, 1971, p.283.

[4]**C. GUELFUCCI-THIBIERGE**,« Libres propos sur la transformation du droit des contrats », art. préc., p.359, n°3.

[5]**J. MESTRE**, « L'évolution du contrat en droit privé français », art. préc., p.45 ; **Ph. LE TOURNEAU**, « Quelques aspects de l'évolution des contrats », art. préc., pp.349-380 ; **D. PUGSLEY**, « L'évolution du droit des contrats vue par un comparatiste », art. préc., pp.155-168.

[6]**M. VASSEUR**, « Un nouvel essor du concept contractuel. Les aspects juridiques de l'économie concertée et contractuelle », art. préc., p.11, n°4.En ce sens **R. SAVATIER**, Les métamorphoses économiques et sociales du droit civil d'aujourd'hui, Dalloz, Paris, 1948, n°34, pp.28-29.

L'essor d'une nouvelle acception contractuelle ne peut pas être sans incidence sur le statut du tiers. L'immixtion du tiers dans l'orbite du contrat suite aux mutations socio-économiques est désormais une nouvelle donne qu'exige la réalité.

16. D'une acception individualiste du contrat… . Les contrats, s'ils ont effet entre les parties contractantes, sont sans effet à l'égard des tiers. C'est, aux yeux des individualistes, ce qu'enseignait la règle de l'effet relatif, corollaire du principe de l'autonomie de la volonté. Ce principe, faisant de la volonté la seule puissance créatrice, veut que seule la volonté crée le lien de droit[1]. Il en résulte qu'« à l'égard du tiers, l'acte conventionnel n'existait pas puisque, par hypothèse, sa volonté n'a pas concouru à l'élaboration de cet acte »[2]. Admettre que les tiers puissent subir l'onde de choc du contrat sans leurs accords, voilà qui dérange et embarrasse.

L'approche n'est pas purement philosophique. Elle prend une dimension juridique avec l'article 240 du Code des obligations et des contrats, qui prévoit que « les obligations n'engagent que ceux qui ont été parties à l'acte : elles ne nuisent point au tiers et elles ne leur profitent… ». Les obligations contractuelles ne peuvent, dès lors, rayonner sur des personnes autres que lesparties contractantes[3]. Le contrat est, dès lors, perçu sous l'angle de ceux qui l'avaient conclu et qui avaient à l'exécuter. Telle est incontestablement l'approche qu'avait adoptée le Code des obligations et des contrats. Le Titre V s'intitule « Des effets des obligations », non « Des effets du contrat ». Ceci est révélateur. Le contrat n'est vu que de l'intérieur. Le Code des obligations et des contrats ne traite que de l'aspect interne du contrat. Il ne s'intéresse pas à un autre aspect du contrat, à savoir ses effets externes[4]. Cette approche a durablement pénétré la doctrine civiliste[5]. Les effets du contrat sont exclusivement considérés à travers les obligations qui sont mises à la charge des parties. Les tiers n'y occupent aucune place.

Comme en écho avec cette approche, jusqu'au milieu du XXème siècle, les tribunaux, influencés par la philosophie individualiste, se montraient réticents pour admettre qu'un contrat puisse avoir une existence à l'égard des tiers. Le contrat, en tant que source de l'obligation, ne peut avoir aucun effet d'aucune sorte à l'égard d'autres personnes que les parties contractantes. Les tribunaux tunisiens l'ont exprimé formellement, le 27 janvier 1923, au visa de l'article 240 du Code des obligations et des contrats. Aux dires de nos juges « la convention conclue est inopposable à ceux qui n'y ont pas assisté

---

[1]**E. GOUNOT**, Le principe de l'autonomie de la volonté en droit privé : contribution à l'étude critique de l'individualisme, Thèse pour le Doctorat en Droit, Dijon, 1912. V. plus sur la question, *infra*, n°41.

[2]**J. DUCLOS**, *op.cit.*, n°22, p.47.

[3] V. plus sur la question, *infra*, n^{os}35 à 41.

[4]**M. FONTAINE**, « Les effets ''internes'' et les effets "externes" des contrats », *in* Les effets du contrat à l'égard des tiers (comparaisons franco- belges), sous la direction de M. FONTAINE et J. GHESTIN, LGDJ, Paris, 1992,pp.40 à 66.

[5]**J. MESTRE**, art. préc., p.55.

sauf leur assentiment ultérieur »[1]. La portée du principe de l'effet relatif était, dés lors, limitée au cercle restreint des personnes ayant conclu le contrat.

L'approche individualiste, qui part de l'idée que le contrat est un monde fermé, clos aux influences extérieures, n'évoque les tiers que pour les exclure de la scène contractuelle. Une telle démarche confine à l'absurde. Elle précipite inéluctablement les tiers dans le néant juridique, puisqu'elle aboutit à les priver de toute existence juridique dans l'orbite du contrat. Les tiers ne désignent alors qu'un état sauvage que le droit objectif ignore puisqu'il ne les évoque que pour les expulser de la sphère contractuelle.

Cette approche s'inscrit en faux avec l'acception que l'on se fait aujourd'hui du contrat.

17. … Vers une acception objective du contrat. La soumission du contrat à une pure analyse juridique conduit à son isolation clinique, alors que la réalité est toute autre. Une tendance contemporaine à l'objectivisation du contrat se dessine. Les théories, sociologique et économique, enrichissent l'analyse juridique du contrat[2]. Ce dernier gagne alors de méthodes. Ces théories permettent, en effet, de démontrer que le contrat est susceptible de se détacher de la personne des parties et de développer des interactions croissantes avec les tiers.

18. L'approche sociale du contrat. Inséré dans l'écheveau des liens sociaux, « le contrat ne peut être regardé comme un lieu purement inter-individuel, lequel ne concernait que les parties qui y ont consenti »[3]. « L'imbrication croissante des rapports sociaux a permis de prendre conscience que le contrat n'est plus un monde fermé, clos aux influences extérieures et postérieures à sa formation ; l'acte juridique n'est plus uniquement l'affaire de ses seuls signataires »[4].

La prise en considération du phénomène « contrat », comme créateur d'une situation juridique objective constitue l'apport fondamental de l'approche sociale du contrat. Elle justifie mieux que jadis, que ce dernier « n'est plus seulement la chose, l'affaire des parties »[5]. Si le contrat n'a de force obligatoire qu'entre les parties, il n'en constitue pas moins un fait juridique opposable aux tiers et par les tiers. La présente étude essaie de mettre en lumière cette nouvelle réalité.

Monde ouvert, susceptible d'évolution, le contrat entre en interaction avec les tiers et retentit ainsi au loin, au-delà du cercle des contractants. Une

---

[1] Traduction personnelle. Cass. civ. n°7585 en date du 27 janv. 1923, RJL, 1959, n°6, p.69 (partie en langue arabe) :

" الإتفاق الواقع لا يمكن أن يعارض به من لم يحضره إلا إذا رضي به فيما بعد".

[2] V. en ce sens :

محمد حمودة، "النظرية العامة للعقد"، بكتاب مسائل في فقه القانون المدني المعاصر، مقال سابق، ص.244 إلى 246.

[3] **H. BATIFFOL**, « La "crise du contrat" et sa portée », art. préc., p.27.

[4] **Ph.-D. SAINT-HILAIRE**, Le tiers à l'acte juridique, *op.cit.*, p.5, **C. GUELFUCCI-THIBIERGE**,« Libres propos sur la transformation du droit des contrats », art. préc., n°s9-10, pp.364-365.

[5] **C. GUELFUCCI-THIBIERGE**,« Libres propos… », art. préc., n°14, p.369.

distinction de base jaillit alors entre le principe de la relativité et celui de l'opposabilité. Cette distinction est fondamentale. Pourtant, elle fait défaut dans le Code des obligations et des contrats. Au vu de la doctrine, hors quelques développements « la confusion a le mérite de la commodité »[1]. À s'en tenir aux propos de Mme. F. BERTRAND, on peut dire que « l'opposabilité du contrat peut représenter cette faculté, exceptionnellement offerte à une partie de rendre un tiers créancier ou débiteur, qui constitue une exception au principe de l'effet relatif du contrat »[2]. Rien n'est plus contestable. Le but de cette étude est de prendre une meilleure connaissance de la distinction des règles de la relativité et de l'opposabilité, laquelle distinction va véhiculer toute la construction que l'on se propose du statut du tiers vis-à-vis de l'inexécution du contrat.

Au vu de cette distinction, on s'apercevra que le contrat a deux facettes. L'une interne régie par la règle de la relativité, l'autre externe régie par la règle de l'opposabilité. Dans ces deux facettes, le contrat a une existence juridique à l'égard des tiers. Ces derniers développent des interactions croissantes avec le contrat, soit en tant que responsables, soit en tant que victimes de son inexécution.

La mise en œuvre de la responsabilité civile du tiers qui, sciemment s'associe à la violation d'un contrat, en est la conséquence la plus frappante. Symétriquement, l'apparition de tiers victimes qui ne présentaient aucun lien avec la formation du contrat et qui n'avaient apparu qu'en raison de son inexécution est aussi impressionnante, voire même choquante.

Le tiers intègre la sphère contractuelle. L'approche sociale du contrat permet de le constater. L'approche économique vient le confirmer.

19. L'approche économique du contrat. Le caractère collectif de l'exécution, la spécialisation des agents économiques, la pluralité des acteurs potentiels à une opération contractuelle, font qu'aujourd'hui l'exécution du contrat a rarement lieu en vase clos. « L'idée qu'une société serait constituée d'une somme de relations inter-individuelles qui se noueraient et se dénoueraient indépendamment les unes des autres, n'est plus tenable »[3]. Le contrat sous le prisme économique est désormais étudié sous différentes acceptions, quantitatives, qualitatives et mixtes[4]. L'intérêt que développent les économistes du contrat s'est amplifié avec l'évolution croissante des marchés[5].

L'un des traits caractéristiques de la vie contemporaine réside désormais dans la multiplication des contrats enchevêtrés[6]. « La théorie classique a

---

[1] **J.-L. GOUTAL**, *op.cit.*, n°32, p.33.

[2] **F. BERTRAND**, L'opposabilité du contrat aux tiers, Thèse préc., n°2, p.5.

[3] **H. BATIFFOL**, art. préc., p.19 ; **C. GUELFUCCI-THIBIERGE**,« Libres propos… », art. préc., n°12, p.368 ; **D. ARTEIL**, L'exécution du contrat par un non-contractant, préface de R.-N SCHÜTZ, LGDJ, Paris, 2006, n°12, pp.8-9.

[4] **A. ARSAC-RIBEYROLLES**, Essai sur la notion d'économie du contrat,Thèse préc., n^{os}9 à 12, pp.13 à 16.

[5] **É. BROUSSEAU**, « L'économiste, le juriste et le contrat »,art. préc., pp.153-176.

[6] **J. MESTRE**, « L'évolution du contrat en droit privé français », art. préc., p.59.

traité le contrat comme un continent superbement isolé alors qu'il ne peut être que l'île d'un archipel animé d'une vie collective »[1]. Le phénomène a été, il y a quelque temps, détecté par le Doyen René SAVATIER dans ses métamorphoses. « Non seulement, précise l'auteur, les contrats se transforment, mais il cesse d'être possible de les envisager eux-mêmes isolément. Chacun de ces contrats transformés doit, aujourd'hui, être mis en liaison intime, en connexion, avec d'autres contrats »[2].

La sophistication, de plus en plus grande d'opérations industrielles ou de montages contractuels, est devenue un besoin. Le clavier contractuel, mis à contribution plus que jamais, offre, à qui l'utilise, de nouvelles combinaisons[3]. Le montage d'opérations économiques, donnant naissance à des groupes de contrats, traduit cette réalité. Que l'on songe aux ventes successives, aux opérations de construction, aux opérations de transport maritime de marchandises, aux opérations de soin, on s'aperçoit que la complexité de ces opérations est l'une des marques de l'économie moderne.

Dans ce contexte, la détermination des effets du contrat ne peut plus être réalisée par la recherche d'un simple choc de deux volontés ayant donné naissance à l'acte. Le montage d'opérations économiques juridiquement traduites par des groupes de contrats fait apparaître la nécessité d'élargir le cercle contractuel à l'ensemble afin d'en assurer l'efficacité[4]. Les groupes de contrats appellent la traduction juridique de leur finalité économique par la création de rapports contractuels entre personnes qui, jadis, tiers, sont désormais parties à un groupe de contrats.

Les profondes métamorphoses économiques et sociales ont progressivement sapé le principe d'autonomie de la volonté. Un volontariste simple est, désormais, mal placé pour s'opposer à la complexité des faits[5]. Les tenants de la conception objective de l'acte juridique ont souligné, avec pertinence, que l'autonomie de la volonté n'est pas l'explication unique, ni même principale des textes régissant le contrat[6]. Le dogme de l'autonomie de la volonté a été relativisé par une objectivisation du fondement de la force obligatoire du contrat.

Le strict cloisonnement des effets du contrat a été progressivement abandonné au profit d'une autre lecture de la règle de l'effet relatif. « Ce

---

[1]**M. CABRILLAC**, « Remarques sur la théorie générale du contrat et les créations récentes de la pratique commerciale », *in* Mélanges dédiés à G. MARTY, Université des Sciences Sociales de Toulouse, 1978, n°19, p.248.

[2]**R. SAVATIER**, Les métamorphoses économiques et sociales du droit civil d'aujourd'hui, *op.cit.*, n^{os}31-32, p.27.

[3]**L. JOSSERAND**,« L'essor moderne du concept contractuel », art. préc., p.335.

[4] **B. BERLIOZ-HOUIN et G. BERLIOZ**, « Le droit des contrats face à l'évolution économique », art. préc., p.3 et 16.

[5]**H. BATIFFOL**, « La "crise du contrat" et sa portée », art. préc., p.30.

[6]**N. REKIK**, L'ordre public et le contrat civil, préface de M.-K. CHARFEDDINE, éd. Latrach, Tunis, 2015, n°8, p.22 : « La réalité du contrat en droit positif tunisien... diffère fondamentalement de la conception du contrat dominé par le principe de l'autonomie de la volonté ». V. aussi n°441, p.436 : « Certes, la volonté est et demeure une source essentielle d'obligations, mais, il ne s'agit pas de l'unique source » ; **E. GOUNOT**, Thèse préc., 1912.

principe n'a pu résister dans toute sa pureté à l'inextricable interaction organisée par l'économie moderne »[1]. L'intérêt de l'étude est d'essayer de donner au principe de l'effet relatif sa portée réelle, qui concorde avec les nouvelles exigences de la réalité.

Sous la pression des nécessités économiques, des évolutions se réalisent. L'autonomie de la volonté, l'effet relatif du contrat en sortent singulièrement affaiblis[2]. Toute la difficulté est alors de savoir si notre droit a ou non appréhendé cette nouvelle réalité économique.

Étant en une déconcertante stabilité, les textes du droit commun n'ont presque pas changé. L'imagination créatrice des praticiens des affaires a buté sur l'immuabilité de la théorie générale des obligations. L'apport de la jurisprudence[3], qui devrait alors assumer la tâche d'adapter le droit aux mutations de la vie économique, reste à vérifier.

20. L'immixtion du tiers, une nouvelle réalité. Les mutations socio-économiques ont fait que le tiers n'est plus un exclu du contrat. C'est là notre constat de départ qui se trouve confirmé. Le statut de« tiers » se doit, dès lors, d'être repensé.

L'objectif de l'étude est de démontrer que, bien que n'ayant pas participé aux rites créateurs du contrat, le tiers développe des interactions croissantes avec le contrat. Cette prise de conscience de l'immixtion du tiers dans la sphère contractuelle met en jeu la sécurité juridique des différents protagonistes désormais présents sur la scène contractuelle.

III. ENJEUX DE LA RECHERCHE ET PROBLEMATIQUE DE L'ETUDE

21. L'impératif de la sécurité juridique. Conçue par certains comme « un besoin »[4], haussée par d'autres au rang d'un droit subjectif[5], « la sécurité est avec la justice et le progrès, l'une de ces valeurs classiques sur

---

[1]**B. BERLIOZ-HOUIN et G. BERLIOZ**, « Le droit des contrats face à l'évolution économique », art. préc., p.14.

[2]**J. MESTRE**, « L'évolution du contrat en droit privé français », art. préc., p.58.

[3] « La jurisprudence est l'autorité de ce qui a été jugé constamment dans le même sens » : **J. CARBONNIER**, Le procès et le jugement : Cours de sociologie juridique, 1961-1962, Association corporative des étudiants en droit, Paris, 1962, p.262, cité par **M. SALUDEN**, « La jurisprudence, phénomène sociologique », *in* « La jurisprudence », Archives de philosophie du droit, T.30, Sirey, Paris, 1985, p.191.

[4]**F. POLLAUD-DULIAN**, « A propos de la sécurité juridique », RTD civ., 2001, p.491.

[5]**P. ROUBIER**, Droits subjectifs et situations juridiques, préface de D. DEROUSSIN, Sirey, 1963, réimpression, Dalloz, Paris, 2005, n°6, pp.47 à 54, spéc. p.49.

lesquelles repose le droit »[1], « c'est le besoin juridique élémentaire et, si l'on ose dire, animal »[2].

La sécurité juridique, peut être définie comme étant « l'idéal de fiabilité d'un droit accessible et compréhensible, qui permet aux sujets de droit de prévoir raisonnablement les conséquences juridiques de leurs actes ou comportements, et qui respecte les prévisions légitimes déjà bâties par les sujets de droit dont il favorise la réalisation »[3].

La sécurité juridique ne figure expressément dans aucun texte à valeur constitutionnelle ou même légale[4]. La jurisprudence communautaire s'y réfère, de façon très fréquente comme un principe général[5]. La doctrine ne manque pas de relever qu'il constitue un principe directeur, notamment dans la théorie générale des obligations[6].

« Le concept de sécurité juridique trouve en réalité son unité autour de l'idée de prévisibilité qui en constitue l'essence véritable »[7]. La règle, selon

---

[1]**L. LEVENEUR**, préface à la Thèse de T. PIAZZON, La sécurité juridique, éd. Alpha et Defrénois, Paris, 2010, sans pagination ; **B. PACTEAU**, « La sécurité juridique, un principe qui nous manque ? » *in* Des principes fondateurs à l'effectivité de la règle : bilan et perspectives d'un droit en mutation, AJDA, 1995, n° spécial du cinquantenaire, p.151, 1re col. : « En réalité le droit, c'est la sécurité ou c'est rien » ; **N. MOLFESSIS**, « Les « avancées » de la sécurité juridique », chron., RTD civ., 2000, p.661 : « Le principe de sécurité juridique représente l'*alpha* et l'*omega* de la rationalisation formelle du droit ».

[2]**J. CARBONNIER**, Flexible droit, LGDJ, 9ème éd., Paris, 1998, pp.193-194 ; **F. GENY**, Méthode d'interprétation et sources en droit privé positif, T.1, seconde éd., LGDJ, Paris, 1919, n°3, spéc. p.5, et n°86, p.215 ; **P. ROUBIER**, Le droit transitoire : Conflits des lois dans le temps, Dalloz-Sirey, 1960, réimpression, Dalloz, Paris, 2008, n°50, p.223.

[3]**T. PIAZZON**, *op.cit*, n°48, p.62. Pour une analyse de cette définition avec une distinction avec les notions de certitude, fiabilité, effectivité, efficacité, paix juridique et ordre, V. **T. PIAZZON**, *ibid.*, nos45 à 56, pp.57 à 73. Pour d'autres définitions V. : Lexique des termes juridiques, publié sous la direction de **S. GUINCHARD et T. DEBARD**, 22ème éd., Dalloz, Paris, 2014-2015, p.912, V. « Sécurité juridique » : « Principe selon lequel les particuliers et les entreprises doivent pouvoir compter sur une stabilité minimale des règles de droit et des situations juridiques ».

[4] On peut dire que l'idée de sécurité juridique est sous-jacente dans notre droit positif. La force majeure en tant que cause d'exonération de la responsabilité (Art.282 du COC), l'impossibilité d'exécution en tant que cause d'extinction de l'obligation (Art.339 et 345 à 349 du COC), la théorie de l'apparence en tant que source créatrice de droits subjectifs pour les tiers de bonne foi (Art.252, 399, 488, al. 1er, et 1163 du COC et art. 53, al. 1er, du CDR), la règle de la non-rétroactivité des lois consacrée par la jurisprudence, sont autant d'applications particulières de l'impératif de sécurité juridique, au nom du respect des prévisions juridiques. V. sur la consécration du principe de la non-rétroactivité des lois par la jurisprudence : Cass. civ. n°755 en date du 21 nov. 1978, Bull.civ., 1978, p.154 ; RJL, 1979, n°5, p.88 (partie en langue arabe). *Adde* :

محمد كمال شرف الدين، "خمسون عاما من فقه القضاء: علامات فارقة"، بكتاب خمسون عاما من فقه القضاء المدني 1959-2009، تحت إشراف الأستاذ محمد كمال شرف الدين، م. ن. ج.، تونس، 2010، عدد 18، ص.56 إلى 58.

[5] Sur la référence à un principe de sécurité juridique dans la jurisprudence de la Cour de justice des Communautés européennes : V. **J. MERTENS DE WILMARS et J. STEENBERGEN**, « La notion de sécurité juridique dans la jurisprudence de la Cour de justice des Communautés européennes », *in* Mélanges offerts à R. LEGROS, éd. de l'Université de Bruxelles, Bruxelles, 1985, pp.449-456.

[6]**Ph. REMY**, « La genèse du solidarisme », *in* Le solidarisme contractuel, sous la direction de L. GRYNBAUM et M. NICOD, Economica, coll. Études juridiques, T.18, Paris, 2004, p.10 : « La sécurité contractuelle me paraît être la forme première de la justice contractuelle parce que le contrat est fondamentalement un instrument de prévision » ; **T. PIAZZON**, *ibid.*, n°33, pp.46 à 48 et nos284 à 290, pp.544 à 554 ; **H. LÉCUYER**, « Le contrat, acte de prévision », *in* L'avenir du droit, Mélanges en l'hommage à F. TERRÉ, Dalloz-PUF, Paris, 1999, pp.643-659. *Adde* :

محمد حمودة، "النظرية العامة للعقد"، مقال سابق، ص.249.

[7]**L. LEVENEUR**, préface préc., sans pagination. On rattache généralement à la sécurité juridique trois sous-exigences à savoir, l'accessibilité, la stabilité et la prévisibilité. V. sur ces composantes : **T. PIAZZON**, *ibid.*, nos11 et s., pp.17 et s.

laquelle les attentes légitimes des parties contractantes doivent être respectées, constitue une composante essentielle de la sécurité juridique[1]. « Contracter c'est prévoir », écrit G. RIPERT[2]. Dès lors, les parties contractantes ne doivent pas être surprises dans leurs prévisions[3] et leurs attentes[4]. Le principe de sécurité contractuelle réfute toute ingérence des tiers dans le contrat.

L'approche traditionnelle pousse à l'extrême cette logique de cristallisation du contrat, qui une fois conclu, devient un monde imperméable, clos sur la stabilité duquel les parties peuvent compter. La rencontre des volontés confère ainsi au contrat une sécurité immobile, une emprise sur l'avenir, qui les préserve des influences extérieures[5]. Peut-on aujourd'hui encore tenir cette imperméabilité pour une réalité ?

22. La sécurité juridique ne signifie pas l'imperméabilité du contrat. « Que la stabilité du contrat, acte d'emprise sur l'avenir, soit indissociable de sa nature même, cela est indéniable »[6]. La confiance dans le contrat est, en effet, une condition de l'adhésion du contractant à l'ordre juridique. Elle participe aussi à la croyance légitime des tiers agissant de bonne foi.

Cependant, la stabilité ne doit pas se confondre avec l'imperméabilité. « La sécurité juridique, précise la doctrine, ne conduit pas nécessairement à figer les situations juridiques au profit d'intérêts individuels, elle prend également en compte des considérations d'intérêt général »[7]. Ces considérations commandent que le contrat entre en interaction avec les tiers. Il y a, dit-on, « un intérêt général à ce que les contrats soient respectés »[8] par eux. Symétriquement, il serait injuste qu'un débiteur qui porte préjudice à un tiers suite à l'exécution défectueuse d'un contrat reste dans l'impunité.

Toute la question consiste à savoir, non pas si le tiers peut intégrer la sphère contractuelle, mais comment doit-on concevoir cette immixtion afin

---

[1]**N. MOLFESSIS**, « La sécurité juridique et la jurisprudence vue par elle-même », RTD civ., 2000, p.666.

[2]**G. RIPERT**, La règle morale dans les obligations civiles, 4ème éd., LGDJ, Paris, 1949, n°84, p.151 ; **J. HAUSER**, « Le solidarisme contractuel, mythe ou réalité ? », *in* Le solidarisme contractuel, sous la direction de L. GRYNBAUM et M. NICOD, Economica, coll. Études juridiques, T.18, Paris, 2004, n°12, p.200 : « La prévisibilité est le seul élément non discutable du contrat » ; **T. PIAZZON**, *ibid.*, n°33, p.48 : « L'idée de prévisibilité est au cœur du droit des contrats », elle constitue « l'essence de la sécurité juridique pour les sujets de droit », *ibid.*, n°35, p.49. **H. LÉCUYER**, « Le contrat, acte de prévision », art. préc., p.644 : « La prévisibilité serait de l'essence du contrat ».

[3]**H. LÉCUYER**, art. préc., p.644 : « La prévision est l'action de prévoir, qui consiste à représenter ou à organiser quelque chose à l'avance que le fruit de cette action, la conjecture, l'hypothèse qui en résulte ».

[4]**P. LOKIEC**, « Le droit des contrats et la protection des attentes », D., 2007, n°5, chron., pp.321-327 ; **J. CALAIS-AULOY**, « L'attente légitime une nouvelle source de droit subjectif ? », *in* Aspects actuels du droit des affaires, Mélanges en l'honneur de Yves Guyon, Dalloz, Paris, 2003, pp.171-181 ; **G. VINEY**, obs. sousCass. civ. fr., 23 fév. 1994, JCP éd. G, 1994, I, 3809, n°15, p.557.

[5]**C. GUELFUCCI-THIBIERGE**,« Libres propos… », art. préc., n°3, p.359 et n^{os}5-6, p.361.

[6]**C. GUELFUCCI-THIBIERGE**,« Libres propos… », art. préc., n°11, p.366.

[7]**B. MATHIEU**, « Liberté contractuelle et sécurité juridique : les oracles ambigus des sages de la rue de Montpensier », LPA, 1997, n°29, p.8 ; « La sécurité juridique : un principe constitutionnel clandestin mais efficient », *in* Mélanges P. GÉLARD, Montchrestien, Paris, 1999, p.301.

[8]**H. BATIFFOL**, « La "crise du contrat" et sa portée », art. préc., p.27 ; **B. MATHIEU**, « La sécurité juridique… », art. préc., p.304 : « Le principe du respect par les tiers du contrat, tant publics que privés, des stipulations prévues par le contrat, relève d'une exigence de sécurité juridique ».

de ne pas remettre en cause les différents intérêts antagonistes, ceux des parties contractantes certes, mais aussi ceux des tiers.

23. La recherche d'un équilibre entre les différents intérêts antagonistes. Si notre intention est de démontrer qu'un tiers peut être responsable de l'inexécution d'un contrat, encore faut-il le concevoir tout en prenant en considération les différents intérêts antagonistes. La sécurité des parties contractantes, d'une part, la sécurité des tiers, d'autres part. Le créancier contractuel exige le respect de la situation acquise que lui procure le contrat. Il revendique son droit à ce que nul ne provoque l'inexécution de son contrat, c'est sa sécurité statique qui est en cause. Le tiers se réclame de la sécurité dynamique qui protège celui qui agit[1]. L'action de ce dernier ne doit pas être paralysée sous la crainte de voir sa responsabilité arbitrairement engagée. C'est alors de l'arbitrage entre ces deux intérêts antagonistes que dépend le degré de protection que l'on doit accorder au contrat par le moyen de la responsabilité du tiers.

Symétriquement, l'objectif de démontrer qu'un tiers peut être victime de l'inexécution d'un contrat, ne doit pas perdre de vue le fait que le débiteur défaillant, s'attend à ce qu'il soit assigné sur la base et dans la mesure des divers aménagements conventionnels sur la foi desquels il avait pu s'engager. Ce sont ses attentes légitimesqui sont en cause. Si l'on passe sous silence cet impératif de sécurité, quel sera le sort de la fonction économique du contrat en tant qu'acte de prévision ? C'est donc de l'arbitrage entre ces deux intérêts antagonistes que dépend le degré de protection que l'on doit accorder au tiers victime par le moyen de la responsabilité du débiteur défaillant.

24. Les métamorphoses socio-économiquesont fait que le tiers n'est plus un étranger aux effets du contrat, il n'est plus un exclu. L'immixtion du tiers au contrat est désormais une réalité. Le statut de« tiers » vis-à-vis de l'inexécution du contrat se doit d'être repensé compte tenu de cette nouvelle réalité. Mais le contrat est avant tout un instrument de prévisibilité au service de la sécurité. L'impératif de la sécurité juridique commande que les attentes légitimes des parties contractantes ne soient pas déjouées. Il commande aussi que les intérêts des tiers soient préservés. La reconsidération du statut de « tiers » vis-à-vis de l'inexécution du contrat doit alors prendre en considération cet impératif de sécurité comme point d'équilibre entre les différents intérêts antagonistes. Ces éléments de réflexion nous amènent à la formulation de la problématique de la présente étude.

25. Problématique.Eu égard aux mutations socio-économiques et surtout juridiques, comment peut-on reconsidérer le statut du tiers vis-à-vis de l'inexécution du contrat en tenant compte de la réalité de son immixtion dans la sphère contractuelle, réservée initialement aux

---

[1] Sur les notions de sécurité statique et de sécurité dynamique, V. : **R. DEMOGUE**, Les notions fondamentales du droit privé : essai critique, 1911, réimpression par Éditions La Mémoire du Droit, Paris, 2001.

parties, tout en préservant l'impératif de la sécurité juridique comme point d'équilibre entre les différents intérêts antagonistes?

26.L'hypothèse de recherche. On se propose de démontrer que le tiers n'est plus cet étranger au contrat dont le droit positif ne se préoccupait que pour l'expulser du foyer contractuel. De surplus, on ambitionne prouver que l'immixtion du tiers dans la sphère contractuelle peut se réaliser sans que les intérêts des différents protagonistes ne soient affectés.

Immixtion du tiers et sécurité juridique, c'est tout l'équilibre sur lequel devrait reposer la construction que l'on se propose du statut de« tiers » vis-à-vis de l'inexécution du contrat[1]**.**

27. L'approche adoptée. L'hypothèse de recherche qu'on envisage de démontrer nécessite la mise à contribution d'une approche fonctionnelle. Celle-ci consiste à rechercher et à caractériser le rôle que peut occuper le tiers dans l'orbite du contrat. Ce qui fait l'originalité du statut du tiers vis-à-vis de l'inexécution du contrat, c'est que les interactions qu'il entretient avec le contrat opèrent dans les deux sens. Le tiers peut, en effet, être responsable comme il peut être victime de l'inexécution du contrat. Le tiers est une notion variable par son contenu, mais aussi par son statut.

Ces considérations sur l'hypothèse de recherche et l'approche adoptée dictent le plan de la présente recherche.

28. Dans une première partie, on se propose d'appréhenderle tiers en tant que responsable de l'inexécution du contrat et, dans une seconde partie, on suggèrede le percevoir en tant que victime de l'inexécution du contrat.

PREMIÈRE PARTIE : LE TIERS RESPONSABLE DE L'INEXÉCUTION DU CONTRAT

SECONDE PARTIE : LE TIERS VICTIMEDE L'INEXÉCUTION DU CONTRAT

---

[1] V. *infra*, n^{os}746-747.

PREMIÈRE PARTIE

LE TIERS RESPONSABLE DE L'INEXÉCUTION DU CONTRAT

29. Effet direct et effet indirect. « D'une manière toute physique, comme on distingue le dedans et le dehors, on est amené à distinguer les parties et les tiers »[1]. L'intérieur représente le domaine de l'effet direct. Il concerne, en principe, les parties au contrat, celles qui sont tenues par sa force obligatoire. À l'extérieur se développe le rapport juridique indirect, domaine qui intéresse ceux qui ne sont pas parties au contrat, c'est-à-dire les tiers[2].

On s'aperçoit, dès lors, que le domaine de prédilection des tiers est l'effet indirect. C'est à l'extérieur qu'ils se trouvent en principe. Exceptionnellement, ils peuvent être concernés par l'effet direct du contrat.

Qu'il soit à l'extérieur ou à l'intérieur du contrat, le tiers n'est pas un exclu. Il immerge la sphère contractuelle. L'importance de son existence est telle qu'il peut voir sa responsabilité engagée en cas d'inexécution du contrat. Cette responsabilité peut être rattachée à l'effet indirect du contrat (TitreI), comme elle peut être rattachée à son effet direct (TitreII).

Dans les deux alternatives, si la responsabilité qu'on se propose d'établir du côté du tiers a pour objectif la protection du contrat, intérêt du créancier exige, elle ne doit pas perdre de vue l'intérêt du tiers, son droit d'agir. C'est donc de l'arbitrage entre ces intérêts antagonistes que va dépendre notre appréhension de la responsabilité du tiers.

---

[1] **J. CARBONNIER**, Droit civil, T.4, Les obligations, *op.cit.*, n°115, p.232.
[2] **J. DUCLOS**, L'opposabilité (Essai d'une théorie générale), *op.cit.*, n°2-3, p.23.

TITRE I

LA RESPONSABILITÉ DU TIERS RATTACHÉE À L'EFFET INDIRECT DU CONTRAT INEXÉCUTÉ

30. Exposé du problème. L'intervention du tiers dans l'inexécution du contrat peut se produire sous la forme d'une complicité avec le débiteur : il s'associe à ce dernier pour provoquer l'inexécution du contrat. Certes, le créancier a une action contre le débiteur, mais peut-il, en outre, se retourner contre le tiers et engager sa responsabilité ? Répondre par l'affirmative suppose non seulement de démontrer l'existence d'une responsabilité du tiers qui s'associe à la violation d'une obligation contractuelle, laquelle responsabilité se veut de l'autorité d'un principe (Chapitre I), mais aussi d'établir les moyens de mise en œuvre de cette responsabilité (Chapitre II).

L'objectif est de démontrer que le contrat qui intègre l'ordonnancement juridique doit être respecté par les tiers. C'est son effet indirect défini comme étant « le devoir de toute personne de tenir compte de ce qui existe en dehors d'elle et de s'abstenir éventuellement d'y porter atteinte »[1]. L'objectif est aussi de proposer un régime de responsabilité applicable au tiers qui prend en considération la sécurité du créancier contractuel, le respect de la situation acquise que lui procure le contrat, mais aussi la sécurité dynamique du tiers, son droit à l'action.

[1]**J. DUCLOS**, *op.cit.*, n^{os}2-3, p.23.

CHAPITRE I

L'existence d'un principe de responsabilité du tiers

31. Démontrer l'existence d'un principe de responsabilité du tiers qui s'associe à la violation d'un contrat revient d'une part, à justifier ladite responsabilité (Section I) et d'autre part, à démontrer l'ampleur de son domaine (Section II).

SECTION I. LA JUSTIFICATION D'UN PRINCIPE DE RESPONSABILITE DU TIERS

32. Justifier l'existence d'un principe de responsabilité du tiers qui s'associe à la violation d'une obligation contractuelle nécessite, d'une part, la réfutation des obstacles classiques à ladite responsabilité (Paragraphe I) et d'autre part, la recherche d'un fondement à cette responsabilité (Paragraphe II).

Paragraphe I. La réfutation des obstacles classiques au principe de la responsabilité du tiers

33. L'exposé des obstacles classiques (A) permet de scruter leurs limites (B).

A.L'exposé des obstacles classiques au principe de la responsabilité du tiers

34. Le principe d'une responsabilité du tiers qui s'associe à la violation d'une obligation contractuelle bute sur deux obstacles. Le premier est dit de l'effet relatif du contrat (1). Le second est le principe de l'autonomie de la volonté (2).

1. L'objection tirée de la violation du principe dit de l'effet relatif du contrat

35. L'interprétation classique du principe de la relativité : une interprétation imprégnée d'individualisme. L'article 240 du Code des obligations et des contrats dispose que : « Les obligations n'engagent que ceux qui ont été parties à l'acte : elles ne nuisent point aux tiers et elles ne leur profitent que dans les cas exprimés par la loi ». Cet article énonce le principe dit de l'effet relatif du contrat[1], qui signifie que ce dernier ne peut nuire ni profiter aux tiers, non seulement au stade de sa formation, mais aussi au stade de son exécution. Ceci se justifie par l'emplacement de cet article, qui se trouve le premier dans le Chapitre premier du Titre V : « Des effets des obligations », intitulé « De l'effet des obligations en général ». L'article 240 n'est que le doublet de l'article 37 du Code des obligations et des contrats[2].

Les articles 37 et 240 sont apparentés par leur base commune : un esprit individualiste et même de « bon sens »[3], qui demande qu'un contrat ne peut ni nuire ni profiter aux tiers. Ceci a servi d'objection à l'idée que les obligations contractuelles peuvent rayonner sur des personnes autres que les parties contractantes.

L'objection se confirme par l'interprétation que l'on s'est faite des termes « nuire » et « profiter » prévus par l'article 240 du Code des obligations et des contrats. Cette interprétation a été influencée par les sources matérielles de ces termes ainsi que le contexte qui a entouré la consécration du principe de la relativité. Ces deux données historiques ont faussé l'interprétation du principe et ont eu des contrecoups même sur son appellation.

36. L'interprétation classique du principe de la relativité : une interprétation faussée par les sources matérielles de l'article 240 du Code des obligations et des contrats. L'article 240 n'est que l'écho de l'article 1165 du Code civil français[4], qui dispose que : « Les conventions n'ont d'effet qu'entre les parties contractantes ; elles ne nuisent point au tiers, et elles ne lui profitent que dans le cas prévu par l'article 1121(relatif à la stipulation pour autrui) ». Cette source matérielle est mentionnée par David SANTILLANA[5], dans l'article 197 du Projet Préliminaire du Code civil et commercial tunisien[6], ainsi que dans l'article 263 de l'Avant-projet

---

[1] C'est qu'on ne partage pas cette appellation. V. *infra*, n°52.

[2] V. en ce sens :

محمد الزين، مرجع سابق، عدد 403، ص.328. **محمد محفوظ**، دروس في العقد، مرجع سابق، عدد 306، ص.304.

[3] **J. CARBONNIER**, Droit civil, T.4, Les obligations, *op.cit.*, n°122, p.242.

[4] **M.- K. CHARFEDDINE**, « Esquisse sur la méthode normative retenue dans l'élaboration du code tunisien des obligations et des contrats », RIDC, 1996-2, n°19, p.429, note 45.

[5] L'avant-propos de l'avant-projet du Code civil et commercial tunisien publié en 1899 précise à l'*in fine* de son paragraphe premier que : « les notes aussi bien que le texte de ce projet sont l'œuvre du rapporteur ».

[6] Projet Préliminaire de Code civil et commercial tunisien soumis à la Commission de codification des lois tunisiennes, par David SANTILLANA, Imprimerie Générale, J. Picard et Cie, Tunis, 1897.

dudit Code[1]. Ces deux articles constituent le pendant de l'article 240 du Code des obligations et des contrats.

L'article 1165 et plus généralement le Code civil français n'est que la traduction positive, c'est-à-dire normative, du système romano-germanique élaboré sur la base du droit romain tel que compilé par JUSTINIEN au Vème siècle et développé par les efforts des Universités européennes[2]. Dès lors, l'origine du principe est « incontestable : l'idée vient des romains »[3]. Ceci se confirme par le renvoi fait, lors des travaux préparatoires, par l'article 263 de l'Avant-projet au Titre II, 15, 3 du Digeste[4].

37. La conception personnaliste de l'obligation. Il faut tenir compte de l'état d'esprit du citoyen romain qui veut rester libre et indépendant. Il craint l'immixtion d'autrui dans ses affaires. Il ne veut rien devoir aux autres. C'est le signe d'une civilisation individualiste. Cet état d'esprit explique une idée qui a eu une influence déterminante en notre matière et qui a été une pièce maîtresse dans le droit romain, à savoir la crainte de l'obligation[5]. L'obligation est conçue avant tout comme un lien personnel de débiteur à créancier. C'est la conception personnaliste de l'obligation qui est à la base de tout le droit romain[6]. L'idée va faire son chemin : les contrats, et plus généralement toute convention, s'ils ont effet entre les parties contractantes, sont sans effet à l'égard des tiers. Cela fut formulé, ultérieurement, par les glossateurs du droit romain dans l'adage suivant : *Res inter alios acta aliis nec nocet nec prodest.* L'adage est parfois consacré dans d'autres termes : *Res inter alios acta aliis neque nocere neque prodesse prodest*[7]. Le sens est rigoureusement identique. P. HUVELIN en donne la traduction suivante : « Une opération entre deux personnes ne peut nuire, ni profiter à autrui »[8].

38.L'influence du formalisme.À la conception personnaliste de l'obligation s'ajoute la nature formaliste du contrat. Ce dernier a toujours été, dans l'histoire du droit romain, conclu entre personnes présentes. Le formalisme exige la présence réelle des parties. Les effets de leurs engagements se limitaient à eux et ne pouvaient retentir sur des tiers[9].

39. Détermination provisoire de la signification de la règle« *Res inter alios acta aliis nec nocet nec prodest* ».Reflet de l'esprit individualiste du

---

[1] Travaux de la Commission de codification des lois tunisiennes, Fasc. I et II, Code civil et commercial tunisien, avant-projet discuté et adopté, au rapport de **D. SANTILLANA**, Imprimerie Générale, J. Picard et Cie, Tunis, 1899.

[2]**R. DAVID et C. JAUFFRET SPINOSI**, Les grands systèmes de droit contemporains, 11ème éd., Dalloz, Paris, 2002, n^{os}25 et s., pp.25 et s.

[3]**S. CALASTRENG**, Thèse péc., 1939, p.5 ; **A. WEILL**, *op.cit.*, n°18, p.33.

[4] Le titre II, 15, 3 du Digeste prévoit la règle « *Res inter alios acta vel judicatas aliis ne nocere* ».

[5]**J. GAUDEMET**,art. préc.,p.27.**R. SACCO**, art. préc.,p.33.

[6]**J. GAUDEMET**, art. préc., p.21 ; **A. WEILL**, *ibid.*, n^{os}22-23, pp.40-41.

[7] Code **JUSTINIEN**, Titre 60, cité par **F. TERRÉ, Ph. SIMLER et Y. LEQUETTE**, Droit civil, Les obligations, *op.cit.*, p.36, note 3. En ce sens : **Ph. MALAURIE, L. AYNES et Ph. STOFFEL-MUNCK**, Droit civil, Les obligations, *op.cit.*, n°788, p.403.

[8]**P. HUVELIN**, Cours élémentaire de droit romain, p.152, note 1, cité par A. WEILL, *op.cit.*, note 1, p.34.

[9]**A. WEILL**, *ibid.*, n°24, p. 42, et n°35, p.67.

droit romain et de sa technique juridique : le formalisme, les termes *nocere* et *prodesse* ont le même sens juridique qu'à Rome. « Nuire » c'est faire tort, causer un préjudice. « Profiter » c'est tirer un gain, un avantage[1]. D'après cette première interprétation, les obligations ne devraient donc causer aucun préjudice économique aux tiers, et ceux-ci ne pourraient tirer aucun avantage du même ordre. C'est de cette même façon que la jurisprudence française, pendant une grande partie du XIX^ème^siècle, a compris la portée de ce texte, dont elle a déduit que le contrat en tant que source de l'obligation, ne peut avoir aucun effet d'aucune sorte à l'égard d'autres personnes que les parties contractantes[2]. Comme en écho de cette jurisprudence, la Cour de cassation tunisienne a décidé, le 27 janvier 1923, au visa de l'article 240 du Code des obligations et des contrats que « la convention conclue est inopposable à ceux qui n'y ont pas assisté sauf leur assentiment ultérieur »[3].

À suivre cette interprétation, parler de la responsabilité civile du tiers complice de la violation d'un contrat constitue « une monstruosité juridique »[4]. D'aucuns y voient « une nouvelle et formidable brèche dans ce qui reste du principe de la relativité des conventions »[5], d'autres une atteinte à « la souveraineté » de l'effet relatif[6].

40.L'interprétation classique du principe de la relativité : une interprétation faussée par le contexte de son adoption.L'interprétation individualiste du principe de la relativité fut accentuée par le contexte d'adoption de l'article 1165 : une philosophie individualiste et un libéralisme économique en vogue, à la fin du XIIXème siècle. Du point de rencontre de ces deux données, l'une philosophique et l'autre économique, est né le principe de l'autonomie de la volonté. Ce dernier est venu corroborer l'objection à l'idée que les obligations contractuelles peuvent rayonner sur des personnes autres que les parties contractantes.

2.L'objection tirée de la violation du principe de l'autonomie de la volonté

41.Le principe de l'autonomie de la volonté : son origine, sa portée. Point de rencontre des philosophies individualistes[7] et du libéralisme

---

[1] **A. WEILL**, *op.cit.*, n°78, p.140 ; **J. DUCLOS**, L'opposabilité (Essai d'une théorie générale), *op.cit.*, n°27-1, pp.50-51.
[2] Paris, 28 mai 1892, DP, 1893, II, p.399.
[3] Traduction personnelle. Cass. civ. n°7585 en date du 27 janv. 1923, préc, *supra* n°16 en note de bas de page.
[4] **A. WEILL**, *ibid.*, n°236, p.412.
[5] **R. SAVATIER**, « Le prétendu principe de l'effet relatif des contrats », RTD civ., 1934, p.543.
[6] **R. DALLAND**, « Le respect des contrats par les tiers », JCP éd G., 1939, I, 86 ; **B. STARCK**, « Des contrats conclus en violation des droits contractuels d'autrui », JCP éd. G., 1954, I, 1180, n^os^4-5 ; **H. LALOU**, « 1382 contre 1165 ou la responsabilité délictuelle des tiers à l'égard d'un contractant et d'un contractant à l'égard des tiers », D.H., 1928, I, p.72.
[7] C'est chez GROTIUS (1583-1645 après J.-Ch.), père de l'« Ecole du droit naturel et des gens » et ses successeurs notamment J.-J. ROUSSEAU et tous les philosophes humanistes qu'il faut semble-t-il trouver l'origine directe du principe de l'autonomie de la volonté. V. **J. GHESTIN**, Traité de droit civil, La

économique[1], le principe de l'autonomie de la volonté[2] veut que chaque individu étant indépendant, seule sa volonté puisse restreindre sa liberté et le lier. Par conséquent, admettre qu'une personne puisse lier une autre, sans que celle-ci l'ait voulu, ce serait non seulement porter atteinte au principe de la relativité mais aussi au principe de l'autonomie de la volonté.

Le principe de l'autonomie de la volonté, précise la Cour d'appel de Tunis est un principe non écrit mais qui est unanimement admis[3]. SANTILLANA le rappelle dans son avant-propos de l'avant projet. Il note : « De quelque manière qu'elle s'exprime, la volonté humaine suffit pour créer le lien de droit ; (…). Partout la règle *consensus solus obligat* est fondamentale »[4]. Le Code des obligations et des contrats en fait plusieurs applications[5]. Ledit principe fonde le principe de la relativité[6]. Ce dernier présente avec le principe de la liberté contractuelle, du consensualisme et de la force obligatoire du contrat, le troisième[7] corollaire du dogme de l'autonomie de la volonté[8].

C'est donc le rôle des volontés individuelles dans la formation du contrat qui explique le principe de la relativité. Cette thèse subjective du contrat présente l'effet relatif comme « le témoin d'une conception purement individualiste du droit des obligations »[9]. Il en résulte qu'« à l'égard du tiers,

---

formation du contrat, *op.cit.*, n°38, p.28 ; **J. FLOURT, J.-L. AUBERT et E. SAVAUX**, Les obligations, T.1- L'acte juridique, *op.cit.*, n°97, pp.70-71. *Adde* :

محمد الزين،مرجع سابق، عدد 36، ص.42.

[1] Le principe de l'autonomie de la volonté indépendamment de sa justification philosophique, n'a pu avoir de véritable signification qu'avec le libéralisme économique prôné par son fondateur ADAM SMITH (Philosophe et juriste écossais du XIIXème siècle). Pour favoriser les échanges nécessaires au développement économique il faut écarter toutes les entraves à la liberté contractuelle. C'est le principe « laisser faire, laisser passer » que complète le laisser contracter. Sur les fondements économiques dudit principe : V. **E. GOUNOT**, Le principe de l'autonomie de la volonté en droit privé : contribution à l'étude critique de l'individualisme, Thèse préc., n°s73 et s., pp.40 et s. ; **J. FLOURT, J.-L. AUBERT et E. SAVAUX**, *ibid.*, n°98, p.71 ; **F. TERRÉ, Ph. SIMLER et Y. LEQUETTE**, *op.cit.*, n°22, pp.30-31. *Adde* :

سامي الجربي، تفسير العقد، م. ن. ج.، تونس، 1999، عدد33-34، ص.44-45.

[2] Etymologiquement, l'expression « autonomie » dérive d'« autonome », lequel vient du grec *autonomos*, du préfixe *auto* et du substantif *nomos*. Ce dernier correspondant en latin à *lex*, en français « loi ». C'est le droit de se faire régir par sa propre loi : **F. TERRÉ, Ph. SIMLER et Y. LEQUETTE**, *ibid.*, n°21, p.30.

[3] Cour d'appel de Tunis, arrêt n°19798 en date du 07 déc. 1961, RJL, 1961, n°1, p.21 (partie en langue arabe) :

" إن قواعد الإلتزامات والعقود تضم قاعدة غير مكتوبة ولكنها مقبولة من الجميع و هي مبدأ استقلال الإرادة ".

[4] **David SANTILLANA**, Avant-propos de l'Avant-projet du Code civil et commercial Tunisien, sans pagination, paragraphe n°V.

[5] Dès l'art. premier du COC, le législateur énonce que « Les obligations dérivent des conventions et autres déclarations de volonté… ». La déclaration de volonté en tant que source d'obligation est prévue par la Section 2 du Chapitre premier du Titre II du COC. V. aussi Art.242 du COC.

[6] **J. FLOURT, J.-L. AUBERT et E. SAVAUX**, *op.cit.*, n°97, p.71.

[7] C'est qu'on considère que le consensualisme n'est qu'une résultante de la liberté contractuelle : **A. BEL HAJ HAMOUDA**, « Le C.O.C. et les conditions de validité du contrat : étude rétrospective », RTD, 1997, p.12.

[8] C'est la thèse d'**E. GOUNOT** (*op.cit.*), qui a mis en lumière les trois grands principes déduits du dogme de l'autonomie de la volonté. Cette analyse a été reprise par la suite par la plupart des auteurs.

[9] **J. FLOURT, J.-L. AUBERT et E. SAVAUX**, *ibid.*, n°422, p.346.

l'acte conventionnel n'existait pas puisque, par hypothèse, sa volonté n'a pas concouru à l'élaboration de cet acte »[1].

Dès lors qu'un tiers au contrat puisse être responsable de l'inexécution d'une obligation contractuelle, voilà qui paraît, *a priori*, heurter directement le principe de l'autonomie de la volonté. Or, est ce que l'autonomie de la volonté- prolongement de l'esprit individualiste romain et point de rencontre des philosophies individualistes et de l'économie libérale- est l'explication unique des principes régissant le contrat ?

La réponse à cette question permet de repenser le rôle de la volonté dans la théorie générale du contrat et partant l'acception classique du principe de la relativité qui tend plus vers la protection des tiers que de l'acte contractuel.

B. Les limites des obstacles classiques au principe de la responsabilité du tiers

42.Rejet de l'approche individualiste. L'exclusion des tiers du champ contractuel pouvait se comprendre dans une société où « l'onde de répercussion des événements était le plus souvent restreinte »[2]. Mais dans la société moderne « la complexité des relations sociales fait, mieux que jadis, apparaître les interférences existants entre les individus et entre les liens juridiques qu'ils tissent autour d'eux »[3]. Dans la pensée juridique, ces interférences sont traduites par le recul du principe individualiste de l'autonomie de la volonté (1), qui ne peut pas être sans incidence sur le sens et la portée du principe de la relativité (2).

1.Le recul du principe de l'autonomie de la volonté

43.Remise en cause du principe de l'autonomie de la volonté. Pour déduire le principe de la relativité du rôle de la volonté dans le processus de formation du contrat, il faut adhérer au postulat que toute restriction à la liberté doit résulter de la volonté souveraine des parties, c'est-à-dire de la théorie de l'autonomie de la volonté. Or, on peut se demander avec M. BEL HAJ HAMOUDA si la volonté est encore l'élément moteur du processus contractuel[4] ?

L'autonomie de la volonté n'est pas l'explication unique, ni même principale, des textes régissant le contrat[5]. On assiste aujourd'hui à une

---

[1] **J. DUCLOS**, *op.cit.*, n°22, p.47.
[2] **J. DUCLOS**, *ibid.*, n°4, p.26.
[3] **J. LIMPENS**, « De l'opposabilité des contrats à l'égard des tiers », *in* Mélanges P. ROUBIER, T.2, Dalloz-Sirey, Paris, 1965, n°25 bis, p.101 ; **R. SAVATIER**, art. préc., n°34, p.545.
[4] **A. BEL HAJ HAMOUDA**, « La volonté est elle encore l'élément moteur du processus contractuel ? », RTD, 2005, p.1.
[5] **J. GHESTIN**, *op. cit.*, n°60, p.41. *Adde* :
محمد الزين، مرجع سابق، عدد 42 ومايليه، ص.46 وما بعدها.**محمد محفوظ**، دروس في العقد، مرجع سابق، عدد52 وما يليه، ص. 63 وما بعدها. **المنجي طرشونة**، محاضرات في القانون المدني، النظرية العامة للإلتزام، الأستاذية في الحقوق، السنة الثانية، درس مرقون، كلية الحقوق والعلوم الإقتصادية والسياسية بسوسة، السنة الجامعية 1993 -1994، ص.27 وما بعدها.

« remise en cause du dogme de l'autonomie de la volonté »[1]. M. REKIK a démontré que « la réalité du contrat en droit positif tunisien (…) diffère fondamentalement de la conception du contrat dominé par le principe de l'autonomie de la volonté »[2]. Deux arguments peuvent étayer cette idée. Le premier tiré de l'acception objective du contrat. Le second, son prolongement, de sa fonction sociale. Les deux occupent dans la partie générale du Code des obligations et des contrats une place de choix[3].

44. L'acception objective du contrat. Partant de l'article 242 du Code des obligations et des contrats, ledit article ne reconnait de force obligatoire qu'aux obligations contractuelles « valablement formées ». Cette disposition est parfois présentée comme « l'antithèse même de l'autonomie : ce n'est pas d'elle-même que la volonté tire sa force, mais uniquement de la loi »[4]. Dès lors, « ce n'est plus le contrat contre la loi, c'est plutôt le contrat dans la loi »[5]. C'est la théorie positiviste du contrat, dite aussi objective, dont le promoteur est G. ROUHETTE[6]. La Cour de cassation ne manque pas d'en donner une suite favorable[7]. Avec la conception objective du contrat, on a eu beau affirmer que ce dernier tire sa force obligatoire de la loi et non de la

---

[1]**A. BEL HAJ HAMOUDA**, « La volonté… », art. préc., p.1 ; **M. BAG BAG**, « Le formalisme en droit privé tunisien : naissance ou réminiscence », *in* L'apport du XXème siècle en droit privé tunisien, FDSPT, Coll. Forum des Juristes, Vol. VIII, 2000, n°5, pp.145-146 ; **O. BEN FADHEL**, Introduction au droit privé comparé, IORT, Tunis, 2002, p.137 ; **A. SIRI**, « L'évolution des interprétations du principe de la force obligatoire du contrat de 1804 à l'heure actuelle », RRJ, 2008-3, p.1339, spéc. n°42, p.1396 ; **R. WINTGEN**, Etude critique de la notion d'opposabilité : les effets du contrat à l'égard des tiers en droit civil français et allemand, préface de J. GHESTIN, LGDJ, Paris, 2004, n°48, p.40.

[2]**N. REKIK**, L'ordre public et le contrat civil, *op.cit.*, n°8, p.9, et n°441, p.436. L'auteur précise que « ce qui est en fait en crise, c'est une conception déterminée du contrat dominée par le libéralisme et l'individualisme » : n°263, pp.270-271.

[3]**M. ZINE**, « De l'esprit et de l'effectivité de certaines dispositions du C.O.C. », *in* Livre du centenaire du code des obligations et des contrats 1906-2006, sous la direction de M.-K. CHARFEDDINE, CPU, Tunis, 2006, p.439 et s. ; **F. BELKNANI**, « Code des obligations et des contrats et la codification », *in* Livre du centenaire du code des obligations et des contrats 1906-2006, sous la direction de M.-K. CHARFEDDINE, CPU, Tunis, 2006, p.23.

[4]**J. FLOURT, J.-L. AUBERT et E. SAVAUX**, *op.cit.*, n°105, p.75 ; **Ch. JAMIN**, « Une brève histoire politique des interprétations de l'article 1134 du Code civil », D., 2002, I, p.901 ; **J.-P. CHARAZ**, « De la signification du mot loi dans l'article 1134, alinéa 1er du code civil », RTD civ., 2001, p.265.

[5]**A. BEL HAJ HAMOUDA**, « La volonté… », art. préc., p.9.

[6]**G. ROUHETTE**, Contribution à l'étude critique de la notion de contrat, Thèse pour le Doctorat en Droit, Paris, Ronéo, 1965 ; V. aussi **G. RIPERT**, « L'ordre économique et la liberté contractuelle », *in* Recueil d'études sur Les sources du droit en l'honneur de F. GENY, T.II, Paris, 1977, pp.347 et s., spéc. n°2, p.348 : « La volonté n'a d'autre force que la soumission au régime légal » ; **M. ZINE**, art. préc., pp.439 et s. ; **N. REKIK**, *ibid.*, n[os]394 à 405, pp.387 à 397.*Adde* :
محمد الزين، مرجع سابق، عدد 51، ص.52-53. **سامي الجربي**، تفسير العقد، مرجع سابق، عدد 317، ص.381 و ما يليها. **محمد محفوظ**، "نظرية توابع العقد"، م. ق. ت.، 2008، عدد 6، ص.99 و ما يليها.

[7] On cite à titre d'illustration de cette tendance objective, les décisions rendues au visa de l'art.243 du COC :

ق. ت. م. عدد 7461 صادر بتاريخ 04 أفريل 2005، ن. م. ت.، 2005، ص.67.

On cite aussi la tendance de la Cour de cassation de réviser la clause pénale sur la base de l'équité : Cass. civ. n°72402-2012 en date du 25 sept. 2013 (inédit) :

"حيث أن الشرط التغريمي لم يرد به نص خاص في القانون التونسي وقد ذهب فريق من الفقهاء إلى أنه ولئن كان الشرط الجزائي خاضعا لمبدإ سلطان الإرادة وحرية التعاقد تنفيذا لمقتضيات الفصل 242 من م.إ.ع. إلا أن هذا لا يمنع محكمة الموضوع في نطاق سلطتها التقديرية من إجراء ما لها من حق الرقابة على ذلك الشرط بالزيادة أو التنقيص فيه أو الإبقاء عليه أو إلغائه عند الإقتضاء بحسب أحوال كل قضية على معنى الفصل 278 من م.إ.ع. ".

Adde : Cass. civ. n°42624 en date du 28 fév. 1994, RTD, 1996, p.231 (partie en langue arabe).

volonté individuelle[1]. Àl'individualisme on oppose ainsi le « normativisme »[2]. Le pouvoir reconnu aux volontés individuelles n'est pas originaire mais dérivé[3].

45. L'approche sociale du contrat. La fonction sociale du contrat est aussi un argument en faveur du recul du principe de l'autonomie de la volonté. Elle a été mise en exergue par M. GHESTIN. S'engageant dans la voie ouverte par E. GOUNOT[4], l'auteur propose de fonder le régime du contrat et notamment le principe de l'effet relatif, non pas sur l'autonomie de la volonté, mais sur la justice contractuelle[5] et l'utilité sociale[6].

L'utilité sociale est une idée principale qui a permis d'éluder tant de postulats qui ont servi à évincer un éventuel rayonnement du contrat sur les tiers. Elle a permis d'une part, d'éluder l'argument tiré de la liberté individuelle. En effet, du fait de la socialisation du droit, les rapports de droit ne peuvent plus être envisagés seulement du point de vue de la liberté de ceux qui les ont créés, mais en fonction de l'intérêt social[7]. Elle a permis, d'autre part, de réfuter l'argument tiré de la sécurité juridique[8]. On postule, en effet, que le souci d'assurer la sécurité juridique du tiers est affecté si le contrat produit des effets à son égard. Mais, s'agit-il d'une sécurité absolue où les tiers ne soient jamais affectés sans leur accord ? La doctrine estime que « la sécurité juridique absolue n'est ni réalisable ni souhaitable… Il faut trouver un compromis entre le souci de protéger la sécurité juridique des tiers et l'efficacité de la convention »[9], en d'autres termes son utilité sociale. Ce n'est plus la sécurité statique : expression de la protection des situations acquises, c'est plutôt la sécurité dynamique : expression de la protection des attentes légitimes de ceux qui agissent[10], qui peut justifier une extension des effets du contrat à des personnes qui n'y ont pas consenti[11].

---

[1]**J. GHESTIN**, *op.cit.*, n°223, p.200.

[2]**Ph. MALAURIE, L. AYNES et Ph. STOFFEL MUNCK**, *op.cit.*, n°748, p.364.

[3] **F. TERRÉ, Ph. SIMLER et Y. LEQUETTE**, *op.cit.*, n°28, p.33.

[4]**E. GOUNOT**, Thèse préc., pp.339 et s., pp.360 et s. et pp.450 et s. On peut même ramener les idées de justice et d'utilité sociale à **F. GENY** : l'auteur parle des « exigences combinées de la justice et de l'utilité sociale » : Sciences et techniques en droit privé positif : nouvelle contribution à la critique de la méthode juridique, Sirey, Paris, 1914-1924, T.IV, n°277, p.32 et T.III, n^{os}222-233, pp.206-211.

[5] Sur la justice contractuelle : V. **J. GHESTIN**, *ibid.*, n^{os}252-253, pp.226-227 et 228.

[6]**J. GHESTIN**, « L'utile et le juste dans les contrats », D., 1982, I, pp.1et s.; **J. GHESTIN**, *ibid.*, n°60, p.41 et n°226, p.203 ; **M.BAG BAG**, art. préc., n°34, p.170 ; **M. ZINE**, art. préc., pp.439 et s. ; **F. BELKNANI**, art. préc., p.23 ; V. en ce sens **J. FLOURT, J.-L. AUBERT et E. SAVAUX**, *ibid.*, n°120, p.86 ; **J.-L. AUBERT**, Droit des obligations, Le contrat, 3ème éd., Dalloz, Paris, 2005, pp.27-28 ; **A. WEILL**, *op.cit.*, n°10, p.20 et n°99, p.172 ; **Ph. MALAURIE, L. AYNES** et **Ph. STOFFEL MUNCK**, *ibid.*, n°748, pp.363-364 ; **L. JOSSERAND**, « Aperçu général des tendances actuelles de la théorie des contrats », RTD civ., 1937, pp.1et s.

[7]**J. GHESTIN**, *ibid.*, n°60, p.41 ; **S. CALASTRENG**, Thèse préc., p.13.

[8]**F. POLLAUD-DULIAN**, « À propos de la sécurité juridique », RTD civ., 2001, p.491.

[9]**R. WINTGEN**, *op.cit.*, n°55, p.47.

[10]**R. DEMOGUE**, Les notions fondamentales du droit privé : essai critique, *op.cit.*, pp.63 et s. ; **R. WINTGEN**, *ibid.*, n°51, p.43.

[11]**R. WINTGEN**, *ibid.,loc.cit.* ; **J. GHESTIN**, *ibid.* n°249, p.223 ; **M.BACACHE-GIBEILI**, La relativité des conventions et les groupes de contrats, préface d'Y. LEQUETTE, LGDJ, Paris, 1996, n°296, pp.258 et s.

46.L'incidence d'une nouvelle approche contractuelle. Du redressement du rôle de la volonté par l'acception objective du contrat ainsi que par sa fonction sociale, deux constats sont à relever. D'une part, le contrat ne sera plus apprécié du point de vue de la liberté des contractants seulement, mais également en considération de l'intérêt de la collectivité. Ce mariage se fait sentir dans les règles générales du contrat inscrites dans le Livre premier du Code des obligations et des contrats[1]. La limite apportée à la liberté contractuelle a permis de justifier le dirigisme contractuel traduit par l'essor de « *l'ordre public contractuel* »[2]. Elle a permis, par ailleurs, de justifier le formalisme[3]. D'autre part, la conclusion du contrat constitue un élément nouveau,qui s'ajoute à l'ordonnancement juridique. Cela invite à reconsidérer la vision purement individualiste de l'article 240 du Code des obligations et des contrats. « L'ancienne conception de la relativité des actes conventionnels, précise M. DUCLOS, témoigne, à l'évidence, d'un individualisme excessif et d'un irréalisme profond »[4].

2.Le sens et la portée du principe de la relativité

47.Nécessité de déterminer la signification précise de l'article 240 du Code des obligations et des contrats. Le redressement du rôle de la volonté dans la théorie générale du contrat ne peut être sans incidence sur le sens et la portée de la règle de la relativité. Les termes « nuire » et « profiter » ne peuvent être compris au sens d'« avantage » ou de « désavantage » matériel que le tiers pourrait subir du fait du contrat. Ils doivent être interprétés autrement. Deux éléments peuvent éclairer cette interprétation. Le premier tient à la structure formelle de l'article. Le second tient plutôt à sa substance.

48.Une interprétation éclairée par la structure formelle de l'article 240 du Code des obligations et des contrats. C'est à partir de la ponctuation utilisée entre les deux parties de l'article 240 du Code des obligations et des contrats dans sa version française[5], qu'on peut comprendre la signification des termes « nuire » et « profiter ». Cette ponctuation signifie que la seconde partie de l'article ne fait qu'expliquer la première. À suivre ce raisonnement, on peut déduire que les obligations qui engagent les parties, en vertu de la première partie de l'article 240, ne le sont pas pour les tiers, en

---

[1]**F. BELKNANI**, art. préc., p.23.

[2]**N. REKIK**, *op.cit.*, n°7, p.20. C'est l'auteur qui souligne. V. en ce sens : **F. TERRÉ, Ph. SIMLER et Y. LEQUETTE**, *op.cit.*, n°35, p.39 ; **G. RIPERT**, art. préc., pp.347 et s.

[3]**M. MAHFOUDH**, « Formalisme et théorie générale du contrat », Actes du colloque organisé par : l'Association Tunisienne de Droit Privé les 9-10 et 11 déc., *in* Collection Forum des Juristes, Regard sur le formalisme en droit privé, n°12, Tunis, 2007, n°5, p.16 : « le formalisme exprime un système dans lequel la validité des actes est strictement soumise à l'observance de formalités » : c'est la conception restrictive du formalisme dit substantiel. À distinguer avec le formalisme probatoire : *op.cit.*, n°10, p.19 ; **M.-K. CHARFEDDINE**, Esquisse..., art. préc., n°47, p.442 ; **M. BAG BAG**, art. préc., n°7, p.147. V. pour l'exigence d'un acte sous-seing-privé notamment dans le COC : les art.581, 719, al. second, 729, 1254, 1466 et dans le CDR : les art.71, 116 et 257.

[4]**J. DUCLOS**, *op.cit.*, n°27-2, p.51.

[5] Le législateur utilise dans la version initiale de l'art. 240 une ponctuation « **:** » qu'on ne retrouve pas dans la version arabe.

vertu de la seconde partie du même article. Dès lors le « pouvoir normatif »[1] résultant de l'effet obligatoire de l'obligation entre les parties est limité à l'égard des tiers par le principe de la relativité de cet effet[2]. C'est donc au sens d'obliger ou encore d'engager qu'on doit comprendre le terme « nuire ». Et si tel est le sens du terme « nuire », il est permis de voir dans le terme « profiter » le sens de conférer un droit.

49.Une interprétation éclairée par la substance de l'article 240 du Code des obligations et des contrats.L'article 240, qui dispose que les obligations n'engagent que les parties contractantes, ajoute qu'exceptionnellement elles peuvent être étendues aux tiers « dans les cas exprimés par la loi ». Ces exceptions à la relativité peuvent être d'ordre actif ou passif. Parmi les exceptions actives, la stipulation pour autrui, prévue par l'article 38 du Code des obligations et des contrats,enconstitue une[3]. Or, il est admis que la stipulation pour autrui confère des droits au tiers[4]. Quant aux exceptions d'ordre passif, la doctrine admet que l'action directe en constitue une, en tant qu'elle peut obliger les tiers[5].

Par conséquent, si les exceptions consistent soit à obliger les tiers soit à leur conférer un droit, le principe demeure qu'on ne peut, par la souscription d'une obligation, ni obliger un tiers, ni lui accorder un droit. L'exception étant prise sur la règle. Le terme « nuire » vise, dès lors, la création d'une obligation à la charge d'un tiers. Le terme « profiter » la création d'une créance en sa faveur. Ceci se confirme, d'autant plus que, dans la version arable de l'article 38, le législateur utilise le terme « منفعته » et c'est cette même expression qui est utilisée dans l'article 240 «نفع ». Ce qui signifie que c'est le même sens qui doit être retenu. Profiter signifie « stipuler »c'est-à-dire « conférer un droit ».

50.Sens de l'article 240 du Code des obligations et des contrats. On est ainsi amené à donner à la règle « *res inter alios acta...* »,prévue par l'article 240 du Code des obligations et des contrats, le sens suivant : en principe les obligations n'engagent que les parties contractantes : elles ne peuvent ni créer une obligation à la charge d'un tiers ni lui conférer un droit[6]. C'est le sens de l'article. Cette interprétation a trouvé une suite favorable auprès de la Cour de cassation dans sa décision rendue le 30 décembre 2004. La Cour a décidé, au visa de l'article 240, que les tiers ne sont pas obligés par le contrat

---

[1]**M. ANCEL**, « Force obligatoire et contenu obligationnel du contrat », RTD civ., 1999, p.771.
[2]**R. WINTGEN**, *op.cit.*, n°80, p.74 et n°85, p.80.
[3] Cass. civ. n°8178 en date du 04 janv. 1983, RJL, 1983,n°7, p.57 (partie en langue arabe):
" وحيث أجمع فقهاء القانون وشراحه على أن عقد الإشتراط لصالح الغير...أصبح إستثناء للقاعدة العامة القاضية بأن الإتفاقات لا تلزم إلا أطرافها".
Adde :
محمد المالقي، محاضرات في شرح القانون المدني التونسي، مرجع سابق، ص.215.
[4] Cass. civ. n°8178 en date du 04 janv. 1983, préc.:
" إن المنتفع و لئن لم يكن طرفا في العقد المبرم بين المشترط والمتعهد إلا أنه قد أكتسب بمجرد إبرام العقد حقا شخصيا تلقاه من عقد الاشتراط ذاته".
[5]**J.-L. GOUTAL**, Essai sur le principe de l'effet relatif du contrat, *op.cit.*, n°57, pp.48-49 ; **J. DUCLOS**, *op.cit.*, n°64, p.90.V. *infra*, n°s372 et s.
[6]**J.-L. GOUTAL**, *ibid.*, n°9, p.22 et n°27-2, p.51.

puisqu'il ne peut ni leur nuire ni leur profiter[1]. Ainsi déterminé, le sens de l'article 240 du Code des obligations et des contrats permet de déterminer sa portée.

51. Portée de l'article 240 du Code des obligations et des contrats. L'article 240 concerne l'étendue de l'effet de l'obligation. Elle est obligatoire entre les parties et relative pour les tiers. En d'autres termes, l'article 240 a trait au domaine de la force obligatoire du contrat. Il n'est qu'une disposition *a contrario* de l'article 242 du Code des obligations et des contrats, qui dispose que « Les obligations contractuelles… tiennent lieu de loi à ceux qui les ont faites ». Les auteurs du Code des obligations et des contrats se sont aperçus qu'il s'agit de l'effet des obligations et n'ont pas de l'effet des conventions. Ils ont remplacé le terme « convention » utilisé dans l'article 1165 du Code civil français par le terme « obligation » aussi bien dans l'intitulé du titre V, dans son Chapitre premier, que dans l'article 240. Est-ce que différence existe ?

52. Principe de la relativité du contrat ou de l'obligation ? Il y a certainement une différence entre l'effet relatif de l'obligation et celui de la convention. C'est que l'effet relatif de l'obligation veut que seules les parties à l'acte puissent, en principe, demander l'exécution de l'obligation ou y être obligées. En ramenant cet effet à l'effet relatif de la convention, on a cru que, de même que l'obligation n'existe qu'entre les parties contractantes, la convention elle aussi n'existe qu'entre les parties contractantes[2], chose qui n'est pas vraie. Par conséquent, un tiers ne pourra ni invoquer la convention ni se la voir opposer, chose qui n'est pas vrai non plus[3].

C'est pour cela qu'on considère que l'expression « effet relatif du contrat » est malheureuse. On propose « l'effet relatif de l'obligation » ou encore « la relativité de l'effet obligatoire du contrat »[4]. En effet, ce qui est relatif n'est pas le contrat mais plutôt ses effets obligatoires produits entre les parties contractantes. Or, le contrat n'est pas seulement effet obligatoire. C'est son effet interne. Et c'est justement ce que régit l'article 240, qui n'apporte aucune précision sur un autre aspect du contrat, à savoir ses effets externes[5].

---

[1] Cass. civ. n°3436 en date du 30 déc. 2004, Bull. civ., 2004, p.173 :

" لا يلزم العقد الغير في شيء بأعتباره لا ينجر عنه لهم ضرر ولا نفع".

Adde : Cass. civ. n°42985 en date du 24 oct. 1996, Bull. civ., 1996, p.303. Cass. civ. n°3609 en date du 23 janv. 1965, RJL, 1965, n°7, p.43/179 (partie en langue arabe). Cass. civ. n°8428 en date du premier juill. 1952, RJL, 1960, n°s9-10, p.188 (partie en langue arabe).

[2] **H. LALOU**, art. préc., p.69.

[3] **O. DESHAYES**, « Précisions sur la nature et les fonctions de la règle d'effet relatif des contrats », *in* Etudes offertes à G. VINEY, LGDJ, 2008, n°3, p.335 et n°7, pp.338-389 ; **A. WEILL**, *op.cit.*, n°80, p.148 ; **E. GAUDEMET**, Théorie générale des obligations, *op.cit.*, p.200 ; **S. CALASTRENG**, Thèse préc., pp.357 et s. ; **J.-M. AUSSEL**, Essai sur la notion de tiers en droit civil français, Thèse pour le Doctorat en Droit, Montpellier, 1953, n°56, p.72 ; **J. DUCLOS**, *op.cit.*, n°47-1, p.70 et n°169, p.195.

[4] V. en ce sens :

محمد الزين، مرجع سابق، ص.331 : عنوان الفرع الأول: " نسبية الأثر الإلزامي للعقد".

[5] **J. FLOURT, J.-L. AUBERT** et **E. SAVAUX**, *op.cit.*, n°424, p.347 ; **O. DESHAYES**, « Précisions sur la nature et les fonctions de la règle d'effet relatif des contrats », *in* Études offertes à G. VINEY, LGDJ, Paris, 2008, n°27, p.336.

Pour confirmer cette distinction, les rédacteurs du Code des obligations et des contrats ont, par ailleurs, remplacé le terme « effet » utilisé dans l'article 1165 du Code civil françaispar le terme « engagement ». Dire que « les obligations n'engagent que les parties contractantes » signifie que les tiers ne sont exclus que de cet effet interne réservé aux parties contractantes. Quant aux effets externes, l'article n'apporte aucune précision. En utilisant le terme « effet », l'article 1165dudit Code a induit les commentateurs en erreur. Ils ont cru que ledit article a exclu les tiers aussi bien des effets internes du contrat que de ses effets externes[1]. C'est justement pour pallier cette imprécision que l'article 1199, alinéa premier, désormais pendant de l'ancien article 1165 du Code civil français, dispose que : « Le contrat ne crée d'obligation qu'entre les parties »[2]. En clair, le terme « effet » a été remplacé par le terme « obligation »[3].

Dès lors, la question à laquelle l'article 240 permet de répondre ne serait pas : « Qui est affecté par le contrat ? », mais plutôt : « Qui, les parties contractantes peuvent- elles engager par leur contrat ? »[4]. La première a trait au rayonnement du contrat. La seconde au domaine de sa force obligatoire. La Cour de cassation commet parfois cette imprécision en confondant « force obligatoire » et « effet du contrat ». Elle a décidé le 10 mars 1959 que « les actes n'ont d'effet qu'entre les parties contractantes »[5]. Le 07 avril 2000, elle a interprété implicitement les expressions « ne peut nuire ni profiter » au sens de « ne peut avoir aucun effet juridique à l'égard des tiers »[6].

On en déduit que, quand le reproche adressé au tiers c'est, « non de ne pas avoir exécuté une prestation promise par un autre, mais d'avoir empêché le créancier de tirer profit de son contrat, la relativité n'est pas transgressée »[7]. L'objection tirée du principe de l'effet relatif de l'obligation est donc inopérante.

---

[1] Dans l'« Avant-projet de réforme du droit des obligations et du droit de la prescription », dit projet **CATALA**, remis au Garde des Sceaux, le 22 sept. 2005, on a proposé de remplacer le terme « effet » par le terme « lier » : « Les conventions ne lient que les parties contractantes » : **L. AYNES**, « Les effets des contrats à l'égard des tiers (Art.1165 à 1172-3 de l'avant-projet de réforme) », RDC, 2006, n°1, p.64 ; **D. ARTEIL**, « L'effet des conventions à l'égard des tiers dans l'avant-projet de réforme du droit des obligations », LPA, 2006, n°228, p.11, n°3.

[2] L'art.1199 a été introduit par l'ordonnance n°2016-131 du 10 fév. 2016 portant réforme du droit des contrats, du régime général et de la preuve des obligations.

[3] Sur la question : **O. DESHAYES**, « Présentation de la réforme du droit des contrats », *in* « L'actualité du droit des contrats : approche comparée », Colloque organisé les 2 et 3 mars 2016, FDS et Faculté de Droit d'Avignon, (à paraître) ; **F. DANOS**, « Les effets du contrat dans l'ordonnance portant réforme du droit des contrats », *loc.cit.*, (à paraître).

[4] **O. DESHAYES,** art. préc., n°4, p.336.

[5] Cass. civ. n°1442, RJL, 1960, n°5, p.30/360 (partie en langue arabe):
" الكتائب **لا تأثير لها** إلا فيما بين المتعاقدين و لا ينجر عنها ضرر لغيرهما".

[6] Cass. civ. n°76722, Bull. Civ., 2ème partie, p.94:
" إن آثار العقد من الحقوق والإلتزامات تنصرف أولا و بالذات إلى المتعاقدين أو من يمثلهما من خلف خاص أو خلف عام أما غير هؤلاء فهم أجانب عن العقد لا ينصرف إليهم أثره **و لا يتأثرون به**".

[7] **B. STARCK**, art. préc., n°33.En ce sens **A. WAHL**, note sous Amiens, 07 déc. 1902, S., 1903, IIème partie, p.257.

Le tiers n'est pas personnellement obligé par le contrat, c'est ce qu'on a déduit de notre analyse de l'article 240 du Code des obligations et des contrats. Tel était le premier point de notre démonstration. Cependant, rien n'autorise ce tiers à ignorer l'existence de ce contrat et de porter une atteinte aux droits du créancier[1]. C'est ce qui nous reste à démontrer, en dehors de l'article 240 du Code des obligations et des contrats.

Paragraphe II. Le fondement de la responsabilité du tiers

53. Déterminer le fondement de la responsabilité du tiers qui s'associe à la violation d'une obligation contractuelle revient à justifier qu'au-delà de l'effet obligatoire limité aux parties, le contrat est susceptible de produire des effets à l'égard des tiers. L'idée est donc de compléter le principe de la relativité des effets directs du contrat, dits aussi internes, par un principe permettant d'expliquer ses effets indirects, dits aussi externes.

À la différence du principe de la relativité des effets internes du contrat, prévu par l'article 240 du Code des obligations et des contrats, notre législateur ne prévoit aucun texte de portée générale qui précise la portée de ses effets externes. Le principe de l'opposabilité, œuvre purement doctrinale[2], permet semble-t-il de préciser cette portée. Il permet par la même d'offrir un fondement à la responsabilité du tiers qui s'associe à la violation d'une obligation contractuelle. Le principe de l'opposabilité mérite d'être identifié (A), avant d'être justifié (B).

A.L'identification du principe d'opposabilité

54.L'opposabilité.L'opposabilité peut être définie comme étant « la qualité reconnue à un élément de l'ordre juridique par laquelle il rayonne indirectement hors de son cercle d'activité directe »[3]. On en déduit que la qualité de tiers[4] et l'effet indirect[5] sont les deux critères cumulés de l'opposabilité[6].

55.Facettes de l'opposabilité. Mme. BERTRAND postule que l'opposabilité se présente sous trois facettes selon le rôle qu'elle remplit. D'abord, l'opposabilité au sens d'exigibilité : « On oppose le contrat à un

---

[1]**R. SAVATIER**, Traité de la responsabilité civile en droit français, T.I, Les sources de la responsabilité civile, 2ème éd., LGDJ, Paris, 1951, n°144, p.187.

[2] Il semble que l'idée ait été lancée par **L. DELCOURT,** De l'effet des actes juridiques à l'égard des tiers, Thèse pour le Doctorat en Droit, Paris, 1902 puis **E. JUILLE,** Effet des actes juridiques à l'égard des tiers, Thèse pour le Doctorat en Droit, Lille, 1904. V. : **F. BERTRAND**, Thèse préc., n°5, pp.8-9 ; **R. WINTGEN**, *op.cit.*, n°2, p.2.

[3]**J. DUCLOS**, *op.cit.*, n°2-1, p.22, et n°12-2, p.35. V. aussi **R. WINTGEN**, *ibid.*, n°1, p.1 ; **F. BERTRAND**, *op.cit.*, n°2, p.5.

[4] V. sur sa définition, *infra*, n°s83- 95- 101- 110- 116- 124- 131- 139- 148- 164 et 262.

[5] À opposer avec « l'effet direct » qui « concerne les personnes directement en relation avec l'élément juridique considéré, et que l'on peut donc appeler globalement les « acteurs directs » ou « sujets directs » : **J. DUCLOS**, *ibid.*, n°2-3, p.23 ; **A. WEILL**, *op.cit.*, n°226, p.395.

[6]**J. DUCLOS**, *ibid.*, n°2-1, p.22 et n°12-2, p.35.

ayant-cause qui deviendra de la sorte obligé »[1]. L'effet de l'opposabilité du contrat consiste dans ce cas dans la transmission d'une obligation à un ayant cause à titre particulier. Ensuite, l'opposabilité comme mode de preuve : on oppose le contrat pour « permettre d'apporter la preuve de l'existence d'une certaine situation juridique »[2]. Enfin, l'opposabilité au sens d'inviolabilité. C'est « le devoir de toute personne de tenir compte de ce qui existe en dehors d'elle et de s'abstenir éventuellement d'y porter atteinte »[3].

Si on partage l'opinion de l'auteur sur les deux dernières facettes de l'opposabilité, celle qui concerne l'exigibilité ne gagne pas notre adhésion. En effet, l'opposabilité du contrat doit être distinguée de l'extension de son effet obligatoire[4].

56.Exclusion de l'exigibilité du domaine de l'opposabilité. La formule qui réunit les termes « opposabilité » et « exigibilité » n'est pas pertinente. En effet, ce qui caractérise l'opposabilité c'est la réunion de deux conditions : un effet indirect produit par le contrat, et la qualité de tiers du sujet de droit atteint par cet effet. L'exigibilité, quant à elle, renvoie plutôt à l'effet obligatoire. Or, ce qui caractérise ce dernier, c'est plutôt son effet direct dont seules les parties sont en principe tenues. Cet effet obligatoire est parfois étendu aux tiers soit par la volonté du législateur, par une sorte de cession légale du contrat[5], soit par la volonté des parties, par une sorte de cession volontaire du contrat[6]. Le législateur intervient alors pour ôter aux tiers cette qualité et les assimiler aux parties[7]. C'est ce qui découle de l'article 241 du Code des obligations et des contrats et se confirme par la Cour de cassation[8]. Et c'est là une autre différence qui sépare l'opposabilité qui, à part son effet indirect, ne concerne que les tiers, et l'extension de

---

[1]**F. BERTRAND**, *op.cit.*, n°115, p.169.

[2]**F. BERTRAND**, *ibid.*, n°115, pp.169-170.

[3]**J. DUCLOS**, *op.cit.*, n°2-3, p.23 ; **F. BERTRAND**, *ibid.*, n°115, p.170.

[4] **J. DUCLOS**, *ibid.*, n°61, pp.86-87 : « L'ambiguïté du vocabulaire juridique habituellement employé prête à confusion : le terme « opposable » est utilisé indifféremment pour désigner une extension de l'effet obligatoire comme une illustration authentique de l'opposabilité des contrats. Le même mot exprime ainsi deux phénomènes juridiques radicalement distincts : l'un supposant un effet direct, l'autre un effet indirect ».

[5]**N. REKIK**, *op.cit.*, n°s484 et s., pp.477 et s. ; **J. DUCLOS**, *ibid.*, n°s70-71, pp.97-98 ; **J. GHESTIN**, « La transmission des obligations en droit positif français », *in* Travaux des IXème journée d'études juridiques Jean DABIN, LGDJ, 1980. Parmi les cas de transmissions légales où l'ayant cause à titre particulier a vocation à certaines créances ou obligations de son auteur par l'effet de la loi on cite : les art.220 et 798 du COC, l'art.196 al.2 du CDR, l'art.15 du CT, l'art.22 du CA et l'art.343, al.1er, du CCM. V. sur la question :

حنان بوقطاية، إنتقال الإلتزامات العقدية إلى الخلف الخاص، أطروحة سابقة، عدد 67 إلى 93، ص.44 إلى 61.

[6]**J. DUCLOS**, *ibid.*, n°s71-72, p.98. Parmi les nombreux cas de transmissions conventionnelles où l'ayant cause à titre particulier a vocation à certaines créances ou obligations de son auteur par l'effet de la convention on cite : les art.772 et 777 du COC.

[7]**N. REKIK**, *ibid.*, n°484, p.477 : « Cette notion (la cession légale du contrat) a pour effet d'investir un tiers de la qualité de partie de sorte que le contrat produise désormais des effets obligatoires à son égard ». L'auteur parle de « l'extension de la notion de partie », *ibid.*, n°485, p.478 ; **J. DUCLOS**, *ibid.*, n°52, p.46 ; **J.-L. GOUTAL**, *op.cit.*, n°51, pp.45-46 ; **N. SAHNOUN**,« La cession légale du contrat », Études Juridiques, FDS, 2013, pp.243-290, spéc., p.251, n°9.

[8] Cass. civ. n°31480 en date du 14 oct. 1992, Bull. civ., 1992, p.437 ; Cass. civ. n°14485 en date du 16 juin 1988, RJL, 1988, n°5, p.71 (partie en langue arabe).

l'effet obligatoire du contrat qui, en raison de son effet direct couvre des ayants cause à titre particulier assimilés à des parties. S'agissant de la première, il s'agit de justifier que le contrat qui intègre l'ordonnancement juridique doit être respecté, c'est son effet indirect, sans pour autant qu'aucune obligation n'incombe au tiers. S'agissant de la seconde, il s'agit plutôt de justifier la transmission du rapport de l'obligation, c'est-à-dire de l'effet direct, à des personnes : tiers à l'origine, mais qui sont désormais assimilées à des parties[1].

Ces précisions étant apportées, on rejoint M. DUCLOS qui estime que l'opposabilité peut être « comprise dans un sens d'abord substantiel puis probatoire »[2].

57.L'opposabilité inviolabilité : fondement de la responsabilité civile du tiers. Des deux facettes de l'opposabilité, seule la première, dite aussi « opposabilité-inviolabilité », peut servir de fondement à la responsabilité du tiers[3], en ce qu'elle « consiste à imposer au respect du tiers l'existence même de l'élément juridique »[4]. « C'est en effet le côté fort de l'opposabilité qui permet d'interdire à un tiers d'entraver l'exécution d'une obligation »[5].

En l'absence d'un texte de portée générale qui prescrit un tel devoir, l'opposabilité est un principe qui doit être justifié.

B.Les justifications de l'opposabilité

58. Deux justifications retiendront notre attention. La première a trait au rattachement de l'opposabilité à un fondement normatif (1). La seconde a trait au rattachement de l'opposabilité à la théorie des droits subjectifs (2)

---

[1]**J. DUCLOS** précise que « Le législateur et la jurisprudence ont, dans nombre de cas, admis la « transmission » de certaines créances et obligations à l'ayant cause particulier. Toutefois, si cette « transmission » active ou passive a lieu, ce n'est pas en vertu de l'opposabilité de la situation…, mais grâce à une extension de l'effet obligatoire de ce droit et de ce contrat : il n'est pas question d'opposabilité » : *op.cit.*, n°200, pp.233-234. En ce sens : **S.CALASTRENG**, Thèse préc., pp.70 et s. ; **J. LEPARGNEUR**, « De l'effet à l'égard de l'ayant cause particulier des contrats générateurs d'obligations relatifs aux biens transmis », RTD civ., 1924, p.481 ; **J.-H. DU GARREAU DE LA MÉCHENIE**, « La vocation de l'ayant cause particulier aux droits et obligations de son auteur », RTD civ., 1944, p.219.

[2]**J. DUCLOS**, *ibid.*, n°6, p.29.

[3] L'opposabilité probatoire ne peut pas offrir un fondement à la responsabilité du tiers. Pour ce type d'opposabilité il s'agit uniquement, d'utiliser le contrat comme « un élément de dommages-intérêts » : **J. DUCLOS**, *ibid.*, n°35, p.57. Il est opposé en tant qu'indice doué d'utilité probatoire pour éclairer le juge sur le préjudice subi. Ainsi, lorsque c'est le fait du tiers qui est à l'origine de l'inexécution du contrat, ce dernier n'est opposé au tiers responsable que pour servir d'indice au préjudice subi. C'est le seul lien que peut présenter, dans le cadre de l'opposabilité (l'effet indirect), le contrat inexécuté avec le fait du tiers. Ce lien ne pose pas de difficultés particulières. Sur le lien que peut présenter le fait du tiers avec l'effet direct du contrat, V. *infra*, n[os]266 et s.

[4]**J. DUCLOS**, *ibid.*, n°6, p.29.

[5]**F. BERTRAND**, Thèse préc., n°126, p. 181 ; **J. DUCLOS**, *ibid.*, n°45, p.68.

1.Le rattachement de l'opposabilité à un fondement normatif

59. Face aux limites accolées au rattachement de l'opposabilité à la théorie du contrat fait-social (a), le rayonnement du contrat sur les tiers peut être fondé sur la théorie de l'opposabilité normative (b).

a. Les limites de la théorie du contrat fait-social

60.Un glissement injusitifiée du « fait » au « fait social ». D'aucuns estiment que le principe de l'opposabilité se justifie par l'idée que le contrat constitue « un fait » dont l'existence s'imposerait à tous. « Si l'effet obligatoire correspond à l'idée de contrat acte juridique, l'opposabilité procède de l'idée de contrat-fait social »[1].

Cependant, l'opposabilité du contrat-fait social n'a pas gagné l'adhésion de certains en raison de ses limites. Le passage de l'acte en tant que fait à l'acte en tant que règle imposable procède selon M. WINTGEN d'« une confusion grossière entre le fait et le droit »[2]. Tout ceci s'explique par le glissement sémantique du « fait » au « fait social ». Ce glissement « n'est pas innocent »[3]. En effet, ce qui caractérise le fait social, en sociologie, c'est justement son caractère obligatoire[4]. On a donc avancé la notion de « fait social » à la base de la théorie de l'opposabilité pour justifier le devoir de respect qui incombe aux tiers. Or, le droit ignore cette notion[5]. « La méconnaissance du contrat par un tiers ne saurait donc être qualifiée de faute délictuelle, uniquement parce que le contrat est un fait »[6].

b. La confirmation de la théorie de l'opposabilité normative

61. Portée limitée du rattachement de l'opposabilité à une règle particulière. Le contrat en tant que fait ne peut produire aucun effet propre.

---

[1]**J.-L. GOUTAL**, *op.cit.*, note 23, p.33. En ce sens : **F. BELKNANI**, art. préc., p.23 ; **M. ZINE**, art. préc., p.447 ; **M.BAG BAG**, art. préc., n°29, p.164 ; **A. WEILL**, *op.cit.*, n°10, p.21 et n°99, p.173 ; **F. BERTRAND**, Thèse préc., n°5, pp.10-11, **J. DUCLOS**, *op.cit.*, n°23, pp.48-49 ; **J. FLOURT, J.-L. AUBERT et E. SAVAUX**,*op.cit.*, n°432, p.353 et n°435, p.357 ; **F. TERRÉ, Ph. SIMLER et Y. LEQUETTE**, *op.cit.*, n°490, p.505 ; **B. STARCK, H. ROLAND et L. BOYER**, Droit civil, Les obligations, 2- Contrat, 6ème éd., Litec, Paris, 1998, n°1470, p.509 ; **Ph. MALINVAUD**, Droit des obligations, 9ème éd., Litec- LexisNexis, Paris, 2005, n°450, p.283 ; **J.-L. AUBERT**, *op.cit.*, p.112 ; **S. CALASTRENG**, Thèse préc., 1939, p.21 ; **R. DEMOGUE**, Traité des obligations, Effets des obligations, T.VII, Rousseau, Paris, 1933, n°709, p.77 ; **J.-C. MONTANIER**, Les sources des obligations, I- Le contrat, PUG, Paris, 1996, n°217, p.125 ; **D. VEAUX**, Effets des conventions à l'égard des tiers, Règles générales, Fasc. préc., n°50, p.17 ; **C. GUELFUCCI-THIBIERGE**, « De l'élargissement de la notion de partie au contrat… à l'élargissement de la portée du principe de l'effet relatif », art. préc., n°2, p.276. V. en droit fr. notamment : Cass. civ. fr., 10 mai 2005, D., 2006, J., p.1156, note **A. GUEGAN-LECUYER**. *Adde* :
محمد الزين، مرجع سابق، عدد 421، ص.342. **محمد محفوظ**، دروس في العقد، مرجع سابق، عدد 313، ص.310. **عبد الرزاق أحمد السنهوري**، الوسيط في شرح القانون المدني، نظرية الالتزام بوجه عام، مصادر الالتزام، الطبعة الثانية، دار النهضة العربية، بيروت، 1964، عدد 342، ص.595، هامش عدد1.

[2]**R. WINTGEN**, *op.cit.*, n°96, p.89. En ce sens:**M. ANCEL**, art. préc., n°52, p. 806.

[3]**R. WINTGEN**, *ibid.*, n°101, p.94.

[4]**DURKHEIM**, Les règles de la morale sociologique, Champs Flammarion, Paris, 1988, p.107.

[5]**R. WINTGEN**, *ibid.*, n°101, p.94.

[6]**R. WINTGEN**, *ibid.*, n°128, p.120.

« L'existence du contrat n'est qu'un préalable, nécessaire mais insuffisant, au "rayonnement" du contrat ou à son "opposabilité" »[1]. Encore faut-il qu'une règle de droit le prévoit. L'opposabilité doit, dès lors, être rattachée en particulier à une règle de droit qui contient dans son présupposé un élément du contrat ou le contrat lui-même en tant que fait. C'est l'opposabilité normative que plusieurs auteurs défendent[2]. À la notion de « fait social » est supplée celle d'« effet légal ». Par « effet légal » ou « médiat » on désigne « les effets légaux du contrat autre que sa force obligatoire »[3].

La théorie de l'opposabilité normative peut acquérir une suite favorable en droit tunisien. L'article 26 du Code du travail offre une consécration normative de l'opposabilité du contrat de travail. D'autres dispositions particulières sont fondées théoriquement sur le principe de l'opposabilité du contrat et sanctionnent tout acte accompli par les tiers de nature à entraver l'exécution du contrat. On cite les articles 92, 103 et 306 du Code des obligations et des contrats. Le Code des droits réels présente l'exemple de l'article 337, le Code pénal celui de l'article 92.

Néanmoins, exiger une règle particulière qui crée le devoir de ne pas porter atteinte au contrat[4], « conduirait à réduire assez sensiblement le domaine d'application actuel de la responsabilité du tiers et à rendre son régime plus strict »[5]. Raison pour laquelle, on tend vers la recherche d'un fondement général à l'opposabilité de tous les contrats, indépendamment de l'exigence d'une règle particulière qui la prévoit.

62.Opposabilité et inopposabilité. Certains ont essayé d'établir l'existence du contrat *erga omnes* sur la théorie générale de l'inopposabilité[6]. On définit « l'inopposabilité » comme étant « l'inefficacité au regard des tiers d'un droit né par suite de la passation ou par suite de la nullité d'un acte juridique »[7]. Si le législateur reconnaît des causes d'inopposabilité du contrat[8], cela prouve donc par un raisonnement *a contrario*, une reconnaissance implicite d'un principe d'opposabilité des contrats à l'égard des tiers.

---

[1]**R. WINTGEN**, *op.cit.*, n°97, p.91.

[2]**F. DANOS**,Propriété, possession et opposabilité, préface de L. AYNÈS, Economica, Paris, 2007, n^{os}180 et s., pp.195 et s., spéc. n°182, pp.198-199 et n°184, pp.202-203 ; **R. WINTGEN**, *ibid.*, n°100, p.93.

[3]**R. WINTGEN**, *ibid.*, n°103, p.95.

[4]**R. WINTGEN**, *ibid.*, n°96, p.90.

[5]**G. VINEY**, Traité de droit civil, Introduction à la responsabilité, 3ème éd., sous la direction de J. GHESTIN, LGDJ, Paris, 2008, n°202, p.566.

[6]**R. DEMOGUE**, Traité des obligations, *op.cit.*, n°703, cité par **A. WEILL**, *op.cit.*, n°102, p.178.

[7]**D. BASTIAN**, Essai d'une théorie générale de l'inopposabilité, *op.cit.*, 1929, p.3.

[8] On cite parmi les applications particulières de l'inopposabilité : L'inopposabilité pour défaut de publicité : art.205, 220, 228, 581, 729, 769 et 985 du COC ; art.218 b) et 368 du CDR ; L'inopposabilité pour défaut de date certaine : art.205, 206, 228, 450 et 798 du COC ; art.214 et 218 b) du CDR ; L'inopposabilité pour défaut de forme : art.1163 du COC ; L'inopposabilité pour clandestinité : art.26 du COC ; L'inopposabilité pour fraude : art.208, 237, 306 et 798 du COC ; L'inopposabilité des ventes de la dernière maladie : art.56 du COC ; L'inopposabilité pour atteinte aux droits acquis : art.210 du CSP ; L'inopposabilité de l'invalidité d'un acte : art.18 du CSC ; L'inopposabilité des exceptions : art.178, 217 al.2, 365, 371 et 1154 al.2 du COC ; art.280 et 368 du CC.

Toutefois, pour que cette justification soit vérifiable, il faut que les tiers auxquels on veut opposer le contrat soient les mêmes que ceux auxquels le contrat est déclaré inopposable dans les différents cas cités par le législateur. Or dans ces cas, constate A. WEILL, la théorie de l'inopposabilité ne concerne que les ayants cause[1]. D. BASTIAN ajoute toute une panoplie de créanciers[2]. Mais, jamais on n'a avancé que ladite théorie protège les *penitus extranei* : les « tiers absolus ». Or, l'opposabilité du contrat vise entre autres ces derniers. « Il est donc impossible de fonder sur elle (la théorie de l'inopposabilité) la preuve de l'existence des conventions *erga omnes* »[3].

63.Le rattachement de l'opposabilité à la force obligatoire du contrat : un rattachement inopérant. D'aucuns ont tenté de démontrer la portée générale de l'opposabilité en essayant de la rattacher au principe de la force obligatoire du contrat. En ce sens, MM. GHESTIN, JAMIN et BILLAU, estiment que l'opposabilité est « un complément nécessaire de la force obligatoire du contrat »[4]. Le fait que l'opposabilité est nécessaire à l'efficacité de la force obligatoire du contrat constitue la « seule considération qui permet de justifier qu'un tiers ne puisse méconnaître l'existence d'un contrat légalement formé »[5]. Allant plus loin, M. ANCEL estime que « si l'obligationnel, dans le contrat ne concerne en principe que les parties, l'obligatoriété, elle, est nécessairement générale »[6]. Dès lors, « le contrat a force obligatoire aussi bien à l'égard des tiers que pour les parties elles-mêmes et que c'est cette force obligatoire à l'égard des tiers qu'on appelle habituellement opposabilité »[7].

Rétorquant, on peut penser que le principe de la force obligatoire du contrat et celui de l'autonomie de la volonté ne peuvent avoir pour cibles que les seuls contractants. Ils sont sans application dans le champ des tiers.

64.L'article 82 du Code des obligations et des contrats, fondement général de l'opposabilité inviolabilité. Sans faire appel à la théorie de l'inopposabilité ni au principe de la force obligatoire du contrat, il semble qu'un fondement général à l'opposabilité peut être retrouvé dans l'article 82 du Code des obligations et des contrats. En effet, la souplesse qu'offre cet article permet de justifier légalement tout cas de responsabilité contre le tiers qui s'associe à la violation d'une obligation contractuelle.

---

[1]**A. WEILL**, *op.cit.*, n°110, p.191.

[2] Dans sa Thèse (préc.), **D. BASTIAN** a essayé d'identifier à partir des différentes dispositions légales les personnes pouvant invoquer l'inopposabilité.

[3]**A. WEILL**, *ibid.*, n°111, p.199 ; **B. FLORENCE**, Thèse préc., n°3, pp.5-6.

[4]**J. GHESTIN, Ch. JAMIN et M. BILLAU**, Traité de droit civil, Les effets du contrat, *op.cit.*, n°366, p.417. En ce sens : **J. DUCLOS**, *op.cit.*, n°244, p.277 ; **J. FLOURT, J.-L. AUBERT et E. SAVAUX**, *op.cit.*, n°432, p.353 ; **A. WEILL**, *ibid.*, n°227, p.400 ; **M.BILLIAU**, obs. sous Cass. civ. fr., 22 oct.1991, JCP èd. G., 1992, n°12, I, 3570 ; **M. GRIMALDI**, « Le contrat et les tiers », *in* Libres propos sur les sources du droit, Mélanges en l'honneur de Ph. JESTAZ, Dalloz, Paris, 2006, n°13, p.174.

[5]**J. GHESTIN, Ch. JAMINetM.BILLAU**, *ibid.*, n°372, p.426,

[6]**M. ANCEL**, art. préc., n°52, p.806.

[7]**M. ANCEL**, art. préc., n°53, pp.806-807.

Notre droit objectif peut, dès lors, assoir sans difficulté un principe d'opposabilité du contrat aux tiers rattaché à un fondement normatif. Il vient avec la théorie des droits subjectifs justifier ledit principe.

2.Le rattachement de l'opposabilité à la théorie des droits subjectifs

65. Pour justifier l'opposabilité *erga omnes* des contrats, une tendance vers une conception unitaire des droits personnels et réels s'est dessinée. Les limites accolées à cette conception (a), seront dépassées par la théorie de l'opposabilité absolue des droits subjectifs (b).

a. Les limites d'une conception unitaire des droits personnels et réels

66.D'aucuns ont estimé que la justification de l'opposabilité du contrat à l'égard des tiers devient possible si on réussit à ramener l'ensemble des droits patrimoniaux à l'unité. Soit le droit réel au droit personnel, ce qu'on appelle les théories personnalistes. Soit inversement le droit personnel au droit réel, ce qu'on appelle les théories réalistes ou objectivistes, dont la théorie patrimonialiste n'en sera que le prolongement. Le but était de démontrer pourquoi et dans quelle mesure, droit réel et droit personnel sont opposables *erga omnes*. Ces théories ont néanmoins prouvé leurs limites.

67.Exposé de la théorie personnaliste. Les personnalistes, dont le représentant incontestable fut PLANIOL, nient qu'un rapport juridique puisse exister entre une personne et une chose[1]. Tout droit postule un rapport entre hommes. Dès lors, au même titre que le droit personnel, « le droit réel doit donc être conçu sous la forme d'un rapport obligatoire »[2]. Il engendre, selon la doctrine personnaliste, une obligation, c'est « l'obligation passive universelle » : « c'est-à-dire une obligation de tous de s'abstenir de troubler le droit du titulaire »[3]. À l'inverse, le droit personnel n'oblige qu'une personne : le débiteur. Ainsi, aucune différence de nature n'oppose le droit réel au droit personnel. L'opposition n'existe qu'au point de vue de l'universalité ou de l'unité du sujet passif[4].

68.Rejet de la théorie personnaliste. Aujourd'hui, la théorie de PLANIOL est unanimement rejetée. Le rapprochement opéré entre les droits réels et les droits de créance sous le couvert de « l'obligation passive universelle » procède d'une confusion certaine[5]. Force est de constater que le terme « obligation » n'a pas le même sens dans « l'obligation passive

---

[1]**M. PLANIOL**, Traité élémentaire de droit civil, T.I, 1re éd., 1900, Paris, n°762, cité par **Ph. MALAURIE et L. AYNES**,Droit civil, Les biens, 2ème éd., Defrénois, Paris, 2005, n°364, p.95, note 25. *Adde* :
يوسف الكناني و **فوزي بالكناني**، قانون الأموال، م. ن. ج.، تونس، 2003، ص.18، عدد31-32.
[2]**M. PLANIOL**, *ibid.*, n°763, cité par **Ph. MALAURIE et L. AYNES**, *ibid.*, *loc.cit.*
[3]**J. GHESTIN, Ch. JAMIN et M. BILLAU**, *op.cit.*, n°328, p.380 ; **Ch. LARROUMET**, Droit civil, Les biens, Droits réels principaux, T.2, 5ème éd., Economica, Paris, 2006, n°13, p.12.
[4]**M. PLANIOL**, *op.cit.*, n°763, cité par **Ph. MALAURIE et L. AYNES**, *op.cit.*, n°364, p.95, note 25.
[5]**J. GHESTIN, Ch. JAMIN et M. BILLAU**, *op.cit.*, n°328, p.380 ; **J.CARBONNIER**, Droit civil, T.3, Les biens, 19ème éd., PUF, Thémis, Paris, 2000, n°43, 1°, p.75.

universelle » caractéristique pour PLANIOL du droit réel que dans l'obligation prise en tant que droit personnel. Dans la première situation, ce n'est autre que l'opposabilité des droits réels. Le créancier n'exige pas l'exécution d'une obligation, mais réclame du tiers une attitude passive. Dans la seconde, c'est l'obligation au sens technique du terme qui permet au créancier d'exiger du débiteur l'exécution d'une obligation[1]. Les personnalistes ont donc confondu l'opposabilité du droit et son exigibilité[2].

69.Exposé de la théorie objectiviste du droit personnel. Une autre tendance a essayé de ramener le droit personnel au droit réel. C'est à l'origine chez SALEILLES qu'on trouve une théorie objectiviste du droit personnel[3]. L'obligation est dépersonnalisée. Elle n'est plus attachée au débiteur. Elle est plutôt considérée comme un élément du patrimoine. La créance serait, dès lors, perçue comme l'objet d'un droit de propriété.

70.Exposé de la théorie de la propriété des créances. La théorie objectiviste était renouvelée, notamment par GINOSSAR[4]. L'auteur considère qu' « une créance est un bien appartenant au créancier et rattaché à son patrimoine propre par l'effet d'un droit de propriété »[5]. C'est la théorie patrimonialiste de GINOSSAR qu'on appelle aussi la théorie de la propriété des créances. La propriété n'est plus conçue ni comme un droit réel, ni comme un droit personnel. Elle n'est que l'appartenance de tout droit quel qu'il soit à sontitulaire[6]. Cette relation d'appartenance est caractérisée par son opposabilité *ergaomnes*[7]. Les tiers sont tenus de respecter le droit de propriété d'autrui, quelque objet qu'il ait[8].

---

[1]**Ph. MALAURIE etL. AYNES**, *op.cit.*, n°364, p.95 ; **J.- L. BERGEL, M. BRUSCHI et S. CIMAMON**, Traité de droit civil, T.I, Les biens, sous la direction de **J. GHESTIN**, LGDJ, Paris, 2000, n°41, pp.35-36 ; **Ch. LARROUMET**, Droit civil, Les biens, Droits réels principaux, T.2, *op.cit.*, n°s14-15, p.13 ; **H. CAPITANT**, « Sur l'abus des droits », RTD civ., 1928, pp.373-374.

[2]**J. GHESTIN, G. GOUBEAUX et M. FABRE-MAGNAN**, *op.cit.*, n°229, pp.181-182 ; **F. BERTRAND**, Thèse préc., n°165, p.245 ; **Ch. LARROUMET**, Les biens, Droits réels principaux, *op.cit.*, n°16, p.14 ; **M. FABRE-MAGNAN**, « Propriété, patrimoine et lien social », RTD civ., 1997, n°4, p.586.

[3]**R. SALEILLES**, L'obligation d'après le premier projet du Code Civil Allemand, 1889, n°82, cité par **Ph. MALAURIE et L. AYNES**, *ibid.*, n°365, p.96. *Adde* :

يوسف الكناني و فوزي بالكناني ، مرجع سابق، ص.18، عدد33.

[4]**S. GINOSSAR**, Droit réel, propriété et créance : élaboration d'un système rationnel des droits patrimoniaux, LGDJ, Paris, 1960 ; **S. GINOSSAR**, « Pour une nouvelle définition du droit réel et du droit personnel », RTD civ., 1962, p.573.

[5]**S. GINOSSAR**, Droit réel, propriété et créance..., *ibid.*, p.30.

[6] En ce sens : **F. ZENATI**, « Pour une rénovation de la théorie de la propriété », RTD civ., 1993, pp.318-319 et 320 ; **F. ZENATI-CASTAING**, « La propriété, mécanisme fondamental du droit », RTD civ., 2006, pp.453-454 ; **F. HAGE-CHAHINE**, « Essai d'une nouvelle classification des droits privés », RTD civ., 1982, n°s10 et s., pp.712 et s. ; **E. BAYER**, « La propriété du contrat », LPA, 2006, n°43, p.6 ; **Ch. KRAMPE**, « Obligation comme bien, Droit français et allemand », *in* L'obligation, Archives de philosophie du droit, T.44, CNRS- Dalloz, Paris, 2000, p.205 ; **M. BAG BAG**, art. préc., n°30, p.167 ; **M. FABRE-MAGNAN**, art. préc., n°24, p.603 ; **F. DANOS**,*op.cit.*, n°s194 et s., pp.211 et s. ; **F. GENY**, Méthode d'interprétation et sources en droit privé positif, T.2, *op.cit.*, note 5, p.87.

[7]**J.- L. BERGEL, M. BRUSCHI et S. CIMAMON**, *ibid.*, n°43, pp.37-38 ; **F. DANOS**, *ibid.*,n°s177 et s., pp.193 et s. ; **F. ZENATI**, « Pour une rénovation... », art. préc., p.320.

[8]**F. BERTRAND**, Thèse préc., n°171, p.260 ; **F. DANOS**,*ibid.*, n°s209 et s., pp.231 et s. ; **M. FABRE-MAGNAN**, art. préc., n°32, p.608.

71.Limites de la théorie de la propriété des créances. La principale critique adressée à la théorie de la propriété des créances tient à la dilution du concept de propriété[1]. En effet, tandis que GINOSSAR envisage l'aspect philosophique de la propriété, les autres auteurs en envisagent l'aspect technique : la propriété est le droit, d'user, de jouir et de disposer de sa chose[2].

Cette critique trouve une assise juridique dans notre droit objectif. En effet, c'est l'aspect technique de la propriété que retient l'article 17 du Code des droits réels. Néanmoins, on ne peut que relativiser ce constat. Trois arguments le justifient. D'abord, le Code des obligations et des contrats reconnaît et régit la cession des créances[3]. L'article 212 parle de « La vente ou cession d'une créance… ». L'article 252 dudit Code parle de la « possession de la créance ». Ensuite, certaines lois spéciales consacrent même la cession de contrat[4]. Enfin, l'article 275, alinéa 3, du Code de commerce prévoit que « La propriété de la provision est transmise de droit aux porteurs successifs de la lettre de change ». Et l'article 363 dudit Code d'ajouter que « l'endossement transmet tous les droits résultant du chèque et notamment la propriété de la provision… ». La provision n'est autre que la créance incorporée dans la traite ou dans le chèque. Dès lors, la théorie de la « propriété des créances » existe bel et bien dans notre législation.

En réalité, le droit d'un propriétaire sur son bien n'a rien à voir avec le droit d'un créancier sur sa créance. Il y'a ici, un simple droit de gage général sur le patrimoine du débiteur au sens de l'article 192 du Code des droits réels et là, un droit de suite et de préférence sur le bien avec tous les avantages qu'ils concèdent[5]. « Il sera, aux dires de M. DUCLOS, inutile de rechercher dans le concept de propriété, abusivement déformé, l'explication de cette efficacité externe »[6].

Sans dissimuler les différences fondamentales qui séparent les droits personnels et réels, la structure des droits subjectifs permet de démontrer que ces différences ne se situent que sur le plan interne : ici un droit sur un bien, là un droit contre une personne. Son aspect externe permet d'estomper toute différence et de justifier l'opposabilité absolue des droits subjectifs à laquelle on peut rattacher l'opposabilité *erga omnes* des contrats.

---

[1]**R. WINTGEN**, *op.cit.*, n°156, p.142 ; **F. BERTRAND**, *op.cit.*, n°171, pp.260-261 ; **Ch. LARROUMET**, Droit civil, Les biens, Droits réels principaux, *op.cit.*, n°24, p.17.

[2]**J. DABIN**, « Une nouvelle définition du droit réel », RTD civ., 1960, pp.27 à 33 ; **J.-L. BERGEL, M. BRUSCHIetS. CIMAMON**, *ibid.*, n°44, pp.39-40.

[3] Le législateur régit la cession de créances dans le cadre d'un Chapitre premier intitulé « Du transport en général » d'un Titre IV portant sur le « Transport des obligations ». Il s'agit des art.199 à 222 du COC.

[4] Sur la cession d'un contrat de leasing, V. art.5 de la loi n°94-89 du 26 juill. 1994, relative au leasing (JORT n°60 du 02 août 1994, p.1255). Sur la cession d'un contrat de partenariat public-privé : V. art.28 de la loi n° 2015-49 du 27 nov. 2015, relative aux contrats de partenariat entre secteurs public et privé (JORT, n°96 du 1er déc. 2015, p.3307).

[5]**Ph. MALAURIE et L. AYNES**, *op.cit.*, n°363, p.94 ; **J.-L. GOUTAL**, *op.cit.*, n°80, p.66 ; **J. DUCLOS**, *op.cit.*, n°47-2, pp.71-72. *Adde* :

يوسف الكناني و فوزي بالكناني ، مرجع سابق، عدد22-23 و24، ص.14-15.

[6]**J. DUCLOS**, *ibid.*, p.166, n°134.

b. La possibilité de rattacher l'opposabilité du contrat à la théorie des droits subjectifs

72.Le droit subjectif. « Le droit subjectif est la prérogative concédée à une personne par le droit objectif et garantie par des voies de droit, de disposer en maître du bien qui est reconnu lui appartenir, soit comme sien, soit comme dû »[1]. Cette définition rend compte d'une dualité de rapports juridiques que traduit la structure même des droits subjectifs. D'un côté, l'aspect interne face à l'objet. De l'autre, l'aspect externe face aux sujets[2].

73.L'aspect interne du droit subjectif n'apporte rien à la question de l'opposabilité du contrat aux tiers. Le droit subjectif permet à son titulaire de disposer en maître du bien. C'est l'idée d'« appartenance-maîtrise » traduction de l'aspect interne du droit subjectif[3]. Cet aspect met en exergue les différences qui séparent le droit réel du droit personnel. Il y'a d'un côté un pouvoir indirect donc un droit relatif et de l'autre un pouvoir direct donc un droit absolu.

Cette distinction a induit certains auteurs en erreur. On a pu penser que le droit de créance est relatif parce qu'il est dirigé contre une personne déterminée alors que le droit réel est absolu parce qu'il est opposable à tous[4]. Ce constat dissimule un glissement erroné de l'aspect interne vers l'aspect externe des droits subjectifs. En effet, lorsqu'on dit que le droit réel est direct c'est parce qu'il porte directement sur un bien et lorsqu'on dit que le droit personnel est indirect ce n'est que parce qu'il nécessite de passer par l'intermédiaire d'une personne. En d'autres termes, le premier est exigible directement, donc absolu, le second ne l'est que par intermédiaire donc relatif[5]. Mais, cela ne signifie aucunement que seul le droit réel nécessite le respect de tous et qu'inversement le droit personnel ne le nécessite pas[6].

---

[1]**J. DABIN**, Le droit subjectif, Dalloz, Paris, 1952, réimpression, Dalloz, 2008, p.105 ; **J. CARBONNIER**, Droit et passion du droit sous la Ve république, Flammarion, Paris, 1996, pp.121 à 126. *Adde* :

محمد كمال شرف الدين، قانون مدني، النظرية العامة- الأشخاص- إثبات الحقوق، م. ر. ج. ت.، تونس، 2002، عدد 160، ص.171.

[2]**J. DABIN**, *ibid.*, pp.80 à 105 ; **J. DUCLOS**, *op.cit.*, n°130, p.159.

[3]**J. DABIN**, *ibid.*, pp.80 et s.

[4]**W. DROSS**, Biens, J.-Cl., Fasc. 120, Art.543, LexisNexis, Paris, 2005, n°24, p.7 ; **F. HAGE-CHAHINE**, art. préc., n^{os}6-7, pp.709-710. *Adde* :

يوسف الكناني و فوزي بالكناني، مرجع سابق، عدد26، ص.15. **محمد الزين**، مرجع سابق، عدد425، ص.343.

[5] V. en ce sens :

محمد كمال شرف الدين، محاضرات في قانون الأموال، الأستاذية في الحقوق، السنة الأولى، درس مرقون، كلية الحقوق والعلوم الإقتصادية والسياسية بتونس، 2002-2003، عدد 11، ص.5. **عبد المجيد الزروقي**، الأموال (الحقوق العينية الأصلية)، منشورات مجمع الأطرش للكتاب المختص، تونس، 2014، عدد 19، ص.42-43.

[6]**Ch. DEMOLOMBE**, Cours de Code Napoléon, t. IX, 1870, n°464, cité par R. WINTGEN, *op.cit.*, n°134, p.124 : « On ajoute souvent que le droit réel est absolu, c'est-à-dire qu'il existe à l'égard de tous, *erga omnes* ; et le droit personnel relatif, c'est-à-dire qu'il n'existe qu'à l'égard de celui-là seul qui est obligé personnellement envers le créancier. Il importe, sur ce point, de s'entendre. Veut-on parler de ce devoir général et commun, qui est imposé à tous les membres de la société, de respecter les droits d'autrui ? Sous ce rapport, le droit personnel est aussi absolu que le droit réel. La puissance publique garantit, en effet, à chacun tous les droits qui lui appartiennent, ses droits personnels de créances aussi bien que ses droits réels, de propriété ou autre » ; **P. LESCOT**, « Quelques aspects de la relativité des actes juridiques en droit privé positif », JCP éd. G, 1962, I, 1682, n°1.

La distinction fondée sur l'exigibilité porte sur l'objet du droit. C'est-à-dire son aspect interne. Ici une appartenance indirecte. Là, une appartenance directe[1]. La distinction n'apporte rien à la question des sujets auxquels le droit se rapporte. Elle n'apporte rien à la question de l'opposabilité des droits nés du contrat. C'est justement l'aspect externe du droit subjectif qui en rend compte.

74.L'aspect externe du droit subjectif justifie l'opposabilité du contrat aux tiers. Sur le plan externe, le droit subjectif restreint la liberté d'autrui, il est exclusivité[2]. « Or, qui dit exclusivité dit opposabilité. L'exclusion des autres du domaine réservé au titulaire du droit implique la faculté d'imposer à tous l'existence de ce droit, autrement dit l'opposabilité du droit, ou, si on veut, son opposabilité « absolue » »[3].

« L'opposabilité est donc inscrite dans la notion même de droit subjectif (…). Elle permet de mieux comprendre la manière dont les droits individuels s'imposent au respect d'autrui »[4]. À suivre ce raisonnement, une doctrine en déduit que « le principe d'opposabilité du contrat se déduit de l'opposabilité des droits subjectifs »[5]. C'est en ce sens que la Cour de cassation a décidé, le 15 janvier 2010, que « la promesse de vente (…) donne naissance à un droit personnel opposable aux demandeurs au pourvoi »[6], tiers par rapport à la promesse de vente.

L'opposabilité s'explicite dans les concepts jumelés « d'exigibilité » et « d'inviolabilité »[7]. Les deux « s'appliquent aussi bien au droit réel qu'au droit personnel »[8]. Quant à « l'inviolabilité » du droit subjectif, il s'agit généralementd'un devoir de ne rien faire qui puisse faire obstacle aux effets proprement obligatoires du contrat,autrement dit, d'un simple devoir d'abstention et non d'une obligation de donner, de faire ou de ne pas faire[9]. « L'exigibilité », quant à elle, est la faculté pour le titulaire du droit « de

---

[1]**J. DABIN**, *op.cit.*, pp.83-84.

[2]**F. BERTRAND**, Thèse préc., n°180, p.276.

[3]**R. WINTGEN**, *op.cit.*, n°140, p.129.

[4]**J. DUCLOS**, *op.cit.*, n°134, pp.165-166 et n°130, p.157.

[5]**J.-L.AUBERT**, *op.cit.*, p.112 ; **F. BERTRAND**, Thèse préc., n°171, p.262 ; **J. FLOURT, J.-L. AUBERT et E. SAVAUX**, *op.cit.*, n°435, pp.356-357 ; **J. GHESTIN, Ch. JAMIN et M.BILLAU**, *op.cit.*, n°324, p.375 et n°328, p.379.

[6] Cass. civ. n°2008-30956 en date du 15 janv. 2010 (inédit) :

" وحيث أن عقد الوعد بالبيع... تولد عنه حق شخصي **في مواجهة** المعقبين".

V. sur la consécration du principe de l'opposabilité par la Cour de cassation française : Cass. civ. fr. 17 oct. 2000, JCP éd. G, 2001, I, 338, p.1427, n°s6 et 7 avec la note de **G. VINEY**. V. sur sa consécration par l'ordonnance n°2016-131 du 10 fév. 2016 portant réforme du droit des contrats, du régime général et de la preuve des obligations : art.1200 « Les tiers doivent respecter la situation juridique créée par le contrat. Ils peuvent s'en prévaloir notamment pour apporter la preuve d'un fait ».

[7]**J. DABIN**, *ibid.*, p.95

[8]**F. BERTRAND**, *ibid.*, n°178, p.274 ; **J. DABIN**, *ibid.*, p.96.

[9]**J. GHESTIN, Ch. JAMIN et M. BILLAU**, *ibid.*, n°328, p.381 ; **J. DUCLOS**, *ibid.*, n°132, p.162 ; **F. DANOS,** *op.cit.*, n°196, p.214.

requérir le respect, la non-violation de son droit »[1], au besoin en exerçant une action en justice[2].

75.L'opposabilité absolue des droits subjectifs. L'aspect externe du droit subjectif peut défendre une opposabilité absolue des droits nés du contrat, abstraction faite de la nature du droit en cause. « Ainsi s'explique que le droit personnel né du contrat mérite en tant que droit subjectif et comme son prétendu supérieur, le droit réel, le respect de tous »[3]. « Il suit de là que tous les droits … relatifs quant à l'objet, sont également absolus quant à leur opposabilité à tous »[4].

« Par conséquent, il n'est pas exact de comprendre l'opposition entre droits réels et personnels comme une opposition entre droits absolus et relatifs. On peut, en revanche, affirmer que tout droit subjectif est « absolu » dans le sens où attribuer une prérogative à une personne implique d'en exclure les autres »[5].

On a pu penser que le droit personnel, n'étant en principe soumis à aucune mesure de publicité, nait et s'éteint dans la clandestinité ; son opposabilité aux tiers est dès lors relative. En revanche, le droit réel, étant en principe soumis à une mesure de publicité de nature à le rendre ostensible, est opposable *erga omnes*. On peut répondre que cette différence entre le droit personnel occulte et le droit réel ostensible n'est pas à même d'agir sur la nature de l'opposabilité. Dans la première alternative elle est absolue, dans la seconde elle est relative. L'opposabilité opère, dans les deux alternatives, *ergaomnes*. C'est simplement son régime qui se trouve altéré. S'agissant d'un droit personnel non soumis à une mesure de publicité, on doit apporter la preuve de sa connaissance effective par les tiers. S'agissant d'un droit réel, on est dispensé de telle preuve dans la mesure où la connaissance est organisée par une mesure de publicité[6]. Cela dit, « l'opposabilité *erga omnes*

---

[1]**J. DABIN**, *op.cit.*, p.96 ; **F. BERTRAND**, *op.cit.*, n°178, p.273 ; **J. DUCLOS**, *op.cit.*, n[os]132-133, pp.162-163 ; **P. ROUBIER**, *op.cit.*, n°30, pp.250 et s.

[2]**J. DUCLOS**, *ibid.*, n°133, p.163 ; **J. DABIN**, *ibid.*, pp.97 et s. ; **P. ROUBIER**, *ibid.*, n°3, pp.29-30. *Adde* :

محمد كمال شرف الدين، مرجع سابق، عدد 160، ص.171.

[3]**F. BERTRAND**, *ibid.*, n°162, p.240 : « C'est en tant que droit subjectif (…) que le droit né du contrat mérite le respect, qu'il ait une nature réelle ou personnelle » ; V. dans le même sens **J. GHESTIN, G. GOUBEAUX et M. FABRE-MAGNAN**, *op.cit.*, n°219, p.182 : « dire que le respect du droit réel s'impose à tous alors que le respect du droit de créance ne s'impose qu'au débiteur… est inexacte… il n'y a pas de droit qu'il ne soit opposable à tous » ; **J. DUCLOS**, *ibid.*, n°47-1, p.70, n[os]130 et s.,pp.157 et s., spéc. n°135, p.166 ; **J. FLOURT, J.-L. AUBERT et E. SAVAUX**, *op.cit.*, n°432, pp.354-355 ; **H., L., J. MAZEAUD etF. CHABAS**, Leçons de droit civil, T.II, Premier Vol., Obligations, Théorie générale, *op.cit.*, n°744, p.868 ; **A. PLANQUET**, note sous Cass. civ. fr., 22 mars 1968, JCP éd. G, 1968, II, 15587 : « C'est une donnée fondamentale, qui a été longtemps méconnue, que celle qui veut que tout droit, simplement parce qu'il est tel, s'impose au respect de tous » ; **P. ROUBIER**, *ibid.*, n°32, p.264 ; **J.-L. GOUTAL**, *op.cit.*, n°39, p.39 ; **B. STARCK, H. ROLAND et L. BOYER**, *op.cit.*, n°1487, p.514 ; **J. LIMPENS**, art. préc., n[os]25 bis à 28, pp.100-101 et 102 ; **A. TRISTAN**, « Les relations entre la responsabilité civile délictuelle et les droits subjectifs », RTD civ., 2007, n°3, p.230. *Adde* :

محمد الزين، مرجع سابق، عدد 425، ص.343.

[4]**J. DABIN**, *ibid.*, p.199 ; **J. DABIN**, « Une nouvelle définition du droit réel », art. préc., pp.32-33.

[5]**R. WINTGEN**, *op.cit.*, n°152, p.139.

[6]**S. GINOSSAR**, Droit réel, propriété et créance…, *op.cit.*, n°34, p.86 ; **J. DUCLOS**, *ibid.*, n°7, p.29.

des droits personnels existe pleinement dans le principe mais leur efficience est atténuée par l'absence de publicité »[1].

76.Fondement de la responsabilité du tiers sur l'opposabilité absolue des droits subjectifs. Le rattachement de l'opposabilité *erga omnes* du contrat à l'opposabilité absolue des droits subjectifs peut, sans difficulté, constituer un fondementà la responsabilité du tiers qui viole une obligation contractuelle[2]. Ce fondement vient s'ajouter à la justification normative apportée par l'article 82 du Code des obligations et des contrats.

77.Le tiers et le devoir de respect du contrat et non le tiers et l'obligation d'exécuter le contrat. Le contrat est obligatoire pour les parties, c'est le principe de la force obligatoire du contrat ; et seulement les parties, c'est le principe de la relativité des effets obligatoires du contrat. Néanmoins, l'acte peut rayonner sur les tiers, c'est le principe de l'opposabilité. Cette opposabilité met à la charge du tiers un devoir de respect des droits nés du contrat en s'abstenant de tout acte qui est de nature à entraver son exécution. Elle présente, partant, un fondement à la responsabilité du tiers qui incite le débiteur à l'inexécution du contrat. Le principe de la relativité n'est pas transgressé. Le tiers n'est pas tenu par une obligation d'exécuter le contrat, il est tenu simplement par un devoir de le respecter. Ce n'est pasdoncle contrat qui lie le tiers, mais la faute que ce dernier a commise[3].

Le fondement de la responsabilité du tiers étant précisé, il convient de démontrer l'ampleur de son domaine.

SECTION II. LE DOMAINE DE LA RESPONSABILITE DU TIERS

78.L'idée est de démontrer le domaine général de la responsabilité du tiers qui s'associe à la violation d'une obligation contractuelle. Pour se faire, on s'intéressera aux contrats générateurs d'une obligation de donner (Paragraphe I), de faire (Paragraphe II) ainsi que de ne pas faire (Paragraphe III).

---

[1] **F. DANOS**, *op.cit.*, n°314, p.345.

[2] Il se produit donc un enchaînement et un cumul d'opposabilité : l'opposabilité du droit succédant et se superposant à celle du contrat. La responsabilité du tiers est certes une conséquence de l'opposabilité du contrat, mais aussi de l'opposabilité du droit personnel. Sur la question : **J. DUCLOS**, *op.cit.*, n°47-1, pp.70-71. En ce sens : **S. CALASTRENG**, Thèse préc., p.387. C'est bien alors « la vie même du droit » qui est en cause, même si par commodité, l'usage est de se référer globalement à l'opposabilité du contrat. Partant, l'opposabilité du droit dépend de l'opposabilité du contrat. Celui-ci constitue « la base de légitimité » juridique des dits droits : **P. ROUBIER**, *op.cit.*, n°32, p.258.

[3] **A. WEILL**, *op.cit.*, n°240, p.421.

Paragraphe I. La responsabilité du tiers qui s'associe à la violation d'une obligation de donner

79.L'obligation de donner est « celle d'effectuer une « dation », c'est-à-dire d'opérer le transfert de la propriété d'une chose »[1]. Les contrats, portant transfert de propriété d'un bien immeuble (A) ainsi que d'un bien meuble (B), présentent un terrain particulièrement fertile à l'idée de la responsabilité du tiers qui s'associe à la violation d'une obligation de donner.

A.L'identification de la responsabilité du tiers dans les contrats portant transfert de propriété d'un bien immeuble

80. On empruntera au contrat de vente illustration de notre propos. L'exposé du problème (1) permet de présenter les éléments de réponse (2).

1.L'exposé du problème

81.L'obligation pour le vendeur de transférer la propriété de l'immeuble. Le contrat de vente d'un bien immeuble met à la charge du vendeur une obligation de donner : celle d'opérer le transfert de propriété de l'immeuble[2].

82.Les formalités légales d'opposabilité du transfert de propriété aux tiers. L'opposabilité du contrat de vente est tributaire du respect d'un certain formalisme légal nécessaire au transfert de propriété. S'agissant des immeubles non-immatriculés, l'article 581 du Code des obligations et des contrats subordonne l'opposabilité dudit transfert à la formalité de l'enregistrement à la recette des finances[3]. Laquelle formalitée est suppléée par l'inscription au Livre Foncier pour ce qui est des immeubles immatriculés[4]. L'introduction de l'effet constitutif de l'inscription[1], en vertu

---

[1]**Ph. SIMLER**, J.-Cl. Civil, Contrats et obligations, Classification des obligations, Distinction des obligations de donner, de faire et de ne pas faire, art.1136 à 1145, LexisNexis, Paris, 2011, n°7, p.5 ; **J. CARBONNIER,** Droit civil, T.4, *op.cit.*, n°10, p.35. *Adde*:

محمد الزين، مرجع سابق، عدد 17، ص.28-29.

[2] V. en ce sens :

محمد محفوظ، النظرية العامة للإلتزام (I)، العقد، مرجع سابق، ص.6-7. **محمد الزين**، مرجع سابق، عدد 17، ص.29.

[3] V. **M.-K. CHARFEDDINE**, Les droits des tiers et les actes translatifs de propriété immobilière, *op.cit.*, n^{os}83 et s., pp.71 et s. L'auteur précise que : « L'enregistrement est une formalité qui consiste dans l'analyse d'un acte sur un registre tenu par un fonctionnaire public », *op.cit.*, n°83, p.71. L'enregistrement ne fait pas office de publicité, son rôle informatif est partant réduit : *ibid.*, n^{os}112 et s., pp.96 et s. Cass. civ. n°2013-3996 en date du 24 déc. 2013 (inédit) :

" وحيث يؤخذ من الفصل 581 من م. إ. ع. أن الكتب ثابت التاريخ يعتبر شرط صحة لقيام البيع العقاري بين طرفيه أما التسجيل فيصلح للإحتجاج بالبيع بداية من تاريخه ".

Adde : Cass. civ. Ch. réun., arrêt n°24697 en date du 30 nov. 2006, CEJJ, 2007, p.201 ; Cass. civ. n°29692 en date du 09 mars 2004, Bull. civ., 2004, 2ème partie, p.85 ; RJL, 2004, n°6, p.83 (partie en langue arabe) ; Cass. civ. n°15537 en date du 10 juin 2002, Bull. civ., 2002, 2ème partie, p.81. *Adde* :

عادل البراهمي، "الإحتجاج بالبيع على الغير في العقارات غير المسجلة"، م. ق. ت.، 2006، عدد 10، ص.45 و ما يليها.

[4] Art.305, al. premier, et 373, al. premier, 1) du CDR. L'inscription sur le Livre Foncier fait office de publicité substantielle. Cette dernière peut être définie comme « l'expression ostensible du droit de propriété » : **F. DANOS**, *op.cit.*, n°286, p.316 ; **M. DAGOT**, J.-Cl. Civil, Annexes, Publicité foncière, Généralités, Fasc.30, éd. J.-Cl., Paris, 2002, n°1, p.2. Sur le rôle informatif de l'inscription : V. **M.-K. CHARFEDDINE**, *ibid.*, n^{os}161 et s., pp.136 et s. ; **F. DANOS**, *ibid.*, n°299, p.332. Cass. civ. n°31497 en

de la loi n°92-46 du 4 mai 1992[2], n'a aucune incidence sur la situation des tiers. L'inscription en tant que fait générateur de l'opposabilité du transfert de propriété à l'égard des tiers demeure. Qui sont ces tiers ?

83. Les tiers visés. Il s'agit de tous ceux qui, n'étant pas tenus par la force obligatoire du contrat de vente, justifient d'un intérêt à ce que la vente leur soit inopposable ; c'est-à-dire à ce que le vendeur demeure à leur égard propriétaire. Cet intérêt réside dans le fait qu'ils ont acquis des droits concurrents sur la propriété. Partant, deux conditions cumulatives doivent être réunies pour identifier le tiers. D'une part, il ne doit pas être obligé par le premier acte. D'autre part, il doit avoir un droit concurrent sur le droit de propriété[3].

Dès lors, ne justifient pas de la qualité de tiers, les parties contractantes, leurs représentants et leurs ayants cause à titre universel[4]. Ces derniers sont des parties assimilées concernées par la force obligatoire du contrat[5]. Les ayants cause à titre particulier, tiers à l'origine, doivent être aussi assimilés aux parties contractantes dans le cadre d'une éventuelle transmission du rapport de l'obligation et ce lorsque deux conditions sont réunies. D'une

---

date du 04 juin 2009, RJL, 2010, n°5, p.229 (partie en langue arabe) ; Cass. civ. n°10951 en date du 15 oct. 2007, Bull. civ., 2007, 2ème partie, p.273 ; Cass. civ. n°34837 en date du 17 mai 1995, Bull. civ., 1995, p.293 ; Cass. civ. n°35457 en date du 15 fév. 1995, Bull. civ., 1995, p.288 ; Cass. civ. n°35794 en date du 08 mars 1995, Bull. civ., 1995, p.285. *Adde* :
رمزي ساسي، إشهار الحق العيني العقاري، تقديم الأستاذ محمد كمال شرف الدين، منشورات مجمع الأطرش للكتاب المختص، تونس، 2015، عدد 24، ص.37-38 و39.

[1] Ce principe signifie que : « l'effet translatif de l'acte est subordonné à l'accomplissement de cette formalité » : **M.-K. CHARFEDDINE**, *op.cit.*, n°159, p.134 et note 112, p.135.

[2] (JORT n°29 du 12 mai 1992, p.556). Par cette loi, l'art.305 du CDR a été modifié. Cet art. dispose dans son alinéa premier que : «Tout droit réel ne se constitue que par le fait et du jour de son inscription sur le Livre Foncier ». L'art.2 de la loi n°92-46 prévoit que les dispositions de l'art.305 (nouveau) entrent en vigueur trois années à partir de sa publication. L'entrée en vigueur a été retardée une seconde fois pour la même période par un art. unique de la loi n°95-37 du 24 avr. 1995, portant prorogation de l'effet des dispositions transitoires légales afférentes à la mise à jour des titres fonciers (JORT n°33 du 25 avr. 1995, p.797). Le principe de l'effet constitutif a été partiellement mis en œuvre. V. sur la question :
محمد كمال شرف الدين، "مبدأ المفعول المنشئ للترسيم في قوانين 4 ماي 1992"، م. ت. ق.، 1993، عدد 8 و ما يليه، ص.105 وما يليها. **علي كحلون**، "التطبيق التدريجي لمبدأ المفعول المنشئ للترسيم"، م. ق.ت.، 2001، عدد 6، ص.19 وخاصة ص.40 و ما يليها. **أحمد بلحاج جراد**، "المجال الزمني لمبدأ المفعول المنشئ للترسيم"، مداخلة بمناسبة الملتقى العلمي حول: الجديد في نظام الإشهار العقاري التونسي، دراسات قانونية، كلية الحقوق بصفاقس، 2002، عدد 9، ص.143 وما يليها. **سعاد باباي يوسف**، "تطبيق مبدأ المفعول المنشئ للترسيم من خلال قوانين سنتي 2000 و2001"، م. ت. ق.، 2002، عدد 8 إلى 24، ص.85 إلى 100. **رمزي ساسي**، مرجع سابق، عدد 160 إلى 168، ص.146 إلى 152. **محرزية الحجري**، "مبدأ المفعول المنشئ للترسيم يحتضر"، م. ق. ت.، 2011، عدد 4، ص.125 إلى 147.

[3] **M.-K. CHARFEDDINE**, *ibid.*, n°336, p.285, spéc. dans le cadre de l'art.581 du COC, n°104, pp.92-93 ; dans le cadre de l'art.305, al. premier (nouveau) du CDR, n°128, pp.110-111 ; dans le cadre de l'art.305, al. second (nouveau), n°195, p.160 ; **G. SOULMAGNON**, La loi tunisienne du 1er juillet 1885 sur la propriété immobilière et le régime des livres fonciers, Sirey, Paris, 1993, n°420, pp.309 et s. *Adde* :
رمزي ساسي، "مفهوم الغير في الإشهار العقاري"، بكتاب خمسون عاما من فقه القضاء المدني 1959-2009، تحت إشراف الأستاذ محمد كمال شرف الدين، م. ن. ج.، تونس 2010، ص.1495-1496. **نذير بن عمّو**، البيع والمعاوضة، م. ن. ج.، تونس، 2007، عدد 188، ص.213-214. **رمزي ساسي**، مرجع سابق، عدد 170 إلى 188، ص.153 إلى 175. **حافظ بوعصيدة**، "أثر الترسيم على الغير"، م. ق. ت.، 1993، عدد1، ص.28-29. **عبد المنعم عبود**، "القوة الثبوتية للترسيمات العقارية"، م. ق. ت.، 2001، عدد 6، ص.149-150-151، عدد 40. **عادل البراهمي**، مقال سابق، ص.44. **حسانالقيزاني**، "العقود الناقلة للملكية العقارية في ظل مبدأ الأثر المنشئ للترسيم"، م. ق. ت.، 1999، عدد 3، ص. 266.

[4] Sous réserve, pour les héritiers, des exceptions à la transmission de la force obligatoire du contrat prévues par l'art.241 du COC. V. dans ce cadre **M.-K. CHARFEDDINE**, *ibid.*, n°103, p.91.

[5] Cass. civ. n°29638 en date du 02 mars 2004, RJL, 2004, n°5, p.195 (partie en langue arabe) ; Cass. civ. n°70139 en date du 29 oct. 1999, Bull. civ., 1999, 2ème partie, p.270 ; Cass. civ. n°56389 en date du 12 mars 1998, Bull. civ., 1998, 2ème partie, p.285.

part, les obligations doivent être antérieurement conclues par leur auteur[1]. D'autre part, elles doivent être accessoires au bien transmis à l'ayant cause[2]. Le tiers cessionnaire a-t-il cette qualité à l'égard du premier acte ? En d'autres termes, peut-il être assimilé à son auteur dans la première aliénation ? Dans la mesure où aucune des obligations identifiées n'a été transmise au cessionnaire, ce dernier demeure tiers. Cette qualité se vérifie notamment chez le second acquéreur d'un immeuble qu'il soit immatriculé[3] ou non immatriculé[4], le sous-acquéreur[5], le créancier hypothécaire[6], le donataire[7], l'échangiste et le bailleur[8]. Justifient aussi de la qualité de tiers les créanciers chirographaires[9]. N'ayant aucun droit concurrent sur la propriété, les *penitus extrnei* ne sont pas visés par le devoir d'abstention.

84.Effet du défaut d'accomplissement des formalités légales d'opposabilité. En dépit de la différence technique entre l'enregistrement ou l'inscription : conditions d'opposabilité du droit réel *erga omnes*, et l'inscription constitutive même du droit réel entre les parties, le résultat est identique à l'égard des tiers. L'acquéreur ne dispose jusqu'à l'accomplissement de la formalité légale que d'un droit personnel[10] ou

---

[1] V. en ce sens : T.P.I. de Mahdia, jugement civil n°521 en date du 25 avr. 1965, préc. V. *supra*, n°13 en note de bas de page.*Adde* :

محمد المالقي، مرجع سابق، ص.213. **حنان بوقطاية**، أطروحة سابقة، عدد 41 إلى 49، ص.27 إلى 33.

[2] **M.-K. CHARFEDDINE**, *op.cit.*, n°104, p.92.*Adde* :

أحمد بن طالب، تحليل الفصل 581 من مجلة الإلتزامات والعقود، مذكرة سابقة، ص.104.

[3] Cass. civ. n°2002/22994 en date du 11 janv. 2003, RTD, 2003, p.333, note **M.-K. CHARFEDDINE** (partie en langue arabe); Cass. civ. n°26035 en date du 12 oct. 1992, Bull. civ., 1992, p.477 ; Cass. civ. n°22463 en date du 02 mai 2003, Bull. civ., 2003, 2ème partie, p.319 ; Cass. civ. n°66237 en date du 03 aout 1998, Bull. civ., 1998, p.298 ; Cass. civ. n°48375 en date du 22 déc. 1997, Bull. civ., 1997, 2ème partie, p.363 ; Cass. civ. n°37256 en date du 31 oct. 1995, Bull. civ., 1995, p.269 ; Cass. civ. n°40654 en date du 27 déc. 1994, Bull. civ., 1994, p.198. *Contra* : Cass. civ. n°29898 en date du 02 avr. 2009, Bull. civ., 2009, 2ème partie, p.365 ; Cass. civ. n°13253 en date du 19 mai 1986, RJL, 1987, n°10, p.57, note critique d'**A. BEN TALEB** (partie en langue arabe). *Adde* :

أحمد بن طالب، مذكرة سابقة، ص.114-115 و116.

[4] Cass. civ. n°29692 en date du 09 mars 2004, Bull. civ., 2004, 2ème partie, p.85 ; RJL, 2004, n°6, p.83 (partie en langue arabe) ; Cass. civ. n°9742 en date du 19 avril 1984, Bull. civ., 1984, 1re partie, p.246 ; Cass. civ. n°5799 en date du 09 juin 1970, Bull. civ., 1970, p.105 ; Cass. civ. n°1089 en date du 27 mars 1962, Bull. civ., 1962, p.26. *Adde* :

أحمد بن طالب، مذكرة سابقة، ص.109 و ما يليها.

[5] **M.-K. CHARFEDDINE**, *ibid.*, n°342, p.293.

[6] Cass. civ. n°1856 en date du 27 juin 1963, Bull. civ., 1963, p.27.

[7] Tunis, 22 juin 1953, R.T.D., 1954, n°1, janv.-mars, p.83, n°41. Cass. civ. n°2011-68276 en date du 05 avr. 2013 (inédit).

[8] **M.-K. CHARFEDDINE**, *ibid.*, n°195, pp.160-161.

[9] Cass. civ. Ch. réun., arrêt n°24697 en date du 30 nov. 2006, CEJJ, 2007, p.201, note de la procureure générale **S. GUEBSI** (en langue arabe).

[10] En ce sens : **S. GINOSSAR**, Liberté contractuelle et respect des droits des tiers, LGDJ, 1963, p.37, n°15 ; **S. GINOSSAR**, Droit réel…, *op.cit.*, p.74 ; **D. BASTIAN**, *op.cit.*, p.58 ; **F. BERTRAND**, Thèse préc., n°36, pp.57-58 et 59 ; V. **M.-K. CHARFEDDINE**, *ibid.*, n°234, p.188 ; **F. DANOS**, *op.cit.*, n°316, pp.347-348 ; V. la consécration explicite de cette idée dans le cadre de l'art.373, al.3 (nouveau) du CDR. *Adde* :

أحمد بن طالب، مرجع سابق، عدد 314 وما يليه، ص.365 وما يليها. **خليفة الخروبي**، قانون مدني، العقود المسماة، الوكالة – البيع – الكراء، م. ن. ج.، تونس، 2007، عدد 146-147، ص.106. **نذير بن عمّو**، مرجع سابق، عدد 188، ص.213-214. **محمد كمال شرف الدين**، مقال سابق، عدد 32-33، ص. 128-129 . **علي كحلون**، مقال سابق، ص.23-24.

d'un*jus ad rem* : un droit vers la chose[1], et non un droit de propriété sur la chose cédée.

Pour l'expliquer, la doctrine précise que tout mode translatif comporte dans son mécanisme une phase transitoire[2], qui va de la conclusion du contrat de cession jusqu'à l'accomplissement de la formalité légale requise, au cours de laquelle s'intercale un droit personnel. Ainsi, nous retrouvons une sorte de dédoublement entre le contrat : acte générateur d'obligation et l'enregistrement ou l'inscription : fait translatif ou constitutif de propriété. C'est le système de transfert différé de la propriété[3]. Ce système, adopté par notre législateur, recèle un potentiel de fraude qu'on entend dévoiler.

85.Le potentiel de fraude. Un vendeur vend son immeuble, puis avant que l'acquéreur ait enregistré l'acte d'aliénation, une seconde vente est opérée au profit d'un tiers qui s'empresse de faire l'enregistrement[4]. Il peut même engager une procédure d'immatriculation[5]. L'hypothèse peut être reconduite pour un immeuble immatriculé. Un premier acquéreur, qui n'observe pas les mesures de publicité[6], se voit dépouillé par un donataire[7]ou un second acquéreur qui inscrit son acquisition[8]. On pourrait aussi imaginer

---

[1] Le *jus ad rem* est une figure intermédiaire entre le *jus in re* et *l'obligatio*. Il est considéré comme « un droit personnel renforcé » : **L. RIGAUD**, « A propos d'une renaissance du « *jus ad rem* » et d'un essai de classification nouvelle des droits patrimoniaux », RIDC, 1963, p.558 ; ou encore un « un droit personnel… d'une nature particulière » : **C. SAINT-ALARY-HOUIN**, « Réflexions sur le transfert différé de la propriété immobilière », *in* Mélanges offerts à P. RAYNAUD, Dalloz - Sirey, Paris, 1985, n°31, p.750.

[2] V. en ce sens **Ch. ATIAS**, Droit civil, Les biens, 8ème éd., Litec, Paris, 2005, n°325 à 352, p.209 à 224.

[3]**S.GINOSSAR**, Liberté contractuelle…, *op.cit.*, n°15, p.37. Sur la critique de ce système : **G. BLANLUET**, art. préc., n°17-18, pp.421-422 ; **F. DANOS**, *op.cit.*, n°344, p.381 ; **J. FLOUR**, « Quelques remarques sur l'évolution du formalisme », *in*Droit privé français au milieu du XXe siècle, T.1, Études offertes à G. RIPERT : LGDJ, Paris, 1950, n°10, p.102 ; **S. GINOSSAR**, *ibid.*, n°29, p.72 et s. ; **C. SAINT-ALARY-HOUIN**, art. préc., nos33-34, pp.751-752. *Adde* :

محمد كمال شرف الدين، مقال سابق، عدد 28، ص. 123-124.

[4] Les pouvoirs dévolus au receveur de l'enregistrement « sont, très souvent, accordés pour des fins de politique fiscale ». « Il n'est point juge de la validité des actes qui lui sont présentés » : V. **M.-K. CHARFEDDINE**, *op.cit.*, nos91 et s., pp.82 et s.

[5] Art.319 (nouveau) et s. du CDR.

[6] Il est vrai que pour les immeubles immatriculés, l'art.377, ter, 5 (nouveau : tel que modifié par la loi n°2010-34 du 29 juin 2010), précise que le rédacteur de l'acte doit « ...accomplir les formalités requises pour l'inscription ». Mais cela ne signifie pas que le rédacteur accapare une telle mission. Ajoute à cela qu'il n'est tenu que par une obligation de moyens. V. sur la question :

الحبيب الشطي، "الصكوك بين محرريها وتحريرها"، بكتاب دراسات في القانون العقاري، المجموعة الأولى، دار الميزان للنشر، 1996، ص.182-183 ، "الجديد في تحرير الصكوك" بكتاب دراسات في القانون العقاري، المجموعة 3، دار الميزان للنشر، 2007، ص.23 إلى 27.

Contra :**N. REKIK**,« La responsabilité professionnelle des rédacteurs de l'acte civil », Études Juridiques, FDS, 2012, p.22, n°26.

[7] Cass. civ. n°2011-68276 en date du 05 avr. 2013 (inédit), préc.

[8] Rien n'empêche le Conservateur de la Propriété Foncière de procéder à l'inscription de l'acquisition du second acquéreur tant qu'il a constaté « la régularité des pièces produites à l'appui de la réquisition d'inscrire » (Art.389 du CDR), que « le droit transmis ou constitué est disponible entre les mains du disposant » (Art.390, al.2 du CDR) et que le droit objet de l'inscription est « tenu directement du titulaire de l'inscription précédemment prise » (Art.392, al.2 du CDR). Le droit positif tunisien qui opte pour « le système des justifications légales » et non pour « le système de la vérification personnelle » fait que le titre inscrit n'est pas nécessairement exempt de tout vice : V. **M.-K. CHARFEDDINE**, *ibid.*, nos154 et s., pp.130 et s. *Adde* :

عبد المنعم عبود، مقال سابق، ص. 136-137 و138، عدد 29.

qu'un acquéreur néglige de faire enregistrer son acquisition, qu'un tiers créancier chirographaire du vendeur exerce son droit de gage général[1]. Il est possible qu'un acheteur néglige de faire enregistrer ou inscrire l'aliénation consentie à son profit, que postérieurement un tiers constitue une hypothèque, qu'il se hâte de mentionner sur le titre de propriété ou inscrire au Livre Foncier. Comment résoudre ces conflits de droits subjectifs concurrents ?

2.Les éléments de réponse

86. Le conflit entre titulaires de droits subjectifs concurrents est un conflit d'opposabilité (b) qui cadre mal avec les règles de fond (a).

a. Les limites des solutions tirées des règles de fond

87.Critique de la théorie de l'objet. Pour résoudre les conflits de droits subjectifs concurrents, la Cour de cassation met à contribution, notamment en matière de ventes successives, la règle « *Nemo plus juris ad alium transferre potest quam ipse habet* » prévue par l'article 551 du Code des obligations et des contrats[2]. Ceci permet d'enchaîner avec un autre fondement non moins avancé par la Cour suprême[3], confirmée en cela par la doctrine[4], à savoir la théorie de l'objet. Cette théorie se confirme par certaines décisions pénales qui déclarent sur la base des articles 291 et 292 du Code pénal que la seconde vente est sans objet[5]. La doctrine le confirme[6].

Si l'on se fie à cette démarche, le problème de la responsabilité du tiers ne se pose même pas. La seconde aliénation étant sans objet. Pourtant ce n'est pas le cas. En effet, la théorie de l'objet ne permet pas, en matière de ventes successives par le même auteur, de vicier la seconde aliénation. Étant

---

[1] Cass. civ. Ch. réun., arrêt n°24697 en date du 30 nov. 2006, CEJJ, 2007, p.201.

[2] Cass. civ. n°15178 en date du 09 mars 1988, Bull. civ., 1988, p.350. En ce sens : **N. GHAZOUANI**, « Réflexion sur la sanction de la vente de la chose d'autrui », RTD, 1987, p.120, note 6. *Adde* :

عبد الله الأحمدي، قانون مدني، العقود الخاصة، 1 - البيع، مطبعة الوفاء، تونس، 1997، عدد 187، ص.149-150.

[3] V. pour les immeubles immatriculés : Cass. civ. n°7701 en date du 15 juin 2005, Bull. civ., 2005, 2ème partie, p.263 ; Cass. civ. n°1442 en date du 20 mai 1975, Bull. civ., 1975, 2ème partie, p.65 ; Cass. civ. n°2556 en date du 13 mars 1979, Bull. civ., 2005, 1re partie, p.130 ; Cass. civ. n°1597 en date du 20 nov. 1979, Bull. civ., 1979, 2ème partie, p.101 ; Cass. civ. n°13253 en date du 19 mai 1986, RJL, 1987, n°10, p.57 (partie en langue arabe).

V. pour les immeubles non immatriculés : Cass. civ. n°34478 en date du 03 janv. 1995, Bull. civ., 1995, p.453 ; Cass. civ. n°1979 en date du 27 fév. 1979, Bull. civ., 1979, 1re partie, p.109 ; Cour d'appel de Sfax, arrêt n°6215 en date du 08 avr. 1982, RJL, 1983, n°4, p.126 (partie en langue arabe) ; Cass. civ. n°1297 en date du 13 déc. 1977, Bull. civ., 1977, 2ème partie, p.205.

[4] V. en ce sens :

عبد الله الأحمدي، مرجع سابق، عدد 184، ص.146-147.

[5] Cass. pén. n°5390 en date du 12 juin 1982, Bull. pén., 1982, p.221 ; Cass. pén. n°31486 en date du 29 mai 1991, Bull. pén., 1991, 1re partie, p.22.

[6] **M.-K. CHARFEDDINE**, *op.cit.*, n°323, pp.274-275. *Adde*:

عبد الله الأحمدي، مرجع سابق، عدد 188، ص.150-151-152. **محمد بقبق**، قانون مدني، النظرية العامة للالتزام، منشورات مجمع الأطرش للكتاب المختص، تونس، 2009، عدد 225، ص.161. **محمد الصالح العياري**، "ليس لما يرسم بسجل الملكية العقارية حصانة لا ترفع في كل الحالات"، منشور بمذكرات و بحوث قانونية للأستاذ محمد الصالح العياري، مؤسسات عبد الكريم عبد الله، 1987، ص.70-71 و72. **نذير بن عمّو**، مرجع سابق، 2007، عدد 136، ص.160.

particulières, les règles de l'opposabilité doivent prévaloir sur les règles de fond. La doctrine le confirme sur la base de l'article 534 du Code des obligations et des contrats[1] voyant ainsi une exception à la règle « *nemo plus juris...* »[2]. La Cour suprême l'entérine, soit expressément[3], soit implicitement lorsqu'elle applique la règle de la priorité quant à l'opposabilité[4] ou lorsqu'elle fonde sa décision sur la mauvaise foi du second acquéreur[5] sans aucune allusion à la théorie de l'objet. Cette démarche permet de déduire que la seconde aliénation est valable.

88.Critique de l'argument tiré de l'article 292 du Code pénal. Quant à l'argument tiré de l'article 292 du Code pénal, la Cour de cassation a jugé valable la seconde aliénation malgré que le vendeur soit tombé sous le coup dudit article. Le second acquéreur étant de bonne foi, précise la Cour, son acquisition est, dès lors, valable et opposable au premier acquéreur qui n'a pas publié[6]. Ainsi, il importe de préciser que l'article 292 n'incrimine pas les ventes successives, qui ne sont qu'un moyen d'escroquerie parmi d'autres. Ce qui est incriminé c'est le dessein visé par ce moyen à savoir le dépouillement de l'acquéreur[7] qu'il soit le second acquéreur de bonne foi[8],

---

[1] V. en ce sens :
البشير الفرشيشي، "الضرر في نطاق القانون العقاري"، مائوية التسجيل العقاري بتونس، ملتقى نظمته كلية الحقوق والعلوم الاقتصادية والسياسية بسوسة وإدارة الملكية العقارية أيام 11/10/9 أفريل1987، نشر جامعة الوسط وكلية الحقوق والعلوم الإقتصادية والسياسية بسوسة، 1992، ص.157.

[2]**M.-K. CHARFEDDINE**, *op.cit.*, n°342, p.293 ; **R. WINTGEN**, *op.cit.*, n°241, p.209 ; **J. VIDAL**, *op.cit.*, pp.278-279 et p.408. *Adde* :
أحمد بن طالب، مرجع سابق، عدد 46، ص.107 وعدد 123 وما يليه، ص.185 وما يليها و خاصة عدد 125، ص.189-190: " إن الرجوع إلى نظرية المحل في ضل قواعد الإحتجاج ليس إلا خرقا لهذه القواعد". **عبد المنعم عبود**، مقال سابق، عدد 49، ص.161. **خليفة الخروبي**، "نقل الملكية في عقد البيع: أثر أم إلتزام ؟"، م. ت. ق.، 1997، ص.23. **محمد كمال شرف الدين**، تعليق على ق. ت. ج. عدد 25 مؤرخ في 25 ديسمبر 1997، م. ت. ق.، 2000، ص.304. **محمد كمال شرف الدين**،تعليق على حكم مدني عدد 94757 بتاريخ 22 ماي 1996، م. ت. ق.، 1996، ص.368. **محمد كمال شرف الدين**،"التطور التاريخي للنظام العقاري التونسي التسجيل والإشهار (1885/1851)"، م. ق. ت.، 1987، عدد 9، ص.53، عدد 40. **علي كحلون**، "أي دعوى للمشتري الأول في وقف أثر البيع الثاني في نظام الإشهار العيني؟"، م. ق. ت.، 2013، عدد 10، ص.29.

[3] Cass. civ. n°2003-31538 en date du 15 juin 2004 (inédit) :
" حيث اعتبر الطاعن أن الفصل 305 من م.ح.ع. في فقرته الثانية جاء بقاعدة تهدف لحماية الغير الذي يتعامل عن حسن نية مع العقارات المسجلة وبالاعتماد على البيانات الواردة بالسجل... فإن محكمة القرار لما استبعدت تلك القاعدة على أساس أن ما بني على باطل فهو باطل ... تكون قد طبقت مبدأ لا يتوافق مع القاعدة الخاصة بالعقارات المسجلة".
Adde : Cass. civ. n°4521 en date du 12 janv. 1982, Bull. civ., 1982, 1re partie, p.95 ;Cass. pén. n°25 en date du 25 déc. 1997, préc.

[4]V. *infra*, n°90.

[5] Cass. civ. n°2010-57860 en date du 14 fév. 2012 (inédit). La premier griel était fondé sur le défaut de l'objet. Pourtant la Cour de cassation n'a pas discuté ce moyen et a placé le débat sur le plan de la mauvaise foi du second acquéreur.

[6] Cass. civ. n°5715 en date du 24 mars 1982, Bull. civ., 1982, 2ème partie, p.274. En ce sens : Cass. civ. n°24631 en date du 02 mai 1991, Bull. civ., 1991, p.232. *Adde* :
أحمد بن طالب، مرجع سابق، عدد 90 وما يليه، ص.149 وما يليها.

[7] Cass. civ. n°7605 en date du 21 déc. 1970, RJL, 1971, n°7, p.59 (partie en langue arabe) :
" وحيث يستفاد من الفصلين 291-292 المشار إليهما أن أهم ركن لتكوين جريمة التحيل هو اختلاس أو محاولة اختلاس الكل أو البعض من ثروة الغير... وحيث أن جريمة بيع ما سبق بيعه مرتبطة ماديا... بما يستفيد به من الأموال المقبوضة بطريقة التحيل".
Adde : Cass. civ. n°22199 en date du 14 fév. 1991 (inédit), cité par :
عبد الله الأحمدي، مرجع سابق، عدد 188، ص.150-151 : " إن الفصل 292 من المجلة الجنائية لئن نص على عقاب من باع ما سبق له بيعه فإن ذلك الفصل لم يتعرض إلى أي البيعين الأول أو الثاني يجب إعتباره وإلغاء ما عداه و ذلك إعتبارا إلى أن هذا الأمر تكلفت بتنظيمه مجلة الإلتزامات والعقود مما يجب إستبعاد هذا الفصل من التطبيق في مثل هذا النزاع خاصة وأن البيع الثاني هو سبب جوهري في وجود الجريمة وليس ثمرة لها أي أن وجوده سابق لوجودها فلا يمكن إبطاله باعتباره نتيجة لها".
Adde :
أحمد بن طالب، مرجع سابق، عدد 83، ص.144 وعدد68 وما يليه، ص.127 وما يليها.

[8]V. en ce sens :

ou le premier acquéreur qui n'a pas publié[1]. Qu'en est-il de la protection prévue par l'article 576 du Code des obligations et des contrats ?

89.Rejet de l'article 576 du Code des obligations et des contrats. La protection prévue par l'article 576 du Code des obligations et des contrats est réservée au propriétaire *ergaomnes*. Tel n'est pas le cas du premier acquéreur qui n'a pas observé les formalités d'opposabilité[2]. La Cour de cassation le confirme implicitement le 06 octobre 2005[3]. Le premier acquéreur qui n'a pas inscrit son acquisition a demandé l'annulation de la seconde acquisition et la radiation des inscriptions portées au Livre Foncier par le second acquéreur. Le fondement avancé était l'article 576. La Cour qui lui a donné gain de cause a plutôt fondé sa décision sur la mauvaise foi du second acquéreur sans faire allusion aucune à l'article 576 du Code des obligations et des contrats.

L'application des règles de fond étant écartée, il convient de placer le débat sur son véritable terrain à savoir les règles de l'opposabilité.

b. Le conflit entre titulaires de droits subjectifs concurrents est un conflit d'opposabilité

90.Sécurité dynamique et protection de l'intérêt des tiers de bonne foi.L'opposabilité est appréhendée, dans ce cadre, dans sa fonction de classement. Elle est dite d'ordre[4]. Ce faisant, le conflit entre acquéreurs successifs de droits subjectifs concurrents auprès d'un auteur commun doit être résolu en application de la règle *prior tempore potior jure*[5]. « La préférence va au plus diligent, à celui qui a accompli le plus rapidement la formalité légale »[6]. Le système d'opposabilité déroge ainsi au système d'antériorité dans la naissance des droits. La doctrine le confirme[7],et la

---

أحمد بن طالب، مرجع سابق، عدد 78، ص.140: " أي أن الفصل 292 م. ج. يتعلق بصورة المفوّت له كالمشتري مثلا حسن النية لأنه واقع في غلط أو هو ضحية تدليس المفوّت". أنظر كذلك الأعداد 81-82 و 83، ص.141 وما يليها.

[1]V. en ce sens :

أحمد بن طالب، مرجع سابق، عدد 81، ص.142-143 وهامش 448، ص.140.

[2] L'hypothèse d'une vente successive par le même auteur est exclue du domaine de la vente de la chose d'autrui, au sens de l'art.576 du COC, qui ne protège que le propriétaire *erga omnes*. En ce sens :

أحمد بن طالب، مذكرة سابقة، ص.112-113. **أحمد بن طالب**، مرجع سابق، عدد 121، ص.181. **محمد بقبق**، مرجع سابق، عدد 227، ص.162.

Contra : Cass. civ. n°56988 en date du 20 mai 1997, Bull. civ., 1997, 2ème partie, p.75.

[3] Cass. civ. n°732 en date du 06 oct. 2005, Bull. civ., 2005, 2ème partie, p.63.

[4]**A. LEPAGE**, Recherche sur la connaissance du fait en droit, Thèse pour le Doctorat en Droit, Paris XI, 1998, n^{os}238 et s. pp.193 et s.

[5] Sur la consécration de la règle de la priorité dans le COC, V. notamment les art.21, 207, 237, 238, 490 et 842. V. aussi dans le cadre du CDR : art.255, al.2 ; V. aussi dans le cadre du CC : art.240.

[6]**M. GOBERT**, « La publicité foncière française, cette mal aimée », *in* Études offertes à J. FLOUR, Defrénois, Paris, 1979, p.223.

[7]**F. DANOS**, *op.cit.*, n°334, p.371 ; **M.-K. CHARFEDDINE**, *op.cit.*, n^{os}339 et s., pp.290 et s. ; **M. GOBERT**, « La publicité ... », art. préc., p.223 ; **J. VIDAL**, *op. cit.*, pp.280-281 ; **A. LEPAGE**, *ibid.*, n°243, p.197. *Adde* :

أحمد بن طالب، مرجع سابق، عدد 123 وما يليها، ص.185 وما يليه. **نذير بن عمّو**، مرجع سابق، عدد 192-193، ص.216-217 و218. **حافظ بوعصيدة**، مقال سابق، ص.46-47. **أحمد بن طالب**، "تنقيح الفصل 581 من مجلة الإلتزامات والعقود في محيط الإصلاح العقاري"، الأحداث القانونية التونسية، 1995، عدد 9، ص.51، هامش 14. **عبد المنعم عبود**، مقال سابق، عدد 38 وما يليه، ص.147 وما يليها.

jurisprudence l'entérine[1]. C'est la sécurité dynamique des tiers cessionnaires de bonne foi qui ont contracté sur la foi de l'apparence qui le justifie[2].

91.Sécurité statique et protection des intérêts du créancier contractuel. La règle de priorité dans l'accomplissement des formalités légales souffre d'exception lorsqu'il est établi que le tiers, notamment, le second acquéreur dans les ventes successives est de mauvaise foi. En effet, notre législateur opte pour un système de publicité dit de transfert causal et différé de la propriété[3]. Dans ce système qui n'est pas purement formaliste, la publicité n'opère transfert de propriété *ergaomnes* que dans la mesure où elle procède d'un titre d'acquisition causé, c'est-à-dire non vicié. Ce système repose donc sur la distinction entre le titre d'acquisition et le mode d'acquisition. La publicité n'étant, ici, qu'un mode d'acquisition de la propriété qui ne se suffit pas à elle-même. Encore faut-il que le titre d'acquisition soit non vicié. Tel n'est pas le cas lorsque le second acquéreur est de mauvaise foi. Le système de transfert différé de la propriété n'emporte pas automatiquement une purge des vices affectant le droit de propriété[4].

S'il convient donc, dans le cadre de la résolution du conflit entre acquéreurs successifs de droits subjectifs concurrents auprès d'un auteur commun, d'appliquer la règle « *prior*... », encore faut-il que l'acquéreur soit

---

[1] Sur l'application de la règle de la priorité s'agissant d'un immeuble non immatriculé :

À propos de deux ventes successives : Cass. civ. n°29692 en date du 09 mars 2004, Bull. civ., 2004, 2ème partie, p.85 ; RJL, 2004, n°6, p.83 (partie en langue arabe) ; Cass. civ. n°15537 en date du 10 juin 2002, Bull. civ., 2002, 2ème partie, p.81 ; Cass. civ. n°44244 en date du 29 oct. 1996, Bull. civ., 1996, 1re partie, p.296 ; Cass. civ. n°43594 en date du 15 oct. 1996, Bull. civ., 1996, 1re partie, p.293.

À propos d'une vente non enregistrée suivie de deux saisies : Cass. civ. Ch. réun., arrêt n°24697 en date du 30 nov. 2006, CEJJ, 2007, p.201.

Sur l'application de la règle de la priorité s'agissant d'un immeuble immatriculé :

Expressément : À propos de deux ventes successives : Cass. civ. n°10951 en date du 15 oct. 2007, Bull. civ., 2007, 2ème partie, p.273 ; Cass. civ. n°63166 en date du 03 fév. 1998, Bull. civ., 1998, 2ème partie, p.295 ; Cass. civ. n°715 en date du 07 mars 1961, Bull. civ., 1961, p.34.

Implicitement : À propos de deux ventes successives : Cass. civ. n°31497 en date du 04 juin 2009, RJL, 2010, n°5, p.229 (partie en langue arabe) ; Cass. civ. n°2002/22994 en date du 11 janv. 2003, préc. ; Cass. civ. n°40646 en date du 04 juill. 1994, Bull. civ., 1994, p.173 ; Cass. civ. n°26035 en date du 12 oct. 1992, Bull. civ., 1992, p.477 ; Cass. civ. n°23449 en date du 11 mai 1989, Bull. civ., 1989, p.190.

À propos d'une vente non inscrite suivie d'une hypothèque :Cass. civ. n°1856 en date du 27 juin 1963, Bull. civ., 1963, p.27.

À propos d'une vente non inscrite suivie d'une donation :Cass. civ. n°2011-68276 en date du 05 avr. 2013 (inédit), préc.

[2]Sur la protection des tiers acquéreurs de bonne foi : V. dans le COC : art.134, al.2 et 3, 336, 365 et 379 ; V. dans le CDR : art.127, 200 2), 268, 305, al. second, 332 (bis). V. aussi art.23, al.5, 25 *infine* et 26, al.4 de la loi n°2001-34 du 10 avr. 2001, portant mise à jour des titres fonciers. V. en ce sens : Cass. civ. n°2011-68276 en date du 05 avr. 2013 (inédit), préc. :

" حيث وخلافا لما تمسك به نائب الطاعنات فإن محكمة الموضوع وفي نطاق اجتهادها المطلق في تقدير الوقائع وأدلتها واستخلاص النتائج القانونية منها قد تولت البحث والتمحيص في جميع المؤيدات والحجج المقدمة لها كما تولت وفي نطاق سعيها لحسم هذا النزاع ورفع كل إلتباس حول ثبوت سوء نية الموهوب لها من عدمه إجراء تحريرات مكتبية على أطراف النزاع وتوصلت إلى أن ركن سوء النية غير قائم في جانب الموهوب لها وقد عللت حكمها تعليلا سليما ومستساغا".

Contra : Cass. civ. n°21469 en date du 13 déc. 2008, Bull. civ., 2008, p.131.

[3] Compare avec le système de transfert abstrait de la propriété applicable en droit allemand. Dans ce système, la publicité constitue un titre parfait d'acquisition de la propriété « sans que l'on prenne en compte, à la différence du transfert causal, la bonne ou la mauvaise foi du second cessionnaire en date » : **F. DANOS**, *op.cit.*, n°331, p.368. *Adde* :

أحمد بن طالب، مرجع سابق، عدد 20، ص.58 وما يليها، عدد303، ص.355 وعدد315، ص.366 وما يليها.

[4]**F. BERTRAND**, Thèse préc., n°36, p.60.

de bonne foi. Tel n'est pas le cas lorsque sa mauvaise foi est établie, ce dernier ne mérite plus la protection. L'exception de la mauvaise foi se justifie par le principe de l'opposabilité du contrat aux tiers. C'est justement par cette fissure que pourrait s'infiltrer l'idée de la responsabilité du tiers qui s'associe à la violation d'une obligation contractuelle. L'intérêt du créancier contractuel au respect de la situation acquise que lui procure le contrat regagne alors du terrain.

La simple violation du rapport contractuel est constitutive d'une faute, « parce que le contrat, assorti ou non de publicité, crée un rapport d'obligation auquel les tiers ne doivent pas porter atteinte »[1]. Ainsi, l'opposabilité du contrat permet, grâce aux règles de la responsabilité, de corriger les effets de l'inopposabilité du droit, en raison de l'inobservation des formalités légales de l'opposabilité.

B.L'identification de la responsabilité du tiers dans les contrats portanttransfert de propriété d'un meuble

92. Engage sa responsabilité, le tiers qui s'associe à la violation d'un contrat portant transfert de propriété d'un meuble corporel (1) ou incorporel (2).

1.L'identification de la responsabilité du tiers dans les contrats portanttransfert de propriété d'un meuble corporel

93.L'obligation pour le vendeur de transférer la propriété d'un meuble corporel. Au même titre que les immeubles, le vendeur d'un meuble corporel est tenu par une obligation de donner : celle d'opérer le transfert de propriété du meuble. L'obligation de délivrance engendrée par le transfert de propriété a lieu, notamment, par « la tradition réelle » du bien c'est-à-dire sa remise matérielle[2].

94. Le formalisme nécessaire à l'opposabilité du transfert de la propriété aux tiers. L'opposabilité de la vente d'un bien meuble est tributaire du respect d'un certain formalisme nécessaire au transfert de propriété. À cet effet, l'article 53, alinéa premier, du Code des droits réels dispose que « Celui qui possède de bonne foi une chose mobilière ou un ensemble de meubles est présumé avoir acquis cette chose régulièrement… »[3]. La mise en possession réelle imposée à l'acquéreur d'un meuble corporel, en tant qu'elle constitue la manifestation ostensible du droit

---

[1]**F. BERTRAND**, *op.cit.*, n°33, p.59 et n°39, p.64 ; **R. SAVATIER**, Traité de la responsabilité civile en droit français, T.2, Conséquences et aspects divers de la responsabilité, 2ème éd., LGDJ, Paris, 1951, n°600, pp.176-177 ; **G. VINEY**, *op.cit.*, n°205, p.573 ; **J. HUET**, « Des différentes sortes d'obligation, et plus particulièrement de l'obligation de donner, le mal nommée, le mal aimée » », *in* Le contrat au début du XXème siècle, Études offertes à J. GHESTIN, LGDJ, Paris, 2001, n°5, p.430.

[2] Art.593, 2) du COC ; **S. MELLOULI,** art. préc.,pp.415-416.

[3] L'art.488, al. premier, du COC prévoit une disposition quasi-identique.

de propriété, peut être perçue comme une forme de publicité[1]. Elle constitue le fait générateur de l'opposabilité du transfert de propriété à l'égard des tiers[2]. Qui sont ces tiers ?

95.Les tiers visés. Il s'agit de tous ceux qui, n'étant pas tenus par la force obligatoire du contrat de vente, justifient d'un intérêt à ce que la vente leur soit inopposable. C'est le tiers second acquéreur qui retiendra en particulier notre attention.

96.Possibilité de violation de l'obligation par les tiers. Jusqu'à la tradition réelle du bien meuble, aucun transfert de propriété n'a lieu à l'égard du second acquéreur. Le premier acquéreur n'est propriétaire que vis-à-vis de son vendeur. À l'égard du second acquéreur, il n'a qu'un droit personnel occulte. Nous retrouvons ici comme en matière d'immeuble une sorte de dédoublement entre le contrat : acte générateur d'obligation *inter partes* et la possession : fait translatif de propriété à l'égard des tiers. Cette période charnière favorise la mauvaise foi. En effet, avant la tradition réelle, le premier acquéreur peut se voir dépouillé. Un second acquéreur peut, en sa qualité de tiers, prendre possession du meuble corporel[3]. Comment résoudre ce conflit ?

97.Sécurité dynamique et protection de l'intérêt des tiers de bonne foi. Entre acquéreurs successifs d'un meuble corporel auprès d'un même auteur, sera préféré, précise l'article 489 du Code des obligations et des contrats, celui qui observe deux conditions cumulatives. D'une part, il doit être mis en possession réelle le premier[4]. D'autre part, il doit être de bonne

[1]**F. DANOS**, *op.cit.*, n°262, p.289, n°312, p.344 et n°427, p.473; **J. DUCLOS**, *op.cit.*, n°440, p.456 ; **F. BERTRAND**, Thèse préc., n°77, p.110. **G. VINEY**, *op.cit.*, n°205, p.573 ; *Contra* : **J. VIDAL**, *op. cit.*, pp.311 à 314. *Adde* :

نذير بن عمّو، مرجع سابق، عدد 195، ص.218.

[2]**J. DUCLOS**, *ibid.*, n°252, p.286 et n°440, p.456 ; **P. HUGUENEY**, *op.cit.*, p.46 ; **F. BERTRAND**, *ibid.*, n°81, p.114 ; **J. CARBONNIER**, Les biens, T.3, *op.cit.*, n°127 b), p.215 et n°236, p.368 ; **J.-L. BERGEL**, **M. BRUSCHIetS. CIMAMONTI**, *op.cit.*, n°129, p.157. *Adde* :

نذير بن عمّو، مرجع سابق، عدد 195، ص.218-219. **عبد الله الأحمدي**، مرجع سابق، عدد 365، ص.318.

Exceptionnellement, le législateur prescrit pour l'opposabilité de la vente de certains meubles corporels des mesures de publicité particulières. V. notamment : l'inscription sur le feuillet matriculé attribué au navire par l'autorité maritime (Art.29 et 30 du CCM) ; l'inscription au registre d'immatriculation des aéronefs civils (Art.10, al.3 du CAC). Pour les conflits entre acquéreur et tiers cessionnaire d'un droit subjectif incompatible, ce sont les solutions retenues en matière d'immeuble immatriculé qui seront reconduites.

[3] V. en l'absence de possession : art.490 du COC.

[4] La règle de la priorité en possession réelle consacrée par l'art.489 du COC trouve une double justification. La première est tirée de la lettre de la loi. Elle réside dans la présomption exprimée par l'art.53 du CDR et son homologue l'art.488 du COC selon laquelle « en fait de meubles, la possession vaut titre ». Ces art. ne sont que l'application de la vieille maxime « *ex facto oritur jus* » : « Du fait sort le droit » : **J. CARBONNIER**, Introduction, *op.cit.*, n°163, p.262 ; **M. ROTONDI**, « Considération en « fait » et en « droit » », RTD civ., 1977, pp.1-16. Cass. civ. n°10310 en date du 12 janv. 1984, Bull. civ., 1984, 1re partie, p.224 ; Appel n°29298 en date du 05 mars 1970, RJL, 1970, n°10, p.43 (partie en langue arabe).

La seconde est tirée de l'esprit de la loi, c'est la sécurité dynamique et la stabilité des transactions qui le justifie : **M. MULLER**, « L'acquéreur de bonne foi d'un meuble. Vers un nouvel équilibre entre ses droits et ceux du propriétaire injustement dépouillé », RTD civ., 1989, n°3, p.698. *Adde* :

أحمد بن طالب، مرجع سابق، هامش 112، ص.46.

foi[1].On en déduit que, lorsque le tiers est de bonne foi, le législateur entend donner le primat à sa sécurité. Tel n'est pas le cas lorsque sa mauvaise foi est établie.

98.Sécurité statique et protection des intérêts du créancier contractuel. En exigeant la condition de bonne foi chez le second acquéreur pour le préférer au premier en date, le législateur laisse entendre par un raisonnement *a contrario* que si le second acquéreur est de mauvaise foi, c'est le premier qui doit l'emporter quoique le second soit le premier en possession. Comment expliquer cette solution ?

L'exception de la mauvaise foi se justifie par le principe de l'opposabilité du contrat aux tiers. En effet, si en l'absence de mise en possession réelle, le droit réel est inopposable au tiers second acquéreur, le contrat conclu entre le vendeur et le premier acquéreur lui est opposable, lorsque sa mauvaise foi est établie. La simple violation de l'obligation de délivrance est constitutive d'une faute génératrice de la responsabilité du tiers[2]. Ainsi, l'opposabilité du contrat générateur de droits personnels permet, grâce aux règles de la responsabilité, de corriger les effets de l'inopposabilité du droit réel, en raison des règles de publicité.

Au même titre que dans le domaine des immeubles, s'il convient de protéger les tiers qui agissent, c'est à condition qu'ils soient de bonne foi. À défaut, c'est la sécurité du créancier contractuel qui doit prévaloir.

2.L'identification de la responsabilité du tiers dans les contrats portant transfert de propriété d'un meuble incorporel

99.Hypothèse de la cession de créance[3]. La cession de créance met à la charge du cédant une obligation de donner : celle d'opérer le transfert de propriété de la créance. L'obligation de délivrance engendrée par la cession de créance consiste dans la remise des titres[4].

---

[1] **F. DANOS**, *op.cit.*, n°s352 et s., p.388 et s. ; **E. LEROUX**, « Recherche sur l'évolutionde la théorie de la propriété apparente dans la jurisprudence depuis 1945 », RTD civ., 1974, n°4, p.511 ; Cass. civ. n°9323 en date du 28 déc. 1954, RJL, 1960, n°s9-10, p.60 (partie en langue arabe). *Adde* :
أحمد بن طالب، مرجع سابق، هامش 112، ص.46 وعدد 123، ص.187-188. **نذير بن عمّو**، مرجع سابق، عدد 195، ص.218-219.
Le dispositif des art.489 du COC et 53 du CDR, qui protègent l'acquéreur *a non domino* d'un meuble corporel en raison de sa bonne foi, trouve sa justification dans l'apparence de propriété du vendeur.D'aucuns estiment que ces art. ne sont qu'une application, à base d'équité, de la vieille maxime « *error communis facit jus* » : « L'erreur collective, l'apparence a créé le droit » : **J. CARBONNIER**, Introduction, *op. cit.*, n°163, p.262 ; **H. MAZEAUD**, « La maxime « Error communis facit jus » », RTD civ., 1924, p.960. D'autres postulent plutôt pour l'idée de croyance légitime : **M. MAHFOUDH**, « Contribution à l'étude de l'apparence en droit tunisien : A propos de l'arrêt des chambres réunies n° 27632 du 4 avril 1997 », RTD, 2001, n°48, p.401.

[2] **G. VINEY**, *op.cit.*, n°205, p.573 ; **J. DUCLOS**, *op.cit.*, n°s442-443, pp.458-459.

[3] « La cession de créance est une opération qui, conclue entre le cédant et le cessionnaire, attribue à ce dernier un droit contre une troisième personne, le débiteur cédé, en faisant disparaître le droit du cédant pour le transmettre au cessionnaire qui n'a donc qu'un droit dérivé qu'il va exercer en son propre nom » : **Ch. LARROUMET**, Les opérations juridiques à trois personnes en droit privé, Thèse pour le Doctorat en Droit, Bordeaux, 1968, n°29, pp.54-55 .

[4] V. texte de portée générale : art.594 du COC ; **S. MELLOULI**, « L'objet de la délivrance... », art. préc., p.417 ; **J.-P. CHAZAL et S. VINCENTE**, art. préc., n°47, pp.502-503.

100.Les formalités légales d'opposabilité de la cession de créance aux tiers.L'opposabilité de la cession de créance est tributaire du respect d'un certain formalisme légal. À cet effet, l'article 205 du Code des obligations et des contrats exige pour que le cessionnaire soit saisi, c'est-à-dire « investi de la créance du cédant »[1], aussi bien à l'égard du débiteur cédé qu'à l'égard des tiers, que la cession soit signifiée[2] au débiteur cédé ou acceptée[3] par lui dans un acte ayant une date certaine[4]. Il en découle qu'à l'égard des tiers, la signification ou l'acceptation font office de publicité[5]. Elles constituent à leur égard, le fait générateur de l'opposabilité de la cession de créance[6]. Qui sont ces tiers ?

101.Les tiers visés. Il s'agit de tous ceux qui, n'étant pas tenus par la force obligatoire du contrat de cession, justifient d'un intérêt à ce que la cession leur soit inopposable, c'est-à-dire à ce que le cédant soit encore créancier. Cet intérêt réside dans le fait qu'ils ont des droits concurrents sur la créance cédée[7].

Dès lors, sont exclus, les parties contractantes, leurs représentants ainsi que leurs ayants cause à titre universel. L'ayant cause à titre particulier du cédant demeure tiers par rapport à la première cession. Cette qualité se vérifie chez le second cessionnaire. Elle s'étend au créancier gagiste à qui la créance peut être éventuellement donnée en gageau sens de l'article 218, b) du Code des droits réels[8]. Peuvent aussi avoir la qualité de tiers les créanciers chirographaires et notamment le créancier saisissant[9]. Qu'en est-il du débiteur cédé ?

Une partie de la doctrine assimile le débiteur cédé à une partie dans une opération juridique triangulaire : un contrat à trois parties[10]. Il semble que cette position pêche par excès. Le débiteur cédé ne peut être assimilé au cédant. Deux éléments peuvent, à partir de l'article 205 du Code des obligations et des contrats, contribuer à la qualification du débiteur cédé.

---

[1]**J. FRANÇOIS**, Droit civil, T.4, Les obligations, Régime général, 1re éd., sous la direction de **Ch. LARROUMET**, Economica, 2000, Paris. n°352, p.293.

[2] Cass. civ. n°25438 en date du 25 avr. 2009, Bull. civ., 2009, 1re partie, p.113 ; Cass. civ. n°7154 en date du 14 janv. 1970, Bull. civ., 1970, p.11 ; RJL, 1970, n°6, p.36/554 (partie en langue arabe). *Adde* :
حاتم بن عبد الحميد الرواتبي، الحماية القانونية للدائن العادي، مرجع سابق، عدد 387 وما يليه، ص.408 وما يليها.

[3] V. sur l'acceptation :Cass. civ. 30 oct. 1960, RTD, 1966-1967, p.208 avec la note de **J. BIGOT**. *Adde* :
حاتم بن عبد الحميد الرواتبي، مرجع سابق، عدد 392 وما يليه، ص.411-412.

[4] Pour les actes sous-seing-privé : Art.450 du COC ; Pour les actes authentiques : Art.444-445 du COC.

[5]**F. DANOS**, *op.cit.*, n°312, p.344 ; **F. ZÉNATI** et **Th. REVET**, Droit civil, Les biens, 2ème éd., PUF, Paris, 1997, n°108, p.130 ; **R. WINTGEN**, *op.cit.*, n°289, p.251 ; **F. BERTRAND**, Thèse préc., n°84, p.118 ; **J. VIDAL**, *op.cit.*, p.298. *Adde* :
حاتم بن عبد الحميد الرواتبي، مرجع سابق، عدد 385 وما يليه، ص.407 وما يليها.

[6]**J. DUCLOS**, *op.cit.*, n°328, pp.350-351 et n°417, p.429 ; **J.-L. GOUTAL**, *op.cit*, n°366, p.271 ; **J.CARBONNIER**, Les obligations, T.4, *op.cit.*, n°320, b), p.567. *Adde* :
نذير بن عمّو، مرجع سابق، عدد 196، ص.219.

[7]**D. BASTIAN**, *op.cit.*, pp.54-55 ; **J.- L. GOUTAL**, *ibid.*, n°366, p.271.

[8] **F. BERTRAND**, Thèse préc., n°86, p.121 ; **Ch. LARROUMET**,Tèse préc., n°26, p.46.

[9] Cass. civ. n°2004-1967 en date du premier oct. 2004 (inédit). *Adde* :
حاتم بن عبد الحميد الرواتبي، مرجع سابق، عدد 388، ص.408 وعدد 409-410، ص.421 وما يليها.

[10]**Ch. JAMIN et M. BILLIAU**, « Cession conventionnelle du contrat : la portée du consentement du cédé », D., 1998, chron., p.145, n°1.

D'une part, l'article 205 précise que la signification de la cession de créance au débiteur cédé peut lui suffire. Dès lors, si le débiteur cédé n'exprime aucune volonté d'être associée à la cession c'est qu'il demeure tiers par rapport à cette dernière[1]. D'autre part, l'article 205 précise que la signification de la cession lui est nécessaire parce que ce tiers doit savoir à qui il devra payer. Il est, partant, intéressé par ladite cession. Ceci explique pourquoi certains le baptisent « tiers intéressé »[2], d'autres « tiers lié »[3].

Si le débiteur cédé est un tiers intéressé, on se demande pourquoi l'article 205 du Code des obligations et des contrats distingue entre le débiteur cédé et les tiers qui ont tout de même intérêt à connaître la cession pour savoir s'ils sont régulièrement investis de la qualité de cessionnaire ou de créancier ?La distinction se justifie par le fait que l'objectif des formalités de l'article 205 n'est pas le même. À l'égard du débiteur cédé, l'objectif de la signification est de l'informer à qui il devra payer. La signification fait que la cession produise un effet direct à l'égard du débiteur cédé. Ce dernier doit payer le nouveau créancier. La signification emporte l'exigibilité de la créance cédée. À l'égard des tiers, à l'instar du second cessionnaire, l'objectif de la signification est de marquer le point de départ de leur devoir d'abstention. Elle porte plutôt sur un effet indirect du contrat de cession. La signification, en tant que fait générateur de l'opposabilité de la cession au second cessionnaire, emporte plutôt inviolabilité de la créance cédée[4]. Dès lors, si les formalités de l'article 205 ont un caractère informatif à l'égard du débiteur cédé, elles ont plutôt un caractère publicitaire à l'égard des tiers[5]. Ce sont ces derniers qui nous intéressent dans ce cadre.

102.Effet du défaut d'accomplissement des formalités légales d'opposabilité. Jusqu'à l'accomplissement des formalités publicitaires de l'article 205 du Code des obligations et des contrats, le cessionnaire n'est propriétaire de la créance que vis-à-vis du cédant. À l'égard des tiers, son droit réel étant inopposable, il n'a qu'un droit personnel occulte. Le transfert de la propriété de la créance se trouve ainsi scindé en un transfert *inter partes* au moment de la cession et une opposabilité *erga omnes* différée à la

---

[1]**J. RADOUANT**, note sous Cass. civ. fr., 04 mars 1931, D.P., 1933, I, pp.73 et s., spéc., p.76, col.2. *Adde* :

حاتم بن عبد الحميد الرواتبي، مرجع سابق، عدد 387، ص.408 وهامش 233، ص.411.

[2]**A. WEILL**, note sous Cass. civ. fr., 20 juin 1938, D.P., 1939, I, pp.26 et s., spéc., p.29, col.2. ; **Ch. LARROUMET**, *op.cit.*, n°26, pp.45-46 ; **L. AYNES**, « Cession de contrat : nouvelles précisions sur le rôle du cédé », D., 1998, chron., p.26, n°8 ; **J. GHESTIN**, « Nouvelles propositions pour un renouvellement de la distinction entre les parties et les tiers », RTD, 1994, p.799, n°31 ; **Ph. EMY**, « A propos de l'opposabilité d'une cession de créance, Réflexion sur l'avant-projet de réforme du droit des obligations », D., 2008, chron., p.2887, n°2, et p.2893, n°16 ; **J. GHESTIN**, **Ch. JAMIN** et **M. BILLAU**, *op. cit.* , p.414, n°363.

[3]**F. BOURAOUI DARGHOUTH**, « Propos sur les opérations de transmission de créances (L'exemple de la convention de factoring : commentaire des arrêts n°16760 de la cour d'appel du Kef du 20/6/2005 statuant en tant que cour de renvoi et n°1967 de la Cour de Cassation du 1/10/2004 », RTD, 2005, p.315.

[4]**Ch. LARROUMET**, Thèse préc., n°26, pp.45- 46 ; **F. BERTRAND**, Thèse préc., n°84, p.118 et n°85, p.120.

[5]**Ch. LARROUMET**, *ibid.*, n°27, pp.47 et s. ; **F. BOURAOUI DARGHOUTH**, art. préc., p.320.

signification ou à l'acceptation. Cette « période transitoire »[1] recèle un potentiel de fraude[2].

103.Le potentiel de fraude. Lorsque le débiteur cédé n'a pas été informé de la cession[3], le cessionnaire peut se voir dépouillé par un tiers : second acquéreur de la créance qui observe les formalités publicitaires, ou créancier gagiste entrée en possession de la créance voire un créancier chirographaire qui pratique une saisie entre les mains du débiteur cédé. Comment résoudre ces conflits ?

104.La bonne foi, condition de protection des intérêts du tiers. Le conflit entre acquéreurs successifs de droits subjectifs concurrents doit être résolu, précise l'article 207 du Code des obligations et des contrats, en application de la règle *prior tempore, potior jure*[4]. On en déduit que, ce n'est pas forcément le cessionnaire le plus ancien qui pourra encaisser la créance, c'est plutôt celui qui aura le premier, procédé à la signification de la cession auprès du débiteur cédé ou obtenu l'acceptation de ce dernier par acte ayant date certaine[5]. Le législateur entend, par là, protéger ceux qui agissent de bonne foi en se fiant à une apparence trompeuse.

105.L'opposabilité du contrat de cession de créance au tiers de mauvaise foi. Lorsque le tiers est de mauvaise foi[6], il engage sa responsabilité à titre de complice de l'inexécution du contrat. Encore une fois c'est le principe de l'opposabilité du contrat qui le justifie. Le transfert de la propriété de la créance est, certes, inopposable au tiers, mais le contrat de cession de créance, générateur de droit personnel, lui est opposable du moment que sa mauvaise foi est établie. Le premier cessionnaire en date, qui a perdu contre le tiers par le jeu de la publicité, peut l'emporter par le jeu de la responsabilité civile.

Paragraphe II. La responsabilité du tiers qui s'associe à la violation d'une obligation de faire

106. Pour identifier la responsabilité du tiers dans ce cadre, nous serons réduits à envisager certaines hypothèses qui ont trait soit aux conflits entre

---

[1]**S. GINOSSAR**, Droit réel…, *op.cit.*, n°29, p.72.

[2] Sur les dangers de cette période transitoire : V. **Ph. EMY**,art. préc., pp.2890 et s.

[3] C'est que si le débiteur cédé a été informé de la cession, le cessionnaire sera protégé par l'art.208 du COC. V. notamment à l'égard du créancier saisissant : Cass. civ. n°2004-1967 en date du 1er oct. 2004 (inédit), préc. :

" وحيث تأسيسا على ذلك تعتبر إحالة الدين تامة وتم الإعلام بها للمدين الذي ثبت اتصاله بها وعليه وطالما أجريت العقلة في تاريخ لاحق لكل ذلك... فان تلك العقلة تعتبر قد سلطت على أموال خرجت من ذمة شركة ... وأصبحت راجعة للطاعنة (المحال له) قبل إجراء العقلة".

[4]**J. BOULANGER**, art. préc., n°2, pp.546-547 et 548.

[5] Le fait que l'art.207 du COC ne mentionne pas l'acceptation, ne signifie pas que cette formalité est inopérante pour régler le conflit entre acquéreurs successifs d'une même créance auprès d'un même auteur. En ce sens :

حاتم بن عبد الحميد الرواتبي، مرجع سابق، عدد 402 و ما يليه، ص.417 و ما يليها.

[6]**Ph.MALAURIE, L.AYNESetPh.STOFFEL-MUNCK**, Droit civil, Les obligations, 4ème éd., Defrénois, Paris, 2009, n°1415, pp.766-767 ; **J. FLOUR, J.-L. AUBERTetE. SAVAUX**, Droit civil, Les obligations, T.3, Le rapport d'obligation, 7ème éd., Sirey, Paris, 2011, n°357, pp.329-330 ; **J. MESTRE**, RTD civ., 1997, p.130, n°14.

droits personnels concurrents (A), soit entre un droit personnel et un droit réel (B).

A. Les manifestations de la responsabilité du tiers dans les conflits entre droits personnels concurrents

107. Deux illustrations retiendront notre attention. La première a trait au débauchage de salarié (1), la seconde aux baux successifs (2).

1.L'identification de la responsabilité du tiers en matière de débauchage de salarié

108.L'obligation de loyauté du salarié. Le contrat de travail[1], met à la charge du salarié une obligation de fidélité ou encore de loyauté[2], espèce d'obligation de faire, qui peut se traduire notamment par l'interdiction d'être embauché en cours de contrat. La même obligation se retrouve dans le contrat d'apprentissage[3].

109.Le caractère occulte du contrat de travail. Pour porter le contrat de travail ou d'apprentissage à la connaissance des tiers,aucune mesure de publicité n'est exigée par le législateur. Qui sont ces tiers ?

110.Les tiers visés. Il s'agit de tous ceux qui n'étant pas tenus par la force obligatoire du contrat de travail ou d'apprentissage, justifient d'un intérêt à ce que le contrat leur soit inopposable. Il s'agit du nouvel employeur qui embauche soit un salarié lié par un contrat de travail au gré des articles 26 et 262 du Code du travail, soit encore un apprenti lié par un contrat d'apprentissage au sens de l'article 353 duditCode.

111.Le caractère vulnérable du contrat de travail. Le contrat de travail est un contrat dont l'exécution s'inscrit dans le temps, pour lequel aucune mesure de publicité n'est exigée pour le rendre opposable aux tiers et qui ne génère qu'un droit personnel occulte. Son caractère vulnérable étant établi, les possibilités de l'enfreindre par un nouvel employeur, qui aura la tentation d'embaucher un salarié au mépris de son obligation de loyauté, sont plausibles. Comment résoudre ce conflit de droits personnels concurrents ?

112.Sécurité dynamique et protection de l'intérêt du nouvel employeur de bonne foi. Le conflit entre l'ancien employeur et le tiers, nouvel employeur, sera résolu« d'après l'ordre chronologique de la création des droits (…) le droit postérieur doit donc s'effacer devant celui qui lui est préférable en raison de la date où il est né : *Prior tempore, potior jure* »[4].

---

[1] L'art.6 du CT définit le contrat de travail.

[2] En l'absence d'une disposition spéciale qui la prévoit, dans le cadre du CT, l'obligation de loyauté trouve son fondement dans l'art.243 du COC qui permet de fonder sur la bonne foi une telle obligation : **F. MECHRI**, « Le droit du travail en Tunisie », Sud Editions, Tunis, 2009, pp.102-105 ; **S. HOURDEAU**, « L'article 1134 du Code civil et le contrat de travail », RRJ, 2004, n°4, pp.772-778. *Adde* :

زكية الصافي، قانون الشغل (عقد الشغل)، طبعة ثانية، م. ن. ج.، تونس، 2014، عدد 157 وما يليه، ص.125 وما يليها.

[3] L'art.343 du CT définit le contrat d'apprentissage.

[4]**J. BOULANGER**, art. préc., n°11, p.560.

Ainsi se manifeste l'idée de prédominance du droit premier en date. La seule réserve apportée à cette règle est la protection des tiers de bonne foi. La règle de la priorité en date cède devant le droit acquis par le nouvel employeur. Sa bonne foi et la régularité de son acte le protègent, sa sécurité juridique est à ce prix.

113. Sécurité statique et protection des intérêts de l'ancien employeur. L'article 26 du Code du travail prévoit que le nouvel employeurqui « a embauché (un) salarié le sachant déjà lié par un contrat de travail, est solidairement responsable du dommage causé à l'employeur précédent »[1]. Dans la même veine, l'article 262 duditCode engage la responsabilité du nouvel employeur qui recrute « un travailleur étranger avant l'expiration du contrat de travail le liant à l'employeur précédent ». Sans surprise, l'article 353 dudit Code souscrit la responsabilité de « Toute personne convaincue d'avoir employé sciemment en qualité d'apprentis, d'ouvriers ou d'employés, des jeunes gens de moins de 18 ans n'ayant pas rempli les engagements de leur contrat d'apprentissage, ou n'étant pas régulièrement déliés… ».

Le principe de l'opposabilité du contrat de travail ou d'apprentissage àl'employeur débaucheur, qui en a eu connaissance, reçoit ainsi une consécration normative. Cette dernière justifie d'engager la responsabilité du tiers qui s'associe à la violation d'une obligation de loyauté, née desdits contrats[2].

2. L'identification de la responsabilité du tiers qui s'associe à la violation d'un contrat de bail

114. On peut retrouver, en matière de louage de choses[3], certains des problèmes déjà exposés. À cet effet, l'identification de la responsabilité du tiers au vu de la doctrine (a) permet de mieux apprécier certaines décisions de la Cour de cassation (b).

a. L'identification de la responsabilité du tiers au vu de la doctrine

115. Possibilité de violation de l'obligation de délivrance par les tiers. Conçue comme l'obligation caractéristique du contrat de bail[4], l'obligation de délivrance[5], obligation de faire[1], peut être appréhendée comme la

---

[1] Cet art. a trait à ce qu'on s'accorde à appeler le délit civil de débauchage : "جنحة الإغراء بترك العمل "

[2] **J.-C. JAVILLIER**, Droit du travail, 7ème éd., LGDJ, Paris, 1999, n°319, p.422 ; **G. H. CAMERLYNCK**, Droit du travail, T.1, 2ème éd., Dalloz, Paris, 1982, n°707, pp.705-706. *Adde* :
محمد الزين، مرجع سابق، عدد 425، ص.343-344. **محمد محفوظ**، دروس في العقد، مرجع سابق، عدد 313، ص.310-311. **عصام الأحمر**، إشكالات في نزاعات الشغل الحلول القانونية والاجتهادات القضائية، سيفاد للنشر، تونس، 2008، ص.224. **زكية الصافي**، مرجع سابق، عدد 160، ص.128-129.

[3] L'art.727 du COC définit le louage de choses.

[4] V. en ce sens :
فوزي بالكناني، تعليق على قرار تعقيبي مدني عدد 775 مؤرخ في 18 فيفري 1983، صادر عن الدوائر المجتمعة، مجلة العلوم القانونية والإقتصادية والتصرف بسوسة ، 1997، العدد الأول، جوان، ص.143 والمراجع المذكورة بالهوامش 101-102.

[5] Art.739 du COC.

livraison matérielle du bien loué[2]. Dans ce cadre, un tiers peut avoir la tentation de s'associer à la violation de cette obligation. Qui sont ces tiers ?

116.Les tiers visés. Il s'agit de tous ceux qui n'étant pas tenus par la force obligatoire du contrat de bail, justifient d'un intérêt à ce que le bail leur sera inopposable[3]. On se demande si le second preneur est un tiers par rapport au premier bail ? La Cour de cassation répond par la négative en l'assimilant à un ayant cause à titre particulier au sens de l'article 241 du Code des obligations et des contrats[4]. Pourtant aucune obligation, antérieurement conclue par son auteur et qui est accessoire au bail, ne lui a été transmise. On peut penser que le second preneur est plutôt tiers[5]. C'est le conflit de baux successifs qui retiendra notre attention. Comment résoudre ce conflit de droits personnels concurrents ? La règle de conflit diffère selon que le bail soit ou non soumis à une formalité légale d'opposabilité.

117.Hypothèse des baux non soumis à une formalité légale d'opposabilité. Tel que visé par l'article 728 du Code des obligations et des contrats, le contrat de bail, générateur de droits personnels[6] est un contrat occulte. Aucune formalité légale d'opposabilité n'est exigée.Le conflit entre preneurs successifs du même auteur sera résolu en application de la règle *prior tempore potior jure*.La préférence est donnée à celui dont le bail est premier en date. Mais, si le second preneur est de bonne foi, il sera préféré lorsqu'il est premier à l'exécution[7]. Le second preneur de bonne foi, postérieur en date mais premier en jouissance doit être protégé. Son contrat étant intrinsèquement valable, il fait obstacle à toute exécution en nature[8] ; la sécurité dynamique est à ce prix. La solution doit, cependant, fléchir en cas de mauvaise foi du second preneur[9], la sécurité statique reprend alors son empire et la responsabilité du tiers sera engagée.

---

[1] V. en ce sens :

فوزي بالكناني، تعليق سابق، ص.144. **محمد الزين**، مرجع سابق، عدد 17، ص.28-29.

[2] Art.742 du COC. En ce sens :

خليفة الخروبي، مرجع سابق، عدد 384، ص.259.

[3] Tel n'est pas le cas de l'acquéreur tenu par la force obligatoire du contrat par le truchement du transfert du rapport de l'obligation(art.798 du COC). En ce sens : Appel civ., jugement n°20332 en date du 30 avr. 1960, RJL, 1960, n°7, p.57/533 (partie en langue arabe).

[4] Cass. civ. n°7346 en date du 14 nov. 2005, Bull. civ., 2005, 1re partie, p.97.

[5] En ce sens : Cass. civ. en date du 15 sept. 2005 citée par Cass. civ. n°7346 en date du 14 nov. 2005, préc. *Adde :*

فوزي بالكناني، تعليق سابق، هامش 98، ص.142.

[6] **J. DABIN**, *op.cit.*, p.182. En ce sens : Cass. civ. n°10404 en date du 11 juin 1974, Bull. civ., 1974, 3ème partie, p.86. *Adde* :

نذير بن عمّو، مرجع سابق، عدد 198، ص.222. **خليفة الخروبي**، مرجع سابق، عدد 449-454، ص.289-291. **المنذر الصيد**، "كراء ملك الغير في ضوء مجلة الإلتزامات والعقود التونسية"، م. ق. ت.، 1990، عدد 3، ص. 44. **فوزي بالكناني**، تعليق على قرار إستئنافي مدني عدد 641 مؤرخ في 25 أفريل 1992، م. ق. ت.، 1994، عدد 3، ص.104.

[7] **J. BOULANGER**, art. préc., n°21, p.580.

[8] **J. BOULANGER**, art. préc., n°21, p.579 ; Cass. civ. en date du 15 sept. 2005, préc. ; Cass. civ. n°8551 en date du 27 juill. 1972, Bull. civ., 1972, p.47 ; RJL, 1973, nos2-3, p.42/182 (partie en langue arabe). *Adde* :

خليفة الخروبي، مرجع سابق، عدد 387، ص.260.

[9] **B. FLORENCE**, Thèse préc., n°99, p.141 ; **J. VIDAL**, *op.cit.*, p.319.

118.Hypothèse des baux soumis à une formalité légale d'opposabilité. Tout autre est la règle de conflit prévue pour les baux successifs d'immeubles non immatriculés excédant une année. Pour leur donner effet à l'égard des tiers, ces baux sont soumis à la formalité de l'enregistrement à la recette des finances, telle que prévue par l'article 729 du Code des obligations et des contrats. On peut supposer que le preneur n'a pas observé la formalité de l'enregistrement à laquelle un second preneur s'est conformée. La même difficulté se pose pour le bail d'un fonds de commerce qui n'a pas été publié aux vœux du paragraphe deux de l'article 231 du Code de commerce. Il en est de même au sujet des baux successifs d'immeubles immatriculés excédant trois années au sens de l'article 373, alinéa 4, 1) du Code des droits réels. Pour être opposables aux tiers, ces baux doivent être soumis à la formalité de l'inscription au Livre Foncier.

Pour ces hypothèses, c'est le premier à avoir observé les formalités légales de l'opposabilité qui l'emporte : *prior tempore potior jure*. Mais cette solution ne saurait maintenir au cas où le second locataire aurait traité de mauvaise foi. Ce dernier engage sa responsabilité. Dans toutes ces solutions le débat est placé sur le plan de l'opposabilité. Telle n'est pas toujours la démarche suivie par la Cour de cassation.

b. L'appréhension de la responsabilité du tiers par la Cour de cassation

119.Les vicissitudes de la Cour de cassation. La question des baux successifs a été posée devant la Cour de cassation toutes Chambres réunies le 18 février 1983[1]. Au menu de cet arrêt, le bailleur, qui prétendait ne pas avoir reçu les loyers, assigna son locataire récalcitrant en référé. Il obtint gain de cause. Le preneur évincé des lieux interjeta appel. Le bailleur procéda entre-temps à louer de nouveau son local. Le premier bailleur dont l'appel avait trouvé une suite favorable n'avait pu récupérer le local qui était désormais occupé par le second bailleur. S'est posée, dès lors, à la Cour de cassation toutes Chambres réunies, la question de résoudre un conflit de baux successifs.

Le syllogisme construit par la Cour était en double sens. Plaçant le débat sur le plan de l'opposabilité, elle relève la priorité du premier bail[2]. La Cour précise qu'une décision rendue en référé portant éviction du premier preneur n'est pas de nature à dénouer son bail. Elle constate, dès lors, que le second bail lui est inopposable. Plaçant le débat sur le plan de l'objet, elle ajoute que le second bail est dépourvu d'objet.

---

[1] Cass. civ. n°775 en date du 18 fév. 1983, Bull. civ., 1983, 1re partie, p.112.

[2] Aux dires de la Cour :

" وهو (الكراء الأول) مسبق في الإعتماد والحجية".

On note que les faits de la cause s'inscrivent dans le cadre de l'art.729 du COC (le bail a été souscrit pour deux ans) pourtant aucune allusion aux formalités légales d'opposabilité n'a été faite. Le raisonnement de la Cour semble faire abstraction à ces règles et le conflit semble être résolu dans le cadre de l'art.728 du COC.

Pourtant, dans le parcours qui a donné lieu à l'arrêt des Chambres réunies, la Cour de cassation a déclaré le 27 juillet 1972[1] que le second bail est valable. Il est légitime au sens de l'article 62 du Code des obligations et des contrats. Il est, par ailleurs, possible au sens de l'article 64 dudit code. La doctrine le confirme[2]. Le débat avait été placé sur le plan de l'opposabilité du second bail et non de son objet. Cette solution est louable. À suivre son raisonnement, la Cour suprême considère que le second bail, conclu à l'issue d'une décision exécutoire suivie de la restitution des lieux loués, est non seulement valable mais aussi opposable au premier preneur, antérieur en date, tant que le second preneur, premier en jouissance, est de bonne foi. Cette démarche laisse entendre qu'en cas de mauvaise foi du second preneur en date, premier à l'exécution, la règle de la priorité fléchit et sa responsabilité sera engagée[3].

Dans deux affaires semblables, la Cour de cassation a, par deux décisions[4], débouté le second preneur sur la base de la théorie de l'objet. La Cour aurait pu atteindre le même résultat en plaçant le débat sur le terrain de l'opposabilité. En effet, elle a relevé dans les deux espèces la mauvaise foi du second preneur. Elle aurait pu décider que ce dernier, bien qu'ayant enregistré le premier son bail, ne saurait être protégé. Les règles de la responsabilité constituent ainsi une limite considérable aux règles de l'opposabilité.

B. Les manifestations de la responsabilité du tiers dans le conflit entre un droit personnel et un droit réel

120. On empruntera à la promesse de vente (1) et au pacte de préférence (2) l'illustration de notre propos.

1. L'identification de la responsabilité du tiers qui s'associe à la violation d'une promesse de vente

121. L'identification de la responsabilité du tiers au vu de la doctrine (a) permet de mieux apprécier certaines décisions de la Cour de cassation (b).

---

[1] Cass. civ. n°8551 en date du 27 juill. 1972, préc. :
" وحيث أن متى كان المحل المكرى هو من الأشياء التي يجوز التعامل فيها فان عقد تسويغه **يعتبر مستوفيا لركن المتعاقد عليه** وقائما بين طرفيه وأما النزاع في شأن تسويغه السابق فإنه لا تأثير له على جوهر عقد التسويغ الثاني باعتباره عقدا **مستقلا قائما بذاته** وحينئذ فإن الحكم بإبطاله إستنادا لفقدان شرط من شروط صحته وتطبيقا للفصل 62 المذكور يعد حكما قائما على أساس غير صحيح قانونا".

[2] V. en ce sens :
أحمد بن طالب، مرجع سابق، عدد 113، ص.172 وعدد 115، ص.179. **فوزي بالكناني**، تعليق على قرار تعقيبي...، سالف الذكر، ص.134 وما يليها.

[3] Toute autre est la question de la location de la chose d'autrui qui est valable entre les parties contractantes mais inopposable au propriétaire. En ce sens :
فوزي بالكناني، تعليق على قرار إستئنافي...، سالف الذكر، ص.79. **المنذر الصيد**، مقال سابق، ص.47 وما يليها. **خليفة الخروبي**، مرجع سابق، عدد 373-374، ص.254-255.

[4] Cass. civ. n°35531 en date du 15 fév. 1995, Bull. civ., 1995, p.143 ; Cass. civ. n°7346 en date du 14 nov. 2005, Bull. civ., 2005, 2ème partie, p.97.

a. L'identification de la responsabilité du tiers au vu de la doctrine

122.L'obligation pour le promettant de maintenir la promesse de vente. La promesse de vente[1] génère une obligation de faire[2]. Elle consiste, d'une part, dans le maintien de l'offre pendant le délai convenu ou raisonnable, pour permettre la levée de l'option[3], et d'autre part, dans la rédaction du contrat définitif.

123.La faiblesse congénitale de la promesse. Qu'il s'agisse de la promesse de vente de droit commun[4], ou d'un fonds de commerce[5] ou en matière de promotion immobilière[6], aucune mesure de publicité n'est exigée pour rendre le contrat de promesse opposable au tiers[7]. Seule la promesse de vente d'un immeuble immatriculé ou à construire dans le cadre d'une promotion immobilière, permet au bénéficiaire de procéder à la prénotation[8] et de se prémunir contre les inscriptions ultérieures opérées par les tiers[9]. En

---

[1] La promesse de vente est un contrat innommé régi, en l'absence de dispositions spéciales, par les règles de droit commun. En ce sens :
عبد اللطيف الحمروني، طلبات وكالة الدولة العامة في القرار التعقيبي المدني عدد 358 مؤرخ في 31 أكتوبر 1960 ، م. ق. ت.، 1961، عدد 4، ص.1133-1134. **عبد الله الأحمدي**، مرجع سابق، عدد 322، ص.279. **نذير بن عمّو**، مرجع سابق، عدد 91، ص.109 وعدد 93، ص.110.

Le critère du nombre des parties promettantes permet de distinguer entre promesse unilatérale et promesse synallagmatique de vente. La première « prend la forme d'une convention obligeant l'une des parties à vendre une chose déterminée au prix convenu dès que l'autre partie manifeste sa volonté de l'acheter dans les délais fixés » : **F. BELKENANI**, « Promesse de vente d'immeuble : le brouillard congénital », *in* Mélanges en l'honneur de Habib AYADI, CPU, Tunis, 2000, p.133. **J.-F. LUSSEAU**, « Des problèmes actuels posés par la promesse unilatérale de vente immobilière », RTD civ., 1977, n°1, p.484. La seconde, révèle « la convention conclue entre deux parties en vertu de laquelle d'une part la première promet de vendre à l'autre un immeuble déterminé moyennant prix fixé et d'autre part la seconde promet à la première d'acheter l'immeuble avec le prix convenu et sous les conditions consenties » : Ch.réun. de la Cour de cassation, arrêt n°12082 du 30 janv. 1976, RTD, 1976, n°1, p.105. **F. BELKENANI**, art. préc., p.134. En matière de promotion immobilière, la promesse de vente a une nature synallagmatique (Art.4 de la loi n°90-17 du 26 fév. 1990, portant refonte de la législation relative à la promotion immobilière).

[2] Cass. civ. n°49006 en date du 04 oct. 2011, RJL, 2013, n°7, p.157 (partie en langue arabe) :
"حيث ولئن كان الوعد بالبيع إلتزاما شخصيا يتعهد بموجبه الواعد بعمل معين ...".
Adde : Cass. civ. n°20235 en date du 21 janv. 2003, Bull. civ., 2003, 2ème partie, p.203 :
" إن الوعد بالبيع ليس سوى إلتزاما بعمل".

[3] **F. BELKENANI**, art. préc., p.127.

[4] Cass. civ. n°56409-2010 en date du 14 mai 2011 (inédit) :
" عدم اشتراط شكلية خاصة لصحة الوعد بالتعاقد عامة".
Contra : Cass. civ. n°45922 en date du 03 juill. 1995, Bull. civ., 1995, p.505.

[5] Seul l'écrit est exigé par l'art.190 du CC comme condition de validité entre les parties contractantes.

[6] Seul l'écrit est exigé par l'art.5 de la loi du 26 fév. 1990, préc., comme condition de validité entre les parties contractantes. **A. REBAI**, « La promesse de vente d'immeuble à construire », RTD, 1991, pp.365 et s. *Adde* :
محمد الزين، مرجع سابق، عدد150، هامش77. **نذير بن عمّو**، مرجع سابق، عدد 95، ص.102.113.ق. ت. م. عدد 11625 مؤرخ في 14 فيفري 2002، ن. م. ت.، 2002، ج.2، ص. 212.

[7] La promesse de vente d'un immeuble immatriculé n'est pas visée par l'art.373 du CDR. En ce sens : Cass. civ. n°74201 en date du 04 nov. 2013, RJL, 2014, n°3, p.119 (partie en langue arabe) ; Cass. civ. n°11625 en date du 14 fév. 2002, Bull. civ., 2002, 2ème partie, p.212. *Adde* :
نذير بن عمّو، مرجع سابق، عدد 95، ص.114.
Contra :
حافظ بوعصيدة، "الطبيعة القانونية للوعد بالبيع في قانون البعث العقاري"، م. ق. ت.، 1999، عدد3، ص.166.

[8] Art.366, al.1er, du CDR.

[9] Art.370, al.1er, du CDR : « Les inscriptions ultérieures ne peuvent être opposées aux bénéficiaires des prénotations qui prennent rang à leur date ».

raison de son caractère facultatif, cette mesure est rarement mise à contribution. Au-delà de ces deux dernières hypothèses, aucune mesure de publicité n'est exigée pour porter la promesse de vente à la connaissance des tiers. Qui sont ces tiers ?

124.Les tiers visés. Il s'agit de tous ceux qui, n'étant pas tenus par la force obligatoire du contrat de promesse, justifient d'un intérêt à ce que la promesse de vente leur soit inopposable. Cette qualité se vérifie notamment chez l'acquéreur[1]. Elle s'étend aussi au sous-acquéreur[2] ainsi qu'au créancier, notamment, hypothécaire[3].

125.Le potentiel de transgression de la promesse de vente par les tiers. La promesse de vente peut être transgressée avec la connivence d'un tiers.Ceci se justifie par son caractère vulnérable qui se vérifie à plus d'un titre. D'une part, c'est un contrat préparatoire dont l'exécution « s'inscrit dans le temps »[4]. C'est là, la première marque de sa faiblesse congénitale. D'autre part, la promesse de vente ne génère, avant la levée de l'option[5], qu'un droit personnel occulte. La Cour de cassation le confirme, aussi bien

---

[1] Cass. civ. n°2011-65513 en date du 27 mars 2012 (inédit) ; Cass. civ. n°2010-48411 en date du 03 mai 2011 (inédit) ; Cass. civ. n°2005-6731 en date du 27 avr. 2006 (inédit) ; Cass. civ. n°29711 en date du 09 mars 2004, RJL, 2004, n°4, p.149 (partie en langue arabe) ; Cass. civ. n°14455 en date du 13 mai 2002, Bull. civ., 2002, 2ème partie, p.327.

[2] Cass. civ. n°14455 en date du 13 mai 2002, préc.

[3] Cass. civ. n°24631 en date du 02 mai 1991, Bull. civ., 1991, p.232.

[4] **F. BELKENANI**, art. préc., p.142.

[5] On distingue la période qui précède la levée de l'option qui ne génère qu'un droit personnel au profit du bénéficiaire d'avec la période qui succède la levée de l'option qui donne naissance à la vente : En ce sens ; **F. BELKNANI**, art. préc., pp.167-168 ;**M. FABRE-MAGNAN**, « Le mythe de l'obligation de donner », RTD civ., 1996, pp.100-103, n°s17-20 ; Cass. civ. n°24368 en date du 09 mars 1993, Bull. civ., 1993, p.250 ; Cass. civ. Ch. réun., arrêt n°12082 en date du 30 janv. 1976, RJL, 1976, n°2, p.37 (partie en langue arabe) ; Cass. civ. n°2010-48411 en date du 03 mai 2011 (inédit), préc. En citant les faits, la Cour considère qu'à l'expiration du délai de 3 mois la promesse de vente devient une vente parfaite. En ce sens :

نذير بن عمّو، مرجع سابق، عدد 98، ص.116.

Dès la levée de l'option, le bénéficiaire de la promesse devient acquéreur. Ce sont les règles relatives aux ventes successives qui s'appliquent. Il n'est pas nécessaire d'attendre le jugement définitif valant vente pour appliquer ces règles. On penche, dès lors, vers le caractère déclaratif et non constitutif dudit jugement. *Contra* : Cass. civ. n°15178 en date du 09 mars 1988, Bull. civ., 1988, p.350 ; Cass. civ. n°6807 en date du 25 janv. 1983, Bull. civ., 1983, 1re partie, p.67.

pour la promesse unilatérale[1] que synallagmatique[2] de vente. La même nature est rencontrée en matière de promotion immobilière[3].

Face au caractère vulnérable de la promesse de vente, les risques d'inexécution sont patents. En effet, un tiers concurrent, aura souvent la tentation d'inciter le promettant à violer son obligation en acquérant lui-même le bien en présentant des offres plus attractives. Il peut aussi constituer une hypothèque sur le bien. Comment résoudre ce conflit de droits subjectifs concurrents ?

126.Sécurité dynamique et protection de l'intérêt des tiers de bonne foi. « En matière de conflits entre un droit personnel et un droit réel la publicité légale ne joue absolument aucun rôle »[4]. C'est « la règle de priorité d'après l'ordre de création ou de transmission des droits »[5] qui s'applique. Cette règle n'admet pour exception que la situation du second contractant de bonne foi et premier à l'exécution. « La règle de priorité d'après l'ordre de création des droits cède alors la place à la règle de priorité dans l'exécution »[6]. Deux arguments justifient cette exception. La régularité de l'acquisition, d'une part, et la bonne foi de l'acquéreur, d'autre part. Cette dernière demeure un obstacle dirimant à l'exécution forcée, sécurité dynamique exige.

127.Sécurité statique et protection du bénéficiaire de la promesse. Lorsque l'acte a été souscrit de mauvaise foi[7], les règles de la responsabilité viennent pallier la faiblesse congénitale des droits personnels. Elles permettent de revenir à la règle de la priorité d'après la date de conclusion du contrat. Le créancier peut,dès lors, exiger le respect de son contrat, désormais, opposable aux tiers de mauvaise foi. On se demande si cette démarche gagne la conviction de la Cour de cassation ?

---

[1] Cass. civ. n°19585 en date du 07 fév. 1989, Bull. civ., 1989, p.207 :
" إن من المسلم به فقها وقضاء أن وعد البيع هو مجرد إتفاق غير ناقل للملكية".
Adde : Cass. civ. n°28508 en date du 28 janv. 1992, Bull. civ., 1992, p.398 ; Cass. civ. n°28301 en date du 31 déc. 1992, Bull. civ., 1992, p.556 ; Cass. civ. n°32771 en date du 20 août 1992, RTD, 1995, p.213, note **A. ABOUDA** (en langue arabe) ; Cass. civ. n°21320 en date du 04 fév. 2003, Bull. civ., 2003, 2ème partie, p.196. *Adde* :
نذير بن عمّو، مرجع سابق، عدد 96، ص.115.

[2] Cass. civ. Ch. réun., arrêt n°12082 en date du 30 janv. 1976, préc. :
" هو ألتزام بعمل يتقيد به طرفاه موضوعه حق شخصي لا حق عيني فلا تنتقل به الملكية".
Adde : Cass. civ. n°21320 en date du 04 fév. 2003, Bull. civ., 2003, 2ème partie, p.196 ; Cass. pén. n°32415 en date du 03 mars 2003, RJL, 2003, n°7, p.169 (partie en langue arabe). V. en ce sens :
الهادي سعيد، ملحوظات وكالة الدولة العامة في القرار التعقيبي المدني عدد 12082 مؤرخ في 30 جانفي 1976، صادر عن الدوائر المجتمعة، م. ق. ت.، 1976، عدد 2، ص. 116/42. **نذير بن عمّو**، مرجع سابق، عدد 99، ص.116. **محمد محفوظ**، النظرية العامة للإلتزام، التصرف الأحادي والعقد والمسؤولية المدنية، مرجع سابق، عدد 80، ص.54.

[3] L'art.15 (nouveau) de la loi du 26 fév. 1990, préc., dispose que « Le promoteur doit conclure un contrat de vente dans un délai d'un mois à partir du paiement du prix de l'immeuble objet de la promesse de vente ». Dès lors, jusqu'à la conclusion du contrat de vente, la promesse de vente n'emporte que des effets personnels. En ce sens :
بديع بن عباس، "حقوق المشتري الناشئة عن الوعد بالبيع في ميدان البعث العقاري"، م. ق. ت.، 2012، عدد 9، ص.115 الى 117.

[4] **J. BOULANGER**, art. préc., n°28, p.595.

[5] **J. BOULANGER**, art. préc., n°4, p.552 et n°26, p.591.

[6] **J. BOULANGER**, art. préc., n°31, p.598 et n°26, p.591.

[7] **J. BOULANGER**, art. préc., n°26, p.592 et n°31, p.598

b. L'appréhension de la responsabilité du tiers au vu de la Cour de cassation

128.Une valse-hésitation de la Cour de cassation. La Cour de cassation, qui n'a pas manqué de confirmer la démarche de la doctrine, ce qui est louable, s'est parfois démarquée de cette démarche.

Plaçant le débat sur le plan de l'opposabilité, la Cour de cassation consacre,exceptionnellement à la règle de priorité d'après la date de conclusion du contrat, celle de priorité dans l'exécution, quand elle relève la bonne foi du second contractant en date. Un arrêt, rendu le 18 mars 2010, est particulièrement explicite à cet égard. Aux faits d'espèce, des parts sociales ont fait l'objet d'une promesse de vente puis d'une vente par le même auteur. Le bénéficiaire de la promesse demanda l'exécution forcée au sens de l'article 273 du Code des obligations et des contrats. La Cour a placé le débat sur le plan de l'opposabilité de la promesse de vente au tiers acquéreur et a décidé que le cessionnaire, de bonne foi, de parts sociales objet d'une promesse de vente, ne saurait être inquiété. Il a acquis sa propriété du « *dominus versus* ». Le second contrat étant intrinsèquement valable, il fait dès lors obstacle à toute exécution en nature. La Cour fonde sa décision sur l'article 555 du Code des obligations et des contrats[1]. Dans une affaire semblable, datant du 25 décembre 2006, elle fonde sa décision sur l'article 558 duditCode[2]. La théorie de l'apparence est aussi de mise[3].

À suivre cette démarche, la Cour de cassation revient à la règle de priorité, d'après l'ordre de création des droits, lorsqu'elle constate la mauvaise foi du tiers premier à l'exécution. C'est ce quelle a décidé à propos d'une promesse de vente d'un immeuble immatriculé suivie d'une vente inscrite au Livre Foncier[4]. La même démarche a été suivie lorsque la promesse de vente d'un immeuble non-immatriculé a été suivie d'une vente par un acquéreur de mauvaise foi[5]. La mauvaise foi du tiers, acquéreur d'un immeuble immatriculé au mépris d'une promesse de vente, a été sanctionnée

---

[1] Cass. civ. n°2008-31535 en date du 18 mars 2010 (inédit) :
" إن القضاء بغصب المدين على الوفاء هو أمر تقديري يرجع لاجتهاد محكمة الأصل عملا بمقتضيات الفصل 273 تقضي به متى كان موضوع طلب. إن الإضرار بالمعقبين لنكول المعقب ضده لا يبرر الإضرار بالغير متى كان هذا الأخير حسن النية عملا بالقاعدة المنصوص عليها بالفصل 555 من مجلة الإلتزامات والعقود".
Adde : Cass. civ. n°29711 en date du 09 mars 2004, RJL, 2004, n°4, p.149 (partie en langue arabe) ; Cass. civ. n°32771 en date du 20 août 1992, préc. En ce sens, implicitement : Cass. civ. n°2011-65513 en date du 27 mars 2012 (inédit), préc. :
" وقد إتضح...أن المعقبة لم تعد مالكة للمحل موضوع الوعد بالبيع وتولت التفويت فيه للغير بمقتضى عقد بيع نهائي قانوني ومسجل إلا أن محكمة القرار المنتقد قضت بإلزام الطاعنة بالإمضاء على عقد بيع في خصوص عقار على ملك الغير وهو ما لم يعد ممكنا واقعا وقانونا".

[2] Cass. civ. n°3455 en date du 25 déc. 2006, Bull. civ., 2006, 1re partie, p.143.

[3] **L. BOYER**, « Les promesses synallagmatiques de vente : contribution à la théorie des avant-contrats », RTD civ., 1949, n°32, p.31.

[4] Cass. civ. n°2005-6731 en date du 27 avr. 2006 (inédit), préc. :
" وحيث إن قيام الواعد بالتفويت بالبيع للغير في ما ألتزم ببيعه بموجب وعد البيع الذي كان أبرمه سابقا لا تعد من الصور التي أجاز فيها المشرع الحكم بفسخ العقد لاستحالة تنفيذه. إذ العبرة في تقدير الإلتزامات تكون بالرجوع إلى تاريخ إبرامها".
Adde : Cass. civ. n°14455 en date du 13 mai 2002, Bull. civ., 2002, 2ème partie, p.327.

[5] Cass. civ. n°11524 en date du 08 avr. 1976, Bull. civ., 1976, 1re partie, p.174.

par la Cour suprême alors même que la prénotation de la promesse de vente est périmée[1].

Malgré cette démarche louable de la Cour de cassation, l'argument tiré de la mauvaise foi du tiers acquéreur est parfois non invoqué[2]. Pourtant le bénéficiaire de la promesse aurait pu s'en servir comme limite à l'inopposabilité de son droit[3].

Cela dit, la vente consentie à un tiers acquéreur au mépris d'une promesse de vente est valable. Le droit réel n'a pas quitté le patrimoine du promettant[4]. Mais, elle est inopposable au bénéficiaire de la promesse lorsque l'acquéreur est de mauvaise foi[5]. C'est par cette fissure que peut s'infiltrer l'idée de la responsabilité du tiers qui s'associe à la violation d'une promesse de vente. Cette démarche n'est cependant pas toujours suivie par la Cour de cassation.

Parfois, la Cour de cassation esquive la question de la mauvaise foi au prix d'une dénaturation de l'acte juridique en cause. C'est ce qu'on peut constater de sa décision rendue le 14 janvier 1997 à propos d'une promesse de vente d'un immeuble non immatriculé suivie d'une vente[6]. Malgré que la Cour ait constaté la mauvaise foi de l'acquéreur fils de l'auteur, elle a préféré assimiler la promesse de vente à une vente, alors même qu'elle n'est pas encore parfaite, et raisonner en termes de ventes successives. Implicitement, la Cour considère qu'un droit personnel, même opposable au tiers, ne saurait prévaloir sur un droit réel même postérieur. On comprend dès lors pourquoi elle a assimilé la promesse de vente à une vente. Le même esprit a été reconduit par la Cour de cassation, cette fois à propos d'une promesse de vente suivie d'une hypothèque inscrite. La Cour décide le 02 mai 1991que ladite promesse n'opère pas le transfert de propriété et partant c'est l'hypothèque en tant que droit réel qui doit prévaloir[7]. Ce raisonnement ne gagne pas notre conviction. Un droit personnel opposable au tiers doit prévaloir sur un droit postérieur en date, réel soit-il.

Souvent, la Cour de cassation esquive l'argument tiré de la mauvaise foi du tiers acquéreur pour placer le débat sur le plan de l'objet. L'arrêt du le 21 janvier 2003 relatif à une promesse de vente d'un immeuble non-immatriculé suivie d'une vente peut l'illustrer[8]. Malgré que la mauvaise foi de l'acquéreur ait été invoquée par le bénéficiaire de la promesse, la Cour de

---

[1] Cass. civ. n°40806 en date du 24 oct. 1994, RJL, 1995, n°3, p.92 (partie en langue arabe) ; Bull. civ., 1994, p.256.

[2] Cass. civ. n°32771 en date du 20 août 1992, préc.

[3] V. en ce sens :

عبد المجيد عبودة، تعليق على قرار تعقيبي مدني عدد 32771 صادر بتاريخ 20 أوت 1992، سالف الذكر، ص.229 : " إلا أنه كان بإمكان الموعود له أن يثير سوء نية الغير المشتري".

[4] V. en ce sens :

أحمد بن طالب، مرجع سابق، هامش 592 و عدد 490، ص.513.

[5] **F. BELKNANI**, art. préc., p.163 ; **J. BOULANGER**, art. préc., n°26, p.592 ; **J.-F. LUSSEAU**, art. préc., n^{os}33 et s., pp.502 et s. ; **L. BOYER**, art. préc., 1949, n°s 29 et s, pp.28 et s. *Adde* :

أحمد بن طالب، مرجع سابق، هامش 592. أنظر الموقف المخالف: **عبد الله الأحمدي**، مرجع سابق، عدد 329، ص. 284-285. **خليفة الخروبي**، مرجع سابق، عدد 160، ص.115.

[6] Cass. civ. n°49953 en date du 14 janv. 1997, Bull. civ., 1997, 2ème partie, p.136.

[7] Cass. civ. n°24631 en date du 02 mai 1991, Bull. civ., 1991, p.232.

[8] Cass. civ. n°20235 en date du 21 janv. 2003, Bull. civ., 2003, 2ème partie, p.203.

cassation a considéré que la promesse de vente ne génère qu'un droit personnel et que le jugement valant vente n'a plus d'objet, du moment que la vente est intervenue avant ledit jugement. Ce syllogisme aiguise la critique pour les mêmes raisons qui ont taxé l'arrêt du 02 mai 1991.

2.L'identification de la responsabilité du tiers qui s'associe à la violation d'un pacte de préférence

129.L'obligation pour le promettant d'offrir une priorité au bénéficiairedu pacte. De la promesse de vente, on rapproche le pacte de préférence pour un contrat futur qui consiste dans « la convention par laquelle celui qui reste libre de le conclure s'engage, pour le cas où il s'y déciderait, à offrir en priorité au bénéficiaire du pacte de traiter avec lui »[1]. Le pacte de préférence présente des vertus indéniables étant donné le domaine limité des institutions qui lui sont voisines dans notre droit objectif[2].

Hormis les différences substantielles qui les séparent[3], au même titre que la promesse de vente, le pacte de préférence génère à la charge de la partie préférante une obligation de faire qui « consiste à proposer prioritairement au bénéficiaire du pacte la conclusion du contrat sur laquelle celui-ci bénéficie d'une priorité »[4].

---

[1]Art.1106-1 de l'« Avant-projet de réforme du droit des obligations et du droit de la prescription », dit projet **CATALA** (préc.) ; **D. MAZEAUD**, « Exécution des contrats préparatoires », RDC, 2005,n°4, p.63 ; **F. BELKNANI**, art. préc., pp.137-138. *Adde* :

عبد الله الأحمدي، مرجع سابق، عدد 315، ص.273 :" إن الوعد بالتفضيل هو اتفاق بمقتضاه يلتزم مالك شيء أن يعرض بيعه على شخص معين".

[2] On songe au retrait, notamment celui régi par le CDR. Ce droit n'est reconnu qu'au « indivisaire » (Art. 103-104 et 191 du CDR). Plusieurs exclusions sont prévues (Art.101-106 -107 et 108 du CDR). On songe, aussi au droit de priorité à l'achat, notamment celui institué par la loi n°78-39 du 07 juin 1978, portant attribution d'un droit de priorité à l'achat au profit des locataires d'habitation. Sur les conditions d'exercice du droit de retrait et du droit de priorité à l'achat, V. : **M.-K. CHARFEDDINE**,*op.cit.*, n^{os}407 et s., pp.338 et s. *Adde* :

عبد الله الأحمدي، مرجع سابق، عدد 71 وما يليه، ص.65 وما يليها. **نذير بن عمّو**، مرجع سابق، عدد 63 وما يليه، ص.79 وما يليها.
خليفة الخروبي، مرجع سابق، عدد 120 وما يليه، ص.84 وما يليها.

Le pacte de préférence s'exerce dans des conditions beaucoup plus libérales. Il est le plus souvent relatif à la vente d'un bien. V. : **P. VOIRIN**, « Le pacte de préférence », JCP éd. G, 1954, I, 1192 ; Cass. civ. fr., 31 janv. 2007, D., 2007, p.1698, note **D. MAINGUY** ;Cass. civ. fr., 23 sep. 2009, RTD civ., 2010, p.127, obs. **P.-Y. GAUTIER**.

[3] Au stade sa formation, le pacte de préférence «الوعد بالتفضيل» ne requiert aucun accord sur les éléments essentiels du contrat de vente (l'objet, le prix). Au stade de l'exécution, il n'y a aucun engagement définitif à vendre le bien de la part de la partie préférante. En ce sens : **F. BELKNANI**, art. préc., pp.137-138. À la différence de la promesse de vente qui prépare à la conclusion du contrat définitif, le pacte de préférence prépare à la négociation d'une vente potentielle : **J. SCHMIDT-SZALEWSKI**, « La force obligatoire à l'épreuve des avant-contrats », RTD civ., 2000, p.28. *Adde* :

خليفة الخروبي، مرجع سابق، عدد 162، ص.116-117.

[4]**D. MAZEAUD**, obs. sous Cass. civ. fr., 15 janv. 2003, RDC, 2003, n°4, p.46 ; **M. DAGOT**, Le pacte de préférence, Litec, Paris, 1988,n°523, p.150 ; **F. LAFAY**, « Le pacte en droit privé, convention autonome ? », RRJ, 2006, n°24, p.2274 ; **L. LEVENEUR**, note sous Cass. civ. fr., 22 sep. 2004, CCC, janv. 2005, comm., p.16.

130.Le caractère occulte du pacte de préférence. Pour porter le pacte de préférence à la connaissance des tiers,aucune mesure de publicité n'est exigée par le législateur. Qui sont ces tiers ?

131.Les tiers visés. Il s'agit de tous ceux qui, n'étant pas tenus par la force obligatoire du pacte, justifient d'un intérêt à ce que ce dernier leur soit inopposable. L'acquéreur retiendra en particulier notre attention.

132.La possibilité de transgression du pacte par les tiers. Le pacte de préférence est un acte dont l'exécution s'inscrit dans le temps, pour lequel aucune mesure de publicité n'est exigée pour le rendre opposable aux tiers et qui ne génère qu'un droit personnel occulte[1]. Son caractère vulnérable étant établi, les possibilités de l'enfreindre par le pollicitant d'avec le concours d'un tiers sont très plausibles, notamment, à travers la cession de la chose objet de la promesse à un tiers. Comment résoudre ce conflit de droits subjectifs concurrents ?

133.Sécurité dynamique et protection des tiers de bonne foi. Le conflit entre le bénéficiaire du pacte et le tiers sera résolu en application de « la règle de priorité d'après l'ordre de création ou de transmission des droits »[2]. Cette règle s'estompe face à un tiers de bonne foi. Le contrat conclu avec la partie préférante est valable. La protection des tiers de bonne foi doit pouvoir permettre de bloquer l'exécution forcée du pacte[3], leur sécurité dynamique est à ce prix. Tel n'est pas le cas lorsque le tiers est de mauvaise foi. Cette hypothèse offre matière à la responsabilité du tiers.

Paragraphe III. La responsabilité du tiers qui s'associe à la violation d'une obligation de ne pas faire

134. Les contrats générateurs d'une obligation de ne pas faire, offrent matière à la responsabilité du tiers, aussi bien dans les situations de concurrence (A), qu'en dehors de ces situations (B).

A.Les manifestations de la responsabilité du tiers dans les situations de concurrence

135.Concurrence et liberté de la concurrence. La concurrence est « la conquête et la conservation d'une *clientèle*, d'une portion de *marché* »[4]. La libre concurrence, prévue par l'article 1[er]de la loi n°2015-36 du 15 septembre

---

[1]**Ch. ATIAS**, « La substitution judiciaire du bénéficiaire d'un pacte de préférence à l'acquéreur de mauvaise foi », D., 1998, chron., p. 203, 2ème col.
[2]**J. BOULANGER**, art. préc., n°4, p.552 et n°26, p.591.
[3]**C. MOULY**, « L'exécution forcée du pacte de préférence entre illusion et fiction », RRJ, 2008, n°2, p.875 et n°19, pp.292-293 ; **J. SCHMIDT-SZALEWSKI**, art. préc., p.29 ; **J. BOULANGER**, art. préc., n°26, p.592 et n°31, p.598.
[4]**Y. SERRA,** La non-concurrence en matière commerciale, sociale et civile (Droit interne et communautaire), DALLOZ, Paris, 1991, n°1, p.1 ; **H. CHEKIR**, « La signification de la concurrence », *in* Acte du colloque organisé les 13 et 14 janv. 1993, Concurrence et prix, AJT, FDSPT, 1993, n°7, p.15 ; **H. TALEB ALI**, « La protection du principe de la libre concurrence par le prix », RJL, 2011, n°7, p.36.

2015, « portant réorganisation de la concurrence et des prix »[1], peut être définie comme étant « la liberté dans le *choix des moyens pour conquérir la clientèle* »[2]. Elle suppose, précise Y.SERRA[3], que soient reconnues la liberté du commerce et de l'industrie[4] ainsi que la liberté du travail[5]. Or, ces libertés sont fréquemment atténuées par certaines obligations restrictives de la libre concurrence, dont le but est de se prémunir contre les méfaits du risque concurrentiel, à l'instar de la fuite du savoir-faire[6] et du détournement de la clientèle[7]. Ces restrictions, qui s'observent dans les obligations de non-concurrence (1) ainsi que dans les accords de réseau (2), présentent un terrain particulièrement fertile à la responsabilité du tiers qui s'associe à leur violation.

1.L'identification de la responsabilité du tiers qui s'associe à la violation d'une obligation de non concurrence

136.L'obligation de non-concurrence. Obligation de ne pas faire, l'obligation de non-concurrence est l'obligation qui « interdit à une personne – le débiteur de non-concurrence – d'exercer une activité économique ou professionnelle déterminée en concurrence avec celle développée par une autre personne – le créancier de non-concurrence »[8]. La reconnaissance d'un

---

[1] C'est nous qui traduisons. La version française de la loi du 15 sept. 2015 n'est pas encore publiée au JORT. La version arabe est actuellement disponible. V. : JORT n°s77-78 du 25 et 29 sept. 2015, p.2772.
La loi du 15 sept. 2015 a abrogé la loi n°91-64 du 29 juill. 1991, relative à la concurrence et aux prix (JORT n°55 du 06 août 1991, p.1393). V. les précisions apportées par les dispositions transitoires : art.77 et 78.

[2]**Y. SERRA**, *op.cit.*, n° 2, p.1 ; **J. GUIGA**, Le droit tunisien de la concurrence à l'ère de la mondialisation, CPU, Tunis, 2002, p.28.

[3]**Y. SERRA**, *ibid.*, n°2, p.1.

[4] T. Administratif, arrêt n°3879 en date du 14 mars 1995, RTD, 1996, p.427 (partie en langue arabe):
" وحيث أن الأصل في ممارسة التجارة والصناعة هو الحرية وأن التضييق هو الإستثناء".
Adde : C.con., avis n°92265 en date du 15 oct. 2009, rapport annuel n°13 de l'année 2009, T.2, CEJJ, 2010, p.350 :
" **مبدأ حرية الصناعة و التجارة** يعني و جوب أن تمتنع الدولة عن المساس بمبدإ المنافسة في القطاعات التي آستقر الخيار على تركها للخواص وذلك من خلال إزاحة كافة العراقيل عن الدخول إلى النشاط فيها وتفادي إتخاذ تراتيب و لوائح تدخل تمييزا بين سائر المتدخلين أو تعطي لبعضهم إمتيازا لا ينسحب على البعض الأخر".
V. pour d'autres définitions : **H. BEN MRAD**,La liberté du commerce et de l'industrie, Thèse Tunis, F.D.S.P.T., 1998, pp.4 et 5 ; **L. CHIKHAOUI**, « La liberté du commerce et de l'industrie à travers la nouvelle réglementation de la concurrence et des prix en Tunisie », Acte du colloque organisé les 13 et 14 janv. 1993, préc., n°7, pp.140-141. La liberté du commerce et de l'industrie est proclamée par l'art.118 du COC. *Adde* :
منير العياري، "الحرية والقانون المدني"، بكتاب مسائل في فقه القانون المدني المعاصر، تحت إشراف الأستاذ محمد كمال شرف الدين، منشورات مجمع الأطرش للكتاب المختص، تونس، 2014، عدد 32، ص.127.

[5]**M. TARCHOUNA**, « La problématique des droits de l'homme en droit du travail », RTDS., 1995, n°7, p.60.En ce sens : T.P.I. de Sfax, Jugement n°22825 rendu par le conseil de prud'hommes en date du 04 nov. 2003 (inédit), cité par **H. BOUAZIZ**, « La clause de non-concurrence en droit du travail », *in* Publication de l'École Doctorale de la FDS, n°4, 2012, p.49, n°1, note 97, p.68.

[6] C'est « l'ensemble d'informations techniques, transmissibles, non immédiatement accessible au public…et pour la connaissance desquelles une personne est prête à procurer une contrepartie, souvent financière » **: P.-H. ANTONMATTEI et J. RAYNARD**, Droit civil, Contrats spéciaux, 5ème éd., Litec, Paris, 2007, n°115, pp.93-94.

[7]**V. GERNEZ-RYSSEN**, « Légitimité des restrictions à la concurrence en droit commercial et social », Defrénois**,** 1993, art.35627, p.1170.

[8]**Y. SERRA**, *ibid.*, n°7, p.4.

principe de responsabilité du tiers qui s'associe à la violation d'une obligation de non-concurrence (a), pose avec acuité la question de la validité de ladite obligation (b).

a. La reconnaissance d'un principe de responsabilité du tiers qui s'associe à la violation d'une obligation de non-concurrence

137.Obligation de non-concurrence d'origine légale et obligation de non-concurrence d'origine volontaire. La responsabilité du tiers qui s'associe à la violation d'une obligation de non-concurrence se vérifie lorsque l'obligation est d'origine légale ainsi que volontaire.

L'obligation de non-concurrence peut être d'origine légale. Elle incombe notamment au vendeur de fonds de commerce[1]. Ce dernier doit, au titre de son obligation légale de garantie du fait personnel[2], s'abstenir de tout acte qui est de nature à détourner la clientèle du fonds cédé[3]. « Il ne doit pas se réinstaller à proximité du fonds vendu »[4]. L'obligation est dite aussi de non-rétablissement[5].

L'obligation de non-concurrence peut être aussi d'origine volontaire. Ainsi, en est-il de la clause de non-concurrence accessoire à un contrat de travail[6]. Cette clause « interdit au salarié, à l'issue de la relation de travail, de se mettre au service d'une entreprise concurrente ou de s'établir à son propre compte dans le même secteur d'activité »[7]. Le Code du travail est muet sur ladite clause. Dans le cadre du droit conventionnel, elle peut être fondée sur l'article 44 de la Convention Collective Nationale de l'Électricité et de l'Électronique (ci-après : C.C.N.E.E.) qui régit la matière[8]. En règle

[1]**Ch. LABASTIE-DAHDOUH et H. DAHDOUH**, Droit commercial, volume 1, 1re éd., I.O.R.T., Tunis, 2002, pp.370-371-372 ; **N. MEZGHANI**, Droit commercial, Acte de commerce, Commerçants, fonds de commerce, 2ème éd., CPU, Tunis, 2006, pp.228-229.

[2] Art.217 du CC qui renvoie à l'art.630 du COC.

[3]**N. BEN AMMOU**, Droit commercial (I), les actes de commerce, les commerçants, le fonds de commerce, Cours polycopié disposé aux étudiants de la 3ème année de la maîtrise en droit, FDSPT, 2006-2007, p.141.

[4]**N. MEZGHANI**, *op.cit.*,p.228.

[5]**Y. SERRA**, *op.cit.*,n°7, p.4.

[6] Par application du principe de la liberté du travail mais aussi le droit au travail (Art.40 de la Constitution), aucune obligation de non-concurrence de plein droit ne survit à l'expiration du contrat de travail. *Adde* :
محمد الحباسي، "الحق في العمل في الدستور التونسي"، المجلة التونسية للدراسات القانونية والسياسية، عدد خاص مهدى إلى روح الفقيدة هادية غريب، مجلة كلية الحقوق والعلوم السياسية بسوسة، مجمع الأطرش للكتاب المختص، عدد 3، 2014، ص.289 إلى 331.

[7]**F. MECHRI**, Le droit du travail en Tunisie, Sud Editions, Tunis, 2009, p.133 ; **H. BOUAZIZ**, art. préc., p.49, n°1 ; **Y. SERRA**, *ibid.*,n°103, p.75. Pendant la durée du contrat de travail, une obligation de non-concurrence de plein droit pèse sur le salarié. Cette obligation découle de son obligation de fidélité (Art.243 du COC).

[8] Cette Convention est agréée, par Arrêté du Ministre des Affaires Sociales, le 15 sept. 1999, (JORT n°78 du 28 sept. 1999, p.1781). Elle a fait l'objet de deux avenants. Le premier approuvé par Arrêté du Ministre des Affaires Sociales, le 12 déc. 2002, (JORT n°103 du 20 déc. 2002, p.3695). Le second approuvé par Arrêté du Ministre des Affaires Sociales, le 09 fév. 2006, (JORT n°13 du 14 fév. 2006, p.808).

générale, elle peut être fondée sur l'article 242 du Code des obligations et des contrats[1].

Les statuts de la société ou l'acte de cession des droits sociaux peuvent aussi contenir une clause de non-concurrence qui vient restreindre la liberté de l'associé sortant[2]. Ladite clause est, par ailleurs, fréquente dans les contrats de franchise[3] . En effet, soucieux de l'importance de la protection du savoir-faire et de sa confidentialité, le franchiseur ne manque pas d'interdire au franchisé d'exercer une activité concurrente afin de garder secret son savoir-faire pour l'après-contrat[4].

138.Caractère occulte de l'obligation de non-concurrence. Pour porter la créance de non-concurrence à la connaissance des tiers, aucune mesure de publicité n'est exigée par le législateur[5]. Qui sont ces tiers ?

139.Les tiers visés. Il s'agit de tous ceux qui, n'étant pas tenus par la force obligatoire de l'obligation de non-concurrence, justifient d'un intérêt à ce que ladite obligation leur soit inopposable. Ainsi en est-il, précise l'alinéa

---

[1] D'aucuns fondent la clause de non-concurrence sur l'art. 118 du COC. En ce sens :
زكية الصافي، مرجع سابق، عدد 159، ص.127.
Cette position nous semble critiquable. Alors que la condition est une modalité qui affecte le rapport de l'obligation, la clause de non-concurrence est une obligation pure et simple. Elle est conçue comme un « véritable contrat » : **M. GOMY**, « L'autonomie de la clause de non-concurrence post-contractuelle en doit du travail », *in* Mélanges en l'honneur d'Y. SERRA, Dalloz, Paris, 2006, n°25, p.215. En ce sens :
عصام الأحمر، تعليق على حكم إبتدائي عدد 39131، صادر عن المحكمة الإبتدائية بتونس، بتاريخ 13 جانفي 2005، م. ق. ت.، 2006، عدد 2، ص. 145-146. منشور كذلك بمؤلفه، إشكالات في نزاعات الشغل الحلول القانونية والإجتهادات القضائية، مرجع سابق، ص.226-227.

[2] Pendant sa participation à la société, cette obligation est légale : art.1271 et 1272, al. premier, du COC et art.62-68 et 82 du CSC ; **S. MELLOULI et S. FRIKHA**, Les sociétés commerciales, 2ème éd., La maison du livre, Tunis, 2013, n°329, p.103. En cas de cession des droits sociaux, et hormis l'hypothèse où l'associé est apporteur en propriété d'un fonds de commerce, tenu de plein droit d'une obligation de non-rétablissement, aucune obligation de non-concurrence d'origine légale n'existe à la charge du cédant de droits sociaux : **Y. SERRA**, *op.cit.*, n°156, p.111.

[3] L'art.14 de la loi n°2009-69 du 12 août 2009, relative au commerce de distribution, (JORT, n°65 du 14 août 2009, p.2349), définit la franchise. Sur l'analyse de cette définition, V. **M. ESSOUSSI**, « L'indépendance juridique dans le contrat de franchise », Revue tunisienne d'études juridiques et politiques, FDSPS, 2014, n°2, pp.62 à 64, nos3 à 5 ; V. pour d'autres définitions : **Z. MRABET**, « Le contrat de franchise dans le cadre de la loi du 12 août 2009 », infos-juridiques, oct. 2010, p.21 ; **A. BEL HAJ HAMMOUDA**,« La franchise, contrat né de la pratique des affaires », RJL, 2008, n°2, p.138 ;**M. BEL HAJ HAMMOUDA**, « Le contrat de franchise, contrat d'intégration », RTD, 2007, pp.90-91 ; **I. YAHYAOUI**, « La protection du franchisé lors de la conclusion du contrat de franchise », RJL, 2011, n°1, p.30 ; **F.-C. DUTILLEUL et Ph. DELEBECQUE**, Contrats civils et commerciaux, 9ème éd., Dalloz, Paris, 2011, n°951, p.971. Pour une distinction de la franchise avec les notions voisines, V. :
نافلة بن عاشور، "عقود الإستغلال تحت التسمية الأصلية وقانون المنافسة"، الأخبار القانونية، عدد 166/167، نوفمبر 2013، ص.10.
أحمد رويس،"عقد الإستغلال تحت التسمية الأصلية"، م. ق. ت.، 2006، عدد 8، ص.310 إلى 312.

[4] **Z. MRABET**, « Les obligations des parties aux contrôles de franchise », infos-juridiques, janv. 2011, p.33 ; **M. BEL HAJ HAMMOUDA**,art. préc., pp.117-118 ; **M. ESSOUSSI**, art. préc., n°42, p.88. Pendant la durée du contrat, cette obligation est d'origine légale : V. Sur renvoie de l'al.3 de l'art.15 de la loi du 02 août 2009, préc., : Art.2 du décret n°2010-1501 du 21 juin 2010, portant fixation des clauses minimales obligatoires des contrats de franchise ainsi que des données minimales du document d'information l'accompagnant (JORT n°50 du 22 juin 2010, p.1744).

[5] On précise que les stipulations statutaires sont inopposables aux tiers de bonne foi (art.114, al.3 et 4 ; 197, al.3 ; 229, al.4 et 5 ; 398, al.2, du CSC). On précise aussi que les mesures de publicité relatives à la vente d'un fonds de commerce sont destinées à la protection des créanciers sociaux (art.191-192 du CC). L'accomplissement de ces formalités ne signifie pas que le tiers a eu connaissance des engagements de son cocontractant : **W. DAOUD**, L'obligation de non-concurrence dans les opérations portant sur le fonds de commerce, Mémoire pour l'obtention du DEA en droit des affaires, FDS, 2001-2002, p.125.

3 de l'article 44 de la C.C.N.E.E., du nouvel employeur qui embauche un salarié sortant au mépris d'une clause de non-concurrence[1]. Ceci peut être généralisé pour tout employeur qui embauche un salarié ou un ancien franchisé ou associé en violation d'une clause de non-concurrence[2] ; ou encore qui embauche un vendeur de fonds de commerce s'adressant à la clientèle du fonds vendu. La qualité de tiers se vérifie aussi pour les associés qui participent avec un salarié, un ancien franchisé ou un vendeur de fonds de commerce, à la création d'une société concurrente[3]. Comment résoudre ces conflits de droits personnels concurrents ?

140.Sécurité dynamique et sécurité statique : l'équilibre reconduit. « En logique pure, précise une doctrine, il ne semble pas douteux que la préférence doive être accordée au créancier premier en date… ; la règle de priorité, d'après l'ordre chronologique de la création des droits, doit être appliquée »[4]. On se trouve ici dans la ligne du raisonnement initial. Le conflit entre le créancier de non-concurrence et le tiers doit être résolu en application de la règle *prior tempore potior jure*. La seule réserve apportée à cette règle est la protection du tiers de bonne foi. La régularité de son acte doit pouvoir permettre de bloquer l'exécution forcée de l'obligation de non-concurrence[5]. Qu'il soit au contraire de mauvaise foi, il engage sa responsabilité[6].

b. La validité de l'obligation de non-concurrence : condition préalable à la responsabilité du tiers

141.Liberté contractuelle et liberté de la concurrence. L'action en responsabilité intentée contre le tiers qui s'associe à la violation d'une obligation de non-concurrence, pose la condition préalable de la validité d'une telle obligation[7]. Cette condition est, en effet, édictée dans le souci de trouver un équilibre entre la liberté contractuelle et la liberté de la concurrence[8]. Pour être valable, la clause de non-concurrence doit observer des conditions générales, auxquelles s'ajoutent des conditions particulières, lorsque la clause est d'origine volontaire.

---

[1] La version arabe de l'art.44 (nouveau) prévoit que:
" و يعتبر المؤجر الجديد متضامنا في المسؤولية مع العامل المغادر في التنفيذ وعن كل ضرر لحق بالمؤجر القديم".

[2] Req. fr., 08 nov. 1904, RTD civ., 1905, p.330, n°5, obs. **R. DEMOGUE**.

[3] Cass. com. fr., 13 mars 1979, D., 1980, J., p.1, note **Y. SERRA**.

[4] **J. BOULANGER**, art. préc., n°11, p.560.

[5] **J. BOULANGER**, art. préc., n^{os}10 et s., pp.559 et s., spéc., p.562 ; **P. ROUBIER**, *op.cit.*, p.266.

[6] **Y. SERRA**, *op.cit.*, n°13, p.10 et n^{os}394 et s., pp.288 et s. ; **G. DAMY et S. PELLI**, « La clause de non-concurrence dans les relations de travail », JCP éd. G, 2008, I, 133, p.19, n^{os}76 et s. ; **J. BOULANGER**, art. préc., n°13, pp.563 et s. ; **P. ROUBIER**, *ibid.*, pp.265 et s.

[7] **M. GOMY**, Essai sur l'équilibre de la convention de non-concurrence, préface d'Y SERRA, Presses Universitaires de Perpignan, Paris, 1999, n°379, pp.228-229 ; **G. VINEY**, *op.cit.*, n°207-1, p.581 ; **S.GINOSSAR**, Liberté contractuelle…, *op.cit.*, n°34, p.81et s. ; **Y. SERRA**, *ibid.*, n°400, p.294 ; **J. LIMPENS et J. VAN RYN**, note sous Cour d'appel de Gand, 12 avr. 1950, RCJB, 1951, n°13, pp.94-95.

[8] **Y. AUGUET**, « L'équilibre, finalité du droit de la concurrence », *in* Mélanges en l'honneur d'Yves SERRA, Dalloz, Paris, 2006, n°28, p.54 ; **M. GOMY**, *ibid.*, n^{os}376 et s., pp.226 et s.

142.Conditions générales de validité de la clause de non-concurrence. Les conditions générales sont celles prévues par l'article 2 du Code des obligations et des contrats[1]. Deux retiendront particulièrement notre attention. La première relative à la cause, réclame que la clause de non-concurrence soit justifiée par un intérêt légitime[2]. « À partir du moment où l'obligation de non-concurrence s'avère *nécessaire* ou même simplement *utile* à la protection d'une clientèle contre la concurrence *anormale* d'un partenaire contractuel actuel ou passé, il est présumé correspondre à l'intérêt légitime de son créancier »[3]. La seconde, relative à l'objet, implique que la clause de non-concurrence ait un champ d'application doublement limité. D'une part, une limitation quant au domaine de l'activité interdite. Cette dernière doit être de « même nature ou de nature voisine de celle exercée par le créancier de non-concurrence »[4]. D'autre part, une limitation dans le temps[5] et dans l'espace[6].

143.Conditions particulières de validité de la clause de non-concurrence. Certaines conditions de validité sont particulières à la clause de non-concurrence d'origine volontaire. La première condition, qui tient à l'objet, prescrit que l'obligation de non-concurrence accessoire à un contrat de travail, doit laisser au salarié la possibilité de retrouver un emploi dans le

---

[1] Sauf disposition particulière : V. art.44 (nouveau) de la C.C.N.E.E.

[2] Sur cette condition : V. dans le cadre de la vente d'un fonds de commerce : **Ch. LABASTIE-DAHDOUH et H. DAHDOUH**, *op.cit.*, p.370 ; V. en droit du travail : **F. MECHRI**, *op.cit.*, pp.137-138 ; **Y. AUGUET**, « La légitimité de la clause de non-concurrence en droit du travail », LPA, 1998, n°75, p.14 ; **B. TEYSSIE**, « L'intérêt de l'entreprise, aspect de droit du travail », D., 2004, n°24, chron., p.1683, n°14 ; **A. TEISSIER**, « La clause de non-concurrence en droit du travail : loyauté renforcée ou forcée ? », JCP éd. S, 2005, doc., 1085, n°2, p.11. En ce sens : T.P.I. de Sfax, Jugement n°22825 rendu par le conseil de prud'hommes en date du 04 nov. 2003 (inédit), préc. :

"حيث أن شرط إلزام العامل بالامتناع عن العمل لدى مؤسسة منافسة بعد آنقضاء العلاقة الشغلية يمثل آستثناء لمبدأ حرية العمل وهو الأصل ويتعين لذلك أن تبرز المصلحة الجدية للمؤجر في اشتراطه".

Sur cette condition stipulée dans un contrat de franchise : C.con., arrêt n°2/94 en date du 25 mai 1995, RJL, 1995, n°7, p.76 (partie en langue arabe) ; C.con., avis n°72198 en date du 29 nov. 2007, rapport annuel n°11 de l'année 2007, T.2, CEJJ, 2008, p.660, spéc. p.671.

[3] **Y. SERRA**, *op.cit.*, n°195, p.137.

[4] **Y. SERRA**, *ibid.*, n°199, p.144 ; Sur cette condition : V. dans le cadre de la vente d'un fonds de commerce : **Ch. LABASTIE-DAHDOUH et H. DAHDOUH**, *op.cit.*, p.370 ; **N. MEZGHANI**, *op.cit.*, p.229 ; V. dans le cadre de la C.C.N.E.E. : Art.44 (nouveau) ; V. dans le cadre d'un contrat de franchise : (avis n°72198 rendu le 29 nov. 2007, préc.) ;

[5] V. dans le cadre d'un contrat de travail : Art.832-833 du COC ; Art.44 (nouveau) C.C.N.E.E. (un an) ; V. dans le cadre de la vente d'un fonds de commerce : **Ch. LABASTIE-DAHDOUH et H. DAHDOUH**, *ibid.*, p.370 ; **N. MEZGHANI**, *ibid.*, p.229 ; V. dans le cadre d'un contrat de franchise : C.con., arrêt n°2/94 en date du 25 mai 1995, préc. (le conseil prévoit le délai d'un an). *Contra* : C.con., avis n°72198 en date du 29 nov. 2007, préc. ; C.con., avis n°62160 en date du 1er fév. 2007, rapport annuel n°11 de l'année 2007, T.2, CEJJ, 2008, p.274, spéc. p.289 (le conseil accepte le délai de 5 ans). Le Conseil de la concurrence exige une certaine proportionnalité entre la durée de la clause et celle du contrat principal : C.con., arrêt n°61124 en date du 31 déc. 2009, préc.

[6] V. dans le cadre de la C.C.N.E.E. : Art.44 (nouveau) : la zone d'interdiction est fixée à 100 Km. à l'entour du siège social de l'ancien employeur, des centres techniques et des agences commerciales et administratives ; V. dans le cadre d'un contrat de franchise : C.con., arrêt n°2/94 en date du 25 mai 1995, préc. Dans cette décision, l'ancienne Commission de la concurrence a réduit le périmètre d'interdiction, prévue dans une clause de non-rétablissement stipulée dans un contrat de franchise, de 5 Km à 500 mètres.

cadre de sa qualification professionnelle[1]. La liberté du commerce et de l'industrie peut justifier la même solution de protection de l'associé sortant. La seconde tient à la cause. Outre la cause subjective nécessaire à sa licéité, ladite clause doit comporter une cause objective[2] au sens de « contrepartie matérielle »[3] ou d'« équivalent économique »[4]. Les principes régissant la validité des contrats peut justifier la même solution de protection de l'associé sortant.

144.La clause de non-sollicitation de personnel. L'exigence de la contrepartie financière, sous peine de nullité de la clause de non-concurrence, a suscité la genèse de la clause de non-sollicitation de personnel : « équivalent gratuit de la clause de non-concurrence »[5]. Comme la clause de non-concurrence, la clause de non-sollicitation empêche l'embauche subséquente à la rupture du contrat de travail, mais, à la différence de celle-ci, elle oblige le futur employeur potentiel et non le salarié : tiers par rapport à la clause[6]. Ce dernier engage sa responsabilité lorsqu'il accepte, de mauvaise foi, toute embauche émanant d'un débiteur de non-sollicitation à l'égard de son employeur d'origine[7].

2. L'identification de la responsabilité du tiers qui s'associe à la violation d'un accord de réseau

145.Hypothèse du contrat de concession commerciale. Dans le cadre des accords organisant la distribution de produits par la création de réseaux[8], le contrat de concession commerciale retiendra notre attention. La reconnaissance d'une responsabilité du tiers dans ce cadre (a) nécessite de

---

[1]**F. MECHRI**, *op.cit.*, p.138 ; **Y. SERRA**, *op.cit.*, nos214 et s., pp.151 et s. T.P.I. de Tunis, jugement n°39131 en date du 13 janv. 2005, préc.

[2] Art.67, al. premier, du COC : « L'obligation sans cause, ..., est non avenue ».

[3]**H. BEN SLIMA**, « La théorie de la cause et la justice contractuelle », RJL, 2005, n°2, p.16.

[4]**Ph. SIMLER**, « La sanction de l'absence de cause », *in* Mélanges en l'honneur d'Yves SERRA, Dalloz, Paris, 2006, pp.426 à 429 ; **J. GHESTIN**, « L'absence de cause de l'engagement : absence de la contrepartie convenue », JCP éd. G, 2006, p.1884, n°3 ; **F. MECHRI**, *ibid.*, pp.139-140 ; **H. BOUAZIZ**, art. préc., nos15 et s., pp.66 et s. ; **Y. SERRA**, « Tsunami sur la clause de non-concurrence », D., 2002, J., p.2491 ; **L.-F. PIGNARRE**,Clause denon-concurrence et droits fondamentaux, note sous Cass.soc., 10 déc. 2008, D., 2009, p.1019 ; **C. PREAUBERT**, « Clause de non-concurrence : vers un renforcement de la protection des intérêts du salarié », LPA, 2004, n°59, p.11. *Adde* :

عصام الأحمر، تعليق سابق، ص.234.

Contra : Art.44 C.C.N.E.E. ; V. en application de cette convention sectorielle sur un salarié qui s'est rétabli à proximité en créant une S.A.R.L. sans qu'aucune allusion ne soit faite à la contrepartie financière : Cour d'appel de Sfax, arrêt n°14501 en date du 13 mars 2006 (inédit). Pour la vente d'un fonds de commerce, la contrepartie de l'interdiction de concurrence se trouve dans le prix payé.

[5]**Ph. STOFFEL-MUNCK**, La clause de non-sollicitation, équivalent gratuit de la clause de non-concurrence, note sous Cour d'appel de Lyon, 12 juill. 2005, Communication- Commerce électronique, 2006, comm., p.32 ; **S. BENILSI**, « La clause de non-sollicitation », JCP éd. S, 2007, doc.,1976, nos 11, pp.17-18 et nos 34 à 36, p.22.

[6]**Ph. STOFFEL-MUNCK**, note préc., p.32; **R. WINTGEN**, *op. cit.*, n°273, p.237.

[7]**S. BENILSI**, art. préc., nos 18 et s., p.19; **R. WINTGEN**, *ibid.*, n°273, p.237.

[8] « Le réseau de distribution est celui qui naît de la somme de volontés individuelles,... en vue d'organiser la revente de produits et/ou la fourniture de services, sur un marché déterminé, à un consommateur final » : **L.AMIEL-COSME**, Les réseaux de distribution, préface d'Y GUYON, coll. Bib. de droit privé, LGDJ, Paris, 1995, p.8.

s'arrêter « à la condition préalable à toute recherche de responsabilité : la licéité du réseau »[1] (b).

a. La reconnaissance d'un principe de responsabilité du tiers qui s'associe à la violation d'un contrat de concession commerciale

146.Le contrat de concession commerciale. Le contrat de concession commerciale, dit aussi de distribution exclusive, peut être défini comme étant « un contrat liant un fournisseur (le concédant) à un commerçant indépendant (le concessionnaire), auquel il confère, dans une zone déterminée, l'exclusivité de la revente de produits de marque, à la condition que le cessionnaire assume certaines obligations et accepte le contrôle du concédant, auprès duquel il s'engage parfois à s'approvisionner exclusivement en produits de même nature »[2]. On en déduit que l'exclusivité peut être unilatérale ou réciproque[3]. Dans la première alternative, la clause d'exclusivité est uniquement territoriale. Par cette clause, le concédant s'abstient à vendre ses produits dans la zone territoriale donnée à un distributeur autre que son concessionnaire[4]. L'exclusivité concède, ainsi, au concessionnaire le bénéficie d'un « monopole de revente »[5] sur le territoire réservé. Aucun tiers ne doit bénéficier d'aucune prestation du genre de celle visée au contrat de concession[6]. Dans la seconde alternative, la clause d'exclusivité territoriale s'accompagne d'une exclusivité d'achat ou d'approvisionnement[7]. « Cette dernière est une exclusivité qui impose au

---

[1]**P. JOURDAIN**, « Les réseaux de distribution et la responsabilité des tiers revendeurs hors réseau », D., 1990, chron., n°20, p.48.

[2]**J. AZEMA**, Le droit français de la concurrence, PUF, Paris, 1981, n°262, p.175 ; **C. CHAMPAUD**, « La concession commerciale », RTD com., 1963, n°24, p.471. *Adde* :

علي شنيور، "الإتفاقات الحصرّية في قانون المنافسة"، م. ق. ت.، 1998، عدد 7، ص. 130.

Compare avec la définition proposée par le Conseil de la concurrence, comme suit :

"عقد الإمتياز هو عبارة عن إتفاق يلتزم بمقتضاه منتج أو موزع منتوج معين بتخصيص معاقده بإعادة بيع المنتوج موضوع العقد على أمتداد جغرافي محدد على أن يلتزم هذا الأخير بالإمتناع عن بيع منتوج منافس للمنتوج المتعاقد عليه وبدفع معلوم محدد."

En ce sens : C.con., avis n°62128 en date du 25 mai 2006, rapport annuel n°10 de l'année 2006, T.2, CEJJ, 2008, pp.223 et s., spéc. p.224. Cette définition ne gagne pas notre conviction. En effet, elle donne l'impression que le contrat de concession commerciale est un contrat qui comporte nécessairement une exclusivité réciproque, ce qui n'est pas toujours le cas.

[3]**J. LARRIEU**, « De la distribution en réseaux à la distribution sur le réseau », Études Juridiques, FDS, 1998-1999, n°6, p.218. *Adde* :

نذير بن عمّو، مرجع سابق، عدد 60، ص.74.

[4]**F.-C. DUTILLEUL et Ph. DELEBECQUE**, *op.cit.*, n°942, p.959 ; **C. CHAMPAUD**, art. préc., n°52, p.488 ; **J. GUYENOT**, « Les conventions d'exclusivité de vente », RTD com., 1963, n°17, p.522 ; **D. BOSCO,** L'obligation d'exclusivité, Aix-Marseille III, Forum Européen de la Communication - BRUYLANT, préface de C. PRIETO, 2008, n°7, p.6 et n°10, pp.11-12 ; **Y. SERRA**, *op.cit.*, n°15, p.11. Le refus de vendre ne doit pas être un refus de nature à générer un abus de position dominante prohibé par l'art.5 de la loi n°2015-36 du 15 sept. 2015 (préc.). Le refus de vendre visé dans ce cadre est celui prévu soit par l'art.31 (l'art.24, ancien, de la loi n°91-64 du 29 juill. 1991), soit par l'art.37 de ladite loi (l'art.29 ancien). Dans la première alternative, il peut être justifié par l'existence d'une « réglementation particulière », notamment une concession commerciale. Dans la seconde alternative, il peut être justifié par l'indisponibilité juridique du produit objet de la concession : **J. GUYENOT**, art. préc., n°s26 et s., pp.529 et s. ; **A. M'Zabi**, « Le refus de vente », infos-juridiques, juill. 2006, p.19.

[5]**C. CHAMPAUD**, art. préc., n°2, p.453.

[6]**D. BOSCO**,*op.cit.*, n°495, p.470.

[7] Dans ce cas la concession commerciale est dite réciproque.

cessionnaire de ne s'approvisionner qu'auprès du concédant pour les produits couverts par la concession »[1]. « Elle aboutirait à priver le distributeur de la possibilité de s'approvisionner auprès d'un tiers »[2].

147.Le caractère occulte de l'obligation d'exclusivité. Pour porter la clause d'exclusivité à la connaissance des tiers, aucune mesure de publicité n'est exigée par le législateur. Qui sont ces tiers ?

148.Les tiers visés. Il s'agit de tous ceux qui n'étant pas tenus par la force obligatoire de la clause d'exclusivité, justifient d'un intérêt à ce que ladite clause leur soit inopposable. Il s'agit, pour ce qui est de la clause d'exclusivité territoriale, de tout revendeur sur le territoire, qu'il soit un second concessionnaire auquel le concédant confie un droit de revente dans la zone déjà concédée[3] ou un revendeur non-concessionnaire (revendeur hors réseaux) qui, en dehors de toute intervention du concédant, s'est procuré des produits, auprès d'un concessionnaire tenu par une clause d'interdiction de revente hors réseau, dite clause d'« étanchéité »[4], en vue de les distribuer. Il s'agit pour ce qui est de la clause d'exclusivité d'approvisionnement de tout fournisseur concurrent.

149.Le potentiel de transgression de l'exclusivité par les tiers. La clause d'exclusivité peut être transgressée par un tiers second concessionnaire ou revendeur non-concessionnaire. Ces derniers peuvent se procurer des produits dans le territoire concédé et procéder à leur distribution. La clause peut aussi être transgressée par un fournisseur concurrent qui approvisionne un débiteur d'exclusivité d'achat. Comment résoudre ce conflit de droits personnels concurrents ?

150.Sécurité dynamique et protection de l'intérêt des tiers de bonne foi. Le conflit entre le créancier d'exclusivité et le tiers doit être résolu en application de la règle *prior tempore potior jure*. Le droit postérieur en date doit s'effacer devant celui qui est né antérieurement. Néanmoins, l'exécution forcée de l'exclusivité peut venir buter sur les droits acquis sur l'objet de l'exclusivité par les tiers de bonne foi. Les juges doivent être rétifs à les remettre en cause. La sécurité juridique est à ce prix[5].

151.Sécurité statique et protection de l'intérêt du concessionnaire. Si le tiers second concessionnaire ou revendeur non-concessionnaire est de mauvaise foi, le concessionnaire dispose contre lui d'une action en

---

[1]**N. LEHYANI HAMMAMI**, art. préc., pp.112-113 ; **D. BOSCO**, *op.cit.*, n°8, p.7 et n°10, p.11 ; **J. GUYENOT**, art. préc., n°18, p.523.

[2]**D. BOSCO**, *ibid.*, n°127, p.133.

[3] Cass. com. fr., 19 déc. 1989, D., 1990, somm. com., p.368, obs. **D. FERRIER**.

[4] C'est que l'exclusivité territoriale peut être simple ou absolue dite aussi renforcée. Est simple l'exclusivité territoriale par laquelle le concessionnaire reste libre de revendre les produits concédés hors de son secteur. En revanche, est absolue l'exclusivité territoriale par laquelle le distributeur s'abstient de vendre les produits concédés en dehors du territoire qui lui est réservé. On parle ainsi de « protection territoriale absolue » où le concessionnaire bénéficie d'un « territoire fermé ». V. : **BOSCO**, *ibid.*, n°12, pp.14-15 ; **N. LEHYANI HAMMAMI**, « Le contrat de concession commerciale », Études Juridiques, FDS, 2007, pp.137-138.

[5]**D. BOSCO**, *ibid.*, n°s474 et s., pp.450 et s.

responsabilité délictuelle qui lui permette de faire respecter son monopole de revente[1].

À suivre la même logique, le tiers en sa qualité de fournisseur concurrent engage sa responsabilité délictuelle, lorsque, de mauvaise foi, il s'est associé à l'inexécution de la clause d'approvisionnement exclusif[2].

Au demeurant, pour que l'action en responsabilité puisse triompher, il faut que l'obligation d'exclusivité soit licite. À défaut, elle sera déclarée inopposable aux tiers[3].

b. La licéité de l'obligation d'exclusivité : condition préalable à la responsabilité du tiers

152.Reconnaissance de la validité du contrat de concession. La licéité du réseau est une condition préalable à la mise en œuvre de la responsabilité du tiers[4]. Quelle faute pourrait-on, d'ailleurs, reprocher au distributeur indélicat si le réseau de distribution exclusive s'avérait illicite ?

La licéité du contrat de concession n'a été admise par notre législateur qu'après bien de tâtonnements. Dans la version initiale de la loi n°91-64 du 29 juillet 1991, relative à la concurrence et aux prix[5], la licéité de certaines pratiques, notamment les accords de distribution, n'a été admise qu'au visa de l'article 8, lorsqu'elles ont pour effet d'assurer un progrès économique, et qu'elles procurent aux utilisateurs une partie équitable du profit qui en résulte, et pourvu qu'elles soient limitées dans le temps. C'est sous réserve de ce « bilan économique »[6] que ces pratiques peuvent être exemptées de la prohibition[7].

À partir de la réforme du 24 avril 1995[8], l'article 5, paragraphe 2, dispose que « Sont prohibés, dans tous les cas, les contrats de concession et de représentation commerciale exclusive ». La concession commerciale est, dès lors, prohibée « *per se* »[9]. En raison de« sa rigidité, notamment à la lumière

---

[1]**C. CHAMPAUD**, art. préc., n°s63-64, pp.496-497 ; **F.-C. DUTILLEUL et Ph. DELEBECQUE**, *op.cit.*, n°s944-945, pp.961 et s. ; **G. VINEY**, *op.cit.*, n°s206, pp.575 et s. ; **P. JOURDAIN**, « Les réseaux de distribution… », art. préc., n°s25 et s., pp.49-50 ; **J. LARRIEU**, art. préc., pp.220-221.

[2]**J. FLOURT, J.-L. AUBERT et E. SAVAUX**, Les obligations, T.1, *op.cit.*, n°434, p.356.

[3]**C. CHAMPAUD**, art. préc., n°63, pp.496-497 ; **J. GUYENOT**, art. préc., n°s24-25, p.529 ; **G. VINEY**, *op.cit.*, n°206, p.576. *Adde* :

محمد محفوظ، دروس في العقد، مرجع سابق، ص.311، عدد 313.

[4] **J.MESTRE**, RTD civ., 1989, p.327, n°3 ; **P. JOURDAIN**, art. préc., n°s21 et s., pp.48-49 ; **G. VINEY**, *op.cit.*, n°206, p.576 et n°207-1, p.581 ; **C. CHAMPAUD**, art. préc., n°s 63-64, pp.496-497.

[5] JORT n°55 du 06 août 1991, p.1393.

[6] Travaux préparatoires, délibérations de la Chambre des députés, séance du mardi 23 juill. 1991, JORT, 1991, n°36, p.2213.

[7] Cette prohibition est prévue par l'art.7 de la loi la loi n°91-64 du 29 juill. 199, préc., qui renvoie à l'ancien art.5, relatif aux ententes, et à l'ancien art.6, relatif aux abus de positions dominantes.

[8] Loi n°95-42 du 24 avril 1995, modifiant et complétant la loi n°91-64 du 29 juill. 1991, préc., JORT n°35 du 2 mai 1995, p.976.

[9] « L'accord est interdit en raison de son objet même, sans qu'il soit véritablement nécessaire d'établir quels sont ses effets réels » : **D. BOSCO**, *op.cit.*, n°126, p.133.V. sur les justifications de cette interdiction : Travaux préparatoires, délibérations de la Chambre des députés, séance du mardi 18 avr. 1995, JORT, 1995, n°35, pp.34 et 36. *Adde* :

علي شنيور، مقال سابق، ص.139.

des changements qui s'opèrent dans le monde économique »[1], le législateur a mis fin, le 10 mai 1999, à cette prohibition catégorique et a consacré un système d'autorisation *a priori*[2]. Cette réforme, a appelé une autre par laquelle le législateur a abrogé, dans l'article 4 de la loi du 18 juillet 2005[3], les dispositions duparagraphe 2 de l'article 5 de la loi de 1991[4]. Bien qu'ayant abrogé la loi du 29 juillet 1991, la loi n°2015-36 du 15 septembre 2015[5]n'a apporté aucune modification à l'article 5.

Désormais, la clause d'exclusivité insérée dans le contrat de concession commerciale est en principe licite sur la base de la liberté contractuelle. Mais, en raison de son caractère probablement attentatoire à la libre concurrence[6], elle doit être appréciée aussi, précise le Conseil de la concurrence, dans l'ordre concurrentiel[7], c'est-à-dire en considération de ses effets sur le marché[8], et au cas par cas[9].

153.La licéité de la clause d'exclusivité, une nécessité. Pour que l'action en responsabilité intentée contre le tiers par le concessionnaire ou le concédant puisse triompher, il faut que leur exclusivité soit licite. Elle ne doit pas constituer, sous peine de nullité absolue, une pratique anticoncurrentielle[10]. Deux pratiques anticoncurrentielles sont prohibées par l'article 5 de la loi du 15 septembre 2015. Il s'agit des ententes illicites et des abus de domination.

---

[1]**R. JAIDANE**, « L'évolution du droit tunisien de la concurrence à la lumière de la réforme du 10 mai 1999 », RTD, 2000, n°32, p.246.

[2]L'al.2 de l'art.5 tel que modifié par la loi n°99-41 du 10 mai 1999 (JORT n°39 du 14 mai 1999, p.703) dispose que : « Sont prohibés, **sauf cas exceptionnels** autorisés par le ministre chargé du Commerce après avis du Conseil de la Concurrence, les contrats de concession et de représentation commerciale exclusive ». Sur les motifs de cette réforme :Travaux préparatoires, délibérations de la Chambre des députés, séance du mardi 20 avr. 1999, JORT, 1999, n°34, p.1847.

[3] La loi n°2005-60 du 18 juillet 2005, modifiant et complétant la loi n°91-64 du 29 juillet 1991, préc., JORT n°57 du 19 juillet 2005, p.1753.

[4] Sur les justifications de cette réforme :V. **J. GUIGA**, Le droit de la concurrence dans l'ordre juridique tunisien et communautaire, R.J.L., 1998, n°6, p.9. V. aussi : Travaux préparatoires, délibérations de la Chambre des députés, séance du mardi 12 juill. 2005, JORT, 2005, n°25, p.999.

[5] Loi préc. Rappelons que seule la version arable qui est actuellement disponible. V. : JORT n[os]77-78 des 25 et 29 sept. 2015, p.2772.

[6]**J. GUYENOT**, art. préc., n°2, p.514.

[7]C.con., avis n°62128 en date du 25 mai 2006, préc ; C.con., avis n°82218 en date du 06 nov. 2008, rapport annuel n°12 de l'année 2008, T.2, CEJJ, 2010, p.493. **D. BOSCO**, *op.cit.*, n°22, p.30; **M. CHAGNY**, « Le droit de la concurrence ? Instrument de protection des contractants ? », Études Juridiques, FDS, 2005, n°12, p.215 ; **M.CHAGNY**, « L'empiètement du droit de la concurrence sur le droit du contrat », RDC, 2004, n°3, p.861 ; **L. IDOT**, « L'empiètement du droit de la concurrence sur le droit du contrat », RDC, 2004, n°3, p.882. *Adde* :

نذير بن عمّو، مرجع سابق، عدد 60 وما يليه، ص.75 وما يليها.

[8] Ce sont les règles particulières au droit de la concurrence qui s'appliquent, c'est-dire la loi du 15 sept. 2015 (l'ancienne loi du 29 juill. 1991) : V. en application de cette dernière : C.con. arrêt n°3/93 en date du 06 janv. 1994, RJL, 1995, n°7, p.45, spéc. p.58 (partie en langue arabe) ; C.con. arrêt n°81163 en date du 31 déc. 2009, rapport annuel n°13 de l'année 2009, T.2, CEJJ, 2010, p.536.

[9]C.con., avis n°62128 en date du 25 mai 2006, préc.

[10]**A. AOUIJ-MRAD**, « Les Pratiques anti-concurrentielles », *in* Acte du colloque organisé les 13 et 14 janv. 1993, Concurrence et prix, AJT, FDSPT, 1993, n°7, p.153 ; **H. TALEB ALI**, art. préc., pp.59 et s.

154.Contrôle de la licéité de la clause d'exclusivité au regard des ententes. Le législateur n'a pas défini l'entente[1]. Il s'est contenté de lister dans l'article 5, paragraphe 1er, de la loi du 15 septembre 2015, les ententes prohibées[2]. Il ressort que, l'entente n'est pas une pratique anticoncurrentielle par nature mais par son effet sur le marché[3]. Le contrat de concession qui entraîne, par l'exclusivité qu'il instaure, l'un quelconque de ces effets[4] est nul[5]. Ainsi, en est-il, précise le Conseil de la concurrence, de l'entente ayant pour objet une concession commerciale et pour effet une répartition du marché de nature à entraver la libre concurrence et à porter atteinte à l'intérêt du consommateur[6].

155.Contrôle de la licéité de la clause d'exclusivité au regard de l'abus de domination. Le paragraphe 2, de l'article 5, de la loi du 15 septembre 2015[7], précise que l'abus de domination couvre, non seulement l'exploitation abusive d'une position dominante, mais aussi l'exploitation abusive d'un état de dépendance économique.

Le Conseil de la concurrence a identifié la notion de position dominante[8]. La détention d'une position dominante n'est pas en elle-même prohibée[9].

---

[1] **C. CHAMPAUD** propose la définition suivante : « il y a entente professionnelle chaque fois que des commerçants ou des industriels s'engagent réciproquement à acheter ou à vendre leurs produits ou services en observant des règles ou consignes communes destinées à améliorer la rentabilité de leurs entreprises » : art. préc., n°3, pp.498-499. *Adde* :

علي شنيور، "الإتفاقات الحصرّية في قانون المنافسة"، م. ق. ت.، 1998، عدد 7، ص. 127.

[2] La loi du 15 sept. 2015 a maintenu intact le paragraphe premier de l'art.5 de la loi du 29 juillet 1991, tel que modifié, par la loi du 19 juill. 2005.Ce paragraphe disposait que : « Sont prohibées, les actions concertées, les collusions et les ententes expresses ou tacites ayant un objet ou un effet anticoncurrentiel, et lorsqu'elles visent à : 1- faire obstacle à la fixation des prix par le libre jeu de l'offre et de la demande ;2- limiter l'accès au marché à d'autres entreprises ou le libre exercice de la concurrence ;3- limiter ou contrôler la production, les débouchés, les investissements ou le progrès technique ;4- répartir les marchés ou les sources d'approvisionnement ».

[3] La doctrine distingue d'ailleurs les bonnes et les mauvaises ententes : **A. AOUIJ-MRAD**, art. préc., p.157. *Adde* :

جويدة قيقة، " مجلة الإلتزامات والعقود وقانون المنافسة"، بكتاب مائوية مجلة الإلتزامات والعقود 1906-2006، تحت إشراف الأستاذ محمد كمال شرف الدين، م. ن. ج.، تونس، 2006، ص.568. **محرز بو صيان**، "نظام الأسعار والمنافسة في القانون عدد 64 لسنة 1991"، م. ق. ت.، 1995، عدد 7، ص. 34.

[4] L'énumération prévue par le paragraphe 1er, de l'art.5 n'est pas limitative. Dès lors, toute clause ayant un objet ou un effet anticoncurrentiel est prohibée. Le rôle du Conseil de la concurrence, dans ce cadre est important : **A. AOUIJ-MRAD**, art. préc., p.156 ; **L. CHIKHAOUI**, art. préc., pp.147-148.

[5] Cette nullité est partielle dans la mesure où seule la clause d'exclusivité est frappée de nullité absolue : art.5, *in fine*.

[6] C.con., arrêt n°4160 en date du 29 déc. 2005, rapport annuel n°9 de l'année 2005, T.2, CEJJ, 2006, pp.150 et s., spéc. pp.165-166 ; C.con., arrêt n°7 en date du 30 déc. 1999 ; rapport annuel n°3 de l'année 1999, publication du ministère du commerce, 1999, p.59.

[7] La loi du 15 sept. 2015 a maintenu intact le paragraphe deux de l'art.5 de la loi du 29 juill. 1991, tel que modifié, par la loi du 10 mai 1999.

[8] C.con., arrêt n°71131 en date du 31 déc. 2008, rapport annuel n°12 de l'année 2008, T.2, CEJJ, 2010, p.135 :

" إستقر فقه قضاء مجلس المنافسة على إعتبار أن وجود **مؤسسة اقتصادية في مركز هيمنة** على السوق لا يتحقق إلا متى كانت المؤسسة قادرة على فرض شروطها و التحكم في آليات السوق والتأثير على وضعية المتعاملين فيه وذلك بحكم أهمية نصيبها منها أو تفوقها التكنولوجي أو أسلوبها التجاري أو مواردها المالية أو تمركزها الجغرافي".

Adde : C.con., arrêt n°2/94 en date du 25 mai 1995, RJL, 1995 ; n°7, p.76 (partie en langue arabe).

[9] C.con., arrêt n°71130 en date du 30 oct. 2008, rapport annuel n°12 de l'année 2008, T.2, CEJJ, 2010, p.75.

Seule l'utilisation abusive de cette position[1] est répréhensible au titre de l'article 5, paragraphe 2[2]. Les deux conditions sont cumulatives[3]. Ainsi, en est-il, précise le Conseil de la concurrence, de l'exclusivité d'achat qui oblige le concessionnaire de s'approvisionner uniquement auprès du concédant. Dans la même veine, l'exclusivité ne doit pas êtrede nature à éliminer les offres des fournisseurs tiers et à empêcher leur accès au marché[4]. Elle ne doit pas faire obstacle « au maintien d'une concurrence libre et transparente sur le marché »[5], ou à l'ouverture du marché à de nouveaux entrants[6].

La dépendance économique abusive, précise l'article 5, paragraphe 3, de la loi du 15 septembre 2015,est l'état « dans lequel se trouve une entreprise cliente ou fournisseur qui ne dispose pas de solutions alternatives, pour la commercialisation, l'approvisionnement ou la prestation de service »[7].La dépendance économique n'est pas en elle-même illicite. Seul l'abus en est répréhensible[8]. Les deux conditions sont cumulatives[9].

156.Preuve de la licéité de la clause d'exclusivité. La preuve de la licéité du réseau incombe à l'initiateur de celui-ci. Si, au contraire, le Conseil de la concurrence a rendu un avis, où il s'est prononcé en faveur de la licéité de la concession commerciale[10], celle-ci sera présumée licite et le tiers qui

[1] V. sur la définiton de l'abus de position dominante,Travaux préparatoires, délibérations de la Chambre des députés, séance du mardi 18 avr. 1995, JORT, 1995, n°35, p.40 :
" يمكن تعريف **الإستغلال المفرط لمركز هيمنة** بكونه يشكل مجموع الممارسات والسلوكيات التي تعمد لها المؤسسة المستفيدة من سلطتها ونفوذها على السوق وهي السلوكيات التي ما كان لها أن توجد لو كانت وضعية السوق المعنية قريبة من نموذج السوق كاملة المنافسة".
L'art.5, paragraphe 3 donne quelques illustrations d'abus de position dominante. V. plus sur la question : **عمار الخبابي**، "قانون المنافسة والأسعار"، م. ق.ت.، 1996، عدد 8، ص.60 وما يليها.

[2] C'est ce qui a été confirmé par le C.con. par application de l'art.5 de la loi du 29 juill. 1991, préc., V. :C.con., arrêt n°2/94 en date du 25 mai 1995, préc.

[3] C.con., arrêt n°71149 en date du 27 nov. 2008, rapport annuel n°12 de l'année 2008, T.2, CEJJ, 2010, p.101. C.con., arrêt n°71150 en date du 27 nov. 2008, rapport annuel n°12 de l'année 2008, T.2, CEJJ, 2010, p.113. C.con., arrêt n°71138 en date du 13 déc. 2007, rapport annuel n°11 de l'année 2007, T.2, CEJJ, 2009, p.214.

[4] C.con., arrêt n°61125 en date du 27 déc. 2007, rapport annuel n°11 de l'année 2007, T.2, CEJJ, 2009, p.326. C.con., arrêt n°4172 en date du 16 nov. 2006, rapport annuel n°9 de l'année 2006, T.2, CEJJ, 2008, p.109.

[5] C.con., arrêt n°51106 en date du 29 déc. 2006, rapport annuel n°9 de l'année 2006, T.2, CEJJ, 2008, p.126.

[6] Cass. com. fr., 12 fév. 2002, CCC, juill. 2002, comm., p.14, obs. **M. MALAURIE-VIGNAL**.

[7] Cette traduction est empruntée au paragraphe 3 de l'art.5 de la loi du 29 juill. 1991, tel que modifié par la loi du 10 mai 1999 (préc.) et maintenu par la loi du 15 sept. 2015.

[8] L'abus peut consister, précise l'art.5, paragraphe 3, « en refus de vente ou d'achat, en ventes ou achats liés, en prix minimum imposés en vue de la revente, en conditions de ventes discriminatoires ainsi que dans la rupture de relations commerciales sans motif valable ou au seul motif que le partenaire refuse de se soumettre à des conditions commerciales injustifiées » (traduction empruntée à la loi du 10 mai 1999, préc.). Pour le refus de vente ou les ventes liées, V. C.con., arrêt n°71135 en date du 31 déc. 2008, rapport annuel n°12 de l'année 2008, T.2, CEJJ, 2010, p.153.

[9] C.con., arrêt n°71131 en date du 31 déc. 2008, préc. ; C.con., arrêt n°71141 en date du 31 déc. 2008, rapport annuel n°12 de l'année 2008, T.2, CEJJ, 2010, p.167.

[10] V. par ex. : C.con., arrêt n°62128 en date du 25 mai 2006, préc.

s'est associé à l'inexécution de la clause d'exclusivité devra prouver son illicéité[1].

157.Opposabilité d'une clause d'exclusivité licite et responsabilité du tiers de mauvaise foi. L'action en responsabilité intentée contre le tiers ne saurait triompher lorsque la clause d'exclusivité insérée dans le contrat de concession commerciale a un objet ou produit un effet anticoncurrentiel[2]. Cette dernière lui est inopposable. Le tiers se voit ainsi protégé par les règles de la concurrence. En revanche, lorsque la licéité de la clause est vérifiée, elle peut rayonner au-delà du cercle des parties contractantes. Dès lors, le tiers au réseau : fournisseur ou distributeur, qui commercialise, de mauvaise foi, des produits au mépris d'une clause d'exclusivité, engage sa responsabilité[3].

B. Les manifestations de la responsabilité du tiers en dehors des situations de concurrence

158. On s'intéressera à la responsabilité du tiers qui s'associe à la violation des obligations d'un mandataire (1) ainsi qu'à celles d'un débiteur nanti (2).

1.L'identification de la responsabilité du tiers qui s'associe à la violation des obligations d'un mandataire

159.L'obligation du mandataire de ne pas dépasser les limites de ses pouvoirs et possibilité de transgression de l'obligation par un tiers. Le contrat de mandat[4] prescrit à la charge du mandataire plusieurs obligations. Celle de ne pas dépasser les limites de ses pouvoirs, prévue par l'article 1121 du Code des obligations et des contrats, retiendra en particulier notre attention en ce que sa transgression ne peut se faire sans le concours des tiers[5]. L'ayant-cause à titre particulier occupe une place de choix dans ce cadre. En effet,il peut souscrire avec le mandataire un acte incompatible avec son obligation de se tenir aux limites de son mandat. Comment résoudre ce conflit de droits subjectifs concurrents ?

Pour résoudre le conflit entre le mandant et le tiers, une différence fondamentale sépare les règles retenues par le législateur lorsqu'il s'agit du

---

[1]L'appréciation de la licéité de la clause d'exclusivité, relève de la compétence exclusive du Conseil de la concurrence : Art.11 de la loi du 15 sept. 2015, préc. Le juge civil compétent pour statuer sur l'action en indemnisation des dommages et intérêts doit sursoir à statuer en l'attente de la décision du Conseil.

[2] Sous réserve des exemptions accordées par arrêté du Ministre chargé du commerce : Art.6 de la loi du 15 sept. 2015 (préc.).

[3]**F. BERTRAND**, Thèse préc., n[os]107 et s., pp.156 et s. ; **R. WINTGEN**, *op.cit.*, n[os]277 et s., pp.238 et s. *Adde* :

محمد محفوظ، دروس في العقد، مرجع سابق، ص.311، عدد 313.

[4] L'art.1104 du COC définit le contrat de mandat en ces termes : « Le mandat est un contrat par lequel une personne charge une autre d'accomplir un acte licite pour le compte du commettant. La mandat peut être donné aussi dans l'intérêt du mandant et d'un tiers, et même exclusivement dans l'intérêt d'un tiers ».

[5] C'est la même définition déjà retenu pour les tiers qui sera reconduite dans ce cadre. V. *supra*, notamment, n°148.

droit commun de la représentation prévu par le Code des obligations et des contrats, comparées aux règles applicables en droit des sociétés commerciales[1].

160.Hypothèse d'un mandat de droit commun. Dans le cadre du droit commun de la représentation[2], la question de la responsabilité du tiers cocontractant du mandataire qui a agi sans pouvoir ou au-delà des siens ne se pose pas. La raison en est que le législateur a prescrit, d'emblée, l'inefficacité[3] de l'acte à l'égard du mandant[4] abstraction faite de la psychologie du tiers[5]. Ce n'est, donc, que lorsque le législateur reconnaît l'efficacité de l'acte conclu entre le mandataire et le tiers que la responsabilité de ce dernier serait recherchée.

161.Hypothèse de représentation des sociétés commerciales et responsabilité des tiers.C'est dans ce cadre que la responsabilité des tiers partenaires de la société, clients ou fournisseurs, acquiert droit de cité pour ce qui est des contrats conclus de mauvaise foi avec les représentants de la société. Hormis l'article 61 du Code des sociétés commerciales, relatif à la société en nom collectif[6], qui rappellele droit commun de la représentation, lorsque le gérant dépasse les limites de ses pouvoirs[7] ; l'article 114 du Code

---

[1] Rappelons que le représentant de la société est un mandataire.

[2] V. art.1156 et 1311 du COC. V. dans ce cadre : Cass. civ. n°34 en date du 26 oct. 1976, Bull. civ., 1976, 3ème partie, p.67 ; Cass. civ. n°12024 en date du 20 juill. 1976, Bull. civ., 1976, p.225.

[3] C'est de l'inopposabilité qu'il s'agisse. Du moment que l'art.1155, 1) du COC réserve l'hypothèse de la ratification, la sanction de la nullité absolue ne peut être admise (art.329 du COC). La sanction de la nullité relative ne gagne pas aussi notre conviction parce qu'elle ne concerne que les rapports entre parties contractantes, à l'exclusion des tiers.

[4] Sous réserve de l'hypothèse de l'art.1155 du COC.

[5]La justification est qu'aucun consentement n'a été donné pour ces actes. V. en ce sens :

خليفة الخروبي، مرجع سابق، عدد 89، ص.60-61.

Pourtant, le législateur consacre la théorie du mandat apparent dans le cadre des art.1163 et 1168 du COC afin de protéger le tiers qui a contracté sur la foi du mandat apparent. V. en ce sens :Cass. civ. n°55452-2010 en date du 28 mars 2011 (inédit) :

" وحيث سواء أعلم المالك الأصلي الوكيل بإنهاء الوكالة أم لم يعلمه لا تأثير له قانونا في هذا النزاع وما يجب معرفته هو هل أن معاقد الوكيل المعزول كان عالما بذلك العزل أم لا ضرورة أن المشرع التونسي قد حما حسن النية و لا يمكن معارضته بالأعمال القانونية التي لا علم له بها. و حيث ما يجب التأكيد عليه هو أن معاقد الوكيل لم يكن عالما بالعزل ويتسنى ذلك بكل وسائل الإثبات ومنها النشر بإحدى الجرائد اليومية و بالتالي لا يمكن معارضته بالعزل ويكون العقد صحيحا ومنتجا لكامل آثاره القانونية".

Adde :

خليفة الخروبي، مرجع سابق، عدد 88، ص.60.

[6] L'art.61 du CSC (applicable à la SCS : art.68 du CSC) dispose que : « Les gérants engagent la société toutes les fois qu'ils agissent dans les limites de leurs pouvoirs et qu'ils signent sous la raison sociale... ».

[7] L'art.61 du CSC prescrit l'inopposabilité des actes accomplis par le gérant à la société lorsque ces actes sont accomplis au-delà de ses pouvoirs tels que fixés par les statuts publiés. La justification avancée est que dans ce type de sociétés (sociétés de personnes) outre que l'aspect contractuel prévaut sur l'aspect institutionnel, la responsabilité des associées est illimitée. Ces derniers, étant « indéfiniment et solidairement responsables des dettes sociales, ne peuvent être engagés que dans la mesure où ils le souhaitent » : **Ch. LABASTIE-DAHDOUH et H. DAHDOUH**, Droit commercial, Vol.2, Entreprises sociétaires, T.1, Règles communes, 1re éd., Institut des Hautes Etudes Editions, Tunis, 2003, p.404 ; **Ch. LABASTIE-DAHDOUH et H. DAHDOUH**, Droit commercial, Vol.2, Entreprises sociétaires et groupements privés, T.2, Règles particulières, 1re éd., Institut des Hautes Etudes Editions, Tunis, 2007, n°75, pp.48-49 ; **A. OMRANE**, Cours de droit commercial disposé aux étudiants de la troisième année de la Maîtrise en Droit, FDSEPS, 1990-1991, pp.234 et s. ; **A. MAMLOUK**, « La représentation des sociétés commerciales et la protection des tiers », Annales des sciences juridiques, FSJEGJ, 2010, pp.88-89 et pp.96-97 ; **S. MELLOULI - S. FRIKHA**, *op.cit.*, n°s321- 322, pp.100-101 ; **Kh. KHARROUBI**, Droit des sociétés commerciales, T.1, Éditions Latrach, Tunis, 2016, n°527, pp.348-349.

des sociétés commerciales, relatif à la société à responsabilité limitée, dispose dans son alinéa 4 que : « Les clauses statutaires limitant les pouvoirs du gérant son inopposables aux tiers même en cas de publication des statuts ». Cette disposition suscite trois observations. D'abord, à la sujétion interne des gérants[1] était opposée leur omnipotence externe[2]. En effet, dans les rapports externes, l'idée de contrat cède devant les impératifs de la sécurité des tiers dans les limites apportées par les statuts aux pouvoirs du gérant[3]. C'est là la marque du progrès de la théorie institutionnelle[4]. À la théorie de la représentation conventionnelle est supplée celle du pouvoir légal des gérants[5]. Ensuite, la portée de l'omnipotence externe du gérant ne peut être limitée par la publication des statuts et éventuellement des clauses limitant ses pouvoirs. De semblables stipulations sont réputées inopposables aux tiers de bonne foi[6]. C'est que l'inopposabilité n'est pas conçue ici comme la sanction d'un défaut de publicité mais comme une règle substantielle régissant les rapports nés entre le représentant de la société et le tiers cocontractant. Enfin, l'omnipotence externe du gérant peut être fondée sur la théorie du mandat apparent[7]. C'est l'apparence de pouvoir qui a induit le tiers en erreur. Ce faisant, si ce dernier s'avère de mauvaise foi, sa protection ne se justifie plus[8]. Le tiers qui, de mauvaise foi, aide le gérant à dépasser les limites de ses pouvoirs engage sa responsabilité délictuelle[9].

Le même régime se retrouve pour les sociétés de capitaux. Les limitations statutaires sont inopposables aux tiers de bonne foi. C'est le cas d'abord, pour la société anonyme de type classique dite moniste[10]. C'est aussi le cas

---

[1] Art.113 du CSC.

[2] C'est-à-dire « le principe des pleins pouvoirs des dirigeants sociaux à l'égard des tiers » : **D. MARTIN**, « Les pouvoirs des gérants de sociétés de personnes », RTD com., 1973, n°2, p.187 ; **Ch. LABASTIE-DAHDOUH et H. DAHDOUH**, *op.cit.*, Vol.2, T.2, n^{os}262-263, pp.143-144.

[3] L'omnipotentce externe devient inopérante pour ce qui est des conventions interdites. Tout acte conclu en violation de ces conventions est nul abstraction faite de la psychologie du cocontractant : art.116 (nouveau) du CSC.

[4] **Ch. LABASTIE-DAHDOUH et H. DAHDOUH**, *ibid.*, Vol.2, T.1, p.439.

[5] « Théorie aux termes de laquelle les dirigeants doivent dans leurs rapports avec les tiers, être réputés avoir toute compétence pour agir au nom de la société » : **D. MARTIN**, art. préc., n°5, p.189 ; V. **S. MELLOULI - S. FRIKHA**,*op.cit.*, n^{os}443 à 445, p.135 ; **B. FLORENCE**, Thèse préc., n°21, p.33 et n°22, p.34.

[6] **A. MAMLOUK**, art. préc., pp.80 et s.; **Kh. KHARROUBI**, *op.cit.*, n°575, p.374.

[7] **A. MAMLOUK**, art. préc., pp.104 et s., spéc. pp.107-108.

[8] Ce n'est autre qu'une application de la règle générale prévue par l'art.537 du COC, aux termes duquel : « Ce que la loi permet en vue d'un motif déterminé cesse d'être permis lorsque ce motif n'existe plus ». V. en ce sens : Cass. civ. n°2008/32579/32477 en date du 21 avr. 2009 (inédit) :
" حيث نص الفصل 114 من م.ش.ت. على أنه... وحيث أن إبطال العقود التي يبرمها الوكيل مع الغير يتوقف على إثبات شرطين أولهما تجاوز الوكيل لموضوع الشركة وثانيهما أن يكون الغير عالما بذلك وعن سوء نية وتقدير ذلك موكول لاجتهاد محكمة الموضوع بشرط تعليل حكمها... وحيث أن... وكيل الشركة... لم يتجاوز حدود وكالته... ولم يثبت المعقبون أن(ه) كان عن سوء نية".

[9] **D. MARTIN**, art. préc., n°14, p.196.

[10] Art.197, al.3 et art.211, al.3 du CSC ;**Ch. LABASTIE-DAHDOUH et H. DAHDOUH**, *op.cit.*, Vol.2, T.2, n°620, pp.367-368 et n°622, pp.368-369. En raison du silence observé par l'art.217 du CSC sur le sort des limitations statutaires des pouvoirs du directeur général à l'égard du tiers cocontractant de bonne foi, la doctrine estime que les dispositions de l'art.211, al.3 dudit Code, relatives au Président du conseil d'administration, sont applicables par analogie au directeur général. D'où « l'inopposabilité aux tiers de bonne foi des limitations des pouvoirs du directeur général » : **S. MELLOULI - S. FRIKHA**,*ibid.*, n°779, p.242.

pour la société anonyme à directoire et à conseil de surveillance dite dualiste[1]. C'est enfin le cas pour la société en commandite par action[2]. Ceci a été justifié par le caractère limité de la responsabilité des actionnaires ainsi que par l'hégémonie de la théorie institutionnaliste. Le représentant de la société n'est plus seulement son mandataire, il est surtout son organe[3].

Reste à préciser que l'omnipotence externe des représentants sociaux[4] est inopérante dans deux hypothèses. La première tient à l'objet de l'acte. En effet, le principe d'intangibilité des pouvoirs légaux du gérant trouve une limite dans les conventions formellement interdites par le législateur[5]. Leur conclusion est sujette à la nullité[6], abstraction faite du comportement du tiers cocontractant, lorsque ce dernier y est impliqué[7]. La seconde tient à la psychologie du tiers. En effet, aussi bien dans les conventions libres[8], que dans les conventions réglementées[9], la mauvaise foi du tiers peut constituer une limite à l'omnipotence externe du représentant de la société. Encore une fois la responsabilité du tiers trouve droit de cité lorsque, de mauvaise foi, il a aidé le représentant de la société à dépasser les limites de ses pouvoirs.

---

[1] Art.229, al. 5, du CSC ; **Ch. LABASTIE-DAHDOUH et H. DAHDOUH**, *op.cit.*, Vol.2, T.2, n°729, p.429 ;**S. MELLOULI - S. FRIKHA**,*op.cit.*, n°811, pp.252-253. V. en ce sens : Cass. civ. n°2009-44402 en date du 18 mars 2010 (inédit) :

" حيث إقتضت أحكام الفصل 229 من م.ش.ت. ... وحيث إنه تأسيسا عليه يكون تصرف أحد الموظفين بالشركة المعقبة الذي تولى التوقيع على كتب المراسلة ... ملزما لها ومنتجا لآثاره وللإلتزامات القانونية التي تعهد بها تجاه الغير وذلك حتى في صورة ثبوت تجاوزه لصلاحيات تمثيلها بناء على حسن نية الطرف المتعامل معه المترتبة عن قناعته بالأمر الظاهر".

[2] Art.398, al. 2 et 3, du CSC ; **S. MELLOULI - S. FRIKHA**,*ibid.*, n°1259, p.400 ; **Ch. LABASTIE-DAHDOUHetH. DAHDOUH**, *ibid.*, Vol.2, T. 2, n°1124, pp.649-650.

[3]**Ch. LABASTIE-DAHDOUH** et **H. DAHDOUH**, *op.cit.*, Vol.2, T.1, p.439 ; **Ch. LABASTIE-DAHDOUH et H. DAHDOUH**, *ibid.*, Vol.2, T.2, n°622, pp.368-369.

[4] V. sur l'omnipotence externe du président du conseil d'administration de la S.A. de type classique : art.211, al.2, du CSC ; V. pour le directoire de la S.A. :art.229, al. premier, du CSC ; V. pour le gérant de la S.C.A. : art.398, al. premier, du CSC. ; **Kh. KHARROUBI**, *op.cit.*, n^{os}735-736, p.459.

[5] Tel que le fait de se faire cautionner ou avaliser auprès des tiers par la société : Art.116 (nouveau) du CSC pour la SARL ; Art.200, III, (nouveau : modifié par la loi n°2009-16 du 16 mars 2009) du CSC pour la S.A. moniste applicable à la S.A. dualiste sur renvoie de l'art.252 (nouveau) du CSC et applicable à la S.C.A. sur renvoie de l'art.401 du CSC ; **Kh. KHARROUBI**, *ibid.*, n°707, pp.445-446. **F. KAHOUAJI**, « Notations à propos des conventions passées entre la société anonyme et ses dirigeants à travers l'article 200 nouveau du C.S.C. », RJL, 2010, n°3, pp.61 à 66.

[6]Pour la S.A. moniste, V. art.200 III et 202 du CSC ; Pour la SA dualiste, V. art.250 et 251 du CSC ; Pour la S.C.A., V. art.401 du CSC ; V. **Y. KNANI**, « Les conventions entre la société anonyme et les dirigeants à la lumière de l'article 200 du Code des sociétés commerciales », RTD, 2001, pp.350-351 et 35. Sur la portée de la nullité prévue dans le cadre de l'art.200 III, §3 (nouveau) du CSC, V. **F. KAHOUAJI**, art. préc., pp.66 à 68.

[7] C'est que l'interdiction est prévue essentiellement pour régler les conflits d'intérêts pouvant surgir entre la société et ses dirigeants. En ce sens : **F. KAHOUAJI**, art. préc., pp.58-59.

[8] Il s'agit, selon l'art.200, IV (nouveau) du CSC, des « conventions relatives aux opérations courantes conclues à des conditions normales ». V. pour la S.A. moniste : art.197, al.3 et 4, du CSC ; V. pour la SA dualiste : art.229, al.4 et 5, du CSC ; V. pour la S.C.A. : art.398, al.2 et 3, du CSC.

[9] V. pour la S.A. moniste : Art.200, II, 4 (nouveau) du CSC ;V. pour la SA dualiste : Art.250, al. premier, du CSC ; V. pour la SCA : Art.401 du CSC ; **A. ELBARHOUMI**, « Le sort des conventions réglementées conclues sans l'autorisation préalable du conseil d'administration », RJL, 2009, n°5, pp.72-73 ; **Y. KNANI**, « Les conventions entre la société anonyme et ses dirigeants, à la lumière de la loi du 27 juillet 2005 », *in* Acte du colloque organisé les 3 et 4 fév. 2006 sur le code des sociétés commerciales suite aux modifications de 2005, CEJJ, Tunis, 2006, pp.13 et s. ; **S. MELLOULI - S. FRIKHA**,*ibid.*, n^{os}781 et s., pp.243 et s. et n°1260, p.400 ; **F. KAHOUAJI**, art. préc., p.71.

2.L'identification de la responsabilité du tiers qui s'associe à la violation des obligations d'un débiteur nanti

162.L'obligation d'abstention du débiteur nanti. L'hypothèque conventionnelle[1] met à la charge du débiteur nanti une obligation de ne pas faire[2]. Celle de s'abstenir de tout acte qui est de nature à empêcher le créancier hypothécaire de bénéficier de sa sûreté réelle[3].

163.Les formalités légales d'opposabilité de l'hypothèque aux tiers. Pour rendre l'hypothèque opposable aux tiers, l'article 279 du Code des droits réels exige, quant aux immeubles non-immatriculés, « la mention de l'hypothèque sur le titre de propriété portée par deux notaires »[4]. La mention fait, dès lors, office de publicité[5]. Pour ce qui est des immeubles immatriculés, l'article 278 (nouveau) dudit Code dispose que « l'hypothèque ne se constitue qu'après son inscription »[6]. Cet article, qui consacre le principe de l'effet constitutif de l'inscription, n'a aucune incidence sur la situation des tiers[7]. À leur égard, l'inscription demeure le fait générateur de l'opposabilité[8]. Qui sont ces tiers ?

164.Les tiers visés. Il s'agit de tous ceux qui n'étant pas tenus par la force obligatoire du contrat d'hypothèque, justifient d'un intérêt à ce que l'hypothèque leur soit inopposable. Cette qualité se vérifie chez l'ayant cause à titre particulier du débiteur nanti. Il en est ainsi du second créancier hypothécaire. Il en est, par ailleurs, du tiers détenteur[9]. Ce sont ces deux types de tiers qui retiendront notre attention[10].

---

[1] Le législateur n'a pas défini l'hypothèque conventionnelle. On peut emprunter, dans la mesure du possible, la définition prévue par l'art.201 du CDR pour le nantissement que l'hypothèque n'en constitue qu'une espèce. V. en ce sens :
عادل البراهمي، "الرهن العقاري الإتفاقي"، م. ق. ت.، 1987، عدد 7، ص.14 وما يليها، عدد 12 وما يليه.

[2] V. en ce sens :
أحمد بن طالب، مرجع سابق، عدد 369، ص.415: " ويقتضي ألتزام الراهن عدم التعرض للمرتهن بأي فعل أو تصرف يعوقه عن إجراء حقه أو يتنافى معه ".

[3] V. en règle générale : Art.207 du CDR.

[4] En ce sens : Cass. civ. n°2374 en date du 14 nov. 2006, Bull. civ., 2006, p.329.

[5] V. en ce sens :
رمزي ساسي، إشهار الحق العيني العقاري، مرجع سابق، عدد 74، ص.76-77. **حاتم بن عبد الحميد الرواتبي**، إشهار الرّهن العقاري، بكتاب دراسات في قانون التأمينات، عمل جماعي لهيئة تدريس قانون التأمينات بكلية الحقوق والعلوم السياسية بتونس، تحت إشراف الأستاذ بشير المنوبي الفرشيشي، الطبعة 2، نشر المطبعة العصرية، 2003، ص.252 وما يليها. **فوزي بالكناني**، "دور الشكلية في رهن العقار" في مجموع الأعمال المهداة إلى العميد عياض بن عاشور، م. ن. ج.، 2008، عدد 27-28، ص.567.

[6] C'est là une application particulière des art.305, al. premier et 373, 1) du CDR. V. en ce sens :
حاتم بن عبد الحميد الرواتبي، مقال سابق، ص.280 وما يليها. **فوزي بالكناني**، مقال سابق، عدد 39، ص.574. **رمزي ساسي**، مرجع سابق، عدد 75، ص.77-78.

[7] V. en ce sens :
حاتم بن عبد الحميد الرواتبي، مقال سابق، ص.332-333.

[8] V. en ce sens :
كمال العياري، "الشكلية في تكوين الرّهون العقارية"، م. ق. ت.، 2005، عدد 9، ص.68 وما يليها. **حاتم بن عبد الحميد الرواتبي**، مقال سابق، ص.331 وما يليها. **فوزي بالكناني**، مقال سابق، عدد 68 وما يليه، ص.589 وما يليها. **محمد الطاهر بن البشير**، "رهن العقار وبيعه فيما رهن فيه"، م. ق. ت.، 1960، عدد 3، ص.6-7.

[9] L'art. 281, al. second, du CDRidentifie le tiers détenteur.

[10] Justifie aussi de la qualité de tiers le créancier chirographaire. Ce dernier peut entrer en conflit avec un créancier hypothécaire qui n'a pas observé les mesures de publicité. Dans ce cas c'est la loi du concours, à base d'égalité, qui s'applique (art.192 du CDR). *Adde* :
حاتم بن عبد الحميد الرواتبي، مقال سابق، ص.246 ، ص.311-312 و ص.337.

165.La transgression de l'obligation d'abstention par les tiers. À l'évidence, le potentiel de connivence entre le débiteur nanti et le tiers est très plausible lorsque les mesures de publicité n'ont pas été observées par le créancier hypothécaire. Rappelons que ce dernier ne dispose, jusqu'à l'accomplissement des mesures de publicité, que d'un droit personnel occulte. Ainsi, il peut se trouver face à un second créancier hypothécaire postérieur en date mais qui a observé les mesures de publicité : la mention sur le titre de propriété ou l'inscription au Livre Foncier. Il peut aussi se trouver face à un tiers détenteur qui procède le premier à l'inscription de son droit au Livre Foncier[1], ou à son enregistrement à la recette des finances. Le tiers détenteur peut même engager une procédure d'immatriculation pour purger son droit[2]. Comment résoudre ces conflits de droits subjectifs concurrents ?

166.Sécurité dynamique et protection de l'intérêt des tiers de bonne foi. Le conflit entre le créancier hypothécaire et le tiers de bonne foi sera résolu en application de la règle « *prior tempore, potior jure* »[3]. Au gré des cas, l'emporte celui à avoir mentionné le premier son hypothèque sur le titre de propriété pour les immeubles non-immatriculés[4], ou à avoir déposé le premier sa demande à la Conservation de la propriété foncière[5] pour les immeubles immatriculés[6]. Il en est de même pour le tiers détenteur, si ce dernier a observé, le premier, les règles de l'opposabilité de son droit réel[7], la sécurité dynamique l'exige. Ces solutions devaient cependant fléchir en cas de mauvaise foi du tiers.

Les *penitusextranei* qui ont aussi la qualité de tiers n'auront jamais l'occasion de se voir opposer l'hypothèque.

[1] Le créancier défaillant se trouvera dès lors dans l'impossibilité d'inscrire son droit par application du principe de l'enchaînement : Art.392, al. deux, du CDR.

[2] V. en ce sens :

أحمد بن طالب، مرجع سابق، عدد 369، ص.415.

[3] V. en ce sens :

أحمد بن طالب، "ما الرهن العقاري؟"، تقرير افتتاحي لملتقى الرّهون العقارية، م. ق. ت.، 2005، عدد 23 وما يليه، ص.34 وما يليها. **حاتم محمدي**، "حق الأفضلية في التأمينات العينية"، بكتاب دراسات في قانون التأمينات، عمل جماعي لهيئة تدريس قانون التأمينات بكلية الحقوق والعلوم السياسية بتونس، تحت إشراف الأستاذ بشير المنوبي الفرشيشي، الطبعة الثانية، نشر المطبعة العصرية، 2003، عدد 27، ص.391 وعدد 48-49-50، ص.405. **عادل البراهمي**، مقال سابق، عدد 40 وما يليه، ص.30 وما يليها. **حاتم بن عبد الحميد الرواتبي**، مقال سابق، ص.337. **فوزي بالكناني**، مقال سابق، عدد 135، ص.619.

[4] Art.278 du CDR.

[5] Cette demande sera inscrite au « registre de dépôt » au sens de l'art.380 2). L'idée selon laquelle la date prise en considération est celle du dépôt de la demande est confirmée par l'art.394, al.3 et 4. V. en ce sens:

حاتم بن عبد الحميد الرواتبي، مقال سابق، ص.292 وما يليها.

Une doctrine critique cette date et défend celle de l'inscription sur le registre foncier. V. en ce sens :

فوزي بالكناني، مقال سابق، عدد 58-59، ص.585-586.

[6] Art.279 du CDR. En ce sens : Cass. civ. n°17448 en date du 29 nov. 2002, Bull. civ., 2002, 2ème partie, p.357.

[7] V. en ce sens :

حاتم بن عبد الحميد الرواتبي، إشهار...، مقال سابق، ص.310-311.

Le créancier n'a que de se retourner contre son débiteur qui doit garantir son fait personnel. V. sur la question :

أحمد بن طالب، "ما الرهن..."، مقال سابق، عدد 30، ص. 39. **أحمد بن طالب**، مرجع سابق، عدد 368 إلى 376، ص.413 إلى 420.

167.Sécurité statique et protection du créancier hypothécaire. Lorsque la preuve de la mauvaise foi du tiers est établie, son droit à la protection s'estompe. Le créancier hypothécaire regagne du terrain[1].

L'opinion ne gagne pas la conviction d'une doctrine qui dénie toute utilité à un contrat d'hypothèque, valable soit-il, lorsque l'hypothèque n'a pas été publiée[2]. Rétorquant, on peut penser que l'utilité peut être démontrée non seulement entre les parties contractantes[3], mais aussi à l'égard des tiers. En effet, le contrat d'hypothèque est générateur d'obligations personnelles[4]. Or, parmi ces obligations figure celle pour le débiteur de s'abstenir de tout acte qui est de nature à empêcher l'exécution de ce contrat. Le même devoir s'étend, par application du principe de l'opposabilité du contrat, au tiers. Il fonde, par la même, sa responsabilité lorsque, de mauvaise foi, il aide le débiteur nanti à enfreindre son obligation d'abstention. Ainsi, l'opposabilité du contrat d'hypothèque générateur de droits personnels permet, grâce aux règles de la responsabilité, de corriger les effets de l'inopposabilité du droit réel en raison des règles de publicité.

---

[1]**F. BERTRAND**, Thèse préc., n°61, p.95. **G. VINEY**, *op.cit.*, n°205, pp.574-575.**J. VIDAL**, *op.cit.*, p.292.

[2]V. en ce sens :

كمال العياري، مقال سابق، ص. 70-71. **عبد الوهاب الجويني**، "الشكلية في تكوين الرّهون"، بكتاب دراسات في قانون التأمينات، مرجع سابق، ص.469-470.

[3] Le contrat d'hypothèque donne naissance à une obligation de garantie du fait personnel (Art.207 du CDR).

[4] V. Art.373, al.3 du CDR : « Les actes, … non inscrits n'ont pour effet que des obligations personnelles ».

CHAPITRE II

La mise en œuvre de la responsabilité du tiers

168.La responsabilité du tiers est-elle délictuelle ou contractuelle ?La mise en œuvre de la responsabilité du tiers qui s'associe à la violation d'une obligation contractuelle a, d'emblée, posé le problème de la nature de ladite responsabilité. Pour ce faire, la doctrine a épuisé toutes les constructions possibles.

Pour les uns, et le tiers et le débiteur contractuel sont délictuellement responsables[1]. Le raisonnement est le suivant : comme l'obligation a un caractère relatif, la « responsabilité du tiers... ne peut avoir qu'un caractère délictuel »[2] ; et comme la responsabilité du complice ne peut être que de même nature que celle de l'auteur principal, celle de ce dernier devrait changer de caractère. Dès lors, le débiteur contractuel et le tiers seront tous deux soumis au statut de la responsabilité délictuelle[3]. Cette tendance pêche par excès. En effet, « On aurait compris, à la rigueur le raisonnement inverse... Mais, soutenir que c'est la responsabilité du complice qui déteint sur celle de l'auteur principal, voilà qui va à l'encontre des principes du droit pénal lui-même »[4].

Inversant le raisonnement, DEMOGUE estime que c'est la nature contractuelle de la responsabilité du débiteur qui attire à elle la responsabilité du tiers. Aux dires de l'auteur, « par une limitation au principe individualiste de l'article 1165... du jour où le tiers ayant connaissance du contrat aide à le méconnaître, il devient adhérent à ce contrat. Nous dirons donc que la responsabilité du tiers, comme celle du débiteur est contractuelle »[5]. Peut-on défendre une telle dérogation au principe de la relativité ?

---

[1] C'est la thèse défendue par : **P. HUGUENEY**, *op.cit.*, pp.199 à 249.
[2]**P. HUGUENEY**, *ibid.*, p.222.
[3]**P. HUGUENEY**, *ibid.*, pp.237 et s.
[4]**H.etL. MAZEAUD**, Traité théorique et pratique de la responsabilité civile délictuelle et contractuelle, T.I, 4ème éd., Sirey, Paris, 1947, n°144, p.154 ; **H. MAZEAUD**, « Responsabilité délictuelle et responsabilité contractuelle », RTD civ., 1929, n°49, p.609 ; **A. WEILL**, *op.cit.*, n°245, pp.426-427.
[5]**R. DEMOGUE**, Traité des obligations, *op.cit.*, n°1176 ; **R. DEMOGUE**, obs. sous Aix, 10 mars 1937, JCP éd. G, 1937, p.253 ; **J. HUET**, Responsabilité contractuelle et responsabilité délictuelle : éssai de délimitation entre les deux ordres de responsabilité, Thèse pour le Doctorat en Droit, Paris II, 1978,

Il semble que rien n'autorise une pareille exception audit principe. En effet, « le tiers qui s'associe à la violation d'un contrat n'est pas poursuivi en vertu d'une action issue de ce contrat. L'effet obligatoire de la convention ne dépasse pas le cercle des parties contractantes. Le tiers est actionné par le créancier uniquement en raison de la faute qu'il a commise en poussant ou aidant dolosivement le débiteur à ne pas s'exécuter : c'est cette faute qui constitue le lien entre le tiers et le créancier »[1]. Ce n'est donc pas le contrat qui lie le tiers mais la faute qu'il a commise[2]. « Si donc un tiers est actionné en responsabilité, ce ne sera pas en qualité de débiteur contractuel : il relève uniquement de la responsabilité délictuelle »[3].

Nous sommes ainsi amenés à maintenir à la responsabilité du débiteur en faute son caractère contractuel, et à la responsabilité du tiers qui s'associe à la violation de l'obligationcontractuelle son caractère délictuel. Cette ventilation des responsabilités ne doit pas choquer. Il faut toujours partir de l'idée que deux fautes ont été commises,il y aura, donc, deux responsabilités différentes.

Cela étant précisé, plusieurs voies de recours particulières ont été proposées contre le tiers pour protéger le créancier contractuel (Section I). Sans méconnaître le rôle de ces recours, on peut reconnaître au créancier une voie de recours générale contre le tiers qui s'associe à la violation d'une obligation contractuelle (Section II).

---

n[os]697 à 702, pp.662 à 668. Sur les justifications de cette tendance : n[os]721 à 732, pp.684 à 697 ; **G. VINEY**, *op.cit.*, n°208, p.588, spéc. note 866.

[1]**A. WEILL**, *op.cit.*, n°237, pp.414-415 ; **Ph.-D. SAINT-HILAIRE**, *op.cit.*, pp.305-306.

[2]**F. TERRÉ, Ph. SIMLER et Y. LEQUETTE**, *op.cit.*, n°494, p.507 ; **Ch. LARROUMET**, Droit civil, Les obligations, Le contrat, T.3, 2ème partie : Effets, *op.cit.*, n°747, p.881. *Adde* :
محمد الصالح العياري، "المسؤولية التقصيرية والعقدية"، م. ق ت.، مارس، 1961، ص.967/9. **سليمان مرقس**، "ضبط معيار الخطأ في المسؤولية المدنية"، م. ق ت.، ماي- جوان، 1973، ص.320/12.

[3]**A. WEILL**, *ibid.*, n°247, p.429.En ce sens : **J. CARBONNIER**, Droit civil, T.4, *op.cit.*, p.250, n°127 ; **H., L., J. MAZEAUD et F. CHABAS**, *op.cit.*, n°744, p.868 ; **H.** et **L. MAZEAUD**, Traité théorique et pratique de la responsabilité civile délictuelle et contractuelle, T.I, *op.cit.*, n°144, p.153 ; **F.TERRÉ, Ph. SIMLER** et **Y. LEQUETTE**, *ibid.*, n[os]494, p.507 et n°871, p.878 ; **Ch. LARROUMET**, Droit civil, Les obligations, Le contrat, T.3, 2ème partie : Effets, *op.cit.*, p.880, n°746 ; **R.CABRILLAC**, Droit des obligations, 7ème éd., Dalloz, 2006, p.101, n°129 ; **J.-C. MONTANIER**, Les sources des obligations, *op.cit.*, p.125, n°218 ; **Ph. LE TOURNEAU**, Droit de la responsabilité et des contrats, *op.cit.*, n°977, p.451 ; **B. STARCK, H. ROLAND et L. BOYER**, *op.cit.*, n°1483, p.513 ; **S.GINOSSAR**, Liberté contractuelle..., *op.cit.*, n° 30, p.73 ; **J. DUCLOS**, *op.cit.*, n°172, pp.198-199 ; **Ph.-D. SAINT-HILAIRE**, *op.cit.*, pp.305-306 ; **F. BERTRAND**, Thèse préc., n°146, pp.213-214 et n°151, pp.222-223 ; **Y.-M. LAITHIER**, Étude comparative des sanctions de l'inexécution du contrat, *op.cit.*, n°425, p.508 ; **H. MAZEAUD**, « Responsabilité délictuelle et responsabilité contractuelle », art. préc., n°49, pp.608-609 ; **R. SAVATIER**, art. préc., n°25, pp.540-541 ; **B. STARCK**, art. préc., n[os]37-38 ; **I. MARCHESSAUX**, « L'opposabilité du contrat aux tiers, (Rapport français) », *in* Les effets du contrat à l'égard des tiers. Comparaison Franco-belges, sous la direction de M. FONTAINE et J. GHESTIN, LGDJ, 1992, n°23, pp.86-87 ; Cass. civ. fr., 26 janv. 1999, D., 1999, somm.com., p.263, obs. **Ph. DELEBECQUE**; RTD civ., 1999, p.405, obs. **P. JOURDAIN** ; Cass. civ. fr., 17 oct. 2000, D., 2000, p.952, note **BILLIAU** et **MOURY** ; JCP éd. G, 2001, 1. 338, p.1427, n°6, obs. **G. VINEY** ; **P. JOURDAIN**, Violation d'un pacte de préférence par un tiers acquéreur, obs. préc., p. 628. *Adde* :
محمد الزين، مرجع سابق، عدد 425، ص.343-344. **صبري حمد خاطر**، الغير عن العقد. دراسة في النظرية العامة للإلتزام، مرجع سابق، ص.309 وما يليها.

SECTION I. LES VOIES DE RECOURS PARTICULIERES

169. Plusieurs voies de recours particulières permettent d'engager la responsabilité du tiers. Certaines sont à relativiser (Paragraphe I), une est à confirmer (Paragraphe II).

Paragraphe I. Les voies de recours à relativiser

170. Parmi les voies de recours particulières qui peuvent être intentées contre le tiers qui s'associe à la violation d'un contrat, certaines sont à relativiser. Trois retiendront notre attention[1]. D'abord, l'action en responsabilité au sens de l'article 337 du Code des droits réels (A). Ensuite, l'action en concurrence déloyale (B). Enfin, l'action en abus des droits (C).

A. L'action en responsabilité civile au sens de l'article 337 du Code des droits réels

171.L'action de l'article 337 du Code des droits réels[2] est la seule voie de recours particulière qui puisse être intentée contre le tiers qui a acquis, en dépit des engagements du débiteur contractuel, un droit réel et l'a purgé[3] suite à une décision irrévocable d'immatriculation[4]. Ainsi, en est-il en matière de ventes doublées par le même auteur, du droit de propriété purgé par le tiers second acquéreur suite à une décision d'immatriculation. La Cour de cassation a décidé le 05 janvier 1987 que ladite décision a une force probante absolue et que le premier acquéreur n'a qu'à suivre la voie de l'article 337 du Code des droits réels[5]. La doctrine le confirme[6]. Il en est de même pour le droit de propriété purgé par le tiers détenteur face à un créancier qui n'a pas mentionné son hypothèque conventionnelle[7].

---

[1] V. sur l'action pénale qui peut être intentée contre le tiers complice en matière de ventes, de baux ou d'hypothèques successifs : Art.292 et 32 du CP. Sur l'ensemble de la question :

أحمد بن طالب، مرجع سابق، عدد 68 وما يليه، ص.127 وما يليها.

[2] L'art.337 (nouveau) du CDR dispose que « Toute personne dont les droits auraient été lésés par suite d'une immatriculation ou d'une inscription résultant d'un jugement définitif d'immatriculation n'aura jamais de recours sur l'immeuble, mais seulement en cas d'erreur, une action en dommages-intérêts contre le bénéficiaire de l'immatriculation ».

[3]Sur les droits réels visés par l'effet de purge, V. : **G. SOULMAGNAN**, *op.cit.*, n[os]116-117, pp.98 et s. *Adde* :

أحمد بن طالب، "التشطيب..."، مقال سابق، ص.89 وما يليها.

Compare avec :

مبروك بنموسى، مقال سابق، ص.42-43-44 و59-60.

[4] L'art.337 du CDR s'applique aussi bien au bénéficiaire d'une immatriculation foncière facultative qu'obligatoire : art.1er du décret-loi n°64-3 du 20 fév. 1964, relatif à l'immatriculation foncière obligatoire. V. art.27 de la loi n°2001-34 du 10 avr. 2001, portant mise à jour des titres fonciers, lorsque le droit acquis sur un titre gelé est purgé suite à sa mise à jour.

[5]Cass. civ. n°16432 en date du 05 janv. 1987, Bull. civ., 1987, p.243.

[6] V. en ce sens :

أحمد بن طالب، مرجع سابق، عدد 343، ص.392 وخاصة هامش 1198 وعدد 790-791-792، ص.772-773-774. **رياض الجمل**، "المفعول الزمني للتطهير بالنسبة لأحكام التسجيل العقاري"، الأخبار القانونية، عدد 67/66، أفريل 2009، تحليل قانوني، ص.16-17.

[7] V. en ce sens :

أحمد بن طالب، مرجع سابق، عدد 369، ص.415.

L'indulgence des conditions de cette action (1) ne doit pas occulter les limites de son efficience (2).

1.La souplesse des conditions

172. Trois conditions cumulatives sont prévues par l'article 337 du Code des droits réels, à savoir, le préjudice (a), la faute (b) et le lien de causalité[1](c).

a. Le préjudice

173. Identification du préjudice.L'article 337 du Code des droits réels, qui exige l'existence d'un préjudice, se contente d'identifier son origine sans le définir. La Cour de cassation a défini le préjudice, le 23 mars 2010, comme suit : « C'est toute perte d'un droit réel éprouvée par son titulaire suite à son immatriculation au profit d'autrui »[2].

En règle générale, le préjudice doit réunir trois caractéristiques. Il doit être personnel ou direct, certain et affectant un intérêt juridiquement protégé[3]. D'abord, le préjudice doit être direct. En ce sens, la partie lésée doit prouver l'existence d'un droit réel soumis à une mesure de publicité qui a été purgé. La preuve de ce droit réel diffère au gré des cas. Dans le cadre de l'article 581 du Code des obligations et des contrats ou 275 du Code des droits réels, elle ne peut être autre que l'écrit ayant date certaine[4].

Ensuite, le préjudice doit être certain. Ceci renvoie à l'origine du préjudice. Ce dernier, précise l'article 337 du Code des droits réels, doit être « par suite d'une immatriculation ou d'une inscription résultant d'un jugement définitif d'immatriculation »[5]. Cette condition, confirmée par la Cour de cassation le 14 février 2011[6], appelle deux précisions. D'une part, les inscriptions visées par l'article 337, sont les inscriptions concomitantes, c'est-à-dire ordonnées par le Tribunal immobilier dans la décision

---

[1]Cass. civ. n°2008-33089 en date du 23 mars 2010 (inédit) :
" ويؤخذ من هذا النص القانوني (الفصل 337 من م.ح.ع.) أنه يشترط للقيام بدعوى التعويض عن ضياع الملكية أو الحق العيني العقاري تحقق ضرر وخطأ وعلاقة سببية بينهما.".

Adde : Cass. civ. n°41 en date du 04 mai 2004, Bull. civ., 2004, 2ème partie, p.359. V. en ce sens : **رشيد القاضي والأزهر بو قارص**، "الضمانات الممنوحة للمتضرر من حكم التسجيل العقاري"، لقاء جهوي بمدنين حول إمتيازات التسجيل العقاري، يوم 20 نوفمبر 1995، منشورات المعهد الأعلى للقضاء، غير مؤرخ، ص.50 وما يليها. **علي كحلون**، القانون العقاري الخاص، طبعة ثانية، منشورات مجمع الأطرش للكتاب المختص، تونس، 2010، ص.455.

[2]Cass. civ. n°2008-33089 en date du 23 mars 2010 (inédit), préc. :
" ويتمثل الضرر في فقدان مدعيه لحقه العيني بسبب تسجيله لفائدة غيره".

[3]V. en ce sens :
سامي الجربي، شروط المسؤولية المدنية في القانون التونسي والمقارن، طبعة ثانية منقحة، مطبعة التسفير الفني، تونس، 2015، عدد 435 وما يليه، ص.478 وما يليها.

[4] Art.450 du COC pour les actes sous-seing-privé et 444-445 du COC pour les actes authentiques.

[5] L'art.27 de la loi n°2001-34, préc., dispose que : « Toute personne, dont les droits auraient été lésés par suite d'un jugement rendu par la chambre des titres gelés ou le juge du livre foncier, … ».

[6]Cass. civ. n°44681-2009 en date du 14 fév. 2011 (inédit) :
"وطالما ثبت أن دعوى التعويض إنبنت على تسجيل العقار أساس القيام".

d'immatriculation[1]. D'autre part, la voie de l'article 337 n'est ouverte que suite à une « décision irrévocable »[2], c'est-à-dire qui a épuisé les voies de recours ordinaires, l'appel, notamment, et extraordinaire à l'instar de la cassation[3]. À défaut, le préjudice qui est encore aléatoire n'ouvre pas la voie de l'article 337 du Code des droits réels.

Enfin, le préjudice doit justifier d'un intérêt juridiquement protégé. Cette condition permet de cerner les personnes visées par l'article 337 du Code des droits réels. Seuls, en effet, les tiers lésés qui n'ont pas été parties au jugement attaqué, ont un intérêt protégé par ledit article. La lecture de l'article 357 ter, alinéa premier, du Code des droits réels[4] permet d'exclure l'auteur de la réquisition, les opposants, les intervenants ou leurs ayants cause à titre universel[5]. Si l'une quelconque de ces parties a été déboutée de sa demande c'est que le Tribunal ne lui a reconnu aucun droit réel sur l'immeuble. Dès lors, et en l'absence de tout intérêt juridiquement protégé, elle n'est plus visée par l'article 337 du Code des droits réels[6].

b. La faute

174.L'apport de la réforme du 23 janvier 1995. Le bénéficiaire de l'immatriculation ne peut engager sa responsabilité que lorsqu'une faute a été prouvée. L'apport de la réforme du 23 janvier 1995[7] se situe à un double niveau. Quant à l'auteur de la faute, on n'exige plus qu'il soit le bénéficiaire de l'immatriculation[8]. Il peut être l'un quelconque des acteurs à la procédure

---

[1]Cass. civ. n°1442 en date du 20 mai 1975, Bull. civ., 1975, 2ème partie, p.65 ; Cass. civ. n°2010-48411 en date du 03 mai 2011 (inédit), préc. :

" حيث أن مفهوم التسجيل والترسيم المشار إليهما بالفصل 337 من م.ح.ع. إنما يتعلق بالتسجيل والترسيم البات أي الحكم الإيجابي الصادر عن المحكمة العقارية الذي ينشئ الرسم العقاري لأول مرة أو يرسم الحقوق المرتبطة بالملكية وأنه لا مجال لتعميم هذا الأثر ليشمل الترسيم الذي يأذن به حافظ الملكية العقارية أو تقضي به محاكم الحق العام".

[2] C'est la traduction de l'expression « الحكم البات» utilisée dans la version arable qui fait foi d'ailleurs. L'art.27 de loi n°2001-34, préc., n'exige pas cette condition. Il semble que le législateur aurait dû l'ajouter à l'occasion de la réforme du 12 août 2009 par laquelle il a instauré l'appel : V. Section VII de ladite loi. V. en ce sens :

علي كحلون، التعليق على مجلة الحقوق العينية و قانون التحيين، طبعة 2، منشورات مجمع الأطرش للكتاب المختص، تونس، 2011، 794-793.

[3] V. Chapitre VI au CDR intitulé « De la cassation des jugements d'immatriculation foncière » tel que instauré par le législateur en vertu de la loi n°2008-67 du 03 nov. 2008.

[4] L'art.357 bis, al. premier, du CDR dispose que : « Peuvent se pourvoir en cassation, ceux qui ont été parties aux jugements attaqués ou leurs ayants cause ». *Contra* : art. 30 (modifié par la loi n°2009-67 du 12 août 2009) de la loi relative à la mise à jour des titres fonciers, qui ouvre la voie de l'art.27 de ladite loi même à une nouvelle partie.

[5] V. en ce sens :

علي كحلون، "أحكام التسجيل العقاري بين المراجعة و التعقيب"، الأخبار القانونية، عدد60/61، جانفي 2009، ص.23.

[6] Ajoute à cela l'argument tiré d'une éventuelle atteinte à une décision passée en force de la chose jugée : V. art.480, 3) ; 485 et 443, 2) du COC. En ce sens : Cass. civ. n°75009 en date du 27 fév. 2000, Bull. civ., 2000, 1re partie, p.227. *Adde* :

مبروك بنموسى، مقال سابق، ص.61 وص.33 وما يليها.

[7] En vertu de la loi n°95-10, modifiant et complétant certaines dispositions du CDR (JORT n°9 du 31 janv. 1995, p.271).

[8]Cass. civ. n°2008-33089 en date du 23 mars 2010 (inédit), préc. :

" ولا يشترط أن يكون مصدره (الخطأ) المستفيد من حكم التسجيل..".

Adde : Cass. civ. n°41 en date du 04 mai 2004, Bull. civ., 2004, 2ème partie, p.359

d'immatriculation[1]. Lorsque le titulaire d'un droit réel n'a pas observé les formalités légales d'opposabilité, il est très difficile d'apporter la preuve de la faute de l'un quelconque de ces acteurs.

Quant à la nature de la faute, on n'exige plus à partir de la réforme de 1995 le « dol » du bénéficiaire de l'immatriculation[2]. Sa « faute » est désormais suffisante[3].Cette dernière, précise la Cour de cassation[4], doit être interprétée au sens large. Elle peut être soit non intentionnelle soit intentionnelle.

175.Protection du tiers de bonne foi. La faute non intentionnelle a été définie par l'article 83 du Code des obligations et des contrats[5]. Cette définition a été empruntée par la Cour de cassation, le 13 février 2003[6], pour identifier la faute au sens de l'article 337 du Code des droits réels. Ce faisant, même la négligence peut constituer le tiers : second acquéreur ou détenteur fautif. Pour ne pas être négligent, il doit prendre les précautions qu'impose une diligence moyenne. En l'occurrence, s'informer sur la situation juridique de l'immeuble en vérifiant la régularité des titres de propriété et l'existence de charges éventuelles. Aller au-delà, c'est faire peser sur l'acquéreur une charge insupportable de nature à le dissuader de souscrire toute transaction.

Dès lors, lorsque le droit réel n'a pas fait l'objet, au gré des cas, d'un enregistrement ou d'une mention, il est inopposable au tiers, second acquéreur ou tiers détenteur, de bonne foi. Il semble qu'aucune faute de

---

[1] On peut penser que l'art.337 du CDR constitue un cas de responsabilité légale fondée sur la théorie du risque ou de la garantie. V. en ce sens :
سامي الجربي، شروط المسؤولية المدنية في القانون التونسي والمقارن، مرجع سابق، عدد 36 مكرر، ص.40. **محمد محفوظ**، قانون عقاري، م. م. د. ق. ق.، تونس، 2012، ص.102-103.**نعمان الرقيق**، "حماية حق الملكية في إجراءات التسجيل العقاري"، دراسات قانونية، كلية الحقوق بصفاقس، 2015، ص.39، عدد 33. ق. ت. م. عدد 20378 مؤرخ في 13 فيفري 2003، ن. م. ت.، 2003، ج.1، ص.270، م. ق. ت.، 2003، عدد 6، ص.87.
Contra : une doctrine qui fonde cette action sur la théorie de l'enrichissement sans cause au sens de l'art.80 du COC. V. en ce sens :
أحمد بن طالب، محاضرات في القانون العقاري، الإجازة في الحقوق، السنة الثالثة، درس غير مرقون، كلية الحقوق والعلوم الإقتصادية والسياسية بتونس، 2010-2011.

[2] Le dol peut être entendu dans ce cadre au sens de la faute intentionnelle prévue par l'art.82 du COC. Compare avec une position plus restrictive qui l'avait assimilé au dol au sens de l'art.56 du COC. V. en ce sens :
البشير الفرشيشي، "الضرر..."، مقال سابق، ص.159.

[3] Il en de même pour l'art.27 de la loi n°2001-34, préc. Aussi bien dans l'art.337 du CDRque l'art.27 de ladite loi, le législateur utilise dans la version française l'expression « erreur ». La version arable prévoit « الخطأ » qui correspond plutôt à la « faute ». Cette traduction malheureuse ne peut être que réfutée pour deux raisons au moins. D'une part, il va sans dire qu'en cas de contradiction entre la version initiale et la traduction française, c'est la version arabe qui prévaut. D'autre part, la rectification des erreurs matérielles a fait l'objet d'un art.332, bis, du CDR. Le législateur a, dès lors, distingué le domaine de cet art. d'avec celui prévu pour l'art.337 du CDR relatif à la faute. V. en ce sens :
محمد القلال، تعليق على الفصل 337 جديد من م. ح. ع.، رسالة لنيل شهادة التخرج من المعهد الأعلى للقضاء، 2003-2004، ص.96-97.

[4]Cass. civ. n°2012-72906 en date du 22 janv. 2013 (inédit) :
" وإن الخطأ الذي تبناه المشرع صلب الفصل 337 من م.ح.ع. هو الخطأ في مفهومه الواسع بحيث أن التعويض يكون مستحقا مهما كان نوع الخطإ عمديا أو غير عمدي ومهما كان مصدره سواء كان المستفيد أو غيره ومهما كانت درجته فاحشا أو يسيرا".
Adde : Cass. civ. n°20378 en date du 13 fév. 2003, préc.

[5] « La faute consiste, soit à omettre ce qu'on était tenu de faire, soit à faire ce dont on était tenu de s'abstenir, sans intention de causer un dommage ».

[6]Cass. civ. n°20378 en date du 13 fév. 2003, préc.

négligence ne peut être alléguée à son encontre[1]. Ce dernier a contracté sur la foi des titres à lui remis et a déclaré ce dont il a eu connaissance. C'est ce qui a été décidé par la Cour de cassation, le 17 avril 2010. Ladite Cour a précisé, dans un arrêt de censure, qu'aucune faute n'a été établie du côté du second acquéreur qui a inscrit son acquisition. La réparation au sens de l'article 337 du Code des droits réels ne peut, dès lors, avoir lieu[2].

176.Responsabilité du tiers de mauvaise foi. Lorsque la mauvaise foi du tiers est établie, ce dernier ne peut plus exciper de l'inopposabilité du droit réel. Sa mauvaise foi entraîne l'inopposabilité de l'inopposabilité dudit droit. La transgression consciente du droit réel le constitue en faute génératrice de responsabilité au titre de l'article 337 du Code des droits réels. On constate que lorsque les formalités légales de l'opposabilité du droit réel ne sont pas observées, seule la faute intentionnelle, engage la responsabilité du tiers. Cette faute, précise la Cour de cassation[3], peut être soit par action notamment par les fausses déclarations[4], soit encore par omission notamment par les réticences[5].

c. Le lien de causalité

177.La *causa remota*. L'article 337 dispose que : « Toute personne dont les droits auraient été lésés par suite d'une immatriculation ou d'une inscription résultant d'un jugement définitif d'immatriculation… ». Ce présupposé laisse penser que le lien de causalité doit être établi entre la décision d'immatriculation et le préjudice subi. Sans méconnaître son rôle, cette *causa proxima* ne doit pas dissimuler une *causa remota*. En effet, en parcourant le restant de l'article, on constate qu'il prescrit la faute comme condition de l'action. C'est que la faute est l'origine de la décision d'immatriculation[6], laquelle est la cause du préjudice. Il semble, dès lors,

---

[1] Tel n'est pas le cas si le droit réel a fait l'objet d'une formalité légale le rendant opposable au bénéficiaire de l'immatriculation. Ce droit réel lésé engage la responsabilité du bénéficiaire de l'immatriculation même si sa faute est non intentionnelle. Le tiers lésé, à l'instar du premier acquéreur dont le droit est opposable *erga omnes*, n'a pas à prouver la mauvaise foi du second acquéreur bénéficiaire de l'immatriculation. C'est là où la théorie de l'enrichissement sans cause en tant que fondement de l'art.337 peut être critiquée. En effet, bien que le second acquéreur ne se soit pas enrichi, il engage sa responsabilité.

[2]Cass. civ. n°34702 en date du 17 avr. 2010 (inédit) :
" وحيث ولئن خولت أحكام الفصل 337 من م.ح.ع. لكل شخص تضررت حقوقه من تسجيل أو ترسيم ناتج عن حكم بات بالتسجيل لا يمكن له أصلا أن يرجع على العقار وله في صورة الخطإ الحق في القيام على المستفيد من التسجيل بدعوى شخصية في غرم الضرر فإن المعقب الآن لم يرتكب أي خطإ بمناسبة تسجيل قطعة الأرض محل النزاع لأنطباق حجة شرائه عليه وأنه بالتالي لم يقدم أية إفادة غير صحيحة أدت إلى تسجيل العقار بأسمه إضرارا بالمعقب ضدها".

[3]Cass. civ. n°8815 en date du 21 juin 2007, Bull. civ., 2007, 1re partie, p.249. *Contra* : Cass. civ. n°7612 en date du 15 juin 2005, Bull. civ., 2007, 2ème partie, p.55.

[4] Art.319 du CDR ; V. dans le carde de la loi n°2001-34, préc. : art.10 (modifié par la loi n°2009-67 du 12 août 2009). V. en matière d'immatriculation foncière obligatoire : art.16.

[5] Il en est ainsi lorsque le requérant dissimule « les titres de propriété, contrats, actes publics ou privés et documents quelconques de nature à faire connaître les droits réels portants sur l'immeubles » : art.320 du CDR.

[6]Cass. civ. n°8815 en date du 21 juin 2007, préc. ; *Adde* : Cass. civ. n°2008-33089 en date du 23 mars 2010 (inédit), préc. :

que le lien de causalité doit, plutôt, être établi entre la faute et le préjudice. Cette interprétation se trouve confirmée par les travaux préparatoires[1], la doctrine[2] et par la Cour de cassation[3].

2.L'efficience de l'action

178. Corrélativement à l'effet négatif, prescrit par l'article 337 du Code des droits réels, qui consiste dans la réfutation de l'action réelle (a), un effet positif, permet à titre curatif l'exercice d'une action personnelle en dommages- intérêts (b).

a. La réfutation de l'action réelle

179. Justifications de la règle.L'article 337 du Code des droits réels, une des marques du système de la publicité réelle, prévoit que « Toute personne dont les droits auraient été lésés… n'aura jamais de recours sur l'immeuble… ». À travers l'expression « jamais », ledit article met en place la règle de la réfutation de l'action réelle. Cette règle se justifie par l'ensemble des garanties préventives mises en place par le législateur avant le prononcé du jugement d'immatriculation[4]. On cite, non des moindres, les publications ayant vocation à porter la demande d'immatriculation à la connaissance du public[5], la saisine obligatoire de l'office de la topographie et

---

" ولا يكفي لقبول الدعوى الشخصية توفر الشرطين المذكورين (الخطأ والضرر) بل لا بد أن يكون الحكم بالتسجيل صدر نتيجة للخطإ الحاصل".

[1] Travaux préparatoires, délibérations de la Chambre des députés, séance du mardi 17 janv. 1995, JORT, 1995, n°36, p.16.

[2] V. en ce sens :

رشيد القاضي والأزهر بوقارص، مقال سابق، ص.57– 60 و69.

[3] Cass. civ. n°2012-72906 en date du 22 janv. 2013 (inédit), préc. :

"وتبعا لذلك يكفي أن يقيم المتضرر الحجة على أن عملية التسجيل قد ألحقت به ضررا نتيجة الخطإ الذي إرتكب في حقه وأن تتوفر الرابطة السببية بين هذا الخطإ والضرر".

Adde : Cass. civ. n°41 en date du 04 mai 2004, préc. ; Cass. civ. n°2008-33089 en date du 23 mars 2010 (inédit), préc. :

" ويؤخذ من الفصل 337 م.ح.ع. أنه يشترط للقيام بدعوى التعويض عن ضياع الملكية أو الحق العيني العقاري تحقق ضرر وخطإ وعلاقة سببية بينهما".

Sur les délais de recours sur la base de l'art.337 du CDR : conçue comme une action en responsabilité légale, c'est le délai de 15 ans (art.402 du COC) qui peut être retenu. V. en ce sens : Cass. civ. n°41 en date du 04 mai 2004, préc. ; Cass. civ. n°20378 en date du 13 fév. 2003, préc. ; Cass. civ. n°2008-33089 en date du 23 mars 2010 (inédit), préc. :

" ويتضح من ذلك أن أساس دعوى التعويض المستندة لأحكام الفصل 337 عيني ليست المسؤولية التقصيرية و إنما كل الأسباب المؤدية إلى ضياع الملكية مهما كان مصدرها... بما يتجه معه آستبعاد أحكام الفصل 115 م.إ.ع. عند احتساب سقوط القيام بهذه الدعوى".

Adde :

مبروك بنموسى، مقال سابق، ص.66-67 . أنظر في آتجاه تطبيق أجل الفصل 115 م.إ.ع. : **رمزي ساسي**، آثار حكم التسجيل، رسالة لنيل شهادة الدراسات المعمقة في القانون الخاص، كلية الحقوق والعلوم السياسية بتونس، 2001-2002، ص.132-133.

[4] Art.319 et s. du CDR. En ce sens : Cass. civ. n°34987 en date du 14 févr. 1995, Bull. civ., 1995, p.246.

Adde :

نعمان الرقيق، مقال سابق، عدد 10 وما يليه، ص.30 وما يليها. **أحمد الرحموني**، "خصائص التسجيل العقاري"، م. ق. ت.، 2002، عدد 6، ص.57 وما يليها. **البشير الفرشيشي**، مقال سابق، ص.139 وما يليها.

[5] Art.322 du CDR. Pour ce qui est de la publication de l'arrêté du ministre de la justice dans le cadre de l'immatriculation foncière obligatoire, V. : art.3 du décret-loi n°64-3, préc. ; V. dans le carde de la loi n°2001-34, préc. : art.12 (modifié par la loi n°2009-67 du 12 août 2009).

du cadastre[1], la publication au Journal Officiel de la République Tunisienne de la date de la clôture des opérations de bornage[2], l'étendu des pouvoirs d'investigation accordés au juge rapporteur[3], la possibilité de formuler des oppositions[4], des interventions[5] et l'ampleur des pouvoirs dévolus au Tribunal immobilier pour fixer la situation matérielle et juridique de l'immeuble[6]. Le tout en vue de protéger les ayants-droit.

On comprend donc pourquoi la décision irrévocable du Tribunal immobilier a, comme effet direct, d'empêcher toute action réelle[7]. Cet effet négatif n'est autre que la suite logique de deux règles que véhiculent la décision d'immatriculation et l'ordre d'inscription donné par le Tribunal immobilier, à savoir la purge du droit réel[8] et la force probante absolue des inscriptions concomitantes[9].

---

[1] Art.322-323 et 326 du CDR. V. sur le rôle de l'office de la topographie et du cadastre suite à l'arrêté du ministre de la justice portant fixation de la zone du recensement cadastral :
رضا عباس، "إجراءات المسح الإداري الإجباري"، مائوية التسجيل العقاري بتونس، ملتقى نظمته كلية الحقوق والعلوم الاقتصادية والسياسية بسوسة بالتعاون مع إدارة الملكية العقارية أيام 11/10/9 أفريل 1987 بسوسة، نشر جامعة الوسط، 1992، ص.4.

[2] Art.323 du CDR. V. sur la publication de l'état général des immeubles recensés par le juge-commissaire : art.6 du décret-loi n°64-3, préc.

[3] Art.338-339-340-341 et 329 du CDR. V. sur le rôle du juge-commissaire dans le cadre de l'immatriculation foncière obligatoire : art.4-5-6 et 7 du décret-loi n°64-3, préc.

[4] Art.324-325-329-330 et 333 du CDR. V. dans le cadre de l'immatriculation foncière obligatoire : art.6 et 7 du décret-loi n°64-3, préc. V. dans le carde de la loi n°2001-34, préc. : art.15.

[5] Art.350 du CDR. V. dans le carde de la loi n°2001-34, préc. : art.15.

[6] Art.310, 311 et 341 et s. du CDR. V. sur le rôle de la commission cadastrale dans le carde de l'immatriculation foncière obligatoire : art.6 *in fine* et 13 du décret-loi n°64-3, préc., et sur le rôle du Tribunal immobilier : art.7 et 8 du décret-loi, préc. V. sur les pouvoirs de la chambre des titres gelés et le juge du livre foncier, art.17-18-19 de la loi n°2001-34, préc.

[7] De même pour les décisions irrévocables de la Chambre des titres gelés ou celle du juge foncier : V. art.27 de la loi n°2001-34, préc.

[8] Cass. civ. n°2008-33089 en date du 23 mars 2010 (inédit), préc. :
" آستندت دعوى الحال على عدم إمكانية الرجوع على العقار بسبب المفعول التطهيري لحكم التسجيل".
Adde : Cass. civ. n°34158 en date du 02 avr. 2009, Bull. civ., 2009, 1re partie, p.345. V. en ce sens :
رمزي ساسي، مرجع سابق، عدد 249 إلى 254، ص.222 إلى 228. **نعمان الرقيق**، مقال سابق، عدد 32، ص.39.
V. Art.308 du CRD ; **M.-K. CHARFEDDINE**, *op.cit.*, n°173, p.145. Le même principe prévaut dans le cadre des décisions rendues par la commission cadastrale ou le Tribunal immobilier : art.1er, 6 et 7 du décret-loi n°64-3, préc. L'application de ce principe, dans le cadre de la loi n°2001-34 (préc.) pose des difficultés, en raison de la possibilité de « demander après l'insertion du jugement au titre foncier, la rétractation de la décision de clôture des procédures de la mise à jour sur des nouveaux actes qui n'ont été pas précédemment versés au dossier de la demande (art.23, al.3). V. sur la question :
رياض بو جاه، "حكم التحيين والآثار المترتبة عنه"، مداخلة من الملتقى العلمي حول الجديد في نظام الإشهار العقاري التونسي، دراسات قانونية، كلية الحقوق بصفاقس، 2002،عدد 9، ص.181 وما يليها، خاصة ص.184. **منير الفرشيشي**، "الرسوم من خلال قانون عدد 34 المؤرخ في 10 أفريل 2001"، ذات الملتقى، ذات مرجع، عدد 9، ص.210-211 و212. **منير الفرشيشي**، الملكية العقارية في التسجيل العقاري، سيفاد للنشر، تونس، 2007، ص.166-167 و173-174.

[9] **M.-K. CHARFEDDINE**, *ibid.*, n°182, pp.152-153. Cass. civ., arrêt n°12129 du 18 mars 1985, RTD, 1987, p.389, obs.**M.-K. CHARFEDDINE** ; Cass. civ. n°34158 en date du 02 avr. 2009, préc. ; Cass. civ. n°1645 en date du 10 juin 2004 (inédit) :
" وحيث وبخصوص مبدإ القوة الثبوتية للترسيم فإن هذه القوة ... قد تكون قوة ثبوتية مطلقة إذا تعلق الأمر بترسيم متزامن لصدور حكم عقاري بات قاضي بالتسجيل... وقد تكون قوة ثبوتية نسبية إذا تعلق الأمر بترسيم إداري لاحق".
Adde :
رمزي ساسي، مرجع سابق، عدد 158، ص.144-145.

b. La reconnaissance d'une action personnelle en dommages et intérêts

180.Réparation du préjudice matériel, mais aussi moral. L'article 337 du Code des droits réels reconnaît à la personne lésée « une action personnelle en dommages-intérêts »[1]. Seule une réparation par équivalent est, dès lors, admise. Pour déterminer l'assiette de la réparation, l'article 337 doit conjuguer avec l'article 107 du Code des obligations et des contrats[2]. Ce dernier prescrit la réparation de la perte subie et du gain manqué[3]. Ainsi, le premier acquéreur dépouillé peut revendiquer, à titre de préjudice, la valeur de l'immeuble arrêtée par un expert nommé par le Tribunal[4], majorée des dépenses nécessaires, notamment, les frais de justice. L'appréciation doit se faire le jour de la perte définitive du bien, tout en prenant compte la hausse des prix[5]. Il a droit, par ailleurs, aux gains dont il a été privé au gré des cas. Le premier acquéreur peut, de surplus, demander la réparation du préjudice moral. On voit fleurir, en effet, une tendance jurisprudentielle vers la reconnaissance d'un tel préjudice suite à la violation d'un droit réel, à l'instar du droit de propriété[6]. L'appréciation de ce préjudice relève de la compétence des juridictions du fond à la lumière des circonstances de la cause[7].

B. L'action en concurrence déloyale

181. Le tiers qui s'associe, de mauvaise foi, à la violation d'une obligation contractuelle peut tomber sous le coup de l'action en concurrence déloyale. La réception de l'action dans notre hypothèse (1), permet de mesurer sa portée (2).

---

[1] V. en ce sens :

عادل البراهمي، "حصانة الحكم العقاري: ثنائية المفعول التطهيري والحجية المطلقة"، م. ق. ت.، 2007، عدد 7، ص.117. **حافظ بوعصيدة،** "أثر الترسيم..."، مقال سابق، ص.34 وما يليها. **عبد المنعم عبود،** "القوة الثبوتية..."، مقال سابق، ص. 110-111 و 112، عدد 11-12. **مبروك بنموسى،** مقال سابق، ص.50 وما يليها. **البشير الفرشيشي،** مقال سابق، ص.158-159 و160. **أحمد بن طالب،** مرجع سابق، عدد 343، ص.392 وعدد 790-791-792، ص.772-773-774.

[2] V. en ce sens :

محمد القلال، رسالة سابقة، ص.147 إلى 150.

[3] C'est la date de la décision d'immatriculation qui sera prise en considération pour l'évaluation du préjudice. V. en ce sens : T.P.I. de Sfax, Jugement n°27837 en date du 05 janv. 2001 (inédit) :

" حيث قدر الخبير المنتدب من طرف هذه المحكمة قيمة الأرض و البناء **زمن التسجيل**".

[4] T.P.I. de Sfax, Jugement n°27837 en date du 05 janv. 2001 (inédit), préc. :

" وحيث انبنى تقرير الخبير على معطيات فنية و علمية سليمة و انتهى إلى نتيجة يتجه الأخذ بها".

[5] V. en ce sens :

رياض الجمل، محاضرات في القانون العقاري، ج.1، منشورات مجمع الأطرش للكتاب المختص، تونس، 2016، ص.516.

[6] Cass. pén. n°24603 en date du 1er mars 2008, Bull. pén., 2008, p.259 :

" وحيث أن الضرر المعنوي... هو كل ما يصيب العاطفة والشعور والحنان، وهو كل ما يبقى من حسرة في الإعتداءات التي تصيب الحقوق الثابتة مثل **حق الملكية**".

Adde :

أحمد رزيق، "الطعن لدى المحكمة العقارية"، م. ق. ت.، 1996، عدد 8، ص.196-197.

Contra :

رشيدالقاضي والأزهربو قارص، مقال سابق، ص.51: " الضرر في نطاق القانون العقاري هو دائما ضرر مادي ولا يمكن أن يكون مطلقا ضرر معنوي لأنه يتعلق بفقدان حق من الحقوق العينية العقارية إبتداء من حق الملكية". أنظر كذلك: ص.70.

[7] Cass. civ. n°75543 en date du 17 avr. 2000, Bull. civ., 2000, p.246.

1.La réception de l'action

182. Deux données peuvent nous éclairer sur ce point. D'une part, la justification de l'application de l'action au tiers complice(a). D'autre part, le régime de sa mise en œuvre (b).

a. La justification de l'application de l'action au tiers complice

183.Adjonction de la complicité d'un tiers aux procédés de l'article 92 du Code des obligations et des contrats. La concurrence déloyale, objet de l'article 92du Code des obligations et des contrats, se caractérise par l'usage d'un ensemble de procédés concurrentiels contraires à la loi ou aux usages de la profession, constitutifs d'une faute intentionnelle de nature à causer un préjudice aux concurrents[1]. L'article cite, à titre indicatif[2], quatre procédés. Dans tous ces procédés, précise la Cour de cassation le 23 février 2012, il y a des actes illicites ayant pour but le détournement de la clientèle[3]. Il est donc possible d'ajouter les actes par lesquels un tiers s'associe à la violation des obligations restrictives de la libre concurrence. Ces actes tant qu'ils entraînent un détournement de la clientèle, peuvent, dès lors, tomber sous le coup de l'article 92 du Code des obligations et des contrats.

b. Le régime de la mise en œuvre de l'action

184. Les conditions de l'action. Pour qu'un comportement puisse ouvrir à l'encontre de son auteur une action en concurrence déloyale, au sens de l'article 92 du Code des obligations et des contrats[4], trois séries de conditions doivent être réunies, auxquelles s'ajoute une condition préalable.

D'abord, et à titre préalable, on exige une situation de type concurrentiel[5]. Cette condition d'évidence est expressément prévue par l'article 92 du Code des obligations et des contrats. Elle a été confirmée par la Cour de

---

[1]La concurrence déloyale se distingue des pratiques anticoncurrentielles. La première constitue une protection contre les abus de la libre concurrence alors que les secondes constituent des limites au principe de la libre concurrence. Si le législateur a interdit la première pour protéger la clientèle du concurrent, il a prohibé les secondes pour préserver le bon fonctionnement du marché. V. sur cette distinction : **J. GUIGA**, *op.cit.*, pp.15 et s. ; **G. COURTIEU**, Droit à réparation. De la concurrence déloyale au parasitisme. Théorie générale, J.- Cl., Fasc.1, Art.1382 à 1386, LexisNexis, 2006, n^{os}13-14, pp.4-5. *Adde* :

جويدة فيقة، "مجلة الإلتزامات والعقود وقانون المنافسة"، مقال سابق، ص.563 وما يليها.

[2]V. en ce sens :

جويدة فيقة، مقال سابق، ص.564.**عصام الأحمر**، تعليق على حكم إبتدائي عدد 39131، صادر عن المحكمة الابتدائية بتونس، بتاريخ 13جانفي 2005، سالف الذكر، ص.222.

[3] Cass. civ. n°2010-58833 en date du 23 fév. 2012 (inédit) :

" حيث أن المشرع التونسي ولتعريف المنافسة الغير المشروعة إكتفى بتعداد أربع صور على سبيل الذكر... ويمكن القول من خلال قراءتها أن دعوى المنافسة غير المشروعة تقتضى تحديد الوسائل التي يستعملها المتنافسون لأستقطاب الحرفاء في فعل المنافسة ... وبصفة عامة كل عمل مخطئ يقوم به الأشخاص أو المؤسسات لمحاولة الإستفادة من الشهرة والسمعة التي اكتسبها الغير بصفة مشروعة".

[4] « L'action sera dirigée contre l'auteur du trouble et, plus généralement, contre d'éventuels « complices » » : **G. COURTIEU**, Fasc. préc., n°68, p.16.

[5]**G. COURTIEU**, Fasc. préc., n^{os}34 et s., pp.9-10. *Adde* :

جويدة فيقة، مقال سابق، ص.565.

cassation[1]. Il faut, en effet, qu'il existe entre les parties un rapport de rivalité, ce qui permet de supposer une clientèle existante ou potentielle commune. C'est le détournement de cette clientèle qui sera, en fait, à l'origine du préjudice concurrentiel.

Il faut, ensuite, une faute de déloyauté. Cette dernière suppose la réunion de deux éléments. D'une part, un élément matériel qui réside dans les comportements déloyaux[2]. L'article 92 du Code des obligations et des contrats cite, à titre indicatif, quatre procédés déloyaux. La Cour de cassation ajoute le débauchage[3]. On peut aussi ajouter la complicité à la violation d'une obligation de non concurrence ou d'exclusivité. D'autre part, un élément intentionnel qui réside dans l'intention nocive[4]. Cette dernière apparaît à travers l'intention de s'approprier la clientèle d'autrui par des moyens frauduleux. Dans sa version française, l'article 92ne mentionne pas expressément la mauvaise foi du concurrent. C'est la version arabe- qui fait foi d'ailleurs[5]- qui la prévoit[6].

Il faut, enfin, un préjudice se traduisant par un fléchissement du chiffre d'affaires suite à une perte de clientèle, en lien de causalité avec la déloyauté.

185.La sanction de l'action. L'article 92 du Code des obligations et des contrats prévoit que les manœuvres déloyales « peuvent donner lieu à des dommages-intérêts ». Ces derniers, sorte de réparation par équivalent, seront évalués sur la base de la diminution constatée du chiffre d'affaires pendant la période où les agissements déloyaux ont été commis. Ils peuvent être corroborés, au gré des cas, par une réparation en nature. Le juge peut, en effet, décider l'injonction de toutes mesures qu'il estime nécessaires afin de faire cesser les manœuvres déloyales[7].

---

[1] Cass. civ. n°2010-58833 en date du 23 fév. 2012 (inédit), préc. :

" إن المعقبة مطالبة بإثبات عناصر المزاحمة".

Adde : Jugement commercial n°61611 en date du 09 juill. 1988, AJT, FDSPT, 1989, n^{os}1-2, p.93 (partie en langue arabe).

[2]V. en ce sens :

جويدة فيقة، مقال سابق، ص.566. **عصام الأحمر**، تعليق سابق، ص.222.

[3] Cass. civ. n°2010-58833 en date du 23 fév. 2012 (inédit), préc. :

"... دعوى المنافسة غير المشروعة تقتضي تحديد الوسائل التي يستعملها المتنافسون لأستقطاب الحرفاء في فعل المنافسة ... بمحاولة الإخلال بتنظيم مؤسسة كأنتداب بعض عملتها".

[4] Cass. civ. n°2010-58833 en date du 23 fév. 2012 (inédit), préc. ; Cass. civ. n°16033 en date du 12 janv. 1989, Bull. civ., 1989, p.36 ; Jugement commercial n°61611 en date du 09 juill. 1988, préc. ; Cour d'appel de Tunis, arrêt n°51199 en date du 27 oct. 1959, RJL, 1960, n°7, p.62 (partie en langue arabe). *Contra* : Cass. civ. n°5836 en date du 22 déc. 2000, Bull. civ., 2000, 1re partie, p.84. *Adde* :

جويدة فيقة، مقال سابق، ص.566. **عصام الأحمر**، تعليق سابق، ص.222 و223.

[5] Art. premier de la loi n°93-64 du 5 juillet 1993 relative à la publication des textes au Journal Officiel de la République Tunisienne et à leur exécution, JORT du 06 juillet 1993, n°50, p.931.

[6]Dans sa version arabe, l'art. 92 prévoit :

" مزاحمة مبنية على المكر والخديعة".

[7] Tunis, 04 avr. 1958, RTD, 1957-1958, n^{os}1-2, p.124 ; Jugement commercial n°17258 en date du 27 avr. 2002 (inédit) :

" وحيث أن إستلاء المدعى عليها على علامة المدعية واستغلالها لها يعد خرقا صريحا لأحكام الفصل 92 من م.إ.ع. ... وحيث يكون من المتعين الحكم بإلزامها بالكف عن إستعمال تلك العلامة".

2.La portée de l'action

186. La portée de l'action en concurrence déloyale peut être mesurée au vu de l'étendue de son champ d'application (a) ainsi que du régime de sa mise en œuvre (b).

a. Un champ d'application limité

187.Nécessité d'une situation de concurrence. Le succès de l'action, en concurrence déloyale, exige une situation de concurrence, ce qui est de nature à réduire considérablement son champ d'application. Ce fondement sous-tend, surtout, la responsabilité du tiers en matière de débauchage au sens de l'article 26 du Code du travail[1]. L'action en concurrence déloyale est, par ailleurs, admise contre le tiers qui s'associe à la violation d'une obligation restrictive de la libre concurrence. Il en est ainsi du nouvel employeur qui engage les services d'un ancien salarié[2], d'un franchisé ou d'un associé lié par une clause de non-concurrence valable, ou encore qui embauche un vendeur de fonds de commerce s'adressant à la clientèle du fonds vendu[3]. L'action en concurrence déloyale peut aussi être intentée contre l'associé qui participe avec un vendeur de fonds de commerce à la création d'une société concurrente[4]. Elle peut être aussi intentée contre le tiers qui s'associe à la violation d'une obligation d'exclusivité d'achat ou de vente née d'un contrat de concession commerciale[5] ou de franchise.

b. Un régime de mise en œuvre draconien

188.L'exigence d'une concurrence déloyale caractérisée par des manœuvres illicites à dessein nocif est de nature à limiter la portée de l'action.

189.Nécessité de moyens déloyaux. S'agissant de l'élément matériel, les moyens déloyaux sont, d'une part, difficiles à caractériser, notamment dans

---

[1] **H. BOUAZIZ**, art. préc., n°42, p.87 ; **Ph. LE TOURNEAU**, *op.cit.*, n°7037, p.1750 ; **G. H. CAMERLYNCK**, *op.cit.*, n°707, p.706 ; **G. COURTIEU**, Fasc. préc., n°52, p.13 ; **F.BERTRAND**, Thèse préc., n°103, p.148, note 1 ; **D. LABARTHETTE**, « Le débauchage de personnel, parent pauvre de l'action en concurrence déloyale », D., 2005, chron., pp.1231 et s. ; **Y. SERRA**, *op.cit.*, n°395, pp.289-290 ; Cass. civ. fr., 27 mai 1908, D., 1908.1.459, note anonyme. *Contra* : **P. HUGUENEY**, *op.cit.*, p.94. *Adde* :

عصام الأحمر، تعليق سابق، ص.223-224.

[2]**G. COURTIEU**, Droit à réparation. Concurrence déloyale. Applications pratiques : dénigrement et désorganisation, J.-Cl., Fasc. 132-20, Art.1382 à 1386, LexisNexis, 2006, n°60, p.14 ; **B. FLORENCE**, Thèse préc., n°244, p.208 ; **R. WINTGEN**, *op.cit.*, n°190, p.170 ; **G. DAMY etS. PELLI**, art. préc., n°76, p.19. *Contra* :

عصام الأحمر، تعليق سابق، ص.223.

[3]**W. DAOUD**, mémoire préc., pp.121 et s.

[4] Cass. com. fr., 13 mars 1979, D., 1980, J., p.1, note **Y. SERRA**.

[5]**G. COURTIEU**, Droit à réparation. De la concurrence déloyale au parasitisme, Fasc. préc. n°53, p.13 ; **C. CHAMPAUD**, art. préc., n°54, p.489, n°57, p.490 et n^{os}63 et s., pp.496 et s. ; **F.-C. DUTILLEULetPh. DELEBECQUE**, *op.cit.*, n°s 944-945, pp.961 et s. ; **F. BERTRAND**, Thèse préc., n°111, p.162 et s. ; **R. WINTGEN**, *ibid.*, n°190, p.170. *Adde* :

محمد محفوظ، دروس في العقد، مرجع سابق، عدد 313، ص.311.

le cadre du débauchage[1]. Ils sont, d'autre part, superflus. En effet, pour déclarer le nouvel employeur responsable, l'article 26 du Code du travail se contente de deux éléments cumulatifs. Primo, un élément matériel : le débauchage[2]. Secundo, un élément psychologique : la mauvaise foi équipollente à la connaissance[3].

Si on puise dans l'article 92 du Code des obligations et des contrats fondement de la responsabilité de l'employeur débaucheur « il faut relever à la charge du tiers une faute plus caractérisée que la méconnaissance consciente du premier contrat. Il faut des manœuvres constitutives de concurrence déloyale »[4]. On cite, lorsqu'elles sont retenues, la surenchère salariale ou l'embauche de façon massive[5] ou sélective[6] de salariés d'une entreprise concurrente simultanément à leur départ abusif ; ou encore la promesse faite par l'employeur débaucheur de prendre à sa charge les conséquences pécuniaires de la rupture abusive du contrat de travail[7]. Or, le nouvel employeur n'est pas obligé d'avoir commis tels moyens avec le salarié pour voir sa responsabilité engagée au titre de l'article 26 du Code du

---

[1]Cass. com. fr., 29 janv. 2008, D., 2008, Act. Jur., p.540, note **E. CHEVRIER** ;CCC, Avr. 2008, comm. 111, p.41, note **M. MALAURIE-VIGNAL** ; Cass. com. fr., 23 oct. 2007, CCC, Janv. 2008, comm. 22, p.32, note **M. MALAURIE-VIGNAL** ; Paris, 3 avr. 2002, D., 2003, somm. comm., p.1031, obs. **S. ROBINNE** ; **D. LABARTHETTE**, art. préc., p.1231.

[2]Acte de détournement d'un salarié, le débauchage suppose d'une part, la rupture abusive du contrat de travail et d'autre part, que cette rupture soit accompagnée de l'embauche de l'ancien salarié par le nouvel employeur. Sur cette condition V. : Cass. civ. n°2006-7444 en date du 14 juin 2007 (inédit) :

" وحيث أن النزاع يكتسي صبغة شغلية ويخضع لأحكام الفصل 26 من مجلة الشغل ولا يمكن البت في الطلب إلا بالتحقق من الصبغة التعسفية لقطع العلاقة الشغلية والتحقق من توفر أركان مسؤولية المؤجر الجديد من عدمها".

Adde : Cass. civ. n°2007-16268 en date du 07 janv. 2008 (inédit) :

" وحيثقضت محكمة الدرجة الثانية ... بناء على عدم ثبوت التغيب غير المبرر وغير المرخص فيه... ولم تثبت المستأنفة الأخطاء المنسوبة للمدعي ولم تثبت أن الفصل 26 م.ش. هو المنطبق".

Adde : Cass. civ. n°2010-58833 en date du 23 fév. 2012 (inédit), préc. :

" وفي نطاق إجتهادها (محكمة الإستئناف) في تقدير الأدلة استخلصت من المؤيدات المقدمة لها عدم إثبات الطاعنة لتحويل وجهة البعض من عملتها إلى المعقب ضده خاصة وأنها أدلت بقائمة إسمية في عملتها دون العمل على إثبات أنه تم استقطابهم فعلا".

V. en ce sens :

المنجي طرشونة والنوري مزيد، تعليق على مجلة الشغل،م. ر. ج. ت.، 2002، ص.114.

[3]**G. H. CAMERLYNCK**, *op.cit.*, n°707, p.706 ; **Ph. MALINVAUD**, Droit des obligations, 9ème éd., Litec, Paris, 2005, n°451, p.284 ; **F. TERRÉ, Ph. SIMLER et Y. LEQUETTE**,*op.cit.*, n°494, pp.507-508 ; **J. FLOUR, J.-L. AUBERT et E. SAVAUX**, Les obligations, T.1, *op.cit.*, n°434, p.356 ; **F.BERTRAND**, Thèse préc., n°103, pp.146-147-148. *Adde* :

محمد محفوظ، دروس في العقد، مرجع سابق، ص.310-311، عدد313. **عصام الأحمر**، تعليق سابق، ص.224. **زكية الصافي**، مرجع سابق، عدد 160، ص.128-129.

Contra : **J.-C. JAVILLIER**,*op.cit.*, n°319, p.422 : L'auteur admet comme fondement de la responsabilité du tiers ce qui constitue le pendant de l'art.83 du COC. Idée qu'on ne partage pas.

[4]**F.BERTRAND**, *op.cit.*, n°103, p.148, note 1.

[5] Riom, 28 janv. 2009, CCC, Juin 2009, comm.179, p34, note **M. MALAURIE-VIGNAL** ;Paris, 22 sep. 2000, D., 2002, somm. comm., obs. **S. ROBINNE**, p.1271 ; Dijon, 5 nov. 1998, D., 2000, somm. comm., p.321, obs. **Y. PICOD** ; **G. COURTIEU**, Concurrence déloyale. Applications pratiques : dénigrement et désorganisation, Fasc. préc., n°s61-62, pp.14-15 ; Paris 17 fév. 1993, D., 1994, somm.com., obs. **Y. SERRA**, p.223. *Adde* :

عصام الأحمر، تعليق سابق، ص.223.

[6]Toulouse, 25 Mars 2008, CCC, oct. 2008, comm.246, p.35, note **M. MALAURIE-VIGNAL.**

[7]Cass. civ. fr., 27 mai 1908, D., 1908,1, p.459, note anonyme.

travail[1]. « Il suffit qu'il ait traité avec lui sachant qu'il était lié par un contrat de travail vis-à-vis d'un autre patron »[2].

Pour engager la responsabilité du tiers, dans le cadre des obligations restrictives de la libre concurrence, la même critique s'offre à l'esprit. En effet, sont superflus, les moyens déloyaux telle que l'offre d'une rémunération exceptionnellement élevée au débiteur de non-concurrence ou l'offre de facilités de paiement au débiteur d'exclusivité d'approvisionnement.

190.Nécessité d'une intention de nuire. S'agissant de l'élément intentionnel, l'article 92 du Code des obligations et des contrats exige l'intention de nuire. Cette dernière est le degré le plus accusé de la mauvaise foi[3]. Or, l'article 26 du Code du travail se contente de la simple connaissance. Par ailleurs, l'intention de nuire n'est pas facile à prouver. Ceci se vérifie aussi bien pour l'employeur débaucheur[4], que pour celui qui s'associe à la violation d'une obligation d'exclusivité ou de non-concurrence. Le plus souvent, c'est l'intérêt de son entreprise qui le détermine[5].

Certes, dans les situations de concurrence, l'action de l'article 92 du Code des obligations et des contrats est de mise, mais l'exigence d'une concurrence déloyale caractérisée par des manœuvres illicites à dessein nocif est de nature à limiter la portée de cette action. On ne peut, dès lors, prétendre à une action de portée générale.

191.L'idée que la concurrence déloyale constitue la sanction d'un abus de la liberté de concurrence a permis de constater que « la théorie de la concurrence déloyale procède d'un schéma intellectuel très proche de celui qui a conduit à l'élaboration de la théorie de l'abus de droit »[6]. Seulement que la première se rapporte à un champ assez limité, à savoir les situations de concurrence, alors que la seconde se rapporte aux droits subjectifs en général. On peut, dès lors, se demander si on peut faire appel à la théorie de l'abus des droits pour définir une faute de portée générale à la charge du tiers qui s'associe à la violation d'une obligation contractuelle ?

C.L'action en abus des droits

192.L'action en abus des droits est prévue par l'article 103 du Code des obligations et des contrats[7]. La réception de cette action en tant que

---

[1]**F.BERTRAND**, Thèse préc., n°144, p.208.
[2] **R. DEMOGUE**, obs. sous Besançon, 13 nov. 1911, RTD civ., 1912, p.167. *Adde* :
محمد الزين، مرجع سابق، عدد 425، ص.343-344.
[3]**G. COURTIEU**, De la concurrence déloyale au parasitisme, Fasc. préc., n°s34 et s., pp.9-10.
[4]**D. LABARTHETTE**, art. préc., p.1233.
[5]**W. DAOUD**, mémoire préc., p.124.
[6] **A.-M. GILLES**, « Quelques observations sur la mauvaise foi en droit privé », LPA, 2003, n°135, p.8.
[7] L'art.103 du COC dispose que : « Il n'y a pas lieu à responsabilité civile lorsqu'une personne sans intention de nuire, a fait ce qu'elle avait le droit de faire .

fondement de la responsabilité du tiers qui s'associe à la violation d'un contrat (1), permet de mesurer sa portée (2).

1.La réception de l'action

193. Deux données peuvent nous éclairer sur ce point. D'une part, la justification de l'action(a). D'autre part, le régime de sa mise en œuvre (b).

a. La justification de l'application de l'action au tiers complice

194.Bases sociales et morales. Deux justifications permettent de défendre la théorie de l'abus des droits, en tant que fondement de la responsabilité du tiers qui s'associe à la violation d'une obligation contractuelle. La première, connue en droit musulman[1] et reprise par JOSSERAND[2] est la thèse finaliste du droit. Cette dernière enseigne que les droits subjectifs sont conditionnés par leur destination économique et sociale et quiconque les détourne de cette destination tombe dans l'abus.Certes, le tiers a le droit de contracter, mais il en est autrement lorsque ce droit a été utilisé, non pour la fin à laquelle il a été donné, mais en vue d'éluder une obligation contractuelle souscrite au profit d'autrui. Il y a, dès lors, faute d'abus à détourner le droit de contracter de sa fonction sociale.

La seconde justification a été promue par les jurisconsultes musulmans[3] et confirmée par RIPERT[4]. Elle postule que l'exercice des droits doit être conforme aux exigences morales. La règle morale qui interdit de nuire à autrui par esprit de malveillance n'est autre que la traduction du Hadidh :« لا ضرر ولا ضرار », lequel a été rappelé par la Cour de cassation[5]. « Il y a, dès

---

Cependant, lorsque l'exercice de ce droit est de nature à causer un dommage notable à autrui et ce dommage peut être évité ou supprimé, sans inconvénient grave pour l'ayant droit, il y a lieu à responsabilité civile si on n'a pas fait ce qu'il fallait pour le prévenir ou pour le faire cesser ».

[1] V. en ce sens :
الغزالي، الأحياء: " إنه لا يجوز أن يستعمل الإنسان حقه في غير الغاية الاجتماعية التي منح من أجلها الحق" ذكره **محمود شمام**، "تجاوز الحق بين الشريعة والقانون"، م. ق. ت.، 1978، عدد 5، ص.19. **محسن برناز**، "الحقوق وحدودها"، م. ق. ت.، 1970، عدد 9، ص.12. **محمد شكري الجميل العدوى**، سوء النية وأثره في عقود المعاوضات في الفقه الإسلامي والقانون المدني، دار الفكر الجامعي، الإسكندرية، 2008، ص.226 وما يليها.

[2] **L. JOSSERAND**, De l'esprit des droits et de leur relativité, Théorie dite de l'abus des droits, 2ème éd., Dalloz, 1939, réimpression, Dalloz, Paris, 2006, n°292, p.395 et nos305 et s., pp.414 et s. ; **R. DALLAND**, art. préc., sans pagination, 1re page, col.2 ; **J. CHARMONT**, « L'abus du droit », RTD civ., 1902, pp.124-125.

[3] V. en ce sens :
أبو إسحاق الشاطبي، الموافقات في أصول الشريعة، مرجع سابق، ص.348: " إن من يثبت حقه الشرعي في أمر فإنه يمنع من إستعماله إذا لم يقصد من ذلك إلا الإضرار بالغير". **محمد شكري الجميل العدوى**، مرجع سابق، ص.208 وما يليها.

[4] **G. RIPERT**, La règle morale dans les obligations civiles, 4ème éd., LGDJ, Paris, 1949, nos89 à 103 bis, p.157 à 183 ; **H. LALOU**, art. préc., p. 69. **R. SAVATIER,** T.I, *op.cit.*, nos35 et s., pp.47 et s., spéc. n°39, p.53 : **R. DALLAND**, art. préc., sans pagination, 2ème page, 1re et 2ème col.

[5] Cass. civ. n°2012-80616 en date du 19 mars 2013 (inédit) :
" وحيث أن حق التقاضي وإن كان يعطي لصاحبه سلطة في ممارسته بكل حرية فإنه لا يتركه يغلو بهذا الحق وينحرف به بما يلحق ضررا بغيره إذ تحكمه قاعدة لا ضرر ولا ضرار بصاحب الحق أو الغير أو المجتمع وهو ما عناه المشرع بأحكام الفصل 103 من م.إ.ع.".
Adde : Cass. civ. Ch. réun., arrêt n°36152 en date du 03 fév. 1993, *in* Jurisprudence des Chambres réunies, 2ème éd., par **I. LAHMAR**, CEJJ, Tunis, 2011, p.22 (en langue arabe).

lors, faute contre l'honnêteté à s'associer en connaissance de cause à la violation d'un contrat »[1].

b. Le régime de la mise en œuvre de l'action

195. On s'intéressera aux conditions de l'action (α) ainsi qu'à la sanction envisagée (β).

<u>α .Les conditions de l'action</u>

196.La caractérisation de l'abus.L'article 103 du Code des obligations et des contrats consacre deux critères pour caractériser l'abus des droits. Le premier est subjectif. Il y a abus des droits lorsqu'un acte a été accompli dans la seule intention de nuire[2]. Ce critère psychologique, défini comme étant « la volonté ferme de l'agent de causer un dommage à autrui »[3], a été rappelé par la Cour de cassation, le 16 février 2009[4], et réitérée par trois décisions rendues en 2013[5]. On peut percevoir sous l'influence de ce premier critère qu'« *unepersonnene pourra pas user malicieusement* de sa liberté contractuelle pour contracter avec une autre à l'effet de briser un engagement souscrit par cette dernière »[6].

Imposant au juge des recherches d'ordre psychologique, la preuve de l'intention nocive a fait l'objet de deux palliatifs proposés par la Cour de cassation. Le premier, réside dans un système de présomption. Ce faisant, les juges déduisent l'intention nocive de considérations objectives, en particulier du fait que le titulaire du droit l'a exercé sans en tirer « aucun intérêt clair et certain »[7] ou « pour des raisons non sérieuses »[8]. Le second, consiste dans un régime d'équivalent. Ainsi, de l'intention de nuire, la Cour de cassation va

---

[1]**H. LALOU**,art. préc., p. 69.

[2] C'est ce qui découle d'une lecture *a contrario* de l'al. premier de l'art. 103 du COC. V. en ce sens :
محمد الصالح العياري، "الحق وعيب الإعتساف"، م. ق. ت.، 1959، عدد 6، ص.26. **محمود شمام**، مقال سابق، عدد 5، ص.26.

[3]**N. BEN AMMOU**, mémoire préc., p.77 ; **G. RIPERT**, *op.cit.*, n°93, p.164.

[4] Cass. civ. n°24186 en date du 16 fév. 2009, Bull. civ., 2009, 2ème partie, p.251.

[5] Cass. civ. n°2011-68919 en date du 05 mars 2013 (inédit) :
" إن المساءلة المالية عن الخسارة ترتبط بقصد الإضرار على معنى أحكام الفصل 103 من م.إ.ع. فكلما لم يتوفر القصد زال موجب التعويض ولذلك من واجب طالب التعويض إثبات الضرر أولا والقصد فيه ثانيا وهو نية الإضرار والتنكيل... والتشفي".
Adde : Cass. civ. n°2012-80616 en date du 19 mars 2013 (inédit), préc. :
" وهو ما يجعل هذه المحكمة تكيف النزاع في إطاره القانوني وتعتبر أن مسألة التقاضي هي حق مشروع لا يقبل إذا كان...القصد منه الإضرار بالغير والتنكيل به"
Adde : Cass. civ. n°2013-5579 en date du 12 déc. 2013 (inédit) :
" ويفهم التعسف في آستعمال حق التقاضي بأنه التقاضي بأستعمال الغش كالتحيل والتنكيل بالغير والرغبة في إرهاقه وجره إلى التقاضي".

[6]**R. DALLANT**, « Le respect des contrats par les tiers », JCP éd. G, 1939, I, 86, sans pagination. (p.2, 1re col.)

[7] Cass. civ. n°541 en date du 11 juin 1976, Bull. civ., 1976, 3ème partie, p.9 :
" وحيث أن الوقائع تفيد ثبوت تعسف المدعى عليه في آستعمال حق التقاضي وإن المقصود منه لم يكن الحصول على تحقيق **مصلحة واضحة وثابتة**".
Adde :
محمد الشرفي وعلي المزغني، أحكام الحقوق، دار الجنوب للنشر، تونس، 1995، عدد 138،ص.118. **يوسف الكناني وفوزي بالكناني**، مرجع سابق، عدد 164، ص.78-79.

[8]Cass. civ., arrêt n°1702 en date du 28 janv. 1963, RTD, 1966-1967, p.219 ; Cass. civ. n°1702 en date du 28 janv. 1963, Bull. civ., 1963-1964, p.16 : "لأغراض غير جدية "

glisser vers « l'erreur grossière équipollente au dol »[1] ou « le comportement gravement frivole »[2].

Un second critère est consacré par l'article 103 du Code des obligations et des contrats pour caractériser l'abus des droits. Il s'agit du critère objectif[3]. Il y a abus des droits lorsqu'un acte a été détourné du but social et économique que le législateur a eu en vue[4]. On peut constater sous l'influence de ce critère que, sous peine d'abus, le droit de contracter ne doit pas être détourné de son but social. Ceci se vérifie, précise l'alinéa second de l'article 103 du Code des obligations et des contrats, lorsqu'une disproportionnalité patente est relevée entre l'intérêt réalisé de l'exercice du droit et le dommage causé. Trois conditions sont, dès lors, exigées. D'abord, un dommage notable, c'est-à-dire, précise le Tribunal de première instance de Tunis, un « préjudice très important »[5] ou « d'une gravité particulière »[6]. Ensuite, une possibilité à l'ayant droit de l'éviter « sans inconvénient grave pour lui », et là une question de « proportionnalité » à apprécier entre l'intérêt réalisé et le dommage causé[7]. Enfin, l'abstention de faire ce qui était possible pour éviter ce dommage[8]. Précisons que les juges[9], se sont contentés, à maintes reprises, pour caractériser l'abus, de la preuve du

---

[1]Cass. civ., arrêt n°5876 en date du 04 mars 1969, RJL, n°10, p.31 (partie en langue arabe) :
" خطأ جسيم يتساوى والغش".

[2]T.P.I. du Kef, Jugement n°515 en date du 18 déc. 1962, RJL, 1963, n°7, p.89 (partie en langue arabe) :
" تهور فاحش".

[3] Il n'est que l'application d'une règle générale de droit prévue par l'art.556 du COC. V. en ce sens :
أحمد بن طالب، "القواعد العامة للقانون في فقه قضاء محكمة التعقيب"، بكتاب خمسون عاما من فقه القضاء المدني 1959-2009، تحت إشراف الأستاذ محمد كمال شرف الدين، م. ن. ج.، تونس، 2010، عدد 57، ص.195.
Il est, par ailleurs, l'application d'une règle principielle consacrée par le Code civil ottoman :
" درئ المفاسد أولى من جلب المنافع" : المادة 30 من المجلة العثمانية الواردة في المقالة الثانية : " في بيان القواعد الفقهية".

[4] V. en ce sens :
محمد الشرفي وعلي المزغني، مرجع سابق، عدد 141، ص.121. **محمد الصالح العياري**، مقال سابق، م. ق. ت.،1959، عدد 6، ص.23. **محمود شمام**، مقال سابق، م. ق. ت.، 1978، عدد 5، ص.25.

[5] T.P.I. de Tunis, Jugement rendu le 30 avr. 1981, RTD, 1981, p.423, spéc., p.428, note **A. MEZGHANI** ;
محمد الشرفي وعلي المزغني، مرجع سابق، عدد 140، ص.120. **محسن برناز**، مقال سابق، ص.14.

[6]**N. BEN AMMOU**, mémoire préc., p.96.

[7] Cass. civ. n°2011-80616 en date du 19 mars 2013 (inédit), préc. :
" ويكون استعماله (حق التقاضي) غير مشروع ...إذا كانت المصالح التي يرمي إلى تحقيقها قليلة الأهمية بحيث أنها لا تتناسب مع ما يصيب الغير من ضرر بسببها".
Adde : Cass. civ. n°2013-5579 en date du 12 déc. 2013 (inédit), préc. :
" ويفهم التعسف في استعمال حق التقاضي بأنه التقاضي... دون فائدة ترجى ودون مصلحة أي بغياب المنفعة التي يجنيها الطالب من التجائه للقضاء".
V. en ce sens :
محمد محفوظ، النظرية العامة للإلتزام، التصرف الأحادي والعقد والمسؤولية المدنية، م. م. د. ق.ق.، تونس، 2008، عدد 317، ص.240. **سامي الجربي**، مرجع سابق، عدد 120، ص.172. **يوسف الكناني وفوزي بالكناني**، مرجع سابق، عدد 165، ص.79.
La Cour d'appel de Tunis parle de l'absence d'une « raison légitime » : arrêt n°86249 du 25 déc. 1982, RTD, 1984, p.816, note **K. MEZIOU**.

[8] V. en ce sens :
محمد كمال شرف الدين، محاضرات في قانون الأموال، درس سابق، عدد 278، ص.102.

[9] T.P.I. de Tunis, Jugement rendu le 30 avr. 1981, préc.. Cour d'appel de Tunis, arrêt n°86249 du 25 déc. 1982, préc. Cass. civ., arrêt n°1556 du 03 mars 1959, RTD, 1968, p.91, avec note **E.L.** ; Cass. civ. n°9378 en date du 20 fév. 1984, Bull. civ., 1984, 1re partie, p.377 ; Cass. civ. n°4161 en date du 26 oct. 1981, Bull. civ., 1981, 3ème partie, p.344 ; Cass. civ. n°1556 en date du 03 mars 1959, RJL, 1959, n°6, p.30 (partie en langue arabe).

dommage notable qui aurait pu être évité et son lien de causalité avec le fait dommageable. Aucune allusion n'a été faite à l'intérêt réalisé[1].

L'un quelconque de ces deux critères suffit pour caractériser l'abus[2]. Tantôt les juges se contentent du critère subjectif[3]. Tantôt du critère objectif[4].

β. La sanction de l'action

197.Réparation en nature ou/et par équivalent. La « responsabilité civile »[5] est la sanction prévue par l'article 103 du Code des obligations et des contrats. Cette sanction se décline soit sur une réparation en nature soit par équivalent[6]. La Cour de cassation, est de cet avis[7].

La réparation en nature permet de replacer la victime, dans la situation où elle se serait trouvée si l'acte dommageable ne s'était pas produit[8]. La Cour de cassation cite la suppression du trouble causé par l'abus[9]. C'est le cas lorsque l'origine de l'abus est un acte matériel. S'agissant d'un acte

---

[1] Cass. civ. n°2007-13739 en date du 30 janv. 2008 (inédit) :

" وتكون بذلك (الطاعنة)... قد تسببت في ضرر لعقار المعقب ضدهم وأن قيامها بالبناء بعد الحصول على التراخيص طبق أمثلة ودراسات فنية لا ينفي عنها مسؤولية الضرر الحاصل بعقار المعقب ضدهم متى ثبتت العلاقة السببية بين العقار المرخص فيه والضرر الناشئ عنه والذي كان بإمكان الطاعن إجتنابه وفق ما يقتضيه الفصل 103 من م.إ.ع.".

[2] Cass. civ. n°24186 en date du 16 fév. 2009, préc.

[3] Cass. civ. n°3954 en date du 03 mai 1982, Bull. civ., 1982, 3ème partie, p.226 ; Cass. civ. n°541 en date du 11 juin 1976, Bull. civ., 1976, 3ème partie, p.9 ; Cass. civ. n°5876 en date du 04 mars 1969, préc. ; Cour d'appel de Tunis, arrêt n°59027 en date du 19 juill. 1966, RJL, 1967, n°2, p.69 (partie en langue arabe) ; Cass. civ. n°1702 en date du 28 janv. 1963, préc. ; Cass. civ. n°4309 en date du 06 oct. 1966, RJL, 1967, n°1, p.45 (partie en langue arabe) ; T.P.I. du Kef, Jugement n°515 en date du 18 déc. 1962, préc. ; T.P.I. de Gafsa, Jugement n°10063 en date du 13 juill. 1960, RJL, 1962, n°9, p.72 (partie en lange arabe).

[4] T.P.I. de Tunis, jugement rendu le 30 avr. 1981, préc.Cour d'appel de Tunis, arrêt n°86249 du 25 déc. 1982, préc. Cass. civ., arrêt n°1556 du 03 mars 1959, préc. ; Cass. civ. n°2007-13739 en date du 30 janv. 2008 (inédit), préc. ; Cass. civ. n°9378 en date du 20 fév. 1984, préc. ; Cass. civ. n°4161 en date du 26 oct. 1981, préc. ; Cass. civ. n°1556 en date du 03 mars 1959, préc. ; Cass. civ. n°3002 en date du 12 avr. 1938, RJL, 1960, n^{os}9-10, p.61 (partie en langue arabe) ; Cass. civ. n°1359 en date du 20 mai 1930, RJL, 1960, n^{os}9-10, p.61 (partie en langue arabe) ; Cass. civ. n°1444 en date du 25 juin 1929, RJL, 1960, n^{os}9-10, p.61 (partie en langue arabe).

[5] La version arable parle plutôt de « العهدة المالية» c'est-à-dire « la réparation pécuniaire ». Cette expression ne doit pas induire l'interprète en erreur. Le législateur n'avait semble-t-il pas l'intention d'exclure la réparation en nature. Ceci peut être confirmé par les péripéties qui ont accompagné la gestation de l'art.103 du COC. En effet, l'expression « indemnité » utilisée par l'art.77 du Projet Préliminaire a été remplacée par celle de « responsabilité civile » dans son pendant dans l'Avant-projet à savoir l'art.114. C'est la seule modification apportée par la Commission, ce qui dénote son intention d'élargir le domaine de la réparation.

[6] V. en ce sens :

محمد الصالح العياري، مقال سابق، ص.25.

[7] Cass. civ. n°4229 en date du 27 sept. 1960, préc. ; Cass. civ. n°2007-13739 en date du 30 janv. 2008 (inédit), préc. :

" ... بما يجعل ما آنتهى إليه (الخبير المنتدب) من أن رفع المضرة لا يكون بإصلاح الضرر و إنما **بهدم البناء**... له مبرره".

Adde :

زكية الصخري، "في دعوى "رفع المضرة" "، بكتاب خمسون عاما من فقه القضاء المدني 1959-2009، تحت إشراف الأستاذ محمد كمال شرف الدين، م. ن. ج.، تونس، 2010، ص.944.

[8]**M. PLANIOL** et **G. RIPERT**,Traité pratique de droit civil français, T.VI, Obligations, première partie, 2ème éd. par **Paul ESMEIN**, LGDJ, Paris, 1952, n°578, p.809. **H. CAPITANT**, « Sur l'abus des droits », RTD civ., 1928, p.368. **G. COURTIEU**, Droit à réparation, Abus de droit. Notion, J.-Cl., Fasc. 131-10, Art.1382 à 1386, LexisNexis, 2005, n°42, p.14.

[9] Cass. civ. n°2007-13739 en date du 30 janv. 2008 (inédit), préc. ; Cass. civ. n°4229 en date du 27 sept. 1960, préc.

juridique, ce dernier doit être frappé d'inopposabilité. L'acte devient, dès lors, inefficace à l'égard de la victime de l'abus[1].

Il est, enfin, possible pour le juge de conjuguer les deux sortes de condamnations[2].

2.La portée de l'action

198. La portée de l'action en abus des droits peut être mesurée au vu de l'étendue de son champ d'application (a) ainsi que du régime de sa mise en œuvre (b).

a. Un champ d'application large

199.Aptitude de la théorie de l'abus des droits à couvrir toutes les hypothèses de complicité du tiers. Reconnue par son domaine très vaste[3], la théorie de l'abus des droits va embrasser toutes sortes d'obligations. D'abord, s'agissant d'une obligation de donner, on soutient que le transfert des droits, sujets à un régime de publicité, peut être l'occasion d'abus commis par le tiers second contractant qui en use pour nuire à un premier acquéreur[4]. La même théorie est préconisée en matière de cessions de créance doublées[5]. Ensuite, qu'un tiers aide un débiteur à violer une obligation de faire, le même raisonnement s'offre à l'esprit. Il en est ainsi, précise une doctrine, du tiers qui s'associe à la violation d'un louage d'ouvrage préalable[6], ou qui s'associe à la violation d'une promesse de vente[7] ou encore d'un pacte de préférence[8]. La théorie de l'abus du droit n'a pas, enfin, épargné le tiers qui s'associe à la violation d'une obligation de ne pas faire. Commet, ainsi, un abus des droits le tiers qui aide, malicieusement, le cocontractant de son rival à enfreindre une obligation d'exclusivité ou de non concurrence[9].

Dans toutes ces hypothèses « il y a abus de cette liberté contractuelle qui a été employée en vue de fins illicites »[10].

---

[1] **J. VIDAL**, *op.cit.*, p.357. D'aucuns défendent la sanction de la nullité : **G. COURTIEU**, Abus de droit, Fasc. préc., n°22, p.8, n°42, p.14, n°45, pp.14-15 et n°50, p.16. Cette position qui préconise la nullité à caractère indemnitaire ne gagne pas notre conviction. L'abus est une faute génératrice de responsabilité et non de nullité.

[2] Cass. civ. n°2007-13739 en date du 30 janv. 2008 (inédit), préc. ; Cass. civ. n°4161 en date du 26 oct. 1961, préc.

[3] **G. COURTIEU**, Abus de droit, Fasc. préc., n°3, p.3 ; **L. JOSSERAND**, De l'esprit…, *op.cit.*, n°300, p.410.

[4] **L. JOSSERAND**, *ibid.*, n°111, p.153.

[5] **L. JOSSERAND**, *ibid.*, n°112, p.154.

[6] **R. DALLANT**, art. préc., sans pagination ; **G. RIPERT**, *op.cit.*, p.320, n°170.**H. LALOU**,art. préc., p.70 ; **L. JOSSERAND**, *ibid.*, n°108, pp.151-152.

[7] **G. RIPERT**, *ibid.*, n°170, p.318 ; **J. BOULANGER**, art. préc., n°18, pp.574-575.

[8] **R. DALLANT**, art. préc., sans pagination.

[9] **R. DALLANT**, art. préc., sans pagination ; **H. LALOU**,art. préc., p.70.

[10] **L. JOSSERAND**, *ibid.*, n°108, p.152.

b. Un régime de mise en œuvre draconien

200.Intention de nuire, intérêt inadéquat, préjudice notable : la tâche semble difficile. La théorie de l'abus du droit de contracter, en tant que fondement à la responsabilité du tiers qui s'associe à la violation d'un contrat, peut être relativisée pour deux raisons. D'une part, ce faisant du critère subjectif, ce n'est pas toujours qu'on relèvera à la charge du tiers une intention nocive. Dans la majorité des cas, ce dernier agit, moins pour nuire à autrui, que pour satisfaire son intérêt personnel ou celui de son entreprise[1]. Et d'emblée, on se pose la question : pourquoi placer le curseur de la mauvaise foi au point extrême de l'intention de nuire[2] ? Ce renforcement d'exigence ne semble pas nécessaire. D'autre part, s'attache-t-on au critère objectif ? La disproportionnalité est difficile à prouver. Le tiers a, souvent, un intérêt sérieux à agir comme il le fait. Ajoute à cela que seul le préjudice notable justifie la réparation. Quid si le préjudice était ordinaire ?

Intention de nuire, intérêt inadéquat, préjudice notable, assez d'éléments qui invitent à repenser le fondement de la responsabilité du tiers, ne serait-ce qu'en plaçant le curseur de la mauvaise foi au plan de la fraude ? En effet, dans la fraude et au même titre que dans l'abus des droits, l'acte souscrit est objectivement licite, c'est plutôt l'intention d'aider le débiteur à se soustraire à une obligation contractuelle qui le rend suspect[3] ; ce qui permet de rejoindre notre hypothèse. Mais à ladifférence de l'abus des droits, la fraude n'exige pas l'intention de nuire[4]. Voilà un premier avantage. Ensuite, elle sanctionne l'acte quelque soit l'ampleur du dommage subi. Enfin, la réparation en nature, en l'occurrence l'inopposabilité, s'érige en une sanction de principe. Autant d'avantages, qui laissent penser que la fraude peut offrir un fondement meilleur à la responsabilité du tiers qui s'associe, de mauvaise foi, à la violation d'un contrat.

Paragraphe II. L'action paulienne : voie de recours à confirmer

201. L'action paulienne est prévue par l'article 306, alinéa premier, du Code des obligations et des contrats[5]. La réception de cette action en tant que fondement de la responsabilité du tiers qui s'associe à la violation d'un contrat (A), permet de mesurer sa portée (B).

---

[1]**A. WEILL**, *op.cit.*, n°243, pp.424-425 ; **P. HUGUNEY**, *op.cit.*, p.254 ; **F. BERTRAND**, thèse préc., n°144, pp.208-209 ; **B. STARCK**, art. préc., n^{os}10 et 40 ; **R. DALLANT**, art. préc., sans pagination ; **M. DESSERTEAUX**, Abus de droit ou conflit de droits, R.T.D. civ., 1906, p.121.

[2] « L'intention de nuire est le degré le plus accusé de la mauvaise foi » : **A.-M. GILLES**, art. préc., p. 8.

[3]**J. VIDAL**, *op.cit.*, p.360.

[4]**G. COURTIEU**, Abus de droit, fasc. préc., n°16, p.7 ; **L. JOSSERAND**, *op.cit.*, n°274, pp.372-373 et n°300, p.408. **M. PLANIOL** et **G. RIPERT**, Obligations, T.VI, *op.cit.*, n°576, pp.804-805. **H. LALOU**, art. préc., p.71. **J. VIDAL**, *ibid.*, pp.125-126 et 127.

[5] L'art.306, al. premier, du COC dispose que : « Les créanciers peuvent en leur nom personnel, attaquer les actes faits par leur débiteur, en fraude de leurs droits… ».

A. La réception de l'action paulienne

202. On s'intéressera à la justification de l'action(1) puis au régime de sa mise en œuvre (2).

1. La justification de l'application de l'action paulienne au tiers complice

203. Identification de la fraude. L'article 306, alinéa premier, du Code des obligations et des contrats précise que l'acte conclu par le débiteur doit être « frauduleux ». Cet article n'a pas repris la définition prévue par l'article 232, son pendant dans le Projet préliminaire de Code civil et commercial tunisien[1]. Selon une définition générale, la fraude est un « acte de mauvaise foi, de tromperie »[2]. Certes, « la fraude suppose la mauvaise foi, … mais elle ne se confond pas avec elle. Elle n'en est qu'une forme »[3]. « La mauvaise foi est le genre ; la fraude n'est qu'une des espèces qui y ressortissent »[4].

En règle générale, la fraude suppose la réunion de trois éléments constitutifs[5] : un moyen frauduleux, une intention frauduleuse[6] et une règle obligatoire éludée. Lorsque le sujet passif veut se soustraire à ses obligations contractuelles, il peut employer un moyen parfaitement licite notamment en contractant avec un tiers. Si cet emploi a été dicté par la pensée frauduleuse d'éluder l'obligation d'exécuter la première convention, on retrouve les éléments constitutifs de la fraude : une règle obligatoire éludée, l'intention frauduleuse du débiteur et un moyen frauduleux[7]. C'est l'efficacité juridique

---

[1] L'al. deux de cet art. dispose que : « Il y a fraude dès que le débiteur diminue son patrimoine au préjudice de ses créanciers, de manière que ce qui reste ne suffit pas à les désintéresser complètement ».

[2] **G. CORNU**, Vocabulaire juridique, Association Henri Capitant, 10ème éd., PUF, Paris, 2014, V. « fraude », p.480.

[3] **J. VIDAL**, *op.cit.*, p.59 ; **A. BÉNABENT**, Rapport français, *in* La bonne foi, Travaux de l'association Henri CAPITANT, T.XLIII, Litec, 1994, p.291 ; **G. RIPERT**, *op.cit.*, nos157 et s., pp.287 et s., spéc. n°168, p.315 ; **A.-M. GILLES**, art. préc., pp. 9-10.

[4] **L. JOSSERAND**, Les mobiles dans les actes juridiques du droit privé, Dalloz, Paris, 1928, n°175, p.217 ; **Y. SCHUMACHER**,La mauvaise foi en droit privé positif, Thèse pour le Doctorat en Droit, Aix, 1967, nos236 et s., pp.418 et s. ; **G. LYON-CAEN**, « De l'évolution de la notion de bonne foi »,RTD civ., 1946, n°16, p.88.

[5] **J. VIDAL**, *ibid.*, p.62 et s. et p.208.

[6] Cet élément a fait penser certains que l'intention frauduleuse serait la cause impulsive et déterminante de l'acte frauduleux : **H. DESBOIS**, La notion de fraude à la loi et la jurisprudence française, Thèse pour le Doctorat en Droit, Paris, 1927, p.31. Dès lors, cette cause étant illicite l'acte conclu entre le débiteur et le tiers, second contractant, devrait être frappé de nullité absolue sur la base de l'art.67 du COC. En ce sens : **L. SAUTONIE-LAGUIONIE**, La fraude paulienne, préface de G. WICKER, LGDJ, Paris, 2008, nos560 et s., pp.392 et s. ; **J. BOULANGER**, art. préc., nos17, pp.569 et s. Cette voie de recours est cependant critiquable. À la différence de la théorie de la cause qui protège l'intérêt général, « la fraude aux droits des tiers, quelque répréhensible qu'elle soit, ne lèse que les intérêts privés, ce qui exclurait l'application de l'article 1131 (pendant de l'art.67 du COC) » : **S. GINOSSAR**, *op.cit.*, n°39, pp.101-102 et 103 ; **J. VIDAL**, *ibid.*, p.333 à 341.

[7] La version arabe utilise indistinctement les expressions «تغريرا وتدليسا». Est-ce que cela signifie que « fraude » et « dol » sont synonymes ? Pour répondre, il faut préciser que l'expression « dol » admet trois acceptions. La première, au stade de la formation du contrat, est visée par l'article 56 du COC. Dans ce cadre, le dol suppose des manœuvres ou réticences. La deuxième et la troisième se retrouvent plutôt au stade de l'exécution. Dans ce cadre, le débiteur dispose de deux manières pour se soustraire sciemment à ses obligations. Soit par l'inexécution pure et simple du contrat. Le dol signifie, dès lors, « la faute intentionnelle du débiteur qui refuse d'exécuter ses obligations ». Ce dol est visé, notamment, par les art.244 et 278 du COC. Soit encore par « l'inexécution par emploie d'un moyen détourné, d'un

de ce moyen qui rend le second contrat conclu avec le tiers inattaquable. La théorie de la fraude sert justement à pallier cette carence. Elle frappe d'inefficacité, un moyen objectivement valable souscrit avec un tiers en vue de provoquer l'inexécution d'un contrat.

C'est sur la base de ce raisonnement que la fraude, véritable délit civil[1], a été avancée comme un fondement de la responsabilité du tiers qui s'associe à la violation d'une obligation contractuelle[2].

2.Le régime de mise en œuvre de l'action

204. L'action de fraude vise, avant tout, le tiers « et ce dans la mesure précisément où l'action directe contre le débiteur aurait été rendue inutile ou inadéquate »[3]. La réparation en nature ne dépend plus, en effet, de ce dernier. On s'intéressera, dès lors, aux conditions de l'action intentée contre le tiers (a) ainsi qu'à la sanction envisagée (b).

a. Les conditions de l'action

205. La complicité de fraude appelle l'établissement des éléments de la fraude : un moyen frauduleux, une intention frauduleuse et une règle obligatoire éludée. Les deux premiers permettent d'identifier l'acte frauduleux accompli par le tiers (α), le troisième, souligne le préjudice causé au créancier par cet acte (β).

---

stratagème », c'est le dol, au sens de fraude, visé par l'art.306, al. premier, du COC. Le dol signifie dans ce cadre « l'emploi par le débiteur d'un moyen détourné en vue de se soustraire à ses obligations ». La fraude est, dès lors, l'espèce dont le dol est le genre. En ce sens : **J. VIDAL**, *op.cit.*, p.60; **G. LYON-CAEN**, art. préc., n°15, p.87 ; **E. DU PONTAVICE**, « Fraude dans les transferts immobiliers et sécurité des tiers », RTD civ., 1963, p.662.

[1]**S. GINOSSAR**, Liberté contractuelle..., *op.cit.*, n°31, p.76. En ce sens : Cass. civ. n°2012-77252 en date du 19 fév. 2013 (inédit) :

" يتعين لقيام الدعوى البوليانية **كجنحة مدنية** وجود عقد مشكوك في مرماه".

Adde : Cass. civ. n°69983 en date du 22 mai 2012, RJL, 2012, n°7, p.199 (partie en langue arabe) :

" إذ يتعين لقيام الدعوى البوليانية **كجنحة مدنية**...".

Adde : Cass. civ. n°6357 en date du 1er mar1949, RJL, 1959, n°4, p.38 (partie en langue arabe) :

" إذ يكون صنيع المدين في تلك الصورة (الفصل 306 م.إ.ع.) مشتملا على التغرير والتدليس الباعثين بفكرة الإضرار بالدائنين المستفاد منها **نية الإذاية الجناحية في المادة المدنية**".

[2] On sait que l'assimilation de l'action paulienne à une action en responsabilité civile est très discutée par la doctrine. Mais, on s'accorde du moins qu'elle a pour cible le tiers qui s'associe à la violation d'une obligation contractuelle. Parmi ceux qui voient dans l'action paulienne une application particulière de la responsabilité du tiers, on cite : **A. WEILL**, *op.cit.*, n°240, p.422 ; **P. HUGUENEY**, *op.cit.*, pp.187-188-189 ; **J. ACHER**, « Essai sur la nature de l'action paulienne », RTD civ., 1906, n°s14 et s., pp.106 et s. ; **H. SINAY**, « Action paulienne et responsabilité délictuelle à la lumière de la jurisprudence récente », RTD civ., 1948, p.184 ; **B. STARCK**, art. préc. ; **R. SAVATIER**, « Le prétendu... », art. préc., n°25, p.541 ; **P. DIDIER**, « Les biens négociables », *in* Aspects actuels du droit des affaires, Mélanges en l'honneur de Yves Guyon, Dalloz, Paris, 2003, n°11, p.336 : « Cette action [l'action paulienne] est [à présent] une sorte d'action en responsabilité civile qui tend à une indemnisation en nature ». *Contra* : **H. MAZEAUD**, « L'absorption des règles juridiques par le principe de la responsabilité », D.H., 1935, chron., pp.5 et s., spéc. p.6, note 3. ; **D. BASTIAN**, *op.cit.*, pp.152-153 ; **J. VIDAL**, *op.cit.*, pp.336 et s.

[3]**S. GINOSSAR**, *ibid.*, n°36, p.90 ; **D. BASTIAN**, *ibid.*, pp.165-166 et p.170 ; **J. GHESTIN**, « La fraude paulienne », *in* Mélanges dédiés à G. MARTY, Université des Sciences Sociales de Toulouse, 1978, n°2, p.570.

α. L'acte frauduleux

206. Les éléments de fraudes. Deux éléments permettent d'identifier l'« acte frauduleux ». D'une part, un moyen frauduleux, c'est son élément matériel. D'autre part, une intention frauduleuse, c'est son élément psychologique.

L'acte frauduleux est le moyen de la fraude. Par ce moyen, le tiers, de connivence avec le débiteur, souscrit un acte juridique en méconnaissance des obligations du débiteur. Parmi les actes qui peuvent être accomplis par le tiers cocontractant, la Cour de cassation cite, notamment, un contrat de résolution de la vente conclu au mépris d'une promesse de vente[1], une donation[2], un contrat de cession de parts sociales[3] ou de vente d'immeuble[4], conclus au mépris d'un contrat de cautionnement, un contrat de vente conclu au mépris d'un contrat d'hypothèque conventionnelle[5], d'une créance de somme d'argent née d'un contrat d'approvisionnement[6], ou d'un contrat de prêt[7].

Par application du principe de la liberté contractuelle, ce moyen est intrinsèquement valable car le débiteur en déconfiture n'est pas dessaisi du droit de disposer de son patrimoine. Les actes de dispositions sont, dès lors, efficaces. Seule l'intention frauduleuse du tiers, lorsqu'elle est exigée, les vicie[8]. D'où le second élément de la fraude à savoir l'élément psychologique.

Cet élément réside dans l'intention frauduleuse qui anime le tiers ou,selon les termes de la Cour de cassation, « sa complicité dans la fraude »[9]. Compte tenu de sa nécessité, l'intention frauduleuse doit être prouvée.

Malgré le silence de l'article 306, alinéa premier, du Code des obligations et des contrats, une distinction doit être établie entre les actes accomplis par le tiers cocontractant à titre gratuit et les actes accomplis à titre onéreux. Si, dans la première alternative, l'intention frauduleuse du tiers n'est pas exigée, dans la seconde alternative, elle demeure nécessaire.

---

[1] Cass. civ. n°2008-30956 en date du 15 janv. 2010 (inédit), préc.

[2] Cass. civ. n°2009-33704 en date du 25 mars 2010 (inédit).

[3] Cass. civ. n°1695 en date du 30 oct. 2006, RJL, 2006, n°10, p.207 (partie en langue arabe).

[4] Cass. civ. n°2003-31538 en date du 15 juin 2004 (inédit), préc.

[5] Cour d'appel de Tunis, arrêt n°23512 en date du 25 oct. 1995, RJL, 1996, n°1, p.110 (partie en langue arabe).

[6] Cass. civ. n°21075 en date du 08 nov. 2008, RJL, 2009, n°3, p.151 (partie en langue arabe) ; Cass. civ. n°16831 en date du 24 avr. 2008, Bull. civ., 2008, 1re partie, p.169.

[7] Cass. civ. n°50820 en date du 27 janv. 1998, Bull. civ., 1998, 2ème partie, p.99.

[8] **L. SAUTONIE-LAGUIONIE**, *op.cit.*, n°159, p.99 ; **J. VIDAL**, *op.cit.*, p.62 et s. et p.208 ; **M.-K. CHARFEDDINE**, *op.cit* ., n° 372, p. 312 ; Cass. civ. n°69983 en date du 22 mai 2012, préc. :
" كما يشترط ثبوت التغرير والتدليس... لأن من دونها **تعتبر أعمال المدين مشروعة** وتندرج في التصرفات القانونية لكل مالك في ملكه".
Adde : Cass. civ. n°6357 en date du 1er mars 1949, préc. :
" لأنه (المدين) مبدئيا متمتع بمطلق التصرف في مكاسبه و تصرفه يعتبر باتا في جانبه".
V. en ce sens :
صلاح الدين الملولي، تعليق على قرار مدني حول دعوى طعن الدائن في عقود مدينه، قرار عدد 773 بتاريخ 30 جانفي 1986 صادر عن محكمة الإستئناف بالمنستير، م. ق. ت.، 1987، عدد 10، ص.56. **حاتم بن عبد الحميد الرّواتبي**، مرجع سابق، عدد 143، ص.187. **لسعد الشريف**، "حولية فقه قضاء الدعوى البوليانية (1939-2011)"، منشورات مدرسة الدكتوراه بكلية الحقوق بصفاقس، العدد الأول، 2013، ص.267.

[9] Cass. civ. n°3366 en date du 04 juill. 1939, RJL, 1960, n°s9-10, p.169 :" مشاركا في التدليس "

207. L'intention frauduleuse du tiers, condition dérisoire dans les actes à titre gratuit. L'influence de la distinction entre les actes à titre gratuit et les actes à titre onéreux sur l'exigence de l'intention frauduleuse du tiers n'a pas été soulevée par l'article 306 du Code des obligations et des contrats. Pourtant, elle a été consacrée par l'article 354 de l'Avant-projet du Code civil et commercial tunisien[1]. C'est à la Cour de cassation que le droit positif doit cette distinction inaugurée, semble-t-il, le 04 juillet 1939[2] et réitérée, plus clairement, le premier mars 1949[3] et le 08 janvier 1970[4]. La Cour justifie sa position par l'absence de préjudice causé au tiers bénéficiaire dans un contrat à titre gratuit. Le tiers, qui lutte pour conserver un gain, est en effet moins digne de protection que les créanciers fraudés, qui luttent pour éviter une perte[5]. C'est le critère de la proportionnalité qui justifie, donc, cette distinction[6]. La Cour de cassation a fait sienne cette analyse dans un autre arrêt rendu le 19 février 2013[7]. Cette solution peut être corroborée par la règle générale de droit prévue par l'article 552 du Code des obligations et des contrats[8]. Elle peut même se justifier par la théorie de l'enrichissement sans cause[9]. Le tiers donataire s'est enrichi sans supporter aucune contrepartie, alors que le créancier qui n'a pas obtenu le paiement s'est appauvri.

Cela étant dit, la Cour de cassation a, par deux décisions, raté l'occasion de confirmer cette distinction. Elle a soulevé la question de l'intention frauduleuse du tiers donataire, ce qui était superflu[10].

208. L'intention frauduleuse du tiers, condition nécessaire dans les actes à titre onéreux. Lorsque l'acte est acquis à titre onéreux, rien ne

---

[1]« La demande en révocation … ne nuit point aux tiers de bonne foi, lesquels ont régulièrement acquis, à titre onéreux, des droits sur les immeubles antérieurement à la transcription de la demande en révocation ».

[2] Cass. civ. n°3366 en date du 04 juill. 1939, préc.

[3] Cass. civ. n°6357 en date du 1er mars 1949, préc. :

" ... ولهذا اشترط وجود التغرير والتدليس عند المشتري لأنتزاع المبيع منه وإرجاعه لروكيّة الغرماء **ولو كان على حسن نيّة لما جاز ذلك في العقود التي بعوض** ".

[4] Cass. civ., arrêt n°5710 du 08 janv. 1970, RTD, 1973, p.212, spéc. p.214.

[5]**M.-K. CHARFEDDINE**, *op.cit.*, n°365, p.307; **J. VIDAL**, *op.cit.*, p.140 et pp.403-404 ; **D. BASTIAN**, *op.cit.*, p.166.

[6] V. en ce sens :

حاتم بن عبد الحميد الرّواتبي، مرجع سابق، عدد 121، ص.167.

[7]V. en ce sens :Cass. civ. n°2012-77252 en date du 19 fév. 2013 (inédit), préc. :

" وحيث يقتضي المبدأ التفريق عند البحث عن تواطؤ المدين والغير بين ما إذا كان العقد المطعون فيه بعوض أو عقد تبرع فإذا كان العقد بعوض كالبيع والمعاوضة وغيرهما فإنه يشترط تواطؤ الغير وبيان غشه وسوء نيته أما إذا كان العقد تبرع فإنه لا يشترط التغرير والتواطؤ من جهة المتبرع إليه لأن مصلحة الدائن تتقدم على مصلحة المتبرع إليه الذي يحاول الإحتفاظ على إثراء ذمته من خلال ما تحصل عليه فهذا الأخير لم يقدم مقابلا على المنفعة التي نالها وبالتالي لا يلحقه ضرر في تسبيق مصلحة الدائن".

[8] Cet art. dispose que : « Nul ne peut donner gratuitement s'il est insolvable ». En ce sens : **M.-K. CHARFEDDINE**, *ibid.*, n° 365, pp.307-308 ; **J. GHESTIN**, « La fraude paulienne », art. préc., n°7, p.574. *Adde* :

صلاح الدين الملّولي، تعليق سابق، ص.39-40. **حاتم بن عبد الحميد الرّواتبي**، مرجع سابق، عدد 122، ص.168.

[9]**L. SAUTONIE-LAGUIONIE**, *op.cit.*, n°492, pp.334-335-336 ; **J. ACHER**, art. préc., n°21, p.113.

[10]V. en ce sens :Cass. civ. n°2009-33704 en date du 25 mars 2010 (inédit), préc. :

" وحيث ثبت...أنّ التواطؤ بين طرفي عقد الهبة يستخلص من علاقة القرابة بينهما إذ أنّ المعقب الثاني إبن المعقب الأوّل ".

Adde : Cass. civ. n°2008-25769 en date du 07 mai 2009 (inédit). La Cour de cassation a déduit :

" سوء النيّة والتواطؤ بين المدين ومعاقده... من علاقة القرابة بين أطراف عقد الهبة المطلوب إبطاله ".

justifie de sacrifier le tiers de bonne foi[1]. Ce dernier lutte à égalité avec le créancier fraudé pour éviter une perte. Raison pour laquelle, malgré le silence de l'article 306, alinéa premier, du Code des obligations et des contrats, la Cour de cassation exige, le 22 mai 2012, la mauvaise foi du tiers pour la révocation de l'acte, laquelle mauvaise foi constitue, selon la Cour, une condition nécessaire, voire évidente[2]. Cette condition a été haussée par la Cour au rang de règle générale de droit. En effet, elle a décidé depuis 1978 que « les principes généraux du droit exigent que la mauvaise foi du contractant du débiteur soit établie lorsque le contrat est à titre onéreux »[3].

Ceci étant, la condition de la mauvaise foi du tiers équipollente à son intention frauduleuse dans les actes à titre onéreux a valeur de jurisprudence. Reste à se demander sur l'acception que l'on s'est fait de cette intention frauduleuse.

Dans une première acception, dite objective, on estime que la complicité de fraude résulte de la connaissance qu'a eu le tiers du contrat liant le débiteur endetté et sa participation consciente à sa violation par la conclusion d'un second contrat ayant des conséquences dommageables pour les créanciers[4]. De ce point de vue, la fraude est dite simple[5]. Puisque la fraude n'est qu'une espèce de mauvaise foi, on l'appelle aussi mauvaise foi simple[6]. La Cour de cassation ne semble pas se rallier à cette acception.

Dans une seconde acception, dite subjective, on considère qu'il ne suffit pas que le tiers ait connu le contrat liant le débiteur obéré, il est nécessaire qu'il ait un véritable concert frauduleux avec le débiteur en vue de dilapider son patrimoine. Dès lors, d'aussi nombreux arrêts exigent, pour caractériser la complicité de fraude, que cette dernière atteigne un degré supérieur de gravité. La Cour de cassation évoque tantôt, « l'intention de nuire »[7], tantôt la « collusion frauduleuse »[8], tantôt les deux à la fois[1]. La fraude est ainsi

---

[1] La protection des tiers de bonne foi est une règle générale qui innerve notre droit objectif : V. notamment les art.134, 240, 336, 338, 379, 419, 434 du COC et 114, 127, 305, 373 du CDR.

[2] Cass. civ. n°69983 en date du 22 mai 2012, préc. :

" إن هذا الشرط (سوء النية) وإن لم ينص عليه المشرع بالفصل 306 فإنه لازم لأكتمال أركان الدعوى وهو شرط بديهي".

[3] Cass. civ., arrêt n°5710 du 08 janv. 1970, préc., spéc. p.214.

[4] **H. LALOU**, art. préc., p.71 ; **J. VIDAL**, *op.cit.*, pp.142-143 ; **S. GINOSSAR**, *op.cit.*, n°6, p.17 ; **J. GHESTIN**, « La fraude paulienne », art. préc., n°21, p.585.

[5] **S. GINOSSAR**, *ibid.*, n°s7 et s., pp.18 et s., spéc. n°11, p.24 ; **L. SAUTONIE-LAGUIONIE**, *op.cit.*, n°485, pp.328-329. *Adde* :

صلاح الدين الملولي، تعليق سابق، ص. 41-42 و45.

[6] **J. GHESTIN, Ch. JAMIN et M. BILLIAU**, *op.cit.*, n°489, p.537 ; **J. VIDAL**, *ibid.*, p.282 ; **J. BOULANGER**, art. préc., n°28, p.596 .

[7] Cass. civ. n°2008-30956 en date du 15 janv. 2010 (inédit), préc. :

"... وهي ملابسات ووقائع قد أحسنت محكمة الأصل إستنفاض سوء نيّة مبرمي عقد الفسخ وإبرامه بغاية حرمان الموعود لهما من إتمام البيع النهائي تغريرا و تدليسا".

[8] Tunis, 22 juin 1953, RTD, 1954, n°1, janv.-mars, p.83, n°41 ; Cass. civ. n°2009-33704 en date du 25 mars 2010 (inédit), préc. :

" التواطؤ بين طرفي عقد الهبة".

Adde : Cass. civ. n°2009-35091 en date du 16 mars 2010 (inédit) :

ق. ت. م. عدد 2009-35091 مؤرّخ في 16 مارس 2010، (غير منشور)، الملحق عدد 28 : " و حيث أن محكمة الحكم المنتقد إعتبرت في نطاق سلطتها في تقدير الوقائع أن التواطؤ ثابت بين المعقب الأول (المدين) والمعقب الثاني (إبن المدين :الخلف الأول) والمعقب ضده الثاني (صهر هما :الخلف الثاني) من خلال علاقة القرابة الرابطة بينهم والثمن الزهيد الذي تم به البيع".

baptisée « qualifiée »[2], « aggravée »[3] ou « caractérisée »[4]. Puisque la fraude n'est qu'une espèce de mauvaise foi, on l'appelle aussi « mauvaise foi qualifiée »[5]. Pour distinguer cette dernière de la fraude simple, on fait valoir, précise la Cour de cassation le 22 mai 2012, que, pour commettre la première, le tiers combine les moyens avec le débiteur notamment par la conclusion d'un contrat qui n'est qu'une « sorte de montage artificiel »[6]. Somme toute, le tiers prend une part active à la fraude. L'indice de la fraude qualifiée résiderait justement dans ce rôle actif qu'aurait joué le tiers complice dans les manœuvres dolosives.

La rigueur de cette acception doit être tempérée doublement. D'une part, une tendance de rapprocher la collusion frauduleuse de la connaissance semble se dessiner dans les arrêts de la Cour de cassation. En effet, la Cour déduit, à maintes reprises, l'intention de causer préjudice ou la collusion frauduleuse de la connaissance qu'a eue le tiers du contrat à la violation duquel il participe[7]. Bien plus, parfois elle considère la connaissance comme équipollente à la collusion frauduleuse[8]. D'autre part,un système de

---

Adde : Cass. civ. n°3371 en date du 14 déc. 2006, Bull. civ., 2006, 1re partie, p.67 ; Cass. civ. n°2003-31538 en date du 15 juin 2004 (inédit), préc. :

" ... تغريرا وتدليسا أي عن سوء نية ويتجسم ذلك في التواطؤ".

Adde : Cass. civ. n°2004-1430 en date du 15 juin 2004 (inédit) ; Cass. civ. n°45378 en date du 15 avr. 1997, Bull. civ., 1997, 1re partie, p.203.

[1] Cass. civ., arrêt n°3669 du 07 oct. 1981, RTD, 1984, p.640, obs. **Y. KNANI** ; Cass. civ. n°25366 en date du 07 avr. 2009, Bull. civ., 2009, p.171 :

"... التواطؤ بقصد الإضرار ".

Adde : Cass. civ. n°16927 en date du 04 mars 2008, Bull. civ., 1re partie, 2008, p.173 ; Cass. civ. n°1695 en date du 30 oct. 2006, préc. ; Cass. civ. n°23032 en date du 24 avr. 2003, Bull. civ., 2003, 2ème partie, p.117 ; Cour d'appel de Mounastir, arrêt n°773 en date du 30 janv. 1986, RJL, 1987, n°8, p.19, note **S. MELLOULI** (partie en langue arabe).

[2] **S. GINOSSAR**, *op.cit.*, n°14, p.34 et n°20, p.47.

[3] **S. GINOSSAR**, *ibid.*, n°21, p.49.

[4] **B. DE BERTIER-LESTRADE**, « Retour sur la mauvaise foi dans les règles de publicité foncière et les règles de conflits d'actes », D., 2011, chron., p.2955.

[5] **J. BOULANGER**, art. préc., n°28, p.596 ; **Y. SCHUMACHER**, Thèse préc., n°s237 et s., pp.420 et s.

[6] Cass. civ. n°69983 en date du 22 mai 2012, préc. :

" وأضحى العقد مجرد تركيبة مصطنعة".

[7] Cass. civ. Ch. réun., arrêt n°2007-19030 en date du 31 mai 2012 (inédit) :

" وحيث أن التغرير والتدليس المشار إليهما بالفصل 306 م.إ.ع. يعتبر مرادفا لسوء نية المدين ومعاقده فأشتراط الغش يكون مقرونا بأشتراط التواطؤ في التصرفات بعوض... وتنزيلا لما ذكر على التداعي الراهن يتبين أن المدينة الأصلية ثبت إفلاسها ومع ذلك عمد وكيل الشركة المدعو... **وهو العالم بوضعية الشركة وبحالة العسر التي كان عليها مدينو المعقبة** على بيع الحصص المملوكة من الكفلاء بشركة... لنفسه ولزوجته ولأبناءه".

Adde : Cass. civ. n°2008-25769 en date du 07 mai 2009 (inédit), préc. :

" إنّ سوء النيّة والتواطؤ بين المدين ومعاقده مسألة موضوعيّة... وهو ما استخلصته محكمة البداية من علاقة القرابة بين أطراف عقد الهبة المطلوب إبطاله وعلم الموهوب لهم بمديونية الواهب".

Adde : Cass. civ. n°2006-7412 en date du 17 mai 2007 (inédit) :

" إنّ سوء النيّة والتواطؤ بين المدين ومعاقده مسألة موضوعيّة... وهو ما استخلصته محكمة الحكم المطعون فيه من العلاقة الزوجية بين المدين وزوجته وعلم المشترية بمديونية زوجها...".

Adde :Cass. civ. n°2002-21552 en date du 18 mars 2003 (inédit), cité par :

حاتم بن عبد الحميد الرّواتبي، مرجع سابق، عدد 120، ص.164 : " وحيث إن هذه العناصر هي قرائن دالة على علم المشترية بإعسار البائع و بالتالي تواطئها بقصد الإضرار بدائنيه".

Adde : Cass. civ. n°50820 en date du 27 janv. 1998, préc. :

" إن علاقة القرابة بين البائعة والمشترية وعلم هذه الأخيرة باعتبارها والدتها لدليل على سوء النية و التواطؤ".

[8] Cass. civ. n°69983 en date du 22 mai 2012, préc. :

" وحيث أن سوء النية لا ينحصر في المدين فقط وإنما يمتد لمعاقده لأنه لا يمكن الإضرار به إن تعاقد ... دون تواطؤ... وتتبين سوء نية معاقد المدعين من علمه أن التعاقد مع المدين يستهدف حرمان الدائن من المال".

présomption est mis en place par la Cour pour déduire la fraude qualifiée. C'est ce qui se confirme en étudiant la preuve de l'intention frauduleuse du tiers.

209. La preuve de l'intention frauduleuse du tiers. La bonne foi du tiers, étant présumée, le créancier qui allègue le contraire doit en apporter la preuve. C'est ce qui ressort d'une lecture combinée des articles 558 et 420 du Code des obligations et des contrats. La Cour de cassation le confirme[1].La preuve de la complicité de fraude est une question de fait, que les juges du fond apprécient souverainement, selon les circonstances de la cause, sans contrôle de la Cour de cassation, sous réserve de motivation[2]. Il s'agit, le plus souvent, d'une preuve par présomption. De nombreuses décisions ont, ainsi, déduit l'intention frauduleuse du tiers cocontractant du lien conjugal[3], du lien de parenté[4], du lien de fraternité[5]du lien d'alliance[6], du prix dérisoire[7], de la résidence du débiteur dans l'immeuble aliéné[8], voire même de la continuation de la gestion matérielle du bien aliéné par le débiteur[9]. L'appréciation de la mauvaise foi du tiers s'apprécie au jour de l'acte[10].

β. Le préjudice causé au créancier

210. L'inexécution du contrat. La fraude suppose aussi un objet : une règle obligatoire éludée[11]. La règle éludée ici est le premier contrat

---

Adde : Cass. civ. n°45365 en date du 15 avr. 1997, Bull. civ., 1997, 1re partie, p.134 ; Cass. civ. n°2006-7884 en date du 17 mai 2005 (inédit) :

" لابد من توفر التغرير والتدليس ويتجسم ذلك في التواطؤ الذي يحدث بينه وبين معاقده للإضرار بحقوق الدائن وعلى هذا الأخير إثبات أن المدين قد تصرف وهو عالم بأن هذا التصرف يؤدي إلى إعساره وأن من صدر له التصرف يعلم بذلك أيضا".

[1]Cass. civ. n°37848 en date du 1er nov. 1995, Bull. civ., 1995, p.94.

[2] Cass. civ. n°2009-38654 en date du 24 juin 2010 (inédit) :

" وحيث أن ثبوت التواطؤ... يعتبر من الوقائع القانونية التي يكون تقديرها من خصائص محكمة الأصل دون رقابة عليها في ذلك ما دام رأيها معللا تعليلا مستساغا واقعا وقانونا ".

[3] Cass. civ. n°2009-38654 en date du 24 juin 2010 (inédit), préc. :

" وحيث أنّ علاقة الرّابطة الزوجيّة بين المتعاقدين تشكل قرينة قويّة على التراكن و على علم بسبق مديونيّة البائع لعقاره ".

Adde : Cass. civ. n°21075 en date du 08 nov. 2008, préc. ; Cass. civ. n°2006-2744 en date du 28 févr. 2008 (inédit) ; Cass. civ. n°16831 en date du 24 avr. 2008, préc.

[4] Cass. civ. Ch. réun. n°2007-19030 en date du 31 mai 2012 (inédit), préc. :

"... مما يقيم الدليل على ثبوت الغش كثبوت التواطؤ بالنظر للعلاقة الأسرية الرابطة بين الوكيل والمشترين".

Adde : Cass. civ. n°2009-33704 en date du 25 mars 2010 (inédit), préc. :

" التواطؤ بين طرفي عقد الهبة يستخلص من علاقة القرابة بينهما إذ أن المعقب الثاني إبن المعقب الأول".

Adde : Cass. civ. n°2009-35091 en date du 16 mars 2010 (inédit), préc. ; *Adde* : Cass. civ. n°2008-25769 en date du 07 mai 2009 (inédit), préc., V. Annexe n°27 ; Cass. civ. n°3371 en date du 14 déc. 2006, préc.

[5]Cass. civ. n°45378 en date du 15 avr. 1997, Bull. civ., 1997, p.203.

[6] Cass. civ. n°2009-35091 en date du 16 mars 2010 (inédit), préc., V. Annexe n°28 .

[7]Cass. civ. n°69983 en date du 22 mai 2012, préc. : "البيع بثمن بخس"

Adde : Cass. civ. n°25366 en date du 07 avr. 2009, préc. ; Cass. civ. n°2009-35091 en date du 16 mars 2010 (inédit), préc. :

" وحيث أن محكمة الحكم المنتقد آعتبرت في نطاق سلطتها في تقدير الوقائع أن التواطؤ ثابت ...من خلال ...الثمن الزهيد الذي تم به البيع".

[8] Cass. civ. n°69983 en date du 22 mai 2012, préc. ; Cass. civ. n°2009-38654 en date du 24 juin 2010 (inédit), préc.

[9]Cass. civ. n°3669 en date du 07 oct. 1981, Bull. civ., 1981, 1re partie, p.136.

[10]**S.GINOSSAR**, *op.cit.*, n°13, p.30.

[11]**J. VIDAL**, *op.cit.*, pp.63 et s.

générateur d'obligations à la charge du débiteur[1]. En dépit du silence de l'article 306,la doctrine, confirmée en cela par la jurisprudence, a pu déduire qu'il n'y a préjudice que lorsque la créance est certaine[2], antérieure à l'acte frauduleux[3] et de nature à entraîner l'insolvabilité du débiteur[4]. Cette dernière condition est considérée comme, fondamentale[5], implicite[6] voire évidente[7]. La Cour de cassation le confirme[8]. Elle a eu l'occasion de la définir comme étant la situation dans laquelle « le débiteur diminue son patrimoine au préjudice de ses créanciers, de manière que ce qui reste ne suffit pas à les désintéresser complètement »[9]. Cette définition semble

---

[1]**H. KELSEN**, La théorie juridique de la convention, *in* Archives de philosophie du droit, 1940, p.35 : « Si la convention a force obligatoire... cela signifie que la convention a créé une norme » ; **J. VIDAL**, *op.cit.,* p.81 et p.86 : « la fraude doit être sanctionnée sans qu'il ait lieu de distinguer selon qu'elle est dirigée contre une règle générale ou contre une règle individuelle ».

[2] V. en ce sens :

علي كحلون، النظرية العامة للإلتزامات، مصادر الإلتزامات، أحكام الإلتزامات، منشورات مجمع الأطرش للكتاب المختص، تونس، 2015، ص.846.

Adde : Cass. civ. n°2009-43831 en date du 24 janv. 2011 (inédit) :

" أثبت المعقب ضدّهما بوصفهما دائنين عند ممارستهما حق التتبّع بواسطة الدعوى البوليانية على معنى الفصل 306 م.إ.ع. أن دينهما كان ثابتا...".

[3]**M.-K. CHARFEDDINE**, *op.cit.*, n°358, p.302 ; Cass. civ. n°69983 en date du 22 mai 2012, préc. :

" إذ يجب لتوفر الصفة لدى الدائن ... أن يثبت تضرره وأسبقية دينه عن العقد ... وهو ما يبرر مصلحته في الدعوى إذ تنص القاعدة الأصولية أن لا قيام دون مصلحة".

Adde : Cass. civ. Ch. réun., arrêt n°2006-2744 en date du 28 fév. 2008 (inédit), préc. :

" وحيث يخلص من الفصل 306 من م.إ.ع. أنّ المشرّع قد حدّد شروط القيام بالدّعوى البوليانيّة منها ما يتعلّق بالدّائن الذي يجب أن يكون له حقاّ مستحق الأداء وسابقا في الوجود على التصرّف المطعون فيه...".

Adde : Cass. civ. Ch. réun., arrêt n°2007-19030 en date du 31 mai 2012 (inédit), préc. :

"ويجب أن يكون الحق سابقا من حيث نشأته عن التصرف المطعون فيه وحلول الدين ليس شرطا ضروريا لصحة الدعوى البوليانية".

V. en ce sens :

حاتم بن عبد الحميد الرّواتبي، مرجع سابق، عدد 120، ص. 164 وما يليها. **صلاح الدين الملّولي**، تعليق سابق، ص.46. **علي كحلون**، مرجع سابق، ص.846.

[4]**S.GINOSSAR**, *op.cit.*, n°34, pp.83 et s.

[5] Cass. civ. n°69983 en date du 22 mai 2012, préc. :

" و يعد هذا الشرط أساسيا".

[6]**Y. KNANI**, chron. préc., p. 642 ; **M.-K. CHARFEDDINE**, *ibid.*, n°360, p.303.

[7] V. en ce sens :

حاتم بن عبد الحميد الرّواتبي، مرجع سابق، عدد 113، ص. 156. **صلاح الدين الملّولي**، تعليق سابق، ص. 32. **علي كحلون**، مرجع سابق، ص.847-848. **البشير زهرة**، "حول الدعوى البوليانية تعليق على قرار إستئنافي عدد 70627"، م. ق. ت.، 1988 عدد 7، ص. 51 و57. **نادر عمران**، " نظام الدعوى البوليانية في ضوء فقه القضاء"، م. ق. ت.، 2003، عدد 10، ص.82.

[8] Cass. civ. n°69983 en date du 22 mai 2012, préc. ; Cass. civ. n°2009-33704 en date du 25 mars 2010 (inédit), préc. :

" وحيث أنّ عسر المدين المعقب الأول ثابت من خلال المحضر".

Adde : Cass. civ. n°2009-35091 en date du 16 mars 2010 (inédit), préc. :

" وحيث أنّ المحكمة المطعون في حكمها كانت على صواب لمّا اعتبرت أنّ شرط الإعسار توفر بتفريط المدين في محلّ سكناه".

Adde : Cass. civ. n°2008-25769 en date du 07 mai 2009 (inédit), préc. :

" وحيث أنّ تصرّف المدين في أملاكه بما يسبّب إعساره يكون قابلا للطعن فيه طبق أحكام الفصل 306 مدني ".

Adde : Cass. civ. n°25366 en date du 07 avr. 2009, préc. ; Cass. civ. n°21075 en date du 08 nov. 2008, préc. ; Cass. civ. n°16927 en date du 04 mars 2008, préc. ; Cass. civ. Ch. réun., arrêt n°2006-2744 en date du 28 fév. 2008 (inédit), préc. :

" وحيث يخلص من الفصل 306 من م.إ.ع. أنّ المشرّع قد حدّد شروط القيام بالدّعوى البوليانية منها ما يتعلّق بالدّائن...ومنها ما يتعلّق بالمدين الذي عزم على الإضرار بالدّائن تغريرا وتدليسا وذلك بالتفويت في كامل مكاسبه التي تعتبر ضمانا للدائنين عملا بأحكام الفصل 192 من م.ح.ع. ممّا صيّره في حالة إعسار بما يستحيل معه التنفيذ ضدّه".

Adde : Cass. civ. n°1695 en date du 30 oct. 2006, préc. ; Cass. civ. n°23032 en date du 24 avr. 2003, préc. ; Cass. civ. n°61677 en date du 22 fév. 1999, Bull. civ., 1999, 2ème partie, p.57.

[9] Cass. civ. n°25366 en date du 07 avr. 2009, préc. :

" المراد بإعسار المدين هو المؤدّي إلى افتقاره والمرتبط ارتباطا عضويّا بأنعدام أيّ مكاسب أخرى كافية لسداد ما عليه من ديون".

Adde : Cass. civ. n°16927 en date du 04 mars 2008, préc. ; Cass. civ. n°1695 en date du 30 oct. 2006, préc. :

largement inspirée de l’article 232 du Projet Préliminaire de Code civil et commercial tunisien. De ce point de vue l’insolvabilité est dite générale. C’est l’insolvabilité proprement dite : « celle du débiteur de somme d’argent, dont l’actif est insuffisant pour l’acquittement de toutes ses dettes »[1]. La Cour suprême, n’est pas, semble-t-il, persistante sur cette acception de l’insolvabilité[2].

b. La sanction de l’action

211. Ambigüité de l’article 306 du Code des obligations et des contrats. L’article 306, alinéa premier, du Code des obligations et des contrats prévoit que « Les créanciers peuvent, (…), attaquer les actes faits par leur débiteur ». Cette formule sibylline n’a pas empêché de s’accorder sur le fait que l’action paulienne n’est pas une action en dommages- intérêts. Mais, dès l’instant qu’on quitte le terrain de la réparation par équivalent, les controverses rejaillissent. Est-ce une action en résolution, en nullité, en annulation ou en inopposabilité ?

212.Versatilité des tribunaux. Hormis quelques décisions qui optent pour l’action en nullité absolue[3] ou en résolution[4], une valse-hésitation jurisprudentielle entre l’action en annulation[5] et l’action en inopposabilité[6]caractérise l’œuvre prétorienne. Pourtant, de plusieurs points de vue, l’inopposabilité semble la sanction la plus appropriée de la fraude.

" عسر المدين هو مصطلح مستعمل في المادّة المدنيّة ويختلف عن التوقف عن الدّفع في المادّة التجاريّة وعرّفه الفقهاء بكونه عدم القدرة على الوفاء بحق الدّائن".

[1]**S.GINOSSAR**, *op.cit..*, n°34, p.84.

[2] V. *infra*, n°s214 à 216.

[3] Cour d’appel de Tunis, arrêt n°23512 en date du 25 oct. 1995, préc.

[4]Cass. civ. n°19779 en date du 03 oct. 1990, Bull. civ., 1990, p.193.

[5] Cass. civ. n°2012-78169 en date du 1er mars 2013 (inédit) :
إستقر فقه قضاء هذه المحكمة على وضع ثلاث شروط لصحة دعوى الإبطال "الدعوى البليانية" مناط الفصل 306 م.إ.ع.".
Adde : Cass. civ. n°2009-43831 en date du 24 janv. 2011 (inédit), préc. :
" توفر الشرطين المذكورين ثبوت المديونيّة وسابقيّتها يكفيان لوحدهما للاستجابة لدعوى إبطال عقد البيع ...".
Adde : Cass. civ. n°2009-35091 en date du 16 mars 2010 (inédit), préc. :
" وحيث نظم هذا الفصل (306 م.إ.ع.) دعوى إبطال تصرّفات المدين المعسر...".
Adde : Cass. civ. n°2008-30956 en date du 15 janv. 2010 (inédit), préc. ; Cass. civ. n°2008-25769 en date du 07 mai 2009 (inédit), préc. ; Cass. civ. n°21075 en date du 08 nov. 2008, préc. ; Cass. civ. Ch. réun., arrêt n°2006-2744 en date du 28 fév. 2008 (inédit), préc. ; Cass. civ. n°1695 en date du 30 oct. 2006, préc. ;Cass. civ. n°23032 en date du 24 avr. 2003, préc. ; Cass. civ. n°50820 en date du 27 janv. 1998, préc.

[6] Cass. civ. Ch. réun. n°2007-19030 en date du 31 mai 2012 (inédit), préc. :
" وحلول الدين ليس شرطا ضروريا لصحة الدعوى البوليانية وإنما هو مستوجبا للحصول على السند التنفيذي الازم للمرور إلى مرحلة التنفيذ بعد الحكم بعدم معارضته بتصرف مدينه الضار بحقوقه".
Adde : Cass. civ. n°2012-77252 en date du 19 fév. 2013 (inédit), préc. :
" وحيث يتبين من الفقرة الأولى من الفصل 306 من م.إ.ع. أن الدعوى البوليانية تستهدف عدم معارضة الدائن بكل التفويتات والعقود التي يبرمها المدين لغاية حرمان الأول من فرص إستخلاص دينه".
Adde : Cass. civ. n°69983 en date du 22 mai 2012, préc.:Dans cet arrêt, la Cour de cassation utilise l’expression annulation, pourtant elle met à contribution le régime de l’action en inopposabilité :
" وحيث يتبين من الفقرة الأولى من الفصل 306 م.ا.ع. أساس القيام في النزاع الحالي أن الدعوى البوليانية تستهدف عدم معارضة الدائن بكل التفويتات التي يبرمها المدين بغاية حرمان الأول من فرص استخلاص دينه".
Adde : Cass. civ. n°6357 en date du 1er mars 1949, préc. ; Cass. civ. n°16927 en date du 04 mars 2008, préc. ; Cass. civ. n°25366 en date du 07 avr. 2009, préc.:
" لا جدال في كون الدّعوى البوليانيّة ترمي إلى عدم نفاذ تصرّف المدين في حقّ دائنه".

213. La sanction de la fraude est l'inopposabilité. La doctrine majoritaire le confirme[1] et ce pour les raisons suivantes. D'abord, quant aux conditions, l'action en annulation est la sanction de l'inobservation d'une condition de validité du contrat au sens des articles 2 et 330 du Code des obligations et des contrats. En revanche, les actes frauduleux visés par l'article 306 sont des actes intrinsèquement valables. L'efficacité du moyen, sa licéité sont les conditions mêmes de la fraude. On comprend, dès lors, la raison pour laquelle, d'aucuns pensent que la fraude ne sanctionne pas l'acte frauduleux, mais seulement ses effets à l'égard du créancier lésé[2]. Par ailleurs, l'article 306 exige, pour le succès de l'action, l'intention frauduleuse du débiteur et la jurisprudence ajoute, dans les actes à titre onéreux, celle du tiers cocontractant. Si c'était une action en annulation, on n'aurait apporté une telle exigence. Il va sans dire que l'annulation frappe objectivement dès qu'une condition de validité fait défaut indépendamment de la psychologie des parties contractantes[3]. Enfin, l'action paulienne exige la preuve d'un préjudice causé au créancier. C'est ce qui ressort de l'article 306 du Code des obligations et des contrats. Si c'était une action en annulation, le législateur n'aurait jamais dû apporter une telle exigence[4].

Ensuite, quant à l'objet, l'annulation agit rétroactivement. Chacune des parties est remise dans le *statu quo ante*. Le bien éventuellement aliéné regagne le patrimoine de son auteur. Tel n'est pas le cas dans l'action paulienne. En effet, le bien aliéné ne quitte pas le patrimoine du tiers fraudeur[5]. C'est là une conséquence de la validité de l'acte ; et soit qu'il désintéresse le créancier, dans ce cas, il garde le bien aliéné qui n'a jamais quitté son patrimoine. Soit encore, il sera dessaisi du bien frauduleusement aliéné, dans ce cas, s'il reste un reliquat, celui-ci sera pour le tiers fraudeur et non pour le débiteur. Ce régime étayé par la Cour de cassation, en dépit d'une qualification erronée, dans sa décision rendue le premier mars 1949[6] et

---

[1]**M.-K. CHARFEDDINE**, *op.cit.*, n^{os}373-374, pp.313-314 ; **J. GHESTIN, Ch. JAMIN et M. BILLIAU**, *op.cit.*, n^{os}497 et s., pp.547 et s. ; **W. DROSS**, Action paulienne, J.-Cl., Fasc. 39, Art.1167, LexisNexis, 2011, n°95, p.23 ; **B. ROMAN**, « La nature juridique de l'action paulienne », Rep. Defrénois, 2005, art.38146, pp.670 et s., n^{os}28 et s. ; **F. GWENNHAËL**, La nature juridique de l'inopposabilité paulienne, note sous Cass. civ. 1re, 30 mai 2006, D., 2006, J., p. 2717 ; **J. VIDAL**, *op.cit.*, p.68 et pp.391-392 ; **D. BASTIAN**, *op.cit.*, pp.143 et s. ; **S.GINOSSAR**, *op.cit.*, n°39, pp.99-100. *Adde* :
مصطفى الصخري، "الدعوى البوليانية بين نص القانون واجتهادات المحاكم"، بكتاب مسائل في فقه القانون المدني المعاصر، تحت إشراف الأستاذ محمد كمال شرف الدين، منشورات مجمع الأطرش للكتاب المختص، تونس، 2014، عدد 57 إلى 60، ص.1212-1213. **حاتم بن عبد الحميد الرّواتبي**، مرجع سابق، عدد 146، ص. 190. **صلاح الدين الملولي**، تعليق سابق، ص.56. **علي كحلون**، مرجع سابق، ص.845 و849. **علي كحلون**، "أي دعوى للمشتري الأول في وقف أثر البيع الثاني في نظام الإشهار العيني؟"، م. ق. ت.، 2013، عدد 10، ص.42-43. **البشير زهرة**، مقال سابق، ص.54. **نادر عمران**، مقال سابق، ص.100. **محمد حمودة**، "إشكالات الجزاء في النظرية العامة للعقد"،بكتاب خمسون عاما من فقه القضاء المدني 1959-2009، تحت إشراف الأستاذ محمد كمال شرف الدين، م. ن. ج.، تونس، 2010، ص.617. **لسعد الشريف**، "حولية فقه قضاء الدعوى البوليانية (1939-2011)"، سالف الذكر، ص.265 إلى 271.

[2]**D. BASTIAN**, *ibid.*, p.13 et pp.192 et s.

[3]**J. ACHER**, art. préc., n°16, p.108.

[4]**C. GUELFUCCI-THIBIERGE**, Nullité, restitutions et responsabilité, préface de J. GHESTIN, LGDJ, Paris, 1992, n^{os}435 et s., pp.261 et s.

[5] V. en ce sens :
حاتم بن عبد الحميد الرّواتبي، مرجع سابق، عدد 145، ص.189-190.

[6]Cass. civ. n°6357 en date du 1er mars 1949, préc.

confirmé par la Cour d'appel le 08 novembre 1995[1], n'est autre que le régime de l'action en inopposabilité.

Enfin, quant aux personnes, l'annulation opère *ergaomnes*, aussi bien entre les parties qu'à l'égard des tiers. Tel n'est pas le cas de l'action paulienne. En effet, l'article 306 précise que, lorsque les créanciers attaquent les actes frauduleux de leurs débiteurs, ils le font « en leur nom personnel ». L'action paulienne ne protège, dès lors, que la victime de la fraude qui en fait la demande ou ceux qui sont intervenus à l'instance[2]. On en déduit que, dans les rapports entre les parties, l'acte frauduleux est maintenu[3]. Même à l'égard des tiers, à savoir les autres créanciers du débiteur, l'acte est maintenu[4]. Ce régime n'est autre que celui de l'action en inopposabilité[5].

B. La portée de l'action

214. L'action paulienne, une voie à ressusciter. En dépit des différences qui séparent la doctrine et les tribunaux, aussi bien sur l'essence que l'efficience de l'action paulienne, on s'accorde sur son esprit. C'est une mesure curative, conçue par le législateur, pour maintenir intact le gage général du créancier. Son objectif est, dès lors, de prémunir le créancier contre les actes par lesquels son débiteur organise son insolvabilité[6]. Ainsi conçue, l'action paulienne ne peut servir de fondement qu'à la responsabilité du tiers qui aide le débiteur à méconnaître ses obligations contractuelles face à un créancier de somme d'argent. Son champ d'application limité fait dire que « l'action paulienne ne peut apparaître que comme un remède

---

[1]Cour d'appel de Monastir, arrêt n°7525 en date du 08 nov. 1995 (inédit), cité par :
نادر عمران، مقال سابق، ص. 102 : " ... وبأعتبار أن عقلة مكاسب المدين يمكن تلافيها إذا ما سدد المدين دينه".

[2]**M.-K. CHARFEDDINE**, *op.cit.*, n°s379 et s, pp.316-317. *Adde* :
حاتم بن عبد الحميد الرّواتبي، مرجع سابق، عدد 158 وما يليه، ص.203 وما يليها. **صلاح الدين الملولي**، تعليق سابق، ص.56. **علي كحلون**، مرجع سابق، ص.849.

[3]**J. VIDAL**, *op.cit.*, p.443; **S.GINOSSAR**, *op.cit.*, n°39, p.101 ; **M.-K. CHARFEDDINE**, *ibid.*, n° 377, pp.314-315 ; **D. BASTIAN**, *op.cit.*, p.190. V. en ce sens :
حاتم بن عبد الحميد الرّواتبي، مرجع سابق، عدد 143، ص.187.
Adde : Cour d'appel de Monastir, arrêt n°7525 en date du 08 nov. 1995 (inédit), préc. :
" إن التصرف المطعون فيه يظل قائما بين المدين ومعاقده دون أن يتسلط عليه بطلان في علاقتهما فيما بينهما".
Adde : Cass. civ. n°6357 en date du 1er mars 1949, préc. :
" عقد البيع المطعون فيه بالدعوى المشار إليها يبقى عاملا فيما بين المتعاقدين".

[4]**J. VIDAL**, *ibid.*, p.445.

[5] V. sur la consécration de cette sanction par l'art.1341-2 du C.civ.fr., tel que modifié par l'ordonnance n°2016-131 du 10 fév. 2016 portant réforme du droit des contrats, du régime général et de la preuve des obligations, aux termes duquel : « Le créancier peut aussi agir en son nom personnel pour faire déclarer **inopposables** à son égard les actes faits par son débiteur en fraude de ses droits, à charge d'établir, s'il s'agit d'un acte à titre onéreux, que le tiers cocontractant avait connaissance de la fraude ». C'est nous qui soulignons.

[6]Cass. civ. n°69983 en date du 22 mai 2012, préc. :
" خول المشرع لكل دائن إمكانية ممارسة عدد من الدعاوى القضائية تهدف إلى حمايته من عسر مدينه و إلى إرجاع المال المفوت فيه إلى الضمان العام للتنفيذ عليه و من هذه الدعاوى... الدعوى البليانية على أساس الفقرة الأولى من الفصل 306 م.إ.ع.".
Adde : Cass. civ. n°2008-25769 en date du 07 mai 2009 (inédit), préc. :
" وحيث أنّ الدّعوى البوليانيّة شرّعت لفائدة الدّائنين الذين يخشون ضياع جميع مكاسب مدينهم التي هي ضمان لخلاص ديونهم ". أضف: **حاتم بن عبد الحميد الرواتبي**، مرجع سابق، عدد 85، ص.131: " دعوى ترمي إلى تحصين الدّائن العادي من إعسار مدينه الفعلي أو المفتعل". **علي كحلون**، مرجع سابق، ص.845. **صلاح الدين الملّولي**، تعليق سابق، ص. 31-32.

partiel »[1].Raison pour laquelle d'aucuns défendent la mise en place d'une action générale de fraude fondée sur la règle générale de droit « *fraus omnia corrumpit* ».

Ce qu'on se propose de démontrer c'est plutôt le contraire. L'action paulienne, en tant que fondement de la responsabilité du tiers, s'impose par l'étendu de son domaine (1), ce qui rend dérisoire le recours à l'action générale de fraude (2).

1.Un champ d'application large

215. C'est aux arguments traditionnels qu'on va s'attaquer pour ajuster par la suite l'action paulienne dans la place qu'elle mérite d'occuper. Pour ce faire, deux arguments peuvent être avancés. Le premier est d'ordre législatif (a). Le second est d'ordre prétorien (b).

a. L'argument d'ordre législatif

216. La lettre et l'esprit de l'article 306 du Code des obligations et des contrats.*Delegelata*, on peut tirer de la lettre de l'article 306, alinéa premier,du Code des obligations et des contrats,ainsi que de son esprit les arguments sur la portée exacte de l'action paulienne.

L'article 306, alinéa premier, duditCode dispose que « les créanciers peuvent, (…), attaquer les actes faits par leur débiteur, en fraude de leur droits… ». Littéralement, ledit article vise les « créanciers ». Aucune allusion n'est faite à la nature de leurs créances. Le législateur n'exige pas que l'auteur de l'action soit créancier d'une somme d'argent. Dès lors, on peut penser que l'action paulienne protège, non seulement les créanciers d'une somme d'argent mais aussi les autres créanciers d'une obligation de donner, abstraction faite à la nature de leurs créances. Elle protège, par ailleurs, les créanciers d'une obligation de faire ou de ne pas faire. Ce n'est là qu'une application combinée des articles 533 et 541 du Code des obligations et des contrats. L'argument tiré du texte de l'article 306 peut être corroboré par son contexte. Ledit article s'inscrit dans une section II, d'un Chapitre IV intitulé : « De quelques moyens d'assurer l'exécution des obligation ». Aucune restriction n'est apportée à l'expression « obligation ».

L'esprit de l'article 306 du Code des obligations et des contrats qui invite à scruter l'intention du législateur, peut être recherché dans les sources historiques. À cet effet, il semble que c'est son pendant aussi bien dans le Projet Préliminaire de Code civil et commercial tunisien, à savoir l'article 232[2], que dans l'Avant-projet à savoir l'article 351[1], qui a conduit la doctrine

[1]**F. BERTRAND**, Thèse préc., n°144, p.208.

[2] « Les créanciers peuvent faire révoquer les actes accomplis par le débiteur en fraude de leurs droits. Il y a fraude dès que le débiteur diminue son patrimoine au préjudice de ses créanciers, de manière que ce qui reste ne suffit pas à les désintéresser complètement... ».

et la jurisprudence à considérer que l'esprit de l'action paulienne est de protéger le droit de gage général du créancier, lorsque le débiteur, de connivence avec un tiers, organise son insolvabilité. Mais, ne peut-on pas en suivant la même démarche interprétative déduire le contraire ? En effet, si l'on se fie aux sources historiques pour comprendre l'intention du législateur ne trouve-t-on pas dans la version de l'article 306 son intention d'abandonner le cadre restreint dans lequel a été conçue ladite action. La définition de la fraude, qui évoque la nature de la créance, a été abandonnée aussi bien par l'article 351 que par l'article 306 du Code des obligations et des contrats. La condition de l'insolvabilité, prévue par l'article 351, ne figure plus dans l'article 306 duditCode. Cela ne peut pas laisser l'interprète indifférent.

b. L'argument d'ordre prétorien

217. L'arrêt du 22 juin 1953. Malgré que la jurisprudence appréhende l'action paulienne dans son cadre traditionnel, la Cour suprême a annoncé l'ébauche d'une tendance contraire inaugurée, semble-t-il, par un arrêt rendu le 22 juin 1953. Au cas d'espèce, un immeuble immatriculé fit l'objet, par le même auteur, d'une donation suivie d'une vente. La donation n'a pas été inscrite. L'acquéreur inscrivit son acquisition. Le donataire dépouillé intenta une action paulienne contre le tiers acquéreur. La Cour de cassation a décidé que « l'acheteur est, …, un tiers dont le droit n'est révocable que s'il y a eu concert frauduleux entre lui et son vendeur »[2]. Elle a exprimé, dès lors, son accord de principe sur un tel fondement, lorsque ses conditions sont réunies. Cette décision a été réitérée le 15 janvier 2010.

218.L'arrêt du 15 janvier 2010. Au menu de cet arrêt, un contrat de vente d'un terrain eut été conclu le 10 mai 2000 à charge pour le vendeur de remettre à l'acquéreur un acte complémentaire pour que ce dernier puisse inscrire son acquisition. Le vendeur obtint, le 11 février 2004, un jugement du Tribunal immobilier portant mise à jour de son titre. Le 24 décembre 2005, l'acquéreur conclut un contrat de promesse de vente. Il s'engagea de conclure le contrat de vente définitive dès qu'il se procure l'acte complémentaire, ce qui a eu lieu le 28 janvier 2006. Mais au lieu de parfaire la vente, il conclut avec son auteur, le 10 avril 2006, un contrat de résolution de la vente, rendant ainsi impossible la conclusion de la vente définitive.

Ce faisant, l'acceptant intenta une action, au visa de l'article 306, alinéa premier, du Code des obligations et des contrats, auprès du Tribunal de première instance de Bizerte, qui décida le 13 février 2007 l'annulation du contrat de résolution conclu entre le promettant et son auteur, en fraude des

---

[1]« Les créanciers peuvent faire révoquer tout acte d'aliénation ou de renonciation accompli par le débiteur au préjudice de leurs droits, lorsque cet acte a pour effet d'amener ou d'aggraver l'insolvabilité du débiteur ».

[2] Tunis, 22 juin 1953, RTD, 1954, n°1, janv.-mars, p.83, n°41 : vente d'immeuble immatriculé. Donation aumônière. Action paulienne.

droits de l'acceptant. La décision qui trouva une suite favorable auprès de la Cour d'appel, fut l'objet d'un pourvoi en cassation aussi bien par le promettant que par le tiers cocontractant. Ils alléguèrent que l'acceptant n'avait pas la qualité de créancier au sens de l'article 306 du Code des obligations et des contrats. Selon eux, cet article ne vise que les créanciers de somme d'argent, ce qui n'était pas le cas. Ils ajoutèrent que le contrat de résolution, conclu entre le promettant et son cocontractant, n'a pas entraîné l'insolvabilité du promettant, laquelle constitue une condition de l'action paulienne au sens dudit article.

Dès lors, la question juridique posée à la Cour de cassation était de savoir si la portée de l'action paulienne, au sens de l'article 306, alinéa premier, du Code des obligations et des contrats est limitée à la protection des créanciers de sommes d'argent ou si elle s'étend à tous les créanciers de quelles que obligations qu'ils soient ?

Rétorquant, la 19ème Chambre civile de la Cour de cassation affirme, le 15 janvier 2010, que l'action paulienne n'a pas uniquement pour siège les créances de sommes d'argent, elle s'étend, par ailleurs, à toutes les créances quelles que soient leurs origines[1]. Elle constate que bien que sa créance porte sur une obligation de faire, le bénéficiaire de la promesse de vente a la qualité de créancier au sens de l'article 306[2], laquelle promesse est opposable au tiers de mauvaise foi[3]. Elle décide, dès lors, la révocation de l'acte de résolution.

Fondée sur l'article 306, alinéa premier, du Code des obligations et des contrats, le syllogisme construit par la Cour suprême donne à sa décision la portée d'un arrêt de principe. L'arrêt annonce, au moins, deux principales idées. D'une part, quant à la portée de l'action paulienne, cette dernière ne vise pas nécessairement les créances de sommes d'argent. Elle porte sur toutes les obligations de quelque nature qu'elles soient : une obligation de donner, de faire ou de ne pas faire. D'autre part, quant à ses conditions, on retient surtout que l'insolvabilité appréhendée au sens classiquen'est plus la seule visée par l'action paulienne[4]. Cette dernière opère désormais à double vitesse. La première ne vise qu'à protéger le droit de gage général du créancier, elle exige une insolvabilité dite générale. La seconde visant plutôt

---

[1]Cass. civ. n°2008-30956 en date du 15 janv. 2010 (inédit), préc. :

" وحيث أنّ الدّعوى البوليانيّة ... **لا تقتصر على الدّائن بمبلغ مالي بلتشمل الالتزام لفائدته عامّة** وأنّ محكمة الحكم المنتقد قد أحسنت تطبيق الفصل 306 م.إ.ع. عندما اعتبرت أنّ الدّعوى البوليانيّة يمكن تأسيسها على **كافّة أنواع الدّيون** سواء كان مصدرها العقد أو غيره بما لا مجال معه على قصر الدين على المبلغ المالي بل هو **يشمل كلّ الالتزامات** عدا ما آستثناه القانون ''.

[2] Aux dires de la Cour de cassation :

" إنّ صفة القيام متوفّرة في القائمين بالدّعوى (البوليانيّة) باعتبارهما **موعود لهما ببيع العقار**... وأنّ المدّعى عليها في الأصل (الواعدة) تعدّ ملزمة بإتمام ما تعهّدت به صلب عقد الوعد بالبيع وأنّ التزامها يجعلها في **مركزالمدين** في مواجهة **الدّائن الموعود له**".

[3] Aux dires de la Cour de cassation :

" قد أحسنت محكمة الأصل استفاض سوء نيّة مبرمي عقد الفسخ وإبرامه بغاية حرمان الموعود لهما من إتمام البيع النهائي تغريرا و تدليسا ".

[4] Aux dires de la Cour de Cassation :

" وحيث لا خلاف بأنّ العبرة في معاينة مدى توفر شروط الدّعوى البوليانيّة الحاليّة هو تاريخ نشأة حقّ الموعود لهما وتاريخ صيرورة ذمّة الواعدة مثقلة بالتزام تجاههما بإتمام البيع النهائي... وأنّ تاريخ فسخ عقد شراء الواعدة للعقار محل الوعد بالبيع اللاحق لإبرام الوعد جعل ذمّتها خالية من محلّ الالتزام المذكور رغم علمها بالالتزام علما محققا خاصة وقد قبضت جزءا هامّا من الثمن يتجاوز النّصف".

à révoquer tout acte conclu par le débiteur, en vue de rendre impossible l'exécution en nature de ses obligations, s'étend aux insolvabilités dites spéciales[1]. Il ne s'agit plus, dans cette hypothèse, de « permettre la reconstitution du patrimoine d'un débiteur insolvable, mais de sanctionner la complicité du tiers dans la violation du droit possédé par le créancier »[2].

L'arrêt du 15 janvier 2010 semble, sinon opérer un revirement, tout au moins emprunter une solution inédite. Sans prétendre lui accorder la portée d'une jurisprudence, on y voit fleurir un courant instaurant, en additif à l'approche traditionnelle, une tendance nouvelle, qui ne peut qu'enrichir le domaine de l'action paulienne. La Cour de cassation semble aller au devant de la tendance. C'est ce que confirme une autre décision rendue le 12 mars 2014 par la 5ème Chambre civile.

219.L'arrêt du 12 mars 2014 et l'espoir d'un revirement de jurisprudence à petits pas. Les faits d'espèce se ramènent à une vente de biens indivis, faisant l'objet d'un droit de préemption. Pour empêcher les retrayants d'obtenir satisfaction, les acquéreurs ont souscrit, avec un proche parent, un acte de reconnaissance d'une dette fictive et ont grevé leur acquisition d'une hypothèque garantissant le paiement de la dette. Une action paulienne a été alors diligentée contre les acquéreurs et leur complice en vue d'obtenir la révocation de l'acte de reconnaissance de dette et la radiation subséquente de l'hypothèque conclue en fraude des droits des retrayants. Les juridictions du fond ont débouté les retrayants de leur demande. Aux dires de nos juges, ces derniers n'ont pas la qualité de créanciers d'une somme d'argent. Dès lors, l'article 306 du Code des obligations et des contrats n'acquiert pas droit de cité. Rétorquant, les demandeurs au pourvoi ont estimé que du moment que l'acquisition a fait l'objet d'un droit de retrait, les acquéreurs sont tenus par une obligation de ne pas faire, en l'occurrence de ne pas céder l'objet du droit de retrait.Partant, l'acte de reconnaissance de dette souscrit en violation de cette obligation,en fraude de leur droit, peut être taxé par l'article 306 dudit Code. Ledit article, ajoutent-ils, protège, non seulement lescréanciers de somme d'argent, mais aussi les créanciers de toute obligation, notamment de ne pas faire. L'argument a reçu l'aval de la Cour de cassation, qui a décidé que, bien que sa créance porte sur une obligation de ne pas faire, les bénéficiaires du droit de préemption ont la qualité de créanciers au sens de l'article 306 du Code des obligations et des contrats. La Cour de cassation a décidé, dès lors,

---

[1] **G. KESSLER**, note sous Cass. civ. fr., 06 oct. 2004, D., 2004, J., p.3098 : « le principe est simple : l'insolvabilité n'est exigée que dans la mesure où le créancier ne bénéficie que d'un droit de gage général. Le titulaire d'un droit spécial peut, lui, exercer l'action sans avoir à s'en préoccuper. » ; **A.GROUBER**, De l'action paulienne en droit civil français contemporain, Thèse pour le Doctorat en Droit, Paris, 1913, pp.521 et s. ; **L. SAUTONIE-LAGUIONIE**, *op.cit.*, n°s234 et s, pp.154 et s. et n°550, p.382 : « Toute limitation du domaine de la fraude paulienne aux seules créances de sommes d'argent est en effet dépourvue de justification, puisque la fraude paulienne et plus généralement constituée par tout acte qui compromet la force obligatoire d'un droit de créance, quel que soit l'objet de ce droit » ; **P. DIDIER**, art. préc., n°11, p.336 ; **F. DANOS**,*op.cit.*, n°355, pp.391-392-393 ; **S.GINOSSAR**, *op.cit.*, n°34, p.84.

[2] **J. GHESTIN, Ch. JAMIN et M. BILLIAU**, *op.cit.*, n°839, p.899.

la révocation de l'acte de reconnaissance de detteet la radiation de l'hypothèque inscrite auLivre Foncier[1].

220. Heurs de l'action paulienne. La fraude paulienne, épaulée par le droit positif, peut servir de fondement à la responsabilité du tiers qui s'associe à la violation d'une obligation de faire, de donner ou de ne pas faire. La Cour de cassation s'est prononcée, le 22 juin 1953, sur l'hypothèse d'un tiers qui s'associe à la violation d'un contrat de donation générateur d'une obligation de donner. Elle a confirmé cette tendance, le 15 janvier 2010, à propos d'une promesse de vente image d'une obligation de faire. Elle l'a confortée, le 12 mars 2014, à propos d'un tiers qui s'associe à la violation d'une obligation de ne pas faire,générée par l'exercice d'un droit de préemption. Cette position emporte les suffrages de nombreux auteurs[2].

2.Le caractère dérisoire de l'action générale de fraude

221.La réception de l'action générale de fraude. Parmi les auteurs qui voient que l'action paulienne ne peut servir que d'un fondement partiel à la responsabilité du tiers, certains proposent la mise en place d'une action générale de fraude fondée sur la règle générale de droit[3] : « *fraus omnia*

---

[1]Cass. civ. n°2012-79049 en date du 12 mars 2014 (inédit) :
" حيث إعتبرت محكمة الحكم المطعون فيه أن صفة الدائن غير متوفرة في جانب القائمين بالدعوى البليانية باعتبارهما مجرد شفيعين بموجب حكم ابتدائي في الشفعة. وحيث وعلى خلاف ذلك فإن صفة الدائن التي اقتضاها الفصل 306 م.إ.ع. **لا تقتصر على الدّائن بمبلغ ماليوإنما هي أعم وأوسع وتشمل جميع الحقوق الراجعة للدائنين** والتي أبرم في شأنها المدين عقودا تغريرا وتدليسا بغاية الأضرار بهم. والمعقب ضدهما الأول والثاني (المشتريان) ملزمين بمقتضى أحكام الفصل 113 من م.ح.ع. من وقت القيام بدعوى الشفعة بعدم التصرف في غلة المشفوع فيه وقيام المعقب ضدهما بتثقيل المنابات المشاعة برهن عقاري يعد تصرفا في غلة المشفوع فيه ويجعلهما بمثابة المدين الذي أبرم عقودا في شأنه ويجيز لدائنيه الطعن فيه طبق أحكام الفصل 306 م.إ.ع".

[2]**L. SAUTONIE-LAGUIONIE**, *op.cit.*, n^{os}234 et s., pp.155 et s., V. aussi n°550, p.382 : « A la suite de la jurisprudence, il est possible de proposer d'étendre le domaine de la fraude paulienne à tous les droits spéciaux. Peuvent donc agir sur le fondement de la fraude paulienne, outre les créanciers de sommes d'argent, …les créanciers d'une obligation de faire portant sur un bien déterminé ou d'une obligation de donner, et enfin les créanciers de certaines obligations de ne pas faire » ; **J. GHESTIN**, **Ch. JAMIN et M. BILLIAU**, *op.cit.*, n°478, p.527. V. sur l'application de l'action paulienne en matière de cessions successives de meubles corporels: **F. DANOS**, *op.cit.*, n°315, pp.346-347 et n^{os}355-356-357, pp.393 à 396. En matière de ventes successives d'immeubles : **F. DANOS**, *ibid.*, n°315, pp.346-347 ; n^{os}388-389, pp.432-433 et n°432, pp.483-484 ; **G. RIPERT**, *op.cit.*, n°171, pp.321-322 ; **L. SAUTONIE-LAGUIONIE**, *ibid.*, n°487, pp.329 à 331 ; **E. STEYAERT**, « La transcription et les tiers de mauvaise foi », RTD civ., 1904, p.345. En matière de cessions successives de créance : **F. DANOS**, *ibid.*, n°423, pp.466-467 ; **L. SAUTONIE-LAGUIONIE**, *ibid.*, n°487, pp.330-331. En matière de sûreté immobilière, notamment l'acquisition d'un immeuble au mépris d'une hypothèque non publiée : **F. DANOS**, *ibid.*, n°320, pp.350-351 ; **L. SAUTONIE-LAGUIONIE**, *ibid.*, n°487, pp.330-331. *Adde* :
أحمد بن طالب،" التشطيب على الترسيم..."، مقال سابق، هامش 75، ص.95. **علي كحلون**، " أي دعوى للمشتري الأول في وقف أثر البيع الثاني في نظام الإشهار العيني؟"، م. ق. ت.، 2013، عدد 10، ص.37 إلى 43. **أحمد بن طالب**، مذكرة سابقة، ص.110 وص.113-114.

[3]L'expression Règles Générales de Droit (ci-après RGD)est spécifique au droit tunisien. Elle dépasse par son contenu le concept de Principes Généraux du Droit (ci-après PGD).Sur la définition des PGD, V. :**J.-L. BERGEL**, Théorie générale du droit, 4ème éd., Dalloz, 2003, n^{os}74-75 et 76, pp.100-101 ; **J. BOULANGER**, « Principes généraux du droit et droit positif », *in* Le droit privé français au milieu du XXème siècle, T.1, Études offertes à Georges RIPERT, LGDJ, Paris, 1950, n°2, pp.53-54, n°7, p.57 et n°20-21, pp.66-67.
Il semble qu'à travers l'expression RGD, l'art.535 renvoie aux RGD écrites dans les art.532 à 563 du COC et aux règles générales non codifiées mais déterminables par le retour aux règles principielles du droit musulman ainsi qu'aux PGD tels qu'ils sont définis en doctrine occidentale. En ce sens :**E.**

corrumpit »[1]. La Cour de cassation n'a pas manqué d'asseoir cette tendance dans un arrêt rendu le 24 octobre 1994. Les faits se ramènent à une promesse de vente qui fait l'objet d'une prénotation. Aussitôt que le délai de cette dernière est expiré, un acquéreur inscrit son acquisition. La Cour, qui constate la connaissance par l'acquéreur de la promesse, décide la nullité de la vente conclue, au mépris de la promesse et ordonne la radiation de l'inscription. Elle fonde sa décision sur « les principes généraux du droit, en vertu desquels la fraude corrompt tout »[2]. La doctrine prône aussi l'application de cette règle en matière de ventes successives[3], ou de pacte de préférence suivie d'une vente[4].

222.Les obstacles technique et méthodologique à l'action générale de fraude. Certes, la maxime « *fraus omnia corrumpit* »est une règle générale de droit[5], mais l'admettre en tant que fondement à la responsabilité du tiers qui s'associe à la violation d'un contrat bute sur deux obstacles au moins. Le premier est d'ordre technique. Si on admet que le dol figure parmi la gamme des fautes[6] et que « le dol est le genre dont la fraude est l'espèce »[7], on peut constater que la fraude occupe une place dans la gamme des fautes. Elle a été d'ailleurs conçue parmi « les délits civils particuliers, soumis aux principes directeurs de la responsabilité civile »[8]. À suivre ce raisonnement, la fraude

---

ARFAOUI, Les règles écrites d'interprétation de la loi : essai sur une méthode officielle d'interprétation des lois, Thèse pour le Doctorat en Droit, Tunis, 2000, pp.343 à 370, 393 et 396. V. en ce sens :
محمد كمال شرف الدين، مرجع سابق، عدد 148، ص.154-155. **أحمد بن طالب**، "القواعد العامة للقانون في فقه قضاء محكمة التعقيب"، مقال سابق، عدد 47، ص. 190.

[1]**J. VIDAL**, *op.cit.*, pp.230, 288, 326, 363 et s. et 381 et s.; **W. DROSS**, Action paulienne, Fasc. préc., n°8, p.4 ; **H. MAZEAUD**, « L'absorption… », art. préc., p.6, note 3 ; **J. MAZEAUD, «** L'adage « fraus omnia corrumpit »… », art. préc., p.481 ; **C. GRIMALDI**, obs. sous Cass. civ. fr., 12 janv. 2011, Rep. Defrénois, 2011, art.39211, p.479.

[2]Cass. civ. n°40806 en date du 24 oct. 1994, Bull. civ., 1994, pp.256 et s., spéc. pp.161-162 :
" وحيث أن المبادئ العامة للقانون تقتضي بأن التدليس والتواطؤ يفسدان كل شيء... وذلك تماشيا مع المبادئ العامة التي تقتضي بأن سوء النية يبطل التصرف المرسم إذا كان ثمرة الغش والتواطؤ".
Adde : Cass. civ. n°2003-27342 en date du 10 mars 2004 (inédit) :
" إن الغش يفسد كل شيء وهو مبدأ مسلم به فقها وقضاء"، ذكره **الأستاذ محمد كمال شرف الدين**، "قراءة في المبادئ التأصيلية للقانون المدني"، بكتاب مسائل في فقه القانون المدني المعاصر، تحت إشراف الأستاذ محمد كمال شرف الدين، منشورات مجمع الأطرش للكتاب المختص، تونس، 2014، عدد 31، ص.75.

[3]**J. MAZEAUD**,art. préc., n°6, pp.485-486. et n°11, p.489 ; **C. GRIMALDI**, obs. préc., p.479, spéc. p.484. *Adde* :
أحمد بن طالب، مرجع سابق، عدد 125، ص.189، خاصة هامش 616. **عادل البراهمي**، مقال سابق، ص.48.

[4]**J. SCHMIDT-SZALEWSKI**, art. préc., p.34. **F. COLLART DUTILLEUL**, obs. sous Cass. Ch. mixte, 26 mai 2006, RDC, 2006, n°4, p.1131, spéc. p.1135.

[5] La règle selon laquelle « la fraude fait exception à toutes les règles » n'a pas reçu une consécration législative dans les art.532 à 563 du COC. Les règles principielles inscrites à la *Medjella* ottomane n'y font pas allusion. N'empêche que, d'une part, il existe en droit musulman une règle principielle selon laquelle : « التدليس والتواطؤ يفسدان كل شيء ». V. en ce sens :
أحمد بن طالب، "القواعد العامة..."، مقال سابق، عدد 55-56، ص.194.
D'autre part, notre législation en fait plusieurs applications particulières. V. au COC, notamment : art.56- 132- 149- 208- 237- 287- 306- 311- 356- 438- 478- 480- 481- 506- 642- 652- 673- 762- 798 et 821 ; V. au CDR notamment : art.33- 53- 125- 200 2)- 305 al. 2. Dès lors, la règle « *fraus*… » qui ne fait que traduire l'esprit de notre législation, peut être conçue comme une RGD.V. en ce sens :
محمد كمال شرف الدين، "قراءة في المبادئ التأصيلية للقانون المدني"، مقال سابق، عدد 30-31، ص.73 إلى 75.

[6]**H. LALOU**, « La gamme des fautes », D.H., 1940, chr., p.18.

[7]**J. VIDAL**, *ibid.*, p.60.

[8]**S. GINOSSAR**, *op.cit.*, n°31, p.76.

peut être sanctionnée par deux dispositions législatives aux moins : l'article 306, alinéa premier, du Code des obligations et des contrats, d'une part, et l'article 82 duditCode,d'autre part.

Dès lors, et c'est là le second obstacle, d'un point de vue méthodologique, en présence d'une disposition législative qui sanctionne la fraude du tiers, nul besoin ne se fait sentir de recourir à une règle générale de droit. Cette dernière ne peut avoir qu'un caractère subsidiaire[1]. C'est ce que prescrit l'article 535 du Code des obligations et des contrats relatif aux règles d'interprétation, en cas de vide législatif. Et même si on s'abstient à figer l'article 306 dans sa coquille traditionnelle, la souplesse qu'offre l'article 82 du Code des obligations et des contrats permet de justifier légalement à peu près tout cas de responsabilité contre le tiers qui s'associe à la violation d'une obligation contractuelle[2]. Ce qui atteste encore une fois que la règle «*fraus…* » n'est pas de mise[3], et que partant l'action générale de fraude à laquelle elle donne naissance est inutile.

223.L'action paulienne demeure une voie de recours particulière.L'action paulienne, en tant que fondement à la responsabilité du tiers qui s'associe à la violation d'une obligation contractuelle, est une voie de recours à confirmer toutes les fois que l'objectif du créancier est d'obtenir une réparation en nature. Trois raisons le justifient. La première est tirée de son essence. En effet, par le système d'équivalent ou de présomption, mis en place par la Cour de cassation, la connaissance est, semble-t-il, suffisante pour établir l'intention frauduleuse. La seconde a trait à son étendue. Rien n'empêche, en effet, d'étendre le champ de l'action aux obligations de donner, de faire et de ne pas faire.La troisième porte sur son efficience. Ainsi, lorsque ses conditions d'application sont réunies, « l'inopposabilité du second contrat frauduleux s'impose à titre de sanction »[4].

Pourtant, ladite action demeure une voie de recours particulière. On ne peut pas méconnaître que notre jurisprudence ne l'a pas encore débarrassée du joug des actions nées d'une créance de somme d'argent. Par ailleurs, compte tenu de sa sanction, à savoir la révocation de l'acte et non l'allocation de dommages-intérêts, l'action paulienne pêche par deux insuffisances. D'une part, il n'est pas toujours possible de replacer la partie lésée dans sa position initiale. Ceci se vérifie surtout dans les obligations de

---

[1] Sur la méthodologie du recours aux RGD, V. **E. ARFAOUI**, Thèse préc., pp.300-301 et 302 ; **M. KARI**, « Note à propos d'un texte ambigu : l'article 535 du C.O.C », RTD, 1992, pp.219 et s. ; **J. MAZEAUD**,art. préc., n°5, p.484 ; **G. CALBAIRAC**, « Considération sur la règle « fraus omnia corrumpit » », D., 1961, chron., pp.171-172. *Adde* :
أحمد بن طالب، "القواعد العامة ..."، مقال سابق، عدد 33، ص.174. **محمد الشرفي وعلي المزغني**، مرجع سابق، عدد 43، ص.41.

[2]**S. GINOSSAR**, *op.cit.*, n°10, pp.22-23 ; **R. WINTGEN**, *op.cit.*, n°218, pp.191-192 ; **B. STARCK**, art. préc., n°69 ; **P. VIGNERON**, La fraude dans les transferts de droits, Thèse pour le Doctorat en Droit, Paris, 1923, spéc. pp.32 et 240 ; **P. HUGUENEY**, *op.cit.*, pp.199 et s. ;**R. SAVATIER**, note sous Req. fr., 6 avr. 1925 et Cass. civ. fr., 7 déc.1925, D.P., 1926, 1, p.186, col.2, *in fine* ; **J. HAMEL**, note sous Paris, 11 mai 1945, D.P., 1947, p.64, 1re col.

[3]**A. WEILL**, *op.cit.*, n°241, p.423: « En réalité l'explication par la maxime*fraus omnia corrumpit* ne peut servir que d'un pis-aller si l'on ne retrouve aucune autre explication technique ».

[4]**J. VIDAL**, *op.cit.*, p.379 ; **L. SAUTONIE-LAGUIONIE**, *op.cit.*, p.113.

ne pas faire. On se demande sur l'utilité de la sanction de l'inopposabilité d'un contrat de travail conclu au mépris d'une clause de non-concurrence insérée dans un contrat de franchise, alors que le savoir-faire est déjà divulgué. D'autre part, il est fréquent que le créancier contractuel éprouve un préjudice du fait de la fraude commise, et ceci bien que l'inopposabilité de l'acte frauduleux ait été prononcée. Or, l'allocation de dommages et intérêts se situe hors du champ de l'action paulienne. Autant d'insuffisances, qui justifient le recours au fondement offert par l'article 82 du Code des obligations et des contrats.

SECTION II. L'ACTION DE L'ARTICLE 82 DU CODE DES OBLIGATIONS ET DES CONTRATS : UNE VOIE DE RECOURS GENERALE

224.La fraude une catégorie particulière de faute. Un débiteur qui s'est engagé par un contrat à effectuer une certaine obligation, élude sciemment l'exécution de cette dernière en s'engageant, par un nouveau contrat, à effectuer une obligation identique ou antinomique au profit d'un tiers, provoquant ainsi l'inexécution du premier contrat. Les éléments de la fraude sont ainsi réunis : un moyen frauduleux, une intention frauduleuse et une règle obligatoire éludée. Dans ce montage, le tiers peut être complice de fraude.

Étant « une catégorie particulière de faute »[1], la fraude du tiers peut être la cible d'une action en responsabilité fondée sur l'article 82 du Code des obligations et des contrats[2].

Quel que soit le fondement de l'action dirigée contre le tiers, il s'agit toujours de déterminer le critère de l'illicéité de son comportement et de choisir le mode de réparation de sa faute. Autrement dit, il s'agit dans tous les cas de définir la faute[3] du tiers (Paragraphe I) et de déterminer sa sanction (Paragraphe II).

Paragraphe I. L'identification de la faute du tiers

225. Les termes du débat. La faute du tiers suppose la réunion de deux éléments. Le premier, matériel, ne pose pas de difficultés particulières. Il consiste dans tout acte juridique de nature à rendre impossible l'exécution du premier contrat. Le second, intentionnel, consiste dans la mauvaise foi du tiers. Ce n'est autre que son intention frauduleuse. Cet élément

---

[1] **L. SAUTONIE-LAGUIONIE**, *op.cit.*, n°185, p.120.

[2] **R. WINTGEN**, *op.cit.*, n°218, pp.191-192 et n^{os}227 et s., pp.200 et s. ; **S. GINOSSAR**, Liberté..., *op.cit.*, n^{os}10 et s., pp.22 et s. ; **H. LALOU**, art. préc., p.71 ; **B. STARCK**, art. préc., n°s 37 et s. ; **S. GINOSSAR**, « La fraude au droit d'autrui est-elle licite ? », *in* Mélanges offerts à J. DABIN, Sirey, Paris, 1963, p.619.

[3] Le préjudice consiste pour le créancier en une impossibilité d'exécution de l'obligation. En ce qui concerne le lien de causalité entre la faute et le dommage, aucune remarque particulière ne s'impose.

psychologique de la faute a irrité la doctrine et la jurisprudence. Si les tenants de la sécurité absolue des transactions militent en faveur de la fraude qualifiée (A), les partisans de la justice et de la moralisation du droit se contentent de la fraude simple (B).

A.La faute du tiers équipollente à la fraude qualifiée

226. Pour engager la responsabilité du tiers, la fraude qualifiée est particulièrement mise à contribution en matière de garantie (1) ainsi que dans les contrats portant transfert de droit soumis à une mesure de publicité (2).

1.La fraude qualifiée en matière de garantie

227.Nécessité d'un concert frauduleux[1]. Sous réserve des exceptions prévues par la loi[2], la doctrine estime que la responsabilité du tiers, créancier hypothécaire, gagiste ou chirographaire, qui poursuit le paiement de sa créance, au mépris d'une convention antérieure incompatible n'ayant pas fait l'objet des mesures légales d'opposabilité, ne peut être engagée qu'en cas de concert frauduleux[3].La Cour de cassation semble avoir pris parti en faveur de la tendance.Cette dernière,ressort clairement d'une décision rendue par la Cour de cassation, le 21 février 2011, à propos d'une donation non inscrite suivie d'une hypothèque inscrite. Bien qu'on ait excipé la connaissance par la Banque de la donation antérieure en date, laquelle lui a été signifiée par un acte authentique, la Cour de cassation, qui consacre une conception purement objective de la publicité, décide que la Banque : tiers, est de bonne foi puisqu'au moment de la conclusion du contrat d'hypothèque le débiteur était bien propriétaire de l'immeuble, et ce en vertu des inscriptions portées au Livre Foncier[4].

La même tendance peut être déduite,implicitement, d'une décision rendue par la Cour de cassation, le 27 juin 1963, à propos d'une vente non inscrite suivie d'une hypothèque inscrite[5]. Pareille solution peut être suivie en matière d'hypothèques successives. La première n'étant pas publiée, à la

---

[1] Sur cette expression, V. *supra*, n°208.

[2] V. art.220 du COC qui se contente pour caractériser la mauvaise foi du tiers créancier chirographaire ou nanti de sa connaissance personnelle établie à partir de la notification de la cession de fonds de commerce.

[3]**F. BERTRAND**, Thèse préc., n°61, pp.96-97 ; **G. VINEY**, *op.cit.*, n°205, pp.574-575. V. en ce sens : implicitement :

عادل البراهمي، "الرهن العقاري الإتفاقي"، مقال سابق، ص.31-32، عدد 42.

[4] Cass. civ. n°2011-56599 en date du 21 fév. 2011 (inédit) :

" إن عقد الهبة المبرم بين الطاعنة ووالدها المدين المرتهن سابق لترسيم عقد الرهن إلا أن البنك لا يعارض بذلك العقد لكونه حسن النية عند ترسيم الرهن ويستشف ذلك من أنه عند إبرام عقد الرهن كان العقار على ملك المدين المرتهن حسب البيانات الواردة بالسجل العقاري".

Adde : **J. VIDAL**, *op.cit.*, p.144 ; **C. BUFNOIR**, Propriété et contrat, A. ROUSSEAU, 1900, réimpression, LGDJ, Paris, 2005, p.88 **J. VIDAL**, *ibid.*, p.144 ; **C. BUFNOIR**, Propriété et contrat, A. ROUSSEAU, 1900, réimpression, LGDJ, Paris, 2005, p.88.

[5]Cass. civ. n°1856 en date du 27 juin 1963, Bull. civ., 1963, p.27. *Adde* : **J. VIDAL**, *ibid.*, p.292. *Contra* : **G. LYON-CAEN**, art. préc., n°19, p.91.

différence de la seconde[1]. De même pour le créancier gagistepostérieur en date, mais premier en possession de la créance au sens de l'article 218, b) du Code des droits réels. Sa mauvaise foi ne s'établit qu'en cas de concert frauduleux avec le cédant au préjudice du cessionnaire.

S'agissant du droit de gage général du créancier chirographaire, la Cour de cassation, toutes Chambres réunies, retient implicitement, le 30 novembre 2006[2], la même solution à propos d'un acquéreur qui n'a pas enregistré son acquisition, face à un tiers créancier chirographaire qui a exercé une saisie sur l'immeuble. La Cour décide valable la saisie opérée par le créancier et l'acquisition subséquente de l'adjudicataire. La première acquisition non enregistrée à la recette des finances leur est inopposable. Il semble qu'implicitement seule la fraude qualifiée peut fléchir cette solution.

2.La fraude qualifiée dans les contrats soumis à une mesure de publicité

228. Exposé de la thèse de la fraude qualifiée. L'idée est que pour engager la responsabilité du tiers, second contractant, dans les contrats soumis à une mesure de publicité, il faut apporter la preuve de sa fraude qualifiée. Dès lors, « la simple mauvaise foi du second contractant, sa connaissance de l'existence de la première convention qui lie le débiteur ne suffit pas en principe pour constituer cette complicité »[3].

229. Les justifications de la thèse de la fraude qualifiée. Pour justifier ce renforcement d'exigence, l'argument tiré du rôle de la publicité est de mise. Admettre que la connaissance peut suppléer au défaut de publicité, serait méconnaître « l'esprit de rigueur qui convient au système de publicité »[4]. Ce système, institué en vue d'assurer la sécurité des transactions, ne peut dépendre de la bonne ou la mauvaise foi des tiers équipollente à leur connaissance. Admettre que la connaissance de fait produit le même effet que l'accomplissement des formalités légales de publicité, c'est créer une source intarissable de difficultés que la loi a précisément voulu éviter, en instituant un régime de publicité. Le juge serait,au cas par cas, affronté à scruter les intentions des parties ; chercher si elles ont eu connaissance du premier contrat. Ceci ne peut que léser la sécurité des transactions.

---

[1]**J. VIDAL**,*op.cit.*, p.222 ; **S. PIEDELIEVRE**, note sous Cass. civ. fr., 11 juill. 2002, Rep. Defrénois, 2003, p.782, n°45.

[2]Cass. civ. Ch. réun., arrêt n°24697 en date du 30 nov. 2006, CEJJ, 2007, p.201, note de la procureure générale **S. GUEBSI** (en langue arabe).

[3]**J. VIDAL**, *ibid.*, p.282 et pp.145-146 ; **G. SOULMAGNAN**, *op.cit.*, n°421, pp.311-312 ; **D. BASTIAN**, *op.cit.*, pp.90 et s. ; **C. BUFNOIR**, *op.cit.*, pp.86-87 et 88 ; **Y. SCHUMACHER**,Thèse préc., n^{os}78 à 83, pp.123 à 130 ; **M. GOBERT**, « La publicité… », art. préc., p.223 et s. ; **J. BOULANGER**, « Les conflits… », n°28, p.594-595 ; **L. AYNES**, note sous Cass. civ. fr., 12 janv. 2011, D., 2011, J., p.851 ; **P. CROCQ**, obs.sous Cass. civ. fr., 12 janv. 2011, RTD civ., 2011, p.158 ; **J.-A. GRAVILLOU**, note sous Cass. civ. fr., 10 févr.2010, Rep. Defrénois, 2010, art.39116, p.1073. *Adde* :
أحمد بن طالب، "التشطيب على الترسيم..."، مقال سابق، ص.83 و ص.95. **حاتم بن عبد الحميد الرواتبي**، مرجع سابق، هامش 233، ص.411.

[4]**A. WEILL**, note sous Cass. civ. fr., 20 juin 1928, D.P., 1939, I, 26 ; **C. BUFNOIR**,*ibid.*, pp.89-90.

Cela dit, c'est à un critère purement formel, dit aussi objectif, que l'on doit avoir recours pour dénouer les conflits de droits subjectifs concurrents. Aucun équipollent ne peut suppléer les formalités légales de publicité[1]. Il y a là « une présomption irréfragable d'ignorance tant que ces formalités n'ont pas été observées »[2]. On parle de l'effet abstrait et mécanique de la publicité[3]. Ce « mécanisme, pour être efficace, devrait être moralement aveugle »[4]. Cette acception antipsychologique n'admet qu'une exception au jeu rigoureux de la règle « *prior tempore, potior jure* », celle de la fraude qualifiée.

230. Illustrations. La thèse de la fraude qualifiée a été endossée par la Cour de cassation,dans un arrêt rendu le 22 juin 1953. Elle a décidé que « la vente régulièrement inscrite sur le titre de propriété immatriculée doit prévaloir sur la donation aumônière non inscrite qui aurait été faite antérieurement à ladite vente. L'acheteur est, en effet, un tiers dont le droit n'est révocable que s'il y a eu concert frauduleux entre lui et son vendeur, c'est-à-dire une collusion caractérisée par des manœuvres dolosives et non une simple connaissance de la donation aumônière, antérieure à la vente. »[5].

La même tendance a été confirmée par la Cour de cassation, en matière de ventes successives d'un immeuble immatriculé. La Cour a considéré que le lien de parenté qui unit le second acquéreur à son auteur est insuffisant pour caractériser sa mauvaise foi. Ce dernier est de bonne foi du moment que la première vente n'a pas été inscrite[6]. On en déduit que, seule la fraude qualifiée est caractéristique de la mauvaise foi[7]. Ceci se vérifie lorsque les

---

[1]**J. VIDAL**, *op.cit.*, pp.282-286-287-303 et 304 ; **J. BOULANGER**, art. préc., n°28, pp.594-595 ; **A. WEILL**, *op.cit.*, n°259, p.451 ; **L. AYNES**, note préc., p.853, 1re col. ; **C. GRIMALDI**, obs. sous Cass. civ. fr., 12 janv. 2011, Rep. Defrénois, 2011, art.39211, p.479 ; **J.-A. GRAVILLOU**, note préc., p.1076, seconde col.

[2]**D. BASTIAN**, *op.cit.*, p.91.*Adde* :

منير الفرشيشي، "حسن النية في نطاق الطعن بالتعقيب في مادة التسجيل العقاري"، الأخبار القانونية، أفريل 2009، ص.32 :" حسن النية قرينة قانونية قائمة بشكل مطلق طالما كان الغير قد تعامل على ما ورد بالسجل العقاري حتى وإن أثبت خصمه علمه بالشيء المغاير لبيانات الرسم العقاري".

[3]**J. DUCLOS**, *op.cit.*, n°406, p.420 ; **C. GRIMALDI**, obs. préc., p.482 ; **S. LAMIAUX**, « Conflit entre acquéreurs successifs d'un même immeuble, Retour au purisme de la publicité foncière ? », JCP éd. N., 2010, 1146, p.21 ; Cass. civ. fr., 10 févr.2010, Rep. Defrénois, 2010, art.39123, p.1169, note **S. PIEDELIEVRE**.

[4]**J. CARBONNIER**, Droit civil, T.3, Les biens, 19ème éd., PUF, Thémis, Paris, 2000, n°115, p.197.

[5] Tunis, 22 juin 1953, RTD, 1954, n°1, janv.-mars, p.83, n°41.

[6]Cass. civ. n°40646 en date du 04 juill. 1994, Bull. civ., 1994, p.137. En ce sens : Cass. civ. n°7235 en date du 13 janv. 1983, RJL, 1984, n°4, p.105 (partie en langue arabe) ; Cass. civ. n°6236 en date du 30 nov. 1982, Bull. civ., 1983, 4ème partie, p.279 ; Cass. civ. n°5715 en date du 24 mars 1982, Bull. civ., 1982, p.274 ; Cass. civ. n°58 en date du 09 juin 1975, Bull. civ., 1975, 2ème partie, p.114 ;Cass. civ. n°715 en date du 07 mars 1961, Bull. civ., 1961, p.34.

[7] V. en ce sens :

أحمد بن طالب، مرجع سابق، عدد 121، ص.181 و.عدد 125، ص.189، هامش 616. **أحمد بن طالب**، "التشطيب على الترسيم..."، مقال سابق، ص.95. **نورة الرزقي**، الضرر من الترسيم، مذكرة لنيل شهادة الدراسات المعمقة في القانون الخاص، كلية الحقوق والعلوم السياسية بتونس، 2000-2001، ص.55-56 و57.

Adde :**J. PENNEAU**, note sous Cass. civ. fr., 30 janv. 1974, D., 1975, J., p.430 ; **J.-D. BREDIN,** obs. sous Cass. civ. fr., 22 mars 1968, RTD civ., 1968, pp.564-565 ; **M. GOBERT**,art. préc., pp.224-227-228-229 ; **Y. SCHUMACHER**, Thèse préc., n°75, p.119 et n°139, pp.226-227 ; **J. VIDAL**, *ibid.*, p.283 ; **E. DU PONTAVICE**,art. préc., p.659 ; **J. BOULANGER**, art. préc., n°28, p.595 ; **L. AYNES**, note préc., p.853, seconde col.

juges du fond ont relevé l'existence de « manoeuvres dolosives caractérisant la fraude »[1]. Il en est ainsi lorsque le tiers a proposé un prix supérieur au vendeur[2] ou a procédé à une inscription hâtive[3]. Tel n'est pas le cas « si le second acquéreur a joué un rôle passif, si le vendeur lui a proposé lui-même par exemple la vente de l'immeuble et si le second acquéreur s'est borné à accepter cette proposition malgré la connaissance qu'il avait de l'aliénation antérieure »[4]. Le Tribunal de Tunis précise que les présomptions, mises à contribution pour caractériser la fraude du tiers second acquéreur, doivent être « graves, précises et concordantes »[5].

Dans la même veine, une doctrine postule que lorsque le débiteur cédé n'a pas été informé de la cession[6], seule « la preuve de la participation volontaire du second cessionnaire à la fraude : un *concert frauduleux* »[7] permet d'engager sa responsabilité. Le silence de l'article 207 du Code des obligations et des contrats, ne distinguant pas entre les tiers de bonne foi et ceux de mauvaise foi, pouvait être considéré comme approbateur de l'opinion qui n'admet d'exception à la règle de la priorité que le concert frauduleux.

L'action en responsabilité, fondée sur la mauvaise foi équipollente au concert frauduleux, est difficile à prospérer, en raison des difficultés de preuve. D'autres obstacles justifient de se contenter de la fraude simple.

B. La faute du tiers équipollente à la fraude simple

231. La responsabilité du tiers peut être engagée sur la base de la fraude simple équipollente à la connaissance. Pour ce faire, deux idées doivent être mises en exergue. D'une part, ladite connaissance est suffisante (1). D'autre part, elle est nécessaire (2).

1. La connaissance : condition suffisante

232. L'impératif de la sécurité statique du créancier contractuel. « La connaissance consiste en la représentation exacte qu'un individu se fait

---

[1] Cass. civ. n°6236 en date du 1er fév. 1977, Bull. civ., 1977, 1re partie, p.76 ; Cass. civ. n°6236 en date du 30 nov. 1982, préc. ; Cass. civ. n°5715 en date du 24 mars 1982.

[2] Req. fr., 6 avr. 1925 et Cass. civ. fr., 7 déc.1925, D.P., 1926, 1, p.185, note **R. SAVATIER.**

[3] Cass. civ. fr., 17 oct.1961, JCP éd.G., 1962, II, 12758, note **H. BULTE** ; **R. SAVATIER**, note sous Req. fr., 06 avr. 1925 et Cass. civ. fr., 7 déc.1925, D.P., 1926, 1, p.186, seconde col.

[4] **M. GARAUD**, note sous Trib. civ. de Melle, 08 fév. 1939, S., 1938, J., p.98.

[5] Tribunal de Tunis, 13 oct. 1954, RTD, 1955, nos3-4, Juill.-déc., p.358, n°22.

[6] C'est que si ce dernier a été informé, son paiement devient inopérant. Le conflit se résout à ce stade, abstraction faite de la psychologie du tiers. La mauvaise foi de ce dernier n'intervient que pour donner lieu, éventuellement, à une responsabilité solidaire, sur la base de l'opposabilité du contrat de cession.

[7] **J. VIDAL**, *op.cit.*, p.303 ; **Y. SCHUMACHER**, *op.cit.*, n°140, pp.227 et s. ; **Ph.MALAURIE, L.AYNES et Ph.STOFFEL-MUNCK**, *op.cit.*, n°1415, pp.764-765 ; **J. FLOUR, J.-L. AUBERT, Y. FLOUR et E. SAVAUX**, Les obligations, T.1, *op.cit.*, n°357, pp.329-330 ; **P. HUGUENEY**, *op.cit.*, p.59 et s., spéc., p.64 ; **D. BASTIAN**, *op.cit.*, pp.94-95, spéc., note 124 ; **R. WINTGEN**, *op.cit.*, n°289, pp.251-252 ; **J. STOUFFLET**, note sous Cass. com. fr., 03 janv. 1996, JCP éd. G, 1996, nos30-35, II, 22682, p.333 ; **J. MESTRE**, Cession de créance et responsabilité civile, chron. Préc., pp.130-131, n°14.

d'une réalité donnée »[1]. Elle constitue « le premier degré de la mauvaise foi »[2]. Pour obtenir le respect de son contrat, le créancier contractuel ne doit subir, en principe, aucun renforcement d'exigence. La preuve de la connaissance peut, dès lors, être suffisante pour engager la responsabilité du tiers, aussi bien dans les contrats soumis à une mesure de publicité (a), que dans les contrats non soumis à cette mesure (b).

a. La connaissance condition suffisante dans les contrats soumis à une mesure de publicité

233. Exposé de la thèse de la fraude-connaissance. Une partie de la doctrine estime que la fraude simple suffit pour engager la responsabilité du tiers complice à la violation d'un contrat soumis à une mesure de publicité[3]. Dès lors, la preuve de sa participation active à la fraude, notamment en proposant un prix supérieur ou en procédant à une publicité hâtive, n'est pas exigée. L'intention frauduleuse consiste, dès lors, dans la connaissance par le tiers de l'existence d'un contrat antérieur incompatible et sa participation consciente à un acte juridique qui entraîne l'inexécution de ce contrat.

234. Les justifications de la thèse de la fraude-connaissance. Les partisans de la fraude-connaissance avancent trois arguments. Le premier est d'ordre théorique. On postule, en effet, que « la distance qui sépare les deux degrés de fraude est souvent illusoire »[4]. Le deuxième tiré de l'esprit de la publicité. Si on admet que l'esprit de la publicité est d'avertir les tiers, il n'y a plus aucune raison de tirer indemne la fraude simple, sous prétexte que la connaissance est inopérante, pour déjouer l'effet de la publicité[5]. Dès lors, « l'inaccomplissement de la publicité ne crée qu'une présomption simple d'ignorance qui cède devant la preuve de la connaissance personnelle du tiers : il y a équivalence entre l'accomplissement de la formalité et la connaissance effective »[6]. La règle morale et le devoir de loyauté font ainsi

---

[1] **A. LEPAGE**, Thèse préc., n°8, p.16.

[2] **A.-M. GILLES**, art. préc., p.10.

[3] **R. WINTGEN**, *op.cit.*, n°218, pp.191-192 ; **S.GINOSSAR**, *op.cit.*, n°s10 et s., pp.22 et s. ; **A. LEPAGE**, Thèse préc., n°332, p.190 ; **J. DUCLOS**, *op.cit.*, n°s405 et s., pp.419 et s. ; **Ph.-D. SAINT-HILAIRE**,*op.cit.*, pp.308-309 et pp.504-505 et 506 ; **R. SAVATIER**, note préc., p.186, seconde col. ; **B. FLORENCE**, Thèse préc., n°147, p.218 ; **B. STARCK**, art. préc., n°60.

[4] **S. GINOSSAR**, *ibid.*, n°21, p.48 ; **P. HUGUENEY**, *op.cit.*, p.31 ; **R. SAVATIER**, note préc., p.186, 1re col. : « Distinguer entre la simple mauvaise foi du second acheteur et un concert frauduleux, c'est poursuivre le vide » ; **G. RIPERT**, *op.cit.*, n°171, pp.322-323 ; **F. DANOS**, *op.cit.*, n°432, p.481 ; **J. MAZEAUD**, « L'adage ... », art. préc., n°11, p.489 : « la notion de concert frauduleux, qui, qu'elle le veuille ou non, se confond avec la simple connaissance de la part du second acquéreur » ; **J. MAZEAUD**, note sous Cass. civ. fr., 22 mars 1968, D.S., 1968, J., p.413 ; **G. LYON-CAEN**, art. préc., n°16, p.88 : « la conception de la fraude-connaissance... est infiniment proche de la fraude-intention » ; **J. DUCLOS**, *ibid.*, n°407, p.421.

[5] **L. SAUTONIE-LAGUIONIE**, *op.cit.*, n°487, pp.330-331. **F. DANOS**, *ibid.*, n°487, p.331 ; **S. GINOSSAR**, *ibid.*, n°22, pp.52 et s. et n°38, pp.96 et s.

[6] **C.T. BARREAU-SALIOU**, Les publicités légales, information du public et preuve des actes, LGDJ, Paris 1991, n°200, p.138.

le pas sur l'application mécanique des règles de publicité[1]. Le troisième argument est d'ordre technique. En effet, si l'inopposabilité résultant du défaut de publicité s'explique par l'idée de responsabilité à la charge de l'acquéreur qui a induit les tiers en erreur, on exige donc que ces derniers aient été effectivement trompés. Dès lors, la preuve de leur connaissance serait suffisante pour leur ôter cette protection.

235. Réception de la thèse de la fraude-connaissance par la Cour de cassation. On peut déduire une tendance de la Cour de cassation en vue de tempérer l'esprit de rigueur des règles de publicité. En effet, la Cour a précisé, le 24 octobre 1994, que l'inscription ne protège que l'acquéreur de bonne foi : celui qui « au moment de l'acquisition de l'immeuble, ignore qu'il a fait l'objet d'une transaction antérieure du même auteur »[2]. On en déduit que la fraude du tiers, déduite de sa connaissance, peut suffire pour protéger les ayants droit. C'est là une consécration de l'acception subjective ou morale de la publicité. Cette tendance est confirmée par la Cour suprême, dans un arrêt rendu le 14 février 2012, en matière de ventes successives d'un immeuble immatriculé par le même auteur[3]. Les idées que véhicule l'arrêt l'attestent.

Et, d'abord, par la définition qu'il opte pour la mauvaise foi du tiers second acquéreur, laquelle peut être déduite de sa définition de la bonne foi de ce dernier[4]. La Cour décide que la bonne foi du second acquéreur signifie « l'absence de toute complicité avec son auteur, c'est-à-dire son ignorance de la réalité ». C'est, précise-t-elle, ce qu'on entend par le critère subjectif de la bonne foi[5]. À côté de ce critère, ajoute la Cour, la bonne foi exige un critère objectif. Elle se déduit des inscriptions portées au Livre[6]. Ces deux critères sont cumulatifs[7]. La doctrine le confirme[1] et la Cour suprême l'entérine le 06 février 2014[2].

---

[1]**K. DEGHICH**, « La publicité légale : traitement des anomalies (seconde partie) », infos-juridiques, Juin 2006, pp.22-23 ; **S. PIEDELIEVRE** obs. sous Cass. civ. fr., 10 févr. 2010, Rep. Defrénois, 2010, art.39123, p.1169, spéc. p.1171, seconde col. ; **S. PIMONT**,RDC, 2010, p.898 ; **P. HUGUENEY**, *op.cit.*, p.25 : « Ce système trop rigoureux, trop blessant au point de vue de l'équité » ; **J. DUCLOS**, *ibid.*, n°406, pp.420-421. *Adde* :
عبد المنعم عبود، "القوة الثبوتية..."، مقال سابق، ص.134-135، عدد 29: " ويتأسس نظام القوة الثبوتية للترسيمات اللاحقة على معطيين إثنين : أولهما، إحترام متطلبات العدل والإنصاف".

[2]Cass. civ. n°40806 en date du 24 oct. 1994, préc. :
" ومفهوم حسن النية هو أن المشتري الثاني لم يكن يعلم وقت الشراء بصدور تصرف سابق من البائع في نفس العقار".

[3] La Cour a fondé sa décision sur l'al. second de l'art.305 du CDR, pourtant cette disposition ne semble pas viser les ventes successives.

[4] C'est que dans ce cadre, « Bonne et mauvaise foi ne sont que les deux côtés d'une même médaille » : **A. BÉNABENT**, Rapport français, *in* La bonne foi, Travaux de l'Association Henri CAPITANT, T.XLIII, 1992, Litec, Paris, 1994, p.295. En ce sens :
كريم بولعابي، حسن النية في المادة التعاقدية، منشورات مجمع الأطرش للكتاب المختص، تونس، 2015، عدد 159، ص.115-116.

[5] Cass. civ. n°2010-57860 en date du 14 fév. 2012 (inédit), préc. :
"... إثبات حسن النية أي بيان أن المشتري لم يكن وقت إبرام العقد متواطئا مع البائع وأن لا يكون حين الشراء على علم بذلك وهو ما يعبر عنه بالشرط الذاتي لحسن النية". " يعتبر الغير حسن النية إذا آنتقلت إليه الحقوق المكتسبة على العقار وهو غير عالم – بجهل - بحقيقة تصرفه الذي من شأنه حرمان المالك الحقيقي من حقوقه".

[6] Aux dires de la Cour de cassation :
" غير أن المشرع لا يكتفي بهذا المعيار الذاتي في العلم... والمرتبط بذات الشخص وإنما أضاف إليه شرطا موضوعيا يتمثل في الإعتماد على الترسيمات الواردة بالسجل وبذلك تتوفر حسن النية بجهل العيوب أولا وبالرجوع إلى الترسيمات الواردة بالسجل ثانيا".

[7] Cass. civ. n°2010-57860 en date du 14 fév. 2012 (inédit), préc. :

Dès lors, est de mauvaise foi, non seulement le tiers qui acquiert un immeuble en dépit des inscriptions portées au Livre Foncier, mais aussi celui qui connait la première acquisition non publiée[3].

À partir de cette définition, la Cour de cassation met en exergue deux acceptions de la mauvaise foi du tiers. La première, fondée sur un critère objectif, est plutôt technique. Elle donne lieu à une opposabilité objective[4], puisqu'elle se déduit d'une connaissance organisée, en l'occurrence les inscriptions portées au Livre Foncier[5]. La seconde, fondée sur un critère subjectif, peut être déduite d'une connaissance prouvée. L'opposabilité est dite, dans ce cas, subjective[6]. Elle est suffisante pour engager la responsabilité du tiers[7]. La solution est en harmonie avec la définition

---

" الشرط الذاتي لحسن النية يتلازم مع شرط موضوعي آخر وهو أن يكتسب الحق بالإستناد إلى عمل قانوني دقيق وما هو مدون بالسجل العقاري".

[1]**M.-K. CHARFEDDINE**, *op.cit.*, n[os]198-199, pp.162-163 ; **S. PIMONT**,obs. préc., p.898. *Adde* :
محمد كمال شرف الدين، تعليق على ق. ت. م. عدد 22994/2002 صادر بتاريخ 11 جانفي 2003، م. ت. ق.، 2004، ص.341. **عبد المنعم عبود**، مقال سابق، ص.152 إلى 154، عدد 42-43. **نبيلة الكراي**، حسن النية في المادة العقارية، دار محمد علي للنشر، 2005، ص.86.

[2] Cass. civ. n°2013-3128 en date du 06 fév. 2014 (inédit) :
" إن التمسك بأحكام الفقرة الثانية من الفصل 305 م. ح. ع. يفترض أكتساب الغير لحقوق على العقار عن حسن نية وأعتمادا على الترسيمات الواردة بالسجل، بمعنى أنه **يجب توفر شرطين متلازمينفي الغير الذي ستقع حمايته** بموجب القوة الثبوتية المطلقة للترسيمات: أولا أن يكون إكتسابه لحقوق على العقار عن حسن نية وثانيا أن يكون إكتسابه لتلك الحقوق إستنادا إلى الترسيمات الواردة بالسجل. وحيث ولئن ثبت بالإطلاع على الرسم العقاري عدد 14762 توفر الشرط الثاني...، إلا أنه لم يثبت إكتساب المعقب الأول لملكية منابات مشاعة في الرسم المذكور عن حسن نية، ضرورة وأن المعقب المذكور قد تولى التصريح بوفاة المورثة الأصلية... وطلب بوصفه قريب الهالكة الإذن له بأستخراج حجة وفاتها، **وهو ما يفترض معرفته بالهالكة وبأفراد عائلتها بموجب المخالطة أو القرابة أو روابط الجوار**".
Adde : Cass. civ. n°2012-75314 en date du 21 nov. 2013 (inédit) :
" وحيث... ولئن إكتسب المعقب ملكية العقار موضوع الرسم إستنادا إلى البيانات المدرجة به والتي كانت تفيد خلوه من أية قيود أو تحملات موظفة عليه إلا أن عنصر حسن النية لم يكن متوفرا في جانبه بأعتبار شراءه للعقار موضوع النزاع من الموهوب له... وذلك رغم صدور الحكم الإبتدائي عدد ... والقاضي بالرجوع في الهبة الصادرة من الواهب... وقد تم الشراء بثمن زهيد... هذا فضلا عن سعي المعقب إلى ترسيم عقده في أسرع وقت".

Adde : Cass. civ. n°2012-65079 en date du 25 déc. 2012 (inédit).
[3] En ce sens : Cass. civ. n°2008-28969 en date du 21 déc. 2009 (inédit) :
" إن سوء النية في البيوعات العقارية يمكن أن يستشف من عدة قرائن متضافرة ومتعددة تدلل على العلم اليقيني ومعرفة المشتري الثاني وسابق علمه بأن العقار موضوع البيع قد سبق لمالكه أن باعه للغير وهو ما يستمد من القاعدة العامة القائلة بأنه " يكون سيء النية من عرف أو كان بإمكانه أن يعرف".

Adde : Cass. civ. n°2003-31538 en date du 15 juin 2004 (inédit), préc. :
" وحيث يترتب على ذلك أن البيانات الواردة بالسجل العقاري يمكن أن تؤخذ كقرينة من بين القرائن التي يعتمد عليها لإثبات سوء النية من عدمه".

Contra :

رمزي ساسي، مرجع سابق، عدد 197 إلى 201، ص.180 إلى 184.
[4] « Celle qui est indépendante de toute connaissance mais qui reposant sur une publicité, postule que les tiers ont pu avoir connaissance de la réalité juridique » : **A. LEPAGE**, *op.cit.*, n°235, p.191.
[5] Cass. civ. n°2008-29723 en date du 06 janv. 2010 (inédit) :
" وقد تجاهلت محكمة القرار الرد على هذا الدفع (الفصل 370 م.ح.ع.) رغم ماله من تأثير على وجه الفصل في القضية رغم اعتبارها ركن سوء النية متوفرا من خلال وجود قيد احتياطي يخص بيعا أسبق لازال رهين حسم دعوى قضائية... حتى يمكنها من ترتيب الأثر المنصوص عليه بالفصل 370 م.ح.ع. والمتمثل في عدم امكانية معارضة المعقب ضدها بترسيم عقد البيع".
Adde : Cass. civ. n°2009-42681 en date du 06 mai 2010 (inédit) ; Cass. civ. n°2708 en date du 17 juill. 1979, Bull. civ., 1979, 2ème partie, p.25.
[6] « Celle qui trouve son fondement dans une connaissance effective » : **A. LEPAGE**, *ibid.*, n°236, p.192.
[7]**M.-K. CHARFEDDINE**, *op.cit.*, n°200, pp.163-164, n°310, p.262, n°342, pp.291-292-293 ; **S. GINOSSAR**, *op.cit.*, n°23, pp.54 et s. ; **A. LEPAGE**, *ibid.*, n[os]246-247, pp.198-199 ; **J. MAZEAUD**, art. préc., n°7, pp.486-487 ; **G. LYON-CAEN**, art. préc., n°18, pp.89-90 ; **E. LEROUX**, art. préc., n°148, p.548 ; **S. PIEDELIEVRE** obs. préc., p.1169 ; **Ph.-D. SAINT-HILAIRE**, *op.cit.*, pp.308-309 et pp.494-495 ; **G. RIPERT**, *op.cit.*, n°171, pp.320 et s. ;Cass. civ. n°2008-28969 en date du 21 déc. 2009 (inédit), préc. ; Cass. civ. n°732 en date du 06 oct. 2005, Bull. civ., 2005, p.63 ; Cass. civ. n°21320 en date du 04 fév. 2003, Bull. civ., 2003, 2ème partie, p.196 ; Cass. civ. n°2002/22994 en date du 11 janv. 2003, préc. ; Cass. civ. n°17623 en date du 14 janv. 1988, Bull. civ., 1988, p.253 ; RJL, 1990, n°2, p.64 (partie en

retenue pour la bonne foi, dans le cadre de l'article 44, *in fine*, du Code des droits réels. En dépit de son domaine particulier, cette définition peut rayonner sur tout le droit foncier[1].

La connaissance, précise la Cour de cassation, doit être « non équivoque »[2]. En d'autres termes, « il faut qu'elle soit significative de la conscience du tiers de participer à un acte portant atteinte au droit de ce créancier »[3].

L'apport de l'arrêt de 2012 s'étend, ensuite, à la preuve de la mauvaise foi du tiers. Certes, l'administration de la preuve incombe au créancier contractuel[4], mais la Cour allège cette preuve par la mise en place d'un système de présomption. Elle précise que c'est une question de fait, qui peut être établie à partir des circonstances de la cause[5]. Elle présume, dès lors, la fraude d'une connaissance établie à partir de la tentative échouée d'acquérir l'immeuble du premier acquéreur[6]. Autant de présomptions sont, par ailleurs, admises. On cite, le lien de parenté[7] corroboré par le lien de voisinage[8], voire ce dernier avec la preuve testimoniale[9] ou encore la perturbation de la possession[10].Les présomptions caractérisant la connaissance, doivent être « certaines »[11], « fortes »[12] et « concordantes »[13]. Leur appréciation est une question de fait, qui relève du pouvoir souverain des juges du fond[14].

---

langue arabe) ; Cass. civ. n°5835 en date du 12 mai 1981, Bull. civ., 1981, 1re partie, p.308 ; Cass. civ. n°27651 en date du 15 avr. 1978, RJL, 1978, n°6, p.131 (partie en langue arabe). *Adde* :
حافظ بوعصيدة، "أثر الترسيم..."، مقال سابق، ص.51. **عبد المنعم عبود**، مقال سابق، عدد 50، ص.162-163.

[1] V. en ce sens :
محمد كمال شرف الدين، تعليق على ق. ت. م. عدد 22994/2002 مؤرخ في 11 جانفي 2003، مذكور.

[2] Cass. civ. n°2010-57860 en date du 14 fév. 2012 (inédit), préc. :
" إن سوء النية في البيوعات العقارية يمكن أن يستشف من عدة قرائن متضافرة ومتعددة تدلل على العلم اليقيني".

[3] **L. SAUTONIE-LAGUIONIE**, *op.cit.*, n°484, p.328.

[4] Art.420 du COC

[5] Aux dires de la Cour de cassation :
" ولئن كان إثبات سوء النية أمر عسير لتعلقه بالنوايا الخفية للأطراف المتعاقدة فإنها تتحدد بالنظر إلى ملابسات تحرير العقد الناقل للملكية".

[6] Aux dires de la Cour de cassation :
" إن المدعية...تمسكت لدى محكمة الموضوع بسوء نية المشترين ... للقطعة موضوع النزاع وذلك من خلال إعلامهما بشرائها لنفس القطعة ومحاولة هؤلاء الشراء منها ثم التواطؤ بعد ذلك مع البائع الأصلي وإبرام عقد بيع ثاني معه محتجة في ذلك بالشهادة المتلقاة من عدلي إشهاد".

[7] Cass. civ. n°2008-28969 en date du 21 déc. 2009 (inédit), préc. *Contra* : Cass. civ. n°2011-68276 en date du 05 avr. 2013 (inédit), préc.

[8] Cass. civ. n°2013-3128 en date du 06 fév. 2014 (inédit), préc. :
" وهو ما يفترض معرفته بالهالكة وبأفراد عائلتها بموجب المخالطة أو القرابة أو روابط الجوار".
Adde : Cour d'appel de Sousse, arrêt n°42380 en date du 1er juillet 2009 (inédit), cité par : Cass. civ. n°2010-46473 en date du 02 juill. 2011 (inédit) :
" باع المورث المذكور جميع القطعتين عدد 279 و350 من الرسم العقاري وذلك بعلم المدعى علية الثاني (الخلف الثاني) نظرا للقرابة والجوار".

[9] Cass. civ. n°732 en date du 06 oct. 2005, préc.

[10] Cass. civ. n°14215 en date du 17 mars 1986, Bull. civ., 1986, 1re partie, p.169 : " تعرض له عند التحويز "

[11] Cass. civ. n°732 en date du 06 oct. 2005, préc. : " ثابتة "

[12] Cass. civ. n°21320 en date du 04 fév. 2003, préc. : " قرائن قوية "

[13] Cass. civ. n°14215 en date du 17 mars 1986, Bull. civ., 1986, 1re partie, p.169 : " قرائن قوية مجتمعة "

[14] Cass. civ. n°1348 en date du 06 mai 2004, Bull. civ., 2004, 1re partie, p.299 ; Cass. civ. n°1251 en date du 09 juin 2004, Bull. civ., 2004, 1re partie, p.305 ; Cass. civ. n°22274 en date du 31 janv. 2003, Bull. civ., 2003, 1re partie, p.206 ; Cass. civ. n°18184 en date du 14 nov. 2002, Bull. civ., 2002, 1re partie, p.184 ; Cass. civ. n°3863 en date du 16 janv. 2001, Bull. civ., 2001, 1re partie, p.220.

Enfin, c'est au moment de la connaissance que l'arrêt de 2012 fait allusion. Il énonce que c'est le moment du transfert du droit de propriété. Cette solution est en harmonie avec l'article 46, alinéa second, du Code des droits réels[1]. Ce moment, précise la Cour, est celui de la conclusion du contrat[2]. Certes, on peut comprendre cette assimilation avant l'entrée en vigueur du principe de l'effet constitutif de l'inscription inapplicable aux faits de la cause, mais ces deux dates sont désormais distinctes par application dudit principe. Jadis, le moment du transfert de propriété coïncidait avec la date de la conclusion du contrat. Désormais, c'est plutôt à la date de l'inscription au Livre Foncier. C'est en ce moment que la connaissance doit être appréciée. Ceci se justifie par le fait que, jusqu'à l'accomplissement de la mesure de la publicité, le tiers peut encore empêcher le préjudice de se réaliser. S'il s'abstient, il engage sa responsabilité.

Cela dit, on peut se contenter en matière de ventes successives d'un immeuble immatriculé de la fraude simple à l'égard du second acquéreur. Le même régime peut être étendu à bien d'autres matières.

236. La confirmation de la thèse de la fraude-connaissance. La thèse de la fraude simple a été étendue au sous-acquéreur[3]. Il en est de même pour le second cessionnaire[4]. Sa connaissance de la première cession peut caractériser son intention de s'associer à la fraude du cédant. Ceci se confirme par le régime d'équipollent mis en place par la Cour de cassation, le premier octobre 2004[5]. La Cour a décidé que la notification faite au débiteur cédé, même au-mépris des formalités de l'article 205 du Code des obligations et des contrats, emporte connaissance de la cession non seulement à l'égard du cédé, mais aussi pour le créancier saisissant et généralement à l'égard des tiers[6]. La solution reçoit une consécration

---

[1] L'art.46 du CDR, dans sa version arabe précise que :" العبرة في حسن النية **بوقت تلقي الحق**"

[2] Aux dires de la Cour de cassation :

" أما بالنسبة لمعيار زمن جهل العيوب فالمفترض أن يكون عند نشأة العقد والمقصود في الوقت الذي ينتقل فيه الحق أي الذي يحدده القانون لانتقال الملكية... وهو ما يحيلنا إلى البحث حول ... بيان أن المشتري لم يكن وقت إبرام العقد متواطئا مع البائع وأن لا يكون حين الشراء على علم بذلك".

Adde : Cass. civ. n°2002/22994 en date du 11 janv. 2003, préc. :

" فالعبرة بحسن النية أو بسوئها في وقت الشراء واكتساب الحق لا في وقت الترسيم الذي لا يعدو أن يكون سوى عملية إشهارية".

Adde : Cass. civ. n°58 en date du 09 juin 1975, Bull. civ., 1975, 2ème partie, p.114 ; Cass. civ. n°27651 en date du 15 avr. 1978, RJL, 1978, n°6, p.131 (en langue arabe).

[3] **M.-K. CHARFEDDINE**, *op.cit.*, n°342, p.293.

[4] **S.GINOSSAR**, *op.cit.*, n°24, pp.58 et s. ; **J. FRANÇOIS**, *op.cit.*, n°378, pp.306-307 ; **F. DANOS**, *op.cit.*, n°423, pp.466-467 ; **R. SAVATIER**, note sous Req. fr., 6 avr. 1925 et Cass .civ. fr., 07 déc. 1925, préc., p.187, seconde col. ; **A. WEILL**, *op.cit.*, n°s258 et s., pp.448 et s. et n°259, p.451 ; **G. LYON-CAEN**, art. préc., n°18, p.90 ; **F. BERTRAND**, Thèse préc., n°86, pp.123-124 ; **G. VINEY**, *op.cit.*, n°205, pp.573-574 ; **F. DANOS**, *ibid.*, n°423, pp.466-467 ; **J. DUCLOS**, *op.cit.*, n°s421-422, pp.432-433.

[5] Cass. civ. n°1967 en date du 1er oct. 2004 (inédit). En ce sens : Cass. civ. n°2010-61755 en date du 22 mai 2012 (inédit) :

" وحيث وبخصوص الدفع بعدم الإعلام بإحالة الدين فإنه ولئن اشترط الفصل 205 من م.إ.ع. أن يتم إعلام المدعي بإحالة الدين لإمكانية معارضته به فإنه لم يضع شكليات خاصة لإتمام ذلك الإعلام بل أوجب فقط أن يكون ثابت التاريخ دون اشتراط صيغ قانونية خاصة وأن محضري الإنذار والإحتجاج التي وجهت له بواسطة عدل التنفيذين من شأنهما أن يقوما مقام الإعلام بإحالة المدعي لفائدة المعقب ضده وقد أحسنت بذلك محكمة القرار المنتقد تطبيق أحكام الفصل 205 من م.إ.ع. دون خرق للقانون".

[6] Cet alignement de l'opposabilité aux tiers du transfert de la créance, sur l'opposabilité de ce transfert au débiteur cédé gagne notre adhésion. En effet, l'opposabilité aux tiers de la cession de créance ne pourra se détacher de l'opposabilité de ce transfert au débiteur cédé. Si ce dernier a été notifié il ne peut

législative en matière de cession de fonds de commerce au sens de l'article 220 du Code des obligations et des contrats. En matière de cessions doublées de meubles corporels, le législateur marque son adhésion à la thèse de la fraude-connaissance au moment de la prise de possession du bien[1].

En matière de louage de choses, soumis à une mesure de publicité, la Cour suprême a confirmé, par deux arrêts, la même tendance. Ainsi, la mauvaise foi du second preneur, premier à avoir publié, a été tantôt déduite du lien d'alliance avec le bailleur[2], tantôt de la période de conclusion du second bail, jugée suspecte, du fait de l'existence d'un procès en cours[3]. Aucune allusion n'a été faite à un concert frauduleux.

En matière de sociétés commerciales, l'article 114 du Code des sociétés commerciales, relatif à la société à responsabilité limitée, prévoit dans son alinéa 3, relatif au dépassement de l'objet social, que la connaissance est suffisante pour constituer le tiers cocontractant de mauvaise foi[4]. Cette solution est reconduite, dans les sociétés de capitaux, dans le cadre des conventions libres[5]. Elle peut être généralisée aux conventions réglementées[6]. La connaissance peut être établie notamment par la preuve de la communication des statuts de la société au tiers[7]. Elle s'apprécie au moment de la conclusion du contrat[8].

b. La connaissance condition suffisante dans les contrats non soumis à une mesure de publicité

237.À une faiblesse congénitale, un régime de faveur. Pour engager la responsabilité du tiers, complice à la violation d'un contrat non soumis à une mesure de publicité, la fraude simple peut-être suffisante[9]. Sa connaissance du premier contrat suffit pour présumer son intention de s'associer à la

---

aucunement se libérer valablement entre les mains du tiers (art.208 COC). V. sur l'appréciation de cet alignement : **F. BOURAOUI DARGHOUTH**, art. préc., pp.325 et s.

[1] V. art.488 du COC et 53, al. second, du CDR.

[2]Cass. civ. n°35531 en date du 15 fév. 1995, Bull. civ., 1995, p.143.

[3]Cass. civ. n°7346 en date du 14 nov. 2005, Bull. civ., 2005, 1re partie, p.97.

[4]V. en ce sens :

محمدالحميدي، "حقوق الغير والشركة ذات المسؤولية المحدودة"، م. ق. ت.، 2008، عدد7، ص.88.

[5] Pour la SA moniste, V. : art.197, *in fine*, du CSC ; Pour la SA dualiste, V. : art.229, al.4, du CSC ; Pour la SCA, V. : art.398, al.2, du CSC.

[6] Pour la SA moniste, V. : art.200, II, 4 (nouveau) du CSC : « Les conventions… produisent leurs effets à l'égard des tiers sauf lorsqu'elles sont annulées pour dol » ; Pour la SA dualiste, V. : art.250, al.1er, du CSC (cet art. réserve l'hypothèse « de fraude »). La même solution s'applique à la S.C.A. sur renvoi de l'art.401 du C.S.C ; **Y. KNANI**, « Les conventions entre la société anonyme et les dirigeants à la lumière de l'article 200 du Code des sociétés commerciales », art. préc., p.350.

[7]**D. MARTIN**, art. préc., n°14, p.196 .

[8]**A. MAMLOUK**, art. préc., p.93; **D. POMBIEILH-JEAUNEAU**, « L'élément psychologique de la théorie de l'apparence à la lumière de la jurisprudence de la Cour de cassation », RRJ, 2004, n°11, p.1552.

[9]**J. VIDAL**, *op.cit.*, pp.279-280 et pp.319 et s. ; **J. BOULANGER**, art. préc., n°28, p.595 et n°31, pp.598-599 ; **S. GINOSSAR**, *op.cit.*, n°38, pp.94-95 ; **A. LEPAGE**, Thèse préc., n°229, pp.188-189 ; **J. DUCLOS**, *op.cit.*, nos405 et s., pp.419 et s. ; **Y.-M. LAITHIER**, Étude comparative des sanctions de l'inexécution du contrat, *op.cit.*, n°425, pp.507-508 ; **Ph.-D. SAINT-HILAIRE**, *op.cit.*, p.504 ; **B. FLORENCE**, Thèse préc., n°147, p.218.

fraude et sa conscience du préjudice qu'il va causer au créancier. On justifie cette tendance par le caractère vulnérable des droits non soumis à une mesure de publicité. Ces droits, dont bon nombre sont des droits personnels, naissent et s'éteignent dans la clandestinité. À ce caractère vulnérable, on ne doit pas ajouter un renforcement d'exigence. La protection du titulaire du droit méconnu est à ce prix.

238. La consécration législative de la thèse de la fraude simple. En matière de débauchage de salarié, l'article 26 du Code du travail dispose que le nouvel employeur engage sa responsabilité, quand il a embauché un salarié, « le sachant déjà lié par un contrat de travail ». Dès lors, la simple connaissance par le tiers : nouvel employeur du contrat de travail, engage sa responsabilité[1]. Cette connaissance, précise ledit article, doit être appréciée au moment de la conclusion du nouveau contrat. La charge de la preuve incombe à l'ancien employeur.Étant un élément de fait, elle peut être administrée par tous les moyens[2].

L'idée va faire son chemin, non seulement pour les droits réels non soumis à une mesure de publicité, mais aussi pour les droits personnels non soumis à cette mesure.

239. La généralisation de la thèse de la fraude simple entre droits réels. Lorsque le transfert du droit réel n'est pas soumis à une mesure de publicité, sa méconnaissance par le tiers engage sa responsabilité. La fraude simple semble être suffisante dans ce cadre[3]. La solution est défendue par la Cour de cassation pour les ventes successives, par un même auteur, d'un immeuble non immatriculé, au sens de l'article 581 du Code des obligations et des contrats[4]. La Cour qui se contente de la connaissance du second acquéreur l'a déduite du lien de parenté qui l'unit à son auteur et de sa participation à l'instance opposant son père promettant au bénéficiaire de la promesse, devenue vente définitive, suite à la levée de l'option. La doctrine confirme cette solution, pourvu que « la connaissance soit non équivoque »[5].

240. La généralisation de la thèse de la fraude simple entre droits personnels. Entre droits personnels non soumis à une mesure de publicité, la thèse de la fraude simple acquiert droit de cité. Ainsi, pour engager la responsabilité du bailleur, « sa conscience de faire échec au droit personnel préétabli » par une promesse de vente, est considérée comme suffisante[6]. De même, entre preneurs successifs, le second bailleur est de mauvaise foi, s'il

---

[1] **A. WEILL**, *op.cit.*, n°254, pp.439-440; **J. FLOUR, J.-L. AUBERT et E. SAVAUX**, Les obligations, T.1, *op.cit.*, n°434, p.356.

[2]Paris, 07 juillet 1970, JCP éd. G, 1971, II, 16611, obs. **C. J.** En ce sens : Cass. civ. n°14706 en date du 12 fév. 2008, Bull. civ., 2008, p.197.

[3]**C. SAINT-ALARY-HOUIN**, « Réflexions… », art. préc., n°30, p.749.

[4]Cass. civ. n°6807 en date du 25 janv. 1983, Bull. civ., 1983, 1re partie, p.67.

[5]V. en ce sens :

عادل البراهمي، "الإحتجاج بالبيع..."، مقال سابق، ص. 48: " علم اليقين".

Contra :

أحمد بن طالب، مذكرة سابقة، ص.110 وص.113-114.

[6]**J. BOULANGER**, « Les conflits… », art. préc., n°15, p.567 ; **H.** et **L. MAZEAUD**, obs. sousCass. civ. fr., 23 oct. 1957, RTD civ., 1958, p.74, n°5..

« a connu, en contractant avec le propriétaire, l'existence d'un bail antérieur »[1]. Lorsque le pacte de préférence est suivi d'un bail consenti à un tiers, « le bénéficiaire, s'il entend triompher, devra démontrer sa mauvaise foi, c'est-à-dire la connaissance de la préférence violée »[2].

241. L'application de la thèse de la fraude simple pour la protection d'un droit personnel méconnue par un droit réel postérieur. Mieux encore, même lorsque le droit personnel, non soumis à une mesure de publicité, est méconnu par un droit réel postérieur, on admet que la fraude simple est suffisante pour protéger ce droit personnel. Il en est ainsi pour une promesse de vente suivie d'une vente[3]. « Le tiers, précise la doctrine, commettait en achetant une faute…, s'il avait su l'existence de la promesse »[4]. La Cour de cassation le confirme, le 24 octobre 1994, à propos d'une promesse de vente suivie d'une vente inscrite par un acquéreur de mauvaise foi. La Cour précise que le tiers de bonne foi est celui qui « ignore au moment de l'acquisition de l'immeuble que ce dernier a fait l'objet d'une transaction antérieure du même auteur »[5]. On en déduit que la connaissance est suffisante pour déduire la complicité de fraude[6]. La même tendance a été confirmée, le 13 mai 2002, à propos d'une promesse de vente de deux immeubles immatriculés qui ont fait l'objet par la suite de deux ventes. La Cour a déduit la mauvaise foi du premier acquéreur des deux immeubles ainsi que du sous-acquéreur de leur connaissance de ladite promesse[7]. La même solution a été réitérée, le 03 mai 2011. La mauvaise foi du tiers acquéreur, équipollente à sa mauvaise foi, a été déduite de sa qualité de représentant juridique de la société prometteuse[8]. Une pareille solution a été prévue le 14 janvier 1997[9] à propos d'une promesse de vente d'un immeuble non immatriculé suivie d'une vente. La Cour, s'est contentée,pour établir l'intention frauduleuse du tiers complice, de sa connaissance présumée du lien de parenté qui l'unit au promettant.

En matière de pacte de préférence suivie d'une vente, « *la mauvaise foi du tiers devrait suffire*, c'est-à-dire la preuve – ou la présomption – de ce

---

[1]**J. BOULANGER**, art. préc., n°21, p.578 ; **S. GINOSSAR**, *op.cit.*, n°29, pp.64 et s.

[2]**P.-Y. GAUTIER**, obs. sous Cass. civ. fr., 10 juill. 2002, RTD civ. 2003, p.108, seconde col. ; **D. MAZEAUD**, « La responsabilité du fait de la violation d'un pacte de préférence », GP, 2 et 13 fév. 1994, I, n°16, p.213.

[3]**J. BOULANGER**, art. préc., n°26, pp.590 et s. ; **A. LEPAGE**, Thèse préc., n°246, p.198 ; **H., L., J. MAZEAUD et F. CHABAS**, *op.cit.*, n°761, p.888.

[4]**F. BELKNANI**, art. préc., p.163 ; **J.-F. LUSSEAU**, art. préc., n°37, pp.504-505 ; **L. BOYER**,« Les promesses synallagmatiques de vente… », art. préc., n°32, pp.30-31. *Contra* :
أحمد بن طالب، مرجع سابق، هامش 592 : " بأستثناء حالة التواطؤ".

[5]Cass. civ. n°40806 en date du 24 oct. 1994, préc. :
" ومفهوم حسن النية هو أن المشتري الثاني لم يكن يعلم وقت الشراء بصدور تصرف سابق من البائع في نفس العقار".

[6]*Contra* :Cass. civ. n°11524 en date du 08 avr. 1976, Bull. civ., 1976, 1re partie, p.174.

[7]Cass. civ. n°14455 en date du 03 mai 2002, Bull. civ., 2002, 2ème partie, p.327 :
" كان كلاهما عن سوء نية عند إبرامهما لعقود شراءهما إذ كان كل منهما على علم وبينة من الوعد بالبيع الصادر لفائدة الطاعنة".

[8]Cass. civ. n°2010-48411 en date du 03 mai 2011 (inédit), préc. :
" إن المنتفعة بالترسيم لم تكتسب تلك الحقوق عن حسن نية إذ كانت ممثلة قانونية للشركة البائعة وهي على علم بوجود وعد البيع والنزاع القضائي الناشئ حوله".

[9]Cass. civ. n°49953 en date du 14 janv. 1997, Bull. civ., 1997, 2ème partie, p.136.

qu'il connaissait le pacte »[1]. Cette connaissance s'apprécie à la date de conclusion du second contrat[2].

En définitive, même face à un droit réel, un droit personnel antérieur en date l'emporte lorsque la fraude simple du tiers second contractant est prouvée. Les règles de la responsabilité fondée sur le délit civil de fraude, constituent, dès lors, un remède à l'infériorité congénitale du droit personnel.

2.La connaissance : condition nécessaire

242.L'impératif de la sécurité dynamique des tiers. Si la connaissance effective représente bien la notion principale, à partir de laquelle la mauvaise foi du tiers s'apprécie, on se demande si la connaissance possible d'une situation[3], engage sa responsabilité. La question, est, alors de préciser la place qu'occupe la croyance illégitime ou l'ignorance fautive dans le cadre de la responsabilité du tiers qui s'associe à la violation d'une obligation contractuelle ?

Il semble que, si l'ignorance fautive pourrait établir la responsabilité du tiers au titre de sa croyance illégitime (a), elle ne doit pas occuperune place dans le cadre de la responsabilité du tiers qui s'associe à la violation d'une obligation contractuelle (b). Admettre une telle responsabilité conduit inéluctablement à paralyser son action.

a. L'ignorance fautive source de responsabilité du tiers

243. La justification de la responsabilité du tiers due à son ignorance fautive.À côté de la distinction « mauvaise foi simple » - « mauvaise foi qualifiée », qui revient à dissocier « connaissance simple » - « connaissance qualifiée », une doctrine ajoute une troisième gamme de mauvaise foi, qui n'exige pas toujours la connaissance effective. La mauvaise foi se déduit,dans ce cadre, non pas parce que le tiers a connu la réalité, mais parce qu'il « aurait dû la connaître »[4]. Cette mauvaise foi est baptisée

---

[1]**P.-Y. GAUTIER**, obs. sous Cass. civ. fr., 14 fév. 2007, RTD civ. 2007, p.367 ; **D. MAZEAUD**, obs. sous Cass. civ. fr., 14 fév. 2007, RDC, 2007, p.702 ; **C. MOULY**, « L'exécution... », art. préc., n°19, p.893 : « ... si le tiers est de mauvaise foi, s'il a conclu en connaissance du pacte qu'il violait, il ne mérite pas de protection. » ; **P.-Y. GAUTIER**, note sous Ch. mixte, 26 mai 2006, D., 2006, J., n°8, p.1861 ; **E. SAVAUX**, obs. sous Cass.Ch.mixte, 26 mai 2006, Rep. Defrénois, 2006, art.38433, pp.1209-1210 ; **Ph. BRUN,** obs. Cass. civ. fr., 10 févr.1999, D., 2000, somm., p.278 ; **P. JOURDAIN**, « Violation d'un pacte de préférence par un tiers acquéreur », RTD civ., 1999, p. 627 ; **D. MAZEAUD**, « La responsabilité du fait de la violation d'un pacte de préférence », art. préc., n°16, p.213 ; **J. BOULANGER**, art. préc., n°26, pp.590 et s.

[2] Cass. civ. fr., 25 mars 2009, D., 2009, Act. Jur., p.1019, note **G. FOREST** ;RTD civ., 2009, p.337, obs. **P.-Y. GAUTIER**.

[3] La doctrine distingue la connaissance « effective » d'avec la connaissance « possible ». Si la première est spontanément acquise. La seconde « renvoie à l'initiative de la personne qui veut être informée ». Elle s'acquiert à partir d'une recherche de l'information de la part de la personne qui veut être renseignée. V. : **A. LEPAGE**, Thèse préc., n^{os}480-481, pp.363-364.

[4]**Y. SCHUMACHER**, Thèse préc., n°276, pp.497-498.

« technique »[1]. Elle se distingue de la mauvaise foi morale, qui nécessite la preuve que le tiers a effectivement connu la réalité[2]. Le raisonnement est, alors, le suivant : « Sans être nécessairement averti de la réalité, il est possible que le tiers se soit seulement montré imprudent ou négligent en ne s'informant pas suffisamment. Ce qui n'empêche pas de dire parfois que le tiers est de mauvaise foi…qu'en raison des circonstances de l'espèce, il *aurait dû connaître* l'élément en cause, et que souvent sa croyance illégitime s'apparente à une sorte de *connaissance larvée* »[3].

Cette tendance d'assimiler la connaissance à la croyance illégitime constitutive d'une ignorance fautive a été défendue par la haute juridiction. La théorie de l'apparence[4], décide la Cour de cassation toutes Chambres réunies[5], protège la croyance ou l'erreur légitime du tiers de bonne foi[6]. Cette croyance, précise la Cour, ne doit pas être le fait d'une négligence ou d'une imprudence. On en déduit que, lorsqu'une faute de négligence ou d'imprudence a été établie, la croyance du tiers est conçue comme illégitime.

---

[1] La mauvaise foi est dite technique parce que la mauvaise foi morale « n'a jamais été identifiée à la négligence » : **J.-P. ARRIGHI**, Apparence et réalité en droit privé. Contribution à l'étude de la protection des tiers contre les situations apparentes, Thèse pour le Doctorat en Droit, Nice, 1974, n°224, p.554 ; **G. LYON-CAEN**, art. préc., n°29, p.100 ; **A.-M. GILLES**, art. préc., p.11. Sur l'aspect technique de la mauvaise foi : V. **Y. SCHUMACHER**, *ibid.*,n^{os}268 et s., pp.484 et s. ; **A. LEPAGE**, Thèse préc., n^{os}166 et s., pp.140 et s. Sur les applications de la mauvaise foi technique dans notre droit positif : V. notamment : Art.243 et 655, a) du COC. En ce sens : Cass. civ. n°49092 en date du 27 juin 2011 (inédit) :
" ... وإنه ليس للمعقبة الاحتجاج بعدم علمها... إذ بحكم حرفيتها في الأشغال العامة فإنها قادرة على الأكثر فبإمكانها بذلك الأقل".
Adde : Cass. civ. n°28132 en date du 16 fév. 2004, Bull. civ., 2004, 2ème partie, p.33 ; Cass. civ. n°22193 en date du 24 janv. 2003, Bull. civ., 2003, 2ème partie, p.143 ; Cass. civ. n°2895 en date du 10 nov. 2000, Bull. civ., 2000, 1re partie, p.120.

[2] V. : **Y. SCHUMACHER**, *op.cit.*,n^{os}228 et s., pp.406 et s.

[3] **J. DUCLOS**, *op.cit.*, n°367-2, p.384 ; **Ph.-D. SAINT-HILAIRE**, *op.cit.*, pp.498-499.

[4] L'application de la théorie de l'apparence suppose la réunion de deux éléments : la vraisemblance d'un objet et la bonne foi d'un sujet. Le premier, dit matériel, désigne « une réalité visible que l'observateur considèrera comme révélatrice de la situation de droit ». Le second, plutôt psychologique, réside dans « la croyance erronée » : V. **M. MAHFOUDH,** « Contribution à l'étude de l'apparence en droit tunisien : A propos de l'arrêt des chambres réunies n° 27632 du 4 avril 1997 », RTD, 2001, n^{os}40 et s., pp.398 et s. ; **M. BOUDOT**, Apparence, Encyclopédie Dalloz, Répertoire Droit civil, 2009, n°15, p.4 et n^{os}113 et s., pp.16 et s.
Certes, il n'y a pas dans notre droit positif une règle qui consacre la théorie de l'apparence en tant que source créatrice des droits subjectifs, mais il y a des règles particulières en vertu desquelles la croyance erronée des tiers de bonne foi est génératrice d'effets de droit. V. dans le cadre du COC, notamment, art.252, 399, 488, al. premier, et 1163 ; V. dans le cadre du CDR, notamment, l'art.53, al. premier.
Cela dit, la théorie de l'apparence est une création prétorienne :**F. DERRIDA et J. MESTRE**, Apparence, Encyclopédie Dalloz, Répertoire Droit civil, 1986, n°18, p.3. Sur les applications prétoriennes de cette théorie V. : Cass. civ. n°2010-57850 en date du 28 fév. 2012 (inédit) :
" وحيث ولئن ثبت أن السجل التجاري لا يحمل إسم المؤسسة كذات طبيعة إلا أن تعاملها بتلك الصفة وإمضاءها على العقد سند القيام بصفتها المؤسسة المتعاملة مع المعقب ضده يكون صحيحا عملا بنظرية الظاهر التي تعاملت على أساسها مع المعنية".
Adde : Cass. civ. n°13628 en date du 12 janv. 2008, Bull. civ., 2008, 1re partie, p.325 ; Cass. civ. n°10282 en date du 31 janv. 2002, Bull. civ., 2002, 1re partie, p.399 ; Cass. civ. n°65771 en date du 24 mai 1999, Bull. civ., 1999, 1re partie, p.67 ; Cass. civ. n°57561 en date du 14 déc. 1998, RJL, 1999, n°9, p.105 (partie en langue arabe) ; Appel civ. en date du 27 mars 1997, Études Juridiques, FDS, 1998-1999, n°6, p.131 (partie en langue arabe) ; Appel civ., arrêt n°641 en date du 25 avr. 1992, RJL, 1994, n°3, p.79, note **F. BELKNANI** (partie en langue arabe).

[5] Cass. civ. Ch. réun., arrêt n°27632 en date du 24 avr. 1997, *in* Arrêts des Chambres réunies : 1996-1997, CEJJ, 1998, p.92 (en langue arabe).

[6] Sauf si l'acte qu'il invoque est gratuit : **M. MAHFOUDH**, art. préc., n°56, p.404.

Elle produit les mêmes effets d'une connaissance effective. L'ignorance du tiers le constitue en faute. Cette démarche se justifie d'autant plus que la croyance erronée couverte par la théorie de l'apparence, est appréhendée par l'arrêt des Chambres réunies, sous l'angle de l'erreur légitime[1]. Sa qualification procède, dès lors, d'une appréciation concrète de la croyance alléguée. Elle implique une appréciation du comportement du tiers cocontractant. « Cette subjectivisation de l'erreur restreint de façon importante la marge qui sépare la croyance inopérante de la connaissance effective »[2]. De ce point de vue, l'ignorance fautive pourrait établir la responsabilité du tiers au titre de sa croyance illégitime.

244. Le régime de la responsabilité du tiers due à son ignorance fautive. Deux conditions cumulatives doivent être réunies, pour que le tiers soit protégé au titre d'une croyance légitime. D'une part, il faut qu'il croie à la réalité de la situation apparente. D'autre part, il faut que cette croyance erronée soit légitime, c'est-à-dire « motivée et justifiée par des circonstances particulières »[3]. Lesquelles circonstances « autorisaient le tiers à ne pas vérifier la réalité de la situation apparente »[4]. La croyance légitime est, en ce sens, une ignorance non fautive ou encore une bonne foi sans faute. C'est ainsi qu'une doctrine retient, relativement à la croyance légitime, la bonne foi-ignorance et la bonne foi-comportement[5]. La première est une attitude purement passive du sujet de droit. Elle peut être définie comme « une appréhension inexacte de la réalité »[6]. La seconde est une attitude active.

---

[1] « La croyance erronée » élément psychologique de l'apparence admet deux acceptions. La première, est dite objective, parce qu'elle fait abstraction au comportement du tiers croyant. De ce point de vue l'erreur doit être commune, c'est-à-dire collective. La seconde, est dite subjective, parce que fondée sur une appréciation du comportement du tiers croyant. De ce point de vue, il suffit que l'erreur soit légitime. Cette dernière n'est ni commune, ni invincible ; elle est individuelle et excusable (il suffit que l'auteur de l'erreur s'est comporté en bon père de famille). V. : **J.-P. ARRIGHI**, Apparence et réalité en droit privé : contribution à l'étude de la protection des tiers contre les situations apparentes, Thèse pour le Doctorat en Droit, Nice, 1974, n^{os}204 et s., pp.515 et s. ; **D. POMBIEILH-JEAUNEAU**, art. préc.,n^{os}5 et s., pp.1549 et s. V. sur l'erreur commune : **H. MAZEAUD**, art. préc., p.929 ; **A. RABAGNY**, Théorie générale de l'apparence en droitprivé, Thèse pour le Doctorat en Droit, Paris II, 2001, n^{os}1863 et s., pp.1013 et s.
La Cour de cassation, toutes Chambres réunies, a opté pour la seconde acception de la croyance erronée au sens de « l'erreur légitime ». Elle parle de « الخطأ المشروع ». Cette expression est malheureuse. La Cour vise semble-t-il «الغلط المشروع». Cette acception est soutenue par un fort courant doctrinal et jurisprudentiel. V. **J. CALAIS-AULOY**, Essai sur la notion d'apparence en droit commercial, préface de H. CABRILLAC, LGDJ,Montpellier, 1959, pp.26 et s., n^{os}14 et s. ; **J.-P. ARRIGHI**, *ibid.*, n^{os}205 et s., pp.517 et s., spéc., n°220, p.546 ; **J.-L. SOURIOUX**, art. préc., n°115 ; **C. VERBRUGGEN**, « La théorie de l'apparence : quelques acquis et beaucoup d'incertitudes », *in* Mélanges offerts à Pierre Van OMMESLAGHE, Bruyant, Bruxelles, 2000, n°1, p.301 et n°17, pp.315-316 ; **K. DEGHICH**, « La publicité légale : traitement des anomalies (seconde partie) », infos-juridiques, Juin 2006, p.24. En ce sens : Cass. civ. n°10282 en date du 31 janv. 2002, préc. ; Cass. civ. n°57561 en date du 14 déc. 1998, préc. ; Appel civ. en date du 27 mars 1997, préc. ; T.P.I. de Tunis, Jugement commercial n°150 en date du 31 mars 1964, RJL, 1964, n^{os}9-10, p.124 (partie en langue arabe). *Adde* :
فوزي بالكناني، تعليق على قرار إستئنافي مدني عدد 641 مؤرخ في 25 أفريل 1992، م. ق. ت.، 1994، عدد 3، ص.102.

[2] **J. DUCLOS**, *op.cit*,.n°378, p.395.

[3] **J.-P. ARRIGHI**, *ibid.*, n°220, p.547.

[4] **F. DERRIDA et J. MESTRE**, Fasc. préc., n°62, p.7 ; **Ch.-W. CHEN,** Apparence et représentation en droit positif français, préface de J. GHESTIN, LGDJ, Paris, 2000, n°611, p.290.

[5] **J.-P. ARRIGHI**, *op.cit.*, n^{os}222 et s., pp.548 et s. ; **Ch.-W. CHEN**, *op.cit.*, n^{os}606 et s., pp.286 et s. ; **G. LYON-CAEN**, art. préc., n°2, pp.76-77.

[6] **J.-P. ARRIGHI**, *ibid.*, n°223, p.550 ; **Ch.-W. CHEN**, *ibid.*, n°607, p.287 et n^{os}617 et s., pp.293 et s.

Elle peut être définie comme « une règle de conduite qui exige du sujet de droit un comportement loyal et sincère »[1]. La première doit conjuguer avec la seconde pour assoir la croyance légitime. La bonne foi est, dès lors, conçue comme « un critère à double détente »[2], « un mécanisme à double rideau »[3].

Cela dit, est illégitime, la croyance due non seulement à l'ignorance de la réalité mais aussi à la violation d'un devoir de vigilance ou de prudence qu'impose une diligence moyenne d'un homme placé dans les mêmes circonstances, au moment de l'acte de croire[4]. Toute la question est alors de savoir si le tiers aurait dû se prémunir contre l'erreur, en procédant aux vérifications propres à dissiper la fausse apparence ?

D'une façon générale, on s'accorde à dire que faute pour le tiers de s'être suffisamment renseigné et d'avoir ainsi fait preuve de négligence, sa responsabilité serait retenue au titre de sa croyance illégitime[5]. Néanmoins, la prise en compte de l'ignorance fautive dans la mise en œuvre de la responsabilité du tiers n'a pas une vocation systématique. Une nuance doit être réservée pour sa responsabilité, lorsqu'il s'associe à la violation d'une obligation contractuelle.

b. La réfutation de l'ignorance fautive du domaine de la responsabilité du tiers qui s'associe à la violation d'une obligation contractuelle

245.La sécurité dynamique des tiers. Il n'y a pas faute et donc sanction, lorsque l'acte incompatible n'a pas été souscrit par le tiers, dans la conscience de son caractère fautif ; sa sécurité dynamique est à ce prix. Aucune place ne doit, dès lors, être réservée à la mauvaise foi technique, aussi bien pour les contrats soumis à une mesure de publicité, que pour les contrats non soumis à cette mesure.

246. Réfutation de l'ignorance fautive du domaine des contrats soumis à une mesure de publicité. L'article 488, alinéa second, du Code des obligations et des contrats, applicable notamment en matière de cessions doublées de meubles corporels, semble faire application de l'idée de la mauvaise foi technique source de responsabilité[6]. Il dispose, en effet, que le tiers n'est pas présumé de bonne foi, non seulement lorsqu'il savait, mais aussi lorsqu'il « devrait savoir, au moment où il a reçu la chose, que celui dont il l'a reçue n'avait pas le droit d'en disposer »[7]. Est-ce que cela signifie que l'ignorance est insuffisante pour protéger le tiers second acquéreur *a non*

---

[1] **Ch.-W. CHEN**, *op.cit.*, n°607, p.287 et n[os]611 et s., pp.290 et s. V. art.243 COC.
[2] **G. CORNU**, obs. RTD civ., 1977, p.151; **F. TERRÉ, Ph. SIMLER et Y. LEQUETTE**, *op.cit.*, n°177, p.184.
[3] **M. BOUDOT**, Fasc. préc., n°125, p.17 ; **F. DERRIDA et J. MESTRE**, Fasc. préc., n[os]78 et s., pp.9 et s.
[4] **Ch.-W. CHEN**, *ibid.*, n°613, p.291 et n[os]626 et s., pp.297 et s. ; **M. BOUDOT**, Fasc. préc., n[os]125 et s., pp.17 et s. ; **F. DERRIDA et J. MESTRE**, Fasc. préc., n[os]78 et s., pp.9 et s. ; **J.-L. SOURIOUX,** art. préc., n°5.
[5] **A. LEPAGE**, Thèse préc., n[os]149 et s., pp.129 et s.
[6] **J. -L. SOURIOUX**, art. préc., n°116.
[7] Une disposition semblable est prévue par l'art.53, al. second, du CDR.

domino d'un meuble corporel, encore faut-il que sa croyance soit dénuée de toute faute d'imprudence d'un individu normalement avisé ?

La doctrine estime que l'« apparence matérielle de pouvoir »[1], en l'occurrence la possession, dispense le second acquéreur de toute recherche supplémentaire. La croyance légitime du tiers doit être, dès lors, réduite à sa bonne foi-ignorance, abstraction faite de son comportement[2]. Aucune place n'est réservée à l'idée d'ignorance fautive[3]. Partant, pour engager sa responsabilité, le tiers doit avoir sciemment aidé le cédant à violer son obligation de délivrance.

Généralement, « lorsqu'il y a publicité, on peut s'en tenir à ce qui est publié, à l'apparence qui naît de cette publicité (...). Le seul fait de son existence autorise les tiers à s'arrêter à l'apparence »[4]. Aucune place n'est réservée à la recherche d'une éventuelle bonne foi-comportement et partant d'une ignorance fautive[5]. Deux arguments militent en faveur de cette position. D'une part, l'absence d'effets, à l'égard des tiers, des actes pour non respect des règles de la publicité rend « inutile et même non fondé de faire appel à la théorie de l'apparence, puisque la solution s'explique par le jeu de l'inopposabilité »[6]. Encore faut-il rappeler que la théorie n'a qu'un caractère subsidiaire[7]. D'autre part, et même si ladite théorie est évoquée, on considère que la publicité génère une « erreur commune »et que « la collectivité de l'erreur dispense le tiers de recherches approfondies »[8]. Cette force, tellement persuasive de la publicité, justifie que la croyance erronée du tiers soit réduite à la bonne foi-ignorance, laquelle ne peut être renversée que par sa connaissance effective. C'est la raison pour laquelle, on ne partage pas la position de la Cour de cassation lorsqu'elle a décidé le 14

---

[1]**M. BOUDOT**, Fasc. préc., n°143, p.19.

[2]**E. LEROUX**, art. préc., n°4, p.511. *Adde* :

أحمد بن طالب، مرجع سابق، هامش 112، ص.46.

[3] Par l'expression « devrait savoir » le législateur vise l'hypothèse où les circonstances spécifiques à l'espèce autorisent le tiers acquéreur à faire des investigations pour que sa croyance soit légitime. C'est notamment l'hypothèse de l'art.54 du CDR relatif au possesseur qui a acheté une chose volée ou perdue. En ce sens: Cass. civ. fr., 02 fév.1965, obs. **J.-D. BREDIN**, RTD civ., 1965, p.676 ; Cass. civ. fr., 16 juin 1971, obs. **J.-D. BREDIN**, RTD civ., 1972, p.153.

[4]**H. MAZEAUD**, art. préc., p.940; **K. DEGHICH,** art. préc., p.22 et p.25 ; **A. LEPAGE**, Thèse préc., n°164, p.138. En cens : Cass. civ. n°57561 en date du 14 déc. 1998, RJL, 1999, n°9, p.105 :

" وحيث أن اعتماد الطاعن على حجة وفاة المالك الأصلي للعقار وهي حجة رسمية هي التي أدت إلى الاعتقاد في صحة الأمر الظاهر".

[5]**A. LEPAGE**, *ibid.*, n°227, p.187 ; **J. MESTRE,** obs. sous Cass. civ. fr., 18 nov.1997, RTD civ., 1998, p.668.

[6]**A. LEPAGE**, *ibid.*, n°305, p.239.

[7] La théorie de l'apparence en tant que théorie jurisprudentielle a un caractère subsidiaire : elle ne s'applique qu'à défaut de solution donnée par les textes et ne peut aucunement donner lieu à une solution *contra legem*. V. **M. MAHFOUDH**,art. préc., n°46, p.400 ; **J. GHESTIN**, **G. GOUBEAUX et M. FABRE-MAGNAN**, *op.cit.*, n°856, p.846 ; **R. VOUIN**, La bonne foi. Notion et rôle actuels en droit privé positif, LGDJ, Paris,1939, n[os]199 et s., pp.365 et s. ; **Y. SCHUMACHER**, Thèse préc., n°171, pp.285-286 ; **D. MARTIN**, art. préc., n°7, p.190 ; **F. DERRIDA et J. MESTRE**, Fasc. préc., n°19, p.3 ; **M. BOUDOT**, Fasc. préc., n[os]21-22, p.5 et n°55, p.9. **C. VERBRUGGEN**, art. préc., n°10, p.310. *Contra* : **A. RABAGNY**, *op.cit.*,n°2323, p.1306.

[8]**J.-P. ARRIGHI**, Thèse préc., n°211, p.528 ; **N. DEJEAN de LA BÂTI**, Appréciation *in abstracto* et appréciation *inconcreto* en droit civil français, préface d'H. MAZEAUD, LGDJ, Paris, 1965, n°231, p.190-191. *Contra* : **E. LEROUX,** art. préc., n[os]79 et s., pp.531 et s., spéc., n°94, p.535.

février 2012 que, dans le cadre d'une vente successive d'un immeuble immatriculé « le simple soupçon » peut être constitutif de la mauvaise foi du second acquéreur[1]. Cette position amène à « un élargissement particulièrement flagrant de la notion de fraude »[2].

De surcroît, c'est l'idée de responsabilité du véritable titulaire du droit qui justifie l'assouplissement des conditions d'application de la théorie de l'apparence. En effet, c'est lui « qui se trouve avoir créé (…) par négligence, l'apparence trompeuse »[3]. Dès lors, précise une doctrine, à propos d'une cession successive de créance la première n'étant pas publiée, « ce n'est pas le tiers qui commet une faute d'imprudence, mais bien le premier cessionnaire qui n'a pas publié son droit (…) le second cessionnaire n'a pas le devoir de rechercher l'existence de cessions éventuelles antérieures qui doivent être publiées pour lui être opposables »[4].

Le même raisonnement est valable en matière de représentation de la société à responsabilité limitée[5], de la société anonyme[6], et de la société en commandite par action[7]. En effet, lorsque le représentant de la société agit au-delà de ses pouvoirs, le législateur, exige pour engager la responsabilité du tiers-cocontractant, qu'il soit établi que ce dernier « savait ou ne pouvait ignorer » la réalité. Il en découle, certes, qu'on exige que la croyance du tiers soit légitime pour le dégager de la responsabilité, mais cela ne signifie pas que le tiers soit tenu de vérifier les pouvoirs du représentant de la société. On considère que l'apparence « exprimée par les prérogatives reconnues ordinairement aux représentants des sociétés »[8] et « la rapidité marquant la vie des sociétés semble(nt) incompatible avec toute recherche de la vérité »[9]. Ces circonstances autorisent le tiers à ne pas vérifier les pouvoirs des représentants de la société et fondent, de ce fait, sa croyance légitime[10]. Pour engager sa responsabilité, le tiers doit avoir sciemment aidé le représentant de la société à dépasser les limites des ses pouvoirs.

247. Réfutation de l'ignorance fautive du domaine des contrats non soumis à une mesure de publicité. Les contrats non soumis à une mesure de

---

[1] Cass. civ. n°2010-57860 en date du 14 fév. 2012 (inédit), préc. :
" وإن مجرد الشك في سلامة التصرف يرفع حسن النية على المشتري ويعتبر سيء النية ولا يستحق الحماية".

[2]**E. DU PONTAVICE**, art. préc., p. 658.

[3]**J.-P. ARRIGHI**, *ibid.*, n°234, pp.572-573 ; **M. MAHFOUDH**, art. préc., n°s58-59, pp.405-406. *Adde* : **فوزي بالكناني**، تعليق على قرار إستئنافي مدني عدد 641 مؤرخ في 25 أفريل 1992، م. ق. ت.، 1994، عدد 3، ص.102.

[4]**J. VIDAL**, *op.cit.*, note 7, p.303.

[5] Art.114, al.3, du CSC.

[6]Art.197, al.4, du CSC pour la SA moniste et art.229, al.4, du CSC pour la SA dualiste.

[7] Art.398, al.2 du CSC.

[8]**A. MAMLOUK**, art. préc., p.110 ; **Ch.-W. CHEN**, *op.cit.*, n°s689 et s., pp.330 et s. ; **J.-P. ARRIGHI**, Thèse préc., n°169, pp.422-423 et n°216, pp.538-539 ; **Y. SCHUMACHER**, Thèse préc., n°172, pp.289-290.

[9]**A. MAMLOUK**, art. préc., p.109 ; **J. DUCLOS**, *op.cit.*, n°379, pp.396-397; **J.- L. SOURIOUX**, art. préc., n°s39-40; **J.-P. ARRIGHI**, *ibid.*, n°s233 et s., pp.570 et s. ; **A. RABAGNY**, Thèse préc., n°s1909 et s., pp.1048 et s. ; **M. MAHFOUDH**,art. préc., n°43, pp.398-399 ; **D. POMBIEILH-JEAUNEAU**, art. préc., n°s24 et s., pp.1558 et s.

[10]**Ch. LABASTIE-DAHDOUH et H. DAHDOUH**, *op.cit.*, Vol.2, T.2, n°266, pp.114-145 ; **N. DEJEAN DE LA BATI**, *op.cit.*, n°235, p.192 ; **A. LEPAGE**, Thèse préc., n°295, p.231 ; **Ch.-W. CHEN**, *op.cit.*, n°696, p.334 et n°699, pp.335-336.

publicitésont générateurs de droits qui occupent, en raison de leur caractère occulte, une place de choix dans la théorie de l'apparence. Cette dernière ne doit cependant pas s'ériger en « une planche de salut à l'usage des négligents et des étourdis, mais une protection réservée aux victimes d'une croyance légitime »[1]. Le tiers, berné par l'illusion, doit « faire la preuve qu'il a bien pris les précautions que les circonstances exigeaient »[2]. Ceci peut se confirmer davantage lorsque le tiers cocontractant est un professionnel[3].

La question est alors de savoir si l'ignorance est insuffisante pour protéger le tiers qui s'associe à la violation d'une obligation contractuelle, encore faut-il que sa croyance soit dénuée de toute faute de négligence d'un professionnel averti. En d'autres termes est-ce qu'une croyance légitime met à la charge d'un professionnel averti un devoir de se renseigner sur la situation antérieure de son cocontractant ?

On a pu penser que, dans les milieux professionnels, la mauvaise foi du tiers peut être retenue lorsqu'il « était placé dans de telles circonstances qu'il aurait dû vérifier si son débiteur ne contractait pas au mépris d'un précédent engagement »[4]. Ainsi, le nouvel employeur doit s'informer sur la situation du salarié ou l'apprenti qu'il compte embaucher[5]. Le distributeur doit s'informer si son vendeur est tenu par une obligation d'exclusivité et réciproquement[6]. Toutefois, cette tendance a été taxée.

248. Justifications. La doctrine majoritaire s'accorde que le tiers « ne commet aucune faute en ne cherchant pas de lui-même l'existence éventuelle d'un contrat antérieur au sien »[7]. L'idée trouve un appui dans l'article 560 du Code des obligations et des contrats, qui dispose qu' « en principe, chacun est présumé libre de toute obligation jusqu'à preuve du contraire ». Cette présomption, légale simple, dispense le tiers de toute recherche sur la situation antérieure de son cocontractant. Elle se justifie parfaitement dans notre matière. D'une part, exiger du tiers bénéficiaire de l'apparence une obligation générale de se renseigner exclurait presque totalement

---

[1]**P. VOIRIN**, obs. sous Bordeaux, 10 déc.1928, D.P., 1929, 2, p.82.

[2]**M. BOUDOT**, art. préc., n°125, p.17.

[3]**J. GHESTIN, G. GOUBEAUX et M. FABRE-MAGNAN**, *op.cit.*, n°843, p.832 et n[os]852-853, p.842 à 844 ; **F. DERRIDA** et **J. MESTRE**, Fasc. préc., n°98, p.10 ; **Ch.-W. CHEN**, *ibid.*, n°647, p.307 ; **J.-P. ARRIGHI**, *ibid.*, n°225, p.558 ; **M. MAHFOUDH**, art. préc., n°52, p.402 et n°61, p.407.

[4]**F. BERTRAND**, Thèse préc., n°187, p.286.

[5] V. en matière de clause de non-concurrence : **H. BOUAZIZ**, art. préc., n°42, p.88 ; Cass. com. fr., 18 déc. 2001, D., 2003, somm. comm., p.1029, obs **Y. PICOD** ; Paris, 25 oct. 2000 et 10 janv. 2001, D., 2001, somm., p.1311, obs. **Y. SERRA**.V. en matière de débauchage de salarié : **J.-C. JAVILLIER**,*op.cit.*, n°319, p.422. *Adde* :
محمد الزين، مرجع سابق، ص.343-344،عدد 425. **المنجي طرشونة والنوري مزيد**، مرجع سابق، ص.114.

[6]**D. BOSCO**,*op.cit.*, n°481, pp.456-457.

[7]**J. DUCLOS**, *op.cit.*, n°439-2, p.452 ; **A. WEILL**, *op.cit*, n°253, p.438 : « Mais s'agit-il de contrats non soumis à publicité, *les tiers n'ont pas à rechercher si le contrat existe.* Ils disposent donc d'un véritable droit à l'inertie » ; **P. ROUBIER**, *op.cit.*, p.266 : « on ne lui fait pas grief de son inaction, et on ne lui adresse aucune critique de n'avoir pas fait de recherche personnelle sur la véritable situation » ; **R. SAVATIER**, « Le prétendu... », art. préc., n°25, p.540 et n°27, p.542 ; **J. BOULANGER**, art. préc., n°18, p.572 ; **S. CALASTRENG**, Thèse préc., p.389 ; **G. VINEY**, *op.cit.*, n°207-3, p.583 ; **J. VIDAL**, *op.cit.*, p.328 ; **P. HUGUENEY**, *op.cit.*, pp.216 et s. ; **F. BERTRAND**, Thèse préc., n°107, pp.157-158 ; **Ph.-D. SAINT-HILAIRE**, *op.cit.*, p.503.

l'application de cette théorie car « dans la plupart des hypothèses, les tiers bénéficiaires de l'apparence auraient pu en procédant à certaines investigations, connaître la réalité »[1]. D'autre part, dans l'intérêt de la sécurité dynamique, le tiers doit pouvoir se fier à la loyauté de son cocontractant sans être contraint à des investigations aléatoires[2]. Il s'agit là de préserver ses expectatives légitimes, d'autant plus que la sécurité des transactions est une question d'intérêt général, qui doit primer sur l'intérêt particulier lié à un droit de créance[3].

On en déduit qu'« en l'absence de toute organisation d'un système de publicité, un tiers ne peut être responsable d'avoir aidé le débiteur d'une obligation contractuelle à ne pas l'exécuter, que s'il a effectivement eu connaissance du contrat liant déjà celui-ci… le tiers n'est pas tenu de rechercher l'existence de l'obligation contractuelle »[4].

249. Illustrations. En matière de débauchage de salarié, la faute de l'employeur débaucheur doit consister en la méconnaissance consciente du contrat de travail[5]. L'article 353 du Code du travail relatif à la méconnaissance d'un contrat d'apprentissage le confirme. Il exige, en effet, pour engager la responsabilité du nouvel l'employeur, que ce dernier ait agit « sciemment ». Il en est, de même, de la violation d'une obligation de non concurrence. La responsabilité du tiers ne peut être retenue que lorsque ladite obligation a été « sciemment méconnu par lui »[6]. L'article 44, alinéa 2 (nouveau) de la C.C.N.E.E., le confirme, lorsqu'il renvoie expressément au régime de l'article 26 du Code du travail.

La solution peut être généralisée, que l'obligation soit insérée dans un contrat de travail[7], dans les statuts d'une société[8] ou l'acte de cession des

---

[1]**J. CALAIS-AULOY**, *op.cit.*, n°16.

[2]**R. DEMOGUE**, Les notions fondamentales…, *op.cit.*, p.72 ; **J. DUCLOS**, *ibid.*, n°439-2, p.453 ; **LEPAGE**, Thèse préc., n^{os}324 et s., p.251 et s. et n^{os}535-536, pp.403-404.

[3] Art. 557 du COC. La Cour de cassation exerce un contrôle sur la qualification de la légitimité de la croyance : **M. BOUDOT**, fasc. préc., n°15, p.4 et n^{os}146 et s., pp.19-20 ; **Ch.-W. CHEN**, *op.cit.*, n^{os}653 et s., pp.310 et s.

[4]**A. LEPAGE**, Thèse préc., n°164, p.139 ; **S. GINOSSAR**, *op.cit.*, n°11, p.24 et n^{os}37-38, pp.91 et s. ; **G. VIRASSAMY**, « La connaissance et l'opposabilité », *in* Les effets du contrat à l'égard des tiers (comparaisons franco- belges), *op.cit.*, n^{os}8 et s., pp.135 et s. ; **Ph.-D. SAINT-HILAIRE**, *op.cit.*, pp.499 et s. *Contra* :

صبري حمد خاطر، الغير عن العقد '' دراسة في النظرية العامة للإلتزام''، مرجع سابق، ص.311:" لا يشترط أن يعلم "الغير" علما حقيقيا بالعقد وإنما يكفي أن تكون لديه إمكانية العلم بوجوده أو نفاذه".

[5]**G. H. CAMERLYNCK**, *op.cit.*, n°707, p.706 ; **Ph. MALINVAUD**, *op.cit.*, n°451, p.284 ; **F. TERRÉ, Ph. SIMLER et Y. LEQUETTE**, *op.cit.*, n°494, pp.494-495 ; **F.BERTRAND**, Thèse préc., n°103, pp.146-147-148 ; **G. VINEY**, *op.cit.*, n°203, p.569 ; **R.WINTGUEN**, *op.cit.*, n^{os}270-271, pp.234-235 ; **R. DEMOGUE**,obs. sous Cass. civ. fr., 27 mai 1908, RTD civ., 1908, p.536. *Adde* :

محمد محفوظ، دروس في العقد، مرجع سابق، ص.310-311، عدد313. **عصام الأحمر**، تعليق سابق، ص.224. **زكية الصافي**، قانون الشغل (عقد الشغل)، مرجع سابق، عدد 160، ص.128-129.

[6] **G. VINEY**, *op.cit.*, n°206, p.576 et n°203, p.569 ; **G. COURTIEU**, Concurrence déloyale. Applications pratiques, Fasc. préc., n°60, p.14 ; **P. HUGUENEY**, *ibid.*, pp.118 et s., spéc. p.132 ; **F. BERTRAND**, *ibid.*, n^{os}107 et s., pp.158 et s. ; **Y. SERRA**, *op.cit.*, n°396, p.290 ; **A. WEILL**, *op.cit.*, n°254, pp.440-441; **M. GOMY**, *op.cit.*, n°380, p.229 ; **P. ROUBIER**, *op.cit.*, pp.266-267 ; **Y.-M. LAITHIER**, *op.cit.*, n°425, p.507.

[7]**G. DAMYetS. PELLI**, art. préc., n°76, p.19 ; **J. BOULANGER**, art. préc., n°13, p.563.

[8] Req. fr., 08 nov. 1904, RTD civ., 1905, p.330, n°5, obs. **R. DEMOGUE**.

droits sociaux, dans un contrat de franchise ou encore découlant de la vente de fonds de commerce[1]. La même exigence est reconduite dans le cadre des clauses de non-sollicitation[2]. Pareille tendance est reconduite, en cas de violation d'une clause d'exclusivité d'achat ou de vente stipulée dans un contrat de concession commerciale. La responsabilité du tiers n'est mise en œuvre que lorsque ces clauses ont été « sciemment méconnues par lui »[3]. Le même régime s'applique au contrat de franchise. Ainsi, la responsabilité du franchiseur concurrent ne sera engagée que lorsqu'il a sciemment aidé le franchisé à la violation de son obligation d'exclusivité d'achat[4]. Toutes ces situations concurrentielles requièrent une certaine célérité peu compatible avec les recherches approfondies, longues et souvent compliquées[5].

250. Preuve de la connaissance effective. La preuve de la connaissance incombe à celui qui s'en prévaut[6]. Étant un élément de fait, cette connaissance effective peut être librement établie. Elle peut se trouver facilitée par l'existence d'une publicité de fait[7]. Ainsi en est-il de la notification adressée par lettre recommandée par le créancier de non-concurrence au tiers, l'informant de l'existence d'une interdiction de concurrence[8], ou de l'insertion de la clause dans le certificat de travail remis au salarié à l'expiration du contrat de travail, et dont la reproduction sera le plus souvent exigée par le nouvel employeur[9] ; ou de la notoriété des clauses restrictives de concurrence rendues publiques par la presse, les affiches et les revues[10] ; ou encore lorsque ces clauses sont courantes dans le secteur d'activité en cause[11]. « Mais il s'agit là d'une question différente du devoir

---

[1] Cass. com. fr., 13 mars 1979, D., 1980, J., p.1, note **Y. SERRA**.

[2] **S. BENILSI**, art. préc., n°s 19-20, p.19 ; **R. WINTGEN**, *ibid.*, n°273, p.237.

[3] **G. VINEY**, *op. cit.*, n°206, p.576 ; **F. TERRÉ, Ph. SIMLER et Y. LEQUETTE**, *op.cit.*, n°494, pp.494-495 ; **J.-P. ARRIGHI**, Thèse préc., n[os]757-758, pp.354-355 ; **P. JOURDAIN**,« Les réseaux… », art. préc., n[os]25 et s., pp.49 et s. ; **J. LIMPENS** et **J. VAN RYN**, note préc., n°5, p.89 ; **M. MALAURIE-VIGNAL**, note sous Cass. com. fr., 6 mai 2003, CCC, nov. 2003, comm. n°159, p.28 ; **J.-S. BERGE**, obs. sous Cass. com. fr., 6 mai 2003, RDC 2004, n°2, p.297 ; **M. MALAURIE-VIGNAL**, note sous Colmar, 24 Juin 2008, CCC, Avr. 2009, comm. n° 98, p.16 ; note sous Cass. com. fr., 25 av. 2001, CCC, Juillet 2001, comm. n°108, p.19. *Adde* :

محمد محفوظ، مرجع سابق، عدد 313، ص.311.

[4] **F.-C. DUTILLEUL et Ph. DELEBECQUE**, *op.cit.*, n°960, p.984.

[5] **J. GHESTIN, G. GOUBEAUX et M. FABRE-MAGNAN**, *op.cit.*, n°843, p.832 et n[os]852-853, p.842 à 844 ; **J. DUCLOS**, *op.cit.*, n°379, p.396 ; **J.-L. SOURIOUX**, art. préc., n[os]16 et 39 ; **M. BOUDOT**, Fasc. préc., n°15, p.4 et n[os]39-40, p.7 ; **J. CALAIS-AULOY**, *op.cit.*, pp.26 et s., n[os]14 et s. ; **F. DERRIDA et J. MESTRE**, Fasc. préc., n°99, p.10 ; **J.-P. ARRIGHI**, Thèse préc., n°233, p.570.

[6] Art.420 du COC. V. pour la clause de non-concurrence : Cass. com. fr., 18 déc. 2001, D., 2003, somm. comm. 3, p.1029, obs. critiques **Y. PICOD** ; D., 2002, p.644, obs. **E. CHEVRIER**. V. pour la clause de non-sollicitation : **S. BENILSI**, art. préc., n°19, p.19 ; V. pour l'exclusivité de vente dans un contrat de concession commerciale : **C. CHAMPAUD**, art. préc., n°63, p.497. *Adde* :

محمد محفوظ، مرجع سابق، عدد 313، ص.311.

[7] Par opposition à une publicité légalement organisée : V. **J. DUCLOS**, *ibid.*, n[os]248 et s., pp.283 et s.

[8] Paris 10 avril 1995, D., 1996, somm. comm., p.248, obs. **Y. SERRA**.

[9] **Y. SERRA**, *op.cit.*, n°396, p.290 et n°398, pp.291-292 ; **M. GOMY**, *op.cit.*, n°380, pp.229-230.

[10] **P. ROUBIER**, *op.cit.*, p.267 ; **J. DUCLOS**, *op.cit.*, n°439-2, p.453 ; **F. BERTRAND**, Thèse préc., n°109, p.160 ; Paris, 24 nov. 1904, S., 1905, 2, 284.

[11] Cass. com. fr., 18 déc. 2001, préc. ; CCC, Avr. 2002, comm. 59, p.29, note **M. MALAURIE-VIGNAL**.V. pour l'exclusivité de revente dans un contrat de concession commerciale : **C. CHAMPAUD**, art. préc., n°63, p.497.

de se renseigner. Dans ce cas de figure, le juge ne reproche pas au tiers d'avoir effectué aucune investigation personnelle, il induit seulement la mauvaise foi de celui-ci des circonstances spécifiques de l'espèce »[1].

251. Moment d'appréciation de la connaissance effective. L'article 26 du Code du travail précise que le nouvel employeur engage sa responsabilité « quand il a embauché ce salarié le sachant déjà lié par un contrat de travail ». Dès lors, c'est la date de la conclusion du contrat qui doit être retenue. Notre législateur marque ainsi son adhésion à la thèse de la sécurité dynamique. La solution peut être généralisée pour toutes les obligations non soumises à une mesure de publicité[2].

Paragraphe II. La sanction de la faute du tiers

252. La réparation en nature, qui demeure la sanction la plus efficace (A), n'empêche pas qu'une réparation par équivalent puisse être prononcée (B). Le créancier contractuel peut le plus souvent choisir entre ces deux remèdes. Il peut éventuellement les combiner. Un contrôle d'opportunité est, au gré des cas, exercé par le juge[3].

A. La réparation en nature

253. L'inopposabilité du second contrat, sanction de principe. La sanction de principe de la fraude est l'inopposabilité. Cette dernière « réside simplement dans l'inefficacité du résultat frauduleusement obtenu ; la validité des actes mise en œuvre pour le produire n'est pas en cause »[4]. On peut, dès lors, comprendre pourquoi la sanction de la nullité doit être réfutée. La nullité à caractère indemnitaire défendue par certains[5], est la marque d'une confusion patente, entre le domaine de la nullité qui sanctionne l'inobservation d'une condition de validité au stade de la formation du contrat, et les règles de la responsabilité qui visent plutôt à réparer le préjudice subi par un fait dommageable[6]. Le second contrat, étant intrinsèquement valable[7], rien ne peut justifier sa nullité[8]. C'est plutôt en raison de l'objectif poursuivi, à savoir l'inexécution du premier contrat et la

---

[1] **J. DUCLOS**, *ibid.*, n°439-2, p.453.
[2] V. notamment pour la clause de non sollicitation : **S. BENILSI**, art. préc., n°19, p.19.
[3] **D. TALLON**, « L'inexécution du contrat : pour une autre présentation », RTD civ., 1994, n^{os}36 et s., pp.235 et s. ; **H. KENFACK**, « Le renforcement de la vigueur du pacte de préférence », Rep. Defrénois, 2007, art.38621, pp.1007- 1008 ; **F. BERTRAND**, Thèse préc., n°151, p.224. *Adde* :
صبري حمد خاطر، مرجع سابق، ص.314.
[4] **J. VIDAL**, *op.cit.*, p.448. *Adde* :
محمد حمودة، "إشكالات الجزاء في النظرية العامة للعقد"،بكتاب خمسون عاما من فقه القضاء المدني 1959-2009، تحت إشراف الأستاذ محمد كمال شرف الدين، م. ن. ج.، تونس، 2010، ص.617.
[5] **J. MESTRE et B. FAGES**, obs. sous Ch. mixte, 26 mai 2006, RTD civ., 2006, p.550 : « Saluons rapidement le maintien de "l'annulation du contrat". Cette première forme de réparation en nature… ».
[6] **C. GUELFUCCI THIBERGE**, Nullité, restitutions et responsabilité, *op.cit.*, n^{os}407 et s., pp.243 et s.
[7] **S.GINOSSAR**, « La fraude au droit d'autrui est-elle licite ? », art. préc., p.619.
[8] **D. MAZEAUD**, « La responsabilité du fait de la violation d'un pacte de préférence », art. préc., n°16, p.213 ; **J. CARBONNIER**, Droit civil, T.4, *op.cit.*, n°127, p.250.

complicité du tiers, que ce dernier serait sanctionné au titre des règles de la responsabilité.

Le second contrat avait pour but de rendre impossible l'exécution en nature du premier. Il présente en même temps le moyen de la fraude et sa fin. Obtenir l'inefficacité du résultat de l'acte revient, dès lors, à frapper d'inopposabilité le moyen. Étant l'origine du préjudice causé au créancier, le second contrat sera frappé d'inopposabilité, sorte de réparation en nature[1].

L'idée va faire son chemin aussi bien pour sanctionner la complicité du tiers à la violation d'une obligation de donner (1), de faire (2) ou de ne pas faire (3).

1.La réparation en nature : sanction de la complicité du tiers à la violation d'une obligation de donner

254. L'inopposabilité de l'acte incompatible. Sanction de la complicité du tiers à la violation d'une obligation de donner, l'inopposabilité de l'acte incompatible a été défendue par la doctrine en matière de ventes successives d'un immeuble non immatriculé par le même auteur[2]. On peut aussi dans le même sens défendre l'inopposabilité de l'inopposabilité du droit non enregistré[3]. La Cour de cassation, qui met à tort les règles de fond, semble, plutôt, s'orienter vers la théorie de la nullité absolue[4].

Dans le dessein de permettre au créancier lésé d'aller jusqu'au bout de son action, la sanction de l'inopposabilité, sorte de réparation en nature, sera poursuivie, au visa de l'article 273 du Code des obligations et des contrats, de l'exécution forcée en nature. Réparation en nature et exécution forcée en nature[5] constituent, en effet, les deux éléments « d'un même *package* de

---

[1]**S. GINOSSAR**, *op.cit.*, n°39, pp.99 et s. ; **J. VIDAL**, *op.cit.*, p.280, note 1 ; **F. BERTRAND**, Thèse préc., n°151, pp.222-223 et n°152, p.227.

[2] V. en ce sens :

أحمد بن طالب، مذكرة سابقة، ص.113-116.

[3] V. en ce sens :

عادل البراهمي، " الإحتجاج بالبيع على الغير في العقارات غير المسجلة "، مقال سابق، ص.48-49.

[4] V. sur l'exposé et la critique de cette tendance, *supra*, n°87.

[5] L'exécution en nature se distingue de la réparation en nature. La première « consiste à ordonner l'exécution en nature de l'obligation ». La seconde « englobe tous les cas dans lesquels le juge impose au responsable, non le paiement d'une indemnité, mais un acte ou un comportement qui contribue à supprimer ou, au moins, à atténuer le dommage subi par la victime » : **G. VINEY** et **P. JOURDAIN**, Traité de droit civil, Les effets de la responsabilité, 2ème éd., sous la direction de Jacques GHESTIN, LGDJ,Paris, 2001, n°14 -1, p.26. Cela dit, alors que la première serait « satisfactoire », la seconde ne serait que « compensatoire » : **M.-E. ROUJOU DE BOUBÉE**, Essai sur la notion de réparation, préface de P. HÉBRAUD, LGDJ, Paris, 1974, p.146. « Ces deux catégories de mesure tendent au même but qui consiste à replacer le créancier dans la situation exacte ou dans une situation aussi proche que possible que celle qui aurait été la sienne si le fait dommageable n'avait pas eu lieu » : **G. VINEY et P. JOURDAIN**, *ibid.*, n°14 -1, p.27. La tendance contemporaine est de voir dans « toute exécution forcée un type de réparation : ordonner l'exécution du contrat, ou la destruction de ce qui a été fait en contravention avec le contrat, n'est qu'un type de réparation en nature » : **P. REMY-CORLAY**, « Exécution et réparation : deux concepts ? », *in* Exécution en nature, exécution par équivalent, Actes d'une journée organisée par l'Université Panthéon-Sorbonne (Paris I) le 14 oct. 2004, RDC, 2005, pp.16 et s.

sanction en nature »[1]. C'est ainsi que le créancier spolié peut revendiquer le bien du tiers indélicat.

L'inopposabilité, sanction de la fraude, doit aussi prévaloir en matière de ventes successives d'un immeuble immatriculé par le même auteur[2]. On peut même parler de l'« inopposabilité de l'inopposabilité »[3] du droit non inscrit. Cette sanction sera poursuivie de la radiation de l'inscription et de la revendication du bien[4]. Tel ne semble pas être la position de la Cour de cassation, qui opte plutôt pour la nullité de la seconde aliénation. Elle justifie cette sanction, soit par la théorie de l'objet[5], soit encore par l'article 305, alinéa 2 du Code des droits réels[6]. Ces deux fondements sont discutables à plus d'un titre. Quant au premier, étant un conflit d'opposabilité, les règles de fond ne doivent pas en principe interférer pour résoudre un conflit de droits subjectifs concurrents[7]. Quant au second, l'alinéa second de l'article 305 du Code des droits réels ne semble pas viser l'hypothèse de ventes successives d'un immeuble immatriculé par le même auteur[8]. Il vise plutôt les tiers : ayants cause qui ont acquis de bonne foi un droit réel sur la base d'inscriptions annulables.

La même solution doit prévaloir à l'égard du tiers de mauvaise foi, qui a constitué une hypothèque postérieure à une vente non publiée.

En matière de cessions successives de meubles corporels, lorsqu'il est établi que le tiers second cessionnaire est de mauvaise foi, au sens des articles 488 du Code des obligations et des contrats ou 53 du Code des droits réels, c'est l'inopposabilité du contrat conclu avec le second acquéreur qui doit être prononcée à titre de réparation en nature, laquelle réparation permet au premier acquéreur de revendiquer le bien[9].

---

[1]**J. MESTRE et B. FAGES**, obs. sous Ch. mixte, 26 mai 2006, RTD civ., 2006, p.551, n°1 ; **F. BERTRAND**, Thèse préc., n°151, pp.224-225.

[2]**M.-K. CHARFEDDINE**, *op.cit.*, n°342, p.292. *Adde* :
علي كحلون، "أي دعوى للمشتري الأول في وقف أثر البيع الثاني في نظام الإشهار العيني؟"، م. ق. ت.، 2013، عدد 10، ص.42-43.
Contra : **A. WEILL**, *op.cit.*, n°249, p.430

[3]**M.-K. CHARFEDDINE**, *ibid.*, n°133, p.113.

[4]Art.392, al. premier, du CDR.

[5]Cass. civ. n°7701 en date du 15 juin 2005, Bull. civ., 2005, 2ème partie, p.263 ; Cass. civ. n°13253 en date du 19 mai 1986, RJL, 1987, n°10, p.57 (partie en langue arabe) ; Cass. civ. n°1597 en date du 20 nov. 1979, Bull. civ., 1979, 2ème partie, p.101 ; Cass. civ. n°2556 en date du 13 mars 1979, Bull. civ., 1979, 1re partie, p.130 ; Cass. civ. n°1442 en date du 20 mai 1975, Bull. civ., 1975, 2ème partie, p.65.

[6] Cass. civ. n°2010-57860 en date du 14 fév. 2012 (inédit), préc. ; Cass. civ. n°2010-48411 en date du 03 mai 2011 (inédit), préc. :
" حيث ومن جهة أخرى فإن إقرار محكمة القرار المطعون فيه إبطال تصرف الطاعنين المتعلق ببيع العقار الواقع ترسيمه لفائدة الطاعنة الثانية لا ينطوي على خرق لأحكام الفصل 305 من م.ح.ع. طالما ثبت للمحكمة بأن المنتفعة بالترسيم لم تكتسب تلك الحقوق عن حسن نية".
Adde : Cass. civ. n°2008-28969 en date du 21 déc. 2009 (inédit), préc. ; Cass. civ. n°732 en date du 06 oct. 2005, Bull. civ., 2005, 2ème partie, p.63 ; Cass. civ. n°21320 en date du 04 fév. 2003, Bull. civ., 2003, 2ème partie, p.196 ; Cass. civ. n°2002-22994 en date du 11 janv. 2003, préc. ; Cass. civ. n°56988 en date du 20 mai 1997, Bull. civ., 1997, 2ème partie, p.75. *Adde* :
حسان القيزاني، مقال سابق، ص.274 وما يليها. **عبد المنعم عبود**، "القوة الثبوتية..."، مقال سابق، عدد 50، ص.162-163.

[7] V. *supra*, nos86 à 91.

[8]Cass. civ. n°13253 en date du 19 mai 1986, préc. *Adde* :
أحمد بن طالب، مرجع سابق، هامش 617، ص.190. **أحمد بن طالب**، "التشطيب..."، مقال سابق، 1996، ص.112.

[9]**G. VINEY**, *op.cit.*, n°205, p.573 et n°208, p.587 ; **F. BERFRAND**, Thèse préc., n°79, p.112 ; **F. DANOS**, *op.cit.*, note 1, p.484.

La même sanction est applicable en matière de cession de fonds de commerce suivie d'un acte incompatible souscrit avec un tiers de mauvaise foi. La sanction de l'inopposabilité sera éventuellement poursuivie de la radiation des inscriptions portées sur le registre public, lorsque cet acte porte sur le nantissement du fonds au sens des articles 238 et 239 du Code de commerce.

En matière de cession de créance doublée, la même sanction serait réitérée[1]. La mauvaise foi du tiers « écarte l'inopposabilité du droit non publié »[2]. À suivre cette idée, la sanction serait l'inopposabilité de l'inopposabilité de la cession non publiée et la restitution des sommes allouées.

2.La réparation en nature : sanction de la complicité du tiers à la violation d'une obligation de faire

255. La réparation en nature, sanction de la complicité du tiers à la violation d'une obligation de faire, mérite d'être étayée sur deux plans. Le premier a trait à l'inopposabilité de l'acte incompatible (a). Le second tient à l'exécution forcée en nature de l'obligation violée (b).

a. L'inopposabilité de l'acte incompatible

256.Les vicissitudes de la Cour de cassation. La sanction de l'inopposabilité a été défendue par la doctrine, s'agissant d'une promesse de vente suivie d'une vente. M. KNANI, précise, à cet effet, que « le tiers commettait en achetant une faute de nature à rendre son acte inopposable au bénéficiaire »[3]. Tel ne semble pas être la position de la Cour de cassation qui opte plutôt pour la nullité de la vente[4].

Lorsque la promesse de vente a fait l'objet d'une prénotation, l'inopposabilité de l'acte incompatible souscrit par le tiers est expressément prévue par l'article 370 du Code des droits réels[5]. La même sanction est prescrite face à un tiers preneur de mauvaise foi qui, au mépris d'une

---

[1]**F. BERTRAND**, Thèse préc., n°151, p.223 ; **G. VINEY**, *op.cit.*, n°208, p.587. *Contra* : **Ph.MALAURIE, L.AYNES et Ph.STOFFEL-MUNCK**, *op.cit.*, n°1415, p.764 ; **J. FLOUR, J.-L. AUBERT, Y. FLOURetE. SAVAUX**, Les obligations, T.1, *op.cit.*, n°357, p.329 (Ces auteurs prônent la nullité du second acte de cession).

[2] **J. FRANÇOIS**, *op.cit.*, n°378, p.306 ; **J. MESTRE**, Cession de créance et responsabilité civile, chron. Préc., p.130, n°14.

[3]**F. BELKNANI**, art. préc., p.163 ; **L. BOYER**, art. préc.,n°29, p. 29; **F. BERTRAND**, *ibid.*, n°151, p.223 ; **M.-M. CHAFFAI**, Thèse préc., p.265. *Contra* : **J. BOULANGER**, art. préc., n°26, p.592 et n°31, p.598. (L'auteur défend l'annulation).

[4] V. pour les immeubles non-immatriculés : La nullité par application de la théorie de l'objet. En ce sens : Cass. civ. n°49953 en date du 14 janv. 1997, Bull. civ., 1997, 2ème partie, p.136. V. pour la nullité par l'application de l'art.547 du COC : Cass. civ. n°3306 en date du 10 déc. 1981, Bull. civ., 1981, 4ème partie, p.218.

V. pour les immeubles immatriculés : La nullité par application de l'art.305, al. 2, du CDR : Cass. civ. n°14455 en date du 13 mai 2002, préc.

[5] V. en ce sens : Cass. civ. n°2921 en date du 24 fév. 1981, RJL, 1982, n°3, p.110 (partie en langue arabe) ; Cass. civ. n°40806 en date du 24 oct. 1994, préc.

promesse de vente, souscrit de connivence avec le propriétaire un bail[1]. Il en est de même lorsque la promesse a été suivie d'une hypothèque au profit d'un créancier de mauvaise foi, c'est l'inopposabilité de l'hypothèque et la mainlevée qui doivent être prononcées[2]. La même sanction a été défendue pour unpacte de préférence suivi d'un bail, voire d'une vente[3].

En matière de baux successifs, la Cour de cassation, toutes Chambres réunies, oscille dans son arrêt rendu le 18 février 1983[4], entre l'inopposabilité du second bail[5] et sa nullité pour défaut d'objet[6]. Dans d'autres décisions, la Cour suprême, qui fonde, à tort, son syllogisme sur la théorie de l'objet, décide la nullité absolue[7].

Lorsque l'inopposabilité du second contrat incompatible est prononcée, on se demande si le bénéficiaire d'une obligation de faire peut, à titre de réparation en nature du préjudice qu'il a subi, réclamer au juge l'exécution forcée en nature de l'obligation par substitution au tiers de mauvaise foi ?

b. L'exécution forcée en nature de l'obligation violée

257. Appréciation du fondement choisi par la jurisprudence. Bien que le siège de l'obligation de faire soit l'article 275 du Code des obligations et des contrats, la Cour de cassation fonde son syllogisme, en matière de promesse de vente suivie d'un contrat incompatible, sur l'article 273 du Code des obligations et des contratssiège de l'obligation de donner. C'est le souci d'assurer au bénéficiaire de la promesse la meilleure protection à savoir l'exécution forcée en nature qui anime, semble-t-il, la Cour de cassation. C'est ainsi qu'elle a décidé, le 30 janvier 1976, toutes chambres réunies, l'exécution forcée en nature, au sens de l'article 273 du Code des obligations et des contrats, à titre de sanction de la rétractation du promettant[8]. La solution quigagne la conviction d'une partie de la doctrine[1]

---

[1]*Contra* : Cass. civ. fr., 23 oct. 1957, RTD civ., 1958, p.74, n°5, obs. **H. et L. MAZEAUD**. (Les auteurs défendent l'annulation du bail).

[2] Cass. civ. fr., 10 avr. 1948, RTD civ., 1949, pp.78-79, n°3 ; RTD civ., 1948, pp.345-356, n°27, obs. **H. et L. MAZEAUD**. *Contra* : Cass. civ. n°24631 en date du 02 mai 1991, Bull. civ., 1991, p.232.

[3]**D. MAZEAUD**, « La responsabilité du fait de la violation d'un pacte de préférence », art. préc., n°16, p.213. En ce sens : **R. LIBCHABER**, obs. sous Cass. civ. fr., 31 janv. 2007 et 14 févr. 2007, Rep. Defrénois, 2007, art.38624, p.1048, spéc. p.1053 : « la sanction adéquate à leur comportement consiste à déclarer l'inopposabilité du contrat au tiers » ; **Ch. ATIAS**, art. préc., p. 203 ; **E. SAVAUX**, obs. sous Cass.ch.mixte, 26 mai 2006, préc., p.1208, note (6). *Contra* : **A. WEILL**, *op.cit.*, n°249, p.430 ; **F. BERTRAND**, Thèse préc., n°151, p.223.

[4] Cass. civ. n°775 en date du 18 fév. 1983, préc.

[5] Aux dire des Ch. réun. :

" وحيث انه من جهة أخرى فان عقد التسويغ الثاني الذي أبرمته المكرية ... دون سبق التحلل من رباط العقد الأول الذي يربطها بالمتسوغة الأولى يكون **عديم النفاذ** بالنسبة لها".

[6] Aux dires des Ch. réun. :

" وحيث أنه من جهة أخرى فان عقد التسويغ الثاني الذي أبرمته المكرية ... دون سبق التحلل من رباط العقد الأول الذي يربطها بالمتسوغة الأولى يكون ... **غير قائم على موضوع**... وباعتماد هذا الواقع فان الشركة تصرفت في حق لا تملكه عند الإيجار وتعاقدت **بموضوع غير متوفر لديها**".

[7] Cass. civ. n°7346 en date du 14 nov. 2005, Bull. civ., 2005, 1re partie, p.97 ; Cass. civ. n°35531 en date du 15 fév. 1995, Bull. civ., 1995, p.143.

[8] Cass. civ. Ch. réun. n°12082 en date du 30 janv. 1976, préc. :

constitue une jurisprudence en la matière. Le fait pour une personne de s'être engagée à vendre un bien puis de l'avoir aliéné à un tiers, précise la Cour de cassation, le 27 avril 2006, ne constitue pas un cas d'impossibilité d'exécution forcée de la promesse au sens de l'article 273 du Code des obligations et des contrats[2]. Le promettant, précise la Cour suprême, le 29 avril 2014, peut être contraint à parfaire la vente. À défaut, cette dernière sera conclue au moyen d'un jugement valant vente[3].

Pourtant, on aurait pu penser que cette obligation de faire n'est pas purement personnelle au débiteur et que, dès lors, l'exécution en nature peut être admise sur la base de l'exception prévue par l'article 275 du Code des obligations et des contrats[4]. Ainsi, l'exécution forcée en nature sera prononcée en faveur du bénéficiaire de la promesse sur la base de la loi et non en vertu d'une jurisprudence contraire à la loi. En toute logique, cette exécution en nature sera épaulée par la restitution du bien aliéné[5].

" يجوز لكل من المتعاقدين عند الإخلال به أن يجبر صاحبه على الوفاء. و عند التعذر له المطالبة بالغرم و ذلك تطبيقا للفصل 273 م.إ.ع.".

[1]**D. MAZEAUD**, obs. sous Cass. civ. fr., 28 oct. 2003, RDC, 2004, n°2, p.270. **D. MAZEAUD**, « Exécution des contrats préparatoires », *in* Exécution en nature, exécution par équivalent, Actes d'une journée organisée par l'Université Panthéon-Sorbonne (Paris I) le 14 oct. 2004, RDC, 2005, n°1, pp.63 et s., n^{os}5 et s. ; **L. BOYER**, art. préc., 1949, n°33, p.32 et s. ; **D. TALLON**, art. préc., n°6, pp.224-225 ; **J.-F. LUSSEAU**, art. préc., n°33, p.502. *Adde* :

بديع بن عباس، "حقوق المشتري الناشئة عن الوعد بالبيع في ميدان البعث العقاري"، مقال سابق، ص.117 إلى 120.**عبد الله الأحمدي**، مرجع سابق، عدد 321، ص.278 وعدد 328، ص.284. **خليفة الخروبي**، مرجع سابق، عدد 161، ص.116 وعدد 165، ص.119. **عبد المجيد عبودة**، تعليق على ق. ت. م. عدد 32771 بتاريخ 20 أوت 1992، سالف الذكر، ص.225.

Contra: **D. MAINGUY**, « L'efficacité de la rétractation de la promesse de contracter », RTD civ., 2004, p.14 : « l'exécution forcée n'est ni possible, ni souhaitable » ; **J. SCHMIDT-SZALEWSKI**, art. préc., pp.38 et s. *Adde* :

نذير بن عمّو، مرجع سابق، عدد 102، ص.122.

[2] Cass. civ. n°2005-6731 en date du 27 avr. 2006 (inédit), préc. :

" وحيث أن قيام الواعد بالتفويت بالبيع للغير في ما إلتزم ببيعه بموجب وعد البيع الذي كان أبرمه سابقا لا تعد من الصور التي أجاز فيها المشرع الحكم بفسخ العقد لاستحالة تنفيذه".

Contra : Cass. civ. n°20128 en date du 17 janv. 1989, RJL, 1991, n°6, p.57 (partie en langue arabe). *Adde* :

عبد الله الأحمدي، مرجع سابق،عدد 329، ص.284-285.

[3] Cass. civ. n°2012-80728 en date du 29 avr. 2014 (inédit) ; Cass. civ. n°2011-69691 en date du 25 avr. 2013 (inédit) :

" حيث... أصابت محكمة القرار المنتقد لما اعتبرت... أن عقد الوعد بالبيع ولئن كان منشئا لالتزام شخصي إلا أنه يمكن غصب الواعد على تنفيذ الإلتزامات المحمولة عليه طالما أن ذلك ممكن وفقا لأحكام الفصل 273 من م.إ.ع.".

Adde : Cass. civ. n°2007-16483 en date du 16 fév. 2008 (inédit) :

" وطالما اتفق الطرفان المتنازعان... و أخّرا تحرير عقد البيع النهائي لتاريخ لاحق غير محدد فإن إمتناع المعقب ضده عن تنفيذه تلقائيا... يبرر جبره على إتمامه وعند الإقتضاء إعتبار الحكم يقوم مقامه".

Adde : Cass. civ. n°2005-6731 en date du 27 avr. 2006 (inédit), préc. ; Cass. civ. n°3455 en date du 25 déc. 2006, Bull. civ., 2006, 1re partie, p.143 ; Cass. civ. n°4427 en date du 16 fév. 2005, Bull. civ., 2005, 2ème partie, p.173 ; Cass. civ. n°2472 en date du 12 oct. 2004, Bull. civ., 2004, 2ème partie, p.209.

[4]**F. BELKNANI**, art. préc, pp.162 et s., spéc. p.167 ; **M.-M. CHAFFAI**, Thèse préc., pp.266 et s. ; **W. JEANDIDIER**, « L'exécution forcée des obligations contractuelles de faire », RTD civ., 1976, pp.700 et s. ; **N. MOLFESSIS**, « Force obligatoire et exécution : un droit à l'exécution en nature ? », RDC, 2005, pp.37 et s. ; **L. LEVENEUR**, note sous Cass. civ. fr., 16 janv. 2007, CCC, juin 2007, comm.144, p11 ; **H., L. et J. MAZEAUD**, *op.cit.*, n°935, p.1031 et n°933, p.1019 ; **Ph. MALAURIE, L. AYNES et Ph. STOFFEL-MUNCK**, *op.cit.*, n°1129-1131, p.624 à 628 ; **I. CORNESSE**,« L'exécution forcée en nature des obligations contractuelles », RRJ, 2003, n°16, p.2433 ; **P. WIGNY**, « Responsabilité contractuelle et force majeure », RTD civ., 1935, pp.35 à 39.

[5]**L. BOYER**, art. préc., n°29, p.29; **J.-F. LUSSEAU**, art. préc., n°33, pp.502-503 ; Cass. civ. n°2005-6731 en date du 27 avr. 2006 (inédit), préc. ; Cass. civ. n°49953 en date du 14 janv. 1997, préc. ; Cass. civ. n°11524 en date du 08 avr. 1976, Bull. civ., 1976, 1re partie, p.174 ; Cass. civ. n°14455 en date du 13

Lorsqu'une promesse de vente a été suivie d'un bail souscrit à un tiers de mauvaise foi, l'inopposabilité sera assortie de la « revendication » des lieux loués. Il en est de même en matière de baux successifs[1].

L'inopposabilité du contrat incompatible avec un pacte de préférence et la substitution du bénéficiaire dans les droits du tiers, est conçue comme la seule sanction qui permette une réparation « complète »[2] et « plus adéquate »[3], voire « infiniment plus adéquate »[4]. « L'argent ne constitue, en effet, qu'un équivalent très imparfait par rapport à l'objectif poursuivi par le créancier de l'obligation de préférence »[5].

Au demeurant, « c'est aux juges du fond qu'il devrait appartenir d'apprécier souverainement, *in speci*, l'opportunité d'une réparation en nature »[6].

3.La réparation en nature : sanction de la complicité du tiers à la violation d'une obligation de ne pas faire

258. Les faveurs de la réparation en nature. Bien que, dans ce cadre, ce soit la réparation par équivalent qui domine[7], rien n'empêche que le juge soit sollicité, lorsqu'il est possible, à déclarer, en guise de réparation en nature, l'inopposabilité de l'acte incompatible. Cette dernière demeure la sanction de principe.

Ainsi, lorsque le tiers s'associe en connaissance de cause à la violation par l'organe de représentation de la société des limites de ses pouvoirs, l'acte souscrit est déclaré inopposable à la société. C'est ce qu'on peut déduire d'une lecture *a contrario* des dispositions de l'alinéa 3 de l'article 229 relatif à la société anonyme dualiste. La même solution peut être appliquée à la société anonyme moniste[8], à la société à responsabilité limitée[9] et à la société en commandite par action[10]. Elle peut être reconduite dans le cadre des

---

mai 2002, préc. ; Cass. civ. n°40806 en date du 24 oct. 1994, préc. ; Cass. civ. n°2921 en date du 24 fév. 1981, préc.

[1] Cass. civ. n°7346 en date du 14 nov. 2005, Bull. civ., 2005, 1re partie, p.97 ; Cass. civ. n°35531 en date du 15 fév. 1995, Bull. civ., 1995, p.143 ; Cass. civ. n°775 en date du 18 fév. 1983, préc. *Contra* :
فوزي بالكناني، تعليق سابق، ص.144-145.

[2] **F. COLLART DUTILLEUL et Ph. DELEBECQUES**,*op.cit.*, n°68, p.75 ; **H. KENFACK**, art. préc., pp.1006-1007 et 1008 ; **D. MAZEAUD**, « La responsabilité du fait de la violation d'un pacte de préférence », art. préc., n°s16-17 et 18, p.213 ; **Ch. ATIAS**, art. préc., p. 203.

[3] **J. MESTRE**,RTD.civ., 1987, p.89, n°2 ; **J. MESTRE**, obs. sous. Cass. com. fr., 07 mars 1989, RTD civ., 1990, p.70, n°7 ; **D. MAZEAUD**, obs. sous Cass. civ. fr. Ch. mixte, 26 mai 2006, RDC, 2006, p.1080 ; **B. FAGES**, obs. sous Cass. civ. fr., 14 fév. 2007 et T. com. Paris, 25 juin 2007, RTD civ. 2007, n°4, p.768.

[4] **P. JOURDAIN**, RTD civ., 1997, p.674, n°6.

[5] **J. SCHMIDT-SZALEWSKI**, « La force obligatoire… », art. préc., p.33.

[6] **P. JOURDAIN**, RTD civ., 1997, p.675, n°6.

[7] V. *infra*, n°s259 à 261.

[8] Art.197, al.3 et 4, du CSC.

[9] Art.114, al.3 et 4, du CSC.

[10] Art.398, al.2 et 3, du CSC.

conventions réglementées[1]. En effet, lorsque ces dernières sont désapprouvées, elles sont déclarées inopposables à la société[2].

Dans le cadre des obligations limitatives de la libre concurrence, le tiers qui souscrit avec le débiteur un acte incompatible, provoquant ainsi l'inexécution de ladite obligation, encourt l'inopposabilité de l'acte. En sus de cette sanction, le créancier peut demander au juge d'ordonner au tiers toute mesure de nature à faire cesser l'activité développée en violation de l'interdiction souscrite. C'est ainsi que le nouvel employeur peut se voir ordonner de résilier le contrat de travail conclu avec le salarié en violation d'une clause de non-concurrence[3]. La même sanction peut être retenue lorsqu'une clause de non-sollicitation a été violée de connivence avec le salarié sortant[4]. Dans la même veine, lorsqu'un acte est conclu, au mépris d'une exclusivité d'achat ou de vente née d'un contrat de concession commerciale ou de franchise, le créancier de l'exclusivité peut solliciter du juge le prononcé d'une injonction de cesser l'activité poursuivie au mépris de l'exclusivité, le cas échéant sous astreinte[5].

Sans surprise, lorsqu'une hypothèque non mentionnée ou non inscrite a été suivie d'un acte incompatible provoquant l'inexécution de la première, la mauvaise foi du tiers justifie l'inopposabilité dudit acte suivie, au gré des cas, de la revendication du bien du tiers détenteur ou de la mainlevée du créancier hypothécaire.

L'article 276 du Code des obligations et des contrats reconnaît au juge un pouvoir discrétionnaire pour ordonner ou non la cessation de l'activité prohibée[6]. La solution est louable, notamment s'agissant de la violation d'une interdiction de concurrence où l'appréciation du juge s'avère souvent indispensable, compte tenu des circonstances de la cause et de la gravité de la faute du tiers[7]. Il semble que dans notre hypothèse, la complicité de fraude exhorte le juge à décider une telle sanction.

Sans préjudice à une éventuelle réparation en nature, une réparation par équivalent peut être prononcée. En effet, la première ne vaut que pour l'avenir. Elle empêche le préjudice de se reproduire. Quant aux

---

[1] V. pour la S.A. de type classique : art.200, II, 4 (nouveau) du CSC ;V. pour la SA dualiste : art.250, al. premier, du CSC ; V. pour la S.C.A. : art.401 du CSC.

[2] Notre législateur prescrit plutôt leur « annulation » : art.200, II, 4 (nouveau) du CSC,art.250, al. premier, du CSC et art.401 du CSC.Étant une sanction qui vise la protection de la société : tiers, abstraction faite des parties contractantes, on suggère celle de l'inopposabilité.

[3] **G. VINEY**, « Cessation de l'illicite et responsabilité civile », *in* Mélanges en l'honneur du Professeur Gilles GOUBEAUX, Dalloz-LGDJ, Paris, 2009, p.559 ; LAMY SOCIAL, 2007, n°470, p.268 ; **H. BOUAZIZ**, art. préc., n°39, p.85 ; **G. DAMY** et **S. PELLI**, art. préc., n°77, p.19 ; **G. VINEY**, *op.cit.*, n°208, p.587.

[4] **S. BENILSI**, art. préc., n°16, pp.18-19.

[5] **G. VINEY**, art. préc., p.551 ; **G. VINEY**, *ibid.*, n°208, p.587 ; **F. BERTRAND**, Thèse préc., n°112, pp.164-165 ; **D. BOSCO**, *op.cit.*, n^{os}475 et s., pp.452 et s. et n°152, p.227.

[6] L'art.276 du COC dispose que « … le créancier **peut**, en outre, **se faire autoriser** à supprimer, aux dépens du débiteur, ce qui aurait été fait contrairement à l'engagement ».

[7] **J. DUCLOS**, *op.cit.*, n°439-4, p.455 ; **H. BOUAZIZ**, art. préc., n°40, p.85 ; **Y. SERRA**, *op.cit.*, n°393, p.288.

conséquences passées de l'inexécution, elles ne peuvent faire l'objet que d'une réparation par équivalent.

B.La réparation par équivalent

259. C'est, particulièrement, lorsque la réparation en nature s'avère impossible, ou même insuffisante, qu'une réparation par équivalent est prononcée[1].

260. Impossibilité de la réparation en nature. Lorsqu'il est impossible de remettre la victime dans le *statu quo ante*, la réparation en nature cède la place à une réparation par équivalent[2]. Ainsi, en est-il en matière de débauchage de salarié. « La sanction consiste exclusivement en une indemnité… . Le nouveau contrat de travail demeure valable »[3]. C'est ce qui ressort de l'article 26 du Code du travail,qui précise que le tiers, nouvel employeur, « est solidairement responsable du dommage causé à l'employeur précédent ».

L'article 26 du Code du travail présente l'avantage d'asseoir la condamnation encourue par le tiers de solidarité avec celle encourue par le contractant. La différence de la nature de leur responsabilité ne doit pas constituer un obstacle à une condamnation solidaire[4]. « Dès l'instant où deux fautes, dont l'une au moins est délictuelle, ont concouru à la réalisation d'un même dommage chacun des coauteurs est responsables de la totalité de ce dommage »[5]. La solidarité se trouve ainsi justifiée par la réunion de troisconditions. Pluralités de faits générateurs de responsabilité, en l'occurrence une faute contractuelle et une délictuelle, un dommage unique, c'est-à-dire indivisible et une relation de causalité entre chaque fait générateur et le dommage.

Le créancier peut, dès lors, se retourner contre l'un quelconque des coparticipants à la violation du contrat de travail pour la totalité du dommage. Ainsi, l'employeur débaucheurpeut êtrecondamné au tout[6]. Le

---

[1] **I. CORNESSE**,art. préc., n°s25 et s., pp. 2449-2450 ; **A. WEILL**, *op.cit.*, n°249, pp.430-431.

[2] **Y. CHARTIER**, La réparation du préjudice dans la responsabilité civile, Dalloz, Paris, 1983, n°411, p.516.

[3] **G. H. CAMERLYNCK**, *op.cit.*, n°707, p.706 ; Cass.soc., 27 nov. 1952, D.S., 1953, J., p.103.

[4] **A. WEILL**, *op.cit.*, n°252, p.434 : « Il est juste et moral d'admettre la solidarité contre les coparticipants à un acte illicite, peu importe que la nature de leur responsabilité soit différente ».

[5] **L. MAZEAUD**, « Obligation *in solidum* et solidarité entre codébiteurs délictuels », RCJB, 1930, p.159 ; **R. SAVATIER**,T.II, *op.cit.*, n°492, p.48 ; **H. MAZEAUD**, « Responsabilité délictuelle et responsabilité contractuelle », art. préc., n°49, pp.609-610 ; **M. MIGNOT**, « Conditions d'existence de l'obligation *insolidum* : le problème de l'unicité du dommage ou de la pluralité des dommages et du choix de la théorie de la causalité », LPA, 2006, p.12 ; Req. fr., 02 juin 1930, D.H., 1930, p.377 ; Cass. civ. fr., 07 oct. 1958, D., 1958, 2, p.763 ; **P. LEPAULLE**, obs. RTD civ., 1939, p.835, n°4. Contra : **R. DEMOGUE**, obs. RTD civ., 1930, p.798, n°21 ; RTD civ., 1928, p.910, n°19.

[6] **G. H. CAMERLYNCK**, *op.cit.*, n°707, p.706 ; **F.BERTRAND**, Thèse préc., n°103, p.148 ; **H. et L. MAZEAUD**, Traité théorique et pratique de la responsabilité civile délictuelle et contractuelle, T.II, 4ème éd., Sirey, Paris, 1949, n°1956, pp.800-801 ; **H. et L. MAZEAUD**,RTD civ., 1959, p.104, n°37. *Adde* : **محمد محفوظ**، دروس في العقد، مرجع سابق، ص.310-311، عدد313. **عصام الأحمر**، تعليق سابق، ص.224. **محمد الزين**، مرجع سابق، ص.343-344،عدد425. **زكية الصافي**، مرجع سابق، عدد 160، ص.128-129. **المنجي طرشونة والنوري مزيد**، مرجع سابق، ص.114.

préjudice sera évalué proportionnellement au trouble causé à l'entreprise. Ce trouble se traduit par l'impact du débauchage fautif sur l'organisation et sur le fonctionnement de l'entreprise qui en est victime[1].

L'impossibilité de la réparation en nature peut être, également, rencontrée pour certaines obligations de ne pas faire. Ainsi, la violation d'une obligation de non-concurrence, de non-sollicitation ou d'exclusivité, emporte parfois des conséquences sur lesquelles il est impossible de revenir. La perte de la clientèle ou la divulgation du secret professionnel ou encore du savoir-faire sont des préjudices qui ne peuvent emporter qu'une condamnation à des dommages-intérêts. Même lorsque ces obligations ne sont pas encore éteintes, la réparation en nature qui devient possible, demeure insuffisante.

261. Insuffisance de la réparation en nature. En matière de violation d'une clause de non-concurrence, par la connivence d'un tiers : nouvel employeur, l'alinéa 3, de l'article 44 (nouveau), de la C.C.N.E.E.[2] préciseq'en cas d'inexécution de la clause, le nouvel employeur est solidairement responsable avec le salarié sortant au paiement des dommages-intérêts causés à l'ancien employeur par la violation de ladite clause[3]. Dès lors, en sus de la résiliation du contrat de travail, l'ancien employeur peut revendiquer à l'un quelconque des coauteurs responsables l'allocation de dommages-intérêts à titre de réparation du préjudice subi.

L'idée de solidarité, rencontrée dans le cadre de l'article 26 du Code du travail, se retrouve dans le cadre de l'alinéa 3, de l'article 44, de la C.C.N.E.E. Le législateur tunisien n'est donc pas hostile à consacrer une telle modalité entre coauteurs responsables alors même que la nature de leurs fautes est différente.On peut penser que, toutes les fois que ses conditions sont réunies, et même en l'absence d'une disposition légale particulière ou de portée générale qui la prévoit[4], la solidarité peut être mise à contribution aux cas où un tiers s'associe à la violation d'une clause de non-concurrence[5], voire d'une interdiction de concurrence, voire même d'une obligation contractuelle[6].

L'obligation au tout n'empêche pas le *solvens* d'un recours contre le coauteur responsable. Le choix de la théorie de la causalité : équivalence des conditions ou causalité adéquate, devait permettre au juge de répartir la contribution entre coresponsables dans la réparation du dommage. En l'occurrence, du moment que les fautes commises sont de nature identique : fraude et complicité de fraude, la répartition devrait être par parts viriles.

[1] **D. LABARTHETTE**, art. préc., p.1236 ; **G. COURTIEU**, Droit à réparation. De la concurrence déloyale au parasitisme, Fasc. préc., n^{os}57 et s., pp.14-15.

[2] Tel qu'ajouté par l'avenant n°2 annexé à la C.C.N.E.E., préc.

[3] L'art.44 (nouveau) dispose dans sa version arabe que :

" ويعتبر المؤجر الجديد متضامنا في المسؤولية مع العامل المغادر في التنفيذ وعن كل ضرر لحق بالمؤجر القديم".

Adde :**Y. SERRA**, *op.cit.*, n°401, p.294 ; **G. DAMY** et **S. PELLI**, art. préc., n°77, p.19. L'action dirigée contre le nouvel employeur sera intentée devant la Chambre commerciale ou la Chambre civile du Tribunal de premier ressort selon qu'il ait ou pas la qualité de commerçant, V. : **H. BOUAZIZ**, art. préc., n°43, pp.88-89.

[4]L'art.108 du COC est relatif à la solidarité entre codébiteurs en matière délictuelle et l'art.174 dudit code est relatif à la solidarité entre codébiteurs en matière contractuelle. Il n'y a pas une disposition de portée générale qui sous-tend la solidarité entre coauteur de fautes de natures différentes.

[5]**Y. SERRA**, *op.cit.*, n°401, p.294 ; **Y. SERRA**,obs. sous Angers, 06 mars 1989, D., 1990, somm. p.79.

[6]**Y.-M. LAITHIER**, *op.cit.*, n°425, p.508 ; **A. WEILL**, *op.cit.*, n°252, pp.433 et s.

L'évaluation des dommages et intérêts obéit à l'équation prévue par l'article 107 du Code des obligations et des contrats. Le tiers est, dès lors, tenu à réparer les pertes subies par le créancier majorées des gains dont il a été privé au titre du préjudice concurrentiel subi[1]. Les pertes peuvent consister dans le fléchissement des bénéfices dégagés par l'activité du créancier de non-concurrence afférant à la période dont la concurrence est interdite, comparée à la même période du dernier exercice où aucune concurrence n'a été exercée par le débiteur et son complice[2]. Le manque à gagner consiste dans les bénéfices qu'auraient pu réaliser le créancier de non-concurrence avec la clientèle détournée. Conformément au droit commun, les juges du fond apprécient souverainement le montant des dommages-intérêts alloués au créancier de non-concurrence[3]. La pratique atteste, cependant, que ladite clause peut être assortie d'une clause pénale qui prévoit une évaluation forfaitaire des sommes dues par le débiteur en cas d'inexécution[4]. Sous réserve du pouvoir reconnu au juge de la réviser[5], le tiers serait solidairement tenu au paiement de ladite clause.

---

[1] Sur la nécessité d'apporter la preuve du préjudice subi, en cas de violation d'une obligation de ne pas faire, à l'instar de la violation d'une clause de non-concurrence accessoire à un contrat de travail. En ce sens : T.P.I. de Sfax, Jugement n°44492 en date du 15 janv. 2007 (inédit) :
" وحيث لم تثبت المدعية أوجه الضرر الحاصل لها جراء إلتحاق المطلوب بالمصحة".
Adde : T.P.I. de Sfax, Jugement n°22825 rendu par le conseil de prud'hommes en date du 04 nov. 2003 (inédit), préc. :
" حيث لم تثبت المدعية تضررها من مخالفة المدعى عليها وهي العاملة البسيطة على آلة الخياطة للشرط الوارد بالفصل الخامس من عقد العمل وكان لذلك طلب الغرم غير مبرر ومؤيد".
Adde : Cass. civ. n°2007-13171 en date du 07 janv. 2008 (inédit) :
" قضاء محكمة الحكم المنتقد بغرم الخسارة في غير طريقه لعدم إثبات الشرط والضرر الناجم عن عدم احترامه".
Adde : **Ph. MALAURIE, L. AYNES et Ph. STOFFEL MUNCK**, *op.cit.*, n°961, pp.514-515 ; **Y. SERRA**, *op.cit.*, n°375, p.276 ; **M. MALAURIE-VIGNAL**., obs. sous Cass. com. fr., 18 déc. 2007, CCC, Mars 2008, comm., n°86, p.33. **B. FAGES**, obs. sous Cass. civ. fr., 31 mai 2007, RTD civ., 2007, p.568 ; **M. FAURE-ABBAD**, Le fait générateur de la responsabilité contractuelle : contribution à la théorie de l'inexécution du contrat, *op.cit.*, 2003, n°s43 et s., pp.38 et s., spéc. n°84, pp.71-72 et n°234, pp.207-208 et 209 : L'auteur distingue entre les obligations primaires et secondaires du contrat. La violation des premières devrait entraîner la responsabilité du débiteur indépendamment de tout préjudice. L'inexécution des secondes, à l'instar d'une clause de non-concurrence insérée dans un contrat de travail, ne pouvant ouvrir droit à la réparation que si un préjudice est démontré. On admet que ce préjudice se traduit s'agissant de la violation d'une interdiction de concurrence, par une perte de clientèle, une perte de marchés ou encore par une baisse du chiffre d'affaires réalisé par le créancier de non-concurrence : **Y. SERRA**, *ibid.*, n°s374-375, pp.275-276. *Contra* : **Ph. REMY**, « La « responsabilité contractuelle » : histoire d'un faux concept », RTD civ., 1997, p.323. L'auteur estime qu'étant une obligation de ne pas faire, la responsabilité du débiteur de l'obligation inexécutée peut être engagée indépendamment de tout préjudice ; **S. CARVAL**, obs. sous Cass. civ. fr., 31 mai 2007, RDC, 2007, p.1140.

[2] T.P.I. de Sfax, Jugement commercial n°2718 en date du 28 déc. 2004 (inédit) ; Appel Sfax, arrêt n°14501 en date du 13 mars 2006 (inédit).

[3] Cass. civ. n°29802 en date du 24 déc. 2009, Bull. civ., 2009, 2ème partie, p.175 ; Cass. civ. n°29802 en date du 24 déc. 2009, Bull. civ., 2009, 2ème partie, p.175 ; Cass. civ. n°11319 en date du 16 mai 1985, Bull. civ., 1985, 2ème partie, p.364 ; Cass. civ. n°10887 en date du 06 fév. 1975, Bull. civ., 1975, 1re partie, p.79.

[4] En raison de la mauvaise foi du débiteur contractuel et du tiers complice, les clauses limitatives ou élusives de responsabilité doivent être écartées. La fraude, espèce de dol, constitue une limite à l'application de ces clauses : art.244 du COC.

[5] Cass. civ. n°72402-2010 en date du 25 sept. 2013 (inédit), préc. ; T.P.I. de Sfax, Jugement n°44492 en date du 15 janv. 2007 (inédit), préc. :
" وحيث كان الشرط الذي ضمنته المدعية صلب عقد الشغل المبرم بينها وبين المطلوب متماشيا وأحكام الفصل 118 م.إ.ع. فإنه مادام الشرط التغريمي يكتسي صفة التعويض عن الضرر الحاصل للدائن نتيجة خطإ في تنفيذ الإلتزام من المدين فإن تقديره و لئن كان إتفاقيا

La même sanction peut être reconduite, en cas de violation d'une clause de non-sollicitation[1]. Le tiers : salarié[2] sera solidairement tenu avec le nouvel employeur au paiement des dommages-intérêts causés à l'ancien employeur.

Il en est de même en cas de violation d'une obligation d'exclusivité née d'un contrat de concession commerciale ou de franchise. Le tiers est solidairement responsable des dommages et intérêts dus au créancier de l'exclusivité transgressée. La réparation par équivalent consiste « à lui *attribuer le gain auquel il aurait eu droit si l'acte réalisé en contravention de son monopole l'avait été, selon les cas, par lui ou avec lui* »[3]. Ainsi, le concédant et le revendeur non-concessionnaire, à qui il a confié la distribution de ses produits, doivent solidairement réparer le préjudice matériel causé au concessionnaire résultant de l'inexécution de l'obligation d'exclusivité. Ce préjudice peut consister en une somme versée au concessionnaire égale au bénéfice des ventes réalisées par le concédant sur le territoire concédé. Le préjudice peut aussi être moral par l'avilissement du prix ou l'atteinte portée à la crédibilité de la marque[4].

En règle générale, toutes les fois que la réparation en nature s'avère insuffisante en raison du préjudice subi par le créancier, ce dernier, peut en sus de ladite réparation demander l'allocation de dommages-intérêts[5].

يجب أن يكون متناسبا مع الضرر المحتمل و يجوز للمحكمة تبعا لذلك تعديله إن رأت فيه شطط و حتى إلغاءه إن رأت فيه إضرار يلحق المدين وحرمان له من حقوقه الأساسية".

Adde :

سامي الفريخة، "مساهمة محكمة التعقيب في تطور فقه القضاء: العقد انموذجا (1994-2007)"، بكتاب خمسون عاما من فقه القضاء المدني 1959-2009، تحت إشراف الأستاذ محمد كمال شرف الدين، م. ن. ج.، تونس، 2010، ص.571 إلى 582.

[1]**S. BENILSI**, art. préc., n°s 18 et s., p.19; **R. WINTGEN**, *op.cit.*, n°273, p.237.

[2] Cette action peut être intéressante notamment lorsque le nouvel employeur, débiteur de non-sollicitation, ferait l'objet d'une procédure collective. V. en ce sens : **S. BENILSI**, art. préc., n°18, p.19.

[3]**D. BOSCO,** *op. cit.*, n^{os}505 et s., pp.479 et s., spéc. n°506, p.480. C'est l'auteur qui souligne.

[4]**F.-C. DUTILLEUL et Ph. DELEBECQUE**, *op.cit.*, n°944, p.961; **C. CHAMPAUD**, art. préc., n^{os}52-53, pp.488-489 ; **F. BERTRAND**, Thèse préc., n°110, p.161 et n°112, pp.164-165.

[5] V. pour un pacte de préférence suivi d'une vente : **H. et L. MAZEAUD**, obs. RTD civ., 1954, p.655.

CONCLUSION DU PREMIER TITRE

262. Effet indirect du contrat et immixtion du tiers responsable.L'étude de la responsabilité du tiers rattachée à l'effet indirect du contrat inexécuté a permis de démontrer que l'immixtion du tiers dans la sphère contractuelle est une réalité.La responsabilité délictuelle du tiers, qui aide le débiteur à l'inexécution d'un contrat, est un principe justifié par l'autorité de son fondement et l'ampleur de son domaine.

Le principe de l'opposabilité du contrat, fondement de la responsabilité du tiers, se trouve, en effet, doublement étayé, et par une justification théorique : la théorie des droits subjectifs, et par une justification normative : l'article 82 du Code des obligations et des contrats.

Cette responsabilité semble, par ailleurs, coiffer tous les contrats, qu'ils soient générateurs d'une obligation de donner, de faire ou de ne pas faire. Dans toutes ces hypothèses, les tiers visés sont les mêmes. Il s'agit de tous ceux qui, n'étant pas tenus par la force obligatoire du contrat, justifient d'un intérêt à ce que le contrat leur soit inopposable.

L'idée est alors la suivante : engage sa responsabilité délictuelle, le tiers qui s'associe, de mauvaise foi, à la violation d'une obligation contractuelle.

L'élément intentionnel de la faute a irrité la doctrine et la jurisprudence. En quoi consiste justement la mauvaise foi du tiers ? On s'accorde sur un point. Du moment que dans toutes les hypothèses, le tiers aide le débiteur à l'inexécution d'un contrat, c'est du mécanisme de la fraude qu'il s'agit. La mauvaise foi du tiers consiste, dès lors, dans l'intention frauduleuse. Au-delà, c'est le véritable imbroglio. D'aucuns placent le curseur de l'intention frauduleuse au degré le plus accusé de l'intention de nuire, d'autres un peu moins dans la collusion frauduleuse, certains défendent la connaissance effective, une partie le place à l'échelon infime de l'ignorance illégitime.

263. L'équilibreproposé. Si l'on va au fond des choses, c'est de l'arbitrage entre deux intérêts antagonistes que dépend le degré de protection que l'on doit accorder au contrat par le moyen de la responsabilité délictuelle du tiers. C'est, en effet, du conflit entre la sécurité statique et la sécurité dynamique que dépend la solution. Le créancier contractuel exige le respect de la situation acquise que lui procure le contrat. Le tiers se réclame de la sécurité dynamique qui protège celui qui agit.

Il semble qu'en sanctionnant le tiers qui, sciemment, c'est-à-dire en connaissance du préjudice causé, s'associe à la violation d'un contrat, aucun de ces deux intérêts ne serait épargné. En plaçant le curseur de l'intention frauduleuse au stade de la connaissance effective, le créancier contractuel ne subit aucun renforcement d'exigence pour obtenir le respect de son contrat. La sécurité statique se trouve ainsi protégée. La sécurité dynamique est aussi préservée. L'action du tiers n'est en rien paralysée. Il n'est tenu que d'un devoir d'abstention. Il n'est, d'ailleurs, tenu d'aucune obligation d'investigation. Sa responsabilité n'est engagée que lorsquesa connaissance effective est établie ; à charge du créancier d'en apporter la preuve. S'il faut donc protéger celui qui agit, c'est évidemment à condition qu'il soit de bonne foi. Ainsi, se trouvent réalisées la sécurité du tiers et la protection du créancier contractuel.

Cela dit,engage sa responsabilité délictuelle le tiers qui, ayant connaissance d'un contrat antérieur incompatible ou antinomique, aide sciemment le débiteur à son inexécution.

Pourtant, l'effort de systématisation n'a pas résisté devant la casuistique. En effet, en matière de garantie, la preuve d'une fraude caractérisée est, semble-t-il, nécessaire pour engager la responsabilité du tiers, créancier hypothécaire, gagiste ou chirographaire, qui poursuit le paiement de sa créance au mépris d'une convention antérieure incompatible.

Les conditions de la responsabilité du tiers étant réunies, le juge décide à la lumière des demandes du créancier contractuel et en opportunité, soit de mettre en place une sanction en nature, l'inopposabilité estdans ce cadre la sanction de principe de la fraude, soit d'allouer des dommages et intérêts, soit, enfin, de les combiner.

TITRE II

LA RESPONSABILITÉ DU TIERS RATTACHÉE À L'EFFET DIRECT DU CONTRAT INEXÉCUTÉ

264. Le tiers responsable et l'effet direct du contrat. Il n'est plus question de l'effet indirect du contrat à l'égard des tiers traduit par son opposabilité. Il est plutôt question de son effet direct traduit par sa force obligatoire. Est-ce que le tiers peut, dans ce cadre, engager sa responsabilité en cas d'inexécution du contrat ?

L'affirmative se vérifie dans deux situations diamétralement opposées. La première se retrouve lorsque le tiers a empêché l'exécution du contrat. Sa responsabilité prend, dès lors, la forme d'une sanction de son comportement nocif. La seconde se retrouve lorsqu'il s'est porté garant en cas d'inexécution du contrat. Sa responsabilité prend, alors, la forme d'un remède qui vient pallier la demeure du débiteur originaire.

L'immixition du tiers dans la sphère contractuelle peut, dès lors, être démontrée aussi bien lorsque sa responsabilité est engagée à titre de sanction (Chapitre I), qu'à titre de remède (Chapitre II) à l'inexécution du contrat. Dans ces deux alternatives, la recherche d'un équilibre entre les différentsintérêts antagonsites sera notre objectif.

CHAPITRE I

La responsabilité du tiers, sanction de l'inexécution du contrat

265. Comment un tiers intervient dans l'inexécution d'un contrat ? La première situation, qu'on a envisagée, est celle où le tiers conclut de connivence avec le débiteur un contrat incompatible avec ses obligations. La faute délictuelle du tiers réside dans la méconnaissance intentionnelle de l'obligation contractuelle souscrite par le débiteur. La sanction de la tierce complicité n'est que le reflet de l'opposabilité-inviolabilité du contrat aux tiers.

La seconde situation est celle où le tiers empêche l'exécution d'un contrat, par tout acte matériel, déployé dans un cadre contractuel ou extracontractuel[1]. Deux manières peuvent, dans ce cadre, caractériser l'intervention du tiers dans l'inexécution du contrat. Le fait du tiers peut être spontané. Ce dernier intervient de son propre chef. Il peut l'être aussi à la demande du débiteur. Ce dernier a chargé le tiers d'exécuter le contrat[2].

Dans la première alternative, l'agent de l'inexécution est un tiers absolu, un *penitusextraneus* étranger aux contractants aussi bien qu'au contrat[3]. Le fait du tiers intervient, certes, dans le cadre de la force obligatoire du contrat à titre de cause d'exonération du débiteur, mais rien n'empêche d'engager la responsabilité personnelle dudit tiers (SectionI).

Dans la seconde alternative, l'agent de l'inexécution, tout en restant tiers par rapport au contrat, est, néanmoins, lié au débiteur. Ce dernier l'a chargé d'exécuter le contrat. Le tiers est alors baptisé « autrui »[4]. Certes, le fait d'autrui n'est pas exonératoire pour le débiteur, mais étant l'auteur matériel

---

[1] **R. WINTGEN**, *op.cit.*, n°194, p.172.

[2] **H. et L. MAZEAUD**, Traité..., T.I, *op.cit.*, n^{os}974 et s., pp.879 et s. ; **D. DE GARY**, La responsabilité contractuelle du fait d'autrui, Thèse pour le Doctorat en Droit, Toulouse, 1961, pp.18-19.

[3] **B. PETIT**, Le débiteur contractuel responsable ou garant de l'inexécution par le fait d'un tiers, Thèse pour le Doctorat en Droit, Grenoble, 1980, IX, p.14.

[4] « La notion de tiers constitue une notion négative qui exprime l'extranéité, l'absence de relation.... La notion d'autrui apparaît comme une notion positive opposée ; elle exprime l'existence d'une relation, d'un lien entre le débiteur et l'agent de l'inexécution » : **B. PETIT**, *ibid.*, n°390, p.460 et X, pp.15-16 ; **M. FAURE-ABBAD**, *op.cit.*, n°359, p.299.

de la défaillance contractuelle, rien n'empêche d'engager la responsabilité personnelle du tiers (Section II).

SECTION I. LA RESPONSABILITE DU TIERS QUI N'EST PAS CHARGE D'EXECUTER LE CONTRAT

266. L'inexécution du contrat peut avoir pour cause étrangère le fait d'un tiers. L'article 282 du Code des obligations et des contrats autorise implicitement cette prétention lorsqu'il dispose qu'« Il n'y a lieu à aucuns dommages-intérêts, lorsque le débiteur justifie que l'inexécution ou le retard proviennent d'une cause qui ne peut lui être imputée, telle que la force majeure, le cas fortuit ou la demeure du créancier ». Et l'article 348 du Code des obligations et des contrats d'ajouter que : « Lorsque l'inexécution de l'obligation provient d'une cause indépendante de la volonté des deux contractants, et sans que le débiteur soit en demeure, le débiteur est libéré ».

267. La cause étrangère. « La cause étrangère est tout événement extérieur au responsable ayant joué un rôle causal dans la production du dommage »[1]. L'article 282 du Code des obligations et des contrats cite, à titre de cause étrangère, la force majeure, le cas fortuit[2] et la demeure du créancier. La liste n'étant qu'indicative, la doctrine[3], confirmée en cela par la jurisprudence[4], admet que le fait du tiers constitue une cause étrangère susceptible d'exercer une influence sur le lien de causalité.

---

[1] **M.BACACHE-GIBEILI**,Droit civil, Les obligations, La responsabilité civile extracontractuelle, T.V, 1re éd., sous la direction de **Ch. LARROUMET**, Economica, Paris, 2007, n°399, p.447. V. sur la définition de la cause étrangère : **G. VINEY et P. JOURDAIN**, Traité de droit civil, Les conditions de la responsabilité, 3ème éd., sous la direction de J. GHESTIN, LGDJ,Paris,2006,n°383, p.251 ; **H., L., J. MAZEAUD** et **F. CHABAS**, *op.cit.*, n°572, pp.662-663 ; **H. et L. MAZEAUD,** Traité théorique et pratique de la responsabilité civile délictuelle et contractuelle, T.II, 4ème éd., Sirey, Paris, 1949, n°1429, p.352. *Adde* :

سامي الجربي، شروط المسؤولية المدنية في القانون التونسي والمقارن، مرجع سابق، عدد 490، ص.528.

[2] Ces expressions sont considérées comme synonymes : **P.-H. ANTONMATTEI**, Contribution à l'étude de la force majeure, préface de B. TEYSSIE, LGDJ, Paris, 1992, n°37, p.27 ; V. Art. 1432 et 1433 du COC. En ce sens : Cass. civ. n°16957 en date du 25 avr. 1989, Bull. civ., 1989, p.149 ; Cass. civ. n°7793 en date du 29 avr. 1971, Bull. civ., 1971, p.64. *Adde* :

محمد الزين، مرجع سابق، عدد 369، ص.299-300 وعدد 370، هامش46. **سامي الجربي**، مرجع سابق، عدد 507 وما يليه، ص.550 وما يليها. **محمد الحبيب الشريف**، "هل يجوز التمييز بين القوة القاهرة و الأمر الطارئ؟"، م. ق. ت.، 1987، عدد 7، ص.30 وما يليها. **محمد الحبيب الشريف**، "حول الدفع بالقوة القاهرة في قضايا حوادث المرور"، م. ق. ت.، 1992، عدد 5، ص.31. **رضا خماخم وحسين بن سليمة**، "نظرة فقه القضاء للعلاقة السببية في المسؤولية التقصيرية"، بكتاب خمسون عاما من فقه القضاء المدني1959-2009، تحت إشراف الأستاذ محمد كمال شرف الدين، م. ن. ج.، تونس، 2010، ص.978-979.

[3] V. en ce sens :

ألفة المنصوري، الإستحالة في النظرية العامة للعقد، أطروحة دكتورا في القانون الخاص، كلية الحقوق والعلوم السياسية بتونس، 2007-2008، عدد 183 وما يليه، ص.248 وما يليها. **محمد الزين**، مرجع سابق، عدد 368، ص.299 وعدد 375، ص.304. **سامي الجربي**، مرجع سابق، عدد 511، ص.552-553. **حسين بن سليمة و عصام الأحمر**، النظرية العامة للإلتزام، مصادر الالتزام غير الإرادية، نشر للحساب الخاص، تونس، 2009، ص.71 وص.83 وما يليها. **محمد محفوظ**، النظرية العامة للالتزام (II)، المسؤولية المدنية، منشورات مجمع الأطرش للكتاب المختص، تونس، 2012، ص.84.

[4] Appel Tribunal Administratif, arrêt n°25988 en date du 27 mars 2008 (inédit) :

" وحيث استقر فقها وقضاء أن مسؤولية الإدارة عن المنشآت العمومية التي هي في عهدتها وتصرفها هي مسؤولية مبنية على قرينة الخطإ يكفي لانعقادها ثبوت ضرر وخطإ وعلاقة سببية بين ذلك الضرر والمنشأة العمومية وأنه لا يمكن إعفاء الإدارة منها سواء كليا أو جزئيا إلا إذا أقامت الدليل على أنها بذلت كل ما من شأنه تفادي الضرر أو إذا ثبت أن مرده كان أمرا طارئا أو قوة قاهرة أو خطأ المتضرر أو الغير".

268. Le fait du tiers. Le fait du tiers couvre les actions humaines individuelles ou collectives de personnes déterminées[1]. Précisons qu'« il n'est pas nécessaire pour qu'on puisse parler de fait "d'un tiers", que ce tiers soit connu. Il suffit qu'on ait la certitude que le dommage est dû au fait d'une personne »[2].

Dès lors, ne sont pas conçus comme « fait du tiers » les événements naturels, que l'on désigne généralement par l'expression de « cas fortuits » ou « force majeure »[3]. Sont, par ailleurs, exclus, les actions humaines anonymes, « c'est-à-dire n'étant attribuables à personne »[4]. Il s'agit le plus souvent des actions collectives comme la guerre, la bousculade, la manifestation, l'émeute, la grèveetc.[5]. Est, aussi, exclu du fait du tiers, le

---

Adde : Cass. civ. n°4686 en date du 30 juin 1982, Bull. civ., 1982, 3ème partie, p.118.

[1]**Ph. LE TOURNEAU**, *op.cit.*, n°1853, p.707 ; **P. JOURDAIN**, Droit à réparation, Lien de causalité, J.-Cl. civil, Art.1382 à 1386, Fasc.161, LexisNexis, 2011, n°2, p.2 et n°30, p.8 ; **G. VINEY et P. JOURDAIN**, Les conditions de la responsabilité, *op.cit.*, n°383, p.252 et n°388, p.255 ; **H. et L. MAZEAUD**, Traité..., T.II, *op.cit.*, n°1631, p.528.

[2]**H. et L. MAZEAUD**, *ibid.*, n°1631, p.528 ; **P. JOURDAIN**, Fasc. préc., n°2, p.2.

[3]**P. JOURDAIN**, Fasc. préc., n°28, pp.7-8. Au sens strict, les expressions force majeure et cas fortuit visent « l'action des forces naturelles, ainsi que, selon la plupart des auteurs, des événements anonymes d'originehumaine (guerre, attentats, émeutes, etc.) ou encore du fait du prince » : **G. VINEY et P. JOURDAIN**, *ibid.*, n°389, p.258. Au sens large, l'expression force majeure est tout événement extérieur, imprévisible et irrésistible, même s'il est l'œuvre d'une personne (fait d'un tiers) : **H., L., J. MAZEAUD et F. CHABAS**, *op.cit.*, n°572, pp.662-663 et n°575, p.664. *Adde* :

سامي الجربي، مرجع سابق، عدد 491، ص.528-529.

[4]**Ph. LE TOURNEAU**, *ibid.*, n°1853, p.707 ; **H. et L. MAZEAUD**, *ibid.*, note 1, n°1631, p.528 ; **B. PETIT**, Thèse préc., n°120, pp.158-159.

[5] « Leur caractère anonyme les faits plus volontiers classer dans la catégorie des cas fortuits ou de force majeure » : **G. VINEY et P. JOURDAIN**, *ibid.*, note 14, n°388, p.255 et n°392, p.264. Précisons que la grève ne peut être assimilée à un cas de force majeure que lorsqu'elle est extérieure à l'entreprise. Ceci se vérifie dans deux hypothèses. Soit lorsqu'elle est le fait d'une autre entreprise, soit encore lorsqu'elle est le fait du personnel de l'entreprise défaillante et pourtant conçue comme extérieure. C'est que selon une doctrine, « bien plutôt que la grève, c'est sa cause qui est décisive, ce qui conduit à rechercher l'origine de la grève. Elle sera jugée extérieure à l'entreprise si elle a sa source dans un mouvement de grande ampleur déclenché par les centrales syndicales ou consécutif à des décisions de Gouvernement... et c'est dans de telles circonstances qu'elle a généralement été qualifiée de « cas de force majeure ». Au contraire, la grève motivée par des questions de salaires ou par des revendications propres aux conditions de travail dans l'entreprise ne satisfera pas toujours à la condition d'extériorité : **G. VINEY et P. JOURDAIN**, *ibid.*, n°388, pp.256-257. *Adde* :**Ph. LE TOURNEAU**, *ibid.*, n°1840, p.703 : « La grève peut être une force majeure... à condition de ne pas résulter d'une faute de l'employeur. En effet, si l'arrêt de travail résultait de celle-là, elle ne serait pas extérieure à celui-ci » ; **F. CHABAS**, Force majeure, Rép. civ., Dalloz, avril 2007, n°77, p.17 ; **P. JOURDAIN**, Fasc. préc., n°s77 à 79, pp.19-20. *Adde* :

سامي الجربي، مرجع سابق، عدد 500، ص.541.

- Lorsque la grève du personnel de l'entreprise est conçue comme **extérieure** à cette dernière, le personnel acquiert la qualité de *tiers* : *penitusextraneus*. Le débat est placé sur le plan de la responsabilité. Le fait du personnel, présentant les caractères de la force majeure, est érigé en une cause d'exonération.
- Lorsque la grève du personnel de l'entreprise est conçue comme **intérieure** à cette dernière, le personnel acquiert la qualité d'« autrui ». Le débat est plutôt placé sur le plan de la garantie contractuelle du fait d'autrui. V. *infra*, n°s313 et s. En ce sens : **R. RODIERE**, «Y a-t-il une responsabilité contractuelle du fait d'autrui ?», D., 1952, chron., n°2, p.80. L'auteur estime que la grève « n'est autre chose que le fait collectif des préposés ». Et l'auteur d'ajouter que c'est le commettant qui répond du fait de ses préposés notamment lorsque la grève entraîne l'inexécution d'un engagement contractuel dont il est tenu : **R. RODIERE**, *ibid.*, n°10, p.84. Lorsque la grève est licite aucun recours n'est admis contre les préposés. Lorsqu'elle est illicite, l'employeur peut répercuter la dette de réparation sur ses préposés. *Contra* : **B. PETIT**, Thèse préc., n°s267 à 277, pp.337 à 349, spéc. n°277, p.349. Selon l'auteur les salariés en grève n'ont plus la qualité de préposé. La disparition du contrôle par l'effet de la grève qui demeure interne met fin à la garantie. C'est semble-t-il cette thèse qui justifie la position de notre législateur dans l'art.145, 4)

fait du prince appréhendée par l'article 283 du Code des obligations et des contrats comme un cas de force majeure *stricto sensu*[1] et défini par la Cour de cassation comme les ordres de l'Administration présentant les caractères de la force majeure[2]. Est, enfin, exclu du fait du tiers, le fait de la victime.

269. Intensité du rôle causal du fait du tiers. Certes, l'intensité du rôle causal du fait du tiers doit avoir une incidence sur la responsabilité du débiteur. Elle peut par la même engager la responsabilité de son auteur. C'est là un classique du droit de la responsabilité. Mais, ce qui agite encore la doctrine et les tribunaux ce sont les conditions qu'on doit exiger pour exonérer le débiteur. En effet, l'appréhension de ces conditions et partant de la responsabilité du tiers, doit prendre en considération et l'intérêt du créancier contractuel, et l'intérêt du débiteur. Il ne faut pas perdre de vue que le tiers responsable peut être insolvable ou demeurer inconnu. La sécurité du créancier contractuel sera donc tributaire des conditions d'exonération du débiteur. De plus, les attentes de ce dernier ne doivent pas être déjouées. Le débiteur ne doit pas contribuer au-delà de sa participation causale à la survenance du dommage. C'est la prise de conscience de ces différents intérêts antagonistes qui va guider notre appréhension de la responsabilité du tiers lorsqu'il est la cause exclusive (Paragraphe I) ou même partielle de l'inexécution du contrat (Paragraphe II).

Paragraphe I. La responsabilité du tiers, cause exclusive de l'inexécution du contrat

270. Lorsque le fait du tiers est la cause exclusive de l'inexécution du contrat, seule sa responsabilité peut, en principe, être engagée. Pour qu'il en soit ainsi, ce fait doit être extérieur au débiteur : c'est là une condition commune à toutes les responsabilités (A). Cependant, elle devient insuffisante, lorsque le contrat inexécuté porte sur une obligation de résultat. Dans ce cas, le fait du tiers doit revêtir les caractères d'un événement de force majeure (B). Dans ces deux alternatives, le droit positif a donné suffisamment de rigueur aux conditions d'exonération du débiteur, ce qui n'est pas sans conséquence sur la sécurité et la stabilité juridique du créancier.

---

du CCM. En ce sens : **J. JÉRÔME**, La responsabilité civile du fait d'autrui : ruptures et continuités, Thèse pour le Doctorat en Droit, Toulouse I, 1999, n^{os}236 et s., pp.270 et s. L'auteur fonde la responsabilité du civilement responsable sur sa volonté d'exercer certaines prérogatives sur la personne du responsable primaire. Dès lors, l'absence de contrôle entraîne absence de responsabilité. *Adde* : **A. OMRANE**, La force majeure en droit du travail, Thèse pour le Doctorat d'État en Droit, Toulouse, 1981, pp.73 à 75.

[1] V. parmi les applications particulières : Art.644, b) et 755 du COC.

[2] Cass. civ. n°2006-5155 en date du 14 fév. 2007 (inédit) :
" إن فعل الأمير الذي هو حالة من حالات القوة القاهرة والذي لا يتيسر معه الوفاء بالعقد ويعفي من المسؤولية يشترط فيه حسب منطوق الفصل 283 من م. إ. ع. أن يكون السبب خارجا عن إرادة المدين وغير متوقع وغير ممكن الدفع".

A. L'extériorité du fait du tiers : condition commune à toutes les responsabilités

271. Mesurer l'efficience de cette condition (2) suppose de s'arrêter sur son essence (1).

1.L'essence de la condition d'extériorité

272.L'extériorité du fait du tiers. Le fait du tiers doit être « extérieur » au débiteur[1]. Cette condition est conçue comme inhérente à la notion même de cause étrangère[2].Elle peut être déduite de l'expression « ne peut lui être imputée », prévue par l'article 282 du Code des obligations et des contrats[3]. L'extériorité peut aussi être déduite de l'article 348 dudit Code, qui exige une « cause indépendante de la volonté des deux contractants ».

L'extériorité du fait du tiers peut être appréhendée comme « une cause de "non-imputabilité physique", en ce sens qu'elle ôte toute liberté d'action à l'agent dans l'accomplissement de l'acte dommageable »[4].

273. Le fait du tiers est celui d'une personne totalement étrangère au débiteur. L'extériorité ou non imputabilité[5] signifie que « le défendeur ne peut invoquer, pour échapper à sa responsabilité ni un fait qu'il aurait lui-même provoqué ou à l'origine duquel il serait, ni un fait dont une règle juridique quelconque lui impose précisément de garantir les conséquences dommageables pour les tiers »[6]. Deux conséquences retiendront notre attention.

D'une part, lorsque c'est la faute du débiteur qui a provoqué le fait du tiers d'où est résulté l'inexécution du contrat, « ce fait n'est pas une cause

[1]**G. VINEY et P. JOURDAIN**, Les conditions de la responsabilité, *op.cit.*, n°s384 et s., pp.252 et s. et n°388 et s., pp.255 et s. *Adde* :

محمد محفوظ، النظرية العامة للإلتزام (II)، مرجع سابق، ص.81. **ألفة المنصوري**، أطروحة سابقة، عدد 185، ص.250-251.

[2]**M. BACACHE-GIBEILI**,*op.cit.*, n°398, p.445.

[3] V. en ce sens : Cass. civ. n°2006-5155 en date du 14 fév. 2007 (inédit), préc. :

" إشترط الفصل 282 من م. إ. ع. ضرورة أن يكون السبب غير منسوب للمدين وبالتالي خارجا عن إرادته".

Adde :

سامي الجربي، مرجع سابق، عدد 496، ص.533.

[4]**P. JOURDAIN**,Fasc. préc., n°12, p.4. L'imputabilité exprime « l'exigence d'un lien entre la volonté de l'agent et l'acte accompli » : **P. JOURDAIN**, « Retour sur l'imputabilité», *in* Mélanges dédiés à B. BOULOC, Dalloz, Paris, 2007, p.514. Sur les différentes acceptions de l'imputabilité, V. **P. JOURDAIN**, art. préc., pp.513-514.

L'imputabilité signifie la causalité : **G. VINEY**,note sous Cass. civ. fr., 23 sept. 2003, JCP éd. G, 2004, I, 101, p.24, seconde col. ; **J. FISCHER**, « Causalité, imputation, imputabilité : les liens de la responsabilité civile », *in* Libre droit, Mélanges en l'honneur de Ph. LE TOURNEAU, Dalloz, 2008, n°7, pp.385-386. Sur la critique de l'assimilation de la causalité à l'imputabilité : **J. BORÉ**, « L'indemnisation pour les chances perdues : une forme d'appréciation quantitative de la causalité d'un fait dommageable », JCP éd. G, 1974, I, 2620, spéc., n°17 : « ce système sommaire (le système de l'équvalence des causes) exclut arbitrairement du processus causal les faits humains non fautifs, ce qui est confondre causalité et imputabilité ». *Adde* :

سامي الجربي، مرجع سابق، عدد 473، ص.510.

[5]**I. GUYOT**, « Le caractère extérieur de la force majeure», RRJ, 2002, p.221 ; **G. VINEY et P. JOURDAIN**, *ibid.*, n°384, p.253.

[6]**G. VINEY et P. JOURDAIN**, *ibid.*, n°384, p.253 ; **Ph. LE TOURNEAU**, *op.cit.*, n°1816, p.696.

étrangère qui ne peut lui être imputée »[1], la sécurité du créancier contractuel est à ce prix. Faute et cause étrangère sont, en effet, deux notions incompatibles, faute d'extériorité. Cette règle, qui se veut de l'autorité d'un principe est rappelée à maintes reprises dans le cadre du Livre premier du Code des obligations et des contrats[2]. Elle innerve, par ailleurs, toute la matière des contrats spéciaux[3], et a valeur de jurisprudence. Ainsi, a-t-on décidé, le 18 juin 1981, que le fait du tiers qui a placé une barre de fer sur les voies du train entrainant ainsi son renversement, n'exonère pas la SNCFT, qui a manqué à son obligation de contrôler les chemins de fer. La chute d'un voyageur du train, décide la Cour de cassation le 19 avril 1979, quelle que soit la cause, même si bousculer par un tiers, n'est pas extérieure à la SNCFT, qui a manqué à son obligation de contrôler les portes. La même démarche a été suivie, le 07 novembre 1974, à l'occasion du décès de deux résidents d'un hôtel suite à une fuite de gaz dans leur chambre provoquée par la STEG, mais aussi due à l'absence d'un « Syphon » à la chambre d'hôtel[4].

D'autre part, si le fait invoqué émane de personnes dont le débiteur est civilement responsable, ce dernier ne peut invoquer, faute d'extériorité, le fait de ces personnes à titre de cause étrangère[5]. Ces personnes ne sont pas, en effet, des « tiers » dans les rapports du débiteur avec le créancier[6]. C'est surtout pour éliminer le fait des personnes que le débiteur a chargées d'exécuter le contrat que la condition d'extériorité joue un rôle important[7].

---

[1]**G. VINEY et P. JOURDAIN**, *op.cit.*, n°388, p.255 ; **M. MAHFOUDH**, « L'extinction du contrat pour impossibilité d'exécution (en droit tunisien)», Études Juridiques, FDS, 2001, pp.172-173 ; **H. et L. MAZEAUD**, Traité..., T.II, *op.cit.*, n°1629, p.526 ; **P. JOURDAIN**, Fasc. préc., n°66, p.17. *Adde* :
سامي الجربي، مرجع سابق، عدد 493، ص.530-531. **عمار زعبي**، " دفع مسؤولية المنتج عن طريق إثبات السبب الأجنبي: دراسة مقارنة"، دراسات قانونية، كلية الحقوق بصفاقس، 2015، ص.78-79.

[2] L'Art. 283, *in fine*, dispose que dispose que : « N'est pas également considérée comme force majeure la cause qui a été occasionnée par une faute précédente du débiteur ». V. aussi Art. 80, 104, 114, 280, 345, 347 et 348, al. 1er . V. en ce sens : **M.- M. CHAFFAI**, Thèse préc., pp.343 et s., spéc., p.348.

[3] V. Art.779-662-743,2)-782- 783,2)-814,1)-815,al.1er-826-847- 848-849- 850- 1007- 1022,2)- 1050-1075- 1208- 1273- 1383- 1410- 1432, du COC.

[4] Cass. civ. n°3987 en date du 18 juin 1981, Bull. civ., 1981, 2ème partie, p.206 ; Cass. civ. n°1791 en date du 19 avr. 1979, Bull. civ., 1979, 1re partie, p.200 ; Cass. civ. n°1048 en date du 06 avr. 1978, Bull. civ., 1978, 2ème partie, p.173 ; Cass. civ. n°10578 en date du 07 nov. 1974, Bull. civ., 1974, 2ème partie, p.118. V. en général sur l'incompatibilité entre faute et cause étrangère :Cass. civ. n°2012-70256/71349 en date du 08 mai 2012 (inédit) :
" إن ما انتهت إليه محكمة الأساس من ثبوت مسؤولية المعقبة عن الحادث وعلاقتها المباشرة بالضرر يتماشى ومضروفات الملف وتحقيقات الإختبار التي أكدت أن سدم قنوات تصريف المياه كانت ناتجة عن تركيز خلاصة الخرسانة بالفتحات المعدة لذلك ووضع الأتربة وفضلات البناء بالمسلك المعد لتصريف مياه السيلان الطبيعية وهو ما لا يمكن اعتباره من قبيل القوة القاهرة".
Adde : Cass. civ. n°25213 en date du 04 avr. 2009, Bull. civ., 2009, 1re partie, p.199 ; Cass. civ. n°65643 en date du 10 juin 1999, Bull. civ., 1999, 2ème partie, p.74 ; Cass. civ. n°34611 en date du 16 mars 1994, Bull. civ., 1994, p.365 ; Cass. civ. n°16976 en date du 16 janv. 1989, Bull. civ., 1989, p.20 ; Cass. civ. n°16957 en date du 25 avr. 1989, préc. ; Cass. civ. n°12710 en date du 06 mars 1986, Bull. civ., 1986, 1re partie, p.209 ; Cass. civ. n°10624 en date du 17 janv. 1985, Bull. civ., 1985, 1re partie, p.190 ; Cass. civ. n°10641 en date du 1er nov. 1984, Bull. civ., 1984, 2ème partie, p.200 ; Cass. civ. n°10138 en date du 13 juin 1984, Bull. civ., 1984, 2ème partie, p.45 ; Cass. civ. n°5872 en date du 24 mars 1982, Bull. civ., 1982, 2ème partie, p.312 ; Cass. civ. n°3591 en date du 07 juin 1982, Bull. civ., 1982, 3ème partie, p.247.

[5]**G. VINEY et P. JOURDAIN**, *ibid.*, n°388, p.256.

[6]**H. et L. MAZEAUD, H. et L. MAZEAUD,** Traité..., T.II, *op.cit.*, n°1630, p.526.

[7] « Celui qui exécute l'obligation à la place du débiteur ou pour le compte du débiteur n'est pas un tiers dont le fait serait susceptible de constituer une cause étrangère » : **Ch. LARROUMET**, Droit civil, Les obligations, Le contrat, T.3, 2ème partie : Effets, *op.cit.*, n°729, p.853. *Adde* :

Dès lors, rattacher la survenance du dommage éprouvé par le créancier au fait d'un tiers, revient à le rattacher à l'activité d'une personne autre que le débiteur ainsi qu'aux personnes dont il est civilement responsable. En ce sens, « le fait du tiers est celui d'une personne totalement étrangère au débiteur »[1]. Ainsi, en est-il, précise l'article 607 du Code des obligations et des contrats de la détérioration de la chose vendue avant sa délivrance par le fait du tiers[2]. Il en est de même, précise l'article 644, c) du même Code, « des voies de fait de la part de tiers qui ne prétendent d'ailleurs aucun droit sur la chose vendue »[3].

La condition d'extériorité « est inhérente à la notion même de responsabilité »[4]. Elle « s'impose dans toutes les responsabilités, puisque le défendeur ne peut être admis à se prévaloir d'une cause qui lui serait imputable »[5]. Que l'obligation soit de moyens ou de résultat, cette condition est nécessaire. Seulement que son efficience diffère.

2.L'efficience de la condition d'extériorité

274. Obligation de moyens et obligation de résultat. L'effet produit par le fait d'un tiers extérieur au débiteur diffère selon que le tiers a empêché le débiteur d'exécuter un contrat, ayant pour objet une obligation de moyens ou de résultat[6].

275. Le fait du tiers dans les obligations de moyens. Du moment que le préjudice a pour seule cause le fait du tiers, deux conséquences en découlent. D'une part, le créancier ne peut pas établir un lien de causalité entre l'activité du débiteur et l'inexécution du contrat. Son action éventuelle sera, donc, rejetée, parce qu'il n'a pas apporté cette preuve, qui lui incombe, non parce que le débiteur, qui n'a rien à prouver, démontre le fait d'un tiers[7]. En revanche, lorsqu'une présomption de faute est mise en place, le débiteur a tout intérêt à prouver le fait du tiers en tant qu'événement extérieur. Cette

---

سامي الجربي، مرجع سابق، عدد 496، ص.533.
C'est l'objet de ce que l'on appelle la responsabilité contractuelle du fait d'autrui : V. *infra*, n^{os}313 et s.
[1]**Ch. LARROUMET**, *op.cit.*, n°729, p.852 ;
سامي الجربي، مرجع سابق، عدد 511، ص.552. **ألفة المنصوري**، أطروحة سابقة، عدد 184، ص.248.
[2] La même solution est réitérée pour la délivrance de la chose louée : art.740 du COC.
[3] La même solution est reconduite pour la garantie de jouissance paisible de la chose louée : V. Art.753 et 748, *in fine*, du COC. Ainsi, l'incendie provoqué par un tiers dans les lieux loués constitue, sur la base de l'art.748, *in fine*, une cause étrangère au locataire : Cass. civ. fr., 02 oct. 1996, D. Aff., 1996, p.1217.
[4]**I. GUYOT**, art. préc., p.223.
[5]**G. VINEY et P. JOURDAIN**, *op.cit.*, n°385, p.254.
[6]**R. DEMOGUE**, Traité des obligations en général, Source des obligations, T.V, Rousseau, Paris, 1925, n°1237, pp.536 à 548 ; **H. MAZEAUD**, « Essai de classification des obligations : obligations contractuelles et extra-contractuelles ; « obligations déterminées » et « obligation générale de prudence et diligence » », RTD civ., 1936, n^{os}24 et s., pp.22 et s. ; **A. TUNC**, « La distinction des obligations de résultat et des obligations de diligence», *in* Jalons dits et écrits d'André TUNC, Société de Législation Comparée, Paris, 1991, p.135 ; **R. ROLLAND**, « Responsabilité contractuelle ou responsabilité à dommages contéractuels ? La doctrine conservatrice face au code civil», RRJ, 2004, n^{os}10 à 25, pp.2204 à 2213.
[7]**H., L., J. MAZEAUD et F. CHABAS**, *op.cit.*, n°574, p.663 et n°584, p.674 ; **H. et L. MAZEAUD**, Traité…, T.II, *op.cit.*, n^{os}1632-1633, p.529 et n°1635, p.530.

preuve le libère entièrement. La sécurité du débiteur contractuel, ses attentes légitimes, se trouvent préservées. Ce dernier n'a pas contribué à la réalisation du préjudice, rien ne justifie alors d'engager sa responsabilité. D'autre part, le fait du tiers, éventuellement dommageable[1], engage la responsabilité de ce dernier dans les conditions de droit commun, sécurité du créancier exige. Le fait dommageable s'entend de façon large, comme désignant tout fait générateur de responsabilité. Il peut s'agir de la faute personnelle du tiers, du fait d'une chose voire d'un animal dont il est le gardien ou du fait d'une personne dont il répond.

276.Le fait du tiers dans les obligations de résultat. Dès que le créancier a établi que le résultat auquel le débiteur était tenu de parvenir n'a pas été atteint, cette inexécution de l'obligation est présumée être imputable à l'activité du débiteur. Il y a là une présomption de causalité ou encore d'absence de cause étrangère. Deux conséquences en découlent. D'une part, le débiteur ne peut pas demeurer dans une position passive. Il doit « justifier, précise l'article 282 du Code des obligations et des contrats, que l'inexécution ou le retard proviennent d'une cause qui ne peut lui être imputée ». Ainsi, c'est dans cette seconde alternative que la question du fait du tiers présente un intérêt pratique[2]. D'autre part, pour que le fait du tiers soit la seule cause du dommage, il ne suffit pas que le débiteur apporte la preuve que l'inexécution lui est extérieure, encore faut-il qu'il établisse que ce fait, présente pour lui, les caractères d'un événement de force majeure.

B.Les caractères de la force majeure : condition nécessaire à la responsabilité de plein droit

277. Pour être la cause exclusive du dommage, le fait du tiers qui empêche le débiteur d'exécuter une obligation de résultat doit revêtir les caractères d'un événement de force majeure[3]. Cette preuve incombe au débiteur. C'est ce qu'on peut constater en règle générale de l'article 282 du Code des obligations et des contrats[4]. L'étude de l'essence de ce fait(1) permet de mesurer par la suite son efficience (2).

---

[1] C'est qu'il n'est pas nécessaire pour libérer le débiteur que le fait du tiers soit fautif tant qu'il est la seule cause du dommage : **H. et L. MAZEAUD**, *op.cit.*, n°1632, p.529.

[2]**Ph. BRUN**, Responsabilité civile extracontractuelle, Litec, Paris, 2005, n°s318-319, pp.164-165 ; **H., L., J. MAZEAUD etF. CHABAS**, *op.cit.*, n°574, pp.663-664 et n°587, p.677. Adde :
سامي الجربي، مرجع سابق، عدد 494، ص.531-532.

[3]**Ch. LARROUMET**, Le contrat, Effets, *op.cit.*, n°730, p.855 ; **M.BACACHE-GIBEILI,** *op.cit.*, n°401, p.449 ; **H., L., J. MAZEAUD et F. CHABAS**, *op.cit.*, n°574, pp.663-664et n°588, pp.677-678 ; **H. et L. MAZEAUD**, Traité…, T.II, *op.cit.*, n°1652, pp.537-538 ; **Ph. LE TOURNEAU**, *op.cit.*, n°1854, pp.707-708.

[4] Ceci se confirme dans le cadre des applications particulières, V. dans le cadre du COC : Art.607, al. 1er- 740-644, c)- 753- 847- 850, 3)- 783,2)- 826- 848- 880- 1022,2)- 1050- 1075 *a contrario*-1208 *a contrario*-1273 et 1383. V. dans le cadre du CC : Art.639 et 654. V. Art.2 de la loi n°94-9 du 31 janv. 1994, relative à la responsabilité et au contrôle technique dans le domaine de la construction, (JORT n°9 du 1er fév. 1994, p.187). V. sur le fait d'un autre patient : tiers dans le cadre de l'obligation de sécurité de résultat du médecin, la nécessité de cette preuve : **T. BEN MOHAMED NACEUR CHEBBI**, « L'obligation médicale : vers une responsabilité élargie et non complexe », RJL, 2011, n°9, p.80-81. De

1.L'essence du fait du tiers présentant les caractères de la force majeure

278. Irrésistibilité et imprévisibilité du fait du tiers. En matière contractuelle le raisonnement permettant d'arriver à la qualification de force majeure paraît devoir s'articuler en deux étapes. La première consiste à identifier l'impossibilité d'exécution, ce qui revient à la question de l'irrésistibilité du fait du tiers (a). La seconde consiste à identifier le critère qui permet de déterminer sur qui pèse la charge de l'impossibilité d'exécution, ce qui revient à la question de l'imprévisibilité du fait du tiers (b). Il faut que ce fait soit situé en dehors des prévisions du débiteur, pour que ce dernier soit libéré[1]. On peut, dès lors, comprendre pourquoi ces deux conditions, prévues par l'article 283 du Code des obligations et des contrats[2], sont cumulatives[3].

---

même dans le cadre de l'obligation de sécurité de résultat du transporteur : **F. LOKSAIER**, « Le fondement de la responsabilité contractuelle du transporteur dans les transports terrestres internes », RJL, 1995, n°5, pp.24 et s. *Adde* :

أحمد العنابي، "الوجيز في قانون النقل، تمهيد"، م. ق. ت.، 1981، عدد 3، ص.53 وما يليها. **أحمد العنابي**، "الوجيز في قانون النقل"، ج.2، م. ق. ت.، 1981، عدد 4، ص. 21 وما يليها. **محمد الصالح بن حسين**،"مسؤولية ناقل الأشخاص"، م. ق. ت.، 1987، عدد 6، ص.20-21.

De même, dans le cadre de l'obligation de sécurité de résultat de l'hôtelier : **O. MANNAI**, « La responsabilité civile des hôteliers : Les biens du client (I) », infos-juridiques, déc. 2006, n^os^146/15, p.22 ; « La responsabilité civile des hôteliers : La personne du client (II) », infos-juridiques, janv. 2007, n^os^16/17, p.22. V. sur les voies de fait du tiers, dans le cadre de la responsabilité de plein droit de l'architecte, la nécessité de cette preuve :

علي الجلولي، "مسؤولية مقاول البناء"، م. ق. ت.، 2011، عدد 4، ص.122-123.

[1]**F. ROUVIÈRE**, Le contenu du contrat : Essai sur la notion d'inexécution, préface de Ch. ATIAS, PUAM, Paris, 2005, n°387, p.307.

[2] Les dispositions de l'art.283 du COC, relatives aux caractères de la force majeure, ne sont pas impératives. Elles peuvent faire l'objet d'un aménagement conventionnel. Dès lors, les parties peuvent, sur la base de l'art.242 du COC, s'accorder sur l'identification de la force majeure exonératoire. V. sur la question :

سامي الجربي، مرجع سابق، عدد 492، ص.529. **محمد الزين**، مرجع سابق، عدد 373، ص.302-303. **محمد المالقي**، مرجع سابق، ص.241.

V. sur l'impossibilité pour la Cour de cassation d'invoquer d'office la force majeure : Cass. civ. n°2012-79636 en date du 13 mars 2013 (inédit) :

" وحيث يتضح على ضوء ذلك أن المعقب ضدها لم تثر ولم تتمسك بصعوبات مشكلة لقوة قاهرة منعتها من دفع ما هو محمول عليها عقدا وذلك وفق أحكام الفصل 283 من م.ا.ع. وترتيبا عليه ... فإن تلك المحكمة تكون قد قضت بما لم تطلبه المستأنفة وخالفت صريح أحكام الفصل 175 سادسا من م.م.م.ت. بما يعرض قضاءها للنقض خاصة وان ما أثارته لا يهم النظام العام ولا يتعلق إلا بمصالح الخصوم".

[3]**Ph. LE TOURNEAU**, *op.cit.*, n°1841, p.694 ; **M.BACACHE-GIBEILI,** *op.cit.*, n°402, pp.451-452 ; **H. et L. MAZEAUD**, Traité…, T.II, *op.cit.*, n°1573, p.484. En ce sens : Cass. civ. n°2010-45214 en date du 03 janv. 2011 (inédit) :

" وحيث عرف المشرع بالفصل 283 من م. إ. ع. القوة القاهرة بأنها حادثة تكون خارجة عن إرادة المدين ولا يمكن له دفعها وغير متوقعة".

Adde : Cass. civ. n°25213 en date du 04 avr. 2009, préc. ; Cass. civ. n°2008-33242 en date du 19 mars 2009 (inédit) :

" إن الدفع بالقوة القاهرة والأمر الطارئ لا يمكن الإلتفات إليه لعدم توفر شروطها القانونية والتي من أهمها عدم التوقع والمباغتة الكلية وتعذر لتصدي".

Adde : Appel Tribunal Administratif, arrêt n°25988 en date du 27 mars 2008 (inédit), préc. :

" تفترض القوة القاهرة توفر مميزات ثلاثة والمتمثلة في طابعها الخارجي وعدم القدرة على ردها وتوقعها".

Adde : Cass. civ. n°9333 en date du 04 oct. 2007, Bull. civ., 2007, 1re partie, p.171 ; Cass. civ. n°65643 en date du 10 juin 1999, préc. *Contra* :Cass. civ. n°1990 en date du 17 oct. 2005, Bull. civ., 2005, 2ème partie, p.379. *Adde* :

سامي الجربي، مرجع سابق، عدد 492، ص.529. **محمد الزين**، مرجع سابق، عدد 372، ص.301، خاصة هامش 52. **حسين بن سليمة** و**عصام الأحمر**، مرجع سابق، ص.72-75 و76. **ألفة المنصوري**، أطروحة سابقة، عدد 184، ص.248-249. **وفاء بسباس**، ملحوظات الإدعاء العام، ق. ت. م. عدد 30391 مؤرخ في 26 أفريل 2007، صادر عن الدوائر المجتمعة، م. م. د. ق. ق.، 2008، ص.461-462.

279. L'appréciation du fait du tiers présentant les caractères de la force majeure relève du pouvoir souverain des juges du fond. La Cour de cassation s'est réservée en la matière un contrôle de qualification[1].

a. L'irrésistibilité du fait du tiers

280. L'irrésistibilité. L'irrésistibilité n'est dans le domaine contractuel « qu'un autre nom de l'impossibilité de l'exécution »[2]. La confirmation vient de l'article 283 du Code des obligations et des contrats, qui précise que « la force majeure est tout fait… qui rend impossible l'exécution de l'obligation ». Et l'article 283 d'ajouter :« N'est point considérée comme force majeure la cause qui était possible d'éviter ». Il fait, dès lors, état du caractère « inévitable » de l'événement. La doctrine[3] parle aussi du caractère « insurmontable ». Ces diverses expressions sont employées indifféremment pour caractériser l'irrésistibilité de la force majeure. Toutes traduisent cette même exigence d'une force qui est majeure parce qu'irrésistible[4].

Comme en écho avec l'article 283 du Code des obligations et des contrats, qui exige que le débiteur « justifie qu'il a déployé toute diligence pour s'en prémunir », la Cour de cassation précise, le 19 mars 2009, que l'événement irrésistible est celui que l'on ne peut contourner par aucun moyen soit pour empêcher sa survenance, soit même pour pallier ses conséquences dommageables[5]. Ce faisant, tantôt elle admet le caractère insurmontable du fait du tiers[1], tantôt elle le dénie[2].

---

[1] Cass. civ. n°2012-79919 en date du 27 mars 2013 (inédit) :
" إنه من المستقر عليه فقها وقضاء أن استخلاص القوة القاهرة هو من الأمور الموضوعية الموكولة لاجتهاد محكمة الأصل".
Adde : Cass. civ. n°2012-70256/71349 en date du 28 mai 2012 (inédit), préc. :
"... وهو ما لا يمكن اعتباره من قبيل القوة القاهرة طبق ما انتهت إليه عن صواب محكمة القرار المنتقد فكان قضاءها معللا تعليلا قانونيا سليما".
Adde : Cass. civ. n°2010-45214 en date du 03 janv. 2011 (inédit), préc. :
" حيث مما لا شك فيه أن ثبوت القوة القاهرة من عدمه هو من الأمور الموضوعية التي تخضع لمحض اجتهاد محكمة الموضوع بشرط التعليل السليم المستمد مما له أصل ثابت في الملف".
Adde : Cass. civ. n°9333 en date du 04 oct. 2007, préc. ; Cass. civ. n°49841 en date du 29 oct. 1997, Bull. civ., 1997, 2ème partie, p.50 ; Cass. civ. n°2005-9042 en date du 22 avr. 2006 (inédit) :
" من المقرر فقها وقضاء أن محكمة الموضوع لها السلطة التامة في فهم الوقائع المعروضة عليها وأدلتها وأن لا رقابة في ذلك من طرف محكمة التعقيب عليها إلا إذا ثبت أن الفهم الذي ذهبت إليه أقيم على دليل غير ثابت بالأوراق".
Contra : Cass. civ. n°6728 en date du 03 janv. 1983, Bull. civ., 1983, 1re partie, p.256.

[2] **Ph. LE TOURNEAU**, *op.cit.*, n°1809-1, p.692 et n°1809, pp.691 ; **P. JOURDAIN**, Fasc. préc., n°35, p.9.

[3] **Ch. LARROUMET**, Le contrat, Effets, *op.cit.*, n°724, p.842 ; **Ph. LE TOURNEAU**, *ibid.*, n°1807, p.689 ; **H., L., J. MAZEAUD et F. CHABAS**, *op.cit.*, n°576, p.666 ; **H. et L. MAZEAUD**, *op.cit.*, n°1569, p.481 ; **G. VINEY et P. JOURDAIN**, Les conditions…, *op.cit.*, n°395, p.269.

[4] **Ch. LARROUMET**, *op.cit.*, n°724, p.840 et n°730, p.855. V. en ce sens : Cass. civ. n°2010-45214 en date du 03 janv. 2011 (inédit), préc. ; Cass. civ. n°2008-33242 en date du 19 mars 2009 (inédit), préc. ; Cass. civ. n°25213 en date du 04 avr. 2009, préc. ; Cass. civ. n°9333 en date du 04 oct. 2007, préc. ; Cass. civ. Ch. réun., arrêt n°30391 en date du 26 avr. 2007, préc. ; Cass. civ. n°16976 en date du 16 janv. 1989, préc. ; Cass. civ. n°16957 en date du 25 avr. 1989, préc. ; Cass. civ. n°3987 en date du 18 juin 1981, préc. *Adde* :
محمد الزين، مرجع سابق، عدد 372، ص.301-302. **سامي الجربي**، مرجع سابق، عدد 503 ومايليه، ص.544 وما يليها. **حسين بن سليمة وعصام الأحمر**، مرجع سابق، ص.75 وما يليها. **محمد محفوظ**، المسؤولية المدنية، مرجع سابق، ص.83.

[5] Cass. civ. n°2008-33242 en date du 19 mars 2009 (inédit), préc. :
" إن الدفع بالقوة القاهرة والأمر الطارئ لا يمكن الإلتفات إليه لعدم توفر شروطها القانونية ... (إذ) كان في مقدور الطرفين توقع حصولها أو المبادرة **بالتصدي لها** لمنعها أو **لتخفيف آثارها**".

281. Nature de l'obstacle permettant d'induire l'irrésistibilité de l'événement. Trois conditions doivent être réunies. « Il faut, d'abord, que le débiteur se heurte à un obstacle insurmontable »[3]. Des difficultés, même considérables, à surmonter l'événement ne sauraientêtre prises en considération[4]. Il faut, ensuite, que l'impossibilité d'exécuter soit définitive[5]. L'impossibilité simplement momentanée a pour seul effet de suspendre l'exécution de l'obligation jusqu'au moment où elle vient à cesser[6]. Elle n'est constitutive de force majeure qu'à titre provisoire[7].Il faut, enfin, que l'irrésistibilité concerne non seulement l'événement lui-même, ce qui suppose que le débiteur n'a pas pu empêcher sa survenance, mais s'étend aussi à ses conséquences, ce qui suppose que le débiteur ne dispose d'aucun moyen de remplacement pour exécuter son obligation[8]. L'exigence de l'inévitabilité des effets dommageables rendra très difficile l'admission du

---

En ce sens : **P. JOURDAIN**, Fasc. préc., n°19, p.5 ; **H., L., J. MAZEAUD et F. CHABAS**, *op.cit.*, n°576, p.666 ; **H. et L. MAZEAUD**, Traité…, T.II, *op.cit.*, *op.cit.*, n°1568, pp.480-481.

[1] Cass. civ. n°4686 en date du 30 juin 1982, préc.

[2] Cass. civ. n°2009-40972 en date du 27 fév. 2010 (inédit) :

" وحيث يعزى النقص في البضاعة ... إلى عملية سرقة أثناء إحدى مراحل النقل الجوي مما يعد من قبيل التقصير والإهمال".

Adde : Cass. civ. n°55364 en date du 04 déc. 1996, Bull. civ., 1996, 2ème partie, p.66 ; Cass. civ. n°1791 en date du 19 avr. 1979, préc. ; Cass. civ. n°3987 en date du 18 juin 1981, préc. ; Cass. civ. n°1048 en date du 06 avr. 1978, préc. V. en général sur le caractère surmontable d'une cause étrangère :Cass. civ. n°2010-45214 en date du 03 janv. 2011 (inédit), préc. :

" إن هبوب عاصفة على السفينة لا يعتبر من أسباب القوة القاهرة باعتبار .... يمكن اجتنابها باتخاذ التدابير الوقائية الأزمة ولم يثبت الطاعن اتخاذ أي تدابير وقائية واحتياطية لحفظ البضاعة وتجنب إلحاق الضرر بها".

Adde : Cass. civ. n°2008-33242 en date du 19 mars 2009 (inédit), préc. :

:" إن إحجام أعوان الحراسة على المبادرة باتخاذ أي فعل من شانه أن يحول دون منع وقوع الأضرار أو الحد من نتائجها لا يمكن اعتباره يدخل في القوة القاهرة ... إذ كان بإمكانهم إشعار المسؤول على الشركة منذ بداية تسرب المياه لتلقي تعليماته في الأمر وتمكينه من اتخاذ المبادرات المناسبة لتوقي الضرر أو تخفيف آثاره... في اتخاذ المبادرات المتاحة لنقل البضاعة من مكانها إلى موضع آمن".

Adde : Appel Tribunal Administratif, arrêt n°25988 en date du 27 mars 2008 (inédit), préc. :

" كان في وسع الإدارة توقع تلك الأمطار وتوقع انهيار الجسر... والتحسب لذلك باتخاذ الإحتياطات الضرورية لدفعه ودرء ما ينشأ عن ذلك من ضرر".

Adde : Cass. civ. n°2005-13414 en date du 05 avr. 2006 (inédit) :

" إن إنفلات روتيل العجلة أو إنفلاقها لا يعد من قبيل القوة القاهرة وإنما هو تقصير من السائق إذ كان عليه أخذ الإحتياطات اللازمة وتفقد سيارته والعجلات قبل السفر".

[3]**H. et L. MAZEAUD**, *op.cit.*, n°1569, p.481.

[4]**M. MAHFOUDH**, art. préc., pp.174-175 ; **P. WIGNY**, « Responsabilité contractuelle et force majeure », RTD civ., 1935, pp.40 et s. ; **P. JOURDAIN**, Fasc. préc., n°35, p.9 ; **Ph. LE TOURNEAU**, *op.cit.*, n°1809, p.691. *Adde* :

سامي الجربي، مرجع سابق، عدد 503، ص.544 إلى 546. **محمد الزين**،مرجع سابق، عدد 372، ص.302. **ألفة المنصوري**، أطروحة سابقة، عدد 155 وما يليه، ص.218 وما يليها. ق. ت. م. عدد 33760 بتاريخ 30 أكتوبر 1993، ن. م. ت.، 1993، ص.179.

[5]**O. DELGRANGE et M. BUCCIANO**, « Quelques réflexions sur la force majeure en matière contractuelle », GP, janv.-fevr. 2004, doc., p.214 ; **Ph. ANTONMATTEI**, *op.cit.*, n[os]290 et s., pp.207 et ss. *Adde* :

محمد المالقي، مرجع سابق، ص.241. **محمد محفوظ**، دروس في العقد، مرجع سابق، عدد 361، ص.362. **ألفة المنصوري**، أطروحة سابقة،عدد 172، ص.238 وما يليها.

[6]**H. et L. MAZEAUD**, *ibid.*, n°1610, p.516 ; Cass. civ. fr., 05 fév. 2004, D., 2004, J., p.2520, note **S. BEAUGENDRE** ; RTD civ., 2004, p.740, obs. **P. JOURDAIN.** *Adde* :

محمد الزين، مرجع سابق، عدد 373، ص.303-304. **ألفة المنصوري**، أطروحة سابقة، عدد 203 وما يليه، ص.278 وما يليها.

[7] Cass. civ. n°2005-9042 en date du 22 avr. 2006 (inédit) :

" يتبين أنه لا شيء يفيد حدوث أمر طارئ أو قوة قاهرة تمنع من الوفاء بالإلتزامات المحمولة على المعقب ضدها خاصة وأن الأمطار التي تسببت في تعطيل سير المؤسسة تعتبر أمرا ظرفيا لا يعد من الطوارئ التي يستحيل معها تنفيذ عقد الشغل بل أن ذلك لا يعدو وأن يكون سببا **وقتيا** يمكن تجاوزه من طرف المعقب ضدها بفعل ما يلزم لرفعه".

Cass. civ. n°16957 en date du 25 avr. 1989, préc. ; Cass. civ. n°1990 en date du 17 oct. 2005, préc.

[8]**Ch. LARROUMET**, Le contrat, Effets, *op.cit.*, n°724, pp.841-842 ; **P. JOURDAIN**, Fasc. préc., n°37, p.10 ; **H., L., J. MAZEAUD et F. CHABAS**, *op.cit.*, n°576, p.666.

fait du tiers présentant les caractères de la force majeure lorsque l'obligation inexécutée a pour objet une chose de genre, telle que le paiement d'une somme d'argent[1], ou la restitution d'un bien fongible objet d'un contrat de dépôt ou de prêt ou encore sa livraison dans le cadre d'un contrat de vente[2].

282. L'appréciation de l'irrésistibilité de la force. Deux observations peuvent être, dans ce cadre, présentées. Quant à son moment, l'irrésistibilité doit être appréciée au moment où se produit le fait dommageable[3]. Quant à son critère, on distingue entre l'impossibilité absolue et l'impossibilité relative. L'impossibilité est absolue, lorsqu'elle existe pour tous et non seulement à l'égard du débiteur. Elle est, en revanche, relative lorsqu'elle n'existait qu'à l'égard du débiteur, relativement à sa personne[4]. Lorsque l'article 283 prévoit que la cause est évitable « si **le débiteur** ne justifie qu'il a déployé toute diligence pour s'en prémunir », il semble qu'il s'attache à l'acception relativiste de la force majeure[5]. Ceci se confirme par l'attitude de nos tribunaux, qui procèdent à une appréciation de l'irrésistibilité, prenant en compte tout le contexte factuel dans lequel s'insère l'événement[6].

Les auteurs estiment, par ailleurs, qu'il n'y a pas d'incompatibilité entre cette conception relativiste de la force majeure et l'appréciation *in abstracto* de l'irrésistibilité. En ce sens « on ne recherche pas si le défendeur lui-même pouvait surmonter l'événement, mais si un individu moyen placé dans les mêmes circonstances aurait pu normalement y résister »[7]. La Cour de cassation le confirme[8].

---

[1] V. Art. 1267 du COC.

[2] V. Art. 607, al.2 du COC. *Adde* :
نذير بن عمّو، مرجع سابق، عدد 166 ، ص.196، عدد 170، ص.197 وعدد 213، ص.243.

[3] **M.BACACHE-GIBEILI**,*op.cit.*, n°402, p.450 ; **G. VINEY et P. JOURDAIN**, *op.cit.*, n°397, p.273. *Adde* :
محمد الزين، مرجع سابق، عدد 372، ص.302. **ألفة المنصوري**، الأطروحة، عدد 166 وما يليه، ص.232 وما يليها وعدد 197، ص.268.

[4] **N. DEJEAN DE LA BATIE**, *op.cit.*, n°102, p.89 ; **P. JOURDAIN**, Fasc. préc., n°34, p.9 et n°41, p.11.

[5] En ce sens : **P. JOURDAIN**, Fasc. préc., n^{os}41 à 44, pp.11-12 ; *Contra* : **H., L., J. MAZEAUD et F. CHABAS**, *op.cit.*, n°576, p.665. En ce sens : Cass. civ. n°2008-24677 en date du 06 avr. 2009 (inédit) :
" يجب أن تكون القوة القاهرة مستحيلة الدفع وأن تكون الإستحالة مطلقة بالنسبة للمدين أو لأي شخص يكون في موقف المدين".
Adde : Cass. civ. n°514 en date du 02 janv. 1961, RJL, 1961, n°5, p.52 (en langue arabe). *Adde* :
حسين بن سليمة و **عصام الأحمر**، مرجع سابق، ص.76-77. **محمد محفوظ**، دروس في العقد، مرجع سابق، عدد 361، ص.361. **ألفة المنصوري**، أطروحة سابقة، عدد 160 وما يليه، ص.226 وما يليها. **وفاء بسباس**، ملحوظات الإدعاء العام، سالف الذكر، ص.462.

[6] Cass. civ. n°2010-45214 en date du 03 janv. 2011 (inédit) ; Cass. civ. n°25213 en date du 04 avr. 2009, préc. ; Cass. civ. n°2008-33242 en date du 19 mars 2009 (inédit), préc. ; Cass. civ. n°65643 en date du 10 juin 1999, préc.

[7] **Ph. LE TOURNEAU**, *op.cit.*, n°1808, p.690 ; **M. MAHFOUDH**, art. préc., pp.175-176 ; **N. DEJEAN DE LA BATIE**, *op.cit.*, n^{os}102 et s., pp.89 et s., spéc. n°106, p.92 ; **M.BACACHE-GIBEILI**, *ibid.*, n°403, p.453 ; **P.-H. ANTONMATTEI**, *op.cit.*, n^{os}107 et s., pp.76 et s. ; **A. TUNC**, « Force majeure et absence de faute en matière contractuelle », RTD civ., 1945, n^{os}14 et s., pp.246 et s. ; **P. WIGNY**, art. préc., pp.75-76. *Adde* :
سامي الجربي، مرجع سابق، عدد 503، ص.544. **حسين بن سليمة** و **عصام الأحمر**، مرجع سابق، ص.76. **ألفة المنصوري**، أطروحة سابقة، عدد 156، ص.220-221 ، قارن بعدد 160 وما يليه، ص.226 وما يليها.
Contra : **P. JOURDAIN**, Fasc. préc., n°46, p.12.

[8] Cass. civ. n°11973 en date du 17 oct. 1985, Bull. civ., 1986, 2ème partie, p.190 : " عناية معقولة "
Contra :Cass. civ. n°2008-24677 en date du 06 avr. 2009 (inédit), préc. ; Cass. civ. n°514 en date du 02 janv. 1961, préc.

283. « Il est logique que l'irrésistibilité de l'événement soit l'élément caractéristique de la force majeure dans le domaine contractuel »[1]. Certes, « à l'impossible nul n'est tenu » mais, sur qui pèse la charge de l'inexécution ? C'est justement à cette question que permet de répondre le second corollaire de la force majeure exonératoire, à savoir l'imprévisibilité du fait du tiers.

b. L'imprévisibilité du fait du tiers

284. L'article 283 du Code des obligations et des contrats dispose que : « La force majeure est tout fait que l'homme ne peut prévenir ». Expressément prévue par la version initiale du Code des obligations et des contrats, la condition de l'imprévisibilité reçoit une traduction malheureuse dans la version arable qui parle plutôt d'un événement « insurmontable ». La Cour de cassation a remédié à cette carence. En effet, l'imprévisibilité de l'événement est constamment exigée pour caractériser la force majeure[2]. Cette tendance se trouve épaulée par l'idée sous-jacente de la sécurité du créancier contractuel. Ce faisant, la Cour suprême a tantôt admis de revêtir le fait du tiers de ce caractère[3], tantôt l'a dénié. Ainsi, a-t-elle décidé le 04 décembre 1996, est prévisible l'agression d'un voyageur par un jet de cailloux dans le cadre d'un contrat de transport terrestre de personnes au sens de l'article 653 du Code de commerce[4]. Est aussi prévisible, a-t-elle ajouté le 07 février 2010, le vol de marchandises au cours d'une escale, dans le cadre d'un contrat de transport aérien[5].

285. L'imprévisibilité. L'imprévisibilité peut être définie comme « l'absence de faute dans la prévision de la cause étrangère : l'événement imprévisible est en effet celui que l'agent n'est pas en faute de n'avoir pas prévu »[6].

286. L'appréciation de l'imprévisibilité. Trois observations méritent d'être dressées. D'abord, il s'agit de déterminer ce qui est normalement imprévisible. L'imprévisibilité ne s'apprécie pas à partir d'une possibilité générale et abstraite de réalisation de l'événement, sinon tous les événements

[1]**Ph. LE TOURNEAU**, *op.cit.*, n°1809-1, p.692.

[2] Cass. civ. n°2010-45214 en date du 03 janv. 2011 (inédit), préc. ; Cass. civ. n°2008-33242 en date du 19 mars 2009 (inédit) :

" وحيث أنه لا يمكن التمسك بالقوة القاهرة لدحض الإخلال بالإلتزام المذكور (التزام بالحراسة) لأنه حسب التعريف الوارد بالفصل 283 من م. إ. ع. للقوة القاهرة أنها كل ما لا يستطيع الإنسان دفعه كالحوادث الطبيعية من فيضان ماء وقلة أمطار وزوابع أي لا يمكن توقعها أوردها".

Adde : Cass. civ. n°25213 en date du 04 avr. 2009, préc. ; Cass. civ. n°7120 en date du 11 janv. 2007, Bull. civ., 2007, 2ème partie, p.191 ; Cass. civ. n°9333 en date du 04 oct. 2007, préc. ; Cass. civ. Ch. réun., arrêt n°30391 en date du 26 avr. 2007, préc. ; Cass. civ. n°65643 en date du 10 juin 1999, préc.

[3] Cass. civ. n°4686 en date du 30 juin 1982, préc.

[4] Cass. civ. n°55364 en date du 04 déc. 1996, préc.

[5] Cass. civ. n°2009-40972 en date du 27 fév. 2010 (inédit) :

" وحيث يعزى النقص في البضاعة... إلى عملية سرقة أثناء إحدى مراحل النقل الجوي مما يعد من قبيل التقصير والإهمال الذي يتوقع فيه حصول الضرر".

[6]**G. VINEY et P. JOURDAIN**, Les condition..., *op.cit.*, n°399, p.279 ; **P. JOURDAIN**, Fasc. préc., n°48, p.12.

seraient prévisibles[1]. Dire qu'un événement était normalement imprévisible signifie qu' « il n'y avait aucune raison particulière de penser qu'il se produirait »[2]. C'est sur la base de cette analyse que la haute juridiction a décidé, dans son arrêt rendu le 03 janvier 2011, que la cause étrangère était prévisible[3]. Et c'est sur la base de ce même critère, dit de normalité, qu'elle a situé l'événement hors des prévisions du débiteur, pour le relaxer le 04 octobre 2007[4].

Ensuite, il s'agit de déterminer ce qui est normalement imprévisible pour un homme raisonnable[5]. L'imprévisibilité doit être, dès lors, appréciée *in abstracto*. Il ne s'agit donc pas de rechercher si le débiteur lui-même pouvait prévoir l'événement mais si un individu avisé, placé dans les mêmes circonstances, aurait pu le prévoir[6].

Enfin, l'imprévisibilité doit être appréciée au moment de la conclusion du contrat et non de l'inexécution. Cette solution préconisée par la Cour de cassation[7], a les faveurs de la doctrine[8]. Cela est logique, puisque c'est en fonction des prévisions qu'ont pu, à cette époque, mûrir les parties que s'apprécient l'étendue des obligations du débiteur et les attentes raisonnables du créancier.

---

[1] **Ph. LE TOURNEAU**, *op.cit.*, n°1813, p.694 ; **H. et L. MAZEAUD**, Traité…, T.II, *op.cit.*, n°1576, p.485.

[2] **H., L., J. MAZEAUD et F. CHABAS**, *op.cit.*, n°576, p.664. *Adde* :
سامي الجربي، مرجع سابق، عدد 501، ص.541. **وفاء بسباس**، ملحوظات الادعاء العام، سالف الذكر، ص.462.

[3] Cass. civ. n°2010-45214 en date du 03 janv. 2011 (inédit), , préc. :
" إن هبوب عاصفة على السفينة لا يعتبر من أسباب القوة القاهرة بأعتبارها ممكنة التوقع باعتماد وسائل الرصد الجوي الحديثة".
Adde : Appel Tribunal Administratif, arrêt n°25988 en date du 27 mars 2008 (inédit), préc. :
وحيث ولئن كان تهاطل الأمطار الذي أدى إلى انهيار الجسر عنصر خارجي فانه كان بالإمكان توقعها، وقد شهدت منطقتي عين دراهم وطبرقة تهاطل الأمطار بغزارة على امتداد قرابة الأسبوعين قبل الحادث... فضلا عن أن المنطقة معروفة في الفترة التي وقع فيها الحادث بغزارة الأمطار بها... وبالتالي كان بوسع الإدارة توقع تلك الأمطار وتوقع انهيار الجسر خاصة بالنظر لحالته المبينة أعلاه".

[4] Cass. civ. n°9333 en date du 04 oct. 2007, préc. :
" إن الطقس كان لينا عند إبحار السفينة ولم يتغير إلا مساء اليوم التالي وإن التقلبات الجوية التي حصلت لاحقا من الكوارث الطبيعية التي تكتسي صبغة القوة القاهرة التي لا يمكن توقعها".

[5] **Ch. LARROUMET**, Le contrat, Effets, *op.cit.*, n°726, p.847 ; **Ph. LE TOURNEAU**, *ibid.*, n°1813, p.694.

[6] **N. DEJEAN DE LA BATIE**, *op.cit.*, n^os^102 et s., pp.89 et s., spéc. n°106, p.92 ; **M.BACACHE-GIBEILI**,*op.cit.*, n°403, p.453 ; **P. JOURDAIN**, Fasc. préc., n°49, p.12 ; **A. TUNC**, art. préc., n^os^14 et s., pp.246 et s. V. en ce sens : Cass. civ. n°16957 en date du 25 avr. 1989, préc. ; Cass. civ. n°12710 en date du 06 mars 1986, préc. ; Appel, arrêt n°47804 en date du 30 oct. 1967, RJL, 1968, n°10, p.78 (partie en langue arabe) :
" إن كل ما يتوقع حدوثه لا يعد حصوله مفاجأة وتفريعا على هذا فتوقع اجتياز الطريق أمام الحافلة الراسية على حافتها من قبل هذه البنت المتضررة أو غيرها مما يتكهن به كل سائق إذا كان رجلا سويا".
Adde :
سامي الجربي، مرجع سابق، عدد 501، ص.541. **محمد محفوظ**، النظرية العامة للالتزام (II)، المسؤولية المدنية، مرجع سابق، ص.82.
Contra : Cass. civ. n°2008-24677 en date du 06 avr. 2009 (inédit), , préc. :
:" يجب أن يكون الحادث غير مستطاع التوقع لا من جانب المطلوب فحسب بل من أشد الناس يقظة و تبصرا".
Adde : Cass. civ. n°7793 en date du 29 avr. 1971, Bull. civ., 1971, p.64. *Adde* :
محمد الزين، مرجع سابق، عدد 371، ص.301. **وفاء بسباس**، ملحوظات الإدعاء العام، سالف الذكر، ص.462. **ألفة المنصوري**، أطروحة سابقة، عدد 156، ص.229-230.

[7] Cass. civ. n°7753 en date du 08 avr. 1971, RJL, 1972, n°6, p.43 (partie en langue arabe).

[8] **P. WIGNY**, art. préc., p.88 ; **H. et L. MAZEAUD**, Traité…, T.II, *op.cit.*, n°1576, p.486. *Adde* :
سامي الجربي، مرجع سابق، عدد 501، ص.542. **محمد الزين**، مرجع سابق، عدد 371، ص.300.

287. L'imprévisibilité, condition indispensable. L'exigence de l'imprévisibilité de l'événement en matière contractuelle « semble indispensable »[1]. Elle permet de déterminer sur qui pèse la charge de l'impossibilité d'exécution du contrat. Aux dires de M. JOURDAIN, « c'est finalement à une triple condition d'irrésistibilité de l'événement lorsqu'il survient, d'imprévisibilité au jour de la conclusion du contrat et d'inévitabilité de ses effets dommageables que l'on devait aboutir »[2].

288. L'imprévisibilité condition autonome. La condition de l'imprévisibilité se trouve en étroite liaison avec celle de l'irrésistibilité. D'aucuns y voient un « indice »[3], voire « un doublon de l'irrésistibilité de l'obstacle »[4]. Certes, l'imprévisibilité peut jouer le rôle d'indice à l'irrésistibilité, en ce sens qu'on ne pouvait surmonter ce qu'on ne pouvait prévoir, mais ces caractères sont bien distincts. En effet, « l'impossibilité existe dès que l'exécution n'a pu avoir lieu ; la notion d'irrésistibilité ou impossibilité s'arrête à la constatation du fait, sans en chercher la cause. La notion d'imprévisibilité précise au contraire cette cause. Ainsi, les deux caractères sont bien distincts »[5].

2.L'efficience du fait du tiers présentant les caractères de la force majeure

289. Caducité du contrat. Le fait du tiers présentant les caractères de la force majeure a une incidence sur l'exécution du contrat. Il agit directement sur la force obligatoire du contrat et emporte, de ce fait, extinction des obligations qui en découlent[6]. C'est ce qui ressort de l'article 339 du Code des obligations et des contrats qui dispose que « Les obligations s'éteignent par :(…) 2) l'impossibilité de l'exécution »[7]. La règle n'est autre qu'une application de l'adage « à l'impossible nul n'est tenu ». Le fait du tiers entraîne de ce fait la caducité du contrat pour défaut d'objet[8].

---

[1]**Ph. LE TOURNEAU**, *op.cit.*, n°1814, p.694. **H., L., J. MAZEAUD et F. CHABAS**, *op.cit.*, n°576, p.664 ; **Y. DAGORNE-LABBE**, note sous Cass. civ. fr., 30 oct. 2008, LPA, 2009, n°128, p. 19.

[2]**P. JOURDAIN**, Fasc. préc., n°64, p.17.

[3]**P.-H. ANTONMATTEI**, *op.cit.*, n°74, p.56 ; **M. FAURE-ABBAD**, *op.cit.*, n°312, p.260 ; **G. VINEY et P. JOURDAIN**, Les conditions de la responsabilité, *op.cit.*, n°396, p.271.

[4]**Ph. LE TOURNEAU**, *op.cit.*, n°1813, p.694. *Adde* :

سامي الجربي، مرجع سابق، عدد 502-503، ص.543-544.

[5]**H. et L. MAZEAUD**, *op.cit.*, n°1575, p.485 ; **Ph. REMY**, obs. sous Cass. civ. fr., 17 nov. 1999, RGDA, 2000, p.198.

[6]**M. MAHFOUDH**, art. préc., pp.167 et s. ; **P. JOURDAIN**, « Impossibilité d'exécution, perte de la chose et théorie des risques en droit français », Études Juridiques, FDS, 2001, pp.215 et s., n^{os}4 et s. ; **M. FAURE-ABBAD**, *ibid.*, n°165, pp.135-136 et n°310 à 312, pp.257 à 260 ; **P.-H. ANTONMATTEI**, *op.cit.*, n^{os}212 et s., pp.154 et s. ; **Ph. LE TOURNEAU**, *ibid.*, n°1802-1, p.687. *Adde* :

محمد الزين،مرجع سابق، عدد 373، ص.302. **ألفة المنصوري**، أطروحة سابقة، عدد 190 وما يليه، ص.258 وما يليها.

[7] V. Art. 345 à 349 du COC.

[8]**S. BABAY- YOUSSEF**, « La caducité des actes juridiques, une notion à « exhumer » », RTD, 2006, n^{os}8 à 11, pp.50 à 55 ; **R. CHAABAN**, La caducité des actes juridiques : Étude de droit civil, préface d'Y. LEQUETTE, LGDJ, Paris, 2006, n^{os}38 et ss., pp.33 et s., spéc. n°113, p.120 ; **L. THIBIERGE**, Le contrat face à l'imprévu, préface de L. AYNÈS, Economica, Paris, 2011, n^{os}835 et s., pp.473 et s. ; **J.-M. MOUSSERON**, Technique contractuelle, 4ème éd. par **P. MOUSSERON, J. RAYNARD et J.-B. SEUBE**, éd. Francis Lefebvre, Paris, 2010, n°1334, p.529 ; **A. BÉNABENT**, Droit des obligations,

En droit de la responsabilité, ce fait a une incidence dans les rapports entre le débiteur et son créancier (a), ainsi que dans les rapports entre ce dernier et le tiers (b).

a. Le rapport entre le débiteur et son créancier

290. Principe de l'exonération totale du débiteur. Lorsque le fait du tiers revêt les caractères de la force majeure, le débiteur est en principe exonéré de toute responsabilité. La confirmation vient des articles 282 et 348, alinéa premier, du Code des obligations et des contrats[1]. Doctrine[2] et jurisprudence[3] se montrent favorables à ce principe d'exonération totale.

291. Fondements de l'exonération totale du débiteur. D'aucuns estiment que c'est l'idée de l'absence de faute qui justifie l'exonération totale du débiteur[4]. En effet, lorsque ce dernier établit que le fait du tiers était irrésistible et imprévisible, il démontre par là qu'il n'a commis aucune faute. Cette justification ne semble pas être convaincante, dans la mesure où la faute n'est pas une condition nécessaire à toute responsabilité civile, celle-ci pouvant être objective, contrairement au lien de causalité qui est une constante de la responsabilité civile. Raison pour laquelle c'est vers la théorie de la causalité qu'on penche. En ce sens, le fait du tiers présentant les caractères de la force majeure est appréhendé comme une cause exclusive du dommage rompant le lien de causalité entre l'activité du débiteur et le dommage éprouvé par le créancier[5]. L'analyse a pour elle la décision rendue par la Cour de cassation le 25 avril 1989[1].

---

op.cit., n°341, p.271 ; **P.-H. ANTONMATTEI**, *ibid.*, n^{os}233 et s., pp.166 et s., spéc. n°236, pp.169-170. « La caducité se définit comme étant la situation juridique d'un contrat valablement formé qui cesse d'exister à la suite de la disparition de l'un des éléments essentiels à sa survie » : **F. GARRON**, La caducité du contrat (Étude de droit privé), préface de J. MESTRE, PUAM, Paris, 1999, n°249, p.309.

[1] Sur la cause étrangère, présentant les caractères de la force majeure, source d'exonération des obligations contractuelles : V. dans le COC, notamment, Art.644- 662- 743,2)- 744- 748,*in fine*- 753-763- 783,2)- 826- 847- 848- 850,3)- 880- 1007 *a contrario*- 1022,2)- 1050 *a contrario*- 1075 *a contrario*-1177- 1208 *a contrario*- 1273- 1383- 1432. V. dans le cadre du CDR, notamment, Art.154 et 240, al.2. V. dans le CC : Art.639 et 654. V. Art. 2 de la loi n°94-9 du 31 janv. 1994, préc.

[2]**B. STARCK**, « La pluralité des causes de dommage et la responsabilité civile (La vie brève d'une fausse équation : causalité partielle = responsabilité partielle) », JCP éd. G, 1970, I, 2339, spéc. n^{os}55 et 89 ; **M.BACACHE-GIBEILI**, *op.cit.*, n°399, p.447 ; **Ch. LARROUMET**, Le contrat, Effets, *op.cit.*, n°730, p.854 ; **P. JOURDAIN**, Fasc. préc., n°96, p.24 ; **G. VINEY et P. JOURDAIN**, Les conditions..., *op.cit.*, n°402, p.283 ; **Ph. LE TOURNEAU**, *op.cit.*, n°1854, pp.707-708 ; **H., L., J. MAZEAUD et F. CHABAS**, *op.cit.*, n°578, p.668, n°583, p.674 et n°588, pp.677-678 ; **H. et L. MAZEAUD**, Traité..., T.II, *op.cit.*, n°1610, p.516 et n°1649, pp.535-536 ; **P.-H. ANTONMATTEI**, *op.cit.*, n°196, p.143 et n n^{os}248 et s., pp.177 et s. : L'effet libératoire de la force majeure est haussé par l'auteur au rang d'un principe général du droit. *Adde* :
سامي الجربي، مرجع سابق، عدد 506، ص.549 وعدد 512، ص.553. **محمد الزين**، مرجع سابق، عدد 373، ص.302. **محمد محفوظ**، النظرية العامة للإلتزام (II)، المسؤولية المدنية، مرجع سابق، ص.79. **ألفة المنصوري**، أطروحة سابقة، عدد 194 وما يليه، ص.265 وما يليها. **محمد محفوظ**، دروس في العقد، مرجع سابق، عدد362، ص.363 وما يليها.

[3] Cass. civ. n°16957 en date du 25 avr. 1989, préc. ; Cass. civ. n°1062 en date du 17 janv. 1985, préc., RJL, 1986, n°5, p.43 (partie en langue arabe) ; Cass. civ. n°4686 en date du 30 juin 1982, préc.

[4]**P. JOURDAIN**, Fasc. préc., n°8, p.3 ; **A. TUNC**, art. préc., pp.235 et s., spéc. n^{os}4-5-9 et 18. **P. WIGNY**, art. préc., pp.27-72 à 75 et 93-94 ; **H., L., J. MAZEAUD et F. CHABAS**, *ibid.*, n°579, p.669.

[5]**I. AMOURI**, L'adaptation de la causalité à l'évolution technoscientifique dans la responsabilité civile, Thèse pour le Doctorat en Droit, FDS et FDSP d'Aix-Marseille III, 2010, n^{os}127 et s., pp.149 et s. ; **F.**

292. Domaine de l'exonération totale. Affectant la causalité, l'exonération par le fait du tiers présentant les caractères de la force majeure trouve application quel que soit le fondement de la responsabilité encourue, subjective ou objective[2]. Précisons, tout de suite, que « le recours à la cause étrangère trouve plus souvent application en matière de responsabilité objective, dans la mesure où elle constitue le seul moyen de défense du responsable, privé du débat sur l'existence de la faute »[3].C'est ce qui découle de l'article 282 du Code des obligations et des contrats.

293. L'exception au principe : l'obligation de garantie. L'effet exonératoire du fait du tiers présentant les caractères de la force majeure est exclu lorsque le débiteur est tenu par une obligation de garantie. « L'obligation de garantie est une obligation de résultat dont l'inexécution doit donner lieu à la responsabilité du débiteur sans lui permettre d'échapper par la preuve d'une cause étrangère qui, en droit commun, l'exonérerait de sa responsabilité »[4]. Le débiteur, prend, ainsi, en charge les risques de dommages résultant du fait du tiers présentant les caractères de la force majeure[5]. L'obligation de garantie peut être légale ou conventionnelle.

Plusieurs sont les dispositions légales mettant en place une obligation de garantie. C'est en ce sens que l'article 632, alinéas premier et deuxième, du Code des obligations et des contrats prévoit que le vendeur répond, au titre de son obligation de garantie de jouissance, des troubles de droit des tiers[6]. La même obligation incombe au fermier qui ne peut être exonéré de ses obligations prévues par l'article 825 du Code des obligations et des contrats, même en alléguant le cas fortuit. Il en est de même dans le domaine des accidents de la circulation, l'article 124 de la loi du 15 août 2005[7], applicable notamment au contrat de transport routier, interdit expressément au conducteur ou gardien du véhicule terrestre à moteur impliqué dans l'accident, d'opposer à toute victime le fait du tiers[8].

Sur le plan conventionnel, si le législateur admet, dans l'article 244 du Code des obligations et des contrats, les clauses élusives ou limitatives de

---

CHABAS, L'influence de la pluralité des causes sur le droit à réparation, préface de H. MAZEAUD, LGDJ, Paris, 1967, n°174, p.145 ; **Ch. LARROUMET**, Le contrat, Effets, *op.cit.*, n°720, pp.836-837 et n°728, p.852 ; **M.BACACHE-GIBEILI,** *op.cit.*, n°401, p.449 ;

سامي الجربي، مرجع سابق، عدد 495، ص.532 وعدد 506، ص.549. **حسين بن سليمة وعصام الأحمر**، مرجع سابق، ص.71.

Sur la critique de cette théorie : **A. DUMERY**, « Absence de causalité et force majeure : réflexions autour d'une dissonance », RRJ, 2009, p.629, spéc. n^{os}11 et s., pp.632 et s.

[1] Cass. civ. n°16957 en date du 25 avr. 1989, préc.

[2] **G. VINEY et P. JOURDAIN**, *op.cit.*, n°404, p.286.

[3] **M.BACACHE-GIBEILI**, *op.cit.*, n°397, p.444 ; **P. JOURDAIN**, Fasc. préc., n°99, p.24 ; **H., L., J. MAZEAUD et F. CHABAS**, *op.cit.*, n°574, pp.663-664 ; **Ch. LARROUMET**, *op.cit.*, n°720, p.837.

[4] **Ch. LARROUMET**, *ibid.*, n°615, p.657.

[5] Cette prise en charge ne préjuge pas du recours du débiteur contre le tiers lorsque son fait est générateur de responsabilité civile. V. *infra*, n^{os}305 à 311.

[6] V. en ce sens :

نذير بن عمّو، مرجع سابق، عدد 245-246، ص.279-280.

[7] V. *supra*, n°13 en note de bas de page.

[8] V. en ce sens :

عصام الأحمر، النظام القانوني للتعويض عن الأضرار البدنية الناتجة عن حوادث المرور، دليل تطبيقي، نشر للحساب الخاص، تونس، 2008، ص.43-44.

responsabilité contractuelle, c'est qu'en principe les dispositions relatives à ladite responsabilité ne sont pas impératives[1]. Ainsi en est-il des dispositions de l'article 282[2]. Dès lors, sont admises les clauses relatives à la force majeure[3]. À suivre ce raisonnement, sauf prohibition expresse de la loi[4], le débiteur peut s'engager à garantir les risques de l'inexécution du contrat, même ceux qui seraient la conséquence d'un fait du tiers présentant les caractères de la force majeure[5].

b. Le rapport entre le créancier et le tiers

294. Recours du créancier contre le tiers. Certes, le fait du tiers présentant les caractères de la force majeure emporte, en principe, exonération totale du débiteur, mais la victime pourra évidemment se retourner contre ledit tiers[6]. Ainsi se trouvent conciliés l'intérêt du débiteur et celui du créancier.

Cela dit, il faut distinguer selon que le fait du tiers est ou non générateur de responsabilité. En effet, il n'est pas nécessaire, pour exonérer le débiteur, que le fait du tiers présentant les caractères de la force majeure soit générateur de responsabilité. « Le fait du tiers, lorsqu'il remplit les conditions de la force majeure démontre que l'inexécution de l'obligation n'est pas imputable au débiteur »[7], ce qui est suffisant pour l'exonérer.

---

[1] Les clauses de responsabilité sont celles qui « directement ou indirectement, affectant le droit à réparation de la victime de l'inexécution et donc la responsabilité du débiteur » : **P. JOURDAIN**, « Les clauses relatives à la responsabilité contractuelle en droit français », Études Juridiques, FDS, 2000, n°7, pp.144. Exceptionnellement, le législateur peut interdire de telles clauses. V. notamment : Art.849, *in* fine, et 1076 du COC et Art.644 et 656 du CC ; Art.28 du décret-loi n°73-13 du 17 oct. 1973, portant réglementation des agences de voyages, ratifié par la loi n°73-68 du 19 nov. 1973. Sur la question : V. **N. REKIK**, « Les clauses abusives et la protection du consommateur », Études Juridiques, FDS, 2000, pp.111 et s. ; **P. JOURDAIN**, *op.cit.*, pp.143 et s. *Adde* :

الحبيب بالحاج، البنود المتعلقة بالمسؤولية عن عدم تنفيذ العقد، أطروحة لنيل شهادة الدكتوراه في القانون، كلية الحقوق بصفاقس، 2010-2011.

[2] V. en ce sens :

محمد الزين، مرجع سابق، عدد 373، ص.302-303.

[3] **J.-M. MOUSSERON**, « La gestion des risques par le contrat », RTD civ., 1988, p.481 et s., spéc., n°28, p.498 ; **O. DELGRANGE et M. BUCCIANO**, art. préc., p.215 ; **Ch. LARROUMET**, Le contrat, Effets, *op.cit.*, n°615, p.657 et n°727, p.850 ; **H., L., J. MAZEAUD et F. CHABAS**, *op.cit.*, n°581, p.669 ; **H.** et **L. MAZEAUD**, Traité..., T.II, *op.cit.*, n°1621, p.523. En ce sens : Cass. civ. n°2008-30865 en date du 11 fév. 2010 (inédit) :

" حيث اقتضى الفصل 242 من م. إ. ع. أن ... وحيث أن المحكمة... قد أحسنت تأويل عقد التأمين طالما تأكد لها إرادة الطرفين إقصاء الخطر الناجم عن قوى الطبيعة من مجال التأمين".

Adde :

ألفة المنصوري، أطروحة سابقة، عدد 198، ص.270.

[4] Le législateur peut interdire toute obligation de garantie conventionnelle. V. dans le cadre du COC, notamment : Art.1023-1076, al.1er-1207-1437, al.1er.

[5] **P. JOURDAIN**, Fasc. préc., n°100, pp.24-25. V. Art.585, *in fine*, du COC. *Adde*:

ألفة المنصوري، أطروحة سابقة، عدد 202، ص.276-277.

[6] **Ph. LE TOURNEAU**, *op.cit.*, n°1854, p.708. *Adde* :

سامي الجربي، مرجع سابق، عدد 512، ص.553.

[7] **Ch. LARROUMET**, Le contrat, Effets, *op.cit.*, n°730, p.855 ; **M.BACACHE-GIBEILI,** *op.cit.*, n°403, p.452 ; **G. VINEY et P. JOURDAIN**, Les conditions..., *op.cit.*, n°400, pp.280 et s. ; **H. et L. MAZEAUD,** Traité..., T.II, *ibid.*, n°1632, p.529 ; **P. JOURDAIN**, Fasc. préc., n°30, p.8.

Cependant, si les conditions de la responsabilité du tiers sont remplies, le créancier « pourrait agir contre le tiers sur le fondement de la responsabilité extra-contractuelle, laquelle sera, selon les cas, fondée ou non sur la faute »[1].

Paragraphe II. La responsabilité du tiers, cause partielle de l'inexécution du contrat

295. Le fait du tiers, cause partielle de l'inexécution du contrat. Le fait du tiers est cause partielle de l'inexécution du contrat, lorsque deux conditions cumulatives sont réunies. D'une part, lorsque ce fait ne revêt pas les caractères de la force majeure. D'autre part, lorsque ce fait est générateur de responsabilité[2]. Dès lors, on entend par fait du tiers, cause partielle de l'inexécution du contrat, la faute d'un tiers, le fait d'une chose ou d'un animal dont il est gardien ou le fait d'une personne dont il répond.

296. Causalité partagée = Responsabilité partagée ?Lorsque le fait du tiers est la cause partielle de l'inexécution du contrat, qu'il ait pour objet une obligation de moyens ou de résultat[3], deux conséquences en découlent. En premier lieu, le fait du tiers ne rompt pas le lien de causalité entre le fait imputable au débiteur et l'inexécution du contrat. En second lieu, la causalité se trouve partagée entre le fait imputé au débiteur et le fait du tiers[4]. Cette pluralité des causes suscite l'interrogation sur son incidence sur la responsabilité des coauteurs ?

La causalité étant partagée, il semble logique de tenir compte de cette pluralité des causes pour permettre un partage de responsabilité entre le débiteur et le tiers : chacun des coauteurs, ayant la possibilité d'invoquer la participation causale de l'autre, pour diminuer sa part dans la dette de réparation. Cette logique causale peut être traduite par l'équation : causalité partielle = responsabilité partielle[5].

Pourtant, cette division des responsabilités, en fonction de la pluralité des causes, s'est heurtée à « la règle d'après laquelle l'auteur de l'une des causes d'un dommage est tenu à la réparation intégrale de celui-ci vis-à-vis de la victime, sous réserve d'un recours ultérieur contre les autres coauteurs »[6].

297. Distinction : Obligation à la dette - Contribution à la dette. Il faut alors soigneusement distinguer la question de l'obligation de chacun des coresponsables vis-à-vis de la victime, dite phase de l'obligation à la dette de

---

[1]**Ch. LARROUMET**, *op.cit.*, n°730, p.856.

[2]**G. VINEY et P. JOURDAIN**, *op.cit.*, n°415, p.298 ; **M.BACACHE-GIBEILI**, *op.cit.*, n°407, pp.456-457 ; **H., L., J. MAZEAUD et F. CHABAS**, *op.cit.*, n°589, p.678.*Contra* :

ألفة المنصوري، أطروحة سابقة، عدد 186، ص.252.

[3]**H., L. et J. MAZEAUD et F. CHABAS,** *ibid.*, n°s584-585, pp.674-675 et n°589, p.678.

[4]**M.BACACHE-GIBEILI**, *ibid.*, n°404, p.454 et n°407, p.457 ; **G. VINEY et P. JOURDAIN**, *ibid.*, n°405, p.289 ; **Ch. LARROUMET**, *ibid.*, n°731, p.856.

[5]**B. STARCK**, « La pluralité des causes... », art. préc.

[6]**G. VINEY et P. JOURDAIN**, *ibid.*, n°405, p.290 ; **Ch. LARROUMET**, *ibid.*, n°731, p.857 ; **Ph. LE TOURNEAU**, *op.cit.*, n°1859, p.709. *Adde* :

سامي الجربي، مرجع سابق، عدد 512، ص.553.

réparation (A), de celle de la contribution entre coresponsables, dite phase de contribution à la dette de réparation (B). Cette démarche présentera l'avantage de préserver les intérêts des différents protagonistes.

A.L'obligation à la dette : une obligation « au tout »

298. L'obligation à la dette concerne les rapports des coresponsables d'avec le créancier. Elle se caractérise par sa portée totale. La protection du créancier contractuel se trouve, ainsi, assurée. Il convient, dès lors, d'identifier la notion de l'obligation « au tout » des coauteurs d'un même dommage (1), avant de déterminer son fondement (2).

1.La notion de l'obligation « au tout »

299. Dans ses rapports avec les coresponsables de l'inexécution du contrat, l'obligation « au tout » signifie que le créancier peut « réclamer à l'un quelconque des coauteurs d'un même dommage la réparation intégrale de ses préjudices. Chacun des coresponsables est obligé « au tout » sans pouvoir invoquer le fait causal de l'autre »[1]. Deux enseignements en découlent. D'une part, pour que ladite obligation puisse être mise en œuvre trois conditions doivent être réunies. Primo, une pluralité de faits générateurs de responsabilité. Secundo, un dommage indivisible[2]. Tertio, un lien de causalité entre ces faits générateurs et le dommage produit. D'autre part, chacun des responsables d'un même dommage doit être condamné à le réparer en totalité. Partant, le fait générateur de responsabilité de l'un quelconque des coauteurs ayant contribué à l'inexécution du contrat n'a aucune vertu exonératoire à l'égard de l'autre[3].

2.Le fondement de l'obligation « au tout »

300. L'obligation « au tout » peut être fondée aussi bien sur le plan juridique (a) que théorique (b).

a. Le fondement juridique de l'obligation « au tout »

301. Fondement législatif. L'obligation « au tout » n'est pas sans rappeler la solidarité entre coresponsables à l'égard du créancier[4]. En droit français, l'article 1202 du Code civil dispose que « la solidarité ne se présume point ; il faut qu'elle soit expressément stipulée. Cette règle ne cesse que dans les cas où la solidarité à lieu de plein droit, en vertu d'une

---

[1] **M.BACACHE-GIBEILI**, *op.cit.*, n°409, p.458 ; **Ph. LE TOURNEAU**, *op.cit.*, n°1735, p.664 ; **F. CHABAS**, L'influence…, *op.cit.*, n^{os}17 et s., pp.23 et s.

[2] **P. JOURDAIN**, Fasc. préc., n°22, p.6.

[3] **G. VINEY et P. JOURDAIN**, *op.cit.*, n°416, p.299 ; **H. et L. MAZEAUD**, Traité.., T.II, *op.cit.*, n°1656, p.800.

[4] Rapproche avec l'art.176 du COC. *Adde* :
خليفة الخروبي، قانون مدني، أوصاف الالتزام، منشورات مجمع الأطرش للكتاب المختص، تونس، 2008، عدد 171، ص.131.

disposition de la loi ». Il en découle que la solidarité n'est admise qu'en cas de stipulation expresse d'une convention ou par l'effet d'une disposition de la loi. Le juge n'a pas, dès lors, le pouvoir de la prononcer en dehors d'un texte. C'est pourquoi, la Cour de cassation adopta une solution originale qui permettrait d'aboutir à des résultats comparables à ceux de la solidarité en déclarant les coauteurs responsables « *in solidum* » ou « au tout ». L'obligation « *insolidum* » est, dès lors, une notion d'origine prétorienne[1].

En droit tunisien, il semble que, pour fonder l'obligation « au tout », nul besoin ne se fait sentir d'instaurer l'obligation « *insolidum* ». En effet, après avoir rappelé, au même titre que l'article 1202 du Code civil, que « la solidarité ne se présume point ; [qu'] elle doit résulter expressément du titre constitutif de l'obligation, de la loi »[2], l'article 174 du Code des obligations et des contrats, n'emboitant pas le pas à son homologue français, ajoute : « ou être la conséquence nécessaire de la nature de l'affaire ». Cette adjonction est louable, en ce qu'elle fonde le pouvoir discrétionnaire du juge, qui peut décider d'office la solidarité, entre coresponsables en matière contractuelle, toutes les fois que ses conditions sont réunies[3]. Qu'en est-il lorsque les deux responsabilités sont de natures différentes ?

On peut penser que le juge peut s'arroger, dans ce cas, le pouvoir de décider la solidarité, toutes les fois que la nature de l'affaire l'édicte. Il peut en être ainsi, lorsque le dommage est unique et qu'il y a pluralité de faits générateurs de responsabilités alors même qu'ils sont de natures différentes : contractuelle et délictuelle[4]. Ceci se justifie d'autant plus que notre législateur admet une telle solidarité dans des dispositions particulières à l'instar de l'article 26 du Code du travail relatif au débauchage de salarié, ou encore de l'article 44, alinéa 3, (nouveau) de la C.C.N.E.E. en cas de méconnaissance d'une clause non-concurrence[5]. Dans ces dispositions, une

---

[1] Cass. civ. fr., 11 juill. 1892, D.P., 1894, 1, p.561, note **C. LEVILLAIN** ; S., 1892, 1, p.505. En ce sens : **P. CANIN**, *op.cit.*, n°3, pp.2-3 ; **P. JOURDAIN**, Fasc. préc., n[os]19-20, p.5 ; **M.BACACHE-GIBEILI**, *op.cit.*, n°409, p.458 ; **G. VINEY** et **P. JOURDAIN**, *op.cit.*, n°405, p.290 et n°416, pp.298-299. Son origine semble même antérieure au Code civil.V. à ce sujet : **F. CHABAS**, *op.cit.*, n[os]11 à 13, pp.13 à 18.

[2]L'art. 1202 du C.civ.fr avant son abrogationdipsoe que « La solidarité ne se présume point ; il faut qu'lle soit expressément stipulée. Cette règle ne cesse que dans le cas où la solidarité a lieu de plein droit, en vertu d'une disposition de la loi ». En vertu de l'ordonnance n° 2016-131 du 10 fév. 2016 portant réforme du droit des contrats, du régime général et de la preuve des obligations, cet art. a été remplacé parl'art.1310. Ce dernier dispose que « La solidarité est légale ou conventionnelle ; elle ne se présume pas ».

[3] V. en ce sens :

خليفة الخروبي، مرجع سابق، عدد 170، ص.128- 129 و 130.

Il peut, par ailleurs, la décider sur la base des art. 108 et 109 du COC en matière délictuelle. V. par ex. : V. par ex. : Cass. civ. n°3981 en date du 18 déc. 2006, Bull. civ., 2006, p.127 ; Cass. civ. n°62510 en date du 06 janv. 1998, Bull. civ., 1998, 2ème partie, p.152 ; Cass. civ. n°10010 en date du 11 juin 1984, Bull. civ., 1984, 2ème partie, p.329. *Adde* :

حسين بن سليمة وعصام الأحمر، النظرية العامة للإلتزام، مصادر الإلتزام غير الإرادية، مرجع سابق، ص.235 وما يليها.

[4]**H. et L. MAZEAUD,** obs. RTD civ., 1950, p.190 ; 1955, p.117 ; **G. VINEY et P. JOURDAIN**, *ibid.*, n°420, p.304 ; **P. JOURDAIN**, Fasc. préc., n°23, p.6 ; **Ch. LARROUMET**, Le contrat, Effets, *op.cit.*, n°731, p.857 ; **H. et L. MAZEAUD**, Traité…, T.II, *op.cit.*, n°1656, p.800.

[5] L'art.44, al.3 prévoit que :

" ويعتبر المؤجر الجديد متضامنا في المسؤولية مع العامل المغادر في التنفيذ وعن كل ضرر لحق بالمؤجر القديم".

responsabilité solidaire entre le salarié et le nouvel employeur est prévue, alors même que la responsabilité du premier est contractuelle tandis que celle du second est délictuelle.

302. Fondement prétorien. Il semble que la Cour de cassation n'est pas hostile à cette démarche. Ainsi, elle a décidé, le 27 février 2010,dans le cadre d'un transport aérien de marchandises, que le transporteur était contraint à réparer l'intégralité du préjudice, dans la mesure où le fait du tiers : voleur, ne constitue pas un événement de force majeure[1]. L'obligation « au tout » a été, par ailleurs, arrêtée par la Cour de cassation, au visa des articles 653 et 655 du Code de commerce, du moment que l'agression d'un voyageur par un tiers ne constitue pas pour la Société de Transport un événement de force majeure[2].

Ainsi fondée sur le plan du droit positif, la décision du juge de condamner l'un quelconque des coresponsables « au tout » peut être épaulée sur le plan théorique.

b. Le fondement théorique de l'obligation « au tout »

303. Critique de l'indivisibilité du lien de causalité. D'aucuns estiment que l'obligation « au tout » est fondée sur l'indivisibilité du lien de causalité. Chaque cause est conçue comme cause de l'entier dommage. Si on admet donc que la causalité ne peut être qu'intégrale, la responsabilité doit être de même. Aux dires de F. CHABAS, « chaque auteur est tenu au tout parce qu'il a causé le tout et qu'il est inconcevable qu'on puisse causer moins que le tout »[3]. Pour B. STARCK, « il n'existe aucun critère concevable pour apprécier l'influence causale des divers facteurs ayant contribué à provoquer le dommage »[4].

Les solutions proposées par ces auteurs se recoupent très largement. Ils admettent que l'obligation « au tout » s'applique automatiquement à toute personne, à laquelle est imputée l'une des causes d'un dommage indivisible.

La justification de l'obligation « au tout » par l'indivisibilité du lien causal n'a pas tari le flot des critiques. Certes, il sera souvent difficile de déterminer la part causale de chaque coresponsable à la réalisation du dommage « mais, cette difficulté ne peut, en tout état de cause, justifier, à elle seule, le refus de partage »[5]. De surcroit, si on considère que le partage de la causalité est impossible, on ne voit pas comment vont s'opérer par la suite les recours en contribution. S'il convient, au stade de la contribution à

[1] Cass. civ. n°2009-40972 en date du 27 fév. 2010 (inédit) :
" وفي هذه الحالة يكون الناقل الجوي ملزما بدفع كامل القيمة للبضاعة الناقصة".

[2] Cass. civ. n°55364 en date du 04 déc. 1996, préc. ; Cass. civ. n°1791 en date du 19 avr. 1979, préc.

[3] **F. CHABAS**, *op.cit.*, n°16, p.21 et n°17, p.23 ; « Bilan de quelques années de jurisprudence en matière de rôle causal », D., 1970, chron., p.113 ; « Remarques sur l'obligation " *in solidum* " » », RTD civ., 1967, p.310 ; note sous Cass. civ. fr., 17 mars 1971, D., 1971, J., p.494 ; **H., L., J. MAZEAUD et F. CHABAS**, *op.cit.*, n°1070, p.1115 ; **H. et L. MAZEAUD**, Traité..., T.II, *op.cit.*, n°1944, pp.785-786.

[4] **B. STARCK**, « La pluralité des causes... », art. préc., n°6.

[5] **G. VINEY et P. JOURDAIN**, *op.cit.*, n°411, p.294. V. pour une critique de ce fondement : *ibid.*, n°411, pp.293 et s. ; **Ch. LARROUMET**, note sous Cass. civ. fr., 07 juin 1977, D., 1978, J., p.289.

la dette, d'attribuer à chaque cause une « part » dans la réalisation du dommage, c'est que la causalité est divisible.

Le raisonnement qui a abouti à l'indivisibilité du lien de causalité nous paraît confondre unicité de résultat, à savoir du dommage, qui est certaine, et unicité de cause qui est contestable. Le glissement de l'indivisibilité du dommage vers l'indivisibilité des causes est, semble-t-il, abusif. Certes, du côté du créancier, il n'y a qu'une seule créance, parce que le dommage est unique, mais du côté des coobligés coexistent deux ou plusieurs dettes distinctes, parce que chacun n'a causé qu'une partie du dommage.

Cette analyse a pour elle la tendance doctrinale majoritaire. On estime, en effet, que « lorsqu'il existe plusieurs causes du dommage, chacune n'en est qu'une cause partielle, car sans les autres, le dommage ne se serait pas produit »[1]. Par une décision rendue le 07 novembre 1974 la Cour de cassation est venue conforter cette analyse[2].

304. La garantie de réparation accordée à la victime. L'obligation « au tout » ne peut, semble-t-il, être justifiée par l'analyse objective du rapport de causalité qui devrait reconduire à l'équation « causalité partielle » = « responsabilité partielle ».La mise à l'écart de la logique causale objective ne peut être justifiée que par des considérations plus subjectives, conformes à l'orientation générale de la responsabilité civile plutôt tournée vers l'indemnisation des victimes. Ce faisant, l'obligation « au tout » peut être fondée sur l'idée d'une garantie de réparation accordée à la victime[3] « en lui évitant le gêne et les aléas d'une division des poursuites entre plusieurs coauteurs dont certains peuvent être insolvables ou difficiles à atteindre »[4]. On reconnaît, dès lors, l'existence de deux dettes partielles, mais par faveur à la victime, chacun des coauteurs est tenu de sa part de responsabilité et est

[1]**J. BORÉ**, « Le recours entre coobligés *in solidum* », JCP éd. G., 1967, I, 2126 ; « La causalité partielle en noir et blanc ou les deux visages de l'obligation *in solidum* », JCP éd. G., 1971, I, 2369, n[os]5 et s. ; **G. DEREUX**, « De la réparation due par l'auteur d'une seule des fautes dont le concours a causé le préjudice », RTD civ., 1944, pp164-165 et 166 ; **J. RADOUANT**, note sous Cass. civ. fr., 15 janv. 1960, D., 1961, J., p.681 ; **J. MESTRE**, La subrogation personnelle, préface de P. KAYSER, LGDJ, Paris, 1979, n[os]177 à 181, pp.194 à 202 ; **P. RAYNAUD**, « La nature de l'obligation des coauteurs d'un même dommage. Obligation « in solidum » ou solidarité ? », Mélanges dédiés à **J. VINCENT**, Dalloz, Paris, 1981, p.317, spéc. n°3, p.319 et n°23, p.332 ; **P. JOURDAIN**, Droit à réparation, Lien de causalité, Pluralité des causes du dommage, J.-Cl. civil, Art.1382 à 1386, Fasc.162, LexisNexis, 2011, n°7, p.3 ; **J. FLOUR, J.-L. AUBERT et E. SAVAUX**, Droit civil, Les obligations, T.2, Le fait juridique, 14ème éd., Sirey, Paris, 2011, n°171, p.209 ; **Ph. LE TOURNEAU**, *op.cit.*, n°1736- 1737, pp.665-666 ; **G. VINEY et P. JOURDAIN**, *op.cit.*, n°411, pp.293 et s. *Adde* :

ألفة المنصوري، أطروحة سابقة، عدد 186، ص.252.

[2] Cass. civ. n°10578 en date du 07 nov. 1974, préc.

[3]**G. VINEY et P. JOURDAIN**, *op.cit.*, n°411, pp.293 et s. ; **P. JOURDAIN**, Fasc. préc., n°11, p.4 et n°28, p.7 ; **J. FLOUR, J.-L. AUBERT et E. SAVAUX**, Les obligations, T.2, *op.cit.*, n°171, p.209 ; **M.BACACHE-GIBEILI**, *op.cit.*, n[os]406-407, pp.455-456 et 457 et n°410, pp.459-460 ; **Ch. LARROUMET**, Le contrat, Effets, *op.cit.*, n°731, pp.857-858 ; **J. BORÉ**, « Le recours… », art. préc. ; « La causalité… », art. préc., n[os]10 et s. ; **P. RAYNAUD**, art. préc., n°2, p.318 et n°23, pp.331-332.

[4]**G. VINEY et P. JOURDAIN**, *ibid.*, n°409, p.292 ; **Ch. LARROUMET**, note sous Cass. civ. fr., 07 juin 1977, préc., p.290.

garant de celle de l'autre. La Cour suprême semble aller au devant de cette tendance[1].

L'idée de la garantie de réparation conduit à écarter la logique objective de la causalité dans les rapports des coauteurs de l'inexécution du contrat avec le créancier. Bien que la causalité soit partielle, la réparation est intégrale. En revanche, la logique de la causalité déploie, à nouveau, ses effets, lorsque n'est plus en cause l'intérêt de la victime, c'est-à-dire dans les rapports des coresponsables entre eux.

B.La contribution à la dette : une contribution proportionnelle

305. Causalité partielle = responsabilité partielle. Dans les rapports entre coresponsables, la logique causale reprend son empire et l'équation « causalité partielle » = « responsabilité partielle » rebondit. La causalité partagée permet, alors, au *solvens* d'exercer un recours récursoire, dit aussi recours en contribution, contre le coresponsable de l'inexécution du contrat pour sa part de responsabilité[2]. Ce recours[3], considéré comme « naturel »[4] ou « de justice élémentaire »[5], mérite d'être fondé (1),pour pouvoir ensuite mesurer sa portée (2).

1.Le fondement du recours entre coresponsables

306. L'article 188 du Code des obligations et des contrats dispose que « les rapports entre codébiteurs solidaires sont régis par les règles du mandat et du cautionnement ». Ces règles permettent de sous-tendre les recours en contribution entre coresponsables sur un double fondement. Le premier,

---

[1] Cass. civ. n°62510 en date du 06 janv. 1998, Bull. civ., 1998, 2ème partie, p.152 :
" أعطت (المحكمة) الخيار في الطلب للمدين أي المتضرر تسهيلا عليه في إستخلاص حقوقه مادام المتضرر واحد وهو الطرف الأضعف مادامت الوقائع واحدة ".

[2] **P. CANIN**, Les actions récursoires entre coresponsables, préface de N. DEJEAN DE LA BÂTIE, Litec, Paris, 1996, n°2, p.2 ; **P. JOURDAIN**, Fasc. préc., n°35, p.8 ; **G. VINEY et P. JOURDAIN**, *op.cit.*, n°421, pp.307-308 ; **Ph. LE TOURNEAU**, *op.cit.*, n°1859, p.709 ; **H., L., J. MAZEAUD** et **F. CHABAS**, *op.cit.*, n°586, p.676. *Adde* :
خليفة الخروبي، قانون مدني، أوصاف الالتزام، مرجع سابق، عدد 186، ص.141.

[3] Le recours récursoire peut prendre la forme d'une action exercée dans une instance postérieure après condamnation au tout et paiement. Il peut aussi prendre la forme d'un appel en garantie, en cours d'instance (Art.15, al. second et 224, al. second, du CPCC) : **P. CANIN**, *ibid.*, n[os]182 et s., pp.222 et s. L'appel en garantie ne peut avoir lieu lorsque la poursuite est exercée devant la juridiction répressive. Celle-ci n'est pas compétente pour statuer sur les recours en garantie entre coauteurs. C'est ce qu'on peut déduire de l'al. premier de l'art.7 du CPP, qui dispose que « l'action civile appartient à tous ceux qui ont personnellement souffert du dommage causé directement par l'infraction ». Le coauteur poursuivi, n'étant ni victime directe ni par ricochet de l'infraction, ne peut se constituer partie civile au pénal. Il devra alors, après la condamnation pénale, assigner ses coauteurs devant la juridiction civile. V. :**P. CANIN**, *ibid.*, n[os]171 et s., pp.211 et s. ;
خليفة الخروبي، مرجع سابق، عدد 174، ص.133. ق. ت. م. عدد 10578 بتاريخ 07 نوفمبر 1974، سالف الذكر.

[4] **P. JOURDAIN**, Fasc. préc., n°35, p.8.

[5] **Ph. LE TOURNEAU**, *ibid.*, n°1753, p.1750 ; **J. FLOUR, J.-L. AUBERT et E. SAVAUX**, Les obligations, T2, *op.cit.*, n°173, p.210.

subrogatoire au sens de l'article 1509 du Code des obligations et des contrats. Le second, personnel au sens de l'article 1505 dudit code[1].

307. Fondement subrogatoire. La mise à contribution de ce fondement est prévue par l'article 1509 du Code des obligations et des contrats. Aux termes de l'article 226 3) du Code des obligations et des contrats, la subrogation a lieu, de droit « au profit de celui qui a payé une dette dont il était tenu avec le débiteur, ou pour lui, comme débiteur solidaire… ». Ayant payé plus que sa part dans la dette de réparation, le *solvens* bénéficie, sur le fondement de ce texte, d'un recours subrogatoire contre son coauteur[2]. Et l'article 227 du Code des obligations et des contrats d'ajouter que « le créancier qui a été payé en partie, et le tiers qui l'a payé, concourent ensemble dans l'exercice de leurs droits contre le débiteur… ». Fondée sur la subrogation dans les droits du créancier contractuel, l'action récursoire du responsable poursuivi doit être calquée sur celle dont disposait le créancier indemnisé contre les autres coauteurs[3]. Le subrogé dispose, de ce fait, de tous les droits et de toutes les actions qui appartiennent au créancier et qui se rattachaient à la créance. C'est l'effet translatif de la subrogation. Cet effet mérite, néanmoins, d'être relativisé. En effet, le recours du *solvens* fautif est refusé, lorsqu'il est exercé contre un coresponsable de plein droit. La doctrine estime, en effet, que le droit d'invoquer les présomptions de causalité étant réservé à la victime, un responsable condamné pour faute ne pouvait exercer un recours contre le coauteur responsable de plein droit dont la faute n'était pas établie[4]. Le strict respect de la subrogation aurait dû permettre au *solvens* d'exercer une telle action.

Les solutions retenues, en matière d'accident de la circulation, sont analogues. Dans l'hypothèse de collusion de véhicules terrestres à moteur, les coobligés dans l'accident sont, certes, responsables de plein droit à l'égard de la victime non- conductrice[5], transportée notamment en vertu d'un contrat. Néanmoins, le recours récursoire de l'assureur *solvens* ne peut être exercé que proportionnellement à la part de responsabilité des coobligés

---

[1] V. en ce sens :

خليفة الخروبي، مرجع سابق، عدد 185 و ما يليه، ص.140 وما يليها.

[2] **T. BEN MOHAMED NACEUR CHEBBI**, art. préc., p.80. La justification du recours récursoire par l'idée de subrogation suppose que le coobligé poursuivi pour le tout a payé, outre sa propre dette, celle de ses coauteurs. Cette justification est en harmonie avec la thèse des auteurs qui fondent l'obligation « au tout » sur l'idée de garantie. Bien qu'il est cause partielle du dommage, le coobligé est poursuivi pour le tout à titre de garant. Il est débiteur pour sa part et garant pour la part des autres. En ce sens : **J. BORÉ**, « Le recours… », art. préc. ; « La causalité… », art. préc., n°s18-19 ; **J. MESTRE**, La subrogation personnelle, *op.cit.*, n°181, pp.201-202 ; **Ch. LARROUMET**, Le contrat, Effets, *op.cit.*, n°731, pp.856 et s., spéc., p.858, note 2 ; **Ph. LE TOURNEAU**, *op.cit.*, n°1753, pp.670-671 ; **H., L., J. MAZEAUD et F. CHABAS**, *op.cit.*, n°586, p.677 et n°1072, pp.1119 et s. ; **P. CANIN**, *op.cit.*, n°s88 et s., pp.107 et s.

[3] **M.BACACHE-GIBEILI**,*op.cit.*, n°414, p.462 ; **P. CANIN**, *ibid.*, n°s93 et s., pp.115 et s. *Adde* :

خليفة الخروبي، مرجع سابق، عدد 270، ص.204.

[4] **P. CANIN**, *ibid.*, n°s32 et s., pp.46 et s. ; **J. BORÉ**, « Le recours… », art. préc. ; **M.BACACHE-GIBEILI,** *op.cit.*, n°415, pp.462-463 ; **P. JOURDAIN**, Fasc. préc., n°41, pp.9-10 ; **G. VINEY et P. JOURDAIN**, *op.cit.*, n°422, pp.308-309 et 310 ; **H., L., J. MAZEAUD et F. CHABAS**, *ibid.*,n°586, pp.576-577 et n°1072, note 1 ; **N. DEJEAN DE LA BATIE**, note sous Cass. civ. fr., 23 fév. 1983, JCP éd. G, 1984, II, 20124 ; **F. CHABAS**, obs. sous Cass. civ. fr., 20 mai 1985, G.P., 1985, 2, Pan., p.234.

[5] Sous réserve des exceptions prévues par l'art.122 du CA.

dans l'accident. C'est ce qui découle de la lecture combinée des articles 149, *infine*, et 123 du Code des assurances. L'article 15 de la Convention d'indemnisation pour le compte d'autrui approuvée par Arrêté du Ministre des Finances du 25 décembre 2006 le confirme[1].

308. Fondement personnel. Dans certaines hypothèses, le recours subrogatoire ne pouvait plus s'opérer utilement au bénéfice du *solvens*. Ce recours étant calqué sur celui du créancier peut être paralysé, notamment, par la remise de la dette, lorsque le créancier déclare expressément qu'elle n'est faite qu'au débiteur[2]. Dans cette hypothèse, le recours personnel, au visa de l'article 1505 du Code des obligations et des contrats, étant fondé sur les seules relations existantes entre les coresponsables, peut être avantageux pour le *solvens*[3]. Ce recours reste possible, alors même que le créancier a renoncé à sa dette à l'égard d'un coresponsable, ou lorsque l'action du créancier est prescrite.

En l'absence de tout lien contractuel, ce recours est délictuel. Pour le sous-tendre, plusieurs fondements ont été proposés. Le premier, expressément prévu par l'article 188 du Code des obligations et des contrats et retenu par la Cour de cassation, est le mandat[4]. La Cour suprême ajoute la gestion d'affaires[5],ou encore l'enrichissement sans cause, au sens de l'article 80 du Code des obligations et des contrats[6].

2.La portée du recours entre coresponsables

309. Principe du partagedes responsabilités entre coauteurs. L'article 189, alinéa deux, du Code des obligations et des contrats pose le principe de

---

[1] L'art.15 de la Convention d'indemnisation pour le compte d'autrui prévoit que :
" تمارس **إجراءات الرجوع** ضد مؤمن أو مؤمني العربات البرية ذات محرك المشاركة في الحادث **حسب نسبة المسؤولية** المحمولة على كل طرف، والتي يتم تحديدها في إطار مراحل إجراءات الرجوع المضبوطة بالعنوان الثالث من هذه الإتفاقية، وذلك طبقا لجدول تحديد المسؤوليات المنصوص عليه بالفصل 123 من مجلة التأمين...".

[2] Art.182 du COC.

[3]**P. CANIN**, *op.cit.*, n[os]103 et s., pp.125 et s. ; **J. BORÉ**, « Le recours... », art. préc. : « On y voit une action propre au *solvens*, trouvant son fondement dans le paiement fait pour autrui ; cette action serait distincte de celle dont la victime dispose à l'encontre de l'autre auteur du dommage, parce que, précisément, elle ne met plus en cause une partie lésée et un responsable, mais simplement deux coresponsables qui doivent régler entre eux le problème de la contribution » ; **M.BACACHE-GIBEILI**, *op.cit.*, n°417, p.465 ; **P. JOURDAIN**, Fasc. préc., n°49, p.12. **G. VINEY et P. JOURDAIN**, *op.cit.*, n°423, pp.314-315.

[4] Cass. civ. n°12790 en date du 27 mars 2002, Bull. civ., 2002, 2ème partie, p.160.

[5] Cass. civ. n°12790 en date du 27 mars 2002, préc.

[6] Cass. civ. n°2008-33786 en date du 12 mars 2009 (inédit) :
" حيث اقتضى الفصل 80 من م.إ.ع. أنه من إكتسب مال غيره بلا وجه عليه رده... وحيث أصبحت المعقب ضدهن على حق في المطالبة باسترجاع ما دفعنه لتسجيل الحكم لقاء المناب الراجع للمعقب باعتبارهم متضامنين جميعا إزاء الخزينة العامة".

En ce sens : **P. CANIN**, *ibid.*, n[os]116 et s., pp.141 et s. ; **N. DEJEAN DE LA BATIE**, note sous Cass. civ. fr., 07 juin 1977, JCP G., 1978, II, 19003. D'aucuns soutiennent que le *solvens* n'a de recours personnel que fondé sur l'équité : **F. CHABAS**, L'influence..., *op.cit.*, n°28, pp.31-32 et 33 et n[os]85-86, pp.75-76 ; « Bilan... », art. préc., p.113 et p.118 ; note sous Cass. civ. fr., 15 nov. 1972, D., 1973, J., p.533 ; **G. HOLLEAUX**, note sous Cass. civ. fr., 04 déc. 1949, DC, 1941, p.124 ; **G. DURRY**, obs. RTD civ., 1978, p.364, spéc. p.366. D'autres avancent comme fondement la responsabilité civile délictuelle entre coauteurs : Ayant payé au-delà de sa part de responsabilité, le *solvens* subirait un préjudice en rapport de causalité avec le fait imputable au coresponsable : **H. GROUTEL**, « Les recours entre coauteurs (suite- et fin ?) », D., 1992, chron., p.19, spéc. n[os]4-5, p.20.

division des recours. En effet, le *solvens* qui exerce un recours récursoire, subrogatoire ou personnel, contre son coauteur ne peut répéter que « les parts et proportions de chacun d'eux ». Son recours ne peut être que partiel[1].

310. Modalités du partage. En l'absence d'un critère législatif de partage, plusieurs méthodes sont concevables[2]. Deux sont le plus couramment mises en œuvre par les juges. La première consiste à proportionner les responsabilités à la gravité des fautes commises. La seconde, consiste à mesurer les responsabilités à l'influence de la participation causale des interventions qui ont concouru à la réalisation du dommage[3].

La première méthode est utilisée dans les recours entre coresponsables fautifs. On considère, dans ce cadre, que le partage des responsabilités doit être effectué en proportion de la gravité respective des fautes concurrentes[4]. L'examen des arrêts révèle que nombreux sont ceux qui font, effectivement, appel à cette idée, soit pour considérer que les coresponsables fautifs ont contribué à part égale à l'inexécution du contrat[5], soit pour considérer que la faute grave absorbe la participation causale de la faute légère[6], ou que la première sera absorbée par la faute dolosive[7].

---

[1] **J. MESTRE**, *op.cit.*, n^{os}177 à 181, pp.194 à 202 ; **G. VINEY et P. JOURDAIN**, *op.cit.*, n°424, pp.319-320 ; **P. JOURDAIN**, Fasc. préc., n°52, p.14 ; **Ph. LE TOURNEAU**, *op.cit.*, n°1754, p.671 ; **P. CANIN**, *op.cit.*, n°100, pp.121-122 et n^{os}123 et s., pp.155 et s. *Adde* :
خليفة الخروبي، قانون مدني، أوصاف الالتزام، مرجع سابق، عدد 186، ص.141.

[2] Sur ces méthodes : **G. VINEY et P. JOURDAIN**, *ibid.*, n°424-1, p.321.

[3] **M. BACACHE-GIBEILI**, *op.cit.*, n°422, pp.469-470.

[4] **Ph. LE TOURNEAU**, *ibid.*, n°1757, pp.671-672 ; **P. JOURDAIN**, Fasc. préc., n°53, p.14 ; **M.BACACHE-GIBEILI**, *ibid.*, n°422, pp.470-471 ; **P. CANIN**, *ibid.*, n^{os}10-11, pp.17 et s. et n^{os}125 et s., pp.157 et s. *Contra* : **H. et L. MAZEAUD**, Traité…, T.II, *op.cit.*, n°1641, p.533 et n°1973, pp.820 et s. ; **H., L., J. MAZEAUD et F. CHABAS**, *op.cit.*, n°586, p.576 et n°1072, p.1121. Selon ces auteurs, puisque chaque faute ayant causé tout le dommage, la répartition devrait s'effectuer part « part virile ». *Contra* : **Ph.MALAURIE, L. AYNÈS et Ph. STOFFEL MUNCK**, Droit civil, Les obligations, 5ème éd., Defrénois, 2011, n°1281. Selon ces auteurs, la part contributive de chacun des coauteurs devrait dépendre du rôle causal qu'il a eu dans la réalisation du dommage. *Adde* :
ألفة المنصوري، أطروحة سابقة، عدد 186، ص.252-253.

[5] Cass. civ. n°9118 en date du 11 janv. 2006 (inédit), cité par :
سامي الجربي، مرجع سابق، عدد 487، ص.522، هامش 1691.
Adde :Cass. civ. n°10578 en date du 07 nov. 1974, préc.

[6] Cass. civ. n°77068 en date du 13 mars 2014 (inédit) :
" وحيث أن الخطأ الفادح... هو الخطأ الذي لا يغتفر والذي لا يرتكبه أقل الناس عناية وانتباها، فهو الخطأ الفاحش...الذي يؤدي إلى أستغراق ... لكامل الخطإ وبالتالي إلى تفصي المتهم بصفة كلية من المسؤولية".
Adde : Cass. pén. n°33221 en date du 05 juill. 2008, Bull. pén., 2008, p.281 :
" وعادة ما يؤدي الخطأ الفاحش المرتكب من المتضرر طبق المبادئ العامة للمسؤولية التقصيرية إلى استغراق كامل الخطإ وبالتالي إلى التفصي الكلي من المسؤولية".
Adde : Cass. pén. n°65732 en date du 08 nov. 1995, Bull. pén., 1995, p.145 ; Cass. pén. n°48239 en date du 07 fév. 1995, Bull. pén., 1995, p.159 ; Cour d'appel de Tunis, arrêt n°47638 en date du 30 oct. 1967, RJL, 1968, n°10, p.75 (partie en langue arabe) :
" فمن عدم تقدير المتهمة خطر استعمال المنبه في ذلك الظرف وعلى الوضع المشار إليه ينحدر خطأها الذي استنفذ الخطأ المتضرر وأستوعبه".
V. en ce sens :
سامي الجربي، مرجع سابق، عدد 486، ص.520-521. **رضا خماخم وحسين بن سليمة**، "نظرة فقه القضاء للعلاقة السببية في المسؤولية التقصيرية"، بكتاب خمسون عاما من فقه القضاء المدني 1959- 2009، مقال سابق، ص.989.

[7] Cass. pén. n°33221 en date du 05 juill. 2008, préc.
" وهي حالة (حالة الخطأ العمدي) يكون فيها المتضرر قد استغرق كامل الأفعال".

La seconde méthode acquiert droit de cité dans les recours entre coresponsables de plein droit, notamment ceux exercés entre débiteur d'une obligation de résultat et tiers responsable de plein droit, et qu'aucune faute n'est établie à leur encontre. Dans ce cadre, le critère du rôle causal, dans l'appréciation des parts de responsabilité, trouve toute sa vigueur. Le juge est, dès lors, tenu d'apprécier la participation causale de chaque coresponsable à la réalisation du dommage[1]. Néanmoins, cette appréciation étant souvent difficile en pratique, le juge procède alors à un partage par parts viriles, c'est-à-dire à parts égales[2]. L'analyse gagne la conviction de la Cour de cassation[3].

311. Exception. Le principe de la division des recours admet une exception. Ainsi, lorsque le responsable de plein droit, condamné au tout, démontre la faute de son coauteur, il est généralement admis à exercer un recours intégral contre celui-ci[4]. Les recours en contribution sont perçus comme des moyens de sanction des comportements fautifs. Aussi, se trouve confirmée l'idée que les présomptions de causalité, ayant été édictées dans le seul but de protéger la victime, n'ont pas à jouer dans les rapports entre coresponsables. Se trouve aussi confirmée, au stade de la contribution à la dette de réparation, l'idée de la supériorité de la responsabilité pour faute par rapport aux responsabilités objectives[5]. De la sorte, la charge finale de réparation ne dépend plus du choix du créancier, mais pèse toujours intégralement sur le responsable fautif.

312. L'équilibre préservé. Lorsque le tiers, *penitus extraneus*, empêche par son fait l'exécution d'un contrat, les conditions d'exonération totale du débiteur sont si draconiennes qu'elles sont rarement réunies. Lorsque le fait du tiers justifie l'exonération partielle du débiteur, le créancier peut se retourner contre l'un quelconque des coresponsables pour la totalité de la dette. La tâche de préserver les intérêts du créancier contractuel se trouve ainsi assurée. Les attentes légitimes du débiteur sont aussi sauvegardées. L'absence de toute participation causale à la réalisation du préjudice justifie qu'il soit exonéré. L'obligation « au tout », en dépit de sa participation partielle à la réalisation du préjudice, lui ouvre un recours récursoire lui permettant de répercuter la charge définitive de la contribution sur l'auteur

---

[1]**H. et L. MAZEAUD**,obs. sous Lyon, 08 mars 1954,RTD civ., 1955, p.117, n°41.

[2]**J. BORÉ**, « Le recours... », art. préc. ; **P. JOURDAIN**, Fasc. préc., n°53, pp.15-16 ; **M.BACACHE-GIBEILI**,*op.cit.*, n°423, p.471 ; **Ph. LE TOURNEAU**, *op.cit.*, n°1758, p.672 ; **H., L., J. MAZEAUD et F. CHABAS**, *op.cit.*,n°590, pp.679-680 ; **H. et L. MAZEAUD**, Traité..., T.II, *op.cit.*, n°1661, pp.547-548 ; **J. FLOUR, J.-L. AUBERT et E. SAVAUX**, Les obligations, T.2, *op.cit.*, n°174, p.213 ; **P. CANIN**, *op.cit.*, n°17, p.27 et n°s138 et s., pp.170 et s.

[3] Cass. civ. n°62510 en date du 06 janv. 1998, préc.

[4]**G. VINEY et P. JOURDAIN**, *op.cit.*, n°424-1, p.323 ; **P. JOURDAIN**, Fasc. préc., n°54, p.16 ; **M.BACACHE-GIBEILI**, *ibid.*, n°422, p.470 ; **H., L., J. MAZEAUD et F. CHABAS**, *ibid.*, n°589, pp.678-679 et n°1072, pp.1121-1122 ; **H. et L. MAZEAUD**, *ibid.*, n°1655, pp.543-544 ; **P. CANIN**, *ibid.*, n°12, pp.20-21 et n°s146 et s., pp.179 et s.

[5]**G. VINEY et P. JOURDAIN**, *ibid.*, n°424-1, p.323 ; **J. FLOUR, J.-L. AUBERT et E. SAVAUX**, *ibid.*, n°174, p.213-214. *Contra* : **Ph. LE TOURNEAU**, *ibid.*, n°1759, pp.672-673 ; **P. JOURDAIN**, Fasc. préc., n°54, p.16.

matériel de la défaillance. Les attentes légitimes du débiteur ne sont, dès lors, aucunement déjouées. La sécurité du tiers n'est en rien menacée. Seul son comportement nocif engage sa responsabilité réduite à due concurrence de sa participation causale à la réalisation du préjudice.

L'équibre ainsi préservée, on se demande s'il est retrouvélorsque par sont fait, le tiers, chargé d'exécuter un contrat, entraine son inexécution ?

SECTION II. LA RESPONSABILITE DU TIERS CHARGE D'EXECUTER LE CONTRAT

313. Position du problème. L'article 248, alinéa premier, du Code des obligations et des contrats prévoit que « le débiteur peut exécuter l'obligation, soit personnellement, soit par l'intermédiaire d'une autre personne… ». Les personnes chargées d'exécuter le contrat sont baptisées « autrui » parce que, tout en étant tiers par rapport au contrat passé entre le débiteur et le créancier, elles « sont unies au débiteur par un lien précisément défini »[1]. « "Autrui" est, dès lors, la personne, autre que le débiteur, par le fait de qui la défaillance contractuelle est arrivée. Dans l'hypothèse la plus courante, la participation du tiers à l'exécution du contrat résulte d'une décision du débiteur qui lui confie tout ou partie de l'exécution de ses obligations »[2].

Le tiers qui peut contribuer à l'exécution d'un contrat, peut aussi être la cause de son inexécution ; surgit alors le problème de la sécurité du créancier contractuel. Ce dernier n'a-t-il pas tout intérêt à ce que son débiteur demeure garant du fait des personnes dont il se sert pour exécuter le contrat ? Le débiteur contractuel, contraint par la spécialisation des techniques de recourir à des tiers, n'est-il pas en droit d'être libéré à concurrence de la responsabilité de ces derniers ? Les tiersn'ont-ils pas aussi un droit à revendiquer une certaine immunité au titre des risques normaux de leurs activités ?

À ces intérrogations, l'article 245 du Code des obligations et des contratsapporte certains éléments de réponse. Il prévoit,en effet, la responsabilité du débiteur pour « le fait ou la faute de son représentant[3] et des personnes dont il se sert pour exécuter son obligation… sauf son recours tel que de droit contre les personnes dont il doit répondre ». Deux observations méritent d'être dressées. La première a trait à la responsabilité du débiteur contractuel. La seconde, plutôt, à la responsabilité des tiers dont il se sert.

---

[1]**B. PETIT**, Thèse préc., n°392, p.461.

[2]**M. FAURE-ABBAD**, *op.cit.*, n°359, p.299 ; **B. PETIT**, *op.cit.*, n°174, p.229.

[3] Il semble que le législateur vise plutôt le « substitut ». En effet, le contexte est celui de l'exécution des obligations et il va sans dire que le représentant participe plutôt à la formation du contrat. *Contra* : Cour d'appel de Tunis, arrêt n°64278 en date du 20 juin 2000, RJL, 2001, n°3, p.133 (partie en langue arabe).

314. La responsabilité du débiteur contractuel. L'article 245 du Code des obligations et des contrats consacre un principe général de responsabilité contractuelle du fait d'autrui[1], selon lequel le débiteur est responsable envers le créancier des personnes qu'il a volontairement introduites dans l'exécution du contrat[2]. Il doit répondre des actes de ces personnes fussent-ils dolosifs ou contraire à la mission confiée à l'exécutant[3], tout bonnement en vertu de la force obligatoire du contrat et de l'attente légitime qu'il fait naître chez le créancier[4]. La prise en charge de la défaillance contractuelle, arrivée par ces personnes, est fondée sur la garantie des risques au sens de l'article 554 du Code des obligations et des contrats[5].

315. La responsabilité des tiers mis au service du débiteur. L'article 245 du Code des obligations et des contrats précise que les personnes chargées d'exécuter le contrat seront la cible d'une action récursoire au stade de la contribution à la dette. Il n'apporte aucune précision ni sur le fondement de ce recours ni sur son étendue. Aucune allusion n'est faite à leur responsabilité à l'égard de la victime au stade de l'obligation à la dette.

Le régime de la responsabilité applicable au tiers exécutant est, semble-t-il, tributaire de l'existence d'un lien de préposition unissant ce dernier au débiteur[6]. Ce faisant, on distingue entre la responsabilité du tiers, chargé d'exécuter le contrat, en présence (Paragraphe I), puis en l'absence (Paragraphe II) d'un lien de subordination.

---

[1]**E. BECQUÉ**,« Dela responsabilité du fait d'autrui en matière contractuelle (contribution à l'étude du droit comparé des obligations) », RTD civ., 1914, pp.290-291 ; **J. JÉRÔME**, Thèse préc., n^{os}233 et s., pp.264 et s. ; **D. REBUT**, « De la responsabilité contractuelle du fait d'autrui et de son caractère autonome », RRJ, 1996, n°2, p.409, n°9, p.415 et n°30, p.429 ; **G. VINEY**, « Existe-t-il une responsabilité contractuelle du fait d'autrui ? », RCA, n° hors série, nov. 2000, pp.31 et s., spéc. p.34, col.2. *Adde* :

سامي الجربي، مرجع سابق، عدد 332، ص.388.

Contra : ceux qui défendent l'idée d'une « responsabilité contractuelle du fait personnel » : **M. FAURE-ABBAD**,*op.cit.*, n°381, pp.320-321 et n°383, p.322. En ce sens : **R. RODIERE**, « Y a-t-il une responsabilité contractuelle du fait d'autrui ? », D., 1952, chron., pp.79 et s., spéc. n°11, p.84 ; **E. BECQUÉ**, art. préc.,pp.263, 286 et pp.307 à 310 ; **Ph. LE TOURNEAU**, *op.cit.*, n°3478, p.1057 ; **J. FLOUR, J.-L. AUBERT et E. SAVAUX**, Les obligations, T.3, *op.cit.*, n°205, pp.182-183 ; **F. TERRÉ, Ph. SIMLER et Y. LEQUETTE**,*op.cit.*, n°585, p.592 ; **S. PRIGENT**, art. préc., n°12, p.960.

[2] Comp. cependant avec le cas où le débiteur ne doit pas exécuter lui-même l'obligation : Art.249, al.1, du COC. : « Lorsque l'obligation ne doit pas être exécutée par le débiteur lui-même, elle peut être accomplie par un tiers même contre le gré du créancier, et cet accomplissement libère le débiteur, pourvu que le tiers agisse au nom et en l'acquit du dit débiteur ». *A conrario*, c'est-à-dire à défaut d'exécution, le débiteur n'est pas libéré.

[3]**J. JÉRÔME**, *op.cit.*, n°309, pp.375 et s. ; **B. PETIT**, Thèse préc., n°256, pp.322-323 et n°258, pp.324 et s. ; **A. BÉNABENT**, *op.cit.*, n°412-1, p.302. *Adde* :

سامي الجربي، مرجع سابق، عدد 351، ص.402 وما يليها.

[4]**P. LOKIEC**, « Le droit des contrats et la protection des attentes », D., 2007, chron., p.321 ; **B. PETIT**, *ibid.*, n^{os}362 et s., pp.435 et s. ; **M. FAURE-ABBAD**, *op.cit.*, n°495, p.403.

[5] Si le débiteur répond de l'inexécution de son obligation causée par le fait d'une personne qu'il s'est substitué ou adjoint pour l'exécution du contrat, c'est parce que ce fait ne lui est pas extérieur. Dès lors, son obligation comprend la prise en charge du risque de l'inexécution qui en résulte. En ce sens : **M. FAURE-ABBAD**, *ibid.*, n°362, p.302 ; **B. PETIT**, *ibid.*, n^{os}167 et s., pp.221 et s, et n°176, p.231.

[6]**Ph. LE TOURNEAU**, *ibid.*, n°3484, p.1059 ; **B. PETIT**, *ibid.*, n°13, pp 45-46 et n°177, pp.231-232.

Paragraphe I. La responsabilité du tiers préposé

316. Hormis sa responsabilité disciplinaire[1] ou pénale[2], on s'intéressera à la responsabilité civile du tiers préposé. Deux questions retiendront, dans ce cadre, notre attention. La première a trait aux conditions de la responsabilité civile du préposé (A). La seconde à sa mise en œuvre et par le créancier contractuel et par le débiteur (B). L'objectif est de trouver un équilibre entre les différents intérêts antagonistes.

A. Les conditions de la responsabilité civile du tiers préposé

317. La nécessité d'un préjudice et l'existence d'un lien de causalité entre la faute du préposé et l'inexécution de l'obligation assumée par le commettant ne méritant pas de développement particulier, il convient d'insister sur le fait générateur de la responsabilité civile du tiers préposé (2). Reste qu'*a priori* « le premier élément de preuve que la victime doit rapporter est l'existence d'un lien de préposition. Autrement dit, il faut que l'auteur de la faute dommageable puisse être qualifié de préposé »[3](1).

1. La qualité de préposé

318. Le préposé. Le préposé peut être défini comme étant celui qui exerce une activité professionnelle sous le pouvoir de contrôle de son commettant. Deux éléments cumulatifs se dégagent. D'une part, l'exercice d'une activité professionnelle. D'autre part, le service rendu sous le pouvoir de contrôle du commettant.

319. L'exercice d'une activité professionnelle. L'attribution de la qualité de préposé nécessite l'exercice d'une activité à titre professionnel[4]. C'est ce qu'on peut déduire d'une décision rendue par la Cour de cassation le 22 mars 1973. La Cour a considéré qu'aucun lien de subordination n'unit le cousin du préposé, venu à son service, avec le commettant de ce dernier[5]. Ce critère vise à exclure de la catégorie des préposés les services rendus au titre des rapports de complaisance ou de parenté.

320. Un service rendu sous le pouvoir de contrôle du commettant. Pour définir le lien de préposition, la Cour de cassation s'est référée, le premier mars 1965[6], à l'autorité du commettant et à la subordination corrélative du préposé. Ce faisant, le préposé a été défini comme étant celui qui accomplit une mission sous l'autorité d'un donneur d'ordres et sous sa sujétion permanente.

---

[1] Lorsque la responsabilité disciplinaire du préposé est engagée à l'égard de son employeur, ce n'est pas en sa qualité de tiers, mais plutôt de partie cocontractante.

[2] V. sur la question : **C. BENOÎT-RENAUDIN**, La responsabilité du préposé, préf. Ph. DELEBECQUE, LGDJ, Paris, 2010, n^{os}433 et s., pp.347 et s.

[3] **C. BENOÎT-RENAUDIN**, *ibid.*, n°596, p.455.

[4] **C. BENOÎT-RENAUDIN**, *ibid.*, n°609, p.459.

[5] Cass. civ. n°9660 en date du 22 mars 1973, Bull. civ., 1973, p.170.

[6] Cass. civ. n°3261 en date du 1er mars 1965, RJL, 1965, n°7, p.35 (partie en langue arabe).

Le critère de l'autorité du commettant sur son préposé, au sens de pouvoir de donner des ordres sur l'accomplissement de la mission, est semble-t-il obsolète. L'article 6 du Code du travail,qui définit le contrat de travail[1], domaine d'élection du lien de subordination juridique, le confirme. Il fait ressortir le pouvoir de contrôle par le commettant, de l'activité au titre de laquelle il emploie des préposés, comme critère suffisant de définition du lien de préposition.

On en déduit qu'il n'est pas toujours nécessaire pour définir le lien de préposition de relever que le commettant a donné des ordres sur l'accomplissement de la mission. En réalité, tout dépend de la qualification du préposé. Ainsi, la définition soutenue par la Cour de cassation du lien de préposition qui unit le propriétaire d'un bain-maure à un gommeur[2], n'est pas celle retenue s'agissant du lien qui unit un médecin à un établissement de soins[3].

En pratique, le préposé va accomplir sa mission en fonction de ses qualifications personnelles. « S'il n'est pas exclu que le commettant puisse donner quelques ordres, il est inutile de vouloir faire du pouvoir de donner des ordres un critère du lien de préposition »[4]. Le commettant peut fixer les objectifs à atteindre sans avoir à intervenir pour guider le préposé dans l'accomplissement de sa mission[5].

321. Position de la jurisprudence. La pratique judiciaire confirme cette orientation. Elle révèle un laxisme croissant, quant à la qualification du lien de subordination juridique. Les tribunaux ont, en effet, admis que, peuvent être considérés comme des préposés certains spécialistes que leur compétence technique soustrait à tout pouvoir effectif de donner des ordres sur l'accomplissement de la mission. Il en est ainsi pour les membres des professions libérales, en particulier les médecins, et ce en dépit de

---

[1] « Le contrat de travail est une convention par laquelle l'une des parties appelées travailleur ou salarié s'engage à fournir à l'autre partie appelée employeur ses services personnels sous la direction et le contrôle de celle-ci, moyennant une rémunération ».

[2] Cass. civ. n°16271 en date du 19 janv. 2008, Bull. civ., 2008, 1re partie, p.367 :

" وحيث أنه يشترط لقيام العلاقة الشغلية توفر عنصر التبعية ويعني بذلك الإدارة والإشراف المباشر من المؤجر على الأجير فيما يتعلق بنوعية خدماته وسلطته في الرقابة على كيفية تنفيذ العمل مع وجوب احترام الأجير للتوقيت الذي يضبطه المؤجر مقابل أجر".

[3] Cass. civ. n°7531 en date du 03 fév. 2007, RJL, 2007, n°4, p.171 (partie en langue arabe) :

" وحيث وإن كان الطبيب في مباشرة أعماله الطبية لا يخضع لأية تبعية علمية لمؤجره فإنه يكون خاضعا له إداريا أو قانونيا سواء فيما يتعلق بتوقيت العمل أو بنظامه داخل المصحة التي يعمل بها مستعملا المعدات والتجهيزات الموضوعة على ذمته من طرف مؤجره".

[4] **C. BENOÎT-RENAUDIN**, *op.cit.*, n°607, p.459 ; **Ph. BRUN**, « L'évolution des régimes particuliers de responsabilité du fait d'autrui », RCA, n° hors série, nov. 2000, p.12, n^os^18-19.

[5] V. en ce sens :

سامي الجربي، مرجع سابق، عدد 335، ص.391 إلى 393 وعدد 339، ص.394-395.

Le législateur reconnaît aux travailleurs à domicile (art.159 du CT), aux journalistes professionnels (art.397 à 408 du CT) ainsi qu'aux voyageurs et représentants de commerce (art.409 à 419 du CT), la qualité de préposé au regard du droit du travail, alors même que le lien de préposition juridique est assoupli en raison de l'indépendance dont ils disposent dans l'accomplissement de leur mission. V. sur la question : **F. MECHRI,** Le droit du travail en Tunisie, *op.cit.*, p.62. *Adde* :

عصام الأحمر، الدعوى الشغلية من خلال مجلة الشغل وفقه القضاء، م. م. د. ق. ق.، طبعة ثانية، تونس، 2008، ص.56. **زكية الصافي**، قانون الشغل (عقد الشغل)، مرجع سابق، عدد 109، ص.82-83 وعدد 111، ص.83-84.

l'indépendance qu'ils sont tenus de conserver dans l'exercice de leur art[1]. Aux dires de la Cour de cassation : « Le médecin exerçant au sein d'un établissement de soins est indépendant de son employeur dans l'exercice de son art. Néanmoins, il se trouvait vis-à-vis de lui dans un état de subordination administrative et juridique. En effet, il est astreint à certaines sujétions d'horaires, il est soumis au règlement intérieur de la clinique et dispensait ses soins aux patients de la clinique avec le matériel et l'équipement fournis par cet établissement »[2]. Il en découle que c'est l'organisation de son travail, de manière unilatérale par l'établissement de santé et non le fait de recevoir des ordres, qui caractérise le lien de subordination juridique du médecin[3]. La même solution a été réitérée pour une femme qui dispose au sein d'un hôtel des soins phytothérapiques[4]. Suivant la même démarche, la Cour de cassation a dénié la qualité de préposé à l'ouvrier du textile, dans ses relations avec la coopérative du textile dans la mesure où il effectue son travail dans son local, avec ses propres moyens et à l'abri de toute subordination administrative ou juridique[5].

322. Essence du pouvoir de contrôle. Le pouvoir de contrôle du commettant se manifeste, d'abord, parce qu'il détermine la mission du préposé. Il se manifeste, ensuite, par le fait que le préposé n'agit pas pour son propre compte[6]. Il se manifeste, enfin, par le fait que le préposé n'agit

---

[1] Art.11 et 75 du CDM. *Adde* : **P. JOURDAIN**, « Où va la responsabilité du fait d'autrui ? »,AJT, FDSPT, 2004, p.27.

[2] Cass. civ. n°7531 en date du 03 fév. 2007, préc. (C'est nous qui traduisons). V. en ce sens : **C. RIOT**, « L'exercice « subordonné » de l'art médical », D., 2006, chron., p.111 ; **P. JOURDAIN**, « Où va... », art. préc., p.27 ; **P. JOURDAIN**, « La responsabilité du fait d'autrui en matière médicale », LPA, 1999, n°189, pp.32 et s. ; **C. BENOÎT-RENAUDIN**, *op.cit.*, n°624 et s., pp.467-468.*Contra* : **F. BESSA**, L'extensibilité du contrat médical à un tiers. Essai sur la substitution du débiteur des soins, Thèse pour le Doctorat en Droit, Lyon 3, 2010, n°574 à 576, pp.319 à 321 (l'auteur préconise plutôt la qualité de collaborateur) ; **S. PICASSO**, « La responsabilité contractuelle du fait d'autrui dans la jurisprudence récente, en particulier dans le domaine du droit médical », GP, mai-juin 2004, doc., pp.1461 et s. L'auteur dénie au médecin la qualité de préposé de la clinique et considère, partant, que « la responsabilité contractuelle de la clinique du fait des médecins salariés est, ..., impossible à soutenir en droit », *ibid.*, p.1476. *Adde* :

زكية الصافي، مرجع سابق، عدد 112، ص.84. **سامي الجربي**، مرجع سابق، عدد 335، ص.391 إلى 393.

[3]**G. VINEY et P. JOURDAIN**, *op.cit.*, n°793, p.983. Adde :

عصام الأحمر، الدعوى الشغلية من خلال مجلة الشغل وفقه القضاء، مرجع سابق، ص.57 وما يليها. **النوري مزيد**، مرجع سابق، عدد 18، ص.13. **زكية الصافي**، عقد الشغل، مرجع سابق، عدد 115، ص.87.

Contra : Cass. civ. n°3680 en date du 05 déc. 2000, Bull. civ., 2000, 2ème partie, p.282.

[4] Traitement homéopathique au sein d'un hôtel : T.P.I. de Grombalia, , Jugement n°17998 rendu par le conseil de prud'hommes en date du 16 oct. 1996 (inédit), cité par :

المنجي طرشونة والنوري مزيد، تعليق على مجلة الشغل، مرجع سابق، ص.23.

[5]Cass. civ. n°12581 en date du 12 nov. 1985, Bull. civ., 1985, 2ème partie, p.25. Sur les indices permettant d'induire le lien de subordination juridique : Cass. civ. n°16271 en date du 19 janv. 2008, préc. ; Cass. civ. n°19070 en date du 19 avr. 2008, Bull. civ., 2008, 1re partie, p.363 ; Cass. civ. n°9378 en date du 28 fév. 1974, Bull. civ., 1974, 1re partie, p.71. *Adde* sur la question :

النوري مزيد، مرجع سابق، عدد 18، ص.11-12. **المنجي طرشونة والنوري مزيد**، مرجع سابق، ص.22-23. **زكية الصافي**، مرجع سابق، عدد 112-113، ص.85.

[6] Ce critère permet d'exclure de la catégorie des préposés, ceux qui contractent directement avec le créancier. Ainsi, en est-il du médecin qui a contracté avec son patient hospitalisé. Le médecin qui n'est plus au service de l'établissement de soins est exclusivement responsable de ses défaillances

pas avec des moyens qui lui sont personnels. En effet, c'est le commettant qui pourvoit à la fourniture, à l'entretien et à la réparation des instruments de travail. N'ayant ni le choix de ces instruments ni le choix de l'organisation générale de son travail, le préposé reste sous la dépendance des choix effectués à ce titre par son commettant[1].

L'identification de la faute du préposé génératrice de sa responsabilité dont les contours seront précisés ultérieurement doit conjuguer avec l'idée que ce dernier agit sous le pouvoir de contrôle du commettant et avec les moyens de celui-ci.

323. Préposé et contrat de travail. En présence d'un contrat de travail, la qualité de préposé se vérifie aisément[2]. Le salarié est considéré comme préposé de son employeur ou de la personne, à la disposition de laquelle il a été placé temporairement par celui-ci, soit de façon régulière, s'il s'agit, par exemple, d'une entreprise de travail temporaire ou intérimaire[3] ou pour l'exécution d'un travail bien déterminé[4].

324. Préposé et mandataire. La qualité de préposé ne se vérifie pas, en principe, pour les mandataires. Ces derniers agissent « pour le compte d'autrui » et non « au service d'autrui ». Dans la première alternative, seul le résultat importe, ce qui fait que celui qui agit pour le compte d'autrui dispose

---

contractuelles. En ce sens : Appel, arrêt n°95747 en date du 04 juin 2003, RJL, 2005, n°1, p.137 (partie en langue arabe).

[1] **C. BENOÎT-RENAUDIN**, *op.cit.*, n°606, p.458. *Adde* :
النوري مزيد، القاضي وقانون الشغل، نشريات رؤوف يعيش، تونس، 2000، عدد 18، ص.12. **زكية الصافي**، عقد الشغل، مرجع سابق، عدد 113، ص.85.

[2] En dehors d'un contrat de travail, il est relativement rare de retrouver la qualité de préposé : **G. VINEY et P. JOURDAIN**, *op.cit.*, n°796, p.992. Pourtant, la qualité de préposé se vérifie pour les stagiaires liés par un contrat d'insertion professionnelle ainsi que pour les domestiques. V. en ce sens : Cass. civ. n°7447 en date du 28 janv. 1971, Bull. civ., 1971, p.12. *Adde* :
المنجي طرشونة والنوري مزيد، مرجع سابق، ص.24.

[3] La technique du travail temporaire ou l'intérim n'a pas reçu une réglementation en droit tunisien. En droit français, elle est régie par l'art. L.1251 du CT. V. sur la question : **P. FIESCHI-VIVET**, Droit du travail, Sirey, Paris, 1995, n°19, p.12 : « La technique du travail temporaire ou l'intérim est bien connue : une entreprise utilisatrice s'adresse à une entreprise de travail temporaire qui met à sa disposition une main-d'œuvre qu'elle a elle-même recrutée et salariée et qu'elle rémunère. Les relations juridiques sont triangulaires entre l'entreprise de travail temporaire, le travailleur temporaire et l'entreprise utilisatrice » ; **J. PELISSIER, G. AUZERO et E. DOCKÈS**, Droit du travail, 27ème éd., 2013, Dalloz, Paris, n°284, pp.318-319 et n°288, p.322. L'entreprise de travail temporaire est liée par un contrat de sous-traitance de main-d'œuvre : "عقد مناولة اليد العاملة" ou de mise à disposition : "عقد وضع على الذمة" avec l'entreprise utilisatrice. À distinguer avec le contrat de sous-traitance :"عقدمناولة العمل" , régi partiellement par les art.28 à 30 du CT. V. sur la question :
محمد باللطيف، "المناولة في قانون الشغل على ضوء قرارات محكمة التعقيب"، م. ق. ت.، 2009، عدد 6، ص.59. **عصام الأحمر**، "عقود المناولة وتدعيم القدرة التنافسية للمؤسسة"، م. ق. ت.، 2007، عدد 6، ص.25-26. **عصام الأحمر**، "التشغيل والمناولة"، م. ق. ت.، 2005، عدد 4، ص.19.
حافظ العموري، "إشكالية المناولة بين التقنين والتشريع"، م. ت. ق. إ، 2004، عدد 9، ص.22-23-24 و25. **عصام الأحمر**، الدعوى الشغلية من خلال مجلة الشغل وفقه القضاء، مرجع سابق، ص.136 وما يليها.

[4] C'est le cas, par exemple du personnel infirmier d'un établissement de soins qui peut être appelé à assister un chirurgien ou un anesthésiste pour une intervention. Il devient alors, mais seulement pour les soins qu'il donne sous la direction du praticien, préposé de ce dernier : Cour d'appel de Metz, 19 mars 1974, JCP éd. G., 1975, II, 18018, obs. **R. SAVATIER**. V. aussi pour une infirmière, employée par un médecin-anesthésiste, qui peut à l'occasion d'une opération à laquelle celui-ci participe, devenir préposée simultanément du chirurgien et de l'anesthésiste : Cour d'appel de Rennes, 27 oct. 2004, JCP éd. G, 2005, IV, 2172, p.987.

d'une liberté d'initiative et d'action, dont ne bénéficie pas le salarié[1]. « Agir « au service d'autrui » signifie, au contraire, que l'on se met à la disposition d'autrui, lequel conserve le contrôle de ce qui est accompli à son profit, notamment quant aux moyens pour y parvenir »[2]. « En appliquant ce critère, le mandataire n'est pas en principe un préposé. Il peut néanmoins le devenir si les circonstances montrent qu'il était totalement soumis à son mandant. Ce sera le cas lorsque ce dernier ne lui a laissé aucune liberté dans l'accomplissement de sonmandat »[3]. C'est dans ce sens que la Cour suprême a décidé le 21 octobre 2002 que « La qualité de mandataire attribuée au gérant de la société à responsabilité limitée n'est pas exclusive de la qualité de préposé »[4]. Dans le cadre de la société anonyme de type classique, l'article 196 du Code des sociétés commerciales réglemente expressément le cumul d'un contrat de travail avec les fonctions d'administrateur. L'article 227, alinéa 3, admet implicitement le cumul au profit des membres du directoire[5].

2.Le fait générateur de la responsabilité du préposé

325. Lafaute personnelle, fait générateur de la responsabilité du préposé.« Le fait générateur de la responsabilité du préposé est nécessairement une faute »[6]. Pour désigner cette faute, la doctrine préconise l'expression de « faute personnelle »[7]. L'adjectif « personnel » est choisi

---

[1]**F. MECHRI**, Le droit du travail en Tunisie, *op.cit.*, 63. ; **F.-C. DUTILLEUL et Ph. DELEBECQUE**, *op.cit.*, n°640, p.557 et n°645, p.562 ; **Ph. MALAURIE, L. AYNÈS et P.-Y. GAUTIER**, Droit civil, Les contrats spéciaux, 3ème éd., Defrénois, Paris, 2007, n°566, p.307 ; **C. BENOÎT-RENAUDIN**, *op.cit.*, n°620, p.465. *Adde* :

زكية الصافي، عقد الشغل، مرجع سابق، عدد 116، ص.88.

[2]**C. BENOÎT-RENAUDIN**, *ibid.*, n°620, p.466.

[3]**C. BENOÎT-RENAUDIN**, *ibid.*, n°621, p.466. C'est le critère du contrôle qui permet à vrai dire de distinguer le mandataire du préposé. *Contra* : Cour d'appel de Tunis, arrêt n°64278 en date du 20 juin 2000, préc.

[4]Cass. civ. n°17413 en date du 21 oct. 2002, Bull. civ., 2002, 2ème partie, p.446. V. sur le refus de cette qualité pour le gérant d'une SARL : Cass. civ. n°3261 du 1er mars 1965, RTD, 1966-1967, p.256, note **P.-X. CELESTE**. *Adde* : Cass. civ. n°2000-1220 en date du 05 juin 2000, cité par :

يونس غجاتي، قانون الشغل وتطبيقاته من خلال حالات واقعية وقرارات تعقيبية، منشورات الغجاتي للثقافة الشغلية، تونس، 2009، ص.15.

Adde : Cass. civ. n°9252 du 1er mars 1973, Bull. civ., 1973, 1re partie, p.79 ; Cass. civ. n°3261 du 1er mars 1965, préc. ; Cass. civ. n°2461 du 16 mai 1963, RJL, 1964, n°1, p.52 (partie en langue arabe). V. sur le refus de cette qualité pour le Président Directeur Général d'une S.A. : Cass. civ. n°1826 du 07 oct. 2004, Bull. civ., 2004, 2ème partie, p.325 ; Cass. civ. n°23075 du 29 sept. 2003, RJL, 2004, n°2, p.181 (partie en langue arabe).

[5]**I. ARIBI**, « Le cumul d'un mandat social et d'un contrat de travail dans les sociétés anonymes », RTD, 2001, p.1. *Adde* :

زكية الصافي، عقد الشغل، مرجع سابق، عدد 120 وما يليه، ص.92 وما يليها.

[6]**C. BENOÎT-RENAUDIN**, *op.cit.*, n°596, p.455 et n°667, p.489. « Les qualités de gardien et de préposé étant incompatible » : **I. GALLMEISTER**, « L'incidence de la faute du préposé sur la responsabilité de son commettant », GP, sep.-oct. 2005, doc., p.3052, n°1 et notes 1-46 ; **M.-A. PEANO**, « L'incompatibilité entre les qualités de gardien et de préposé », D., 1991, chron., p.51 ; **J. JÉRÔME**, *op.cit.*, n°163, pp.167 et s. **G. VINEY et P. JOURDAIN**, *op.cit.*, n°807, p.1010-1011.*Contra* :**Ph. LE TOURNEAU**, *op.cit.*, n°7564, pp.1863-1864.

[7]**S. FOURNIER**, « La faute personnelle du préposé », LPA, 1997, n°88, p.15 ; **C. BENOÎT-RENAUDIN**, *ibid.*, n°634 et s., p.471 et s. ;Cass. com. fr., 12 oct. 1993, D., 1994, J., p.124, note

pour mettre en exergue l'essence de la faute. « Cette faute est propre à son auteur, elle révèle l'individu qui l'a commise, parce qu'une autre personne placée dans les mêmes conditions n'aurait pas agi de manière identique »[1]. Cet adjectif permet, aussi, de révéler l'efficience de la faute. Cette dernière est de nature à engager « la responsabilité de son auteur dans un cadre de responsabilité pour autrui »[2].

La faute personnelle se distingue de la « faute purement personnelle »[3]. Cette dernière est « totalement étrangère aux fonctions »[4] du préposé. L'acte de l'agent est accompli en l'absence de toute exécution de sa mission, en dehors des heures et du lieu de son travail et avec des moyens qui lui sont personnels. Il ne peut être rattaché à ses fonctions.Il n'y a là aucune difficulté, car l'agent dont la faute est purement personnelle redevient un individu responsable comme tout un chacun[5].

326. Dans notre perspective de détermination du fait générateur de la responsabilité du préposé, on s'intéressera aussi bien à la faute personnelle commise à l'occasion de ses fonctions (a), qu'à celle commise en dehors de ses fonctions, mais facilitée par la mission (b). L'objectif est de définir une faute personnelle du préposé de nature à engager sa responsabilité tout en le prémunissant contre les fautes légères voire ordinaires inhérentes à sa fonction, sécurité juridique exige.

a. La faute personnelle commise par le préposé à l'occasion des fonctions

327. Notion de fonction. Le choix de la notion de « fonctions » est délibéré dans la mesure où elle est plus large que celle de « mission ». « Cette dernière fait référence aux tâches que le préposé s'est vu confiées par le commettant »[6]. En revanche, par « fonctions », il faut inclure tous les actes qui sont commis par le préposé lorsqu'il se trouve au service de son commettant, qu'il s'agisse de l'application stricte de la mission ou non[7].

G.VINEY ; RTD civ., 1994, p.111, note **P. JOURDAIN**. *Contra* : **F. RINALDI**, « La répartition de la responsabilité entre commettant et préposé pour les fautes commises à l'occasion des fonctions », LPA, 2000, n°53, pp.13 à 16.

[1]**C. BENOÎT-RENAUDIN**, *ibid.*, n°634, p.471.

[2]**S. FOURNIER**, art. préc., n°3, p.16.

[3]**G. VINEY**, « La responsabilité personnelle du préposé », *in* Études à la mémoire de Ch. LAPOYADE-DESCHAMPS, PUB, Paris, 2003, pp.99 à 101.

[4]**B. PUILL**, « Les fautes des préposés : s'inspirer de certaines solutions de droits administratifs », JCP éd. G., 1996, I, 3939, n°s4-5, p.236 ; **S. FOURNIER**, art. préc., n°2, p.16.

[5] Ces actes n'engagent pas la responsabilité du commettant : **G. VINEY et P. JOURDAIN**, *ibid.*, n°799, p.995.

[6]**C. BENOÎT-RENAUDIN**, *op.cit.*, n°669, p.491.

[7]**C. BENOÎT-RENAUDIN**, *ibid.*, n°669, pp.491-492. Une doctrine distingue entreles actes accomplis « dans les fonctions » pour désigner les actes du préposé qui s'inscrivent dans la tâche qu'il s'est vu confiée par le commettant, d'avec les actes accomplis « à l'occasion des fonctions » pour désigner tous les actes qui sont commis par le préposé lorsqu'il se trouve au service de son commettant qu'il s'agisse de l'application stricte de la mission ou non : **G. VINEY et P. JOURDAIN**, *op.cit.*, n°797, p.992 ; **J.-B. LAYDU**, note sous Cass. civ.fr., 21 fév. 2008, D., 2008, n°30, Act. Jur., p.2125, spéc. n°s10-11-12, p.2127.

328. Critères de rattachement permettant de considérer l'acte du préposé comme suffisamment lié aux fonctions. Deux critères de rattachement ont été proposés. Le premier subjectif, consiste dans « l'existence chez le préposé de la volonté d'agir pour le compte et dans l'intérêt de son employeur »[1]. Le second objectif, consiste dans « la réalisation du fait dommageable pendant les heures et sur les lieux fixés par l'employeur pour l'exécution du travail, avec les moyens fournis par celui-ci »[2]. Impliquant des liens mieux repérables, c'est ce second critère que nous privilégions.

329. Identification de la faute personnelle du préposé. Nous proposons de retenir l'existence d'une faute personnelle lorsque, tout en agissant dans le cadre de la fonction, le préposé dépasse sa mission. La faute personnelle est, dès lors, identifiée à partir du critère de l'extériorité de l'acte par rapport à la mission. Nous proposons, aussi, de retenir l'existence d'une faute personnelle lorsque, tout en agissant dans le cadre de sa mission, le préposé commet une faute qualifiée. La faute personnelle est, dès lors, identifiée à partir du critère de la gravité de la faute.

330.Critère de l'extériorité de l'acte par rapport à la mission. Cette première catégorie de faute tend à sanctionner le préposé pour les actes commis à l'occasion de la fonction, mais qu'on ne peut pas la considérer comme relevant de l'exécution de sa mission[3]. Le préposé a simplement trouvé dans la fonction l'occasion et les moyens de sa faute. Ceci se vérifie dans deux hypothèses.

Primo, lorsque le préposé dépasse les limites objectives de sa mission[4], il y a alors ce qu'on appelle un « dépassement », un « détournement » ou un « abus de fonction ». Cette situation se présente lorsque le préposé dispose de certains moyens matériels pour accomplir sa mission et qu'il s'en sert abusivement[5]. L'article 844 du Code des obligations et des contrats le confirme, lorsqu'il dispose que le locateur de services « répond également des conséquences provenant des instructions qu'il a reçues, lorsqu'elles étaient formelles, et qu'il n'avait aucun motif grave de s'en écarter ».

Secundo, lorsque le préposé commet un acte illicite. Dans cette hypothèse, sont visées les fautes intentionnelles purement civiles[6], et les infractions pénales intentionnelles[7]. Un préposé qui commet de telles fautes

---

[1]**G. VINEY et P. JOURDAIN**, *ibid.*, n°799, p.995.

[2]**G. VINEY et P. JOURDAIN**, *ibid.*, n°799, p.995.

[3]**S. FOURNIER**, art. préc., n^{os}14 et s., p.23 et s. ; **G. VINEY et P. JOURDAIN**, *ibid.*, n°812-1, pp.1022 et s.

[4]**C. BENOÎT-RENAUDIN**, *ibid.*, n°643, p.476.

[5]**G. VINEY et P. JOURDAIN**, *ibid.*, n°799, p.996 et n°812-1, p.1025.

[6]**S. FOURNIER**, art. préc., n°13, pp.21-22. La faute intentionnelle dite aussi dolosive correspond **en matière contractuelle** à l'inexécution délibérée d'une obligation sans exiger la volition de causer un dommage. *Adde* :

سامي الجربي، مرجع سابق، عدد 143، ص.204.

[7]**Ch. RADÉ**, « Les limites de l'immunité civile du préposé (à propos de l'arrêt Costedoat) », RCA, 2000, chron. n°22, pp.7-8 ; **M.- T. RIVES-LANGE**, « Contribution à l'étude de la responsabilité des maîtres et commettants », JCP éd. G, 1970, I, n°2309, n^{os}10-11 ; **G. VINEY et P. JOURDAIN**, *op.cit.*, n°812-1,

s'écarte nécessairement de l'exécution de sa mission[1]. Il en est ainsi des détournements de fonds commis au détriment des clients par des préposés de banque[2], de vol de marchandises ou d'incendie volontaire dans les locaux que le préposé était chargé de surveiller.

Il convient de préciser que, lorsque le préposé commet une infraction intentionnelle, il devait répondre aux conséquences civiles de l'infraction, même si elle l'a été avec l'accord, voire sur l'ordre du commettant. C'est ce qui a été décidé pour des actes de concurrence déloyale, de faux, d'escroquerie[3], et de publicité mensongère.

Dès lors, il y a faute personnelle du préposé lorsqu'il s'écarte de l'exécution de sa mission. Il en est ainsi lorsqu'il dépasse les limites objectives de sa mission, lorsqu'il commet une faute intentionnelle purement civile ou une infraction pénale intentionnelle.

331.Critère de gravité de la faute commise dans l'exécution de la mission. On suggère dans ce cadre cantonner la faute personnelle du préposé aux fautes lourdes. Cette opinion puise sa justification dans deux raisons au moins.

La première est d'ordre logique. En effet, pour engager sa responsabilité, il faut tenir compte de la situation particulière du préposé qui est en lien de subordination juridique avec son employeur. Le préposé accomplit la mission avec les moyens mis à sa disposition, il est soumis aux contraintes stratégiques imposées par son commettant[4]. Est-il raisonnable dans ces conditions d'imputer systématiquement aux préposés les conséquences de toutes les fautes, même les plus légères, qu'ils peuvent commettre dans l'exécution de leurs missions ? Il semble juste de considérer, qu'en perdant une parcelle de liberté, la personne subordonnée doit logiquement disposer d'une certaine marge d'irresponsabilité[5].

---

p.1025 ; **R. CHAABAN**, « Nouvelle articulation des responsabilités cumulatives du commettant et du préposé », LPA, 2007, n°76, p.15, spéc. n^{os}12-13, p.21 ; Cass. civ. fr., 21 fév. 2008, JCP éd. G, 2008, I, 186. p.25, note **Ph. STOFFEL-MUNCK**; **F. RINALDI**, art. préc., pp.16 à 18.

[1]**J.-B. LAYDU**, « Responsabilité civile du salarié : la voie étroite ? », RRJ, 2005, n^{os}28 et s., pp.1947 et s., spéc. note 94 ; **C. BENOÎT-RENAUDIN**, *op.cit.*, n°643, pp.475-476.

[2] Cass. civ. n°49435-2012 en date du 04 oct. 1995 (inédit).

[3] Arrêt Cousin : Ass. plén. de la Cour de cass. fr., 14 déc. 2001 : JCP éd. G., 2002, II, 10026, p.345, note **M. BILLIAU** ; JCP éd. G., 2002, I, 124, p.604, obs. **G. VINEY** ; RTD civ., 2002, p.109, obs. **P. JOURDAIN** ; **Ph. LE TOURNEAU**, *op.cit.*, n°7561, p.1862.

[4]**G. VINEY**,obs. sous Cass. ass. plén., 25 févr. 2000, Costedoat c/ Girard et a., JCP èd. G., 2000, I, 241, p.1244, n°17.

[5]**Ch. RADÉ**, art. préc, p.7 ; **J.-B. LAYDU**,art. préc., n°6, p.1937. L'argument vaut aussi pour les préposés dans le cadre des professions libérales. Ainsi, en est-il du médecin et de la sage-femme salariés qui ne peuvent être exclus du bénéfice d'un éventuel allégement de responsabilité et ce en dépit de l'indépendance professionnelle dont ils disposent. En ce sens : Cass. civ. fr., 09 nov. 2004, (2 arrêts) RTD civ., 2005, p.143, obs. **P. JOURDAIN** ;JCP éd. G, 2005, II, 10020, p.327, note **S. PORCHY-SIMON**. Il en est de même du médecin anesthésiste préposé d'un établissement de soins : **P. JOURDAIN**, obs. critiques sous :Cass. civ. fr., 09 avr. 2002, RTD civ., 2002, p.516. Sur l'immunité du médecin salarié en général : **F. BESSA**, Thèse préc., n^{os}581 et s., pp.323 et s. ; **C. BENOÎT-RENAUDIN**, *op.cit.*, n°645, p.475. V. dans ce cadre la proposition de **G. VINEY et P. JOURDAIN**, *op.cit.*, n°812, pp.1021-1022 ; **G. VINEY**, « La responsabilité personnelle du préposé », art. préc., pp.94-95.*Contra* : **Ph. BRUN**,« Le nouveau visage de la responsabilité du fait d'autrui (vers l'irresponsabilité des petits ?) », *in* Etudes à la mémoire de LAPOYADE-DESCHAMPS Christian, PUB, Paris, 2003, n^{os}18 et s., pp.113 et s. et n°24,

La seconde est d'ordre juridique. L'article 85 du Code des obligations et des contrats, relatif aux fonctionnaires et employés publics, prévoit, qu'en principe ces derniers ne sont pas tenus dans l'exercice de leurs services des fautes simples. C'est, semble-t-il, le pouvoir hiérarchique qui justifie cette position. Et l'article 85 d'ajouter que les intéressés ne sont tenus que pour leurs fautes lourdes ou dolosives[1]. Qu'en est-il du préposé ?

L'article 843 du Code des obligations et des contrats prévoit que le locateur de services « répond non seulement de son fait, mais de sa négligence, de son imprudence et de son impéritie ». En raison de la généralité de ces dispositions, on en déduit que le préposé pourrait être tenu même pour ses fautes légères. Cette interprétation est, semble-t-il, superficielle. En effet, le pouvoir hiérarchique, qui a été pris en considération par notre législateur pour les agents publics et qui a fait que ces derniers ne seront pas tenus pour leurs fautes simples, a son pendant en droit du travail dans la subordination juridique du préposé par rapport à son commettant. Il n'y aucune raison de ne pas étendre cet esprit protecteur de l'agent en droit de la fonction publique, au préposé tenu par un lien de subordination. Opiner pour le contraire, c'est camoufler « des analogies importantes entre d'une part, la situation des agents publics et d'autre part celle ....des préposés »[2]. Ceci se confirme d'autant plus que l'article 21, *infine*, du Code des assurancesinterdit à l'assureur du commettant qui a indemnisé la victime d'exercer un recours subrogatoire contre le préposé de son assuré, sauf à prouver sa faute intentionnelle. La disposition marque un esprit de faveur au profit du préposé. Cette évolution législative ne doit pas être sans incidence sur notre interprétation de l'article 843 du Code des obligations et des contrats.

On peut penser que, compte tenu du lien de subordination juridique, le préposé mérite d'être protégé pour certaines fautes commises dans le cadre de l'accomplissement de sa mission. Ce dernier ne sera pas tenu pour ses fautes « simples » et *a fortiori* ses fautes « légères ». Ces fautes apparaissent comme des risques normaux de l'activité, dont le commettant doit assumer la charge définitive[3]. Ce n'est autre que l'application d'une règle générale de droit sous-tendue par l'article 554 du Code des obligations et des contrats.

L'article 21, *infine*, du Code des assurances, interdit à l'assureur d'exercer un recours contre le préposé de son assuré, sauf à prouver sa faute

---

p.118 ; **I. GALLMEISTER**, art. préc., n°10, pp.3055-3056 ; **M. BILLIAU**,note sous Cass. ass. plén. 14 déc. 2001, préc., n°5, p.347 ; **P. CANIN**, *op.cit.*, n°56, pp.85-86.

[1]**T. BESROUR et M. TRIKI**, La responsabilité du commettant du fait de ses préposés en droit tunisien comparé, Mémoire pour le Diplôme d'étude supérieure d'histoire des institutions, Université de Droit, d'Economie et de Sciences Sociales de Paris, 1975, pp.30 à 39.

[2]**C. AUZERO**, « L'application de la notion de faute personnelle détachable des fonctions en droit privé », D.Aff., 1998, p.506 ; **B. PUILL**, art. préc., spéc. n°1, p.235 et n^{os}13 et s., pp.239-240.

[3]**M.- T. RIVES-LANGE**, art. préc., n°10 ; **B. PUILL**, art. préc., n°14, p.240 et n^{os}16 et s., pp.240-241 ; **G. VINEY et P. JOURDAIN**, *op.cit.*, n^{os}810 et s., pp.1013 et s. ; **P. JOURDAIN**, « Où va la responsabilité du fait d'autrui ? », art. préc., p.25.

intentionnelle, on se demande si on doit accorder au préposé sous prétexte de l'excuse de subordination une immunité même pour ses fautes lourdes ?

Dans la mesure où l'irresponsabilité civile du préposé, agissant dans les limites de sa mission, repose sur la volonté de ne pas faire supporter à ce dernier les risques de l'activité, elle n'a plus lieu à prospérer, lorsque la faute du préposé témoigne d'un comportement particulièrement grave[1]. Cela dit, on soutient l'idée selon laquelle il y a faute personnelle du préposé, lorsque dans l'accomplissement de sa mission, il a commis une faute lourde[2]. « La faute lourde à laquelle nous suggérons de soumettre la responsabilité personnelle des préposés… doit être classiquement entendue comme une faute énorme, grossière, signe de l'extrême défectuosité d'un comportement »[3].

L'appréciation de la faute lourde du préposé doit être réalisée *in abstracto*, c'est-à-dire en comparaison avec ce qu'aurait fait un préposé moyennement diligent, ayant un même niveau de qualifications, d'expérience et placé dans les mêmes circonstances[4].

b. La faute personnelle commise par le préposé hors des fonctions, mais facilitée par la mission

332. La faute commise hors des fonctions. « La faute commise hors des fonctions est celle qui est commise hors des heures habituelles de l'activité du préposé au service de son commettant »[5].

333. Liens permettant le rattachement de la faute commise hors des fonctions à la qualité de préposé. Pour pouvoir parler d'une faute commise par le préposé, ès qualité, alors même qu'il était hors des fonctions, il faut qu'il existe un lien même ténu, avec sa mission. En d'autres termes, si le préposé était hors de ses fonctions, c'était tout de même sa mission qui lui avait permis la réalisation du dommage. C'est ce qui a été confirmé par la Cour de cassation dans son arrêt rendu le 04 octobre 1995[6]. La Cour a

---

[1]**S. PRIGENT**, « La responsabilité civile du fait d'autrui : essai d'une théorie », RRJ, 2008, p.974, n°40 ; **M.- M. EL HAMZAOUI**, « De la responsabilité des commettants du fait de leurs préposés en droit tunisien, particulièrement en droit civil », Revue juridique et politique indépendance et coopération, pp.601 et s., spéc., p.610.

[2]**C. AUZERO**,art. préc., pp.505-506-507 ; **N. RIAS**, « Regard rétrospectif sur l'immunité du préposé agissant dans les limites de sa mission », RRJ, 2008, n°15, p.1967 ; **M. T. RIVES-LANGE**, art. préc., n°10-11 ; **J.-B. LAYDU,** art. préc., n°s5 et s., p.1936 et s. ; **S. FOURNIER**, art. préc., n°12, pp.20-21 ; **B. PUILL**,art. préc., n°14, p.240 ; **F. TERRÉ, Ph. SIMLER et Y. LEQUETTE**, *op.cit.*, n°837, pp.839-840. *Contra* : **G. VINEY et P. JOURDAIN**, *op.cit.*, n°812-1, pp.1025-1026 ; **G. VINEY**, « La responsabilité personnelle du préposé », art. préc., pp.98-99 ; **Ch. RADÉ**, art. préc, pp.7-8.

[3]**C. AUZERO**, art. préc., p.505; **S. FOURNIER**, art. préc., n°13, p.22. Lorsque le préposé, agissant dans les limites de sa mission, a commis une infraction pénale non intentionnelle, c'est au critère de la gravité de la faute qu'on fait recours pour apprécier si sa faute est ou non personnelle. En ce sens : Cass. pén. fr., 28 mars 2006, JCP èd. G, 2006, II, 10188. p.2174, note **J. MOULY**.

[4]**C. AUZERO**, art. préc., p.505 ; **C. BENOÎT-RENAUDIN**, *op.cit.*, n°646, p.476.

[5]**C. BENOÎT-RENAUDIN**, *ibid.*, n°682, p.496.

[6] Cass. civ. n°49435-2012 en date du 04 oct. 1995 (inédit), préc.

engagé la responsabilité de la banque pour les fonds détournés par son agent alors même que ce dernier les a reçus en dépôt pendant un jour férié.

« Le lien avec la mission peut être instrumental, ce sera le cas chaque fois que le préposé s'est servi des moyens ou ses instruments de travail pour commettre sa faute »[1]. Ainsi, en est-il, lorsqu'il se sert des moyens d'ouverture, pour pénétrer dans les locaux d'un client de son commettant et voler la marchandise présente. « Le lien avec la mission peut aussi être circonstanciel, ce sera le cas chaque fois que le préposé a profité des facilités mises à sa disposition par le commettant pour accomplir son acte dommageable. On peut songer aux cas où le préposé a eu connaissance de certaines informations et s'en est servi pour commettre le dommage »[2]. Dans les deux cas de figure, alors même qu'il est hors des fonctions, c'est bien l'exercice d'une activité au service de son commettant qui a permis au préposé de causer le dommage[3].

B.La mise en œuvre de la responsabilité civile du tiers préposé

334. On a préconisé de ne retenir la responsabilité du préposé que lorsque la faute commise est une faute personnelle, sécurité juridique exige. L'idée va jouer aussi bien au stade de l'indemnisation du créancier, qui est une question d'obligation à la dette (1), qu'au stade de la répartition du montant de la réparation entre préposé et commettant,lequel est une question de contribution à la dette (2).

1.L'obligation à la dette

335. Le préposé, auteur d'une faute personnelle, peut être tenu au stade de l'obligation à la dette. Il en est ainsi, aussi bien lorsque le créancier décide de l'assigner seul (a), qu'avec le commettant (b). L'idée qu'on va défendre est qu'il ne doive, dans la mesure du possible, être obligé qu'à concurrence de sa dette de réparation générée par ses fautes personnelles.

a. Le recours du créancier contre le seul préposé

336. Un recours extracontractuel fondé sur une faute du préposé, indépendante du manquement contractuel du commettant. Le créancier de l'obligation inexécutée peut agir contre le préposé, tiers responsable de l'inexécution du contrat. Ce recours peut être intenté, au gré des cas, sur la base des articles 82 ou 83 du Code des obligations et des contrats[4]. La

---

[1]**C. BENOÎT-RENAUDIN**, *op.cit.*, n°683, p.496.
[2]**C. BENOÎT-RENAUDIN**, *ibid.*, n°683, p.496.
[3] Dans la mesure où la faute a été commise en dehors de son activité professionnelle au service du commettant, le préposé engage sa responsabilité pour faute personnelle sans qu'il soit fait de distinction selon la nature ou la gravité de la faute commise : **C. BENOÎT-RENAUDIN**, *ibid.*, n°690, p.498.
[4]**I. GALLMEISTER**, art. préc., n°10, pp.3055-3056 ; **M.- T. RIVES-LANGE**, art. préc., n°2.

victime va devoir apporter la preuve que la faute à l'origine de son dommage a été commise par le préposé[1]. On tient à préciser, dans ce cadre, que « la seule inexécution du contrat ne saurait coïncider avec une faute au sens délictuel du terme ». Il faudrait caractériser à l'encontre du préposé « une faute distincte de la seule transgression du contrat passé par le débiteur, c'est-à-dire une faute de prudence et de diligence qui ne se réduise pas au constat que le contrat n'a pas été respecté »[2].

337. Un recours limité à la faute personnelle du préposé : la technique de l'appel en garantie. Le droit de la responsabilité civile extracontractuelle, repose sur le principe de la réparation intégrale de tous les préjudices. Toute faute, même légère, oblige donc celui qui la commet à réparer le dommage qui en résulte. Lorsqu'on applique ce principe à la responsabilité du préposé, celui-ci devrait assumer la réparation intégrale du préjudice qu'il a causé sans égard à la gravité de sa faute. Or, ce régime peut paraître particulièrement inapproprié, compte tenu de la situation particulière du préposé, qui est en lien de subordination juridique avec son employeur[3]. Raison pour laquelle on a défendu la mise en place d'un système protecteur du préposé. Ce dernier ne serait tenu que pour ses fautes personnelles.

Pour ce faire, lorsqu'il est seul assigné, le préposé doit pouvoir appeler en garantie son commettant[4], afin de ne pas être tenu des réparations civiles qu'à concurrence de ses fautes personnelles. Ainsi, si la faute commise par le préposé n'était pas une faute personnelle, il faudrait admettre qu'il pouvait dans l'instance dirigée contre lui par le créancier, conclure utilement à sa mise hors de cause. Si, en revanche, la faute commise par le préposé était une faute personnelle, il devrait supporter en principe la charge intégrale de la réparation à moins qu'il n'apporte la preuve de la faute concurrente de son commettant, notamment, lorsque c'est lui qui a autorisé l'acte du préposé ou l'a simplement toléré.

On constate que, dans tous ces cas, le créancier ne doit pas pouvoir obliger le préposé au-delà de sa dette de réparation générée par ses fautes personnelles.

---

[1] **C. BENOÎT-RENAUDIN**, *op.cit.*, n°s677 et s., pp.495 et s.

[2] **D. REBUT**, art. préc.,n°45, p.442.

[3] **C. BENOÎT-RENAUDIN**, *ibid.*, n°652, p.479.

[4] Art.15, al. second et 224, al. second, du CPCC ; **I. GALLMEISTER**, art. préc., n°10, p.3056 ; **M.- T. RIVES-LANGE**, art. préc., n°11 ; **B. PUILL**, art. préc., n°15, p.240. Si le préposé n'a pas appelé en garantie son commettant en cours d'instance, les règles de la responsabilité civile le condamnent à une réparation intégrale indépendamment de la nature ou de la gravité de sa faute. Au demeurant, il dispose d'un recours récursoire contre son commettant. Au gré des cas, si la faute commise par lui n'est pas personnelle, il peut répercuter sur le commettant la charge intégrale de la réparation. Si outre sa faute personnelle, la preuve de la faute du commettant est rapportée, un partage de responsabilité aurait lieu proportionnellement à la gravité des fautes commises. Si enfin sa faute personnelle est exclusive de toute faute de son commettant, il doit assumer le poids définitif de la dette de réparation. *Contra* : **P. CANIN**, *op.cit.*, n°s79 et s., pp.97 et s. (tout recours récursoire exercé par la personne dépendante contre celui qui a autorité sur elle est exclu).

338. L'action de la victime contre le seul préposé est, en pratique, la moins courante. Une action intentée à la fois contre le préposé et contre le commettant peut paraître plus simple et plus efficiente.

b. Le recours du créancier contre le préposé et le commettant

339. Le recours solidaire. Compte tenu de la pluralité de faits générateurs de responsabilités en lien de causalité avec le dommage, résultant de l'inexécution du contrat, rien n'empêche le créancier de solliciter une condamnation solidaire du commettant et de son préposé, dont la faute personnelle est prouvée. C'est la voie qui a été suivie par la demanderesse, en l'occurrence une patiente, contre l'établissement de soins privé et le médecin-préposé, laquelle voie a trouvé une suite favorable auprès de la Cour de cassation dans son arrêt rendu le 21 février 2012[1].

340. Le recours conjoint et le caractère subsidiaire de la responsabilité du préposé. Lorsque le demandeur assigne le commettant et son préposé conjointement, chacun sera, en principe, tenu à concurrence de son fait dommageable. Cependant, compte tenu de la situation particulière du préposé, on partage l'opinion selon laquelle le juge est invité à faire prévaloir la subsidiarité de sa responsabilité par rapport à celle du commettant. « On aurait, autrement dit, conféré une sorte de "bénéfice de discussion" »[2] au préposé.

On peut s'interroger sur l'utilité de ce caractère subsidiaire lorsque le préposé a commis une faute personnelle le condamnant à l'intégralité de la dette : Ne serait-il pas par la suite exposé à un recours récursoire pour la même dette ? On peut penser que l'utilité de ce caractère subsidiaire est indéniable non seulement compte tenu de la surface financière supposé plus importante du commettant, mais surtout au cas où le préposé aurait commis une faute lourde dans l'exécution de sa mission et que le commettant serait assuré. Il va sans dire que, lorsque l'assureur désintéresse le créancier contractuel, aucun recours récursoire ne serait admis, tant que la faute intentionnelle du préposé n'est pas établie. C'est ce que prescrit l'article 21, *in fine*, du Code des assurances. Si, dans cette hypothèse, le préposé a été condamné pour l'intégralité de la dette au premier abord, il aurait assumé seul la charge de réparation.

On propose alors la démarche suivante. Lorsque la faute personnelle commise par le préposé le condamne pour l'intégralité de la dette, le juge est

---

[1] Cass. civ. n°2011-68350 en date du 21 fév. 2012 (inédit) :
" لذا فإن نائب المدعية يطلب... على ضوء التقرير الطبي الحكم بإلزام المطلوبين بالتضامن". " وحيث تحقق أن المصحة المعقب ضدها قد إختارت الطبيب المباشر..."
Sur la responsabilité des cliniques du fait des médecins, V. **S. ABID-MNIF**, « L'évolution de la responsabilité civile médicale dans la jurisprudence tunisiennes », *in* Questions doctrinales et droit civil contemporain, sous la direction de M.-K. CHARFEDDINE, éd. Latrach, Tunis, 2014, n^{os}24 à à 27, pp.177 à 185.

[2] **G. VINEY** et **P. JOURDAIN**, *op.cit.*, n°812, p.1022. *Contra* : **M.- T. RIVES-LANGE**, art. préc., n°2 ; **S. FOURNIER**, art. préc., n°10, p.19.

invité à obliger en premier lieu le commettant. Lorsque ce dernier a désintéressé le créancier, il dispose d'un recours contre son préposé au sens de l'article 245 du Code des obligations et des contrats et 21, *in fine*, du Code des assurances.

Le même raisonnement s'offre à l'esprit, lorsque la faute personnelle commise par le préposé laisse place, tout de même, à un partage de responsabilité. La subsidiarité présente l'avantage d'épargner le préposé, en cas de faute lourde commise à l'occasion de l'exécution de sa mission, au profit de son commettant assuré.

Le caractère subsidiaire de la responsabilité du préposé permet, dès lors, au créancier d'obtenir satisfaction. Ce dernier peut obtenir du commettant une réparation intégrale. Il permet, par la même, de protéger le préposé. Ce dernier ne peut être obligé qu'à un paiement à hauteur de sa propre dette de contribution. Bien plus, l'assureur ne peut l'assigner en contribution qu'en rapportant la preuve de sa faute intentionnelle.

2. La contribution à la dette

341. Lorsque le créancier est indemnisé par le commettant, garant du fait de son préposé[1], ce dernier serait la cible d'une action récursoire[2] exercée, au

---

[1] C'est « la causalité juridique qui le justifie » : **J. JÉRÔME**, *op.cit.*, n[os]284 et s., pp.340 et s. V. notamment : Art.84, 845- 849- 850- 1050- 1209- 1270 et 1342 du COC ; Art.649 et 662 du CC ; Art.131(3)-132(1)-145(1) et 168, al.4, du CCM ; Art.129, paragraphe second, du Code forestier. V. dans ce cadre : **S. MELLOULI**, « Aspects actuels de la responsabilité du transporteur maritime de marchandises », RTD, 2003, pp.161 et s., spéc. n°35, p.172 ; **B. PETIT**, Thèse préc., n°178, p.232 ; **G. VINEY et P. JOURDAIN**, *op.cit.*, n°809, pp.1012-1013. Cass. civ. n°1925 du 1er juill. 1976, RTD, 1978, n°2, p.99, note **M. ZINE**. *Adde* :

سامي الجربي، مرجع سابق، عدد 356-357، ص.408-409.

V. parmi les applications de la garantie du commettant du fait de son préposé : Cass. civ. n°2012-70256/71349 en date du 08 mai 2012 (inédit) :

" وحيث أن محكمة القرار المنتقد قد أحسنت تطبيق القانون حيث إعتبرت المعقبة مسؤولة عن أفعال مستخدميها تطبيقا لأحكام الفصل 845 من م.إ.ع.".

Adde : Cass. civ. n°2009-34238/35235 en date du 29 juin 2009 (inédit) :

" لا يسوغ الدفع بانعدام مسؤولية البنك تبعا لصدور الأعمال الضارة بالمعقب ضده (حريف البنك) عن مدير الفرع ضرورة أن هذا الأخير تابع له ويعمل تحت إمرته ورقابته ومن ثم تترتب مسؤوليته عما يصدر عنه من أعمال".

Adde : Cass. civ. n°2007-15846 en date du 15 janv. 2008 (inédit) :

" إن قيام المدعي على البنك تأسس على الفصل 845 من م.إ.ع. المتعلق بأجير الخدمة ضرورة أن البنك المعقب ضده ملتزم قانونا بمراقبة تصرفات مستخدميه ومن بينهم مدير الفرع الذي ارتكب خطأ قصديا وبذلك فإن المسؤولية الواردة بالفصل 845 من م.ا.ع. تتحقق بمجرد قيام علاقة تبعية بين شخص متبوع وتابع وارتكاب هذا الأخير في حالة تأديته لعمله خطأ قصديا أو تقصيريا ألحق ضررا بالغير".

Adde : Cass. civ. n°2006-7302 en date du 20 nov. 2006 (inédit) :

" يعتبر البنك المسؤول المدني عن أفعال أجيره (مدير الفرع) عملا بأحكام الفصل 845 من المجلة المدنية الذي يقر مسؤولية المدين بما يصدر من نائبه وغيره ممن استعان بهم على إجراء الإلتزام كما لو صدر ذلك منه بنفسه وله حق الرجوع عليه حيث يجب قانونا، فالبنك هو الملزم بإرجاع المبالغ التي تم الإستلاء عليها... ضرورة أن التابع الذي يعمل في زمن عمله ومكانه ليس خارج وظائفه حتى ولو إرتكب جرما يتحمل تبعته باعتبار شخصية العقوبة إلا أن المفوض المسؤول المدني لا يستطيع إعفاء نفسه من الضمان المتوجب عليه للمتضرر عندما تكون شروط المسؤولية المدنية قد إكتملت".

Adde : Cass. civ. n°49435 en date du 04 oct. 1995 (inédit), préc. :

" وفضلا عن ذلك فاعتماد المحكمة نص وأحكام م.إ.ع. كان لغاية تأسيس مسؤولية المعقب (البنك) إزاء تصرفات موظفه".

Cass. civ. n°40716 en date du 20 déc. 1993, Bull. civ., 1993, p.386 ; Cass. civ. n°14056 en date du 17 fév. 1987, Bull. civ., 1987, p.335 ; Cass. civ. n°9428 en date du 12 mars 1984, Bull. civ., 1re partie, 1984, p.335 ; Cass. civ. n°4057 en date du 12 oct. 1981, Bull. civ., 1981, 1re partie, p.155 ; Cass. civ. n°1925 du 1er juill. 1976, Bull. civ., 1976, 3ème partie, p.16.

[2] Cass. civ. n°40716 en date du 20 déc. 1993, préc. ; Cass. civ. n°14056 en date du 17 fév. 1987,préc. ; Cass. civ. n°9428 en date du 12 mars 1984, préc.

gré des cas, soit par l'assureur du commettant (a), soit en l'absence d'assurance par ce dernier (b). La « causalité matérielle » impose l'exercice d'un tel recours contre le responsable primaire[1]. Ce recours, haussé au rang d'un « principe général »[2] de droit, tend à répartir le poids de la réparation entre débiteur *solvens* et tiers préposé.

a. Le recours de l'assureur du commettant contre le préposé

342. Un recours limité aux fautes intentionnelles du préposé. L'assureur du commettant qui a indemnisé intégralement le créancier, dispose d'une action récursoire contre le préposé : tiers responsable de l'inexécution du contrat. C'est ce que prescrit l'article 245 du Code des obligations et des contrats. Mais, la portée de ce recours est nettement limitée par l'article 21, *infine*, du Code des assurances. Ce dernier interdit à l'assureur d'exercer un recours subrogatoire contre le préposé de son assuré, sauf s'il a prouvé sa faute intentionnelle. Dès lors, chaque fois que le commettant est assuré pour sa responsabilité civile et que l'assureur a été amené à indemniser le créancier, aucun recours ne sera exercé contre le préposé dont la faute intentionnelle n'a pas été établie.

b. Le recours du débiteur commettant contre son préposé

343. Carence du cadre juridique. Le commettant non assuré, qui a indemnisé intégralement le créancier, dispose d'un recours récursoire contre son préposé[3]. C'est ce que prévoit l'article 245 du Code des obligations et des contrats. Au-delà, ledit article n'apporte aucune précision, ni sur le fondement théorique de ce recours, ni sur son étendue.

344.Fondements du recours. Pour mettre à contribution son recours récursoire, le commettant dispose d'un double fondement. Le premier, personnel, est basé sur le lien de droit qui l'unit à son préposé. Ce recours personnel sera dans la majorité des cas, fondé sur les dispositions du contrat de travail qui les unit[4]. Le second, subrogatoire, au sens de l'article 226, 3), du Code des obligations et des contrats. Ce faisant, le commettent, *solvens*, qui a désintéressé le créancier, est légalement subrogé dans les droits de celui-ci[5]. Étant donné que la responsabilité du préposé, face au créancier, a

---

[1]**J. JÉRÔME**, *op.cit.*, n°329, pp.404-405.

[2]**P. CANIN**, *op.cit.*, n°67, p.88.

[3]**C. BENOÎT-RENAUDIN**, *op.cit.*, n^{os}313 et s., pp.257 et s. et n^{os}679 et s., pp.495 et s. ; **G. VINEY et P. JOURDAIN**, *op.cit.*, n°812-3, p.1027-1028 ; **I. GALLMEISTER**, art. préc., n°9, p.3055.

[4]**M. FAURE-ABBAD**, *op.cit.*, n^{os}420 et s., pp.352 et s. ; **F. BESSA**, Thèse préc., n°610, p.337 ; **M.- T. RIVES-LANGE**, art. préc., n^{os}6 et s. ; **S. FOURNIER**, art. préc., n°11, pp.19-20 ; **G. VINEY et P. JOURDAIN**, *ibid.*, n°835, pp.1065-1066 ; **J. Ch. SAINT-PAU**, Droit à réparation, Conditions de la responsabilité contractuelle, fait générateur, inexécution imputable au débiteur, J.-Cl. civil, Art.1146 à 1155, Fasc.171-20, 21 nov . 2003, J.-Cl., 2004, n°136, 40 ; **D. REBUT**, art. préc.,n^{os}48 et s., pp.443-444. L'art.843, *in fine*, du COC interdit toute convention élusive ou limitative de la responsabilité du préposé.

[5]**N. MOLFESSIS**, « Vie professionnelle, vie personnelle et responsabilité des commettants du fait de leurs préposés », RDS, 2004, p.38, n°24 ; **D. REBUT**, art. préc.,n^{os}43 et s., p.440 et s. ; **Ph. LE**

une nature extracontractuelle[1], le commettant ne peut agir contre son préposé qu'au visa des articles 82 ou 83 du Code des obligations et des contrats[2]. Il ne peut être admis à répercuter sur lui la charge de la réparation que lorsqu'il apporte la preuve de sa faute personnelle en lien de causalité avec la violation du contrat souscrit avec le créancier. Il s'agit, dès lors, d'un recours subrogatoire subordonné à l'existence d'une faute personnelle.

345.Étendue du recours récursoire. En dehors de toute faute personnelle du préposé, le commettant qui a indemnisé intégralement son créancier n'a pas la possibilité de répercuter l'incidence de la condamnation sur son subordonné. Il supporte le poids définitif de la réparation, alors même qu'il n'est pas l'auteur matériel de la défaillance contractuelle[3]. L'échec de son recours contre son préposé confirme l'idée selon laquelle le fondement de la responsabilité contractuelle du commettant du fait de son préposé n'est pas seulement la garantie due au créancier contre l'insolvabilité du préposé, mais aussi celle due au préposé pour les fautes relevant des risques normaux de l'activité[4].

En cas de faute personnelle commise par le préposé dans l'exécution de sa mission, exclusive de toute faute de son commettant, le recours récursoire de ce dernier serait intégral. Ce recours serait partiel lorsqu'une faute a été établie de son côté. C'est ce qui a été décidé par la Cour de cassation, le 21 février 2012. La Cour relevait, certes, la faute du médecin-préposé d'avoir omis d'informer l'établissement de soins des troubles psychiques affectant sa patiente, mais elle a tout de même retenue une faute à l'encontre de l'établissement de soins qui consistait en un défaut de surveillance[5].

346.L'équilibre escompté. La mise en place d'une règle générale de responsabilité contractuelle du fait d'autrui qui couvre celle du commettant

---

TOURNEAU, *op.cit.*, n°7566, pp.1864-1865 ; **J. JÉRÔME**, *op.cit.*, n^{os}324 et s., pp.399 et s. *Contra* : **M. FAURE-ABBAD**, *op.cit.*, n^{os}409 et s., pp.344 et s. ; **F. BESSA**, *op.cit.*, n°609, pp.336-337.

[1] Si on utilise cette expression, c'est qu'on songe aussi bien à la responsabilité délictuelle que quasi-délictuelle.

[2] Le demandeur dispose d'une option entre la voie contractuelle et extracontractuelle : Art.523 du COC. En ce sens : Cass. civ. Ch. réun., arrêt n°42389 en date du 16 mars 1995, RJL, 1996, n°6, p.79, note **N. BRAHMI** (partie en langue arabe) :

" حيث أن المتضرر من حادث طريق قد تتوافر له مستندات قانونية متعددة لطلب التعويض كالمسؤولية عن الخطإ الشخصي والمسؤولية عن حفظ الشيء والمسؤولية العقدية للناقل وهو حر في إختيار مستنده لطلب التعويض".

Adde :Cass. civ. n°2007-20241 en date du 13 mars 2008 (inédit) :

" وحيث أنه تبعا لما ذكر (مراوحة فقه القضاء بين المسؤولية التقصيرية والتعاقدية للطبيب) فإن للمتضرر الخيار بين الإستناد لإحدى هاتين المسؤوليتين وقد خول ذلك صراحة الفصل 523 من م.ا.ع.".

Adde : Cass. civ. n°2010-58063 en date du 23 janv. 2012 (inédit).

[3] **M.- T. RIVES-LANGE**, art. préc., n°4.

[4] **P. JOURDAIN**, « La responsabilité du fait d'autrui à la recherche de ses fondements », *in* Études à la mémoire de Ch. LAPOYADE-DESCHAMPS, PUB,Paris, 2003, p.73 ; **S. PRIGENT,** art. préc., n°41-42, pp.975-976 ; **I. GALLMEISTER**, art. préc., n°9, p.3055 ; **C. AUZERO**, art. préc., pp.507-508 ; **C. BENOÎT-RENAUDIN**, *op.cit.*, n^{os}666 et s., pp.489 et s. ; **G. VINEY et P. JOURDAIN**, *op.cit.*, n°791-1, p.976 et n°808, pp.1011-1012 ; **M.- T. RIVES-LANGE**, art. préc., n^{os}21 à 26 ; **Ph. BRUN**, art. préc., n°31, p.14.

[5] Cass. civ. n°2011-68350 en date du 21 fév. 2012 (inédit), préc. :

" وحيث تحقق أن المصحة المعقب ضدها قد إختارت الطبيب المباشر الذي كما أبرزته محكمة الحكم المطعون فيه لم يعط الأوامر اللازمة والضرورية بالنظر إلى حالة المريضة... وحيث ولئن أخطأ الطبيب... فإن المصحة أخطأت أيضا في عدم توفير واجب السلامة ".

En ce sens : Cass. civ. n°6836 en date du 16 déc. 2013, RJL, 2014, n°2, p.129 (partie en langue arabe).

du fait de son préposé, protège inéluctablement le créancier. Ce dernier peut assigner le débiteur pour la totalité de la dette. Il peut aussi assigner le préposé, en raison de ses fautes personnelles. Le débiteur est aussi protégé, ses prévisions se trouvent préservées. Il ne sera engagé qu'à concurrence de ses manquements contractuels et des risques normaux de son activité.Au-delà, il peut se retourner contre son préposé à due concurrence de ses fautes personnelles. Le préposé est aussi protégé. Compte tenu du lien de subordination juridique, il devrait être exonéré pour les fautes légères, voire simples, commises dans le cadre de l'accomplissement de sa mission. Grâce à la technique de l'appel en garantie, le créancier ne saurait l'obliger au-delà de sa dette de réparation. Bien plus, par la mise en œuvre de la règle de la subsidiarité de sa responsabilité, l'assureur ne peut l'assigner en contribution qu'en rapportant la preuve de sa faute intentionnelle. On se demande si cette protection escomptée au tiers préposé se retrouve pour le tiers indépendant ?

Paragraphe II. La responsabilité du tiers indépendant

347. Il s'agit du tiers chargé d'exécuter le contrat, en l'absence de tout lien de subordination. On distinguera, dans ce cadre, entre la responsabilité de l'auxiliaire non-préposé (A) et la responsabilité du substitut (B).

A.La responsabilité de l'auxiliaire non-préposé : l'exemple du médecin-anesthésiste

348. L'auxiliaire non-préposé est un collaborateur indépendant. Lorsqu'un membre d'une profession indépendante ou libérale, à l'instar d'un médecin, d'un architecte, d'un notaire ou d'un avocat, s'assure le concours d'un autre professionnel indépendant pour mener à bien une opération qui lui a été confiée par son client, « il est difficile d'admettre que cette collaboration crée un lien de préposition »[1].

349. Illustration à travers la faute du médecin-anesthésiste. Du fait de la complexité croissante des interventions, le chirurgien doit, nécessairement, se faire assister par une véritable équipe, dans laquelle le médecin-anesthésiste fait figure de membre principal[2]. Ce recours est endossé par l'article 47, alinéa premier, du Code de déontologie médicale, qui prévoit que « le chirurgien a le droit de choisir son ou ses aides opératoires »[3]. Dans ce cadre, « l'anesthésiologue apparaît comme le collaborateur techniquement indépendant du chirurgien qui lui a demandé d'accomplir seul en toute liberté certains actes médicaux indispensables à la

[1]**G. VINEY et P. JOURDAIN**, *op.cit.*, n°825, p.1050.

[2]**Ch. VILAR**, « L'évolution des responsabilités du chirurgien et de l'anesthésiste », RTD civ., 1974, p.742, n°3.

[3] V. en règle générale sur la possibilité de recourir à un tiers exécutant: les Art.248 et 249 du COC.

réussite de l'opération »[1]. Auxiliaire du chirurgien[2], iln'en demeure pas moins que l'anesthésiste est indépendant[3].

350. Responsabilité du chirurgien du fait de l'anesthésiste. En cas d'inexécution de sa dette de soins, résultant de la défaillance de l'anesthésiste, le chirurgien, ayant seul contracté avec l'opéré[4], répond des actes dommageables de son collaborateur, au titre de sa garantie contractuelle du fait du tiers-anesthésiste qu'il a volontairement introduit dans l'exécution du contrat médical[5].

351. Responsabilité du médecin-anesthésiste. Étant l'auteur matériel de la défaillance contractuelle, l'anesthésiste peut se voir assigner aussi bien par le créancier de soins, au stade de l'obligation à la dette (1), que par le chirurgien *solvens*, au stade de la contribution à la dette (2).

1. L'obligation à la dette

352. Le patient peut assigner l'anesthésiste seul (a), ou avec le débiteur des soins (b).

a. Le recours du patient contre le seul tiers anesthésiste

353. Recours extracontractuel et manquement à un devoir de portée générale. La responsabilité de l'anesthésiste peut être recherchée sur le

---

[1]**F. LEYMARIE**, « Anesthésie et responsabilité civile des médecins en clientèle privée », JCP éd. G, 1974, I, 2630, n°34.

[2] L'anesthésiste n'est pas un substitut. Sur les traits distinctifs, V. : **J. AMBIALET**, Responsabilité du fait d'autrui en droit médical, préface de M. DE JUGLART, LGDJ, Paris, 1964, p.60.

[3]**F. BESSA**, Thèse préc., n°s481 et s., pp.286 et s. ; **G. VINEY et P. JOURDAIN**, *op.cit.*, n°825, p.1050 ; **B. PETIT**, Thèse préc., n°23, pp.60-61 et 62 ; **J.-P. KARAQUILLO**, « Les responsabilités civiles médicales découlant de l'acte d'anesthésie », D., 1974, chron., p.185, n°s12-13 ; **S. PICASSO**, « La responsabilité contractuelle du fait d'autrui dans la jurisprudence récente, en particulier dans le domaine du droit médical », GP, 2004, doc., p.1462, col.2 ; **Ch. VILAR**, art. préc., n°17, p.748 ; **F. BESSA**, *ibid.*, n°481, p.268. *Adde*:

سامي الجربي، مرجع سابق، عدد 336، ص.393.

[4] Cela exclut l'hypothèse où le patient impose tel praticien ou traite directement avec un anesthésiste (Art.48 du CDM). Dans ce cas, la prestation d'anesthésiste se détache de la prestation chirurgicale globale pour faire l'objet d'un contrat distinct : **P. JOURDAIN**, art. préc., p.31. Sur l'existence d'un lien contractuel entre le patient et l'anesthésiste : V. **B. PETIT**, thèse préc., n°s404 et s., pp.477 et s. ; **J.-P. KARAQUILLO**, art. préc., n°s28 et s., pp.187-188 ; **F. LEYMARIE**, art. préc., n°s21 à 25 ; Cass. Civ. fr., 27 mai 1970, 2ème arrêt, JCP éd. G, 1971, II, 16833, 2ème espèce, note **R. SAVATIER**. Lorsque l'anesthésiste a été imposé par l'établissement de soins, le chirurgien qui ne peut s'ériger, à défaut de lien de subordination juridique, en commettant de fait, ne peut être garant du fait de l'anesthésiste. La garantie demeure du côté de l'établissement de soins.

[5]**T. BEN MOHAMED NACEUR CHEBBI**, art. préc., pp.56-57 ; **G. Viney**, « Sous-contrat et responsabilité civile », *in* Mélanges offerts à Roger O. DALCQ : Responsabilités et assurances, Larcier, Bruxelles, 1994, n°8, pp.616-617 ; **B. PETIT**, *op.cit.*, n°201, pp.259 à 262 ; **J. AMBIALET**, *op.cit.*, pp.60 et s. ; **Ph. LE TOURNEAU**, *op.cit.*, n°4272, p.1228 ; **P. JOURDAIN**, art. préc., pp.30-31 ; **F. LEYMARIE**, art. préc., n°s27 à 31 ; **J. Ch. SAINT-PAU**, Fasc. préc., n°128, p.38 ; **D. REBUT**, art. préc.,n°28, pp.425 à 427. *Adde* :

سامي الجربي، مرجع سابق، عدد 336، ص.393.

Contra : **Ch. VILAR**, art. préc., n°s60 à 63, pp.764-765 ; **F. BESSA**, *ibid.*, n°s399 et s., pp.230 et s. (L'auteur postule pour une responsabilité contractuelle du débiteur originaire, fondée sur son fait personnel).

terrain extracontractuel[1]. À suivre cette démarche, le patient doit, au gré des cas, apporter la preuve que l'anesthésiste a commis une faute, au sens de l'article 82 ou 83 du Code des obligations et des contrats, en lien de causalité avec le préjudice subi. Cette faute doit être, dès lors, distincte de la seule transgression du contrat médical passé avec le débiteur[2].

Auxiliaire indépendant, l'anesthésiste ne peut exciper d'un lien de préposition justifiant de l'immuniser, à l'instar du préposé, contre ses fautes ordinaires voire légères. Dès lors, seule la preuve d'une faute du chirurgien, justifie de le citer en garantie et permet d'alléger la charge de réparation de l'auxiliaire. À défaut de faute commise par le chirurgien, l'appel en garantie devient inopérant.

354. Recours contractuel et manquement à une obligation strictement contractuelle. Pour ses manquements strictement contractuels, l'anesthésiste ne peut être assigné que sur un plan contractuel. Ainsi, en est-il lorsqu'il n'a pas pris les précautions nécessaires lors de la visite pré-anesthésique ou pendant la phase opératoire ou encore après l'intervention chirurgicale[3]. Dans ce cadre, on peut puiser dans la théorie des groupes de contrats ainsi que du principe de justice commutative, fondements d'une action directe en responsabilité nécessairement contractuelle au profit du patient contre l'anesthésiste[4].

b. Le recours du patient contre le tiersanesthésiste et le chirurgien

355. Recours conjoint ou solidaire. Chirurgien et anesthésiste peuvent être mis en cause conjointement. Le créancier de soins peut même solliciter leur condamnation solidaire[5]. La doctrine le confirme[6].

2. La contribution à la dette

356.Recours récursoire du *solvens* contre l'auteur matériel de la défaillance contractuelle. Le plus souvent, c'est le chirurgien qui désintéresse intégralement le patient au titre de sa garantie contractuelle du fait d'autrui. L'article 245 du Code des obligations et des contrats prévoit,

---

[1]**P. JOURDAIN**, art. préc., p.31 ; **J.-P. KARAQUILLO**, art. préc., n°26, p.187 ; **Ch. VILAR**, art. préc., n°20, p.749, n°33, p.755 et n°60, p.764 ; **F. LEYMARIE**, art. préc., n°32 ; **J. AMBIALET**, *op.cit.*, pp.62-63.

[2] **D. REBUT**, art. préc.,n^{os}43 et s., pp.440 et s.

[3]**A. LADHAR**, La faute et la responsabilité en matière médicale, préface de S. JERBI, CPU, 2014. n^{os}88 et s., pp.49 et s. ; **J. GUIDE et C. ESPER**, « La responsabilité du fait anesthésique », GP, 2, doc., pp.1386-1387 ; **Ch. VILAR**, art. préc., n^{os}34 et s., pp.755 et s. ; Cass. civ. fr., 27 mai 1970, JCP éd. G, 1971, II, 16833, 1re espèce, note **R. SAVATIER** ; **F. LEYMARIE**, art. préc., n°5.

[4] L'anesthésiste est responsable de l'inexécution du contrat de soins conclu entre le chirurgien et le patient, lequel est en même temps victime de l'inexécution du contrat conclu entre le chirurgien et l'anesthésiste. Sur l'action directe en responsabilité du tiers victime de l'inexécution du contrat, V. : Seconde partie, Titre II, Chapitre I.

[5] Sur la solidarité justifiée par la nature de l'affaire : V. *supra*, n^{os}301 à 304.

[6]**A. LADHAR**, *op.cit.*, n°90, p.50. Sur la condamnation *in solidum* en droit français, V. : **Ph. LE TOURNEAU**, *op.cit.*, n°4272, p.1228 ; Paris, 04 mars 2004, GP, 2004, p.3843, note **J. BONNEAU**.

alors, que le chirurgien *solvens* dispose d'un recours récursoire contre l'anesthésiste. Cette action vise à décalquer la charge définitive de la dette de réparation sur le tiers qui a matériellement provoqué l'inexécution du contrat médical[1].

357.Fondements du recours. Le chirurgien peut puiser dans le lien de droit qui l'unit à l'exécutant fondement de son recours. Ce recours personnel sera alors fondé sur les dispositions du contrat conclu par le débiteur initial avec l'exécutant[2]. Par ailleurs, le chirurgien pourrait avoir un recours contre l'anesthésiste, par l'effet de la subrogation dans les droits du patient, au visa de l'article 226, 3) du Code des obligations et des contrats. En l'absence de tout lien contractuel unissant le patient, en l'occurrence, le créancier, à l'anesthésiste, en l'occurrence, le tiers exécutant, ce recours subrogatoire est nécessairement extracontractuel[3].

358.Étendue du recours. Le recours du chirurgien contre l'anesthésiste pourrait être intégral. Il en est ainsi lorsqu'il apporte la preuve que la faute de l'anesthésiste est la seule cause du préjudice résultant de l'inexécution du contrat médical[4]. Il pourrait aussi être partiel lorsque des fautes communes ont été retenues. En témoigne l'arrêt rendu par la Cour de cassation, le 13 juillet 2004[5]. La Cour, qui n'a pas pu relever la contribution fautive de chaque coobligé à la réalisation du préjudice, a décidé de partager le poids définitif de la réparation par parts viriles. C'est ce qu'on peut comprendre en dépit d'une terminologie inappropriée[6].

B.La responsabilité du substitut

359.Le substitut. « Les substituts sont des individus ou des entreprises qui, d'une part sont chargés par le débiteur d'exécuter en tout ou en partie les obligations mêmes que le contrat fait peser sur celui-ci et d'autre part sont

---

[1]**E. BECQUÉ**, art. préc.,pp.310-311 ; **D. REBUT**, art. préc.,n°42, pp.439-440.

[2]**Ph. LE TOURNEAU**, *op.cit.*, n°3484, p.1059 ; **J. Ch. SAINT-PAU**, Fasc. préc., n°136, p.40 ; **G. VINEY et P. JOURDAIN**, *op.cit.*, n°835, pp.1065-1066 ; **J. AMBIALET**, *op.cit.*, p.96.

[3]**J. Ch. SAINT-PAU**, Fasc. préc., n°136, p.40. Le demandeur dispose dans ce cas d'une option entre la voie contractuelle et la voie extracontractuelle : Art.523 du COC. V. *supra*, n°344, les arrêts cités en note de bas de page.

[4] Notons dans ce cadre qu'au stade de la contribution à la charge définitive de la dette, le défaut de surveillance ne saurait justifier le partage de responsabilité entre la personne contrôlée : l'anesthésiste et la personne qui l'a mal contrôlée : le chirurgien : **P. CANIN**, *op.cit.*, n°s82 et s., pp.100 et s.

[5] Cass. civ. n°843-703 en date du 13 juill. 2004 (inédit) :

" إن المتسبب الرئيسي للأضرار اللاحقة بالطفل هو النقص في الإمداد بالأكسيجين الذي حصل مباشرة إثر عملية التبنيج... وحيث يتمثل خطأ الحكيم في أنه وبالرغم من أنه الطبيب المباشر للمرأة والأكثر إطلاعا على حالتها الصحية... وما تتطلبه من إحتياطات لم يقم بإبلاغ الطبيب المبنج بذلك وبضرورة أخذ ما يلزم من الإحتياطات قصد توفير أوفر الحظوظ لنجاح العملية.".

V. en droit français : Cass. civ. fr., 16 mai 2013, GP, 2013, n°s149 à 150, p.25 ; Cass. pén. fr., 22 juin 1972, JCP éd. G, 1972, II, 17266, note **R. SAVATIER** (Deux espèces. Dans la première, ni l'un ni l'autre de ces spécialistes ne s'est assuré que le malade était à jeun avant l'intervention. Dans la seconde espèce ni l'un ni l'autre ne s'est assuré d'avance du groupe sanguin du patient, et de la disponibilité d'un sang compatible avec ce groupe) ;Cass civ 1re, 27 mars 1973, JCP éd. G, 1974, II, 17643, note **R. SAVATIER**.

[6] Aux dires de la Cour de cassation :

" وحيث طالما تبين أن الأضرار الحاصلة للطفل كانت نتيجة لعمل طبي جماعي يشمل الطبيب المباشر للحامل والدة الطفل والطبيب المبنج ولا وجود لأية إمكانية لتقدير نسبة مسؤولية كل منهما في حصول الضرر فإنه يصبح من ضروريات النازلة الحكم بالتضامن بينهما".

indépendants du promettant en ce sens qu'ils ne sont pas ses préposés »[1]. Deux spécificités caractérisent le substitut. D'une part, son indépendance, qui le distingue du préposé. D'autre part, sa mission, qui le distingue de l'auxiliaire-non préposé. En effet, le débiteur contractuel s'adresse à un substitut « non plus pour l'assister dans l'exécution de son obligation, mais pour exécuter à sa place »[2].

Pour satisfaire son créancier, le débiteur peut chercher à faire exécuter, par un substitut, tout ou partie de la prestation, à laquelle il est tenu, en vertu du contrat auquel le substitut demeure tiers. Dans cette hypothèse, un sous-contrat est conclu entre le débiteur originaire et le substitut. Le sous-contrat apparait, de ce point de vue, comme le mode d'exécution du contrat originaire[3].

360. Sans préjudice d'une responsabilité du débiteur principal vis-à-vis de son créancier au titre de son obligation de garantie du fait de son substitut[4], la responsabilité de ce dernier peut être engagée, aussi bien au stade de l'indemnisation du créancier principal qui est une question d'obligation à la dette (1), qu'au stade de la répartition du montant de la réparation entre débiteur principal et tiers substitut qui est une question de contribution à la dette (2).

---

[1] **B. PETIT**, Thèse préc., n°188, p.245 ; **E. JEULAND**, Essai sur la substitution de personnes dans un rapport d'obligation, préface de L. CADIET, LGDJ, Paris, 1999, n°181, p.150.

[2] **G. VINEY et P. JOURDAIN**, *op.cit.*, n°826, p.1051.

[3] Il y a deux catégories de sous-contrats.L'intermédiaire peut avoir pour but la satisfaction du créancier originaire. Il cherche à faire exécuter par un substitut tout ou partie de la prestation à laquelle il est tenu en vertu du premier contrat. Dans cette hypothèse, le sous-contrat apparaît comme le mode d'exécution du contrat originaire. C'est cette hypothèse qui nous intéresse. Tout autre est l'hypothèse dans laquelle la satisfaction du créancier originaire, loin d'être prépondérante, c'est le premier contrat qui fournit à l'intermédiaire les moyens qu'il va utiliser ensuite pour son propre compte, et qui lui permettra de conclure un second contrat. Dans cette hypothèse, c'est plutôt le contrat originaire qui est utilisé comme mode de réalisation du sous-contrat. La sous-location en est une illustration. V. sur cette dualité : **J. NÉRET**, Le sous- contrat, préface de P. CATALA, LGDJ, Paris, 1979, n°s200 et s., pp.157 et s. ; **M. FAURE-ABBAD**,*op.cit.*, n°461, p.381.

[4] **J. NÉRET**, *op.cit.*, n°272, pp.201-202 ; **G. VINEY**, « Groupes de contrats et responsabilité du fait d'autrui », *in* Les effets du contrat à l'égard des tiers, sous la direction de M. FONTAINE et J. GHESTIN, LGDJ, Paris, 1992, n°5, pp.340-341 et s. et n°8, p.343 ; **G. Viney**, « Sous-contrat et responsabilité civile », art. préc., n°s4 et s., pp. 613 et s. ; **B. PETIT**, *ibid.*, n°s189 et s., pp.246 et s. ; **M. FAURE-ABBAD**, *ibid.*, n°460, pp.380-381. V. sur la responsabilité du débiteur principal du fait de son substitut : Art.245, 845- 1006- 1061- 1129- 1209- 1270 et 1342 du COC ; Art.649 et 662 du CC ; Art.169, al. 3, du CCM. En ce sens : Cass. civ. n°6071 en date du 09 mars 2005, RJL, 2006, n°1, p.187 (partie en langue arabe) ; Cass. civ. n°8325 en date du 03 mai 2005, RJL, 2006, n°1, p.191 (partie en langue arabe) ; Cass. civ. n°70360 en date du 02 fév. 2000, Bull. civ., 2000, 1re partie, p.189.

Dans le cadre des voyages à forfait (contrat de forfait touristique), l'agence de voyage est responsable, vis-à-vis de ses clients, de l'exécution défectueuse des contrats de transport et d'hôtellerie. Le décret-loi n°73-13 du 17 oct. 1973, portant réglementation des agences de voyages, ratifié par la loi n°73-68 du 19 nov. 1973, étant muet sur la question, c'est l'art.245 du COC qui s'applique : **N. LABID**, Les obligations des agences de voyages envers leurs clients, Mémoire pour l'obtention du diplôme d'études approfondies en droit privé, FDSPT, 1996-1997, pp.73 et s., spéc., pp.105 et s. En ce sens : Cass. civ. n°8233 en date du 10 fév. 2005, Bull. civ., 2005, 2ème partie, p.45 ; Cass. civ. n°1407 en date du 24 mai 1979, Bull. civ., 1979, 1re partie, p.246.

V. Dans le cadre de la sous-traitance :

لطفي رويس، " الإلتزامات الناشئة عن عقد المناولة"، م. ق. ت.، 2009، عدد 5، ص.78 وما يليها.

1. L'obligation à la dette

361. Le créancier principal peut assigner le substitut seul (a), ou avec le débiteur principal (b).

a. Le recours du créancier principal contre le seul substitut

362.Recours extracontractuel et manquement à un devoir de portée générale. Le créancier principal, peut-il esquiver son propre débiteur et intenter une action contre son substitut ? La Cour de cassation a eu l'occasion de statuer sur la question en matière de transport maritime de marchandises. Par une décision rendue le 03 mai 2005[1], elle a estimé qu'en l'absence de tout lien contractuel ou légal entre le créancier principal, en l'occurrence le destinataire, et le substitut du débiteur intermédiaire, en l'occurrence l'entrepreneur de manutention, aucun recours même en responsabilité extracontractuelle, au sens des articles 82 et 83 du Code des obligations et des contrats, ne peut être admis. La Cour a fondé sa décision sur l'article 169 du Code de commerce maritime, qui prévoit que le transporteur maritime est seul responsable à l'égard du destinataire. Cette disposition spéciale, précise la Cour, l'emporte sur les règles du droit commun. La solution est, semble-t-il, critiquable dans la mesure où elle est fondée sur une interprétation erronée du texte. Par l'article 169 du Code de commerce maritime, le législateur a, certes, interdit au transporteur, qui s'est substitué un entrepreneur de manutention, d'exciper la faute de ce dernier pour se défausser de la responsabilité à l'égard de son créancier. Mais, cette interdiction, qui n'est qu'une application pure et simple du régime de la responsabilité contractuelle du fait d'autrui, n'empêche pas le créancier de choisir d'assigner le substitut seul. La confirmation vient de la Cour de cassation dans sa décision rendue le 19 mars 2007[2]. La Cour régulatrice, toutes chambres réunies, a eu l'occasion de le réaffirmer le 30 décembre 2010. La question juridique posée est de savoir si le destinataire de marchandises, par voie maritime, doit nécessairement intenter son action contre son cocontractant, en l'occurrence le transporteur, tenu de l'obligation de délivrance, au sens de l'article 169 du Code de commerce maritime, ou s'il peutintenter son action contre le substitut du transporteur, en l'occurrence l'entrepreneur de manutention, auteur matériel de la défaillance. La Cour a confirmé, on ne peut plus clairement, que le destinataire, bien que contractuellement lié au transporteur maritime de marchandises, a toute la latitude d'assigner son substitut auteur matériel de la défaillance contractuelle. N'étant liés par aucun rapport contractuel, le destinataire : créancier principal et l'entrepreneur de manutention : substitut du débiteur principal, sont des tiers réciproques. L'action en responsabilité, précise la Cour, est extracontractuelle, fondée en l'occurrence sur l'article 83 du Code

[1] Cass. civ. n°8325 en date du 03 mai 2005, préc.
[2] Cass. civ. n°10701 en date du 19 mars 2007, RJL, 2007, n°4, p.179 (partie en langue arabe).

des obligations et des contrats, qui demeure une règle générale de droit tant que la faute du substitut est prouvée[1]. L'option, poursuit la Cour, permet à la partie lésée de choisir parmi les coobligés celui dont la surface financière est plus importante[2]. Pour nos juges, le fait de cantonner le recours du destinataire contre le seul transporteur, ouvre à ce dernier un recours récursoire contre l'entrepreneur pour les mêmes sommes. Ce recours ne fait que compliquer les procédures. Le bon sens dicte qu'on peut en faire l'économie en permettant au destinataire de recourir directement, par la voie extracontractuelle, contre le tiers substitut[3].

Si la décision de la Cour suprême de permettre au destinataire d'intenter une action en responsabilité extracontractuelle contre l'entrepreneur de manutention constitue une marque de reconnaissance de la possibilité d'engager la responsabilité de ce dernier à l'égard du destinataire, il semble que deux précisions doivent être apportées. En effet, pour mettre à contribution la responsabilité extracontractuelle de l'entrepreneur de manutention, il faut apporter la preuve d'un manquement à un devoir de portée générale, au sens des articles 82 et 83 du Code des obligations et des contrats, distinct d'une inexécution strictement contractuelle[4]. À défaut, c'est

---

[1] Cass. civ. Ch. réun., arrêt n°31235 en date du 30 déc. 2010 (inédit) :

" حيث يستبان من أحكام الفصل 83 م.إ.ع. أن المسؤولية التقصيرية تعد مبدآ قانونا عاما لا يجوز آشتراط الإعفاء منها ولا عمل لكل شرط يخالف ذلك المبدأ. وتفريعا على ذلك فإن توفر حق التقاضي على أساس العقد لا يحول دون حق القيام بدعوى التعويض على أساس المسؤولية التقصيرية متى توفرت شروطها مهما كان أساس التعامل ومهما اختلفت المجالات والميادين بمعنى أن ارتباط المعقب ضدها الأولى مع الناقل البحري على أساس وثيقة الشحن لا يمنع من القيام على الأطراف الأخرى المتداخلة في عملية النقل البحري وذلك استنادا إلى المسؤولية الشخصية. وحيث أنه علاوة على ذلك فإن القيام مباشرة ضد مقاول الشحن والترصيف يتماشى مع اتفاقية الأمم المتحدة للنقل البحري للبضائع المبرمة بهامبورغ في 1 مارس 1978 ولا يتعارض مع أحكامها... إن المتضرر غير ملزم بالتقيد بالعلاقة التعاقدية وتتبع الناقل البحري وإنما يبقى مخيرا في آختيار المطالب بالتعويض ويمكنه رفع دعواه ضد المتسبب المباشر في الضرر طالما أثبت توفر أركان المسؤوليةالتقصيرية في جانبه".

[2] Aux dires de la Cour de cassation :

" إن خيار المرسل إليه للقيام بدعوى التعويض يجعله رهين الطرف الذي يمثل أكثر ضمانا للحصول على التعويض".

[3] Aux dires de la Cour de cassation :

" إن حصر قيام المرسل إليه تجاه الناقل يفتح لهذا الأخير حق الرجوع على مقاول الترصيف والتفريغ مما ينتج عنه تشعب الإجراءات وتعدد القضايا فالمتضرر يقوم ضد الناقل وهذا الأخير يقوم برفع دعوى ثانية ضد المقاول كل ذلك للمطالبة بنفس التعويض لفائدة ذات المتضرر علاوة على أن دفع التعويض في النهاية يكون محمولا على المقاول".

Adde en ce sens : Jugement n°308 en date du 11 juin 1973, RJL, 1974, n[os]1-2, p.64 (partie en langue arabe) :

" إن شركة الشحن والتفريغ تعمل لفائدة الناقل البحري وعليه فلا يجوز القيام عليها مباشرة حسب الفصل 169 من مجلة التجارة البحرية... ولا تمكن مؤاخذة مقاول الشحن والتفريغ على هذا الأساس غير انه **يجوز مؤاخذته** بسبب خطئه الشخصي طبق القواعد العامة وذلك **في نطاق المسؤولية التقصيرية**".

Adde : Jugement n°7081 en date du 29 déc. 1973, RJL, 1975, n[os]3-4-5, p.67 (partie en langue arabe) ; Jugement n°5076 en date du 16 mars 1974, RJL, 1975, n[os]3-4-5, p.73 (partie en langue arabe) ; Cass. civ. n°3593 en date du 19 juin 1980, RTD, 1982, p.247 (partie en langue arabe) ; Cass. civ. n°8700 en date du 24 mai 1984, Bull. civ., 1984, 1re partie, p.340 ; Cass. civ. n°36471 en date du 14 déc. 1992, Bull. civ., 1992, p.545 :

"وحيث أن عدم وجود علاقة تعاقدية بين مقاول الشحن والمرسل إليه أو من حل محله لا يمنع من مطالبته على أساس المسؤولية التقصيرية إذا ثبت خطأ في جانبها في نطاق القانون العام وفق أحكام الفصلين 82 و83 من م.إ.ع.".

Adde : Cass. civ. n°57513 en date du 16 avr. 1997, Bull. civ., 1997, 1re partie, p.192 ; Cass. civ. n°62622 en date du 22 janv. 1998, Bull. civ., 1998, 2ème partie, p.249 ; Cass. civ. n°7624 en date du 17 fév. 2005, Bull. civ., 2005, 2ème partie, p.253 ; RJL, 2006, n°1, p.179 (partie en langue arabe) ; Cass. civ. n°10701 en date du 19 mars 2007, préc.

[4] Rappelons que « la seule inexécution du contrat ne saurait coïncider avec une faute au sens délictuel du terme ». Il faudrait caractériser à l'encontre du substitut « une faute distincte de la seule transgression du contrat passé par le débiteur, c'est-à-dire une faute (…) qui ne se réduise pas au constat que le contrat n'a pas été respecté » : **D. REBUT**, art. préc., n°45, p.442.

dire lorsque l'entrepreneur de manutention a violé une obligation caractéristique de son contrat, identique à l'obligation du transpoteur à l'égard du destinataire, c'est la voie nécessairement contractuelle qui doit, semble-t-il, être suivie. Cette voie a pour objectif de préserver la prévisibilité contractuelle du débiteur défaillant, assigné par le créancier poursuivant, tiers au contrat, prévisibilité mise à mal par la voie extracontractuelle. L'entrepreneur de manutention, tiers responsable de l'inexécution d'une obligation de conservation de la marchandise, laquelle constitue une obligation strictement contractuelle, doit être assigné sur un plan contractuel.

363.Recours contractuel et manquement à une obligation strictement contractuelle. Le manquement à une obligation caractéristique du contrat conclu par le débiteur défaillant, en l'occurrence l'entrepreneur de manutention, identique à celle du contrat conclu par le créancier poursuivant, soit le destinataire, fait qu'une action directe en responsabilité contractuelle puisse voir le jour au bénéfice du destinataire contre l'entrepreneur, responsable de l'inexécution du contrat de transport. La théorie des groupes de contrats ainsi que le principe de justice commutative peuvent servir de fondement à une telle action[1]. La solution ne gagne pas la conviction de nos tribunaux[2]. Pourtant elle n'est pas ignorée par notre droit objectif. C'est ainsi que l'Article 1006, *in fine*, prévoit qu'une action contractuelle directe peut être intentée par le déposant contre le tiers, substitué au dépositaire dans la garde du dépôt[3]. De surcroit, l'article 1130du Code des obligations et des contrats prévoit qu'une action contractuelle directe peut être intentée par le mandant contre le tiers : sous-mandataire, responsable de l'inexécution ou de l'exécution défectueuse du contrat de mandat[4]. L'article 1061 duditCode dispose que « l'emprunteur est tenu de veiller avec diligence à la

---

[1] Victime d'un manquement strictement contractuel, l'action du destinataire contre l'entrepreneur de manutention est en prinicpe nécessairement contractuelle. L'obligation de conservation de la marchandise aussi bien par le transporteur maritime que par le manutentionnaire est en principe une obligation purement contractuelle. L'entrepreneur de manutention est responsable de l'inexécution du contrat conclu entre le transporteur et le destinataire lequel est en même temps victime de l'inexécution du contrat conclu entre le transporteur et l'entrepreneur de manutention. V. sur cette action directe en responsabilité, *infra*, n^os^625 et s.

[2] Jugement n°308 en date du 11 juin 1973, préc. :

" إن شركة الشحن والتفريغ تعمل لفائدة الناقل البحري وعليه **فلا يجوز القيام عليها مباشرة** حسب الفصل 169 من مجلة التجارة البحرية إذ **ليست لها أية علاقة تعاقدية** بالمرسل إليه طالما لم يقع التنصيص بمشارطة الإيجار أو بوثيقة الشحن على انه وكيل المرسل إليه".

Adde : Cass. civ. n°8325 en date du 03 mai 2005, RJL, 2006, n°1, p.179 (partie en langue arabe) ; Bull. civ., 2005, 2ème partie, p.245 :

" وحيث أن الناقل البحري هو المسؤول عن سلامة البضاعة إلى يوم التسليم و**لا يمكن للطاعنة توجيه دعواها رأسا** تجاه شركة الشحن والترصيف ضرورة **إنتفاء أي علاقة تعاقدية** أو قانونية يمكن أن تكون قاعدة إسناد لأي مسؤولية".

Adde : Cass. civ. n°10701 en date du 19 mars 2007, préc. :

" وحيث يخلص من الأحكام السالفة البيان أن الحمولة ومقاول الشحن والتفريغ يعملان لحساب الناقل البحري بناء على تكليف منه ولذلك فإنه **لايجوز القيام عليهما مباشرة من طرف المرسل إليه في نطاق المسؤولية العقدية**".

[3] **N. REKIK**, *op.cit.*, n^os^497-498, pp.490-491.

[4] **N. REKIK**, *ibid.*, n^os^501-502, pp.493-494 et 495 ; **J.-R.GOMEZ**, « Les actions directes du mandant et du sous-mandataire dans la jurisprudence française : bilan et propositions », LPA, 21 et 22 sep. 2000, n^os^16 et s., pp.7 et s. ; **B. MALLET-BRICOUT**, La substitution de mandataire, préface de Ch. LARROUMET, LGDJ, Paris, 2000, n^os^395 et s., pp.227 et s.. Sur la substitution de mandataire, V.Art.1128 et 1129 du COC. *Adde* :

خليفة الخروبي، قانون مدني، العقود المسماة، الوكالة – البيع – الكراء، مرجع سابق، عدد 64، ص.49.

conservation de la chose prêtée. Il ne peut en confier la garde à une autre personne, à moins de nécessité urgente ; il répond, en cas de contravention, du cas fortuit et de la force majeure ». Et l'article 1086 dudit Code d'ajouter que « lorsque l'emprunteur a cédé l'usage de la chose ou en a autrement disposé en faveur d'une autre personne, le prêteur a une action directe contre ce dernier dans le même cas où il l'aurait contre l'emprunteur ». Bien que l'article 1068 ne vise pas expressément le tiers substitut chargé d'exécuter l'obligation de garde de la chose empruntée, rien n'empêche par application de la théorie des groupes de contrats et du principe de justice commutative[1], d'étendre le domaine de l'article 1061 au tiers chargé d'exécuter ladite obligation. Une autre illustration est offerte par l'article 651, alinéa premier, du Code de commerce relatif au transport de choses qui dispose que « le commettant peut exercer directement contre le transporteur toutes actions nées du contrat de transport, le commissionnaire dûment appelé. ». Et l'article 665, alinéa premier, dudit Code d'ajouter dans le cadre du transport de personnes, que « le voyageur peut exercer directement contre le transporteur l'action en réparation des dommages à lui causés par l'inexécution, l'exécution défectueuse ou tardive du contrat de transport, le commissionnaire dûment appelé. ».

La raison de l'action directe intentée contre le substitut : tiers responsable de l'inexécution du contrat principal, réside dans l'interdépendance de ces contrats, elle se confirme par le principe de justice commutative : l'accroissement du patrimoine du tiers substitut par le créancier principal et le lien de connexité qui existe entre l'objet de la prestation du substitut et celle du débiteur intermédiaire envers son cocontractant. En fait, sous-contrat et contrat principal portent tous deux sur la même obligation. Ce lien de connexité justifie parfaitement que le créancier principal puisse appuyer son action en responsabilité sur le sous-contrat source de son préjudice. Le créancier principal n'a, en effet, souffert du dommage que parce qu'il avait un lien avec le sous-contrat inexécuté par le substitut. L'esprit de l'action directe réside, dès lors, dans l'idée de faveur accordée au créancier principal : tiers victime de l'inexécution du sous-contrat[2].

b. Le recours du créancier principal contre le débiteur principal et son substitut

364. Recours conjoint ou solidaire. Le créancier peut assigner l'intermédiaire : débiteur principal et son substitut conjointement. Il a, cependant, tout intérêt à ce que cette condamnation soit solidaire[3]. C'est d'ailleurs la voie qui a été suivie par un passager, victime de l'exécution

[1] Sur ces fondements, V. *infra*, n^{os}626 et s. et n°646-647.
[2] C'est pour cette raison que l'étude de cette action directe en responsabilité sera différée à la seconde partie.
[3] On parle en droit français d'une condamnation *in solidum* : **J. NÉRET**, *op.cit.*, n^{os}290 et s., pp.216 et s. ; **Ph. LE TOURNEAU**, *op.cit.*, n°3484, p.1059.

défectueuse d'un contrat de transport, qui a condamné solidairement son cocontractant, en l'occurrence, l'agence de voyage et le tiers responsable, en l'occurrence, une compagnie de transport[1].

2. La contribution à la dette

365. L'intermédiaire, condamné vis-à-vis de son créancier pour le fait de son substitut, dispose d'un recours récursoire contre ce dernier en tant qu'auteur direct de la défaillance contractuelle[2]. Deux questions retiendront notre attention. La première, tient au fondement de ce recours (a). La seconde, à son étendue (b).

a. Les fondements du recours

366. Fondement personnel ou subrogatoire. Le recours du débiteur principal contre son substitut peut être un recours personnel fondé sur le rapport contractuel qui les unit[3]. L'arrêt, rendu par la Cour de cassation le 09 mars 2005[4], le confirme. À côté de ce recours issu du contrat, il est possible de postuler aussi pour l'existence d'un recours subrogatoire sur le fondement de l'article 226, 3) du Code des obligations et des contrats. Le débiteur principal, qui a désintéressé son créancier peut, dès lors, être subrogé dans les droits de ce dernier contre le substitut. Étant tiers dans ses rapports avec la victime, le recours subrogatoire du *solvens* est nécessairement extracontractuel au sens des articles 82 ou 83 du Code des obligations et des contrats[5]. L'action récursoire de l'intermédiaire est subordonnée à l'existence d'un préjudice résultant d'une faute commise par le substitut[6].

L'option offerte par le droit positif n'est pas sans intérêt[7]. En effet, décide la Cour de cassation le 12 février 1997[8], n'étant pas fondé sur le connaissement[9], le recours du transporteur, qui a désintéressé l'assureur subrogé dans les droits du destinataire contre l'entrepreneur de manutention,

---

[1] Cass. civ. n°48402 en date du 04 juill. 1995, RJL, 1997, n°1, p.21 (partie en langue arabe) ; Cour d'appel de Monastir, arrêt n°3824 en date du 03 oct. 1996, RJL, 1997, n°1, p.29.

[2] **E. BECQUÉ**, art. préc.,pp.310-311 ; **J. NÉRET**, *op.cit.*, n[os]293 et s., pp.218 et s. ; **D. REBUT**, art. préc.,n°42, pp.439-440. Le recours récursoire peut prendre la forme d'un appel en garantie, en cours d'instance (Art.15, al. second et 224, al. second, du CPCC). Il peut aussi prendre la forme d'une action exercée dans une instance postérieure après condamnation au tout et paiement. Sur l'appel en garantie V. : Cass. civ. n°48402 en date du 04 juill. 1995, préc.

[3] **M. FAURE-ABBAD**, *op.cit.*, n[os]420 et s., pp.352 et s. et n°466, p.385 ; **G. VINEY et P. JOURDAIN**, *op.cit.*, n°835, pp.1065-1066 ; **J. Ch. SAINT-PAU**, Fasc. préc., n°136, p.40 ; **D. REBUT**, art. préc.,n[os]48 et s., pp.443-444.

[4] Cass. civ. n°6071 en date du 09 mars 2005, RJL, 2006, n°1, p.187 (partie en langue arabe) :
" وحيث أن الرجوع بالدرك المخول للناقل البحري عند صدور خطإ عن ذلك النائب الذي إستعان به يستمد أساسه من علاقتهما ببعضهما متى أثبت أنه سدد مبلغ التعويض لصاحب البضاعة".

[5] **J. Ch. SAINT-PAU**, Fasc. préc., n°136, p.40 ; **D. REBUT**, art. préc.,n[os]43 et s., pp.440 et s.

[6] **E. BECQUÉ**, art. préc., pp.310-311 ; **J. NÉRET**, *ibid.*, n°294, p.219.

[7] Le demandeur dispose dans ce cas d'une option entre la voie contractuelle et extracontractuelle : Art.523 du COC.

[8] Cass. civ. n°43699 en date du 12 fév. 1997, Bull. civ., 1997, 1re partie, p.197.

[9] Sur le connaissement V. Art.206 et s. du CCM

n'est pas soumis à la prescription biennale, prévue par l'article 234, alinéa deux, du Code de commerce maritime. Étant donné que ce recours est fondé sur la subrogation dans les droits du destinataire et qu'aucun lien contractuel n'unit ce dernier à l'entrepreneur de manutention, auteur partiel de la défaillance, il est plutôt un recours délictuel. Dès lors, c'est le délai de prescription prévu par l'article 115 du Code des obligations et des contrats qui s'applique, soit 3 ans de la date de réalisation du fait donnant lieu à garantie, précise l'article 393, 2) duditCode.

b. L'étendue du recours

367. Recours intégral. Le recours du débiteur *solvens* contre son substitut pourrait être intégral. Il en est ainsi, lorsque le débiteur principal apporte la preuve que la faute du substitut est la seule cause du préjudice résultant de l'inexécution du contrat. Une illustration de cette hypothèse est offerte par une décision rendue par la Cour de cassation le 15 décembre 2006. La Cour suprême a, en effet, décidé que le transporteur maritime de marchandises[1] qui a désintéressé le destinataire, au titre de sa responsabilité contractuelle du fait d'autrui, au sens de l'article 169, alinéa 3, du Code de commerce maritime, dispose sur la base de l'article 245 du Code des obligations et des contrats d'un recours récursoire contre son substitut, en l'occurrence, l'entrepreneur de manutention si sa responsabilité est prouvée. Il appert, précise la Cour, que le registre des réserves contient l'observation du capitaine selon laquelle les préjudices ont été causés lors de la manutention, ce qui a été confirmé par le rapport du commissaire des avaries maritimes. Dès lors, du moment que seule la faute du substitut était à l'origine du préjudice résultant de l'inexécution du contrat, il serait astreint à l'intégralité de la dette finale de réparation[2].

Une autre illustration est offerte par une décision rendue par la Cour de cassation le 04 juillet 1995. La Cour régulatrice a censuré les décisions rendues par les juridictions du fond qui ont relaxé le tiers substitut, en l'occurrence la compagnie de Transport appelée en garantie, alors même que sa participation causale à la réalisation du préjudice, résultant de l'inexécution du contrat de forfait touristique conclu avec l'agence de voyage, est exclusive de toute participation causale de cette dernière[3].

368. Recours partiel. Le recours du débiteur *solvens* contre son substitut pourrait être partiel. Il en est ainsi lorsque des fautes communes ont été prouvées. En témoigne la décision rendue par la Cour de cassation le 12

---

[1] Tenu par une obligation de moyens : V. Art.145 et 212 du CCM.

[2] Cass. civ. n°2006-8549 en date du 15 déc. 2006 (inédit) :
" حيث ولئن كان الناقل البحري هو الملزم وحده بتسليم البضاعة تجاه صاحبها وذلك تطبيقا لأحكام المجلة التجارية وكذلك إتفاقية هامبورغ إلا أنه يمكن الرجوع بالدرك على كل من استعان به على إجراء الإلتزام المحمول عليه إذا ثبت مسؤوليته عنى أساس الفصل 245 م.إ.ع.... وحيث تضمن محضر الكشف بأسفله ملاحظة ربان السفينة بكون الأضرار حصلت عند مناولة البضاعة من قبل الطاعنة (الشركة التونسية للشحن والترصيف) وهو ما أكده مراقب الخسائر البحرية بتقريره ".

[3] Cass. civ. n°48402 en date du 04 juill. 1995, préc. ; Cour d'appel de Monastir, arrêt n°3824 en date du 03 oct. 1996, préc.

février 1997[1]. Chacun sera, dès lors, tenu à concurrence de sa participation causale dans la réalisation du préjudice. En cas d'impossibilité d'appréciation, la contribution se fait par parts viriles. C'est ce qui a été décidé par la Cour de cassation dans son arrêt rendu le 29 janvier 2010. La Cour a décidé que le préjudice résultant de l'exécution défectueuse d'un contrat de transport d'un générateur à vapeur sera réparé par parts égales entre l'expéditeur, qui n'a pas mis son substitut en mesure d'assurer correctement l'exécution du contrat de transport, et le transporteur : la Régie Nationale de Tabac et des Allumettes, qui a omis à procéder aux vérifications nécessaires à la bonne réalisation de sa mission[2].

369. Un équilibre boiteux ! Le principe de la responsabilité contractuelle du fait d'autrui permet au créancier d'obtenir satisfaction auprès de son débiteur. Il peut, par ailleurs, assigner le tiers exécutant, auxiliaire non-préposé ou substitut, seul, conjointement voire solidairement avec le débiteur. Le créancier se trouve ainsi protégé. Le débiteur peut décalquer, à due concurrence, la charge définitive de la dette de réparation sur le tiers qui a matériellement provoqué l'inexécution du contrat. Ses attentes sont, alors, préservées. Le tiers, exécutantindépendant, n'acquiert aucun traitement de faveur permettant de l'immuniser, à l'instar du préposé, contre ses fautes ordinaires voire légères. L'absence de lien de subordination juridique le justifie. Cependant, ce qui parait peu justifiable, est le fait qu'il soit assigné, pour des manquements strictement contractuels, sur un fondement extracontractuel. Les attentes légitimes du tiers, structure fondamentale de la sécurité juridique, se trouvent ainsi mises à mal. Le tiers apparait, dès lors, comme le maillon faible de cet équilibre, que seule la voie contractuelle permet, semble-t-il, de rétablir.

370. Lorsque la responsabilité du tiers est la sanction de l'inexécution du contrat, cette responsabilité se caractérise non seulement par l'existence de l'*obligatio* :un rapport de responsabilité, mais surtout du *debitum* :un rapport de dette, entre le tiers responsable et le créancier poursuivant. Si ce dernier élément justifie en large mesure la responsabilité du tiers, l'arsenal juridique permet, même en son absence, d'engager la responsabilité du tiers. C'est ce que nous offre l'étude de la responsabilité du tiers, cette fois remède à l'inexécution du contrat.

---

[1] Cass. civ. n°43699 en date du 12 fév. 1997, préc.

[2] Cass. civ. n°2009-36408 en date du 29 janv. 2010 (inédit) :

" حيث وخلافا لما تمسكت به المعقبة فإن محكمة القرار المنتقد تكون على صواب لما إعتبرت مسؤولية الضرر اللاحق بالبضاعة (مولد بخاري) موضوع النزاع مشتركة مناصفة بين المستأنفة (المعقبة) والمستأنف ضدها (المعقب ضدها) طالما أن المعقبة قد قبلت نقل البضاعة دون التثبت من طبيعة البضاعة ووزنها... هذا علاوة على أن الإختبار المجرى في القضية أرجع أسباب الحادث إلى سوء شد المرجل من طرف الناقل... كما أن المعقب ضدها الوكالة الوطنية للتبغ والوقيد تشاركها في تلك المسؤولية بسبب عدم حرصها على مد الناقل بالمعطيات اللازمة لنقل البضاعة بسلامة مخلة بواجب الإعلام المحمول عليها حسب أحكام البند 3 من عقد النقل''.

CHAPITRE II

La responsabilité du tiers, remède à l'inexécution du contrat

371.Le tiers garant de l'inexécution d'un contrat. L'idée est que, sans être l'auteur d'un fait générateur de responsabilité, le tiers peut engager sa responsabilité à titre de garant de l'inexécution d'un contrat. Sa responsabilité sera, dès lors, perçue non comme la sanction de l'inexécution d'un contrat mais comme une garantie, c'est-à-dire « un moyen pour le créancier de se prémunir contre le risque de non-paiement d'une dette pécuniaire »[1].

La responsabilité du tiers, remède à l'inexécution du contrat, peut être retrouvée soit lorsqu'il est la cible d'une action directe en paiement (Section I), soit encore lorsqu'il est dispensateur d'une sûreté personnelle (Section II).

SECTION I. LA RESPONSABILITE DU TIERS, CIBLE D'UNE ACTION DIRECTE EN PAIEMENT

372. L'action directe, garantie de l'inexécution d'un contrat. Le rattachement de la responsabilité du tiers à l'idée de garantie est généré par l'existence de certaines actions directes qui peuvent être intentées contre des tiers déclarés responsables de l'inexécution d'un contrat. « On dénomme *actiondirecte* le mécanisme en vertu duquel un créancier exerce, en son nom personnel et pour son seul profit, contre un tiers, débiteur de son débiteur, un droit qui correspond au droit de créance de son débiteur contre ce tiers »[2]. Loin de constituer une application du principe de l'opposabilité,« l'action directe permet une extension de la force obligatoire du contrat. C'est un

---

[1]**P. JOURDAIN**, « Quelques réflexions sur la notion de garantie en droit privé », *in* Études offertes à Ph. MALINVAUD, LexisNexis, Litec, Paris, 2007, p.305 ; **F. ROUVIÈRE**, « L'obligation comme garantie », RTD civ., 2011, pp.1-23.

[2]**J. FLOUR, J.-L. AUBERT et E. SAVAUX**, Les obligations, T.3, *op.cit.*, n°98, p.84 ; **B. STARCK**, Action directe, Répertoire civil, Dalloz, 1970, n°8, p.2 ; **F. GRÉAU**, Action directe, Répertoire civil, Dalloz, 2011, n°1, p.2.

mécanisme qui permet à un tiers de revendiquer le bénéfice de certains effets de la force obligatoire du contrat »[1]. À la différence de l'action oblique, le titulaire de l'action directe n'agit pas en substitution de son débiteur mais en son nom personnel. Par ailleurs, comme son nom l'indique, l'action directe permet au créancier d'atteindre « directement », le patrimoine du sous-débiteur[2]. L'action directe est, de ce point de vue, conçue comme « une voie d'exécution simplifiée »[3]. Elle est, de surcroît, une mesure conservatoire[4], qui se transforme, ensuite, en mesure d'exécution de l'obligation[5]. Autant de vertus qui font dire que l'action directe se caractérise par la simplicité de ses procédures et l'efficacité de son rendement[6].

373. Typologie des actions directes. Les actions directes sont de deux types. Soit des actions directes en paiement, soit des actions directes en responsabilité « dont l'action en garantie n'est qu'une modalité »[7]. Le tri des actions directes en responsabilité révèle qu'elles sont intentées par des tiers, victimes de l'inexécution du contrat[8]. En revanche, le recensement des actions directes en paiement révèle que certaines peuvent être intentées, en raison de l'inexécution du contrat, contre un tiers déclaré responsable[9]. Leur définition le confirme. En effet, il s'agit de celles « que le créancier intente

---

[1]**J. GHESTIN, Ch. JAMIN et M. BILLIAU**, *op.cit.*, n°713, p.771. Le Droit musulman ignore, semble-t-il, cette institution. La confirmation vient de l'art.1640 du Code ottoman qui dispose que :

" لا يصلح مديون المديون خصما للدائن".

[2]**W. DROSS**, Effets des conventions à l'égard des tiers, Action directe, J.-Cl. civil, Fasc. 38-1, Art.1166, LexisNexis, 2012, n°2, p3 ; **B. STARCK, H. ROLAND** et **L. BOYER**, Droit civil, Les obligations, 3-Régime général, 6ème éd., Litec, Paris, 1999, n°s654-655, pp.271-272 ;

إلياس ناصيف، موسوعة العقود المدنية والتجارية، ج.5، تنفيذ العقد، نشر للحساب الخاص، بيروت، 1995، ص.63-64.

[3]**Ph. SIMLER et Ph. DELEBECQUE**, Droit civil, Les sûretés, La publicité foncière, *op.cit.*, n°18, p.16 ; **A. SÉRIAUX**, Droit des obligations, 1re éd., PUF, Paris, 1992, n°214, p.667.

[4]**M. COZIAN**, L'action directe, préface d'A. PONSARD, LGDJ, Paris, 1969, n°339, p.208 et n°s425 et s., pp.258 et s.

[5]**M. COZIAN**, *ibid.*, n°s424 et s., pp.257 et s.

[6]**M. COZIAN**, *ibid.*, n°s30 et s., pp.25 et s. ; **B. STARCK**, art. préc., n°97, p.10.

[7]**J. GHESTIN, Ch. JAMIN et M. BILLIAU**, *ibid.*, note 67, n°721, p.781. Sur l'apparition de l'action directe, V. *ibid.*, n°s715 à 721, pp.774 à 783 ; **Ch. JAMIN**, La notion d'action directe, préface J. GHESTIN, LGDJ, Paris, 1991, n°s1 à 64, pp.1 à 48.Sur les différentes classifications possibles des actions directes, V. : F. **TERRÉ, Ph. SIMLER et Y. LEQUETTE**, Droit civil, Les obligations, *op. cit.*, n°1190, pp.1179-1180.

[8] Raison pour laquelle leur étude sera différée à la seconde partie.

[9] Ces actions constituent un remède à l'inexécution du contrat dans la mesure où elles ne sont pas justifiées par l'idée de sanction mais plutôt de garantie : **F.ROUVIÈRE**, art. préc., n°s21 et s., pp.16 et s. ; **P. JOURDAIN**, « Quelques réflexions... », art. préc., p.305 ; **M. COZIAN**, *ibid.*, n°251, p.158. En ce sens :

علي كحلون، قانون التأمينات واستخلاص الديون الخاصة والعامة، مرجع سابق، ص.634.

Compare avec ceux qui appréhendent l'action directe plutôt comme une sûreté : **M. CABRILLAC** et **Ch. MOULY**, Droit des sûretés, *op.cit.*, n°571, p.481 ; **Ph. SIMLER et Ph. DELEBECQUE**, *op.cit.*, n°18, p.16. V. sur la critique de cette qualification : **N. REKIK**, *op.cit.*, n°504, pp.495-496.

L'action en paiement est dirigée contre un tiers « non plus parce que c'est sa faute qui est à l'origine d'un dommage, mais parce qu'il est débiteur de l'intermédiaire » : **J. NÉRET**, Le sous-contrat, *op.cit.*, n°410, p.293 ; **M. COZIAN**, *ibid.*, n°475, p.287: « Le sous-débiteur n'est pas l'obligé personnel du créancier direct... ». Dans le domaine des assurances de responsabilité, une doctrine précise que « Si l'action directe est *fondée* sur le droit à réparation de la victime, elle *s'exerce* néanmoins contre l'assureur qui n'est pas personnellement « responsable », mais seulement débiteur d'une obligation *de garantie* » : **Y. LAMBERT-FAIVRE et L. LEVENEUR**, Droit des assurances, 13ème éd., Dalloz, Paris, 2011, n°697, pp.545-546 et n°700, p.547.

contre le sous-débiteur, afin d'obtenir le payement de ce qui lui est dû par son débiteur »[1]. Ce sont ces actions qui nous intéressent dans ce cadre. Avant de déterminer leur régime juridique (Paragraphe II), ces actions méritent d'être identifiées (Paragraphe I).

Paragraphe I. L'identification des actions directes en paiement

374. Pour identifier ces actions, deux points retiendront notre attention. D'une part, leurs traits caractéristiques (A). D'autre part, leurs manifestations (B).

A. Les traits caractéristiques des actions directes en paiement

375. Les actions directes en paiement sont, avant tout, des actions directes. Raison pour laquelle elles peuvent être conçues comme des mécanismes exceptionnels au principe de la relativité (1). Ce constat n'est, cependant, pas à l'abri des critiques. On défend désormais l'idée selon laquelle, l'action directe peut être appréhendée comme un mécanisme correcteur dudit principe (2).

1. D'un mécanisme exceptionnel…

376. Justification du caractère exceptionnel de l'action directe. Deux considérations permettent d'étayer le caractère exceptionnel de l'action directe. D'une part, l'action directe constitue une exception au principe de la relativité de la force obligatoire du contrat. « Le débiteur poursuivi en vertu de l'action directe est, en effet, tiers au contrat qui a fait naître la créance du bénéficiaire de cette action »[2]. D'autre part, l'action directe constitue une exception au principe de l'égalité entre créanciers chirographaires, prévu par l'article 192 du Code des droits réels[3]. Elle investit le créancier d'un droit de préférence qui fait que son produit lui soit exclusivement réservé.

377. Fondement exclusivement légal de l'action directe. Mécanisme exceptionnel, seule une disposition légale peut justifier les dérogations instaurées par l'action directe. C'est la théorie légaliste de l'action

---

[1] **J. NÉRET**, *op.cit.*, n°340, p.243. *Adde* :
كريمة اليعقوبي، الدعوى المباشرة، مذكرة لنيل شهادة الدراسات المعمقة في قانون العقود والإستثمارات، كلية الحقوق والعلوم السياسية بتونس، 1996-1997، ص.44.

[2] **J.-L. GOUTAL**, Essai sur le principe de l'effet relatif du contrat, *op.cit.*, n°57, p.48 ; **A. SÉRIAUX**, *op.cit.*, n°214, p.667 ; **B. STARCK**, art. préc., n°24, p.3. *Adde* :
علي كحلون، قانون التأمينات وأستخلاص الديون الخاصة والعامة، مرجع سابق، ص.637. **إلياس ناصيف**، مرجع سابق، ص.63-64.
كريمة اليعقوبي، مذكرة سابقة، ص.31. **عبد الرزاق أحمد السنهوري**،الوسيط في شرح القانون المدني الجديد، ج.2، نظرية الالتزام بوجه عام: الإثبات- آثار الإلتزام، دار إحياء التراث العربي، بيروت، 1963، عدد 555، ص.979-980.

[3] **J. FLOUR, J.-L. AUBERT et E. SAVAUX**, Les obligations, T.3, *op.cit.*, *op.cit.*, n°100, p.86 ; **M. COZIAN**, *op.cit.*, n^{os}462 et s., pp.281 et s. ; **B. STARCK**, art. préc., n°24, p.3. *Adde* :
كريمة اليعقوبي، مذكرة سابقة، ص.34-35.

directe,image du « principe : pas d'action directe sans texte »[1]. La Cour de cassation est venue conforter cette tendance le 03 mai 2005. Elle a décidé, dans le cadre d'un transport maritime de marchandises, que le destinataire ne peut intenter directement une action à l'encontre de la société de manutention, en raison du défaut de lien légal ou contractuel pouvant servir de fondement à une quelconque responsabilité[2]. La même solution a été réitérée en matière de construction s'agissant des vices de la chose vendue. L'acquéreur, précise la Cour suprême, n'a de recours que contre le promoteur. Il ne peut, aucunement assigner, directement l'entrepreneur en raison de l'absence de tout lien qui les unit[3].

En dépit de l'autorité de ce raisonnement, une tendance convoite l'atténuation de la rigueur du caractère exceptionnel de l'action directe, qui peut être érigée en un mécanisme, plutôt correcteur qu'exceptionnel, du principe de la relativité.

2. … Vers un mécanisme correcteur

378.Dépassement du caractère exceptionnel de l'action directe. Les actions directes peuvent être entr'aperçues comme des mécanismes correcteurs plutôt qu'exceptionnels au principe de la relativité. Deux démarches ont été proposées à cet effet. La première, proposée par Mme. GIBEILI, est interne. Elle découle de la lecture même de l'article 1165 du Code civil français[4], pendant de l'article 240 du Code des obligations et des contrats. L'auteur propose une interprétation évolutive de ces dispositions. La seconde, proposée par M. JAMIN, est plutôt externe. Elle est fondée sur

---

[1]**M. COZIAN**, *op.cit.*, n[os]100 et s., pp.65 et s., spéc. n[os]115-116, pp.73-74 ; **M. ZINE**, Droit du contrat d'assurance, Auto édition, Tunis, 1996, p.281, note 1 ; **J. FLOUR, J.-L. AUBERT et E. SAVAUX**, Les obligations, T.3, *op.cit.*, n°98, p.84 ; **Ph. SIMLER et Ph. DELEBECQUE**, *op.cit.*, n°18, p.16 ; **M. CABRILLAC et Ch. MOULY**, Droit des sûretés, *op.cit.*, n°568, p.479 ; **Ph. MALAURIE, L.AYNES et Ph. STOFFEL MUNCK**, Droit civil, Les obligations, *op.cit.*, n°1153, p.647 ; **B. STARCK, H. ROLAND** et **L. BOYER**, Droit civil, Les obligations, 3- Régime général, *op.cit.*, n°659, p.273. *Adde* :
محمد المالقي، محاضرات في شرح القانون المدني التونسي، مرجع سابق، ص.214-215. **محمد الزين**، مرجع سابق، عدد 420، ص.341. **لطفي رويس**، « الإلتزامات الناشئة عن عقد المناولة »، مقال سابق، ص.94. **حاتم محمدي**، "حق الأفضلية في التأمينات العينية"، بكتاب دراسات في قانون التأمينات، مقال سابق، ص.381. **عبد الرزاق أحمد السنهوري**،الوسيط في شرح القانون المدني الجديد، ج.2، مرجع سابق، عدد 555، ص.980 و عدد 561، ص.988. **كريمة اليعقوبي**، مذكرة سابقة، ص.35.

[2] Cass. civ. n°8325 en date du 03 mai 2005, RJL, 2006, n°1, p.191 (partie en langue arabe) ; Bull. civ., 2005, 2ème partie, p.245 :
" وحيث أن الناقل البحري هو المسؤول عن سلامة البضاعة إلى يوم التسليم ولا يمكن للطاعنة توجيه دعواها رأسا تجاه شركة الشحن والترصيف ضرورة إنتفاء أي علاقة تعاقدية أو **قانونية** يمكن أن تكون قاعدة إسناد لأي مسؤولية".

[3] Cass. civ. n°27392 en date du 13 mars 1992, Bull. civ., 1992, p.412 ; Cass. civ. n°5125 en date du 24 mai 1982, Bull. civ., 1982, 3ème partie, p.241. *Adde* :
نذير بن عمّو، مرجع سابق، عدد 218، ص.252-253.

[4] En vertu l'ordonnance n°2016-131 du 10 fév. 2016 portant réforme du droit des contrats, du régime général et de la preuve des obligations, l'art.1165 est désormais remplacé par l'art.1199 qui dispose que : « Le contrat ne crée d'obligations qu'entre les parties. Les tiers ne peuvent ni demander l'exécution du contrat ni se voir contraints de l'exécuter, sous réserve des dispositions de la présente section et de celles du chapitre III du titre IV ». (Ces dispositions ont trait, notamment, à la stipulation pour autrui, la promesse de porte-fort, l'action oblique, l'action paulienne et les actions directes en paiement prévues par la loi). La lecture de l'art.1199 permet de constater que s'agissant des exceptions au principe de la relativité, désormais, des obligations, c'est le même esprit de l'art.1165 qui a été reconduit. La théorie légaliste persiste.

des impératifs d'équité et de justice commutative. Ces deux démarches, servant de justificatifs aux actions directes, sont fondées sur une conception objective de l'obligation.

379.La conception objective de l'obligation, fondement plausible de l'action directe. Fondée sur une conception subjective de l'obligation, l'analyse classique appréhende l'action directe comme un mécanisme exceptionnel qu'on ne peut concevoir au-delà d'un fondement légal. Cette analyse ne peut, semble-t-il, résister devant l'essor de la conception objective de l'obligation. Selon cette dernière, ce n'est plus le principe de l'autonomie de la volonté qui justifie seul la force obligatoire du contrat. Les auteurs ont essayé de trouver d'autres explications, pour justifier qu'un contratprofite àdes tiers ou les oblige[1]. L'action directe peut puiser dans ces explications, fondement de sa raison d'être. Deux retiendront particulièrement notre attention. La première, justifie l'action directe par la théorie des « groupes de contrats ». La seconde, la déduit plutôt d'un principe de justice commutative[2].

380.L'action directe justifiée par la théorie des groupes de contrats. Hostile à la théorie légaliste, M. TEYSSIÉ propose de justifier le mécanisme de l'action directe par la théorie des groupes de contrats[3]. L'action directe n'est plus conçue comme une exception au principe de la relativité, mais plutôt comme l'une des expressions d'une réalité économique complexe, traduite juridiquement par la théorie des groupes de contrats[4]. Le groupe contractuel est caractérisé par l'existence de plusieurs contrats qui ont un même objet ou qui participent à la réalisation d'un but commun, de sorte qu'ils possèdent une même raison d'être[5].

Au terme de sa théorie, l'auteur déduit que les actions directes révèleraient « l'existence de rapports contractuels entre les parties à un même groupe » ce qui exclurait que celles-ci « soient considérées comme des tiers dans leurs rapports réciproques, éliminant le principe de relativité au sein des groupes »[6].

---

[1] V. *supra*, n^{os}43 à 46.

[2] Sur la possibilité de recoupement de ces deux fondements : V. **M. BACACHE-GIBEILI**, *op.cit.*, n°298, pp.260-261 et n^{os}316 et s., pp.280 et s.

[3] V. pour les actions directes en paiement : **B. TEYSSIÉ**, Les groupes de contrats, préface J.-M. MOUSSERON, LGDJ, Paris, 1975, n^{os}521 et s., pp.259 et s. En ce sens : **J. NÉRET**, *op.cit.*, n^{os}433 et s., pp.315 et s.

[4]**B. TEYSSIÉ**, *op.cit.*, n°16, p.8 ; **J. NÉRET**, *op.cit*, n^{os}1 à 3, pp.1 à 4 ; **B. BERLIOZ-HOUINetG. BERLIOZ**, « Le droit des contrats face à l'évolution économique », *in* Etudes offertes à Roger HOUIN, DALLOZ-SIREY, 1985, pp.14 à 16 ; **J. MESTRE**, « L'évolution du contrat en droit privé français », *in* L'évolution contemporaine du Droit des Contrats, Journée René SAVATIER (Poitiers, 24-25 octobre 1985), PUF, 1986, pp.59-60.

[5]**B. TEYSSIÉ**, *ibid.*, n°62, p.33. Lorsque plusieurs contrats, unis par une identité d'objet sont successivement conclus, une première catégorie de groupe se dessine : les chaînes de contrats : **B.TEYSSIÉ**, *ibid.*, n^{os}69, pp.39 et s. Lorsque plusieurs contrats soudés par une identité de cause, sont conclus pour assurer la réalisation d'un même objectif, à l'initiative du promoteur de l'opération, une seconde catégorie du groupe se dessine : les ensembles contractuels : **B. TEYSSIÉ**, *ibid.*, n^{os}174 et s., pp.95 et s.

[6]**B. TEYSSIÉ**, *ibid.*, n°584, p.292 ; n^{os}54 et s., pp.25 et s. et n°559, p.279 ; **J. NÉRET**, *ibid.*, n^{os}410 et s., p.293 et s. et n°438, p.318 ; **B. BERLIOZ-HOUIN et G. BERLIOZ**, art. préc., pp.14 à 16 ; **J.**

Certes, Mme. GIBEILI, reconnait le rôle de la théorie des groupes de contrats, en ce qu'elle permet d'accorder à l'un des membres du groupe la qualité de simple partie contractante à un autre contrat du groupe et que « de cette qualité de simple partie découle l'existence de l'action directe »[1]. Mais dire que l'action directe a pour fondement le groupe de contrats, précise l'auteur, ne se fait qu'en « sautant une étape du raisonnement ». Et l'auteur d'ajouter « en réalité, elle a pour fondement la notion de partie contractante, autrement dit l'article 1165 lui-même interprété sous l'éclairage du nouveau principe gouvernant la théorie des contrats »[2]. La correction du principe de la relativité en le débarrassant d'une conception subjective de l'obligation, fondée sur le principe de l'autonomie de la volonté, permet, en fondant la force obligatoire du contrat sur la loi, de justifier le développement au sein des groupes de contrats des actions directes de nature contractuelle[3]. Ces actions loin de constituer une exception au principe de la relativité reflètent plutôt une interprétation évolutive de ce denier.

La théorie des groupes de contrats, en tant que fondement de l'action directe, a connu un succès auprès d'une partie de la doctrine[4]. Une autre partie s'est plutôt orientée vers l'idée de justice commutative en tant que fondement de ladite action.

381. L'action directe justifiée par un principe de justice commutative. L'appel à la notion de justice commutative a été proposé par M. JAMIN[5]. L'auteur, d'avec le concours de ses promoteurs, estiment que « L'action directe constitue une authentique règle juridique qui, mettant en œuvre le principe de justice commutative, a pour but de corriger la rigueur des principes de relativité des contrats et d'égalité des créanciers, en manifestant l'existence d'un autre impératif qui en contrarie la mise en œuvre »[6]. Conçue comme un mécanisme correcteur déduit d'un principe de justice commutative, deux critères permettent de justifier l'action directe.

MESTRE, « Du principe de l'effet relatif et de sa relativité… », RTD civ., 1988, n°10, p.125 ; « L'évolution du contrat… », art. préc., p.60 ; « Du sous-contrat au groupe de contrats », RTD civ., 1989, n°6, pp.74.-76.

[1]**M. BACACHE-GIBEILI**, *op.cit.*, n°308, p.273.

[2]**M. BACACHE-GIBEILI**, *ibid.*, n°308, p.273.

[3] V. plus sur la question, *infra* n°s637-638 et n°s643 à 649.

[4]**Ph.MALAURIE, L.AYNES et Ph. STOFFEL MUNCK**, Droit civil, Les obligations, *op.cit.* n°s838 et s., pp.436 et s. ; **J.-M. MOUSSERON**, Technique contractuelle, 4ème éd. par **P. MOUSSERON, J. RAYNARD et J.-B. SEUBE**, *op.cit.*, n°s245 et s., pp.126 et s. ; **J. CARBONNIER**, Droit civil, T.4, Les obligations, 16ème éd., PUF, 1992, n°20, p.54. L'auteur relève que la théorie des groupes de contrats « traduit une réalité observable ».

[5]**Ch. JAMIN**, *op.cit.*, n°s299 et s., pp.268 et s. ; « Brèves réflexions sur un mécanisme correcteur : l'action directe en droit français », *in* Les effets du contrat à l'égard des tiers (comparaisons franco-belges), sous la direction de Marcel FONTAINE et Jacques GHESTIN, LGDJ, 1992, n°s35 et s., pp.286 et s. Le même fondement a été avancé par Mme GIBEILI surtout pour ce qui est des actions directes en responsabilité :**M. BACACHE-GIBEILI**, *op.cit.*, n°316, pp.280-281.

[6]**J. GHESTIN, Ch. JAMIN et M. BILLIAU**, *op.cit.*, n°770, p.827 ; **Ph.-D. SAINT-HILAIRE**, Le tiers à l'acte juridique, *op.cit.*, pp.317-318 ; **N. REKIK**, *op.cit.*, n°s490-491, pp.482 et s. ; **F. TERRÉ, Ph. SIMLER et Y. LEQUETTE**, Droit civil, Les obligations, *op.cit.*, n°1187, p.1175.

Selon un premier critère, dégagé par DEMOLOMBE[1] et LABBÉ[2], l'action directe sanctionne un accroissement de la valeur du patrimoine du sous-débiteur par le titulaire de l'action directe, lorsqu'un lien de connexité existe entre l'objet de la prestation de ce dernier et l'objet de celle du débiteur intermédiaire. Dès lors, l'idée est que celui qui a transféré une valeur dans le patrimoine d'autrui doit en recouvrer l'équivalent. Ainsi, le créancier originaire, un ouvrier par exemple, étant à l'origine de l'accroissement de la valeur du patrimoine du sous-débiteur : le maître de l'ouvrage, sans rien recevoir en contrepartie si son débiteur immédiat : l'entrepreneur est insolvable, dispose d'un mécanisme juridique : l'action directe, qui lui permet de recouvrer la contrepartie de l'accroissement de valeur, dont il a été à l'origine. L'action directe favorise ainsi le rétablissement d'un équilibre économique, rompu, entre les patrimoines du créancier originaire et du sous-débiteur.

Selon un second critère, défendu par LABBÉ[3], l'action directe est la traduction d'un impératif d'indemnisation. Il en est ainsi de l'action directe en paiement, exercée par la victime, contre l'assureur du responsable[4]. C'est la fonction sociale de l'assurance qui justifie cet impératif d'indemnisation.

En définitive, l'action directe, justifiée par l'un des deux critères susmentionnés, n'est autre que l'expression technique du principe de justice commutative. Elle vient corriger les excès du principe de la relativité et d'égalité entre les créanciers chirographaires. « Elle n'en constitue donc pas une exception qui doit être interprétée de façon restrictive »[5], mais un complément nécessaire du principe de relativité.

B.Les manifestations des actions directes en paiement intentées contre le tiers responsable de l'inexécution du contrat

382. Appréhendées comme mécanismes correcteurs du principe de la relativité, les actions directes en paiement peuvent être soit l'image d'une consécration légale (1), soit même l'œuvre d'une création prétorienne (2).

---

[1]**Ch. DEMOLOMBE**, Traité des contrats ou des obligations conventionnelles en général, 2ème éd., A. Durand, Paris, 1871, n°s139 et s., pp.144 et s. ; **Ch. JAMIN**,art. préc., n°38, pp.288-289.

[2]**J.-E. LABBÉ**, « Des privilèges spéciaux sur les créances », RCLJ, 1876, pp.571 et s., spéc. n°s4 et 6, p.576 ; **Ch. JAMIN**, *ibid.*, n°s302 et s., pp.271 et s., spéc. n°304, p.271.

[3]**J.-E. LABBÉ**, art. préc., n°33, p.681 ; **Ch.JAMIN**,art. préc., n°s39 et s., pp.289 et s. ; *op.cit.*, n°s302 et s., pp.271 et s., spéc. n°305, p.273.

[4] On peut aussi ajouter les actions directes en responsabilité. Dans la mesure où ces actions sont intentées par un tiers victime de l'inexécution d'un contrat, leur étude sera différée à la seconde partie.

[5]**J. GHESTIN**, **Ch. JAMIN et M. BILLIAU**, *op.cit.*, n°770, pp.827-828 ; **N. REKIK**, *op.cit.*, n°492,pp.484-485 et n°s504-505, pp.495-496. *Contra* : **M. BACACHE-GIBEILI**, La relativité des conventions et les groupes de contrats, *op.cit.*, n°314, pp.278 et s. ; **B. MALLET-BRICOUT**, La substitution de mandataire, *op.cit.*, n°385, p.219 ; **W. DROSS**, Fasc. préc., n°49, pp.14-15.

1. L'action directe en paiement, image d'une consécration légale

383. L'action directe en paiement du bailleur contre le sous-locataire. L'article 775 du Code des obligations et des contrats dispose que « le sous-locataire est tenu directement envers le bailleur à concurrence de ce qu'il doit lui-même au preneur principal au moment de la sommation qui lui est faite… ». L'article 775 du Code des obligations et des contrats est le siège d'une action directe en paiement bénéficiant au bailleur contre le sous-locataire pour le paiement des loyers[1]. Elle se justifie par l'accroissement de la valeur du patrimoine du sous-locataire par le titulaire de l'action directe et du lien de connexité qui existe entre l'objet de la prestation de ce dernier et l'objet de celle du débiteur intermédiaire, en l'occurrence l'octroi d'un droit de jouissance.

Il ressort des termes de l'article 775 du Code des obligations et des contrats, que l'action du bailleur n'emporte immobilisation de la créance du locataire principal contre son propre débiteur : le sous-locataire, dans le patrimoine de ce dernier, qu'au moment de la sommation et non dès la naissance de ladite créance. Il s'agit, dès lors, d'une action directe imparfaite[2].

Certes, la mise en œuvre de l'action de l'article 775 duditCode n'exige pas que les loyers soient non réglés, mais on peut penser que c'est dans cette hypothèse que ladite action paraît plus justifiée et plus évidente. Le plus souvent, le bailleur exerce son droit direct « du moment que le locataire ne lui a pas payé les loyers »[3]. Le sous-locataire sera déclaré responsable et ce, en dépit de sa qualité de tiers au contrat inexécuté.

384. L'action directe en paiement des ouvriers et artisans contre le maître de l'ouvrage. L'article 887, alinéa premier, du Code des obligations et des contrats prévoit que « Les ouvriers et artisans, employés à la construction d'un édifice, ou un autre ouvrage fait à l'entreprise, ont une action contre celui pour lequel l'ouvrage a été fait, à concurrence de la somme dont il se trouve débiteur envers l'entrepreneur au moment de la saisie valablement faite par l'un d'eux, et après cette saisie ». Ce texte est l'assise d'une action directe en paiement, intentée par les ouvriers et les

---

[1]**N. REKIK**, *op.cit.*, n[os]493 et s., pp.485 et s. ; **J. GHESTIN**, **Ch. JAMIN et M. BILLIAU**, *op.cit.*, n°779, pp.834-835 ; **W. DROSS**, Fasc. préc., n°57, p.16 ; **M. COZIAN**, *op.cit.*, n[os]125 et s., pp.81 et s. ; Cass. civ. n°34457 en date du 25 fév. 1993, Bull. civ., 1993, p.422. *Adde* :

عبد الرزاق أحمد السنهوري،الوسيط في شرح القانون المدني الجديد، ج.2، مرجع سابق، عدد 556، ص.980 وما يليها.

[2] Les actions directes, spécialement en paiement, font l'objet d'une *summadivisio*. C'est ainsi qu'on distingue entre les actions directes imparfaites et parfaites. Les premières n'opèrent une immobilisation de la créance du débiteur intermédiaire, contre son propre débiteur, dans le patrimoine de ce dernier, qu'au moment de l'exercice de l'action directe. Les secondes opèrent plutôt une immobilisation de la créance du débiteur intermédiaire contre son propre débiteur dès sa naissance entre les mains de ce dernier. V. : **A. PLANCQUEEL**, Contribution à l'étude des actions directes, Thèse pour le Doctorat en Droit, Lille, 1935, pp.91 et s. L'auteur est semble t-il le premier à avoir systématisé cette distinction ; **M. COZIAN**, *ibid.*, n[os]119-120 et 121 ; pp.77-78 ; **M. CABRILLAC et Ch. MOULY**, Droit des sûretés, *op.cit.*, n°570, p.480 ; **F. GRÉAU**, Fasc. préc., n°105, p.23 ; **B. STARCK**, art. préc., n°54, p.5.

[3]**N. REKIK**, *ibid.*, n°494, p.487 ; **A. BÉNABENT**, Droit des obligations, *op.cit.*, n°260, p.207 ; **B. STARCK, H. ROLAND et L. BOYER**, Droit civil, Les obligations, 3- Régime général, *op.cit.*, n°660, pp.273-274 ; **J. NÉRET**, *op.cit.*, n°415, p.297 ; **Ch. JAMIN**, *op.cit.*, n°118, p.89.

artisans, contre le maître de l'ouvrage[1]. La même justification est alors reconduite. L'action directe se justifie par l'accroissement de la valeur du patrimoine du maître de l'ouvrage par le travail fourni par le titulaire de l'action directe et du lien de connexité qui existe entre l'objet de la prestation de ce dernier et l'objet de celle du débiteur intermédiaire, à savoir la participation effective à la construction de l'ouvrage.

Au même titre que l'action directe du bailleur, celle de l'ouvrier ou artisan n'emporte immobilisation de la créance de l'entrepreneur contre le maître de l'ouvrage, dans le patrimoine de ce dernier, qu'au moment de la saisie et non dès la naissance de la créance, ce qui permet de qualifier cette action directe d'imparfaite.

Certes,l'exercice de l'action de l'article 887 du Code des obligations et des contrats « n'est pas tributaire de la preuve de la déconfiture de l'entrepreneur »[2], mais l'intérêt pratique de cette action serait d'autant plus justifié, au cas où l'ouvrier n'aurait pas été rémunéré par l'entrepreneur principal[3]. Dans cette hypothèse, le maître de l'ouvrage sera déclaré responsable et ce en dépit de sa qualité de tiers au contrat inexécuté.

385.L'exclusion injustifiée des sous-traitants du bénéfice de l'action directe en paiement. L'article 887, alinéa second, du Code des obligations et des contrats dispose que « Les sous-traitants employés par un entrepreneur, et les fournisseurs de matières premières, n'ont aucune action directe contre le commettant. Ils ne peuvent exercer que les actions de leur débiteur ». Cette solution est, semble-t-il, inspirée de la jurisprudence française qui a refusé d'étendre l'article 1798 du Code civil, qui constitue le pendant de l'article 887, alinéa premier, du Code des obligations et des contrats, aux sous-traitants[4]. L'action directe des sous-traitants contre le maître de l'ouvrage n'a été admise qu'en vertu de la réforme de 1975[5]. L'idée était d'offrir « au sous-traitant des *garanties de paiements* en cas de défaillance de l'entrepreneur principal »[6]. Notre législateur est, cependant, resté figé sur sa position initiale. Il refuse formellement toute action directe

---

[1]**N. REKIK**, *op.cit.*, n°496, pp.488 et s.

[2]**N. REKIK**, *ibid.*, n°496, p.489.

[3]**A. BÉNABENT**, *op.cit.*, n°260, pp.207-208. *Adde* :

عصام الأحمر، التشغيل والمناولة، مقال سابق، ص.28-29: " وفي هذا الصدد نص الفصل 887 من م.إ.ع. أنه ... ومعنى ذلك أنه يسوغ للأجير المنتدب من قبل المقاول **في صورة عدم توصله بمستحقاته المترتبة عن تنفيذ عقد الشغل** ... أن يطالب مباشرة صاحب المشروع أو المستفيد من العمل".

[4] Cass. civ. fr., 12 fév. 1866, D.P., 1866, 1, p.57 : « la disposition exceptionnelle de l'article 1798 ne saurait profiter à ceux qui, dans une pensée de spéculation et en vue de faire une opération commerciale, deviennent entrepreneur ».

[5] L'ar.12 de la loi n°75-1334 du 31 déc. 1975, relative à la sous-traitance, dispose que « Le sous-traitant a une action directe contre le maître de l'ouvrage, si l'entrepreneur principal ne paie pas, un mois après en avoir été mis en demeure, les sommes qui sont dues en vertu du contrat de sous-traitance ». V. sur la question : **V. ROULET**, « Les nouvelles protections en faveur des sous-traitants », G.P., 1976, 1, doc., p.303. **Ph. MALINVAUD**, « La loi du 31 décembre 1975 sur la sous-traitance revue et corrigée par la jurisprudence », *in* Études en l'honneur de A. PONSARD, Litec, Paris, 2003, pp.233 et s., spéc. pp.243 à 246. V. en ce sens :

الفصل 662 من القانون المدني المصري والفصل 678 من قانون الموجبات اللبناني.

[6]**A. BENABENT**, Droit civil, Les contrats spéciaux civils et commerciaux, 9ème éd., Montchrestien, Paris, 2011, n°861, p.411.

du sous-traitant ou du fournisseur de matières premières contre le maître de l'ouvrage. Seule l'action oblique, en dépit de ses limites[1], est admise. Pourtant les justifications, permettant de reconnaitre une action directe au profit des ouvriers et artisans à l'encontre du maître de l'ouvrage, se retrouvent dans l'hypothèse des sous-traitants ou fournisseurs de matières premières[2].

La même interdiction peut être, implicitement, déduite de l'article 88, alinéa premier *in fine*, du décret n°2014-1039 du 13 mars 2014, portant réglementation des marchés publics[3], en vertu duquel : « Les cahiers des charges peuvent prévoir le paiement direct par l'acheteur public des sous-traitants agrées »[4]. On peut comprendre qu'en l'absence d'une telle stipulation, aucune action directe en paiement n'est admise au bénéfice des sous-traitants agrées.

386.L'action directe en paiement du mandataire substitué contre le mandant. Conçu comme la seule manifestation d'une « bilatéralisation »[5] de l'action directe dans le Code des obligations et des contrats, l'article 1130 dispose que « le substitué est directement tenu envers le mandant, dans les mêmes conditions que le mandataire, et il a, d'autre part, les mêmes droits que ce dernier ». Action à double visage, l'action directe en matière de mandat intervient non seulement dans le contexte de substitution pour la reconnaître au mandant contre le mandataire substitué[6], mais aussi au mandataire substitué contre le mandant[7].

Accroissement de la valeur du patrimoine du mandant par le mandataire substitué et lien de connexité entre l'objet de la prestation de ce dernier et

---

[1] L'exercice de l'action oblique exige, notamment, l'insolvabilité du débiteur intermédiaire, l'autorisation judiciaire préalable et bien d'autres conditions. V. *infra*, n°s711 et s. En ce sens : **L. HARGUEM**, Le contrat de sous-traitance, Mémoire en vue de l'obtention du diplôme d'études approfondies en droit des affaires, FSJPST, 2002-2003, pp.69 et s., spéc. pp.84 à 86. *Adde* :
فتحية بن هويدي، عقد المقاولة الثانوي، مذكرة لنيل شهادة الدراسات المعمقة في القانون الخاص، كلية الحقوق والعلوم السياسية بتونس، 1995-1996، ص.122 إلى 127. **لطفي رويس**، مقال سابق، ص.90 وما يليها. **عصام الأحمر**، "عقود المناولة وتدعيم القدرة التنافسية للمؤسسة"، مقال سابق، ص.27.

[2] **F. MAHJOUB**, « Les contrats de construction : faut-il reconnaître l'interdépendance contractuelle ? », Revue tunisienne d'études juridiques et politiques, FDSEPS, IORT, 2012, n°s32 et s., pp.186 et s., spéc. n°44, p.201 ; **O. HAOUACHI**, Le contrat de sous-traitance, Mémoire en vue de l'obtention du diplôme des études approfondies en droit des contrats et des investissements, FDSPT, 2002-2003, pp.81-82 ; **L. HARGUEM**, mémoire préc., p.73. *Adde* :
كريمة اليعقوبي، مذكرة سابقة، ص.49 وما يليها.

[3] JORT n°22 du 18 mars 2014, p.653.Ce décret a abrogé le décret n°89-442 du 22 avr. 1989, portant réglementation des marchés publics (JORT n°30 du 28 avr. 1989, p.774).

[4] L'ancienne disposition prévue par l'art.79, du décret n°89-442 du 22 avril 1989, préc., ne fait aucune allusion à une telle stipulation.

[5] **Ph. MALAURIE, L. AYNÈS et P.-Y. GAUTIER**, Droit civil, Les contrats spéciaux, *op.cit.*, n°561, p.302.

[6] V. *supra*, n°363.

[7] **N. REKIK**, *op.cit.*, n°s501-502, pp.493 et s. ; **F. GRÉAU**, Fasc. préc., n°58 et n°s61-62, pp.13-14 ; **W. DROSS**, Fasc. préc., n°64, p.18. **J. NÉRET**, *op.cit.*, n°413, pp.294-295 et 296; **M. COZIAN**, *op.cit.*, n°s72 et s., pp.48-49; **B. MALLET-BRICOUT**, *op.cit.*, n°s440 et s., pp.247 et s. ; **J.-R.GOMEZ**, « Les actions directes du mandant et du sous-mandataire dans la jurisprudence française : bilan et propositions », LPA, 21 et 22 sep. 2000, n°s32 et s., pp.10 et s. et n°s61 et s., pp.4 et s. ; Cass. com. fr., 13 fév. 2007, RTD com, 2007, p.589, obs. **B. BOULOC**. *Contra* :
خليفة الخروبي، قانون مدني، العقود المسماة، الوكالة – البيع – الكراء، مرجع سابق، هامش 84، ص.49.

celle du débiteur intermédiaire, à savoir l'exécution du mandat, l'action directe en paiement du mandataire substitué contre le mandant se justifie parfaitement. Action directe imparfaite, seul son exercice emporte immobilisation de la créance du mandataire principal contre le mandant dans le patrimoine de ce dernier[1].

L'article 1130 n'exige pas l'insolvabilité du mandataire principal, pourtant l'intérêt de l'action directe serait d'autant plus évident en cas d'insolvabilité de ce dernier ou de sa demeure[2]. Dans ce cas, le mandant sera déclaré responsable et ce, en dépit de sa qualité de tiers au contrat inexécuté.

387. L'action directe en paiement du salarié contre le chef d'entreprise. Le siège de la matière est l'article 28 du Code du travail,qui a trait au chef d'entreprise industrielle ou commerciale qui passe un contrat, pour l'exécution d'un certain travail ou la fourniture de certains services, avec un entrepreneur qui recrute lui-même la main-d'œuvre nécessaire. Deux cas sont prévus par l'article 28 permettant au salarié lésé d'exercer une action directe en paiement contre le chef d'entreprise[3].

Le premier a trait aux travaux exécutés ou aux services fournis dans l'établissement du chef d'entreprise ou dans les dépendances de celui-ci. L'article 28, 1) prévoit, à cet effet, que « le chef d'entreprise, en cas d'insolvabilité de l'entrepreneur, est substitué à ce dernier, en ce qui concerne les travailleurs que celui-ci emploie, pour le paiement des salaires ». L'action directe en paiement se trouve justifiée par la présence de deux corollaires. D'une part,l'accroissement de la valeur du patrimoine du chef d'entreprise par les travaux des salariés employés. D'autre part, l'existence d'un lien de connexité entre l'objet de la prestation de ces derniers, à savoir la réalisation des travaux concourant à l'exécution de l'ouvrage et celle de l'entrepreneur.

Le second cas est prévu par l'article 28, 2), lequel renvoie à l'article 30 du Code du travail,qui a trait à la sous-traitance de travail. Il s'agit de l'hypothèse d'un entrepreneur principal qui confie l'exécution de travaux à un sous-entrepreneur. L'article 28, 2) précise, à cet effet, que lorsque l'entrepreneur principal s'avère insolvable, le chef d'entreprise sera déclaré « responsable du paiement des salaires… »[4].

---

[1] **W. DROSS**, Fasc. préc., n°134, p.28 ; Cass. com. fr., 03 déc. 2002, D., 2003, n°12, J., p.786, note **B. MALLET-BRICOUT** ; Rep. Defrénois, 2003, art.37676, p.236, obs. **E. SAVAUX** ; RTD civ., 2003, p.312, obs. **P.-Y. GAUTIER** ; Cass. com. fr., 13 fév. 2007, préc., p.590.

[2] V. en ce sens :

كريمة اليعقوبي، مذكرة سابقة، ص.53.

[3] F. **GRÉAU**, Fasc. préc., n°57, p.13 ; **W. DROSS**, Fasc. préc., n°67, p.18. **M. COZIAN**, *op.cit.*, n°s162-163, pp.104 et s. *Adde* :

عصام الأحمر، الدعوى الشغلية من خلال مجلة الشغل وفقه القضاء، مرجع سابق، ص.143-144. **عصام الأحمر**، "التشغيل والمناولة"، مقال سابق، ص.29-30: " وهو ما يصبغ عليه صفة الضامن المدني لتنفيذ إلتزامات المدين الأصلي أي المناول".**لطفي رويس**، مقال سابق، ص.94-95. **عصام الأحمر**، "عقود المناولة وتدعيم القدرة التنافسية للمؤسسة"، مقال سابق، ص.33. **محمد باللطيف**، "المناولة في قانون الشغل على ضوء قرارات محكمة التعقيب"، مقال سابق، ص.70.

[4] V. en ce sens : Art.29 du CT. *Adde* :

عصام الأحمر، الدعوى الشغلية...، مرجع سابق، ص.144-145. **عصام الأحمر**، "التشغيل والمناولة"، مقال سابق، ص. 30 -31.**عصام الأحمر**، "عقود المناولة و تدعيم القدرة التنافسية للمؤسسة"، مقال سابق، ص.33. **لطفي رويس**، مقال سابق، ص.94.

Pour ces deux cas, précise l'article 28, *in fine*, « le salarié lésé et la caisse nationale de sécurité sociale auront, en cas d'insolvabilité de l'entrepreneur, une action directe contre le chef d'entreprise pour qui le travail aura été effectué ». Deux précisions méritent d'être apportées. D'une part, en dépit de sa qualité de tiers, le chef d'entreprise est déclaré responsable en cas d'insolvabilité de l'entrepreneur. D'autre part, aucune allusion n'est faite à l'immobilisation de la créance de l'entrepreneur contre le chef d'entreprise entre les mains de ce dernier, il s'agit alors d'une action directe imparfaite.

388. L'action directe en paiement du créancier contractuel contre l'assureur de son débiteur. L'article 26 du Code des assurances, qui figure dans une sous-section intitulée « Assurances de responsabilité »[1], a trait à l'action directe, notamment du créancier contractuel, contre l'assureur de son débiteur[2]. L'assueureur est déclaré responsable de la dette de garantie en dépit de sa qualité de tiers au contrat inexécuté.

L'action de l'article 26 du Code des assurancess'inscrit dans un mouvement de « socialisation de la responsabilité »[3] ; elle se justifie par l'impératif d'indemnisation du créancier et l'existence d'un rapport de connexité entre la créance de la victime contre le responsable et celle de ce dernier contre l'assureur.

Parce qu'elle emporte immobilisation de la créance d'indemnité entre les mains de l'assureur au seul profit du créancier, dès la survenance du dommage née de l'inexécution du contrat, l'action directe en paiement dans le domaine des assurances de responsabilité est parfaite.

2. Pour une action directe en paiement, œuvre prétorienne

389. L'action directe en paiement de l'armateur contre le sous-affréteur. Appréhendée comme un mécanisme correcteur, plutôt qu'exceptionnel, du principe de la relativité, l'action directe débarrassée du joug d'un fondement exclusivement légal peut être, ce faisant du principe de justice commutative, le fruit d'une création prétorienne[4]. L'action directe en

---

[1] « L'assurance de responsabilité est une assurance de dommages. Elle couvre l'assuré contre le préjudice matrimonial que lui causerait l'action en responsabilité de la victime » : **M. ZINE**, Droit du contrat d'assurance, *op.cit.*, n°352, p.245. *Adde* :
عبد الرزاق أحمد السنهوري،الوسيط في شرح القانون المدني، الجزء السابع، المجلد الثاني، عقود الغرر وعقد التأمين، دار إحياء التراث العربي، بيروت، لبنان، 1964، عدد 839، ص.1641 وما يليها.

[2] **M. ZINE**, *ibid.*, n^{os}405 et s., pp.280 et s. ; **Y. LAMBERT-FAIVRE et L. LEVENEUR**, Droit des assurances, *op.cit.*, n^{os}684 et s., pp.536 et s. ; **F. GRÉAU**, Fasc. préc., n^{os}71 et s., p.16. ; **W. DROSS**, Fasc. préc., n°78, p.21 ; **Ch. JAMIN**, *op.cit.*, n^{os}100 et s., pp.73 et s. ; Cass. civ. n°22393 en date du 10 avr. 2003, RJL, 2003, n°9, p.159 (partie en langue arabe). *Adde* :
عبد الرزاق أحمد السنهوري،الوسيط في شرح القانون المدني، الجزء السابع، المجلد الثاني، عقود الغرر وعقد التأمين، مرجع سابق، عدد 854، ص.1671 وما يليها. **كريمة اليعقوبي**، مذكرة سابقة، ص.54-55

[3] **M. COZIAN**, *op.cit.*, n°225, p.141 ; **M. ZINE**, , *ibid.*, n°407, p.282.

[4] Plusieurs auteurs ont d'ailleurs démontré que l'admission de l'action directe était issue moins de la volonté formelle du législateur que d'une œuvre doctrinale accueillie par la jurisprudence : **Ch. JAMIN**, *op.cit.*, n°9 et s., pp.9 et s., spéc. n°23, p.17 ; **J. GHESTIN, Ch. JAMIN et M. BILLIAU**, *op.cit.*, n^{os}714 et s., pp.773 et s. ; **B. TEYSSIÉ**, *op.cit.*, n^{os}476 et s., pp.239 et s. ; **J. NÉRET**, *op.cit.*, n°433, pp.315-316 ; **R. DALCQ**, « Les actions directes (Rapport belge) », *in* Les effets du contrat à l'égard des tiers (comparaisons franco- belges), sous la direction de Marcel FONTAINE et Jacques GHESTIN, LGDJ,

paiement, de l'armateur contre le sous-affréteur, peut offrir une illustration de cette tendance.

Certes, l'article 775 du Code des obligations et des contrats, appliqué au pied de la lettre, ne permet pas d'étendre le domaine de l'action directe en paiement du bailleur contre le sous-locataire à celle de l'armateur contre le sous-affréteur. Mais, on peut postuler, sur la base d'un principe de justice commutative, pour l'octroi au bénéfice de l'armateur, dans la mesure de ce qui lui est dû par l'affréteur, d'une action directe en paiement contre le sous-affréteur du fret encore dû par celui-ci. Ceci se justifie en raison de l'accroissement de la valeur du patrimoine du sous-affréteur par l'armateur et du lien de connexité existant entre l'objet de la prestation de ce dernier et celle du débiteur intermédiaire, à savoir l'octroi d'un droit de jouissance.

390. Vers un principe d'action directe en paiement dans les groupes de contrats. On a pu démontrer que toutes les fois que le législateur tunisien reconnait une action directe en paiement, la raison est la même à savoir l'accroissement de la valeur du patrimoine du sous-débiteur par le titulaire de l'action directe et l'existence d'un lien de connexité entre l'objet de la prestation de ce dernier et l'objet de celle du débiteur intermédiaire. Étant essentiellement une ouvre doctrinale accueillie par la jurisprudence, on peut défendre, comme en écho avec cette réalité historique[1], l'existence d'un principe d'action directe enpaiement, dans toutes les hypothèses où est relevé un accroissement de la valeur du patrimoine du sous-débiteur par le créancier poursuivant, corroboré par l'existence d'un lien de connexité entre la prestation de ce dernier et celle du sous-débiteur intermédiaire, autrement dit, uneaction directe en paiement dans les groupes de contrats étant donné qu'un tel lien de connexité ne peut prospérer que dans cette figure contractuelle. L'idée a les faveurs de la doctrine[2].

Paragraphe II. Le régime des actions directes en paiement intentées contre le tiers responsable de l'inexécution du contrat

391. L'action directe, action à double nature. L'action directe intervenant dans un contexte triangulaire, il est logique que son régime soit gouverné par l'idée de conciliation entre « l'exercice d'un droit propre conféré à son titulaire contre le tiers sous-débiteur et d'un droit dérivé du rapport d'obligation qui l'unit au débiteur intermédiaire, et surtout du lien qui existe entre ce dernier et le sous-débiteur »[3]. Ainsi se manifeste la double

---

1992, n°4, p.305 ; **Ph.MALAURIE, L. AYNÈS et Ph. STOFFEL MUNCK,** Droit civil, Les obligations, *op.cit.*, n°1154, 647. *Adde* :

علي كحلون، قانون التأمينات وأستخلاص الديون الخاصة والعامة، مرجع سابق، ص.635.

[1] V. la note précédente.

[2]**S. BEN SMAIL**, Le recours au sein des groupes de contrats, Mémoire pour l'obtention du diplôme d'études approfondies en droit privé, FDSPT, 1991-1992, pp.143 à 145 ; **F. MAHJOUB**, art. préc., n°44, p.201.

[3]**J. GHESTIN, Ch. JAMIN et M. BILLIAU**, *op.cit.*, n°813, p.864 ; **Ch. JAMIN**, *op.cit.*, n°s335 et s., pp.294 ets.

nature de l'action directe. Cette dernière est la traduction d'un droit propre influencé par un rapport doublement dérivé. L'action directe serait alors cumulativement attributive et translative de droit.

C'est cet impératif de conciliation entre droit propre et droit dérivé, point d'équilibre entre les différents intérêts antagonistes, qui va guider notre recherche des conditions de l'action directe en paiement (A), ainsi que du régime de sa mise en œuvre (B).

A. Les conditions d'exercice de l'action directe en paiement contre le tiers responsable

392. Droit direct, plutôt qu'action directe. L'expression « actiondirecte » ne doit pas faire croire qu'il est nécessaire d'intenter une action en justice pour que le requérant soit admis au bénéfice d'un droit direct. Ce droit peut, en effet, être exercé en dehors de toute démarche judiciaire. Raison pour laquelle il serait préférable de parler du droit direct du créancier contre le tiers débiteur de son débiteur, sanctionné au besoin par une action en justice[1].

393. L'action directe[2], action à caractère doublement dérivé. Parce que le droit propre du titulaire de l'action directe en paiement contre le sous-débiteur doit conjuguer avec son droit dérivé du rapport d'obligation qui l'unit au débiteur intermédiaire, certaines conditions relatives à la créance qui en découle doivent être observées (1). Parce que ce droit propre est, par ailleurs, dérivé du lien qui existe entre le débiteur intermédiaire et le sous-débiteur, d'autres conditions doivent être ajoutées (2). Ces deux types de conditions marquent le caractère doublement dérivé de l'action directe.

1. Les conditions relatives à la créance du titulaire de l'action en paiement contre son cocontractant

394. L'action directe est une garantie de paiement attachée à la créance de son bénéficiaire. Pour que celui-ci soit en mesure de faire valoir sa garantie, il doit prouver non seulement l'existence de sa créance (a), mais aussi certains de ses caractères (b).

a. L'existence de la créance à l'égard du débiteur intermédiaire

395. Preuve de l'existence de la créance. La règle est que le titulaire de l'action directe n'a de recours contre le tiers sous-débiteur qu'autant qu'il demeure créancier de son cocontractant[3]. Il ne pourrait, d'ailleurs, être autrement, puisque c'est le lien étroit entre cette créance et celle que le

---

[1] **B. STARCK, H. ROLAND et L. BOYER**, Droit civil, Les obligations, 3- Régime général, *op.cit.*, n°682, p.284 ; **B. STARCK**, art. préc., n°9, p.2 ; **M. COZIAN**, *op.cit.*, n°22, pp.15-16. *Adde* :
علي كحلون، قانون التأمينات واستخلاص الديون الخاصة والعامة، مرجع سابق، ص.634.

[2] Si on utilise l'expression « action directe » dans cette étude, c'est par commodité d'usage.

[3] **F. GRÉAU**, Fasc. préc., n°109, p.23 ; **M. COZIAN**, *ibid.*, n^{os}322 et s., pp.200 et s.

débiteur intermédiaire détient contre le sous-débiteur, qui justifie l'octroi de l'action. Ainsi, l'action directe du bailleur contre le sous-locataire suppose d'établir la créance du premier contre le locataire principal.

À suivre cette logique, l'action directe devrait ainsi connaître le sort de la créance dont elle garantirait le paiement, dans la mesure où elle en constituerait l'accessoire[1]. L'extinction de la créance entraînerait, dès lors, celle de l'action directe. Si le débiteur intermédiaire s'est acquitté de la dette, son créancier n'a aucun recours contre le tiers sous-débiteur. Il n'en a pas davantage, lorsque sa créance se trouve éteinte par les autres causes de l'article 339 du Code des obligations et des contrats[2]. Par ailleurs, une clause limitative ou élusive de responsabilité figurant dans le contrat unissant le débiteur au titulaire de l'action est opposable[3] à ce dernier par le tiers sous-débiteur[4]. L'action directe est avant tout un droit dérivé du rapport d'obligation unissant le titulaire de l'action à son cocontractant.

396. Moment d'appréciation de l'existence de la créance. On distingue selon que l'action directe est parfaite ou imparfaite. Dans la première alternative, le tiers sous-débiteur ne peut, dès la naissance de la créance, invoquer aucune exception y afférant. Dans la seconde, c'est le moment de l'exercice de l'action qui doit être retenu.

b. Les caractères de la créance à l'égard du débiteur intermédiaire

397. Une créance certaine. Dans la mesure où il réclame un paiement, l'auteur de l'action directe ne peut l'exercer qu'autant que la créance qui lui sert de support soit certaine[5]. Elle ne doit pas, dès lors, faire l'objet d'une contestation. Tel n'est pas le cas, précise l'article 202, alinéa second, du Code des obligations et des contrats, lorsqu'il y a un litige ou existe des circonstances de nature à faire prévoir des contestations judiciaires sérieuses sur le fond même de la créance.

---

[1]**J. GHESTIN**, **Ch. JAMIN et M. BILLIAU**, *op.cit.*, n°815, p.865 ; **M. COZIAN**, *op.cit.*, n°s329 et s., pp.204 ets. *Adde* :

كريمة اليعقوبي، مذكرة سابقة، ص.81.

[2] L'exception de prescription de la dette du débiteur intermédiaire, à l'égard de son propre créancier, n'est opposable qu'au créancier agissant en vertu d'une action directe imparfaite. Pour ce qui est des actions directes parfaites, notamment en matière d'assurance de responsabilité, la Cour de cassation a considéré que cette exception est inopposable au créancier poursuivant. C'est le droit commun qui s'applique. V. : Cass. civ. n°8602 en date du 24 fév. 1972, Bull. civ., 1972, p.17. Lorsque le titulaire de l'action directe est un créancier contractuel, ce qui constitue l'objet de notre étude, la prescription de son action sera soumise au délai de 15 ans (Art.402 du COC).

[3] « L'ambiguïté du vocabulaire juridique habituellement employé prête à confusion : le terme « opposable » est utilisé indifféremment pour désigner une extension de l'effet obligatoire comme une illustration authentique de l'opposabilité des contrats. Le même mot exprime ainsi deux phénomènes juridiques radicalement distincts : l'un supposant un effet direct, l'autre un effet indirect » : **J. DUCLOS**, *op.cit.*, n°61, pp.86-87 et n°64, p.91. Pour éviter cette ambiguité terminologique il serait peut être plus judicieux de parler d'exigibilité plutôt que d'opposabilité toutes les fois qu'il s'agit des effets directs du contrat. Si on utilise l'expression « opposabilité », dans ce cadre, c'est par commodité d'usage.

[4] De ce point de vue, l'action directe en paiement intentée contre le tiers responsable se distingue de l'action directe en garantie ou en responsabilité intentée par le tiers victime : **W. DROSS**, Fasc. préc., n°116, pp.30-31.

[5]**M. COZIAN**, *ibid.*, n°336, pp.206-207 ; **B. STARCK**, art. préc., n°55, p.5.

398. Une créance exigible. L'action directe en paiement suppose que la créance du poursuivant contre le débiteur intermédiaire soit exigible. La portée de cette condition doit, cependant, être limitée. En effet, dans un souci de protection du titulaire de l'action directe, en particulier lorsqu'il s'agit d'une action imparfaite, qui n'opère immobilisation de la créance qu'au moment de l'exercice de l'action, et compte tenu que les premiers effets de l'action sont simplement conservatoires, il est possible de n'exiger la condition d'exigibilité de la créance, qu'au moment où l'action directe opère son effet translatif[1]. Ainsi, l'action du bailleur contre le sous-locataire ne nécessite pas que les loyers soient exigibles au moment de l'action. De même pour les salaires des ouvriers ou artisans contre le maître de l'ouvrage ou le chef de l'entreprise ou encore des rémunérations du mandataire substitué contre le mandant.

Pareille solution est reconduite pour l'action du créancier contre l'assureur du responsable. Bien qu'il dispose d'une action directe parfaite, il n'est pas nécessaire que sa créance soit exigible à la date de l'action. En effet, si à cette date, la créance de responsabilité peut être née, elle ne devient exigible qu'à compter du moment où elle est officiellement constatée par le juge[2].

399. Une créance liquide. Ce sont des raisons identiques qui exhortent à ne pas exiger que soit démontré le caractère de liquidité de la créance au moment de l'exercice de l'action. Si le titulaire d'une action directe imparfaite devait attendre que sa créance non encore immobilisée soit déclarée liquide, il risquerait que son débiteur immédiat en disposait et le privait de son droit direct. L'efficacité de l'action est alors à ce prix.

S'agissant des actions directes parfaites, notamment en matière d'assurance de responsabilité, le souci de simplification des procédures dicte qu'il est inconcevable que l'on soit obligé d'intenter, d'abord, une action pour fixer le montant de l'indemnité, pour pouvoir, par la suite, intenter une autre pour se faire indemniser par l'assureur[3].

400. Moment d'appréciation des caractères de la créance. Quoi qu'il en soit, les conditions d'exigibilité et de liquidité de la créance doivent être réunies, lorsqu'il s'agit de réclamer le paiement au tiers sous-débiteur[4]. Ceci se justifie parfaitement, parce que, en ce moment, ce n'est plus de l'effet conservatoire de l'action directe dont il s'agit,, mais plutôt de son effet translatif et exécutoire.

---

[1] On entend par effet translatif de l'action directe : la transmission de la créance du patrimoine du débiteur intermédiaire à celui du créancier direct : **B. STARCK**, art. préc., n°75, p.7 ; **M. COZIAN**, *op.cit.*, n°463, p.282.; **J. GHESTIN, Ch. JAMIN et M. BILLIAU**, *op.cit.*, n°816, p.866 ; **F. GRÉAU**, Fasc. préc., n°118, p.25.

[2] **F. GRÉAU**, Fasc. préc., n°119, p.25.

[3] **B. STARCK**, art. préc., n°57, p.5 ; **M. COZIAN**, *ibid.*, n^{os}337 et s., pp.207 et s. ; **F. GRÉAU**, Fasc. préc., n°120, p.25 ; **Ch. JAMIN**, *op.cit.*, n°408, pp.359-360.

[4] **W. DROSS**, Fasc. préc., n°106, p.28 ; Cass. civ. fr., 08 juin 2004, JCP éd. G, 2005, II, 10023, p.391, note **M. REBOURG.**

2. Les conditions relatives au rapport de dette unissant le débiteur intermédiaire au sous-débiteur

401. Dans la mesure où le titulaire de l'action directe exerce un droit dérivé du lien qui existe entre le débiteur intermédiaire et le sous-débiteur, tiers poursuivi, deux types de conditions retiendront notre attention. Le premier a trait à la situation du débiteur intermédiaire (a), le second plutôt à celle du tiers poursuivi (b).

a. Les conditions relatives au débiteur intermédiaire

402. L'insolvabilité du débiteur intermédiaire. Lorsqu'un créancier intente l'action oblique, il est admis que le débiteur du chef, duquel il agit, doit être insolvable et négligent[1]. En est-il de même pour le débiteur intermédiaire ? Est-ce que son insolvabilité est exigée pour qu'une action directe en paiement puisse être intentée contre le tiers sous-débiteur ?

Les solutions du droit positif sont contradictoires. En matière d'assurance, il ressort de l'article 26 du Code des assurancesque la victime peut poursuivre l'assureur du responsable sans se préoccuper de l'insolvabilité de l'assuré. Dans les articles 775, 887[2] et 1130 du Code des obligations et des contrats, aucune allusion n'est faite à la condition d'insolvabilité du débiteur. En revanche, l'article 28 du Code du travail, exige expressément, pour le succès de l'action directe, l'insolvabilité de l'entrepreneur[3].

Pour esquiver cette contradiction, une doctrine estime qu'une distinction doit être opérée[4]. S'agissant des actions directes parfaites, étant donné que la créance est dès sa naissance immobilisée entre les mains du tiers sous-débiteur, ladite créance ne constitue pas un élément disponible du patrimoine du débiteur intermédiaire. Exiger l'insolvabilité de ce dernier est, dès lors, un non sens.

En revanche, s'agissant des actions directes imparfaites, rappelons que la créance du débiteur intermédiaire demeure un bien disponible de son patrimoine. Elle n'est bloquée entre les mains du tiers sous-débiteur qu'au moment de l'exercice de l'action. Par conséquent, précise une doctrine, « permettre au titulaire de l'action directe de poursuivre le tiers alors que le débiteur intermédiaire est solvable, constituerait une gêne injustifiée de son activité »[5]. L'auteur ajoute cependant que « ce n'est pas à dire qu'avant

---

[1] Art.306, al. second, 307 et 308 du COC.

[2] Même si l'art.887 du COC, fait allusion à la saisie-arrêt, rappelons que la preuve préalable de l'insolvabilité du débiteur intermédiaire n'est pas nécessaire pour exercer une saisie-arrêt.

[3] En principe, la preuve de l'insolvabilité de l'entrepreneur incombe au salarié titulaire de l'action. Une doctrine propose, cependant, de modifier l'art.28 dans le sens de prévoir une présomption légale d'insolvabilité du chef de l'entreprise en cas de non paiement des salaires dans les délais impartis. V. en ce sens :

محمد باللطيف، "المناولة في قانون الشغل على ضوء قرارات محكمة التعقيب"، مقال سابق، ص.70.

[4] **B. STARCK**, art. préc., n°s63 et s., p.6.

[5] **B. STARCK**, art. préc., n°64, p.6.

d'exercer l'action directe, le créancier doive prouver l'insolvabilité du débiteur intermédiaire… Tout ce que l'on doit exiger, c'est que le jugement condamnant le tiers au profit du poursuivant constate l'insolvabilité et l'inaction du débiteur intermédiaire »[1].

Si on ne voulait pas exiger, en principe, la condition d'insolvabilité, c'est qu'on estime que l'action directe n'est pas une action subsidiaire[2]. Mais, *de facto*, l'intérêt pratique de cette action apparaît surtout en cas d'insolvabilité du débiteur intermédiaire. L'action directe est, en effet, un mécanisme conçu pour « prémunir le créancier contre les conséquences de l'insolvabilité en accélérant sa satisfaction »[3]. Laquelle insolvabilité « constitue le support logique, donc implicite, de la mise en œuvre de l'action directe »[4].

b. Les conditions relatives au tiers poursuivi

403. Le tiers ne peut être poursuivi qu'autant que la preuve de sa dette à l'égard du débiteur intermédiaire soit établie. Il ne paraît pas concevable d'autoriser le créancier à agir contre un tiers qui ne serait pas obligé à l'égard de son débiteur. Cette condition de pure logique, qui n'est autre que le reflet du caractère dérivé de l'action directe, est expressément prévue aux articles 775 et 887 du Code des obligations et des contrats. Elle doit être étendue à tous les cas, où une action directe est admise ; sécurité juridique du tiers exige.

La preuve de la dette du tiers doit être rapportée par le créancier agissant par l'action directe. En l'absence de tout lien contractuel entre le titulaire de l'action et le tiers sous-débiteur, on ne saurait exiger du premier de se ménager une preuve préconstituée. Aussi est-il admis que le titulaire de l'action établisse la créance du débiteur intermédiaire contre son propre débiteur par tous les moyens[5].

Avant de devenir une mesure d'exécution, l'action directe produit simplement des effets conservatoires. Il importe peu, dès lors, que la dette du tiers sous-débiteur à l'égard du débiteur intermédiaire soit certaine, liquide et exigible[6]. Ce n'est qu'à l'échéance que ces conditions seront requises.

404.Le tiers ne peut être poursuivi que dans la mesure de cequ'il doit encore au débiteurintermédiaire. C'est ce que prévoitl'article 775 du Code

---

[1]**B. STARCK**, art. préc., n°65, p.6.

[2]**Ch. JAMIN**, *op.cit.*, n^os^341-342, pp.297-298 ; **J. GHESTIN**, **Ch. JAMIN et M. BILLIAU**, *op.cit.*, n°818, pp.866-867 ; **M. COZIAN**, *op.cit.*, n°377, pp.229-230 ; **F. GRÉAU**, Fasc. préc., n°122, p.26 ; **W. DROSS**, Fasc. préc., n°94, pp.24-25 et n°117, p.31; **J. NÉRET**, *op.cit.*, n°448, pp.323-324. *Adde* :
علي كحلون، قانون التأمينات واستخلاص الديون الخاصة والعامة، مرجع سابق، ص.637. **كريمة اليعقوبي**، مذكرة سابقة، ص.85 وما يليها.

[3]**F.ROUVIÈRE**, art. préc., n°21, p.16.

[4]**B. STARCK, H. ROLAND et L. BOYER**, Droit civil, Les obligations, 3- Régime général, *op.cit.*, n°658, p.273.

[5]**J. GHESTIN**, **Ch. JAMIN et M. BILLIAU**, *ibid.*, n°821, p.869 ; **B. STARCK**, art. préc., n°67, p.7 ; **F. GRÉAU**, Fasc. préc., n^os^125-126 et 127, pp.26-27 ; **M. COZIAN**, *ibid.*, n^os^364 et s., pp.221 et s.

[6]**J. GHESTIN**, **Ch. JAMIN et M. BILLIAU**, *ibid.*, n°819, pp.867-868 ; **B. STARCK**, art. préc., n°66, pp.6-7 ; **M. COZIAN**, *ibid.*, n°345, pp.210-211 ; **Ch.JAMIN**, *op.cit.*, n°380, pp.334-335. *Adde* :
كريمة اليعقوبي، مذكرة سابقة، ص.88-89.

des obligations et des contrats, qui n'accorde d'action directe au bailleur que dans la limite des sous-loyers, qui restent dus au locataire principal par le sous-locataire, au moment de la sommation qui lui est faite[1]. Une autre illustration est offerte par l'article 887 duditCode qui prévoit que les ouvriers et artisans n'ont de recours contre le tiers maître de l'ouvrage « qu'à concurrence de la somme dont il se trouve débiteur envers l'entrepreneur au moment de la saisie ». Dans la même veine, l'article 26 du Code des assurancesprévoit que le tiers lésé a le droit d'agir directement contre l'assureur mais « dans la limite… de la valeur de l'engagement fixé au contrat d'assurance ». Ces dispositions ne sont que le reflet d'une prise de conscience de la nécessité de sauvegarder les attentes légitimes du tiers responsable. Ainsi, si le droit de la victime puise sa source et trouve sa mesure dans le contrat d'assurance, l'assureur se trouve en droit d'opposer à la victime les limitations de garantie prévues au contrat d'assurance[2]. La Cour de cassation le confirme[3].

L'étendue de l'engagement, du tiers sous-débiteur à l'égard du titulaire de l'action directe, s'apprécie au moment de l'exercice de l'action, pour ce qui est des actions directes imparfaites et au moment de la naissance de la créance, pour ce qui est des actions directes parfaites[4].

405. Le tiers poursuivi peut opposer au titulaire de l'action directe les causes d'extinction de sa dette contre son créancier immédiat. S'agissant des actions directes imparfaites, les causes d'extinction de la dette postérieures à l'exercice de l'action sont inopposables au créancier, car celle-ci est immobilisée, dès cet instant, dans le patrimoine du tiers sous-débiteur. S'agissant des actions directes parfaites, ces causes sont inopposables au titulaire de l'action, dès le moment de la naissance de sa créance[5].

---

[1] **N. REKIK**, *op.cit.*, n°494, pp.487-488 ; **M. COZIAN**, *op.cit.*, n[os]140, et s. pp.90 et s. *Adde* :

كريمة اليعقوبي، مذكرة سابقة، ص.47-48.

Une doctrine estime qu'au-delà de ces sommes, l'action en paiement intentée contre le tiers sous-locataire peut être étendue aux dommages résultant d'un incendie ou de la détérioration de la chose louée : **J.-P. LE GALL**, L'obligation de garantie dans le louage de choses, préface d'A TUNC, LGDJ, Paris, 1962, n°313, p.414. *Adde* :

عبد الرزاق أحمد السنهوري، الوسيط في شرح القانون المدني الجديد، ج.2، مرجع سابق، عدد 556، ص.981.

En ce sens : Art.563 du C.civ. syrien ; Art.776 du C.civ. irakien ; Art.587 et 588 du C.civ. libanais.

[2] **M. ZINE**, *op.cit.*, n[os]424-425 et 426, pp.292-293 ; **W. DROSS**, Fasc. préc., n°104, p.27 ; **F. GRÉAU**, Fasc. préc., n°128, p.27.

[3] Cass. civ. n°11048 en date du 06 nov. 2007, Bull. civ., 2007, 1re partie, p.159 ; Cass. civ. n°2006-8604 en date du 18 avr. 2007 (inédit) :

" حيث أن قاعدة النسبية التي استندت إليها محكمة القرار المنتقد في قضائها ليست مطلقة إذ نص الفصل 420 من م.إ.ع. على أن العقد لا يلزم إلا العاقدين ولا ينجر منه للغير ضرر ولا نفع إلا في الصور التي نص عليها القانون والفصل 26 من مجلة التأمين نص على أن للمتضرر الحق في مطالبة المؤمن مباشرة في حدود الضرر الحاصل وقيمة التأمين المحددة بالعقد وطالما أن الغير المتضرر ينتفع بعقد التأمين بموجب نص خاص وهو الفصل 26 المذكور فإنه يعارض كذلك بالشروط المضمنة بالعقد كما يعارض بها طرفيه تطبيقا للفصل 240 المشار إليه".

Adde : Cass. civ. Ch. réun. n°62590 en date du 28 mars 2002, *in* Arrêts des Chambres Réunies de la Cour de Cassation : 2001-2002, CEJJ, 2002, p.271, note du procureur général **M. SBÉWILJI** (en langue arabe) ; Cass. civ. n°8178 en date du 04 janv. 1983, Bull. civ., 1983, 1re partie, p.233.

[4] **J. GHESTIN, Ch. JAMIN et M. BILLIAU**, *op.cit.*, n°819, p.867 ; **F. GRÉAU**, Fasc. préc., n[os]125-126, p.26 ; **B. STARCK**, art. préc., n°79, p.8 ; **M. COZIAN**, *op.cit.*, n°344, p.210.

[5] **M. COZIAN**, *ibid.*, n[os]346 et s., pp.211 et s. ; **F. GRÉAU**, Fasc. préc., n°125, p.26 ; **B. STARCK**, art. préc., n°69, p.7.

B. La mise en œuvre de l'action directe en paiement contre le tiers responsable

406. L'action directe permet à son titulaire d'agir contre le tiers sous-débiteur. Mais, rien ne l'empêche d'agir contre son débiteur immédiat. Il peut même agir contre les deux, dans la seule limite de l'interdiction d'un double paiement[1].

407. Avantages de l'action directe. L'action directe offre à son titulaire un double avantage. D'une part, le tiers sous-débiteur ne peut opposer un certain nombre d'exceptions qu'il aurait pu opposer à son propre créancier. C'est l'affirmation du principe d'inopposabilité des exceptions (1). D'autre part, l'action directe permet d'éviter tout concours avec les autres créanciers du débiteur intermédiaire. C'est la consécration du droit de préférence (2).

1. L'inopposabilité des exceptions

408. L'inopposabilité des exceptions, manifestation du droit propre du titulaire de l'action directe. La règle de l'inopposabilité des exceptions « signifie que certains des moyens de défense que le sous-débiteur pouvait opposer au débiteur intermédiaire ne pourront être utilement repris à l'encontre du titulaire de l'action directe »[2]. C'est là, la première marque du droit propre, dont jouit le titulaire de l'action directe en paiement, à l'encontre du tiers sous-débiteur.

409. L'inopposabilité des exceptions marque d'efficacité de l'action directe. La règle de l'inopposabilité des exceptions est une autre manifestation de l'efficacité de l'action directe. Cette dernière attribue à son auteur un droit propre contre le tiers sous-débiteur, qui ne transite pas par le patrimoine du débiteur intermédiaire[3]. Ce droit propre prend corps, dès la naissance de la créance du titulaire de l'action contre le débiteur intermédiaire, dans les actions directes parfaites et à partir de l'exercice de l'action, dans les actions directes imparfaites[4].

Le raisonnement est alors le suivant : dès la naissance de sa créance (actions directes parfaites) ou dès l'instant où il l'exerce (actions directes imparfaites), le titulaire de l'action directe dispose d'un droit propre, c'est-à-dire autonome par rapport au droit dont dispose son débiteur. Ce droit propre devient à l'abri des exceptions postérieures qui peuvent affecter la créance du titulaire de l'action. La sécurité du créancier poursuivant se trouve ainsi préservée. L'inopposabilité peut viser deux sortes d'exceptions.

410. L'inopposabilité des exceptions, moyen de défense visant les actes de disposition postérieurs à l'immobilisation de la créance. Fondé sur l'immobilisation de la créance, ce premier moyen de défense signifie que

---

[1] **W. DROSS**, Fasc. préc., n°127, p.33 ; **J. NÉRET**, *op.cit.*, n°441, p.321.
[2] **J. GHESTIN**, **Ch. JAMIN et M. BILLIAU**, *op.cit.*, n°841, p.883.
[3] **Ch. JAMIN**, *op.cit.*, n°357, p.310. *Adde* :
عصام الأحمر، "التشغيل والمناولة"، مقال سابق، ص.29.
[4] **W. DROSS**, Fasc. préc., n°107, p.28.

tous les actes de disposition, qui sont effectués par le tiers sous-débiteur, après que la créance soit immobilisée entre ses mains, sont inopposables au titulaire de l'action[1]. Il en est ainsides paiements, compensations, cessions de créance et remises intervenus entre le sous-débiteur et le débiteur intermédiaire.

À s'en tenir au paiement, la règle dicte que, si l'entrepreneur a touché des acomptes auprès du maître de l'ouvrage à partir de la saisie, objet de l'article 887 du Code des obligations et des contrats, ces paiements sont inopposables aux ouvriers[2]. De même pour les paiements effectués par le sous-locataire, après la sommation qui lui est faite par le bailleur intentant l'action de l'article 775 dudit Code. Bien plus, ledit article ajoute que le tiers sous-locataire « ne peut opposer les paiements anticipés faits au locataire principal ». Le législateur présume que ces paiements avaient été faits de mauvaise foi. Dès lors, même s'ils sont antérieurs à l'exercice de l'action directe du bailleur, ils ne peuvent être opposés à ce dernier. Cependant, précise l'article 775, si ces paiements étaient conformes à l'usage local ou constatés par acte ayant date certaine, ils peuvent être opposés au créancier, poursuivant « parce qu'alors le risque de fraude disparaît »[3].

En bref, dès que la créance du titulaire de l'action est bloquée dans le patrimoine du tiers sous-débiteur, ce dernier ne doit plus se dessaisir des fonds qu'il a entre ses mains. À défaut, il s'exposerait à un double paiement.

411. L'inopposabilité des exceptions, moyen de défense visant les vices affectant la créance postérieurement à sa naissance. Fondée sur l'autonomie du droit, dont dispose le créancier poursuivant, par rapport au contrat qui lie le débiteur intermédiaire à son propre débiteur, ce second moyen de défense signifie que postérieurement à la naissance de la créance d'indemnité du titulaire de l'action, les vices affectant la créance du débiteur intermédiaire contre son propre débiteur, lui seront inopposables, qu'ils opèrent ou non rétroactivement[4]. Ainsi en est-il des déchéances encourues par l'assuré, postérieurement à la survenance du dommage, en matière d'assurance de responsabilité[5]. Ces déchéances peuvent être dues à la négligence de l'assuré, qui n'a pas informé l'assureur du sinistre dans le délai prévu par l'article 7, 4), du Code des assurances, ou convenu dans la

---

[1]**M. COZIAN**, *op.cit.,* n^{os}55-56, pp.38-39 et n°427, pp.260-261 ; **B. STARCK**, art. préc., n^{os}81 à 95, pp.8-9; **H. et L. MAZEAUD,** Traité théorique et pratique de la responsabilité civile délictuelle et contractuelle, T.III, 4ème éd., Sirey, 1950, n°2705, pp.926-927. *Adde* :

كريمة اليعقوبي، مذكرة سابقة، ص.113-114.

[2]**N. REKIK**, *op.cit.*, n°496, pp.488 et s.

[3]**N. REKIK**, *ibid.*, n°494, p.488.

[4]**H. et L. MAZEAUD**, *op.cit*, n°2708, pp.930-931 ; **H. MOELLER**, « De la double nature de l'action directe », *in* Études offertes à André BESSON, LGDJ, 1976, pp.249 à 260 ; **J. GHESTIN**, **Ch. JAMIN et M. BILLIAU**, *op.cit.*, n°841, pp.883-884 ; **Ch. JAMIN**, *op.cit.*, n°359, pp.311 et s.; **W. DROSS**, Fasc. préc., n°112, p.29 ; **F. GRÉAU**, Fasc. préc., n°136, pp.28-29 ; **Ch. JAMIN**, art. préc., n°52, pp.299-300 ; **R. DALCQ**, art. préc., n^{os}7 et s., pp.306 et s.*Contra* : **M. COZIAN**, *ibid.*, n^{os}428 et s., pp.261 et s., spéc. n^{os}432-433, pp.263-264. *Adde* :

كريمة اليعقوبي، مذكرة سابقة، ص.109-110.

[5]**M. ZINE**, *op.cit.*, n°427, p.294. *Contra* :

دو لافرانج، "الغير المتضرر"، م. ق. ت.، 1971، عدد 3، ص. 31.

police d'assurance, voire sa mauvaise foi, notamment lorsqu'il a fait une déclaration frauduleuse du dommage. L'article 7, 4), alinéa 3, du Code des assurances,qui pose le principe de l'opposabilité de ces déchéances à l'assuré, n'apporte aucune précision sur la situation de la victime. Menu d'un droit propre, le titulaire de l'action se trouve à l'abri de tous les événements qui peuvent l'affecter par la suite, qu'ils opèrent ou non rétroactivement. Cette analyse, qui se justifie par le souci de préserver les attentes du créancier poursuivant, a, pour elle, la décision rendue par la Cour de cassation, le 12 décembre 2012, en matière d'accidents de la circulation[1]. Elle a reçu une consécration légale en la matière[2]. Au-delà, c'est la solution inverse qui persiste. Ainsi, la Cour a décidé dans un arrêt de censure, rendu le 18 juin 2012, que les déchéancesencourues par l'assuré, qui n'a pas informé son assureur de la survenance du dommage, sont opposables à la victime qui n'a de droit, précise la Cour, que dans le respect du contrat d'assurance[3]. La Cour a, ainsi, sacrifié le droit propre de la victime pour ne lui reconnaître qu'un droit dérivé du contrat d'assurance. La même solution a été réitérée le 29 avril 2014[4].

412. L'opposabilité des exceptions affectant la créance antérieurement à sa naissance. Toutes les exceptions, dont la source est antérieure à la naissance du droit propre du créancier poursuivant, et dont la mise en œuvre ne dépend pas d'événements qui lui sont postérieurs, sont opposables à ce dernier, car elles sont l'expression de son droit dérivé[5]. Ainsi en est-il, en matière d'assurance de responsabilité, du montant de l'assurance stipulé dans le contrat. Ce montant qui constitue la limite de l'engagement de l'assureur en cas d'indemnisation est opposable à la victime[6], la sécurité juridique du tiers responsable, le souci de sauvegarder ses attentes, sont à ce prix.

413.L'action directe marque de conciliation entre droit propre et droit dérivé. L'action directe combine de la sorte l'exercice d'un droit

---

[1] Cass. civ. n°66190-2011 en date du 12 déc. 2012 (inédit) :
" وحيث أن عقد التأمين الرابط بين الشركة المؤمنة ومعاقدها المذكور لا تنسحب آثاره إلا على معاقديه وبالتالي فإن شروط القيام المؤسسة عليه وآجالها يقع إعمالها فيما بين طرفيه فقط ولا يمكن سحب آجال القيام على أساسه على المدعية باعتبارها غيرا في عقد التأمين فخصوصية هذا العقد باعتبار تضمنه لاشتراط لفائدة الغير وهو تأمين المسؤولية المدنية للمعاقد إزاء هذا الغير إلا أن هذا لا يبرر تطبيق آجال السقوط بين المتعاقدين عليه لأن هذا الغير ليس خلفا له".

[2] L'art.119 du CA, tel que ajouté par la loi n°2005-86 du 15 août 2005, préc., prévoit que « L'assureur ne peut pas opposer aux victimes des accidents de la circulation… b- tous les cas de déchéance ».

[3] Cass. civ. n°2012-70418 en date du 18 juin 2012 (inédit) :
" إن المتضرر (الغير أي الأجنبي عن العقد) لا يمكنه التمسك بعدم معارضته بالسقوط المذكور تطبيقا لمقتضيات الفصل 26 من مجلة التأمين الذي آقتضى أنه للمتضرر الحق في مطالبة المؤمن مباشرة في حدود الضرر الحاصل له وقيمة التأمين المحددة بالعقد بما يعني أن المتضرر (الغير) في قيامه على المؤمنة يستند إلى عقد التأمين ولا وجود لأية صفة تخوله القيام عليها ولولا ذلك العقد الذي يجب عليه حينئذ الإذعان إليه كاملا دون تجزئة ومن باب أولى إن توفرت شروط السقوط في مواجهة المؤمن له فإن المتضرر يعارض به كذلك ويبقى له الحق في القيام ضد المتسبب له في الضرر. وحيث إن محكمة القرار المنتقد لما ذهبت عكس هذا التمشي معتبرة أن سقوط الحق لا يمكن معارضة المتضرر به باعتباره غيرا عن العقد تكون قد أساءت تطبيق أحكام الفصل 7 من مجلة التأمين)".

[4] Cass. civ. n°3024-2013 en date du 29 avr. 2014 (inédit) :
" وحيث أحجمت المعقبة (المؤمن بالفتح) على إعلام مؤمنها (بالكسر) بالحادث في ظرف 5 أيام من وقوعه وهو ما يمثل إخلالا منها بمقتضيات الفصل 14 من الشروط العامة لعقد التأمين الذي يقوم مقام القانون فيما بينهما فضلا على خرق الفصل 7 من مجلة التأمين اللذين رتبا أثر سقوط حق الضمان عند عدم الإعلام في الآجال المبينة بها".

[5]**Ch. JAMIN**, *op.cit.*, n°401, pp.354-355.

[6] V. *supra*, n°404 et les arrêts cités en note de bas de page.

propre et d'un droit dérivé. Elle est un droit dérivé pour tout ce qui est antérieur à la naissance de la créance d'indemnité, s'agissant des actions directes parfaites, ou à l'exercice de l'action, s'agissant des actions directes imparfaites. Elle est un droit propre pour tout ce qui y est postérieur.

Cela dit, c'est de l'arbitrage entre deux intérêts antagonistes que dépend le degré de protection que l'on doit accorder aux extrêmes par le moyen de l'action directe. D'une part, l'intérêt du titulaire de l'action qui se prévaut de l'esprit même de cette dernière et qui postule pour un droit propre. D'autre part, l'intérêt du tiers sous-débiteur qui oppose la règle de la prévisibilité contractuelle et qui postule plutôt pour un droit dérivé. Le critère de naissance de la créance, pour les actions directes parfaites ou de l'exercice de l'action pour les actions directes imparfaites, permet, semble-t-il, d'assurer cet équilibre. Le créancier poursuivant se trouve protégé. Il dispose d'un droit propre, à l'abri des exceptions postérieures qui peuvent, au gré des cas, affecter sa créance. Les attentes du débiteur poursuivi, tiers, sont aussi protégées. Il ne peut être assigné que sur la base et dans la mesure des divers aménagements conventionnels, sur la foi desquels il avait pu s'engager.

2. Le droit de préférence

414. Le droit de préférence, manifestation du droit propre du titulaire de l'action directe. La seconde marque du droit propre, dont jouit le titulaire de l'action directe en paiement, consiste dans le droit de préférence qu'il exerce au détriment des autres créanciers du débiteur intermédiaire[1].

415. Le droit de préférence,marque d'efficacité de l'action directe. Le titulaire de l'action directe qui l'exerce en son nom personnel et pour son propre compte, dispose d'un droit de préférence par rapport aux autres créanciers du débiteur intermédiaire. Il ne subit pas le concours de ces créanciers dans le produit de la créance. Le droit de préférence est « de l'essence de l'action directe »[2]. Seulement il faut distinguer entre les actions parfaites et les actions imparfaites[3].

S'il s'agit d'une action directe parfaite, le droit propre, dont dispose le titulaire de l'action, existe dès la naissance de sa créance. Cette dernière est depuis bloquée dans le patrimoine du tiers sous débiteur. Nul créancier du débiteur intermédiaire ne pouvait se l'approprier, ce qui interdit toute concurrence. Le droit de préférence est alors absolu.

---

[1]**Ph.MALAURIE, L.AYNES et Ph. STOFFEL MUNCK**, Droit civil, Les obligations, *op.cit.*, n°1153, 647 ; **Ph.-D. SAINT-HILAIRE**, Le tiers à l'acte juridique, *op.cit.*, p.317 ; **Ch. JAMIN**, art. préc., n°53, p.300.

[2]**M. COZIAN**, *op.cit.*, n°52, 36 ; **N. REKIK**, *op.cit.*, n°491, p.484 ; **Ph. MALAURIE, L. AYNES et Ph. STOFFEL MUNCK**, Droit civil, Les obligations, *op.cit.*, n°1157, p.649 : « les actions directes sont une voie d'exécution doublée d'un privilège ».

[3]**Ch. JAMIN**, *op.cit.*, n°366, pp.321-322 ; **J. GHESTIN, Ch. JAMIN et M. BILLIAU**, *op.cit.*, n°833, pp.878-879 ; **M. COZIAN**, *ibid.*, n^{os}464 et s., pp.283 et s.

S'il s'agit d'une action directe imparfaite, le droit propre, dont dispose le titulaire de l'action, n'existe qu'au moment de l'exercice de l'action directe. À partir de ce moment, la créance étant immobilisée dans le patrimoine du tiers sous-débiteur ; aucune possibilité de conflit ne peut surgir avec les créanciers du débiteur intermédiaire exerçant une action oblique ou une saisie-arrêt. Avant cet instant, le titulaire de l'action ne possède aucun droit de préférence sur la créance du débiteur intermédiaire contre le tiers sous débiteur. Dès lors, le débiteur intermédiaire peut en disposer librement. Le sous-débiteur peut payer tant le débiteur intermédiaire que les autres créanciers agissant par l'action oblique ou la saisie-arrêt. Le droit de préférence est alors relatif.

Qu'en est-il si, après que les créanciers du débiteur intermédiaire, ayant agi par l'action oblique ou la saisie-arrêt, le titulaire de l'action directe imparfaite décide de la mettre en œuvre ? Comment résoudre ces conflits ?

416. Conflit entre action directe imparfaite et action oblique. D'aucuns estiment qu'à partir de l'exercice de l'action directe imparfaite, son auteur prime le créancier qui a agi contre le tiers sous-débiteur par la voie oblique[1]. Cette analyse se justifie parfaitement en droit français, en raison de la faiblesse congénitale de l'action oblique. Cette dernière, était[2] – et est restée[3] - une mesure « individuelle par son exercice, mais collective par ses effets »[4]. L'auteur de l'action oblique, qui a reconstitué le patrimoine de son débiteur, n'a aucun droit de préférence sur les biens introduits dans ce patrimoine. Tout autre est la solution en droit tunisien. L'article 308 du Code des obligations et des contrats prévoit que « le créancier qui agit au nom de son débiteur profite seul du paiement qu'il a obtenu ». Ainsi, au même titre que le créancier qui agit directement, celui qui agit obliquement bénéficie d'un droit de préférence, par rapport aux autres créanciers du débiteur intermédiaire. Au même titre que l'action directe, l'action oblique emporte immobilisation de la créance du débiteur intermédiaire contre son propre débiteur dans le patrimoine de ce dernier, au moment de l'exercice de l'action. Rien ne justifie, dès lors, qu'un créancier agissant par la voie directe prime un autre créancier ayant déjà agi par la voie oblique[5]. Pour résoudre un conflit opposant une action directe imparfaite à une action oblique, c'est la

---

[1] **B. STARCK**, art. préc., n°s101-102, p.10 ; **Ch. JAMIN**, *op.cit.*, n°367, pp.322 et s. ; **M. COZIAN**, *ibid.*, n°468, p.284, note 14 ; **F. GRÉAU**, Fasc. préc., n°150, p.31; **W. DROSS**, Fasc. préc., n°129, p.34 ; **J. GHESTIN, Ch. JAMIN et M. BILLIAU**, *op.cit.*, n°836, p.880.

[2] Telle que régie par l'art.1166 du C. civ. qui prévoit que « « Néanmoins, les créanciers peuvent exercer tous les droits et actions de leur débiteur, à l'exception de ceux qui sont exclusivement attachés à la personne ».

[3] Désormais régie par l'art.1341-1 du C. civ., tel que modifié par l'ordonnance n° 2016-131 du 10 fév. 2016 portant réforme du droit des contrats, du régime général et de la preuve des obligations, aux termes duquel « Lorsque la carence du débiteur dans l'exercice de ses droits et actions à caractère patrimonial compromet les droits de son créancier, celui-ci peut les exercer pour le compte de son débiteur, à l'exception de ceux qui sont exclusivement rattachés à sa personne ».

[4] **F. TERRÉ, Ph. SIMLER et Y. LEQUETTE**, *op.cit.*, n°1142, p.1132.

[5] V. en ce sens :

كريمة اليعقوبي، مذكرة سابقة، ص.133.

règle *prior tempore potior jure*, qui acquiert, semble-t-il, droit de cité. Qu'en est-il du conflit opposant l'auteur d'une saisie-arrêt à un créancier qui décide d'agir directement ?

417. Conflit entre action directe imparfaite et saisie-arrêt. On admet qu'à partir de l'exercice de l'action directe, son auteur prime le créancier qui a déjà entamé une procédure de saisie-arrêt entre les mains du tiers sous-débiteur, à condition qu'elle soit encore à sa phase conservatoire, c'est-à-dire avant que le jugement de validité de la saisie-arrêt soit rendu. En revanche, si avant l'exercice de l'action directe, une saisie-arrêt a fait l'objet d'un jugement de validité, la créance se trouve exclue du patrimoine du débiteur intermédiaire, pour être affectée, à titre exclusif, au créancier saisissant[1].

418. L'action directe attribut un droit de préférence mais pas un privilège sur créance. Certes, le droit de préférence permet au titulaire de l'action directe de supprimer l'obstacle du débiteur intermédiaire, mais, n'étant pas un privilège sur créance, ce droit ne saurait s'ériger en un procédé d'affectation de la créance au seul profit du titulaire de l'action. Rien ne justifie, dès lors, que ce dernier prime les créanciers du tiers sous-débiteur. Les deux catégories doivent être traitées à égalité[2].

La même solution serait reconduite, en cas de conflit entre titulaires d'actions directes imparfaites de même nature. Si le montant de la créance du débiteur intermédiaire contre le tiers sous-débiteur est insuffisant pour désintéresser tous les titulaires d'actions directes, ceux-ci s'en répartissent le produit au prorata de leurs créances. Ainsi, le maître de l'ouvrage : tiers sous-débiteur, règle au marc-le-franc les ouvriers qui le poursuivent, et ce à concurrence des sommes encore dues par lui à l'entrepreneur[3]. C'est ce que prévoit expressément l'article 887, alinéa second, du Code des obligations et des contrats, qui prévoit que les ouvriers et artisans « ont un privilège au prorata entre eux, sur ces sommes ». Précisons que l'expression « privilège » ne doit pas être entendue au sens technique du terme, c'est-à-dire au sens de « sûreté réelle »[4]. En effet, « le privilège » entendu en ce sens accorde au créancier un droit de préférence à l'égard des créanciers du même débiteur. Tel n'est pas le cas dudit « privilège » prévu par l'article 887 du Code des obligations et des contrats. Ce dernier ne s'exerce pas contre les créanciers

---

[1]**M. COZIAN**, *op.cit.*, n^os^469 et s., pp.285 et s., spéc. n°477, p.288 ; **Ch. JAMIN**, *op.cit.*, n°367, pp.322 et s. ; **J. GHESTIN, Ch. JAMIN et M. BILLIAU**, *op.cit.*, n°837, pp.880-881 ; **W. DROSS**, Fasc. préc., n°130, p.34 ; **F. GRÉAU**, Fasc. préc., n°151, pp.31-32 ; **B. STARCK**, art. préc., n^os^103-104, pp.10-11. *Contra* :

كريمة اليعقوبي، مذكرة سابقة، ص.133-134.

[2]**M. COZIAN**, *op.cit.*, n°522, p.313 ; **J. GHESTIN, Ch. JAMIN et M. BILLIAU**, *op.cit.*, n°839, pp.881-882 ; **W. DROSS**, Fasc. préc., n°133, p.35 ; **F. GRÉAU**, Fasc. préc., n°156, p.32 ; **B. STARCK**, art. préc., n°77, p.7. *Adde* :

علي كحلون، قانون التأمينات واستخلاص الديون الخاصة والعامة، مرجع سابق، ص.639. **كريمة اليعقوبي**، مذكرة سابقة، ص.134-135.

[3]**Ch. JAMIN**, *ibid.*, n°372, pp.329 et s. ; **M. COZIAN**, *ibid.*, n^os^500 et s., pp.300 et s., **J. GHESTIN, Ch. JAMIN et M. BILLIAU**, *ibid.*, n°840, pp.882-883 ; **W. DROSS**, Fasc. préc., n°131, p.34 ; **F. GRÉAU**, Fasc. préc., n^os^152 et s., p.32 ; **B. STARCK**, art. préc., n^os^110-111, p.11. *Adde* :

كريمة اليعقوبي، مذكرة سابقة، ص.129-130.

[4] Art.194 du CDR.

du maître de l'ouvrage : sous-débiteur poursuivi, mais contre ceux de l'entrepreneur[1]. Raison pour laquelle, mieux vaut, pour la rigueur scientifique, utiliser le terme « préférence ».

419. L'équilibre maintenu. L'idée de conciliation entre droit propre et droit dérivé est, semble-t-il, la clé de voûte qui permet de trouver un équilibre entre les intérêts antagonistes des extrêmes d'une action directe. Le créancier poursuivant d'un côté, le tiers poursuivi de l'autre. Parce qu'il a un droit propre, le créancier poursuivant se trouve à l'abri des exceptions postérieures à la naissance de sa créance ou à l'exercice de son action qui peuvent, au gré des cas, affecter sa créance. Il se trouve, ainsi, protégé. Parce qu'il a un droit dérivé, le créancier poursuivant peut se voir opposé toutes les exceptions antérieures. Le sous-débiteur poursuivi, tiers responsable, ne peut être assigné que sur la base et dans la mesure du contrat, source de son engagement. Ses attentes sont, dès lors, préservées.

SECTION II. LA RESPONSABILITE DU TIERS, DISPENSATEUR D'UNE SURETE PERSONNELLE

420. Les sûretés personnelles, espèce de garantie de paiement. L'inexécution des obligations nées du contrat amène, de la part des tiers, des réactions forts différentes. Parfois, le tiers offre une sûreté personnelle[2], en vertu de laquelle il s'engage, envers le créancier, à exécuter l'obligation si le débiteur n'y satisfait pas. Au gré des cas, l'engagement du tiers, dispensateur d'une sûreté personnelle, est soit l'image d'une responsabilité allégée (Paragraphe I), soit d'une responsabilité aggravée (Paragraphe II).

Paragraphe I. Une responsabilité en principe allégée : la responsabilité de la caution simple

421. La responsabilité de la caution, marque de la conception objective de l'obligation. L'article 1478 du Code des obligations et des contrats dispose que « le cautionnement est un contrat par lequel une personne s'oblige envers le créancier à satisfaire à l'obligation du débiteur, si celui-ci n'y satisfait pas lui-même »[3]. Trois précisions peuvent être apportées. D'abord, l'obligation principale cautionnée peut, certes, puiser son origine dans l'une quelconque des sources de l'obligation prévues par

---

[1] **N. REKIK**, *op.cit.*, n°496, pp.489-490. *Adde* :
إلياس ناصيف، مرجع سابق، ص.77. أنظر الموقف المخالف: **كريمة اليعقوبي**، مذكرة سابقة، ص.49.

[2] « La sûreté est une garantie…, mais toute garantie n'est pas une sûreté » : **Ph. MALAURIE, L. AYNÈS et P. CROQ**, Droit civil, Les sûretés, La publicité foncière, 6ème éd., Defrénois, 2012, n°2, pp.1-2.

[3] V. en ce sens :
أحمد بن طالب،" لمحة عن التأمينات في الفقه الإسلامي"، بكتاب دراسات في قانون التأمينات، عمل جماعي لهيئة تدريس قانون التأمينات بكلية الحقوق والعلوم السياسية بتونس تحت إشراف الأستاذ بشير المنوبي الفرشيشي، الطبعة الثانية، نشر المطبعة العصرية، 2003، ص.217 وما يليها.

l'article premier du Code des obligations et des contrats[1], mais, c'est l'obligation qui dérive d'un contrat qui nous intéresse dans ce cadre ; son inexécution appelle la réaction de la caution. Ensuite, l'obligation étant celle du débiteur, la caution qui se porte garante demeure tiers au rapport unissant le débiteur à son créancier[2] ; son engagement est une exception au principe de la relativité[3].Enfin, bien que l'obligation soit celle du débiteur, la caution est responsable. Elle est garante de la dette du débiteur. Le législateur tunisien marque ainsi son adhésion à l'acception objective de l'obligation[4]. Cette dernière n'est plus appréhendée comme un rapport de dette : *debitum*[5], mais plutôt comme un rapport de responsabilité.En conséquence, importe peu les personnes de débiteur et de créancier, ce qui importe c'est le patrimoine qui va supporter la charge de la responsabilité.

422. Le cautionnement simple, manifestation de la responsabilité allégée du tiers garant de l'inexécution du contrat. La responsabilité allégée de la caution simple peut être sous-tendue par la diversité des exceptions qui peuvent être invoquées. Certaines sont de portée générale (A), d'autres liées au caractère subsidiaire de l'engagement de la caution (B). Ces exceptions se justifient par l'impératif de protection des attentes légitimes de la caution simple, tiers garant de l'inexécution du contrat.

A. Les exceptions de portée générale

423. Ces exceptions sont dites de portée générale, parce qu'elles sont inhérentes à tout cautionnement : simple ou solidaire. Certaines tiennent à l'obligation principale cautionnée (1), d'autres au contrat de cautionnement lui-même (2).

---

[1] V. en ce sens :

سمير عبد الستار تناغو، التأمينات الشخصية والعينية، منشأة المعارف بالإسكندرية، 1986، عدد 5، ص.17.

[2]**R. DECOTTIGNIES**, Encyclopédie Dalloz, Droit civil, V. Tiers, 1976, n°48, p.5. *Adde* :

طارق الرزقي، "مسؤولية الكفيل"، بكتاب محاضرات في قانون التأمينات العينية والشخصية، عمل جماعي لهيئة تدريس قانون التأمينات بكلية الحقوق والعلوم السياسية بتونستحت إشراف الأستاذ بشير المنوبي الفرشيشي، نشر المطبعة العصرية، تونس، 2009، ص.433-434 و439. **ليليا بوستة**، "دفوع الكفيل"، بكتاب بحوث في التأمينات العينية والشخصية، عمل جماعي لهيئة تدريس قانون التأمينات بكلية الحقوق والعلوم السياسية بتونس تحت إشراف الأستاذ بشير المنوبي الفرشيشي، نشر المطبعة العصرية، تونس، 1999، ص.323. **رانية الجراية**، العلاقة بين الكفيل والمدين الأصلي في الكفالة، مذكرة لنيل شهادة الماجستير في قانون الأعمال، كلية العلوم القانونية والسياسية والاجتماعية بتونس، 2009-2010، ص.18، 34، 44 و71. **إنصاف زمزم**، إلتزام الكفيل، رسالة لنيل شهادة الدراسات المعمقة في الحقوق، شعبة القانون الخاص، كلية الحقوق والعلوم السياسية بتونس، 2000-2001، ص.12-17-20-21 و129. **نجوى الزناتي**، حماية الكفيل، مذكرة لنيل شهادة الدراسات المعمقة في قانون الأعمال، كلية الحقوق والعلوم الاقتصادية والسياسية بسوسة، 1999-2000، ص.11.

Contra : **A. RICHARD**, Le paiement de la dette d'autrui, préface de J.-B. DONNIER, PUAM, 2007, n°63, 60.

[3] V. en ce sens :

إنصاف زمزم، مذكرة سابقة، ص.20-21.

[4]Sur l'exposé de cette théorie dont BRINZ fût le principal promoteur, V. : **F.-K., COMPARATO**, Essai d'analyse dualiste de l'obligation en droit privé, Dalloz, Paris, 1963, n°s3 et s., pp.4 et s. *Adde* :

محمدالزين، مرجع سابق، عدد 13، ص.26-27. **إنصاف زمزم**، مذكرة سابقة، ص.18 إلى 23 وخاصة ص.22-23.

[5] C'est la théorie volontariste qui appréhende l'obligation uniquement comme rapport de dette : un devoir du débiteur d'accomplir une prestation au profit du créancier. Tous les moyens de contrainte utilisés par le créancier pour la satisfaction de son droit restent en dehors du rapport d'obligation. Sur la théorie volontariste de l'obligation V. **F.-K., COMPARATO**, *ibid.*, n°2, p.2 et s.

1. Les exceptions tenant à l'obligation principale cautionnée

424. Le cautionnement est un engagement par essence accessoire. Le caractère accessoire est un caractère fondamental du cautionnement. Cette qualité est de son essence[1]. Elle « signifie l'existence d'une obligation principale garantie, et une interdépendance entre celle-ci et l'obligation de la caution »[2]. En raison de cette qualité, le régime juridique du cautionnement se trouve amplement affecté par le sort de l'obligation principale cautionnée. L'article 1502 du Code des obligations et des contrats sous-tend cette idée. Il dispose que « La caution peut opposer au créancier toutes les exceptions tant personnelles que réelles qui appartiennent au débiteur principal (…). Elle peut même opposer les exceptions qui sont exclusivement personnelles à ce dernier… ». L'article 1512 du Code des obligations et des contrats, qui exprime l'unicité de la dette le confirme[3]. Il en découle que pour se défausser de la responsabilité, la caution peut invoquer soit la nullité (a), soit l'extinction de l'obligation principale cautionnée (b).

a. L'exception de nullité de l'obligation principale cautionnée

425. L'accessoire ne peut exister sans son support. L'article 1482, alinéa premier, du Code des obligations et des contrats dispose que « le cautionnement ne peut exister que sur une obligation valable ». Et l'article 1512 duditCode d'ajouter que « toutes les causes qui produisent la nullité (…) de l'obligation principale éteignent le cautionnement »[4]. La nullité excipée de la dette cautionnée peut être absolue, au sens de l'article 325 du Code des obligations et des contrats, ou relative au sens de l'article 330 dudit Code. Ainsi, précise l'article 1502 du Code des obligations et des contrats, la caution peut se prévaloir des vices affectant le consentement du débiteur cautionné. Elle peut opposer l'incapacité personnelle de ce dernier, ajoute ledit article, alors même que « le débiteur principal s'y oppose ou y renonce ». Cettedisposition, imprégnée par un esprit protecteur de la caution,

---

[1] V. art.1478, 1482, al. premier et 1490 du COC. **A. JELLOULI**, « L'extinction du cautionnement », RTD, 2001, p.275 ; **J. TABOUBI**, « L'anéantissement du cautionnement », infos-juridiques, déc. 2010, n[os]102/103, p.24. **M. CABRILLAC** et **Ch. MOULY**, Droit des sûretés, 7ème éd., Litec, 2004, n°59-1, p.53. **L. AYNÈS et P. CROCQ**, Les sûretés, La publicité foncière, 6ème éd., Defrénois, 2012, n°122, p.28 ; **Ph. SIMLER**, Cautionnement, Définition, critère distinctif et caractères, J.-Cl. civil, Art.2288 à 2320, Fasc.10, 18 janv. 2013, LexisNexis, 2013, n°61, p.24 ; Cass. civ. n°3305 en date du 28 oct. 2004, Bull. civ., 2004, 2ème partie, p.183 ; Cass. civ. n°14509 en date du 22 mai 2002, Bull. civ., 2002, 2ème partie, p.165 ; Cass. civ. n°16063 en date du 10 mai 2002, RJL, 2002, n°9, p.195 (partie en langue arabe). *Adde* :

علي كحلون، قانون التأمينات واستخلاص الديون الخاصة والعامة، منشورات مجمع الأطرش للكتاب المختص، 2011، ص.521. **علي كحلون**، "عقد الكفالة بمجلة الإلتزامات والعقود"، م. ق. ت.، 2014، عدد 6، ص.22-23. **ليليا بوستة**، "خصائص الكفالة"، م. ق. ت.، 2008، عدد 9، ص.98 وما يليها، عدد 8 وما يليه.

[2] **S. MELLOULI**, « L'évolution des sûretés personnelles au cours du 20ème siècle : une évolution de caractère », RTD, 1999, p.306 ; **Ph. SIMLER** et **Ph. DELEBECQUE**, Droit civil, Les sûretés, La publicité foncière, 5ème éd., Dalloz, 2005, n°47, p.39.

[3] **S. MELLOULI**, art. préc., p.307.

[4] L'art.1482, al. premier, n'est qu'une application particulière de l'art.326, al. premier, du COC. V. en ce sens :

نجوى الزناتي، مذكرة سابقة، ص.56 وما يليها.

est tempérée par l'alinéa second de l'article 1482 du Code des obligations et des contrats qui dispose que « néanmoins, on peut cautionner une obligation contractée par l'une des personnes énumérées en l'article 6, dans le cas où cette obligation est valable, d'après le présent code ». L'obligation de celui dont la capacité est limitée au sens de l'article 6 du Code des obligations et des contrats est valable dans trois hypothèses. D'abord, précise l'article 13 duditCode, à raison de l'accomplissement de l'obligation par l'autre partie, jusqu'à concurrence du profit qu'il en a tiré. Ensuite, lorsqu'il a confirmé son engagement à l'âge de majorité ou lorsque ses actes ont été approuvés par le père, tuteur ou curateur ainsi que par l'autorisation spéciale du juge compétent[1]. Enfin, en vertu de son émancipation[2]. Dans ces hypothèses, la caution demeure obligée.

b. L'exception d'extinction de l'obligation principale cautionnée

426. L'extinction de la dette principale emporte, par ricochet, extinction de la dette de la caution[3]. L'article 1512 du Code des obligations et des contrats l'exprime formellement. Il s'ensuit que, pour se soustraire de la responsabilité, la caution peutinvoquer toutes les causes d'extinction de la dette principale prévues par l'article 339 duditCode. La perte de la personnalité morale du débiteur principal cautionné est une cause particulière qui peut être ajoutée.

427. L'extinction de l'obligation principale cautionnée par les causes de droit commun. L'extinction, par ricochet, de l'engagement de la caution peut se produire par ou sans la satisfaction du créancier[4].

428. L'extinction par ricochet du cautionnement par la satisfaction du créancier. La satisfaction du créancier peut être directe ou indirecte.

La satisfaction directe du créancier a lieu par le paiement[5]. Pour qu'il en soit ainsi, on exige que ce dernier ait été effectué par le débiteur principal ou par un tiers qui ne peut être subrogé dans les droits du créancier. À défaut, la caution demeure obligée. L'article 227 du Code des obligations et des contrats le confirme. Par ailleurs,seul le paiement intégral emporte extinction du cautionnement. Mais rien n'empêche la caution,précise la Cour de cassation le 21 avril 2006[6], d'exciper d'un paiement partiel. La caution ne sera libérée, dans ce cas, qu'à due concurrence.

---

[1] V. art.156, al. second, du CSP, 8, al. second, et 15 du COC.

[2] V. sur l'émancipation judiciaire : art.11 du COC, 158 et 159 du CSP. V. sur l'émancipation légale : art.153, al. second, du CSP. *Adde* :
علي كحلون، قانون التأمينات واستخلاص الديون الخاصة والعامة، منشورات مجمع الأطرش للكتاب المختص، 2011، ص.537-538 و539. **محمد كمال شرف الدين**، مرجع سابق، عدد 224، ص.223-224 و225.

[3] **A. JELLOULI**, « L'extinction du cautionnement », art. préc., pp.277 et s.

[4] **Ph. SIMLER et Ph. DELEBECQUE**, *op.cit.*, n^os^230 et s., pp.202 et s.

[5] **D. LEGEAIS**, Sûretés et garanties du crédit, 8ème éd., LGDJ, 2011, n^os^197-198, pp.183-184.

[6] Cass. civ. n°2005-7378 en date du 21 avr. 2006 (inédit) :
" إن المعقبة (الدائن الأصلي وكفيلان من بين عدة كفلاء) تمسكت لدى محكمة القرار المنتقد بتسليمها المعقب ضده كمبيالات في نطاق الحساب الجاري مسحوبة على حرفائها إلا أنه لم يخصمها من حجم المديونية الأمر الذي يستدعي إجراء الحساب بين الطرفين في خصوص تلك المديونية".

La satisfaction indirecte du créancier se réalise, d'abord, par la dation en paiement[1]. Le créancier accepte, alors, de recevoir, en guise de paiement, une chose différente de celle convenue initialement[2]. L'article 1521 du Code des obligations et des contrats prévoit la pérennité de l'extinction du cautionnement, alors même que la dation en paiement s'est avérée inefficace. Ceci se justifie par le fait que la caution n'a pas à supporter le risque du changement du mode d'exécution décidé entre le débiteur et son créancier[3].

L'extinction se réalise, ensuite, par la compensation[4]. Par application de l'article 1515, alinéa premier, du Code des obligations et des contrats, la caution peut s'en prévaloir. L'extinction se réalise, par ailleurs, par la confusion[5]. L'article 1518, alinéa premier, dispose que « la confusion qui s'opère entre le créancier et le débiteur principal libère la caution ». Tel est le cas, s'agissant de personnes physiques, lorsque le débiteur est l'héritier du créancier. En cas de pluralité d'héritiers, « la caution, précise le même alinéa, sera déchargée jusqu'à concurrence de la part du débiteur ». S'il s'agit de personnes morales, la confusion s'opère de la fusion des sociétés créancière et débitrice, résultant de l'absorption de l'une par l'autre ou la création d'une société nouvelle.

L'extinction se réalise, enfin, par la novation[6]. L'article 1517 du Code des obligations et des contrats précise que « la novation opérée à l'égard du débiteur principal libère les cautions à moins qu'elles n'aient consenti à garantir la nouvelle créance ». L'effet extinctif de la novation interdit de reporter la garantie sur l'obligation nouvelle. C'est là une application du principe de la liberté contractuelle. La caution qui veut s'engager à garantir la nouvelle obligation doit le manifester expressément[7].

429. L'extinction par ricochet du cautionnement sans satisfaction du créancier. Cette extinction peut avoir lieu, d'abord, par l'impossibilité d'exécution de l'obligation principale cautionnée. L'article 345 du Code des obligations et des contrats exige à cet effet, que la prestation qui en fait l'objet devienne impossible naturellement ou juridiquement, sans le fait ou la faute du débiteur et avant qu'il soit en demeure. Dans ces conditions, la caution peut exciper l'extinction de son obligation par accessoire. En revanche, lorsque l'impossibilité de l'exécution est générée par la faute de la caution, cette dernière demeure responsable alors même qu'aussi bien

---

[1]V. art.1521 du COC. *Adde* sur la question :

نجوى الزناتي، مذكرة سابقة، ص.60 وما يليها.

[2]**D. LEGEAIS**, *op.cit.*, n°199, p.184.

[3] **A. JELLOULI**, art. préc., pp.281-282.

[4] L'art.369 du COC, dispose que « la compensation s'opère lorsque les parties sont réciproquement et personnellement créancières et débitrices l'une de l'autre ».

[5] Il y a confusion, précise l'art.382 du COC « lorsque les qualités de créancier et de débiteur d'une même obligation se réunissent dans la même personne ».

[6] V. art.357 du COC ; **D. LEGEAIS**, *ibid.*, n°200, p185.

[7]**A. JELLOULI**, art. préc., pp.284-285.

l'obligation du débiteur principal que la sienne accessoire sont éteintes. La caution s'érige en débiteur principal responsable à l'égard du créancier[1].

Le créancier peut, ensuite, décider de réduire la dette de son débiteur. Une telle remise libère les cautions, prévoit l'article 1516 du Code des obligations et des contrats[2]. La règle se justifie par le principe selon lequel la caution ne peut être tenue plus sévèrement que le débiteur principal[3]. Pour que la remise de dette emporte extinction de l'obligation de la caution, il faut qu'elle soit totale. À défaut, la caution reste engagée pour le reliquat[4].

L'article 1520 du Code des obligations et des contrats dispose que « la prescription accomplie en faveur du débiteur principal s'étend à la caution »[5]. Cette dernière peut s'en prévaloir encore que le débiteur principal y renonce[6]. La même solution est réitérée pour le cas de la résiliation volontaire de l'obligation cautionnée[7].

430. L'extinction de l'obligation principale cautionnée par une cause particulière. La caution peut être déchargée, en cas de perte de la personnalité morale du débiteur principal cautionné. Il en est ainsi, en cas de fusion ou de scission de la société[8]. À cet effet, l'article 421, alinéa deux, du Code des sociétés commerciales dispose que « Lorsqu'une créance se trouve garantie par un cautionnement, la caution doit manifester expressément sa volonté de transférer ou de ne pas transférer son cautionnement au profit de la société à constituer par l'effet de la fusion ». Une doctrine estime que, lorsque la caution s'est abstenue, le cautionnement sera transmis avec les créances garanties à la société nouvellement constituée[9]. On ne partage pas cette opinion dans la mesure où « l'engagement de la caution doit être exprès

---

[1]V. sur la question :

عبد الرزاق أحمد السنهوري، الوسيط في شرح القانون المدني، ج.10، التأمينات الشخصية والعينية، منشورات الحلبي الحقوقية، بيروت- لبنان، 1998، فقرة 91، ص.230.

[2] V. aussi art.1502, *in fine*, du COC.

[3] V. art.1490 du COC.La même règle justifie que la transaction opérée entre le créancier et le débiteur et qui comporte souvent une réduction de dette profite à la caution. : V. art.1458- 1467 et 184 du COC. En ce sens : **A. JELLOULI**, art. préc., p.290.

[4]V. sur la question :

نجاة البراهمي، إسقاط الدين في مجلة الإلتزامات والعقود، مذكرة لنيل شهادة الدراسات المعمقة في القانون الخاص، كلية الحقوق والعلوم السياسية بتونس، 1992-1993، ص.171-172.

[5]*Contra* : l'art.390 du COC relatif à la garantie par un gage ou une hypothèque : « La prescription n'a pas lieu, lorsque l'obligation est garantie par un gage ou par une hypothèque ».

[6] V. art.1502 et 387 du COC.

[7] V. art.339 et 414 et 418, al. premier, du COC. *Adde* : **A. JELLOULI**, art. préc., pp.287-288.

[8]L'art.411 du CSC définit la fusion. L'art.428 dudit Code définit la scission. En cas de transformation des sociétés (art.436 du CSC), le cautionnement demeure. En ce sens :

عماد مميش، نجاعة الكفالة: قراءة في تبعية التزام الكفيل، م. ن. ج.، 2010، ص.80 وما يليها.

[9]V. en ce sens :

أحمد العويني، " إندماج الشركات وانقسامها "، م. ق. ت.، 2001، عدد 9، ص.148.

Une doctrine estime que les dettes cautionnées avant la fusion ne sont pas visées par l'art.421, al. second, du CSC. V. en ce sens : **H. JMAL FARJALLAH**, La protection des tiers à travers le régime de la fusion des sociétés commerciales, Thèse pour le Doctorat en Droit Privé, FDS, 2013-2014, n^{os}368 à 374, pp.264 à 269. *Adde* :

هاجر الفطناسي، "إندماج الشركات التجارية"، الأحداث القانونية التونسية، كلية الحقوق والعلوم السياسية بتونس، منشورات مجمع الأطرش للكتاب المختص، 2012، عدد 22، ص.145-146.

et ne se présume point »[1] ; caractère *intuitu personae* du cautionnement exige.

2. Les exceptions tenant au contrat de cautionnement

431. Deux moyens de défense tirés du contrat de cautionnement peuvent être mis à contribution par la caution, pour se soustraire à la responsabilité. Le premier tient à la nullité dudit contrat (a), le second à son extinction (b).

a. L'exception de nullité du contrat de cautionnement

432. Nullité du cautionnement : spécificités. L'article 2 du Code des obligations et des contrats énumère les quatre conditions de validité, qui sont de l'essence de toute obligation et, par conséquent, de tout cautionnement. Leur défaut est, dès lors, sanctionné par la nullité du contrat. La matière pourrait n'être que de transposition. Néanmoins, étant un engagement lourd de conséquences, le contrat de cautionnement revêt, dans ce cadre, plusieurs spécificités[2]. Ceci se justifie d'autant plus qu'il est un contrat par essence gratuit[3].

Au niveau du consentement[4], l'engagement de la caution doit être précis. On ne peut, dès lors, le déduire d'une promesse de cautionnement[5]. Le consentement donné à un cautionnement doit être aussi exprès. C'est ce qui découle de l'article 1485 du Code des obligations et des contrats. La Cour de cassation le confirme[6]. Étant un contrat consensuel, le législateur n'exige aucune formule spéciale pour exprimer le consentement de la caution[7].

---

[1] Art.1485 du COC. V. en ce sens :
لطفي النفطي، "حماية الدائنين في اندماج الشركات التجارية"، م. ت. ق.، 2008، عدد 59، ص.252-253. **بلقاسم كريد**، "الكفالة بالمال وتحوير الشركات التجارية"، دراسات قانونية، كلية الحقوق بصفاقس، 2004، عدد 11، ص.49-50. **عماد مميش**، مرجع سابق، ص.88-89 و90. ق. ت. م. عدد 23407 مؤرخ في 21 ماي 2003، ن. م. ت.، 2003، ص.231.

[2] V. en ce sens :
نجوى الزناتي، مذكرة سابقة، ص.15 وما يليها.

[3] V. art.1493, al. premier, du COC. Lorsque le contrat conclu entre la caution et le créancier prévoit une stipulation de rétribution, il sera qualifié de contrat d'assurance de crédit. La règle prévue par l'art.1493, *in fine*, du COC concerne plutôt les rapports entre débiteur et caution. V. en ce sens :
نبيل إبراهيم سعد، التأمينات العينية والشخصية، دار المعرفة الجامعية، الإسكندرية، 1982، عدد 251، ص.253-254.

[4] Sur les vices pouvant affecter le consentement de la caution, V.:
رانية الجراية، مذكرة سابقة، ص.37 إلى 39.

[5] V. art.1486 du COC.

[6] Cass. civ. n°2008-23302 en date du 30 janv. 2009 (inédit) :
" حيث إقتضى الفصل 1485 من م. إ.ع. أنه يجب أن تكون الكفالة بلفظ صريح لا بالإحتمال. وحيث تبين أن عقد الكفالة موضوع النزاع تضمن كفالة شخصية ومطلقة إذ جاء به بصريح العبارة في خصوص المعقب ضده أصرح بموجب هذا الكتب أني أضمن وأكفل مع ما يترتب على ذلك من تضامن مطلق".

Adde : Cass. civ. n°5849 en date du 21 oct. 1998 (inédit) :
" وحيث أن الكفالة تكون بصفة صريحة وليست بالدلالة وبذلك فإن تصريح المعقب عليه الثاني '' أنا ضامن عملية بيع السيارة" لا يمكن أن يشمل كامل نشاط الشركة ضرورة أن الفصل 1479 من م. إ. ع. إقتضى أن الضمان لا يكون إلا في القدر الذي عينه ...".

[7] V. art.1479 et 1483 du COC. En ce sens : Cass. civ. n°21756 en date du 18 juin 2003, Bull. civ., 2003, 2ème partie, p.151. *Adde* :
علي الجلولي، "مراعاة مصلحة الدائن في الكفالة"، بكتاب محاضرات في قانون التأمينات العينية والشخصية، عمل جماعي لهيئة تدريس قانون التأمينات بكلية الحقوق والعلوم السياسية بتونس تحت إشراف الأستاذ بشير المنوبي الفرشيشي، نشر المطبعة العصرية، تونس، 2009، ص.419. **ليليا بوستة**، "خصائص الكفالة"، مقال سابق، عدد 26، ص.111-112.

L'essentiel est que cet engagement soit non équivoque. La Cour de cassation le confirme[1].

Au niveau de la capacité, l'article 1480, alinéa premier, du Code des obligations et des contrats exige la capacité d'aliéner à titre gratuit. La caution doit, dès lors, être âgée de 18 ans révolu[2]. Et l'alinéa second d'ajouter que « le mineur ne peut se porter caution, même avec l'autorisation de son père ou tuteur, s'il n'a aucun intérêt dans l'affaire qu'il garantit ». On en déduit que, le mineur pourvu de discernement peut se porter caution lorsque la preuve de son intérêt est rapportée. Il n'est pas nécessaire que cet intérêt soit matériel. Ceci se justifie parfaitement, dans la mesure où le cautionnement est un acte par essence gratuit. L'intérêt moral suffit, dès lors, pour déclarer son engagement valable[3]. En tout état de cause, le cautionnement, souscrit par l'incapable, doit être approuvé par le père, tuteur ou curateur ainsi que par autorisation spéciale du juge compétent[4]. Une autre restriction est apportée par l'article 1481 du Code des obligations et des contrats. On en déduit que les héritiers peuvent excipés de la nullité de l'engagement de leur *de cujus* consenti pendant sa dernière maladie lorsque l'étendue de son engagement dépasse le tiers de ses biens[5].

Au niveau de la cause, le cautionnement, étant un contrat unilatéral[6], la caution ne reçoit aucune contrepartie du créancier. Il est, donc, vain de rechercher une cause objective de l'engagement de la caution[7]. Il semble qu'on ne peut envisager d'avoir recours à la cause qu'au sens subjectif,

---

[1] Cass. civ. n°2008-25912 en date du 21 mai 2009 (inédit) :
" وحيث طالما كانت عبارات كتب الإتفاق المبرم بين أطراف النزاع... والطلب الذي وجهه الطاعن إلى المعقب ضدها الثانية... المتصلة بإلتزام الطاعن حمالة أوجه متعددة وتستدعي التأويل فهي بذلك غير صريحة ولا تستجيب لشروط الكفالة الواردة بالفصل 1485 المذكور".

[2] Le mineur émancipé de plein droit (art.153 du CSP), a pleine capacité pour cautionner. Lorsque son émancipation est judiciaire (art.11 du COC, 158 et 159 du CSP), on exige pour dispenser la caution des autorisations requises par la loi que le jugement d'émancipation énonce la possibilité de conclure un cautionnement.

[3] V. en ce sens :
الطاهر العبيدي، الكفالة في القانون المدني، مذكرة ختم تربص بالمعهد الأعلى للقضاء، 1993-1994، ص.11. أنظر الموقف المخالف:
علي كحلون، مرجع سابق، ص.525-526.

[4] V. art.156, al. second, du CSP, art.8 al. second et 15 du COC.

[5] Il s'agit d'une nullité relative dans la mesure où l'art.1481 du COC prévoit que les héritiers peuvent consentir au cautionnement donné par le malade pendant sa dernière maladie au-delà du tiers de ses biens. Or, il va sans dire que la confirmation est le propre des actes annulables (art.337-338 du COC). *Contra* : une doctrine qui y voit un acte « maoukouf ». V. en ce sens :
محمدالزين، مرجع سابق، عدد 248، ص.203.

[6] V. en ce sens :
ليليا بوستة، "خصائص الكفالة"، مقال سابق، عدد 33 و ما يليه، ص.117-118.

[7] D'aucuns estiment que l'engagement de la caution comporte une cause objective consistant dans le crédit accordé au débiteur par le créancier. V. en ce sens :
علي كحلون، مرجع سابق، ص.535-536.
C'est là une confusion entre la contrepartie économique et les mobiles d'un acte.
L'effacement de la cause objective est tel que des auteurs considèrent que le cautionnement est un acte abstrait : « L'obligation abstraite est l'obligation envisagée en elle-même, c'est-à-dire dans sa source première : *lavolonté* de celui qui s'oblige, indépendamment des raisons qui l'ont, *in concreto*, conduit à s'obliger. L'obligation abstraite est donc celle qui existe, qui vaut par la seule volonté de celui s'oblige » : **H. DE PAGE**, L'obligation abstraite en droit interne et en droit comparé, BRUYLANT, Bruxelles, 1957, p.29.

c'est-à-dire en tant que motif impulsif et déterminant introduit dans le champ contractuel. Cependant, la doctrine se refuse à admettre que la disparition des mobiles qui ont pu inciter une caution à s'engager soit une cause d'annulation du cautionnement. Le contrôle de l'existence de ces motifs ne doit pas persister au-delà de la formation du contrat[1]. Ainsi, le changement de la situation matrimoniale de la caution[2] ou de sa situation professionnelle n'a aucune incidence sur l'efficacité du cautionnement[3]. La Cour de cassation le confirme le 29 mars 2006. Elle a décidé que le départ de l'associé n'affecte en rien l'engagement de la caution à l'égard de la société débitrice[4]. L'engagement de la caution demeure, alors même que le débiteur principal est décédé[5].

Au niveau de l'objet, la liberté contractuelle est limitée dans le cadre du cautionnement. L'article 1490 du Code des obligations et des contrats consacre la règle, selon laquelle la caution ne peut être tenue plus sévèrement que le débiteur principal[6]. Ceci se justifie par le caractère accessoire de l'engagement de la caution[7].

b. L'exception d'extinction du contrat de cautionnement

433. Extinction du cautionnement : spécificités. L'extinction du cautionnement peut se produire directement, abstraction faite de l'effet

---

[1] **A. JELLOULI**, art. préc., pp.307-308 . Le contrôle portera seulement sur les motifs de la caution et du créancier, à seule fin de vérifier leur licéité : **M. CABRILLAC** et **Ch. MOULY**, *op.cit.*, n°99, pp.85-86 ; **H. CAPITANT**, De la cause des obligations, 1927, réimpression 2012, Éditions La Mémoire du Droit, Paris, n°31, pp.76 et s. et n°184, pp.412 et s. ; **R. TENDLER**, « Le cautionnement, reine éphémère des sûretés ? », D.S., 1981, chron., p.130. *Adde* :
عماد مميش،مرجع سابق، ص.78-79. **إنصاف زمزم**، مذكرة سابقة، ص.30 إلى 54 وخاصة ص.52-53 و54. **رانية الجراية**، مذكرة سابقة، ص.23 إلى 26. **فاطمة القلسي**، "دور السبب الشخصي في العقود"، دراسات قانونية، كلية الحقوق بصفاقس، 2014، عدد 21، ص.293-321.

[2] **J.-M. OLIVIER**, « La caution et sa famille », LPA., 1986, n°50, p.23, spéc. n°15, p.26 ; **P. BLOCH**, « L'extinction du cautionnement », Études Juridiques, FDS, 2001, n°8, pp.238-239. *Adde* :
علي الجلولي، "مراعاة مصلحة الدائن في الكفالة"، مقال سابق، ص.423.

[3] **Ph. SIMLER**, « Le juge et la caution, excès de rigueur ou excès d'indulgence », JCP éd. N, 1986, I, p.169. *Contra* : **D. DANET**, « Le dirigeant et l'omnibus », RTD com., 1994, pp.177-178 et 179.

[4] Cass. civ. n°2005-6019 en date du 29 mars 2006 (inédit), cité par **R. JARRAYA**, mémoire préc., (en langue arabe), p.31 :
" وحيث ولئن كان فقدان صفة الشريك في الشركة المكفولة كما هو الشأن في قضية الحال لا يترتب عنه إلغاء الكفالة إن وجدت وضمان نفس الدين من طرف كفيل آخر سواء كان شريكا أم لا، لا يمكن أن يكون إلا توثقة إضافية لنفس الدين".

[5] V. art.1497, 3) du COC.

[6] La Cour de cassation a décidé que cette règle concerne le principal de la dette et non les intérêts exigés en raison du retard du débiteur d'honorer la créance objet du cautionnement : Cass. civ. n°2386 en date du 09 nov. 2005, Bull. civ., 2005, p.127.

[7] V. en ce sens :
ليليا بوستة، "خصائص الكفالة"، مقال سابق ، عدد 15، ص.102.
Lorsque le contrat de cautionnement prévoit un engagement qui excède ce qui est dû par le débiteur d'aucuns défendent la nullité absolue du contrat de cautionnement. V. en ce sens :
عادل البراهمي، نظام الرجوع في إطار الكفالة، مذكرة للإحراز على ديبلوم الدراسات المعمقة في القانون الخاص، كلية الحقوق والعلوم السياسية بتونس، 1989-1990، ص.12.
D'autres postulent pour la nullité partielle du contrat de cautionnement (art.326-327 du COC). Seule la partie qui excède l'engagement du débiteur principal sera frappée de nullité. V. en ce sens :
نجوى الزناتي، مذكرة سابقة، ص.25-26 و27. **عماد مميش**، مرجع سابق، ص.130 وما يليها.

réflexe de la disparition de l'obligation principale garantie[1]. C'est ce qu'on peut constater de l'article 1513 du Code des obligations et des contrats. Le contrat de cautionnement peut s'éteindre par l'une quelconque des causes ordinaires d'extinction des obligations[2], ainsi que par des causes particulières[3]. En raison de leurs particularités ce sont ces dernières qui retiendront notre attention.

434. Les causes particulières d'extinction du cautionnement. Ces causes peuvent être liées notamment au comportement fautif du créancier[4]. Plusieurs illustrations peuvent l'étayer. D'abord, la caution sera libérée, en cas de demeure du créancier à réclamer l'exécution de l'obligation devenue exigible[5]. Elle le sera, ensuite, en cas de prorogation du terme accordé par le créancier au débiteur, alors même que ce dernier était solvable[6]. Une autre illustration de la faute du créancier peut être de nature à alléger la responsabilité de la caution. En effet, l'article 243 du Code des obligations et des contrats met à la charge des parties contractantes une obligation de loyauté[7]. La Cour de cassation a trouvé dans cette disposition un fondement pour mettre à la charge du créancier une obligation d'information[8]. Les bénéficiaires de cautionnements ne pouvaient, donc, échapper à cette évolution de notre droit des contrats. Ils doivent informer la caution sur l'ampleur de ses engagements[9]. La Cour d'appel de Sfax semble être

---

[1]**A. JELLOULI**, « L'extinction du cautionnement », art. préc., p.292.

[2] Sur les causes ordinaires, V. art.1514, 1515, al. second, 1516 et 1518, al. deux, du COC. Pour ce qui est de la prescription, l'art.1520 prévoit que « L'interruption de la prescription à l'égard du débiteur principal s'étend à la caution ». D'aucuns estiment que par cette disposition le législateur exprime une certaine rigueur quant à l'engagement de la caution. Cette rigueur se manifeste à la lecture de l'art.186, al. second, du COC applicable au codébiteur solidaire. Ce dernier, à la différence de la caution, ne peut opposer la suspension et l'interruption de la prescription à l'égard de l'un des débiteurs solidaires. V. en ce sens :

ليليا بوستة، "دفوع الكفيل"، مقال سابق، ص.344.

D'autres estiment plutôt que la règle de l'art.1520, *in fine*, n'est qu'une application de la règle de l'accessoire ayant pour but d'assurer l'efficience du cautionnement. En ce sens :

عماد مميش، مرجع سابق، ص.155 إلى 158.

Sur l'extinction du cautionnement par la résiliation volontaire, V. : Cass. civ. n°2012-71857 en date du 23 sept. 2013 (inédit) :

" وحيث يؤخذ من أحكام الفصلين (241 و1513 من م.إ.ع.) أنه يمكن لطرفي عقد الكفالة اشتراط أي شرط لإبراء ذمة الكفيل وأن ذلك الشرط يقوم مقام القانون بينهما".

[3]**A. JELLOULI**, art. préc., pp.293 et s.

[4]**D. LEGEAIS**, « La faute du créancier, moyen de défense de la caution poursuivie », LPA, 1997, n°28, p.4. **L.AYNÈS et P. CROCQ**, *op.cit.*, pp.121 et s.

[5]V. art.1504 du COC.

[6]V. art.1519, *in fine*, du COC. Le créancier commet dans ce cas une faute puisque la situation du débiteur peut s'aggraver entre temps, ce qui diminuera les chances de remboursement de la caution : **S. MELLOULI**, art. préc., p.308. V. en ce sens :

عماد مميش، مرجع سابق، ص.550 إلى 569.

[7]V. en ce sens :

المنصف زغاب، "مبدأ الأمانة في تنفيذ العقود"، م. ق. ت.، 2006، عدد 10، ص.89.

[8] Cass. civ. n°2008-24186 en date du 16 fév. 2009 (inédit), cité par **R. JARRAYA**, mémoire préc., (en langue arabe), p.37 :

" وحيث أن تحديد نطاق العقد لا يقتصر على ما صرح به بل يتعداه ليشمل كل الإلتزامات الناشئة عن العرف أو الإنصاف أو القانون عملا بأحكام الفصل 243 من المجلة المدنية. وفي هذا الصدد فإن الإعلام والإرشاد وواجب إسداء النصح والمساعدة هي إلتزامات محمولة على الطرف القوي لتحقيق سلامة تنفيذ العقد بدون حصول أضرار لأي من الطرفين".

[9]V. en ce sens :

engagée dans cette voie. Elle a retenu la faute de la banque créancière, pour décharger la caution. Cette faute, précise la Cour, consiste dans l'absence d'information du fidéjusseur sur la situation obérée de la société débitrice[1].

Lorsque le créancier prive, par sa faute, la caution du bénéfice de subrogation, on se demande si la caution sera dans ce cas déchargée de sa dette de garantie. Rappelons que, la caution qui acquitte la dette de garantie est subrogée de plein droit dans les droits et sûretés, dont bénéficiait le créancier[2]. Si le créancier ne préserve pas le recours subrogatoire de la caution, en raison de sa négligence, voire de sa mauvaise foi en dilapidant les sûretés et garanties dont il bénéficiait à l'égard du débiteur principal, en négligeant, par exemple, d'inscrire une sûreté ou d'en renouveler l'inscription ou en donnant mainlevée d'une sûreté inscrite, il affaiblit ainsi les chances de remboursement de la caution. Est-ce que dans ces conditions, le créancier peut encore exiger le paiement de la caution ? Ce dernier ne peut-il pas exciper de l'extinction de sa dette de garantie en raison de la conduite fautive du créancier ?

Le législateur tunisien est muet sur la question[3]. La Cour de cassation est venue pallier cette carence. Elle a décidé qu'il existe un principe général, selon lequel le garant, en l'occurrence la caution, est déchargé de la dette de garantie, s'il établit que la subrogation est rendue impossible par la faute du créancier, voire par sa simple négligence[4]. La Cour suprême a fondé sa position sur les articles 1498, alinéa second et 226 du Code des obligations et des contrats.

Quant au fondement puisé dans l'article 1498 du Code des obligations et des contrats, relatif au bénéfice de discussion, la doctrine estime qu'il est difficile d'assimiler une exception péremptoire, en l'occurrence le bénéfice

---

الطاهر العبيدي، مذكرة سابقة، ص.115. **نجوى الزناتي**، مذكرة سابقة، ص.36-37 38. **علي الجلولي**، "مراعاة مصلحة الدائن في الكفالة"، مقال سابق، ص.415. **عماد مميش**، مرجع سابق، ص.244 وما يليها.

[1]Cour d'appel de Sfax, arrêt n°21828 en date 06 nov. 1996 (inédit) :

" وحيث بقي البنك المستأنف ضده الأول مدة تسع سنوات كاملة دون الإتصال بالكفلاء أو إعلامهم بظروف الشركة أو مطالبتهم بالأداء...".

Pour une autre illustration de l'exécution de bonne foi du contrat de cautionnement : T.P.I., Jugement civil n°69048 en date du 09 fév. 1991 (inédit), cité par **A. BRAHMI**, chronique de jurisprudence, RJL, 1992, n°6, pp.60 et s. (en langue arabe).

V. sur l'obligation d'information de la caution en droit français : **D. LEGEAIS**, Sûretés et garanties du crédit, *op.cit.*, n^{os}299 et s., pp.274 et s. ; **Y. PICOD**, « L'évolution de l'obligation d'information de la caution pendant l'exécution du contrat », *in* Études offertes au Doyen Ph. SIMLER, Dalloz-Litec, 2006, p.395 ; **J. DJOUDI**, « La sanction de l'obligation d'information annuelle de la caution », RDBF, mai-juin, 2007, p.61 ; **A. CERLES**, « Le point sur la protection de la caution personnelle », RDP, 2003, n°117, pp.54-55 et 56. *Adde* :

عماد مميش، مرجع سابق، ص.227-228.

[2]V. art.226, 3) et 1509 du COC.

[3] L'exception tirée de la perte du bénéfice de subrogation est cependant formellement prévue dans le domaine des assurances. V. art.21, al. deux, du CA.

[4]Cass. civ. n°4221 en date du 16 mai 1944, RJL, 1960, n^{os}9-10, p.149 (partie en langue arabe).En ce sens :**Ph. SIMLER et Ph. DELEBECQUE**, *op.cit.*, n^{os}259 et s., pp.233 et s. *Adde* :

عادل البراهمي، مذكرة سابقة، ص.69 إلى 74. **نجوى الزناتي**، مذكرة سابقة، ص.80. **علي الجلولي**، "مراعاة مصلحة الدائن في الكفالة"، مقال سابق، ص.415. **عماد مميش**، مرجع سابق، ص.567-568 و569.

de subrogation, à une exception rien que dilatoire à l'instar du bénéfice de discussion[1].

En revanche, il semble que le fondement, tiré de l'article 226 du Code des obligations et des contrats, est plus défendable. En effet, ledit article reconnaît, dans son alinéa 3, à la caution le bénéfice de la subrogation légale. Cette subrogation ajoute, l'article 228 du Code des obligations et des contrats, « est régie quant à ses effets, par les principes établis aux articles 200-203-204-205-206-213 ci-dessus ». L'article 213 du Code des obligations et des contrats prévoit que, au même titre que le cédant, le créancier doit garantir à la caution l'existence de la créance au temps de la cession et ses accessoires tels que les privilèges et les autres droits, qui étaient attachés à la créance, et ce lorsque la subrogation est à titre onéreux. Ce caractère se vérifie pour la subrogation de la caution reconnue en contrepartie de la dette acquittée. La subrogation requiert, dès lors, la garantie de l'article 213, 3) du Code des obligations et des contrats. Le Tribunal de première instance de Sfax, approuvé par la Cour d'appel, le confirment[2].

B.Les exceptions liées au caractère subsidiaire de l'engagement de la caution simple

435. Le caractère subsidiaire. Le cautionnement simple garde une place importante dans la typologie des cautionnements. Ce type offre, en effet, à la caution, outre le caractère accessoire, toutes les protections d'une obligation subsidiaire. Il ne faut pas confondre dans ce cadre « accessoire » et « subsidiaire ». Si le premier renvoie à l'état de dépendance, le second met, plutôt, en exergue l'idée de rang dans les poursuites. « L'engagement subsidiaire est [en effet] celui qui ne peut être mis en jeu qu'en second, après le principal »[3]. Il permet à la caution simple de mettre à contribution deux

---

[1]V. en ce sens :

ليليا بوستة، "دفوع الكفيل"، مقال سابق، ص.347.

[2]T.P.I.de Sfax, Jugement n°6417 en date du 23 nov. 2010 (inédit) :

" وحيث تتكامل أحكام الفصل 226 من م.إ.ع. الوارد في باب حلول الغير محل الدائن والذي أثبت حق الحلول للكفيل ولتحديد النظام القانوني لهذا الحق إقتضى الفصل 228 من نفس المجلة أن ... . وبالرجوع إلى الفصل 213 نجده ينص على أن ... . حيث وتطبيقا لهذا النص على دعوى الحلول وبإحالة من الفصل 228 من م.إ.ع. فإن الدائن يكون مجبرا تجاه الكفيل على ضمان وجود الدين وقت الحلول وتوابعه كالإمتيازات وغيرها من الحقوق المتعلقة بالدين إذا كان الحلول بعوض وبما أن اكتساب الكفيل للحق في الحلول يكون مقابل خلاصه للدين المكفول فإن هذا الحلول أضحى حلولا بعوض يستوجب ضمان الدائن.... وحيث وإزاء تهاون وتقصير المدعية في اقتضاء دينها فإنه يحق للمدعى عليها الدفع بتعذر الحلول والمقصود به الدفع ببراءة ذمة الكفيل إزاء الدائن لتعذر الحلول فيما له من حقوق وضمانات للدين المكفول لتسببه في ضياعها أو في تضاؤل فرص استخلاص الدين بصفة محسوسة خاصة أن الفصل 213 من م.إ.ع. وضع على كاهل الدائن واجب ضمان وجود الدين وقت الحلول وتوابعه وإمكانية استيفائه تبعا لذلك".

Adde : Cour d'appel de Sfax, arrêt n°43644 en date du 16 janv. 2012 (inédit) :

" وحيث إزاء تعذر حلول المستأنف ضدها محل الدائن بفعل هذا الأخير وبتقصير منه فقد ضيع عليها ضماناتها ومنع حصول الحلول بصفة مفيدة. وحيث أن حكم البداية كان في طريقه لما اعتبر أن المستأنفة قد فوتت على الكفيلة (المستأنف ضدها) إمكانية ممارسة دعوى الحلول على المدينة الأصلية لاستخلاص مبلغ الدين المكفول مما يجعل قيامها الحالي إستنادا إلى عقد الكفالة قد صده الدفع بتعذر الحلول".

On a pu aussi fonder ce moyen de défense sur le principe de loyauté dans l'exécution des contrats : V. art.243 du COC. En ce sens : **S. BETANT-ROBERT**, « La décharge de la caution par application de l'article 2037 », RTD civ., 1974, n°9, p.313. On a pu le fonder aussi sur les attentes légitimes de la caution qui, au moment de son engagement, a compté sur les sûretés qui garantissaient la créance : **A. JELLOULI**, art. préc., p.298.

[3]**M. CABRILLAC et Ch. MOULY**, *op.cit.*, n°71, p.62. *Adde* :

ليليا بوستة، "خصائص الكفالة"، مقال سابق، عدد 20، ص.105.

types d'exception. La première dite de discussion (1), la seconde plutôt de division (2).

1. Le bénéfice de discussion

436. Le bénéfice de discussion. La caution ne paie que si le débiteur principal est défaillant[1]. Elle a la possibilité de contraindre le créancier à poursuivre d'abord le débiteur, à saisir ses biens, avant decontinuer les poursuites contre elle. C'est le bénéfice de discussion[2]. Prévu par l'article 1498 du Code des obligations et des contrats, ce bénéfice nécessite la réunion de certaines conditions (a) et permet de produire certains effets (b).

a. Les conditions du bénéfice de discussion

437. Dualité des conditions. La mise en œuvre du bénéfice de discussion nécessite la réunion de deux types de condition. Le premier ayant trait à la caution, le second au débiteur principal.

438. Conditions ayant trait à la caution. Étant prévu dans l'intérêt de la caution, le bénéfice de discussion, doit être invoqué par ce dernier. Le juge ne peut l'invoquer d'office. Le bénéfice de discussion peut, par ailleurs, être soulevé à n'importe quelle étape de la poursuite. C'est ce qu'on peut déduire de la version arabe de l'article 1498 du Code des obligations et des contrats, qui précise, dans son présupposé, que la caution dispose de ce droit « dès la réclamation » du créancier. Formulée en termes généraux, cette expression doit être entendue dans le même sens. La caution peut, dès lors, invoquer le bénéfice de discussion dès le déclenchement des poursuites judiciaires, voire au stade de l'exécution[3].

Pour exciper du bénéfice de discussion, l'article 1499, 1) du Code des obligations et des contrats exige que la caution n'ait pas « renoncé formellement à l'exception de discussion ». La Cour de cassation le confirme[4]. Comme le bénéfice de discussion est un moyen de défense incompatible avec l'essence de la solidarité, le même alinéa exige que la caution ne soit pas engagée solidairement avec le débiteur principal.

---

[1] La défaillance peut être constatée suite à une mise en demeure infructueuse. Nul besoin d'intenter une action en justice pour la prouver. V. en ce sens :

علي كحلون، "عقد الكفالة بمجلة الإلتزامات والعقود"، مقال سابق، ص.50-51.

[2]**L.AYNÈS et P. CROCQ**, *op.cit.*, n°144, p.47.

[3]V. en ce sens :

علي كحلون، مرجع سابق، ص.552 و555. **ليليا بوستة**، "دفوع الكفيل"، مقال سابق، ص.351 وما يليها. **نجوى الزناتي**، مذكرة سابقة، ص.82-83. **عادل البراهمي**، مذكرة سابقة، ص.55 وما يليها.

Contra : une doctrine qui estime que ce moyen de défense ne peut être invoqué qu'avant l'étape de l'exécution. V. en ce sens :

عماد مميش، مرجع سابق، ص.495.

Contra : ceux qui estiment que ce moyen ne peut être invoqué qu'au stade de l'exécution : Cass. civ. n°21756 en date du 18 juin 2003, préc. *Adde* :

عبد الرزاق أحمد السنهوري، الوسيط في شرح القانون المدني، ج.10، مرجع سابق، عدد48، ص.118-119.

[4] Cass. civ. n°2007-12991 en date du 29 déc. 2007 (inédit) :

" وحيث أخطأت المحكمة حين إعتبرت المعقب كفيلا بالتضامن إستنادا إلى أن ما صرح به محاميه هو إسقاط صريح على معنى الفصل 1499 فقرة أولى من م. إ.ع. كما أنه لا يعتبر إقرارا في حق منوبه وغير ملزم له طالما لا وجود لما يفيد مصادقته عليه بصفة صريحة".

L'article 1498, alinéa premier, duditCode ajoute que la caution doit désigner les biens du débiteur principal sauf si « le créancier possède un droit de gage ou de rétention sur un bien meuble du débiteur ». Dans ce cas, précise l'article 1498, *in fine*, « il devra se payer sur cet objet, à moins qu'il ne soit affecté à la garantie d'autres obligations du débiteur, et qu'il soit insuffisant à les payer toutes ».

439. Conditions ayant trait au débiteur principal. L'article 1498, alinéa premier, du Code des obligations et des contrats prévoit que le débiteur principal doit être titulaire de certains biens. Cette condition est en harmonie avec l'exception prévue à l'article 1499 3), selon laquelle « la caution ne peut demander la discussion du débiteur principal :... 3) lorsque le débiteur principal est en état de déconfiture notoire ou d'insolvabilité déclarée ». La Cour suprême le confirme[1]. Ces biens, précise l'article 1498, alinéa premier, doivent être « susceptibles d'exécution », c'est-à-dire faciles à saisir. Trois restrictions au bénéfice de discussion ont trait à cette condition. D'abord, il faut que ces biens « soient situés en Tunisie »[2]. Ensuite, il ne faut pas qu'ils soient « litigieux, ou grevés d'hypothèques qui absorbent une grande partie de leur valeur, ou évidemment insuffisants pour désintéresser le créancier, ou bien encore lorsque le débiteur n'a sur les biens qu'un droit résoluble »[3]. Enfin, lorsque « les poursuites et l'exécution contre le débiteur principal sont devenues notablement plus difficiles, par suite du changement de résidence ou de domicile de ce dernier, ou de son établissement industriel, depuis la continuation de l'obligation »[4]. Dans cette dernière hypothèse, la caution déchue du bénéfice de discussion peut, en vertu de l'article 1503, 3) du Code des obligations et des contrats, exercer un recours anticipé, « afin d'être

---

[1] Cass. civ. n°38147 en date du 12 déc. 1995 (inédit) :
" إن أحكام الفقرة الثالثة من الفصل 1499 م.م. لا تجيز للكفيل إحالة الدائن على تتبع مكاسب المدين الأصيل إذا كان عدمه (عسره) مشهورا أو ثبت إفلاسه بحكم قضائي كما هو وضع المدين الأصيل في هذه القضية".

Adde :
حاتم بن عبد الحميد الرواتبي، "مفهوم الإعسار"، بكتاب'' محاضرات في قانون التأمينات العينية والشخصية''، عمل جماعي لهيئة تدريس قانون التأمينات بكلية الحقوق والعلوم السياسية بتونس تحت إشراف الأستاذ بشير المنوبي الفرشيشي، نشر المطبعة العصرية، 2009، ص.290 إلى 295، ص.307-308 و318. **عماد مميش**، مرجع سابق، ص.497-498.

[2] Art.1498, al. premier, du COC.

[3] Art.1499, 4) du COC. L'expression « évidemment insuffisants » ne signifie pas que les biens du débiteur doivent couvrir l'intégralité de ses dettes. Elle signifie que ces biens sont tellement insignifiants pour satisfaire le créancier, ce qui justifie que la caution ne serait pas admise au bénéfice de discussion. *Adde* :
رانية الجراية، مذكرة سابقة، ص.47-48.

Dire que les biens soient « litigieux » ne signifie pas nécessairement qu'ils font l'objet d'une instance en cours. Il suffit qu'il existe des circonstances de nature à faire prévoir des contestations judiciaires sérieuses sur le fond même du droit. Ainsi en est-il lorsqu'il y a un possesseur qui entend évincer le débiteur avant qu'une action en justice ne soit encore intentée. V. en ce sens l'art.202, al. second, du COC. *Adde* :
نبيل إبراهيم سعد، مرجع سابق، عدد 292، ص.315.

[4] Art.1499, 2) du COC. L'art.7 du CPCC définit le domicile. V. sur la question :
علي الجلولي، "المقر في القانون التونسي"، م. ق. ت.، 1983، عدد 7، ص.19.

déchargée de son obligation »[1] à l'égard du créancier. Le législateur a, ainsi, repris au créancier d'une main ce qu'il lui a donné de l'autre.

b. Les effets du bénéfice de discussion

440. Suspension des mesures d'exécution etnon des mesures conservatoires. Quand la caution excipe du bénéfice de discussion, « il sera sursis, précise l'article 1498, alinéa second, du Code des obligations et des contrats, aux poursuites contre la caution, jusqu'à la discussion des biens du débiteur principal ».

Lorsque le bénéfice de discussion est invoqué au stade des poursuites judiciaires, il permet à la caution poursuivie par le créancier, avant que le débiteur n'ait été lui-même poursuivie, de faire suspendre provisoirement les poursuites, en invitant le créancier à saisir les biens du débiteur principal[2].

Lorsque le bénéfice de discussion est invoqué au stade de l'exécution de la décision, c'est à titre de difficulté provisoire relative à l'exécution qu'il sera appréhendé[3].

Certes, le bénéfice de discussion entraîne la suspension des mesures d'exécution entreprises contre la caution. Néanmoins, ce moyen de défense n'a aucune incidence sur les mesures conservatoires que le créancier entend entreprendre et *a fortiori* qu'il a entreprises contre la caution[4]. Dès lors, pour préserver ses droits à l'égard de la caution, le créancier peut toujours exercer l'action paulienne, l'action oblique, une saisie-arrêt[5], une saisie

---

[1] Bien que le législateur s'est exprimé en termes généraux, l'expression « afin d'être déchargée de son obligation » ne signifie pas que toutes les possibilités sont permises pour la caution afin d'être déchargée de l'obligation de garantie. Certes, la caution peut contraindre le débiteur au paiement de la dette entre les mains du créancier, il peut aussi le contraindre à lui donner un gage ou une sûreté suffisante. Mais rien ne justifie que le débiteur engagé uniquement envers le créancier soit contraint de s'acquitter entre les mains de la caution. V. en ce sens :
عماد مميش، مرجع سابق، ص.100-101.أنظر الموقف المخالف: **نجوى الزناتي**، مذكرة سابقة، ص.105 وما يليها وخاصة ص.108.

[2] Certes les biens doivent être désignés par la caution, mais rien n'empêche le débiteur principal de saisir des biens non désignés par elle. Rien ne l'oblige en revanche. Cette faculté connaît, cependant, une limite. Le créancier doit saisir certains biens alors même qu'ils n'ont pas été désignés par la caution. C'est ce qui ressort de l'art.1498, *in fine*, du COC qui prévoit que « si le créancier possède un droit de gage ou de rétention sur un bien meuble du débiteur, il devra se payer sur cet objet, à moins qu'il ne soit affecté à la garantie d'autres obligations du débiteur, et qu'il soit insuffisant à les payer toutes ». L'art.1498, *in fine*, a trait au bénéficie de discussion réelle. Son domaine se rapportant au gage ainsi qu'au droit de rétention, n'a pas empêché la Cour de cassation de l'étendre à l'hypothèque dans le dessein de protéger davantage la caution : Cass. civ. n°975 en date du 06 oct. 2004, Bull. civ., 2004, 2ème partie, p.375.

[3] V. Art.211 (nouveau) du CPCC. *Adde* :
ليليا بوستة، "دفوع الكفيل"، مقال سابق، ص. 352 وص.362-363. **طارق الرزقي**، مقال سابق، ص.449. **أحمد بن طالب**، "إستحقاق المعقول"، م. ق. ت.، 1995، ص.90 وما يليها. **علي كحلون**، "عقد الكفالة بمجلة الإلتزامات والعقود"، مقال سابق، ص.64.

[4] Art.1498, al. second, du COC.V. sur la question :
علي الجلولي، "مراعاة مصلحة الدائن في الكفالة"، مقال سابق، ص.427.

[5] Compte tenu que les poursuites engagées contre le débiteur, peuvent s'étaler sur une période assez importante, alors que les procédures de la saisie-arrêt doivent, à peine de nullité, être observées pendant une période assez courte (art.335 du CPCC), l'efficacité de cette mesure engagée contre la caution est semble-t-il limitée.

conservatoire[1] ou une opposition conservatoire sur les biens immatriculés de la caution[2].

2. Le bénéfice de division

441. Le bénéfice de division. En présence de plusieurs cofidéjusseurs, l'article 1500 du Code des obligations et des contrats offre à la caution une parade : le bénéfice de division. En vertu de ce moyen, la caution a la possibilité « d'obliger le créancier à ne la poursuivre que pour sa part dans la dette »[3]. C'est le principe, lequel principe admet des exceptions.

442. Principe de division des recours. Lorsque plusieurs cautions se sont engagées, le créancier doit en principe poursuivre chacune pour sa part et donc diviser ses recours. Le bénéfice de division, précise l'article 1500 du Code des obligations et des contrats, suppose la réunion de plusieurs conditions. D'abord, il suppose l'existence de plusieurs cautions, avec cette précision qu'elles doivent être personnelles. En effet, il va sans dire que la caution réelle, tenue à concurrence du bien mis en garantie, ne peut invoquer le bénéfice de division. Ensuite, le bénéfice de division suppose que les cautions aient garanti la même dette. Ainsi, la caution ne peut invoquer, à défaut d'unité de la dette, le bénéfice de discussion pour obtenir la division des poursuites entre lui-même et sa propre caution, dite certificateur. Par ailleurs, il suppose l'unité du débiteur cautionné. En effet, en présence de codébiteurs solidaires d'une même dette, chacun ayant présenté sa propre caution, le créancier n'a pas à diviser ses recours et la caution ne peut invoquer le bénéfice de division. Enfin, la dette doit être garantie par le même acte. C'est là une présomption permettant d'induire que chaque cofidéjusseur n'entend s'engager qu'à concurrence de sa portion dans la dette garantie[4]. Cependant, rien n'empêche qu'une caution engagée par un acte séparé d'invoquer le bénéfice de division lorsqu'elle s'est arrogée ce droit dans son engagement[5].

Lorsque ces conditions sont réunies, la division s'effectue de plein droit. Elle peut être alléguée à n'importe quelle étape de la poursuite. À défaut, le juge devrait l'invoquer d'office. De surcroît, et à la différence de son

---

[1] Le législateur prévoit la conversion de la saisie conservatoire en saisie-arrêt à l'expiration d'un délai de 20 jours (art.390 et 287 du CPCC). La brièveté de ce délai minimise les chances de protection du créancier contre la caution. V. pour esquiver cette difficulté, la proposition de :

عادل البراهمي، مذكرة سابقة، ص.61-62. أنظر في خصوص حدود هذا الموقف : **نجوى الزناتي**، مذكرة سابقة، ص.88.

[2]V. sur la question :

حاتم الرواتبي، الحماية القانونية للدائن العادي، مرجع سابق، عدد 30 و ما يليه، ص.65 وما يليها.

[3]**Ph. SIMLER et Ph. DELEBECQUE**, *op.cit.*, n°184, p.166. **L.AYNÈS et P. CROCQ**, *op.cit.*, n°142, p.46.

[4]V. sur la question :

نبيل إبراهيم سعد، مرجع سابق، عدد 301، ص.324.

[5]V. sur la question :

سمير عبد الستار تناغو، مرجع سابق، عدد 33، ص.84-85.

homologue français[1], notre législateur ne permet pas au créancier de faire supporter aux cofidéjusseurs la part de la caution insolvable. Ce risque sera supporté par le créancier.

443. Exceptions à la division des recours. Le créancier peut, exceptionnellement, poursuivre, pour le tout l'une quelconque des cautions, sans avoir à diviser ses recours. L'article 1500 du Code des obligations et des contrats prévoit à cet effet que la solidarité n'a lieu entre cautions que « si elle a été stipulée, ou lorsque le cautionnement a été contracté séparément par chacune des cautions pour la totalité de la dette[2], ou lorsqu'il constitue un acte de commerce de la part des cautions ».

444. L'équilibre préservé. Plusieurs moyens de défense sont mis au service de la caution simple pour se défausser de la responsabilité. Les attentes légitimes de ce dernier se trouvent alors préservées. Les prévisions du créancier ne sont, en rien, déjouées. Étant simple, l'engagement de la caution lui permet d'invoquer le bénéfice de discussion, voire de division. Compte tenu de la portée de son engagement, sa responsabilité se trouve ainsi allégée. Tel ne semble pas être le cas lorsqu'elle est aggravée.

Paragraphe II. Une responsabilité exceptionnellement aggravée

445. La rigueur de la responsabilité du tiers, garant de l'inexécution d'un contrat, peut se manifester dans le cadre du cautionnement et ce, en dépit de son caractère accessoire (A). Elle atteint son apogée, lorsque la garantie offerte par le tiers se débarrasse de ce caractère. C'est ce que nous offre l'une des manifestations de l'évolution des sûretés personnelles, à savoir la garantie à première demande (B).

A.Une responsabilité aggravée dans le cadre du cautionnement

446. Deux illustrations peuvent étayer la rigueur de la responsabilité du tiers garant de l'inexécution d'un contrat. La première se rapporte au cautionnement solidaire (1). La seconde tient au cautionnement dans le cadre des procédures collectives (2)[3].

---

[1] L'art.2303, al. second, du C.civ.fr. dispose que « Lorsque, dans le temps où une des cautions a fait prononcer la division, il y en avait d'insolvables, cette caution est tenue proportionnellement de ces insolvabilités ; mais elle ne peut être recherchée à raison des insolvabilités survenues depuis la division ».

[2] La doctrine estime qu'il ne s'agit pas, dans cette hypothèse, d'un cas de solidarité. La pluralité des contrats, donc des sources de l'engagement, fait plutôt parler d'obligation conjointe ou de concert. V. en ce sens :

خليفة الخروبي، قانون مدني، التأمينات العينية والشخصية، منشورات مجمع الأطرش للكتاب المختص، تونس، 2014، عدد 161، ص.135.

[3] On peut même emprunter à l'engagement de la caution réelle une autre manifestation de la responsabilité aggravée de la caution. « La caution réelle est une personne qui affecte un de ses biens à la garantie de la dette d'autrui, au moyen d'une constitution de gage ou d'hypothèque : elle est une caution, car elle garantit la dette d'une autre personne » : **A. WEILL**, Droit civil, Les sûretés, La publicité foncière, Dalloz, 1977, p.6 ; **M. CABRILLAC et Ch. MOULY**, *op.cit.*, n°35, p.33 ; **D. LEGEAIS**, *op.cit.*, n°78, p.77 ; **V. TACCHINI LAFOREST**, « À propos du régime juridique du cautionnement réel », LPA, 2000, n°71, p.4 ; **F. GRUA**, « Le cautionnement réel », JCP éd. G, 1984, I, 3167, n°s 2 et 29.

1. La responsabilité aggravée de la caution solidaire

447. L'engagement de la caution solidaire peut prendre plusieurs formes (a). Il produit des effets sur l'engagement de la caution (b).

a. Les formes de la solidarité dans l'engagement de la caution

448. La solidarité avec le débiteur principal. Elle est prévue par l'article 1495 du Code des obligations et des contrats. Lorsque le cautionnement est civil, leditarticle exige que la solidarité soit expressément stipulée[1]. Plusieurs formules peuvent être prévues[2]. Le cautionnement simple, étant le principe, celui qui soutient qu'il est solidaire doit en apporter la preuve. Par application du principe de l'interprétation stricte de l'étendue de l'engagement de la caution, en cas de doute, l'obligation de la caution s'interprète dans le sens qui lui est plus favorable[3].

Le cautionnement peut aussi avoir une coloration commerciale. Il peut être commercial par nature au sens de l'article 2 du Code de commerce. Il en est ainsi lorsqu'il est souscrit par une banque ou un établissement financier[4]. Le cautionnement peut, aussi, être commercial par accessoire au sens de l'article 4 du Code de commerce. Il en est ainsi lorsqu'il est souscrit par un commerçant pour les besoins de son activité professionnelle[5]. La solidarité

Le législateur tunisien n'utilise pas expressément l'expression « caution réelle » ou « cautionnement réel ». Néanmoins, il connaît cette sûreté. C'est ce qu'on peut déduire implicitement de l'art.201 du CDR qui fait allusion au tiers agissant dans l'intérêt du débiteur. La Cour de cassation le confirme : Cass. civ. n°16063 en date du 10 mai 2002, RJL, 2002, n°9, p.195 (partie en langue arabe).V. aussi les art.228, 230, 238 et 247 du CDR : « tiers bailleur du gage » ; et l'art.226, 4) du COC qui évoque celui qui sans être tenu personnellement de la dette « a fourni le gage ou l'hypothèque » : En ce sens :

ليليا بوستة، الكفالة العينية، مذكرة للإحراز على شهادة الدراسات المعمقة في العلوم الجنائية، كلية الحقوق والعلوم السياسية بتونس، 1996-1997، ص. 13 إلى 17.

La caution réelle se voit la responsabilité aggravée que son engagement soit simple ou solidaire. Plusieurs arguments permettent de le corroborer. D'abord, la caution réelle ne peut pas invoquer le bénéfice de discussion. (art.304 du CPCC). En ce sens :**M. CABRILLAC et Ch. MOULY**, *op.cit.*, n°322, p.256 ; **TACCHINI LAFOREST**, *ibid.*, n^os^17-18, pp.8-9. *Adde* :

عليكحلون، مرجع سابق، ص.553-554. **ليليا بوستة**، مذكرة سابقة، ص.137-138 و139.

Ensuite, elle ne peut pas invoquer les exceptions qui sont exclusivement personnelles au débiteur telles que la remise de la dette faite à la personne du débiteur, sa capacité limitée ou son consentement vicié (art.248 du CDR). En ce sens : **TACCHINI LAFOREST**, *ibid.*, n°19, p.9.*Adde* :

ليليا بوستة، مذكرة سابقة، ص.88-89 و90.

Enfin, son engagement au su du débiteur ne se prescrit pas (art.390 du COC). V. en ce sens :

ليليا بوستة، مذكرة سابقة، ص.132-133.

[1] En ce sens : art.174 du COC. V. en ce sens : Cass. civ. n°2007-19470 en date du 10 juill. 2008 (inédit) : " حيث إنه خلافا لما إدعته نائبة الطاعن فإن منوبها ليس مجرد كفيل للمدينة الأصلية وإنما هو كفيل متضامن بصريح عبارة عقد الكفالة وتسميته« Acte de caution solidaire » : ".

[2] V. en ce sens :

إنصاف زمزم، مذكرة سابقة، ص.72:"الإلتزام بالكل" أو "كل واحد للكل". **رانية الجراية**، مذكرة سابقة، ص.53. **علي كحلون**، مرجع سابق، ص.528-529.

[3] Art.521, 522 et 529 et 1490 du COC. V. en ce sens :

عماد مميش، مرجع سابق، ص.203 وما يليها وخاصة ص.207.

[4] Art.2 et 4 de la loi n°2016-48 du 11 juill. 2016, relative aux banques et aux établissements financiers, JORT n°58 du 15 juill. 2016, p.2195.

[5] **D. LEGEAIS**, *op.cit.*, n°69, p.69 ; **M. CABRILLAC et Ch. MOULY**, *op.cit.*, n^os^74 et s., pp.64 et s. ; **L.AYNÈS et P. CROCQ**, *op.cit.*, n^os^231 et s., pp.92 et s. V. en ce sens : Cass. civ. n°29598 en date du 1er mars 2004. *Adde* :

étant présumée en matière commerciale[1], l'article 1495 du Code des obligations et des contrats conclut en toute logique que le cautionnement commercial est solidaire de plein droit.

449. La solidarité entre cofidéjusseurs. Elle est prévue par l'article 1500 du Code des obligations et des contrats. Elle peut être conventionnelle ou légale. Lorsqu'elle est conventionnelle, la solidarité entre cautions doit être expressément mentionnée. Elle peut aussi se vérifier, lorsque chaque caution s'est engagée, par un acte séparé, pour la totalité de la dette. La solidarité entre cautions peut aussi être un effet de la loi. Il en est ainsi lorsque le cautionnement constitue un acte de commerce de la part des cautions.

b. Les effets de la solidarité sur l'engagement de la caution

450. Le cautionnement solidaire : un mélange de cautionnement accessoire et de solidarité. Le législateur s'est contenté, quant aux effets du cautionnement solidaire, de renvoyer dans une brève incidente de l'article 1495, *in fine*, du Code des obligations et des contrats, aux règles de la solidarité entre codébiteurs responsables d'une même dette. Ce renvoie ne doit, cependant, pas dissimuler l'esprit de l'engagement de la caution, accessoire par essence[2]. En fait, la solidarité en matière de cautionnement évite seulement les bénéfices de division et de discussion. La nature du cautionnement n'est en rien altérée[3]. Le cautionnement solidaire est, dès lors, un mélange de cautionnement accessoire et de solidarité, qui aurait tendance à mettre la caution sur le même plan que le débiteur principal.

451. L'engagement de la caution solidaire : un engagement primaire et intégral. La solidarité ôte à la caution le caractère subsidiaire de son engagement. Envers le créancier, la caution solidaire perd les bénéfices de discussion et de division. L'absence du bénéfice de discussion signifie que la caution ne peut renvoyer le créancier à agir en premier contre le débiteur principal. Elle doit donc acquitter la dette dès la première réclamation. L'absence du bénéfice de division signifie qu'en cas de pluralité de cautions, celle qui est choisie pour acquitter la dette ne peut réclamer sa division entre les différents cofidéjusseurs[4]. L'avantage pour le créancier est certain. Il n'a

---

عماد مميش، مرجع سابق، ص.506 إلى 523. **رانية الجراية**، مذكرة سابقة، ص.21-22 و23. **إنصاف زمزم**، مذكرة سابقة، ص.66 وما يليها.

Le cautionnement peut aussi être commercial par la forme. Il en est ainsi lorsqu'il prend la forme d'un aval d'une lettre de change (art.268 du CC). Mais ce type de cautionnement ne nous intéresse pas dans la mesure où la caution garantit ici un effet de commerce et non un contrat.

[1] Art.175 du COC.

[2] **Ph. SIMLER et Ph. DELEBECQUE**, *op.cit.*, n°47, p.39. *Adde* :
ليليا بوستة، دفوع الكفيل، بكتاب بحوث في التأمينات العينية والشخصية، عمل جماعي لهيئة تدريس قانون التأمينات بكلية الحقوق والعلوم السياسية بتونس تحت إشراف الأستاذ بشير المنوبي الفرشيشي، نشر المطبعة العصرية، تونس، 1999، ص.326 إلى 329. **عماد مميش**، مرجع سابق، ص.482 وما يليها.

[3] **G. MARTY, P. RAYNAUD et Ph. JESTAZ**, Les sûretés, La publicité foncière, 2ème édition, SIREY, 1987, n°572, p.573 ; **M. CABRILLAC et Ch. MOULY**, *op.cit.*, n°327, p.259.

[4] **S. MELLOULI**, art. préc., p.311.

pas à diviser ses recours. Il peut se retourner contre l'un quelconque des coobligés pour l'intégralité de la dette. L'article 176 du Code des obligations et des contrats le confirme et la jurisprudence l'entérine[1]. Le renforcement de l'engagement de la caution solidaire est tel, que la Cour de cassation a décidé qu'elle ne peut même pas invoquer le bénéfice de discussion réelle[2].

452. L'engagement de la caution solidaire : un engagement accessoire. Deux conséquences en découlent. D'une part, la caution peut toujours invoquer les exceptions inhérentes à la dette cautionnée. D'autre part, le conflit entre les dispositions régissant la solidarité entre codébiteurs responsables et celles applicables en matière de cautionnement solidaire se résout par application des règles relatives au cautionnement[3]. Cela dit, bien que l'article 178 du Code des obligations et des contrats prévoie que le débiteur solidaire « ne peut opposer les exceptions qui sont purement personnelles à un ou plusieurs de ses codébiteurs », la caution peut par application de l'article 1502 duditCode « opposer les exceptions qui sont exclusivement personnelles à ce dernier ». Dans la même veine, même si l'article 182 du Code des obligations et des contrats prévoit que, lorsque le

---

[1] Cass. civ. n°2011-59168 en date du 03 avr. 2012 (inédit) :
" كما أمضى زيادة على ذلك على كتب كفالة تضامنية مستقل وتخلى هذا الأخير صراحة عن التمتع بالدفوع المأخوذة من قسمة الإلتزامات والنقاش".
Adde :Cass. civ. n°2008-24187 en date du 03 mars 2009 (inédit) ; Cass. civ. n°2008-27896 en date du 24 sept. 2008 (inédit) :
" وحيث أنه من جهة أخرى فإن محكمة القرار المطعون فيه لما كيفت كفالة الطاعن الآن بكونها تضامنية كان تكييفها صحيحا لأنها علاوة على كونها من جانب الكفيل عملا تجاريا طبق مقتضيات الفصل 1495 م. إ. ع. فإن عقد الكفالة قد نص صراحة على أنها كفالة تضامنية وهي بذلك تجري عليها الأصول المتعلقة بالإلتزامات المتضامن فيها المدينون وهي بالتالي تكون محكومة بما إقتضاه الفصل 174 وما بعده من م.إ.ع.".
Adde : Cass. civ. n°2007-19470 en date du 10 juill. 2008 (inédit), préc. :
" وحيث أن الطاعن كفيل متضامن مع المدينة الأصلية وتنطبق عليه أحكام التضامن بوجه عام وقد خول الفصل 176 من م. إ.ع. للدائن الخيار في الرجوع على المدينين المتضامنين كل على حدة ... وحيث أن الكفيل المتضامن مع المدين الأصلي مسؤول عن كل الدين كالكفيل العادي ولكنه يختلف عنه في أن الدائن يستطيع أن يرجع عليه بكل الدين قبل أن يرجع على المدين، فالدائن إذا مخير إن شاء رجع على المدين وإن شاء رجع على الكفيل المتضامن، وإذا رجع على أحدهما فإن ذلك لا يمنعه من الرجوع على الآخر وترك الرجوع على الأول وللدائن كذلك الرجوع عليهما معا في وقت واحد".
Adde : Cass. civ. n°2005-6535 en date du 17 mars 2006 (inédit) :
" حيث طالما أن الطاعن قد ضمن شخصيا في خلاص ديون المدين الأصلي وبالتضامن معه فإنه يترتب عن ذلك للدائن الخيار في توجيه الطلب ضد الكفيل وفق أحكام الفصل 1495 من م. إ. ع. وقد نص الفصل 1499 من م. إ. ع. أنه ليس للكفيل أن يحيل الغريم على تتبع مكاسب المدين إذا كان إلتزامه بالخيار مع المدين الأصلي. وتأسيسا على ذلك فإن الدائن يحق له توجيه طلبه ضد الكفيل الذي ليس له أن يحيل الدائن على تتبع مكاسب المدين".

[2] Cass. civ. n°975 en date du 06 oct. 2004, préc. V. en ce sens : Cour d'appel de Tunis, arrêt n°8974 en date du 30 mars 1994 (inédit) :
" وحيث أن للدائن الخيار في إستخلاص دينه من الكفلاء أو عبر إستصفاء المرهون (قامت المدينة الأصلية برهن أصل تجاري) طالما أن الكفالة بالتضامن مع المدين الأصلي".
Adde : Cour d'appel de Tunis, arrêt n°73020 en date du 09 fév. 1988 (inédit), cité par **A. BRAHMI**, chronique de jurisprudence, préc., p.65.
Contra :
عادل البراهمي، "حولية فقه قضاء في الكفالة بالمال"، سالفة الذكر، ص.69.

[3] Ceci se justifie d'autant plus que l'art.1495, *infine*, du COC se rapporte aux seuls effets du cautionnement solidaire. Quant aux causes d'extinction de l'engagement de la caution, fut-il solidaire, elles demeurent régies par des règles spéciales prévues par un chapitre III intitulé : « De l'extinction du cautionnement » : **Ph. SIMLER**, Cautionnement, Différentes sortes de cautionnement, J.-Cl. civil, Art.2288 à 2320, Fasc.15, 18 fév. 2013, LexisNexis, 2013, n°23, p.10 ; **Ph. SIMLER**, Le cautionnement, Litec, Paris, 1982, n°350, p.351. *Adde* :
طارق الرزقي، "مسؤولية الكفيل"، بكتاب محاضرات في قانون التأمينات العينية والشخصية، نشر المطبعة العصرية، تونس، 2009، ص.460-461 و462 . **عادل البراهمي**، مذكرة سابقة، ص.46 وما يليها وخاصة ص.50-51 و52.

créancier a expressément déclaré ne vouloir renoncer à sa dette qu'au profit de l'un des coobligés, les autres n'en bénéficient pas ; la renonciation consentie au profit du débiteur principal profite à la caution, en raison du caractère accessoire de sa dette. La même démarche vaut pour la prescription. Les règles de l'article 1520 du Code des obligations et des contrats l'emportent sur celles prévues par l'article 186, alinéa second.

2. La responsabilité aggravée de la caution dans le cadre des procédures collectives

453. Prévalence de l'esprit de garantie sur le caractère accessoire de l'engagement de la caution dans le contexte des procédures collectives. L'article premier de la loi n°95-34 du 17 avril 1995, relative au redressement des entreprises en difficultés économiques[1], prévoit que « le régime de redressement tend essentiellement à aider les entreprises qui connaissent des difficultés économiques à poursuivre leurs activités,à y maintenir les emplois et à payer leurs dettes ». La loi n°36-2016 du 29 avril 2016, relative aux procédures collectives[2], abrogeant la loi du 17 avril 1995, a maintenu l'article premier, désormais article 413 (nouveau) du Code de commerce. Seule l'expression « essentiellement » a été « neutralisée »[3]. Parmi les mesures entreprises pour atteindre ses objectifs, la loi du 29 avril 2016 prévoitla suspension des poursuites individuelles, l'échelonnement des dettes, leur remise, l'arrêt du cours des intérêts et des pénalités de retard. Ces prérogatives doivent, en principe, s'étendre à la caution de l'entreprise en raison du caractère accessoire de son engagement. Pourtant, dans le contexte des procédures collectives, la finalité du cautionnement doit l'emporter sur son caractère accessoire. L'engagement de la caution pourrait, dès lors, être maintenu alors même que l'entreprise a bénéficié d'un report (a), voire d'une remise de ses dettes (b).

a. La privation de la caution du report des dettes de l'entreprise

454. Le caractère accessoire de l'engagement de la caution, prévu par l'article 1502 du Code des obligations et des contrats, est atténué dans le cadre de la loi du 17 avril 1995. Cette tendance a été maintenue dans le cadre

---

[1] JORT n°33 du 25 avr. 1995, p.792. Cette loi est modifiée par la loi n°99-63 du 15 juill. 1999 (JORT n°57 du 16 juill. 1999, p.1175), puis par la loi n°2003-79 du 29 déc. 2003 (JORT n°104, du 30 déc. 2003, p.3713).

[2] La loi du 29 avr. 2016 a, par ailleurs, abrogé le « Livre IV » du CC et l'a remplacé (Art.1er de la loi du 29 avr. 2016). La version française de la loi du 29 avr. 2016 n'est pas encore publiée au JORT. C'est la version arabe qui est actuellement disponible. V. JORT n°38 en date du 10 mai 2016, p.1724.

V. les précisions apportées par les dispositions transitoires : art.13, 14 et 15 de la loi du 29 avr. 2016.

[3] **N. BRAHMI ZOUAOUI**, « La loi n°2016/36 du 29 avril 2016 relative aux procédures collectives (Etude comparative entre le droit tunisien et le droit français) », infos-juridiques, juin 2016, n°s222/223, pp.16 à 21, spéc. p.19. L'auteur ajoute une autre innovation qui tient à la forme de l'art.415 du CC, comparée à celle de l'art.1er de la loi du 17 avr. 1995. La nouvelle forme s'oppose, aux dires de l'auteur, à toute idée de classement des objectifs qu'aurait inspiré l'ancien texte.

de la loi du 29 avril 2016. Aussi bien la suspension des procédures d'exécution que l'échelonnement des dettes, dont bénéficie l'entreprise en difficultés, ne s'étendent pas nécessairement au tiers qui a cautionné ses dettes.

455. Privation de la caution de la suspension des procédures d'exécution. La suspension des procédures d'exécution, tendant au recouvrement des créances antérieures, est une mesure qui peut être mise à contribution dans le cadre du redressement des entreprises en difficultés, au stade du règlement amiable[1]. Ladite mesure se produit de plein droit, au cours de la période d'observation[2], ainsi qu'au stade de la faillite[3].

En vertu de la loi du 17 avril 1995, et ce jusqu'à sa réforme le 29 décembre 2003, le législateur était muet sur le sort de la garantie due par la caution, en cas de suspension des procédures de poursuite et d'exécution. Ce silence n'a pas empêché la Cour de cassation de décider, le 08 février 2007, que la garantie en tant que finalité du cautionnement justifie que la caution ne bénéficie pas de la suspension des poursuites individuelles[4]. Cependant, par d'autres décisions, notamment celle rendue le 12 octobre 2012, elle a considéré que le caractère accessoire de l'engagement de la caution justifie que la suspension des poursuites individuelles lui soit étendue[5]. Ces péripéties ont exhorté le législateur à intervenir. L'article 12, alinéa 3, de la loi du 17 avril 1995 telle que modifiée par la loi n°2003-79 du 29 décembre 2003, précise que, lorsque le président du Tribunal de première instance ordonne, dans le cadre du règlement amiable, la suspension des procédures de poursuite et d'exécution visant le recouvrement des créances, ces procédures « ne sont suspendues à l'égard de la caution ou du garant que pour les créanciers qui y ont consenti ». Ainsi, en dépit du caractère accessoire de l'engagement de la caution, celle-ci se voit privée du bénéfice d'opposer aux créanciers la suspension des poursuites. Ce bénéfice est tributaire du consentement des créanciers. Dans le cadre de l'article 427 (nouveau) du Code de commerce, tel qu'il est introduit par la loi du 29 avril 2016,la suspension des procédures d'exécution,à l'égard de la caution,est désormais de l'apanage du président du Tribunal de première instance, après audition du créancier, de la caution ou le garant ainsi que tout codébiteur

---

[1] Art.427 du CC : Art.12 (ancien) de la loi du 17 avr. 1995. *Adde* : Art.428, *in fine*, du CC.

[2] Art.449 du CC : Art.32 (ancien) de la loi du 17 avr. 1995.

[3] Art.488 du CC : Art.459 (ancien) du CC.

[4] Cass. civ. n°2006-5241 en date du 28 fév. 2007 (inédit) :
" إن تعليق إجراءات التقاضي والتنفيذ تجاه المدينة الأصلية لا يمكن أن تنسحب على الكفيلين بالتضامن المعقب ضدهما الآن تماشيا مع أحكام الفصول 178، 1495 و1519 من مجلة الإلتزامات والعقود والتي لم يأت قانون إنقاذ المؤسسات عدد 347 لسنة 1995 المؤرخ في 17 أفريل 1995 بما يخالفها قبل تنقيحه بمقتضى القانون عدد 79 لسنة 2003 المؤرخ في 29 ديسمبر 2003 ذلك أنه تفريعا على ما تقدم فإن قواعد التأويل ومقصد المشرع يحملان على التأكيد على عدم تمتيع الكفيل بالتضامن بتعليق إجراءات التقاضي والتنفيذ السالف الإلماع إليهما لما في ذلك من تحقيق لغاية الكفالة".

[5] Cass. civ. n°2011-63607 en date du 12 oct. 2012 (inédit) :
" إن قرار إفتتاح إجراءات التسوية القاضي بتعطيل كامل إجراءات تتبع إستخلاص ديون الشركة ينسحب على كل ديون الشركة وينتفع به كل ضامن فيها مهما كان نوع الضمان المقدم إعتبارا وأن الشركة ووكيلها ودائنيها وضامنيها تعتبر وحدة كاملة لا تتجزأ".
Adde : Cass. civ. n°14509 en date du 22 mai 2002, Bull. civ., 2002, 2ème partie, p.165.

solidaire. Cet apanageest reconduit dans le cadre de la période d'observation[1].

Si l'objectif des mesures de la loi du 26 avril 2016 est le sauvetage de l'entreprise en difficultés, le président du Tribunal ne peut que s'inscrire dans ce contexte. Rien ne justifie, dès lors, d'altérer les engagements de la caution à l'égard des créanciers de l'entreprise. L'efficacité du cautionnement le dicte. Le président du Tribunal est ainsi sollicité à privilégier la garantie en tant que finalité du cautionnement sur son caractère accessoire[2]. Cet esprit, qu'on retrouve dans le droit commun du cautionnement[3]et qui a inspiré la doctrine qui l'a étendu à la loi de 1995[4], ne doit pas épargner la loi de 2016. La privation de la caution de la suspension des procédures d'exécution parait, dans ce cadre, comme une nécessité.

456. Privation de la caution de l'échelonnement des dettes cautionnées. L'échelonnement des dettes est une mesure qui peut être entreprise, en vue du redressement de l'entreprise en difficultés aussi bien au stade du règlement amiable[5], qu'au cours de la période d'observation[6]. Elle peut être, aussi, mise à contribution,suite à la décision de poursuite de l'activité[7].

L'esprit de l'engagement de la caution, accessoire par essence, dicte qu'elle peut opposer au créancier les exceptions relatives aux dettes cautionnées. Pourtant, le législateur a, par la loi du 29 avril 2016, accordé au président du Tribunal de première instance un pouvoir discrétionnaire lui

---

[1]Art.449, al.3, du CC : Art.32, al.2, (ancien) de la loi du 17 avr. 1995. Sur l'application de cette loi, V. Cass. civ. n°2012-64074 du 1er nov.2012 (inédit) :
" وحيث بالتمعن في أحكام الفصلين 12 و32 جديد من القانون عدد 79 لسنة 2003 نجده قد وضع مبدأ وإستثناء. أما المبدأ فهو عدم تمتيع الكفيل بتعليق إجراءات التقاضي والتنفيذ تجاه الشركة المدينة... وأما الإستثناء فهو تمتيع الكفيل بتعليق إجراءات التقاضي والتنفيذ إذا رضي ووافق وأختار الدائن وهو بمثابة الشرط".
Adde : Cass. civ. n°51617 du 29 oct. 2011, RJL, 2014, n°1, p.179 (partie en langue arabe) : "وحيث أن تعطيل التتبع والتنفيذ في حق المدينة الأصلية شركة... لا ينتفع به الكفيل الطاعن الثاني... على أساس أن أحكام الفصل 32 المشار إليه تنص صراحة على إقصاء الكفيل والضامن والمتضامن من الإنتفاع بما ينتفع به المدين الأصلي من إجراءات تعطيل التتبع والتنفيذ خلافا لما تقتضيه القاعدة العامة بالفصلين 1496 و1502 من م. إ. ع. ... إذ يحق للدائن مواصلة التتبع والتنفيذ ضد الكفيل في حدود كفالته إلا إذا قبل الدائن عدم التتبع والتنفيذ ولم يمانع في تعطيل إجراءات التتبع والتنفيذ في حق الكفيل".

[2]En ce sens dans le cadre de la loi du 17 avr. 1995, préc. : **L. NAFTI**, Le sort du cautionnement personnel dans le cadre des procédures collectives, Mémoire pour l'obtention du diplôme d'études approfondies en droit privé, FDSPT, 1996-1997, pp.117-118 ; **N.GERARDIN**, « Le créancier, la caution et le débiteur surendetté », LPA, 2000, n°65, p.7, n°9 ; **P. ANCEL**, Le cautionnement des dettes de l'entreprise, Dalloz, 1989, n°538, pp.216-217 ; **M. GUERMAZI**, « La protection des créanciers dans les procédures collectives : entre ombre et lumière », Études Juridiques, FDS, 2015, pp.146-147, n°18. *Adde* :
حمادي جازي،"تعليق إجراءات التقاضي والتنفيذ على ضوء القانون عدد 79 لسنة 2003 المتعلق بتنقيح أحكام قانون إنقاذ المؤسسات التي تمر بصعوبات إقتصادية"، الأحداث القانونية التونسية، كلية الحقوق والعلوم السياسية بتونس، 2006، عدد 19، ص.60 إلى 67. **كمال الجطلاوي**، "التطور التشريعي لقانون إنقاذ المؤسسات التي تمر بصعوبات إقتصادية"، م.ق.ت.، 2006، عدد 8، ص.54. **خليفة الخروبي**، قانون مدني، التأمينات العينية والشخصية، مرجع سابق، عدد 141-142، ص.122 وما يليها.

[3] V. les art.1494, 1497, 1499 et 1519 du COC. Sur la possibilité d'étendre les exceptions relatives au bénéfice de discussion, prévues par l'art.1499 du COC, à la situation de la caution dans le cadre de la loi du 17 avr. 1995, V. :
عماد مميش، مرجع سابق، ص.500 إلى 503.

[4]V. sur la question :
صباح رمضانة، "قانون الإنقاذ والقانون المقارن"، م. ق. ت.، 2002، عدد 7، ص.125. **عماد مميش**، مرجع سابق، ص.25-26 و27.

[5]Art.428 du CC : Art.13, al. 1er et 2ème, (ancien) de la loi du 17 avr. 1995.

[6]Art.452 du CC : Art.36, al. 1er, (ancien) de la loi du 17 avr. 1995.

[7]Art.456, al.2, du CC : Art.43, al. 1er, (ancien) de la loi du 17 avr. 1995.

permettant de priver la caution du bénéfice de la suspension des procédures d'exécution. Qu'en est-il de l'échelonnement des dettes de l'entreprise ?

En dépit de son étendue, la loi de 2016, au même titre que la loi de 1995 telle que modifiée en 2003, est restée muette sur la question. La logique voudrait qu'en vue de garder une certaine harmonie au niveau des effets des mesures prises pour le sauvetage de l'entreprise à l'égard de ses cautions, la prorogation du terme accordée à l'entreprise, ne doit pas s'étendre à ses cautions. Comment justifier cette solution ?

Une partie de la doctrine, raisonnant dans le cadre de la loi du 17 avril 1995, estime que l'échelonnement des dettes est une mesure décidée par le président du Tribunal de première instance, en vue de promouvoir le redressement de l'entreprise en difficultés, la relativité de la chose jugée commande que la caution : tiers, n'en bénéficie pas[1]. Dans la même veine, d'aucuns ajoutent qu'il ressort de l'article 1478 du Code des obligations et des contrats que la finalité du cautionnement commande que ce dernier joue pleinement son rôle, lorsque le risque, contre lequel le créancier entendait se prémunir, vient se réaliser. Ce risque se vérifie indubitablement dans le cas de l'entreprise en difficultés[2].

On se demande si l'article 1519 du Code des obligations et des contrats peut corroborer cette orientation ?Deux conditions cumulatives sont prévues par l'article 1519, alinéa premier, pour que la prorogation du terme accordée au débiteur principal profite à la caution. D'une part, elle doit être accordée par le créancier. Or, l'octroi de ce privilège s'il peut être décidé par les créanciers avec homologation du président du tribunal dans le cadre du règlement amiable[3], il est plutôt imposé par le tribunal dans le cadre du règlement judicaire[4].Même si cette première condition est observée, elle doit conjuguer avec une seconde. En effet, pour que la caution en profite, l'article 1519 du Code des obligations et des contratsajoute que la prorogation ne doit pas être accordée « à raison de l'état de gêne du débiteur »[5]. Ceci se justifie, dans la mesure où c'est surtout à ce moment là que le créancier éprouve le besoin impérieux d'être payé à temps. Or, il va sans dire que l'entreprise admise au bénéfice du règlement amiable connaisse des difficultés financières. Les signes précurseurs de difficultés économiques permettent de

[1]V. sur la question :

البشير المنوبي الفرشيشي، "بعض الخواطر حول مآل التأمينات في قانون إنقاذ المؤسسات"، بكتاب دراسات في قانون التأمينات، تحت إشراف الأستاذ بشير المنوبي الفرشيشي، الطبعة الثانية، نشر المطبعة العصرية، تونس، 2003، ص.37.

[2]V. notamment : **A. OUERFELLI**, « La caution et le redressement : bénéficiaire ou évincée », RJL, 2002, n°7, pp.20 et s., spéc. pp.24-25.

[3] Art.428 du CC : Art.13 (ancien) de la loi du 17 avr. 1995, préc. ; **N. BRAHMI ZOUAOUI**, L'intervention judiciaire dans les procédures de redressement des entreprises en difficultés économiques, 1re éd., auto-édition, Tunis, 2006, n°71, pp.61-62.

[4] Art.453 et 456 du CC : Art.38 et 43 (anciens) de la loi du 17 avr. 1995, préc. ; **L. NAFTI**, mémoire préc., pp.119-120. *Adde* :

طارق الرزقي، مفال سابق، ص.464-465.

[5]Sur la signification de « l'état de gêne du débiteur », V. :

عمادمميش، مرجع سابق، ص.383 وما يليها.

le caractériser[1]. Pire encore, lorsque l'entreprise est admise au bénéfice du règlement judicaire, elle doit être en état de cessation de paiement au sensde l'article 434, alinéa second, du Code de commerce[2].

Dans les deux alternatives, l'état de gêne du débiteur est, semble-t-il, facile à caractériser. On en déduit que, par application de l'article 1519 du Code des obligations et des contrats, la caution ne doit pas profiter du report des échéances accordé à l'entreprise en difficultés[3]. Tel ne semble pas être la position de la Cour de cassation dans son arrêt rendu le 28 mai 2013. La Cour a distingué entre la suspension des poursuites individuelles avant l'adoption du plan de redressement et qui ne profite pas à la caution et les mesures entreprises et adoptées par ledit plan, lesquelles doivent s'étendre par accessoire à la caution[4]. À suivre ce raisonnement, la Cour a décidé que l'échelonnement des dettes adopté pour l'entreprise en difficultés doit profiter à la caution[5]. Cette décision pêche par deux insuffisances. D'une part, elle distingue là où la loi ne distingue pas, ce qui va à l'encontre d'une règle générale de droit prévue par l'article 533 du Code des obligations et des contrats. D'autre part, elle applique l'article 1519 duditCode, alors même que la condition relative à l'absence de l'état de gêne fait défaut. Cet article, rappelons-le, doit l'emporter sur l'article 340 par application de l'article 563

---

[1] Sur les critères d'appréciation de ces difficultés, V. Art.418, al.2 et 419, al.3, du CC : Art.4, al.2, (ancien) et Art.5, al.1er (ancien) de la loi du 17 avr. 1995. Sur la question : **F. MECHRI**, Droit des entreprises en difficultés économiques, Sud Editions, Tunis, 2008, p.20. *Adde* :
المنصف الكشو، "الصعوبات الاقتصادية في قانون الإنقاذ"، م. ق. ت.، 2012، عدد 6، ص.13 وما يليها.

[2]Art.18, al. second, (ancien) de la loi du 17 avr. 1995. En ce sens : **A. MAMLOUK**, Note sous arrêt n'°69197 du 06 octobre 2000, rendu par la Cour d'appel de Tunis, RTD, 2000, pp.463-475. *Adde* :
حاتم بن عبد الحميد الرواتبي، مقال سابق، ص.302-303.

[3] **S. MELLOULI**, art. préc., p.309 ; **Y. KNANI**, « Le banquier et l'entreprise en difficulté », RTD, 1996, pp.132-133. *Adde* :
عماد مميش، مرجع سابق، ص.390 إلى 394. **ليليا بوستة**، "خصائص الكفالة"، مقال سابق، عدد 24، ص.110.

V. aussi sur l'argument tiré de l'autonomie des modalités de la mise en œuvre du cautionnement : **L. NAFTI**, mémoire préc., p.121.

[4] Cass. civ. n°482-2013 en date du 28 mai 2013 (inédit) :
" غير أن مبدأ التنفيذ على الكفيل وبالتحديد في إجراءات التسوية يخضع لاستثناء قانوني ونظام خاص يجعل التنفيذ على الكفيل مخالفا للقاعدة العامة ... فلا ينتفع بتعليق إجراءات التتبع والتنفيذ ...(الفصل 32 من قانون الإنقاذ)... لكن يجب التفريق في هذا الإطار بين إن كانت أعمال التنفيذ على الكفيل خلال إجراءات التسوية (فترة المراقبة) أو بعد الحكم فيها (بعد المصادقة على برنامج الإنقاذ) مثلما هو الشأن في دعوى الحال".

Adde : Cass. civ. n°481-2013 en date du 28 mai 2013 (inédit) : le même attendu.

[5] Cass. civ. n°482-2013 en date du 28 mai 2013 (inédit), préc. :
" لا يجوز للدائن تتبع الكفيل إذا صادقت المحكمة على صيغة معينة للخلاص كتقسيط الدين وفق جدولة مضبوطة إذ بموجب المصادقة على التسوية ينتهي تتبع المدين بصفة فردية خارج منطوق ومقتضيات حكم المصادقة ويعتبر إشكال عدم الخلاص قد زال. ويصبح من غير الجائز ممارسة دعوى الإستخلاص ضد الكفيل على أساس أن تسوية الدين تقتضي الإلتزام بتلك التسوية وفق الفصل 340 من م. إ. ع. وعليه لا يحق مطالبة الكفيل بعد أن رسم الدين ضد المدين وتمت تسويته بحكم لخلاصه في جدولة معينة (القرار التعقيبي عدد 76660 في 2012/12/11 -غير منشور-) والتي تمضي إلى الكفيل وفق ما يقتضيه الفصل 1519 من م. إ. ع. الذي ينص على إنتفاع الكفيل بالإمهال إذا أمهل الدائن المدين الأصلي".

Adde : Cass. civ. n°481-2013 en date du 28 mai 2013 (inédit), préc., (le même attendu) ; Cass. civ. n°75454-2012 en date du 13 nov. 2013 (inédit) :
" حيث أن التمسك بهذا المطعن (الفصل 32 من قانون الإنقاذ) في غير طريقه لأنه يهم فترة المراقبة وقد تخطينا (بعد إتمام برنامج الإنقاذ) تلك المرحلة. وبما أن قانون الإنقاذ هو قانون إستثنائي ولا يمكن التوسع فيه فإن تطبيقه محدود ولا يمكن جعله قاعدة عامة... وحيث أنه في صورة الحال طالما تم جدولة دين المدينة الأصلية والمصادقة على ذلك فإن الكفيل يتمتع بنفس إمتيازات المدين الأصلي ولا يمكن تتبعهم بصفة منفردة ضرورة أن حكم التسوية وجدولة الدين ومصادقة الدائن على ذلك يجعل الدين لم يعد حالا في حق المدينة الأصلية وبالتبعية في حق الكفلاء".

Adde : Cour d'appel de Tunis, arrêt n°50844 en date du 16 mars 1999, RJL, 2002, n°7, p.187 (partie en langue arabe).

du Code. Réitérer une telle démarche dans le cadre de la loi du 29 avril 2016 encourrait les mêmes critiques.

b. La privation de la caution de la remise des dettes de l'entreprise

457. L'entreprise, en difficulté, peut bénéficier de la remise de ses dettes. Pourtant, on peut défendre le maintien de l'engagement de la caution aussi bien en cas de réduction du principal des dettes que des intérêts y afférents.

458. Privation de la réduction du principal des dettes. La réduction des dettes de l'entreprise en difficultés peut être décidée par le président du Tribunal de première instance,dans le cadre du règlement amiable[1]. La même mesure peut être décidée dans le cadre du règlement judiciaire[2]. Dans tous les cas, le consentement des créanciers est exigé. Lorsque la réduction du principal des dettes de l'entreprise en difficultés a été décidée, on se demande si le tiers qui a cautionné ses dettes en bénéficie.

La loi de 1995 était lacunaire sur la question. La loi de 2016 n'a pas suppléé à cette carence. Le droit commun du cautionnement précise, au visa de l'article 1516 du Code des obligations et des contrats, que « la remise de la dette accordée au débiteur libère la caution ». On en déduit que la caution profite par voie d'accessoire de la remise de la dette accordée, au débiteur. Ceci suppose que cette remise emporte extinction de l'obligation. Or, pour qu'il en soit ainsi, précise l'article 350 du Code des obligations et des contrats, il faut que la remise soit le fait d'un créancier capable de faire une libéralité. L'intention libérale est, dès lors, une condition pour que la remise de dette emporte extinction de l'obligation. Tel ne semble pas être le cas dans le cadre des procédures collectives. Bien qu'elle soit accordée par les créanciers, la remise de dette est plutôt imposée par les perspectives liées au redressement de l'entreprise en difficultés[3].

Si les créanciers ont consenti à la remise des dettes, ce n'est autre que pour sauver l'entreprise, rien ne justifie de les sacrifier dans leurs rapports avec les cautions. Cette interprétation se confirme dans le cadre de la faillite par l'article 585 (nouveau) du Code de commerce,qui prévoit que le jugement de clôture de la faillite permet aux créanciers de revendiquer, par des procédures individuelles d'exécution, leurs droits contre le débiteur, les garants ainsi que tout codébiteur solidaire.

459.Privation de la caution de l'arrêt du cours des intérêts.L'article 428 (nouveau) du Code de commerce prévoit que les parties peuvent stipuler, dans l'accord du règlement amiable, l'arrêt du cours des intérêts[4]. Au cours de la période d'observation, il ressort de l'article 449, alinéa

---

[1] Art.428, al.1 et 2 du CC : Art.13, al.1er et 2ème (ancien) de la loi du 17 avr. 1995.
[2] Art.452, 453 et 456 du CC : Art.36, 38 et 43 (anciens) de la loi du 17 avr. 1995.
[3]**L. NAFTI**, mémoire préc., p.150. *Adde* :
عماد مميش، مرجع سابق، ص.403 إلى 422.
[4] Art.13 (ancien) de la loi du 17 avr. 1995.

premier, (nouveau) du Code de commerce, que ces mesures sont un effet de droit[1]. On se demande si ces dernières profitent à la caution ?

Au même titre que la loi du 17 avril 1995, aucune précision n'a été apportée par la loi du 29 avril 2016. De droit commun, l'article 1492, alinéa 3, du Code des obligations et des contrats dispose que « lorsque la caution a expressément garanti l'exécution de tous les engagements contractés par le débiteur à raison du contrat, elle répond comme le débiteur principal, de toutes les obligations dont ce dernier peut être tenu de ce chef. ». Il en découle que l'engagement de la caution va de pair avec celui du débiteur principal. Ce n'est autre qu'une application de la règle de l'accessoire. Dès lors, lorsque le débiteur principal se voit dispensé des accessoires de la dette, à l'instar des intérêts et pénalités de retard, la caution doit en principe en bénéficier[2]. La même solution peut être réitérée lorsque l'engagement de la caution était limité à une somme fixe. La caution est tenue dans la même mesure que le débiteur alors même que l'étendue de son engagement permet d'absorber les suites de la dette. La règle de l'accessoire acquiert toujours droit de cité.

Ce raisonnement ne gagne pas la conviction d'une partie de la doctrine raisonnant dans le cadre de la loi du 17 avril 1995. On enseigne que si l'objectif escompté par ladite loi commande que les créanciers soient sacrifiés pour alléger les charges de l'entreprise débitrice, rien ne justifie ce sacrifice dans leurs relations avec les cautions[3]. Ainsi, l'esprit de la loi de 1995 doit l'emporter sur le droit commun du cautionnement. Cette logique peut être reconduite, dans le cadre de la loi du 29 avril 2016. En effet, en conservant l'article premier de la loi de 1995, désormais l'article 415 du Code de commerce, il appert, en clair, que le législateur a voulu maintenir l'objectif de la loi de 1995, à savoir le sauvetage des entreprises en difficultés. Les cautions qui constituent un élément de réalisation de cet objectif ne sauraient être épargnées. Leur permettre de tirer leurs parapluies, dès qu'il commence à pleuvoir, voilà ce qui va à l'encontre de l'essence même de leurs engagements.

B.Une responsabilité aggravée dans le cadre de la garantie à première demande

460. La garantie à première demande. Conçue comme une variante des garanties autonomes ou indépendantes[4], la garantie à première demande peut

[1] Art.32, al.1er (ancien), de la loi du 17 avr. 1995.
[2] V. en ce sens :

ليليا بوستة، "خصائص الكفالة"، مقال سابق، عدد 24، ص.111.

V. aussi sur l'argument tiré de l'autonomie des modalités de la mise en œuvre du cautionnement : **L. NAFTI**, mémoire préc., p.121.
[3] **Y. KNANI**, art. préc., pp.133-134. *Adde* :

إنصاف زمزم، مذكرة سابقة، ص.64-65.

[4]**M. CABRILLAC et Ch. MOULY**, *op.cit.*, n°396, p.331 : « La garantie indépendante est un engagement de payer une somme déterminée, donnée à l'occasion et en garantie d'une opération économique mais rendueindépendante de cette opération par l'inopposabilité au bénéficiaire des

être définie comme étant « un engagement par lequel le garant à la requête irrévocable d'un donneur d'ordre accepte de payer en qualité de débiteur principal et sur simple demande, une somme d'argent à un bénéficiaire désigné dans les termes et conditions stipulées par la garantie »[1].

461. Consécration de la garantie à première demande par le droit positif. La garantie à première demande a été introduite par la loi n°85-73 du 20 juillet 1985, relative aux marchés des établissements publics à caractère industriel et commercial et des sociétés, dans lesquelles l'État ou les collectivités publiques locales détiennent directement ou indirectement une participation au capital[2]. Ce faisant, la Cour d'appel de Tunis a décidé, dans son arrêt rendu le 16 octobre 1996 que, même s'il ne renvoie pas expressément à loi n°85-73 du 20 juillet 1985, l'engagement de la banque est une garantie à première demande accordée conformément aux dispositions de l'article 19 de ladite loi[3].

L'abrogation de la loi de 1985[4] n'a pas empêché de réintroduire la garantie à première demande par le décret n°89-442 du 22 avril 1989, portant réglementation des marchés publics[5]. Au visa de ce décret, la Cour de cassation a accueilli la garantie à première demande, dans son arrêt rendu le 28 juin 1995[6]. Elle a déclaré la garantie à première demande comme une institution juridique légitime, distincte du contrat de cautionnement. La Cour a fondé son syllogisme sur la lecture combinée des articles 22 du Code des obligations et des contrats et 31 du décret du 22 avril 1989 relatif aux marchés publics[7]. L'article 31, alinéa 3, pose le régime de cette garantie en ces termes : « Le versement est fait à première demande écrite à

---

exceptions inhérentes à cette opération ». Parmi les garanties indépendantes on cite : la garantie documentaire et la garantie à première demande. Sur la typologie des garanties autonomes : **Ph. SIMLER** et **Ph. DELEBECQUE**, *op.cit.*, n[os]274 et s., pp.249 et s.

[1]**A. KHOUILDI**, « L'introduction de la garantie à première demande en droit interne (commentaire de l'arrêt de la cour de cassation n°47628 du 28/06/1995) », RJL, 1997, n°2, p.64 ; **T. BEN NASR**, « Ombres et lumières sur la garantie à première demande en droit interne : À propos de l'arrêt de la Cour d'appel de Tunis n°24634 du 16 octobre 1996 », RTD, 2002, p.218 ; **S. DENDENI**, « L'évolution du droit des sûretés et ses répercussions sur les droits des créanciers », RJL, 2009, n°3, pp.45-46. V. en ce sens : Cass. civ. n°2006-9307 en date du 18 oct. 2007 (inédit) :
" وحيث يعرف الضمان منذ أول طلب من كونه عقد تتعهد بموجبه مؤسسة بنكية بخلاص مبلغ مالي معين لفائدة مستفيد عند أول طلب منه بالرجوع إلى كتب الضمان دون غيره ودون جواز إرجاء الدفع أو إثارة أية منازعة لأي سبب كان".
Adde :
حسين بن سليمة، "الضمان عند أول طلب"، م. ق. ت.، 2005، عدد 6، ص.41. **نبيل بن عبد الله**، "الضمان عند أول طلب"، م. ق. ت.، 1992، عدد 8، ص.204-205. **نبيل إبراهيم سعد**، التأمينات الشخصية، نشر للحساب الخاص، الإسكندرية، 2000، ص.185.

[2] JORT n°56, du 26-30 juill. 1985, p.961.

[3] Arrêt n°24634, du 16 oct. 1996, inédit, cité par **T. BEN NASR**, RTD, 2002, pp.246-247.

[4] La loi du 20 juill. 1985 a été abrogée par la loi n°9-89 du premier fév. 1989 relative aux participations et entreprises publiques (art.34), JORT n°9 du 07 fév. 1989, p.203.

[5] JORT n°30, du 28 avr. 1989, p.774.

[6] Cass. civ. n°47628 en date du 28 juin 1995 (inédit). *Adde* : **S. MELLOULI**, « L'évolution… », art. préc., pp.317-318 ; **A. KHOUILDI**, art. préc., pp.67 à 70.

[7] Aux dires de la Cour de cassation :
" حيث أن عقد الضمان لأول طلب المبرم بين المعقبة والمعقب ضده الأول هو مؤسسة قانونية متميزة عن عقد الكفالة بكونه مستقل عن عقد القرض ويستمد شرعيته من الإلتزام الأحادي الجانب الذي أقره المشرع التونسي في الفصل 22 م.إ.ع. كما آعتمده أيضا في الأمر المؤرخ في 22-4 - 1989المتعلق بالصفقات العمومية الذي جاء بفصله 31 أن الكفيل يتعهد تجاه صاحب الصفقة بدفع عند أول طلب المبالغ الملتزم بها".
Adde : **S. MELLOULI**, art. préc., pp.317-318 ; **A. KHOUILDI**, art. préc., pp.67 à 70.

l'administration ou de l'entreprise publique, sans que la caution puisse différer le paiement ou soulever de contestation pour quelque motif que ce soit et sans qu'il soit besoin d'une mise en demeure ou d'une démarche administrative ou judiciaire quelconque ». Cet article fut abrogé et remplacé par l'article 54 du décret n°2002-3158 du 17 décembre 2002, portant réglementation des marchés publics[1], lequel a été abrogé et remplacé par l'article 112 du décret n°2014-1039 du 13 mars 2014, portant sur le même objet[2]. L'article 112, alinéa 2, décrète que « la caution s'engage avec le titulaire du marché à verser à la première demande à l'acheteur public les sommes dont le titulaire serait reconnu débiteur à concurrence du montant du cautionnement ou de la retenue de garantie ». Et l'alinéa 3 d'ajouter que « le versement est effectué à la première demande écrite de l'acheteur public, sans que la caution puisse soulever de contestation, pour quelque motif que ce soit et sans qu'il soit besoin d'une mise en demeure ou d'une quelconque démarche administrative ou judiciaire… ».

Par deux autres décisions, la première rendue le 18 octobre 2007[3], la seconde le 02 décembre 2011[4], la Cour de cassation, a donné une suite favorable à une garantie à première demande souscrite, sur la base de l'article 31 du décret du 22 avril 1989.

Consacrée par la loi et accueillie par la Cour de cassation, la garantie à première demande acquiert droit de cité dans notre droit positif. Elle constitue pour le tiers, garant à première demande, une manifestation inéluctable du renforcement de sa responsabilité.

462. Caractère autonome de la garantie à première demande. Pour le créancier, la garantie à première demande est plus sécurisante que le cautionnement, fût-il solidaire. Certes la solidarité ôte à la caution le caractère subsidiaire de son engagement en ce sens qu'elle ne peut opposer les bénéfices de division et de discussion, mais le caractère accessoire de l'engagement de la caution demeure intangible. La caution, aussi solidaire soit-elle, peut opposer les exceptions relatives au débiteur ou inhérentes à la dette cautionnée[5].

Tel n'est pas le cas lorsque le garant s'est engagé de verser, à la première demande, les dettes dont le débiteur serait reconnu responsable. Par cet engagement, le garant s'engage à exécuter, non point l'obligation du débiteur qu'il garantit, mais une obligation nouvelle, qui est la sienne propre. C'est là un signe d'autonomie par rapport au contrat de base qu'on ne retrouve pas dans le cautionnement. Le garant contracte un engagement qui ne se définit ni par

---

[1] JORT n°103 du 20 déc. 2002, p.3036.
[2] JORT n°22 du 18 mars 2014, p.653.
[3] Cass. civ. n°2006-9307 en date du 18 oct. 2007 (inédit), préc. :
" وحيث أن تكييف كتب الضمان موضوع القضية من محكمة الحكم المطعون فيه من كونه ضمانا عند أول طلب جاء متطابقا مع تأويل الفصل 31 من الأمر عدد 442 لسنة 1989 المتعلق بالصفقات العمومية المشار إليه بنص الكتب".
[4] Cass. civ. n°2011-64334 en date du 02 déc. 2011 (inédit) :
" وحيث أن ما آنتهت إليه محكمة الإحالة من ثبوت ممارسة المدعي في الأصل لحقه في تفعيل الضمان عند أول طلب طبق كتب الضمان وآستحقاقه لجزء من الضمان بعنوان قيمة الإصلاحات موضوع الضمان يجعل حكمها سليم المبنى".
[5] V. en ce sens :
عماد مميش، مرجع سابق، ص.173 وما يليها.

rapport à la situation du débiteur principal ni par rapport à la dette garantie[1]. La Cour de cassation, statuant le 18 octobre 2007, a fait sienne cette conception[2], laquelle a été réitérée par la Cour d'appel de Tunis, statuant le 10 mars 2010, à titre de Cour de renvoie[3].

C'est sur la base de ce critère que la Cour de cassation a décidé, dans son arrêt rendu le 28 juin 1995[4], confirmé le 18 octobre 2007, que l'engagement de la banque est une garantie à première demande. C'est, sur la base du même critère, qu'elle a réfuté cette qualification dans sa décision rendue le 15 juillet 2013. Elle a, en effet, décidé que, du moment que l'engagement du tiers d'acquitter la dette du débiteur principal : acquéreur, est conditionnée par le règlement de la situation juridique des immeubles objets de la vente par le vendeur, l'engagement du tiers garant ne peut être conçu comme une garantie à première demande[5].

Dans une autre décision, rendue le 10 mars 2000, et bien qu'on ait pu constater le caractère autonome de l'engagement du tiers garant, par rapport à l'engagement du débiteur cautionné, la Cour de cassation s'est obstinée à appliquer l'article 1502 du Code des obligations et des contratssur la base du prétendu caractère accessoire de l'engagement de la société garante[6]. La

---

[1] **Ph. SIMLER**, Cautionnement et garanties autonomes, 2ème éd., Litec, Paris, 1991, n°885, pp.707-708 ; **M. CABRILLAC et Ch. MOULY**, *op.cit.*, nos414 et s., pp.346 et s. ; **Ph. SIMLER** et **Ph. DELEBECQUE**, *op.cit.*, nos284-285, pp.257 et s. ; **S. DENDENI**, art. préc., pp.45-46-48 et 49; **A. KHOUILDI**, art. préc., p.65 ; **S. MELLOULI**, art. préc., pp.314-315 ; **A. BAC**, « Faut-il remplacer les cautionnements par des garanties à première demande ? », JCP éd. E, 1995, n°19, p.182 ; **P. CROCQ**, « L'évolution des garanties du paiement : de la diversité à l'unité », *in* Mélanges dédiés à Ch. MOULY, T.II, Litec, 1998, n°7 et s., p.320 et s. ; **J.-L. COURTIER**, « La garantie à première demande : une nouvelle sûreté pour les créanciers », LPA, 1994, n°61, pp.4-13 ; **T. BEN NASR**, art. préc., pp.229 et s. *Adde* :

حسين بن سليمة، مقال سابق، ص.43-44 و45. **نبيل بن عبد الله**، مقال سابق، ص.210-211.

[2] Cass. civ. n°2006-9307 en date du 18 oct. 2007 (inédit), préc. :

" وحيث يكون الضمان عند أول طلب تبعا لذلك تقنية قانونية مستقلة عن الكفالة من حيث كونه مستقل عن العقد سبب وجوده... ويترتب على ذلك أن ألتزام الكفيل هو ألتزام ثانوي وتبعي لالتزام المدين الأصلي بينما ألتزام الضامن عند أول طلب هو ألتزام أصلي ومستقل فبينما لا يمكن مطالبة الكفيل إلا مع المدين الأصلي فإنه تتم مطالبة الضامن عند أول طلب بمبلغ الضمان بصفة أصلية".

[3] T.P.I. de Tunis, arrêt n°92833 en date du 10 mars 2010 (inédit) :

" إن كتب الضمان المحتج به مؤسس على أحكام الأمر عدد 442 المؤرخ في 1989/04/22 المنظم للصفقات العمومية وأن مقصد المشرع في استعماله عبارة "عند أول طلب" ودون الاحتياج إلى تنبيه أو أي إجراء إداري، الواردة بالفصل 31 من أمر 1989، وتحجير إمكانية الدفع من الضامن أو إثارته لأي نزاع مهما كان سببه لعدم الخلاص كان واضحا في تكييف الإلتزام بضمان عند أول طلب وليس مجرد كفالة تضامنية، وبالتالي ليس للمطلوب في الأصل معارضة المدعي في الأصل (المستأنف) بما هو متصل بتنفيذ الصفقة ضرورة أن الضمان عند أول طلب مستقل عن العقد سبب وجوده ولو وقع الإشارة إليه بالكتب المضمن به، والتزام الضامن عند أول طلب هو التزام أصلي ومستقل".

[4] Cass. civ. n°47628 en date du 28 juin 1995 (inédit), préc. :

" وحيث أن الضمان المسند ... قد نص على إلتزام المعقب بخلاص جميع المبالغ المتخلدة بذمة الشركة المقترضة بصفة نهائية وبدون شرط وذلك عند أول طلب صادر عن الشركة وبدون حاجة إلى مساءلة المدينة الأصلية ... وحيث يتضح مما تقدم وأن الطبيعة القانونية للضمان موضوع قضية الحال هو عقد ضمان لأول طلب مستقلا عن عقد القرض...".

[5] Cass. civ. n°71399/71433-2012 en date du 15 juill. 2013 (inédit) :

" وحيث أن إقرار المحكمة المنتقدة بكون كتب الضمان موضوع التداعي لا تتوفر فيه الشروط الوجوبية للضمان لأول طلب ألا وهي أستقلاله عن العلاقة الأصلية أو لأي عنصر خارجي والكفاية الذاتية والإستحقاق الفوري كان بناء على أن الكتب المذكور تضمن صراحة أنه كفالة شخصية تضامنية وأن البنك ملتزم بآلتزام تابع لآلتزام المدين المكفول... إن عبارات كتب الضمان جاءت واضحة وجعلت شرط تحقق الكفالة موقوف على تسوية الوضعية العقارية النهائية للشركة التونسية لصناعة المطاحن وذلك بتقديم وثيقة تثبت إمكانية التفويت في تلك العقارات دون غيرها من الشروط".

[6] Cass. civ. n°99-74957 en date du 10 mars 2000 (inédit) :

" وحيث أنه مما أضفى على القرار المنتقد مزيدا من الخلل هو إعراض المحكمة التي أصدرته عن الدفع المأخوذ من إمكانية تمسك المستأنف باعتباره كفيلا بمقتضيات الفصل 1502 م. إ. ع. إستنادا منها إلى أن كتب الضمان المبرم بينه وبين البنك نص على أنه يضمن كل ديون الشركة التونسية لتحويل اللحوم مهما كان مصدرها وتعهده بأن لا يتمسك بأي دفع شكلي يخص الإنذار والإحتجاج تجاه البنك الدائن وبأنه يبقى ضامنا مهما طرأ من تغيير على الشركة.

Cour a, dès lors, retenu, à tort, l'exception tirée de la nullité de l'acte de constitution de la société cautionnée.

463. Conséquence du caractère autonome de l'engagement du tiers, garant à première demande. La garantie à première demande ôte au tiers garant toute possibilité de se prévaloir des exceptions tirées du contrat principal avant le paiement. La Cour de cassation le confirme, dans sa décision rendue le 28 juin 1995[1]. La même solution a été réitérée le 18 octobre 2007[2]. Aucune mise en demeure ni démarche administrative ou judiciaire n'est requise, ni même un besoin de prouver un manquement ou une faute du bénéficiaire[3].

C'est la raison pour laquelle, on estime que l'expression « caution » utilisée par l'article 112 du décret du 13 mars 2014 est malheureuse[4]. Du moment que le caractère accessoire de l'engagement du tiers garant fait défaut et que ce dernier est astreint, en vertu de son engagement, à satisfaire le créancier à la première demande, on ne peut plus retenir la qualification de cautionnement. Il s'agit, plutôt, d'une garantie à première demande. Mieux vaut, donc, entamer l'article 112, alinéa 2, ainsi : « Le tiers garant s'engage avec le titulaire du marché à verser à la première demande… ».

464. L'immixtion renforcée, l'équilibre préservé. Conçue comme l'une des marques de l'évolution récente du droit du crédit, la garantie à première demandeappelle le tiers garant à payer, en qualité de débiteur principal et sur simple demande, une somme d'argent à un bénéficiaire. L'immixtion du tiers, responsable, est à son apogée. Le créancier s'offre une garantie autonome débarrassée de toute exception relative au débiteur garanti ou inhérente à la dette cautionnée. Il s'en tire largement sécurisé. Les attentes légitimes du tiers souscripteur de la garantie ne sont point déjouées. La portée de son engagement dictequ'il s'engage à exécuter, non point l'obligation du débiteur qu'il garantit, mais une obligation nouvelle qui lui est propre. L'équilibre est,dès lors, préservé.

وحيث أن هذا التعليل يتجافى مع ما أقتضته أحكام الفصل 1502 من م. إ. ع. الذي خوّل للكفيل إمكانية معارضة الدائن بما للمدين من أوجه المعارضة سواء تعلقت تلك المعارضة بأصل الدين أو بشخص المدين وترتيبا على ذلك وطالما أدلى الكفيل بما يفيد أن تكوين الشركة التونسية لتحويل اللحوم باطل وتمسك بأن ذلك يترتب عنه بطلان إلتزامها وهو ما يبرئ الكفيل من إلتزاماته المبنية على الكفالة. فإن القول بعد ذلك بأن كتب الضمان إحتوى على تنصيص يجعل الكفيل ملزما بالضمان في كل الأحوال يكون خارقا للقانون سيما وأن المعارضة التي أثارها الكفيل لم تتعلق بتغيير في الشركة المدنية بل تعلقت ببطلان عقد تكوينها أي بأمر يصيرها عديمة الوجود أيضا".

[1] Cass. civ. n°47628 en date du 28 juin 1995 (inédit), préc. :

" وبما أن الأمر يتعلق بضمان لأول طلب فإن آثاره القانونية واضحة وهي عدم تأثره بالمصير القانوني للدين الأصلي المضمون فلا يتأثر بالعيوب التي تعيب الإتفاقية الأساسية الأصلية أي عقد القرض في قضية الحال.".

[2] Cass. civ. n°2006-9307 en date du 18 oct. 2007 (inédit), préc. :

" وحيث... وتبعا لطبيعة التزام الضامن عند أول طلب فليس مخولا له الإحتجاج بتنفيذ صاحب الصفقة لالتزاماته للتنصل من واجبه في دفع المبلغ المطلوب عند أول طلب من الإدارة أو المؤسسة العمومية المعنية... وإن الضمان في قضية الحال هو من صنف الضمان عند أول طلب المجرد وليس المبرر... وتبعا لذلك لا يمكن للضامن عند أول طلب الامتناع من الاستجابة لطلب دفع مبلغ الضمان كاملا أو بصفة جزئية بتعلة إتمام صاحب الصفقة لالتزاماته بموجب للصفقة".

[3] **A. KHOUILDI**, art. préc., p.65.

[4] **S. MELLOULI**, art. préc., p.317 ; **A. KHOUILDI**, art.préc., p.69 ; **T. BEN NASR**, art. préc., pp.219 et 232. *Adde* :

ليليا بوستة، "خصائص الكفالة"، مقال سابق، عدد 10-11، ص.99-100 و101. **عماد مميش**، مرجع سابق، ص.186-187-188 والمواقف القضائية السابقة.

Contra : **D. LEGEAIS**, « Le cautionnement à première demande », *in* Mélanges en l'honneur de M. VASSEUR, BANQUE éditeur, Paris, 2000, pp.87-97.

CONCLUSION DU SECOND TITRE

465. Effet direct du contrat et immixtion du tiers responsable. L'étude de la responsabilité du tiers rattachée à l'effet direct du contrat inexécuté a permis de démontrer que l'immixtion du tiers dans l'orbite du contrat est une vérité.Elle embrasse des domaines innombrables de notre droit. Elle atteste que le tiers peut être impliqué dans l'exécution du contrat et engager sa responsabilité, en cas de son inexécution. Deux manières peuvent le révéler. La première c'est à titre de sanction que le tiers peut engager sa responsabilité. C'est son comportement nocif qui a entrainé l'inexécution du contrat. Ici se conjuguent l'*obligatio* avec le *debitum*. Que son intervention soit spontanée, à l'image d'un *penitusextraneus*, ou à la demande du débiteur principal, à l'instar du préposé, substitut ou auxiliaire, la règle est la suivante : le tiers qui empêche, par tout acte matériel l'exécution d'un contrat, engage sa responsabilité.

La richesse du clavier juridique est telle que le tiers peut engager sa responsabilité alors même que le *debitum* fait défaut. Sa responsabilité est alors un remède à l'inexécution du contrat. Il est, de part le droit positif ou en vertu d'un engagement conventionnel, garant de l'inexécution du contrat. Marque de l'interventionnisme législatif, l'action directe en paiement oblige un tiers à remédier à l'inexécution d'un contrat, en raison du lien de proximité qui les unit. Le tiers peut, par sa propre volonté, se porter garant de l'inexécution du contrat. Cette garantie qui peut prendre la forme d'un cautionnement simple ou solidaire, mais qui demeure accessoire à l'obligation garantie, peut aller jusqu'à la naissance d'une obligation complètement autonome de l'obligation garantie. La garantie à première demande s'avère, ainsi, comme la forme la plus marquée du renforcement de la responsabilité du tiers garant de l'inexécution d'un contrat.

Toute révérence gardée, l'immixtion du tiers dans l'orbite du contrat, en tant que responsable, doit conjuguer avec l'impératif de sécurité juridique comme point d'équilibre entre les différents intérêts antagonistes.

466. Un équilibre boiteux ! L'immixtion du tiers en tant que responsable de l'inexécution d'un contrat ne devrait pas perturber l'équilibre initialement tracé par les parties contractantes. L'existence d'une telle responsabilité, sanctionnant un tiers, ne devrait pas permettre au débiteur contractuel de se défausser, *ipso facto*, de la responsabilité. La sécurité juridique du créancier, la protection de ses attentes légitimes, sont à ce prix. S'inscrivant dans cette logique, la jurisprudence a suffisamment haussé le degré de protection du créancier. Elle a posé des conditions de rigueur, seules aptes à exonérer le débiteur qui excipe du fait du tiers, *penitus extraneus*, comme cause de l'inexécution d'un contrat. Le législateur a confirmé cette protection par la mise en place d'un principe général de responsabilité contractuelle du fait d'autrui : préposé, substitut ou auxiliaire. Le créancier est, au visa de l'article 245 du Code des obligations et des contrats, admis à assigner son propre débiteur, alors même que ce dernier n'est pas l'auteur matériel de la défaillance contractuelle. La garantie offerte par l'action directe en paiement témoigne que l'immixtion du tiers, remède à l'inexécution d'un contrat, ne fait que prospérer la situation du créancier. Ce dernier s'arroge, en effet, un droit propre contre le tiers poursuivi. Le tiers souscripteur de garantie, qu'elle soit subsidiaire, principale, voire autonome, ne s'immisce dans le contrat que pour prémunir et sécuriser le créancier contre le risque de défaillance de son débiteur. De plusieurs points de vue, la sécurité juridique du créancier se trouve préservée. Qu'en est-il du débiteur ?

Le débiteur *solvens*, qui a désintéressé le créancier, dispose d'un recours récursoire. Ce recours lui permet de décalquer, à due concurrence, la charge définitive de la dette de réparation sur le tiers, *penitus extraneus*, préposé, substitut ou auxiliaire, qui a matériellement provoqué l'inexécution du contrat. Les attentes légitimes, composante essentielle de la sécurité juridique du débiteur, sont, dès lors, préservées. Il ne sera engagé qu'à concurrence de ses manquements contractuels et des risques normaux de son activité. L'action directe en paiement, intentée par le créancier poursuivant contre le tiers sous-débiteur, n'affecte en rien les intérêts du débiteur intermédiaire. Le créancier ne peut assigner le sous-débiteur qu'autant qu'il apporte la preuve d'une créance contre le débiteur intermédiaire. Ce dernier est, dès lors, protégé. Qu'en est-il du tiers ?

Que la responsabilité du tiers soit engagée, dans le cadre de l'inexécution d'un contrat, cela ne signifie pas qu'il soit sacrifié. Le *penitus extraneus* n'engage sa responsabilité que par son fait dommageable, il a entrainé l'inexécution d'un contrat. Il en est de même pour le préposé, seule sa faute personnelle, commise à l'occasion de ses fonctions, engage sa responsabilité. Bien plus, il peut, en raison du lien de subordination juridique, être exonéré pour ses fautes légères, voire ordinaires, commises dans le cadre de l'accomplissement de sa mission. Grâce à la technique de l'appel en garantie, le créancier ne saurait l'obliger au-delà de sa dette de réparation. Encore mieux, par la mise en œuvre de la règle de la subsidiarité de sa responsabilité, l'assureur ne peut l'assigner en contribution qu'en rapportant la preuve de sa faute intentionnelle. Le tiers, cible d'une action directe en paiement, peut opposer au créancier poursuivant, au gré des cas, toutes les exceptions antérieures à la naissance de sa créance ou à l'exercice de son action. De ce point de vue, le créancier poursuivant n'a qu'un droit dérivé. Le tiers poursuivi ne peut, dès lors, être assigné que sur la base et dans la mesure du contrat, source de son engagement. Ses attentes sont, ainsi, préservées. Le tiers exécutantindépendant, substitut ou auxiliaire, ne devrait contribuer qu'à concurrence de sa participation causale à la réalisation du préjudice. Ses attentes ne sont, en rien, déjouées. Tel ne semble pas être le cas, lorsque, en raison de ses manquements strictement contractuels, il se trouve assigné sur un plan extracontractuel. Une telle solution constituerait une atteinte regrettable à la sécurité juridique des tiers.

Est-ce dire que le tiers est le parent pauvre de l'équilibreescompté ? Répondre par la négative appelle doctrine et jurisprudence à repenser la nature de la responsabilité du tiers, pour ses manquements strictement contractuels. Pour ce faire, elles sont appelées à placer le débat, plutôt sur le plan de la nature de l'obligation inexécutée que celui de la qualité de l'auteur du manquement préjudiciable, tiers ou partie.

CONCLUSION DE LA PREMIÈRE PARTIE

467.Un bilan plutôt positif. L'étude du tiers, en tant que responsable de l'inexécution du contrat, a révélé l'intensité de l'immixtion de ce « troisième personnage » dans la sphère contractuelle. Elle a permis de démentir l'idée qu'il est un exclu de l'orbite du contrat. Loin de constituer « une monstruosité juridique »[1], l'immixtion est plutôt une réalité, voire une nécessité. Son intervention, en tant que remède à l'inexécution du contrat, le confirme.

L'étude a permis aussi de concevoir un statut au tiers qui n'affecte en rien l'engagement contractuel et l'acte d'emprise sur l'avenir qu'il constitue. La sécurité statique du créancier est préservée. La preuve d'une connaissance effective d'un acte antérieur, incompatible ou antinomique, est suffisante pour engager la responsabilité du tiers complice. Le créancier ne subit, dès lors, aucun renforcement d'exigence pour obtenir la protection de son contrat. Il peut, par ailleurs, engager la responsabilité de l'agent de l'inexécution, *penitus extraneus*, préposé, substitut ou auxiliaire, toutes les fois que par un acte matériel, l'un quelconque de ces derniers empêche l'exécution du contrat. Dans toutes ces hypothèses, le débiteur ne peut, en principe, se défausser de la responsabilité, ce qui est fondamental pour les attentes légitimes du créancier.

Les attentes du débiteur, contraint parfois à désintéresser son créancier, alors même qu'il n'est pas l'auteur matériel de la défaillance contractuelle, ne sont en rien déjouées. Le débiteur qui demeure, au stade de l'obligation à la dette, responsable de l'inexécution du contrat, peut, au stade de la contribution, répercuter la charge définitive de la réparation sur le tiers, à due concurrence. La sécurité juridique du débiteur est alors préservée.

La sécurité du tiers est aussi assurée. Le régime proposé exige pour engager sa responsabilité, en tant que complice de l'inexécution d'un contrat, la preuve de sa connaissance effective de l'existence d'un contrat antérieur, incompatible ou antinomique, et la conscience de s'associer à sa violation. Aucune place n'est réservée à une éventuelle ignorance illégitime de nature à engager sa responsabilité. L'action du tiers n'est en rien paralysée. Il n'est tenu d'aucun devoir d'investigation. Sa sécurité

[1] **A. WEILL**, *op.cit.*, n°236, p.412.

dynamique se trouve, dès lors, préservée. Cette sécurité est confirmée dans le cadre de l'effet direct du contrat.

La responsabilité du tiers, *penitus extraneus*, préposé, substitut ou auxiliaire, ne peut être engagée qu'autant que par son comportement nocif, il a entrainé l'inexécution d'un contrat. Un régime de faveur est réservé au préposé. Si la caution est sacrifiée, notamment dans le cadre des procédures collectives, c'est qu'il est de l'essence même de son engagement de venir pallier la carence du débiteur défaillant. Le renforcement de sa responsabilité est, dès lors, justifié.

Ce qui semble difficile à justifier c'est « la voie du tout extracontractuel » suivie, par la Cour de cassation, pour engager la responsabilité du tiers, exécutant-indépendant : substitut ou auxiliaire, alors même que son manquement est strictement contractuel. Le sous-traitant qui exécute mal son contrat s'attend légitimement à n'être tenu, pour ses manquements strictement contractuels,que dans les termes du contrat.Permettre au maître de l'ouvrage de l'assigner sur un plan extracontractuel, voilà qui est choquant. Quel est le sort des divers aménagements conventionnels sur la foi desquels le sous-traitant avait pu s'engager ? Quel est le sort de ses prévisions et de ses attentes légitimes ? La sécurité juridique du tiers est, de ce point de vue, mise à mal.

Hormis cette anomalie, le bilan semble être positif. L'immixtion est démontrée et l'équilibre peut être préservé. Qu'en est-il lorsque le tiers est victime de l'inexécution du contrat ?

SECONDE PARTIE

LE TIERS VICTIME DE L'INEXÉCUTION DU CONTRAT

468. La protection du tiers contre l'inexécution du contrat. Au même titre que l'embarras, suscité par l'idée qu'un tiers peut être responsable de l'inexécution d'un contrat, l'admission qu'un débiteur contractuel puisse engager sa responsabilité à l'égard d'un tiers, en raison de la méconnaissance de ses obligations contractuelles, semble choquante.

L'étude a permis de démontrer, en première partie, qu'un tiers peut être responsable de l'inexécution d'un contrat. La même démarche sera suivie pour le caractère réciproque. Le contrat sera appréhendé dans ses deux facettes. Son aspect externe, qui demeure le domaine de prédilection des tiers, et son aspect interne qui ne doit pas être négligé.

Dans ces deux aspects, l'objectif est de démontrer qu'un tiers peut être victime de l'inexécution d'un contrat. Il a un droit à indemnisation au titre du préjudice subi. Cette indemnisation, peut être rattachée soit à l'effet indirect du contrat (TitreI), soit à son effet direct (TitreII).

L'indemnisation du tiers, ne doit pas perdre de vue que le débiteur défaillant s'attend à ce qu'il soit assigné sur la base et dans la mesure du contrat, fondement de son engagement. Ses attentes légitimes sont à ce prix. L'objectif est, dès lors, de proposer un régime d'indemnisation qui prend en considération et la sécurité du tiers, son droit à la réparation du préjudice subi, et la sécurité du débiteur, son droit à la protection de ses prévisions contractuelles.

TITRE I

L'INDEMNISATION DU TIERS RATTACHÉE À L'EFFET INDIRECT DU CONTRAT INEXÉCUTÉ

469. L'opposabilité du contrat par les tiers. La théorie de l'opposabilité du contrat aux tiers, fait que ces derniers soient tenus au devoir de respecter les droits et obligations qui en résultent, sous peine de « tierce complicité ». C'est ainsi qu'on a démontré que le tiers qui aide sciemment le débiteur à enfreindre ses obligations contractuelles commet une faute délictuelle à l'égard du créancier. Symétriquement, la même théorie, cette fois de l'opposabilité du contrat par les tiers, induit la faculté, pour le tiers, d'invoquer un contrat pour rechercher la responsabilité d'une partie, lorsqu'il subit un préjudice du fait de l'inexécution ou de la mauvaise exécution du contrat[1]. Ce dernier s'érige, de ce fait, en « un lieu de responsabilité ouvert envers les tiers »[2].

Par « tiers », il faut entendre tous ceux qui n'ont pas directement traité avec le débiteur contractuel. Ils peuvent être soit victimes par ricochet (Chapitre I), soit encore victimes principales (Chapitre II), de l'inexécution du contrat[3].

Notre objectif est de démontrer que la situation juridique générée par l'inexécution d'un contrat, peut être invoquée par les tiers qui en pâtissent. L'objectif est, aussi, de proposer un régime d'indemnisation qui protège les tiers, sans bafouer les prévisions du débiteur contractuel.

---

[1]**D. MAZEAUD**, « Le contrat et les tiers : nouvelles leçon et nouvelle présentation », *in* Leçons du droit civil, Mélanges en l'honneur de F. CHABAS, Bruylant-Bruxelles, 2011, n°755, p.620 ; **M. GRIMALDI**, « Le contrat et les tiers », *in* « Libres propos sur les sources du droit », Mélanges en l'honneur de Ph. JESTAZ, Dalloz, Paris, 2006, n°18, p.178 ; **P. JOURDAIN**, Droit à réparation. Responsabilité fondée sur la faute, J.-Cl., Responsabilité civile, Fasc. 130-10, Art.1382 à 1386, préc., n°74, p.21 ; **M. BACACHE-GIBEILI**, La relativité des conventions et les groupes de contrats, *op.cit.*, n°93, p.87 ; **F. BERTRAND**, Thèse préc., pp.293 et s. ; **A. WEILL**, *op. cit.*, n°274, p.487 et n°276, p.495.

[2]**O. DEBAT**, « Le contrat, source de responsabilité envers les tiers », LPA, 2003, n°190, p.3, 2ème col.

[3]**P. JOURDAIN**, « La responsabilité professionnelle et les ordres de responsabilité civile », LPA, 2001, n°137, p.65, col.2 et 3.

CHAPITRE I

Le tiers victime par ricochet de l'inexécution du contrat

470. Diversité des applications. L'inexécution d'un contrat peut être la source d'un préjudice corporel subi par le cocontractant, dit victime « immédiate », « initiale » ou « principale ». Ce préjudice peut être aussi la source d'autres préjudices atteignant des tiers dits « victimes médiates » ou « par ricochet »[1].Ainsi, en est-il des parents d'une personne, décédée ou blessée dans un accident imputable au vice d'une chose objet d'un contrat de vente[2] ou d'un contrat d'entreprise[3]. Des parents d'un emprunteur, victime de l'exécution défectueuse d'un contrat de prêt[4]. Des parents d'un nouveau-né décédé, suite à une infection nosocomiale dont il a été atteint au sein d'une clinique[5], ou du conjoint ainsi que des parents d'une patiente atteinte de la même infection provoquant son décès[6]. Des parents d'un nouveau-né lésé à l'occasion d'une opération d'accouchement[7]. Du conjoint, victime de l'exécution défectueuse d'un contrat de soins provoquant l'invalidité sexuelle de sa femme[8], ou d'un diagnostic erroné provoquant son décès[9].Des

---

[1]**J. FLOUR, J.-L. AUBERT et E. SAVAUX**, Les obligations, T.2, *op.cit.*, n°142, p.173.

[2] Cass. Req. fr., 8 mars 1937, D.P., 1938, 1, p.76, note **R. SAVATIER** (Accident dû à la rupture d'une rotule de direction, brisée par suite d'un vice originaire de montage doublé d'un vice du métal) ; Cass. civ. fr., 22 juill. 1931, D.H., 1931, p.506 (Accident dû à l'explosion d'une bouteille d'acétylène liquide produite par un fournisseur). V. sur la défectuosité d'un produit sanguin : Cass. civ. fr., 28 avr. 1998, RTD civ., 1998, p.684, obs. **P. JOURDAIN** ; Cass. civ. fr., 13 fév. 2001, D., 2001, somm., p.2234, obs. **Ph. DELEBECQUE** ; RTD civ., 2001, p.367, obs. **P. JOURDAIN** ; Rep. Defrénois, 2001, p.712, note **E. SAVAUX** (Décès d'une patiente contaminée par le VIH : Virus de l'Immuno-déficience Humaine, suite à une transfusion sanguine).

[3] Cass. civ. n°5482 en date du 07 fév. 2005, RJL, 2006, n°3, p.179 (partie en langue arabe) ; Bull. civ., 2005, 2ème partie, p.101 ; Cass. civ. n°9524 en date du 25 avr. 2005, Bull. civ., 2005, 2ème partie, p.81.

[4] Cass. civ. fr., 23 oct. 2003, RCA, 2004, Com., 2 ; JCP éd. G, 2003, IV, 2960 (Accident dû à la chute d'une porte d'un garage emprunté).

[5] Cass. civ. n°2011-64876 en date du 23 déc. 2011 (inédit) : décès d'un nouveau-né atteint d'une inefction nosocomiale dans une clinique privée ; Appel Tribunal Administratif, arrêt n°26120 en date du 22 mai 2008 (inédit) : décès d'un nouveau-né atteint d'une inefction nosocomiale.

[6] Cass. civ. n°2013-8653 en date du 04 fév. 2014 (inédit) : décès d'une femme atteinte d'une inefction nosocomiale à l'occasion d'une opération d'avortement.

[7] Cass. civ. n°843-703 en date du 13 juill. 2004 (inédit), préc.

[8] Cass. civ. n°27207 en date du 31 déc. 1992, Bull. civ., 1992, p.542.

[9] Cass. civ. n°2009-43259-44674 en date du 1er juill. 2010 (inédit) : décès d'une patiente à cause d'un cancer du sein suite à une faute de diagnostic.

parents d'un passager, victime de l'inexécution d'une obligation de sécurité par un transporteur terrestre[1] ou aérien[2]. Des parents d'un enfant victime de l'inexécution d'une obligation de sécurité par un hôtelier[3]. De la grand-mère d'une fille, décédée dans un bain-maure, suite à l'exécution défectueuse d'une obligation de sécurité de résultat[4].

Le préjudice subi par la victime par ricochet porte alors le même nom : préjudice par ricochet. Parfois, il est baptisé préjudice réfléchi, par répercussion ou médiat. Il peut être défini comme étant « l'ensemble des *préjudices subis par un tiers victime du fait du dommage corporel initial* dont est directement atteinte la victime immédiate »[5].

L'inexécution du contrat, source de préjudice réfléchi pour les tiers[6], pose deux principaux problèmes. Le premier, a trait à l'indentification des tiers, victimes par ricochet de l'inexécution d'un contrat (Section I). Le second, a trait à la portée de l'indemnisation des préjudices subis par ces derniers (Section II).

SECTION I. L'IDENTIFICATION DES TIERS, VICTIMES PAR RICOCHET DE L'INEXECUTION D'UN CONTRAT

471. Une identification prétorienne. Au-delà de certaines dispositions spéciales[7], la détermination des tiers, victimes par ricochet, du préjudice ayant atteint la victime principale de l'inexécution d'un contrat, est une œuvre prétorienne.

---

[1] Cass. civ. n°7120 en date du 11 janv. 2007, Bull. civ., 2007, 2ème partie, p.191 ; Cass. pén. n°14389 en date du 22 juin 1985, Bull. pén., 1985, p.129.

[2] Cass. civ. n°2008-23701/24270 en date du 24 avr. 2008 (inédit) : chute d'un avion au « Parc Ennahli ».

[3] Cass. civ. n°2013-5636/5630 en date du 21 nov. 2013 (inédit) : naufrage d'un enfant en colonie de vacances ; Cass. civ. n°221-2004 du 1er avr. 2004 (inédit) : naufrage d'une fille dans la piscine d'un hôtel.

[4] Cass. civ. n°2009-33918 en date du 04 mai 2009 (inédit) : décès d'une cliente dans un bain- maure.

[5]**Y. LAMBERT-FAIVRE et S. PORCHY-SIMON**, Droit du dommage corporel : Systèmes d'indemnisation, 7ème éd., Dalloz, Paris, 2012, n°188, p.208 ; **J. DUPICHOT**, Des préjudices réfléchis nés de l'atteinte à la vie ou à l'intégrité corporelle, LGDJ, Paris, 1969, n°6, p.5 ; **Y. LAMBERT-FAIVRE**, De la responsabilité encourue envers les personnes autres que la victime initiale : le problème dit du « dommage par ricochet », Thèse pour le Doctorat en Droit, Lyon, 1959, p.29. *Adde* :
سامي الجربي، شروط المسؤولية المدنية في القانون التونسي والمقارن، مرجع سابق، عدد 424 وما يليه، ص.467 وما يليها. **عزيز كاظم جبر**، الضرر المرتد وتعويضه في المسؤولية التقصيرية، دراسة مقارنة، مكتبة دار الثقافة للنشر والتوزيع، عمان، 1998، ص.23 وما يليها. **محمد محي الدين إبراهيم سليم**، نطاق الضرر المرتد (دراسة تحليلية لنظرية الضرر المرتد)، دار المطبوعات الجامعية، الإسكندرية، 2008، ص.17-18.

[6]**G. VINEY**, Introduction à la responsabilité, *op.cit.*, n°210, pp.591-592 ; **Ph.-D. SAINT-HILAIRE**, *op.cit.*, pp.379 et s. ; **R. SAVATIER**, Traité…, T.2, *op.cit.*, n°548 et s., pp.114 et s.

[7] V. Art.45, al. premier, de la loi n°94-28 du 21 fév. 1994, portant régime de réparation des préjudices résultant des accidents du travail et des maladies professionnelles (JORT n°15 du 22 fév. 1994, p.308) ; art.26 de la loi n°95-56 du 28 juin 1995, portant régime particulier de réparation des préjudices résultant des accidents de travail et des maladies professionnelles dans le secteur public (JORT n°53 du 04 juill. 1995, p.1419) ; Art.143 et 146 du CA tels qu'ajoutés par la loi n°2005-86 du 15 août 2005, portant insertion d'un cinquième titre au code des assurances concernant l'assurance de la responsabilité civile du fait de l'usage des véhicules terrestres à moteur et au régime d'indemnisation des préjudices résultant des atteintes aux personnes dans les accidents de la circulation, (JORT n°67 du 23 août 2005, p.2182).

C'est, dans la personne de la victime elle-même, qu'on peut apprécier si elle peut être admise au statut de victime par ricochet de l'inexécution d'un contrat[1]. Soit en raison de la nature des liens qu'elle entretenait avec la victime immédiate, et c'est là notre premier critère (Paragraphe I). Soit en raison du préjudice qu'elle a subi, et c'est là notre second critère (Paragraphe II). La surface du cercle des victimes par ricochet de l'inexécution d'un contrat atteste de l'ampleur de l'immixtion de ce troisième personnage dans la sphère contractuelle.

Paragraphe I. La nature des liens avec la victime immédiate : critère d'identification des tiers victimes par ricochet

472. La jurisprudence a puisé dans la nature des liens, entre victime immédiate et victime médiate, critère de détermination des tiers victimes par ricochet de l'inexécution d'un contrat. Cette démarche se vérifie aussi bien pour le préjudice patrimonial (A) que pour le préjudice d'affection (B).

A.Le lien alimentaire : critère d'identification des tiers victimes par ricochet d'un préjudice patrimonial

473. Le préjudice patrimonial par ricochet. Le préjudice patrimonial par ricochet est l'atteinte portée au patrimoine de la victime médiate, suite à un dommage corporel mortel enduré par la victime principale[2]. Il consiste dans « la perte des subsides que versait la victime immédiate avant l'accident »[3].

Ce faisant, la jurisprudence va puiser dans le lien de l'obligation alimentaire[4], critère de détermination des tiers, victimes d'un préjudice patrimonial réfléchi. En principe, seul ceux qui sont liés à la victime immédiate par un lien d'obligation alimentaire, ont droit à la réparation du préjudice patrimonial réfléchi (1). Cette directive n'a, cependant, pas empêché la jurisprudence d'étendre la liste des ayants droit au profit de quelques collatéraux non créanciers d'aliments (2).

---

[1]**G. VINEY et P. JOURDAIN**, Les conditions de la responsabilité, *op.cit.*, n°309, p.158.

[2] À l'exception de certains frais qui ne sont pas pris en charge par les organismes de sécurité sociale, il semble que le décès de la victime initiale est une condition préalable pour se constituer victime par ricochet, dans la mesure où lorsque la victime survit, c'est à elle de faire valoir ses droits. Comme l'a écrit excellemment RODIÈRE : « si cette victime, considérée dans sa fonction de débiteur d'aliments, risque d'être diminuée dans ses ressources de sorte que sa femme ou ses enfants en pâtissent, la réparation du dommage matériel causé directement à la personne blessée aura dû en tenir compte » : Encyclopédie Dalloz, Droit civil, 2ème éd., V. Responsabilité du fait personnel, n°206. « La victime blessée dans un accident se trouve, au moins en théorie, dans la même situation matérielle qu'auparavant si elle avait obtenu la réparation intégrale de son propre préjudice. Par conséquent, elle sera de nouveau en mesure de continuer à secourir les personnes dont elle assurerait la subsistance » : **D. KHAZRI**, mémoire préc., p.56 ; **H. DAHDOUH**, L'indemnisation des victimes d'accidents d'automobile : comparaison des droits français et tunisien, Thèse pour le Doctorat en Droit, Paris I, 1984, pp.325-326 ; **J. DUPICHOT**, *op.cit.*, n[os]14 et s., pp.18 et s.

[3]**G. VINEY et P. JOURDAIN**, *ibid.*, n°307, p.156.

[4] Sur la teneur de cette obligation, V. art.50 du CSP.

1. La reconnaissance de la qualité de victime par ricochet aux créanciers d'aliments

474. Aux termes de l'article 37 du Code du statut personnel : « L'obligation alimentaire prend sa source dans le mariage, la parenté ou l'engagement volontaire ». Les créanciers légaux d'aliments qui peuvent être déclarés victimes d'un préjudice patrimonial par ricochet se vérifient soit en présence d'un lien matrimonial (a), soit en présence d'un lien de parenté (b), soit encore en présence d'un engagement conventionnel (c).

a. Lien matrimonial et obligation alimentaire

475.Le mari et la femme. L'article 23, alinéa 4, du Code du statut personnel dispose que « le mari, en tant que chef de famille, doit subvenir aux besoins de l'épouse et des enfants dans la mesure de ses moyens et selon leur état dans le cadre des composantes de pension alimentaire ». Chef de famille, le mari est le débiteur principal de l'obligation alimentaire. L'article 38 du Code du statut personnel précise, à cet effet, qu'il « doit des aliments à la femme après la consommation du mariage… »[1]. Ainsi, pour qu'elle soit admise au bénéfice de la réparation au titre de victime d'un préjudice patrimonial par ricochet, la conjointe doit apporter la preuve de deux éléments cumulatifs. D'une part, un contrat de mariage valable[2]. C'est que la nullité du contrat rend l'obligation alimentaire inexistante[3]. D'autre part, une consommation du mariage[4]. L'état de besoin de la conjointe, précise la Cour de cassation, n'est pas une condition pour ouvrir droit à la réparation du préjudice patrimonial réfléchi. C'est le lien matrimonial ainsi que le préjudice subi qui justifient l'exigibilité du droit à réparation[5]. La femme en instance de divorce, à la date du décès de son conjoint, a droit à réparation du préjudice patrimonial réfléchi, tant qu'une décision irrévocable n'a été émise[6].

Lorsqu'une femme est divorcée, une rente de divorce peut être accordée afin de réparer le préjudice patrimonial que lui cause l'acte de divorce.

---

[1] V. sur la question :
ساسي بن حليمة، محاضرات في قانون الأحوال الشخصية، م. ن. ج.، تونس، 2011، ص.126-127. **محمد اللجمي**، قانون الأسرة، نشر للحساب الخاص، تونس، 2008، عدد 749 وما يليه، ص.507 وما يليها.

[2] Art.3 et s. du CSP et art.31 de la loi n°57-3 du 1er août 1957, réglementant l'état civil. En ce sens : Cass. civ. n°4713 en date du 11 oct. 1980, Bull. civ., 1980, 2ème partie, p.105.

[3] Art. 22 du CSP et art.36 bis de la loi du 1er août 1957, préc.

[4] Cass. civ. n°7916 en date du 31 oct. 1983, Bull. civ., 1983, 2ème partie, p.245 ; Cass. civ. n°29799 en date du 06 mai 1993, Bull. civ., 1993, p.408. À propos de la consommation effective ou supposée du mariage : V. :
ساسي بن حليمة، مرجع سابق، ص.164 وما يليها. ق. ت. م. عدد 6345 مؤرخ في 20 أفريل 1982، تعليق **ساسي بن حليمة**، منشور بمؤلفه مجموعة تعاليق على قرارات في مادة الأحوال الشخصية، م. ن. ج.، تونس، 2012، ص.422.

[5] Cass. civ. n°39073 en date du 10 nov. 2009, Bull. civ., 2009, 2ème partie, p.187 ; Cass. civ. n°521 en date du 29 sept. 2005, Bull. civ., 2005, 2ème partie, p.425 ; Cass. civ. n°6254 en date du 16 juill. 1968, RJL, 1969, nos6-7, p.21 (partie en langue arabe). V. en ce sens :
رضا خماخم، أحكام النفقة في مجلة الأحوال الشخصية بعد تنقيح 12 جويلية 1993، م. م. د. ق. ق.، تونس، 1995، عدد 109، ص.69.

[6] Sur le maintien du lien conjugal suite au décès du conjoint en instance de divorce : Cass. civ. n°40554 en date du 14 janv. 2010, RJL, 2011, n°4, p.151 (partie en langue arabe).

Certes, en cas de décès de son ex-mari, l'article 31 du Code du statut personnel prévoit que « cette rente devient une dette qui entre dans le passif de la succession », mais il est possible que le divorcé décédé ne possédait que son salaire. Dans ce cas, la divorcée sera privée, à cause de l'accident de la rente qui était déductible du salaire de son ex-mari. Le caractère alimentaire de la rente devrait alors permettre l'ouverture d'un droit à réparation à la divorcée, au titre du préjudicie patrimonial réfléchi[1]. En matière d'accidents de la circulation, l'article 143 du Code des assurancesle confirme. Dans ce cadre, il semble que quelle que soit la situation financière du *de cujus*, la créance de la femme divorcée, bénéficiant d'une rente viagère, est désormais assumée par la compagnie d'assurance[2].

L'article 23, alinéa 5, du Code du statut personnel prévoit que la femme doit contribuer aux charges du ménage, si elle a des ressources. Cette disposition peut servir d'appui à la mise en place d'une obligation alimentaire légale à la charge de la femme qui a des revenus[3]. Dès lors, son mari peut être admis, à titre de victime par ricochet, au bénéfice de la réparation du préjudice patrimonial réfléchi[4]. C'est ce qui a été décidé, le 13 octobre 1999, par le Tribunal de première instance de Tunis[5]. Ce préjudice est certain, précisent les juges, alors même que le veuf ne soit pas dans le besoin[6]. Comme en écho à cette jurisprudence, l'article 143 du Code des assurancesprescrit, qu'en en cas de décès, l'époux, au même titre que son épouse, est admis, de plein droit, au statut de victime d'un préjudice économique réfléchi[7]. Aucune allusion n'a été faite à l'état de besoin.

---

[1] Cour d'appel de Sfax, arrêt pén. n°51826 en date du 29 mai 2001 (inédit). *Contra* : Cass. civ. n°16152 en date du 21 janv. 2002 (inédit). *Adde* : Cass. pén. n°62028 en date du 05 fév. 2003 (inédit).

[2] V. en ce sens :
نبيل غرس الله، "أي دور للقاضي في نظام التعويض عن الأضرار البدنية الناجمة عن حوادث المرور"، م. ق. ت.، 2010، عدد 6، ص.59.

[3] V. en ce sens :
سنية العش ملاك، "مساهمة الزوجة في الإنفاق على الأسرة"، م. ت. ق.، 2007، ص.1-46. **رضا خماخم**، مرجع سابق، عدد 105 وما يليه، ص.66 وما يليها.

Adde : Cass. civ. n°2003-23406 en date du 21 mai 2003 (inédit) :
" وحيث أن الزوجة مطالبة قانونا بالإنفاق على العائلة إن كان لها مال وذلك طبعا في حدود الإمكانيات المتاحة وبقدر ما هو ضروري من الحاجات".

[4] V. en ce sens :
محمد اللجمي، التعويض عن الضرر البدني في القانون التونسي والمقارن، ج.1، نشر للحساب الخاص، تونس، 1997، عدد 310، ص.202، عدد 315، ص.206 وعدد 337، ص.214-215.

[5] En ce sens : Cass. civ. n°5482 en date du 07 fév. 2005, préc.

[6] T.P.I. de Tunis, Jugement n°6478 en date du 13 oct. 1999 (inédit) :
" وحيث وفي ما يتعلق بزوج الهالكة ولئن حملت أحكام الفصل 23 من م.أ.ش. الزوج واجب الإنفاق إلا أن الزوجة مجبرة بالإنفاق على العائلة إن كان لها دخل وعلى هذا الأساس وطالما كانت الهالكة تعمل فكانت تساهم في الإنفاق على العائلة ووفاتها ستلحق حتما ضررا ماديا للزوج لأنه حرم من الدخل المادي الذي كانت توفره زوجته للمساعدة على الإنفاق على العائلة. وحيث إن الضرر المادي للزوج نشأ من وفاة الزوجة ولا علاقة لنشاط الزوج بالتعويض ولئن كان دخله محترما ضرورة أن عمل الهالكة كان يصير دخل العائلة أكثر إرتفاعا".

[7] V. en ce sens :
عصام الأحمر، النظام القانوني للتعويض عن الأضرار البدنية الناتجة عن حوادث المرور، دليل تطبيقي، مرجع سابق، 126-127. **نبيل غرس الله**، مقال سابق، ص.57. **مصطفى الوغلاني**، "التعويض عن الأضرار الناتجة عن حوادث الطرقات في ظل القانون عدد 86 لسنة 2005 المؤرخ في 15 أوت 2005"، م. ق. ت.، 2007، عدد 5، ص.99.

b. Lien de parenté et obligation alimentaire

476. L'obligation alimentaire peut puiser sa source dans un lien de parenté[1]. Cette dernière n'existe qu'en ligne directe[2]. À l'origine, par une interprétation malheureuse de l'article 68 du Code du statut personnel[3], l'obligation alimentaire était cantonnée dans le cadre d'une parenté légitime. Ce n'est qu'à partir de la loi du 28 octobre 1998[4], qu'elle acquiert droit de cité dans le cadre d'une parenté dite naturelle.

477. La parenté légitime. Dans ce cadre, l'obligation alimentaire se vérifie et pour les descendants et pour les ascendants.

Quant aux descendants, les ayants droit aux aliments, précise l'article 43, b) du Code du statut personnel sont « les descendants à quelque degré qu'ils appartiennent ». Et l'article 46 dudit Code d'ajouter qu'il s'agit d'abord, de l'enfant[5] jusqu'à ce qu'il atteigne l'âge de la majorité ou, au-delà de cette majorité, jusqu'à la fin de ses études, à condition qu'il ne dépasse pas l'âge de 25 ans ; ensuite, de la fille tant qu'elle ne dispose pas de ressources ou qu'elle n'est pas à la charge du mari ; enfin de l'handicapé incapable de gagner sa vie sans égard à son âge[6]. L'article 143 du Code des assurances, applicable en matière d'accidents de la circulation, consacre un droit de réparation au profit des enfants et petits enfants[7]. Ces derniers, précise la Cour de cassation, toutes chambres réunies, ont droit au préjudice économique réfléchi, suite au décès de leurs grands pères, « sans conditions », tant qu'ils n'ont pas dépassé l'âge requis par l'article 143 du Code des assurances[8].

---

[1] « Le lien de parenté unit deux personnes descendant l'une de l'autre ou d'un auteur commun » : **P. COURBE**, Droit de la famille, 5ème éd., Dalloz, Paris, 2008, n°7, p.5

[2] « Il s'agit de la ligne formée par les personnes qui descendent les unes des autres. La ligne est descendante ou ascendante. Cette dernière est elle-même divisée en lignes ascendante paternelle et ascendante maternelle. Ainsi, dans la parenté en ligne directe, le père et le fils sont-ils parents au premier degré, le grand père et le petit fils au deuxième degré. V. **P. COURBE**, *ibid.*, n°8, p.5.

[3] **O. BEN FADHEL**, « Unité du statut de la filiation en droit tunisien (ou les préjugés sociaux combattus par la loi) », *in* Mouvements du droit contemporains, Mélanges offerts au Professeur S. BEN HALIMA, CPU, 2005, pp.683-716.

[4] Loi n° 98-75 du 28 oct. 1998, relative à l'attribution d'un nom patronymique aux enfants abandonnés ou de filiation inconnue, J.O.R.T. n°87 du 30 oct. 1998, p.2119.

[5] La généralité de cette expression permet de l'étendre à l'enfant à l'état embryonnaire. V. en ce sens :
هاجر بوقرة، "الحقوق المدنية للجنين في القانون التونسي"، م. ق. ت.، 2013، عدد 2، ص.78.
Adde : Cass. civ. n°15101 en date du 03 avr. 1986, Bull. civ., 1986, 1re partie, p.229 ; Cass. civ. n°2000-5957 en date du 09 fév. 2001 (inédit) :
" حيث أن الحكم بالتعويض عن الضرر المعنوي الحاصل للجنين في بطن أمه من سلطة قاضي الموضوع التقديرية لا رقابة لمحكمة التعقيب على محكمة الموضوع فيه مادام لا يوجد في القانون نص يلزم بأتباع معايير معينة في شأن التعويض عن هذا الضرر يكفي فيه أن يعتمد الحكم على أساس معقول يبرر الأخذ به الأمر المتوافر في قضية الحال".

[6] V. en ce sens :
عماد فرحات، "مجلة الأحوال الشخصية وحماية المعوقين"، م. ق. ت.، 2008، عدد 4، ص.121 و ص.126-127 و128. **ساسي بن حليمة**، محاضرات...، مرجع سابق، ص.127-128. **رضا خماخم**، مرجع سابق، عدد 61-62 و63، ص.38-39 و40.

[7] V. en ce sens :
هالة بن إدريس، "التعويض عن الضرر الإقتصادي للحفيد عند وفاة جده بسبب حادث مرور طبق أحكام الفصل 143 من القانون عدد 86 لسنة 2005 وموقف الدوائر المجتمعة لمحكمة التعقيب ضمن قرارها عدد 49952 الصادر بتاريخ 25 افريل 2013"، الأخبار القانونية، عدد 221/220، ماي 2016، ص.6-7. **مصطفى الوغلاني**، مقال سابق، ص.99. **عصام الأحمر**، مرجع سابق، ص.130-131.

[8] Cass. civ. Ch. réun. n°2010-49952 en date du 25 avr. 2013 (inédit) :
" إن الأحفاد المقصود بهم في هذا القانون الخاص أي قانون التامين ليسوا هم الذين تطرقت لهم مجلة الأحوال الشخصية والتي وضعت شروطا لاستحقاقهم النفقة بل هم الأحفاد المتمتعون بالتعويض بقوة القانون والشرط الوحيد الواجب توفره هو شرط السن لا غير والذي

Les descendants susmentionnés ne seront admis au bénéfice de la qualité de victime par ricochet, suite au décès de leur débiteur légal d'aliments, que lorsqu'ils établissent la preuve des revenus du défunt[1].

Quant aux ascendants, les ayants droit aux aliments, précise l'article 43 a) du Code du statut personnel sont « les père et mère, les grands parents paternels à quelque degré qu'ils appartiennent, et leurs grands parents maternels appartenant au premier degré ».L'article 44 du Code du statut personnelajoute à cet effet que deux conditions cumulatives doivent être réunies.D'une part, il faut que les parents soient en état de besoin[2]. D'autre part, il faut que le débiteur soit aisé[3]. Les ascendants doivent apporter la preuve d'une prise en charge effective. Étant une question de fait, elle peut être apportée par tout moyen. Une attestation délivrée en l'objet par l'« Omda » et approuvée par le « délégué » en tant qu'instance administrative officielle est jugée suffisante par la Cour de cassation[4]. La même solution a été réitérée, en matière d'accidents de la circulation, par l'article 143 du Code des assurances[5], sauf à préciser que le législateur a privé, en la matière, les grands parents, tels que visés par l'article 43 a) du Code du statut personnel, du droit à réparation[6].

يجب التعويض لهم عن ضررهم الاقتصادي المتمثل في الخسارة الناجمة لهم من جراء وفاة جدهم تلك الخسارة المتمثلة في مصدر نفقة ثانوي وتكميلي هو من باب التوسعة في النفقة على الحفيد وتحسين لحالته الاقتصادية بقطع النظر عن وجود الوالدين أو عدم إعسارهما".

[1] Cass. civ. n°2008-30941 en date du 22 janv. 2009 (inédit) :

" وحيث أن دخل والدة المعقب ضدهم الهالكة كان ثابتا وإن النقص للأبناء المترتب عن حرمانهم من مساهمتها قد أثبته الاختبار...".

Si le défunt n'était pas en mesure de fournir des aliments à ses enfants (Art.52 du CSP), ces derniers ne seront pas reconnus comme victime par ricochet. En ce sens : Cass. civ. n°98-67319 en date du 12 oct. 1998, RJL, 2000, n°5, p.89 (partie en langue arabe) ; T.P.I. de Tunis, arrêt pénal n°25592 en date du 17 mars 2001, RJL, 2001, n°5, p.185 (partie en langue arabe) :

" وحيث لم يدل القائمون بالحق الشخصي بما يفيد دخل الهالك في قائم حياته مما يتجه معه رفض حقهم في طلب التعويض عن الضرر المادي".

Adde :

حسين بن سليمة وعصام الأحمر، النظرية العامة للإلتزام، مصادر الالتزام غير الإرادية، مرجع سابق، ص.54. **رضا خماخم**، مرجع سابق، عدد 69 وما يليه، ص.43-44.

V. sur cette condition dans le cadre des accidents de la circulation : Art.144 CA qui parle de « la perte effective ». *Adde* :

مصطفى الوغلاني، مقال سابق، ص.102-103.

[2] V. en ce sens :

رضا خماخم، مرجع سابق، عدد 133 وما يليه، ص.80-81.

[3] V. en ce sens :

سامية دولة، "مجلة الأحوال الشخصية ورعاية المسنين"، م. ق. ت.، 2008، عدد 4، ص.106-107 و108. **رضا خماخم**، مرجع سابق، عدد 168 وما يليه، ص.98 وما يليها.

[4] Cass. civ. n°2002-22917 en date du 21 mai 2003 (inédit) :

" وبهذا المنظور فلا تثريب في النتيجة التي انتهت إليها محكمة الحكم المعقب بخصوص أحقية والدة الهالك في الانتفاع بالجراية الواردة بالفصل 51 من قانون فواجع الشغل استنادا لنهوض الحجة بموجب الشهادة في بيان الحالة الاجتماعية المدلى بها بشأن كفالة الهالك لوالدته ضرورة أن الشهادة الإدارية استقر العمل القضائي على اعتمادها لكونها تثبت حالة مادية من خصائص الجهة الإدارية ملاحظتها في نطاق اختصاصها".

Adde : Cass. civ. n°15882 en date du 11 oct. 1988, Bull. civ., 1988, p.333 ; Cass. civ. n°15870 en date du 11 oct. 1988, Bull. civ., 1988, p.335.

[5] V. en ce sens :

مصطفى الوغلاني، مقال سابق، ص.99. **نبيل غرس الله**، مقال سابق، ص.58.

[6] V. en ce sens :

نجيب العرعوري، "أثر تحديد المسؤولية على التعويضات المستحقة للمتضرر من حادث مرور (من خلال القانون عدد 86 لسنة 2005 المؤرخ في 2005/8/15)"، م. ق. ت.، 2007، عدد 5، ص.70.

478. La parenté naturelle. L'article 3 bis, alinéa 4, de la loi du 28 octobre 1998, relative à l'attribution d'un nom patronymique aux enfants abandonnés ou de filiation inconnue[1], précise que « l'enfant dont la paternité est établie, a droit à la pension alimentaire… et ce, jusqu'à l'âge de la majorité et au-delà de la majorité dans les cas déterminés par la loi », en l'occurrence, l'article 46 du Code du statut personnel. Il en découle que l'enfant naturel dont la paternité a été légalement établiebénéficie au même titre et dans la même mesure que l'enfant légitime, de lapension alimentaire. Il acquiert, dès lors, droit à réparation au titre du préjudice patrimonial réfléchi, en cas de décès accidentel de son père naturel[2]. L'article 143 du Code des assurances,qui utilise le terme « enfant » sans restriction, permet de le confirmer en matière d'accidents de la circulation[3]. Qu'en est-il de l'hypothèse inverse ?

En cas de décès de l'enfant naturel, dont la paternité a été légalement établie, son père a-t-il droit à réparation du préjudice patrimonial réfléchi, en cas d'interruption des subsides ? La question se pose, dans la mesure où la réciprocité de l'obligation alimentaire prévue par l'article 43 du Code du statut personnel, n'a pas été reconduite, dans le cadre de la loi de 1998. Une controverse a agité la doctrine.

D'aucuns postulent, qu'au même titre que l'enfant légitime, et étant donné que dans le cercle de la famille la réciprocité est un caractère de l'obligation alimentaire[4], l'enfant naturel, dont la paternité a été légalement établie, est tenu d'entretenir, dans la mesure du possible, son père qui se trouve dans le besoin[5]. À suivre ce raisonnement, un droit à réparation du préjudice patrimonial réfléchi doit être reconnu au père, suite au décès de son enfant, en cas d'interruption des subsides.

D'autres estiment que, si le législateur avait voulu créer une obligation alimentaire à la charge de l'enfant naturel reconnu, il l'aurait exprimé, au même titre que l'enfant légitime. Il semble, dès lors, qu'aucune créance alimentaire légale ne peut être reconnue au profit du père naturel. Ceci se confirme, lorsque la reconnaissance de l'enfant s'est faite malgré son père. Ce dernier s'est trouvé obligé de fournir la pension alimentaire par obligation et non par parenté[6]. « Le père qui n'a reconnu son fils que par une action en justice, ne mérite pas le bénéfice des droits qui découlent de sa

---

[1] L'art.3 bis a été ajouté par la loi n°2003-51 du 07 juill. 2003, modifiant et complétant la loi n°98-75 du 28 oct. 1998 (JORT n°54 du 08 juill. 2003, p.2107). Sur la question : V. **A. ABD EL KADER**, La filiation paternelle après la loi du 28 octobre 1998, Mémoire en vue de l'obtention du DEA en Sciences juridiques fondamentales, FSJPST, 1999-2000, pp.90 et s. *Adde* :

رضا الوسلاتي، "الحماية القانونية لمجهولي اللقب العائلي"، م. ق. ت.، 2004، عدد 4، ص.61 وما يليها.

[2] **D. KHAZRI**, Le préjudice par ricochet en matière de responsabilité civile, Mémoire en vue de l'obtention du D.E.A. en Sciences Juridiques Fondamentales, FSJPST, 2002-2003, p.22.

[3] Art.533 du COC. V. en ce sens :

نبيل غرس الله، مقال سابق، ص.57

[4] **P. COURBE**, *op.cit.*, n°1139, p.520.

[5] **A. ABD EL KADER**, mémoire préc., p.89 ; **H.** et **L. MAZEAUD,** Traité…, T.I, *op.cit.*, n°290, p.316.

[6] V. en ce sens :

حافظ بو عصيدة، "إثبات الأبوة"، م. ق. ت.، 1999، عدد 6، ص.38.

qualité de père »[1]. Ainsi, il ne peut être admis au statut de victime par ricochet.

La mère de l'enfant naturel garde tous les droits et devoirs à l'égard de son enfant. Réciproquement, l'enfant et sa mère ont droit à la pension alimentaire légale[2]. Dès lors, l'un quelconque sera admis au statut de victime par ricochet, suite à l'interruption des subsides suite au décès de l'autre.

Lorsque la filiation maternelle est inconnue, l'enfant peut l'établir conformément à l'article 3 bis, alinéa 2, de la loi du 28 octobre 1998[3]. Dans ce cas, l'article 3, alinéa second, de la loi n°2003-51 du 07 juillet 2003, prévoit que l'enfant naturel bénéficie d'une créance alimentaire à l'égard de sa mère. Quant à cette dernière, le législateur ne dit rien. La même controverse relative au père naturel peut être, alors, reconduite.

c. Lien conventionnel et obligation alimentaire

479. L'obligation alimentaire, précise l'article 37 du Code du statut personnel, peut être conventionnelle. Ceci se vérifie, d'abord, dans le cadre de l'article 49 du Code du statut personnelqui prévoit que « quiconque s'oblige à servir pour une période déterminée une pension alimentaire à une personne, quel que soit l'âge de celle-ci, est tenu d'exécuter son obligation. Si la période n'est pas déterminée, elle le sera au gré du débiteur »[4]. Aucune allusion n'a été faite par l'article 143 du Code des assurancesà une telle créance[5].

Il se vérifie, ensuite, dans le cadre de l'article 15, alinéa premier, de la loi n°58-27 du 04 mars 1958, relative à la tutelle publique, à la tutelle officieuse et à l'adoption[6], qui prévoit que « l'adopté a les mêmes droits et les mêmes obligations que l'enfant légitime. »[7]. Et l'alinéa second, d'ajouter que « l'adoptant a, vis-à-vis de l'adopté, les mêmes droits que la loi reconnaît aux parents légitimes et les mêmes obligations qu'elle leur impose ». La généralité des termes de l'article 143 du Code des assurancesfait que l'enfant adopté soit visé par le droit à réparation du préjudice économique réfléchi.

Par ailleurs, l'article 3 de la loi du 04 mars 1958 prévoit que le tuteur officieux assure la garde du pupille et subvient à ses besoins. Et l'article 7 de ladite loi d'ajouter que « la tutelle officieuse prend fin à la majorité du

---

[1] **D. KHAZRI**, mémoire préc., p.23.

[2] L'art.152 du CSP qui parle de la vocation héréditaire ouvre, *a fortiori*, droit à la pension alimentaire. V. en ce sens :

رضا خماخم، مرجع سابق، عدد 92-93 و9494، ص.54-55.

[3] Cet al. dispose que « La personne concernée, le père, la mère ou le ministère public, peut, également, saisir le tribunal de première instance compétent pour demander que la mère soit soumise à l'analyse génétique en vue de prouver qu'elle est la mère de celui dont la filiation est inconnue ».

[4] Cass. civ. n°6139 en date du 11 juill. 1968, Bull. civ., 1968, p.65.

[5] V. en ce sens :

نبيل غرس الله، مقال سابق، ص.59.**نجيب العرعوري**، مقال سابق، ص.69-70.

[6] JORT n°19 du 07 mars 1958, p.236.

[7] Cet art. renvoie implicitement à l'art.46 du CSP. En ce sens :

مفيدة برهومي، "الحماية القانونية لنفقة المتبنى"، م. ق. ت.، 2009، عدد 3، ص.60-61.

pupille ». Aucune allusion n'a été faite par l'article 143 du Code des assurancesau pupille, ce qui constitue une autre restriction injustifiée du cercle des ayants droit à réparation du préjudice patrimonial réfléchi[1].

Enfin, l'article 77 du Code du statut personnel dispose que « quiconque, après autorisation du juge, prend à sa charge un enfant trouvé qui ne possède pas de biens, est tenu de lui fournir des aliments jusqu'à ce qu'il soit capable de gagner sa vie ». L'article 143 du Code des assurancesignore cette situation.

2. L'extension de la liste des victimes par ricochet aux non créanciers d'aliments

480. La parenté collatérale. En principe, seuls les créanciers d'aliments bénéficient de la qualité de victime par ricochet. Pourtant la Cour suprême a, dans certaines décisions, esquivé cette condition. Elle a étendu la liste des victimes par ricochet, en raison de l'existence d'une assistance effective, même en l'absence de la qualité de créancier alimentaire. La Cour de cassation exige, simplement, un lien de parenté, collatérale soit-elle[2]. Ainsi, un droit à réparation du préjudice patrimonial réfléchi a été reconnu au profit des frères et sœurs[3].

Par une interruption volontaire de jurisprudence, l'article 143 du Code des assurances, applicable en matière d'accidents de la circulation, a purement et simplement exclu les frères et sœurs du cercle des ayants droit à réparation.

481. La minorité de la victime initiale et la perte de chance. La Cour de cassation a reconnu un droit à indemnisation au profit des frères, sœurs, père et mère, malgré la minorité de la victime initiale[4]. Même en cas de refus, la décision de la Cour était fondée sur l'absence d'une preuve que le défunt avait des revenues propres et qu'il assistait effectivement ses frères et sœurs[5] ou sa mère[6]. Le refus ne portait, donc, pas sur le principe de la réparation. Mieux encore, même en l'absence d'une assistance effective, ce qui ôte en principe aux parents leur qualité de créanciers légaux d'aliments,

---

[1] V. en ce sens :
توفيق بريبش، "التعويض عن الأضرار اللاحقة بالأشخاص الناتجة عن حوادث المرور"، م. ق. ت.، 2009، عدد 8، ص.104-105.
نجيب العرعوري، مقال سابق، ص.69-70. **نبيل غرس الله**، مقال سابق، ص.59. **عصام الأحمر**، مرجع سابق، ص.131-132.

[2] La parenté collatérale est « le lien qui unit les personnes qui ont un auteur commun : frères, sœurs, cousins… Chaque génération représente un degré : les frères sont parents au deuxième degré, oncle ou tante et nièces ou neveux le sont au troisième degré, les cousins au quatrième degré… » : **P. COURBE**, *op.cit.*, n°9, pp.5-6.

[3] Cass. civ. n°6508 en date du 18 nov. 1982, Bull. civ., 1982, 4ème partie, p.292.

[4] Cass. civ. n°6508 en date du 18 nov. 1982, préc. ; Cass. civ. n°2002-22799 en date du 30 avr. 2003 (inédit) :
" إن المدعين قد قدموا لمحكمة البداية كتبا ممضى من عمدة سيدي البشير مختوما بإمضائه وبطابع العمادة يؤكد أن الهالك كان يساعد والده على متطلبات حياة الأسرة... إن نقض حكم البداية فيما قضى به للمستأنفين من تعويض عن الضرر المادي لاعتبار أن الهالك كان في كفالة والده حسب تصريح هذا الأخير والحال أن الكفالة التي يعنيها الوالد هي الكفالة القانونية لكون ابنه كان في تاريخ وفاته قاصرا عن سن الرشد وكفالة والده لا تنافي مساعدة الابن لوالده على تكاليف العائلة في أجرته التي كان يتقاضاها عن عمله في إصلاح الأفران".

[5] Cass. civ. n°75543 en date du 17 avr. 2000, Bull. civ., 2000, 1re partie, p.48.

[6] Cass. civ. n°10804 en date du 28 janv. 1985, Bull. civ., 1985, 1re partie, p.208.

la Cour de cassation française a décidé que le fils décédé accidentellement, alors qu'il a été choisi par une société pour un emploi de cadre, puisse ouvrir droit à réparation, au titre du préjudice matrimonial réfléchi, à sa mère infirme. La Cour a puisé dans la théorie de la perte de chance fondement de sa décision[1]. La Cour de cassation tunisienne a eu l'occasion de se prononcer sur le décès d'un enfant en bas-âge. Elle a censuré la décision des juges du fond, qui ont décidé que les parents ont droit à indemnisation au titre des dépenses qui ont été effectuées pour l'entretenir et qui sont rendues inutiles, suite à son décès. Ces dépenses, précise la Cour, constituent une obligation légale et ne doivent aucunement ouvrir droit à la réparation[2].

On peut penser que, pour obtenir réparation dans ce cadre, le débat ne doit pas être placé sur le plan des dépenses effectuées, mais sur celui de la possibilité de se targuer de la perte d'une chance réelle et sérieuse d'être secouru par le défunt. Ceci se confirme, d'autant plus que la perte de chance, en tant que préjudice indemnisable, trouve une suite favorable auprès de nos juges. Par deux arrêts, le premier rendu par la Cour de cassation le 03 avril 2012, le deuxième rendu, toutes Chambres réunies, le 27 mars 2014, la Cour décide que pourvu qu'elle soit réelle et sérieuse, la perte de chance ouvre droit à réparation lorsqu'elle est en relation de causalité certaine avec le fait générateur de responsabilité[3].

À transposer ces conditions dans notre cadre, il semble que la perte de chance devrait être indemnisable, lorsque les parents de la victime éprouvent que la chance, qu'ils ont de voir le défunt subvenir à leurs besoins dans l'avenir,est sérieuse. Dès lors, deux conditions doivent être réunies. D'une part, ils doivent être dans le besoin. D'autre part, le descendant doit présenter, certainement, les aptitudes nécessaires, pour fournir une aide pécuniaire[4]. La réunion de ces deux conditions sera inéluctablement

---

[1] Cass. civ. fr., 02 juill. 1975, Bull. civ. fr., II, n°203, p.165.

[2] Cass. pén. n°3228 en date du 25 mai 1964, Bull. pén., 1964, p.82.

[3] Cass. civ. n°2011-59509 en date du 03 avr. 2012 (inédit) :

" إن الطاعن لما اعتبر الضرر المدعى به في خانة الضرر الإحتمالي غير محقق الوقوع خالف مقتضيات **الضرر المستقبلي الثابت** حصوله بحرمان المتضرر من **فرصة جدية وحقيقية** توفر له دخلا طيلة حياته المهنية".

Adde :Cass. civ. n°2012-72616 en date du 27 mars 2014 (inédit) :

" وحيث يتمحور النزاع في قضية الحال حول معرفة حقيقة الضرر المقصود بالتعويض وإلى أي مدى يعتبر متصلا بالحادث ومتأتيا مباشرة منه وهو ما يجسد منشأ الخلاف بين محكمة التعقيب ومحكمة الإحالة إذ اعتبرت الأولى أن الضرر المتمسك به من المعقب ضدهما والمتمثل في ضياع فرصة العمل وانتهاء الحق في منحة البطالة يعد من قبيل الضرر الغير مباشر والإحتمالي والغير قابل بالتالي للتعويض فيما ارتأت الثانية على نقيض ذلك أن الضرر المتظلم منه ثابت ومحقق الحصول وله علاقة مباشرة بالحادث وقضت تبعا لذلك بجبره... وحيث نص الفصل 107 م. إ. ع. ... وحيث ثبت لدى محاكم الأصل عدول المؤسسة عن قبول المتضرر من مباشرة عمله بعد التصديق على انتدابه أو التخفيض في مستحقات المتضرر بسبب انتقاص كل منهما لقدراته البدنية من جراء الحادث فإن الضرر يصبح **حالا** ومحققا في جانبهما ويكون إسداء المبالغ التعويضية لفائدتهما أمرا حتميا".

Adde : Cour d'appel de Tunis statuant en Cour de renvoi, arrêt n°22001 en date du 25 oct. 2011 (inédit) :

" وحيث إن طلب التعويض عن تفويت فرصة العمل يبقى مقبولا إذا كانت فرصة العمل أمرا محققا وثابتا... وحيث بالرجوع لأوراق الملف ومؤيداته اتضح... إن عمل المتضرر لدى الشركة ليس مجرد احتمال وإنما هو أمر محقق وإن كان أمرا **مستقبليا** وعليه يبقى طلب التعويض عن فوات الفرصة في العمل في قضية الحال أمرا مستساغا قانونا...".

On précise qu'à la différence de l'arrêt de 2012, ainsi que la décision de la Cour de renvoie, là où on a estimé que le préjudice constitué par la perte de chance est un préjudice certains mais future, les Ch. réunies précisent que ce préjudice présente, certes, un caractère certain mais surtout « immédiat ». Ce qui est louable.

[4] **Ph. LE TOURNEAU**, *op.cit.*, n°1427, pp.564-565 ; **H. et L. MAZEAUD**, Traité…, T.I, *op.cit.*, n°277-3, p.297 ; **J. DUPICHOT**, *op.cit.*, n°84, pp.96 et s. *Adde* :

influencée par les circonstances de fait. Ce qui fait que la solution relèvera de l'appréciation souveraine des juges du fond sous réserve de motivation[1].

482. La même question se pose en sens inverse : l'enfant peut-il prétendre avoir été la victime d'un préjudice patrimonial réfléchi, suite au décès de son père, alors même qu'il n'a pas encore reçu d'aliments ? Dès 1962, le Tribunal de première instance de Mahdia avait accepté de réparer le préjudice patrimonial et d'affection subi par une fille née après l'accident mortel survenu à son père[2]. Cette solution peut être fondée sur la perte d'une chance sérieuse de secours alimentaires.

483. Si la perte de chance de devenir créancier légal d'aliments a trouvé une suite favorable pour les parents, tel n'était pas le cas pour l'épouse, avant la consommation du mariage. La Cour de cassation a estimé que cette dernière n'encourt aucune pertepécuniaire, suite au décès de son mari[3]. Si telle est sa position en l'occurrence, il en sera, *a fortiori*, pour la fiancée qui ne peut exciper la perte de chance de secours alimentaires, subie suite au décès de son futur mari.

B. Le lien familial : critère d'identification des tiers victimes par ricochet d'un préjudice d'affection

484. Le préjudice d'affection. Appelé aussi « *pretium affectionis* », le préjudice d'affection est une variante du préjudice moral ou extrapatrimonial. Nous entendons par préjudice moral : « toute souffrance humaine ne résultant pas d'une perte *pécuniaire* »[4]. Le préjudice d'affection des victimes par ricochet[5] « s'analyse en souffrances lors de la

---

عزيز كاظم جبر، مرجع سابق، ص.36 وما يليها وص.78 إلى 81. **محمد محي الدين إبراهيم سليم**، مرجع سابق، ص.70 وما يليها وخاصة ص.75 و80. **سامي الجربي**، مرجع سابق، عدد 418 وما يليه، ص.459 وما يليها.

[1] **H. DAHDOUH**, Thèse préc., pp.331-332 : « les juges ne se contentent pas de déceler une chance mais pèsent tous les événements susceptibles de contrarier le secours espéré : échecs professionnels, survenance des charges familiales ou tout simplement mauvaise volonté de l'enfant auquel les parents auraient demandé assistance ».

[2] T.P.I. de Mahdia, Jugement n°223 en date du 26 nov. 1962, RJL, 1963, n°7, p.71 (partie en langue arabe).

[3] Cass. civ. n°29799 en date du 06 mai 1993, préc.

[4] **R. SAVATIER**, Traité..., T.2, *op.cit.*, n°525, p.92 ; **J. CARBONNIER**, Droit civil, T.4, *op.cit.*, n°206, pp.380-381. V. en ce sens : Cass. civ. n°2010-52568 en date du 29 nov. 2011 (inédit) :
" إن التعويض عن الضرر المعنوي يرتبط بما يخلفه الحادث من آلام وأوجاع".
Adde : Cass. civ. n°2012-58171 en date du 21 fév. 2012 (inédit), *in* :
مؤلف الإجتهادات القضائية المتعلقة بقانون 2005 الخاص بالتعويض في مادة حوادث المرور، إعداد جمعية الحقوقيين بصفاقس، مجمع الأطرش للكتاب المختص، تونس، 2014، ص.376 وخاصة ص.380: " يكون الضرر إما إقتصاديا ومرتبطا بالذمة المالية للمتضرر أو ذو صبغة شخصية غير اقتصادية تشمل الضرر المعنوي".

[5] Pour les partisans de la réparation du préjudice d'affection : **Y. CHARTIER**, *op.cit.*, n[os]200 et s., pp.251 et s. ; **Y. LAMBERT-FAIVRE et S. PORCHY-SIMON**, *op.cit.*, n°215, pp.225-226 ; **Y. LAMBERT-FAIVRE**,Thèse préc., pp.46 et s. ; **M. BOURRIÉ- QUENILLET**, « Le préjudice moral des proches d'une victime blessée : Dérive litigieuse ou prix du désespoir », JCP éd. G., 1998, I, 186, pp.2205-2210 ; **O. ABEL**, « Le prix de la vie », *in* Colloque : La réparation du dommage corporel : le juste prix, G.P., 11 au 13 fév. 2007, pp.27-30 ; **A. BOYER**, « Le prix de la mort : inversion des valeurs », *in* Dossier : Réparation du dommage corporel, G.P., 25 au 29 déc. 2009, p.3726. *Adde* :
محمد الوصيف، "جبر الضرر الناشئ عن الجريمة"، م. ق. ت.، 1963، عدد 6، ص.22. **محمد اللجمي**، مرجع سابق، عدد 423-424، ص.269-270. **سامي الجربي**، مرجع سابق، عدد 428، ص.470. **إيمان ريدان**، التعويض عن الضرر المعنوي في المسؤولية المدنية،

perte d'un être cher ou au seul spectacle de sa survie diminuée et gravement handicapée »[1] . On en déduit que le préjudice d'affection se vérifie non seulement lorsque la victime directe s'éteint, mais aussi lorsqu'elle survit à ses blessures. Ceci permet de constater que le lien familial est un critère nécessaire (1) et suffisant (2) pour acquérir la qualité de victimes par ricochet et obtenir indemnisation au titre du «*pretium affectionis* » subi.

1. Le lien familial, critère nécessaire pour acquérir la qualité de victimes par ricochet

485. À la différence de certaines législations qui ont préféré délimiter, en règle générale, ceux qui chagrinent la disparition ou l'infirmité du défunt[2], le législateur tunisien a dévolu à la jurisprudence cette mission. Pour ce faire, elle a puisé dans le critère du lien familial fondement de l'indemnisation du « *pretium affectionis* » réfléchi[3].

Tandis qu'une présomption d'affection a été instaurée au profit des parents les plus proches de la victime initiale (a), les parents éloignés devraient prouver la réalité du dommage allégué (b).

a. La reconnaissance de la qualité de victime par ricochet aux proches parents

486.L'instauration jurisprudentielle d'une présomptiond'affection. Les juges reconnaissent un droit à réparation du « *pretium affectionis* » par ricochet dans le cadre familial[4]. L'indemnisation des victimes par ricochet est accordée en fonction du lien de proximité qui les rattache à la victime initiale. Il s'agit précise la Cour de cassation le 19 octobre 2002 de ceux qui

---

مذكرة للإحراز على شهادة الدراسات المعمقة في القانون الخاص، كلية الحقوق والعلوم السياسية بتونس، 2000-2001، ص.93. **عزيز كاظم جبر**، مرجع سابق، ص.47 وما يليها.

Pour les réticents : **P. ESMEIN**, « La commercialisation du dommage moral », D., 1954, chron., p.114, col.2 ; note sous Cass. pén., 04 mai 1954, JCP éd. G, 1954, II, 8245 .Pour ceux qui critiquent le principe même de la réparation de ce chef de préjudice : **G. VINEY et P. JOURDAIN**, Les conditions de la responsabilité, *op.cit.*, n°266, pp.59 et s., n°267, p.63 et n°269, p.66 ; **G.MEMETEAU**, « La réparation du préjudice d'affection ou : la pierre philosophale », G.P., 1978, 2, doc., pp.400-402. *Adde* :

محمد الصالح ألعياري، "المسؤولية التقصيرية والعقدية"، م. ق. ت.، 1961، عدد 2، مقال سابق، ص.13 إلى 15. **محمد الشرفي**، "كيفية تقدير الضرر المعنوي"، م. ق. ت.، 1973، عدد 5-6، ص.48-49.

[1]**Y. LAMBERT-FAIVRE et S. PORCHY-SIMON**, *op.cit.*, n°213, p.225 ; **H. et L. MAZEAUD**, Traité…, T.I, *op.cit.*, n°320, pp.336-337. *Adde* :

محمد اللجمي، مرجع سابق، عدد 411-412، ص.263-264.

[2] V. l'art.222 du C.civ.égyptien qui prévoit que « Les dommages et intérêts comprennent également la réparation du préjudice moral… Toutefois, le juge peut allouer seulement aux conjoints et aux parents jusqu'au second degré des dommages-intérêts, en raison de la douleur que leur cause la mort de la victime ».

[3]**F. MECHRI**, La signification juridique du sentiment d'affection dans le droit des rapports familiaux, Thèse pour le Doctorat en Droit, Paris II, 1973, pp.143 à 149. *Adde* :

حسين بن سليمة وعصام الأحمر، مرجع سابق، ص.59.

[4] Cass. pén. n°59579 en date du 17 oct. 1994, Bull. pén., 1994, p.204 ; Cass. pén. n°14389 en date du 22 juin 1985, Bull. pén., 1985, p.129 ; Cass. pén. n°22211 en date du 13 juin 1991, RJL, 1992, n°6, p.75 (partie en langue arabe) ; T.P.I de Tunis, arrêt n°25592 en date du 17 mars 2001, RJL, 2002, n°5, p.185 (partie en langue arabe).*Adde* : **H. DAHDOUH**, Thèse préc., pp.294-295.

entretiennent avec la victime initiale un rapport de mariage, de filiation et de fraternité[1]. Entre ces derniers, et compte tenu des difficultés de prouver le chagrin ressenti, la Cour de cassation, emboîtant le pas à son homologue française[2], a établi le 28 mai 1983 une présomption d'affection[3]. On se demande sur la portée de cette présomption.

En principe, la présomption d'affection est simple. La preuve contraire devrait l'écarter. Néanmoins, il ressort de l'analyse des décisions juridictionnelles que les tribunaux appréhendent la présomption d'affection plutôt comme étant irréfragable. L'idée est que l'existence d'un rapport de parenté étroit emporte automatiquement allocation des dommages et intérêts, à titre de réparation d'un« *pretium affectionis* » par ricochet[4]. Ceci se vérifie, lorsqu'il s'agit d'actions intentées par des ascendants, descendants et conjoints.

S'agissant des ascendants, la réparation aux père et mère, à titre de victimes d'un « *pretium affectionis* » réfléchi, fait preuve de jurisprudence[5]. Bien plus, la Cour de cassation a reconnu un droit à réparation au père, pour la perte de son fils encore à l'état embryonnaire[6], ou à peine né[7]. Les grands parents sont aussi admis au statut de victime d'un « *pretium affectionis* »

---

[1] Cass. civ. n°2002-19230 en date du 19 sept. 2002 (inédit) :
" وفاة الهالك... من شأنها أن تترك شعورا عميقا بالحزن والأسى لدى ورثته إنطلاقا من نوعية صلة القرابة التي تربطهم به سواء كانت زوجية أو بنوة أو أبوة أو أخوة".

[2] V. par ex. : Cass. pén. fr., 15 déc. 1923, S., 1926, Ire partie, p.321 ; Cass. Req. fr., 10 avr. 1922, S., 1924, Ire partie, p.153 ; Cass. civ. fr., 20 juill. 1993, JCP éd. G, 1993, IV, 2422. V. sur la question **J. DUPICHOT**, *op.cit.*, n°196, pp.213 et s. ; **R. SAVATIER**, Traité..., T.2, *op.cit.*, n°557, pp.122-123 ; **Y. LAMBERT-FAIVRE**,Thèse préc., pp.49 et s. et pp.72 et s. ; **G. MARTY**, note sous Cass. pén. fr., 28 fév. 1930 et 31 oct. 1930, S., 1931, Ire partie, pp.151-152 ; **F. MECHRI**, Thèse préc., pp.167 à 169.

[3] T.P.I de Sousse, arrêt n°40538 en date du 28 mai 1983, (inédit), cité par **A. BOUKER**, De la réparation du préjudice moral né de l'atteinte à l'intégrité corporelle ou à la vie, Mémoire pour le Diplôme d'Études Approfondies, Sciences Criminelles, FDSPT, 1983-1984, p.69 :
" حيث أن غرم الضرر الأدبي أساسه علاقة الود والترابط بين المطالب بهذا الغرم وبين الهالك في قائم حياته مما يجعل الوفاة نكبة على الحي تجلب الهم والحزن حيث أن هناك قرينة على وجود تلك العلاقة بين الفروع والأصول والزوج والزوجة والأخوة".

[4] Cass. civ. n°2114 en date du 18 mai 1978 (inédit), cité par **A. BOUKER**, mémoire préc., pp.69-70 :
" يكفي لتعويض الضرر الأدبي مجرد حصوله بأي مظهر كان... وحيث أن ذلك يكفي لبيان سبب الغرامة بدون لزوم التصريح بأن تلك الغرامة كانت لقاء الألم والحسرة التي نالتهم بوفاة قريبهم لأن ذلك مستفاد من المقام".

Contra :

محمد اللجمي، مرجع سابق، عدد 436، ص.274-275.

[5] Cass. civ. n°2013-8653 en date du 04 fév. 2014 (inédit), préc. ; Cass. civ. n°2013-5636/5630 en date du 21 nov. 2013 (inédit), préc. ; Cass. civ. n°29802 en date du 24 déc. 2009, Bull. civ., 2009, 2ème partie, p.175 ; Appel Tribunal Administratif, arrêt n°26120 en date du 22 mai 2008 (inédit), préc. ; Cass. civ. n°9524 en date du 25 avr. 2005, préc., Bull. civ., 2005, 2ème partie, p.81 ; Cass. civ. n°221-2004 du 1er avr. 2004 (inédit), préc. ; Cass. pén. n°26741 en date du 20 déc. 1988, RJL, 1990, n°3, p.104 (partie en langue arabe) ; Cass. civ. n°16524 en date du 27 avr. 1989, préc. *Contra* : Cour d'appel de Tunis, arrêt pénal n°47590 en date du 29 janv. 1968, RJL, 1968, n°10, p.88 (partie en langue arabe). *Adde* :

محمد اللجمي، مرجع سابق، عدد 414، ص.264-265.

[6] Cass. civ. n°5482 en date du 07 fév. 2005, préc. ; Cass. civ. n°2003-23406 en date du 21 mai 2003 (inédit), préc. :
" الضرر المعنوي المطلوب التعويض عنه مرجعه يتجسم في انتكاس الرجاء وخيبة الأمل فالوالد على وجه الخصوص كان يأمل أن يرزق إبنا يكون له قرة عين ونورا يضيء حياته. وعونا حين يكون في حاجة إليه. فانعدام فسحة الأمل وخيبة الرجاء يجسم ضررا معنويا يضني الأب ويقض مضجعه".

Contra :

محمد اللجمي، مرجع سابق، عدد 415-416، ص.265-266.

[7] Cass. civ. n°2011-64876 en date du 23 déc. 2011 (inédit), préc.

réfléchi[1]. Mieux encore, le Tribunal cantonal de Sousse, a réservé les droits de la grand-mère maternelle qui n'a pas agi en justice[2]. Dans ce cadre, l'article 146 du Code des assurancesrelatif aux accidents de la circulation a limité la liste des ayants droit à indemnisation aux père et mère à l'exception des grands-parents[3].

S'agissant des descendants, la présomption d'affection, mise en œuvre par les tribunaux, a la même portée. L'existence d'un rapport de parenté si étroit emporte automatiquement allocation de dommage-intérêts sans vérifier l'effectivité du préjudice subi[4]. À l'allégation selon laquelle le père n'était pas entretenu par ses enfants ce qui témoigne, selon le responsable, du relâchement des liens affectifs, les juges du fond n'ont pas répondu. Ils se sont contentés de déclarer que les enfants, majeurs soient-ils, sont en droit d'obtenir réparation du « *pretium affectionis* » réfléchi, suite au décès de leur père. Leur décision a été confirmée par la Cour de cassation[5]. La même tendance est retrouvée pour les petits-fils[6]. Elle se fait ressentir aussi pour les enfants nés après le décès de leurs parents[7] ou qui étaient en bas âge lors de l'accident[8].

Dans le cadre des accidents de la circulation, l'article 146 du Code des assurancesa limité la liste des ayants droit à indemnisation au titre du préjudice moral réfléchi aux enfants[9], à l'exception des petits-fils. Ces derniers, bien qu'ils bénéficient d'un droit à l'indemnisation, au titre du préjudice patrimonial réfléchi, se trouvent bizarrement exclus du cercle des

---

[1] Cass. civ. n°2013-5636/5630 en date du 21 nov. 2013 (inédit), préc. ; Cass. civ. n°2009-33918 en date du 04 mai 2009 (inédit), préc.

[2] T.P.I de Tunis, Jugement n°7353 en date du 04 nov. 1982 (inédit), cité par **A. BOUKER**, mémoire préc., p.70.

[3] V. en ce sens :
توفيق بريبش، مقال سابق، ص.106. **نجيب العرعوري**، مقال سابق، ص.70-71 و72. **عصام الأحمر**، مرجع سابق، ص.136-137.

[4] Cass. civ. n°2013-8653 en date du 04 fév. 2014 (inédit), préc. ; Cass. civ. n°2009-43259-44674 en date du 1er juill. 2010 (inédit), préc.

[5] Cass. civ. n°17492 en date du 04 oct. 1989, Bull. civ., 1989, p.377 ; RJL, 1991, n°5, p.115 (partie en langue arabe) ; Cass. civ. n°2002-20186 en date du 16 oct. 2002 (inédit).

[6] Cass. civ. n°2003-29332 en date du 03 nov. 2003 (inédit) :
" إن موضوع قضية الحال يتعلق بغرم ضرر معنوي له صلة وثيقة بالشعور والإحساس وتأثر الأحفاد ولوعتهم وحزنهم لموت جدهم أمر مفترض نظرا للرابطة الدموية".

[7] Cass. civ. n°2002-19230 en date du 19 sept. 2002 (inédit), préc. :
" وحيث أنه في خصوص البنت أوردت المحكمة صلب مستنداتها أن وفاة الهالك قبل ميلاد ابنته لا ينفي وجود ضرر معنوي في جانبها يتمثل في اليتم وافتقار لعاطفة الأبوة سيرافقها طيلة حياتها".
Adde : Cass. civ. n°102371 en date du 31 mars 1999, RJL, 2000, n°5, p.97 (partie en langue arabe) ; Cass. civ. n°44447 en date du 18 fév. 1997, Bull. civ., 1997, 2ème partie, p.40 ; Cass. civ. n°6250 en date du 21 déc. 1997, Bull. civ., 1997, 2ème partie, p.218 ; Cass. civ. n°52752 en date du 04 juin 1996, Bull. civ., 1996, 1re partie, p.228 ; T.P.I. de Mahdia, Jugement n°223 en date du 26 nov. 1962, préc. V. en ce sens :
هاجر بوقرة، مقال سابق، ص.75-76 و77.

[8] Cass. civ. n°29802 en date du 24 déc. 2009, préc. ; Cass. civ. n°39073 en date du 10 nov. 2009, préc. ; Cass. civ. n°7120 en date du 11 janv. 2007, Bull. civ., 2007, 2ème partie, p.191 ; Cass. civ. n°41186 en date du 17 janv. 1994, Bull. civ., 1994, p.399 ; Cass. civ. n°37313 en date du 22 mars 1993, Bull. civ., 1993, p.337 ; Cass. civ. n°15308 en date du 13 avr. 1988, Bull. civ., 1988, p.303 ; Cass. pén. n°751 en date du 26 fév. 1977, Bull. pén., 1977, 1re partie, p.107.

[9] La généralité de ce terme permet d'absorber l'enfant à l'état embryonnaire. V. en ce sens :
عصام الأحمر، مرجع سابق، ص.138.

ayants droit à indemnisation au titre du « *pretium affectionis* » subi par leur auteur[1].

S'agissant des conjoints, la présomption d'affection joue à leurs égards avec force irréfragable. C'est ce qui ressort des décisions de la Cour de cassation, aussi bien après la consommation du mariage[2], voire même avant. Dans cette dernière hypothèse, la douleur profonde, précise la Cour, résultant de la perte d'un être que l'épouse avait choisi et avec qui elle espérait bâtir toute une vie, est certaine[3]. Dans cet esprit, on peut penser que les époux en instance de divorce ne doivent bénéficier d'aucune présomption d'affection. La procédure, en cours, témoigne plutôt, sauf preuve du contraire, d'un relâchement des liens affectifs[4].

Au titre de l'article 146 du Code des assurances, le conjoint bénéficie, de plein droit, du statut de victime d'un préjudice moral subi par ricochet,suite au décès de son conjoint.

S'agissant des frères et sœurs, la pratique juridictionnelle atteste l'existence de deux tendances différentes. Certaines décisions appréhendent la présomption d'affection comme étant irréfragable. Elles admettent que l'existence d'un rapport de fraternité emporte automatiquement allocation de dommages-intérêts. La preuve du lien de fraternité est, dès lors, suffisante pour admettre les frères et sœurs au bénéfice de la réparation d'un « *pretium affectionis* » réfléchi[5]. Ce préjudice se vérifie, précise la Cour de cassation, alors même que le frère n'est pas encore né[6].

En revanche, d'autres décisions considèrent que la présomption d'affection est plutôt simple susceptible de la preuve contraire[7]. Il en est ainsi, précise la Cour de cassation, lorsque la sœur qui prétend être victime d'un préjudice d'affection subi par ricochet, est en bas âge, lors de l'accident

---

[1] V. en ce sens :
عصام الأحمر، مرجع سابق، ص.136-137. **مصطفى الوغلاني**، مقال سابق، ص.100. **توفيق بريبش**، مقال سابق، ص.106.

[2] Cass. civ. n°2013-8653 en date du 04 fév. 2014 (inédit), préc. ; Cass. civ. n°2009-43259-44674 du 1er juill. 2010 (inédit), préc. ; Cass. civ. n°29802 en date du 24 déc. 2009, préc. ; Cass. civ. n°39073 en date du 10 nov. 2009, préc. ; Cass. pén. n°22211 en date du 13 juin 1991,

[3] Cass. civ. n°7916 en date du 31 oct. 1983, préc. ; Cass. civ. n°29799 en date du 06 mai 1993, préc.

[4] V. en ce sens :
حسين بن سليمة وعصام الأحمر، مرجع سابق، ص.60. **محمد اللجمي**، مرجع سابق، عدد 319، ص.207-208. **محمد الوصيف**، مقال سابق، ص.23.

[5] Cass. civ. n°2013-8653 en date du 04 fév. 2014 (inédit), préc. ; Cass. civ. n°26371 en date du 28 mai 2009, RJL, 2009, n°4, p.235 (partie en langue arabe) ; Bull. civ., 2009, 1re partie, p.127 ; Cass. civ. n°39073 en date du 10 nov. 2009, préc. ; Cass. civ. n°2008-30941 en date du 22 janv. 2009 (inédit), préc. ; Cass. civ. n°7120 en date du 11 janv. 2007, préc. ; Cass. civ. n°2005-7178 en date du 13 mars 2006 (inédit) :
" إن محكمة الحكم المنتقد لما قضت بالتعويض لفائدة أشقاء سائق العربة الذي هلك بسبب من الحادث... تكون قد طبقت القانون".
Adde : Cass. civ. n°99-72472 en date du 30 juin 1999 (inédit) :
" إن وفاة الهالك وهو في سن الشباب إذ لم يتجاوز عمره زمن الحادث 19 عاما قد خلف لوعة وأسى في نفس أبويه وأشقائه وألما بسبب فراقه بتلك الطريقة".
Adde : Cass. civ. n°9524 en date du 25 avr. 2005, préc. ; T.P.I. de Tunis, arrêt pénal n°25592 en date du 17 mars 2001, préc. ; Cass. pén. n°14389 en date du 22 juin 1985, préc ; Cass. pén. n°2919 en date du 12 mars 1979, Bull. pén., 1972, p.84.

[6] Cass. civ. n°5482 en date du 07 fév. 2005, préc.

[7] Cass. pén. n°3408 en date du 16 janv. 1980, RJL, 1981, n°3, p.118 (partie en langue arabe)

de sa sœur paternelle[1]. Il en est par ailleurs, ajoute la doctrine, lorsque le responsable apporte la preuve d'un conflit persistant entre la victime et son frère ou sa sœur[2].

En matière d'accidents de la circulation, cette jurisprudence est réduite en une coquille vide. L'article 146 ne fait aucune allusion au préjudice moral subi par les frères et sœurs. Ceci a été justifié, lors des travaux préparatoires, par une triste volonté d'une prétendue rationalisation de la réparation[3].

b. La reconnaissance de la qualité de victime par ricochet aux parents éloignés

487. Nécessité de prouver le préjudice subi. Au-delà de la cellule familiale étroite, rien ne justifie la mise en place d'une présomption d'affection. Le tiers qui prétend à la qualité de victime par ricochet doit apporter la preuve du préjudice subi. La crainte d'un raz-de-marée d'actions le justifie[4]. C'est sur la base de cette preuve que les parents éloignés de la victime principale sont tantôt admis[5], tantôt déboutés[6], du bénéfice de la réparation d'un « *pretium affectionis* » réfléchi. Ici, règne la souveraineté des juges du fond. L'appréciation se fait *inconcreto*, compte tenu de l'âge du demandeur, de sa faiblesse, de sa situation sociale, voire même des sacrifices

---

1 Cass. pén. n°4317 en date du 13 juin 1981, RJL, 1983, n°1, p.102 (partie en langue arabe)

2 V. en ce sens :

محمد الوصيف، مقال سابق، ص.23. **حسين بن سليمة و عصام الأحمر**، مرجع سابق، ص.60.

3 Travaux préparatoires, délibérations de la Chambre des députés, séance du samedi 30 juill. 2005, JORT, 2004-2005, n°29, p.1250. *Adde* :

نبيل غرس الله، مقال سابق، ص.59. **مصطفى الوغلاني**، مقال سابق، ص.100. **توفيق بريبش**، مقال سابق، ص.106. **نجيب العرعوري**، مقال سابق، ص.70-71 و72. **عصام الأحمر**، مرجع سابق، ص.137.

4 T.P.I de Sousse, arrêt n°40538 en date du 28 mai 1983, (inédit), préc. :

" أما بالنسبة لغيرهم فعليهم إثبات أساس الغرم الملتمس إذ لو كان الأمر بخلاف ذلك لفتح باب يعسر سده بتمكين أبعد الأقارب من الغرم وهو أمر غير منطقي".

5 Indemnisation de la marâtre : Cass. pén. n°17373 en date du 06 juill. 1988, Bull. pén., p.41.

Indemnisation des oncles et tantes :T.P.I. de Sousse, Jugement n°481 en date du 04 nov. 1982 (inédit), cité par **A. BOUKER**, mémoire préc., p.73.

Indemnisation des cousins : Cass. pén. n°51307 en date du 22 juin 1993, Bull. pén., p.201.

6 Refus de réparer le préjudice affectif des oncles et tantes : Cass. civ. n°2003-24019 en date du 10 avr. 2003 (inédit) :

" حيث نازع الطاعن... لدى محكمة الإستئناف في أحقية الأعمام في المطالبة بالتعويض لأنهم ليسوا سلفا ولا خلفا للهالك وأن درجة قرابتهم ثانوية وقد درجت المحاكم على عدم التعويض لهم. وحيث أجابت المحكمة عن هذا الدفع بان الغرامة المحكوم بها جد رمزية ولا مجال لمناقشتها ونقض الحكم في شأنها. وحيث يتضح من ذلك أن المحكمة لم ترد على الدفع المشار إليه لأنه لا يهدف إلى مناقشة مقدار الغرامة وإنما إلى المنازعة في مبدإ استحقاق الأعمام لها من عدم ذلك فجاء الحكم المطعون فيه مشوبا بهضم لحقوق الدفاع وقصور في التعليل مما أدى إلى خرق أحكام الفصل 107 من م.إ.ع. فلزم نقضه ضمانا لحسن تطبيق القانون".

Adde : Cass. civ. n°2002-22336 en date du 24 avr. 2003 (inédit) :

" وحيث سبق للطاعنة أن دفعت بعدم أحقية الأعمام في التعويض عن الضرر المعنوي لكن محكمة القرار المطعون فيه أجابتها بالقول "إن ما قضي به لفائدة المدعين في الأصل تعويضا لهم عن ضررهم المعنوي يتماشى وحجم الألم الذي تسبب فيه فقدانهم للهالك اثر حادث المرور". وحيث إن هذا الجواب لا علاقة له بموضوع الدفع وإنما يتعلق بمقدار التعويض وهو جواب غير ملائم يماثل عدم الجواب مما يجعل الحكم معيبا بقصور التعليل الموجب للنقض".

Adde : Cour d'appel de Sfax, arrêt n°57230 en date du 27 fév. 2002 (inédit) :

" وحيث طالب نائب القائمين بالحق الشخصي جبر الضرر المعنوي الحاصل لأعمام وخال وخالة الهالك فان التعويض عن الضرر المعنوي يبقى صعب المعرفة والتحديد والتقدير لبعد درجتهم بالهالك وعسر معرفة مدى تأثرهم بالجلل وصعوبة التوصل إلى مقدار درجة الحزن والأسى في نفوسهم".

Refus de réparer le préjudice affectif de la marâtre : Cass. pén. n°4317 en date du 13 juin 1981, préc.

qu'il a déployés pour le défunt[1]. Aucune allusion n'est faite à cette catégorie, dans le cadre de l'article 146 du Code des assurances.

2. Le lien familial, critère suffisant pour acquérir la qualité de victimes par ricochet

488. L'exigence du décès de la victime initiale ! En principe, l'existence d'un lien familial est un critère suffisant pour acquérir la qualité de victimes par ricochet et obtenir indemnisation au titre du «*pretium affectionis* » subi. Cependant, la loi du 15 août 2005 relative aux accidents de la circulation[2], s'est départie de cette position. L'article 146 du Code des assurances, subordonne la réparation de ce chef de préjudice et partant l'acquisition de la qualité de victime par ricochet, au décès de la victime initiale.

Au-delà des textes spéciaux, on se demande si la survie de la victime initiale constitue un obstacle dirimant au bénéfice de la qualité de victime par ricochet, au titre du «*pretium affectionis* » subi. Cette question a par trop pesé sur les débats doctrinaux.

489. Débat doctrinal. Une partie de la doctrine récuse l'indemnisation du «*pretium affectionis* » résultant de la vue des souffrances ou de l'invalidité d'un être cher. Plusieurs arguments ont été avancés pour l'étayer. D'abord, la reconnaissance du droit à indemnité, en cas de survie, contredit la thèse satisfactoire[3]. Les ayants droit, précise une doctrine,« ne souffrent qu'en raison de la douleur subie par la victime et si cette douleur a été compensée par une indemnité la souffrance des ayants-cause perd sa base et n'a plus de raison d'être »[4]. Le préjudice réfléchi est, dès lors, appréhendé comme le reflet du préjudice initial. Si ce dernier est indemnisé, le premier n'a plus de raison d'être. Ripert le confirme en ces termes « quand la victime survit et agit elle-même, c'est elle qui répare ce trouble familial par l'indemnité qui lui est accordée. Sa propre souffrance absorbe la souffrance de ses proches. Le prix de la douleur, c'est à elle qu'on doit le payer. Lorsqu'il a été payé, le dommage est réparé et nul ne peut se plaindre »[5]. Ensuite, la peine ne doit être prononcée qu'une seule fois : « *Non bis in idem* »[6]. Enfin, c'est pour ne pas multiplier les actions en responsabilité civile qu'il faut exiger le décès de la victime initiale comme condition préalable à toute demande en réparation[7].

[1] **R. SAVATIER**, Traité…, T.2, *op.cit.*, n°560, p.125.
[2] Préc. V. *supra*, n°13 en note de bas de page.
[3] **J.DUPICHOT**, *op.cit.*, n°210, p.229; **R. SAVATIER**, *op.cit.*, n°538, p.105 ; **G. RIPERT**, « Le prix de la douleur », D., 1948, chron., pp.3-4. *Adde* :
محمد اللجمي، مرجع سابق، عدد 413-414، ص.264-265.
[4] **R. HOUIN**, note sous Cass. Req. fr., 22 déc. 1942, JCP éd. G., 1943, II, 2334, col.3.
[5] **G. RIPERT**, chron. préc., p.4, col.1.
[6] **J.DUPICHOT**, *ibid.*, n°211, p.230.
[7] **R. SAVATIER**, Traité…, T.2, *op.cit.*, n°530, p.95 ; **M. PLANIOL et G. RIPERT**, Obligations, T.VI, *op.cit.*, n°549, p.759 ; **J.DUPICHOT**, *ibid.*, n°210, p.229; **G. RIPERT**, chron. préc., p.4, col.2 ; **G. DURRY**, RTD civ., 1977, p.768 ; **G. DURRY**, RTD civ., 1978, p.359.

La doctrine majoritaire est pourtant favorable au principe de l'indemnisation du «*pretium affectionis* » réfléchi, alors même que la victime immédiate a survécu[1]. En effet, le préjudice d'affection des proches n'est pas nécessairement limité aux souffrances pour la perte d'un être cher, le « spectacle de sa survie diminuée et gravement handicapée »[2], peut entraîner pour ceux qui partagent leur vie avec l'infirme un préjudice affectif très intense. Ce préjudice est baptisé préjudice d'accompagnement. « Il s'agit des souffrances de voir mutilé, diminué et déchu un être cher »[3]. Plusieurs arguments ont été avancés pour défendre l'indemnisation d'un tel préjudice. D'abord, on estime que le « *pretium affectionis* » n'est pas un simple reflet de la souffrance éprouvée par la victime immédiate, c'est un dommage autonome. Dire que l'indemnisation de la victime initiale absorbe la souffrance endurée par la victime par ricochet est, dès lors, inexact. À suivre cette démarche, et c'est là notre deuxième argument, si on admet que deux préjudices existent, il est logique que deux actions seront ouvertes sans que la théorie satisfactoire ne soit violée. Enfin, dire que le refus de réparer le préjudice d'affection, en cas de survie de la victime initiale se justifie par le souci de ne pas multiplier les actions folkloriques, rend mal compte de la réalité. En effet, ces actions sont limitées à ceux qui partagent une communauté de vie effective et affectiveavec la victime immédiate[4]. Mme. LAMBERT-FAIVRE a relevé que le préjudice d'accompagnement ne peut exister que pour ces derniers. C'est dans cette hypothèse que se concrétise l'expression « trouble dans les conditions d'existence »[5]. La liste des victimes par ricochet sera ainsi très limitée. Ces arguments gagnent-ils pas la conviction de nos juges ?

490. Vicissitudesjuridictionnelles. La Cour d'appel de Tunis a décidé le 29 janvier 1968 que les parents d'une enfant blessée dans un accident ne peuvent pas prétendre à réparation pour le préjudice d'affection né de la vue de ses souffrances[6]. La Cour a justifié sa décision par le fait que le dommage par ricochet n'est qu'un simple reflet du dommage immédiat. À suivre ce

---

[1]**Y. LAMBERT-FAIVRE et S. PORCHY-SIMON**, *op.cit.*, n[os]217 et s., pp.227 et s. ; **Ph. LE TOURNEAU**, *op.cit.*, n°1462, p.575 ; **F. GIVORD**, note critique sous Cass. Req. fr., 22 déc. 1942, D., 1945, J., p.99 ; **H. et L. MAZEAUD,** Traité…, T.II, *op.cit.*, n°326, pp.345-346 ; **A. BOUKER**, mémoire préc., pp.77-78 ; **Y. CHARTIER**, *op.cit.*, n°202, pp.251-252 ; **J. FLOUR**, **J.-L. AUBERT et E. SAVAUX**, Les obligations, T.2, *op.cit.*, n°149, pp.180 et s. ; **M. BOURRIÉ- QUENILLET**, art. préc., pp.2205-2210 ; **S. RÉTIF**, Droit à réparation, Conditions de la responsabilité délictuelle, Le dommage, Caractères du dommage réparable, J.-Cl. civil, Art.1382 à 1386, Fasc.101, LexisNexis, 2013, n°73, p.21. *Adde* :

محمد الوصيف، مقال سابق، ص.23.

[2]**Y. LAMBERT-FAIVRE et S. PORCHY-SIMON**, *ibid.*, n°213, p.225.

[3]**H. DAHDOUH**, Thèse préc., p.327.

[4]**Ph. CASSON**, Dommages et intérêts, Encyclopédie Dalloz, Répertoire Droit civil, 2009, n°79, p.17 et n°84, p.18 ; **Y. LAMBERT-FAIVRE**, « Les effets de la responsabilité (Les articles 1367 à 1383 nouveau du code civil) », *in* L'avant-projet de réforme du droit de la responsabilité, Actes du colloque organisé par l'Université Panthéon-Sorbonne, Paris I, le 12 mai 2006, RDC, 2007, n°1, p.163, spéc. pp.166-167.

[5]**Y. LAMBERT-FAIVRE et S. PORCHY-SIMON**, *ibid.*, n°217, p.228 et n°218, p.229 ; **G. VINEY et P. JOURDAIN**, Les conditions de la responsabilité, *op.cit.*, n°269, p.66.

[6] T.P.I. de Tunis, arrêt n°47590 en date du 29 janv. 1968, RJL, 1968, n°10, p.88.

raisonnement, ajoute la Cour, la souffrance des parents, qui tient sa source de l'état de chagrin de l'enfant, s'absorbe par la satisfaction de celui-ci. Statuer en sens contraire, poursuit la Cour, c'est ouvrir la porte à un raz-de-marée d'actions. La solution fut confirmée par une autre décision, rendue par la Cour de cassation, le 02 janvier 1992[1]. La Cour rappelle que du moment que la douleur ressentie par le père n'est que le reflet de l'état de son fils, ce chagrin s'achève au moment où la victime initiale a été indemnisée. Elle ajoute que le préjudice subi par le père est indirect parce qu'il ne trouve pas sa cause directe dans l'accident survenu à son fils mais dans l'état de ce dernier.

Cependant, est-il logique de considérer que lorsque la victime initiale décède, le préjudice subi par ses ayants droit est qualifié de direct, alors que, lorsqu'elle survit le préjudice de ces derniers deviendrait indirect ? L'incohérence est patente[2].

La même solutions'est confirmée par une décision rendue par la Cour de cassation dans sa décision rendue le 20 février 2014. Au menu de cet arrêt, un acquéreur d'un engin était victime de son explosion. La Cour, qui a constaté la mauvaise foi du vendeur, a décidé que l'acquéreur est en droit d'obtenir la réparation des dommages matériels subis par son usine, résultant de l'incendie provoqué par l'explosion. Elle a, par ailleurs, confirmé la réparation des dommages patrimoniaux et extrapatrimoniaux qui ont atteint la victime. La Cour a saisi l'occasion pour se prononcer sur l'étendue du droit à réparation dû, non seulement à la victime immédiate, mais aussi aux tiers. En évoquant la réparation due à ces derniers, elle avait exigé le décès de la victime immédiate[3]. Pourtant la victime a subi des brulûres, qui couvraient tout son corps, provoquant sa défiguration. Elle est devenue handicapée et inapte d'exercer toute activité professionnelle. En posant le décès comme condition *sine qua non* pour ouvrir droit à réparation aux tiers, la Cour a donné une fin de non recevoir à toute demande de réparation des victimes par ricochet, du moment que leur auteur a survécu. Pourtant on peut penser, qu'en l'occurrence, le préjudice d'accompagnement, pour ceux qui partagent avec la victime immédiate une communauté de vie affective et effective, est certain et direct au sens des articles 82 et 83 du Code des obligations et des contrats.

Raison pour laquelle, certains juges se sont démarqués de cette position. C'est ainsi que le Tribunal de première instance de Sfax a décidéle 16 janvier 1978 que le préjudice extrapatrimonial du père, subi suite à la vue de son fils devenu infirme, existe et doit être réparé[4]. Cette tendance a été

---

[1] Cass. civ. n°25757 en date du 02 janv. 1992, Bull.civ., 1992, p.536.

[2] **J. DUPICHOT**, *op.cit.*, n°207, p.226; **P. ESMEIN**, note sous Cass. pén. fr., 04 mai 1954, préc., col.2.

[3] Cass. civ. n°2012-78801/78667 en date du 20 fév. 2014 (inédit) :

" وعليه فإن السلطة التقديرية للقاضي قد تخوله تحميل البائع المدلس إضافة إلى تعويض الضرر التجاري، واجب التعويض عن الأضرار التي ألحقها المبيع بالأشخاص، سواء كان ذلك شخص المشتري ذاته أو الغير وهو ما اصطلح على تسميته بالضرر المادي، من ذلك مثلا وهو ما يتطابق مع قضية الحال ما قد يتسبب فيه انفجار آلة ثبت عيبها لاحقا من أضرار بدنية لحقت المشتري أو وفاته وتضرر ورثته من بعده جراء ذلك".

[4] T.P.I. de Sfax, arrêt n°4558 en date du 14 juin 1979 (inédit) :

confirmée par un arrêt de la Cour de cassation du 27 avril 1989. La Cour a admis le père au statut de victime par ricochet d'un préjudice d'affection, alors même que son fils a survécu à ses blessures. Le syllogisme construit par la Cour éait fondé sur la généralité des termes de l'article 83 du Code des obligations et des contrats[1]. La même solution a été reconduite le 13 juin 2004. La Cour régulatrice a justifié, à juste titre, sa décision de réparer le préjudice d'affection subi par les parents, en dépit de la survie de leur enfant, par le fait que leur préjudice est personnel et direct, dû aux fautes conjointes du médecin et de l'anesthésiste, lors de l'opération d'accouchement. Seulement elle a considéré que le préjudice enduré par les parents n'est pas par répercussion au préjudice subi par le nouveau-né, mais initial, ce qu'on ne partage pas[2].

Paragraphe II. La nature du préjudice subi : critère d'identification des tiers victimes par ricochet

491. L'idée est que toute personne qui rapporte la preuve d'un préjudice personnel, direct, certain et légitime, consécutif au préjudice subi par la victime immédiate, peut en obtenir réparation. Le critère du préjudice subi permet de justifier que certaines relations d'affaires soient à la base d'un préjudice réfléchi (A). Mieux encore certaines situations de fait peuvent être à la base d'un tel préjudice (B).

A.Le préjudice subi par les tiers en rapport d'affaires avec la victime initiale

492. La lésion corporelle subie par la victime immédiate, qu'elle soit mortelle ou non, engendre fréquemment des dommages purement pécuniaires à d'autres personnes qu'à ses proches. Parmi ces personnes, deux retiendront notre attention. Il s'agit, d'une part, de ceux avec qui la victime initiale entretient des rapports économiques bilatéraux. Ainsi en est-il de ses créanciers, son employeur, son employé, etc. Il s'agit, d'autre part,

---

" وبعد الإطلاع على الحكم الصادر إبتدائيا في 16 جانفي 1978 بإلزام المدعى عليها بوصفها ضامنة في المسؤولية المدنية... للمدعي (الأب) في حق نفسه 500،000 د. لقاء ما لحقه من ضرر أدبي...وحيث قدرت نسبة السقوط المستمر النهائي للصبي بمائة وعشرين بالمائة أي أنه أصبح عبارة عن مجرد كائن حي معذب بعد فقده مقومات الذات البشرية... وحيث إن التعويضات المحكوم بها لوالد الصبي شخصيا لم يقع الطعن فيها ولم يتسلط عليها الإستئناف ولا محل للنظر فيها من جديد".

[1] Cass. civ. n°16524 en date du 27 avr. 1989, Bull. civ., 1989, p.158 :
" وحيث أن القول بمخالفة القرار المطعون فيه لفقه القضاء التونسي لما قضى بالتعويض الأدبي لوالد المتضرر غير سديد أيضا لأن هذا الضرر المتجسم حسب القرار المذكور في الخوف والذعر الذي تملكه عند علمه نبأ الإصابة وما عناه من حسرة يستحق بالفعل التعويض خصوصا وأن عبارة الفصل 83 من مجلة الإلتزامات والعقود جاءت مطلقة وتقتضي التعويض لكل من لحقته مضرة من الغير خطآ سواء كانت المضرة حسية أو معنوية".

Adde :Cass. civ. fr., 1er juill. 2010, RCA, 2010, comm. n°241, p.12, note **H. GROUTEL** (cassation de l'arrêt ayant subordonné l'indemnisation du préjudice d'accompagnement à un handicap d'une exceptionnelle gravité).

[2] Cass. civ. n°843-703en date du 13 juill. 2004 (inédit), préc. :
" وحيث يتضح أن ضررهما (الوالدان) هو ضرر شخصي ناتج مباشرة عن الأضرار الحاصلة بفعل المعقبين (الطبيب والمبنج) وليست من قبيل الضرر المنعكس".

de ceux qui sont contraints à verser des débours, suite à l'accident, dénommés « tiers payeurs », à l'instar de l'assureur.

Ces personnes se prévalent, certes, d'un lien de droit, qui les rattache à la victime initiale. Ce lien est sous-tendu, soit par une obligation contractuelle, soit statutaire, soit encore légale. Mais, ce lien est insuffisant pour les déclarer victimes par ricochet du préjudice corporel subi par la victime initiale. Encore faut-il que ledit dommage présente les caractères d'un préjudice par ricochet. C'est surtout les caractères personnel, direct et certain du dommage né de l'accident, qui permettent d'accorder tantôt la qualité de victime par ricochet à certains tiers (1), tantôt de la soustraire (2).

1. Les tiers privés de la qualité de victimes par ricochet

493. Faute de pouvoir apporter la preuve d'un préjudice personnel, certain et direct, l'assureur payeur (a) au même titre que le créancier (b) ne peuvent être admis au statut de victimes par ricochet.

a. Le préjudice subi par l'assureur payeur

494. Exclusion descréanciers payeur du cercle des victimes par ricochet. En vertu de la police d'assurance[1], l'assureur se trouve contraint à verser à la victime d'un accident corporel ou à ses ayants droit diverses indemnités. L'assureur est baptisé de ce fait « tiers payeurs ». On se demande si ce tiers peut être admis au statut de victime par ricochet.

En matière d'assurance de personnes[2], l'article 35 du Code des assurancesinterdit à l'assureur, après paiement de la somme assurée, tout recours contre le responsable du dommage ou son assureur. L'assurance de personnes s'apparente, en effet, à un placement plutôt qu'à un procédé d'indemnisation. L'assureur de personnes, auquel le législateur ne reconnait aucun préjudice, ne peut avoir la qualité de victime par ricochet.

En matière d'assurance de responsabilité[3], l'article 21, alinéa premier, du Code des assurancesouvre à l'assureur, qui a payé l'indemnité d'assurance, un recours subrogatoire contre le responsable du dommage ou son assureur. Le fait de donner un fondement subrogatoire au recours de l'assureur, fait que le droit à réparation de ce dernier soit calqué sur celui de la victime initiale. L'assureur, qui agit à la place du subrogeant ne souffre, dès lors, d'aucun préjudice personnel. Partant, il ne peut être admis au statut de victime par ricochet[4]. Son préjudice n'est pas, de surcroît, direct. En effet, la cause juridique des indemnités versées ne réside pas dans le fait du responsable de l'accident mais dans une obligation contractuelle

[1] Sur la définition du contrat d'assurance : V. art. premier du CA.
[2] Sur la définition des assurances de personnes : V. art.34 du CA.
[3] V. art.23 du CA.
[4] **S. RÉTIF**, Fasc. préc., n°80, p.23 ; **G. VINEY et P. JOURDAIN**, Les conditions de la responsabilité, *op.cit.*, n°315, p.166.

antérieure,en contrepartie des primes reçues de l'assuré[1]. Ceci fait dire certains que pour l'assureur « le dommage est inexistant »[2].

b. Le préjudice subi par un créancier du fait du décès de son débiteur

495. Exclusion du débiteur du cercle des victimes par ricochet. Le décès d'un débiteur, victime d'un accident de transport ou d'une faute médicale, peut mettre en péril les intérêts de ses créanciers de somme d'argent. Certes, les créanciers peuvent obtenir satisfaction auprès de la succession du défunt. Mais, il n'est pas toujours évident que ce dernier soit aisé. Il est possible que seuls les revenus de son travail lui servent de source pour le remboursement de ses créanciers. Dans ce cas, est-il admis que ces derniers, du fait de la rupture de ce salaire suite à l'accident, se prévalent de la qualité de victime d'un préjudice patrimonial par ricochet ? Est-ce que ces derniers peuvent se prévaloir d'un préjudice direct et certain ?

D'aucuns répondent par l'affirmative et estiment que le préjudice est direct et certain[3]. Sa réparation est, dès lors, « possible, logique et opportune »[4]. Un deuxième courant considère que, si le lien de causalité entre le fait générateur de la responsabilité et le dommage invoqué par les créanciers peut être direct, le préjudice demeure « éventuel et incertain. Car nul ne peut affirmer… que la situation du débiteur se serait améliorée s'il avait vécu »[5]. Un troisième courant estime que le lien de causalité entre le dommage et le décès est non seulement incertain mais aussi indirect[6]. En effet, le lien de cause à effet entre la faute à l'origine de l'accident et le préjudice subi par le créancier, ne résulte qu'indirectement du décès du débiteur. Le décès par maladie ou le chômage aurait eu les mêmes conséquences. La cause directe est imputable à l'insolvabilité du débiteur et à l'imprudence du créancier qui « n'a pas pris de garanties suffisantes, alors qu'il n'ignorait pas le risque qu'il courait »[7].

Si tel est le cas des créanciers de somme d'argent, qu'en est-il des créanciers d'un service personnel ?

---

[1]**Y. LAMBERT-FAIVRE et S. PORCHY-SIMON**, *op.cit.*, n°196, p.212 ; **L. DE LA MORANDIÈRE**, « De l'action des administrations contre le tiers responsable de l'accident survenu à un membre de leur personnel », D., 1958, chron., pp.179-188, spéc. pp.183 et s.; **P. ESMEIN**, « Le fondement du recours contre le tiers responsable d'un accident corporel du débiteur de prestations auxquelles l'accident donne lieu », JCP éd. G, 1958, I, 1422.

[2]**J. DUPICHOT**, *op.cit.*, n°26, p.32.

[3]**H. et L. MAZEAUD,** Traité…, T.I, *op.cit.*, n°277-6, p.303 ; **H. et L. MAZEAUD,** Traité…, T.II, *op.cit.*, n°1875, p.704.

[4]**J. DUPICHOT**, *ibid.*, n°39, p.46, n°41, p.48 et n°43, p.50.

[5]**R. SAVATIER**, Traité…, T.2, *op.cit.*, n°552, p.120 ; **R. SAVATIER**, « Le dommage motel et ses conséquences au point de vue de la responsabilité civile », RTD civ., 1938, n°15, p.203.

[6]**Y. CHARTIER**, *ibid.*, n°193, p.245 ;**Y. LAMBERT-FAIVRE et S. PORCHY-SIMON**, *ibid.*, n°195, p.212 ; **Ch. LARROUMET**, obs. sous Bordeaux, 17 mai 1977, D., 1978, IR, p.34 ; **P. ESMEIN**, « Le nez de Cléopâtre ou les affres de la causalité », D., 1964, chron., n°22, p.212. *Adde* :

عزيز كاظم جبر، مرجع سابق، ص.107 وما يليها.

[7]**G. DURRY**, obs. RTD civ., 1979, p.612 ; **P. ESMEIN**, obs. sous Ass.plén. civ., 30 avr. 1964, (2 arrêts), JCP éd. G, 1964, 2, 13734, col.3 ; **J.DUPICHOT**, *ibid.*, n°43, p.50; **J.-J.DUPEYROUX**, « Le maintien du salaire et les recours contre l'auteur de l'accident », D., 1961, chron., p.39.

2. Les tiers admis au statut de victime par ricochet

496. Dans la mesure où la preuve d'un préjudice direct et certain peut être rapportée, il semble que l'employeur (a) au même titre que l'employé (b) peuvent être admis au statut de victimes par ricochet.

a. Le préjudice subi par un employeur du fait du décès ou de l'invalidité de son employé

497. L'admission de l'employeur au statut de victime par ricochet : une question d'appréciation judiciaire. L'employeur qui perd un salarié de haut-niveau, victime d'une défectuosité contractuelle, une faute médicale ou un transport défectueux, peut-il obtenir droit à réparation, à titre de victime par ricochet, de l'inexécution du contrat ? L'association sportive peut-elle se prévaloir, à ce titre, d'un préjudice patrimonial réfléchi, suite à la perte d'un joueur acheté à prix d'or ? Une entreprise peut-elle exciper un tel préjudice, suite à la perte d'un dirigeant hautement qualifié ? Une administration théâtrale peut-elle s'en prévaloir, suite à la perte d'un acteur talentueux ?

La doctrine majoritaire s'accorde sur le caractère direct et certain du dommage économique subi par le créancier, lorsque son débiteur est tenu *intuitu personae*[1].

La Cour d'appel de Colmar a jugé digne de réparation le préjudice subi par le club de football qui avait perdu un joueur à cause d'un accident[2]. Dans le même cadre, la Cour d'appel de Lyon a admis le directeur de l'Opéra de Lyon au bénéfice du préjudice patrimonial réfléchi suite à la perte d'un chanteur[3]. Cet arrêt a été, néanmoins, censuré au motif que « l'échec d'une œuvre théâtrale est un risque inhérent à la profession d'entrepreneur de spectacles et peut dépendre de multiples circonstances ou incidents autres que la défaillance d'un interprète de talent »[4]. La Chambre civile a admis l'existence d'un lien de causalité direct entre la blessure d'un dirigeant et le préjudice subi par son entreprise, en considérant que, privé de son concours et n'ayant pu le remplacer, son entreprise avait finalement périclité[5].

Plus qu'une question de principe, il semble que l'enjeu se situe sur le plan des faits. C'est au juge, en effet, d'apprécier, compte tenu des qualités de l'employé perdu et du sort de l'entreprise, suite à son départ, les caractères direct et certain du préjudice subi par l'employeur.

---

[1] **Y. CHARTIER**, *op.cit.*, n°192, pp.243-244 ; **Y. LAMBERT-FAIVRE**,Thèse préc., pp.67-68 ; **H. et L. MAZEAUD**, Traité…, T.I, *op.cit.*, n°277-6, p.303 ; **G. DURRY**, obs. RTD civ., 1979, p.613, n°2 ; **J. DUPICHOT**, *op.cit.*, n°s43-44, pp.50 et s. ; **R. SAVATIER**, note sous Colmar, 20 avr. 1955, D., 1956, J., p.725, col.1, I, *in fine* : « Nous nous refusons absolument à considérer le préjudice subi par l'employeur comme indirect... Ainsi, le principe même de la réparation due à l'employeur ne nous semble pas douteux ». V. en ce sens :

سامي الجربي، مرجع سابق، عدد 425، ص.468. **عزيز كاظم جبر**، مرجع سابق، ص.108-109-110 و111.

[2] Colmar, 20 avr. 1955, préc., p.723, note **R. SAVATIER**., spéc. p.724, col.1, *in fine*.

[3] Appel, Lyon, 26 janv. 1956, D., 1958, p.253, note **P. GERVÉSIE**.

[4] Cass. civ. fr., 14 nov. 1958, G.P., 1959, 1, p.31, spec. p.32.

[5] Cass. pén. fr., 16 juin 1961, Bull. pén., 1961, II, n°462, p.330. *Contra* : Cass. civ. fr., 12 juin 1987, RTD civ., 1988, p.107, n°3, obs. **J. MESTRE**.

b. Le préjudice subi par un employé du fait du décès ou de l'invalidité de son employeur

498. L'admission de l'employé au statut de victime par ricochet. Le salarié contraint au chômage suite au décès accidentel de son employeur, peut-il invoquer un préjudice par ricochet réparable ?

À notre connaissance nos tribunaux n'ont pas eu à statuer sur une question pareille. On peut citer un jugement du Tribunal de grande instance de Nanterre, rendu le 22 octobre 1975 sur une affaire assez proche[1]. Un automobiliste, ayant enfoncé la devanture d'un salon de coiffure provoquant ainsi sa fermeture et la mise en chômage des salariés. Le Tribunal a décidé que la fermeture du salon ouvre droit à réparation aux salariés mis en chômage. Un lien de causalité direct a été établi. La destruction d'un salon de coiffure doit, en effet, avoir normalement cette conséquence d'entraîner le chômage des salariés qui y travaillent[2].

B.Le préjudice subi par des tiers en lien de fait avec la victime initiale

499. Éléments du débat. L'admission des tiers, en lien de fait avec la victime initiale, au statut de victimes par ricochet, fait l'objet d'une polémique doctrinale. Deux thèses sont en présence.

La première, dite restrictive, cantonne la liste des victimes par ricochet à ceux qui présentent un lien de droit avec la victime immédiate. Seul le droit menu d'une action, au sens d'intérêt légitime juridiquement protégé[3], peut ouvrir droit à réparation d'un préjudice subi par ricochet[4]. Cette thèse consacre la dépendance du préjudice réfléchi par rapport au préjudice principal[5].

La seconde, dite libérale, étend la liste des victimes par ricochet à tous ceux qui souffrent d'un préjudice personnel, direct, certain et légitime. Cette thèse justifie le droit à réparation uniquement par le dommage subi, abstraction faite du lien qu'avait la victime médiate avec la victime initiale. Dès lors, un lien de droit n'est pas nécessaire pour ouvrir droit à réparation à la victime par ricochet. Un lien de fait, en tant qu'il peut être à l'origine d'un intérêt légitime, peut ouvrir, lorsqu'il est lésé, droit à réparation. Cette thèse reconnait une autonomie complète au préjudice réfléchi par rapport au préjudice immédiat.

---

[1] T.G.I. de Nanterre, 22 oct. 1975, G.P., 1976, I, p.392, note **A. PLANCQUEEL** ; RTD civ., 1976, p.551, obs. **G. DURRY**.

[2] En ce sens : **A. PLANCQUEEL**, note préc. ; **G. DURRY**, obs. préc. *Adde* :
عزيز كاظم جبر، مرجع سابق، ص.112.

[3] Sur le sens et la portée de cette règle compare avec : **H. MAZEAUD**, « La lésion d'un « intérêt juridiquement protégé », condition de la responsabilité civile », D., 1954, chron., pp.39-44 ; **J.-S. BORGHETTI**, « Les intérêts protégés et l'étendue des préjudices réparables en droit de la responsabilité civile extra-contractuelle », *in* Études offertes à G. VINEY, LGDJ, Paris, 2008, pp.155-159.

[4] **J.-A. ROUX**, note sous Cass. pén. fr., 26 nov. 1926, S., 1927, Ire partie, pp.273-274. *Adde* :
محمد الوصيف، مقال سابق، ص.22.

[5] **G. VINEY et P. JOURDAIN**, Les conditions de la responsabilité, *op.cit.*, n°304, pp.154-155 et nos306 et s., pp.156 et s.

500. Position de la Cour de cassation. Dans la pratique juridictionnelle, c'est la première thèse qui domine[1]. C'est ainsi que la Cour de cassation a décidé, le 28 janvier 1985, que le préjudice immédiat n'ouvre droit à réparation d'un préjudice réfléchi que lorsque la victime médiate a, au préalable, un droit juridiquement protégé[2]. Le même esprit se retrouve dans sa décision rendue le 22 novembre 1989[3], réitérée le 05 novembre 2002[4].

Pourtant, la thèse du préjudice, lésion d'un intérêt, peut trouver une assise dans notre droit positif. Les justifications de cette thèse (1) permettent, par la suite, de préciser les conditions de sa mise à contribution (2).

1. Les justifications de la thèse du préjudice lésion d'un intérêt

501.Justifications d'ordre théorique. Comment peut-on justifier qu'un lien de fait peut ouvrir droit à réparation du préjudice par ricochet ? Sur le plan théorique, trois arguments peuvent être avancés. D'abord, « la conception très restrictive du dommage réparable peut entraîner des conséquences injustes en présence de victime qui souffrent effectivement d'un dommage personnel, direct, certain et légitime, mais sans protection juridique »[5]. Ensuite, pour ouvrir droit à réparation, il n'est pas nécessaire qu'un intérêt lésé soit pourvu, en avance, d'un texte de loi qui le sous-tend, et d'une action en justice qui le garantit[6]. Même si l'assisté ne peut réclamer en justice le versement des libéralités en cas de rupture de l'assistance pécuniaire, il garde un droit à ce que personne ne le prive des subsides qu'il recevait de son bienfaiteur[7]. Enfin, on ne doit pas confondre droits subjectifs et intérêt légitime. Ce dernier s'étend à tout intérêt pécuniaire ayant sa source même dans les obligations naturelles voire morales[8]. À enchainer avec cet argument, d'aucuns constatent que « le dommage doit s'apprécier exclusivement en fait »[9].

---

[1]**H. DAHDOUH**, Thèse préc., p.284.

[2] Cass. civ. n°10804 en date du 28 janv. 1985, préc. :
" التعويض عن الضرر المادي لا يشترط فيه أن يكون هذا الضرر محققا فحسب بل لابد من أن يؤدي إلى الإخلال بحق أو بمصلحة مالية للمعترض فمتى أصاب الضرر شخصا بالتبعية عن طريق ضرر أصاب شخصا آخر فلابد من توافر سابقية وجود حق لهذا الغير يعتبر الإخلال به ضررا أصابه".

[3] Cass. civ. n°20627 en date du 22 nov. 1989, Bull. civ., 1989, p.446 :
" حيث لا خلاف في أن حق التعويض عن الضرر أساسه الإخلال بموجب قانوني رتب عليه المشرع لفائدة الطرف المتضرر حقا في التعويض".

[4] Cass. civ. n°2002-21040 en date du 05 nov. 2002 (inédit) :
" وحيث لا نزاع في أن المعقب ضدهم تضرروا ماديا من فقدان من كان يحمل عليه قانونا واجب الإنفاق عليهم".

[5]**D. KHAZRI**, Mémoire préc., p.11 ; **G. VINEY et P. JOURDAIN**, Les conditions de la responsabilité, *op.cit.*, n°272, pp.74-75 ; **J. DUPICHOT**, *op.cit.*, n°s148 et s., pp.163 et s.

[6]**J. DUPICHOT**, *ibid.*, n°s77-78, pp.87 et n°s149 et s., pp.164 et s.; **Y. LAMBERT-FAIVRE**, Thèse préc., pp.4 à 10 et pp.60-61 ; **Ph.-D. SAINT-HILAIRE**, Le tiers à l'acte juridique, *op.cit.*, pp.381-382.

[7]**J. FLOUR**, note sous Cass. civ. fr., 22 fév. 1944, D., 1945, J., p.293, col.2. ; **G. MARTY**, note sous Cass. pén. fr., 28 fév. 1930 et 31 oct. 1930, S., 1931, Ire partie, p.149.

[8] V. en ce sens :
سامي الجربي، مرجع سابق، عدد 436، ص.478-479. **عزيز كاظم جبر**، مرجع سابق، ص.42-43. **محمد محي الدين إبراهيم سليم**، مرجع سابق، ص.57 وما يليها.

En ce sens : **Ph.-D. SAINT-HILAIRE**, *ibid.*, pp.381-382.

[9]**R. SAVATIER**, Traité…, T.2, *op.cit.*, n°550, p.118 ; **Y. LAMBERT-FAIVRE**, Thèse préc., pp.60-61.

502.Justifications d'ordre pratique. Les justifications d'ordre théoriques peuvent être corroborées en droit positif. Deux arguments peuvent l'étayer. Le premier, tiré de la loi, consiste dans la généralité du terme « dommage », utilisé par les articles 82 et 83 du Code des obligations et des contrats. Ce terme ne peut être réduit à la seule atteinte à un droit subjectif nécessairement protégé par une action en justice[1]. Ajoute à cela que ces articles ne soumettent le droit à réparation à aucune condition relative au rapport qui unit le demandeur en indemnisation à la victime immédiate. Ils font abstraction complète de la nature du lien dont résulterait un dommage[2]. Cela dit, le caractère réparable du préjudice doit être recherché dans le dommage lui-même et non dans le lien qui lui a servi de base.

Le second argument est apporté par la Cour de cassation. On voit, en effet, fleurir une tendance jurisprudentielle vers la réparation du préjudice subi par ricochet, suite à la lésion d'un simple intérêt. La Cour suprême a, en effet, décidé le 31 octobre 2005 que la réparation du préjudice patrimonial réfléchi ne résulte pas nécessairement de la lésion d'un droit, la perte d'un intérêt légitime et certain d'avoir une assistance pécuniaire, ouvre droit à réparation, au titre dudit préjudice[3]. Dès lors, a conclu la Cour, le père, qui n'est pas dans le besoin, peut se constituer victime médiate, d'un préjudice matériel réfléchi, du moment qu'il n'allègue pas un droit à la pension alimentaire, mais un simple intérêt que son fils lui assurait, dans le cadre des règles de la morale et des obligations naturelles répandues dans la société[4].

Deux enseignements peuvent être tirés de la décision de la Cour suprême. D'une part, l'existence d'un lien de droit n'est pas le seul critère de détermination des victimes par ricochet. L'existence d'un intérêt lésé peut suffire[5]. Cette conception marque l'abandon des tentatives qui subordonnent

---

[1]**Y. LAMBERT-FAIVRE**,Thèse préc., pp.39-40.

[2]**A. BOUKER**, mémoire préc., p.73 ; **M.-K. GOMAA**, « La réparation du dommage et l'exigence d'un intérêt légitime juridiquement protégé », D., 1970, chron., p.146, col.2 ; **R. RODIERE**, note sous Cass. civ. fr., 16 janv. 1962, D., 1962, p.200, col.2 : « Il faut sen tenir au principe : tout préjudice doit être réparé par celui dont la faute est la cause » ; **G. MARTY**, note préc., p.147 ; Cass. pén. fr., 20 fév. 1863 : « L'article 1382, en ordonnant en termes absolus, la réparation de tout fait quelconque de l'homme qui cause à autrui un dommage, ne limite en rien ... la nature du lien qui doit unir, au cas de décès, la victime du fait avec celui de ses ayants droit qui en demanderait réparation », S., 1863, Ire partie, p.321, rapport du conseiller **NOUGUIER**. ; Cass. pén. fr., Ch. mixte, 27 fév. 1970, JCP éd. G, 1970, II, 16305, concl. **LINDON**, note **P. PARLANGE** : « l'article 1382 du Code civil, ordonnant que l'auteur de tout fait ayant causé un dommage à autrui sera tenu de le réparer, n'exige pas, en cas de décès, l'existence d'un lien de droit entre le défunt et le demandeur en indemnisation ». *Adde* :

محمد اللجمي، مرجع سابق، عدد 419، ص.267.

[3] Cass. civ. n°1948 en date du 31 oct. 2005, Bull. civ., 2005, 2ème partie, p.77 :

" حيث أن الضرر المادي الذي يصيب والد الهالك **لا ينتج بالضرورة وبصفة قسرية عن الإخلال بحقه** في النفقة وإنما يمكن أن **ينتج عن المساس بمصلحة ماليةمشروعة** وبعبارة أخرى فإن من لم يكن له الحق في النفقة ولكنه كان يعال **فعلا** فإن الضرر الذي ينزل به يكون إخلالا بمصلحة ماليةوليس إخلالا بحقه في النفقة".

[4] Aux dires de la Cour de cassation :

" إن المتضرر (الأب) لم يدع إطلاقا أنه حرم من حقه في النفقة لكنه أوضح أنه حرم بفعل الحادث من **منفعة** كان يؤمنها له ابنه الهالك طبقا لما جرت عليه العادة التي لا تخرج عن الإطار الأخلاقي والإلتزامات الطبيعية التي ألفها عامة الناس وسلموا بها".

[5] V. en ce sens : **A. BOUKER**, mémoire préc., pp.73 à 78 ; **Y. LAMBERT-FAIVRE**,Thèse préc., pp.59 et s. ; **Y. LAMBERT-FAIVRE et S. PORCHY-SIMON**, *op.cit.*, n[os]189 et s., pp.208 et s. ; **G. VINEY et P. JOURDAIN**, Les conditions de la responsabilité, *op.cit.*, n°309 et s., pp.158 et s. ; **S. RÉTIF**, Fasc. préc., n°73-74, pp.21-22 ; **H. MAZEAUD**, « La lésion... », art. préc., p.42, col.2 ; **G. MARTY**, note

l'existence du préjudice par ricochet à la nature du lien qui doit unir la victime médiate à la victime immédiate. Il contribue, par la même, à renforcer le principe de l'autonomie du dommage réfléchi par rapport au dommage immédiat[1]. D'autre part, l'intérêt qui ouvre droit à réparation, précise la Cour, doit être certain et légitime. C'est là une question qui se rapporte aux caractères de l'intérêt qui ouvre droit à réparation.

2. Les conditions de la réparation du préjudice lésion d'un intérêt

503. Un dommage personnel. Lorsque le demandeur se prévaut de la lésion d'un intérêt en lien de causalité avec le préjudice corporel subi par la victime immédiate[2], il suffit que cet intérêt présente les caractéristiques d'un préjudice réparable pour ouvrir droit à indemnisation. Aux dires de Mme. LAMBERT-FAIVRE « c'est un dommage personnel à celui qui l'invoque, conséquent du fait dommageable, certain, légitime et essentiellement médiat »[3]. Le dommage doit être personnel, en ce sens que la victime par ricochet ne demande pas réparation des préjudices du *de cujus*[4], mais de son préjudice personnel induit par le décès ou l'infirmité de la victime immédiate. Ce premier critère permet de distinguer l'action en réparation intentée par les victimes par ricochet, en qualité d'ayants droit, de l'action successorale intentée par les héritiers, en qualité d'ayants cause[5]. Le dommage doit être, par ailleurs, certain et légitime. La Cour de cassation le confirme, le 31 octobre 2005[6]. Ce sont ces deux caractéristiques qui retiendront notre attention.

a. La certitude de l'intérêt lésé

504. En l'absence d'un lien de droit, le droit à indemnité est reconnu à toute personne, qui prouve avoir souffert d'un dommage certain, par contrecoup de celui qui a frappé la victime initiale[7], suite à une défaillance

---

préc., p.147, col.2, *in fine* ; **J. FLOUR, J.-L. AUBERT et E. SAVAUX**, Les obligations, T.2, *op.cit.*, n°145, p.176. *Adde* :

عزيز كاظم جبر، مرجع سابق، ص.34 وما يليها. **محمد محي الدين إبراهيم سليم**، مرجع سابق، ص.21 وما يليها.

[1]**G. VINEY**, « L'autonomie du droit à réparation de la victime par ricochet par rapport à celui de la victime initiale », D., 1974, chr., pp.3-6 ; **G. VINEY et P. JOURDAIN**, *op.cit.*, n°308, p.158 ; **S. RÉTIF**, Fasc. préc., n°73, p.21.

[2]**J. DUPICHOT**, *op.cit.*, n°6, p.5; **Y. LAMBERT-FAIVRE et S. PORCHY-SIMON**, *op.cit.*, n°194, pp.211-212 ; **Y. LAMBERT-FAIVRE**,Thèse préc., pp.15 et s.

[3]**Y. LAMBERT-FAIVRE**, *ibid.*, p.29. V. en ce sens :

محمد اللجمي، مرجع سابق، عدد 308، ص.200.

[4] V. en ce sens :Cass. civ.n°2007-15885 en date du 29 avr. 2010, RJL, 2011, n°6, p.185 (partie en langue arabe). *Adde* : Cour d'appel de Gabes, arrêt en date du 28 juin 2013, *in* :

الإجتهادات القضائية المتعلقة بقانون 2005 الخاص بالتعويض في مادة حوادث المرور، مرجع سابق، ص.265.

[5] Sur la question : V. **Y. LAMBERT-FAIVRE et S. PORCHY-SIMON**, *ibid.*, n^{os}190 et s., pp.209 et s., spéc., n°192, p.210 ; **Y. LAMBERT-FAIVRE**,.*ibid.*, pp.10 à 13 ; **S. RÉTIF**, Fasc. préc., n°72, p.21 ; **G. VINEY**, art. préc., pp.3-4 et 6.

[6] Cass. civ. n°1948 en date du 31 oct. 2005, Bull. civ., 2005, 2ème partie, p.77.

[7]**Y. LAMBERT-FAIVRE**,Thèse préc., pp.61 et s. *Adde* :

عزيز كاظم جبر، مرجع سابق، ص.34 وما يليها.

contractuelle[1]. Cette condition, rappelée par la Cour de cassation, le 31 octobre 2005, doit se vérifier aussi bien lorsque l'intérêt lésé est pécuniaire que d'affection.

505. La certitude de l'intérêt pécuniaire lésé. En l'absence d'une créance alimentaire légale, le préjudice résultant de la perte des subsides est, en règle générale, hypothétique. Il s'agit, dès lors, de savoir quelle était la chance de voir cette aide continuer dans l'avenir. La chance doit être sérieuse pour que la cessation de cette aide constitue un préjudice certain de nature à ouvrir droit à réparation[2]. Pour qu'il en soit ainsi, M. DUPICHOT suggère la réunion de deux éléments. Le premier matériel, consiste dans l'« assistance bénévole constante dans le passé ». Le second moral, consiste dans le « mobile qui en garantisse la légitimité et la stabilité »[3]. Ainsi, en est-il d'une personne assistée[4], ou d'un enfant vivant au sein du foyer du *de cujus*, même s'il n'était pas le sien et qu'il ne lui devait rien de *jure*[5]. Quant à la fiancée, la certitude de l'intérêt pécunaire lésé peut résulter des acomptes payés et non récupérables au titre des préparatoires du mariage.

La preuve de la certitude de l'intérêt lésé incombe à celui qui s'en prévaut. Étant une question de fait, elle peut être établie par tout moyen.

506. La certitude de l'intérêt d'affection lésé. Il ne s'agit pas d'apporter la preuve du lien juridique qui unit la victime immédiate à la victime médiate, mais plutôt du lien d'affection qui les attache[6]. La douleur doit être très profonde pour constituer un véritable préjudice moral. Il s'agit, pour certains, d'apporter la preuve de « troubles dans les conditions d'existence »[7], pour d'autres, d'un « désarroi complet de l'âme »[8], et non de simples regrets que peut causer la disparition ou l'infirmité de la victime immédiate[9].

La nature particulière du « *pretium affectionis* » qui résulte d'éléments intrinsèques entraîne une difficulté lors de l'appréciation de sa réalité. Précisons, de prime abord, que le juge doit se placer au jour de l'accident

---

[1] C'est l'angle qui nous intéresse dans ce cadre. Mais rien n'empêche de généraliser cette opinion à toute sorte de défaillance à l'origine du préjudice subi par la victime immédiate.

[2] Cass. civ. n°2011-59509 en date du 03 avr. 2012 (inédit).

[3] **J. DUPICHOT**, *op.cit.*, n°142, p.159 ; **R. SAVATIER**, Traité..., T.2, *op.cit.*, n°550, pp.116 et s. ; **Y. LAMBERT-FAIVRE**,*op.cit.*, pp.64-65 ; **Y. LAMBERT-FAIVRE et S. PORCHY-SIMON**, *op.cit.*, n°197, p.213 ; **Ph. LE TOURNEAU**, *op.cit.*, n°1429, p.565 et n°1456, p.572 ; **G. MARTY**, note préc., p.149, col.2. *Adde* :

محمد محي الدين إبراهيم سليم، مرجع سابق، ص.22 وص.63-64.

[4] V. en ce sens :

حسين بن سليمة وعصام الأحمر، مرجع سابق، ص.55.

[5] Cass. Pén. Fr., 17 oct. 2000, RTD civ., 2001, pp.379-380, obs. **P. JOURDAIN**.

[6] **Y. CHARTIER**, *op.cit.*, n°204, p.255.

[7] **Y. LAMBERT-FAIVRE**, Le droit et la morale dans l'indemnisation des dommages corporels, D., 1992, chron., p.168. V. en ce sens :

محمد الشرفي، مقال سابق، ص.47.

Bien que ce derneir voit dans « les troubles dans les conditions d'existence » un préjudice plutôt matériel.

[8] **H. et L. MAZEAUD**, Traité..., T.I, *op.cit.*, n°324-2, p.341.

[9] V. en ce sens :

إيمان ريدان، رسالة سابقة، ص.99. **محمد الوصيف**، مقال سابق، ص.22.

pour apprécier la réalité de l'affection lésée. Mais, comment peut-il vérifier si véritablement un dommage a été subi ?

Aucun critère de sélection n'est conçu *a priori*. Il s'agit d'une appréciation au cas par cas. En se montrant rigoureux dans l'appréciation de la certitude du préjudice, les juges auront la possibilité de conjurer le danger d'une avalanche d'actions[1]. Cette directive ne cherche pas à réduire le nombre des ayants droit à réparation, mais plutôt à endiguer l'afflux des demandes abusives.

L'existence d'un lien de parenté peut constituer un indice qui permet de présumer l'affection qui unit le demandeur à la victime initiale, mais cet indice est insuffisant. Il peut être contrecarré par la preuve d'un conflit persistant[2]. L'existence d'une relation de fait, entre un bienfaiteur et un enfant secouru et recueilli par lui, sans être juridiquement adopté, peut aussi servir d'indice permettant de présumer l'affection qui les unit[3]. Le lien de cohabitation peut, ainsi, jouer un rôle important dans la preuve de la certitude du préjudice allégué. L'existence d'un lien de fiançailles peut, à son tour, servir d'indice à la certitude du préjudice d'affection subi. C'est ainsi que, la Cour d'appel de Colmar[4], confirmée par le Tribunal civil de Châteauroux[5], a reconnu le droit à réparation d'une fiancée.

b. La légitimité de l'intérêt lésé

507. Seul l'intérêt légitime, dit aussi licite, ouvre droit à réparation. Cette condition est rappelée par la Cour de cassation le 31 octobre 2005[6]. L'article 67, alinéa second, du Code des obligations et des contrats, définit la cause illicite. Empruntant cette définition, on peut dire qu'est illicite tout intérêt « contraire aux bonnes mœurs, à l'ordre public ou à la loi »[7].

L'illicéité de l'intérêt invoqué justifie le refus d'admettre la concubine au statut de victime par ricochet. Certes, cette dernière se prévaut de l'atteinte à un double intérêt. Le premier pécuniaire, compromis par la mort de celui qui lui fournissait des subsides. Le second d'affection, lésé par la perte d'un être cher. Mais les intérêts invoqués, certains soient-ils, se heurtent aux règles

---

[1] **H. MAZEAUD**, « Comment limiter le nombre des actions intentées en réparation d'un préjudice moral à la suite d'un décès accidentel ? », D.H., 1932, pp.77 et s., spéc. p.82 ; **G. DURRY**, obs. RTD civ., 1978, p.359.

[2] **G. RIPERT**, « Le prix de la douleur », art. préc., p.2. *Adde* :
محمد الوصيف، مقال سابق، ص.22.

[3] Cass. civ. fr., 20 janv. 1967 (1re espèce), JCP éd. G, 1968, 2, 15510, obs. **J. DUPICHOT**.

[4] Colmar, 04 mars 1949, D., 1949, 2, pp.273-274, note anonyme.

[5] Tri. Civ. Châteauroux, 24 janv. 1950, S., 1952, IIème partie, pp.61-63, note **J. BRUNET**.

[6] Cass. civ. n°1948 en date du 31 oct. 2005, Bull. civ., 2005, 2ème partie, p.77.

[7] Il est nécessaire à cet égard de bien distinguer entre le caractère illicite de l'intérêt lésé et la situation illicite du demandeur à l'action en réparation. Ce dernier peut être, certes, dans une situation illicite, mais l'intérêt lésé peut quant à lui être parfaitement licite. C'est l'hypothèse du passager blessé. Ce dernier, même sans billet, a droit à la santé. V. en ce sens : **J.-S. BORGHETTI**, art. préc., pp.158-159. *Adde* :
سامي الجربي، مرجع سابق، عدد 436، ص.478-479. **عزيز كاظم جبر**، مرجع سابق، ص.42-43.

juridiques[1], et morales[2], qui régissent la famille. Il en de même en cas de polygamie[3]. Par contre, rien de tel ne peut être opposé à la fiancée. Cette dernière pourra, dès lors, monnayer son chagrin suite au décès de son fiancé, voire revendiquer les acomptes engagés au titre des préparatoires au mariage et rendus irrécupérables.

SECTION II. LA PORTEE DES DROITS DES TIERS, VICTIMES PAR RICOCHET DE L'INEXECUTION D'UN CONTRAT

508. Opposabilité du contrat et préjudice par ricochet. Lorsqu'il s'agit du préjudice par ricochet, la responsabilité extracontractuelle du débiteur contractuel envers le tiers, a valeur de principe[4]. On y voit une application de la théorie de l'opposabilité du contrat par les tiers[5], et non une extension de la force obligatoire du contrat à leurs égards. Certes, le tiers victime par ricochet, n'éprouve de préjudice qu'en conséquence, par répercussion, de celui subi par la victime principale. Il est vrai aussi que ce préjudice résulte

---

[1] Art.236 du CP. Art.36 de la loi n°57-3 du 1er août 1957, préc. ; **H. DAHDOUH**, Thèse préc., pp.287-288 et 289 ; **H. MAZEAUD**, « La lésion… », art. préc., p.43 ; **G. MARTY**, note préc., p.150, col.1. V. en ce sens : Cass. pén. n°8912 en date du 28 déc. 1983, Bull. pén., 1983, p.196. *Adde* :
محمد الوصيف، مقال سابق، ص.22. **عزيز كاظم جبر**، مرجع سابق، ص.43. **محمد محي الدين إبراهيم سليم**، مرجع سابق، ص.64.

[2] V. en ce sens :
سورة النساء، الآية 15 و16. قال الله تعالى: "اللَّاتِي يَأْتِينَ الْفَاحِشَةَ مِنْ نِسَائِكُمْ فَاسْتَشْهِدُوا عَلَيْهِنَّ أَرْبَعَةً مِنْكُمْ فَإِنْ شَهِدُوا فَأَمْسِكُوهُنَّ فِي الْبُيُوتِ حَتَّى يَتَوَفَّاهُنَّ الْمَوْتُ أَوْ يَجْعَلَ اللَّهُ لَهُنَّ سَبِيلًا (15) وَاللَّذَانِ يَأْتِيَانِهَا مِنْكُمْ فَآذُوهُمَا فَإِنْ تَابَا وَأَصْلَحَا فَأَعْرِضُوا عَنْهُمَا إِنَّ اللَّهَ كَانَ تَوَّابًا رَحِيمًا (16)". " سورة الإسراء: الآية: 32. قال عز جلاله: " وَلَا تَقْرَبُوا الزِّنَى إِنَّهُ كَانَ فَاحِشَةً وَسَاءَ سَبِيلًا".

[3] Art.18 du CSP.

[4] **I. BABAEI**, La nature de la responsabilité des contractants à l'égard des tiers, Thèse pour le Doctorat en Droit, Paris I, 1997, n°35, pp.39-40 et n°203, p.289 ; **G. VINEY**, Introduction à la responsabilité, *op.cit.*, n°210, p.591 ; **H. et L. MAZEAUD**, Traité théorique et pratique de la responsabilité civile délictuelle et contractuelle, T.I, *op.cit.*, n°141, p.149 ; **J. CARBONNIER**, Droit civil, T.4, Les obligations, *op.cit.*, n°207, pp.282-283 ; **H., L., J. MAZEAUD et F. CHABAS**, *op.cit.*, n°607, p.603 ; **J. FLOUR, J.-L. AUBERT et E. SAVAUX**, Droit civil, Les obligations, T.2, Le fait juridique, *op.cit.*, n°142 à 149, pp.173 à 182 ; **Ch. LARROUMET**, Droit civil, Les obligations, Le contrat, T.3, 2ème partie : Effets, *op.cit.*, n°751, p.895 ; **S. RÉTIF**, Fasc. préc., n°71, pp.20-21 ; **J.-L. GOUTAL**, Essai sur le principe de l'effet relatif du contrat, *op.cit.*, n°192, pp.144-145 ; Cass. civ. fr., 28 oct. 2003, D., 2004, J., p.233, note **Ph. DELEBECQUE** ; RCA, 2004, comm., n°30, p.17, obs. **H.GROUTEL** ; RTD civ., 2004, p.96, obs. **P. JOURDAIN** ; **G. WICKER**, « La sanction délictuelle du manquement contractuel ou l'intégration de l'ordre contractuel à l'ordre juridique général », RDC, 2007, n°20, p.602.
Parfois le législateur instaure un régime spécial et uniforme de responsabilité, ni délictuel ni contractuel, qui s'applique sans distinguer suivant que la victime est tiers ou contractant. « Les tiers se voient dès lors soumis à un régime de responsabilité identique à celui applicable aux contractants, qui exclut l'application de la responsabilité délictuelle » : **M. ESPAGNON**, Droit à réparation. Nature de la responsabilité entre cocontractants et tiers, J.-Cl., Responsabilité civile, Fasc. 176-20, Art.1146 à 1155, Fasc. 16-20, LexisNexis, 2005, n°66, p.14 ; **P. JOURDAIN**, Droit à réparation. Responsabilité fondée sur la faute, J.-Cl., Responsabilité civile, Fasc. 130-10, Art.1382 à 1386, LexisNexis 2008, n°78, p.22. Ainsi en est-il dans le domaine du transport terrestre, maritime et aérien de personnes. V. *infra*, n°530.
Parfois encore, on avait admis aux victimes par ricochet, en l'absence d'un régime légal de responsabilité, le bénéfice d'agir sur le terrain contractuel sur la base d'une stipulation pour autrui tacite. (Cette option est possible au visa de l'art.523 du COC). V. sur cette voie contractuelle, *infra*, n°680.

[5] **P. JOURDAIN**, « La faute délictuelle identifiée à la faute contractuelle », obs. sous Cass. civ. fr., 18 juill. 2000, RTD civ., 2001, p.146 ; **Ph. DELEBECQUE**, « Toute faute contractuelle est-elle ipso facto une faute quasi-délictuelle à l'égard des tiers ? », obs. sous Cass. Civ. fr., 13 fév. 2001, D., 2001, somm. comm., p.2234.

de l'inexécution d'une obligation de sécurité corporelle, s'appliquant à un rapport contractuel. Néanmoins, le préjudice par ricochet est absolument distinct, par son objet, de celui de la victime initiale. Dans le premier rapport, le tiers victime par ricochet pâtit de l'inexécution d'une obligation alimentaire. Dans le second, le préjudice enduré par la victime principale résulte de l'inexécution d'une obligation de sécurité corporelle[1]. Aucune identité d'obligations, aucun lien de connexité, n'existe, dès lors, entre la créance de la victime par ricochet et celle de la victime principale. L'exécution de la seconde n'est en aucune façon la condition nécessaire d'une bonne exécution de la première. On constate, qu'il n'y a pas lieu de parler d'extension de la force obligatoire du contrat, générateur de l'obligation de sécurité, au tiers, victime par ricochet[2]. Ce dernier ne revendique aucunement l'exécution d'une obligation contractuelle[3]. Il n'entendait, donc, tirer un profit quelconque du contrat qu'il n'oppose, qu'en raison de ce qu'il a été pour lui la cause du dommage. C'est ce qui justifie la mise en œuvre du mécanisme de l'opposabilité du contrat par les tiers.

509. Position du problème. Si le tiers, victime par ricochet, n'oppose le contrat qu'en raison du dommage dont il se prévaut, on se demande s'il dispose d'un droit autonome au titre du préjudice personnel subi, ou d'un droit qui demeure tributaire du contrat source de son préjudice ?

La portée du droit à réparation du préjudice réfléchi varie selon l'acception que l'on se fait des liens qui unissent le préjudice par ricochet au préjudice immédiat. Si on admet que ces deux préjudices sont entièrement autonomes, « la victime par ricochet doit disposer d'une action complètement distincte de celle de la victime immédiate »[4], et au stade de l'évaluation du préjudice et au stade du régime de la réparation. C'est la thèse de « l'autonomie rigoureuse » défendue par une partie de la doctrine[5]. Si, en revanche, on tient compte de l'unité du fait générateur de responsabilité, ayant provoqué et le préjudice initial et le préjudice par ricochet, à savoir le contrat inexécuté, c'est à une opinion intermédiaire, image d'une « autonomie atténuée », qu'on va aboutir[6].

510. L'approche adoptée. Il semble que c'est la thèse de l'« autonomie atténuée », qui permet de servir notre objectif d'assurer un équilibre entre la sécurité du tiers, son droit à la réparation du préjudice subi, et celle du

---

[1]*Contra* : **S. ABID MNIF**, L'option entre la responsabilité contractuelle et la responsabilité délictuelle : comparaison des droits français et tunisien, préface de Patrice JOURDAIN, Avant-popos de S. JERBI, L'Harmattan, Paris, 2014, n°212, pp.285 à 287.

[2]**G. WICKER**, art. préc., n°20, p.602.

[3]**Ch. LARROUMET**, « L'action de nature nécessairement contractuelle et la responsabilité civile dans les ensembles contractuels », JCP éd. G, 1988, I, 3357, n°3 : « La responsabilité d'un contractant envers un tiers notamment un penitus extraneus ou une victime par ricochet, est de nature extracontractuelle puisque le tiers, même s'il s'agit d'une victime par ricochet, n'est pas créancier d'une obligation contractuelle ».

[4]**G. VINEY**, Les conditions de la responsabilité, *op.cit.*, n°321, p.171.

[5]**G. VINEY**, *ibid.*, n°436, p.354. *Adde* :

عصام الأحمر، مرجع سابق، ص.40-41.

[6]**Y. LAMBERT-FAIVRE**, Thèse préc., pp.622-623.

débiteur contractuel, la protection de ses attentes légitimes. La première commande que l'action du tiers soit autonome au stade de l'évaluation de l'indemnité, laquelle sera déterminée uniquement en fonction du dommage subi (Paragraphe I). La seconde revendique que le débiteur puisse opposer à la victime médiate les exceptions qu'il aurait pu opposer à son créancier immédiat ; ce qui est de nature à limiter le droit à réparation (Paragraphe II).

Paragraphe I. L'évaluation des chefs de préjudice réparables

511. Préjudice personnel et quottes parts successorales. L'évaluation du préjudice se fait en fonction et dans la mesure de la gravité du dommage personnel subi par la victime médiate. Il ne faut pas, dès lors, confondre entre les sommes revenant à la victime par ricochet, en sa qualité d'ayant droit, pour l'indemnisation de son préjudice personnel subi suite au décès de la victime initiale, d'avec les sommes qui lui reviennent, en sa qualité d'ayant-cause, selon le mode de dévolution successorale. Le premier puise sa source et sa mesure dans le préjudice personnel subi par la victime médiate. Le second, fondé plutôt sur la loi, est calculé en fonction des quottes parts successorales. La Cour de cassation fait bien la part des choses[1].

512.Réparation par équivalent. En matière de préjudice réfléchi, la réparation en nature, étant impossible à réaliser, le responsable sera, dès lors, tenu de fournir à la victime une réparation par équivalent, qui prendra la forme d'une réparation pécuniaire et ce, par le versement des dommages-intérêts[2]. La réparation peut se faire sous la forme de versement d'un capital ou l'allocation d'une rente. En l'absence d'une disposition spéciale qui le prévoit[3], le juge a la liberté de choix[4].

---

[1] Cass. civ. n°2002-21040 en date du 05 nov. 2002 (inédit), préc. :
" وحيث لا نزاع في أن المعقب ضدهم تضرروا ماديا من فقدان من كان يحمل عليه قانونا واجب الإنفاق عليهم. وحيث إنه لا نزاع أيضا أن هذا الضرر حقيقي وواقع وموافق للشروط التي أوردها الفصل 107 من م.إ.ع. وحيث تبين أن سبب قيام المدعين في الأصل المعقب ضدهم الآن هو حرمانهم من الأموال التي كان الهالك مورثهم ينفقها عليهم وأنه وخلافا لما تمسكت به المعقبة لا مجال للتمسك من أن انتقال أموال الهالك للمعقب ضدهم يغني عن الحكم لهم بالتعويض عن ضررهم المادي طالما أن أساس القيام هو النفقة وليس الإرث".
Adde : Cass. civ. n°20627 en date du 22 nov. 1989, préc. ; Cass. civ. n°19626 en date du 10 fév. 1988, RJL, 1990, n°9, p.65 (partie en langue arabe) ; Cass. civ. n°15101 en date du 03 avr. 1986, Bull. civ., 1986, 1re partie, p.229 ; Cass. civ. n°15898 en date du 19 juin 1986, RJL, 1988, n°2, p.62 (partie en langue arabe). V. en ce sens :
عزيز كاظم جبر، مرجع سابق، ص. 146-147 و148.أنظر في خصوص الضرر المعنوي: **إيمان ريدان**، رسالة سابقة، ص.104 وما يليها.

[2] V. en ce sens :
عزيز كاظم جبر، مرجع سابق، ص.149 وما يليها وخاصة ص.156.

[3] V. notamment en matière d'indemnisation des victimes des accidents de la circulation : Art.144 du CA : « L'indemnité... est versée sous forme de rentes mensuelles ». V. aussi Art.145, al. 9, qui permet au conjoint et aux père et mère d'opter pour un capital.

[4] **M. PERIER**, Modalités de la réparation, Évaluation du préjudice corporel : dommage à la personne en cas de décès, J.-Cl. civil, Art.1382 à 1386, Fasc.202-20, LexisNexis, 2009, n°63, p.16 et n°124, p.34 ; **Y. CHARTIER**, *op.cit.*, n°543, p.672.

L'appréciation du quantum des réparations est une question de fait qui relève du pouvoir discrétionnaire des juges du fond, sans contrôle de la Cour de cassation, sous réserve de motivation[1].

513. Chefs de préjudices réparables. Les préjudices de la victime par ricochet doivent être classés en préjudices économiques ou patrimoniaux (A) et préjudices non-économiques dits extrapatrimoniaux (B). La réparation de ces préjudices est justifiée, dans la mesure où la preuve est apportée qu'ils en lien de causalité avec l'accident.

A.Les préjudices patrimoniaux des victimes par ricochet

514. La réparation étant par équivalent, l'article 107 du Code des obligations et des contrats précise que les juges du fond devraient, lors de l'évaluation des préjudices économiques des victimes par ricochet, tenir compte aussi bien des pertes subies (1), que des gains manqués (2).

1. Les pertes subies

515. Les pertes subies s'analysent en l'appauvrissement des patrimoines des victimes par ricochet, du fait des dépenses et frais qui ont été occasionnés par l'accident.

Certaines pertes sont réparables, que la victime principale décède ou survive à l'accident[2]. Ainsi en est-il des frais médicaux, pharmaceutiques et ceux du transport, afin de se trouver au chevet du blessé, dans la mesure où ces frais ne sont pas supportés par les organismes de prise en charge collective des risques[3]. Bien entendu, le demandeur doit apporter la preuve des dépenses engagées. Il est, donc, particulièrement utile qu'il conserve tous les justificatifs de ses frais.

Parfois, l'état d'invalidité de la victime initiale est tellement grave qu'il ne peut plus accomplir certains actes de la vie courante. Cet état oblige son conjoint ou certains de ses proches à lui fournir une assistance spéciale. Cette assistance permanente peut être au prix de la perte des ressources

---

[1] V. en ce sens : Cass. civ. n°29802 en date du 24 déc. 2009, Bull. civ., 2009, 2ème partie, p.175 ; Cass. pén. n°3288 en date du 05 juill. 1999, Bull. pén., 1999, p.156 ; Cass. civ. n°37313 en date du 22 mars 1993, Bull. civ., 1993, p.337 ; Cass. pén. n°24454 en date du 20 juin 1989, Bull. pén., 1989, p.216 ; Cass. pén. n°19626 en date du 10 fév. 1988, préc. ; Cass. pén. n°14389 en date du 22 juin 1985, Bull. pén., 1985, p.129.

[2] **Y. LAMBERT-FAIVRE et S. PORCHY-SIMON**, *op.cit.*, n°203, p.216.

[3] V. en ce sens :

محمد اللجمي، التعويض عن الضرر البدني في القانون التونسي والمقارن، ج.1، مرجع سابق، عدد 325-326، ص.210.

V. pour le remboursement des frais médicaux et de transport exposés par le père d'un enfant mineur : Cass. pén. n°26741 en date du 20 déc. 1988, Bull. pén., 1988, p.204. En ce sens : **Y. CHARTIER**, *op.cit.*, n°188, pp.240-241 ; T.G.I. de Nice, 09 mars 1962, D., 1962, J., p.414, note **M. LE ROY**. *Contra* : Cass. civ. fr., 20 déc. 1960, D., 1961, J., p.141, note **P. ESMEIN** : refus de réparer les frais de voyage et de séjour du père afin de se retrouver au chevet de son fils. V. pour le remboursement des frais médicaux fournis par le conjoint et les enfants majeurs du décédé : Cour d'appel de Sfax, arrêt pén. n°56561 en date du 19 mars 2002 (inédit).

professionnelles de ces derniers. On se demande, dès lors, si une indemnisation peut être allouée à ce titre ?

La pratique judiciaire atteste qu'une indemnité spécifique pour assistance d'une tierce personne est allouée à la victime initiale, sans qu'il y ait à considérer que la tierce personne soit en fait, le conjoint de la victime, l'un de ses proches ou un professionnel de l'assistance[1]. Cette pratique a reçu une consécration législative, dans le cadre de l'indemnisation des préjudices résultant des accidents de la circulation[2].Il est, donc, logique que, si la victime fait remplir les fonctions d'assistance par son conjoint, ce dernier ne doit pouvoir obtenir aucun dédommagement complémentaire[3].

La Cour de cassation française a, quant à elle, reconnu que l'assistance assurée par un proche pouvait donner lieu à indemnisation[4]. L'indemnisation se justifie d'autant plus lorsqu'elle a entraîné la perte pour l'épouse de ses ressources professionnelles[5].

Les parents seraient-ils fondés à demander une indemnité du fait que leur enfant étant retardé dans ses études, ils devront en conséquences le loger et le nourrir plus longtemps? Le tribunal de première instance de Nice a répondu par la négative. En l'espèce, ce préjudice a été pris en considération dans le calcul de l'indemnisation allouée à l'enfant, pour son incapacité temporaire totale[6].

En cas de décès de la victime initiale, se pose le problème des frais funéraires et d'inhumation. Certains textes spéciaux ont résolu le problème en faveur de la réparation[7]. Au-delà, le problème persiste et c'est à la

---

[1] Cass. civ. n°33850 en date du 16 avr. 2009, RJL, 2010, n°4, p.201 (partie en langue arabe) ; Bull. civ., 2009, 1re partie, p.143 ; Cass. pén. n°23746 en date du 03 mai 2008, Bull. pén., 2008, p.321. *Adde* :
محمد اللجمي، مرجع سابق، عدد 215، ص.149.

[2] V. Art.126, al.4, 132, al.1er et 137 du CA. *Adde* :
عصام الأحمر، مرجع سابق، ص.108 وما يليها.

[3] Cass. civ. fr., 15 janv. 1997, RCA, 1997, comm. n°118, p.12 : la mère de la victime déjà indemnisée pour l'assistance d'une tierce personne, qui cesse ses activités suite à une option personnelle ne subit pas de préjudice.

[4] En ce sens : Cass. civ. fr., 28 févr. 2013, RTD civ., 2013, p.612, obs. **P. JOURDAIN** ;Cass. civ. fr., 04 juill. 2013, JCP éd. G, 2014, chron., n°568, p.969, 1re et 2ème col., obs. **C. BLOCH** ;Cass. soc. fr., 10 oct. 1991, D.S., 1992, J., p.212, note **Y. SAINT-JOURS** : assistance fournie par la femme à son fils ; Cass. civ. fr., 13 déc. 1978, RTD civ., 1979, p.613, obs. **G. DURRY** : assistance fournie par la femme à son époux ; Cass. civ. fr., 28 oct. 1991, RCA, 1992, comm., n°6 ; Cass. civ. fr., 14 oct. 1992, JCP éd. G., 1992, IV, 3054.

[5] **Y. LAMBERT-FAIVRE et S. PORCHY-SIMON**, *op.cit.*, n°212, p.224 ; **Y. CHARTIER**, *op.cit.*, n°195, pp.246 et s. et n°540, pp.668-669 ; **Ph. LE TOURNEAU**, *op.cit.*, n°1539, p.599 ; **G. VINEY et P. JOURDAIN**, Les conditions de la responsabilité, *op.cit.*, n°317, p.167 ; **Ph. CASSON**, Dommages et intérêts, Encyclopédie Dalloz, Répertoire Droit civil, 2009, n°81, p.18 ; **S. DAVID**, « L'indemnisation du dommage corporel à l'aune du droit patrimonial de la famille », *in* Dossier : Focus les victimes par ricochet en cas de survie de la victime directe, G.P., 18 et 19 mars 2011, p.1230 .

[6] T.G.I. de Nice, 09 mars 1962, préc.

[7] Art.44 de la loi n°94-28 du 21 fév. 1994, portant régime de réparation des préjudices résultant des accidents du travail et des maladies professionnelles, JORT n°15, du 22 fév. 1994, p.308 ; V. dans le cadre des préjudices résultant des accidents de la circulation : Art.126, *in fine*, et 147 du CA. Sur la question : **A. COVIAUX**, « Frais d'obsèques », *in* Dossier : Indemnisation et Décès, G.P., 25 au 29 déc. 2009, p.3737. *Adde* :
عصام الأحمر، مرجع سابق، ص.142-143. **علي كحلون**، نظام التعويض في حوادث المرور من خلال القانون عدد 86 لسنة 2005 المؤرخ في 15 أوت 2005، م. ق. ت.، 2010، عدد 4، ص.139-140.

jurisprudence de décider s'il s'agit d'un dommage réparable ou non. Les tribunaux refusent généralement d'en tenir compte[1]. Cette tendance semble se justifier, et par des considérations d'ordre moral[2], et par des considérations d'ordre juridique. En effet, exception faite des frais exceptionnels, comme par exemple ceux tenant à l'éventuel rapatriement du corps, les frais d'obsèques sont considérés comme une charge de la succession[3]. En demander réparation au responsable de l'accident constitue un enrichissement sans cause[4].

Il existe d'autres dépenses, dont les victimes par ricochet, réclament d'en tenir compte lors du calcul du quantum des indemnités. Ainsi en est-il des frais dépensés pour l'éducation et l'établissement d'un enfant décédé. On se demande si le père peut demander le remboursement de ces frais alléguant de l'inutilité de ces sacrifices et de la perte des services attendus de la reconnaissance de la victime. La Cour de cassation a décidé que ces frais sont irrécupérables au motif qu'ils constituent une obligation légale à la charge du père[5].

Tel n'est pas le cas pour la fiancée qui a perdu son futur époux. Cette dernière peut obtenir, à titre de pertes subis, les dépenses, désormais, inutiles qu'elle a faites pour les préparatifs de la cérémonie du mariage[6].

Le club qui a perdu un joueur, suite à un accident mortel, peut obtenir à titre de perte subie, les sommes à décaisser, pour obtenir le concours d'un autre professionnel[7].

L'opéra qui a perdu l'un de ses chanteurs, suite à un accident, peut être indemnisé au titre des sommes allouées pour le remplacer. Il a, par ailleurs, droit à réparation en raison de la diminution de ses recettes[8].

2. Les gains manqués

516.Nécessité du décès de la victime initiale. Si la victime initiale survit à l'accident, les créanciers d'aliments ne peuvent agir contre le responsable

---

[1] Cass. pén. n°4317 en date du 03 juin 1981, RJL, 1983, n°1, p.102 (partie en langue arabe) ; Cass. pén. n°27122 en date du 19 fév. 1988, Bull. pén., 1988, p.38.

[2] **J.-F. ESCHYLLE**, note sous Cass. civ. fr., 14 mai 1992, D., 1993, J., p.247, n°5, p.248 et n°9, p.250.

[3] Art.87 b) du CSP. En ce sens : **Y. CHARTIER**, *op.cit.*, n°189, pp.241-242 ; **Y. LAMBERT-FAIVRE et S. PORCHY-SIMON**, *op.cit.*, n°203, p.216 ; **R. SAVATIER**, Traité..., T.2, *op.cit.*, n°554, p.121. À titre subsidiaire, le recours à l'indemnisation du préjudice matériel réfléchi reste possible si la victime immédiate est insolvable (enfant ou vieillard) ou sa succession déficitaire. En ce sens : **J. DUPICHOT**, *op.cit.*, n°35, p.42. Les tiers ayant payé ces frais peuvent les récupérer contre le responsable de l'accident. En ce sens : **R. SAVATIER**, « Le dommage motel... », art. préc., 1938, n°17, p.204. *Contra* :
البشير زهرة، "كيفية تقدير الضرر البدني في حوادث الطرقات"، م. ق. ت.، 1973، عدد 5-6، ص.39.

[4] V. en ce sens :
محمد اللجمي، مرجع سابق، عدد 328، ص.211-212 وعدد 330، ص.212.

[5] Cass. pén. n°3228 en date du 25 mai 1964, Bull. pén., 1964, p.82. *Contra* : **R. SAVATIER**, *ibid.*, n°554, p.121.

[6] Rouen, 09 juill. 1952, D., 1953, J., p.13.

[7] Colmar, 20 avr. 1955, D., 1956, p.723, note **R. SAVATIER.** *Adde* :
عزيز كاظم جبر، مرجع سابق، ص.161-162.

[8] Lyon, 26 janv. 1956, D., 1958, J., p.253, note **P. GERVÉSIE**.

et n'ont aucun droit à son encontre. C'est à la victime initiale seule de faire valoir ses droits.

L'évaluation du préjudice économique propre à la victime par ricochet a, donc, pour point de départ, le décès de la victime initiale. La doctrine admet, dans ce cadre, une réparation au profit des victimes par ricochet au titre des gains manqués, aussi bien pour la perte des ressources professionnelles de la victime décédé[1], que pour la perte d'une chance d'obtenir des secours et de l'assistance. Le droit positif le confirme.

517. Évaluation des gains manqués. Pour préciser les paramètres essentiels de l'évaluation des gains manqués par les victimes par ricochet, de nombreuses considérations guident les juges du fond. La Cour de cassation veille à ce qu'ils précisent avec détails les éléments de l'évaluation. Juger contrairement exposerait leur décision à la censure[2].

518. Revenus professionnels de la victime initiale. Le premier facteur d'évaluation du montant de la réparation, précise la Cour suprême[3], est celui des revenus professionnels de la victime initiale au cours des années précédents l'accident.

À partir de ces revenus, le juge peut fixer le revenu annuel durant les années que le défunt aurait pu survivre si l'accident ne s'était pas produit, en tenant compte de tous les ajustements nécessaires[4]. Ainsi, si la victime initiale avait survécu, elle aurait contribué à l'impôt[5], elle aurait aussi des besoins propres[6]. La prime de décès,perçue par les ayants droit, doit, par ailleurs, être prise en considération[7].

---

[1] **Y. LAMBERT-FAIVRE et S. PORCHY-SIMON**, *op.cit.*, n[os]204 et s., pp.217 et s. ; **Y. CHARTIER**, *op.cit.*, n[os]197-198, pp.248-249 et 250 et n[os]541 et s., pp.669 et s. : **H. DAHDOUH**, Thèse préc., pp.330 et s. ; **M. PERIER**, Fasc. préc., n[os]74 et s., pp.19 et s.

[2] Cass. pén. n°60350 en date du 12 déc. 1994, Bull. pén., 1994, p.79 ;Cass. pén. n°59580 en date du 05 déc. 1994, Bull. pén., 1994, p.174 ;Cass. pén. n°31778 en date du 30 janv. 1990, RJL, 1992, n°2, p.97 (partie en langue arabe) ; Cass. pén. n°6977 en date du 02 mars 1983, RJL, 1984, n°6, p.92 (partie en langue arabe) ; Cass. civ. n°43985 en date du 20 déc. 1994, Bull. civ., 1994, p.424 ; Cass. civ. n°53518 en date du 26 oct. 1993, Bull. civ., 1993, p.379.

[3] Cass. pén. n°31778 en date du 30 janv. 1990, préc. :

" وحيث يؤخذ من الفصل 107 من المجلة المدنية أن القضاء بالتعويض لفائدة القائمين بالحق الشخصي لابد فيه من الإعتماد على عناصر أساسية تؤخذ من عمل الهالك ودخله وما يصرفه منه على نفسه وعلى ورثته وما حرم منه الآخرين من الدخل الحقيقي الخ".

Adde : Cass. pén. n°3288 en date du 05 juill. 1999, préc. ; Cass. pén. n°60350 en date du 12 déc. 1994, préc. ; Cass. pén. n°59580 en date du 05 déc. 1994, préc. ; Cass. civ. n°43985 en date du 20 déc. 1994, préc. ; Cass. civ. n°53518 en date du 26 oct. 1993, préc. ; Cass. civ. n°37313 en date du 22 mars 1993, préc. ; Cass. pén. n°31692 en date du 20 fév. 1990, Bull. pén., 1990, p.57 ; Cass. pén. n°27122 en date du 19 fév. 1988, préc. ; Cass. pén. n°6977 en date du 02 mars 1983, préc.

[4]V. en ce sens :

محمد اللجمي، مرجع سابق، عدد 313، ص.204.

[5]Cass. pén. n°59580 en date du 05 déc. 1994, préc.

[6]Cass. civ. n°2006-8131 en date du 30 mai 2007 (inédit) :

" إن المنحى الذي اتخذته المحكمة بخصوص اعتبار أنه من الوارد في مجال التصور أن الهالك سينفق على نفسه الخمس من دخله يندرج في ما هو موكول لمطلق اجتهادها التي لا رقابة عليها فيه طالما أنها لم تستنتج نتائج مجافية للقانون".

Adde : Cass. pén. n°3288 en date du 05 juill. 1999, préc. ; Cass. pén. n°59580 en date du 05 déc. 1994, préc. ; Cass. civ. n°37313 en date du 22 mars 1993, préc. ; Cass. pén. n°31778 en date du 30 janv. 1990, préc. ; Cass. pén. n°20627 en date du 22 nov. 1989, préc.

[7]V. en ce sens :

مصطفى الوغلاني، مقال سابق، ص.103-104.

Dans le cadre de l'indemnisation des préjudices résultant des accidents de la circulation, l'article 144 du Code des assurances prévoit qu'en cas de décès de la victime immédiate, « le calcul de l'indemnité au titre du préjudice économique est effectué sur la base de 80 % de la perte effective des revenus perçus par le défunt tel que fixé par l'article 127 du présent code ». L'article 145 dudit code précise l'indemnité due aux ayants droit, tels que visés à l'article 143 du Code des assurances[1].

Un problème se pose, lors du calcul des revenus du défunt, les augmentationsdont il aurait bénéficié s'il avait survécu, devraient-elles être prises en considération ?

Par une décision rendue le 10 février 1988, la Cour de cassation a jugé que la jurisprudence essaie toujours, lors de l'évaluation du préjudice économique, de prendre en considération les chances logiques de l'augmentation des revenus de la victime[2]. Telle n'était pas sa position, dans une décision rendue quelque temps plus tard, soit le 22 novembre 1989[3]. La Cour a estimé que la réévaluation du salaire de la victime si elle avait survécu est hypothétique. Or, précise-t-elle, le préjudice doit être certain pour donner lieu à réparation. Elle en déduit que l'augmentation du salaire de la victime ne doit pas être prise en considération dans la quantification des dommages et intérêts. Cette décision prête à confusion. En effet, la réévaluation future du salaire dans l'hypothèse où elle est certaine, c'est-à-dire garantie par un statut d'ordre public ou par une convention collective, revêt le caractère d'un préjudice, certes, futur mais, direct et certain. Ce préjudice ouvre, alors, droit à réparation. Il doit, en conséquence, être distingué des simples expectatives d'une promotion dans l'avenir.

Le décès de la victime, précise la Cour de cassation, n'entraîne pas nécessairement la chute des revenus de l'activité qu'il exerçait de son vivant.

---

[1]V. en ce sens :
علي كحلون، مقال سابق، ص.135 إلى 138. **عصام الأحمر**، مرجع سابق، ص.123 إلى 134. **نبيل غرس الله**، "أي دور للقاضي في نظام التعويض عن الأضرار البدنية الناجمة عن حوادث المرور"، مقال سابق، ص.68-69 و70. **توفيق بريبش**، مقال سابق، ص.105. **مصطفى الوغلاني**، مقال سابق، ص.100 وما يليها.

V. en paplication de ces articles : Cass. civ. n°2013-5728 en date du 28 nov. 2013 (inédit) :
" حيث اقتضى الفصل 144 من م ت أن مبلغ التعويض بعنوان الضرر الإقتصادي يحتسب على أساس ثمانين بالمائة من الخسارة الفعلية في الدخل الذي تقاضاه الهالك كما تم ضبطه بالفصل 127 من نفس المجلة. كما اقتضى الفصل 145 أن التعويض بعنوان الضرر الاقتصادي يصرف في شكل جرايات شهرية ويقع توزيعه على الأشخاص المشار إليهم بالفصل 143... كما اقتضى الفصل 145 من م ت أنه يمكن للقرين وللأبوين الحصول على التعويض في شكل رأس مال يحتسب بالرجوع إلى جدول معاوضة الجرايات الوقتية أو العمرية الذي تم ضبطه بموجب الأمر عدد 1871 لسنة 2007 المؤرخ في 2007/07/17".

Adde : Cass. civ. n°29803 en date du 17 déc. 2009, Bull. civ., 2009, 2ème partie, p.163. *Contra* : Cass. civ. n°2012-74487 en date du 14 nov. 2013 (inédit) :
" وحيث يؤخذ من هذا الفصل (127 م ت) أنه... في صورة عدم إدلاء المتضرر بالتصريح الجبائي... فإن التعويض يقع احتسابه على أساس الخسارة الفعلية في الدخل الذي اعتبره المشرع معادلا للأجر الأدنى السنوي المضمون لنظام أربعين ساعة عمل في الأسبوع والمعمول به في تاريخ إرتكاب الحادث".

Adde : Cass. civ. n°2012-75200 en date du 02 oct. 2012 (inédit).

[2]Cass. civ. n°19626 en date du 10 fév. 1988, préc. :
" إن فقه القضاء يراعي دائما في تقدير الضرر المادي عن الوفاة الحظوظ المقبولة عقلا وعادة في تطور دخل الضحية وانعكاس ذلك على أهله".

[3]Cass. civ. n°20627 en date du 22 nov. 1989, préc. :
" وحيث أن الزيادة في الأجر التي قد يتحصل عليها الهالك لو بقي بقيد الحياة هي من المنافع المتوقعة وبما أن التعويض لا يشمل قانونا سوى الضرر المحقق والمباشر فإنه لا وجه يخول اعتبار تلك الزيارة مشمولة بالتعويض".

Sauf preuve contraire, décide la Cour, la mort de la victime ne provoque pas, automatiquement pour ses héritiers, une privation d'un gain manqué[1].

519. Âge de la victime directe, des victimes par ricochet et situation financière de ces dernières. Ces critères constituent également, selon la Cour suprême, un facteur important pour la fixation des dommages-intérêts[2]. Quelques observations peuvent être dressées dans ce cadre.

Entre conjoints, la Cour estime que l'âge de la victime directe doit être pris en référence[3], car l'indemnisation remplace les revenus du travail de cette victime initiale, mais elle ajoute que l'âge du conjoint survivant doit aussi être pris en compte. Cette solution est louable. Elle se justifie davantage lorsque la victime médiate est plus âgée que la victime initiale. En somme, il semble que le calcul doit être opéré en fonction de l'âge qui est le plus élevé[4].

Cependant, on ne partage pas la tendance selon laquelle, l'exercice par la victime par ricochet d'une activité professionnelle réduit le montant de l'indemnisation. Il est illogique que le fait d'exercer une activité professionnelle et d'avoir des revenus propres profitent à l'auteur du fait dommageable. La Cour de cassation française est constante à juger que la reprise de l'activité professionnelle, notamment, de la veuve est sans incidence sur l'évaluation de son préjudice économique[5]. « L'activité rémunérée du conjoint, observe une doctrine, est *étrangère au dommage par ricochet* au sens où elle *ne l'affecte pas dans ses éléments intrinsèques*. Ce

---

[1]Cass. pén. n°14389 en date du 22 juin 1985, préc. ;

" إن ملف القضية لا يتضمن ما يفيد حرمان القائمين بالحق الشخصي من دخل المحلات التي كان مورثهم يستغلها حال حياته. أما ما عللت به محكمة القرار المنتقد من كون دخل تلك المؤسسات سينخفض أو ينعدم بعد وفاة صاحبها إنما هو تعليل ضعيف مبني على مجرد الظن ولا شيء يفيد ذلك، على أن المشاريع التجارية لا تندثر عادة بوفاة صاحبها وإنما تبقى وقد تنمو وتزدهر إن أدارها الورثة على الوجه الأكمل بالحزم والنشاط والخبرة".

Adde : T.P.I. de Tunis, Jugement n°77138 en date du 14 nov. 1991, RJL, 1992, n°5, p.109. (partie en langue arabe).

[2]Cass. civ. n°15898 en date du 19 juin 1986, RJL, 1988, n°2, p.62. (partie en langue arabe) :

" ... مما يتعين معه وجوب مراعاة سن المنفق ومداخيله كمراعاة سن المنفق عليه لتحديد مدة الانتفاع بهذا الحق وضبط مدى مستوى عيش العائلة ليكون التعويض المقدر مناسبا للضرر الحاصل".

Adde : Cass. pén. n°8907 en date du 25 sept. 2000, Bull. pén., 2000, p.156 ; Cass. pén. n°3288 en date du 05 juill. 1999, préc. ; Cass. pén. n°58495 en date du 19 sept. 1994, Bull. pén., 1994, p.153 ; Cass. pén. n°59580 en date du 05 déc. 1994, préc. ; Cass. pén. n°22211 en date du 13 juin 1991, RJL, 1992, n°6, p.75 (partie en langue arabe) ; Cass. civ. n°37313 en date du 22 mars 1993, préc. ; Cass. pén. n°27003 en date du 24 mars 1990, Bull. pén., 1990, p.53 ; Cass. pén. n°23538 en date du 07 juin 1989, Bull. pén., 1989, p.223 ; Cass. pén. n°31692 en date du 20 fév. 1990, préc.

[3] La Cour de cassation met à contribution la moyenne d'espérance de vie. V. en ce sens : Cass. civ. n°2010-51040 en date du 04 oct. 2010 (inédit) :

" وحيث أن الهالك كان يعمل بالميدان الفلاحي... وبالتالي فإن دخله لن ينقطع ببلوغه سن الستين سنة وإن محكمة الدرجة الثانية لما اعتمدت لتقدير الضرر المادي اللاحق بالورثة سن الهالك وقت الحادث والمدة التي فاتته لتوفير الدخل لو بقي حيا مقارنة بمعدل عمر الإنسان التونسي وهو 70 سنة تكون قد أسست حكمها على أسس واقعية وقانونية سليمة".

[4]**Y. CHARTIER**, *op.cit.*, n°543, p.672.

[5]La Cour de cassation française a jugé que la reprise de l'activité professionnelle de la veuve ne doit pas être prise en compte dans la réparation du préjudice économique subi par les ayants droit de la victime directe : Cass. pén. fr., 03 mars 1993, RTD civ., 1995, n°7, p.130, obs. **P. JOURDAIN** ; RCA, 1993, comm., n°357, p.5 ; Cass. civ. fr., 21 déc. 2006, RCA, 2007, comm., n°80, p.20 ; Cass. civ. fr., 12 févr. 2009, G.P., 25 au 29 déc. 2009, J., p.3846, note **D. YAKOUBEN**.

dommage, c'est en effet la perte de subsides née du décès ; perte qui est définitive, se fixe et se cristallise à ce moment »[1].

La Cour d'appel de Sfax n'a pas fait sienne cette analyse. Elle a jugé que, lorsqu'il s'agit d'une veuve qui exerce une activité professionnelle et qui a, dès lors, des revenus propres, l'indemnité peut être réduite. La Cour fait, par ailleurs, allusion à l'âge de la veuve[2]. Implicitement, elle conforte sa décision de réduire l'indemnité due par la possibilité offerte à la veuve de se remarier. Or, la majorité des auteurs approuvés par la Cour de cassation française, soutiennent que la situation du conjoint survivant doit être appréciée au jour du décès de la victime, sans opérer de douteuses extrapolations sur son hypothétique remariage. Ils postulent, de ce fait, pour une réparation intégrale[3]. Cette solution a, pour elle, la loi du 15 août 2005, relative à l'indemnisation des victimes des accidents de la circulation[4], qui ne fait aucune allusion, quant au quantum des réparations dues, à la situation financière du conjoint survivant, ni à son hypothétique remariage. L'âge du conjoint n'a pas d'importance non plus[5]. L'article 143 précise, à cet effet, qu'une indemnité est allouée au titre du préjudice économique au profit du conjoint « à vie sauf en cas de remariage ».

L'âge des enfants est, par ailleurs, pris en compte lors de la quantification du dommage[6]. L'indemnisation du préjudice économique des enfants est au minimum calculée jusqu'à 18 ans, âge de la majorité. S'ils n'ont pas achevé leurs études, l'assiette de la réparation est calculée sur la base de 25 ans[7]. Ce critère conserve tout son intérêt, en matière d'accident de la circulation[8].

L'âge des ascendants en charge est une base de calcul du quantum des réparations. C'est ce qui a été décidé, à juste titre, par la Cour de cassation, qui a mis à contribution la moyenne d'espérance de vie[9].Dans le cadre de la loi du 15 août 2005, ce critère n'a plus d'importance. L'article143 précise, à cet effet, qu'une indemnité est allouée au titre du préjudice économique au

---

[1]**P. JOURDAIN**, RTD civ., 1995, n°7, p.131 ; **M.-A. PEANO**, « L'activité entreprise par la veuve depuis le décès », RCA., 1995, chron., n°8, p.3.

[2]T.P.I. de Sfax, arrêt pén. n°49094 en date du 25 avr. 2001 (inédit) :

" حيث تبين أن أرملة الهالك... تباشر مهنة التعليم وتحصل بالتالي على دخل مناسب كما أنها مازالت في مقتبل العمر وحيث إن التعويض عن الخسارة المادية اللاحقة بها إنما تكون في حدود الضرر حقيقة بلا شطط ولا إفراط".

[3]**Y. LAMBERT-FAIVRE et S. PORCHY-SIMON**, *op.cit.*, n°209, p.220 ; **Y. CHARTIER**, *op.cit.*, n°543, p.672 ; **Ph. LE TOURNEAU**, *op.cit.*, n°1456, p.573. *Adde* :

محمد اللجمي، مرجع سابق، عدد 317، ص.207 وعدد 335-336، ص.214.

En ce sens : Cass. pén. fr., 29 juin 2010, D., 2010, Act.Jur., n°1999 ; JCP éd. G, 2011, chron., p.713, n°3, obs. citiques **Ph. STOFFEL-MUNCK**.

[4] Préc., V. *supra*, n°13 en note de bas de page.

[5] V. en ce sens :

نبيل غرس الله، مقال سابق، ص.68.

[6] V. en ce sens :

محمد اللجمي، مرجع سابق، عدد 314، ص.205.

[7]*Contra* : Cass. civ. n°39073 en date du 10 nov. 2009, Bull. civ., 2009, 2ème partie, p.187 :

" إن القول بأن الأب لا يمكن أن يتحمل نفقة الإبن إلا إلى سن خمسة وعشرين سنة... فيه خرق للفصل 107 من م.ا.ع.... وبالتالي فإن المقاييس الواردة بمجلة الأحوال الشخصية والمتعلقة بالنفقة لا يمكن أعتمادها... إلا عند وجود نزاع الدائن والمدين بالنفقة قضائيا".

[8]V. Art.143 et 145 du CA.

[9] Cass. civ. n°17418 en date du 03 oct. 1989, Bull. civ., 1989, p.366.

profit des père et mère « à vie à condition d'une prise en charge effective et permanente ».

Le niveau de vie de la famille est aussi à prendre en considération, lors de l'évaluation du préjudice subi[1]. La loi du 15 août 2005 n'y fait aucune allusion.

520. La perte de chance. La réparation de la perte d'une chance étant admise par la Cour de cassation, pourvue que l'espoir déçu soit sérieux et réel[2], les ayants droit de la victime peuvent revendiquer la prise en compte d'une telle perte lors de la quantification du préjudice. C'est ainsi que la perte d'un espoir de secours alimentaire peut donner lieu à indemnisation. Est, aussi, possible la prise en considération des perspectives de carrière de la victime[3].

Le club qui a perdu un joueur, suite à un accident mortel, pourrait obtenir à titre de gain manqué la somme qu'il aurait pu encaisser en consentant le transfert de son joueur, s'il avait survécu, à un autre club[4]. Lorsque la perte de ce joueur a entraîné l'annulation de la partie, ce qui est possible dans les sports individuels, le club peut obtenir à titre de gains manqués les sommes dont il a été privé si la partie a eu lieu[5].

Parce que la perte de chance est « un maillon intermédiaire entre l'éventuel et le certain »[6], son évaluation ne doit pas conduire le juge à retenir le revenu intégral, dont a été théoriquement privé la victime, dès lors que l'encaissement d'une somme d'argent, l'accession à un grade supérieur, à un meilleur emploi voire à un emploi n'était qu'une ambition[7]. Le juge doit évaluer la valeur de la chance perdue pour l'inclure dans le calcul du préjudice patrimonial. L'indemnité n'est donc que proportionnelle au degré de probabilité de la chance perdue. Elle est d'autant plus élevée que la chance était réelle et sérieuse pour la victime d'accéder, à court terme, à un seuil supérieur de rémunération[8].

---

[1] Cass. civ. n°15898 en date du 19 juin 1986, préc.

[2] V. *supra*, n°481.

[3] Cass. pén. fr., 24 fév. 1970, JCP éd. G., 1970, II, 16456, note **Ph. LE TOURNEAU** :la victime initiale était un brillant interne des hôpitaux de Paris et il se destinait à la chirurgie. La veuve a obtenu une indemnité pour la perte de chance de profiter de la carrière de son mari ; Cass. pén. fr., 03 nov. 1983, JCP éd. G, 1985, II, 20360, (2ème espèce) note **Y. CHARTIER** : indemnisation d'une veuve pour la perte de la chance de bénéficier dans l'avenir de l'augmentation des ressources qu'aurait pu lui procurer l'accession de son mari à un grade supérieur s'il avait vécu ; Cass. civ. fr., 04 oct. 1967, D., 1968, J., p.162, note anonyme.

[4] Colmar, 20 avr. 1955, D., 1956, p.723, note **R. SAVATIER**.

[5] V. en ce sens :

عزيز كاظم جبر، مرجع سابق، ص.162.

[6] **M. PERIER**, Fasc. préc., n°90, p.23.

[7] V. en ce sens :

محمد محي الدين إبراهيم سليم، مرجع سابق، ص.81: " على أنه تجدر الإشارة إلى أن التعويض عن فوات الفرصة لا يعني الحكم للمدعي بتعويض يوازي قدر الكسب الذي كان سيجنيه من وراء اغتنام الفرصة بل على العكس يكون التعويض في حدود تفويت الفرصة فقط". **البشير زهرة**، "كيفية تقدير الضرر البدني في حوادث الطرقات"، مقال سابق، ص.42.

[8] Cass. civ. fr., 09 juill. 1954, D., 1954, J., p.627.

B. Les préjudices extrapatrimoniaux des victimes par ricochet

521. Il faut distinguer deux situations différentes. La première tient au préjudice subi par la victime médiate, suite au décès de la victime initiale (1). La seconde a trait plutôt au préjudice subi par cette dernière, en en cas de survie de la victime initiale à l'accident (2). Dans la première alternative, « la dénomination classique est celle du "préjudice d'affection" pour la perte d'un être cher »[1]. Dans la seconde, on parle plutôt de chefs de « préjudices extrapatrimoniaux exceptionnels »[2].

1. Le décès de la victime initiale et le préjudice d'affection

522. Évaluation du préjudice d'affection. Quel est le prix de la douleur endurée suite à la perte d'un être cher ? Sur quel critère d'indemnisation repose la décision des juges ? Il est permis, en scrutant la jurisprudence, d'apporter deux précisions. D'une part, les éléments de l'évaluation du préjudice extrapatrimonial réfléchi diffèrent de ceux qui régissent le préjudice économique[3]. La Cour de cassation estime qu'il suffit pour que le jugement soit légalement justifié de prouver le lien de causalité direct entre le dommage corporel subi par la victime et le préjudice moral subi par le demandeur ainsi que le degré des souffrances subies[4]. L'alinéa second de l'article 107 du Code des obligations et des contrats, ayant trait en particulier au préjudice moral, est une invitation législative faite au juge d'« évaluer différemment les dommages, selon qu'il s'agit de la faute du débiteur ou de son dol ». D'autre part, la Cour de cassation refuse d'allouer des dommages-intérêts à caractère symbolique. Elle a censuré sur cette base, la décision de la Cour d'appel qui a alloué une réparation symbolique au titre du préjudice moral subi[5]. Ce dernier doit être, en effet, intégralement réparé, du moment qu'il est en relation directe et certaine avec le dommage corporel subi par la victime[6].

---

[1] **Y. LAMBERT-FAIVRE et S. PORCHY-SIMON**, *op.cit.*, n°213, p.225 ; **Ph. LE TOURNEAU**, *op.cit.*, n°1562-1, p.605 ; **Ph. CASSON**, art. préc., n°83, p.18 ; **M. PERIER**, Fasc. préc., n°s221 et s., pp.64 et s.

[2] **Ph. LE TOURNEAU**, *ibid.*, n°1562-2, p.605 ; **Ph. CASSON**, art. préc., n°84, p.18.

[3] Cass. civ. n°75543 en date du 17 avr. 2000, Bull. civ., 2000, p.48 :
" و حيث أن الضرر المعنوي في حد ذاته يختلف من حيث كيفية تقديره عن الضرر المادي ذلك أن الضرر المادي يقتضي تحديد المبالغ المالية اللازمة لجبره على معطيات ملموسة... أما التعويض عن الضرر المعنوي فهو بمثابة الغرم الذي يصرف للمتضرر مواساة له عن الشعور بالحسرة والألم نتيجة تعرضه لعجز بدني أو لفقدان عزيز عليه وهو لذلك غير خاضع لمقاييس محددة مما يجعل أمر تقديره خاضعا لمحض اجتهاد محكمة الموضوع حسب ظروف القضية ووقائعها".

[4] Cass. civ. n°8313 en date du 30 déc. 1971, Bull. civ., 1971, p.144 :
" حيث أن تقدير الغرامة الأدبية لا يخضع لمقاييس تقدير الغرامة المادية الوارد بها الفصل 107 مدني بل إنه يكفي لتقدير الغرامة الأدبية إثبات الرابطة السببية بين الحادث والضرر وإبراز درجة الآلام وجسامة المصاب الناجمين عن ذلك الحادث".

[5] Cass. pén. n°27122 en date du 19 fév. 1988, préc. :
" حيث أن القانون لم يعتبر أن التعويض عن الأضرار الأدبية هي تعويضات رمزية".
V. en ce sens, sur la réparation du dommage né de l'atteinte au droit à l'image : Cass. civ. n°2011-62472 en date du 19 juin 2012 (inédit) :
" حيث ولئن كان تقدير الضرر المعنوي يخضع لسلطة محكمة الموضوع باعتباره مسألة موضوعية لا تخضع لرقابة هذه المحكمة فإن ذلك لا يحول دون مراقبة مسألة التعليل إذ يتعين على محكمة الموضوع تعليل موقفها في تقدير قيمة التعويض حتى لا يكون التقييم مشطا أو زهيدا بما يعدم الغاية التي شرعت من أجله".

[6] Cass. pén. n°22211 en date du 13 juin 1991, préc. :

Au demeurant, les juges du fond disposent, en la matière, d'un large pouvoir d'appréciation, pourvu que leur décision soit motivée[1]. Dans ce cadre, plusieurs paramètres peuvent être pris en considération.

Le montant de la réparation peut, ainsi, dépendre de la proximité du lien familial. Il peut, aussi, dépendre de l'existence ou non d'une cohabitation effective entre la victime décédée et la victime par ricochet. Lorsque le décès affecte la victime par ricochet dans ses conditions d'existence les plus quotidiennes, ces troubles seront également pris en compte[2]. Il convient d'inclure, de surcroît, le retentissement pathologique avéré que le décès a pu entraîner chez certains proches[3].

L'article 146 du Code des assurances, relatif à l'indemnisation des ayants droit des victimes des accidents de la circulation, prévoit l'allocation au titre du préjudice moral d'une indemnité forfaitaire, du fait du décès. Cet article prévoit, comme base de calcul, le SMIG. Il n'a pas repris la base de calcul prévue par l'article 127 dudit Code à savoir « la perte effective des revenus perçus par la victime au cours de l'année qui précède la date de l'accident et déclaré à l'administration fiscale ». Ceci ne peut déboucher que sur des réparations dérisoires[4]. Raison pour laquelle d'aucuns estiment que c'est la base de calcul prévue par l'article 127, qui doit être mise à contribution à titre principal. Et, c'est seulement, lorsque ses conditions font défaut, qu'il sera possible de recourir à la base de l'article 146, qui demeure subsidiaire[5]. Cette solution pour équitable qu'elle soit, est *contra legem*. Ici une disposition spéciale, là une disposition générale. La première doit l'emporter, au visa de l'article 534 du Code des obligations et des contrats.

2. La survie de la victime initiale et les préjudices extrapatrimoniaux exceptionnels

523. Les préjudices extrapatrimoniaux exceptionnels ont, notamment, vocation à accueillir le préjudice d'accompagnement et le préjudice sexuel.

" حيث أنه من الثابت تضرر المدعين القائمين بالطعن من جراء وفاة مورثهم... في فاجعة مرور لما تخلفه الوفاة في نفوسهم من مرارة الفرقة والحسرة والألم وهي أضرار وإن كان يصعب تقديرها بمال إلا أن ذلك لا يكون حائلا من الحكم بالتعويض لما للمال من أثر في الترفيه عن النفس والتخفيف عنها، وترى المحكمة أن في الحكم بالمبالغ المقضي بها ابتدائيا ما يحقق التعويض المناسب".

Adde : Cass. pén. n°26741 en date du 20 déc. 1988, préc.

[1] Cass. pén. n°13351 en date du 21 janv. 1987, Bull. pén., 1987, p.93 ; Cass. pén. n°17373 en date du 06 juill. 1988, RJL, 1990, n°7, p.108 ; Cass. pén. n°75543 en date du 17 avr. 2000, préc. *Adde* :

عزيز كاظم جبر، مرجع سابق، ص.164 وما يليها.

[2] **H. DAHDOUH**, Thèse préc., pp.335-336 ; **Y. LAMBERT-FAIVRE** et **S. PORCHY-SIMON**, *op.cit.*, n°216, pp.226-227 ; **Y. CHARTIER**, *op.cit.*, n°555, pp.684-685.

[3] **C. LIENHARD**, « Préjudices extrapatrimoniaux en cas de décès », *in* Dossier : Indemnisation et Décès, G.P., 25 au 29 déc. 2009, p.3746 ; **E. CAILLON**, « Deuil normal et deuil pathologique : aspects médico-légaux », *ibid.*, p.3748 ; **Ph. CASSON**, art. préc., n°80, p.17 ; Cass. civ. fr., 28 avr. 2011, RTD civ., 2011, p.538, obs. **P. JOURDAIN**.

[4] V. en ce sens :

علي كحلون، مقال سابق، ص.138-139.**توفيق بريبش**، مقال سابق، ص.106. **مصطفى الوغلاني**، مقال سابق، ص.104-105.

[5] V. en ce sens :

عصام الأحمر، مرجع سابق، ص.139-140.

524. Le préjudice d'accompagnement. Il constitue un poste[1] de « préjudice moral subi par certains proches à la vue de la douleur de la déchéance et de la souffrance de la victime directe »[2]. Ainsi, en est-il du « chagrin ressenti par le père et constamment renouvelé à la vue de sa fille unique… atteinte d'une infirmité définitive »[3] , ou « de la souffrance morale que l'époux éprouvait en présence de son épouse, diminuée physiquement, … et désormais inapte à une vie complètement normale »[4]. En somme, le préjudice d'accompagnement « traduit les bouleversements dans les conditions d'existence personnelles, familiales et sociales d'un proche, qui accompagne la victime »[5].

Pourtant, aucune allusion n'a été faite à ce poste de préjudice par la loi du 15 août 2005, relative à l'indemnisation des victimes des accidents de la circulation, laquelle exige comme condition *sine qua non* à toute réparation d'un préjudice extrapatrimonial réfléchi, le décès de la victime immédiate.

Au-delà de ce texte spécial, l'admission du préjudice d'accompagnement demeure possible sur la base des articles 82 et 83 du Code des obligations et des contrats. La question est alors la suivante : Quel est le prix du chagrin de ceux qui ont constamment la vue d'un être cher, victime d'une infirmité définitive ? Comment peut-on chiffrer leur désespoir ?

Le préjudice d'accompagnement « ne saurait être le même selon le degré de souffrances de la victime première, la possibilité de communiquer avec elle, son âge, etc. »[6]. Son appréciation ne peut, dès lors, être qu'*in concreto*.

525. Le préjudice sexuel. Outre le préjudice d'accompagnement, un autre chef de « préjudice extra-patrimonial exceptionnel » peut être subi, en cas de survie de la victime initiale. Il s'agit du préjudice sexuel par ricochet, subi par le conjoint de la victime directe[7].

---

[1] La notion de poste est utilisée dans ce cadre au sens étroit « que l'on pourrait résumer par l'équation un poste = un type de manifestation dommageable » : **S. PORCHY-SIMON**, « L'articulation des postes de préjudices », *in* colloque : Autour de la nomenclature des préjudices corporels, organisé le 03 oct. 2014 en hommage au Président DINTILHAC, G.P., 24 au 27 déc. 2014, p.26, 1re col. Sur la conception du « poste » de préjudice dans la nomenclature Dintilhac, V. **P. JOURDAIN**, « Conclusion prospective », *in* colloque préc., *loc.cit.*, pp.36-37.

[2] **Y. LAMBERT-FAIVRE et S. PORCHY-SIMON**, *op.cit.*, n°218, p.228.

[3] Cass. civ. Fr., 22 oct. 1946, D., 1947, J., p.59 ; JCP éd. G, 1946, II, 3365, obs. A. S. ; G.P., 1947, J., p.5 ; **E. CAILLON**, « Réflexions sur l'évaluation médico-légale des victimes indirectes », *in* Dossier : Focus les victimes par ricochet en cas de survie de la victime directe, G.P., 18 et 19 mars 2011, p.1220. *Contra* : Aix, 13 juin 1977, RTD civ., 1978, p.359, obs. **G. DURRY**.

[4] Cass. civ. fr., 21 oct. 1960, GP, 1960, J., p.303 ; Cass. civ. fr., 10 juin 1964, G.P., 1964, 2, p.259.

[5] **Ph. LE TOURNEAU**, *op.cit.*, n°1562-1, p.605 et n°1562-2, p.605 ; **S. PORTAILLER**, « Préjudice extra-patrimonial en cas de survie de la victime directe : les troubles dans les conditions d'existence », *in* Dossier : Focus les victimes par ricochet en cas de survie de la victime directe, G.P., 18 et 19 mars 2011, p.1206.

[6] **Y. LAMBERT-FAIVRE et S. PORCHY-SIMON**, *ibid.*, n°219, p.229 ; **M. BOURRIÉ-QUENILLET**, « Le préjudice moral des proches… », art. préc., nos25 et s., pp.2209-2210. Sur l'évaluation du préjudice d'accompagnement des victimes du sida : **Y. LAMBERT-FAIVRE**, « L'indemnisation des victimes post-transfusionnelles du sida : hier, aujourd'hui et demain… », RTD civ., 1993, p.1 ; « Principes d'indemnisation des victimes post-transfusionnelles du sida », D., 1993, chron., p.67.

[7] **Ph. LE TOURNEAU**, *op.cit.*, n°1562-2, p.605 et n°1592, pp.614-615 ; **Y. CHARTIER**, *op. cit.*, n°206, pp.257-258 et n°556, p.685 ; **Y. LAMBERT-FAIVRE**, « Le préjudice sexuel (Damnum Sexuale) »,

La Cour de cassation a eu l'occasion de se prononcer, dans le cadre d'une faute médicale, sur un tel préjudice. Elle a censuré, au visa de l'article 83 du Code des obligations et des contrats, la décision des juges du fond, qui ont dénié tout préjudice subi par le conjoint, en raison de l'absence de lien de causalité direct entre le préjudice par lui allégué et la faute médicale commise à l'égard de sa femme, devenue sexuellement invalide. La Cour de cassation cassa cette décision, en affirmant de façon péremptoire que le préjudice subi par l'époux est en lien de causalité direct avec l'intervention défectueuse du médecin ayant provoqué, et la frigidité sexuelle de sa femme, et l'impossibilité de procréation[1].

Dans une autre affaire, datant du 21 février 2012, une patiente hospitalisée a essayé de se suicider en se projetant de sa chambre. L'incapacité permanente a été évaluée à 80%. La Cour de cassation a engagé la responsabilité solidaire de l'établissement de soins et du médecin. L'avocat, qui a appuyé sa demande en réparation sur plusieurs dégâts, évoquait notamment l'incapacité sexuelle de sa cliente. Mais, à notre surprise, aucune demande relative à un préjudice subi par le conjoint, suite à l'incapacité sexuelle de sa femme n'a été formulée. La question, n'étant pas d'ordre public, ne peut être invoquée, ni par la haute Cour, ni par les juges du fond, sous peine d'être taxé d'avoir statué *ultra petita*[2].

Au même titre que les autres chefs de préjudice extrapatrimoniaux réfléchis, l'évaluation du préjudice sexuel relève du pouvoir souverain des juges du fond[3].

La loi du 15 août 2005 n'y fait aucune allusion. Est-ce que cela signifie que notre législateur dénie un tel préjudice, dans le cadre des accidents de la circulation ? La réponse par l'affirmative ne nous convainc pas. Il semble qu'au même titre que la nomenclature DINTILHAC, notre législateur appréhende le préjudice sexuel comme autonome, tendant de façon générale à la réparation des dommages touchant à la sphère sexuelle[4].

G.P., 1977, 2, doc., p.525 ; **G. DURREY**, obs. sous T.G.I. Valence, 06 juill. 1972, RTD civ, 1973, p.130 ; Paris, 26 sept. 1956, D., 1957, somm., p.6 ; GP, 1956, 2, J., p.233 ; Cass. civ. fr., 17 juin 2010, RTD civ., 2010, p.562, obs. **P. JOURDAIN** ; D., 2011, Pan., p.35, obs. **O. GOUR**. *Adde* :
محمد اللجمي، مرجع سابق، عدد 382، ص.245. **محمد الوصيف**، مقال سابق، ص.23.

[1] Cass. civ. n°27207 en date du 31 déc. 1992, Bull. civ., 1992, p.542 :
" وحيث لا جدال في أن المعقب زوج المتضررة قد ناله ضرر من جراء ما ارتكبه الحكيم المعقب ضده من خطإ وبالتالي فهو ضرر مباشر ومتولد عما ارتكبه من إزالة رحمها ناسبا زيادة عن كونها أصبحت عاقرا أنه لا يمكنها الإنجاب. وحيث خلافا لما ارتأته محكمة الموضوع ودون تعليق فالضرر المباشر هو ما كان نتيجة طبيعية للخطإ المتسبب فيه ولا غرابة أن يصيب الضرر الواحد شخصين معا فالعلاقة السببية تبقى قائمة ومباشرة بين الضرر والخطإ المحدث له والمتمثل بالنسبة للمعقب في عدم تجاوب زوجته معه جنسيا وبفقدانها للإنجاب حسبما تقدم بيانه".

[2] Cass. civ. n°2011-68350 en date du 21 fév. 2012 (inédit), préc. :
" وحيث لاحظ نائب المعقب ضدها (المريضة المتضررة)... 2/ خلافا لما دفعت به الطاعنة فقد استندت محكمة القرار المطعون فيه في حكمها إلى اختبار طبي قدر نسبة السقوط ب80% وتعرض إلى كل الأضرار والإصابات اللاحقة بها إضافة إلى ما سببته الحالة من عجز دائم واكتئاب نفسي خاصة بعد أن فقدت منوبته وظائفها الجنسية".

[3] **Y. CHARTIER**, *op. cit.*, n°551, p.681.

[4] **M. BACACHE-GIBEILI**, « La nomenclature : une norme ? », *in* colloque : Autour de la nomenclature des préjudices corporels, organisé le 03 oct. 2014 en hommage au Président DINTILHAC, GP, 24 au 27 déc. 2014, n°15, p.9 ; **P. JOURDAIN**, « Conclusion prospective », préc., p.39, 1re col. ; **H. GROUTEL** « Les facettes de l'autonomie du préjudice sexuel », RCA, 1993, chron., n°7 ; Cass. civ. fr., 17 juin 2010,

La sécurité du tiers, qui justifie d'un préjudice personnel, requiert que l'évaluation de l'indemnité soit déterminée, uniquement, en fonction du dommage subi, c'est ce qu'on vient de démontrer. La protection du débiteur commande, en revanche, que les prévisions de ce dernier ne soient pas déjouées. C'est ce qui nous reste à démontrer.

Paragraphe II. Les limites de la réparation

526. La thèse de l'« autonomie atténuée » des préjudices par ricochet et immédiat, point d'équilibre entre l'intérêt du tiers à indemnisation et celui du débiteur au respect de ses prévisions contractuelles, réclame que ce dernier peut invoquer à l'égard de la victime par ricochet, toutes les limites de la réparation qu'il aurait pu opposer à son créancier immédiat. Ces limites, qui ont trait aux exceptions nées en la personne de la victime directe, sont de deux ordres. Certaines résultent de la faute de la victime initiale (A), d'autres procèdent des clauses contractuelles passées par cette dernière (B).

A.L'opposabilité de la faute de la victime initiale aux victimes par ricochet

527. La thèse de l'inopposabilité de la fautede la victime initiale aux victimes par ricochet. Lorsque la victime initiale a commis une faute qui, selon les règles juridiques applicables, entraîne un partage de responsabilité[1] et donc une limitation de son indemnisation, ce même partage de responsabilité, cette même limitation de l'indemnisation rejaillit-elle sur le droit à réparation des victimes par ricochet ?

Une partie de la doctrine a défendu la thèse de l'inopposabilité du partage de responsabilité à la victime par ricochet. Dès lors, une indemnisation intégrale devrait être accordée aux victimes par ricochet, alors même qu'une faute aurait été relevée à la charge de la victime initiale. Plusieurs arguments ont été alors avancés.

D'abord, la victime par ricochet peut faire jouer à son profit la théorie de « l'obligation *in solidum* », en l'opposant à l'auteur du dommage que la victime initiale a contribué à causer par sa faute. Cette théorie, rappelons le, est fondée sur l'indivisibilité absolue du lien de causalité. À suivre ce raisonnement, l'auteur du fait dommageable sera tenu au tout, parce qu'en dépit de la faute de la victime initiale, il a causé tout le dommage. Le défendeur ne saurait donc tirer argument de l'attitude de quiconque, fût-ce de

---

préc., obs. **P. JOURDAIN** ; Civ. 2ème, 12 mai 2005, D., 2005, IR, p.1451 ; RCA, 2005, comm., n°212, note **H. GROUTEL**.

[1] Lorsqu'un partage de responsabilité ne peut avoir lieu, la question de l'opposabilité de la faute de la victime initiale aux victimes par ricochet ne se pose pas. Il en est ainsi, en matière de responsabilité subjective, lorsque la faute de la victime immédiate est la seule cause du dommage. Dans cette hypothèse, aucune responsabilité ne peut être engagée tant à l'égard de la victime initiale qu'à l'égard de la victime par ricochet. Il en est, par ailleurs, en matière de responsabilité objective, laquelle ne peut déboucher sur aucun partage de responsabilité. C'est la loi du tout ou rien.

la victime initiale, pour obtenir une exonération partielle de sa dette de réparation du dommage réfléchi[1].

Ensuite, si, à l'égard de la victime initiale ayant participé au fait dommageable, le défendeur est en droit d'invoquer « le fait de la victime » autorisant ainsi une réduction de la responsabilité, tel ne serait pas le cas à l'égard des victimes par ricochet. Ces derniers n'ont, en rien, participé à la réalisation du fait dommageable. Le rôle de la victime immédiate se présente, pour eux, comme le « fait d'un tiers », qui n'exonère le défendeur envers la victime médiate, que si les conditions exigées, du fait d'un tiers sont remplies, sinon le défendeur reste toujours tenu pour le tout, envers la victime médiate[2].

De surcroit, il est injuste, estime-t-on, d'opposer à la victime par ricochet un fait auquel elle n'a pas participé[3].

Enfin, l'idée de l'inopposabilité peut être fondée sur le principe de l'autonomie rigoureuse du préjudice réfléchi et d'assurer l'efficacité de sa réparation[4].

528. Critique de la thèse de l'inopposabilité de la fautede la victime initiale. Les arguments avancés, par les tentants de la thèse de l'inopposabilité de la faute de la victime initiale aux victimes par ricochet,portent peu. D'abord, l'indivisibilité absolue du lien de causalité, en tant que fondement de la théorie de « l'obligation *in solidum* », aiguise la critique. Le fait est, certes, unique, mais, « parce que le dommage a deux causes, le fait imputable au responsable assigné et la faute de la victime principale, que le premier n'est pas tenu à réparation intégrale du dommage subi par la victime par ricochet »[5]. Ajoute à cela que l'obligation « *in solidum* » suppose une « coresponsabilité » qui fait justement défaut, dans l'hypothèse envisagée, sauf à considérer que la victime initiale peut être responsable des blessures qu'elle se cause ou de son propre décès vis-à-vis des victimes par ricochet, ce qui est « choquant et même indécent »[6]. En

---

[1]**F. CHABAS**, L'influence de la pluralité des causes sur le droit à réparation, *op.cit.*, n°s190 à 214, pp.161 à 179 ; « Remarques sur l'obligation "*in solidum*" », RTD civ., 1967, pp.310 et s. ; note sous Cass. civ. fr., 25 oct. 1978, JCP éd. G, 1979, II, 19193 ; « Du lien de parenté ou d'alliance entre la victime et l'auteur du dommage », *in* Mélanges dédiés à **G. MARTY**, Université des Sciences Sociales de Toulouse, 1978, pp.298-299 ; notes critiques sous Ass. Plén., 19 juin 1981 (2 arrêts), D., 1982, J., p.90 ; **J. CABANNES** et concl. critiques, D., 1982, J., p.89, col.1.

[2]**H. et L. MAZEAUD,** Traité..., T.II, *op.cit.*, n°1469, pp.381-382

[3]**J. CABANNES,** concl. préc., p.88, col.2, *in fine*. *Adde* :

عزيز كاظم جبر، مرجع سابق، ص.203 وما يليها وخاصة ص.207-208 و209.

[4]**G. VINEY**, « L'autonomie du droit à réparation de la victime par ricochet par rapport à celui de la victime initiale », art. préc., p.3-6 ; **G. VINEY** et **P. JOURDAIN**, Les conditions de la responsabilité, *op.cit.*, n°436, p.354, n°437-1, pp.357-358 et n°327, pp.175 et s. ; **H. et L. MAZEAUD**, *ibid.*, n°1877, pp.705-706 ; **D. KHAZRI**, mémoire préc., pp.111 et s., spéc. p.113.

محمد محي الدين إبراهيم سليم، مرجع سابق، ص.44 إلى ص.50.

[5]**Ch. LARROUMET**, note sous Cass. civ. fr. Ass. plén., 19 juin 1981, D.S., 1981, J., p.642, col.1. ; **Ch. LARROUMET**, note sous Dijon, 04 avr. 1980 et Pau, 22 juill. 1980, D.S., 1981, J., p.161 (c'est l'idée de la divisibilité des causes que l'auteur défend et qui justifie l'opposabilité de la faute de la victime principale).

[6]**AYDALOT**, concl. sur Cass. civ. fr. Ch. réun, 25 nov. 1964, D., 1964, J., p.736, col.2 ; **J.-C. BERR et H. GROUTEL**, note sous Cass. civ. fr., 03 juill. 1979, D., J., 1980, spéc. p.76 ; **Y. LAMBERT-**

l'absence de deux codébiteurs responsables, il serait, donc, impossible de faire jouer « l'obligation *in solidum* »[1].

La thèse de l'opposabilité peut, dès lors, se justifier au nom même du principe de la solidarité familiale[2]. Cette dernière devrait faire supporter par la famille la faute commise par l'un de ses membres. Une doctrine le confirme en termes révélateurs, lorsqu'elle conclut qu'« accorder à la veuve et aux enfants de la victime d'un accident mortel, une action personnelle en dommages-intérêts, contre le coauteur de cet accident c'est affirmer, sous l'angle actif, la force de leurs liens de famille ». Et l'auteur d'ajouter : « Limiter cette action quand la victime a contribué elle-même, par sa faute, à causer sa mort, c'est affirmer les mêmes liens sous leur angle passif »[3]. La solidarité familiale ferait, par la même, obstacle à la mise en jeu de la responsabilité entre proches parents, ce qui exclut toute hypothèse de pluralité de débiteurs solidairement responsables[4].

Pour ce qui est, ensuite, de la qualité de tiers de la victime directe, par rapport à la relation qui unit le défendeur à la victime médiate et qui constitue une cause étrangère inopposable à cette dernière, au même titre que la victime médiate, observe une doctrine, le défendeur peut invoquer « la faute de la victime corporelle de l'accident qui est pour lui cette cause étrangère ... qu'elle pouvait à l'occasion simplement modérer le quantum des dommages-intérêts ». Et l'auteur d'ajouter que « *le fait d'un tiers peut avoir un effet particulièrement libératoire dans les rapports du défendeur et de la victime charnelle du dommage* »[5].

Pour ce qui est, par ailleurs, de l'autonomie du préjudice par ricochet, certes cette autonomie existe, l'action du tiers victime par ricochet est distincte par son objet de celle de la victime immédiate, mais doit-on perdre

---

FAIVRE, note sous Cass. civ. fr., 27 janv. 1965, D., 1965, J., p.621, col.2 ; **Ph. LE TOURNEAU**, *op.cit.*, n°s998-999, p.457 et n°1454, p.572.

[1]**J. FOSSEREAU**, « L'incidence de la faute de la victime sur le droit à réparation de ses ayants cause agissant à titre personnel », RTD civ., 1963, n°s40 et s., pp.37 et s. ; **Y. LAMBERT-FAIVRE**, note sous Cass. civ. fr., 27 janv. 1965, préc., p.621, col.2 ; **Ch. LARROUMET**, note sous Cass. civ. fr., 07 juin et 25 oct. 1978, D., 1979, J., pp.114-118 ; **R.MEURISSE**, « Les ayants cause agissant à titre personnel peuvent-ils se voir opposer la faute de la victime ? », D., 1962, chron., p.93, spéc.98, col.2 ; **G. DURRY**, obs. RTD civ., 1975, p.721 ; 1980, p.112 ; ; **J. BORÉ**, « Le recours entre co-obligés in solidum », JCP éd. G, 1967, I, 2126 ; « La causalité partielle en noir et blanc ou les deux visages de l'obligation"*in solidum*" , JCP éd. G, 1971, I, 2369 ; note sous Cass. civ. fr., 20 nov. 1963, D., 1964, J., pp.549-553 ; **Y. LAMBERT-FAIVRE et S. PORCHY-SIMON**, *op.cit.*, n°221, p.230 ; **Ph. LE TOURNEAU**, *op.cit.*, n°998, p.457.

[2]**A. TUNC**, obs. RTD civ., 1964, pp.322-323 ; **R. SAVATIER**, note sous Cass. civ. fr. Ch. réun., 27 nov. 1956, D., 1957, J., pp.373 et s., spéc. p.375 ; **P. ESMEIN**, obs. sous Cass. pén. fr., 26 déc. 1960, JCP éd. G, 1961, II, 12193.

[3]**R. SAVATIER**, « La veuve et l'orphelin demandant réparation à l'homme dont la faute a contribué à la mort de leur époux ou de leur père, peuvent-ils négliger la part de la faute de cet époux ou de ce père dans l'accident ? », D., 1964, chron., p.160.

[4] Cet argument ne peut pas être mis à contribution en présence de victimes par ricochet qui ne font pas partie du cercle familial : **Y. LAMBERT-FAIVRE**, note sous Cass. civ. fr., 27 janv. 1965, préc., p.622, col.2.

[5]**R. RODIÈRE**, obs. RTD civ., 1964, p.753-754.

de vue que le fait dommageable est un, que la source du préjudice est une[1]. Cette unité, qui « est de l'essence même du préjudice par ricochet »[2], doit être prise en considération. B. STARCK précise, à cet effet, que « ceux qui agissent « par ricochet » ne sauraient faire abstraction de l'ensemble des circonstances, de fait et de droit, qui ont précédé à la réalisation de l'accident. Puisqu'ils prétendent lésés par un accident dont ils n'ont pas été les victimes directes, ils doivent prendre, si l'on peut ainsi dire, l'accident tel qu'il a été »[3].

« Il s'ensuit que, pour établir la responsabilité encourue par le dommage médiat, le juge en apprécie les faits générateurs, comme s'il avait à établir la responsabilité initiale »[4]. C'est l'idée de solidarité des préjudices par ricochet et initial.

À suivre ce raisonnement, HOUIN déduit que « le préjudice par ricochet n'est réparable que dans la mesure où le préjudice de la victime l'est aussi. Dès lors, il faut admettre que la responsabilité du tiers à l'égard des ayants cause obéit aux mêmes règles que sa responsabilité à l'égard de la victime elle-même »[5]. « Le partage de responsabilité, prononcé par les juges entre la victime initiale et le défendeur est donc opposable de plein droit à ses proches dont l'action procède à l'origine du même fait. »[6].

Cette analyse a, comme un parfum, l'idée de sécurité juridique du débiteur contractuel. Si ce dernier n'a contribué que partiellement à la réalisation du dommage, il ne doit, en principe, être assigné qu'à due concurrence. Postuler pour le contraire, c'est déjouer les prévisions du débiteur et ses attentes, au titre du fait générateur commis.

Cela dit, le principe de l'autonomie du préjudice par ricochet complète au stade de la naissance dudit préjudice, doit être tempéré au stade de la mise en œuvre du droit à réparation, la sécurité juridique du débiteur et le respect de ses attentes légitimes sont à ce prix[7]. Il faudrait, dès lors, traiter les victimes par répercussion de la même manière que la victime initiale. Admettre le contraire, c'est donner à la victime par ricochet plus de droit que son auteur[8].

---

[1] **Y. LAMBERT-FAIVRE**,Thèse préc., pp.175 et s. ; **Y. LAMBERT-FAIVRE et S. PORCHY-SIMON**, *op.cit.*, n°220, pp.229-230 ; **Ph. LE TOURNEAU**, *op.cit.*, n°995, p.456 ; **S. RÉTIF**, Fasc. préc., n°75, p.22.

[2] **Y. LAMBERT-FAIVRE**, note sous Cass. civ. fr., 27 janv. 1965, préc., p.622, col.1.

[3] **B. STARCK**, « La pluralité des causes de dommage et la responsabilité civile (La vie brève d'une fausse équation : causalité partielle = responsabilité partielle), JCP éd. G, 1970, I, 2339, n°25.

[4] **Y. LAMBERT-FAIVRE**,Thèse préc., pp.175-176.

[5] **R. HOUIN**, note sous Cass. pén. fr., 14 déc. 1938, S., 1939, 1re partie, p.237, col.2.

[6] **H. DAHDOUH**, Thèse préc., p.224 ; **Y. LAMBERT-FAIVRE**, *ibid.*, pp.208 et s., spéc. pp.233 à 236. *Adde* :

محمد المنصف الحمزاوي، "تعويض الأضرار المادية ويقال لها الإقتصادية الناشئة عن حادث السيارات القاتل بالأقطار الأوروبية"، م. ق. ت.، 1964، عدد 2، ص.36 إلى 38.

[7] **Y. LAMBERT-FAIVRE**, Thèse préc., pp.622-623 ; **J. FLOUR, J.-L. AUBERT et E. SAVAUX**, Les obligations, T.2, *op.cit.*, n°373, pp.480-481 ; **Y. LAMBERT-FAIVRE et S. PORCHY-SIMON**, *ibid.*, n^os^221-222, pp.230-231 ; **Ph. LE TOURNEAU**, *ibid.*, n°999, p.457. En ce sens : Ass. Plén, 19 juin 1981 (2 arrêts), JCP éd. G, 1982, II, 19712, Rapport **A. PONSARD** ; G.P., 1981, 2ème semestre, J., p.529, note **J. BORÉ** ; RTD civ., 1981, p.857, obs. **G. DURRY** ; D., 1982, J., p.85, concl. critiques **J. CABANNES**, préc ; D., 1982, J., p.90, notes critiques, **F. CHABAS**, préc.

[8] V. en ce sens :

Pour certains auteurs,la thèse de l'opposabilité peut être sous-tendue par les valeurs de « bon sens », de la « morale » ou de « l'équité »[1].

Le principe de l'opposabilité à la victime par ricochet du partage de responsabilité, prononcé au détriment de la victime initiale, a reçu un accueil favorable par nos juridictions. Aussi bien la Cour de cassation[2], que les juges du fond[3], sont allés au devant de cette tendance.

Ce courant prétorien fut consacré pour le conducteur du véhicule terrestre à moteur, par l'article 123 du Code des assurances. En vertu de cet article, la faute du conducteur est opposable à ses ayants droit. Ces derniers seront, dès lors, indemnisés, précise ledit article, « proportionnellement à sa part de responsabilité dans l'accident »[4]. Cet esprit doit être étendu aux victimes directes non conductrices, notamment, dans le cadre d'un contrat de transport. Certes, l'article 122 du Code des assurances prévoit que ces dernières seront indemnisées, sans que puisse leur être opposée leur propre faute, mais ledit article excepte le cas « où elles ont volontairement recherché les préjudices qu'elles ont subis ou du cas d'une faute grave injustifiable ». Au même titre que l'article 123, ces fautes seront, par la même, opposables aux victimes par ricochet[5].

إيمان ريدان، رسالة سابقة، ص.107-108 و109.

[1]**Ch. LARROUMET**, obs. sous Cass. civ. fr., 12 juin et 27 nov. 1975, JCP, 1976, II, 18444.

[2] Cass. pén. n°3654 en date du 03 fév. 2007, Bull. pén., 2007, p.21 ; Cass. pén. n°34405 en date du 24 fév. 2003, (inédit) :

" أما في خصوص المطعن المتعلق بالتعويض عن الضرر المعنوي فإن المحكمة قضت بتعويض معنوي وفق أجتهادها وأستنادا إلى ما ثبت لديها من مظروفات الملف ومن تجزئة المسؤولية".

Adde : Cass. pén. n°3687 en date du 12 juill. 1999, Bull. pén., 1999, p.164 ; Cass. pén. n°94504 en date du 21 avr. 1998, Bull. pén., 1998, p.161 :

" وحيث وطالما قضت محكمة القرار... بتعديل حكم البداية في خصوص مسؤولية الحادث وذلك باعتبارها تحمل أنصافا بين طرفي القضية فإنه كان لزاما على محكمة القرار المنتقد تأسيسا على ذلك أن تعيد النظر في الغرامات المقضي بها استنادا إلى تنصيف المسؤولية".

Adde : Cass. pén. n°31396 en date du 28 mai 1991, Bull. pén., 1991, p.151 ; Cass. pén. n°27003 en date du 24 mars 1990, Bull. pén., 1990, p.53 :

" وبذلك ترى هذه المحكمة توزيع المسؤولية على أساس أن ثلثيها يتحملها السائق والثلث الباقي يتحمله الهالك وعلى هذا الأساس عدلت الغرامات المحكوم بها ابتدائيا وكان تعديلها مقتصرا على الغرامات المادية ولم يتعداها إلى الغرامات الأدبية وهو ما أورث القرار المذكور تناقضا واضحا وضعفا ظاهرا لأنه كان عليه إشاعة التعديل بين عنصري التعويض إعتبارا للتغيير الذي تسلط على نسبة الخطإ وهو المعيار الأساسي لاحتساب مقادير التعويض".

Adde : Cass. civ. n°9025 en date du 27 oct. 1983, Bull. civ., 1983, 2ème partie, p.307 ;Cass. pén. n°7309 en date du 14 août 1982, RJL, 1983, n°9, p.94 (partie en langue arabe) ;Cass. pén. n°9890 en date du 11 oct. 1975, RJL, 1976, n°2, p.63 (partie en langue arabe) ; Cass. pén. n°1362 en date du 25 janv. 1978, Bull. pén., 1978, p.56 :

" وحيث أن القرار المنتقد تبنى حكم البداية من حيث المبدإ مع اعتبار الهالكة لها ضلع في مسؤولية الحادث يقدر بالثلث وقضى بالغرامة المادية والأدبية بدون مراعاة نسبة الخطإ المشار إليها... النقض".

[3] Cour d'appel de Sfax, arrêt pén. n°59248 en date du 17 avr. 2002 (inédit) :

" وحيث يتضح مما ذكر أن كلا من السائق والهالك يتحمل بعض المسؤولية في حصول الحادث وساهم كل طرف بقلة تنبهه وخطئه في الواقعة وهو ما يجعل محكمة البداية مصيبة في تجزئة المسؤولية بين الطرفين أنصافا واتجه إقرار حكمها".

Adde : Cour d'appel de Sfax, arrêt pénal n°56561 en date du 19 mars 2002 (inédit), préc. :

"... وبالتالي أخطأ الطرفان بنفس النسبة مما يكون معه حكم البداية في طريقه في خصوص... المسؤولية كما أن الغرامات كانت معقولة".

Adde : Cour d'appel de Sfax, arrêt pénal n°25592 en date du 17 mars 2001 (inédit), RJL, 2002, n°5, p.185.

[4]V. sur la critique de cette position :

عصام الأحمر، مرجع سابق، ص39-.40 و41.

[5] L'opposabilité de la faute de la victime directe à la victime par ricochet a été consacrée par l'art.6 de la loi n°85-677 du 05 juill. 1985, tendant à l'amélioration de la situation des victimes d'accidents de la circulation et à l'accélération des procédures d'indemnisation(dite loi BADINTER). Ledit art. dispose que

B. L'opposabilité des limitations de responsabilité aux victimes par ricochet

529. Justifications de la thèse de l'opposabilité des limitations de responsabilité. Du moment que le tiers est victime par ricochet de l'inexécution d'un contrat liant son auteur au responsable, on se demande si les limitations de responsabilité applicables au contrat, qui obligent, certes, la victime immédiate, sont opposables aux victimes par ricochet ? En particulier, les clauses limitatives ou élusives de responsabilité[1], les forfaits éventuellement prévus, sont-ils opposables aux victimes par ricochet ?

Certes, le préjudice, subi par les victimes par ricochet, est personnel. De ce point de vue, tiers, elles font valoir un droit propre, protégé par une action de nature délictuelle[2]. Mais, rappelons-le, la source du préjudice qui est l'inexécution du contrat est une, aussi bien pour la victime immédiate que pour la victime médiate. « Le contrat, écrivait RODIÈRE, constitue une situation objective qui s'impose à tous et le dommage est né decirconstances qui en sont inséparables »[3]. Passer sous-silence le contrat, c'est porter atteinte aux prévisions du débiteur contractuel ; ce qui constitue une atteinte à la sécurité juridique. C'est, par ailleurs, admettre que les victimes par ricochet soient mieux traités que la victime immédiate, ce qui est choquant.

Ces considérations pourraient guider notre acception de la réparation assignée aux victimes par ricochet de l'inexécution d'un contrat. Elles ont inspiré notre droit objectif, particulièrement en matière de transport de personnes.

530. Consécration de la thèse de l'opposabilité des limitations de responsabilité. Par un régime spécial et uniforme de responsabilité, aménagé par la loi, à l'égard du transporteur, le législateur a exprimé une tendance très nette à aligner la condition des victimes par ricochet sur celle de la victime initiale d'un accident de transport[4]. Le respect des prévisions du débiteur contractuel se trouve alors préservé.

Ainsi, en matière de transport aérien international de passagers, l'article 24 de la « Convention de Varsovie amendée à La Haye en 1955 et par le Protocole additionnel n°2 de Montréal de 1975 »[5], dispose que « toute action

---

« Le préjudice subi par un tiers du fait des dommages causés à la victime directe d'un accident de la circulation est réparé en tenant compte des limitations ou exclusions applicables à l'indemnisation de ces dommages ». Il ne distingue pas selon que la victime directe est ou non un conducteur. V. sur la question : **G. VINEY et P. JOURDAIN**, Les conditions de la responsabilité, *op.cit.*, n°1035, pp.1324-1325.

[1] Ces clauses sont valables par une lecture *a contrario* de l'art.244 du COC.

[2] **Ph. LE TOURNEAU**, *op.cit.*, n°988, p.454 ; **G. VINEY**, Introduction à la responsabilité, *op.cit.*, n°210, pp.591-592 ; **Y. CHARTIER**, *op. cit.*, n°208, p.258.

[3] **R. RODIÈRE**, note sous Cass. civ. fr., 23 janv. 1959, D., 1959, J., p.283, 1re col., *in fine* ; **Y. LAMBERT-FAIVRE et S. PORCHY-SIMON**, *op.cit.*, n°220, pp.229-230.

[4] **G. VINEY et P. JOURDAIN**, *ibid.*, n°325, pp.174-175 ; **G. VINEY**, Traité de droit civil, Introduction à la responsabilité, *op.cit.*, n°245, p.667.

[5] C'est l'appellation officielle retenue par l'art.IV du Protocole additionnel n°2, conclu à Montréal le 25 sept. 1975, portant modification de la Convention pour l'unification de certaines règles relatives au transport aérien international, signée à Varsovie le 12 oct. 1929, amendée par le Protocole fait à La Haye le 28 sept. 1955. La Convention de Varsovie est ratifiée par la Tunisie par le décret du premier août 1933 (JOT n°73 du 13 sept. 1933, p.1766). La Tunisie a adhéré à cette convention en vertu de la loi n°59-122

en responsabilité, à quelque titre que ce soit, ne peut être exercée que dans les conditions et limites prévues par la présente Convention ».Cette disposition soumet les victimes par ricochet au même titre que la victime immédiate au même régime de réparation[1].

Dès lors, les limitations de responsabilité seront applicables quelles que soient les personnes qui mettent en cause le transporteur, victimes immédiates ou par ricochet, et quel que soit le titre auquel elles prétendent agir : contractuel par l'action successorale ou délictuel par l'action personnelle par ricochet[2]. Il en est de même pour les plafonds légaux d'indemnisation[3].

Le même régime a été étendu au transport aérien interne. C'est ce qu'on peut déduire des dispositions de l'article 118 du Code de l'aéronautique civile[4]. Comme en écho à ces dispositions, la Cour de cassation confirme, par deux arrêts de censure, que la demande de dommages et intérêts intentée par les victimes, directes ou par ricochet, de la chute de l'avion au « Parc Ennahli » devrait être soumise aux dispositions de la Convention de Varsovie. Dès lors, ajoute la Cour, il n'est pas permis d'introduire une action en responsabilité, quel que soit le fondement, que conformément aux conditions et limites fixées par ladite Convention. Cette Convention, rappelons le, aligne la condition des victimes par ricochet sur celle de la victime initiale. La loi applicable, étant d'ordre public, précise la Cour, la question doit être, dès lors, soulevée d'office[5].

---

du 28 sep. 1959 (JORT n°50 du 02 oct. 1962, p.1080). Ladite convention a été modifiée par le Protocole de La Haye du 28 sept. 1955 ratifié par la loi n°62-66 du 17 déc. 1962 (JORT n°62 du 18 déc. 1962, p.1593), puis par les Protocoles additionnels n°1 et 2, conclus à Montréal le 25 sept. 1975 et ratifiés par la loi n°85-38 du 06 avr. 1985 (JORT n°29 du 12 avr. 1995, p.542). Elle a été aussi complétée par la Convention de Guadalajara du 18 sept. 1961 ratifiée par la loi n°62-65 du 17 déc. 1962 (JORT n°62 du 18 déc. 1962, p.1592).

[1] V. en ce sens :

محمد اللجمي، مرجع سابق، عدد 724 وما يليه، ص.401 وما يليها.

[2]**Y. LAMBERT-FAIVRE et S. PORCHY-SIMON**, *op.cit.*, n°223, pp.231-232.

[3]Ces plafonds sont prévus par l'art.22 de la Convention de Varsovie. Ledit art. a été modifié par le protocole de La Haye du 28 sept. 1955 puis par le Protocole additionnel n°2, conclu à Montréal le 25 sept. 1975. Une convention pour l'unification de certaines règles relatives au transport aérien a été conclue à Montréal le 28 mai 1999. Cette convention a été mise en place dans le but de remplacer la Convention de Varsovie. L'art.21 de la Convention de Montréal prévoit des plafonds d'indemnisation en cas de mort ou de lésion subie par le passager. Cette limite a été révisée par le dépositaire, c'est-à-dire le Canada, en application de l'art.24 de ladite Convention. Cette première révision est entrée en vigueur le 30 déc. 2009. La Tunisie qui n'a pas ratifié la Convention de Montréal reste soumise au système varsovien. V. sur la question : **A. BEN GUIRAT**, « Première révision des limites de responsabilité établies par la convention de Montréal de 1999 », RJL, 2011, n°9, p.95.

[4] L'art.118 du CAC dispose que « Les obligations et la responsabilité du transporteur de personnes, … sont régies par les dispositions de la Convention pour l'unification de certaines règles relatives au transport aérien international signée à Varsovie le 12 octobre 1929 et toute convention la modifiant ou la remplaçant, ratifiée par la Tunisie, même si le transport n'est pas international au sens de cette convention.

Toutefois, le transporteur peut fixer une limite de responsabilité plus élevée que celle prévue par cette Convention, ou toute Convention la modifiant ou la remplaçant et ratifiée par la Tunisie, même si le transport n'est pas international au sens de cette Convention ».

[5] Cass. civ. n°2008-23701/24270 en date du 24 avr. 2008 (inédit), préc. :

" وحيث أنه بتاريخ 07 ماي 2002 تعرضت الطائرة التابعة لشركة... والرابطة بين القاهرة وتونس العاصمة إلى حادث تمثل في سقوطها بمنتزه النحلي من ولاية أريانة قبل نزولها بمطار تونس قرطاج الدولي وكان مورث المدعية في الأصل على متنها وتوفي نتيجة الحادث

En matière de transport maritime interne de passagers[1], après avoir rappelé que « le transporteur est responsable du dommage corporel subi par un passager, lorsque l'accident est survenu au cours du transport »[2], et que sa responsabilité « ne peut dépasser huit mille dinars par passager »[3], sous réserve d'être modifiée par décret, le législateur précise, dans l'article 153 du Code de commerce maritime, que « sauf le cas de dol, la responsabilité du transporteur de passagers par mer ne peut être recherchée que dans les limites prévues ci-dessus, quels que soient le titre invoqué par le demandeur et la qualité en laquelle il agit »[4].

La même solution est prévue, en matière de transport maritime international de passagers, par l'article 6, alinéa 6[5], et l'article 10, alinéa premier[6], de la Convention internationale pour l'unification de certaines règles en matière de transport de passagers par mer, conclue à Bruxelles le 29 avril 1961 (dite « Convention de Bruxelles »), et ratifiée par la Tunisie en vertu de la loi n°74-10 du 11 mai 1974, autorisant l'adhésion de la Tunisie à la Convention Internationale pour l'unification de certaines règles en matière de transport de passagers par mer, conclue à Bruxelles le 29 avril 1961[7].

On en déduit qu'aussi bien les clauses limitatives ou élusives de responsabilité que les plafonds légaux d'indemnisation sont opposables aux victimes par ricochet, sécurité juridique du débiteur contractuel exige. Pour ce qui est des plafonds légaux, l'article 6 de la Convention prévoit, dans son alinéa premier, le plafond des indemnisations qui peuvent être allouées, en cas de mort d'un passager ou de lésions corporelles. Cette indemnité peut être haussée, soit par la législation nationale, prévoit l'alinéa 3 dudit article, soit encore par un contrat spécial conclu avec le transporteur, ajoute l'alinéa 4.

Cela dit, tous les plafonds légaux ainsi que toutes les clauses insérées aux contrats de transport sus indiqués, doivent être pris en considération, lors de la quantification des indemnités allouées aux victimes par ricochet. On y voit l'image de l'opposabilité d'une situation objective et non pas une dérogation

---

المذكور وبذلك يكون طلب التعويض خاضعا لمقتضيات إتفاقية فرسوفيا ولا يجوز أن تباشر دعوى المساءلة أيا كان سندها إلا وفقا للشروط والحدود المقررة في هذه الإتفاقية. وحيث أن القانون المنطبق يتعلق بالنظام العام وللمحكمة أن تتمسك به من تلقاء نفسها فيكون لذلك اعتماد محكمة الحكم المنتقد قواعد الحق العام بتوليها تطبيق القواعد العامة للمسؤولية مخالف للقانون واتجه على هذا الأساس نقض حكمها".

Adde : Cass. civ. n°20790 en date du 28 fév. 2008, RJL, 2008, n°6, p.151 (partie en langue arabe).

[1] V. en ce sens :

محمد اللجمي، مرجع سابق، عدد 865 وما يليه، ص.481 وما يليها.

[2] Art.150 du CCM

[3] Art.152 du CCM

[4] V. en ce sens :

محمد اللجمي، مرجع سابق، عدد 882-883 و884، ص.493-494.

[5] L'al.6 de l'art.6, de la Convention de Bruxelles dispose que : « Les limitations de responsabilité prévues par le présent art. s'appliquent à l'ensemble des actions nées d'un même événement et intentées par un passager ou en son nom ou par ses ayants-droit ou les personnes à sa charge ».

[6] L'art.10, al. premier, de la Convention de Bruxelles dispose que : « Toute action en responsabilité, à quelque titre que ce soit, ne peut être exercée que dans les conditions et limites prévues par la présente Convention »

[7] JORT n°33 du 14 mai 1974, p.1002. La loi n°74-10 a fait l'objet d'une rectification de son numéro désormais 74-25. V. JORT n°36 du 24 mai 1974, p.1107. *Adde* :

محمد اللجمي، مرجع سابق، عدد 887 وما يليه، ص.495-496 و497.

au principe de la relativité de la force obligatoire du contrat[1]. On y voit aussi la prise en considération des prévisions et des attentes du débiteur contractuel.

L'article 6 de la loi n°85-677 du 05 juillet 1985[2], dispose que « le préjudice subi par un tiers du fait des dommages causés à la victime directe d'un accident de la circulation est réparé en tenant compte des limitations ou exclusions applicables à l'indemnisation de ces dommages ».Par faveur pour les victimes par ricochet, la loi de 2005, relative aux accidents de la circulation, ne prévoit pas une disposition pareille. Bien au contraire, l'article 119 de ladite loi prévoit que « l'assureur ne peut pas opposer aux victimes des accidents de la circulation ou à leurs ayants droit en cas de décès : a- la clause relative à la réduction de l'indemnité appliquée conformément aux dispositions de l'alinéa 5 de l'article 8 du présent code ».

531. L'équilibre réalisé. L'opposabilité du contrat par les tiers, justifie que les victimes par ricochet sont en mesure d'obtenir indemnisation au titre du dommage subi. Le droit du tiers à une indemnisation sera évalué uniquement en fonction de ce dommage. De ce point de vue, le tiers acquiert un droit propre. Le caractère personnel de son préjudice le justifie. Sa sécurité juridique se trouve ainsi préservée. Le débiteur contractuel est aussi protégé. La protection de ses attentes légitimes fait qu'il soit assigné sur la base et dans la mesure des divers engagements conventionnels, fondement de son engagement. De ce point de vue, le tiers peut se voir opposer toutes les exceptions que le débiteur aurait pu opposer à son créancier. Les prévisions du débiteur contractuel sont alors protégées.

L'immixtion du tiers dans la sphère contractuelle en tant que victime par ricochet de l'inexécution d'un contrat n'a en rien bafoué les prévisions du débiteur. Qu'en est-il de son immixtion, à titre de victime principale de l'inexécution d'un contrat ?

---

[1] *Contra* : **D. KHAZRI**, mémoire préc., p.116 : « Reconnaitre l'opposabilité aux victimes par ricochet des clauses contractuelles limitatives de responsabilité serait… une dérogation au principe de la relativité des contrats » et pp.120 et s. ; **Y. CHARTIER**, *op.cit.*, n°208, pp.258 et s. et n°260, p.322.

[2] Préc., V. *supra*, n°528, *in fine*, en note de bas de page.

CHAPITRE II

Le tiers victime principale de l'inexécution du contrat

532. Diversité des applications. L'hypothèse est qu'un contrat a été conclu et que l'inexécution par l'une des parties, d'une obligation née de ce contrat, cause un dommage à un tiers. La situation est très plausible et les cas sont extrêmement divers. Ainsi lorsque le sous-traitant n'exécute pas ses obligations envers son cocontractant l'entrepreneur, il en résulte un préjudice pour le maître de l'ouvrage, qui est un tiers par rapport au contrat de sous-traitance. De la même façon, lorsque la qualité de la chose livrée par un producteur à un fournisseur s'avère défectueuse, il en résulte un préjudice pour le consommateur, qui est un tiers par rapport au contrat de vente. Lorsqu'un professionnel de la construction exécute mal ses obligations, il peut en résulter un préjudice pour le passant blessé de la chute d'une pierre ou du voisin lésé dans ses biens ; ces derniers sont des tiers par rapport au contrat d'entreprise. Lorsque, à l'occasion d'une opération d'accouchement, un médecin exécute mal ses obligations, il peut en résulter un préjudice au nouveau-né, qui est un tiers par rapport au contrat liant sa mère au médecin. Les contrats de réparation, notamment de véhicules, peuvent aussi mettre en péril la sécurité des tiers.

533. Recours à la voie extracontractuelle pour protéger le tiers, victime d'un manquement contractuel. *A priori*, on aurait pu penser que les parties à un contrat ne pouvaient se voir leur responsabilité engagée à l'égard des tiers, en raison d'une méconnaissance de leurs obligations contractuelles ; le respect du principe de la relativité de la force obligatoire du contrat est à ce prix[1]. Il est, toutefois, acquis que le principe de la relativité ne s'oppose pas à ce que le contrat soit opposable aux tiers et par les tiers[2]. Certes, le contrat ne saurait, en principe, créer ni droits ni obligations à l'égard des tiers, mais il est aussi injuste qu'un débiteur qui porte préjudice à des tiers, à l'occasion de l'exécution d'un contrat, reste

---

[1]**R. CABRILLAC**, L'acte juridique conjonctif en droit privé français, préface de P. CATALA, LGDJ, Paris, 1990, n°486, p.256 ; **M. ESPAGNON**, Droit à réparation. Rapport entre responsabilité délictuelle et contractuelle. Domaine. Nature de la responsabilité entre contractants et tiers, J.-Cl., Responsabilité civile, Fasc.176-20, Art.1146 à 1155, LexisNexis, 2005, n°6 et s., pp.4-5.
[2] V. *supra*, n°469.

dans l'impunité. Le contrat qui ne profite pas aux tiers ne doit pas, tout de même, leur causer préjudice. À suivre ce raisonnement, la jurisprudence a trouvé dans la responsabilité extracontractuelle du débiteur à l'égard des tiers, victimes d'un manquement contractuel, une solution adéquate, voire nécessaire, pour les protéger.

Lorsque l'inexécution d'un contrat entraîne un préjudice pour un tiers, celui-ci peut en obtenir réparation sur le fondement de la responsabilité extracontractuelle[1]. Cette solution a valeur de jurisprudence. Ainsi, dans le vaste domaine de la construction, la Cour de cassation a retenu la responsabilité extracontractuelle d'un entrepreneur qui n'a pas clôturé le chantier ce qui a entraîné la chute d'un enfant, tiers au contrat liant l'entrepreneur au maître de l'ouvrage[2]. De façon similaire, a été retenue la responsabilité extracontractuelle d'une société de promotion immobilière solidairement avec un entrepreneur à l'égard d'un voisin, tiers, lésé dans la sécurité de ses biens[3]. La même solution est reconduite en droit maritime à propos de la responsabilité extracontractuelle de l'entrepreneur de manutention à l'égard du destinataire, tiers au contrat liant l'acconier au transporteur[4]. La même démarche est suivie, dans le domaine médical. À l'occasion d'une opération d'accouchement, la Cour de cassation a retenu la responsabilité extracontractuelle du médecin tantôt seul[5], tantôt conjointement avec l'anesthésiste[6], à l'égard du nouveau-né, tiers au contrat conclu avec sa mère. Dans le domaine de la consommation, a été retenue la responsabilité extracontractuelle du producteur, en l'occurrence, la société productrice de bouteilles de gaz, à l'égard du consommateur, tiers au contrat de vente[7].

---

[1] La stipulation pour autrui tacite comme fondement d'un recours contractuel du tiers victime contre le débiteur défaillant est rarement mise à contribution. Sur la question, V. *infra*, n°681.

[2] Cass. civ. n°9334 en date du 14 mai 1984, Bull. civ., 1984, 1re partie, p.337 :
" طالما كانت شركة مقاولات البناء هي التي لها السيطرة الفعلية على قطعة الأرض فهي الحافظة لها بالمفهوم القانوني وطالما لم تقم بتسييجها كما يفرضه عليها قانون البلديات فإنها تكون قد أخلت بواجبات **الفصل 96** المشار إليه وآستهدفت لتحمل المسؤولية".

[3] Cass. civ. n°2012-70256/71349 en date du 08 mai 2012 (inédit), préc. : chute de la clôture extérieure d'une maison (la Cour a fondé sa décision sur l'art.96 du COC) :
" إن ما آنتهت إليه محكمة الأساس من ثبوت مسؤولية المعقبة عن الحادث (إسقاط السياج الخارجي للعقار) وعلاقتها المباشرة بالضرر يتماشى ومضروفات الملف وتحقيقات الإختبار".

[4] Cass. civ. Ch. réun., arrêt n°31235 en date du 30 déc. 2010 (inédit) :
" وحيث يتبين من مظروفات الملف أن محكمة الحكم المطعون فيه استنتجت وجود الخطإ ... وقد أكد الخبير المنتدب قيام العلاقة السببية المباشرة بين الضرر والفعل الضار ولما استخلصت المحكمة توفر **أركان المسؤولية التقصيرية**... تكون قد عللت حكمها".
Adde : Cass. civ. n°10701 en date du 19 mars 2007, RJL, 2007, n°4, p.179 (partie en langue arabe) :
" إن مقاول الشحن والتفريغ الذي ارتكب خطأ شخصيا عند إنزال البضاعة وألحق أضرارا بها ملزم بتعويض الضرر اللاحق بالمرسل إليه وفق أحكام الفصلين **83 و107** من م. م.".
Adde : Cass. civ. n°62622 en date du 22 janv. 1998, Bull. civ., 1998, 2ème partie, p.249 ; Cass. civ. n°7624 en date du 17 fév. 2005, RJL, 2006, n°1, p.179 (partie en langue arabe) ; Bull. civ., 2005, 2ème partie, p.253 :
" إن دعوى الحال لا تتعلق بترتيب المسؤولية التعاقدية وإنما بترتيب **مسؤولية تقصيرية** تثبت بقرينة أن مقاولة الشحن هي آخر من عالج البضاعة وقد بقيت تلكم القرينة قائمة الذات بعدما تقاعست الطاعنة في إتمام موجبات الفصل 169 م.ت.ب. المتعلق بعدم تحرير الكشف".

[5] Cass. civ. n°2011-67622 en date du 14 fév. 2013 (inédit) :
" إن التكييف القانوني للوقائع هو من مشمولات محكمة الموضوع في نطاق اجتهادها المطلق الذي لا رقابة لمحكمة التعقيب عليها طالما كان حكمها معللا بصفق قانونية ومحكمة القرار المنتقد قد استخلصت استنادا للمعطيات المتوفرة لديها توفر عناصر وشروط **المسؤولية التقصيرية** في جانب الطاعن (الطبيب) عملا بأحكام الفصل **83 من م.إ.ع.**".

[6] Cass. civ. n°843-703 en date du 13 juill. 2004 (inédit), préc.

[7] Cass. civ. n°97-59218 en date du 12 janv. 1999 (inédit).

Pour permettre à un tiers, victime principale de l'inexécution d'un contrat, d'être indemnisé, la jurisprudence préconise la voie extracontractuelle pour le protéger. En raison de ses spécificités, la mise en œuvre de cette voie de responsabilité retiendra notre attention (Section I). L'application systématique de cette voie n'est, cependant, pas une fatalité. Le respect des attentes légitimes du débiteur contractuel commande de donner à la nature extracontractuelle de la responsabilité d'un contractant à l'égard des tiers, sa véritable portée (Section II).

SECTION I. LA MISE EN ŒUVRE DE LA RESPONSABILITE EXTRA-CONTRACTUELLE D'UN CONTRACTANT A L'EGARD DES TIERS

534. L'étude de la responsabilité extracontractuelle d'un contractant à l'égard des tiers commande l'identification du fait générateur de cette responsabilité (Paragraphe I). L'analyse de l'état actuel du droit positif, révèle qu'il est marqué par un abandon de l'autonomie de la faute extracontractuelle par rapport à l'inexécution contractuelle. Ceci nous amène à réserver une place de choix aux autres conditions de la responsabilité du contractant envers les tiers, qui devraient jouer le rôle de palliatif à cet abandon (Paragraphe II).

Paragraphe I. L'identification du fait générateur de la responsabilité d'un contractant à l'égard des tiers

535. Position du problème. Le tiers, victime d'un dommage causé par l'inexécution d'un contrat, doit-il, lorsqu'il exerce une action en responsabilité extracontractuelle contre le débiteur contractuel, apporter la preuve d'un fait générateur de responsabilité, distinct du manquement contractuel, ou peut-il se contenter de démontrer que son dommage procède de l'inexécution ou de la mauvaise exécution contractuelle imputable au débiteur ? En d'autres termes, la violation d'une obligation contractuelle, est-elle nécessairement en elle-même un fait générateur de responsabilité extracontractuelle à l'égard des tiers ?

L'enjeu d'une telle interrogation est évident. Non seulement l'objet de la preuve semble bien différent, mais au-delà d'une simple question de preuve, admettre que la simple inexécution contractuelle constitue, à elle seule, un fait générateur de responsabilité extracontractuelle envers les tiers qui en sont victimes, revient à consacrer une approche unitaire du manquement contractuel et de la faute extracontractuelle. Une réponse inverse révélerait leur différence.

536. Débat doctrinal. Sur cette question deux thèses sont en présence. La première conçoit que le seul fait d'une inexécution contractuelle établie, suffit à caractériser un fait générateur de responsabilité extracontractuelle à l'égard du tiers qui en est victime ; aucune autre preuve n'est requise. La seconde exige, pour ouvrir droit à réparation au tiers demandeur, que soit établi plutôt un fait générateur de responsabilité extracontractuelle du débiteur contractuel, indépendant du manquement contractuel.

Entre ces deux courants, l'un assimilant manquement contractuel et faute extracontractuelle (A), l'autre consacrant l'autonomie de la faute extracontractuelle par rapport à l'inexécution contractuelle (B), c'est vers cette dernière qu'on penche. Le respect des prévisions du débiteur contractuel en constitue l'une des raisons.

A. L'approche unitaire du manquement contractuel et de la faute extracontractuelle

537. Plusieurs sont les prétendues justifications de la thèse assimilatrice (1). Ces justifications ont donné naissance à une jurisprudence en la matière (2).

1. Les prétendus justifications de la thèse assimilatrice

538. Exposé de la thèse assimilatrice de toute inexécution contractuelle à une faute extracontractuelle à l'égard des tiers victimes. La thèse assimilatrice consiste à considérer que l'inexécution du contrat préjudiciable au tiers est une condition nécessaire et suffisante, pour établir la responsabilité extracontractuelle du débiteur défaillant envers les tiers. On assisterait, alors, à la consécration d'un principe selon lequel : l'inexécution d'un contrat, serait toujours constitutive d'un fait générateur de responsabilité extracontractuelle à l'égard des tiers. Les conditions de mise en œuvre des responsabilités contractuelle et extracontractuelle seraient ainsi unifiées.

Plusieurs justifications ont été avancées pour sous-tendre la thèse de l'assimilation de l'inexécution contractuelle à une faute extracontractuelle à l'égard des tiers qui en sont victimes.

539. Une assimilation justifiée par le devoir général de ne pas manquer à sa parole. Toute violation d'une obligation contractuelle serait mécaniquement doublée d'une faute extracontractuelle, consistant dans le manquement au devoir général de ne pas manquer à sa parole. « Par le truchement d'un tel devoir- pourvu que son existence soit révélée et admise-, une faute délictuelle doublerait nécessairement, immanquablement et automatiquement toute violation d'une norme contractuelle par l'une des parties à l'acte »[1].

540. Une assimilation justifiée par le principe de l'opposabilité du contrat. L'approche unitaire est, le plus souvent, présentée comme

[1] **Ph. JACQUES**, « Einstein à la Cour de cassation : la relativité de la théorie », RDC, 2007, pp.578-579.

« l'aboutissement de la notion d'opposabilité qui établit le contrat »[1]. C'est ainsi que dans la mesure où l'opposabilité du contrat est subordonnée à l'exigence qu'il ne nuise pas aux tiers, qu'il ne leur soit pas dommageable, que l'illicéité du manquement contractuel à l'égard des tiers apparaît comme une conséquence de l'opposabilité du contrat.

Dans le droit fil de cette tendance, une doctrine[2] a proposé une extension de la conception de l'opposabilité telle que conçue par M. ANCEL[3], pour justifier de l'assimilation des fautes contractuelle et délictuelle. M. ANCEL, distingue, en effet, entre « le contenu obligationnel » du contrat, qui ne concerne que les parties, et « l'obligatoriété » des règles qu'il pose, qui est « nécessairement générale ». Selon lui, l'opposabilité désigne cet aspect qu'est la force obligatoire du contrat à l'égard des tiers. À partir de cette distinction, l'analyse proposée par M. TOSI consisterait à étendre la portée de l'obligatoriété aux parties elles-mêmes. Chacune des parties serait, ainsi, tenue non seulement obligationnellement à l'égard de son cocontractant, mais également à l'égard des tiers par la force obligatoire du contrat. Grâce à cette nouvelle approche, « on aurait ainsi, précise l'auteur, le fondement recherché au principe de la coïncidence des fautes contractuelle et délictuelle : fautif contractuellement en ce qu'il viole le contenu obligationnel du contrat (…), le manquement contractuel serait également fautif délictuellement en ce qu'il viole sa force obligatoire »[4].

541. Une assimilation justifiée au regard du concept du bon père de famille. D'aucuns ont avancé, en faveur de l'assimilation, le concept de« bon père de famille », dans la mesure où celui-ci « ne se rend pas coupable de l'inexécution, préjudiciable à un tiers, d'obligations qu'il a contractées »[5]. Autrement dit, le fait de ne pas remplir ses obligations contractuelles est un comportement illicite, un écart de conduite que ne commet pas le bon père de famille et donc, une faute à l'égard du tiers victime.

542. Une assimilation justifiée au regard du concept de l'attente légitime. À l'origine, la notion d'attentes légitimes fait référence au comportement des parties au contrat, chacune d'entre elles étant en droit d'escompter l'exécution, par son cocontractant, des obligations qu'il a souscrites. À partir de là, une doctrine a envisagé d'étendre ce concept à

---

[1]**G. WICKER**, « La sanction délictuelle du manquement contractuel ou l'intégration de l'ordre contractuel à l'ordre juridique général », RDC, 2007, p.593, n°2 et n^{os}10-11, pp.597-598 ; **J. FLOUR**, **J.-L. AUBERT et E. SAVAUX**, Les obligations, T.3, *op.cit.*, n°183, p.157 ; **J. DUCLOS**, *op.cit.*, n^{os}57 à 59, pp.81 à 85 ; **H., L., J. MAZEAUD et F. CHABAS**, *op.cit.*, n°760, p.887 ; **A. SÉRIAUX**, *op.cit.*, n°57, p.214.

[2]**J.-P. TOSI**, « Le manquement contractuel dérelativisé », *in* Ruptures, mouvements et continuité du droit, Autour de Michelle GOBERT, Economica, Paris, 2004, n°17, pp.490-491 et 492.

[3]**P. ANCEL**, « Force obligatoire et contenu obligationnel du contrat », art. préc., n°53, pp.807-808.

[4]**J.-P. TOSI**, art. préc., n°17, p.491.

[5]**L. LEVENEUR**, obs sous Cass. com. fr., 12 mars 1991, CCC, 1991, comm.135, spéc. p.6 ; obs sous Cass. civ. fr., 15 déc. 1998, CCC, 1999, n°37, spéc. p.11 ; **J.-P. TOSI**, art. préc., n°18, p.492 ; **L. BLOCH**, « Relative relativité de la faute contractuelle ou absolue généralité de la faute délictuelle ? », RCA, nov. 2006, Étude, p.5, n°5 et pp.6-7, n^{os}15 à 21.

l'égard des tiers. En effet, « ces derniers disposent souvent d'un intérêt à la conclusion d'un contrat, même s'ils ne l'ont pas conclu. Ils sont, dès lors, en droit de compter sur une bonne exécution ou, du moins, de faire sanctionner la mauvaise exécution qui leur fait grief. Ils bénéficieraient, par conséquent, sur le fondement de l'attente légitime, qu'a fait naître le contrat à leur égard, de la même faculté que les parties de se prévaloir du manquement contractuel du débiteur, sans avoir à établir la preuve d'une faute délictuelle spécifique »[1].

2. La position de la jurisprudence

543. Position de la jurisprudence tunisienne. Le domaine du transport maritime de marchandises peut offrir un observatoire particulièrement fertile permettant d'illustrer ce rapprochement entre manquement contractuel et faute extracontractuelle à l'égard des tiers.

Dans une affaire ancienne, le Tribunal de première instance de Tunis, a débouté le 11 juin 1973, le destinataire de marchandises, dans son recours intenté contre l'entrepreneur de manutention. Les juges ont relevé qu'aucune faute personnelle, au sens des règles du droit commun de la responsabilité délictuelle, n'a été relevée du côté de l'acconier manutentionnaire. Le Tribunal n'a, cependant, pas eu l'occasion d'expliciter en quoi consiste exactement cette faute personnelle[2].

Plus claire est le jugement rendu le 29 décembre 1973. Le Tribunal de première instance de Tunis a décidé que la responsabilité de l'entrepreneur de manutention à l'égard du destinataire de marchandises, tiers par rapport au contrat conclu entre le transporteur et le manutentionnaire, ne peut être engagée, que lorsque la preuve de la faute personnelle de l'entrepreneur sera rapportée. Elle affirme, de façon péremptoire que cette faute n'est pas déduite de l'inobservation de ses obligations contractuelles à l'égard du transporteur, telles que prévues par l'article 169 du Code de commerce maritime, mais plutôt, puisée dans un écart objectif de conduite caractérisant une faute extracontractuelle, au sens des articles 82 et 83 du Code des obligations et des contrats[3]. Aussi peut-on se féliciter de la décision rendue par les juges du fond, par sa netteté. Seule une faute de l'entrepreneur de

---

[1] **J. BOURGEOIS**, Le manquement contractuel et le tiers, Mémoire de Master 2 Professionnel, Paris II, 2008, p.31.

[2] T.P.I. de Tunis, Jugement n°308 en date du 11 juin 1973, RJL, 1974, n^{os}1-2, p.64 (partie en langue arabe) :

" غير أنه يجوز مؤاخذته (مقاول الشحن والتفريغ) بسبب خطئه الشخصي طبق القواعد العامة وذلك في نطاق المسؤولية التقصيرية إذا استطاع المرسل إليه إثبات تقصير في جانب مقاول الشحن والتفريغ ترتب عنه حصول الضرر المطالب بجبره".

[3] T.P.I. de Tunis, Jugement n°7081 en date du 29 déc. 1973, RJL, 1975, n^{os}3-4-5, p.67 (partie en langue arabe) :

" وحيث أن تفريغ البضاعة من قبل الشركة التونسية للشحن والتفريغ صبرة واحدة وتصريحها المجمل للقمارق بعدد البضاعة قد أدى لبقائها مدة 43 يوما بالميناء فوظفت عليها مصاريف الخزن والحراسة وقع دفعها من طرف المدعية (المرسل إليه) في نطاق ما اسند لها ضمن صفقة التنوير. وبذلك تكون الشركة التونسية للشحن والتفريغ قد ارتكبت خطآ تسبب في إلحاق خسارة بالغير وجب عليها تعويضها وفقا للفصل 82 م.م. ولا معنى لتمسكها بإبداء تحفظاتها بالكشف **إذ أن المسؤولية الملقاة على عاتقها لا تنبع من أحكام الفصل 169 م.ت.ب. ولكن من أحكام قواعد القانون العام** الذي يتعين معه قبول الدعوى الموجهة عليها".

manutention, indépendamment de tout point de vue contractuel, engage sa responsabilité extracontractuelle à l'égard du tiers destinataire.

Néanmoins, le même Tribunal a infligé, le 16 mars 1974, un démenti cinglant à sa propre doctrine. Certes, il a décidé que la responsabilité de l'entrepreneur de manutention ne peut être engagée que, lorsque la preuve d'une faute personnelle en lien de causalité avec le préjudice subi par le tiers destinataire soit établie, mais il s'est départi de sa rigueur, puisque la faute de l'acconier manutentionnaire, ajoute le Tribunal, peut être déduite de l'une quelconque des tâches listées dans l'article 169 du Code de commerce maritime. En clair, le Tribunal estime que la faute extracontractuelle de l'entrepreneur à l'égard du tiers destinataire, peut être déduite de l'inexécution de ses obligations découlant du contrat qu'il a conclu avec le transporteur[1].

La Cour de cassation semble aller au devant de la tendance. Par une décision rendue le 22 janvier 1998, elle a déduit la faute extracontractuelle de l'entrepreneur de manutention à l'égard du destinataire de marchandises, d'un manquement contractuel, au sens de l'article 169 du Code de commerce maritime, à l'égard de son créancier : le transporteur[2]. Cette décision va servir de leitmotiv aux décisions de la Cour de cassation. L'inobservation par l'acconier de ses obligations contractuelles, telles que prescrites par l'article 169 du Code de commerce maritime, précise ladite Cour, le 17 février 2005, suffit pour engager sa responsabilité délictuelle à l'égard du tiers destinataire. Ainsi, la Cour considère que le non établissement d'un état contradictoire détaillé des marchandises suffit pour justifier la responsabilité de l'acconier manutentionnaire à l'égard du destinataire[3]. Or, comme le souligne à juste titre une doctrine[4], cette formalité incombant au manutentionnaire régit, selon les termes solennels de l'article 169, alinéa 3, dudit Code « ses rapports avec le transporteur ». Rien ne justifie de doubler la responsabilité contractuelle de l'entrepreneur de manutention à l'égard du transporteur par une autre extracontractuelle à l'égard du tiers destinataire, sauf à considérer que le manquement contractuel constitue *ipso facto* une faute extracontractuelle à l'égard des tiers. Suivant la même logique, la Cour

---

[1] T.P.I. de Tunis, arrêt n°5076 en date du 16 mars 1974, RJL, 1975, n[os]3-4-5, p.73 (partie en langue arabe):
" وتأسيسا على ذلك (الفصل 169 م.ت.ب.) فلا يكون للمرسل إليه أي رابطة تعاقدية مهما كان نوعها مع المقاول المذكور ولا يسعه القيام عليه إلا على أساس المسؤولية التقصيرية بعد إقامة البرهان على الخطإ والمضرة وعلاقة السببية بينهما. وحيث اكتفى نائب المرسل إليها بتسليط الدعوى على المقاول المذكور دون أن ينسب إليه أي خطا في القيام بأعمال التفريغ **أو بإحدى الأعمال الأخرى المناطة بعهدته والواقع تعدادها بالفصل 169 من نفس المجلة**...".

[2] Cass. civ. n°62622 en date du 22 janv. 1998, préc., Bull. civ., 1998, 2ème partie, p.249 :
" وحيث ثبت من الإطلاع على أوراق الملف أن **الأضرار حصلت بسبب عمليات التداول** التي هي من اختصاص مقاول الشحن والتفريغ حسبما أكده مراقب الخسائر البحرية كما ثبت من جهة أخرى أن الطاعن الآن **لم يحرر الكشف ليعارض به الناقل**".
En ce sens, implicitement : Cass. civ. n°3593 en date du 19 juin 1980, RTD, 1982, p.247, note **S. MELLOULI** (en langue arabe).

[3] Cass. civ. n°7624 en date du 17 fév. 2005, préc. :
" إن دعوى الحال لا تتعلق بترتيب المسؤولية التعاقدية وإنما بترتيب مسؤولية تقصيرية تثبت بقرينة أن مقاولة الشحن هي آخر من عالج البضاعة وقد بقيت تلكم القرينة قائمة الذات بعدما **تقاعست الطاعنة في إتمام موجبات الفصل 169 م.ت.ب. المتعلق بعدم تحرير الكشف**".

[4]**S. ABID MNIF**, L'option entre la responsabilité contractuelle et la responsabilité délictuelle : comparaison des droits français et tunisien, *op.cit.*, n°255, pp.337-338.

suprême déduit, le 19 mars 2007, la faute quasi-délictuelle du manutentionnaire à l'égard du destinataire de celle commise à l'occasion du débarquement des marchandises, en exécution du contrat le liant au transporteur[1]. Le 30 décembre 2010, la Cour de cassation, cette fois toutes Chambres réunies, déduit la faute délictuelle de l'entrepreneur de manutention de sa faute contractuelle commise lors de la livraison de la marchandise aux ayants-droit[2].

La même tendance s'est dessinée dans le domaine médical. À l'occasion d'une opération d'accouchement, le nouveau-né était atteint d'un handicap. Il va sans dire que c'est la mère de ce dernier qui était le créancier contractuel. L'enfant n'est effectivement qu'un tiers au contrat d'accouchement. Statuant sur la responsabilité médicale à l'égard de l'enfant, la Cour a décidé, le 14 février 2013, que, dès lors que les fautes commises par le médecin dans l'exécution du contrat formé avec une femme enceinte, ont entrainé la naissance d'un enfant atteint d'un handicap, ce dernier peut demander de l'auteur du manquement, par le biais d'une action en responsabilité extracontractuelle, la réparation du préjudice résultant de cet handicap et causé par les fautes retenues[3].

La Haute juridiction semble avoir pris parti en faveur de l'approche unitaire, en vertu de laquelle, rappelons-le, tout manquement contractuel constituerait *ipsofacto* une faute extracontractuelle à l'égard des tiers qui en pâtissent.

544. Position de la jurisprudence française. L'Assemblée plénière de la Cour de cassation française était, le 06 octobre 2006, plus explicite quant à la consécration du principe de l'assimilation du manquement contractuel à la faute extracontractuelle. Dans cette affaire, le tiers est un locataire-gérant qui se plaignait de la mauvaise exécution par le bailleur de son obligation d'entretien des lieux. La formation la plus solennelle de la Cour de cassation a affirmé, on ne peut plus clairement, que « le tiers à un contrat peut invoquer, sur le fondement de la responsabilité délictuelle, un manquement

---

[1] Cass. civ. n°10701 en date du 19 mars 2007, préc. :
" وحيث... أن مقاول الشحن والتفريغ الذي أرتكب خطأ شخصيا عند إنزال البضاعة وألحق أضرارا بها ملزم بتعويض الضرر اللاحق بالمرسل إليه وفق أحكام الفصلين 83 و107 من م. م.".

[2] Cass. civ. Ch. réun. n°31235 en date du 30 déc. 2010 (inédit), préc. :
" وحيث يتبين من مظروفات الملف أن محكمة الحكم المطعون فيه استنتجت وجود الخطإ ... إستنادا إلى ما له أصل ثابت بالأوراق وخاصة تقرير الإختبار المجرى... والذي انتهى فيه الخبير المنتدب إلى ثبوت تضرر الحاوية موضوع التداعي جراء سقوطها على رصيف الميناء **أثناء عملية المناولة** من قبل أعوان الشركة التونسية للشحن والترصيف (مؤمنة المعقبة) بسبب استعمالهم معدات وتجهيزات بدائية تتمثل في حبال رفع حديدية تحمل في أطرافها مغالق تثبيت وهي طريقة مناولة لا تستجيب للمواصفات العالمية. وقد أكد الخبير المنتدب قيام العلاقة السببية المباشرة بين الضرر والفعل الضار ولما استخلصت المحكمة توفر أركان المسؤولية التقصيرية... تكون قد عللت حكمها".

[3] Cass. civ. n°2011-67622 en date du 14 fév. 2013 (inédit), préc. :
" إن محكمة القرار المنتقد عللت قرارها بالرجوع إلى ما له أصل ثابت بملف القضية وأعتمدت تقرير الإختبار الطبي المأذون به الذي أكد الأطباء ضمنه تعرض المولود لحالة اختناق ونقص في الأكسجين أثناء الولادة والعملية القيصرية تسببت للمتضرر في نقص حاد في مادة الأكسجين بالمخ خلف له عاهة عضوية وذهنية وحالة صرع واقتنعت من خلاله في نطاق سلطتها التقديرية في فهم الوقائع والأدلة واستخلاص النتائج القانونية منها أن الطاعن **لم يفعل كل ما يلزم ولم يبذل العناية اللازمة عندما كان مباشرا لعملية الوضع** مما أدى إلى اختناق المتضرر وإصابته من جراء ذلك بأضرار عضوية وذهنية قدر نسبتها الحكماء ب 45 %".

contractuel dès lors que ce manquement lui a causé un dommage »[1]. En conséquence, le succès de l'action en responsabilité du tiers, victime d'un dommage causé par l'inexécution d'un contrat, suppose, simplement, que la victime prouve que son préjudice a bien été causé par cette inexécution. Il n'est pas nécessaire qu'elle démontre, en outre, l'existence d'une faute extracontractuelle indépendante de l'inexécution. La tâche probatoire du tiers victime se trouve, ainsi, grandement allégée.

B. Les effets pervers de la thèse assimilatrice de tout manquement contractuel à une faute extracontractuelle

545. L'assimilation entre inexécution contractuelle et faute extracontractuelle, qui permet au tiers d'engager la responsabilité extracontractuelle du débiteur, du seul fait de l'inexécution du contrat, sans autre condition que celle de l'existence d'un préjudice, pêche par plusieurs écueils.

546. L'altération du principe de la relativité de la faute contractuelle. Il existe deux sortes de manquements contractuels correspondant à l'inexécution de deux sortes d'obligations. D'une part, le manquement à une obligation « strictement contractuelle », caractéristique du contrat ; celle qui tend à assurer l'utilité ou l'efficacité des prestations, objet du contrat[2]. Cette obligation est assumée par le débiteur, au seul profit du créancier. Elle se limite, en tant que telle, au cercle étroit des parties contractantes, et a, pour seul support, le contrat. D'autre part, le manquement à un devoir de portée générale, greffée sur le manquement strictement contractuel, mais indépendant de celui-ci. Ce manquement consiste dans l'inexécution d'une obligation « contractuelle par accessoire »[3]. Il reflète une règle de conduite

---

[1] Cass. Ass. plén., 06 oct. 2006, D., 2006, J., pp.2825-2831, obs. critiques **G. VINEY** ;V. aussi obs. critiques de **G. WICKER**, art. préc., pp.593-608. V. en faveur de cet arrêt : **S. CARVAL**, « La faute délictuelle du débiteur défaillant : quelques observations sur les pistes ouvertes par l'arrêt d'Assemblée plénière du 6 octobre 2006 », *in* Études offertes à G. VINEY, LGDJ, Paris, 2008, pp.229-242. En ce sens : Cass. com. fr., 21 oct. 2008, RTD civ., 2009, p.318, obs. critiques **B. FAGES** ; Cass. civ. fr., 10 mai 2007, D., 2007, Pan., pp.2900-2903, obs. critiques **P. JOURDAIN** ; Cass. civ. fr., 13 juill. 2010, RTD com., 2010, p.693, obs. **F. KENDÉRIAN**.*Contra* : Cass. civ. fr., 15 déc. 2011, LPA, 2012, n°119, pp.18-22, note **A. CAYOL** ; Cass. com. fr., 08 févr. 2011, D., 2011, J., pp.1535-1539, note **X. BOUCOBZA** et **Y.-M. SERINET** ; RTD civ., 2011, p.350-351, obs. **B. FAGES** ;CE, 11 juill. 2011, AJDA, 2011, pp.1949-1954, note **X. DOMINO** ; RDC, 2012, p.419, note **G. VINEY**. *Adde* :l'art.1342, al. second,du projet **CATALA** qui prévoit que la responsabilité extracontractuelle du débiteur peut être invoquée par le tiers à charge pour lui de rapporter la preuve d'un fait générateur de responsabilité extracontractuelle. En statuant ainsi l'avant-projet condamne nettement la thèse de l'assimilation des fautes contractuelle et délictuelle.

[2] **M. BACACHE-GIBEILI**, *op.cit.*, n^{os}58 et s., pp.54 et s. ; un « plus contractuel » : selon l'expression de **J. HUET**, Thèse préc., n^{os}672 à 674, pp.637 et s. ; une « obligation primaire » : selon l'expression de **M. FAURE-ABBAD**,Le fait générateur de la responsabilité contractuelle : contribution à la théorie de l'inexécution du contrat, *op.cit.*, n^{os}44 et s., pp.39 et s. ; « obligation purement contractuelle » selonl'expression de **S. ABID MNIF**, *op.cit.*, n°278, p.359 ; « spécifiquement contractuelle » selon l'expression de **L. JOSSERAND**, « L'essor moderne du concept contractuel », *in* Recueil d'études sur les sources du droit en l'honneur de F. GÉNY, T.II, Librairie Edouard du chemin, Paris,1977, p.341.

[3] Cette obligation tend à optimiser l'exécution de l'obligation caractéristique, son exécution n'est pas indispensable à la réalisation de l'objectif recherché puisque le contrat peut déployer ses résultats sans

qui s'impose, non seulement entre parties contractantes, mais également dans les rapports extracontractuels. L'essor des obligations contractuelles par accessoire puise ses origines, notamment, dans le recours au forçage judiciaire du contrat[1], c'est-à-dire par la pratique consistant à intégrer dans le contrat certains devoirs de portée générale et non spécifiquement contractuels, à l'instar de l'obligation de sécurité, d'information, de mise en garde et de conseil, lorsqu'elles ne portent pas sur les besoins précis du contractant[2].

De part sa définition même, il résulte qu'il est impossible de rattacher le dommage strictement contractuel, né de l'inexécution d'une obligation strictement contractuelle, à un dommage « artificiellement contractuel »[3], parce que rattaché à un manquement à un devoir de portée générale. Quoi qu'il en soit, sur le terrain de la faute, la faute strictement contractuelle ne peut jamais constituer une faute délictuelle. Elle est, dit-on, relative. Cette règle de relativité opère à la fois quant aux personnes et quant aux dommages. Quant aux personnes, « la faute contractuelle démontre la négligence ou la défaillance du débiteur envers le créancier seul, alors que la faute délictuelle est une imprudence aux yeux de tous »[4]. Quant aux dommages, la faute contractuelle « affecte la prestation convenue en elle-même : [le dommage purement contractuel] s'identifie à l'absence de la satisfaction promise au créancier, à l'inexécution proprement dite »[5].

L'assimilation des fautes, qui permet au tiers d'engager la responsabilité extracontractuelle du débiteur du seul fait de l'inexécution du contrat, sans autre condition que celle de l'existence d'un préjudice, donne, sans justification, naissance à une nouvelle règle, celle de « l'effet attractif du

---

elle : **M. BACACHE-GIBEILI**, *op.cit.*, n^os^67 et s., pp.64 et s. Une « obligation secondaire » : selon l'expression de **M. FAURE-ABBAD**, *op.cit.*, n^os^65 et s., pp.59 et s. Une « obligation mixte » selonl'expression de **S. ABID MNIF**, *op.cit.*, n°278, p.359.

[1] Lequel forçage peut être fondé sur l'art.243 du COC. Sur la question : **G. VINEY et P. JOURDAIN**, Traité de droit civil, Les conditions de la responsabilité, *op.cit.*, n^os^497 à 518, pp.450 à 502 ; **L. JOSSERAND**, « Le contrat dirigé », D.H., 1933, chron., pp.89-92 ;« L'essor moderne du concept contractuel », art. préc.,pp. 339 à 346. *Adde* :
محمد محفوظ، "نظرية توابع العقد"، م. ق. ت.، 2008، عدد 6، ص.99-107. **محمد حمودة**، "في الوفاء بالإلتزام مع تمام الأمانة"، بمجموعة الأعمال المهداة للأستاذ ساسي بن حليمة، مركز النشر الجامعي، تونس، 2005، ص.1031-1109 وخاصة 1063-1064.

[2] **G. VINEY**, « La responsabilité contractuelle en question », *in* Études offertes à J. GHESTIN, Le contrat au début du XXIe siècle, LGDJ, Paris, 2001, pp.921-947, spéc. n°29, p.946. La distinction entre manquement strictement contractuel et manquement contractuel par accessoire a permis à la responsabilité contractuelle de jouer une double fonction en assurant la réparation de deux dommages distincts. Le manquement strictement contractuel permet à la responsabilité contractuelle de jouer son rôle de paiement par équivalent de la prestation promise et assure de ce fait la réparation du dommage contractuel. Le manquement contractuel par accessoire permet à la responsabilité contractuelle de jouer son rôle de réparation du dommage non contractuel ou contractuel par accessoire causé à l'occasion de l'exécution : **J. HUET**, Thèse préc., pp.25 à 42 ; **M. BACACHE-GIBEILI**, *op.cit.*, n^os^76-77, pp.72-73 et 74.

[3] **D. MAZEAUD**, obs. sous Cass. civ. fr. Ass. plén., 06 oct. 2006, RDC, 2007, p.272.

[4] **J. HUET**, *op.cit.*, n°649, p.612.

[5] **J. HUET**, *ibid.*, n°662, p.625. C'est ainsi que l'auteur oppose les dommages purement contractuels ou contractuels par nature aux dommages contractuels par accessoire.

contrat inexécuté »[1]. Elle « sonnait le glas du principe de la relativité de la faute contractuelle »[2].

Cela dit, lorsque le tiers est victime de l'inexécution d'une obligation contractuelle, il semble, qu'il faut distinguer selon la portée des obligations nées du contrat, entre l'inexécution d'une obligation strictement contractuelle, caractéristique du contrat, et une obligation contractuelle par accessoire, greffée artificiellement sur le contrat[3]. Dans la première alternative, le tiers victime doit établir, indépendamment du manquement contractuel, un fait de nature à justifier la responsabilité extracontractuelle du débiteur. Il doit, ainsi, établir que la faute reprochée au contractant constitue un écart objectif de conduite, abstraction faite de la convention. Un rapport d'assimilation ne s'imposerait jamais de façon systématique. Dans la seconde alternative, le manquement contractuel constitue, *ipso facto*, une faute délictuelle[4]. La thèse de l'assimilation permet, surtout, de faciliter

---

[1]**D. MAZEAUD**, obs. sous Cass. civ. fr. Ass. plén., 06 oct. 2006, préc., p.272.

[2]**D. MAZEAUD**, « À partir d'un petit cas tragique outre-Rhin : retour sur le désordre de la distinction des ordres de responsabilités... », *in* Études offertes à G. VINEY, LGDJ, Paris, 2008, n°23, p.728 ; obs. sous Cass. com. fr., 05 avr. 2005, RDC, 2005, p.688 ; obs. sous Cass. civ. fr. Ass. plén., 06 oct. 2006, préc., p.270 ; « Contrat, responsabilité et tiers... (Du nouveau à l'horizon) », *in* Libre droit, Mélanges en l'honneur de Philippe LE TOURNEAU, Dalloz, Paris, 2008, n°18, p.758 ; **C. LACROIX**, note sous Cass. civ. fr. Ass. plén., 06 oct. 2006, LPA, 2007, n°16, pp.17-18, n°s3 à 7 ; **J. MESTRE et B. FAGES** obs. sous Cass. Ass. plén., 06 oct. 2006, RTD civ., 2007, p.115 ; **F. VETU**, « L'inexécution contractuelle et la faute délictuelle », RRJ, 2005, n°s36 et s., pp.131 et s.

[3] Une autre distinction a été également proposée. Elle consiste à opposer les obligations stipulées dans l'intérêt exclusif du créancier, et dont celui-ci serait seul habilité à se prévaloir, à celles qui le sont égalementdans l'intérêt d'autres personnes, celles-ci étant alors autorisées à se suffire de la preuve de leur inexécution pour engager la responsabilité délictuelle du débiteur lorsqu'elles ont subi un dommage. V. en ce sens : **S. CARVAL**, obs. sous Cass. civ. fr., 1er mars 2006, RDC, 2006, pp.1237 à 1239, spéc. p.1238. Sur la critique de toutes ces distinctions : **P. ANCEL**, « Faut-il « faire avec » ? », RDC, 2007, n°s16 et s., pp.547 et s.

Par sa décision rendue le 06 oct. 2006, l'Ass. plén. de la Cour de cassation française, se met en porte-à-faux avec cette distinction, ce qui est critiquable. En ce sens : **G. VINEY**, La responsabilité du débiteur à l'égard du tiers auquel il a causé un dommage en manquant à son obligation contractuelle, note sous Cass. civ. fr. Ass. plén., 6 oct. 2006, D., 2006, n°41, J., p. 2825, spéc. p.2828 : « la Haute juridiction n'a pas voulu consacrer la distinction entre les « *obligations strictement contractuelles* » dont la méconnaissance pourrait être invoquée par les tiers et les « *devoirs de portée générale* » greffés sur le contrat par la jurisprudence, qui pourraient l'être. En effet, en l'occurrence, le manquement invoqué portait sur l'obligation d'entretien de la chose louée qui est l'une des obligations caractéristiques du bail » ; **V. DEPADT-SEBAG**, note sous Cass.civ.fr. Ass. plén., 06 oct. 2006, LPA, 2007, n°98, p.21. Selon l'auteur, l'obligation d'entretien est une obligation caractéristique du bail, le tiers qui pâtit de son inexécution devrait se placer sur le terrain contractuel pour obtenir indemnisation, il devrait être soumis aux conditions du contrat.

[4]**G. VINEY**, *op.cit.*, n°215-2, p.605 ; obs. sous Cass. civ. fr., 18 juill. 2000 et 13 févr. 2001, JCP éd. G, 2001, I, 338, n°11, pp.1428-1429 ; obs. sous Cass. com. fr., 08 oct. 2002, préc., n°6, p.1254 ; **P. JOURDAIN**, obs. RTD civ., 1992, p.568 ; obs. sous Cass. civ. fr., 16 déc. 1992, RTD civ., 1993, p.362 ; obs sous Cass. civ. fr., 17 mai 1995 et Cass. civ. fr., 11 avr. 1995, préc., pp.898-899 ; **D. MAZEAUD**, obs. sous Cass. com. fr., 05 avr. 2005, préc., pp.688-689 ; « Contrat, responsabilité et tiers... (Du nouveau à l'horizon) », art. préc., n°19, pp.759-760 ; **Ph. DELEBECQUE**, obs. sous Cass. civ. fr., 13 févr. 2001, D., 2001, somm. comm., p.2234 ; **M. ESPAGNON**, Fasc. préc., n°28, p.13 ; **M. BACACHE-GIBEILI**, *op.cit.*, n°s83-84, pp.79-80 et n°98, pp.91-92 ; **Ph. DELMAS SAINT-HILAIRE**, *op.cit.*, p.386 ; **M. FAURE-ABBAD**, *op.cit.*, n°222, pp.194 et s., spéc. pp.196-197 ; **Ph. JACQUES**, art. préc., pp.578-579 ; **G. WICKER**, art. préc., n°s5 et s., pp.595 et s. ; **A. GARIAZZO**, avis sous Cass. civ. fr. Ass. plén., 06 oct. 2006, JCP éd. G, 2006, II, 10181, p.2114, 2ème col ; **V. DEPADT-SEBAG**, note sous Cass. Ass. plén., 06 oct. 2006, préc., pp.20-21 ; **M. GRIMALDI**, « Le contrat et les tiers », art. préc., n°18, pp.178-

l'établissement du fait générateur de responsabilité extracontractuelle et son imputabilité par référence au contenu du contrat.

Si on admet que la relativité de la faute contractuelle paraît comme « le complément nécessaire du principe de la relativité des conventions »[1], l'atteinte à la première suppose inéluctablement le fléchissement de la seconde.

547. L'altération du principe de la relativité de la force obligatoire du contrat. Un autre écueil à la thèse assimilatrice est perçu dans le principe de la relativité de la force obligatoire du contrat[2]. La distinction entre faute strictement contractuelles et violation d'un devoir général de comportement intégré dans le contrat retrouve dans ce cadre toute sa vigueur et tout son intérêt.

Le tiers qui cherche à obtenir la réparation de son dommage suite à l'inexécution d'une obligation purement contractuelle, réclame l'exécution, par équivalent, d'une telle obligation. Or, l'exécution d'une obligation caractéristique du contrat ne profite qu'au créancier contractuel. Permettre au tiers d'invoquer la faute strictement contractuelle du débiteur, c'est lui permettre de réclamer à son profit l'exécution par équivalent du contrat, ce qui constitue une atteinte au principe de la relativité de la force obligatoire du contrat. L'assimilation de la faute strictement contractuelle à une faute extracontractuelle permet d'accorder au tiers, sous couvert de responsabilité extracontractuelle, une action en exécution d'une obligation par essence contractuelle, stipulée au profit exclusif du créancier. Cette assimilation ne fait que brouiller la distinction des principes de la relativité et de l'opposabilité du contrat par les tiers[3]. On ne peut prétendre que c'est parce que le contrat est opposable aux tiers que la faute contractuelle constitue nécessairement une faute extracontractuelle à l'égard des tiers. « Que le contrat soit opposable est une chose, mais qu'il donne naissance à une

---

179 et 180. *Contra* : **F. BERTRAND**, Thèse préc., n^{os}231 à 235, pp.382 à 389. L'auteur estime que la preuve d'un fait générateur de responsabilité doive être rapportée.

[1] **R. WINTGEN**, *op.cit.*, n°333, pp.291 et s. ; **G. VINEY et P. JOURDAIN**, Les conditions de la responsabilité, *op.cit.*, n°441, p.366 ; **M. BACACHE-GIBEILI**, *op.cit.*, n°s 20 et s., pp.17 et s. ; **P. JOURDAIN**, obs. sous Cass. com. fr., 17 juin 1997, préc., p.113 ; obs sous Cass. civ. fr., 17 mai 1995 et Cass. civ. fr., 11 avr. 1995, RTD civ., 1995,p.895 ; Cass. com. fr., 17 juin 1997 et Cass. civ. fr., 16 déc. 1997, JCP éd. G, 1998, I, 144, p.1094, n^{os}1 à 3, obs. **G. VINEY** ; **F. VETU**, art. préc., n°32, p.128..

[2] **J. HUET**, Thèse préc., n°495 : « Comment concevoir que l'on puisse se plaindre de la violation d'une obligation, alors même que l'on ne saurait en réclamer l'exécution correcte ? » ; **D. MAZEAUD**, obs. sous Cass. civ. fr. Ass. plén., 06 oct. 2006, préc., p.272 ; obs. sous Cass. com. fr., 05 avr. 2005, préc., p.689 ; « Le contrat et les tiers : nouvelles leçon et nouvelle présentation », *in* Leçons du droit civil, Mélanges en l'honneur de F. CHABAS, Bruylant-Bruxelles, 2011, art. préc., n°755, pp.622-623 ; **M. FAURE-ABBAD**, *op.cit.*, n°212, p.184 et n°214, p.187 ; **M. ESPAGNON**, Fasc. préc., n°26, p.11 ; **Ch. LARROUMET**, Droit civil, Les obligations, Le contrat, T.3, 2ème partie : Effets, *op.cit.*, n°751, p.895 ; **M. BACACHE-GIBEILI**, *op.cit.*, n^{os}95-96, pp.88 à 91 et n°100, pp.93-94 ; **C. LACROIX**, note sous Cass. civ. fr. Ass. plén., 06 oct. 2006, préc., n^{os}8 et s., pp.18 et s..

[3] **M. BACACHE-GIBEILI**, *ibid.*, n°96, p.91 ; **P. JOURDAIN**, obs. sous Cass. civ. fr., 16 déc. 1992, préc. p.362 ; **O. DEBAT**, « Le contrat, source de responsabilité envers les tiers », art. préc., p.10, 1re col. : « La difficulté (ou le piège ?) de cette assimilation *a priori* séduisante est que l'opposabilité du contrat empiète alors profondément sur le domaine de l'effet relatif du contrat qui perd alors de sa consistance ».

obligation au profit du tiers est une autre »[1]. L'assimilation ne peut conduire, dans ce cas, qu'à « neutraliser la distinction des notions de « partie » et de « tiers » au contrat »[2].

Dès lors, s'il est possible d'admettre que le non-respect d'un devoir général contractualisé puisse déboucher sur une responsabilité extracontractuelle : la faute contractuelle est alors bien, en même temps, une faute extracontractuelle, il est mal aisé d'admettre la même extension, si la faute contractuelle ne résulte que de l'inexécution d'une obligation purement contractuelle, indépendante des devoirs généraux. L'atteinte au principe de la relativité de la force obligatoire du contrat est à ce prix.

548. Atteinte aux prévisions du débiteur contractuel. Le principe de l'identité entre manquement contractuel et faute extracontractuelle aboutit à étendre le bénéfice du contrat à une large catégorie de personnes autre que le créancier contractuel. Cette extension du bénéfice du contrat à n'importe quel intéressé porte atteinte aux prévisions du débiteur contractuel et constitue une source intarissable d'insécurité juridique[3]. Prenons l'exemple de l'obligation de non-concurrence dont la violation est invoquée par un tiers. Il est acquis qu'une telle obligation n'est valable qu'entre les parties par dérogation au principe de la libre concurrence. Elle n'a, donc, pas vocation à bénéficier aux tiers. Or, la thèse assimilatrice conduit à ce que tous les commerçants des alentours affectés par la réinstallation du concurrent puissent invoquer la violation de ladite clause et obtenir réparation du fait du détournement de la clientèle. L'absurdité est patente[4].

Le même exemple permet de marquer combien porte peu l'argument tiré du respect du devoir général de ne pas manquer à sa parole, pour justifier l'assimilation des fautes, porte peu. En effet, le débiteur qui enfreint son obligation de non-concurrence, manque, certes, à son obligation contractuelle, ce qui justifie sa condamnation envers le créancier contractuel,

---

[1]**D. EL RAJAB**, L'opposabilité des droits contractuels. Étude de droit comparé français et libanais, Thèse pour le Doctorat en Droit, Paris II, 2013, n°85, p.95. En ce sens : **P. ANCEL**, « Faut-il « faire avec » ? », art. préc., pp.541-542, n°7 : « admettre que la norme qui dit que la contractant A était tenu de telle obligation à l'égard du contractant B s'impose à tous n'équivaut pas à dire que la violation de cette obligation soit aussi une faute à l'égard du tiers C » ; **R. WINTGEN**, « Tout fait quelconque... » : le manquement contractuel saisi par l'art.1382 du Code civil », RDC, 2007, n°5 à 8, pp.610-611 ; **F. VETU**, art. préc., n^{os}9 à 14, pp.113 à 117.

[2]**D. MAZEAUD**, obs. sous Cass. civ. fr. Ass. plén., 06 oct. 2006, préc., p.272 ; obs. sous Cass. com. fr., 05 avr. 2005, préc., p.688 ; « Contrat, responsabilité et tiers... (Du nouveau à l'horizon) », art. préc., n°19, p.760.

[3]**J.-B. SEUBE**, « La responsabilité délictuelle du contractant : les prévisions contractuelles sacrifiées sur l'autel de la protection des victimes », RDC, 2007, p.379 : « Cette ouverture du contrat aux tiers, pour souhaitable qu'elle soit, ne doit cependant pas conduire à méconnaître l'effet relatif du contrat et à permettre aux tiers de bénéficier des obligations qu'avaient stipulées, entre eux, les contractants » ; **M. ESPAGNON**, « La prévision contractuelle et l'action en responsabilité du tiers contre le contractant », *in* Études offertes à G. VINEY, LGDJ, Paris, 2008, pp.390 à 392 ; **Ph. STOFFEL-MUNCK**, « La relativité de la faute contractuelle », RDC, 2007, p.587, n°1 et p.592, n°6 ; **M. BACACHE-GIBEILI**, *op.cit.*, n°104, p.96 ; **R. WINTGEN**, *op.cit.*, n°333, p.292.

[4]**P. ANCEL**, « Faut-il « faire avec » ? », art. préc., n°10, pp.543-544 ; **C. GRIMALDI**, « Toute faute contractuelle est une faute délictuelle, mais encore faut-il s'entendre sur le préjudice réparable ! », RDC, 2007, p.565 ; **L. BLOCH**, art. préc., n°12, p.6.

mais à l'égard des tiers, il ne fait qu'user, de façon parfaitement licite, de sa liberté d'entreprendre, puisque, en dehors de la sphère contractuelle, le principe de la libre concurrence règne en maître. « Le débiteur reste donc libre et l'on ne voit pas pourquoi l'existence du contrat rendrait les intérêts des tiers plus dignes d'être protégés contre les conséquences de la liberté d'action du débiteur »[1].

549. Une contribution à « une politique d'indifférenciation des deux responsabilités »[2]. En alignant, sur la base du fait générateur de la responsabilité du débiteur contractuel, le sort du tiers sur celui du créancier contractuel, la thèse assimilatrice consacre la « fongibilité des objets respectifs de la responsabilité contractuelle et de la responsabilité délictuelle »[3], et nie le particularisme de la responsabilité contractuelle. La jurisprudence qui consacre une telle assimilation « brouille la distinction entre l'inexécution du contrat et le délit ; une telle jurisprudence ruine dans son principe même la distinction des deux ordres de responsabilité »[4].

S'opposant à cette tendance, l'un des défenseurs du particularisme du régime de la responsabilité contractuelle a mis en lumière la dualité des fonctions assignées aux dommages et intérêts contractuels. En effet, « contrairement à la responsabilité délictuelle, qui a toujours pour effet de donner naissance à une obligation nouvelle entre l'auteur et la victime du dommage, parce que ceux-ci ne sont unis par aucune relation juridique préétablie, la responsabilité contractuelle remplit une double fonction : elle assure aussi bien le paiement par équivalent de la prestation promise au créancier, ce qui est sanctionner une dette préexistante, que la réparation de dommages causés à l'occasion de l'exécution, de telle sorte que s'établit entre les intéressés un lien de droit nouveau »[5]. Dès lors, on ne peut mettre sur le même plan les dommages et intérêts délictuels, qui ont uniquement une fonction réparatrice et les dommages et intérêts contractuels qui auraient, de surcroît, une fonction de paiement, consistant à fournir au créancier une prestation compensant celle qu'il n'a pas reçue[6]. Cette dernière fonction, qui met en valeur la différence de régime des responsabilités contractuelle et délictuelle, permet de justifier, par la même, qu'on ne peut assimiler faute contractuelle, donnant lieu à dommages et intérêts contractuels, et faute délictuelle génératrice de dommages et intérêts délictuels.

---

[1]**R. WINTGEN**, art. préc., n°11, pp.612-613.

[2]**Ph. STOFFEL-MUNCK**, art. préc., n°1, p.587 et n°4, p.590.

[3]**Ph. BRUN**, « Feu la relativité de la faute contractuelle », Revue Lamy Droit Civil, 2007, n°34, p.8 ; Responsabilité civile extracontractuelle, Litec, Paris, 2005, n°95 , pp.55-56 ; **J.-B. SEUBE**, art. préc., p.383.

[4]**Ph. REMY**, obs. Cass. civ. fr., 15 déc. 1998, RGDA, 1999, p.692 ; **M. FAURE-ABBAD**, *op.cit.*, n°214, p.187 : « La perturbation des rapports entre régime contractuel et régime délictuel, sise dans l'analyse de l'inexécution comme faute génératrice de responsabilité, est alors totale » ; **Ph. JACQUES**, art. préc., pp.580 et 582.

[5]**J. HUET**, Thèse préc., n°20, p.25.

[6]**D. TALLON**, « L'inexécution du contrat : pour une autre présentation », RTD civ., 1994, n°14, p.228. En ce sens : **C. OPHÈLE**, « Faute délictuelle et faute contractuelle », RCA, 2003, chron., n°21, pp.78-83.

La remise en cause de la distinction traditionnelle des deux ordres de responsabilité puise ses origines, notamment, dans le recours au forçage judiciaire du contrat[1]. En « forçant » ainsi le contrat, en lui attribuant une fonction de protection d'intérêts extracontractuels, on brouille nécessairement ses rapports avec le délit[2]. Cependant, « même déformée par sa fonction moderne de réparation, la « responsabilité contractuelle » conserve nécessairement une fonction de payement »[3].

550. Une contribution injustifiée à un nouveau cas de responsabilité du fait personnel indépendante de la faute. À en croire la thèse unitaire, on aurait pu comprendre l'assimilation d'un manquement à une obligation de moyens à une faute délictuelle. Mais, dire que l'assimilation vaut en cas de manquement à une obligation de résultat, voilà qui est curieux. Cette tendance aboutit à traiter comme faute délictuelle un fait générateur d'une responsabilité contractuelle sans faute. Voici un nouveau cas de responsabilité du fait personnel indépendante de la faute, là où on peut se contenter, sans qu'on en voie clairement la raison d'un simple fait causal[4]!

551. Une indemnisation à tout prix! Si on apprécie la thèse assimilatrice à l'aune de l'intérêt exclusif du tiers victime, elle nous paraît pleinement satisfaisante. Ce dernier bénéficie, désormais, de l'avantage probatoire, notamment, si l'obligation contractuelle inexécutée est de résultat. Il peut, en effet, obtenir réparation de son préjudice, sans avoir à apporter la preuve d'un écart objectif de conduite par rapport au comportement de l'homme, normalement, prudent et avisé. Cette assimilation s'inscrit dans un droit de la responsabilité qui favorise l'indemnisation de la victime. La sécurité du tiers se trouve, ainsi, préservée.

Toutefois, à trop vouloir indemniser les victimes, l'approche « victimiologiste » peut entrainer des abus, lorsqu'elle se transforme en idéologie[5]. C'est ce qu'a relevé une doctrine, en précisant que le souci d'indemnisation a « pris le pas sur l'autre objectif du droit de la responsabilité, celui de préserver la liberté d'action des personnes ». En effet, ajoute l'auteur, « il n'est pas concevable de supprimer, par une obligation de réparation généralisée, toute liberté d'action susceptible de

---

[1] V. sur le forçage, *supra*, n°546.

[2] **O. DEBAT**, art. préc., p.4, 1re col. ; **L. LETURMY**, « La responsabilité délictuelle du contractant », RTD civ., 1998, pp.853 à 872, spéc. p.868.

[3] **Ph. REMY**, « La "responsabilité contractuelle" : histoire d'un faux concept », RTD civ, 1997, n°45, p.353.

[4] **P. ANCEL**, « Faut-il « faire avec » ? », art. préc., n°8, p.542 ; **O. DEBAT**, art. préc., pp.11-12, spéc. col.3, p.11 : « … dans l'hypothèse d'une obligation de résultat le contractant accepte d'assumer à l'égard de son cocontractant une obligation excédant celle de l'homme normalement prudent et avisé, c'est-à-dire qu'il consent à assumer le risque si le but visé n'est pas atteint de façon inexpliquée. Mais étendre ce régime de l'inexécution d'une obligation de résultat à la responsabilité des parties envers les tiers, c'est favoriser l'injustice », et col.1, p.12 : « le débiteur de l'obligation est responsable sans faute prouvée à l'égard des tiers, comme s'il l'est vis-à-vis de son contractant, ce qui aboutit à un résultat choquant » ; **Ph. BRUN**, *op.cit.*, n°373, pp.195-196 ; **Ph. LE TOURNEAU**, *op.cit.*, n°974, p.450 ; **S. ABID MNIF**, *op.cit.*, n°257, pp.339-340.

[5] **J.-B. SEUBE**, art. préc., p.380 ; **L. CADIET**, « Sur les faits et méfaits de l'idéologie de la réparation », *in* Mélanges offerts à Pierre DRAI, Le juge entre deux millénaires, Dalloz, Paris, 2000, pp.495-510.

nuire à autrui »[1]. Engager la responsabilité du débiteur contractuel commande, dès lors, que soit rapportée la preuve d'un manquement autonome de toute inexécution contractuelle ; sécurité juridique exige.

552. La victime et son dommage et non l'auteur du dommage et sa faute. La thèse assimilatrice a provoqué un glissement du centre de gravité du droit de la responsabilité, de l'auteur du dommage et sa faute vers la victime et son dommage. Certes, c'est le souci de garantir la réparation des préjudices subis par les tiers qui le justifie, mais ceci ne doit pas s'ériger en une planche de salut à l'usage de ces derniers. Le tiers qui se prétend victime de l'inexécution d'un contrat, dispensé, désormais, d'apporter la preuve d'un écart objectif de conduite, doit du moins rapporter la preuve d'un préjudice subi en lien de causalité direct avec le manquement contractuel. Ainsi, on peut puiser dans ces conditions de la responsabilité un palliatif à l'abandon de l'autonomie de la faute extracontractuelle par rapport à l'inexécution contractuelle. On peut y voir, surtout, une sorte de protection des attentes du débiteur contractuel.

Paragraphe II. Préjudice et lien de causalité, palliatifs à l'abandon de l'autonomie de la faute extracontractuelle

553. Préjudice et lien de causalité : garde-fous de la responsabilité des contractants à l'égard des tiers. Les Conditions tenant à la preuve d'un préjudice subi en lien de causalité avec le manquement contractuel, devraient constituer autant de filtres permettant au juge de repousser les demandes des tiers qui se prétendent victimes d'un manquement contractuel. La Cour de cassation, toutes Chambres réunies, a beau décidé, le 30 décembre 2010, que la responsabilité contractuelle du transporteur à l'égard du destinataire de marchandises, ne préjuge pas du recours de ce dernier, tiers victime de l'inexécution du contrat liant le transporteur au manutentionnaire, contre l'entrepreneur de manutention, mais elle a tout de même précisé que le transporteur qui a choisi d'assigner le manutentionnaire fautif, devrait dans ce cas rapporter la preuve que les conditions de la responsabilité extracontractuelle soient réunies[2]. Comme la Cour régulatrice se montre assez libérale, en ce qui concerne l'exigence d'une faute extracontractuelle autonome de l'inexécution contractuelle, on peut penser, que par cet attendu, c'est la preuve d'un préjudice en lien de causalité avec le manquement

---

[1] **R. WINTGEN**, art. préc., n°9, p.612.

[2] Cass. civ. Ch. réun., arrêt n°31235 en date du 30 déc. 2010 (inédit), préc. :
" حيث يستبان من أحكام الفصل 83 م.إ.ع. أن المسؤولية التقصيرية تعد مبدأ قانونا عاما لا يجوز اشتراط الإعفاء منها ولا عمل لكل شرط يخالف ذلك المبدأ. وتفريعا على ذلك فإن توفر حق التقاضي على أساس العقد لا يحول دون حق القيام بدعوى التعويض على أساس المسؤولية التقصيرية متى توفرت شروطها مهما كان أساس التعامل ومهما اختلفت المجالات والميادين بمعنى أن ارتباط المعقب ضدها الأولى مع الناقل البحري على أساس وثيقة الشحن لا يمنع من القيام على الأطراف الأخرى المتداخلة في عملية النقل البحري وذلك استنادا إلى المسؤولية الشخصية. وحيث أنه علاوة على ذلك فإن القيام مباشرة ضد مقاول الشحن والترصيف يتماشى مع اتفاقية الأمم المتحدة للنقل البحري للبضائع المبرمة بهامبورغ في 1 مارس 1978 ولا يتعارض مع أحكامها... إن المتضرر غير ملزم بالتقيد بالعلاقة التعاقدية وتتبع الناقل البحري وإنما يبقى مخيرا في اختيار المطالب بالتعويض ويمكنه رفع دعواه ضد المتسبب المباشر في الضرر طالما أثبت توفر أركان المسؤوليةالتقصيرية في جانبه".

contractuel qui est visée. Les Chambres réunies ne manquent pas de le confirmer à la fin de leur syllogisme[1]. La même démarche a été suivie, le 14 février 2013, à propos de la responsabilité d'un médecin à l'égard d'un nouveau-né, tiers au contrat qui liait sa mère au médecin[2]. La doctrine le confirme[3].

Dès lors, le manquement contractuel ne devrait ouvrir droit à réparation au profit des tiers que lorsque la preuve d'un préjudice subi (A), en lien de causalité direct avec ledit manquement (B) est rapportée.

A.Le préjudice donc…

554. Le préjudice : premier filtre à l'indemnisation des tiers. Afin de canaliser l'essor potentiel de la responsabilité extracontractuelle du débiteur à l'égard des tiers, ce dernier doit justifier non d'un dommage quelconque, mais de la lésion certaine d'un intérêt légitime. La réalité du dommage ainsi que la légitimité de l'intérêt lésé, constituent autant de conditions permettant de pallier le risque d'un accroissement démesuré des condamnations profitant aux tiers qui se prétendent victime de l'inexécution d'un contrat[4].

555. La réalité du dommage subi par le tiers. Le juge doit, de prime abord, s'assurer de la réalité du dommage subi par le tiers. À ce titre, il devrait particulièrementprendre garde de ne pas attribuer au tiers lésé une perte qui est, en réalité, celle du créancier contractuel. Cette précaution est spécialement illustrée par un auteur[5] qui prend pour exemple un arrêt de la troisième Chambre civile de la Cour de cassation française[6], au sujet d'une

---

[1] Aux dires de la Cour de cassation :
" وقد أكد الخبير المنتدب قيام العلاقة السببية المباشرة بين الضرر والفعل الضار ولما استخلصت المحكمة توفر أركان المسؤولية التقصيرية في جانب المعقب ضدها الثانية (الشركة التونسية للشحن والترصيف) تكون قد عللت حكمها تعليلا مستساغا".
Adde : T.P.I. de Tunis, arrêt n°5076 en date du 16 mars 1974, préc., RJL, 1975, n°s3-4-5, p.73 (partie en langue arabe) :
" ولا يسعه القيام عليه (مقاول الشحن والتفريغ) إلا على أساس المسؤولية التقصيرية بعد إقامة البرهان على الخطإ والمضرة وعلاقة السببية بينهما".
Adde : Cass. civ. n°62622 en date du 22 janv. 1998, préc., Bull. civ., 1998, 2ème partie, p.249 :
" علاوة على ذلك فقد أثبت تقرير مراقب الخسائر أن سبب الأضرار هي عمليات التداول العنيفة التي هي من اختصاص مقاول الشحن مما يجعل مسؤوليته ثابتة".
Adde : Cass. civ. n°10701 en date du 19 mars 2007, préc. :
" وحيث ثبت من تقرير مراقب الخسائر البحرية أن الأضرار المطالب بالتعويض عنها حصلت لما كانت البضاعة في عهدة الشركة التونسية للشحن والتفريغ التي تولت تفريغها من الباخرة وبآلات تابعة لها وذلك بعد أن وضعها الناقل البحري تحت تصرفها وتكون بذلك هي المسؤولة عما لحقها من أضرار وملزمة بجبرها طبق أحكام القانون العامة وخاصة الفصلين 83 و107 من المجلة المدنية".

[2] Cass. civ. n°2011-67622 en date du 14 fév. 2013 (inédit), préc. :
" إستخلصت محكمة القرار المنتقد إستنادا للمعطيات المتوفرة لديها توفر عناصر وشروط المسؤولية التقصيرية في جانب الطاعن عملا بأحكام الفصل 83 من م.إ.ع. السند القانوني للقيام... إن الطاعن **لم يفعل كل ما يلزم ولم يبذل العناية اللازمة عندما كان مباشرا لعملية الوضع** مما أدى إلى آختناق المتضرر وإصابته من جراء ذلك بأضرار عضوية وذهنية قدر نسبتها الحكماء ب 45 %".

[3] **M. SOUSSI**, « La responsabilité du banquier pour rupture de crédit », RJL, 2009, n°4, pp.58 et s., n°s32 et s.

[4] **C. GRIMALDI**, « Toute faute contractuelle est une faute délictuelle, mais encore faut-il s'entendre sur le préjudice réparable ! », art. préc., pp.565 et s. ; **Ph. JACQUES**, art. préc., pp.572 et 582 ; **R. WINTGEN**, *op. cit.*, n°340, p.297 : « En réalité, il n'existe pas de dommage spécifiquement contractuel, ni de dommage spécifiquement délictuel. L'existence d'un préjudice, quel qu'il soit, est au contraire le véritable dénominateur commun de toute responsabilité ».

[5] **S. CARVAL**, obs. sous Cass. Ass. plén., 06 oct. 2006, RDC, 2007, p.283, n°3.

[6] Cass. civ. fr., 18 janv. 2006, RDC, 2006, p.815, obs. **G. VINEY**.

action en réparation exercée par un crédit-preneur contre des constructeurs, à raison de malfaçons affectant l'ouvrage loué. Dans cet arrêt, la Cour de cassation a censuré la cour d'appel, qui avait accordé au crédit-preneur une somme correspondant au coût des travaux de reprise, en affirmant que celui-ci « ne pouvait demander, sur le fondement délictuel, la somme correspondant à la réparation des désordres de construction mais seulement l'indemnisation du préjudice en résultant ». Il ressort de cet arrêt que le créancier contractuel est, seul, admis à pouvoir réclamer en cas de vice affectant la construction, la somme nécessaire à la reconstruction ; le tiers ne subissant qu'un dommage consistant dans la perte de jouissance de l'immeuble, pendant la période du crédit-bail, et la diminution de sa valeur marchande en cas de levée de l'option. Dans la même veine, bien que le tiers victime de la violation d'une obligation de non-concurrence puisse invoquer la faute du débiteur contractuel, il ne peut faire valoir l'existence d'un préjudice. En effet, il peut bien justifier de la lésion d'un intérêt patrimonial, premier élément du préjudice, mais non de l'atteinte à un droit, second élément du préjudice.

556. La légitimité de l'intérêt lésé. « La lésion d'un intérêt juridiquement protégé, donc légitime, est inhérente à la notion même de dommage réparable »[1]. Elle constitue une condition du succès de la demande en réparation intentée par un tiers[2]. On se permettra, pour l'étayer, de reprendre, à titre illustratif, l'exemple tiré de la violation d'une obligation de non-concurrence. À en croire la thèse assimilatrice, on ne voit pas où réside l'intérêt légitime du tiers, commerçant des alentours, qui se prévaut d'une baisse de son chiffre d'affaires. L'intérêt légitime à ne pas subir de concurrence est, par application du principe de la relativité, réservé au créancier contractuel[3].

Inversement l'enfant né handicapé, à la suite d'un manquement à un devoir de diligence et de prudence commis à l'occasion d'une opération d'accouchement, a droit à réparation. L'atteinte à un droit subjectif, son droit de naître sans handicap, son droit à l'intégrité physique et mentale, justifient parfaitement la décision rendue par la Cour de cassation, le 14 février 2013, qui a donné suite favorable à son action en réparation. L'enfant né handicapé, précise la Cour suprême, atteint d'une grave diminution, soit 45% de ses facultés physiques et intellectuelles, a droit à la réparation de son préjudice[4]. Comme l'a montré un auteur[5], c'est sur le terrain du droit subjectif que doit être raisonné la réparation du dommage de l'enfant né handicapé. « Il existe ainsi une relation très étroite entre la responsabilité civile et la consécration d'un droit subjectif. Ordonner la réparation, c'est

---

[1]**B. STARCK, H. ROLAND et L. BOYER**, Droit civil, Les obligations, 1- Responsabilité délictuelle, 5ème éd., Litec, Paris, 1996, n°100, p.53.
[2]**P. ANCEL**, « Faut-il « faire avec » ? », art. préc., n°26, p.553.
[3]**Ph. JACQUES**, art. préc., pp.580-581.
[4] Cass. civ. n°2011-67622 en date du 14 fév. 2013 (inédit), préc.
[5]**J. HAUSSER**, RTD civ., 1996, p.871, spéc. p.872.

affirmer la préexistence d'un droit subjectif, et faire respecter celui-ci (…). Les malheurs de la vie, les souffrances, les dépenses qu'occasionnent un état mental ou physique ne peuvent susciter une action en réparation que s'ils sont la conséquence de la lésion d'un droit subjectif »[1].

À suivre cette démarche, l'atteinte au droit à la vie d'un enfant justifie parfaitement la décision de la Cour de cassation, qui a engagé la responsabilité extracontractuelle de l'entrepreneur qui n'a pas clôturé le chantier, ce qui a entraîné la chute d'un enfant dans un fossé[2]. De même, l'atteinte au droit de propriété, en l'occurrence l'endommagement du siège extérieur de l'immeuble du voisin, justifie la décision de la Cour de cassation, qui a retenu le 08 mai 2012 la responsabilité solidaire de la société de promotion immobilière d'avec celle de l'entrepreneur[3].

Cela dit, la dialectique entre responsabilité civile et droits subjectifs permet de restreindre le domaine de la responsabilité civile extracontractuelle. La victime lésée dans ses intérêts patrimoniaux et extrapatrimoniaux ne pourra obtenir réparation que pour autant qu'un de ses droits subjectifs aurait été lésé[4]. La dialectique permet, par ailleurs, de déterminer la catégorie des préjudices réparables sur un plan extracontractuel, lorsqu'elles sont endurées par un tiers victime de l'inexécution du contrat.

557. Catégorie des préjudices réparables. L'atteinte à l'un quelconque des droits subjectifs[5]rattachés à un contrat, ouvre aux tiers qui en sont victimes droit à réparation. Le plus souvent les tiers peuvent prétendre à réparation pour l'atteinte que le contrat cause à leur personne ou à leurs biens, du fait du manquement commis par l'un des contractants. Sont, dès lors, visés les préjudices nés de l'atteinte à la sécurité des personnes[6], à la sécurité des biens[7], à un intérêt purement économique. Au-delà de l'obligation de sécurité, l'atteinte pourrait être généralisée à l'ensemble des hypothèses de méconnaissance d'une norme générale de comportement greffée artificiellement à un contrat comme par exemple le défaut

---

[1]**L. AYNÈS**, « Préjudice de l'enfant né handicapé : la plainte de Job devant la Cour de cassation », D., 2001, chron., p.492, spéc. n°17, p.495.

[2] Cass. civ. n°9334 en date du 14 mai 1984, préc. ; Bull. civ., 1re partie, p.337.

[3] Cass. civ. n°2012-70256/71349 en date du 08 mai 2012 (inédit), préc. :
" إن ما انتهت إليه محكمة الأساس من ثبوت مسؤولية المعقبة عن الحادث وعلاقتها المباشرة بالضرر يتماشى ومضروفات الملف وتحقيقات الإختبار التي أكدت أن سدم قنوات تصريف المياه كانت ناتجة عن تركيز خلاصة الخرسانة بالفتحات المعدة لذلك ووضع الأتربة وفضلات البناء بالمسلك المعد لتصريف مياه السيلان الطبيعية".

[4]**L. CADIET**, « Les métamorphoses du préjudice », *in* Les métamorphoses de la responsabilité, Sixièmes Journées René SAVATIER, PUF, 1998, p.48 : « Le rôle de la responsabilité civile dans l'apparition de certains droits subjectifs, comme les droits intellectuels ou les droits de la personnalité, a été trop étudié pour qu'il en soit utile d'y revenir. Ce que l'on ne souligne pas assez, en revanche, c'est le rôle que les droits subjectifs sont susceptibles de jouer, à l'inverse, dans la disparition de la responsabilité civile elle-même ».

[5] Seuls les droits subjectifs reconnus par le droit objectif sont visés.

[6] L'atteinte à l'intégrité physique et à la vie privée sont protégées par la Constitution du 27 janv. 2014: art.23 et 24.

[7] L'atteinte au droit de la propriété est protégée par l'art.41 de la Constitution.

d'information, de conseil ou de mise en garde contre les dangers d'un produit ou d'un service[1].

Outre la réalité du dommage et la légitimité de l'intérêt lésé, il existe une autre condition de la responsabilité civile extracontractuelle permettant au juge de conserver un certain contrôle sur les actions en réparation intentées par les tiers victimes, en dépit de l'assimilation des fautes. Il s'agit du lien de causalité.

B.... mais également le lien de causalité

558. Le lien de causalité : second filtre à l'indemnisation des tiers. Le lien causal en question est celui qui unit le manquement contractuel du débiteur et le dommage invoqué par le tiers. En gommant la spécificité des faits générateurs, l'analyse de la causalité devient la pierre angulaire sur laquelle repose l'engagement de la responsabilité du débiteur à l'égard des tiers. L'idée s'est donc faite que « le seul véritable problème paraît être celui de la causalité »[2]. Ce serait ce lien « qui départagerait les cas dans lesquels il existe ou non responsabilité. La faute du débiteur négligent, maladroit ou de mauvaise foi, ne sera sanctionnée vis-à-vis des tiers que dans la seule mesure où elle est directement à l'origine de leur préjudice »[3]. En pratique, le contentieux va, donc, se nouer autour d'un point essentiel à savoir la causalité. En conséquence, la responsabilité doit être écartée, chaque fois que le rapport de causalité entre le manquement contractuel et le dommage enduré par le tiers, qui s'en prévaut, est inexistant ou incertain[4].

Pour mettre en valeur ce pilier de la responsabilité, un auteur a proposé « un attendu de principe » aux termes duquel : « **un tiers à un contrat peut, sur le fondement de la responsabilité délictuelle, invoquer son exécution défectueuse dès lors qu'il démontre qu'elle est constitutive, à son égard, d'une faute en lien de causalité avec le dommage qu'il a subi** »[5].

La condition de la causalité semble ainsi à même de compenser l'abandon de l'autonomie de la faute délictuelle qui pourrait faire perdre aux juges le pouvoir d'apprécier l'existence d'une faute délictuelle du débiteur, indépendamment de son manquement contractuel[6]. Dès lors, si un lien de causalité directe était établi entre le manquement contractuel et le préjudice

---

[1] V. en guise d'illustration de ces préjudices, *infra*, n^{os}572 à 574.

[2]**J. FLOUR, J.-L. AUBERT et E. SAVAUX**, Les obligations, T.3, *op.cit.*, n°183, p.158 ; **A. GARIAZZO**, avis sous Cass. civ. fr. Ass. plén., 06 oct. 2006, préc., p.2115, 1re col. *Contra* : **F. BERTRAND**, Thèse préc., n°227, pp.375-376.

[3]**O. DEBAT**, art. préc., p.12, col.3 ; **Ph. JACQUES**, art. préc., pp.572 et 580.

[4]**M. BILLIAU**, note sous Cass. civ. fr. Ass. plén., 06 oct. 2006, JCP éd. G, 2006, II, 10181, p.2117, 1re col. ; **G. WICKER**, art. préc., n°16, pp.599-600 ; **J.-B. SEUBE**, art. préc., p.383.

[5]**A. GARIAZZO**, avis sous Cass. civ. fr. Ass. plén., 06 oct. 2006, préc., p.2115, 2ème col. (C'est l'auteur qui souligne).

[6]**Ph. STOFFEL-MUNCK**, art. préc., n°2, p.588 ; **P. ANCEL**, « Faut-il « faire avec » ? », art. préc., n^{os}24 et s., pp.552 et s. *Contra* : **S. CARVAL**, obs. sous Cass. Ass. plén., 06 oct. 2006, préc., n°3, pp.282-283.

subi par le tiers, la responsabilité, précise une doctrine, n'aurait « rien de choquant en droit ni en équité »[1].

559. Illustrations. La condition de la causalité pourrait être, ainsi, mise à contribution, pour écarter un certain nombre de demandes formées par les tiers, qui se prétendent victimes de l'inexécution d'un contrat. Raisonnons sur l'exemple emblématique de la clause de non-concurrence habituellement utilisé pour souligner l'absurdité de l'assimilation des fautes, on pourrait ainsi envisager le rejet des demandes formées par les tiers au contrat contenant cette clause, en considérant qu'aucun lien de causalité n'est perceptible entre la violation de ladite clause et le dommage subi par les commerçants du voisinage, qui ont vu leur clientèle diminuer. Cette clientèle aurait diminué, exactement de la même façon, si ce concurrent était installé de manière licite, sans violer une quelconque clause contractuelle[2]. Cela dit, précise une doctrine, « même à supposer qu'une relation causale puisse être établie entre le manquement à l'engagement de non-concurrence et la baisse du chiffre d'affaires constatée dans l'activité du tiers demandeur, et quoi qu'il en soit de l'identité des fautes contractuelle et délictuelle, désormais, aucune réparation ne pourrait ici être due ». Et l'auteur d'ajouter, « si baisse du chiffre d'affaires il y a, si faute délictuelle il y a également, cette baisse ne peut que résulter du jeu, licite, de la concurrence! Ce qui vaut en matière de préjudice *inter partes*, n'est pas directement transposable, pas identique donc, à ce qui est requis entre tiers »[3].

C'est cette démarche qui a été suivie par le Conseil d'État français dans sa décision rendue le 11 juillet 2011. Ce dernier, n'a pas retenu la responsabilité de la Ville de Paris, vis-à-vis de la société Coquelicot Promotion, « faute par celle-ci d'établir un lien direct de causalité »[4] entre le contrat consenti en 1997 par la Ville de Paris, au Comité d'organisation de la Coupe du monde 1998, et la perte invoquée par la société Coquelicot Promotion du fait de la résiliation anticipée de son contrat. Le motif du Conseil était que les droits exclusifs sur les produits dérivés de la Coupe du monde avaient été concédés à une autre société par celle qui était chargée d'organiser l'ensemble des activités commerciales de la Fédération Internationale de Football.

Inversement, l'avocat général GARIAZZO a pu estimer, dans son avis sur l'affaire soumise à l'Assemblée plénière de la Cour de cassation française le 06 octobre 2006, que « l'exécution défectueuse par le bailleur de ses obligations contractuelles est constitutive d'une faute à l'égard non seulement du preneur à bail mais aussi de son locataire gérant, en lien de causalité directe et certaine avec le préjudice subi par ce dernier, ce qui justifie son action sur le terrain délictuel »[5]. Endossant cet avis, l'Assemblée

---

[1] **G. VINEY**, note sous Cass. Ass. plén., 06 oct. 2006, D., 2006, J., p.2828, 1re col.
[2] **P. ANCEL**, « Faut-il « faire avec » ? », art. préc., n°27, p.553.
[3] **Ph. JACQUES**, art. préc., p.581.
[4] CE, 11 juill. 2011, RDC, 2012, p.419, note **G. VINEY**.
[5] **A. GARIAZZO**, avis sous Cass. civ. fr. Ass. plén., 06 oct. 2006, préc., p.2115, 2ème col. *in fine*.

plénière précise que le tiers à un contrat peut invoquer le manquement contractuel « dès lors que ce manquement lui a causé un dommage ». En l'espèce, la formation la plus solennelle de la Cour de cassation relève que le lien de causalité avait été suffisamment caractérisé par les juges du fond : « Ayant relevé, par motifs propres et adoptés, que les accès à l'immeuble loué n'étaient pas entretenus, que le portail d'entrée était condamné, que le monte-charge ne fonctionnait pas et qu'il en résultait une impossibilité d'utiliser normalement les locaux loués, la cour d'appel, qui a ainsi caractérisé le dommage causé par les manquements des bailleurs au locataire-gérant du fonds de commerce exploité dans les locaux loués, a également justifié sa décision »[1]. Les tribunaux français ont, dès lors, trouvé dans le lien de causalité un instrument précieux, permettant de scruter dans les actions en réparation, celles qui méritent d'obtenir une suite favorable, en dépit même de l'assimilation des fautes. La Cour de cassation tunisienne a fait sienne cette démarche.

Dans son arrêt rendu le 08 mai 2012, la Cour suprême ne manque pas de relever l'existence d'une relation causale directe entre le préjudice enduré par le siège extérieur de l'immeuble du voisin et la faute de la société de promotion immobilière d'avec celle de l'entrepreneur. En effet, c'est l'endiguement des canaux par le béton ainsi que par le dépôt du sable et des débris de construction qui a entrainé l'écoulement des eaux et la ruine du mûr du voisin[2].

Pareille démarche a été suivie par la Cour de cassation, le 14 février 2013. La Cour relève l'existence d'une relation causale entre le manquement du médecin à son devoir de diligence et de prudence et l'asphyxie du nouveau-né ainsi que son atteinte par une grave infirmité physique et intellectuelle, ce qui justifie d'engager la responsabilité quasi-délictuelle du médecin[3].On peut en déduire que le juge du fond retrouvera dans l'appréciation du lien de causalité ce qu'il a perdu dans l'appréciation de la faute. Il lui appartient de constater l'existence de ce lien de causalité, sous le contrôle de la Cour de cassation.

Connaissant les affres du lien de causalité, il ne fait guère de doute que le contentieux sera nourri sur ce point. En effet, si la responsabilité extracontractuelle de l'auteur du manquement contractuel nécessite la preuve d'un rapport causal entre ce manquement et le dommage subi par le tiers, pourrait alors surgir la question du choix entre le système de l'équivalence des conditions et celui de la cause adéquate.

---

[1] JCP éd. G, 2006, II, 10181, p.2111. C'est nous qui soulignons.

[2] Cass. civ. n°2012-70256/71349 en date du 08 mai 2012 (inédit), préc. :

" إن ما آنتهت إليه محكمة الأساس من ثبوت مسؤولية المعقبة عن الحادث **وعلاقتها المباشرة بالضرر** يتماشى ومضروفات الملف وتحقيقات الإختبار التي أكدت أن سدم قنوات تصريف المياه **كانت ناتجة** عن تركيز خلاصة الخرسانة بالفتحات المعدة لذلك ووضع الأتربة وفضلات البناء بالمسلك المعد لتصريف مياه السيلان الطبيعية".

[3] Cass. civ. n°2011-67622 en date du 14 fév. 2013 (inédit), préc. :

" إستخلصت محكمة القرار المنتقد إستنادا للمعطيات المتوفرة لديها توفر عناصر وشروط المسؤولية التقصيرية في جانب الطاعن عملا بأحكام الفصل 83 من م.إ.ع. السند القانوني للقيام... إن الطاعن لم يفعل كل ما يلزم ولم يبذل العناية اللازمة عندما كان مباشرا لعملية الوضع **مما أدى** إلى إختناق المتضرر وإصابته من جراء ذلك بأضرار عضوية وذهنية قدر نسبتها الحكماء ب 45 %".

560. Causalité adéquate ou équivalence des conditions[1] **?** La théorie de l'équivalence des conditions tient toutes les conditions du dommage pour équivalentes. Dire que le juge peut, dans le cadre de la responsabilité extracontractuelle du débiteur défaillant, indemniser le tiers, sur la base du système de l'équivalence des causes, revient à dire que le manquement contractuel constitue dans ce cadre une condition *sine qua non* du dommage, c'est-à-dire un antécédent, sans lequel le dommage ne serait point produit. Est-ce vrai ? Certes, mais cela n'ajoute rien. En l'occurrence, le préjudice enduré par le tiers est toujours précédé d'un manquement contractuel. Le problème est justement de savoir si ce manquement est la cause du dommage. La réponse n'est pas certaine. Or, la doctrine estime que, toutes les fois qu'un lien aléatoire entre deux événements est relevé, en l'occurrence le manquement contractuel et le préjudice subi par le tiers, la question de la preuve de la causalité serait mieux résolue par la mise à contribution de la théorie de la cause adéquate[2]. Il semble, dès lors, que la causalité adéquate en ce qu'elle aboutit à « rechercher s'il existe un lien direct entre le manquement et le dommage »[3] est plus fiable.

561. L'équilibre provisoire. Lorsque le tiers est victime d'un manquement contractuel, la voie extracontractuelle a valeur de jurisprudence dans l'état actuel de notre droit positif. Par faveur probatoire au tiers victime, les tribunaux déduisent le fait générateur de la responsabilité extracontractuelle du débiteur à l'égard des tiers du seul manquement contractuel. Bien que cette démarche œuvre au service de l'intérêt des tiers, elle porte peu aux prévisions du débiteur contractuel. L'équilibre semble de ce point de vue bafoué. Pour le sauver, le débat peut, *de lege lata*, être placé sur le plan du préjudice et du lien de causalité. Ces deux instruments peuvent constituer un remède provisoire, permettant aux juges de conserver un certain contrôle sur les actions diligentées par les tiers qui se prétendent victimes de l'inexécution d'un contrat. La sécurité du débiteur contractuel, ses attentes légitimes, sont à ce prix.

Cette solution provisoire ne doit, cependant, pas durer. Pour ce faire, le rétablissement de l'équilibre nécessite de donner à la nature extracontractuelle de la responsabilité d'un contractant à l'égard des tiers, sa véritable portée.

---

[1] La pratique judicaire atteste que ces deux théories acquièrent droit de cité. Sur l'application de ces deux théories par nos tribunaux, V. :

سامي الجربي، مرجع سابق، عدد 485 وما يليه، ص.519 وما يليها.

[2] V. en ce sens :

رضا خماخم وحسين بن سليمة، "نظرة فقه القضاء للعلاقة السببية في المسؤولية التقصيرية"، بكتاب خمسون عاما من فقه القضاء المدني 1959 - 2009، تحت إشراف الأستاذ محمد كمال شرف الدين، م.ن.ج.، تونس، 2010، ص.974-975.

[3] **G. WICKER**, art. préc., n°17, p.600.

SECTION II. PORTEE DE LA NATURE EXTRACONTRACTUELLE DE LA RESPONSABILITE D'UN CONTRACTANT A L'EGARD DES TIERS

562. La distinction entre les obligations mixtes et les obligations strictement contractuelles, pivots permettant de départager les domaines des responsabilités contractuelle et extracontractuelle à l'égard des tiers. L'étude de la portée de la nature extracontractuelle de la responsabilité d'un contractant, à l'égard des tiers, sera pour nous l'occasion de démontrer l'importance capitale de la distinction entre obligations mixtes et obligations purement contractuelles. La distinction servira de critère permettant de déterminer la nature du recours du tiers, victime d'un manquement contractuel, contre le débiteur défaillant[1]. Cela dit, si on peut admettre qu'un tiers qui fonde son action en responsabilité sur la méconnaissance d'un devoir de portée générale, rattaché au contrat, se place sur le terrain extracontractuel (Paragraphe I), il semble contestable que cette voie soit suivie, lorsque l'inexécution d'une obligation strictement contractuelle est la cause de son préjudice (Paragraphe II). La protection des prévisions du débiteur contractuel est à ce prix.

Paragraphe I. La confirmation de la voie extracontractuelle pour les manquements contractuels par accessoire

563. La mise à contribution de la voie extracontractuelle au bénéfice du tiers qui pâtit de l'inexécution d'une obligation contractuelle par accessoire ou secondaire, se justifie parfaitement (A). Elle n'admet, dans ce cadre, aucune limitation (B).

A. Le bien-fondé de la voie extracontractuelle pour les manquements contractuels par accessoire

564. Pour un manquement à un devoir de portée générale, une responsabilité extracontractuelle. C'est principalement à cause du recours au forçage judiciaire du contrat, traduit par le développement des « obligations complétives découvertes par le juge et artificiellement contractuelles »[2], que les principaux conflits de frontière, entre

[1] La distinction entre les obligations purement contractuelles et les obligations mixtes sert de pivot dans plusieurs systèmes juridiques pour résoudre le problème de la nature du recours du tiers victime d'une inexécution contractuelle contre le débiteur défaillant. V. en Droit anglais : **C. POPINEAU-DEHAULLON**, « Regards comparatistes sur la responsabilité du contractant à l'égard d'un tiers, victime de l'inexécution du contrat », RDC, 2007, pp.622-631 ; *Adde* : en Droit québécois : **B. MOORE**, « L'arrêt de l'Assemblée plénière du 6 octobre 2006 : perspectives québécoises », RDC, 2007, pp.618-622.

[2] **D. MAZEAUD**, obs. sous Cass. civ. fr. Ass. plén., 06 oct. 2006, RDC, 2007, p.272. Cette obligation tend à optimiser l'exécution de l'obligation caractéristique, son exécution n'est pas indispensable à la réalisation de l'objectif recherché puisque le contrat peut déployer ses résultats sans elle : **M. BACACHE-GIBEILI**, *op.cit.*, n^{os}67 et s., pp.64 et s. Une « obligation secondaire » : selon l'expression de **M. FAURE-ABBAD**, *op.cit.*, n^{os}65 et s., pp.59 et s. *Adde* :

responsabilités contractuelle et extracontractuelle, sont apparus. En présence d'un manquement à une obligation contractuelle, par accessoire ou mixte, le tiers se plaint d'un dommage qui puise son origine dans l'inobservation de certains devoirs généraux intégrés au contrat. « Ces obligations ne sont certes pas totalement étrangères au contrat puisqu'elles se manifestent très souvent à l'occasion de l'exécution d'un contrat et que celui-ci peut éventuellement les renforcer, mais il n'en reste pas moins qu'elles peuvent également apparaître indépendamment de tout contrat, dans des relations entre non-contractants, car elles ne font qu'exprimer des règles générales de comportement »[1]. Tel pouvait, par exemple, être le cas d'une obligation de sécurité, d'une obligation d'information, de mise en garde ou de conseil. De telles obligations, issues du forçage du contrat par le juge, sont extracontractuelles par essence[2]. Elles peuvent, certes, être rattachées au contrat, mais leur origine est, en réalité, extérieure audit contrat et pourraient exister, même sans support contractuel. Il semble, dès lors, logique d'admettre que le tiers qui fonde son action sur la méconnaissance de telles obligations, doit se placer sur le terrain extracontractuel[3]. Ce n'est autre que l'aboutissement du principe de l'opposabilité du contrat par les tiers.

565. L'opposabilité d'un manquement à une obligation contractuelle par accessoire, fondement du recours extracontractuel. En invoquant le manquement à une obligation contractuelle par accessoire, le tiers ne prétend aucunement s'immiscer dans le rapport d'obligation, il se contente de faire valoir un écart objectif de conduite reproché au débiteur contractuel, abstraction faite de la convention. « Le tiers victime de la défaillance du contractant ne prétend pas devenir créancier par *l'effet direct* du contrat inexécuté ou mal exécuté. Il invoque celui-ci et son exécution déficiente comme des faits susceptibles de fonder sa demande en réparation »[4]. La référence au contrat ne doit, donc, pas induire en erreur. Lorsque le tiers se prévale d'un manquement à une obligation contractuelle par accessoire, ce manquement est illicite, « non parce qu'il est un manquement à la foi contractuelle, mais parce qu'il est pour lui la cause d'un dommage alors que le contrat ne devrait pas leur nuire »[5]. Le tiers n'entendait tirer un profit quelconque du contrat qu'il n'oppose, alors, qu'en raison de ce qu'il a été

محمد حمودة، "في الوفاء بالإلتزام مع تمام الأمانة"، مقال سابق، ص.1064.
V. comme illustration de ce forçage : Cass. civ. n°10059/9707 en date du 29 avr. 2014 (inédit) :
" وحيث يكون الخيار بين المسؤولية التقصيرية والمسؤولية التعاقدية ممكن كلما تعلق الأمر بألتزام يفرضه القانون والعقد كمسؤولية الناقل أو مسؤولية الطبيب ".

[1]**G. VINEY**, Traité de droit civil, Introduction à la responsabilité, *op.cit.*, n°239, p.651.

[2] V. en ce sens :
رشيدة الجلاصي، "الإلتزام بضمان السّلامة الجسدية في فقه القضاء"، بكتاب خمسون عاما من فقه القضاء المدني 1959-2009، تحت إشراف الأستاذ محمد كمال شرف الدين، م. ن. ج.، تونس 2010، عدد 18-19، ص.1005 وما يليها.

[3]**J. HUET**, Thèse préc., n^os^20 à 30, pp.25 à 37 ; **M. BACACHE-GIBEILI**, *op.cit.*, n°83, pp.78-79 ; **G. WICKER**, art. préc., n^os^7 et 8, pp.595-596 ; **P. JOURDAIN**,obs sous Cass. civ. fr., 17 mai 1995 et Cass. civ. fr., 11 avr. 1995, RTD civ., 1995, p.895 ; **Ch. LARROUMET**, Droit civil, Les obligations, Le contrat, T.3, 2ème partie : Effets, *op.cit.*, n°749, pp.886 à 888 et n°751, pp.892 à 89.

[4]**J. DUCLOS**, *op.cit.*, n°58, p.84 ; **J.-L. GOUTAL**, *op.cit.*, n^os^191-192, pp.144-145.

[5]**G. WICKER**, art. préc., n°2, p.593, n°11, p.598.

pour lui la cause du dommage[1]. C'est, donc, le seul mécanisme de l'opposabilité du contrat par les tiers qui sera mise en œuvre. Qui sont, alors, ces tiers ? Il s'agit de tous ceux qui présentent un rapport « purement fortuit »[2] avec le contrat inexécuté. Ils sont baptisés « véritables tiers »[3] ou « *penitusextranei* », totalement étrangers au contrat[4].

Cela dit, ce n'est pas sur le contrat que se fonde la responsabilité de l'auteur du dommage à l'égard de cette catégorie de tiers, c'est plutôt sur son fait dommageable, fautif ou objectif, commis à l'occasion de l'exécution du contrat[5]. Le devoir général de ne pas nuire à autrui incombe à tout un chacun, qu'il soit ou non engagé par une obligation contractuelle. D'ailleurs, la validité du contrat n'est pas conçue comme une condition au succès de l'action du tiers, victime de son inexécution. « Le contrat n'a donc aucun rôle à jouer »[6]. Mais, dans quelles circonstances le manquement au devoir de prudence a-t-il eu lieu ? Il est inéluctable que de fait, le contrat en fût l'occasion. « Il semble être impossible d'en faire abstraction »[7]. « L'architecte, par exemple, ne répond d'un défaut de surveillance du chantier que parce qu'il a contracté avec le maître d'ouvrage. De plus, il faut qu'il ait contractuellement assumé une mission de surveillance. Si sa mission contractuelle se résume à la conception du bâtiment, il serait absurde de lui reprocher d'avoir mal surveillé le chantier »[8]. De même, si l'on a envisagé la responsabilité délictuelle du contrôleur technique à l'égard de la victime d'une explosion, c'est naturellement parce qu'il avait été chargé, par contrat, de vérifier l'installation qui a été le siège du sinistre[9]. Il est, donc, logique, lorsqu'on cherche à déterminer si ces personnes ont commis un fait dommageable, d'avoir égard aux termes du contrat qu'elles ont conclu. Au-delà, le fait générateur de responsabilité extracontractuelle demeure indépendant de tout point de vue contractuel.

566. Voie extracontractuelle et manquement à un devoir de portée générale : la thèse de l'autonomie du fait générateur de responsabilité extracontractuelle par rapport à l'inexécution contractuelle. Lorsqu'on postule que l'inexécution contractuelle se double d'un écart objectif de conduite, caractérisant un fait générateur de responsabilité extracontractuelle

---

[1]**J. FLOUR, J.-L. AUBERT, Y. FLOUR et E. SAVAUX**, Droit civil, Les obligations, T.3, Le rapport d'obligation, 2ème éd., Delta, 2001, n°183, p.116 : « De même que le tiers peut se voir opposer le contrat avec ses effets, de même peut-il faire valoir, à titre délictuel, la faute commise par l'un des contractants dans l'exécution de son obligation et qui lui a causé un dommage ».

[2]**M. ESPAGNON**, Fasc. préc., n°33, p.14.

[3]**F. BERTRAND**, Thèse préc., n°202, p.317 ; **M. ESPAGNON**, Fasc. préc., n°31, p.13.

[4]**P.JOURDAIN**, Droit à réparation. Responsabilité fondée sur la faute, J.-Cl. civil, Responsabilité civile, Fasc. 130-10, Art.1382 à 1386, préc., n°76, p.22 ; **F. BERTRAND**, Thèse préc., n°203, p.323 ; **M. ESPAGNON**, Fasc. préc., n°33, p.14.

[5]**A. WEILL**, *op.cit.*, n°281, pp.508-509.

[6]**F. BERTRAND**, *op.cit.*, n°216, pp.349 et s., spéc. p.352 ; **R. WINTGEN**, *op.cit.*, n°345, pp.300-301.

[7]**R. WINTGEN**, *ibid.*, n°346, p.301. En ce sens : **S. CARVAL**, obs. sous Cass. Ass. plén., 06 oct. 2006, préc., n°2, pp.281-282 ; **P. JOURDAIN**, obs. sous Cass. civ. fr., 17 mai 1995, RTD civ., 1995, préc., pp.896-897.

[8]**R. WINTGEN**, *ibid.*, n°346, p.301.

[9]**G. VINEY**, obs. sous Cass. civ. fr., 18 janv. 2006, RDC, 2006, p.814.

et en particulier une faute, il faut « que cette faute ait une existence indépendante du contrat lui-même qu'elle ne soit pas simplement un manquement à une promesse contractuelle, mais une violation des règles de prudence, d'honnêteté existant même sans contrat »[1]. C'est la thèse de « l'autonomie de la faute délictuelle par rapport à l'inexécution contractuelle »[2]. Laquelle thèse exige, pour mettre en jeu la responsabilité extracontractuelle du débiteur à l'égard des tiers, un manquement extracontractuel « envisagée en lui-même, en dehors de tout point de vue contractuel »[3], ou encore que la faute soit « extérieure, détachable ou séparable » du contrat[4], ou qu'elle constitue « la violation d'une obligation générale de prudence ou de diligence »[5] ou également « un manquement au devoir général de ne pas nuire à autrui »[6]. Le dénominateur commun, dans toutes ces formules, est qu'on impose de rechercher si l'acte reproché au débiteur était contraire à un devoir général de comportement, qui aurait pesé sur lui, quand bien même il n'aurait pas contracté. Il n'y aurait de responsabilité extracontractuelle que si le débiteur manquait à une obligation ayant contractualisé le devoir général de ne pas nuire à autrui.

La qualité de professionnel pourrait, dans ce cadre, impliquer des devoirs particuliers, notamment à l'égard des tiers. Le devoir,que le professionnel a de se conformer aux règles de son art, à la bonne pratique de sa profession, permet, ainsi, aux tiers de bénéficier d'une protection relativement large, lorsqu'un manquement commis dans le cadre de l'exécution d'un contrat leur cause un dommage[7].

567. Voie extracontractuelle et dommage direct. Le dommage direct procède d'une idée simple.« Le tiers qui subit un dommage direct se prévaut seulement du manquement contractuel parce que ce manquement constitue l'élément de l'activité contractuelle dont il résulte que le contrat a été pour lui la cause d'un dommage. En aucune façon, il n'entendait tirer un profit quelconque du contrat qu'il n'oppose alors qu'en raison de ce qu'il a été

---

[1]**R. SAVATIER**, note sous Req. fr., 08 mars 1937, D.P., 1938, 1, p.77, col.1. « Un tiers ne peut, sur le fondement de la responsabilité délictuelle, se prévaloir de l'inexécution du contrat qu'à la condition que cette inexécution constitue un manquement à son égard au devoir général de ne pas nuire à autrui » : Cass. com. fr., 05 avr. 2005, D., 2005, Pan., p.2848, obs. **F.- C. BENEDICTE**.

[2]**D. MAZEAUD**, obs. sous Cass. com. fr., 05 avr. 2005, RDC, 2005, préc., p.688 ; **M. ESPAGNON**, Fasc. préc., n°26, p.11 ; **F. BERTRAND**, Thèse préc., n[os]218 et s., pp.355 et s. ; **M. BACACHE-GIBEILI**, *op.cit.*, n[os]56 et s., pp.52 et s. ; **A. WEILL**, *op. cit.*, n°280, p.506 et n°283, pp.512 et 515.

[3] Cass. civ. fr., 07 nov. 1962, JCP éd. G, 1963, II, 12987, obs. **P. ESMEIN**. Sur cette formule V. **M. TCHENDJOU**, « La faute extra-contractuelle », GP, Mars-Avr., 2000, doc., pp.614 à 618.

[4]**P. JOURDAIN**, obs. sous Cass. civ. fr., 11 avr. 1995, RTD civ., 1995, p.898 ; **G. VINEY**, *op.cit.*, n°213, p.597 ; Cass. civ. fr., 11 avr. 1995, D., 1995, somm. comm., p.231, obs. **Ph. DELEBECQUE**.

[5] Cass. com. fr., 17 juin 1997, RTD civ., 1998, p.113, obs. **P. JOURDAIN** ; **F. BERTRAND**, *ibid.*, n°230, pp.381-382.

[6] Cass. com. fr., 05 avr. 2005, RTD civ., 2005, p.602, obs. **P. JOURDAIN** ; Cass. com. fr., 08 oct. 2002, JCP éd. G, 2003, I, 152, pp.1253 à 1255, n[os]3 à 7, obs. **G. VINEY** ; **F. BERTRAND**, *ibid.*, n°220, p.360.

[7] V. En ce sens : **Ph. LE TOURNEAU**, « Quelques aspects des responsabilités professionnelles », GP, 1986, 2, pp.616 à 618 ; **P. JOURDAIN**, « La responsabilité professionnelle et les ordres de responsabilité civile », LPA, 2001, n°137, p.65, col.2-3 et p.66, 1re col.

pour lui l'occasion du dommage »[1]. Les hypothèses les plus fréquentes de dommages directs concernent les atteintes à la sécurité des personnes et des biens. Dans ces hypothèses, le dommage n'a, précisément, pas de rapport causal avec les obligations inhérentes au contrat. Les tiers qui prétendent à réparation pour l'atteinte que le contrat cause à leurs personnes ou à leurs biens, du fait du manquement commis par l'un des contractants, fondent leurs recours, indépendamment de toute stipulation contractuelle, sur l'atteinte au devoir général de sécurité. Leurs actions ne tendent aucunement à tirer profit du contrat, mais d'imposer le respect d'un devoir général de comportement, ce qui est de l'apanage de la voie extracontractuelle. C'est, là encore, le mécanisme de l'opposabilité du contrat par les tiers qui est de mise. On comprend, dès lors, pourquoi en invoquant de tels préjudices, les tiers peuvent être mieux traités que les cocontractants, c'est que le fondement de leurs actions est indépendant de tout point de vue contractuel.

568. Voie extracontractuelle et étendue du préjudice réparable. Sur ce point, le préjudice invoqué par le tiers peut être plus large que celui dont se plaint le créancier. Il en découle, quelques fois, un avantage pour le tiers qui peut agir là où le contractant ne l'aurait pas pu. Ainsi, le tiers ne peut se voir opposer le jeu des clauses contractuelles abrégeant le délai de prescription, tendant à limiter dans le temps la responsabilité du débiteur, ou des clauses élusives ou limitatives de responsabilité tendant à limiter ladite responsabilité, respectivement, dans son principe ou dans son *quantum*[2].

569. Voie extracontractuelle et sauvegarde des principes directeurs du droit civil : relativité, opposabilité et prévisibilité. Si le manquement porte sur une obligation contractuelle par accessoire, c'est que l'inexécution contractuelle peut se doubler d'une atteinte à une règle générale de comportement. Suivre la voie extracontractuelle dans ce cas n'aboutit pas à attribuer au tiers, sous couvert de responsabilité extracontractuelle, une action en exécution d'une obligation strictement contractuelle. Elle ne porte aucune atteinte au principe de la relativité de la faute contractuelle, ni même de la force obligatoire du contrat, mais constitue simplement une application du principe de l'opposabilité. Les prévisions du débiteur défaillant ne sont, aucunement, déjouées. En présence d'un manquement à une obligation contractuelle par accessoire, ce dernier sait que sa défaillance contractuelle vis-à-vis du créancier peut se doubler d'une défaillance extracontractuelle

[1]**G. WICKER**, art. préc., n°18, p.601. À distinguer avec le dommage médiat qui ne peut être invoqué que par celui qui « escomptait, par l'intermédiaire de la prestation de son propre débiteur, tirer avantage du contrat inexécuté », *ibid.*, *loc.cit.* En ce sens : **A. WEILL**, *op.cit.*, n°281, pp.508-509 : l'auteur invite à distinguer entre deux catégories de préjudices réparables. D'une part, ceux subis à cause de l'exécution défectueuse d'un contrat. D'autre part, ceux subis par les tiers à l'occasion de l'exécution défectueuse d'un contrat. Dans la première alternative, le tiers est victime de l'inexécution d'une obligation strictement contractuelle. Dans la seconde, le tiers est plutôt victime de l'inexécution d'une obligation contractuelle par accessoire ou secondaire.

[2]**M. ESPAGNON**, Fasc. préc., n°30, p.13 ; **A. WEILL**, *ibid.*, n°278, pp.499 et s. ; **D. MAZEAUD**, obs. sous Cass. civ. fr. Ass. plén., 06 oct. 2006, préc., pp.271-272 ; « Contrat, responsabilité et tiers… (Du nouveau à l'horizon) », art. préc., n°22, p.761.

envers les tiers. Il sait que le fait à l'origine du dommage peut recevoir une double qualification. L'application de la responsabilité extracontractuelle dans ce cas ne porte aucune atteinte à ses prévisions.

570. Le droit prospectif et l'action contractuelle injustifiée. L'article 1342 de l'« avant-projet de réforme du droit des obligations et de la prescription », élaboré sous l'égide de M. CATALA et remis au grade des sceaux le 22 septembre 2005, prévoit, dans son alinéa premier, que « lorsque l'inexécution d'une obligation contractuelle est la cause directe d'un dommage subi par un tiers, celui-ci peut en demander réparation au débiteur sur le fondement des articles 1362 à 1366. Il est alors soumis à toutes les limites et conditions qui s'imposent au créancier pour obtenir réparation de son propre dommage »[1]. L'ouverture, par principe[2], d'une action en responsabilité contractuelle au profit du tiers, victime de l'inexécution d'un contrat, sans faire de distinction aucune, entre le manquement par le débiteur à une obligation purement contractuelle et le manquement à une obligation contractuelle par accessoire, en d'autres termes, susceptible de se doubler d'un manquement à un devoir de portée générale, ne gagne pas notre conviction. La solution nous semble, face à l'inexécution d'une obligation ayant contractualisé le devoir général de ne pas nuire à autrui, plaquer artificiellement un régime de responsabilité contractuelle à un manquement purement extracontractuel[3]. Le forçage du contrat, comme donnant naissance à une responsabilité contractuelle entre parties contractantes, a été dénoncé[4].

---

[1] En ce sens : l'art.1386-18 de la « proposition de loi portant réforme de la responsabilité civile », présentée par la Sénateur L. BÉTEILLE et enregistrée à la Présidence du Sénat le 09 juill. 2010, prévoit, dans son al. premier, que « Lorsque l'inexécution d'une obligation contractuelle est la cause directe d'un dommage subi par un tiers, celui-ci peut en demander réparation au débiteur sur le fondement des dispositions de la présente section. Il est alors soumis à toutes les limites et conditions qui s'imposent au créancier pour obtenir réparation de son propre dommage. V. plus sur la question : **Ch. JUILLET**, « La reconnaissance maladroite de la responsabilité contractuelle par la proposition de loi portant réforme de la responsabilité civile », D., 2011, n°4, chron., pp.259 et s., spcé. n^{os}13 à 19, pp.262 à 264.

[2] C'est que l'al. second ouvre au tiers un droit à l'option pour la voie extracontractuelle lorsque la preuve d'un manquement à un devoir de portée générale est rapportée. Il dispose, à cet effet, que : « Il peut également obtenir réparation sur le fondement de la responsabilité extracontractuelle, mais à charge pour lui de rapporter la preuve de l'un des faits générateurs visés aux articles 1352 à 1362. ». En ce sens : l'al. second de l'art.1386-18 de la proposition de loi BÉTEILLE, préc., aux termes duquel : « Il peut également obtenir réparation sur le fondement des règles de la responsabilité délictuelle, en rapportant la preuve de l'un des faits générateurs mentionnés à la section II du présent chapitre ».

[3] **J. CARBONNIER**, Droit civil, T.4, Les obligations, *op.cit.*, n°295, p.520 : « ... ce que l'on appelle responsabilité contractuelle devrait être conçu comme quelque chose de très limité : l'obligation de procurer au créancier l'équivalent de l'intérêt (pécuniaire) qu'il attendait du contrat ; c'est artifice que de faire entrer là-dedans des bras cassés et des morts d'hommes ; les tragédies sont de la compétence des articles 1382 et s. » ; **Ph. LE TOURNEAU**, « Brefs propos critiques sur la « responsabilité contractuelle » dans l'avant-projet de réforme du droit de la responsabilité », D., 2007, chron., pp.2182-2183 ; **Ch. HÉCART**, « L'article 1342 de l'avant-projet Catala : quelle cohérence ? », D., 2006, chron., pp.2268-2269.

[4] **G. VINEY**, Traité de droit civil, Introduction à la responsabilité, *op.cit.*, n°239, pp.652-653 ; obs. JCP éd. G, 1992, I, 3625, n^{os}16-17 ; **CH. LAPOYADE-DESCHAMPS**, « Responsabilité contractuelle ou responsabilité délictuelle ? (Plaidoyer pour un retour aux sources) », RCA, 1992, chron., n°33 ; **Ph. REMY**, « La « responsabilité contractuelle » : histoire d'un faux concept », RTD civ, 1997, pp.323-355 ; **L. JOSSERAND**, « Le contrat dirigé », art. préc., D.H., 1933, chron., pp.89-92, spéc. p.91. L'auteur estime que le forçage est « un moyen technique des plus discutables » et « les contractants ne sont plus maîtres chez eux » ; **L. JOSSERAND**, « L'essor moderne du concept contractuel », art. préc.,pp. 345-

Il en serait, *a fortiori*, à l'égard des tiers. De telles défaillances, donnant naissance à des dommages qui sont bien extérieurs au contrat, devraient être réparées, uniquement, sur un plan extracontractuel[1]. Décider le contraire « constitue une négation pure et simple de l'effet relatif des conventions »[2].

B.L'ampleur de la voie extracontractuelle pour les manquements contractuels par accessoire

571. La mise en œuvre de la voie extracontractuelle au bénéfice du tiers, qui pâtit de l'inexécution d'une obligation contractuelle par accessoire ou secondaire, n'admet aucune limitation. Elle couvre toute sorte de préjudice subi, à l'occasion de l'exécution défectueuse d'un contrat. Elle peut être mise à contribution, notamment, lorsque le tiers se plaint d'une atteinte à sa sécurité personnelle, à la sécurité de ses biens ou encore à ses intérêts économiques.

572. Responsabilité extracontractuelle et atteinte à la sécurité personnelle des tiers. Il est fréquent qu'en méconnaissant ses obligations contractuelles, le débiteur porte atteinte à la sécurité personnelle des tiers. Ceci se vérifie, notamment, suite à une prestation de service défectueuse ou encore à cause d'un défaut de la chose. Dans ces deux hypothèses, la voie extracontractuelle suivie par le tiers, victime de l'inexécution, aux fins d'indemnisation, a trouvé une suite favorable auprès des tribunaux.

Pour indemniser le tiers, victime d'une prestation de service défectueuse, c'est la voie extracontractuelle de l'entrepreneur qui a été mise en œuvre par la Cour de cassation, suite à la chute d'un enfant dans un fossé. L'entrepreneur, précise la Cour, n'a pasclôturé le chantier[3]. La décision peut être fondée sur l'atteinte au devoir général de sécurité des personnes. Citons, ainsi, que la responsabilité extracontractuelle d'un entrepreneur a été engagée, en raison du dommage subi par un motocycliste qui, circulant à proximité d'une carrière, avait glissé sur la boue laissée sur la chaussée par les engins du chantier. L'entrepreneur « n'avait pas respecté les obligations résultant de son marché de travaux d'entretenir et de maintenir en bon état des voies publiques constituant l'itinéraire de transport jusqu'au chantier de l'autoroute »[4]. Dans le domaine médical, a été engagée la responsabilité

---

346. V. en ce sens : Art.1233, al.2, de l'avant-projet de loi de réforme de la responsabilité civile du 29 avr. 2016.

[1] Raison pour laquelle on propose d'ajouter l'adjectif « strictement » à la formulation de l'al. premier de l'art.1342 qui pourrait être entamé ainsi : « Lorsque l'inexécution d'une obligation **strictement** contractuelle... ».

[2]**Ch. JUILLET**, art. préc., n°16, p.264 ; *Contra* : **D. MAZEAUD**, obs. RDC, 2010, p.25 (l'auteur estime que l'art.1165 du C.civ. serait en quelque sorte « hors-jeu ») ; **P. ANCEL**, « Faut-il « faire avec » ? », art. préc., pp.550-551 et 552., n°21.

[3]La responsabilité de l'entrepreneur a été engagée sur le fondement de la garde. V. en ce sens : Cass. civ. n°9334 en date du 14 mai 1984, préc. ; Bull. civ., 1984, 1re partie, p.337.

[4] Cass. civ. fr., 17 mai 1995, préc., pp.896-897, obs. **P. JOURDAIN** ; Cass. civ. fr., 06 oct. 1970, G.P., 1961, 1, pp.46-47, note anonyme (Dommage causé à un passant par une tranchée laissée sans protection ni signal).

extracontractuelle d'un médecin, tantôt seul[1], tantôt solidairement avec l'anesthésiste[2], en raison du préjudice subi par un nouveau-né, diminué et gravement handicapé, suite à une opération d'accouchement.

Le tiers, peut aussi être victime d'un défaut de la chose ; là, encore, la voie extracontractuelle acquiert droit de cité[3]. Son domaine d'élection est le domaine de la construction[4]. L'hypothèse classique est celle du passant, véritable *penitusextraneus*, victime de la défectuosité d'un immeuble[5]. La liste des tiers victimes, peut englober, dans ce cadre, les locataires d'immeubles qui subissent des troubles de jouissance dus aux défauts de l'édifice[6]. Dans un autre registre, a été retenue la responsabilité extracontractuelle du constructeur automobile à l'égard des tiers, victimes d'un accident de voiture dû à une défectuosité des freins[7]. Le constructeur d'ascenseur qui a livré un appareil dangereux a été contraint de réparer, sur le plan extracontractuel, le préjudice subi par le tiers, locataire, victime de cette défectuosité[8].

573. Responsabilité extracontractuelle etatteinte à la sécurité des biens d'autrui. De façon similaire, le contractant peut, en méconnaissant ses obligations contractuelles, porter en même temps atteinte à la sécurité des

---

[1] Cass. civ. n°2011-67622 en date du 14 fév. 2013 (inédit), préc. :
" إستخلصت محكمة القرار المنتقد إستنادا للمعطيات المتوفرة لديها توفر عناصر وشروط المسؤولية التقصيرية في جانب الطاعن (الطبيب) عملا بأحكام الفصل 83 من م.إ.ع. السند القانوني للقيام... إن الطاعن لم يفعل كل ما يلزم ولم يبذل العناية اللازمة عندما كان مباشرا لعملية الوضع مما أدى إلى اختناق المتضرر وإصابته من جراء ذلك بأضرار عضوية وذهنية قدر نسبتها الحكماء ب 45 %".

[2] Cass. civ. n°843-703en date du 13 juill. 2004 (inédit), préc. :
" وحيث تبين فعلا أن الحكم المطعون فيه إستند أساسا إلى التقرير الطبي المجرى بواسطة لجنة مؤلفة من ثلاثة أطباء تم انتدابهم من طرف محكمة البداية والذين أكدوا أن السبب الرئيسي للأضرار اللاحقة بالطفل هو النقص في الإمداد بالأوكسجين الذي حصل مباشرة إثر عملية التبنيج ...وحيث يكون الحكم المطعون فيه الذي تبين جميع المعطيات وأبرزها ثم قضى باعتبار المعقب مسؤولا بالتضامن مع الطبيب المبنج عن الضرر اللاحق بالطفل أمين محترما لمقتضيات الفصل 83 من م.إ.ع. ومعللا تعليلا مستساغا".

[3] **G. VINEY**, *op.cit.*, n°211, pp.592 et s. ; **P.JOURDAIN**, Fasc. préc., n°79, pp.22-23 ; **M. ESPAGNON**, Fasc. préc., n°79, pp.22-23 ; **Ph. DELMAS SAINT-HILAIRE**, *op.cit.*, pp.376-377. Lorsque le tiers est victime d'un défaut de la chose, il peut mettre en jeu la responsabilité du débiteur contractuel non seulement sur la base de la faute (Art.82 et 83 du COC), mais aussi sur le fondement de la garde (Art.96 du COC). V. pour la responsabilité d'un entrepreneur à l'égard des tiers pendant l'exécution du chantier fondée sur la garde : Cass. civ. fr., 08 mars 1978, D.S., 1978, J., pp.641-644, note **Ch. LARROUMET**. V. également, admettant la responsabilité du fabricant d'un chauffe-eau sur le fondement de la garde : Cass. civ. fr., 02 févr. 1982, D.S., 1982, IR, p.330.

[4] **F. DERTRAND**, Thèse préc., n°205, pp.328 à 330 ; **J. HUET**, Thèse préc., n°462 ; **F. GIVORD**, « Protection des tiers en matière de construction », G.P., 1969, 1, doc., pp.17-22.

[5] **S. MEJRI**, La responsabilité délictuelle des constructeurs, Mémoire pour l'obtention du diplôme de mastère en droit de l'environnement et de l'urbanisme, FDSPT, 2003-2004, p33 ; Req. fr., 28 juin 1938, D.H., 1938, p.562 : Passant décédé à cause de la chute d'un balcon ; Montpellier, 21 fév. 1958, D., 1958, somm., p.126 : Passant victime de la chute d'un mur provoquée par l'action des vents ; Req. fr., 27janv. 1936, D.H., 1936, p.131 : Passant blessé par un échafaudage ; Cass. civ. fr., 05 juin 1968, D.S., 1970, J., p.453, note **Ph. JESTAZ** :Passant grièvement blessé par la chute d'un panneau publicitaire, apposer sur un immeuble en construction, arraché par le vent.

[6] Cass. civ. fr., 09 oct. 1962, JCP éd. G, 1962, II, 12910, obs. **P. ESMEIN** ; D., 1963, J., pp.1-3, note **G.LIET-VEAUX** ; RTD, civ., 1963, pp.332-334, obs., **A. TUNC** (Dommage subi par le locataire d'une salle de cinéma du fait des malfaçons imputables aux constructeurs) ; Cass. civ. fr., 24 oct. 1967, JCP éd. G, 1968, II, 15360, obs. **R. LINDON** ; RTD civ., 1968, pp.363-366, obs. **G. DURRY** ; Cass. civ. fr., 10 déc. 1980, JCP éd. G., 1981, IV, p.80 ; Cass. civ. fr., 08 avr. 1987, D.S., 1987, IR, p.108 ; Cass. civ. fr., 08 avr. 1987, D.S., 1987, IR, p.108 ; Cass. civ. fr., 25 janv. 1989, JCP éd. G, 1989, IV, p.111.

[7] Req. fr., 07 oct. 1940, D., 1940, J., p.180, obs. anonymes.

[8] Cass. civ. fr., 23 juin 1955, D., 1955, J., p.653 ; Paris, 27 mai 1961, RTD civ., 1962, p.92, obs. **A. TUNC**.

biens de personnes étrangères au contrat[1]. Cette atteinte ouvre la voie de la responsabilité extracontractuelle au bénéfice des tiers victimes. Le domaine de la construction peut, dans ce cadre, offrir illustration de notre propos. En effet, nombreuses sont les espèces dans lesquelles les tribunaux ont sanctionné les troubles causés aux immeubles voisins. C'est ainsi que, le 08 mai 2012, la Cour de cassation a engagé solidairement la responsabilité extracontractuelle de la société de promotion immobilière d'avec celle de l'entrepreneur, en raison du préjudice causé au siège extérieur de l'immeuble du voisin, ruiné, suite à l'écoulement des eaux, dû à l'endiguement des canaux par le béton[2]. Les organes chargés de contrôle technique ou de conception peuvent, aussi, être à l'origine des troubles causés aux immeubles voisins, ce qui justifie d'engager leurs responsabilités extracontractuelles[3].

574. Responsabilité extracontractuelle et atteinte aux intérêts économiques des tiers. En méconnaissant ses obligations contractuelles, il est plausible que le débiteur porte atteinte aux intérêts économiques des tiers[4]. Les rédacteurs de l'acte civil, tenus par un contrat de louage d'ouvrage, peuvent offrir illustration de ce propos[5]. En effet, à l'occasion de la rédaction des actes soumis à l'inscription sur le Livre Foncier, l'article 377, ter, du Code des droits réels, alinéa deux, précise que les rédacteurs doivent se conformer aux dispositions législatives et réglementaires relatives à l'inscription, sous peine d'engager leurs responsabilités contractuelles. Et l'alinéa dernier, d'ajouter que« toutes personne, dont les droits auraient subi un dommage par l'inobservation des dispositions du paragraphe précité, peut intenter une action en dommages-intérêts à l'encontre du rédacteur »[6]. Les tiers qui pâtissent de l'exécution défectueuse du contrat conclu entre le client et le rédacteur d'acte peuvent, dès lors, engagés la responsabilité extracontractuelle de ce dernier, en raison du préjudice économique subi.

Dans un autre registre, les tiers peuvent être victimes d'un dommage, purement économique, né de l'exécution défectueuse d'un contrat de

---

[1]**F. BERTRAND**, Thèse préc., n°215, pp.348-349 ; **R. WINTGEN**, *op.cit.*, n^{os}343 et s., pp.298 et s. ; **A. WEILL**, *op.cit.*, n°283, p.514 ; **G. WICKER**, « La sanction délictuelle du manquement contractuel ou l'intégration de l'ordre contractuel à l'ordre juridique général », art. préc., n°19, p.601 ; **O. DEBAT**, art. préc., p.8, col.3. et p.9.

[2] Cass. civ. n°2012-70256/71349 en date du 08 mai 2012 (inédit), préc. :
" إن ما أنتهت إليه محكمة الأساس من ثبوت مسؤولية المعقبة عن الحادث وعلاقتها المباشرة بالضرر يتماشى ومضروفات الملف وتحقيقات الإختبار التي أكدت أن سدم قنوات تصريف المياه كانت ناتجة عن تركيز خلاصة الخرسانة بالفتحات المعدة لذلك ووضع الأتربة وفضلات البناء بالمسلك المعد لتصريف مياه السيلان الطبيعية".

[3]**S. MEJRI**, mémoire préc., pp.19 à 24 ; **M.-C. LAMBERT-PIERI**, « La responsabilité envers les voisins du fait de la construction », RDI, 1980, pp.367-387, spéc. n^{os}59 et s., pp.380 et s. ; **Ph. MALINVAUD et Ph. JESTAZ**, Droit de la promotion immobilière, 6ème éd., 1995, Dalloz, Paris, n^{os}185 à 190, pp.166 à 170. Troubles dus à un vice de plan imputables aux architectes : Grenoble, 11 janv. 1961, D., 1961, somm., p.41, note anonyme. Sur la question : **F. BERTRAND**, Thèse préc., n^{os}206 et s., pp.330 et s.

[4]**R. WINTGEN**, *ibid.*, n^{os}353 et s., pp.307 et s.

[5]**N. REKIK**,« La responsabilité professionnelle des rédacteurs de l'acte civil », Études Juridiques, FDS, 2012, pp.12-13, n°5.

[6] V. sur la question : **N. REKIK**,art. préc.,p.24, n°32. *Adde* :
الحبيب الشطي، "الجديد في تحرير الصكوك" بكتاب "دراسات في القانون العقاري"، المجموعة الثالثة، مرجع سابق، ص.36.

mandat, ce qui justifie alorsla mise en œuvre de la responsabilité extracontractuelle du mandataire. C'est ainsi qu'a été retenue la responsabilité délictuelle de l'avocat, mandaté par un marchand de biens pour former surenchère, à l'égard du tiers vendeur. L'avocat n'avait pas respecté les délais de procédure pour surenchérir[1]. Dans la même veine, a été retenue la responsabilité délictuelle d'un intermédiaire professionnel, agent immobilier, mandaté par un client désirant acheter un fonds de commerce. L'agent a été rendu responsable du dommage subi par les tiers vendeurs, suite à la résolution de la vente, en raison de l'insolvabilité de l'acquéreur[2]. La rupture abusive d'un contrat d'ouverture de crédit qui porte, inéluctablement, préjudice au tireur, cocontractant de la banque[3], peut être source de préjudice économique pour les tiers, tirés, qui n'avaient pas obtenu satisfaction auprès de la banque. L'exécution défectueuse du contrat d'ouverture de créditpeut être à l'origine d'un préjudice économique subi par ces tiers. Rien ne les empêche, dès lors, d'assigner la banque sur le terrain extracontractuel.

575. La voie extracontractuelle peut recevoir un accueil favorable s'agissant des préjudices subis par le tiers, à cause de l'inexécution d'une obligation contractuelle par accessoire ou mixte. Ces préjudices sont dus au manquement à un devoir de portée générale greffé, artificiellement, sur le contrat. Ils peuvent exister, même en l'absence de support contractuel. Les tiers qui en sont victimes présentent un rapport purement fortuit avec le contrat inexécuté. Ils sont, de ce fait, baptisés « véritables tiers » ou « *penitusextranei* », totalement étrangers au contrat. Tel n'est pas le cas pour les préjudices subis par les tiers, à cause de l'exécution défectueuse d'une obligation spécifiquement contractuelle.

Paragraphe II. Les méfaits de la voie extracontractuelle pour les manquements spécifiquement contractuels

576. Certains tiers peuvent être, directement, intéressés à l'exécution d'une prestation caractéristique du contrat, parce qu'ils sont les destinataires

---

[1] Cass. civ. fr., 18 mai 2004, D., 2005, Pan., p.187, n°5, obs. **D. MAZEAUD** ; RTD civ., 2004, p.516, n°2, obs. **P. JOURDAIN**. Pour d'autres applications de la responsabilité d'un mandataire à l'égard des tiers : Cass. civ. fr., 16 déc. 1992, RTD civ., 1993, p.362, obs. **P. JOURDAIN** ; JCP éd. G, 1993, I, 3664, n°7, obs. **G. VINEY** ; Cass. civ. fr., 06 janv. 1999, D.Aff., 1999, p.204, obs. **J. FADDOUL** ; RTD civ., 1999, p.403, obs. **P. JOURDAIN** ; Cass. com. fr., 17 juin 1997, RTD civ., 1998, p.113, obs. **P. JOURDAIN**, préc. ; Cass. com. fr., 26 avr. 1984, JCP éd. G, 1984, IV, p.206 ; D., 1985, somm. comm., p.31, obs. **R. CABRILLAC** (Brusque rupture des facilités de caisse accordées à un client, ayant causée un préjudice aux tiers porteurs de chèques tirés sur la foi de ces facilités). V. sur le préjudice subi par la caution et les créanciers suite à la rupture de crédit par la banque, V. : **M. SOUSSI**, art. préc., n[os]32 et s., pp.58 et s.

[2] Cass. civ. fr., 25 nov. 1997, JCP éd. G, 1998, I, 144, p.1094, n°4, obs. **G. VINEY** ; RTD com., 1998, p.664, obs. **B. BOULOC**. « L'intermédiaire professionnel, décide la Cour, qui prête son concours à la rédaction d'un acte, après avoir été mandaté par l'une des parties, est tenu de s'assurer que se trouvent réunies toutes les conditions nécessaires à l'efficacité juridique de la convention même à l'égard de l'autre partie ».

[3] V. art.705 et 410 du CC. En ce sens : Cass. civ. 54300 en date du 21 oct. 2010 (inédit).

finals de celle-ci. On les dénomme, d'ailleurs « tiers intéressés », puisqu'ils sont en lien de connexité très étroit avec le contrat inexécuté. Lorsque ces derniers sont victimes de l'inexécution d'une prestation purement contractuelle, la mise en œuvre de la responsabilité extracontractuelle du débiteur défaillant est critiquable car cela engendre une altération du contrat (A) et entraîne une différence de traitement peu rationnelle entre le tiers victime et le créancier contractuel (B).

A. Une altération du contrat résultant de l'application du régime extracontractuel

577. Le recours à la voie extracontractuelle, comme fondement de l'action du tiers, victime de l'inexécution d'une obligation exclusivement contractuelle, est un recours dangereux, aussi bien pour le respect du contrat (1) que pour l'équilibre contractuel (2). Dans les deux alternatives, les prévisions du débiteur contractuel sont mises à mal.

1. La voie extracontractuelle, une voiedangereuse pour le respect du contrat

578. Le choix de la voie extracontractuelle, un choix « juridiquement injustifié et pratiquement dangereux pour le respect des contrats »[1]. L'argument, généralement invoqué pour refuser l'application du régime contractuel à l'action du tiers, qui invoquait la responsabilité du débiteur pour manquement à son obligation contractuelle, est le principe de la relativité de la force obligatoire du contrat. On estimait que le domaine contractuel, étant présenté comme naturellement limité aux relations entre cocontractants, il s'ensuit que l'action du tiers qui invoque la responsabilité du débiteur pour manquement à son obligation contractuelle devrait, en suivant cette logique, être soumise à l'application du régime délictuel.

Or, précise une doctrine, « ce qu'on appelle « responsabilité contractuelle » - n'est nullement une conséquence de l'effet relatif du contrat. Elle s'explique uniquement par le souci de respecter le contrat en évitant que l'application des règles de la responsabilité délictuelle entre contractants ne vienne en perturber l'équilibre ». Pourtant, ajoute l'auteur, « il est facile de constater qu'en permettant au tiers de s'appuyer sur le contrat pour fonder une action en responsabilité contre le débiteur tout en soumettant cette action au régime délictuel, on permet cette altération »[2].

Donc, le courant qui, autorise le tiers à agir en responsabilité délictuelle, s'inscrit directement en faux contre l'objectif qui vise à défendre le contrat contre l'intrusion des règles délictuelles qui sont de nature à lui porter

---

[1] **G. VINEY**, *op.cit.*, n°215-4, p.610 ; V. sur l'ensemble de la question, *ibid.*, n°215-4, pp.608 à 611 et n°240, pp.653 à 655 ; **G. VINEY**, obs. sous Cass. Ass. plén., 06 oct. 2006, D., 2006, J., préc., pp.2830-2831.

[2] **G. VINEY**, *ibid.*, n°215-4, pp.608-609.

atteinte. Dès lors, pour préserver cet objectif de départ qu'est le respect du contrat, toutes les fois qu'une action en responsabilité exercée par un tiers « est fondée exclusivement sur un manquement au contrat..., il ... [est] nécessaire de poser en principe que le tiers est soumis à toutes les limites et conditions qui s'imposent au créancier pour obtenir réparation de son propre dommage. Le respect du contrat est à ce prix »[1]. En bref, « si la faute est purement contractuelle, la responsabilité devrait être de nature contractuelle »[2], décider le contraire, « conduit à conférer à la victime un avantage injustifié par rapport au créancier, celui d'opposer le contrat sans se le voir opposer, et à bafouer les prévisions du débiteur qui s'attend légitimement à n'être tenu pour des fautes strictement contractuelles que dans les termes du contrat »[3].

579. La déformation de la « faute extracontractuelle ». En offrant aux tiers, victimes de l'inexécution d'un contrat, une action extracontractuelle contre le contractant défaillant quelle que soit la nature de l'obligation violée, une partie de la doctrine corroborée en cela par une part importante de la jurisprudence, en a conclu que tout manquement contractuel constitue, à l'égard des tiers qui en sont victimes, une faute extracontractuelle. Le tiers n'a que d'apporter la preuve du préjudice subi en lien de causalité avec le manquement contractuel, sans avoir à apporter d'autres preuves. Cette démarche méconnait la notion de faute extracontractuelle. Elle aboutit à sa déformation, puisqu'elle l'assimile, purement et simplement, à tout manquement contractuel. On ne reviendra pas sur la critique de cette assimilation[4]. Il suffit de rappeler qu'elle constitue un argument supplémentaire, pour écarter l'application de la responsabilité extracontractuelle, lorsque le manquement ne peut être reproché qu'à un point de vue strictement contractuel. Quand l'obligation est strictement contractuelle, le tiers qui pâtit de son inexécution devrait se placer sur le terrain contractuel pour obtenir indemnisation et devrait être soumis aux conditions contractuelles. Le respect de l'intégrité du contrat est à ce

---

[1]**G. VINEY**, *op.cit.*, n°215-4, p.610.

[2]**P. JOURDAIN**, obs. sous Cass., ass. plén., 06 oct. 2006, RTD civ., 2007, p.125, seconde col. En ce sens : **G. VINEY**, *ibid.*, n°215-4, pp.610-611 : « lorsque l'action est fondée exclusivement sur un manquement contractuel, elle est soumise au régime contractuel » ; **G. CORNU**, RTD civ., 1973, pp.141 à 143, spéc. p.143 ; **J. HUET**, Thèse préc., n^{os}660 et s., pp.624 et s.

[3]**P. JOURDAIN**, obs. sous Cass., Ass. plén., 06 oct. 2006, préc., p.125, 1re col.

Une autre piste de réflexion a été proposée par une doctrine qui suggère, dans le même cadre, de distinguer entre « ce qui, dans le contrat touche à la substance des obligations, et ce qui ne fait que conditionner l'exercice de l'action en réparation » : **P. ANCEL**, « Faut-il « faire avec » ? », RDC, 2007, p.555, n°29. Le premier ne devrait pas pouvoir être écarté dans le cadre d'une action en réparation exercée par un tiers agissant sur le fondement délictuel. À l'inverse, certaines clauses, telles celles relatives à la compétence juridictionnelle ou qui subordonnent le droit à réparation pour retard à l'exigence d'une mise en demeure du débiteur ou encore qui prévoient de courtes prescriptions n'affectent que l'action en justice, elles n'affectent pas le droit substantiel à réparation et devraient ainsi pouvoir être tenues en échec dans le cadre de l'action d'un tiers agissant sur le fondement de la responsabilité délictuelle.

[4] V. *supra*, n^{os}545 à 552.

prix[1]. La Cour de cassation a eu l'occasion de le préciser, dans une affaire qui ne porte pas, il est vrai, sur la nature de l'action offerte aux tiers victimes de l'inexécution d'un contrat, mais qui prend de front la question des domaines des responsabilités contractuelle et délictuelle. La Cour suprême exige, on ne peut plus clairement, que toutes les fois que l'action en responsabilité est fondée sur l'inexécution d'une obligation imposée par le contrat, autrement dit purement contractuelle, le recours ne peut être que contractuel[2].

2. La voie extracontractuelle, une voie dangereuse pour l'équilibre contractuel

580. Le contournement des prévisions du débiteur. Face à un manquement strictement contractuel, le débiteur défaillant s'attend à ce qu'il soit assigné, sur la base et dans la mesure des engagements stipulés dans le contrat, fondement de son engament. Un fort courant doctrinal a fait remarquer que le fait de soumettre au régime de la responsabilité extracontractuelle la responsabilité d'un contractant, résultant de l'inexécution d'une obligation spécifiquement contractuelle, risquait de déjouer les prévisions des contractants, en éludant les règles contractuelles et de bouleverser l'équilibre contractuel[3].

---

[1]**M. ESPAGNON**, Fasc. préc., n°10, p.5 ; **F. BERTRAND**, Thèse préc., n°253, p.418 ; **Ph. LE TOURNEAU**, *op.cit.*, n°960, p.444. V. en ce sens : **V. DEPADT-SEBAG**, note sous Cass. Ass. plén., 06 oct. 2006, LPA, 2007, n°98, préc., pp.20-21. *Adde* :
فتحية بن هويدي، عقد المقاولة الثانوي، مذكرة سابقة، ص.139-140.

[2] Cass. civ. n°10059/9707 en date du 29 avr. 2014 (inédit), préc. :
" وحيث لا جدال في أن لكل من المسؤولية التعاقدية والمسؤولية التقصيرية شروطها ومجال انطباقها من ذلك أن أساس الإلتزام في المسؤولية التعاقدية هو العقد في حين أساس الإلتزام في المسؤولية التقصيرية هو القانون ... وحيث يكون الخيار بين المسؤولية التقصيرية والمسؤولية التعاقدية ممكن كلما تعلق الأمر بألتزام يفرضه القانون والعقد كمسؤولية الناقل أو مسؤولية الطبيب **أما إذا تعلق الامر بالتزام يفرضه العقد فقط دون القانون فلا يمكن تأسيس الدعوى إلا على المسؤولية التعاقدية**".

[3]**J.-P. GRIDEL et Y.-M. LAITHIER**, « Les sanctions civiles de l'inexécution du contrat imputable au débiteur : état des lieux »,JCP èd. G., 2008, I, 143, p.17, n°30 ; **P.JOURDAIN**, Droit à réparation. Responsabilité fondée sur la faute, J.-Cl., Responsabilité civile, Fasc.130-10, Art.1382 à 1386, préc., n°76, p.22 ; **G. VINEY**, *op.cit.*, n°214, pp.599 et s. ; « Sous-contrat et responsabilité civile », art. préc., n°21, p.625 ; **M. ESPAGNON**, Fasc. préc., n°10, p.5 ; « La prévision contractuelle et l'action en responsabilité du tiers contre le contractant (de l'arrêt Lamborghini à l'article 1342 du projet de réforme du droit des obligations et de la prescription) », *in* Études offertes à G. VINEY, LGDJ, 2008, pp.377-397 ; **D. EL RAJAB**, Thèse préc., n°103, pp.115-116 ; **M. FAURE-ABBAD**, *op.cit.*, n°217, pp.189-190 ; **J. NÉRET**, *op.cit.*, n°373, p.268 ; **Ph. LE TOURNEAU**, *ibid.*, n°974, p.450 ; **M. BACACHE-GIBEILI**, La relativité des conventions et les groupes de contrats, *op.cit.*, n°29, pp.29-30 et 31 ; **B. TEYSSIÉ**, *op.cit.*, n°495, p.247 et n°582, pp.290-291 ; **D. MAZEAUD**, « Contrat, responsabilité et tiers… (Du nouveau à l'horizon) », art. préc., n°9-10 et 11, pp.751 à 754 ; **P. ANCEL**, « Les arrêts de 1998 sur l'action en responsabilité contractuelle dans les groupes de contrats, quinze ans après », *in* La Cour de cassation, l'Université et le Droit, Mélanges en l'honneur du président André PONSARD, Litec, Paris, 2003, n°35, p.28 ; **G. DURRY**, obs. sous Cass. soc. fr., 21 mars 1972, RTD civ., 1973, pp.128-130 ; obs. sous Cass. civ. fr., 09 oct. 1979, RTD civ., 1980, p.354, n°1, spéc. p.355 ; **G. BONET** et **B.GROS**, « La réparation des dommages causés aux constructions par les vices des matériaux », JCP éd. G, 1974, I, 2602, n°21 et n°29 : « La responsabilité délictuelle fausse gravement le jeu des contrats qui régissent les relations des parties » ; **M. TCHENDJOU**, « La faute extra-contractuelle », art. préc., pp.619 et s. ; **L. HARGUEM**, , mémoire préc., p.98-99. *Adde* :
فتحية بن هويدي، مذكرة سابقة، ص.134 إلى 139.

Ce système autorise, en effet, un tiers victime d'une obligation purement contractuelle à agir en responsabilité contre le débiteur défaillant, sans avoir à se soumettre aux conditions du contrat sur la base duquel il entend obtenir réparation,ce qui revient à l'autoriser à procéder à une altération manifeste du contrat, en le vidant d'une partie de son contenu. C'est ainsi que le fondement extracontractuel de l'action du tiers aboutit à tenir en échec les clauses attributives de compétence, éventuellement insérées dans le contrat[1], à écarter les prescriptions abrégées, fréquentes en matière contractuelle[2], et à priver le contractant des divers aménagements conventionnels, à l'instar des clauses exonératoires ou limitatives de responsabilité, sur la foi desquels il avait pu s'engager. Il est, pourtant, fréquent que le contractant ne s'était engagé que parce qu'il a été rassuré par ces aménagements contractuels. À défaut, il aurait conclu le contrat à des conditions, notamment de prix, différentes. Si l'on soumet le débiteur défaillant au régime de la responsabilité extracontractuelle, quel sera le sort de la fonction économique du contrat en tant qu'acte de prévision ?[3] Le tiers invoque ainsi une obligation exclusivement contractuelle pour justifier la responsabilité du débiteur, mais écarte tout de même les clauses de ce même contrat qui le gênent. « C'est là une situation qui peut paraître anormale car elle favorise, par l'extension des règles de la responsabilité délictuelle, un véritable bouleversement des prévisions contractuelles »[4].

581. Illustrations. Si l'on raisonne sur un contrat de sous-traitance stipulant des pénalités de retard plafonnées, le maître de l'ouvrage qui agit, en tant que tiers audit contrat, sur le terrain extracontractuel, peut obtenir la réparation intégrale du préjudice résultant pour lui du retard[5], pourtant il invoque une obligation purement contractuelle, en l'occurrence, l'obligation de délivrance dans les délais prévus par le contrat. L'exécution d'une

---

[1] V. art.30 et 36 du CPCC. Les prévisions du débiteur contractuel seront déjouées quant à la compétence territoriale. En effet, les parties peuvent choisir comme tribunal compétent celui du lieu d'exécution du contrat. Tel ne serait pas le cas, en cas de recours délictuel par le tiers, le débiteur peut être actionné devant le tribunal du lieu de son domicile réel ou élu ou du lieu du fait dommageable. V. en ce sens :
فتحية بن هويدي، مذكرة سابقة، ص.138.

[2] On sait qu'on matière délictuelle ce délai peut atteindre 15 ans : V. art.115 du COC. Dans le cadre de la responsabilité contractuelle ce délai est plus court. V. dans le cadre du contrat de vente en matière de garantie des vices cachés ou de non-conformité, art. 672 du COC. *Adde* :
صلوحة بومية، "دعوى ضمان العيوب الخفية في عقد البيع"،حوليات العلوم القانونية، كلية العلوم القانونية والإقتصادية والتصرف بجندوبة، 2010، ص.176 إلى 182.
V. dans le cadre du contrat d'entreprise : art.878 du COC. *Adde* : **L. HARGUEM**, mémoire préc., pp.98-99.

[3] **H. LÉCUYER**, « Le contrat, acte de prévision », *in* Mélanges en l'hommage à F. TERRÉ, L'avenir du droit, Dalloz-PUF, 1999, pp.643-659 ; **Ph. STOFFEL-MUNCK**, « La relativité de la faute contractuelle », art. préc., p.587, n°1 et p.592, n°6.

[4] **G. VINEY**, « Sous-contrat et responsabilité civile », art. préc., n°21, p.625 et n°25, pp.629-630 ; **G. VINEY**, *op. cit.*, n°214, p.600 ; **M. ESPAGNON**, Fasc. préc., n°30, p.13 ; note sous Cass. civ. fr., 08 juin 1979, D., 1980, J., p.565, 1re col. *Adde* :
فتحية بن هويدي، مذكرة سابقة، ص.134.

[5] **R. WINTGEN**, « "Tout fait quelconque… " : le manquement contractuel saisi par l'article 1382 du Code civil », RDC, 2007, art. préc., n°12, p.613; **L. HARGUEM**, mémoire préc., pp.98-99. *Adde* :
فتحية بن هويدي، مذكرة سابقة، ص.135.

obligation pareille, ne concerne, en principe, que les parties contractantes. Son extension au maître de l'ouvrage, tiers au contrat de sous-traitance, se justifie par le fait qu'il est le destinataire final de la prestation. Mais sa qualité de tiers « intéressé » ne justifie pas qu'il soit placé sur un plan extracontractuel. S'il se prétend victime de l'inexécution d'une obligation purement contractuelle, il doit se placer pour obtenir indemnisation sur le plan contractuel. Son droit à l'indemnisation, qui puise sa source dans le contrat, doit trouver sa mesure dans ce même contrat. L'atteinte aux prévisions du débiteur défaillant est à ce prix.

Les mêmes problèmes seront rencontrés par les fournisseurs ou fabricants de matériaux, ciblés par une action en responsabilité délictuelle, diligentée par le maître de l'ouvrage. « L'application du régime délictuel perturbe profondément les prévisions du contrat de vente originaire dans lequel le fabricant a défini ses engagements »[1].

B.Une différence de traitement peu rationnelle résultant de l'application du régime extracontractuel

582. La voie extracontractuelle pour les manquements purement contractuels, entraine unedifférence de traitement injustifiée entre le tiers victime et le créancier contractuel (2), pourtant, tous deux, se trouvent dans une situation identique (1)

1. Une différence de traitement injustifiée face à des situations identiques

583. Nature de l'obligation violée ou qualité de la victime ? Lorsque le tiers est victime de l'inexécution d'une obligation purement contractuelle, il se trouve dans une situation identique à celle du créancier contractuel. Tous deux pâtissent de l'inexécution d'une obligation strictement contractuelle. Déterminer, dans ce cas, la nature de la responsabilité du débiteur défaillant, en prenant uniquement en compte le fait que la victime a été, ou non, partie à la formation du contrat et faire ainsi totalement abstraction de la nature de l'obligation inexécutée, conduit, en pratique, à traiter différemment des situations en fait identiques[2].

Ainsi dans le vaste domaine des responsabilités professionnelles, à l'instar du domaine de la construction d'immeuble ou de la fabrication d'objet mobilier corporel, les conséquences préjudiciables d'un manquement purement contractuel, à l'instar de l'obligation de garantie, ne se limitent pas au cocontractant du professionnel, mais s'étendent aux tiers, usagers, qui ne

---

[1]**Ph. MALINVAUD**, « L'action du maître de l'ouvrage contre les fabricants et fournisseurs de matériaux et composants », D., 1984, chron., p.46, 1re col. ; **G. BONET et B.GROS**, art. préc., n°20 : Ces auteurs dénoncent « l'inadaptation du régime très particulier de la responsabilité délictuelle au domaine de la construction immobilière où la volonté des parties a réglé, par contrat, toutes les relations établies, auxquelles s'attachent d'importants intérêts patrimoniaux » ;

[2]**G. DURRY**, obs. sous Cass. civ. fr., 09 oct. 1979, RTD civ., 1980, p.354, n°1 ; RTD civ., 1981, p.169, n°3.

sont pas ses clients directs. La distinction entre responsabilité contractuelle à l'égard des clients et responsabilité délictuelle à l'égard des tiers, entraînera l'application aux tiers d'un régime totalement différent de celui qui est appliqué, aux cocontractants aussi bien quant au délai de prescription, quant aux faits générateurs de responsabilité, que quant au statut des clauses de responsabilité. Pourtant, il est bien évident, que dans les deux hypothèses, « les données du problème de la responsabilité sont exactement les mêmes et qu'il n'y a aucune raison logique de lui apporter des solutions différentes, selon que la victime se trouve être le co-contractant du professionnel ou un tiers »[1]. L'identité de la victime qui ne dépend que du hasard « ne mériterait généralement d'influencer ni le traitement infligé au défendeur ni l'indemnisation accordée à la personne lésée »[2]. Le tiers, se trouvant dans une situation tellement proche de celle du créancier contractuel, ne devrait plus être classé dans la catégorie de ceux qui sont complètement étrangers au contrat. Sa proximité de l'orbite du contrat justifie de le considérer comme de faux tiers oude tiers intéressé.

584. Une différence de traitement peu rationnelle entre partie contractante et tiers intéressé par l'exécution du contrat. La voie du tout délictuel tend à assimiler certains tiers intéressés à l'exécution du contrat à de véritables tiers. La doctrine contemporaine constatant, en revanche, que de nombreux tiers à la formation d'un contrat subissent, au stade de son exécution, certains des effets obligatoires de celui-ci, en a déduit l'existence de personnes placées dans une situation intermédiaire entre celle de parties et celle de tiers, désignant celles-ci de « tiers intéressés »[3]ou « liés »[4] ou encore de « faux tiers »[5]. Ceux-ci cessent d'être de véritables tiers par rapport au groupe de contrats. C'est le cas, par exemple, dans le domaine de la construction, ou on peut considérer que l'acquéreur n'est pas véritablement un tiers par rapport à l'ingénieur, à l'architecte, à l'entrepreneur et au sous-traitant. De même, ce dernier n'est pas vraiment un tiers dans le groupe, qui l'unit au maître de l'ouvrage. Du moment qu'il se trouve associé à la réalisation des obligations nées d'un contrat, il doit être conçu comme « partie au groupe contractuel composé par les deux conventions superposées »[6]. C'est encore le cas dans le domaine de la vente de produits ou services, ou on ne peut pas considérer que le consommateur est véritablement un tiers par rapport au fabricant.

---

[1]**G. VINEY**, *op.cit.*, n°243, p.663.

[2]**G. VINEY**, *ibid.*, n°243, p.662.

[3]**F. BERTRAND**, Thèse préc., p.405 : l'expression figure à l'intitulé du Chapitre II.

[4]**C. LACROIX**, note sous Cass. civ. fr. Ass. plén., 06 oct. 2006, LPA, 2007, n°16, préc., p.20, n°11. L'auteur parle des tiers qui présentent un « lien » ave le contrat inexécuté ; **J. GHESTIN, Ch. JAMIN et M. BILLAU**, Traité de droit civil, Les effets du contrat, *op.cit.*, n°336, pp.389-390. On parle des « parties liées », par opposition aux « parties contractantes », pour désigner les tiers liés par les effets obligatoires du contrat.

[5]**M. ESPAGNON**, Fasc. préc., n°10, p.6 ; note sous Cass. civ. fr., 08 juin 1979, D., 1980, J., p.563, seconde col. *in fine* et p.564, 1re col. ; **Ph. LE TOURNEAU**, *op.cit.*, n°973, p.448 ; **M. BACACHE-GIBEILI**, *op.cit.*, n°30, pp.31-32.

[6]**J. NÉRET**, Le sous- contrat, *op. cit.*, n°378, p.271 ; **L. HARGUEM**, mémoire préc., p.99.

Plus généralement, pour toute opération qui implique la conclusion de plusieurs contrats, accorder la qualité de tiers au sens de *penitus extraneus*, pour celui qui n'a souffert d'un dommage que parce qu'il avait un lien avec le contrat initial[1], paraissait « pour une large part artificielle »[2].

Dès lors, lorsqu'un manquement contractuel cause un préjudice à un tiers et que ce tiers « a vocation à bénéficier du contrat, le régime de l'action délictuelle doit être aligné, dans une certaine mesure, sur celui de l'action contractuelle »[3]. La solution contraire entraine unedifférence de traitement peu rationnelle entre le tiers victime et le créancier contractuel.

2. Une différence de traitement peu rationnelle entre le tiers victime et le créancier contractuel

585. La mise à contribution de la voie extracontractuelle au bénéfice du tiers, victime de l'inexécution d'une obligation exclusivement contractuelle, entraine une différence de traitement injustifiée par rapport au créancier contractuel. Cette différence de traitement, pourtant face à deux situations identiques, opère dans les deux sens. Tantôt, elle confère au tiers victime une position plus avantageuse que le créancier contractuel, tantôt, elle lui confère une position moins avantageuse.

586. Une discrimination injustifiée, en faveur du tiers, par rapport au créancier contractuel. Lorsque le tiers, victime de l'inexécution d'une obligation purement contractuelle, place son recours contre le débiteur défaillant sur un plan extracontractuel, il peut se trouver « dans une situation beaucoup plus favorable que celui qui en bénéficie, ce qui est un peu le monde à l'envers »[4]. En effet, la voie extracontractuelle peut lui conférer une position plus avantageuse et des droits plus étendus vis-à-vis du débiteur de la prestation inexécutée, que ceux dont dispose le créancier contractuel lui-même. Elle lui permet d'échapper aux courtes prescriptions, d'esquiver certaines règles de compétence et de répudier certaines clauses du contrat, auxquelles aurait été soumis le créancier si c'était lui qui avait eu à se plaindre de l'inexécution, à l'instar de celles qui sont de nature à limiter, voire éluder la responsabilité du débiteur. Par un curieux paradoxe, le tiers

[1]**J. NÉRET**, *op.cit.*, n°s376 à 379, pp.270 à 272, spéc., n°278, pp.271-272 ; **G. Viney**, « Sous-contrat et responsabilité civile », art. préc., n°28, pp.631-632.

[2]**G. DURRY**, obs. sous Cass. civ. fr., 09 oct. 1979, RTD civ., 1980, p.355, n°1.

[3]**R. WINTGEN**, « "Tout fait quelconque… "… », art. préc., n°21, p.617 ; **G. WICKER**, « La sanction délictuelle… », art. préc., pp.604 et s., n°s23 et s. En ce sens : Dans le domaine de la construction sur l'action directe du maître de l'ouvrage contre le sous-traitant, V. **F. MAHJOUB**, « Les contrats de construction : faut-il reconnaître l'interdépendance contractuelle ? », Revue tunisienne d'études juridiques et politiques, FDSPS, IORT, 2012, pp.185 à 205, n°s31 à 48 ; **R. CABRILLAC**, *op. cit.*, n°s506 et s., pp.262 et s.

[4]**P. ANCEL**, « Les arrêts de 1998… », art. préc., n°24, p.21 et n°35, p.28 ; **M. ESPAGNON**, « La prévision contractuelle… »,art. préc., p.380 ; **G. BONET et B.GROS**, art. préc., n°22.

est alors mieux traité que le créancier lui-même ! Cette discrimination manifeste en faveur du tiers est peu justifiée[1].

En conséquence, le tiers se trouve autorisé à se prévaloir d'une inexécution purement contractuelle, tout en soumettant son action aux règles propres à la matière extracontractuelle. Voilà ce qui revient à lui donner « le beurre et l'argent du beurre »[2], soit la possibilité de cumuler les avantages du contractuel et de l'extracontractuel, ce qui revêt un caractère particulièrement choquant et inopportun[3].

À vrai dire, si l'on veut imprimer une certaine cohérence au comportement du tiers qui se prévaut d'un manquement purement contractuel, on doit considérer que « le contrat inexécuté qui constitue, dans une certaine mesure, le fondement de son action, doit logiquement aussi déterminer le régime de cette action »[4].

587. Une discrimination injustifiée, aux dépens du tiers, par rapport au créancier contractuel. Si, l'action extracontractuelle permet au tiers d'éviter les règles contractuelles qui protègent le débiteur défaillant, elle le prive, tout de même, des règles contractuelles qui avantagent le créancier. On songe, notamment, aux astreintes conventionnelles ou encore aux clauses pénales qui peuvent procurer au créancier une indemnisation nettement supérieure au montant du préjudice[5]. La responsabilité extracontractuelle ne permet pas, par ailleurs, au tiers de bénéficier des présomptions de faute ou de responsabilité, qui sont propres au régime de la responsabilité contractuelle. Le principe de la relativité de la force obligatoire du contrat interdit, en effet, à celui-ci de se prévaloir d'une obligation qui n'a pas été assumée à son profit. De la même façon, lorsque le créancier bénéficie d'une obligation de garantie de la part du débiteur, le créancier se trouve dans une situation meilleure que le tiers qui invoque pourtant la même exécution défectueuse du contrat[6].

588.Méfaits du « tout extracontractuel » pour les manquements purement contractuels. Les conséquences pratiques de la voie du « tout extracontractuel » sont donc néfastes. L'application du régime extracontractuel à l'action du tiers, victime de l'inexécution d'une obligation purement contractuelle, affecte profondément l'intégrité du contrat. Elle

---

[1]**J. NÉRET**, *op.cit.*, n°374, p.269 ; **B. TEYSSIÉ**, *op.cit.*, n°495, p.247 ; **G. Viney**, « Sous-contrat et responsabilité civile », art. préc., n°21, p.626 ; **D. MAZEAUD**, « Contrat, responsabilité et tiers… (Du nouveau à l'horizon) », art. préc., n°10, pp.752-753 ; **P. JOURDAIN**, obs. sous Cass. com. fr., 05 avr. 2005, RTD civ., 2005, pp.602-604, spéc. p.603, seconde col. ; **G. VINEY**, *op.cit.*, n°214, p.600 ; **D. EL RAJAB**, Thèse préc., n°103, p.116 ; **C. LACROIX**, note sous Cass. civ. fr. Ass. plén., 06 oct. 2006, LPA, 2007, n°16, préc., p.20, n°12 ; **S. CARVAL**, obs. sous Cass. Ass. plén., 06 oct. 2006, RDC, 2007, préc., p.284, n°4.

[2]**P. ANCEL**, « Faut-il « faire avec » ? », art. préc., p.544, n°11 ; « La responsabilité contractuelle et ses relations avec la responsabilité extracontractuelle : présentation des solutions de l'avant-projet », RDC, 2007, n°19, p.28 ; « Les arrêts de 1998… », art. préc., n°23, p.20 ; **S. ABID MNIF**, *op.cit.*, n°258, p.340.

[3] On y voit une manifestation de la pratique du « cherry-picking ». Cette dernière consiste à sélectionner dans une opération les éléments qui semblent intéressants tout en évitant ce qui peut être nuisible.

[4]**D. MAZEAUD**, « À partir d'un petit cas… », art. préc., n°29, p.732.

[5]**S. CARVAL**, obs. sous Cass. Ass. plén., 06 oct. 2006, préc., pp.284-285, n°4.

[6]**F. BERTRAND**, Thèse préc., n°231 à 235, pp.382 à 389.

méconnaît fortement les prévisions du débiteur contractuel, favorise considérablement le tiers victime, par rapport au créancier contractuel et introduit des inégalités injustifiées entre ces deux catégories. Elle brouille, par ailleurs, la notion de faute extracontractuelle ainsi que celle de tiers au contrat.

589. L'équilibre escompté. L'équilibre entre la sécurité du tiers, son droit à l'indemnisation en tant que victime principale de l'inexécution d'un contrat, et la sécurité du débiteur, son droit à la protection de ses prévisions contractuelles, ne peut se réaliser qu'à travers la réfutation du « tout extracontractuel » pour les manquements contractuels. Une distinction de base devrait alors être établie.

Si le manquement porte sur une obligation contractuelle mixte, c'est que l'inexécution contractuelle peut se doubler d'une atteinte à une règle de portée générale. Suivre la voie extracontractuelle dans ce cas, protège, certes, le tiers, sans déjouer, pour autant, les prévisions du débiteur. Ce dernier s'attend, en effet, à ce que sa défaillance contractuelle, vis-à-vis du créancier, peut se doubler d'une défaillance extracontractuelle envers les tiers. L'application de la responsabilité extracontractuelle, dans ce cas, n'altère en rien ses prévisions.

Face à un manquement strictement contractuel, le tiers qui en pâtit devrait se placer sur un terrain contractuel pour obtenir indemnisation. Le respect des prévisions du débiteur contractuel est à ce prix. La mise en place d'une action directe en responsabilité nécessairement contractuelle devient, dès lors, une nécessité. Aux dires d'une doctrine « il s'agirait d'étendre, du moins à certains points de vue, l'effet obligatoire du contrat au profit d'autres personnes que le créancier immédiat envers lequel le débiteur s'est engagé »[1]. Le tiers sera, ainsi, attiré par la force obligatoire du contrat, ce qui constitue plutôt une manifestation de l'effet direct du contrat.

---

[1] **Ch. LARROUMET**, Droit civil, Les obligations, Le contrat, T.3, 2ème partie : Effets, *op.cit.*, n°752, pp.895-896 ; **F. MAHJOUB**, art. préc., pp.153-215.

CONCLUSION DU PREMIER TITRE

590. Effet indirect du contrat et immixtion du tiers victime. L'étude de l'indemnisation du tiers, fondée sur l'opposabilité du contrat, a permis de démontrer que son immixtion dans l'orbite du contrat est une réalité. La sphère des tiers, victime par ricochet de l'inexécution du contrat, telle que conçue par la jurisprudence, montre une ampleur et une diversité qui ne peut qu'appuyer cette réalité. La vocation du cercle des tiers, victimes principales de l'inexécution du contrat, de réunir tous ceux qui prétendent à réparation pour toute atteinte causée par le contrat à leurs personnes, à leurs biens, voire à toute norme générale de comportement, greffée artificiellement à un contrat, ne peut que confirmer cette réalité. Bien que l'immixtion soit prouvée, l'œuvre semble encore inachevée.

591. Un équilibre à double vitesse. La thèse de l'« autonomie atténuée » du préjudice par ricochet, par rapport au préjudice principal a permis de maintenir un équilibre savant, entre le droit à indemnisation du tiers, victime médiate de l'inexécution d'un contrat et la sécurité du débiteur contractuel, redevable de l'indemnisation. Parce que son préjudice est personnel, le tiers peut exciper d'un droit propre, qui sera évalué uniquement en fonction du préjudice subi. Sa sécurité juridique se trouve, ainsi, préservée. Parce que le fait générateur de responsabilité, ayant provoqué les préjudices initiaux et par ricochet, est le même, à savoir l'inexécution du contrat, le débiteur peut invoquer à l'égard de la victime par ricochet toutes les limites de la réparation qu'il aurait pu opposer à son créancier immédiat. Les prévisions du débiteur contractuel sont, alors, protégées. Tel ne semble pas être le cas, lorsque le tiers est victime principale de l'inexécution du contrat.

Il est de jurisprudence que le tiers, victime principale de l'inexécution d'un contrat, observe la voie extracontractuelle pour obtenir satisfaction. La Cour de cassation s'opiniâtre, à cet effet, à assimiler toute inexécution contractuelle à un manquement extracontractuel. Assimilation qui ne peut que brouiller, voire, ruiner, dans son principe même, la distinction des deux ordres de responsabilité, aux torts des prévisions du débiteur contractuel.La voie du « tout extracontractuel », pour les manquements contractuels, induit le juriste dans un véritable désarroi. La solution qui consiste à déplacer le débat sur le plan des constantes du droit de la responsabilité, le préjudice et lien de causalité, demeure insuffisante. La sauvegarde des attentes du débiteur contractuel ne peut se réaliser qu'au prix d'une distinction fondamentale inexploitée, à notre connaissance, par nos prétoires.

Lorsque le manquement porte sur une obligation contractuelle mixte, susceptible de se doubler d'un devoir général de comportement intégré dans le contrat, la voie extracontractuelle peut acquérir droit de cité. Le tiers est protégé. Il obtient indemnisation, au titre du préjudice subi. Les prévisions du débiteur ne sont, en rien, déjouées. Ce dernier s'attend, en effet, à ce que sa défaillance contractuelle, vis-à-vis du créancier, puisse se doubler d'une défaillance extracontractuelle envers les tiers. Il en est différemment, si l'inexécution contractuelle est insusceptible de se doubler d'un devoir de portée générale contractualisé. Le manquement strictement contractuel ne devrait déboucher, dans ce cas, que sur un recours contractuel. Ce recours trouve sa base et sa mesure dans le contrat, fondement de l'engagement du débiteur. Les attentes légitimes de ce dernier, structure fondamentale de sa sécurité juridique, sont à ce prix. La consécration d'une action directe, en responsabilité contractuelle, semble, dès lors, nécessaire. Une telle responsabilité est, plutôt, rattachée à l'effet direct du contrat.

TITRE II

L'INDEMNISATION DU TIERS RATTACHÉE À L'EFFET DIRECT DU CONTRAT INEXÉCUTÉ

592.Le tiers victime et l'effet direct du contrat. Le tiers peut être intéressé par la force obligatoire du contrat, son effet direct. Ce n'est plus, donc, à l'occasion du contrat qu'un préjudice lui a été porté, mais à cause de l'inexécution même des obligations souscrites par ce contrat. Le tiers peut, en effet, être l'un des destinataires de ces obligations. Au gré des cas, il peut être victime de l'inexécution d'un contrat intégré (Chapitre I) dans un groupe de contrats, comme il peut être victime de l'inexécution d'un contrat isolé (Chapitre II).

L'objectif est de mettre, davantage, en lumière la réalité de l'immixtion du tiers dans la sphère contractuelle. L'objectif est aussi de démontrer que cette immixtion peut se produire sans perturber l'équilibre entre les différents intérêts antagonistes.

CHAPITRE I

Le tiers victime de l'inexécution d'un contrat intégré

593. Apparition des groupes de contrats. L'imbrication des relations sociales et la circulation accélérée des richesses se sont traduites sur le plan contractuel par la confection d'opérations nouées autour d'un objet commun ou en vue d'une finalité commune. La notion de groupe de contrats, ensemble ou chaîne, traduit cette réalité[1]. Elle « substitue au traditionnel rapport dualiste, créancier-débiteur, une pluralité de rapports entre les participants à une opération déterminée »[2]. Certains tiers apparaissent, en effet, directement intéressés à l'exécution d'une prestation caractéristique d'un ou plusieurs contrats, notamment parce qu'ils sont, en vertu d'autres contrats, les destinataires finals de la prestation. Ces tiers se trouvent, ainsi, en lien de connexité très étroit avec le contrat inexécuté. Plusieurs exemples peuvent l'illustrer.

594. Diversité des applications. Il est fréquent qu'un entrepreneur de construction n'exécute pas lui-même l'ensemble des prestations mises à sa charge par un contrat et a recours à un sous-traitant. En ce cas, l'exécution défectueuse du sous-contrat a le plus souvent des conséquences dommageables pour le maître de l'ouvrage : créancier initial. Ce dernier, bien que tiers par rapport au sous-contrat, souffre de son inexécution[3]. Le même phénomène peut se retrouver dans le cadre de la promotion immobilière. Une société de promotion peut avoir recours à un entrepreneur pour la construction d'un ouvrage. En cas d'exécution défectueuse du contrat d'entreprise, l'acquéreur, tiers par rapport à ce contrat, en pâtit directement, en raison de sa qualité de destinataire final de la prestation. Dans le domaine du transport maritime de marchandises, rappelons que le transporteur n'exécute pas lui-même l'ensemble des prestations mises à sa charge par le contrat de transport, qui l'unit au destinataire. Il se fait substituer un

---

[1] Sur un exposé de cette notion, V. *infra*, n[os]627 et s.

[2] **F. BERTRAND**, Thèse préc., n°277, p.459.

[3] Cass. civ. fr., 31 janv. 2007, JCP éd. G., 2007, IV, n°1469 ; Cass. civ. fr., 14 sep. 2005, RDI, 2005, chron., p.460, obs. **Ph. MALINVAUD** ; Cass. civ. fr., 10 janv. 2001, JCP éd. E, p.347 ; **J. FOSSEREAU**, « Le "clair obscur" de la responsabilité des constructeurs », D.S., 1977, chron., pp.25 à 28 ; Cass. civ. fr., 05 déc. 1972, D.S., 1973, J., p.401, note **J. MAZEAUD**.

manutentionnaire chargé des opérations d'embarquement et de débarquement des marchandises, au sens de l'article 169 du Code de commerce maritime. Le manquement contractuel, commis par l'entrepreneur de manutention, a inéluctablement des conséquences dommageables pour le destinataire : tiers au contrat conclu entre le transporteur et le manutentionnaire[1]. Dans le domaine de la consommation, l'hypothèse se vérifie lorsque le contrat a pour objet la livraison d'un bien que l'acquéreur n'utilise pas lui-même, mais revend immédiatement, et dont les défauts n'apparaîtront qu'au moment de son utilisation par le consommateur final. Ce dernier, tiers, va pâtir de la mauvaise qualité de la chose livrée[2]. Il est, dit-on, victime de l'exécution défectueuse d'un contrat de vente d'une chose ou d'un produit défectueux[3]. La matière acquiert, dans nos tribunaux, droit de cité[4]. Dans le domaine médical, du fait de la complexité croissante des interventions, le chirurgien qui a conclu avec son patient un contrat pour mener à bien une opération, doit, nécessairement, se faire assister par un ou plusieurs aides opératoires. Le manquement contractuel commis par l'un quelconque de ces derniers, préjudicie indéniablement au créancier de soins : tiers aux contrats conclus entre le chirurgien et ses auxiliaires. Les exemples peuvent être multipliés. On peut citer le mandant, tiers par rapport au contrat de sous-mandat, le déposant, tiers au contrat de dépôt de second rang ou le bailleur, tiers au contrat conclu entre le preneur et le sous-locataire. Tous peuvent être victimes de l'inexécution ou de l'exécution défectueuse du sous-contrat.

595. Position du problème. L'apparition de contrats imbriqués dans une opération commune a fait que, bien souvent, les tiers victimes, qui se prévalent de la responsabilité du débiteur défaillant sont, en fait, liés au contrat, dont la mauvaise exécution leur a causé un dommage. La particularité de cette situation a suscité la question de la nature de la responsabilité du débiteur défaillant à l'égard de ces tiers. Cette lancinante question, qui a par trop pesé sur les débats doctrinaux, n'a pas eu un grand retentissement sur notre droit positif. Ce dernier atteste d'une prédominance de la nature extracontractuelle de la responsabilité du débiteur défaillant à l'égard des tiers, victimes de l'inexécution d'un contrat, intégré dans un

---

[1] Cass. civ. n°62622 en date du 22 janv. 1998, Bull. civ., 1998, 2ème partie, p.249 ; Cass. civ. n°7624 en date du 17 fév. 2005, Bull. civ., 2005, 2ème partie, p.253 ; RJL, 2006, n°1, p.179 (partie en langue arabe) ; Cass. civ. n°10701 en date du 19 mars 2007, RJL, 2007, n°4, p.179 (partie en langue arabe) ; Cass. civ. Ch. réun., arrêt n°31235 en date du 30 déc. 2010 (inédit), préc.

[2] **Ph. MALINVAUD**, « La responsabilité civile du fabricant en droit français », G.P., 1973, 2, doc., pp.467-468, n°s19 et s. ; **G. BONET** et **B. GROSS**, « La réparation des dommages causés aux constructions par les vices des matériaux », JCP éd. G, 1974, I, 2602, n°s16 et s. ; Cass. civ. fr., 05 déc. 1972, D.S., 1973, J., pp.401-402, note **J. MAZEAUD** ; Cass. civ. fr., 27 juin 1978, D., 1978, IR, p.409, obs. **Ch. LARROUMET**.

[3] **F. BERTRAND**, Thèse préc., n°203, pp.323 à 326 ; Cass. civ. fr., 17 janv. 1995, D., 1995, pp.350-355, note **P. JOURDAIN** ; RTD civ., 1995, p.631, obs. **P. JOURDAIN** ; D., 1996, somm. comm., pp.15-16, obs. **G. PAISANT**.

[4] Cass. civ. n°97-59218 en date du 12 janv. 1999 (inédit), préc. ; Cour d'appel de Sfax, arrêt n°16243 en date du 28 nov. 2006 (inédit) ; Cour d'appel de Sfax, arrêt n°15416 en date du 04 juill. 2006 (inédit).

groupe de contrats (Section I). Une solution pareille réduit les prévisions du débiteur contractuel à une peau de chagrin. Raison pour laquelle, c'est pour la réfutation de principe de la nature extracontractuelle de cette responsabilité qu'on entend plaider (Section II).

SECTION I. PREDOMINANCE DE LA RESPONSABILITE EXTRA-CONTRACTUELLE DU DEBITEUR DEFAILLANT AU SEIN DES GROUPES DE CONTRATS

596. D'aucuns estiment que l'idée selon laquelle des liens contractuels peuvent être tissés, dans le cadre d'un groupe de contrats, entre le tiers victime de l'inexécution d'un contrat et le débiteur responsable, ne peut être envisagée sur le plan des principes. Le tiers, membre d'un groupe de contrats, victime de l'inexécution d'un autre contrat du groupe, ne peut en principe assigner le débiteur contractuel, auteur du dommage, que sur un plan extracontractuel (Paragraphe I). Ce n'est que par voie d'exception qu'une action en responsabilité contractuelle peut être admise (Paragraphe II).

Paragraphe I. Une responsabilité extracontractuelle de principe

597. Le tiers victime de l'inexécution d'un contrat, intégré dans un groupe de contrats, n'a que de suivre la voie extracontractuelle, pour obtenir satisfaction du débiteur défaillant. Ce principe fondé sur une approche purement volontariste du contrat (A), fait jurisprudence (B).

A. Une responsabilité extracontractuelle fondée sur une approche purement volontariste du contrat

598. Approche volontariste et fondement de la force obligatoire du contrat. Inspiré des principes de la philosophie volontariste, la doctrine individualiste ne pouvait concevoir les rapports sociaux que comme le résultat d'un accord de volonté. À travers cette philosophie, la volonté apparaît comme la source unique de toute obligation contractuelle. De cette philosophie découle le fondement de la force obligatoire des contrats : l'homme étant libre, il ne peut être obligé que parce qu'il l'a voulu. La volonté est, dès lors, le seul fondement de la force obligatoire du contrat. Pothier l'exprime en ces termes « l'obligation qui naît des conventions, et le droit qui en résulte, étant formés par le consentement et le concours des volontés des parties, elle ne peut obliger un tiers, ni donner de droit à un tiers dont la volonté n'a pas concouru à former la convention »[1].

---

[1] **R.-J. POTHIER**, Traité des obligations, 1re éd. 1821, réédité en 2011, préface de **J.-L. HALPÉRIN**, Dalloz, Paris, 2011, n°87, p.42. V. sur cette philosophie : *supra*, nos35 à 41.

599. Approche volontariste du contrat et principe de la relativité. Au principe selon lequel la volonté est le fondement de la force obligatoire de l'acte, se rattache celui de la relativité de la force obligatoire du contrat. Seuls ceux qui ont manifesté leurs volontés sont tenus par les liens contractuels. Perçue sous l'éclairage de cette philosophie volontariste, l'interprétation de l'article 240 du Code des obligations et des contrats ne doit, donc, pas échapper à l'emprise du principe de l'autonomie. Le sens qu'il convient de donner aux termes « parties » et « tiers » se trouve directement inspiré du principe d'après lequel la volonté est le fondement exclusif de la force obligatoire des contrats. Partant, est partie seule la personne dont la volonté a contribué à la formation du contrat. Est tiers, toute autre personne dont la volonté n'a pas participé à la conclusion du contrat. Le critère de distinction des parties et des tiers est exclusivement, subjectif, dans un système fondé sur le principe de l'autonomie de la volonté. Il résulte de la seule prise en considération de la volonté de l'individu lors de la formation de la convention.

600. Approche volontariste du contrat et rejet de la théorie des groupes de contrats. La thèse subjective du contrat qui présente l'effet relatif comme « le témoin d'une conception purement individualiste du droit des obligations »[1], va ainsi percevoir sous la même approche le phénomène des groupes de contrats. Deux contrats, intégrés dans une opération quelconque doivent, dès lors, être envisagés de façon distincte. Chaque contrat doit être perçu comme une entité isolée. Il en résulte qu'« à l'égard du tiers, l'acte conventionnel n'existait pas puisque, par hypothèse, sa volonté n'a pas concouru à l'élaboration de cet acte »[2].

L'interprétation de l'article 240 du Code des obligations et des contrats, à la lumière de l'acception purement individualiste du droit des obligations, fortement imbue par le principe de l'autonomie de la volonté, constitue un obstacle à la consécration juridique de la notion de groupe de contrats[3]. Elle interdit aux membres du groupe d'agir en responsabilité contre le débiteur défaillant avec lequel ils n'ont pas échangé leurs consentements. Les contractants extrêmes apparaissent comme de véritables tiers dans leurs rapports réciproques soumis au principe de la relativité de la force obligatoire du contrat. Les relations qui les unissent sont celles qui existent, normalement, entre étrangers. Lorsque le manquement à une obligation contractuelle de l'un cause un préjudice à l'autre, ce dernier, tiers, ne peut obtenir satisfaction, sur un plan contractuel. L'action directe entre contractants extrêmes ne peut être, dès lors, fondée que sur une exception à l'article 240 du Code des obligations et des contrats.

L'interprétation classique de l'article 240 du Code des obligations et des contrats commande le rejet de la notion juridique de groupe de contrats et la

---

[1]**J. FLOURT, J.-L. AUBERT et E. SAVAUX**, *op.cit.*, n°422, p.346.
[2]**J. DUCLOS**, *op.cit.*, n°22, p.47.
[3]**M. BACACHE-GIBEILI**, *op.cit.*, n°351, p.326.

condamnation, à défaut d'un fondement législatif, des actions directes au sein de ces groupes. Il semble que, c'est cette approche qui est constamment suivie par nos tribunaux.

601. Réfutation de l'action directe au sein des groupes de contrats par la jurisprudence. L'apparition de contrats imbriqués autour d'un objet commun ou en vue d'une finalité commune n'a pas eu de retentissement sur nos tribunaux qui, en l'absence de tout lien contractuel entre contractants extrêmes, récusent toute action directe entre parties extrêmes. La solution trouve son fondement dans une lecture purement volontariste de l'article 240 du Code des obligations et des contrats.

Ainsi, dans le cadre du transport de marchandises par voie maritime, et en l'absence de tout lien contractuel, précise le Tribunal de première instance de Tunis le 11 juin 1973, entre l'entrepreneur de manutention et le destinataire, tiers au contrat de manutention, ce dernier ne peut être admis au bénéfice d'une action directe intentée contre le manutentionnaire[1]. La Cour de cassation qui semble avoir pris parti en faveur de l'approche individualiste du droit des obligations est venue conforter cette tendance le 03 mai 2005. Elle a décidé, qu'en l'absence de tout lien contractuel entre le créancier principal, en l'occurrence le destinataire de marchandises par voie maritime et le substitut du débiteur intermédiaire, en l'occurrence l'entrepreneur de manutention, le destinataire ne peut intenter directement une action en responsabilité contractuelle à l'encontre de la société de manutention[2]. Le démenti de toute action directe au profit du destinataire de la marchandise, en raison de l'absence de tout lien contractuel entre, d'une part, le consignataire de la cargaison et le manutentionnaire, en tant que substituts du transporteur, et d'autre part, le destinataire, a été rappelé le 19 mars 2007[3].

Dans le domaine de la construction, c'est la même tendance qui s'est dessinée s'agissant des vices de la chose vendue. La Cour de cassation estime que l'acquéreur ne peut aucunement assigner directement l'entrepreneur en raison de l'absence de tout lien contractuel qui les unit[4]. Ce

---

[1] Jugement n°308 en date du 11 juin 1973, RJL, 1974, n°s 1-2, p.64 (partie en langue arabe) :
" إن شركة الشحن والتفريغ تعمل لفائدة الناقل البحري وعليه **فلا يجوز القيام عليها مباشرة** حسب الفصل 169 من مجلة التجارة البحرية **إذ ليست لها أية علاقة تعاقدية بالمرسل إليه** طالما لم يقع التنصيص بمشارطة الإيجار أو بوثيقة الشحن على أنه وكيل المرسل إليه".

[2] Cass. civ. n°8325 en date du 03 mai 2005, RJL, 2006, n°1, p.191 (partie en langue arabe) ; Bull. civ., 2005, 2ème partie, p.245 :
" وحيث أن الناقل البحري هو المسؤول عن سلامة البضاعة إلى يوم التسليم و**لا يمكن للطاعنة توجيه دعواها رأسا** تجاه شركة الشحن والترصيف ضرورة انتفاء أي **علاقة تعاقدية** أو قانونية يمكن أن تكون قاعدة إسناد لأي مسؤولية".
Adde : Cass. civ. n°70360 en date du 02 fév. 2000, Bull. civ., 2000, 1re partie, p.189.

[3] Cass. civ. n°10701 en date du 19 mars 2007, RJL, 2007, n°4, p.179 (partie en langue arabe) :
" وحيث يخلص من الأحكام السالفة البيان أن الحمولة ومقاول الشحن والتفريغ يعملان لحساب الناقل البحري بناء على تكليف منه ولذلك فإنه **لا يجوز القيام عليهما مباشرة** من طرف المرسل إليه **في نطاق المسؤولية العقدية**".

[4] Cass. civ. n°2004-8375 en date du 13 mai 2005 (inédit) :
" وحيث خلافا لما ذهبت إليه الطاعنة (شركة البعث العقاري) فإن المعقب ضده تعامل معها واشترى منها محل سكنى جاهزا وليست له علاقة قانونية أو واقعية مع مقاول البناء و**لا يمكن القيام عليه من طرف المشتري المذكور لانتفاء كل علاقة بينهما**".
Adde : Cass. civ. n°5125 en date du 24 mai 1982, Bull. civ., 1982, 3ème partie, p.241 ; Cass. civ. n°27392 en date du 13 mars 1992, Bull. civ., 1992, p.416 :

durcissement de la position de la jurisprudence paraît regrettable. Il a été compensé par un accueil favorable de la responsabilité extracontractuelle.

B. Une responsabilité extracontractuelle faisant jurisprudence

602. La consécration prétorienne de l'action extracontractuelle au sein des groupes de contrats. Lorsque deux ou plusieurs contrats portent sur un même objet ou poursuivent un but commun, il est logique que l'inexécution par l'une des parties contractantes de son obligation purement contractuelle, en vertu d'un premier contrat, retentisse directement sur le créancier de cette même obligation en vertu d'un autre contrat. L'existence d'un lien de connexité très étroit entre les obligations en cause explique, en effet, cette dialectique. Pourtant, aucune importance n'est accordée par nos tribunaux à ce lien de connexité. Le tiers, victime de l'inexécution d'une obligation contractuelle, identique à celle dont il est créancier, en vertu d'un autre contrat, n'a qu'à suivre la voie extracontractuelle, pour obtenir satisfaction du débiteur défaillant. La solution constitue une jurisprudence en la matière. Plusieurs illustrations peuvent l'étayer.

603. Illustration tirée du recours du destinataire de marchandises, par voie maritime, contre l'entrepreneur de manutention. En raison de la complexité de l'opération de transport de marchandises, par voie maritime, plusieurs opérateurs interviennent. Le transporteur maritime, tenu de l'obligation de délivrance des marchandises, peut se faire substituer un entrepreneur de manutention dans les opérations d'embarquement et de débarquement[1]. En cas d'avarie des marchandises, le destinataire, victime de l'exécution défectueuse du contrat de manutention et qui entend poursuivre l'entrepreneur de manutention, ne peut que solliciter la voie extracontractuelle. C'est ce qui ressort d'une jurisprudence établie en la matière[2]. Que pense-t-on de cette solution ? Est-ce que la substitution du

---

" إنه **لا يمكن للمعقب ضده** (المشتري) الذي تعاقد مع الطاعنة (شركة البعث العقاري) **الرجوع على المقاولين** الذين قاموا بالبناء **لأنتفاء العلاقة معهم**".

[1] L'art.169 du CCM, précise que « L'entrepreneur de manutention est chargé, dans l'enceinte portuaire, de toutes les opérations d'embarquement et de débarquement des marchandises y compris les opérations de mise et de reprise sous hangar et sur terre-plein, qui en sont le préalable ou la suite nécessaire. Il est aussi chargé de la réception et de la reconnaissance à terre des marchandises ainsi que de leur garde et conservation jusqu'à leur embarquement ou à leur livraison matérielle aux ayants-droit. L'entrepreneur de manutention opère pour le compte du transporteur, seul tenu de l'obligation de délivrance des marchandises… ».

[2] Jugement n°308 en date du 11 juin 1973, RJL, 1974, n[os]1-2, p.64 (partie en langue arabe) :
" إن شركة الشحن والتفريغ تعمل لفائدة الناقل البحري وعليه فلا يجوز القيام عليها مباشرة حسب الفصل 169 من مجلة التجارة البحرية... ولا تمكن مؤاخذة مقاول الشحن والتفريغ على هذا الأساس غيرأنه **يجوز مؤاخذته** بسبب خطئه الشخصي طبق القواعد العامة وذلك **في نطاق المسؤولية التقصيرية**".

Adde : Jugement n°7081 en date du 29 déc. 1973, RJL, 1975, n[os]3-4-5, p.67 (partie en langue arabe) ; Jugement n°5076 en date du 16 mars 1974, RJL, 1975, n[os]3-4-5, p.73 (partie en langue arabe) ; Cass. civ. n°3593 en date du 19 juin 1980, RTD, 1982, p.247 (partie en langue arabe) ; Cass. civ. n°8700 en date du 24 mai 1984, Bull. civ., 1984, 1re partie, p.340 ; Cass. civ. n°36471 en date du 14 déc. 1992, Bull. civ., 1992, p.545 :
" وحيث أن عدم وجود علاقة تعاقدية بين مقاول الشحن والمرسل إليه أو من حل محله لا يمنع من مطالبته على أساس المسؤولية التقصيرية إذا ثبت خطأ في جانبها في نطاق القانون العام وفق أحكام الفصلين 82 و83 من م.إ.ع.".

transporteur par l'entrepreneur de manutention dans les opérations d'embarquement et de débarquement, justifie de donner une coloration extracontractuelle à l'action du destinataire de marchandises contre le manutentionnaire, rien que, parce que la victime a la qualité de tiers par rapport au contrat de manutention ? Si le préjudice est le même : la détérioration des marchandises, si l'obligation méconnue est la même, en l'occurrence, l'obligation de conservation des marchandises, il semble que rien ne justifie de placer l'action de la victime sur un plan extracontractuel.

Lorsque le destinataire envisage d'engager la responsabilité du transporteur, en raison de l'exécution défectueuse de son obligation de délivrance et de conservation des marchandises, il sollicite la voie contractuelle. Lorsqu'il entend agir contre l'entrepreneur de manutention, en raison de l'exécution défectueuse de son obligation de conservation des marchandises, la Cour de cassation préconise la voie extracontractuelle. Pourtant, on est en présence de deux contrats ayant en commun une obligation identique, à savoir l'obligation de conservation des marchandises. Le destinataire est, dès lors, victime de l'inexécution d'une obligation purement contractuelle, générée par le contrat de manutention, identique à celle dont il est créancier en vertu du contrat de transport. Sa qualité de tiers au contrat de manutention, justifie-t-elle de placer son action contre le manutentionnaire, sur un terrain extracontractuel ? La réponse par la négative semble s'imposer. Pourtant c'est, semble-t-il, cette qualité qui véhicule, à chaque fois, le syllogisme construit par nos juges.

L'analyse des arrêts qui, ont engagé la responsabilité extracontractuelle de l'entrepreneur de manutention, à l'égard du destinataire de marchandises, permet de constater que le manquement établi du côté du manutentionnaire, porte sur la conservation des marchandises, lequel constitue un manquement purement contractuel, caractéristique du contrat de manutention. Aucune atteinte à un devoir de portée générale n'a été relevée du côté de l'entrepreneur de manutention, pouvant justifier l'application de la responsabilité extracontractuelle de ce dernier. Les manquements relevés par les juges l'attestent. Pourtant c'est la responsabilité extracontractuelle qui a été retenue[1]. Solution inique, qui ruine, dans son principe même, la

---

Adde : Cass. civ. n°57513 en date du 16 avr. 1997, Bull. civ., 1997, 1re partie, p.192 ; Cass. civ. n°62622 en date du 22 janv. 1998, Bull. civ., 1998, 2ème partie, p.249 ; Cass. civ. n°7624 en date du 17 fév. 2005, Bull. civ., 2005, 2ème partie, p.253 ; RJL, 2006, n°1, p.179 (partie en langue arabe) ; Cass. civ. n°10701 en date du 19 mars 2007, préc. ; Cass. civ. Ch. réun., arrêt n°31235 en date du 30 déc. 2010 (inédit), préc. :
" وحيث ولئن يمتد نطاق مسؤولية الناقل منذ وضع يده على البضاعة وتسلمها من الشاحن إلى حين تسليمها إلى المرسل إليه عملا بأحكام الفصلين 144 و146 من م.ت. ن. ويبقى ضامنا لجميع ما يلحق البضاعة المنقولة من تلف أو عيب أو ضرر إلى حين إيصال البضاعة سالمة بمعنى أن الأضرار اللاحقة بالبضاعة نتيجة أعمال الترصيف أو الشحن أو التفريغ محمولة على الناقل البحري فان المتضرر غير ملزم بالتقيد بالعلاقة التعاقدية وتتبع الناقل البحري وإنما يبقى مخيرا في اختيار المطالب بالتعويض ويمكنه رفع دعواه ضد المتسبب المباشر في الضرر طالما اثبت توفر أركان المسؤولية التقصيرية في جانبه".

[1] Cass. civ. Ch. réun., arrêt n°31235 en date du 30 déc. 2010 (inédit), préc. :
" وحيث يتبين من مظروفات الملف أن محكمة الحكم المطعون فيه إستنتجت وجود الخطأ في مواجهة المعقب ضدها الثانية (الشركة التونسية للشحن والترصيف) إستنادا إلى ما له أصل ثابت بالأوراق وخاصة تقرير الاختبار المجرى بموجب إذن على العريضة والذي انتهى فيه الخبير المنتدب إلى ثبوت تضرر الحاوية موضوع التداعي جراء سقوطها على رصيف الميناء إثناء عملية المناولة من قبل أعوان الشركة التونسية للشحن والترصيف (مؤمنة المعقبة) بسبب استعمالهم معدات وتجهيزات بدائية تتمثل في حبال رفع حديدية تحمل في أطرافها مغالق تثبيت وهي طريقه مناولة لا تستجيب للمواصفات العالمية. وقد أكد الخبير المنتدب قيام العلاقة السببية المباشرة بين

distinction des deux ordres de responsabilité et s'inscrit en faux avec l'évolution du droit des obligations. La réalité atteste que le phénomène des contrats ayant en commun, au moins, une obligation identique, parce qu'ayant en vue une finalité commune, est de plus en plus fréquent.

604. Illustration tirée du recours du consommateur contre le fabricant ou producteur. Dans le domaine de la consommation, le bien meuble corporel est censé passer par toute une chaîne, avant de parvenir au consommateur final. En cas de défectuosité du bien, le consommateur victime de la mauvaise exécution de l'obligation de délivrer un bien conforme et non-vicié[1], qui entend poursuivre le fabricant, ne peut obtenir réparation de son dommage que sur le plan extracontractuel. C'est ce qui a été décidé par la Cour de cassation, qui a approuvé, dans une décision rendue le 12 janvier 1999, la position de la Cour d'appel. La Cour suprême a engagé, au visa de l'article 83 du Code des obligations et des contrats, la responsabilité de la société productrice de bouteilles de gaz, en raison des dommages causés aux consommateurs, suite à leurs explosions, en raison d'un vice de structure imputable à ladite société[2]. La même solution a été réitérée par la Cour d'appel de Sfax, qui a retenu la responsabilité objective de la société productrice à l'égard des sous-acquéreurs, tiers au contrat de vente[3]. Il semble que c'est la qualité de la victime, tiers par rapport à la vente

---

الضرر والفعل الضار ولما استخلصت المحكمة توفر أركان المسؤولية التقصيرية في جانب المعقب ضدها الثانية تكون قد عللت حكمها تعللا مستساغا مؤسسا على ما له أصل ثابت بالأوراق وأحسنت تطبيق القانون مما يتجه معه رد هذا المطعن أيضا".

Adde : Jugement n°7081 en date du 29 déc. 1973, préc. :

" وحيث أن تفريغ البضاعة من قبل الشركة التونسية للشحن والتفريغ صبرة واحدة وتصريحها المجمل للقمارق بعدد البضاعة قد أدى لبقائها مدة 43 يوما بالميناء فوظفت عليها مصاريف الخزن والحراسة وقع دفعها من طرف المدعية (الشركة التونسية للمقاولات) في نطاق ما اسند إليها ضمن صفقة التنوير. وبذلك تكون الشركة التونسية للشحن والتفريغ قد ارتكبت خطا تسبب في إلحاق خسارة بالغير وجب عليها تعويضها وفقا للفصل 82 م.م.".

Adde : Cass. civ. n°8700 en date du 24 mai 1984, préc. :

" وحيث أسس القرار المنتقد قضاءه على اعتبار أن الحريق الذي نشب يوم 8 أفريل 1977 بميناء حلق الوادي وأدى لإتلاف البضاعة... تسبب فيه عامل من عملة الشركة التونسية للشحن والرصيف عندما كان مباشرا لعمله تحت رقابتها ومسؤوليتها داخل الميناء مم يجعل تلك الشركة مسؤولة في نطاق المسؤولية التقصيرية عن فعل أجيرها المتسبب في الحريق".

Adde : Cass. civ. n°57513 en date du 16 avr. 1997, préc. :

" وحيث ثبت أن البضاعة تلفت بسبب الحريق عندما كانت في حفظ شركة للشحن والترصيف".

Adde : Cass. civ. n°62622 en date du 22 janv. 1998, préc. ; Cass. civ. n°10701 en date du 19 mars 2007, préc. :

" وأنه علاوة على ذلك فقد اثبت تقرير مراقب الخسائر أن سبب الأضرار هي عمليات التداول العنيفة التي هي من اختصاص مقاول الشحن مما يجعل مسؤوليته ثابتة".

[1] Art.591 et art.647 et s. du COC.

[2] Cass. civ. n°97-59218 en date du 12 janv. 1999 (inédit), préc. :

" حيث بالرجوع إلى القرار المطعون فيه والى كافة مضرو فات الملف تبين ... أن مصدر قارورة الغاز المتسببة في الأضرار اللاحقة بالمدعين في الأصل ثابتة... كما أن العلاقة السببية بين الإنفجار والأضرار الحاصلة ثبت وتأكدت بموجب الاختبارين المجريين... وان محكمة الأصل اقتنعت بما تحصحص من الأبحاث المجراة والوثائق المقدمة وخاصة منها محضر الرد عن الإستجواب... من أن الشركة المعقبة (الشركة القومية لتوزيع البترول) لم تنكر مسؤوليتها في الإنفجار بل أشارت للمنبهين عليها بضرورة القيام ضد شركة التأمين".

[3] Cour d'appel de Sfax, arrêt n°16243 en date du 28 nov. 2006 (inédit), préc. :

"وحيث أنه تبعا لثبوت العيب بهيكل القارورة... مما أدى إلى تسرب محتواها وحصول الإنفجار وترتب عن ذلك الضرر للمتضرر مع توفر لعلاقة السببية المباشرة بين ذلك الشيء والضرر كقيام واجب الحفظ في جانب الصانعة بوصفها المستغلة للقارورة والمروجة لها وهي تبقى الحافظة لسلامة ذلك الشيء من كل عيب مع ثبوت تقصيرها في واجب حسن الحفظ المتمثل في وجوب المراقبة الدقيقة والتثبت العميق من انتفاء العيب قبل الترويج وأضحت بذلك أركان مسؤولية الفصل 96 مدني قائمة في جانب شركة... لإخلالها بواجب حسن الحفظ لما تروجه ولم تثبت فعلها لكل ما يلزم لمنع الإضرار بالغير أو وجود أي خطا في الاستعمال من جانب المتضرر كمستهلك".

Adde :Cour d'appel de Sfax, arrêt n°15416 en date du 04 juill. 2006 (inédit), préc. :

originaire, qui justifie aux yeux de nos juges que l'action du consommateur contre le producteur est de nature extracontractuelle. Pourtant le préjudice est le même.Le manquement est aussi le même. Le consommateur est, en effet, victime de l'inexécution d'une obligation strictement contractuelle, identique à celle dont il est créancier, à l'égard de son cocontractant, en l'occurrence l'obligation de délivrer un bien conforme et non-vicié. Au même titre que le destinataire de marchandises, par voie maritime, le consommateur est le destinataire final de la prestation qui incombe au débiteur défaillant, en l'occurrence le fabricant. Il se trouve dans une situation identique à celle du distributeur, premier acquéreur. Sa qualité de tiers au contrat de vente originaire est très insuffisante, pour placer son action sur un plan extracontractuel.

605. Appréhendé sous l'éclairage de la philosophie individualiste, la règle de la relativité de la force obligatoire du contrat, prescrit que le tiers qui pâtit de l'inexécution d'un contrat intégré doit suivre la voie extracontractuelle. On peut, dès lors, comprendre la démarche, largement suivie par les tribunaux tunisiens, selon laquelle l'admission d'une action de nature contractuelle au profit du tiers victime, en tant qu'elle constitue une extension de la force obligatoire du contrat, ne peut être fondée que sur une exception au principe de la relativité.

Paragraphe II. Une responsabilité contractuelle d'exception

606. Consciente de l'utilité des actions en responsabilité contractuelle, la doctrine légaliste a tenté de démontrer qu'en faisant appel à certains procédés classiques de transmission, l'action en responsabilité contractuelle pouvait être cédée à un tiers, exceptionnellement au principe de la relativité. À suivre cette logique, la consécration des actions en responsabilité s'est tantôt faite au moyen de contrepoids subjectifs du principe de la relativité (A), tantôt au moyen de contrepoids objectifs (B).

L'idée est de démontrer que ces contrepoids légaux ne peuvent fournir un fondement général pour tous les cas où un tiers, victime de l'inexécution d'un contrat intégré dans un groupe, intente une action en responsabilité contractuelle contre le débiteur responsable.

A.Une responsabilité contractuelle fondée sur des contrepoids subjectifs du principe de la relativité

607. Les fondements volontaristes de l'action en responsabilité contractuelle. Comme en écho avec la théorie volontariste, des contrepoids subjectifs ont été proposés pour fonder une action en responsabilité

" بالإطلاع على مؤيدات الملف وخاصة على نتيجة الإختبار ثبت أن عيبا أصليا في قارورة الغاز كان وراء تفكك أحد أجزائها وتسرب الغاز المضغوط منها وهو ما تسبب في انفجارها عند استعمالها بقطع النظر عن أي عامل أخر... وحيث أضحت بذلك قرينة المسؤولية قائمة على معنى الفصل 96 من م.إ.ع. في جانب حافظ الشيء المؤمن".

contractuelle au profit des tiers, toutes les fois que l'inexécution du contrat leurs cause un préjudice. Ces contrepoids subjectifs sont représentés par les mécanismes de la stipulation pour autrui (1) et de la cession de créance (2).

1. Une responsabilité contractuelle fondée sur la stipulation pour autrui

608. Justification de l'action en responsabilité contractuelle par la stipulation pour autrui. Prévue par les articles 38 et 39 du Code des obligations et des contrats, la stipulation pour autrui « est l'opération par laquelle une personne, le stipulant, convient avec une autre personne, le promettant, que celle-ci exécutera une prestation au profit d'un tiers, le bénéficiaire »[1]. Elle constitue une exception au principe de la relativité de la force obligatoire du contrat, puisque le tiers, bénéficiaire, acquiert la qualité de créancier, habilité à exiger la prestation promise, en vertu d'une convention qui lui est étrangère. Cette exception est implicitement mentionnée par l'article 240 du Code des obligations et des contrats, qui prévoit que les obligations ne profitent aux tiers que dans les cas exprimés par la loi. La stipulation pour autrui en est une. L'article 38, alinéa deux, du Code des obligations et des contrats le confirme formellement, lorsqu'il dispose que « la stipulation opère directement en faveur du tiers ; celui-ci peut, en son nom, en poursuivre l'exécution contre le promettant »[2].

609. Accueil favorable de la stipulation pour autrui en tant que fondement de l'action en responsabilité contractuelle. La stipulation pour autrui peut être mise à contribution, pour justifier l'exercice d'une action, en responsabilité contractuelle au bénéfice du tiers, victime de l'inexécution d'un contrat[3].

Forte de cette tendance, la doctrine a été conduite à admettre la stipulation pour autrui pour fonder l'action en garantie du sous-acquéreur contre le vendeur initial[4]. Il en est de même pour celle du preneur contre le vendeur du matériel loué par une société de leasing[5]. Cette dernière est

---

[1] **H., L., J. MAZEAUD et F. CHABAS**, *op.cit.*, n°769, p.895 ; **J. FLOUR, J.-L. AUBERT et E. SAVAUX**, Droit civil, Les obligations, T.3, Le rapport d'obligation, *op.cit.*, n°467, p.384. *Adde* :
محمد الزين، النظرية العامة للإلتزامات، 1- العقد، مرجع سابق، عدد 403، ص.328. **محمد محفوظ**، دروس في العقد، مرجع سابق، عدد 316 إلى 322، ص.315 إلى 321. **محمد محفوظ**، النظرية العامة للإلتزام (I)، العقد، مرجع سابق، ص.107 إلى 110.

[2] V. dans ce cadre : Cass. civ. n°8178 en date du 04 janv. 1983, Bull. civ., 1983, 1re partie, p.233.

[3] **R. SAVATIER**, « Le prétendu principe de l'effet relatif du contrat », RTD civ. 1934, pp.533 à 537, nos13 à 19 ; **P. ANCEL**, « Le contrat avec effet protecteur des tiers », RDC, 2004, pp.481-482 ; « Les arrêts de 1988 sur l'action en responsabilité contractuelle dans les groupes de contrats, quinze ans après », *in* La Cour de cassation, l'Université et le Droit, Mélanges en l'honneur du Président André PONSARD, Litec, 2003, nos40 à 48, pp.31 à 37.

[4] **DU GARREAU DE LA MÉCHENIE J.-H.**, « La vocation de l'ayant cause à titre particulier aux droits et obligations de son auteur », RTD civ., 1944, pp.219 à 238, spéc. pp.229 à 238 ; **J. LEPARGNEUR**, « De l'effet à l'égard de l'ayant cause particulier des contrats générateurs d'obligations relatifs aux biens transmis », RTD civ., 1924, pp.503 à 505, n°7.

[5] L'art. premier, al. premier, de la loi n° 94-89 du 26 juill. 1994, relative au leasing, dispose que « Le leasing est une opération de location d'équipements, de matériel ou de biens immobiliers achetés ou réalisés en vue de la location, par le bailleur qui en demeure propriétaire et destinés à être utilisés dans les activités professionnelles, commerciales, industrielles, agricoles, de pêche ou de services », JORT n°60 du 02 août 1994, p.1255.

réputée avoir stipulée que son fournisseur-vendeur, le promettant, accordera le bénéfice des garanties normalement dues aux acquéreurs successifs, au locataire : tiers bénéficiaire[1]. Le bénéfice de l'action en garantie, sur la base d'une stipulation pour autrui, a été reconnu et défendu, aussi, pour le maître de l'ouvrage contre le fournisseur de matériaux. L'entrepreneur a, certes, besoin des matériaux pour la construction de l'ouvrage, mais le bénéfice de la construction reviendra, en fin de conte, au maître de l'ouvrage. Ainsi, en achetant les matériaux au fournisseur, l'entrepreneur stipule pour lui-même autant que pour le maître de l'ouvrage. Il s'agira d'une stipulation pour autrui tacite. Cette stipulation a pour effet de faire bénéficier le maître de l'ouvrage de l'action en garantie des vices cachés, dont disposait l'entrepreneur acquéreur des matériaux, contre le fournisseur[2].

Le Tribunal de première instance de Tunis[3], par faveur pour la stipulation pour autrui tacite, dans le cadre des groupes de contrats, a consacré cette institution essentiellement dans le domaine du transport maritime de marchandises. Ce faisant, il a permis l'action du destinataire de marchandises contre le transporteur. Le chargeur aurait stipulé en faveur du destinataire et le transporteur ferait office de promettant[4].

La stipulation pour autrui tacite a été, alors, le moyen d'expliquer l'action en responsabilité contractuelle du sous-acquéreur, du maître de l'ouvrage, du locataire de matériel, voire du destinataire de marchandises.

610. Carence de la stipulation pour autrui en tant que fondement général d'une action en responsabilité contractuelle au sein des groupes de contrats. Àen croire que le mécanisme de la stipulation pour autrui peut fonctionner dans le cadre d'un groupe de contrats[5], ethormis l'hypothèse où elle aura été formellement stipulée par les parties, pour justifier l'action en garantie, ce qui est fréquent en matière de leasing[6], les critiques adressées à la théorie de la stipulation pour autrui tacite sont nombreuses. Deux retiendront notre attention. La première tient à l'existence même de la stipulation. La seconde, plutôt, à son intérêt.

---

[1]**M. BELHADJ**, Groupe de contrats et leasing, Mémoire pour l'obtention du diplôme de mastère en droit privé, FDS, 2010-2011, pp.163 à 166 ; **I. B'CHIR**, Le contrat de leasing (crédit-bail), Mémoire pour le DEA en Droit Privé Général, FDSPT, 1989-1990, pp.139-140 ; **J.-M. LELOUP**, « Les recours du locataire contre le vendeur en matière de crédit-bail », JCP éd. CI, 1968, 83102.

[2]**G. BONET** et **B. GROSS**, « La réparation des dommages causés aux constructions par les vices des matériaux », JCP éd. G, 1974, I, 2602, n°27.

[3] T.P.I. de Tunis, Jugement n°9806 en date du 20 nov. 1976 (inédit), cité par **S. MELLOULI**, La responsabilité du transporteur maritime de marchandises, Thèse pour le Doctorat d'État en Droit, FDSPET, 1993, pp.162 à 164, spéc. note 70 ; **S. ABID MNIF**, *op.cit.*, n°207, p.279, note 1253.

[4] En ce sens : **Ph. DELEBECQUE**, obs. RTD com., 2001, p.306.

[5] Il va sans dire que dans le cadre d'un groupe de contrats, le tiers victime intente une action contre le débiteur de son débiteur. Or, le bénéficiaire d'une stipulation n'a qu'un seul débiteur, en l'occurrence le promettant. Le stipulant n'est aucunement débiteur du bénéficiaire. Ce qui fait que le champ d'application de la stipulation pour autrui est loin d'être celui des groupes de contrats : V. *infra*, n°671.

[6] V. art.3.15 des Conditions Générales du Contrat de Leasing de la Société Tunisie- Leasing : « Il (le locataire) dispose néanmoins de la faculté d'exercer contre le fournisseur l'action en garantie - dont il bénéficie personnellement en vertu de la stipulation pour autrui du bon de commande du MATERIEL – pour obtenir la bonne exécution du contrat de vente ».

Et d'abord, « si la règle est que l'on peut toujours stipuler en faveur d'un tiers, encore faut-il que la stipulation existe »[1]. La stipulation pour autrui suppose, en effet, l'existence de la volonté d'un contractant d'attribuer un droit au tiers. Or, à dépasser le cadre étroit des relations auteur - ayant-cause, dans le cadre des chaînes de contrats homogènes[2], la stipulation pour autrui paraît artificielle et relever de la fiction, dans le cadre des groupes de contrats[3]. La stipulation pour autrui doit demeurer une exception au principe de la relativité. Elle doit être, alors, fondée sur une volonté réelle.

Par ailleurs, la stipulation pour autrui présumée doit être au moins vraisemblable et suppose, à cet effet, un intérêt du stipulant. Cet intérêt n'est, cependant, pas toujours évident. Ainsi, s'agissant de la transmission de l'action en garantie au sous-acquéreur, cette dernière n'a jamais emporté libération du vendeur de sa propre garantie. On ne voit pas, alors, l'intérêt pour lui d'une telle stipulation[4].

Ces objections ont fait qu'il est impossible d'admettre que, d'une façon générale, la stipulation pour autrui soit le procédé apte à justifier la consécration d'une action en responsabilité contractuelle, au profit des tiers, toutes les fois qu'ils sont victimes de l'inexécution d'un contrat intégré. Qu'en est-il de la cession de créance ?

2. Une responsabilité contractuelle fondée sur la cession de créance

611. Justification de l'action en responsabilité contractuelle par la cession de créance. Autre mécanisme qui, reposant sur la volonté des contractants, peut fonder une action en responsabilité contractuelle au profit du tiers, victime de l'inexécution ou la mauvaise exécution d'un contrat : la cession de créance[5]. Cette dernière, appelée aussi transport de créance, peut

---

[1] **J.-L. GOUTAL**, *op.cit.*, n°184, p.138. Sur l'ensemble de la question, *op.cit.*, n^{os}171 à 192, pp.128 à145.

[2] Même dans ce cadre, la doctrine estime que la consécration de liens de droit directs entre le vendeur et le sous-acquéreur sur la base d'une stipulation pour autrui tacite est bien audacieuse. V. en ce sens : **M. DESPAX**, L'entreprise et le droit, LGDJ, Paris, 1957, n^{os}57 à 59, pp.52-53., spéc. n°58, p.53 : « Il est en effet audacieux de rendre tacite et l'intention de stipuler pour le sous-acquéreur, et la connaissance par le vendeur de cette intention, car cela revient à dire que toute clause susceptible de procurer à un tiers les mêmes avantages qu'au stipulant constitue en sa faveur une stipulation implicite » ; **A. PLANCQUEEL**, note sous Cass. civ. fr., 05 janv. 1972, GP, 1973, 2ème sem., p.774, 2ème col. Selon l'auteur, cette stipulation pour autrui constitue « une pure fiction ».

[3] **R. CABRILLAC**, L'acte juridique conjonctif en droit privé français, *op.cit.*, n°499, p.260 ; **F. BERTRAND**, Thèse préc., n°281, pp.466-467.

[4] **B. BOUBLI**, « Soliloque sur la transmission de l'action en garantie (A propos de l'arrêt de la troisième Chambre civile du 9 juillet 1973) », JCP éd. G, 1974, I, 2646, n°13 ; **Ch. JAMIN**, *op.cit.*, n°237, pp.212-213. D'aucuns se contentent d'un simple intérêt moral, le souci d'être agréable au bénéficiaire en facilitant la tâche du tiers. En évitant des cascades de recours, le stipulant rend service au tiers : **F. BERTRAND**, *ibid.*, n°280, p.464 ; **J.-L. GOUTAL**, *ibid.*, n°184, p.138 ; **Ph. MALINVAUD**, « L'action directe du maître de l'ouvrage contre les fabricants et fournisseurs de matériaux et composants », D., 1984, chron., p.44, 1re col.

[5] Si ce mécanisme ne constitue pas une exception au sens strict du principe de la relativité de la force obligatoire du contrat, la doctrine estime qu'il peut atteindre « ce résultat de façon détournée, par le biais de la substitution d'un tiers à l'une des parties dans un rapport de droit préexistant » : **M. BACACHE-GIBEILI**, *op.cit.*, n°217, p.190.

être définie comme étant la « *convention* par laquelle un créancier, appelé *cédant*, transmet sa créance à son cocontractant, appelé *cessionnaire* »[1].

L'article 204 du Code des obligations et des contrats prévoit que la cession contractuelle *interpartes* est consensuelle. Elle peut, dès lors, être tacite. L'article 199, dudit Code, ajoute qu'elle peut viser non seulement les créances, mais aussi tous les droits incorporels et donc les actions en justice. En conséquence, cette institution a été invoquée par certains auteurs, pour expliquer le transfert de l'action en garantie au sous-acquéreur d'un immeuble[2]. Il y aurait, précise RODIÈRE, cession tacite par le débiteur intermédiaire de l'action en garantie ou en responsabilité contractuelle par application de l'article 1135 du Code civil, pendant de l'article 243 du Code des obligations et des contrats. « La convention de vente, aux dires de l'auteur, emporte comme suite naturelle, l'obligation pour le vendeur de transférer pour l'acheteur la créance qu'il avait contre les architectes ou les représentants auxquels il s'est adressé ». Cette faculté pour l'acheteur de s'adresser directement aux entrepreneurs de son auteur, ajoute-t-il serait, « l'effet d'une cession de créance entre vifs que la nature même de la convention de vente autorise à supposer voulue par les parties à ce contrat »[3]. Cette justification de l'action en garantie du sous-acquéreur contre le vendeur, a été reprise et confirmée par d'autres auteurs[4]. Les tribunaux français y ont trouvé un appui favorable[5].

612. Déficience de la cession de créance en tant que fondement général d'une action en responsabilité contractuelle au sein des groupes de contrats. Pour apprécier le recours à la cession de créance comme fondement de l'action en garantie du sous-acquéreur contre le vendeur, on doit s'arrêter sur la portée de ce fondement. On s'apercevra que son domaine est limité, ce qui estloin d'assurer notre objectif. À s'en tenir à ce domaine, force est de constater que par ses conditions et ses effets, la cession de créance est difficile à mettre en œuvre.

---

[1]**J. FLOUR, J.-L. AUBERT et E. SAVAUX**, Droit civil, Les obligations, T.3, Le rapport d'obligation, 7ème éd., *op.cit.*, n°337, p.308. *Adde* :
خليفة الخروبي، قانون مدني، أوصاف الإلتزام، مرجع سابق، عدد 211 وما يليه، ص.161 وما يليها.

[2]**R. RODIÈRE**, obs. sous Aix, 05 oct. 1954, JCP éd. G, 1955, II, 8548, (sans pagination, IV) ; **Ph. JESTAZ**, note sous Riom, 04 janv. 1968, D., 1969, J. p.104, 1re col. : « Reposant à la fois la thèse d'une stipulation pour autrui sous-entendue et celle d'une transmission de l'action comme accessoire de l'immeuble, M. Rodière avait avancé l'idée, qui semblait plus exacte, d'une cession de créance ».

[3]**R. RODIÈRE**, obs. sous Aix, 05 oct. 1954, préc., (sans pagination, IV, *in fine*). C'est l'auteur qui souligne.

[4]**M. COZIAN**, *op.cit.*, n°94, pp.60-61 ; **R. SAVATIER**, obs. sous Cass. com. fr., 17 déc. 1973, JCP éd. G., 1975, II, 17912 (sans pagination III, seconde col. : « Nous pensons personnellement, ..., que toute vente s'accompagne d'une cession de créance tacite portant sur l'action en garantie » ; **B. GROSS**, La notion d'obligation de garantie dans le droit des contrats, préface de D. TALLON, LGDJ, Paris, 1964, n°192, pp.184-185 et 186.

[5] Cass. civ. fr., 04 fév. 1963 : « La garantie due par le vendeur pour les vices cachés, étant inhérente à l'objet même de la vente, appartient à l'acheteur comme détenteur de la chose, en vertu d'un droit qui lui est propre et qu'il tient du contrat », JCP éd. G, 1963, II, 13159, obs. **R. SAVATIER** ; S., 1963, J., pp.193-196, note **R. MEURISSE** ; RTD civ., 1963, pp.564-566, obs. **G. CORNU** ; Paris, 20 juin 1967, D., 1968, somm., p.60 ; Lyon, 07 mars 1968, JCP éd. G, 1969, IV, p.120 ; **B. STARCK**, Action directe, Répertoire civil, Dalloz, 1970, n°4, p.1.

613. Un fondement de portée limitée. Du point de vue du tiers bénéficiaire de l'action en responsabilité contractuelle, les auteurs qui, ont proposé le recours au procédé de la cession de créance, cherchaient à justifier la transmission de l'action en garantie à l'acquéreur d'un immeuble ou d'un meuble ; il s'agissait, donc toujours, d'un acquéreur. Or, les hypothèses où il serait souhaitable de consacrer une action en responsabilité contractuelle, au profit des tiers victimes, dans le cadre d'un groupe de contrats, ne supposent pas toutes la cession d'un bien. Il en est, ainsi, lorsque plusieurs personnes ont participé à la réalisation d'une opération chirurgicale, d'une opération de transport maritime de marchandises ou d'une opération de construction. Il n'ya pas nécessairement cession d'un bien. Le patient, victime de l'inexécution du contrat conclu entre le chirurgien et l'anesthésiste, n'acquiert aucun bien. Il en est de même pour le destinataire, victime de l'inexécution du contrat conclu entre le transporteur et l'entrepreneur de manutention. C'est pareil pour le maître de l'ouvrage, victime de l'inexécution du contrat conclu entre l'entrepreneur et le sous-traitant ou l'ingénieur. Aussi, est-il difficile d'admettre que l'action a pu leur avoir été transmise en même temps qu'autre chose. En clair, le recours à la cession de créance dans ces hypothèses de groupes de contrats est inapplicable[1].

614. Un fondement difficilement applicable. À s'en tenir à l'hypothèse de l'acquisition d'un bien, en admettant que le mécanisme de la cession de créance soit applicable pour justifier l'action en garantie du sous-acquéreur contre le vendeur, force est de constater que par ses conditions et ses effets, ladite cession est difficile à mettre en œuvre.

S'agissant des conditions de la cession de créance, c'est encore l'accord des volontés des contractants qui paraît souvent faire défaut. L'idée que l'entrepreneur a cédé son action contre le fournisseur de matériaux, au profit du maître de l'ouvrage, que ce dernier a cédé son action contre l'entrepreneur au sous-acquéreur et que tout vendeur d'une chose a cédé l'action qu'il avait contre le fabricant à l'acheteur de cette chose, paraît reposer « sur une fiction de volonté qui peut ne correspondre à aucune réalité concrète »[2]. Cette volonté devient « injustifiable »[3] dans l'hypothèse où le vendeur intermédiaire ayant accordé une réduction de prix au sous-acquéreur, a entendu se réserver l'action contre son auteur afin d'être indemnisé.

---

[1]**F. BERTRAND**, Thèse préc., n°284, pp.470-471.

[2]**Ph. MALINVAUD**, obs. sous Cass. civ. fr., 05 janv. 1972, JCP éd. G, 1973, II, 17340, (sans pagination, I, A, 3) ; « L'action directe du maître de l'ouvrage... », art. préc., p.43, seconde col. ; **B. BOUBLI**, art. préc., n°s15-16; **Ph. JESTAZ**, note sous Cass. civ. fr., 23 mars 1968, D., 1970, p.664, seconde col. ; **D. N'GUYEN THANH-BOURGEAIS et J. REVEL**, « La responsabilité du fabricant en cas de violation de l'obligation de renseigner le consommateur sur les dangers de la chose vendue (à propos d'un arrêt de la Cour de cassation, 1re chambre civile, du 31 janvier 1973) », JCP éd. G, 1975, I, 2679, n°25 ; **A. PLANCQUEEL**, note sous Cass. civ. fr., 05 janv. 1972, G.P., 1973, 2ème sem., p.774, 2ème col. ; **B. TEYSSIÉ**, *op.cit.*, n°516, p.256 ; **F. BERTRAND**, Thèse préc., n°283, p.470.

[3]**Ch. JAMIN**, *op.cit.*, n°228, p.206.

De surcroît, rappelons que l'article 205 du Code des obligations et des contrats, prévoit que le cessionnaire, à l'instar du sous-acquéreur, ne sera, saisi, à l'égard du vendeur, débiteur cédé, que par la signification du transport faite à ce dernier ou par son acceptation, dans un acte ayant date certaine. Sachant que la Cour de cassation admet certains équipollents[1], on pourrait constater que cette signification pourrait être utilement remplacée par l'assignation en justice du débiteur cédé, par laquelle le cessionnaire, sous-acquéreur, en même temps qu'il exerce son droit d'action, avertit authentiquement le débiteur cédé de la cession[2]. Il n'en reste pas moins, qu'en attendant cette initiative de l'ayant-cause, les rapports entre son auteur, premier acquéreur, et le débiteur cédé, vendeur, seront bien incertains[3].

S'agissant des effets, la cession de créance implique la transmission de l'action en garantie, et prive, en conséquence, le cédant du droit transmis. Or, en procédant à la vente de l'immeuble, le maître de l'ouvrage n'a, certainement, pas l'intention de céder le droit de créance qu'il a contre l'entrepreneur[4]. De même, dans les rapports unissant l'acquéreur au sous-acquéreur, l'acquéreur, tenant compte du vice et des malfaçons constatés, peut avoir donné une réduction de prix au sous-acquéreur. Tout porte, alors, à croire que le vendeur s'est réservé l'action en garantie, lui permettant d'être indemnisé[5]. Or, si on applique la théorie de la cession de créance tacite, le vendeur perdra cette possibilité. Il sera censé avoir cédé son droit à la garantie en même temps que le bien, ce qui peut lui être valablement opposé par le débiteur.

L'insuffisance des contrepoids subjectifs, fondés essentiellement sur une interprétation divinatoire de la volonté, a conduit la doctrine et les tribunaux à se tourner vers les contrepoids objectifs.

B.Les contrepoids objectifs

615. Procédé objectif permettant de contourner l'article 240 du Code des obligations et des contrats, la théorie de l'accessoire ne repose sur aucune fiction de volonté. Elle a été avancée, de ce fait, pour fonder l'action en responsabilité contractuelle, du tiers, victime de l'inexécution d'un contrat, contre le débiteur responsable (1). Autre contrepoids objectif, l'action directe s'ajoute à la liste des mécanismes accueillis, pour fonder ladite responsabilité (2).

---

[1] Cass. civ. n°1967 du 1er oct. 2004 (inédit). *Adde* en ce sens : Cass. civ. n°2010-61755 en date du 22 mai 2012 (inédit), préc. :

" وحيث وبخصوص الدفع بعدم الإعلام بإحالة الدين فإنه ولئن اشترط الفصل 205 من م.إ.ع. أن يتم إعلام المدعي بإحالة الدين لإمكانية معارضته به فإنه لم يضع شكليات خاصة لإتمام ذلك الإعلام بل أوجب فقط أن يكون ثابت التاريخ دون اشتراط صيغ قانونية خاصة وأن محضري الإنذار والاحتجاج التي وجهت له بواسطة عدل التنفيذيين من شأنهما أن يقوما مقام الإعلام بإحالة المدعي لفائدة المعقب ضده وقد أحسنت بذلك محكمة القرار المنتقد تطبيق أحكام الفصل 205 من م. إ. ع. دون خرق للقانون".

[2] Cass. civ. fr., 17 fév. 1937, D.H., 1937, p.221.

[3] **S. BEN SMAIL**, Le recours au sein des groupes de contrats, mémoire préc., p.62.

[4] **F. BERTRAND**, Thèse préc., n°285, p.471.

[5] **B. BOUBLI**, art. préc., n°15.

1. Une responsabilité contractuelle fondée sur la théorie de l'accessoire

616. La maxime *accessorium sequitur principale* : fondement de l'action en responsabilité contractuelle. La théorie de l'accessoire a été avancée par une certaine doctrine en tant que fondement de la transmission au sous-acquéreur de l'action en garantie que le vendeur intermédiaire pouvait exercer contre son propre vendeur. À l'origine, c'està AUBRY et RAU qu'on doit cette idée[1]. Aux dires de cette doctrine « le successeur particulier jouit de tous les droits et actions que son auteur avait acquis dans l'intérêt direct de la chose, corporelle ou incorporelle, à laquelle il a succédé, c'est-à-dire des droits et actions qui se sont identifiés avec cette chose, comme qualités actives, ou qui en sont devenues des accessoires ». Cette affirmation, qui n'est autre que l'application de la règle générale de droit « l'accessoire suit le principal », peut trouver un appui dans l'article 610 du Code des obligations et des contrats. En vertu de cet article, « l'obligation de délivrer la chose comprend tous ses accessoires et tout ce qui est destiné à son usage personnel ». Exception détournée à l'article 240 du Code des obligations et des contrats, la règle du transfert de l'accessoire permet à un tiers, dont le consentement n'a pas contribué à la formation du contrat, de se substituer à l'une des parties dans le rapport de droit contractuel.

617. Accueil favorable de la théorie de l'accessoire en tant que fondement de l'action en garantie. L'idée va faire son chemin pour fonder la transmission de l'action en garantie, au sous-acquéreur d'un bien meuble corporel, en tant qu'accessoire de la chose[2]. Elle peut s'appliquer, de surcroît, pour fonder la cession de l'action en garantie, contre les constructeurs, aux acquéreurs successifs, en tant que protection légale attachée à la propriété de l'immeuble[3]. « Ce droit, précise-t-on, accompagne, en tant qu'accessoire, la chose vendue et s'identifie avec elle »[4].

Mécanisme objectif, la règle du transfert de l'accessoire permet à l'ayant-cause de bénéficier des droits attachés à la chose, sans avoir aucun recours à une interprétation de volonté fictive.

---

[1]**AUBRY et RAU**, Droit civil français, T.II, 7ème éd., par **P. ESMEIN**, Librairies Techniques, Paris, 1961, n°69, §.176, cité par **R. RODIÈRE**, obs. sous Aix, 05 oct. 1954, préc., (sans pagination, II, première col., *in fine*) et par **Ph. MALINVAUD**, obs. sous Cass. civ. fr., 05 janv. 1972, préc., (sans pagination, I, A, 1).

[2] En ce sens : **D. N'GUYEN THANH-BOURGEAIS et J. REVEL**, « La responsabilité du fabricant... », art. préc., n°27 ; Cass. civ. fr., 04 fév. 1963, JCP éd. G, 1963, II, 13159, note **R. SAVATIER** (ventes successives d'une voiture) ; Cass. civ. fr., 12 nov. 1884, D., 1885, 1re partie, p.357 (ventes successives de machines). La Cour a décidé que l'action en garantie des vices intentée par le sous-acquéreur de machines est fondée « sur le principe que la vente d'une chose comprend tous ses accessoires et notamment les actions que le vendeur a pu acquérir à cette occasion ». *Contra* : Cass. com. fr., 27 fév. 1973, GP, 1973, 2ème sem., p.737, note de **A. PLANCQUEEL**.

[3] En ce sens : Aix, 05 oct. 1954 : « L'action que possède le maître de l'œuvre passe d'office sur la tête de l'acquéreur comme un accessoire implicite de son acquisition », JCP éd. G, 1955, II, 8548, obs. **R. RODIÈRE** ; **Ph. MALINVAUD**, « L'action directe du maître de l'ouvrage... », art. préc., pp.44-45. *Adde* :
خليفة الخروبي، قانون مدني، العقود المسماة، الوكالة – البيع – الكراء، مرجع سابق، هامش 405، ص.203، عدد 290.

[4] Cass. civ. fr., 23 mars 1968, préc., note **Ph. JESTAZ** ; T.G.I. de Paris, 22 avril 1975, D., 1975, J., pp.711-714, note **J. MAZEAUD**.

L'idée que l'action en garantie peut être transmise, en tant qu'accessoire de la chose au profit de l'ayant-cause à titre particulier, a essuyé des critiques assez virulentes. R. RODIÈRE[1], par exemple, s'y oppose. La différence de nature juridique entre le principal et l'accessoire, observe l'auteur, serait un obstacle à l'application de la maxime *accessorium sequitur principale*. Il est « monstrueux », précise t-il[2], de supposer qu'un droit puisse être l'accessoire d'une chose. Étant donné que le principal est une chose, l'accessoire ne peut être que de même nature. Il ne peut être, dès lors, qu'un objet matériel. Ceci se confirme, selon l'auteur, par l'article 1615 du Code civil français, pendant de l'article 610 du Code des obligations et des contrats, en vertu desquels l'obligation de délivrer la chose comprend ses accessoires. C'est la chose, objet du contrat, dans sa matérialité que le législateur entend désigner. Le terme « accessoire » ne peut, alors, s'entendre que dans un sens matériel.

La plupart des auteurs n'admettent pas cette critique. MALINVAUD a avoué « ne pas éprouver d'horreur devant l'idée qu'un droit puisse être l'accessoire d'un bien transmis »[3]. M. GOUBEAUX a démontré, de sa part, que, quelle que soit la source de la relation d'accessoire à principal, « il n'y a pas d'obstacle à reconnaître qu'un droit peut être accessoire d'une chose »[4]. La doctrine tunisienne, s'est aussi, départie de cette rigueur. De même que les accessoires matériels de la chose sont normalement compris dans la vente, de même pour les accessoires juridiques que constituent les droits relatifs à la chose[5]. Les droits et actions sont, dès lors, susceptibles d'être considérés comme les accessoires du bien vendu[6]. Le mot « chose », pas plus que le mot « accessoire », ne doivent pas être pris à la lettre[7]. À suivre cette

[1]**R. RODIÈRE**, obs. sous Aix, 05 oct. 1954, JCP éd. G, 1955, II, 8548 (sans pagination, II) ; **B. BOUBLI**, art. préc., n°24 ; **B. GROSS**, La notion d'obligation de garantie dans le droit des contrats, LGDJ, Paris, 1964, n°192, pp.184-185 ; **M. COZIAN**, *op.cit.*, n°94, p.61 ; **P. ANCEL**, « Les arrêts de 1988 sur l'action en responsabilité contractuelle dans les groupes de contrats, quinze ans après », art. préc., n°15 à 20, pp.13 à 18.

[2]**R. RODIÈRE**, obs. sous Aix, 05 oct. 1954, préc.

[3]**Ph. MALINVAUD**, obs. sous Cass. civ. fr., 05 janv. 1972, préc., (sans pagination, I, A, 1) .

[4]**G. GOUBEAUX**, La règle de l'accessoire en droit privé, préface de D. TALLON, LGDJ, Paris, 1969, n°87, p.139. V. sur cette démonstration : n^{os}73 à 87, pp.123 à 139.

[5] V. en ce sens:
خليفة الخروبي، مرجع سابق، عدد 290، ص.203. **نذير بن عمّو**، البيع والمعاوضة، مرجع سابق، عدد 218، ص.252. **عبد الله الأحمدي**، قانون مدني، العقود الخاصة، 1 - البيع، مرجع سابق، عدد 379، ص.330.

[6]**J. GHESTIN et B. DESHÉ**, Traité des contrats, La vente, LGDJ, Paris, 1990, n°686, pp.731-732. En ce sens : **DU GARREAU DE LA MECHENIE J.-H.**, « La vocation de l'ayant cause à titre particulier aux droits et obligations de son auteur », art. préc., p.226 : « On est fondé à considérer comme accessoire d'une chose les droits crées en vue de cette chose » ; **J. LEPARGNEUR**, « De l'effet à l'égard de l'ayant cause particulier des contrats générateurs d'obligations relatifs aux biens transmis », art. préc., p.505, n°7; **G. GOUBEAUX**, *op.cit.*, p.139 ; **Ph. MALINVAUD**, « La garantie des vices par le vendeur-promoteur de constructions immobilières ; unité ou diversité », JCP éd. G, 1969, I, 2284, n°29 ; « L'action directe du maître de l'ouvrage... », art. préc., p.44, 1re col ; **Ph. JESTAZ**, note sous Cass. civ. fr., 23 mars 1968, D., 1970, préc., p.664 ; « Les malfaçons de l'immeuble, par qui et à qui la garantie est-elle due ? », G.P., 1969, 2ème sem., doc., pp.229-230

[7]**H.et J. MAZEAUD et F. CHABAS**, Leçons de droit civil, T.III, Deuxième vol., Principaux contrats : vente et échange, 7ème éd., par **M. de JUGLART**, Montchrestien, Paris, 1987, n°836, pp.118-119 ; **J.GHESTIN**, Conformité et garantie dans la vente (Produits mobiliers), LGDJ, Paris, 1983, n°333, p.348 : « l'extension de la notion d'accessoire, des objets matériels aux droits, ne semble pas excéder les possibilités d'interprétation des textes, dès lors que la transmission qu'il s'agit de justifier est opportune ».

démarche, l'action du sous-acquéreur contre les vendeurs successifs de l'objet défectueux peut parfaitement se justifier « par un transfert de l'action en garantie ou en responsabilité à titre d'accessoire de la chose vendue »[1].

D'autres critiques pouvaient être adressées à la théorie de l'accessoire. La première d'entre elles était de priver le vendeur intermédiaire, qui a été actionné par le sous-acquéreur, d'exercer une action récursoire contre son auteur. En effet, si on admet que l'action en garantie se transmet aux acquéreurs successifs en tant qu'accessoire de la chose, on peut penser à première vue qu'étant désormais dépourvu de la chose, le vendeur intermédiaire ne peut plus exercer ladite action contre son propre vendeur. Toutefois, même si l'application de la théorie de l'accessoire fait que l'action en garantie soit rattachée à la chose, rien n'empêche le vendeur intermédiaire, désormais *solvens*, d'exercer un recours subrogatoire contre son auteur sur la base de l'article 226, 3) du Code des obligations et des contrats. La voie subrogatoire permettra, alors, à l'action en garantie de revenir dans le patrimoine du vendeur intermédiaire, qu'il peut exercer contre son cocontractant. Le même raisonnement peut être reconduit pour fonder l'action intentée contre le constructeur par le maître de l'ouvrage. Ce dernier, ayant indemnisé les acquéreurs, se trouve subrogé dans les droits de ceux-ci contre le constructeur[2].

Une autre critique avait été adressée à la théorie de l'accessoire. Supposons que le vendeur intermédiaire, conscient du vice de la chose, a procédé à une réduction du prix à l'occasion de sa vente au sous-acquéreur. Si l'on se fit à la théorie de l'accessoire, il semble, *a priori*, que l'action en garantie étant transmise au sous-acquéreur, ce dernier peut l'exercer contre le vendeur et sera, ainsi, doublement récompensé. D'une part, par la réduction du prix. D'autre part, par l'action en réparation intégrale du préjudice. Rétorquant, la doctrine estime que, sans renoncer à la théorie de l'accessoire, le sous-acquéreur ne dispose d'aucun recours contre le vendeur. En effet, le recours en garantie exige, avant tout, que le vice soit caché. Or, étant donné la réduction du prix, ledit vice est, désormais apparent, d'où l'irrecevabilité de l'action[3]. Le même raisonnement sera reconduit, lorsqu'un maître de l'ouvrage, s'apercevant lors de la réception de l'ouvrage de l'existence de certains vices dans la construction, procédera à une vente de l'immeuble moyennant réduction du prix. L'acquéreur ne disposera d'aucun recours en garantie contre l'entrepreneur responsable. Le vice n'étant pas, en effet, caché mais apparent[4].

Sur la distinction entre les accessoires matériels et les accessoires juridiques : **J. GHESTIN et B. DESHÉ**, *ibid.*, n°s681 à 686, pp.728 à 733. *Adde* :
نذير بن عمّو،مرجع سابق، عدد 216 إلى 218، ص.245 إلى 253. **عبد الله الأحمدي**، مرجع سابق، عدد 376 إلى 379، ص.327 إلى 330.

[1]**J. GHESTIN et B. DESHÉ**, *op.cit.*, n°686, p.732.

[2]**Ch. LARROUMET**, « L'action de nature nécessairement contractuelle et la responsabilité civile dans les ensembles contractuels », JCP éd. G, 1988, I, 3357, n°8.

[3] Nîmes, 18 déc. 1980, D.S., 1983, J, pp.29-31, note **Ch. LARROUMET**.

[4]**Ph. MALINVAUD**, « L'action directe du maître de l'ouvrage… », art. préc., p.44, seconde col.

Cela étant précisé, il semble possible d'admettre que l'action en garantiepuisse être transmise en même temps que le bien, lors du transfert de propriété[1]. On est, dès lors, amené à se demander si cette théorie ne peut servir de fondement de portée générale pour justifier une action en responsabilité contractuelle, au bénéfice du tiers victime de l'inexécution d'un contrat intégré.

618. Critique de la théorie de l'accessoire en tant que fondement général d'une action en responsabilité contractuelle au sein des groupes de contrats. S'il paraît tout à fait possible d'admettre que l'action en garantie puisse être transmise *propter rem*, il est, en revanche, malaisé que la théorie de l'accessoire puisse servir de fondement dans toutes les hypothèses où un tiers, victime de l'inexécution d'un contrat intégré, entend exercer une action en responsabilité contractuelle contre le débiteur défaillant. La transmission de l'action en garantie, en tant qu'accessoire de la chose, présente l'inconvénient de limiter le bénéfice de l'action à celui qui a acquis le principal, donc à un ayant-cause à titre particulier. Or, la catégorie des tiers qu'on prétend vouloir protéger par l'action, en responsabilité contractuelle, est bien plus large. Elle peut comprendre, notamment, le maître de l'ouvrage dans ses rapports avec le fabricant de matériaux incorporés dans l'ouvrage construit. Dans cette hypothèse, l'application de la théorie de l'accessoire aura du mal à s'appliquer pour fonder la transmission de l'action en garantie des vices cachés au maître de l'ouvrage. Cette théorie suppose, en effet, que le requérant ait la qualité d'ayant-cause à titre particulier. Or, le maître de l'ouvrage, étant lié à l'entrepreneur par un contrat d'entreprise et non par un contrat de vente, n'acquiert pas cette qualité[2]. Il est créancier d'une obligation de faire et non de donner[3]. N'ayant pas la qualité d'ayant-cause, le maître de l'ouvrage ne peut, en mettant à contribution la théorie de l'accessoire, exercer une action en garantie contre le fabricant. Le défaut de qualité d'ayant-cause se confirme, d'autant plus que l'acquisition de la propriété du matériel ne s'acquiert pas, dans notre cas

---

[1] Si la théorie de l'accessoire est apte à offrir un fondement à l'action en garantie du tiers acquéreur contre le vendeur, elle n'est pas en mesure de revêtir cette action d'un caractère direct. La raison est que notre législateur prévoit dans l'art.642 du COC la possibilité pour les parties d'exclure la garantie due par le vendeur. Si c'était une action directe, une telle disposition ne saurait voir le jour. L'action directe, rappelons-le, est d'ordre public. Ajoute à cela que du moment que ces actions en garantie ne sont autre que l'application de la théorie de l'accessoire, on ne peut réellement les considérer comme des actions directes. Elles constituent, en effet, de fausses actions directes. Sur l'exposé de cette idée : **M. COZIAN**,*op.cit.*, n[os]93 à 96, pp.60 à 62. En ce sens : **F. TERRÉ**, **Ph. SIMLER et Y. LEQUETTE**, Droit civil, Les obligations, *op.cit.*, n°1191, pp.1180-1181 ; **J. FRANÇOIS**, Droit civil, T.4, Les obligations, Régime général, 1re éd., sous la direction de **Ch. LARROUMET**, *op.cit.*, n°331, pp.275-276. *Contra* : **F. GRÉAU**, Fasc. préc., n[os]102-103, p.22 ; **W. DROSS**, Effets des conventions à l'égard des tiers, Action directe, Fasc. préc., n°7, p.4.

[2]**R. DECOTTIGNIES**, Ayant-cause, Encyclopédie DALLOZ, Droit civil, 1970, n°6, p.1.

[3] L'élément caractéristique de la qualité d'ayant cause qui consiste dans la transmission d'un bien fait défaut. La qualité d'ayant-cause suppose en effet la réunion de deux éléments. D'une part, la transmission d'un ou plusieurs biens. D'autre part, le report sur l'ayant cause de la situation juridique de son auteur. Sur les éléments caractéritiques de la notion, V. : **O. DESHAYES**, Ayant-cause, Encyclopédie Dalloz, Droit civil, 2008, n[os]3 à 5, p.2.

de figure, par un mode dérivé d'acquisition de la propriété, mais par un mode originaire, en l'occurrence l'accession[1]. Or, l'accession, en tant que mode d'acquisition originaire ou primaire de propriété a pour effet de faire naître au profit de l'attributaire un droit nouveau, l'attributaire n'étant alors pas un ayant-cause[2]. L'application de la théorie de l'accessoire, en tant que fondement permettant d'offrir aux tiers membres des groupes non translatifs une action en responsabilité contractuelle, s'avère ainsi infructueuse[3].Elle ne peut, dès lors, fournir une explication générale pour tous les cas où un tiers est victime de l'inexécution d'un contrat intégré. Certains la considèrent, même, comme un « fondement dépassé »[4]. Qu'en est-il de l'action directe ?

2. Une responsabilité contractuelle fondée sur l'action directe

619. L'action directe en responsabilité du bailleur contre le sous-locataire. L'article 776 du Code des obligations et des contrats dispose que « le bailleur a une action directe contre le sous-locataire, dans tous les cas où il l'aurait à l'encontre du preneur principal… Le bailleur a également action directe contre le sous-locataire pour le contraindre à restituer la chose à l'expiration du terme fixé ». Le bailleur, tiers au contrat conclu entre le preneur et le sous-locataire, tire des droits d'un contrat, auquel il n'est pas partie. Il peut en exciper, lorsqu'il est victime de son inexécution ou de sa mauvaise exécution. Il dispose, à cet effet, d'une action directe en responsabilité contractuelle dans tous les cas où il l'aurait à l'encontre du preneur principal[5]. Aucune restriction n'est apportée par le législateur. La liste des cas est indéterminée. Il en est ainsi, en vertu de l'article 767 du Code des obligations et des contrats, en cas d'inexécution par le sous-acquéreur de son obligation « de conserver la chose louée et d'en user sans excès ni abus suivant sa destination naturelle, ou celle qui lui a été donnée par le contrat ». Le bailleur dispose, par ailleurs, contre le sous-acquéreur d'une action directe en restitution de la chose à l'échéance[6]. La Cour de cassation le confirme[7].

---

[1] V. art.27 du CDR qui dispose que : « Tout ce qui s'unit et s'incorpore à un bien immeuble ou meuble appartient au propriétaire du bien par voie d'accession... » ; **F. GRÉAU**, Action directe, Fasc. préc., n°29, p.7.

[2] **O. DESHAYES**, Fasc. préc., n°74, p.9.

[3] **M. BACACHE-GIBEILI**, *op.cit.*, n°230, pp.202 et s.

[4] **Ch. JAMIN**, *op.cit.*, n°256, p.230.

[5] Cass. civ. n°6869 en date du 16 janv. 1951, RJL, 1960, n°s9-10, pp.185-186 (partie en langue arabe) :
" الفصل 776 من مجلة الإلتزامات والعقود يخول للمكري القيام مباشرة على المكتري الثاني كلما جاز له القيام على الأول حتى عند انقضاء الكراء ووجوب ترجيع المكرى وعليهما معا بالأصالة".
Adde :
خليفة الخروبي، مرجع سابق، عدد 432، ص.280.

[6] **N. REKIK**, *op.cit.*, n°495, p.488 ; **S. BEN SMAIL**, mémoire préc., pp.97 et s. *Adde* :
كريمة اليعقوبي، الدعوى المباشرة، رسالة مذكورة، ص.59-60.

[7] Cass. civ. n°4600 en date du 27 oct. 1942, RJL, 1960, n°s9-10, p.180 (partie en langue arabe) :
" إنه على مقتضى الفصل 776 من المجلة المدنية للمكري أن يطالب المكتري الأصلي مباشرة وكذلك المكتري الثاني خصوصا في ما يتعلق بترجيع العين".

Cette action directe est avantageuse pour le bailleur. En effet, en cas de perte, de dégradationou de détérioration de la chose louée, le sous-locataire, au même titre que le locataire, ne peut s'exonérer de la responsabilité, précise l'article 783 du Code des obligations et des contrats, qu'en rapportant la preuve « de l'usage normal et ordinaire de la chose ; d'une cause fortuite ou de force majeure non imputable à sa faute ; de l'état de vétusté, du vice de la construction, ou du défaut des réparations qui incombent au bailleur ». L'obligation de conservation est une obligation de résultat atténuée[1]. Au même titre que le locataire, le sous-locataire tenu à l'origine par une obligation de résultat, est admis à s'exonérer en établissant la preuve qu'il n'a pas commis de faute. Le régime, auquel il se trouve exposé, est, alors, celui d'une présomption de faute. L'avantage est indéniable pour le bailleur. Ce dernier n'a pas à apporter la preuve de la faute du sous-acquéreur. Tel n'aurait pas était le cas si son action était extracontractuelle. De droit commun, l'engagement d'une telle responsabilité exige que soit rapportée la preuve de la faute du sous-locataire sur la base des articles 82 et 83 du Code des obligations et des contrats.

620. L'action directe en responsabilité du déposant contre le dépositaire substitué. L'article 1006, *in fine*, du Code des obligations et des contrats dispose que : « le déposant a une action directe contre le dépositaire substitué dans tous les cas où il l'aurait contre le dépositaire lui-même… »[2]. Le déposant, tiers au contrat de dépôt de second rang, dispose ainsi d'une action directe en responsabilité contractuelle contre le dépositaire substitué dans la garde du dépôt, dans tous les cas où il l'aurait contre le dépositaire principal[3]. Il peut, dès lors, réclamer la restitution de la chose, objet du contrat[4]. Il peut, par la même, solliciter des dommages et intérêts, en cas de perte ou de détérioration de l'objet du dépôt[5].

L'avantage de cette action directe se confirme, lorsque le dépôt a été conclu au sens de l'article 1021 du Code des obligations et des contrats. En effet, de la combinaison des articles 1021 et 1022 duditCode,il résulte que, le dépositaire qui reçoit un salaire pour la garde du dépôt ou qui reçoit des dépôts, par état ou en vertu de ses fonctions, est responsable de plein droit de toute perte ou détérioration de la chose déposée. Il est bien tenu par une obligation de résultat. Il ne peut être exonéré, précise l'article 1022, *in fine*, du Code des obligations et des contrats, qu'en rapportant la preuve de la force majeure ou du vice des choses déposées.

---

[1] V. sur les degrés des obligations de résultat : **G. VINEY et P. JOURDAIN**, Les conditions de la responsabilité, *op.cit.*, n^{os}534 et s., pp.519 et s.

[2] Cass. civ. n°9050 en date du 15 fév. 1955, RJL, 1960, n^{os}9-10, p.235 (partie en langue arabe) :
" صريح الفصل 1006 من المجلة المدنية التونسية... يخول للمودع مطالبة المستودع الحقيقي رأسا وأن العلاقة بين المستودع صاحب القراج وبين صاحب السيارة هي علاقة خاضعة لقواعد الوديعة...".

[3] **N. REKIK**, *op.cit.*, n^{os}497-498, pp.490-491 ; **S. BEN SMAIL**, mémoire préc., pp.99-100 . *Adde* :
كريمة اليعقوبي، رسالة سابقة، ص.61-62 و63.

[4] Art.1008, al. second, du COC.

[5] Art.1020 du COC.

Le déposant, titulaire d'une action directe en responsabilité contractuelle contre le dépositaire substitué, est, dès lors, dispensé d'apporter la preuve de la faute de ce dernier. Au même titre que l'action directe en responsabilité contractuelle du bailleur contre le sous-locataire, l'avantage de celle du déposant contre le dépositaire substitué, comparée à l'action extracontractuelle de droit commun, se retrouve.

Précisons que l'article 1012, alinéa premier, du Code des obligations et des contrats prévoit que le déposant peut indiquer une personne à laquelle le dépositaire doit restituer le dépôt ; et l'alinéa second d'ajouter que cette personne « a une action directe contre le dépositaire pour le contraindre à exécuter son mandat ». L'expression « action directe » ne doit pas induire l'interprète en erreur. Il ne s'agit pas d'une véritable action directe, en tant qu'elle permet à un créancier d'agir en son nom personnel et pour son propre compte, contre le débiteur de son débiteur. Il ne s'agit que de l'exercice pur et simple par le mandataire du mandat de recevoir le dépôt. Le mandataire, agissant au nom et pour le compte de son mandant, ne fait qu'exécuter son mandat. Pour ce faire, il a les pleins droits de s'adresser directement au dépositaire. La représentation ne fait que produire ses effets[1].

621. L'action directe en responsabilité dupréteur contre le sous-emprunteur, le cessionnaire d'usage, le preneur et le créancier nanti. L'article 1055 du Code des obligations et des contrats définit le prêt à usage comme étant « un contrat par lequel l'une des parties remet une chose à l'autre partie pour s'en servir pendant un temps, ou pour un usage déterminé, à charge par l'emprunteur de restituer la chose même ». La chose prêtée peut faire l'objet d'un sous-contrat. C'est ainsi que l'article 1063 duditCode prévoit que l'emprunteur peut prêter la chose ou en céder gratuitement l'usage. Elle peut, par la même, faire l'objet d'un contrat de nature différente. L'article 1064, *a contrario*, prévoit, à cet effet, que l'emprunteur peut avec la permission du prêteur, donner en gage la chose prêtée, la louer, ou en disposer. Cela dit, la chose prêtée peut faire l'objet d'un nantissement, d'un bail ou d'une aliénation.

Conscient de l'importance de tisser des liens directs entre le prêteur et les différentes personnes, pouvant potentiellement être les cocontractants de l'emprunteur, l'article 1068 du Code des obligations et des contrats prévoit que « lorsque l'emprunteur a cédé l'usage de la chose ou en a autrement disposé en faveur d'une autre personne, le prêteur a une action directe contre ce dernier dans le même cas où il l'aurait contre l'emprunteur ». Le tiers prêteur bénéficie, dès lors, d'une action directe en garantie, qui se décline en plusieurs variantes. Il peut exercer l'action en restitution contre le sous-emprunteur, contre ceux auxquels l'emprunteur a cédé l'usage de la chose[2], ainsi que contre le preneur et le créancier nanti[3]. Il peut, par ailleurs, exercer

---

[1] En ce sens : **N. REKIK**, *op.cit.*, note 2, n°497, p.490. *Contra* :

كريمة اليعقوبي، رسالة سابقة، ص.63-64.

[2] Art.1063 du COC.

[3] Art.1064 du COC.

une action directe en responsabilité contre les personnes susmentionnées, en cas de perte ou de détérioration de la chose[1]. Dans cette dernière alternative, la responsabilité de l'emprunteur ne peut être engagée que s'il a abusé de la chose. Le prêteur, précise l'article 1074 du Code des obligations et des contrats, doit, dans ce cas, en fournir la preuve. Ainsi, l'emprunteur se trouve tenu par une obligation de moyens. L'alignement de la responsabilité du sous-emprunteur sur celle de l'emprunteur, grâce à la technique de l'action directe, n'est pas, dans cette hypothèse, de grand apport. En effet, dans tous les cas, le prêteur doit apporter la preuve de la faute de l'auteur du fait dommageable.

622. L'exclusion du substitut de l'emprunteur du domaine de l'action directe de l'article 1068 du Code des obligations et des contrats. L'article 1061 du Code des obligations et des contrats prévoit qu'en cas de nécessité urgente, l'emprunteur peut confier la garde de la chose à une autre personne. Cette dernière, étant chargée de veiller à la conservation de la chose prêtée est baptisée substitut. On se demande si le substitut de l'emprunteur est visé par l'article 1068 du Code des obligations et des contrats. En d'autres termes, est ce qu'en cas de détérioration de la chose ou sa perte, le prêteur en tant que tiers victime de l'inexécution ou de l'exécution défectueuse du contrat de prêt, peut exercer une action directe contre le substitut de l'emprunteur ? Interprété, au pied de la lettre, l'article 1068 du Code des obligations et des contrats, qui évoque un acte de cession ou de disposition, ne permet pas une telle action. Ledit article ne prévoit aucune action directe contre celui auquel l'exécution du contrat de prêt a été confiée[2].

623. L'action directe en responsabilité du mandant contre le mandataire substitué. À partir d'une lecture combinée des articles 1127, *a contrario*, et 1128 du Code des obligations et des contrats, on peut constater que le mandataire peut se substituer à une autre personne dans l'exécution du mandat. Il en est ainsi, soit lorsqu'il est expressément autorisé à le faire, soit lorsqu'il l'est implicitement, hypothèse du mandataire général avec pleins pouvoirs, soit encore sans être autorisé à le faire, lorsque la substitution résulte de la nature de l'affaire ou des circonstances. « Dans tous les cas[3], précise l'article 1130 du Code des obligations et des contrats, le substitué est, directement, tenu envers le mandant, dans les mêmes conditions que le mandataire, et il a, d'autre part, les mêmes droits que ce dernier ». Dès lors, par la mise en place d'une action directe, le mandant, tiers au contrat de sous-mandat, peut agir, directement, en responsabilité contractuelle en cas d'inexécution ou de mauvaise exécution de la prestation promise par le

---

[1] **N. REKIK**, *op.cit.*, n°s499-500, pp.491 à 493. *Adde* :

كريمة اليعقوبي، رسالة سابقة، ص.64-65.

[2] L'art.1068 du COC n'a pas utilisé l'expression de l'art.1061 dudit Code à savoir : " كلف ", il a plutôt prévu l'action directe en cas de cession : " إذا أحال ".

[3] C'est-à-dire que le mandataire a reçu le pouvoir de se faire substituer ou non.

substitué[1]. Le lien contractuel s'allonge, alors, d'un maillon et le mandataire substitué se trouve unit au mandant par un lien contractuel. Ce dernier est recevable à agir en responsabilité contractuelle contre le mandataire substitué, lorsque celui-ci a commis une faute dans l'exécution du mandat[2], et plus largement exiger de lui l'exécution du mandat[3].

624. L'équilibre réduit. Tenant lieu de prémisse à tout raisonnement juridique, le volontarisme condamne toute idée de lien contractuel entre extrêmes d'un groupe de contrats. Le tiers qui pâtit de l'inexécution d'une obligation, strictement contractuelle soit-elle, ne peut suivre que la voie extracontractuelle. Sa volonté, qui n'a pas contribué à la formation du contrat, source de son préjudice, fait qu'il soit exclu de l'orbite de ce contrat. Conscient des méfaits d'une telle démarche sur les prévisions du débiteur contractuel, le droit objectif a reconnu, exceptionnellement au principe de la relativité, corollaire du principe de l'autonomie de la volonté, la possibilité pour le tiers de suivre la voie contractuelle. La technique était l'action en responsabilité contractuelle. Le recours aux mécanismes classiques pour fonder une telle action n'a pu, cependant, constituer la panacée permettant, dans tous les cas, de justifier l'existence d'une telle responsabilité dans les groupes de contrats. Le maintien des attentes légitimes du débiteur contractuel se trouve réduit à une peau de chagrin. C'est la raison pour laquelle la recherche d'un fondement général permettant de réfuter, sur le plan des principes, une telle responsabilité semble nécessaire.

SECTION II. POUR UNE REFUTATION DE PRINCIPE DE LA RESPONSABILITE EXTRACONTRACTUELLE DU DEBITEUR DEFAILLANT AU SEIN DES GROUPES DE CONTRATS

625. La mise en place d'une responsabilité contractuelle du débiteur défaillant à l'égard des tiers, pour ses manquements strictement contractuels, ne doit pas être une solution d'exception. Une tendance doctrinale s'est, alors, dessinée. Elle consiste à considérer la théorie même des groupes de contrats, comme fondement à une action en responsabilité, nécessairement

[1]**N. REKIK**, *op.cit.*, n[os]501-502, pp.493 à 495 ; **B. STARCK**, Action directe, Répertoire civil, Dalloz, 1970, préc., n°29, p.3 ; **S. BEN SMAIL**, mémoire préc., pp.96-97 ; **J.-R.GOMEZ**, « Les actions directes du mandant et du sous-mandataire dans la jurisprudence française : bilan et propositions », LPA, 21 sep. 2000, art. préc., n[os]16 à 31, pp.7 à 10 ; **B. MALLET-BRICOUT**, « Contribution à l'étude de la théorie de la représentation : la substitution de mandataire », LPA, 21 déc. 1999, n°253, pp.13-20. *Contra* : **M. COZIAN**,*op.cit.*, n°s 62 à 71, pp.42 à 47. L'auteur considère qu'il s'agit d'une fausse action directe. L'action du mandant contre le mandataire substituée est en réalité fondée sur la technique de la représentation.Sur la critique de cette position,V. **B. TEYSSIÉ**, *op.cit.*, n[os]541-542, pp.267-386. *Adde* :
كريمة اليعقوبي، رسالة سابقة، ص.65-66 و67.

[2] V. notamment : art.1121, 1122, 1131 à 1140 du COC. Cass. com. fr., 20 févr. 1996, D., 1996, J, pp.290-292, note **Ph. DELEBECQUE** ; RTD civ., 1996, pp.621-623, obs. **P. JOURDAIN** ; Cass. com. fr., 14 oct. 1997, D., 1998, J, pp.115-117, Rapport **J.-P. RÉMERY**.

[3] Sur l'exigence de la reddition des comptes : Cass. civ. fr., 08 févr. 2000, JCP éd. G., 2001, II, 10570, note **D. AMMAR** ; RTD com., 2000, pp.596-598, obs. **J.-Cl. DUBARRY et É. LOCQUIN**.

contractuelle, du tiers victime contre le débiteur défaillant (Paragraphe I). Cette tendance louable a le mérite de rétablir l'équilibre entre l'intérêt du tiers victime, son droit à indemnisation, et l'intérêt du débiteur défaillant, son droit au respect de ses prévisions. Mieux encore, dans le domaine professionnel, on défend la mise en place de régimes spéciaux et uniformes de responsabilité (Paragraphe II). Le législateur vient, alors, épauler la doctrine dans la réalisation de cet équilibre.

Paragraphe I. L'instauration d'une responsabilité contractuelle au sein des groupes de contrats

626.Groupe de contrats et extension de la force obligatoire du contrat. La théorie des groupes de contrats permet de justifier la consécration d'actions directes, en responsabilité nécessairement contractuelle, au profit des tiers, qui pâtissent de l'inexécution d'une obligation strictement contractuelle, contre le débiteur défaillant. Elle constitue, de ce fait, une manifestation patente de « l'extension de la force obligatoire du contrat »[1].

Conçue comme un fondement moderne de l'action directe (A), la théorie des groupes de contrats ne peut être sans incidence sur la théorie des contrats (B).

A. La théorie des groupes de contrats : fondement moderne de l'action directe

627.L'essor de la théorie des groupes de contrats. Face au problème de la nature extracontractuelle de l'action en responsabilité du tiers à l'égard du débiteur défaillant, certains auteurs ont essayé de justifier l'existence d'un lien contractuel direct entre le tiers victime et le débiteur responsable. Leurs efforts ont donné lieu à la découverte d'une figure juridique nouvelle : les groupes de contrats. L'enjeu consiste à dégager les critères de qualification de cette figure juridique nouvelle, à identifier le lien qui devrait exister entre deux ou plusieurs contrats, afin qu'ils puissent former un véritable groupe. S'agit-il d'un lien juridique ou économique ? Deux approches ont été alors proposées. L'une classique (1), l'autre plutôt moderne (2).

1. L'approche classique de la théorie des groupes de contrats

628. La notion de groupe de contrats, image de la transposition d'une réalité économique au domaine juridique. L'idée que la théorie des groupes de contrats n'est autre que le produit de l'observation d'une réalité économique a servi de postulat de départ à plusieurs thèses proposées, pour

[1] **M. BACACHE-GIBEILI**, La relativité des conventions et les groupes de contrats, *op.cit.*, p.336, proposition n°3 ; **J. L. GOUTAL**, Essai sur le principe de l'effet relatif du contrat, *op.cit.*, n°57, p.48 ; **J. DUCLOS**, L'opposabilité (Essai d'une théorie générale), *op.cit.*, n°64, pp.89-90.

encadrer, juridiquement, cette figure économique. Deux retiendront particulièrement notre attention. La thèse de M. TEYSSIÉ et celle de M. NÉRET. Toutes deux cherchent à attacher, à une réalité socio-économique nouvelle, des effets de droit[1]. La définition du groupe de contrats va être alors directement inspirée de l'observation des faits.

629. L'exposé de la théorie de TEYSSIÉ. À la réalité économique, devrait répondre une réalité juridique[2]. À suivre cette démarche, l'auteur constate l'existence de deux catégories de groupe de contrats. Certaines sont unies par une identité d'objet, d'autres sont unies, plutôt, par une identité de cause[3].

630. Les contrats imbriqués par une identité d'objet : les chaînes de contrats. « Lorsque plusieurs contrats, unis par une identité d'objet, car organisés à propos d'une même chose, autour d'une même prestation essentielle, sont successivement conclus »[4], une première catégorie de groupes se dessine : les chaînes de contrats. Quelques observations en découlent. D'abord, les contrats de la chaîne s'organisent autour d'un même objet, d'une même prestation essentielle[5]. Ensuite, la chaîne est caractérisée par la linéarité de sa structure[6]. Le groupe, ainsi formé, est issu de l'adjonction à un premier contrat d'un deuxième, puis, à ce dernier, d'un troisième. Enfin, les chaînes sont caractérisées par l'absence de tout personnage-clé, jouant un rôle de pivot, parce qu'immédiatement lié, par voie conventionnelle, à chacun des participants au groupe[7]. Chaque participant à une chaîne intervient, au plus, dans deux contrats, en amont et en aval de la position qu'il occupe[8].

La chaîne de contrats se divise, à son tour, en deux figures distinctes. D'une part, la chaîne par addition. Elle se caractérise par une succession de contrats dans le temps, aussi bien dans leur conclusion que dans leur exécution[9]. L'analyse de ces chaînes révèle que le deuxième contrat ne se joint pas au premier. Il lui succède. La succession de contrats de ventes en témoigne. D'autre part, la chaîne de contrat par diffraction. Cette dernière se caractérise, quant à elle, par la succession des contrats au stade de leur conclusion, mais pas de leur exécution. Il y a, alors, à la fois succession et conjonction[10]. C'est l'hypothèse des sous-contrats, à l'instar de la sous-location ou de la sous-traitance.

---

[1] En ce sens : **S. PELLÉ**, La notion d'interdépendance contractuelle : contribution à l'étude des ensembles de contrats, Thèse pour le Doctorat en Droit, Paris II, 2005, n°s290-291, pp.276-277.

[2]**B. TEYSSIÉ**, Les groupes de contrats, *op.cit.*, n°20, p.10.

[3]**B. TEYSSIÉ**, *ibid.*, n°68, p.36 : « Identité d'objet ou identité de cause, une distinction très nette se dégage ».

[4]**B. TEYSSIÉ**, *ibid.*, n°69, p.39.

[5]**B. TEYSSIÉ**, *ibid.*, n°63, p.33.

[6]**B. TEYSSIÉ**, *ibid.*, n°69, p.39.

[7]**B. TEYSSIÉ**, *ibid.*, n°69, p.39.

[8]**B. TEYSSIÉ**, *ibid.*, n°173, p.92.

[9]**B. TEYSSIÉ**, *ibid.*, n°70, p.39.

[10]**B. TEYSSIÉ**, *ibid.*, n°71, pp.39-40. La période ouverte par la conclusion d'un contrat de location, par exemple, n'est point close par celle d'un contrat de sous-location.

631. Les contrats imbriqués par une identité de cause : les ensembles contractuels. Par opposition aux chaînes de contrats, unis par un même objet, les ensembles de contrats sont constitués de conventions soudées par une identité de cause, conclues pour assurer la réalisation d'un même objectif, à l'initiative du promoteur de l'opération[1]. Quelques observations en découlent. D'abord, les contrats formant l'ensemble participent à la réalisation d'un même objectif, à savoir la réalisation d'une opération déterminée. Tous ces contrats se caractérisent, ensuite, non par une succession, mais par une coexistence permettant d'atteindre l'objectif commun[2]. C'est ce qui explique leurs structures circulaires et non linéaires[3]. Enfin, les contrats d'un ensemble sont organisés autour d'un personnage clé, son promoteur, seul à être en relation contractuelle avec chacun des participants au groupe[4]. Les ensembles contractuels peuvent être indépendants ou à dépendance unilatérale, selon que les contrats du groupe sont placés sur un pied d'égalité ou dominés par l'un d'eux[5].

632. L'apport de la théorie de TEYSSIÉ. Au terme de sa théorie, l'auteur considère que le rôle du groupe consisterait à donner naissance à un « puissant tissu contractuel »[6] entre des personnes non liées directement par un contrat, mais « parties à un même groupe », ce qui exclurait que celles-ci « soient considérées comme des tiers dans leurs rapports réciproques »[7]. « Ces rapports contractuels justifient non seulement la généralisation des actions directes en garanties et en paiement, mais aussi l'admission de toutes autres actions directes susceptibles d'assurer l'exécution des diverses obligations souscrites par les parties au groupe »[8].

633. L'exposé de la théorie de NÉRET. M. NÉRET propose, à partir d'une approche économique globale[9], de tisser des liens de droit directs entre personnes n'ayant pas contracté directement, cette fois à propos d'une figure des groupes de contrats, à savoir le sous-contrat. Cette figure est composée du couple contrat principal – sous-contrat. Le contrat principal ou originaire fournit au sous-contrat son objet[10]. Cette communauté d'objet confère au

---

[1]**B. TEYSSIÉ**, *op.cit.*, n°68, p.36. En ce sens : **M. ESPAGNON**, Fasc. préc., n[os]36 et s., pp.15 et s. ; **G. VINEY**, *op.cit.*, n°212-1, pp.595-596 ; **Ph. DELMAS SAINT-HILAIRE**, *op.cit.*, pp.377-378-379 ; **Ph. LE TOURNEAU**, *op.cit.*, n[os]944 et s., pp.436 et s. ; **F. MAHJOUB**, « Les contrats de construction : faut-il reconnaître l'interdépendance contractuelle ? », art. préc., n[os]27 à 29, pp.180 à 183. L'auteur puise dans la notion de cause « médiate » justification de l'interdépendance des contrats de constructions.

[2]**B. TEYSSIÉ**, *ibid.*, n°175, p.95.

[3]**B. TEYSSIÉ**, *ibid.*, n°174, p.95.

[4]**B. TEYSSIÉ**, *ibid.*, n°174, p.95.

[5] Sur cette distinction : **B. TEYSSIÉ**, *ibid.*, n[os]178 à 260, pp.97 à 132. Parmi les ensembles contractuels à dépendance unilatérale, l'auteur cite l'ensemble formé par le contrat de transport et le contrat de manutention : **B. TEYSSIÉ**, *ibid.*, n°230, p.122.

[6]**B. TEYSSIÉ**, *ibid.*, n°548, p.122.

[7]**B. TEYSSIÉ**, *ibid.*, n°584, p.292 et n°559, p.279.

[8]**B. TEYSSIÉ**, *ibid.*, n°559, p.279, n[os]562 à 583, pp.281 à 291 et n[os]578 et s., pp.287 et s.

[9]**J. NÉRET**, Le sous- contrat, *op.cit.*, n°323 et s., pp.234 et s.

[10]**J. NÉRET**, *ibid.*, n°127, p.103 : « « La communauté d'objet entre premier et second contrat est une condition à ce point essentielle qu'en son absence la seconde convention sera exclue de la catégorie du sous-contrat ». V.spéc. n[os]128 et s., pp.103 et s.

sous-contrat son unité. Le clivage se produit au niveau des intentions. En fonction de ces dernières, deux catégories de sous-contrats se dessinent.

634. « Le sous-contrat, moyen de réalisation du contrat originaire »[1]. Dans cette première catégorie de sous-contrat, l'intermédiaire peut avoir pour but, en recourant au sous-contrat, la satisfaction du créancier originaire. Débiteur d'une obligation de faire, « il cherche à faire exécuter par un substitut tout ou partie de la prestation à laquelle il est tenu en vertu du premier contrat »[2]. Il y a substitution dans l'exécution du contrat principal. Contrat originaire et sous-contrat apparaissent liés, non seulement par une identité d'objet mais aussi de cause. Tous deux poursuivent la réalisation d'une même opération économique. La sous-traitance et le sous-mandat peuvent l'illustrer.

635. « Le contrat originaire, moyen de réalisation du sous-contrat »[3]. Cette deuxième catégorie de sous-contrat se conçoit, lorsque le contrat principal transmet à l'intermédiaire la jouissance d'une chose. Ce dernier peut, à son tour, en faire bénéficier une tierce personne. Ainsi, le contrat originaire devient le « moyen de réalisation du sous-contrat »[4]. Il permet à l'intermédiaire de se procurer les moyens techniques pour pouvoir sous-contracter[5]. Il y a substitution, non dans l'exécution, mais dans le bénéfice du contrat principal. Cette seconde catégorie de sous-contrat peut être illustrée par la sous-location, le sous-affrètement et le sous-prêt à usage.

636. L'apport de la théorie de NÉRET. L'auteur déduit que, contractant originaire et substitut, apparaissent comme les véritables prestataires et bénéficiaires du service. Lorsque le sous-contrat est le moyen de réalisation du contrat principal, le sous-contractant est l'exécutant réel de la prestation. Il est le véritable prestataire du service. Quant au contractant originaire, il est le véritable bénéficiaire du service. Lorsque le contrat principal est le moyen de réalisation du sous-contrat, c'est le contractant originaire qui est le véritable prestataire du service. Le sous-contractant apparaît, quant à lui, comme le véritable bénéficiaire du service. L'analyse économique du groupe « conduit à substituer, aux notions de contractant originaire et sous-contractant, celles de prestataire et de bénéficiaire du service »[6]. Elle « conduit inévitablement à repenser les relations entre les trois personnages qu'il comprend, et spécialement entre les contractants extrêmes »[7]. Emboitant le pas à M. TEYSSIÉ, l'auteur déduit, en toute logique, que « les contractants extrêmes du groupe ne sont pas parties au

---

[1]**J. NÉRET**, *op.cit.*, p.159 : Intitulé de la Section I, du second Chapitre de la première Partie.
[2]**J. NÉRET**, *ibid.*, n°201, p.158.
[3]**J. NÉRET**, *ibid.*, p.179 : Intitulé de la Section II, du second Chapitre de la première Partie.
[4]**J. NÉRET**, *ibid.*, n°234 et s., pp.179 et s.
[5] Cette seconde catégorie de sous-contrat est uniquement liée par une identité d'objet. Le but de la nouvelle opération économique réalisée par le sous-contrat n'est plus la satisfaction du créancier originaire. « Le dessein de l'intermédiaire est ici d'exploiter à son profit la chose dont il a reçu la jouissance du contractant originaire » : **J. NÉRET**, *ibid.*, n°235, p.180.
[6]**J. NÉRET**, *ibid*, n°331, p.237.
[7]**J. NÉRET**, *ibid.*, n°329, p.237.

même contrat, certes, mais [qu'] ils sont parties au même ensemble contractuel »[1]. À suivre cette analyse, il s'invite « à une nouvelle réflexion dans l'examen des actions susceptibles d'exister entre les contractants extrêmes »[2]. Au terme de sa théorie, l'auteur considère que, dans leurs rapports réciproques, les contractants extrêmes du groupe sont empêchés d'avoir recours à la voie délictuelle[3]. Au sein du groupe seule la responsabilité contractuelle développe ses effets[4].

2. La nouvelle approche des groupes de contrats

637. Renversement du postulat : La notion de groupe de contrats, palliatif à une carence législative. À la différence de ses prédécesseurs, le point de départ de Mme. GIBEILI n'a pas consisté en l'observation d'une réalité économique, mais plutôt d'un besoin juridique[5]. Ce besoin est né de la condamnation de toute assimilation des fautes contractuelle et délictuelle[6]. En effet, toute faute contractuelle entre parties contractantes n'est pas, nécessairement, délictuelle, à l'égard des tiers. Si ces derniers sont victimes de l'inexécution d'une obligation strictement contractuelle, ne pouvant aucunement se doubler d'un manquement à un devoir de portée générale, le tiers victime de l'inexécution d'une telle obligation butera sur une impasse. La relativité de la faute contractuelle, qui signifie que cette dernière est cantonnée à la sphère des seules parties contractantes, qu'elle ne soit constituée qu'à l'égard du créancier de l'obligation inexécutée, empêche les tiers de rechercher la responsabilité contractuelle du débiteur[7]. L'action extracontractuelle est aussi fermée, en raison, d'une part, de l'inaptitude de la faute strictement contractuelle de se doubler d'un fait générateur de responsabilité extracontractuelle et, d'autre part, de la condamnation de l'assimilation des fautes. En conséquence, les tiers victimes d'une défaillance, strictement contractuelle, seraient dépourvus de toute action, en réparation de quelque nature qu'elle soit. Ceci est inacceptable. Il convient donc, de rechercher un moyen leur permettant d'exercer une action, en réparation, contre le débiteur défaillant. Or, comment une faute strictement contractuelle du débiteur peut-elle causer un dommage contractuel à un tiers étranger au contrat ?

C'est justement la réponse à cette question qui permet de s'apercevoir de l'existence d'une figure juridique nouvelle : les groupes de contrats. En effet, une personne ne peut subir un dommage en lien de causalité avec une faute

---

[1] **J. NÉRET**, *op.cit.*, n°378, pp.271-272.
[2] **J. NÉRET**, *ibid.*, n°331, p.238.
[3] **J. NÉRET**, *ibid.*, n°378, p.272.
[4] **J. NÉRET**, *ibid.*, n°378, pp.271-272.
[5] **M. BACACHE-GIBEILI**, La relativité des conventions et les groupes de contrats, *op.cit.*, n°168, p.144.
[6] Sur la question : V. *supra*, n°s545 à 552 ; *Adde* : **M. BACACHE-GIBEILI**, *ibid.*, n°s56 à 104, pp.52 à 97.
[7] En ce sens : **J. HUET**, Thèse préc., n°s649 et s., pp.612 et s. ; **Ch. LARROUMET**, Droit civil, Les obligations, Le contrat, T.3, 2ème partie : Effets, *op.cit.*, n°751, p.892 ; **M. BACACHE-GIBEILI**, *ibid.*, n°81, p.76.

strictement contractuelle que si elle est, elle-même, créancière d'une obligation strictement contractuelle,identique,prise à son profit, en vertu d'un autre contrat et à la charge d'un autre débiteur. Il ressort, en clair, qu'on est en présence de deux contrats ayant en commun une obligation identique. Le premier unit le débiteur, auquel le tiers réclame réparation, à son créancier. Le second, unit le tiers victime à son propre débiteur. L'existence de deux contrats distincts, unis par une obligation identique, nous permet de constater que le tiers victime d'une défaillance strictement contractuelle est, nécessairement, membre d'un groupe de contrats, auquel participe le débiteur défaillant[1].

Notion fonctionnelle dont la définition « prend comme point d'appui les besoins auxquels elle est censée répondre »[2], « le groupe de contrats digne d'accéder au rang d'une notion juridique, autrement dit permettant le développement d'actions contractuelles directes, est celui formé de *deux contrats distincts ayant en commun au moins une obligation identique* »[3].

638. Le rôle des groupes de contrats. C'est uniquement dans l'hypothèse où un tiers subit un dommage contractuel, uni par un lien de causalité à la faute strictement contractuelle du débiteur, que la théorie des groupes de contrats peut jouer un rôle légitime. Ce rôle consiste à remplacer l'absence totale d'action par une action contractuelle et non de substituer une action contractuelle à une action délictuelle déjà existante[4]. En effet, le tiers qui subit un dommage né de l'inexécution d'un devoir général de comportement contractualisé, notamment une atteinte à sa sécurité, peut réclamer réparation de son dommage au débiteur défaillant sur le terrain extracontractuel, en raison de l'aptitude d'une telle défaillance à se doubler d'un fait générateur de responsabilité extracontractuelle. Tel n'est pas le cas, lorsqu'il est victime d'une faute strictement contractuelle, ne se doublant pas d'un manquement de portée générale. Le tiers ne peut agir, dans ce cas, contre le débiteur défaillant ni sur le terrain contractuel ni sur le terrain extracontractuel. La théorie des groupes de contrats permet, alors, de sortir de cette impasse. Elle permet d'accorder une action, en réparation au tiers victime de l'inexécution d'une obligation strictement contractuelle, sans pour autant recourir à une assimilation abusive des fautes. La sécurité du tiers se trouve préservée. Les prévisions du débiteur ne sont en rien déjouées. Ce dernier s'attend, pour ses manquements strictement contractuels, d'être assigné sur un plan contractuel. L'équilibre est, alors, maintenu.

Le groupe se caractérise, dès lors, par un rôle et une technique. La technique est l'action directe en responsabilité contractuelle[5]. Le rôle

---

[1]**M. BACACHE-GIBEILI**, *op.cit.*,n°119, p.107 et n°111, pp.100-101.

[2]**M. BACACHE-GIBEILI**, *ibid.*, n°174, p.151.

[3]**M. BACACHE-GIBEILI**, *ibid.*, n°124, p.113.

[4]**M. BACACHE-GIBEILI**, *ibid.*, n°193, pp.165-166.

[5]**R. CABRILLAC**, L'acte juridique conjonctif en droit privé français, *op.cit.*, n°s500 à 511, pp.260 à 264. **S. BEN SMAIL**, mémoire préc., pp.16 à 54, pp.100 à 103 et pp.119-122 ; **G. CORNU**, RTD civ., 1973, pp.141 à 143, spéc. p.143 ; **J.HUET**, Thèse préc., n°s660 et s., pp.624 et s. ; **M. BACACHE-GIBEILI**, *ibid.*, n°195, p.166 ; *Contra* : **I. BABAEI**, Thèse préc., n°s141 à 144, pp.194 à 198, spéc. n°143, pp.196-

consiste, justement, à remédier à l'inexistence d'une action en responsabilité extracontractuelle, lorsque le tiers est victime de l'inexécution d'une obligation strictement contractuelle. Le tiers est, alors, protégé. Il consiste, par ailleurs, à assurer cette protection dans le respect des attentes légitimes du débiteur contractuel. Ses prévisions sont, dès lors, sauvegardées.

639. Opposabilité ou force obligatoire du contrat ? On peut penser que l'accession de la théorie des groupes de contrats à la vie juridique constitue une manifestation de l'extension de la force obligatoire du contrat à l'égard des tiers, membres du groupe, toutes les fois que ces derniers pâtissent de l'inexécution d'une obligation strictement contractuelle, en lien de causalité avec leur préjudice[1]. Ceci permet de réfuter l'analyse qui présente la responsabilité du contractant à l'égard du tiers, victime de l'inexécution d'un contrat intégré, comme une manifestation de l'opposabilité du contrat à l'égard des tiers. Cette idée se maintien, certes, lorsque le tiers est victime d'un manquement à un devoir de portée générale. Ce devoir incombe à tout un chacun, qu'il soit ou non engagé par une obligation contractuelle. « Le contrat n'a donc aucun rôle à jouer »[2]. Tel n'est pas le cas, lorsque le tiers se prétend victime d'un manquement strictement contractuel. Lui permettre « d'invoquer la faute contractuelle du débiteur « en tant que fait », serait l'habiliter à bénéficier de la force obligatoire du contrat sous couvert d'opposabilité... »[3]. Rien n'est plus contestable.

À partir de ces observations, peuvent apparaître les insuffisances de l'approche classique.

640. Les insuffisances de l'approche classique. Appréhendée comme la traduction d'une réalité économique, la théorie des groupes de contrats telle que développée par MM. TEYSSIÉ et NÉRET, avait pour objectif de limiter le domaine de l'action en responsabilité, nécessairement délictuelle, ouverte aux tiers victimes, contre le débiteur défaillant. Cela suppose que toutes les fautes contractuelles commises, dans le cadre d'un groupe de contrats sont, *ipso facto*, délictuelles à l'égard des tiers. Ceci rappelle la thèse de

197 et n[os]200 à 212, pp.284 à 301 ; **P.-A. FORIERS**, Groupes de contrats et ensembles contractuels. Quelques observations en droit positif, LARCIER-LGDJ, 2006, n[os]150 à 163, pp.152 à 165 ; **L. GRYNBAUM**, « Responsabilité et contrat : l'union libre : variation sur la responsabilité contractuelle, le préjudice corporel et les groupes de contrats », *in* Libre droit, Mélanges en l'honneur de Philippe LE TOURNEAU, 2008, Dalloz, pp.435-436. Ces auteurs préconisent l'application de la responsabilité extracontractuelle quelle que soit la portée de l'obligation violée, mixte ou caractéristique du contrat. V. aussi sur la critique de l'action directe : **C. LISANTI-KALCZYNSKI,** « L'action directe dans les chaînes de contrats ? Plus de dix ans après l'arrêt Besse », JCP éd. G., 2003, n° 50, II, 10192.

[1]**M. BACACHE-GIBEILI**, *op.cit.*, p.336, proposition n°3.

[2]**F. BERTRAND**, Thèse préc., n°216, pp.349 et s., spéc. p.352 ; **R. WINTGEN**, *op.cit.*, n°345, pp.300-301.

[3]**M. BACACHE-GIBEILI**, *ibid.*, p.335, proposition 1 et n°204, p.175 : « L'opposabilité de la faute strictement contractuelle par les tiers aux parties n'est que l'appellation édulcorée d'une exception à l'effet relatif des contrats. En effet, permettre aux tiers d'opposer au débiteur sa faute strictement contractuelle lorsqu'elle leur cause un dommage, c'est leur permettre d'invoquer l'exécution indirecte du contrat » ; **R. WINTGEN**, *ibid.*, n°339, pp.295-296 ; **G. WICKER**, « La sanction délictuelle du manquement contractuel ou l'intégration de l'ordre contractuel à l'ordre juridique général », art. préc., n°18, p.601 ; **Ch. LARROUMET**, Les obligations, Le contrat, T.3, 2ème partie : Effets, *op.cit.*, n°752, p.895-896 et n°790 bis, pp.948 à 951.

l'assimilation des fautes dont on a révélé les insuffisances. Dès le départ, la théorie semble, donc, mal fondée. Les conséquences n'en sont pas moins surprenantes. Toutes les actions, entreprises dans le cadre d'un groupe de contrats, sont nécessairement contractuelles. Or, la condition des participants à un groupe ne devrait pas être envisagée en bloc. L'action en responsabilité, qui les oppose, ne doit pas être, en toute hypothèse, une action contractuelle, notamment, lorsque le manquement du débiteur est apte à se doubler d'une défaillance de portée générale.

B. La théorie des groupes de contrats : acception moderne de la théorie des contrats

641. L'emprise de la théorie des groupes de contrats sur les principes fondamentaux du droit des contrats semble indéniable. La révision de certains principes classiques de ce droit (1) et la mise en place d'un régime des actions directes au sein des groupes de contrats (2), retiendront particulièrement notre attention.

1. La théorie des groupes de contratset la révision de certains principes classiques du droit des contrats

642. Lorsque le tiers, membre d'un groupe, invoque la faute strictement contractuelle du débiteur, à l'appui d'une action en responsabilité contractuelle, les éléments traditionnels de cette dernière se trouvent partiellement réunis : une faute contractuelle commise par le débiteur, un dommage contractuel subi par le tiers et un lien de causalité entre la faute de l'un et le dommage de l'autre. Seule fait défaut la qualité de cocontractant de la victime. Ce dernier élément, nécessaire à l'existence de la responsabilité contractuelle, peut-il être remplacé par la qualité de partie à un groupe de contrats ? La reconnaissance d'une telle qualité ne heurte-t-elle pas le principe de relativité de la force obligatoire du contrat? Comment concilier ce principe avec la possibilité pour un tiers, membre d'un groupe de contrats, d'invoquer, à l'appui d'une action en responsabilité contractuelle, l'inexécution d'une obligation strictement contractuelle, marquée, pourtant, par sa relativité ?

La théorie des groupes de contrats postule pour une responsabilité nécessairement contractuelle du débiteur défaillant à l'égard des tiers, toutes les fois que ces derniers pâtissent de l'inexécution d'une obligation strictement contractuelle en lien de causalité avec leur préjudice. Elle propose, par ailleurs, d'accorder à un tiers la qualité de partie à un groupe contractuel. Ces objectifs ne peuvent se réaliser qu'au prix d'une relecture du principe de la relativité (a) , d'une part, et d'une redéfinition des notions de tiers et de partie (b), d'autre part.

a. La relecture du principe de relativité

643. Justice, sécurité et utilité sociales, la nouvelle devise contractuelle. L'attachement à la philosophie volontariste a fait que la volonté soit le fondement de la force obligatoire du contrat. À s'en tenir à cette acception, toute extension des effets du contrat au-delà du cercle des contractants se présente comme une exception au principe de la relativité et nécessite, de ce fait, l'appui de fondements juridiques servant de contrepoids à ce principe. La consécration de la notion de groupe de contrats, l'admission de l'action directe au sein des groupes nécessitent, dès lors, la contestation du principe de l'autonomie de la volonté et l'adoption d'un nouveau principe justifiant la force obligatoire des contrats.

À la question pourquoi l'acte a-t-il un effet obligatoire, on a montré que l'autonomie de la volonté n'est pas l'explication unique, ni même principale[1]. Avec la conception objective du contrat, on a beau affirmer que ce dernier tire sa force obligatoire de la loi et non de la volonté individuelle. L'article 240 du Code des obligations et des contrats doit être interprété à la lumière du nouveau principe, selon lequel le contrat est obligatoire, parce que le législateur l'a voulu. La question est, alors, de savoir pourquoi le contrat se voit attribuer par la loi valeur obligatoire. On a pu penser que le législateur a attribué au contrat force obligatoire dans le but d'assurer à cet acte de prévision qui se veut emprise sur l'avenir la sécurité suffisante et de réaliser la justice commutative[2].

644. De l'effet relatif du contrat à l'effet attractif du groupe. L'interprétation de l'article 240 du Code des obligations et des contrats - sous l'éclairage du principe selon lequel le contrat est obligatoire parce que le législateur l'a voulu en tant qu'instrument de prévision et de justice commutative - aboutirait à une relecture du principe de la relativité au sein des groupes de contrats. Le respect des prévisions du tiers, victime de l'inexécution d'un contrat intégré (α), ainsi que du principe élémentaire de justice commutative (β), imposent qu'il soit habilité à agir par la voie contractuelle pour les dommages contractuels subis. Reprenons ces deux objectifs.

α. Le contrat, instrument de respect des prévisions contractuelles

645. Identité des prévisions contractuelles et extension de la force obligatoire du contrat aux membres du groupe. Étant un instrument d'emprise sur l'avenir, le contrat assure, en toute logique, les prévisions de ceux qui ont contribué à sa formation. Les personnes dont la volonté n'a pas contribué à la formation du contrat ne sont pas, en principe, concernées par

---

[1] V. *supra*, n^{os}43 à 46.

[2] Sur la question V. *supra*, n^{os}43 à 46. *Adde* : **F. TERRÉ**, **Ph. SIMLER et Y. LEQUETTE**, Droit civil, Les obligations, *op.cit.*, n°503, p.520 ; **M. BACACHE-GIBEILI**, *op.cit.*, n^{os}254 et s., pp.226 et s. ; **F. MAHJOUB**, art. préc., n°7, pp.160 à 162.

cet acte de prévision. Elles ne sont pas, dès lors, visées par la sécurité qu'assure la force obligatoire du contrat.

Cette logique peut, cependant, être relativisée. On peut constater que le contrat peut renforcer le respect des prévisions de personnes autres que les cocontractants. Ceci se vérifie pour toutes celles qui ont effectué une emprise sur l'avenir, au moyen de prévisions identiques grâce à un autre contrat. Le contrat du débiteur devra, alors, produire un effet obligatoire, non seulement à l'égard des cocontractants, mais aussi des personnes dont la volonté a participé à la formation d'un autre contrat contenant des prévisions identiques, en d'autres termes aux membres d'un groupe de contrats[1]. Le respect des prévisions du tiers, membre d'un groupe de contrat, commande qu'il soit admis, au bénéfice d'une action contractuelle contre le débiteur défaillant. Le tiers se trouve, dès lors, protégé. Qu'en est-il des prévisions du débiteur défaillant ? Pour ses manquements strictement contractuels, le débiteur s'attend à ce qu'il soit assigné sur le même plan. Importe peu la qualité de la victime. Ses prévisions ne sont, dès lors, en rien déjouées. L'équilibre est préservé. La justice commutative vient le conforter.

β. Le contrat, instrument de réalisation de la justice commutative

646. Réalisation de la justice commutative et extension de la force obligatoire du contrat aux membres du groupe. L'équilibre que réalise le contrat, à travers les obligations qu'il fait naître, ne concerne, en principe, que les patrimoines des personnes dont la volonté a contribué à sa formation. L'extension de la force obligatoire du contrat à des personnes étrangères aux rites créateurs du contrat n'est pas, en principe, nécessaire à l'établissement de la justice commutative. Pourtant, il y a des hypothèses où l'établissement de cette justice impose l'extension de la force obligatoire du contrat au-delà du cercle des contractants. Il en est ainsi, lorsque le manquement strictement contractuel du débiteur cause directement préjudice à un tiers. Ceci se vérifie, on l'a démontré, toutes les fois que ce dernier est bénéficiaire d'une obligation identique à celle assumée par le débiteur défaillant, autrement dit, toutes les fois qu'il est membre d'un groupe de contrats.

La réalisation de la justice commutative appelle l'extension des effets obligatoires du contrat aux membres du groupe par la reconnaissance d'une action directe en responsabilité contractuelle au profit du tiers victime,

[1]**S. BEN SMAIL**, mémoire préc., pp.25 à 30 et pp.108-109 ; **PH. DELEBECQUE**, obs. sous Cass. civ. fr., 21 juin 1988, JCP éd. E, 1988, II, 15294, n°3 ; **P. JOURDAIN**, obs. sous 08 mars 1988, RTD civ, 1988, pp.762-763 ; **J. MESTRE**, obs. sous Cass. civ. fr., 21 juin 1988, RTD civ., 1989, p.75 ; **M. BACACHE-GIBEILI**, *op.cit.*, n^{os}292 et s., pp.255 et s. ; **H. LÉCUYER**, « Le contrat, acte de prévision », *in* L'avenir du droit, Mélanges en l'hommage à F. TERRÉ, Dalloz-PUF, Paris, 1999, pp.643-659 ; **J.-L. AUBERT**, Rep. Defrénois, 1989, art.34470, pp.356 à 358, spéc. p.358 ; **F. MAHJOUB**, art. préc., n°44, pp.200-201. *Adde* :

فتحية بن هويدي، عقد المقاولة الثانوي، مذكرة سابقة، ص.143.

contre le débiteur responsable[1]. L'idée n'est pas méconnue par notre droit objectif.

647. Illustrations. Fondée sur la justice commutative, l'extension de la force obligatoire du contrat aux membres d'un groupe de contrats par la technique de l'action directe, acquiert une place de choix dans notre droit objectif. C'est ainsi que l'action directe, en responsabilité contractuelle du bailleur contre le sous-locataire, prévue par l'article 776 du Code des obligations et des contrats, se justifie par le lien de connexité qui existe entre l'obligation du locataire intermédiaire et celle du locataire substitué, à savoir la conservation de l'objet de la location. La justice impose, alors, que le bailleur qui, a contribué à l'accroissement de la valeur du patrimoine du sous-locataire, en lui octroyant un droit de jouissance, « dispose d'une action lui permettant de revendiquer ses droits »[2]. Il en est de même pour l'action directe en responsabilité contractuelle du déposant contre le dépositaire substitué, prévue par l'article 1006, *in fine*, du Code des obligations et des contrats, ladite action se justifie par l'existence d'un lien de connexité entre l'obligation du dépositaire et celle du dépositaire substitué, à savoir la conservation de l'objet de la garde. La justice commutative impose, alors, que le déposant qui a contribué à l'accroissement de la valeur du patrimoine du dépositaire substitué, en lui octroyant une contrepartie financière de sa prestation, dispose d'une action directe en responsabilité contractuelle contre ce dernier[3]. Une autre illustration peut être offerte par l'article 1068 du Code des obligations et des contrats, selon lequel, le tiers prêteur bénéficie d'une action directe en restitution contre le sous-emprunteur, contre ceux auxquels l'emprunteur a cédé l'usage de la chose[4], ainsi que contre le preneur et le créancier nanti[5]. Il peut, par ailleurs, exercer une action directe en responsabilité contre les personnes susmentionnées, en cas de perte ou de détérioration de la chose. Toutes ces actions directes se justifient par l'existence d'un lien de connexité entre l'objet de l'obligation de l'emprunteur d'avec celui de ses cocontractants : sous-emprunteur, cessionnaire d'usage, preneur et créancier nanti, à savoir la conservation de la chose prêtée. La justice commutative commande, donc, d'accorder au prêteur une action directe en responsabilité contractuelle[6]. Ce dernier a, en effet, contribué à l'accroissement du patrimoine du sous-emprunteur, du cessionnaire d'usage et du preneur, en leur octroyant un droit de jouissance.

---

[1] **Ch. JAMIN**, *op.cit.*, n°s302 à 329, pp.271 à 290 ; **I. BABAEI**, Thèse préc., n°s145 à 148, pp.199 à 206 ; **M. BACACHE-GIBEILI**, *op.cit.*, n°s297 et s., pp.260 et s. ; **R. WINTGEN**, *op.cit.*, n°380, pp.339-340 et n°389, p.349 ; **S. BEN SMAIL**, mémoire préc., p.108 ; **Ph.-D. SAINT-HILAIRE**,Le tiers à l'acte juridique, *op.cit.*, pp.317-318 ; ; **F. GRÉAU**, Fasc. préc., n°44 à 48, pp.10-11 ; **F. MAHJOUB**, art. préc., n°s43-44, pp.198 à 201. *Adde* :

فتحية بن هويدي، مذكرة سابقة، ص.142.

[2] **N. REKIK**, *op.cit.*, n°493, p.486 ; **Ch. JAMIN**, *ibid.*, n°304, pp.271-272.

[3] **N. REKIK**, *ibid.*, n°498, p.491. Lorsque le contrat de dépôt est à titre gratuit, l'action directe en responsabilité du déposant peut être fondée sur la confiance. En ce sens : **N. REKIK**, *ibid.*, *loc.cit.*

[4] Art.1063 du COC.

[5] Art.1064 du COC.

[6] **N. REKIK**, *ibid.*, n°s499-500, pp.491 et s.

Il a, par la même, contribué à l'accroissement du patrimoine du créancier nanti en lui octroyant une garantie à sa créance. L'idée de justice commutative permet en toute fluidité de justifier, de surcroît, l'action directe en responsabilité du mandant contre le mandataire substitué, prévue par l'article 1130 du Code des obligations et des contrats. L'existence d'un lien de connexité entre l'obligation du mandataire substitué et celle du mandataire intermédiaire, à savoir l'exécution du mandat, fait que de part la justice commutative, le mandant qui a contribué à l'accroissement du patrimoine du mandataire substitué bénéficie, en toute logique, d'une action directe contre ce dernier[1].

648. Vers un principe d'action directe en responsabilité contractuelle dans les groupes de contrats. Il ressort des illustrations susmentionnées que notre droit objectif n'est pas hostile à instaurer des liens de droit direct entre les extrêmes d'un groupe de contrats. L'idée est que, toute les fois qu'un lien de connexité étroit est établi entre les différents participants à un groupe de contrats, la justice commutative permet de reconnaître une action directe en responsabilité contractuelle, au profit de la victime contre le débiteur défaillant. L'idée qui semble innervé notre droit objectif n'affecte en rien les intérêts des différents protagonistes. Le tiers se voit reconnaître une action à laquelle il ne pouvait prétendre sous l'égide des règles classiques. Sa protection est, ainsi, assurée. Le débiteur défaillant est assigné dans les termes de son contrat. Ses prévisions sont alors sauvegardées. La voie contractuelle pour les manquements strictement contractuels peut, dès lors, être haussée au rang d'un principe. La solution a les faveurs de la doctrine[2].

649. L'interprétation de l'article 240 du Code des obligations et des contrats sous un jour nouveau aboutirait à une relecture du principe de la relativité[3]. Le contrat devrait être obligatoire non seulement à l'égard de ceux qui ont échangé leur consentement mais aussi à l'égard de tous ceux qui sont concernés par cet acte, en tant qu'instrument de prévision et de justice commutative. Dans ce contexte, quel est le sens qu'il convient de donner aux termes « parties » et « tiers » visés par l'article 240 du Code des obligations et des contrats ?

b. La redéfinition des notions de partie et de tiers

650. L'élargissement de la notion de partie et le rétrécissement corrélatif de la notion de tiers. Le nouveau principe, selon lequel le contrat est obligatoire, parce que le législateur l'a voulu en tant qu'instrument de prévision et de justice commutative, aboutirait à élargir la catégorie des

---

[1]**N. REKIK**, *op.cit.*, n°502, p.494. Lorsque le contrat de mandat est à titre gratuit, l'action directe en responsabilité peut être fondée sur la confiance. En ce sens : **N. REKIK**, *ibid.*, *loc.cit.*

[2]**F. MAHJOUB**, art. préc., n^{os}39 et s., pp.194 et s. ; **O. HAOUACHI**, Le contrat de sous-traitance, mémoire préc., pp.99 à 103;**S. BEN SMAIL**, mémoire préc., pp.100 à 111 ; **Ch. JAMIN**, « Une restauration de l'effet relatif du contrat », D.S., 1991, chron., pp.263-264.*Adde* :

فتحية بن هويدي، مذكرة سابقة، ص.141 إلى 151.

[3]**M. BELHADJ**, mémoire préc., pp.130 à 134 ; **F. MAHJOUB**, art. préc., n^{os}45 et s., pp.201et s.

parties au contrat. Sont, dès lors, « parties » non seulement ceux qui ont contribué à sa formation, mais également tous ceux qui sont concernés par le contrat, en tant qu'instrument de respect des prévisions et de réalisation de la justice commutative, autrement dit, les membres d'un groupe de contrats.

651.L'essor de la catégorie de partie à un groupe de contrats. Éclairée par les principes de justice et de sécurité, la notion classique de partie à un contrat isolé, s'est trouvée pulvérisée au profit d'une acception plus large de partie à un groupe de contrats[1]. À côté des parties à un seul contrat, dont la manifestation de volonté a formé un seul et même contrat, existeraient les « parties au même groupe contractuel »[2], dont les manifestations de volonté ont formé deux contrats distincts unis, par une identité d'obligations. Ces dernières ont été baptisées par la doctrine par « simples parties contractantes »[3], « partie contractantes »[4], « contractants extrêmes »[5], « contractants médiats »[6], « faux tiers »[7], « tiers artificiels »[8], « tiers intéressés »[9] ou « liés »[10].

Au critère subjectif de détermination des parties, serait ajouté un critère objectif. À défaut d'une volonté formant le contrat lui-même, on se

---

[1]**A. SERIAUX**, Droit des obligations, PUF, 1992, n°54, pp.205 à 210 ; **R. CABRILLAC**, Droit des obligations, 7ème éd., Dalloz, 2006, n°146, p.114 ; **J. MERSTRE**, obs. RTD civ., 1988, pp.125-128 ;**C. CHARBONNEAU et F.-J. PANSIER**, « Du renouveau de la notion de partie », REP. Defrénois, 2000, art.37110, p.287, n°7.*Adde* :

فتحية بن هويدي، مذكرة سابقة، ص.144.

[2]**J. NÉRET**, *op. cit.*, n°438, p.318 et n°474, p.339 ; **B. TEYSSIÉ**, *op.cit.*, n°559, p.279 et n°584, p.292.

[3]**M. BACACHE-GIBEILI**, *op.cit.*, n°300, p.263.

[4] **P. JOURDAIN**, « La nature de la responsabilité civile dans les chaînes de contrats après l'arrêt d'Assemblée plénière du 12 juillet 1991 », D.S., 1992, chron. p.156, n°34, seconde col.

[5]**F. TERRÉ, Ph. SIMLER et Y. LEQUETTE**, Droit civil, Les obligations, *op.cit.*, n°503, p.520.

[6]**M.CABRILLAC**, « Remarques sur la théorie générale du contrat et les créations récentes de la pratique commerciale », *in* Mélanges dédiés à G. MARTY, Paris, Université des sciences sociales de Toulouse, 1978, n°28, p.254 ; **J.MESTRE**, obs. sous Ass. plén. 07 févr. 1986, RTD civ., 1986, p.596.

[7]**M. ESPAGNON**, note sous Cass. civ. fr., 08 juin 1979, D.S., 1980, J., p.563, 2ème col., *in fine* ; **R. CABRILLAC**, L'acte juridique conjonctif en droit privé français, *op.cit.*, n°487, p.257 ; **B. TEYSSIÉ**, *ibid.*, n°549, p.273 et n°588, p.298 ; **S. BEN SMAIL**, mémoire préc., p.108 ; Fasc. préc., n°10, p.6 ; note sous Cass. civ. fr., 08 juin 1979, D., 1980, J., p.563, seconde col. *in fine* et p.564, 1re col. ; **Ph. LE TOURNEAU**, *op.cit.*, n°973, p.448 ; **M. BACACHE-GIBEILI**, *ibid.*, n°30, pp.31-32 ; **Ch. LARROUMET**, « L'action de nature nécessairement contractuelle et la responsabilité civile dans les ensembles contractuels », JCP éd. G, 1988, I, 3357, n°12 ; **G. VINEY**, « Sous-contrat et responsabilité civile », art. préc., n°28, p.632 ; **G. CORNU**, obs. RTD civ., 1981, pp.169-171 ; **P. JOURDAIN**, obs. sous Cass. civ. fr., 08 mars 1988 et 21 juin 1988, RTD civ., 1988, p.763.*Contra* : **P.-A. FORIERS**, Groupes de contrats et ensembles contractuels. Quelques observations en droit positif, *op.cit.*, n°s1 à 25, pp.13 à 46.

[8]**G. DURRY**, obs. sous Cass. civ. fr., 09 oct. 1979, RTD civ., 1980, p.355.

[9]**F. MAHJOUB**, art. préc., n°38, p.193 ; **F. BERTRAND**, Thèse préc., p.405 : l'expression figure à l'intitulé du Chapitre II ; **M. FAURE-ABBAD**, *op.cit.*, n°s215-216, pp.188-189 ; **D. EL RAJAB**, Thèse préc., n°80, pp.88 et s. *Adde*:

فتحية بن هويدي، مذكرة سابقة، ص.144.

[10]**C. LACROIX**, note sous Cass. civ. fr. Ass. plén., 06 oct. 2006, préc., p.20, n°11. L'auteur parle des tiers qui présentent un « lien » ave le contrat inexécuté ; **J. GHESTIN, Ch. JAMIN et M. BILLAU**, Traité de droit civil, Les effets du contrat, *op.cit.*, n°336, pp.389-390 ; **PH. DELEBECQUE**, « L'appréhension judiciaire des groupes de contrats », *in* Le juge et l'exécution du contrat, Colloque organisé par l'Institut de Droit des Affaires, Aix-en-Provence, 28 mai 1993, PUAM et Faculté de Droit et de Science Politique d'Aix-Marseille, Paris, 1993, pp.118-119-121-123-125-128-129 et 130 ; **F. MAHJOUB**, art. préc., n°48, p.205.

contenterait d'une volonté, ayant contribué à la création d'un autre contrat, formant, avec le premier, un groupe uni par une identité d'obligations strictement contractuelles[1].

Si la théorie de groupe de contrats, en tant que notion juridique, ne s'est rendue nécessaire que lorsque le tiers est victime de l'inexécution d'une obligation strictement contractuelle, on peut comprendre que ce dernier n'acquiert la qualité de partie à un groupe de contrats que face à un manquement purement contractuel. Au-delà, c'est-à- dire face à une faute simplement contractuelle, la victime conserve sa qualité de tiers[2]. D'ailleurs, e groupe de contrats n'aplus de raison d'être.

652. La distinction entre les parties à la procédure et les parties à la norme. Pour déterminer l'étendue du rayonnement de la force obligatoire du contrat, il ne suffit pas, désormais, de se placer au moment de sa conclusion et désigner comme parties, les personnes qui ont échangé leur consentement, et comme tiers les autres. Au cours de l'exécution du contrat, certains tiers deviennent concernés par sa force obligatoire, c'est-à-dire par ses normes[3]. C'est, donc, par référence aux intéressés par la norme contractuelle et non seulement aux participants à la procédure de conclusion du contrat, que doit se définir la qualité de partie et corrélativement celle de tiers.

À suivre cette démarche, une doctrine distingue entre deux sous-catégories de parties. D'une part, les parties aussi bien à la procédure qu'à la norme. Ce sont les parties cocontractantes. D'autre part, les parties à la norme, à l'exclusion de la procédure. Ce sont ceux qui sont concernés par le contrat en tant qu'instrument de respect des prévisions et de réalisation de la justice commutative. Pour appartenir à cette catégorie, il suffit d'être partie à la procédure d'un autre contrat formant avec le premier un groupe uni par une identité d'obligations[4]. La notion de partie devrait, ainsi, s'étendre, non seulement aux participants subjectifs à la procédure, mais aussi aux destinataires objectifs de la norme.

Sont désormais parties, au vue de l'interprétation évolutive du principe de la relativité, « à côté des parties contractantes, c'est-à-dire les personnes qui ont effectivement donné leur consentement pour la formation du contrat, les parties liées, c'est-à-dire les personnes qui, bien que n'ayant pas donné leur consentement au contrat, sont, cependant, titulaires actifs ou passifs des effets obligatoires engendrés par ce dernier »[5]. De cette qualité de partie découle, nécessairement, une autre : la possibilité pour le membre d'un

---

[1]**Ch. JAMIN**, *op.cit.*, n°126, p.99. *Adde* :

فتحية بن هويدي، مذكرة سابقة، ص.145-146.

[2]**M. BACACHE-GIBEILI**, *op.cit.*, n°194, p.166 et n°301, p.263.

[3]**C. GUELFUCCI-THIBIERGE**, « De l'élargissement de la notion de partie au contrat... à l'élargissement de la portée du principe de l'effet relatif », RTD civ., 1994, n°29, p.282 ; **F. MAHJOUB**, art. préc., n°48, p.204.

[4]**M. BACACHE-GIBEILI**, *ibid.*, n°303, p.268.

[5]**J. GHESTIN**, « La distinction entre les parties et les tiers au contrat », JCP éd. G, 1992, I, 3628, p.517, n°3.

groupe, victime de l'inexécution d'une obligation strictement contractuelle, d'agir, directement, contre le débiteur défaillant.

La nature nécessairement contractuelle de l'action du tiers contre le débiteur défaillant pour ses manquements strictement contractuels, ainsi défendue, reste à se demander sur son régime.

2. La théorie des groupes de contrats et le régime des actions directes

653. Le titulaire de l'action directe en responsabilitén'acquiert la qualité de partie au contrat du débiteur défaillant que s'il bénéficie de la qualité de cocontractant à un autre contrat uni au premier par une identité d'obligation, autrement dit lorsqu'il est membre d'un groupe de contrats. Il s'ensuit que l'action directe en responsabilité nécessite deux contrats distincts. Un premier liant le débiteur défaillant à son créancier. Un second, uni au premier par une identité d'obligations, liant le titulaire de l'action à son propre débiteur. La détermination du régime de l'action directe en responsabilité doit nécessairement conjuguer avec ces deux contrats, lui servant de base. Le contrat du débiteur défaillant serait, dès lors, le vecteur principal du droit du titulaire de l'action directe (a). L'identité d'obligations, serait, par ailleurs, une condition nécessaire à l'action directe du créancier contre le débiteur (b).

a. Le contrat du débiteur défaillant, vecteur principal du droit du titulaire de l'action directe

654. Principe de sécurité juridique du débiteur défaillant. Pilier principal de l'action directe du tiers victime contre le débiteur défaillant, le contrat conclu par ce dernier dicte à cette action son régime[1]. C'est, en effet, l'inexécution de ce contrat qui est la source du dommage subi par la victime. En règle générale, chaque fois qu'un créancier extrême du groupe contractuel voudrait agir contre le débiteur extrême, il ne pourra le faire que dans les limites fixées par le contrat originaire. Cette solution semble se justifier au regard de l'article 551 du Code des obligations et des contrats. En effet, il serait abusif que le tiers victime recueille des droits plus importants

[1]**S. BEN SMAIL**, mémoire préc., pp.52-53 et pp.111-112 ; **M. BACACHE-GIBEILI**, *op.cit.*, n^{os}331 et s., pp.299 et s. ; **B. TEYSSIÉ**, *op.cit.*, n°507, p.252 et n°582, p.290 ; **J. NÉRET**, *op.cit.*, n^{os}393 à 395, pp.280-281 ; **P. JOURDAIN**, RTD civ., 1993, p.132 ; « La nature de la responsabilité civile dans les chaînes de contrats après l'arrêt de l'Assemblée plénière du 12 juillet 1991», D.S., 1992, chron., n°4, p.150 ; **G. VINEY**, obs. sous Ass. plén., 12 juill. 1991, JCP éd. G, 1991, II, 21743, p.359, 1re col., *in fine* ; **Ch. LARROUMET**, « L'effet relatif des contrats et la négation de l'existence d'une action nécessairement contractuelle dans les ensembles contractuels », JCP éd. G, 1991, I, n°3531, n°8 ; « L'action de nature nécessairement contractuelle et la responsabilité civile dans les ensembles contractuels », JCP éd. G, 1988, I, 3357, n^{os}3, 9 et 13 ; note sous Cass. civ. fr., 21 juin 1988, D.S., 1989, J., pp.7-8 ; **CH. JAMIN**, *op.cit.*, n^{os}376 et s., pp.333 et s., spéc. n°404, p.357 ; obs. sous Cass. civ. fr., 30 oct. 1991, JCP éd. G., 1992, I, 3570, p.150 ; **A. BENABENT**, note sous Ass. plén., 07 févr.1986, D.S., 1986, J., p.295, 1re col. ; **J. MESTRE**, obs. sous Cass. civ. fr., 21 juin 1988 ; RTD civ., 1989, p.74 ; **D. MAZEAUD**, « Les groupes de contrats », LPA, 2000, n°90, p.68, n°16.

que ceux auxquels pouvait prétendre son auteur[1]. Le droit du créancier poursuivant est un droit dérivé, qui puise sa source et trouve sa mesure dans le contrat originaire. La sécurité juridique du débiteur contractuel, ses prévisions et ses attentes sont de mise.

655. Retentissement du principe de sécurité juridique sur le régime de l'action directe. Plusieurs conséquences découlent de la mise en avant de la sécurité juridique du débiteur défaillant, sur le régime de l'action directe.

En premier lieu, le fait générateur de la responsabilité du débiteur défaillant s'apprécie d'après les termes de son contrat, sécurité juridique exige. Sa responsabilité contractuelle ne pourra pas être engagée que lorsque ses agissements sont constitutifs d'une défaillance strictement contractuelle, en vertu des stipulations du contrat qu'il a conclu. Lorsqu'il est tenu par une obligation de moyens, sa faute doit être prouvée par le créancier poursuivant. Lorsque son engagement est objectif, on se contente de la preuve du préjudice subi par le créancier poursuivant en lien de causalité avec les agissements du débiteur défaillant.

En second lieu, le débiteur défaillant peut opposer[2] au tiers victime toutes les exceptions qu'il aurait pu invoquer à l'égard de son cocontractant. Il en est ainsi des exceptions afférant aux conditions de validité du contrat, telles que la nullité pour vice du consentement, pour cause illicite ou pour vice de forme. Sont également opposables, les exceptions tenant aux causes d'extinction de l'obligation. Le débiteur peut, ainsi, opposer le paiement qui l'a libéré à l'égard de son propre cocontractant. Il ne saurait être tenu d'exécuter deux fois la même obligation. Il va sans dire que le débiteur défaillant ne peut opposer au créancier poursuivant que les exceptions antérieures à l'action directe de ce dernier. Le droit du créancier poursuivant ne prend naissance qu'à partir de la sommation faite au débiteur défaillant de son intention d'exercer son droit direct[3].

En troisième lieu, le débiteur défaillant peut opposer au créancier poursuivant toutes les stipulations du contrat qu'il a lui-même conclu[4]. Ainsi

---

[1] En ce sens : **Ch. LARROUMET**, « L'action de nature nécessairement contractuelle et la responsabilité civile dans les ensembles contractuels », art. préc., n°9 ; note sous Cass. civ. fr., 21 juin 1988, préc., p.8.

[2] « L'ambiguïté du vocabulaire juridique habituellement employé prête à confusion : le terme « opposable » est utilisé indifféremment pour désigner une extension de l'effet obligatoire comme une illustration authentique de l'opposabilité des contrats. Le même mot exprime ainsi deux phénomènes juridiques radicalement distincts : l'un supposant un effet direct, l'autre un effet indirect » : **J. DUCLOS**, *op.cit.*, n°61, pp.86-87 et n°64, p.91. Pour éviter cette ambiguité terminologique il serait peut être plus judicieux de parler d'exigibilité des clauses du contrat originaire et non de leur opposabilité à l'égard des tiers. Si on utilise l'expression « opposabilité » dans ce cadre, c'est par commodité d'usage.

[3] **J. NÉRET**, *op. cit.*, n°455, p.328 ; **F. GRÉAU**, Action directe, Fasc. préc., n°132,p p.27-28. *Adde* : **كريمة اليعقوبي**، الدعوى المباشرة، مذكرة سابقة، ص.122 إلى 124. **عبد الرزاق أحمد السنهوري**،الوسيط في شرح القانون المدني الجديد، ج.2، نظرية الإلتزام بوجه عام: الإثبات- آثار الإلتزام، مرجع سابق، عدد 564، ص.992-993.

[4] **G. VINEY**, note sous CE, 11 juill. 2011, RDC, 2012, p.430 : « Il nous semble, ... que l'équité et la logique commanderaient, ..., d'appliquer au tiers qui se prévaut uniquement d'un manquement contractuel pour fonder la responsabilité du débiteur à son égard, toutes les clauses et toutes les règles qui s'imposent au créancier cocontractant. C'est la seule manière, à notre avis, de préserver l'équilibre du contrat et les prévisions contractuelles sans pour autant priver les tiers de la possibilité de se protéger contre les manquements contractuels qui portent atteinte à leurs intérêts légitimes » ; **D. MAZEAUD**,

en est-il des clauses de différends : clauses compromissoires[1]et clauses attributives de compétence territoriale[2], des clauses relatives au délai de prescription, ou encore des clauses limitatives de responsabilité[3]. La solution contraire aboutit à priver le débiteur défaillant des divers aménagements conventionnels sur la foi desquels il avait pu s'engager.

Il est, pourtant, fréquent que ce soit la possibilité d'opposer de telles restrictions conventionnelles de responsabilité qui a emporté le consentement du débiteur contractuel. On peut, par exemple, imaginer qu'un contractant s'engage à transporter, par voie maritime, une marchandise en un délai particulièrement bref, mais seulement parce que sa responsabilité a été plafonnée. Si la marchandise est avariée, permettre, au tiers destinataire, d'engager sa responsabilité intégrale sans se voir opposer les limitations conventionnelles de responsabilité, constituerait une atteinte manifeste aux prévisions du débiteur défaillant. Or, convient-il de rappeler que parmi les justifications profondes de la responsabilité contractuelle directe, c'est d'abord la nécessité de respecter les prévisions des parties et spécialement du responsable.

Dès lors, on ne voit pas pourquoi le débiteur défaillant ne pourrait opposer au tiers victime les limitations conventionnelles de responsabilité, d'autant plus que l'attribution d'une action contractuelle au créancier extrême contre le débiteur extrême ne le prive pas de son action contre son débiteur immédiat. C'est une voie supplémentaire reconnue au tiers victime. Cela est déjà une protection de plus. Il semble, alors, qu'il n'y a pas de raison de s'avancer de plus dans cette voie et, en rejetant l'opposabilité des clauses du contrat du défendeur au tiers, sacrifier les intérêts du débiteur défaillant et mettre en cause l'équilibre de son contrat.

Les juridictions du fond, par faveur à cette démarche, ont déclaré opposables au destinataire de marchandises, par voie maritime, tiers au contrat unissant le chargeur au transporteur, les clauses compromissoires[4],ainsi que les clauses limitatives de responsabilité[1]. La

---

« Le contrat et les tiers : nouvelles leçon et nouvelle présentation », *in* Leçons du droit civil, Mélanges en l'honneur de F. CHABAS, Bruylant-Bruxelles, 2011, p.626.

[1] Cass. civ. fr., 27 mars 2007, D., 2007, J., pp.2077-2083, note **S. BOLLÉE**.

[2] Cass. civ. fr., 30 oct. 1991, JCP éd. G, 1992, I, 3570, pp.150-151, obs. **CH. JAMIN**.

[3]**S. BEN SMAIL**, mémoire préc., pp.27-28 ; **B. TEYSSIE**, *op.cit.*, n°495, p.247 ; **Ch. LARROUMET**, « L'action de nature nécessairement contractuelle et la responsabilité civile dans les ensembles contractuels », art. préc., n[os]3, 9 et 13 ; **A. BENABENT**, note sous Ass. plén., 07 févr.1986, préc., p.295, 1re col. ; **P. JOURDAIN**, obs. sous 08 mars 1988, RTD civ, 1988, p.765 ; JCP éd. G, 1988, II, 21070 ; RTD civ., 1989, p.555 ; RTD civ., 1993, p.133 ; **CH. JAMIN**, *op.cit.*, n°384, pp.337-338 et n[os]401 à 405, pp.354 à 359 ; **F. GRÉAU**, Action directe, Fasc. préc., n°130, p.27 ; **F. TERRÉ, Ph. SIMLER et Y. LEQUETTE**, Droit civil, Les obligations, *op.cit.*, n°505, p.524-525 ; **D. MAZEAUD**, note sous Cass. civ. fr., 26 mai 1992, G.P., 1993, 2, J., pp.427-431. Par faveur pour les consommateurs, la loi n°92-117 du 07 déc. 1992, relative à la protection du consommateur (JORT n°83 du 15 déc. 1992, p.1571), a prescrit la nullité de ces clauses, V.art.10, *in fine*. V. sur ces clauses :
الحبيب بالحاج، البنود المتعلقة بالمسؤولية عن عدم تنفيذ العقد، أطروحة لنيل شهادة الدكتوراه في القانون، كلية الحقوق بصفاقس، 2010-2011.

[4] Cour d'appel de Tunis, arrêt n°99105 en date du 18 fév. 2004, RJL, 2006, n°1, p.125, note **F. AJINA** (en langue arabe). Ces clauses sont en principe valables. En droit maritime, elles le sont par application de la Convention de Hambourg, ratifiée par la Tunisie en vertu du décret n°117 du 17 jan. 1981 (JORT n°6

même solution peut être déduite de l'arrêt rendu par la Cour suprême le 19 mars 2007[2]. Cependant, c'est en faveur de la solution contraire qu'a opiné la Cour d'appel de Tunis[3], qui a déclaré inopposable au destinataire, la clause compromissoire insérée au contrat conclu entre le transporteur et le chargeur. La même solution a été réitérée par la Cour da cassation le 04 janvier 2001[4]. La Cour a exigé l'accord explicite du destinataire. Cette solution a les faveurs d'une partie de la doctrine[5]. De plus, elle a été prévue par l'article 1172-2 de l'« avant-projet de réforme du droit des obligations et de la prescription », élaboré sous l'égide de M. CATALA et remis au grade des sceaux, le 22 septembre 2005[6].

Certes, le créancier, poursuivant à l'appui d'une action directe, puise son droit du contrat originaire conclu par le débiteur défaillant, mais l'existence d'une obligation identique à celle invoquée, issue du contrat du créancier, constitue un autre pilier qui ne peut pas être sans incidence sur le régime de ladite action.

b. L'identité d'obligations, condition nécessaire à l'action directe du créancier contre le débiteur

656. Contribution partielle du contrat du créancier poursuivant au régime de l'action directe : l'importance de l'identité des obligations. La qualité de partie au contrat du débiteur défaillant ne profite au tiers titulaire de l'action directe que lorsqu'il est lui-même créancier, en vertu de son propre contrat, d'une obligation contractuelle identique. Sa qualité de créancier d'une obligation identique est, dès lors, une condition nécessaire de son action directe contre le débiteur. Plusieurs conséquences en découlent. Pour se défausser de la responsabilité, le débiteur peut, d'abord, opposer l'absence d'identité, en d'autres termes la différence d'objet, entre sa propre obligation et celle du tiers poursuivant. Cette différence rompt le

du 03 fév. 1981, p.177). Ladite Convention qui a une valeur supérieure aux lois, a implicitement abrogé l'art.162 du CCM. Sur la suprématie des conventions dûment ratifiées, V.Art.32 de Constitution du premier juin 1959 et 20 de la Constitution du 27 janv. 2014. V en ce sens :

فيصل عجينة، تعليق على ثلاثة أحكام إستئنافية، م. ق. ت.، 2006، عدد 1، ص.148 وما يليها.

[1] Cour d'appel de Sfax, arrêt n°7938 en date du 15 mars 2004, RJL, 2006, n°1, p.131, note **F. AJINA** (en langue arabe).

[2] Cass. civ. n°10701 en date du 19 mars 2007, RJL, 2007, n°4, p.179 (partie en langue arabe).

[3] Cour d'appel de Tunis, arrêt n°6646 en date du 15 mars 2004, RJL, 2006, n°1, p.140, note **F. AJINA** (en langue arabe).

[4] Cass. civ. n°2440 en date du 04 janv. 2001, Bull. civ., 2001, 2ème partie, p.149.

[5] **S. ABID MNIF**, *op.cit.*, n°265, pp.346 à 348 et n°383, p.482 ; **J. KULLMANN**, note sous Cass. civ. fr., 13 déc. 1989 et 28 mars 1990, D.S., 1991, J., n°19, p.29 ; Cass. com. fr., 26 mai 1992, JCP éd. G, 1992, I, 3625, n[os]14-15, obs. **G. VINEY** ; **S. PELLÉ**, *op.cit.*, n°293 et s., pp.280 et s. ; **J.-L. AUBERT**, note sous Civ. 1re, 21 juin 1988, D.S., 1989, somm. comm., pp.232-233 ; note sous Cass. civ. fr., 04 avr. 2006, Rep. Defrénois, 2006, art. 38431, p.1194 ; **C. AUBERT de VINCELLES,** « Réflexions sur les ensembles contractuels : un droit en devenir », RDC, 2007, n°8, p.988-989. *Adde* :

فيصل عجينة، التعليق سالف الذكر، ص.164 وما يليها وخاصة ص.166-167.

[6] L'art.1172-2, relatif aux ensembles contractuels, prévoit que « Toutefois, certaines clauses figurant dans l'un des contrats de l'ensemble étendent leur effet aux contractants des autres conventions, pourvu que ceux-ci en aient eu connaissance lors de leur engagement et n'aient pas formé de réserves ».

lien de causalité entre la défaillance du débiteur et le dommage subi par le tiers poursuivant. Elle conteste l'appartenance même de ce tiers à un groupe de contrats. Le débiteur défaillant peut, ensuite, soutenir que, bien qu'étant identique à son obligation, celle du tiers poursuivant est atteinte d'une cause de nullité, au sens des articles 325 et 330 du Code des obligations et des contrats. L'opposition de toutes les causes de nullité de la créance issues du contrat du tiers poursuivant est à ce stade admise[1]. Le débiteur défaillant peut, enfin, avancer que l'obligation identique, dont est créancier le titulaire de l'action, est éteinte au sens de l'article 339 du Code des obligations et des contrats. Il en est ainsi lorsque le tiers poursuivant a été indemnisé par son cocontractant. Le tiers ne saurait, en effet, être indemnisé deux fois du même dommage[2].

Les exceptions, ainsi invoquées, attestent de l'importance de l'existence d'une identité entre l'obligation du débiteur défaillant et celle du créancier poursuivant permettant de justifier l'action directe en responsabilité contractuelle de ce dernier. Au-delà, le régime de l'action directe au sein des groupes de contrats reste en large mesure celui du contrat conclu par le débiteur défaillant. C'est ce qui justifie que le débiteur défaillant ne peut, en principe, opposer au créancier poursuivant, les stipulations conventionnelles ou règles légales régissant le contrat de ce dernier. La raison en est que le droit du titulaire de l'action directe, le tiers poursuivant, n'a pas pour origine son propre contrat. Le tiers poursuivant ne poursuit pas, en effet, l'exécution de l'obligation dont il est créancier en vertu de son propre contrat, mais l'exécution de l'obligation issue du contrat du débiteur[3].

---

[1] **F. GRÉAU**, Action directe, Fasc. préc., n°109, p.23. En ce sens : Cass. civ. n°6929 en date du 10 mars 1959, RJL, 1960, n[os]9-10, p.155 (partie en langue arabe). *Adde* :

كريمة اليعقوبي، مذكرة سابقة، ص.120-121.

[2] V. en ce sens :

كريمة اليعقوبي، مذكرة سابقة، ص.81-82 و115 إلى 120.

[3] **CH. JAMIN**, *op.cit.*, n°336, p.312, n°350, p.306 et n°389, pp.343-344 ; **F. LEBORGNE**, L'action en responsabilité dans les groupes de contrats : étude de droit interne et de droit international privé, Centre de Recherche Juridique et Judiciaire de l'Ouest, Thèse pour le Doctorat en Droit, Rennes I, 1995, n°452, pp.550 à 552 ; **M. BACACHE-GIBEILI**, *op.cit.*, n[os]334 et s., pp.310 et s. ; **D. MAZEAUD**, « Le contrat et les tiers : nouvelle leçon et nouvelle présentation », art. préc., p.626-627 ; obs. sous Cass. civ. fr., 16 nov. 2005, RDC, 2006, pp.330-333 ; **R. CABRILLAC**, note sous Cass. civ. fr., 16 nov. 2005, D., 2006, J., p.971, spéc. n°5, p.972. *Contra* :une doctrine qui opte pour le régime dit de la double limite comme en écho avec l'arrêt de la première chambre civile de la Cour de cassation fr. du 08 mars 1988, (publié JCP éd. G, 1988, II, 21070). En ce sens : **G. DURRY**, obs. sous Cass. civ. fr., 09 oct. 1979, RTD civ., 1980, p.355 ; **S. BEN SMAIL**, mémoire préc., pp.112 à 115 ; **F. MAHJOUB**, art. préc., n°41, p.197 ; **O. HAOUACHI**, mémoire préc., pp.106-107 ; **J. NÉRET**, *op.cit.*, n°396 à 409, pp.282 à 291 ; **G.VINEY**, « L'action en responsabilité entre participants à une chaîne de contrats », *in* Mélanges dédiés à D. HOLLEAUX, Litec, Paris, 1990, p.421 à 423 ; « Sous-contrat et responsabilité civile », art. préc., n°27, p.631 ; **CH. LARROUMET**, « L'action de nature nécessairement contractuelle et la responsabilité civile dans les ensembles contractuels », art. préc., n°13 ; note sous Cass. civ. fr., 21 juin 1988, D.S., 1989, J., pp.7-8 ; **Ph. REMY**, obs. sous Cass. civ. fr., 21 juin 1988, RTD civ., 1989, p.107, spéc. p.109 ; obs. sous Cass. civ. fr., 08 mars 1988, RTD civ, 1988, pp.551 à 553 et pp.764 à 766 ; **P. JOURDAIN**, obs. sous Cass. civ. fr., 21 juin 1988, RTD civ., 1989, pp.555-556. Parfaveur au débiteur défaillant, le législateur peut lui permettre de se targuer des limitations légales applicables au débiteur intermédiaire : En ce sens V. art.170, al. second, du CCM.

Cela dit, l'action directe en responsabilité du créancier poursuivant, devrait être soumise au seul contrat du débiteur défaillant, combinée avec l'existence d'une identité entre l'obligation issue du contrat de ce dernier et celle issue du contrat du tiers, créancier poursuivant. Pas loin de cette approche est la proposition donnée, en droit français, aussi bien par M. CATALA dans l'« Avant-projet de réforme du droit des obligations et de la prescription »[1] que par le Sénateur BÉTEILLE dans une « proposition de loi portant réforme de la responsabilité civile »[2].

657. Critique de la responsabilité contractuelle au sein des groupes de contrats. Le jeu de l'opposabilité des clauses d'irresponsabilité ou de limitation de responsabilité, qui est essentiel pour la sauvegarde des prévisions du débiteur défaillant, peut être très nuisible pour le consommateur qui demeure toujours le maillon faible, dans le circuit économique. C'est la raison pour laquelle, d'aucuns proposent que de telles clauses « ne peuvent avoir d'efficacité que dans les rapports entre professionnels de même spécialité ». Elles seront « inopposables à la victime protégée, en tant que consommateur ». À suivre cette démarche l'auteur poursuit que « le même raisonnement devrait être tenu à propos de l'application de toutes les dispositions qui restreignent la validité des clauses limitatives de responsabilité ou de réparation au profit du consommateur ou plus largement de l'adhérent dans les contrats d'adhésion »[3]. Pour assurer cet objectif, « la meilleure solution serait, peut-être, d'inventer un nouveau système détaché des clivages classiques de la responsabilité contractuelle et délictuelle »[4]. Cette tendance s'est dessinée surtout dans le secteur des responsabilités professionnelles[5].

Paragraphe II. L'instauration d'un régime spécial et uniforme de responsabilité dans le domaine de responsabilité professionnelle

658. Vers une conception « objectiviste » des responsabilités dans le domaine professionnel. Dans le souci d'unifier les modalités d'indemnisation des victimes, le législateur tunisien a instauré dans certains

---

[1] V. art.1342, al. premier et art. 1172-2, préc., *supra*,n[os]570 et 655 en note de bas de page. Sur la question V. : **P.ANCEL**, « Présentation des solutions de l'avant-projet », RDC, 2007, p.19, n[os]20-21, pp.28-29 et 30 ; **É. SAVAUX**, « Brèves observations sur la responsabilité contractuelle dans l'avant-projet de réforme du droit de la responsabilité », RDC, 2007, n[os]11 et s., pp.51 et s. ; **D. MAZEAUD**, « Contrat, responsabilité et tiers… (Du nouveau à l'horizon) », art. préc., n[os]6 à 14, pp.748 à 756 ; « À partir d'un petit cas tragique outre-Rhin : retour sur le désordre de la distinction des ordres de responsabilités… », art. préc., n°25 et s., pp.730 et s. ; **D. EL RAJAB**, Thèse préc., n°89 à 94, pp.101 à 105 ; **S. ABID MNIF**, *op.cit.*, n[os]259 à 276, pp.340 à 358.

[2] V. art.1386-18, al. premier, préc., *supra*,n°570 en note de bas de page.

[3] **G.VINEY**, « L'action en responsabilité entre participants à une chaîne de contrats », art. préc., p.425.

[4] **S. ABID MNIF**, *ibid.*, n°276, p.358.

[5] **G. VINEY**, *op.cit.*, n°243, p.662 : « La création de régimes mixtes applicables aux actions en responsabilités exercées tant par le co-contractant que par les tiers nous semble à peu près inévitable dans le vaste domaine des responsabilités professionnelles » ; **M. ESPAGNON**, Fasc. préc., n[os]66 à 68, pp.24-25.

domaines un régime spécial et uniforme de responsabilité qui s'applique, que la victime soit un cocontractant ou un tiers. Ceci peut être vérifié, en particulier, dans le secteur de responsabilité professionnelle[1]. Cette dernière « ne cadre pas avec la division des deux ordres de responsabilité »[2]. « Le professionnel est donc bien responsable non en tant que contractant ou qu'homme, mais bien en tant que professionnel »[3]. Ainsi, se dessine une conception « objectiviste » des responsabilités qui fixe le régime de responsabilité en fonction du risque encouru et non de la qualité de la victime, réalisant une unification des régimes de responsabilité. Les exemples en matière de produits défectueux (A), et de construction (B) sont, indiscutablement, les plus éloquents.

A. La responsabilité du fait des produits défectueux

659. Vers un régime spécial et uniforme de responsabilité[4]. Dans le domaine de la responsabilité du fait des produits défectueux, le fournisseur est tenu de livrer des produits exempts de tout vice ou de tout défaut de fabrication de nature à causer un préjudice aux biens ou aux personnes. C'est ce que prescrit l'article 3, alinéa premier, de la loi n°92-117 du 07 décembre 1992, relative à la protection du consommateur[5]. Aux termes de cet article, « les produits doivent, dans les conditions normales de leur utilisation, présenter la sécurité à laquelle on peut légitimement s'attendre et ne pas porter atteinte aux intérêts matériels des personnes ou à leur santé »[6]. Si le

---

[1] **P. JOURDAIN**, « La responsabilité professionnelle et les ordres de responsabilité civile », LPA, 2001, n°137, p.63-69, spéc. pp.68-69 ; **P. SERLOOTEN**, « Vers une responsabilité professionnelle ?», *in* Mélanges offerts à P. HÉBRAUD, Université des Sciences Sociales de Toulouse, 1981, pp.805-821 ; **Ph. LE TOURNEAU**, « Les obligations professionnelles », *in* Mélanges dédiés à L. BOYER, Toulouse, 1996, pp.365 et s. ; **M. ESPAGNON**, « La prévision contractuelle et l'action en responsabilité du tiers contre le contractant… »,art. préc., pp. 389-390 ; **D. MAZEAUD**, « À partir d'un petit cas tragique… », art. préc., n^{os}18-19, pp.724-725. *Adde* :

رشيدة الجلاصي، "الإلتزام بضمان السّلامة الجسدية في فقه القضاء"، بكتاب خمسون عاما من فقه القضاء المدني 1959-2009، مقال سابق، عدد 19، ص.1008.

Contra : **I. BABAEI**, La nature de la responsabilité des contractants à l'égard des tiers, Thèse préc., n^{os}200 à 222, pp.284 à 304. L'auteur considère que l'instauration de régimes de responsabilité qu'on appelle autonomes, mixtes ou intermédiaires ne semble pas pratique. Il estime qu'il faut chercher entre les deux ordres de responsabilité celle qui est la plus utile d'un point de vue pragmatique. Aux dires de l'auteur « l'analyse des thèses controversées, la logique et la pratique juridique démontrent que la qualification délictuelle de la responsabilité à l'égard des tiers répond mieux à ces exigences », *ibid.*, n°206, p.292.

[2] **P. SERLOOTEN**, art. préc., n°11, p.815.

[3] **P. SERLOOTEN**, art. préc., n°13, p.817.

[4] **F. BERTRAND**, Thèse préc., n^{os}256 et s., pp.425 et s., spéc. n^{os}274 à 276, pp.454 à 458 ; **G. VINEY**, *op.cit.*, n^{os}244-245, pp.664 et s. ;V. dans le même sens : **P. SERLOOTEN**, art. préc., pp.805 à 821 ; **G. VINEY**, « L'application du droit commun de la responsabilité aux fabricants et distributeurs de produits : Rapport » *in* La responsabilité des fabricants et distributeurs, Économica, 1975, n°9, pp.75-76 ; **I. GHALI**, L'autonomie du droit de la vente aux consommateurs, Mémoire pour l'obtention du mastère en droit des affaires, FDSPT, 2005-2006.

[5] JORT n°83 du 15 déc. 1992, p.1571. V. dans ce cadre :

كمال العياري، "حماية المستهلك في القانون التونسي: أي مسيرة ؟"، م. ق. ت.، 2006، عدد 3، ص.163 إلى 175. **المنصف ذويب**، "حماية المستهلك في القانون التونسي والقانون المقارن"، م. ق. ت.، 1986، عدد 1، ص.13 إلى 37.

[6] V. aussi art.4 et 5 de ladite loi. V. dans ce cadre : **M. ESSOUSSI**, « L'obligation d'information du vendeur », RJL, 2012, n°6, pp.23-24, n^{os}38-39. *Adde* :

produit n'offre pas la sécurité escomptée, la responsabilité du fournisseur sera engagée. L'article 2 de ladite loi prévoit, à cet effet, qu'« on entend par… b) fournisseur : Le fabricant, le distributeur, l'importateur, l'exportateur du produit et tout autre intervenant dans la chaîne de production et les circuits de distribution ou de commercialisation. ». Et l'article 17, alinéa premier, d'ajouter que « le fournisseur de tout produit est tenu de reconnaître au consommateur le droit de bénéficier d'une garantie. Cette garantie se transmet de plein droit en cas de transfert de propriété ». Le consommateur, précise l'article 2, d), de la loi de 1992 est « celui qui achète un produit dans le but de le consommer »[1]. L'article 17, alinéa premier, a le mérite d'instaurer un régime spécial et uniforme de responsabilité du fournisseur. Importe peu la qualité de la victime : cocontractant ou tiers. Le législateur, soucieux de réduire les différences qui résultent d'une dualité de régime des responsabilités, a donné le même contenu aux obligations assumées par les professionnels, vis-à-vis des consommateurs : contractants outiers.

L'article 17, *in fine*, de la loi du 07 décembre 1992, précise que « la garantie obéit aux conditions générales prévues par le code des obligations et des contrats ». Il s'agit des règles prévues dans le cadre « de la garantie des défauts de la chose vendue »[2]. Elles régissent, en principe, les rapports unissant le vendeur à l'acquéreur. En vertu de l'article 17, elles se trouvent étendues aux rapports régissant le fournisseur avec le consommateur. Ce dernier, contractant ou tiers au contrat de vente, se trouve régi par les mêmes règles régissant les parties contractantes. La lecture combinée des articles 10[3] et 17 de la loi de 1992 permet de constater qu'il n'a pas à rapporter la preuve d'une faute. Il faut, mais il suffit, qu'il apporte la preuve du dommage, du défaut affectant le produit ainsi que du lien de causalité entre le défaut du produit et le dommage[4].

La mise en place par le législateur d'un régime spécial et uniforme de responsabilité atteste de sa méfiance à l'égard du « tout extracontractuel ». L'obligation de garantie est, en effet, exclusivement contractuelle. Mais cela

---

هدى الطالب علي،"حماية المستهلك من أثر الأحكام الخاصة بالإستهلاك على الأحكام العامة لعقد البيع صلب م إ ع"، القانون والسياسة: المجلة التونسية للدراسات القانونية والسياسية (مجلة محكمة)، كلية الحقوق والعلوم السياسية بسوسة، عدد2، 2014، ص.202. **نرجس المباركي الخذيري**، عقد البيع والقانون الإقتصادي، رسالة لنيل شهادة الدراسات المعمقة في القانون شعبة عقود واستثمار، كلية الحقوق والعلوم السياسية بتونس، 1999-2000، ص.52 إلى 55.

[1] V. sur la notion de consommateur : **N. REKIK**, « Réflexion sur la nullité des clauses relatives à la garantie légale des vices cachés et du défaut de qualité dans le contrat de vente », Études Juridiques, FDS, 1997, n°5, pp.111 à 114, spéc. p.114.*Adde* :
فدوى القهواجي، "المستهلك مفهوم مدني؟"، بكتاب مسائل في فقه القانون المدني المعاصر، تحت إشراف الأستاذ محمد كمال شرف الدين، منشورات مجمع الأطرش للكتاب المختص، تونس، 2014، ص.435 إلى 526.

[2] V. art.647 et s. du COC.

[3] L'art.10 prévoit que « Le fournisseur final est responsable du dommage causé par le produit n'offrant pas la sécurité et la santé légitimement requise pour le consommateur… »

[4] V. en ce sens :
مليكة باكير، "حماية المستهلك في القانون التونسي"، م. ق. ت.، 1994، عدد 8، ص.50 إلى 53. **هدى الطالب علي**، مقال سابق، ص.215. أنظر في القانون الجزائري: **بشاطة زهية**، " المسؤولية المدنية للمنتج عن الأضرار التي تسببها المنتجات"، المجلة التونسية للدراسات القانونية والسياسية، عدد خاص مهدى إلى روح الفقيدة هادية غريب، مجلة كلية الحقوق والعلوم السياسية بسوسة، مجمع الأطرش للكتاب المختص، عدد 3، 2014، ص.7 إلى 19.

ne veut pas dire que le droit commun de la responsabilité contractuelle le soit davantage. En effet, il ne faut pas perdre de vue que le droit commun de la vente admet la stipulation de clauses limitatives de responsabilité, permettant au vendeur de se prémunir contre les défauts de la chose vendue. L'article 670 du Code des obligations et des contrats le confirme en ces termes « le vendeur ne répond pas des vices de la chose, ou de l'absence des qualités requises : … 2) s'il a stipulé qu'il ne serait tenu d'aucune garantie. »[1]. Ce faisant, le professionnel, qui a, généralement, la maîtrise de la rédaction du contrat, peut s'en servir abusivement. L'application de la théorie des groupes de contrats, en ce qu'elle permet au tiers victime d'intenter une action directe en responsabilité contractuelle, permet de même au débiteur défaillant d'opposer les clauses d'irresponsabilité ou de limitation de responsabilité. Ce danger a été ressenti par le législateur. L'article 17, alinéa deux, de la loi de 1992 précise à cet effet que « toute convention ou contrat relatif à la non garantie est nul »[2]. C'est là un écart de taille par rapport au droit commun de la responsabilité contractuelle du vendeur. Ce texte attribue un véritable caractère d'ordre public[3] aux obligations qu'assume le fournisseur, sans faire de distinction aucune selon que le consommateur soit son cocontractant direct ou un tiers sous-acquéreur de l'objet mobilier. Les deux se trouvent soumis à un régime spécial et uniforme de responsabilité, ni contractuelle ni délictuelle[4].

---

[1] Ces clauses sont cependant prohibées s'agissant du vendeur, notamment, de mauvaise foi (art.642, 673 et 655 du COC). La même interdiction est prévue pour le locateur d'ouvrage, notamment, l'entrepreneur lorsqu'il a sciemment dissimulé les défauts de son œuvre ou lorsque ces défauts proviennent de sa négligence grave (art.879 du COC). En ce sens : **N. REKIK**, « Réflexion… », art. préc., pp.122 à 134. Appel civil n°28144 en date du 07 mars 2001, RTD, 2001, p.175. *Adde* :
الهادي بوقراص، "دعاوى ضمان عيوب البناء والمقاولات"، ، الأخبار القانونية، عدد 183/182، جويلية/أوت 2014، ص.10 إلى 15 وخاصة ص.11. **دليلة خليفي**، الإتفاقات المتعلقة بالضمان من خلال أحكام البيع في مجلة الإلتزامات والعقود، رسالة لنيل شهادة الدراسات المعمقة في القانون الخاص، 2003-2004، ص.80 وما يليها.

[2] Dans la même veine, l'art.10, *in fine*, de ladite loi dispose que « Dans tous les cas, la responsabilité du fournisseur, ne peut être exclue ou limitée en vertu d'une clause contractuelle ». **L. NAFTI**, « La proportionnalité et l'équilibre contractuel », RTD, 2011, p.91, n°65 ; **L. LARGUET**, « La protection du consommateur », *in* Acte du colloque du 13-14 janv. 1993, Concurrence et prix, AJT, FDSPT, 1993, n°7, pp.168-169. *Adde* :
محمد الحبيب الشريف، "حماية المستهلك في زمن التحولات الإقتصادية"، م. ق. ت.، 1996، عدد 10، ص.35. **هدى الطالب علي**، مقال سابق، ص.209-210.

[3] C'est là une manifestation de l'emprise de l'ordre public sur le domaine professionnel. Cette emprise est haussière. Elle se justifie par le fait qu'il est impossible de laisser sous l'empire de la liberté contractuelle la définition même des obligations professionnelles. Celles-ci intéressent directement l'intérêt général. Sur la question : **N. REKIK**, « Les clauses abusives et la protection du consommateur », Études Juridiques, FDS, 2000, n°7, pp.111-128 ; « Réflexion… », art. préc., pp.114 à 122 ; **G. RIPERT**, « L'ordre économique et la liberté contractuelle », *in* Recueil d'études sur les sources du droit en l'honneur de François GÉNY, T.II, Librairie Edouard Duchemin, Paris,1977, pp.347-353 ; **R. SAVATIER**, « L'ordre public économique », D., 1965, chron., pp.37-44 ; **M. ARMAND-PREVOST et D. RICHARD**, « Le contrat déstabilisé (de l'autonomie de la volonté au dirigisme contractuel), JCP éd. G, 1979, I, 2952 ; **G. COUTURIER**, « L'ordre public de protection, heurs et malheurs d'une vieille notion neuve », *in* Études offertes à J. FLOUR, Defrénois, 1979, pp.95-115 ; **G. VINEY**, obs. sous Cass. civ. fr., 22 nov. 1978, JCP éd. G, 1979, II, 19139 ; *op.cit.*, n^{os}244, pp.664-665. *Adde* :
نرجس المباركي الخذيري، رسالة سالفة الذكر، ص.90 وما يليها وخاصة ص.97.

[4] *Contra* : **R. BELAID**, La responsabilité civile du fabricant envers le consommateur, Mémoire en vue de l'obtention du diplôme des études approfondies en droit privé général, FDSPT, 2002-2003, pp.120 à 122. L'auteur postule pour la nature contractuelle de l'action du consommateur contre le fabricant.

660. L'option. Sans préjudice aux dispositions d'ordre public prévues par la loi de 1992[1], le régime, mis en place par ladite loi, n'exclut pas l'application d'autres régimes de responsabilité contractuelle ou extracontractuelle reposant sur des fondements différents. Ainsi en est-il, de la garantie des vices de non-conformité[2] ou de la faute, en dépit de ses limites, ou encore du fait de la chose. En vertu de l'article 523 du Code des obligations et des contrats, le tiers victime peut, en effet, opter pour le fondement qui lui semble le plus adéquat. Le tiers victime peut, dès lors, agir sur le fondement de la garde de la structure qui permet d'imposer une responsabilité, sans charger la victime de la preuve d'une faute du fabricant et d'un défaut du produit. La pratique judiciaire atteste que cette perspective est, couramment, suivie par les victimes de la défectuosité d'un produit. C'est ainsi que l'observatoire de quelques décisions relatives aux accidents provoqués par les produits défectueux, révèle que, lorsque les pouvoirs de contrôle appartiennent à une personne et les pouvoirs d'usage et de direction à une autre, la responsabilité envers des tiers est soumise à la distinction entre la garde de la structure et la garde du comportement[3].

---

[1] C'est ainsi que même si le tiers victime, notamment le sous-acquéreur, choisit d'agir sur la base contractuelle, il peut toujours invoquer la nullité de toute convention ou contrat relatif à la non-garantie, prévue par l'art.17 de la loi de 1992, qui a implicitement abrogé l'al.2) de l'art.670 du COC dans son domaine d'application. V. en ce sens :

نرجس المباركي الخذيري، رسالة سالفة الذكر، ص.124.

[2] Cette action contractuelle sera fondée sur l'al. second de l'art.647 du COC qui dispose que : « Le vendeur garantit également l'existence des qualités par lui déclarées, ou qui ont été stipulées par l'acheteur ». En ce sens :Cass. civ. n°97-59218 en date du 12 janv. 1999 (inédit), préc.

Sur la distinction entre le vice caché et le vice de non-conformité, V. : **M. ESSOUSSI**, art. préc., n^{os}63 et s., pp.30 et s. ; **F. CHABAS**, « La loi du 19 mai 1998 et le droit commun », G.P., 1999, 2, doc., pp.565-567 ; **J. REVEL**, « La coexistence du droit commun et de la loi relative à la responsabilité du fait des produits défectueux », RTD com., 1999, pp.317-325. *Adde* :

عبد الله الأحمدي، قانون مدني، العقود الخاصة، 1- البيع، مطبعة الوفاء، تونس، 1997، عدد 398، ص.348-349 و350.

La pratique judicaire atteste que lorsque l'action est intentée par l'acquéreur contre le vendeur, ce dernier appelle en garantie le producteur. Lorsque les conditions de la responsabilité contractuelle sont réunies (vice de production et lien de causalité), le tribunal engage la responsabilité solidaire du vendeur et du producteur. Le vendeur *solvens* peut par la suite intenter une action récursoire contre le producteur. V. par ex. : Tribunal cantonal de Sfax, Jugement n°80795 en date du 28 avr. 2014 (inédit) :

" وحيث يتجه بناء على ما تقدم الحكم بفسخ عقد الشراء وبإلزام المدعى عليه (البائع) والدخيلة (شركة الصنع) بالتضامن فيما بينهما بأداء ثمن الثلاجة والمقدر ب900 دينارا".

La garantie contre le vice de non-conformité née du contrat passé entre le vendeur et l'acheteur se transmet *propterrem* comme un accessoire de la chose vendue au sous-acquéreur, ce qui permet à ce dernier d'agir par la voie contractuelle aussi bien à l'encontre de son propre cocontractant que contre un vendeur antérieur ou vendeur initial. C'est, dit-on, la théorie de la transmission de garanties comme accessoire de la chose vendue. Cette théorie qui peut être fondée sur l'art.241 du COC, fondement de portée générale, a reçu une consécration spéciale dans l'art.17 de la loi du 07 déc. 1992 en vertu duquel « Le fournisseur de tout produit est tenu de reconnaître au consommateur le droit de bénéficier d'une garantie. Cette garantie se transmet de plein droit en cas de transfert de propriété ». V. : **Ph. MALINVAUD**, « L'action du maître de l'ouvrage contre les fabricants et fournisseurs de matériaux et composants », art. préc., pp.44-45.

[3] Cour d'appel de Sfax, arrêt n°16243 en date du 28 nov. 2006 (inédit), préc. :

"وحيث أنه تبعا لثبوت العيب بهيكل القارورة... مما أدى إلى تسرب محتواها وحصول الإنفجار وترتب عن ذلك الضرر للمتضرر مع توفر العلاقة السببية المباشرة بين ذلك الشيء والضرر كقيام واجب الحفظ في جانب الصانعة بوصفها المستغلة للقارورة والمروجة لها وهي تبقى الحافظة لسلامة ذلك الشيء من كل عيب مع ثبوت تقصيرها في واجب حسن الحفظ المتمثل في وجوب المراقبة الدقيقة والتثبت العميق من انتفاء العيب قبل الترويج وأضحت بذلك أركان مسؤولية الفصل 96 مدني قائمة في جانب شركة... لإخلالها بواجب حسن الحفظ لما تروجه ولم تثبت فعلها لكل ما يلزم لمنع الإضرار بالغير أو وجود أي خطإ في الإستعمال من جانب المتضرر كمستهلك".

Adde : Cour d'appel de Sfax, arrêt n°15416 en date du 04 juill. 2006 (inédit), préc. :

661. Le droit comparé. En droit communautaire, le besoin d'assurer la protection des personnes contre les atteintes à leur intégrité physique a conduit à l'élaboration de la directive communautaire du 25 juillet 1985 sur la responsabilité du fait des produits. Cette directive s'inscrit dans un courant d'unification des régimes de responsabilité du fait des produits, qui institue un régime spécifique d'indemnisation, sans faire de distinction aucune entre responsabilités contractuelle et délictuelle.

La directive du 25 juillet a été transposée en droit français par la loi n°98-389 du 19 mai 1998, insérée dans le Code civil aux articles 1386-1 à 1386-18. L'article 1386-1 dispose que « le producteur est responsable du dommage causé par un défaut de son produit, qu'il soit ou non lié par un contrat avec la victime ». La dualité des régimes des responsabilités délictuelle et contractuelle est ainsi abandonnée et le même régime est applicable, que le consommateur, victime, soit cocontractant ou tiers[1].

662. Vers la disparition de la distinction entre parties contractantes et tiers. Par la mise en place d'un régime spécial et uniforme de responsabilité, la situation du consommateur, notamment le sous-acquéreur, se trouve, ainsi, alignée sur celle de l'acquéreur. La qualité de partie ou de tiers au contrat se trouve absorbée par la notion de consommateur. Mme. VINEY a clairement exprimé cette tendance. « Il est en effet normal, aux dires de l'auteur, que l'ensemble des consommateurs et utilisateurs auxquels le produit est présenté par la publicité et parmi lesquels il est diffusé soient

---

" بالإطلاع على مؤيدات الملف وخاصة على نتيجة الإختبار ثبت أن عيبا أصليا في قارورة الغاز كان وراء تفكك أحد أجزائها وتسرب الغاز المضغوط منها وهو ما تسبب في انفجارها عند استعمالها بقطع النظر عن أي عامل أخر... وحيث أضحت بذلك قرينة المسؤولية قائمة على معنى الفصل 96 من م.إ.ع. في جانب حافظ الشيء المؤمن".

Adde : Cass. civ. n°97-59218 en date du 12 janv. 1999 (inédit).

[1] **M. ESPAGNON**, Fasc. préc., n°68, p.25 ; **Ch. LARROUMET**, Droit civil, Les obligations, Le contrat, T.3, 2ème partie : Effets, *op.cit.*, n°750, p.891 ; **G. RAYMOND**, « Premières vues sur la loi n°98-389 du 19 mai 1998 relative à la responsabilité du fait des produits défectueux », CCC, juin 1998, chron. n°7, pp.7-9, spéc. p.7 ; **P. JOURDAIN**, « Commentaire de la loi n°98-389 du 19 mai 1998 sur la responsabilité du fait des produits défectueux », JCP éd. N, 1999, pp.1089-1101, spéc. n°18, p.1999 ; « Une loi pour rien ? (à propos de la loi du 19 mai 1998 relative à la responsabilité du fait des produits défectueux) », RCA, 1998, chron., n°16, spéc. p.4, 1re col. ; **G. VINEY**, « L'introduction en droit français de la directive européenne du 25 juillet relative à la responsabilité du fait des produits défectueux », D., 1998, chron., pp.291-299, spéc. n°6, p.292 ; « La mise en place du système français de responsabilité des producteurs pour le défaut de sécurité de leurs produits », *in* Propos sur les obligations et quelques autres thèmes fondamentaux du droit, Mélanges offerts à Jean-Luc AUBERT, Dalloz, 2005, pp.329-358, spéc.335 ; **Ch. LARROUMET**, « La responsabilité du fait des produits défectueux après la loi du 19 mai 1998 », D., 1998, chron., pp.311-316, spéc. n°12, p.313 ; **M. BACACHE**, « La loi n°98-389 du 19 mai 1998, 10 ans après », RCA, 2008, Étude, n°7, pp.7-10 ; **F. CHABAS**, « La responsabilité pour défaut de sécurité des produits, dans la loi du 19 mai 1998 », G.P., 1998, 2, doc., pp.1111-1120 ; **J. GHESTIN**, « Le nouveau titre IV bis du Livre III du Code civil : de la responsabilité du fait des produits défectueux, l'application en France de la directive sur la responsabilité du fait des produits défectueux après l'adoption de la loi n°98-389 du 19 mai 1998, JCP èd. G, 1998, I, 148, spéc. n°19, p.1204 ; **Y.DAGORNE-LABBE**, « La loi du 19 mai 1998 relative à la responsabilité du fait des produits défectueux », Rep. Defrénois, 1998, pp.1265-1283, spéc. nos15 à 17, pp.1268-1269 ; **Ph. LE TOURNEAU**, *op.cit.*, nos8344 et s., pp.2017 et s., spéc. n°8351, p.2021 et n°8405, p.2030. *Contra* : **I. BABAEI**, Thèse préc., nos100 à 107, pp.147 à 156, spéc. n°107, p.156. L'auteur considère que les dispositions de la directive de 1985 peuvent être considérées comme des nuances dans le cadre général de la responsabilité extra-contractuelle.

protégés également sans tenir compte de la distinction abstraite entre co-contractants et tiers »[1].

Grâce à la notion de consommateur, la distinction entre tiers et partie se trouve estompée. Ainsi, la responsabilité du fournisseur sera engagée dans des conditions semblables par ceux qui justifient de la qualité de consommateur. Des méthodes identiques d'appréciation du manquement imputé aux fournisseurs seront, dès lors, utilisées. Peu importe que le consommateur, victime, soit ou non lié au fournisseur par un contrat. La même tendance se trouve confirmée en matière de construction.

B. La responsabilité en matière de construction

663. Vers unsystème unitaire de responsabilité. Dans le domaine de la construction, une tendance vers un régime spécial et uniforme de responsabilité des constructeurs professionnels s'est dessinée[2]. C'est ainsi que l'article premier de la loi n°94-9 du 31 janvier 1994, relative à la responsabilité et au contrôle technique dans le domaine de la construction[3], prévoit que « l'architecte, l'ingénieur, l'entrepreneur, le bureau d'études, le bureau de contrôle technique ainsi que toute autre personne liée au maître d'ouvrage par un contrat de louage d'ouvrage ou de services, sont responsables de plein droit pendant dix ans... Cette responsabilité s'étend également aux promoteurs immobiliers et à toute personne qui à titre habituel ou professionnel, vendent après achèvement, un ouvrage qu'ils ont construit ou fait construire, et tout autre personne qui, bien qu'agissant en qualité de mandataire du propriétaire de l'ouvrage, accomplit une mission assimilable à celle d'un promoteur immobilier »[4]. Par cette disposition, le législateur a aligné la garantie décennale due par les constructeurs professionnels au maître de l'ouvrage, sur celle qui est due aux tiers. Aucune précision n'est apportée sur la qualité de la victime. La dualité des responsabilités délictuelle et contractuelle est abandonnée. Le même régime est applicable aux constructeurs, que la victime soit leur cocontractant direct, en l'occurrence, le maître de l'ouvrage, ou un tiers qui a pâti d'un vice de construction affectant gravement la solidité de l'ouvrage.

---

[1] **G. VINEY**, « L'application du droit commun de la responsabilité aux fabricants et distributeurs de produits : Rapport », art. préc., n°9, p.75 ; *op.cit.,* n°245, p.668 ; **G. PAISANT**, obs. sous Cass. civ. fr., 17 janv. 1995, D., 1996, somm., pp.15-16. *Adde* :

نرجس المباركي الخذيري، رسالة سالفة الذكر، ص.77 إلى 79.

[2] **F. BERTRAND**, Thèse préc.,. n^os262 et s., pp.434 et s., **G. VINEY**, *op.cit.*, n°244, p.665. V. en ce sens :
علي الجلولي، "مسؤولية مقاول البناء"، م. ق. ت.، 2011، عدد 4، ص.111: "تعد مسؤولية المقاول في البناء صورة من صور المسؤولية المهنية".

[3] JORT n°9 du 1er fév. 1994, p.187. Cette loi a abrogé le décret-loi n°86-4 du 10 oct. 1986 relatif à la responsabilité et à l'assurance dans le domaine de la construction, tel que ratifié par la loi n°86-100 du 9 sept. 1986. V. parmi les applications du décret-loi de 1986 : Cass. civ. n°15722 en date du 24 mars 2008, Bull. civ., 2008, 1re partie, p.293 ; Cass. civ. n°45162 en date du 21 déc. 1994, Bull. civ., 1994, p.406.

[4] **A. CHÉRIF**, Commentaire de l'article premier de la loi n°94-9 du 31 janvier 1994, relative à la responsabilité et au contrôle technique dans le domaine de la construction, Mémoire en vue de l'obtention du diplôme de mastère en droit de l'environnement et de l'urbanisme, FDSPT, 2005-2006, pp.1-90.

L'article premier de la loi de 1994 a mis en place un régime de responsabilité de plein droit, en cas d'écroulement ou risque d'écroulement de l'ouvrage ou atteinte à sa solidité. Les professionnels de la construction sont, dès lors, tenus par une responsabilité objective[1]. La victime n'a que d'apporter la preuve du préjudice et du lien de causalité avec le vice affectant la solidité de l'ouvrage[2]. L'auteur du dommage ne peut se défausser de la responsabilité qu'en apportant la preuve de la cause étrangère[3]. Tel ne semble pas être la position de la Cour de cassation, qui a déchargé, au visa de la loi de 1994, l'entrepreneur de toute responsabilité, estimant que ce dernier n'a fait qu'exécuter les plans préparés par l'architecte conseiller. La Cour a décidé que le lien de causalité entre le fait de l'entrepreneur et les préjudices prétendus n'est pas certain[4]. Par cette décision, la Cour se met en porte-à-faux avec la responsabilité pour garantie instaurée par ladite loi.

L'article premier de la loi de 1994 a mis à la charge des constructeurs une garantie décennale pour les ouvrages édifiés[5]. Et l'article 9 d'ajouter, que toute clause tendant à supprimer ou à réduire la responsabilité décennale « est nulle de plein droit »[6]. Ce texte attribue un véritable caractère d'ordre

---

[1] V. en ce sens :
سنية بن عمارة حرم عيواز، أساس قيام المسؤولية العقدية في قانون البناء، مذكرة للإحراز على شهادة الدراسات المعمقة في القانون الخاص، إختصاص قانون البيئة والتعمير، كلية الحقوق والعلوم السياسية بتونس، 2003-2004، ص.110 وما يليها.
Contra : **A. CHÉRIF**, mémoire préc., pp.52 et s. L'auteur estime que la responsabilité des constructeurs est fondée sur une présomption de faute et non sur une présomption de responsabilité.

[2] Sur la question : **H. KOTRANE**, « Responsabilité décennale et autres garanties dans le domaine de la construction », Études Juridiques, FDS, 2014, pp.24-25, n°s5 et 6 ; **Z. SAFI**, « Pérennité des dispositions techniques du code des obligations et des contrats : exemple la garantie des dommages à l'ouvrage », *in* Livre du centenaire du code des obligations et des contrats (1906-2006), sous la direction de M.-K. CHARFEDDINE, CPU, Tunis, 2006, pp. 369 et s. *Adde* :
محمد جبري، عيوب البناء، مذكرة لنيل شهادة الماجيستير في قانون البيئة والتعمير، كلية الحقوق والعلوم السياسية بتونس، 2006، ص.84 إلى 99. **علي دربال**، مسؤولية الباعث العقاري وحماية المشتري، مذكرة لنيل شهادة الدراسات المعمقة في قانون الأعمال، كلية الحقوق بصفاقس، 2001-2002، ص.88 إلى95. **علي الجلولي**، «مسؤولية مقاول البناء»، مقال سابق، ص.114 إلى 1160.

[3] Art.2 de la loi du 31 janv. 1994, préc. V. dans ce cadre :
نوفل بن أحمد، إنجاز العمل في عقد المقاولة، رسالة لنيل شهادة الدراسات المعمقة شعبة عقود وأستثمارات، كلية الحقوق والعلوم السياسية بتونس، 1998-1999، ص.140 وما يليها. **علي دربال**، رسالة سالفة الذكر، ص.96 إلى 100. **علي الجلولي**، مقال سابق، ص.122 إلى 124.

[4] Cass. civ. n°2007-12037 en date du 17 avr. 2007 (inédit) :
" وحيث وخلافا لما ارتأته محكمة القرار المنتقد في خصوص ثبوت مسؤولية المعقبة (شركة المقاولات) على معنى أحكام الفصل الأول من القانون عدد 9 لسنة 1994 فان العلاقة السببية بين فعل المعقبة والأضرار المدعى بشأنها غير ثابتة طالما أن تدخل المعقبة اقتضاه التصميم الخاطئ للعوارض (من طرف المهندس المستشار) والذي لا تتحمل تبعته... مما تنتفي معه مسؤولية المعقبة على معنى أحكام القانون عدد 9 لسنة 1994".

[5] La garantie décennale était prévue par le décret-loi du 10 oct. 1986, préc., lequel a été abrogé et remplacé par la loi du 31 janv. 1994. Avant, la responsabilité du constructeur résultait exclusivement des dispositions de l'art.876 du COC qui prévoyait une responsabilité quinquennale. Cet art. qui couvre pratiquement les mêmes cas énumérés à l'art.1er de la loi de 1994 relatif à la garantie décennale, à savoir les cas d'un ouvrage qui « s'écroule, en tout ou en partie, ou présente un danger évident de s'écrouler, par défaut des matériaux, par le vice du sol », se trouve, dès lors, implicitement abrogé. En ce sens : Cass. civ. n°2004-6136 en date du 30 mars 2005 (inédit) : la Cour a expressément écarté l'art.876 du COC en faveur de la loi n°9 du 31 janv. 1994 au visa de l'art.11 de ladite loi.

[6] **H. KOTRANE**, art. préc., n°11, pp.30 à 34. *Adde* :
علي الجلولي، مقال سابق، ص.116 إلى 119. **نوفل بن أحمد**، رسالة سابقة، ص.135 إلى 139.
La nullité s'étend à toute clause élusive ou limitative de responsabilité : V. en ce sens :
علي الجلولي، مقال سابق، ص.115-116 وخاصة هامش 15.
Adde : Cour d'appel de Tunis, arrêt n°42373 en date du 18 mars 1998 (inédit) :

public aux délais de garantie et de responsabilité, sans faire de distinction aucune selon que la victime soit leurs cocontractant direct, en l'occurrence le maître de l'ouvrage, ou un tiers.

664. Un apport notable.L'apport de la loi de 1994 est louable à un double point de vue. D'une part, parce qu'avant son entrée en vigueur, la Cour de cassation a exclu toute action en garantie intentée contre l'entrepreneur par l'acquéreur, victime de la mauvaise exécution du contrat conclu entre le promoteur et l'entrepreneur. La Cour a justifié sa position par l'absence de tout lien contractuel entre l'acquéreur et l'entrepreneur[1]. La doctrine estime que cette position peut être justifiée par le souci de la Cour de respecter le principe de la relativité de la force obligatoire du contrat ainsi que son attachement à la théorie légaliste de l'action directe[2]. La même exclusion persiste lorsqu'il s'agit d'appliquer le droit commun de la vente[3], ce qui atteste encore de l'importance de cette loi. D'autre part, la loi de 1994 a exclu toute clause tendant à supprimer ou à réduire la responsabilité décennale. L'application de la théorie des groupes de contrats, en ce qu'elle permet au tiers victime d'intenter une action directe en responsabilité contractuelle, permet de même au constructeur d'opposer les clauses d'irresponsabilité ou de limitation de responsabilité. Désormais, de telles clauses ne peuvent voir le jour. Le salut de l'ordre public de protection est à ce prix.

665. Un champ d'application limité. La loi de 1994 a, certes, instauré un régime uniforme de responsabilité, mais le champ d'application de cette responsabilité pour garantie est doublement limité. Quant à l'objet, seuls les désordres, présentant une réelle gravité, sont visés par la dite loi. En effet, aux termes de son article premier, les constructeurs sont responsables de plein droit « en cas d'effondrement total ou partiel de l'ouvrage ou en cas de

---

" وحيث أن الإتفاق المضمن بالمحضر المحرر في... والمتعلق بتعهد المستأنف ضدها برفع العيوب في حدود ألفي دينار فقط يقع طرحها من الحساب الجملي لا يسري بين الطرفين ضرورة أن أحكام الضمان تعتبر من النظام العام ولا يجوز الاتفاق على الإعفاء منها أو الحد منها".

Adde : Cass. civ. n°33407 en date du 11 avr. 2009, RJL, 2010, n°1, p.133 (partie en langue arabe) ; Cass. civ. n°2005-717 en date du 13 mai 2005 (inédit) :

" إن محكمة القرار المنتقد قد أحسنت الإجابة على الدفع المتعلق باستثناء الضمان في صورة حصول الأضرار عن خطا قصدي ومتعمد عن المؤمن له بقولها أن ما تضمنه الفصل 2 من عقد التأمين لا يتعلق بأطراف النزاع فاستثناء الضمان لا يعارض به مشتري العقار باعتباره غيرا بالنسبة لعقد التأمين الذي يربط المعقبة بوصفها شركة التأمين بالباعث العقاري خاصة وأن الأخطاء المرتكبة هي من قبيل المسؤولية عن البناء موضوع المسؤولية العشرية والمشرع يحمي المشتري لعقار به ضرر عشري ذلك أنه اعتبر بالفصل 9 من القانون عدد 9 لسنة 1994 بأن كل بند اتفاقي من شأنه أن يحد أو يلغي نطاق المسؤولية العشرية يعد لاغيا وباطلا ولا عمل عليه''.

Rapproche : art. 843, 874 et 879 du COC. V. sur cette exclusion en droit français (loi du 04 janv. 1987) : **B. BOUBLI**, La responsabilité et l'assurance des architectes, entrepreneurs et autres constructeurs, 3ème éd., Éditions du Journal des Notaires et des Avocats, Paris, 1991, nos362-363, pp.222 à 224.

[1] Cass. civ. n°27392 en date du 12 mars 1992, Bull. civ., 1992, p.412, spéc. p.416 :

" فإنه لا يمكن للمعقب ضده (المشتري) الذي تعاقد مع الطاعنة (شركة البعث العقاري) الرجوع على المقاولين الذين قاموا بالبناء لانتفاء العلاقة معهم".

Adde : Cass. civ. n°5125 en date du 24 mai 1982, Bull. civ., 1982, 3ème partie, p.241.

[2] V. en ce sens :

نذير بن عمّو، البيع والمعاوضة، مرجع سابق، عدد 218، ص.252-253.

[3] Cass. civ. n°2004-8375 en date du 13 mai 2005 (inédit), préc. :

" حيث خلافا لما ذهبت إليه الطاعنة فإن المعقب ضده تعامل معها (شركة البعث العقاري) وأشترى منها محل سكنى جاهزا وليست له علاقة قانونية أو واقعية مع مقاول البناء ولا يمكن القيام عليه من طرف المشتري المذكور لأنتفاء كل علاقة بينهما".

menace évidente d'effondrement ou d'atteinte évidente à sa solidité au niveau des fondations, des structures, ou du couvert… »[1]. Sont, dès lors, exclus les désordres minimes. Ainsi en est-il des menus travaux d'embellissement, de simple aménagement d'un bâtiment, d'entretien ou de ravalement[2]. La seconde limite concerne les personnes visées. Seuls les constructeurs et autres intervenants assimilés, déterminés à l'article premier de la présente loi, sont visés. Précisons qu'un vendeur qui, à titre incident et pour des raisons personnelles, vend un immeuble, qu'il a construit ou fait construire, est exclu du domaine de la présente loi. C'est ce qu'on peut déduire de l'article premier de ladite loi, qui ne vise que ceux « qui à titre habituel ou professionnel, vendent après achèvement, un ouvrage qu'ils ont construit ou fait construire ». Ainsi, pour actionner un vendeur incident, le tiers victime, à l'instar du sous-acquéreur, ne peut pas mettre à contribution le régime de la loi de 1994. C'est le droit commun de la responsabilité qui s'applique[3].

666. Une exclusion injustifiée des sous-traitants de la loi du 31 janvier 1994. Un certain nombre de participants à l'œuvre de construction restait hors du domaine d'application de la loi de 1994. Ainsi en est-il des sous-traitants. Ceux-ci n'étant pas liés au maître de l'ouvrage par un contrat de louage d'ouvrage, ne pouvaient être actionnés, au sens de l'article premier de ladite loi, par les tiers victimes de l'exécution défectueuse du contrat de sous-traitance[4].

On peut penser que la solution est regrettable puisque la situation du sous-traitant est bien proche de celle des différents intervenants à l'opération

---

[1] V. sur l'application de cette loi : Cass. civ. n°2013-5868 en date du 28 oct. 2013 (inédit) :
" بالرجوع إلى تقرير الإختبار يستبان أن وجود بالوعات غير مطابقة للمواصفات الفنية وليس بها أنحدار كاف لتسهيل تدفق المياه من شأنه المس من متانة البناء ويرجع ذلك إلى الخطإ في الحساب والتصميم وهي من الأضرار التي تدخل تحت طائلة الضمان العشري والمنصوص عليها صراحة... بالفصل 1 من القانون عدد 9 لسنة 1994 المؤرخ في 31 جانفي 1994 المتعلق بالمسؤولية والمراقبة الفنية في ميدان البناء".
Adde : Cass. civ. n°703030 en date du 06 avr. 2012, RJL, 2012, n°10, p.169 (partie en langue arabe) ; Cass. civ. n°39722 en date du 03 oct. 2009, Bull. civ., 2009, 2ème partie, p.245 ; Cass. civ. n°21375 en date du 22 nov. 2008, Bull. civ., 2008, 2ème partie, p.203 ; Cass. civ. n°4768 en date du 03 nov. 2000, Bull. civ., 2000, 1re partie, p.29.

[2] Sur la question : **H. KOTRANE**, art. préc., n°9, p.26 et n°10, pp.27 à 30 ; **A. CHÉRIF**, mémoire préc., pp.41 à 50 ; **Z. SAFI**, art. préc., pp.377 et s. L'auteur cite la décision n°12001 rendue par la Cour de cassation le 18 oct. 2001 (inédit) :
" حيث أن المسؤولية العشرية الوارد بها القانون عدد 9 لسنة 1994 المؤرخ في 31 جانفي 1994 لا تكون عاملة إلا في حالات محددة على وجه الحصر وهي أنهيار المنشأة كلها أو بعضها أو تداعيها للسقوط على وجه واضح أو ظهور مس واضح بمتانتها على مستوى الأسس أو الهياكل أو السقف وحيث أن العيوب الحاصلة بمحل سكنى المعقب ضدها ليست من الصنف الوارد به القانون عدد 9 المشار إليه ولذلك فهي تبقى خاضعة لأحكام الفصل 647 وما يليه من م.إ.ع. الأمر الذي يستوجب رد هذا المطعن أيضا".
V. en ce sens : Cass. civ. n°2005-1447 en date du 20 mai 2005 (inédit) : application de l'art.647 du COC pour la réparation des dommages causés à un local. *Adde* :
محمد جبري، رسالة سابقة، ص.76-77-78 وص.81 إلى 83. **نوفل بن أحمد**، رسالة سابقة، ص.122-123.

[3] *Contra* : **A. CHÉRIF**, mémoire préc., pp.28-29. *Contra* aussi avec l'art.1792-1, 2) qui n'apporte aucune exigence quant à la nature de l'activité du vendeur. Il évoque en effet celui « qui vend, après achèvement, un ouvrage qu'elle a construit ou fait construire ». Le législateur n'exige ni sa qualité de vendeur professionnel ni même habituelle ; Cass. civ. fr., 17 déc. 1996, RDI, 1997, p.240, obs. **Ph. MALINVAUD et B. BOUBLI**.

[4] La même tendance se déduit en droit positif français. V. sur la question : **G. Viney**, « Sous-contrat et responsabilité civile », art. préc., n^{os}26 et s., pp.631-632.

de construction. Le sous-traitant échappe, ainsi, au régime de la loi de 1994[1]. Le tiers victime, perçu sous l'éclairage de la jurisprudence tunisienne, ne pourra, alors, agir contre lui que par la voie extracontractuelle[2]. Il en est de même pour tout autre personne non liée au maître de l'ouvrage, comme un technicien auquel l'entrepreneur a fait appel ou un fabricant auprès duquel il s'est approvisionné de certains matériaux qu'il incorpore dans l'immeuble édifié[3].

La doctrine a réagi contre cette interdiction. D'aucuns ont postulé pour l'intervention du législateur pour mettre en œuvre un régime spécial et uniforme de responsabilité des sous-traitants[4]. D'autres ont, plutôt, trouvé dans le principe de la justice commutative ou la théorie des groupes de contrats, fondements d'une action directe en responsabilité contractuelle, au profit du maître de l'ouvrage contre le sous-traitant[5].

667. Vers la disparition de la distinction entre parties contractantes et tiers. L'article premier de la loi du 31 janvier 1994, prévoit que tous les cocontractants du maître de l'ouvrage, intervenant dans l'opération de construction, « sont responsables de plein droit ». Aucune précision n'est apportée sur la qualité de la victime de la prestation défectueuse de l'un quelconque de ces contractants. Le législateur tunisien n'a pas emboité sur

---

[1] Il semble que le législateur est hostile à faire peser sur le sous-traitant une responsabilité présumée. Encore plus, on peut constater qu'il est hostile à instaurer un rapport direct entre le maître de l'ouvrage et le sous-traitant. En effet, il a interdit dans l'art.887, *in fine*, du COC au sous-traitant d'intenter une action directe en paiement contre le maître de l'ouvrage. En suivant la même logique, il a interdit à ce dernier une action directe en responsabilité contre le sous-traitant. En ce sens :

عصام الأحمر، "عقود المناولة وتدعيم القدرة التنافسية للمؤسسة"، مقال سابق، ص.27.

[2] V. *supra*, n°s602 à 605.

La même interdiction peut être implicitement déduite de l'art.89, *in fine*, du décret n°2014-1039 du 13 mars 2014, portant réglementation des marchés publics (JORT n°22, du 18 mars 2014, p.653). Aux termes de cet art. : « Dans tous les cas le titulaire du marché demeure personnellement responsable à l'égard de l'acheteur public ». L'ancienne disposition prévue par l'art.79, al. deuxième, du décret n°89-442 du 22 avr. 1989, portant réglementation des marchés publics (JORT, n°30, du 28 avr., 1989, p.774) était plus explicite. Elle prévoyait que « Dans tous les cas, il (le titulaire du marché public) demeure **personnellement** responsable des prestations exécutées par le ou les sous-traitants comme si elles l'étaient par lui-même ». *Contra* :

لطفي رويس، مقال سابق، ص.93.

[3] **S. ABID MNIF**, *op.cit.*, n°248, p.328.

La même interdiction peut être implicitement déduite de l'art.89, *in fine*, du décret n°2014-1039 du 13 mars 2014, portant réglementation des marchés publics (JORT n°22, du 18 mars 2014, p.653). Aux termes de cet art. : « Dans tous les cas le titulaire du marché demeure personnellement responsable à l'égard de l'acheteur public ». L'ancienne disposition prévue par l'art.79, al. deuxième, du décret n°89-442 du 22 avr. 1989, portant réglementation des marchés publics (JORT, n°30, du 28 avr., 1989, p.774) était plus explicite. Elle prévoyait que « Dans tous les cas, il (le titulaire du marché public) demeure **personnellement** responsable des prestations exécutées par le ou les sous-traitants comme si elles l'étaient par lui-même ». *Contra* :

لطفي رويس، الإلتزامات الناشئة عن عقد المناولة، مقال سابق، ص.93.

[4] V. en ce sens :

لطفي رويس، مقال سابق، ص.97 إلى 104.

[5] **F. MAHJOUB**, art. préc., n°s30 à 48, pp.184 à 205 ; **O. HAOUACHI**, mémoire préc., pp.97 à 107. *Adde* :

فتحية بن هويدي، عقد المقاولة الثانوي، مذكرة سابقة، ص.141 إلى 152.

Contra : **S. MEJRI**, La responsabilité délictuelle des constructeurs, mémoire préc., pp.46-47. *Adde* :

حسنة الهاني، ضمان عيوب المصنوع، مذكرة لنيل شهادة الماجيستير في الحقوق اختصاص قانون خاص، كلية الحقوق والعلوم السياسية بتونس، 2009-2010، ص.36-37.

ce point le pas à son homologue français. Ce dernier prévoit, dans l'article 1792 du Code civil, tel que modifié par la loi du 04 janvier 1978[1], que « tout constructeur d'un ouvrage est responsable de plein droit, envers le maître ou l'acquéreur de l'ouvrage ». On ne peut que se féliciter de la position de notre législateur, qui n'a pas réservé l'action de l'article premier à certaines victimes de la défectuosité de la construction en excluant d'autres. Peu importe, dès lors, que la victime soit contractuellement liée au constructeur de l'ouvrage ou pas. L'acquéreur ou le sous-acquéreur[2], victime de la défectuosité de l'ouvrage, au sens de la loi de 1994, peuvent engager la responsabilité du constructeur, au même titre que le maître de l'ouvrage. La solution prévaut en dépit de leur qualité de tiers aux contrats conclus entre le maître de l'ouvrage et les différents intervenants dans l'opération de construction[3].

Le bénéfice de l'action s'étend, ainsi, à tous ceux qui, d'une façon ou d'une autre, sont intéressés par l'opération de construction et subissent les conséquences de l'inexécution des contrats conclus entre le maître de l'ouvrage et les constructeurs, entraînant ainsi l'effondrement de l'ouvrage, la menace de son effondrement ou encore l'atteinte évidente à sa solidité.

Il semble que dans le domaine professionnel, la mise en place de régimes spéciaux et uniformes de responsabilité, est une nécessité. Dans ce cadre, l'intervention du législateur est, de plus en plus, sollicitée, afin d'assurer la protection des victimes, et ce indépendamment de l'existence ou de

---

[1] V. sur l'ensemble de la loi du 04 janv. 1978 : **B. BOUBLI**, « La responsabilité des constructeurs dans la loi du 4 janvier 1978 », RDI, 1979, pp.1-15 ; **J.-L. COSTA**, « La responsabilité des constructeurs d'après la loi du 4 janvier 1978 », D., 1979, chron., pp.35-48 ; **J.-P. KARILA**, « La reconnaissance de responsabilité des constructeurs : conditions d'existence et effets », G.P., 1978, 2, doc., pp.347-353 ; **M.LOMBARD**, « La responsabilité des constructeurs et autres intervenants à l'acte de construire envers le maître de l'ouvrage sous l'empire de la loi du 4 janvier 1978 », G.P., 1994, 1, doc., pp.256-266 ; **Ph. MALINVAUD** et **Ph.JESTAZ**, « La loi n°78-12 du 4 janvier 1978 relative à la responsabilité et à l'assurance dans le domaine de la construction », JCP éd. G, 1978, I, 2900 ; **A. PLANCQUEEL**, « Réflexions sur les nouveaux articles 1792 à 1792-6 du Code civil », G.P., 1978, 2, doc., pp.586-588 ; **V.ROULET et M. PEISSI**, « Commentaire de la loi n°78-012 du 4 janvier 1978 relative à la responsabilité et à l'assurance dans le domaine de la construction », G.P., 1978, 1, doc., pp.115-125 ; **P. JOURDAIN**, « Le régime des garanties décennale et biennale en droit privé français », Études Juridiques, FDS, 2004, pp.123-132.

[2]V. en ce sens:
لبنى الرقيق، "مسؤولية الباعث العقاري الناشئة عن عقد البيع النهائي"، محاضرة مرقونة ألقيت بمناسبة الملتقى الجهوي حول "البعث العقاري وحماية المشتري في القانون التونسي"، المعهد الأعلى للقضاء، محاضرة غير منشورة، غير مؤرخة، ص.17-18.
Contra : **S. ABID MNIF**, *op.cit.*, n°248, pp.327-328.

[3] On rappelle que pour l'acquéreur ou le sous-acquéreur, la garantie légale due par les constructeurs se transmet en tant qu'accessoire de la chose aux acquéreurs successifs. Le principe de la transmission de l'action en garantie aux acquéreurs successifs peut être fondé sur l'art.241 du COC. Théoriquement il peut être fondé sur la théorie de l'accessoire en ce sens que la garantie accompagne en tant qu'accessoire la chose vendue. V en ce sens :
رجاء الحاج منصور بن علي، ضمان عيوب البناء، رسالة بحث لنيل شهادة الدراسات المعمقة في العلوم القانونية الأساسية، كلية العلوم القانونية والسياسية والاجتماعية، 1994-1995، ص.52-53. **علي دربال**، مسؤولية الباعث العقاري وحماية المشتري، مذكرة سابقة، ص.104-105. **حسنة الهاني**، مذكرة سابقة، ص.35-36. **نوفل بن أحمد**، رسالة سابقة، ص.121-122.
L'obligation de garantie décennale constitue une protection légale attachée à la propriété de l'immeuble et peut être invoquée par tous ceux qui succèdent au maître de l'ouvrage, en tant qu'ayants cause, même à titre particulier, dans cette propriété : Cass. civ. fr., 28 nov. 1967, D., 1968, J., p.163 ; Cass. civ. fr., 08 oct. 1997, RDI, 1998, p.98, obs. **Ph. MALINVAUD et B. BOUBLI**.

l'absence d'un lien contractuel avec le professionnel responsable. L'identité de la victime, cocontractant ou tiers, ne doit pas, en effet, influencer le traitement infligé au débiteur défaillant. Elle ne doit pas, par ailleurs, altérer l'indemnisation accordée à la victime face à des situations, en fait, identiques.

668. L'équilibre rétabli. La théorie des groupes de contrats, perçue comme palliatif à une carence législative, présente l'avantage d'asseoir la responsabilité du débiteur défaillant à l'égard du tiers victime sur une base nécessairement contractuelle. Cette théorie, dont la légitimité ne se justifie qu'au regard des manquements strictement contractuels, a permis d'offrir au tiers qui en pâtit un droit à réparation, auquel il ne pouvait prétendre en suivant les voies classiques du droit des obligations. En effet, en l'absence d'un manquement à un devoir général de comportement contractualisé, la voie extracontractuelle se trouve fermée. L'action contractuelle est aussi fermée. L'acception individualiste du principe de la relativité fait que la responsabilité contractuelle soit cantonnée à la sphère des seules parties contractantes.

Revisité, le principe de la relativité, vu sous un jour nouveau, a permis de justifier qu'un tiers, victime de l'inexécution d'un contrat intégré, obtienne satisfaction sur un plan contractuel. Le tiers s'en sort amplement protégé. Les prévisions du débiteur contractuel sont, aussi, préservées. La voie du « tout extracontractuel », abandonnée pour ses manquements strictement contractuels, permet de restituer ses prévisions bafouées. La théorie des groupes de contrat permet, ainsi, de rétablir un équilibre perdu. L'instauration de régimes spéciaux et uniformes de responsabilité, dans le domaine des responsabilités professionnelles, permettant d'aligner la situation des victimes, cocontractantsou tiers, ne peut que consolider cet équilibre.

Lorsque le tiers est victime de l'inexécution d'un contrat intégré, l'immixtion est vérifiée et l'équilibre peut être préservé. Qu'en est-il lorsqu'il est victime de l'inexécution d'un contrat isolé ?

CHAPITRE II

Le tiers victime de l'inexécution d'un contrat isolé

669. Le tiers peut être intéressé par la force obligatoire d'un contrat isolé, son effet direct ou interne. Ceci se manifeste, d'une part, lorsqu'il est le bénéficiaire d'une obligation souscrite à son profit, dans un contrat conclu entre le stipulant et le promettant. Il se manifeste, d'autre part, lorsqu'il revendique l'exécution d'une obligation non contractée à l'origine à son profit, mais dont il souffre de l'inexécution. Dans la première alternative, le tiers dispose d'une action en responsabilité contre le promettant (Section I). Dans la seconde, il a une action oblique lui permettant de revendiquer, aux lieu et place de son débiteur négligent, l'exécution de l'obligation inexécutée (Section II).

L'objectif de l'étude de ces deux alternatives est de mieux prendre conscience de l'intensité de l'immixtion du tiers dans ce qu'on prétendait être l'apanage des parties contractantes, à savoir la force obligatoire du contrat. L'objectif est aussi de démontrer que l'immixtion peut se faire dans le respect des différents intérêts antagonistes.

SECTION I. L'ACTION EN RESPONSABILITE DU TIERS BENEFICIAIRE, VICTIME DE L'INEXECUTION D'UNE OBLIGATION CONTRACTEE A SON PROFIT

670. La stipulation pour autrui. « La stipulation pur autrui est un contrat en vertu duquel une personne, appelée stipulant, obtient d'une autre personne, appelée promettant, qu'elle s'engage envers une troisième personne, appelée tiers bénéficiaire. Il s'agit d'une opération à trois personnes, laquelle a pour objet et pour effet de créer au profit d'un tiers, qui, par conséquent, n'est pas partie au contrat conclu entre le stipulant et le promettant, un droit direct contre ce dernier »[1]. Trois principaux constats

---

[1]**Ch. LARROUMET**, Droit civil, Les obligations, Le contrat, T.3, 2ème partie : Effets, *op.cit.*, n°799, p.967 ; Les opérations juridiques à trois personnes en droit privé, Thèse préc., n°155, p.359 ; **B. STARCK, H. ROLAND et L. BOYER**, Droit civil, Les obligations, 2- Contrat, *op.cit.*, n°1504, p.520 ;

retiendront notre attention. D'abord, le tiers bénéficiaire a un seul débiteur, en l'occurrence, le promettant. Ceci fait que le mécanisme de la stipulation pour autrui ne peut fonctionner dans le cadre des groupes de contrats. Ensuite, la stipulation pour autrui confère au bénéficiaire une créance contre le promettant, en vertu d'un contrat auquel il demeure étranger. Enfin, ce droit de créance estun droit direct.

671. Exclusion des groupes de contrats du champ de la stipulation pour autrui. Si, dans le cadre d'un groupe de contrats, l'action du tiers victime de l'inexécution d'un contrat intégré est une action intentée contre le débiteur de son débiteur, l'action du bénéficiaire, fondée sur la stipulation pour autrui, est une action intentée contre son débiteur direct. Le bénéficiaire n'a, en effet, qu'un seul débiteur, en l'occurrence le promettant. On en déduit que, de part son essence même, le mécanisme de la stipulation pour autrui ne peut fonctionner dans le cadre des groupes de contrats.

672. Le statut du bénéficiaire : statut d'un tiers. Après avoir énoncé, dans l'article 37 du Code des obligations et des contrats, que « nul ne peut engager autrui, ni stipuler pour lui », le législateur replie dans l'article 38 dudit Code. Il précise, en effet, qu'« on peut stipuler au profit d'un tiers ». On en déduit que, par la technique de la stipulation pour autrui, un tiers peut se voir octroyer une créance en vertu d'un contrat, tout en restant étranger à ce contrat. Cette qualité ressort des termes formels de l'article 38. Le bénéficiaire n'est, donc, pas une partie au contrat, il est tiers[1]. Qui sont ces tiers admis au statut de bénéficiaire d'une stipulation pour autrui ? N'importe quel individu, *penitus extraneus*, ayant cause à titre particulier ou à titre universel du stipulant ou du promettant, peut être désigné comme bénéficiaire d'une stipulation pour autrui[2]. L'article 39 du Code des assurances,qui prévoit la possibilité de souscrire une assurance au profit des héritiers, laquelle possibilité est justifiée théoriquement par la technique de la stipulation pour autrui, le confirme.

673. Le droit du tiers bénéficiaire contre le promettant : un droit direct. Exception confirmée du principe de la relativité de la force

---

J. FLOURT, J.-L. AUBERT et E. SAVAUX, Les obligations, T.1- L'acte juridique, *op.cit.*, n°467, p.384 ; **S. BECQUÉ-ICKOWICZ**, Effets des conventions à l'égard des tiers. Distinction entre les effets entre les parties et à l'égard des tiers, J.-Cl., Fasc. 37-1, Art.1165 : Fasc.10, LexisNexis, 2014, n°22, p.7 ; **F. TERRÉ**, **Ph. SIMLER et Y. LEQUETTE**, *op.cit.*, n°511, p.529.

[1] V. en ce sens:

محمد المالقي، محاضرات في شرح القانون المدني التونسي، مرجع سابق، ص.75.

Contra : Cass. civ. n°8178 en date du 04 janv. 1983, Bull.civ., 1983, 1re partie, p.233, obs. **Y. KNANI**, TRD, 1984, pp.630 à 634, spéc. pp.631-632. Aux dires de la Cour de cassation :

" وحيث... يصبح المنتفع دائنا للمتعهد أصالة وله الحق في استيفاء دينه منه مباشرة لكن على أساس أنه **طرف** في العهد".

[2] **Ch. LARROUMET**, Thèse préc., n°154, p.358 ; **J.-M. ROUX**, Le rôle créateur de la stipulation pour autrui, préface de J. MESTRE, PUAM, 2001, nos212 à 221, pp.263 à 277 ; **D. R. MARTIN**, « La stipulation pour autrui », D., 1994, chron., p.147, 1re col. *Adde* :

منية العش المنيف، الإشتراط لمصلحة الغير، رسالة لنيل شهادة الدراسات المعمقة في قانون الأعمال، كلية الحقوق بصفاقس، 1998-1999، ص.
41 إلى 43. **عبد النبي بن حامد**، الإشتراط لمصلحة الغير، مذكرة لنيل شهادة الماجستير في الحقوق، كلية الحقوق والعلوم السياسية بتونس، 2009-2010، ص.29-30. **حسن علي الذنون**، الإشتراط لمصلحة الغير، شركة الرابطة للطبع والنشر المحدودة، بغداد، 1954، عدد 66، ص.90 إلى 92.

obligatoire du contrat[1], la stipulation pour autrui confère à un tiers bénéficiaire un droit direct contre le promettant. Le tiers peut, en cas d'inexécution de l'obligation contractée à son profit, agir en justice pour réclamer l'exécution en nature ou par équivalent de la promesse. En tant qu'il peut revendiquer une telle exécution, l'immixtion du tiers dans la sphère contractuelle ne laisse aucun doute planer sur sa réalité. Parce qu'il a un droit propre, la sécurité du tiers est, aussi, préservée. L'étude de l'essence de son action vient le confirmer (Paragraphe I). La sécurité du promettant, ses attentes légitimes, doivent également être préservées. L'étude de l'efficience de l'action du tiers permet de l'étayer (Paragraphe II).

Paragraphe I. L'essence de l'action en responsabilité du tiers bénéficiaire

674. L'examen de l'essence de l'action en responsabilité du tiers bénéficiaire contre le promettant appelle l'étude de ses fondements (A), ainsi, que ses caractéristiques (B). La première permettra de démontrer l'intensité de l'immixtion du tiers dans la sphère contractuelle. La seconde permettra, plutôt, l'étendue de la protection qui lui est réservée.

A.Les fondements de l'action en responsabilité dutiers bénéficiaire

675. Sans surprise, l'action du tiers bénéficiaire peut puiser sa source dans une stipulation pour autrui expresse (1). Une tendance vers l'élargissement de l'effet direct du contrat à l'égard des tiers a fait que ladite action soit fondée sur une stipulation pour autrui tacite (2).

1. La stipulation pour autrui expresse

676. Caractère principal ou accessoire de la stipulation pour autrui. La stipulation pour autrui peut faire l'objet principal du contrat, comme elle peut y être accessoire. Dans l'un ou l'autre cas, elle peut servir de fondement à l'action en responsabilité du tiers bénéficiaire contre le promettant.

677. Stipulation pour autrui faisant l'objet principal du contrat. L'action du tiers bénéficiaire, victime de l'inexécution d'une stipulation pour autrui, faisant l'objet principal du contrat, acquiert droit de cité en droit des assurances. Ainsi, le tiers, victime de l'inexécution d'uneassurance sur la vie est en droit d'exercer une action contre le promettant pour obtenir satisfaction[2]. L'assurance sur la vie est prévue par l'article 34 du Code des

---

[1]**Ch. LARROUMET**, Les obligations, Le contrat, T.3, 2ème partie : Effets, *op.cit.*, n°796, pp.965-966 ; **H., L., J. MAZEAUD et F. CHABAS**, *op.cit.*, n°791, p.908. *Adde* : Cass. civ. n°8178 en date du 04 janv. 1983, préc.

[2]**Ch. LARROUMET et D. MONDOLONI**, Stipulation pour autrui, Encyclopédie Dalloz, Répertoire Droit civil, Dalloz, 2008, n°s7 à 10, pp.3-4 ; **M. MIGNOT**, Contrats et obligations, Stipulation pour autrui, J.-Cl. civil, Art.1121 et 1122, Fasc.7-3, LexisNexis, 2008, n°80, p.16. *Adde* :

منية العش المنيف، رسالة سابقة، ص50-51. **عبد النبي بن حامد**، رسالة سابقة، ص.38-39.

assurances[1]. Elle peut être définie comme étant l'opération par laquelle « une personne contracte avec une compagnie d'assurances, à qui elle paiera certaines primes, généralement périodiques ; moyennant quoi il est convenu que, lors du décès de la première, la seconde versera une certaine somme à un tiers »[2]. L'action du tiers bénéficiaire peut être fondée aussi sur un contrat d'assurance « pour le compte de qui il appartiendra »[3]. En vertu de ce contrat, « le propriétaire d'une chose l'assure, non seulement à son profit, mais au profit des propriétaires successifs, par exemple pendant le temps où une marchandise sera transportée »[4]. En cas de défaillance de l'assureur d'un entrepôt, précise la Cour de cassation, le voisin, tiers bénéficiaire de l'assurance, peut engager la responsabilité de ce dernier, en se fondant sur la stipulation pour autrui dont il est bénéficiaire[5]. L'assurance souscrite par un employeur, en vue de garantir le paiement des indemnités de licenciement, est nécessairement conclue dans l'intérêt des salariés qui en sont les bénéficiaires. Ces derniers sont, dès lors, en droit d'exercer une action en responsabilité contre l'assureur[6].

678. Stipulation pour autrui accessoire à l'objet principal du contrat. L'action du tiers bénéficiaire peut être fondée sur une stipulation pour autrui accessoire à l'objet principal du contrat. Ainsi en est-il, en cas de donation avec charge[7]. Il s'agit, précise l'article 200, alinéa second, du Code du statut personnel de l'hypothèse où un donateur impose au donataire l'obligation d'accomplir une prestation déterminée au profit d'un tiers bénéficiaire. L'engagement du donataire d'un immeuble de payer une somme d'argent au bénéficiaire, constitue une stipulation pour autrui justifiant l'action de ce dernier, en cas de défaillance du promettant[8]. Le contrat de vente d'une maison peut, aussi, stipuler que l'acquéreur s'engage à vendre l'immeuble au locataire dans les conditions prévues dans le contrat conclu entre le vendeur et le locataire. En cas de défaillance du promettant, le tiers bénéficiaire, précise la Cour suprême[9], aurait donc un droit à agir en responsabilité contractuelle, fondée sur la stipulation tacite faite par le vendeur à son profit.

---

[1] L'art.34 dispose que : « Sont considérées comme assurances de personnes, les assurances sur la vie y compris l'assurance en cas de décès et l'assurance en cas de vie ainsi que les assurances contre les accidents atteignant les personnes et pour lesquelles les sommes assurées sont fixées par les parties au contrat... ».

[2] **J. FLOURT, J.-L. AUBERT et E. SAVAUX**, Les obligations, T.1- L'acte juridique, *op.cit.*, n°467, p.384. Sur les différentes variétés d'assurance sur la vie, V. **M. ZINE**, Droit du contrat d'assurance, *op.cit.*, n^{os}561 à 573, pp.379 à 383.

[3] Art. 3 CA. V. : **M. ZINE**, *ibid.*, n°58, pp.53-54 ; **M. MIGNOT**, Fasc. préc., n°84, p.16.

[4] **F. TERRÉ, Ph. SIMLER et Y. LEQUETTE**, *op.cit.*, n°518, p.535 ; **Ph. MALAURIE, L. AYNES et Ph. STOFFEL-MUNCK**, Droit civil, Les obligations, *op.cit.*, n°810, p.420 ; **Ch. LARROUMET et D. MONDOLONI**, Fasc. préc., n°11, p.4 ; **M. PICARD** et **A. BESSON**, Les assurances terrestres, T.1, Le contrat d'assurance, 5ème éd., LGDJ, Paris, 1982, n^{os}265 à 274, pp.409 à 423. *Adde* :
محمد الزين، مرجع سابق، عدد 429، ص.349.

[5] Cass. civ. n°8178 en date du 04 janv. 1983, préc.

[6] Cass. soc. fr., 19 juin 1993, D., 1994, J., pp.270-272, note **Ch. JAMIN**.

[7] V. en ce sens:
منية العش المنيف، رسالة سابقة، ص.52 إلى 55. **عبد النبي بن حامد**، رسالة سابقة، ص.40 إلى 43.

[8] **J. FLOURT, J.-L. AUBERT et E. SAVAUX**, *ibid.*, n°470, p.386.

[9] Cass. civ. n°9263 en date du 15 nov. 1984, Bull. civ., 1984, 2ème partie, p.327.

L'engagement d'un nouveau preneur de régler les loyers que devrait le précédent preneur, constitue une stipulation pour autrui au profit du bailleur, justifiant l'action en exécution de ce dernier, en raison de la défaillance du nouveau locataire promettant[1]. L'engagement du cédant d'un fonds de commerce, pris envers le cessionnaire, de réembaucher les salariés que le cessionnaire ne pourrait employer, après la réorganisation de son entreprise, constitue une stipulation pour autrui au profit desdits salariés, tiers bénéficiaires, justifiant l'action de ces derniers en raison de l'inexécution par le cédant de ses engagements contractuels[2]. Une clause de non-concurrence, stipulée dans un bail commercial au profit d'un preneur voisin, constitue une stipulation pour autrui, justifiant l'action de ce dernier en cas d'inexécution par un autre preneur de ses engagements contractuels[3]. Dans la même veine, la clause, selon laquelle l'entrepreneur qui a sous-traité demeure directement et personnellement responsable, notamment envers les fournisseurs des sous-traitants, est analysée comme une stipulation pour autrui justifiant l'action des fournisseurs contre l'entrepreneur principal[4].

2. La stipulation pour autrui tacite

679. Une tendance jurisprudentielle vers l'élargissement du domaine de la responsabilité contractuelle via une stipulation pour autrui tacite. Il n'est pas nécessaire que les volontés des parties au contrat de stipuler pour autrui soient expresses. Il serait toujours possible, sans pour autant déformer l'institution, de déceler l'intention de stipuler pour autrui, en procédant à une interprétation de ces volontés. Le rattachement de l'action en responsabilité du tiers victime, à une stipulation pour autrui tacite, demeure possible[5].

680. Un domaine de prédilection: le contrat de transport de personnes. C'est particulièrement dans le domaine de transport de personnes, que la stipulation pour autrui tacite a été mise à contribution, pour fonder l'action contractuelle des victimes par ricochet contre le responsable. Les juges du fond ont admis, dans ce cadre, que lors de la conclusion du contrat de transport, le passager est censé avoir stipulé, au profit des personnes envers lesquelles il est tenu légalement d'un devoir d'assistance, sans qu'il ait été besoin de le faire expressément[6]. Il s'agit pour le tiers à un

---

[1] Paris, 12 janv. 1984, D., 1984, IR, pp.121-122, obs. **A. BRUNOIS**.

[2] Cass. com. fr., 14 mai 1979, D., 1980, J., pp.157-159, note **Ch. LARROUMET**.

[3] Paris, 06 fév. 1992, JCP éd. G, 1992, IV, 1752 ; **M. MIGNOT**, Fasc. préc., n°95, p.18.

[4] Lyon, 07 mars 1968, GP, 1968, 2ème sem., J., pp.63-65.

[5] **J. GHESTIN, Ch. JAMIN et M. BILLAU**, Traité de droit civil, Les effets du contrat, *op.cit.*, n°617, pp.668 à 671 ; **S. ABID MNIF**, *op.cit.*, nos205 à 208 ; pp.278-281 ; Cass. com. fr., 04 nov. 1987, JCP éd. G, 1988, IV, p.11, 2ème col. ; Cass. civ. 1re, 14 juin 1989, RTD civ. 1990, pp.71-72, obs. **J. MESTRE** ; Cass. civ. fr., 10 juill. 1995, D., 1995, IR, p.205, 1re col. (assurance pour le compte de qui il appartiendra). *Adde* :

محمد محفوظ، دروس في العقد، مرجع سابق، عدد 317، ص.316-317. **أنور طلبة**، المطول في شرح القانون المدني، ج.3، الطبعة الأولى، المكتب الجامعي الحديث، الإسكندرية، 2004، ص.106.

[6] T.P.I. de Tunis : Jugement n°58210 en date du 28 mars 1967, Jugement n°58082 en date du 13 déc. 1966, Jugement n°58238 en date du 19 mai 1967 (inédits), cités par :

محمد الصالح العياري، "حول تطبيق الفصل 38 من مجلة الإلتزامات والعقود في حوادث الطرقات"، م. ق. ت.، 1968، عدد 2، ص.20.

contrat, en l'occurrence la victime par ricochet, d'engager la responsabilité contractuelle du débiteur, dont le comportement défectueux lui a causé un dommage. Les juges du fond ont, semble-t-il, suivi une telle démarche, parce qu'ils voyaient dans la stipulation pour autrui tacite un moyen pour assurer aux victimes par ricochet la possibilité d'une réparation équitable de leur préjudice. En effet, dans la mesure où les articles 653 et 654 du Code de commerce mettent à la charge du transporteur une obligation de sécurité de résultat, la situation des proches parents, demandant la réparation de leur préjudice par répercussion, étant bien meilleure en tant que créanciers d'une obligation de résultat que ce qu'elle pouvait être sur le terrain de l'article 96 du Code des obligations et des contrats, texte dont le fondement objectif est à l'époque encore incertain[1]. En déplaçant la responsabilité du transporteur à l'égard des victimes par ricochet sur le terrain de la responsabilité contractuelle, ces dernières échappaient aux règles gouvernant la responsabilité délictuelle. L'extension de l'obligation de sécurité à leur égard leur permet d'obvier la preuve d'une quelconque faute à raison de la présence d'une obligation de résultat. Le recours à la responsabilité contractuelle présentait ainsi pour eux un avantage indéniable[2]. La Cour de cassation semble avoir pris parti en faveur de cette analyse. Dans sa décision rendue le 06 août 1981[3], elle a donné une suite favorable à l'action contractuelle des ayants droit du *de cujus*, sa veuve et son enfant, intentée au visa de l'article 653 du Code de commerce. À preuve encore, deux autres décisions rendues par la Cour suprême. La première, datant du 06 septembre 1999[4], a censuré la décision des juges d'appel, qui ont donné une coloration contractuelle à l'action des victimes par ricochet. La preuve de l'existence d'un contrat conclu entre le transporteur et le *de cujus*, précise la Cour suprême, n'a pas été rapportée[5]. On peut dès lors présumer que si une telle

---

[1] Il fallait attendre le 16 mars 1995 pour que la Cour de cassation, toutes Chambres réunies, implante sur la base de l'art.96 du COC une responsabilité objective du fait des choses. V. : Cass. civ. Ch. réun., arrêts n[os]45822, 28564, 4485 et 42389 en date du 16 mars 1995, *in* Arrêts des Chambres réunies : 1994-1995, CEJJ, 1995, pp.7 à 19 (en langue arabe). V. spéc. : arrêt n°45822 là où la Cour de cassation dans sa formation la plus solennelle, fonde la responsabilité objective, objet de l'art.96 du COC, sur la théorie du risque. Aux dires de la Cour :
" حيث أن المسؤولية عن الخطأ الشخصي سندها الفصل 83 م.إ.ع. فيما صدر عن الإنسان من تقصير و إهمال بينما المسؤولية الشيئية سندها الفصل 96 م.إ.ع. وموضوعها حفظ الشيء ماديا وقانونيا فالأولى أساسها الخطأ والثانية أساسها القاعدة العامة الواردة بالفصل 554 م.إ.ع. القائلة بأن " من له النما فعليه التوا".
Cet attendu est un passage de l'arrêt tel qu'extrait des archives de la Cour de cassation (c'est que dans l'arrêt publié, l'attendu n'est pas le même !). La présente précision est apportée par :
أحمد بن طالب، " مجلة الإلتزامات والعقود أمام الدوائر المجتمعة لمحكمة التعقيب"، بكتاب مائوية مجلة الإلتزامات والعقود 1906-2006، تحت إشراف الأستاذ محمد كمال شرف الدين، م. ن. ج.، تونس، 2006، ص.265، عدد 27.

[2] **M. MIGNOT**, Fasc. préc., n°140, p.25 ; **Ch. LARROUMET** et **D. MONDOLONI**, Fasc. préc., n°17, p.5 ; **J. GHESTIN**, **Ch. JAMIN** et **M. BILLAU**, *op.cit.*, n°653, pp.708-709.

[3] Cass. civ. n°6271 en date du 06 août 1981, Bull. civ., 1981, 3ème partie, p.68. V. en droit français : Cass. civ. fr., 06 déc. 1932 et 24 mai 1933, D.H., 1933, 1re partie, pp.137-139, note **L. JOSSERAND** ; Cass. Req. fr., 19 juin 1933, D.H., 1933, pp.429-430 ; S., 1934, 1re partie, p.180 ; Cass. civ. fr., 15 fév. 1955, D., 1955, J., pp.519-520 ; T civ. de Bourgoin, 08 oct. 1920, D.P., 1922, 2ème partie, pp.25-26, note **A. ROUAST** ; Cass. civ. fr., 23 janv. 1959, D., 1959, J., pp.281-283, note **R. RODIÈRE**

[4] Cass. civ. n°73861 en date du 06 sept. 1999 (inédit).

[5] Aux dires de la Cour de cassation :

preuve a été rapportée, rien n'empêche les ayants droit de suivre la voie contractuelle. C'est ce qu'elle a confirmé le 12 avril 2001[1]. La Cour a endossé la décision des juges du fond qui ont donné une suite favorable à la voie contractuelle, suivie par les victimes par ricochet, au visa de l'article 653 du Code de commerce. L'existence d'une relation contractuelle a été présumée des circonstances de la cause[2]. Nos juges ne sont pas, semble-t-il, hostiles à faire bénéficier les victimes par ricochet, spécialement de l'exécution défectueuse d'un contrat de transport de personnes, d'une action en responsabilité contractuelle fondée sur une stipulation pour autrui tacite souscrite à leur profit[3].

681. Le reflux de la stipulation pour autrui tacite. La technique de la stipulation pour autrui tacite, en tant que fondement d'une action en responsabilité contractuelle des tiers victimes, est en décadence. Ce reflux est dû, d'une part, au fait que certaines constructions jurisprudentielles reposent sur une fiction de volonté très critiquable. Il est dû, d'autre part, à l'intervention du législateur qui a battu en brèche le rôle de cette institution dans certains domaines[4].

C'est une chose que de rechercher la volonté des parties, lorsque celle-ci ne s'est pas clairement exprimée, c'en est une toute autre que de la présumer là où elle paraît imaginaire et totalement détachée de la volonté réelle des parties[5]. Cette volonté artificielle, arbitrairement décelée par les juges du

---

" إن المحكمة إكتفت في الرد على مسألة ثبوت عقد النقل الذي تنازع فيه الطاعنة بالقول أن قيام العلاقة التعاقدية سندها عقد إشتراك نقل مدرسي تثبتهشهادة الحضور المستخرجة لغرضه من جهة رسمية والإكتفاء بتلك الشهادة الغير الصادرة عن المعقبة غير مقنع ذلك أنه كان على محكمة الحكم المنتقد البحث هل أن بحوزة مورث المعقب ضدهم تذكرة أو بطاقة نقل مدرسي لتدعيم قيام عقد النقل المؤسس على الفصل 653 من م.ت. وأن في إختصار الحكم المنتقد على تعليل الحكم بما ذكر لا يخلو من الضعف في التعليل الذي يجعله في حكم المفقود وبذلك يتعين... نقض الحكم المنتقد".

[1] Cass. civ. n°5589-2000 en date du 12 avr. 2001 (inédit).

[2] Aux dires de la Cour de cassation :

" وحيث إتضح بمراجعة القرار المطعون فيه أن المحكمة التي أصدرته إعتبرت أن طبيعة السيارة المعدة للنقل الريفي تنهض قرينة على وجود عقد نقل بين السائق والهالك وأن السائق لم يتوصل إلى دحض هذه القرينة ورتبت على ثبوت هذا العقد نتائج قانونية موافقة لأحكام الفصل 653 م.ت.".

[3]*Contra* : **S. ABID MNIF**, *op.cit.*, n°212, p.286. Interprétant ces arrêts, l'auteur précise que « Si la haute juridiction n'invoque pas une quelconque stipulation pour autrui, le caractère contractuel du recours peut se justifier par le fait que le dommage subi par les victimes par ricochet n'est qu'un reflet de celui de la victime directe ».

[4]**S. ABID MNIF**, *ibid.*, n^{os}209 à 212 ; pp.281-287.*Contra* : **J.-M. ROUX**, *op.cit.*, n^{os}94 à 107, pp.136 à 153. L'auteur défend l'idée d'un nouvel essor de la stipulation pour autrui comme instrument de création du droit fondé sur la justice et l'équité.

[5]**A. ROUAST**, note sous T. civ. de Bourgoin, 08 oct. 1920 et Grenoble, 15 mars 1921, D.P., 1922, 2, pp.25-26, spéc. p.26, 1re col. L'auteur voit dans la stipulation de la victime envers son mari une « fiction parfaitement arbitraire ». En ce sens : **J.-L. GOUTAL**, *op.cit.*, n^{os}181 à 192, pp.135 à 145 et n°220, p.166 ; **Ch. LARROUMET** et **D. MONDOLONI**, Fasc. préc., n^{os}17 et s., pp.5 et s. ; **M. MIGNOT**, Fasc. préc., n°142, p.25 ; **J. GHESTIN, Ch. JAMIN et M. BILLAU**, *op.cit.*, n°617, pp.668 à 671 ; **G. VINEY**, Introduction à la responsabilité, *op.cit.*, n°188-1 et 2, pp.510 à 515 ; **Ph. MALAURIE, L. AYNES et Ph. STOFFEL-MUNCK**, *op.cit.*, n°811, p.421-422. *Adde* :

محمد الصالح العياري، مقال سابق، ص.20. **محمد الزين**، مرجع سابق، عدد 431-432، ص.350-351.

La jurisprudence comparée est en ce sens. La Cour de cassation française a indiqué que les proches de la victime d'une personne décédée au cours d'un voyage organisé par une agence de voyages ne peuvent se prévaloir d'une stipulation pour autrui implicite au titre du contrat de voyage conclu entre le client et l'agence : Cass. civ. fr., 28 oct. 2003, D., 2004, J., pp.233-236, note **Ph. DELEBECQUE** ; JCP éd. G., 2004, II, 10006, pp.84-88, note **G. LARDEUX** ; JCP éd. G, 2004, I, 163, n^{os}13 à 15, obs. **G. VINEY** ; CCC, 2004, comm. 1, pp.10-11, note **L. LEVENEUR** ; RCA, 2004, comm. 30, pp.17-18, note **H.**

fond, n'a, d'ailleurs, plus droit de cité dans certains domaines. En effet, dans les transports terrestres, maritimes ou aériens, la responsabilité du transporteur est soumise au même régime, quel que soit le demandeur à l'action en responsabilité, partie au contrat ou tiers, passager ou proche parent. Pour les transports terrestres de personne, cela résulte de l'article 121, alinéa 3, de la loi de 2005[1], qui dispose que « nul ne peut se prévaloir d'une autre loi à l'encontre de l'assureur pour demander l'indemnisation des préjudices résultant des atteintes aux personnes dans les accidents de la circulation ». Pour le transport maritime international de passagers, l'article 10, alinéa premier, de la Convention de Bruxelles du 29 avril 1961[2], dispose que « toute action en responsabilité, à quelque titre que ce soit, ne peut être exercée que dans les conditions et limites prévues par la présente Convention ». En matière de transport maritime interne de passagers, le législateur précise, dans l'article 153 du Code de commerce maritime que « sauf le cas de dol, la responsabilité du transporteur de passagers par mer ne peut être recherchée que dans les limites prévues ci-dessus, quels que soient le titre invoqué par le demandeur et la qualité en laquelle il agit ». Pour les transports aériens internationaux, l'article 24 de la Convention de Varsovie, amendée à La Haye en 1955 et par le Protocole additionnel n°2 de Montréal de 1975[3], dispose que « toute action en responsabilité, à quelque titre que ce soit, ne peut être exercée que dans les conditions et limites prévues par la présente Convention ». Pour les transports internes, elle résulte de l'article 118 du Code de l'aéronautique civile[4].

682. La survivance de la stipulation pour autrui. Le recours à la stipulation pour autrui tacite n'est pas systématiquement condamné. En dehors du contrat de transport, son domaine de prédilection, la jurisprudence française utilise encore le mécanisme de la stipulation pour autrui afin d'accorder aux tiers victimes une action contractuelle contre le responsable avec lequel elle n'a aucun lien contractuel. C'est ainsi que, en matière médicale, la Cour de cassation a admis que le contrat conclu entre un hôpital et un centre de transfusion sanguine contient une stipulation pour autrui en faveur de ceux sur lesquels est pratiquée une transfusion. Ce faisant, elle a reconnu à la victime d'une transfusion une action en responsabilité contractuelle contre le Centre National de Transfusion Sanguine[5]. L'utilisateur d'un local, précise la Cour de cassation, peut engager la

---

GROUTEL ; RDP, 2004, n°3464, pp.113-114, obs. **F. CHABAS** ; RTD civ., 2004, n°2, pp.96-99, obs. **P. JOURDAIN** ; LPA, 2003, n°255, spéc. pp.11 à 16, note **P. ANCEL**.

[1]Loi n°2005-86 du 15 août 2005, préc. V. *supra*, n°13 en note de bas de page.

[2] Préc., V. *supra*, n°530.

[3] Préc., V. *supra*, n°530.

[4] Préc., V. *supra*, n°530.

[5] Cass. civ. fr., 17 déc. 1954, JCP éd. G, 1955, II, 8490 et 8559 bis, obs. **R. SAVATIER** ; RTD civ., 1955, pp.300-302, n°2, obs. **H. et L. MAZEAUD** ; D., 1955, J., pp.269-271, note **R. RODIÈRE**. Sur cette question, V. **M.-L.MORANÇAIS-DEMEESTER**, « Contamination par transfusion du virus du SIDA : responsabilité et indemnisation », D., 1992, chron., pp.189-194 ; **P. JOURDAIN**, obs. RTD civ., 1992, pp.117-122.

responsabilité contractuelle du promoteur à l'origine du retard dans sa livraison à son propriétaire sur le fondement d'une stipulation tacite[1]. Les clients d'une banque, victimes du dépouillement de leur fonds en cours de transport, peuvent engager la responsabilité contractuelle du transporteur, en se fondant sur une stipulation pour autrui tacite, contenue dans le contrat conclu entre le transporteur et la banque[2].

B.Les caractères de l'action en responsabilité du tiers bénéficiaire

683. Une action en responsabilité à caractère contractuel. En cas d'inexécution de l'obligation promise, l'article 38, alinéa deux, du Code des obligations et des contrats, ouvre au tiers bénéficiaire une action contre le promettant pour le contraindre à l'exécution. Cette action en exécution reconnue au bénéficiaire n'est que le corollaire du droit direct produit par la stipulation pour autrui[3]. On y voit une sorte de réparation en nature[4]. Lorsque cette dernière s'avère impossible ou insuffisante, il faut lui reconnaître une action en indemnisation, sorte de réparation par équivalent. C'est là un classique du droit de la responsabilité[5]. Action en exécution et action en indemnisation ne sont autres que les manifestations de l'action en responsabilité, dont dispose le tiers bénéficiaire. Cette action est de nature contractuelle, puisqu'elle puise ses racines dans le contrat passé par le stipulant et le promettant[6].

684. Une action en responsabilité à caractère direct ? On se demande si l'action en responsabilité du tiers bénéficiaire contre le promettant, a un caractère direct ? Il semble que l'action en exécution, prévue par l'article 38, alinéa deux, du Code des obligations et des contrats, ne peut revêtir les caractères d'une action directe. Deux arguments à l'épreuve. D'une part, l'action en exécution, fondée sur la stipulation pour autrui, peut être interdite par la commune volonté des parties à la stipulation ou être subordonnée à

---

[1] Cass. civ. fr., 14 juin 1989, RTD civ., 1990, pp.71-72, n°8, obs. **J. MESTRE**.

[2] Cass. civ. fr., 21 nov. 1978, JCP éd. G, 1980, II, 19315, obs. **P. RODIÈRE** ; D., 1980, J., pp.309-312, note **C. CARREAU** ; D., 1979, IR, p.363, 1re col., obs. **M. VASSEUR**.

[3] **H., L., J. MAZEAUD et F. CHABAS**, *op.cit.*, n°791, p.908 ; **J. GHESTIN, Ch. JAMIN et M. BILLAU**, *op.cit.*, n°632, pp.689 ; **J.-M. ROUX**, *op.cit.*, n°190, pp.231 à 232. *Adde* :
منية العش المنيف، رسالة سابقة، ص.104-105 و106. **محمد الزين**، مرجع سابق، عدد 451، ص.362. **عبد النبي بن حامد**، رسالة سابقة، ص.84-85.

[4] En ce sens : **P. REMY-CORLAY**, « Exécution et réparation : deux concepts ? », *in* Exécution en nature, exécution par équivalent, Actes d'une journée organisée par l'Université Panthéon-Sorbonne (Paris I) le 14 oct. 2004, RDC, 2005, pp.16 et s. La tendance contemporaine est de voir dans « toute exécution forcée un type de réparation : ordonner l'exécution du contrat, ou la destruction de ce qui a été fait en contravention avec le contrat, n'est qu'un type de réparation en nature ».

[5] Art.273, 275, 276 et 278 du COC. En ce sens : **H., L., J. MAZEAUD et F. CHABAS**, *op.cit.*, n°791, p.908 ; **J. GHESTIN, Ch. JAMIN et M. BILLAU**, *ibid.*, n°632, pp.689-690 ; **J.-M. ROUX**, *op.cit.*, nos191-192, pp.232 à 235 ; Cass. com. fr., 23 mai 1989, Rep. Defrénois, 1989, art. 34633, pp.1389-1390, obs. **J.-L. AUBERT** ; RTD civ., 1990, pp.72-73, obs. **J. MESTRE** ;Versailles, 06 juin 1991, RTD civ., 1992, p.560, obs. **J. MESTRE**. *Adde* :
منية العش المنيف، رسالة سابقة، ص.104. **محمد الزين**، مرجع سابق، عدد 451، ص.362.

[6] **B. STARCK, H. ROLAND et L. BOYER**, Droit civil, Les obligations, 2- Contrat, *op.cit.*, n°1543, p.534 ; **M. MIGNOT**, Fasc. préc., n°198, p.33 ; **J.-M. ROUX**, *op.cit.*, n°202, p.247. N'étant pas partie au contrat principal, le bénéficiaire ne peut pas agir en résolution.

une condition déterminée. C'est ce que prescrit formellement l'article 38, alinéa deux, du Code des obligations et des contrats. Or, si c'était une action directe, il va sans dire que de telles restrictions ne pourraient voir le jour. L'action directe, rappelons-le, est d'ordre public. Elle ne peut, dès lors, faire l'objet de telles restrictions[1]. D'autre part, le schéma de l'action directe, qui suppose que son auteur l'exerce contre le débiteur de son débiteur, colle mal avec l'action en exécution fondée sur une stipulation pour autrui. En effet, le tiers bénéficiaire n'est pas créancier du stipulant. Il n'est pas son ayant cause. La doctrine l'entérine[2], et la Cour de cassation le confirme[3]. Le droit direct reconnu au tiers bénéficiaire ne doit pas, alors, induire l'interprète en erreur. Il ne signifie pas que ledit bénéficiaire dispose d'une action directe contre le promettant[4]. Il signifie, simplement, qu'en cas d'inexécution de l'obligation promise, il dispose d'une action en responsabilité contractuelle lui permettant de poursuivre directement le promettant, sans être obligé de s'adresser au stipulant[5]. Le bénéficiaire a, dès lors, un droit direct contre le promettant et non une action directe. Ce droit direct est souvent qualifié aussi de droit propre[6], caractère qu'on préfère accoler à l'action, en vue d'éviter toute confusion.

685. Une action à caractère propre. Le caractère propre de l'action n'est autre que la conséquence du caractère immédiat du droit du tiers bénéficiaire contre le promettant[7]. On s'accorde, en effet, à considérer que ce droit prend naissance immédiatement dans son patrimoine, sans naître d'abord dans celui du stipulant, pour être, ensuite, transmis dans le

---

[1]**M. COZIAN**,*op.cit.*, n°320, pp.198-199 ; **Ch. JAMIN**, obs. sous Cass. soc. fr., 09 juin 1993, D., 1994, J., p.272, 1re col.

[2]**M. PLANIOL et G. RIPERT**, Traité pratique de droit civil français, T.VI, Obligations, première partie, 2ème éd. par **Paul ESMEIN**, *op.cit.*, n°357, note (1) ; **M. MIGNOT**, Fasc. préc., n°225, p.36 ; **Ch. LARROUMET**, Droit civil, Les obligations, Le contrat, T.3, 2ème partie : Effets, n°817, pp.992 et s., et n°820, p.995. *Adde* :

محمد الزين، مرجع سابق، عدد 454، ص.363.

[3] Cass. civ. n°66190-2011 en date du 12 déc. 2012 (inédit), préc. :

" وحيث أن عقد التأمين الرابط بين الشركة المؤمنة ومعاقدها المذكور لا تنسحب آثاره إلا على معاقديه وبالتالي فإن شروط القيام المؤسسة عليه وآجالها يقع إعمالها فيما بين طرفيه فقط ولا يمكن سحب آجال القيام على أساسه على المدعية باعتبارها غيرا في عقد التأمين فخصوصية هذا العقد **باعتبار تضمنه لاشتراط لفائدة الغير** وهو تأمين المسؤولية المدنية للمعاقد إزاء هذا الغير إلا أن هذا لا يبرر تطبيق آجال السقوط بين المتعاقدين عليه **لأن هذا الغير ليس خلفا له**".

[4]*Comp.*: **H., L., J. MAZEAUD etF. CHABAS**, *op.cit.*, n°791, p.908 ; **J. GHESTIN, Ch. JAMIN** et **M. BILLAU**, *op.cit.*, n°632, pp.689-690 ; **M. MIGNOT**, Fasc. préc., n°219, p.35 ; **B. STARCK, H. ROLAND et L. BOYER**, *op.cit.*, n°1543, p.534 ; **M. PLANIOL et G. RIPERT**, *ibid.*, n°362, p.466 ; **J.-M. ROUX**, *op.cit.*, n°190, p.231 ; **L. JOSSERAND**, note sous Req. fr. 30 nov. 1926, D., 1928, 1, p.50, 2ème col. ; **Y. KNANI**, obs sous Cass. civ., 04 janv. 1983, RTD, 1984, p.632. *Adde* :

محمد محفوظ، دروس في العقد، مرجع سابق، عدد 321، ص.319. **محمد محفوظ**، النظرية العامة للإلتزام (I)، العقد، مرجع سابق، ص.109. **أنور طلبة**، مرجع سابق، ص.109.

[5]**F. TERRÉ, Ph. SIMLER et Y. LEQUETTE**, *op.cit.*, n°526, p.541 ; **J. FLOURT, J.-L. AUBERT et E. SAVAUX**, Les obligations, T.1- L'acte juridique, *op.cit.*, n°482, p.395. *Adde* :

محمد الزين، مرجع سابق، عدد 451، ص.362.

[6]**J. FLOURT, J.-L. AUBERT et E. SAVAUX**, *ibid.*, n°481, p.395.

[7] « Le caractère immédiat s'intéresse au moment auquel prend naissance l'appartenance. D'une manière générale, le « droit commun » de la stipulation pour autrui situe la naissance de l'appartenance au jour du contrat par lequel le promettant s'engage envers le stipulant » : **J.-M. ROUX**, *ibid.*, n°131, pp.177-178.

patrimoine du bénéficiaire[1]. « L'opération réalisée entre le stipulant et le promettant emporte, donc, la création d'un rapport nouveau au profit d'un tiers »[2]. C'est un droit propre et non un droit dérivé[3]. Ce doit n'a, en aucun cas, appartenu à quelqu'un d'autre auparavant. Ainsi se confirme l'idée selon laquelle le bénéficiaire est l'ayant-cause du promettant, non du stipulant[4].

Le droit direct du tiers bénéficiaire contre le promettant a été expressément prévu par l'article 38, alinéa deux, du Code des obligations et des contrats, qui dispose que : « la stipulation opère directement en faveur du tiers ; celui-ci peut, en son nom, en poursuivre l'exécution contre le promettant… ». Il a été rappelé par la Cour de cassation, dans son arrêt rendu le 04 janvier 1983. La Cour suprême précise que « le tiers bénéficiaire d'une stipulation pour autrui acquiert, dès la conclusion du contrat, contre le promettant un droit propre et direct qui ne lui est pas transmis par le stipulant »[5]. La même affirmation a été réitérée par la Cour de cassation, toutes Chambres réunies, le 28 mars 2002[6]. En matière d'assurance sur la vie, le caractère direct du droit du bénéficiaire a été consacré par l'article 39, alinéa premier, du Code des assurances[7].

Le fait que le bénéficiaire acquière un droit direct contre le promettant, par le seul effet du contrat auquel il est resté étranger, a un grand intérêt à plusieurs points de vue.

---

[1]**F. TERRÉ, Ph. SIMLER et Y. LEQUETTE**, *op.cit.*, n°526, p.541 ; **Ph. MALAURIE, L. AYNES et Ph. STOFFEL-MUNCK**, *op.cit.*, n°818, p.426 ; **J. FLOURT, J.-L. AUBERT et E. SAVAUX**, *op.cit.*, n°483, p.396 ; **J. GHESTIN, Ch. JAMIN et M. BILLAU**, *op.cit.*, n°632, p.688 ; **H., L., J. MAZEAUD etF. CHABAS**, *op.cit.*, n°791, p.908 ; **M. MIGNOT**, Fasc. préc., n°215, p.35 ; **B. STARCK, H. ROLAND et L. BOYER**, *op.cit.*, n°1544, p.534 ; **M. PLANIOL et G. RIPERT**, *op.cit.*, n°362, p467 ; **Ch. LARROUMET**, Droit civil, Les obligations, Le contrat, T.3, 2ème partie : Effets, n°817, p.992 ; **P. M.-F. DURAND**, note sous Cass. com. fr., 1er fév. 1955, D., 1956, J., p.339, 1re col., *in fine*. V. en ce sens : Cass. civ., n°8178 en date du 04 janv. 1983, préc. :

" إن المنتفع ... قد اكتسب **بمجرد إبرام العقد** حقا شخصيا تلقاه من عقد الإشتراط ذاته ومباشرة **أي أنه لم يتلقه من المشترط**".

Adde :

محمد محفوظ، دروس في العقد، مرجع سابق، عدد 319، ص.319. **محمد الزين،** مرجع سابق، عدد 451، ص.362. **منية العش المنيف،** رسالة سابقة، 80-81. **عبد النبي بن حامد،** رسالة سابقة، ص.66-67.

[2]**J.-M. ROUX**, *op.cit.*, n°119, p.164 ; **M. HAMOUDA**, « Les opération juridiques triangulaires dans le C.O.C. », *in* Livre du centenaire du code des obligations et des contrats (1906-2006), sous la direction de M.-K. CHARFEDDINE, CPU, Tunis, 2006, pp.308-309.

[3]**Ch. LARROUMET**,Thèse préc., n°170, p.389. C'est là un caractère fondamental qui distingue la stipulation pour autrui de la cession de créance. V. en ce sens : **J.-M. ROUX**, *ibid.*, n°122, pp.166 à 169.

[4]**J. FLOURT, J.-L. AUBERT et E. SAVAUX**, *ibid.*, n°482, p.395, **J.-M. ROUX**, *ibid.*, n°121, pp.165-166.

[5] Cass. civ. n°8178 en date du 04 janv. 1983, préc. :

" إن المنتفع ... قد اكتسب **بمجرد إبرام** العقد **حقا شخصيا** تلقاه من عقد الإشتراط ذاته **ومباشرة** أي أنه لم يتلقه من المشترط".

[6] Cass. civ. Ch. réun., arrêts n°62590 en date du 28 mars 2002, *in* Arrêts des Chambres réunies : 2001-2002, CEJJ, 2002, p.271, spéc. pp.281-282 (en langue arabe) :

" وحيث أن عقد التأمين من "عقود المشارطة" الوارد بها الفصل 39 من م.إ.ع... إن المتضرر وإن لم يكن متعاقدا فانه يستمد من عقد الضمان ''حقا شخصيا'' و"مباشرا" ضد المؤمن".

Adde : note du procureur général **M. SBÉWILJI**, *in* Arrêts des Chambres réunies : 2001-2002, CEJJ, 2002, pp.285 à 302 (en lanque arabe).

[7] L'al.1er de l'art.39 du CA dispose que : « Dans l'assurance en cas de décès, les sommes stipulées au contrat sont payées soit à une ou plusieurs personnes désignées au contrat, soit à des personnes désignées après la souscription du contrat. Le bénéficiaire désigné au contrat acquiert un droit **propre et direct** sur lesdites sommes.… ».

686. Le droit direct issu de la stipulation pour autrui échappe au gage général des créanciers. Du moment que la créance du tiers bénéficiaire à l'égarddu promettant n'a jamais transité par le patrimoine du stipulant, le fruit de l'action qui en découle appartient exclusivement à son auteur. Ce dernier n'entre pas en concours avec les créanciers du stipulant. Sa créance à l'égard du promettant échappe à leur gage, puisqu'elle n'a jamais fait partie du patrimoine du stipulant[1]. La confirmation vient de la Cour de cassation, toutes Chambres réunies, dans une décision rendue le 30 mai 2014, à propos d'un assuré décédé insolvable. Le problème est de savoir si les bénéficiaires sont en droit de percevoir l'intégralité du capital d'assurance ou s'ils subissent la concurrence du créancier du stipulant, en l'occurrence la Caisse Nationale de Retraite et de Prévoyance Sociale (ci-aprèsCNRPS), créditrice du stipulant. Sans fonder son syllogisme sur la stipulation pour autrui tacite, la Cour suprême, dans sa formation la plus solennelle, met en œuvre les caractères de cette institution et en déduit les conséquences. Elle a décidé que le droit des bénéficiaires de l'assurance est un droit direct qui leur est propre. Ce droit n'appartient aucunement au créancier-stipulant. Il n'a jamais transité par son patrimoine. Les bénéficiaires ne peuvent, donc, se voir concurrencer par le créancier du stipulant, en l'occurrence la CNRPS. Ils ont doit à l'intégralité du capital d'assurance[2].

687. La limite à la reconnaissance du caractère direct : la protection des créanciers en cas de fraude ou de procédure collective. La règle, selon laquelle la créance due par le promettant au tiers bénéficiaire ne peut être appréhendée par les créanciers du stipulant, n'est pas sans limite. Les créanciers doivent, en effet, être protégés, notamment, contre une éventuelle fraude, qui consisterait pour le stipulant à faire une *datio* importante, en contrepartie de l'engagement pris par le promettant. Les sommes objet de la *datio*, sortiraient ainsi du patrimoine du stipulant sans contrepartie. Le gage général des créanciers se trouve, dès lors, diminué, ce qui justifie que ces derniers pourraient attaquer ces versements par l'action paulienne. Pour obtenir la révocation du contrat, ils doivent démontrer la complicité de fraude du promettant. C'est la réserve que formule l'article L.132-14 du Code des assurances français, en vertu duquel, les créanciers auront droit « au remboursement des primes », notamment, dans le cas de fraude[3]. En

---

[1]**B. STARCK, H. ROLAND et L. BOYER**, Droit civil, Les obligations, 2- Contrat, *op.cit.*, n°1544, p.534 ; **H., L., J. MAZEAUD et F. CHABAS**, *op.cit.*, n°793, p.910 ; **M. MIGNOT**, Fasc. préc., n°226, p.36 ; **J. GHESTIN, Ch. JAMIN et M. BILLAU**, *op.cit.*, n°632, pp.688-689 ; **J.-M. ROUX**, *op.cit.*, n°125, pp.170 à 172. *Adde* :
محمد محفوظ، دروس في العقد، مرجع سابق، عدد 319، ص.319-320. **أنور طلبة**، مرجع سابق، ص.110. **حسن علي الذنون**، مرجع سابق، عدد 48، ص.67.

[2] Cass. civ. Ch. réun., arrêt n°2008-31747 en date du 30 mai 2014 (inédit) :
" وحيث أن رأس المال المستحق للورثة عند الوفاة هو بالأساس حق مباشر للورثة وليس حق للمورث انتقل إليهم بمقتضى الإرث... وحيث أن مطالبة الورثة للصندوق بالرأسمال عند الوفاة هي مطالبة بدين مباشر لهم على الصندوق لا دخل لمورثهم فيه فهو ليس دينا لفائدتها انتقل إليهم بموجب الإرث... وحيث أن مبلغ رأسمال عند الوفاة ليس على ملك المدين بل هو على ملك المستحقين...".

[3]En ce sens : **H., L., J. MAZEAUD et F. CHABAS**, *op.cit.*, n°793, p.910 ; **M. MIGNOT**, Fasc. préc., n°228, p.36 ; **M. ZINE**, *op.cit.*, n°640, p.421. *Adde* :
منية العش المنيف، رسالة سابقة، ص.84.

droit tunisien, et en l'absence d'une disposition spéciale en ce sens, c'est l'article 306, alinéa premier, du Code des obligations et des contrats, texte de droit commun, qui acquiert droit de cité[1]. Aux fins de protéger les créanciers, le juge doit aussi intervenir, pour prononcer la nullité de toute stipulation souscrite après cessation des paiements. C'est ce que prescrit l'article 446 (nouveau)[2] du Code de commerce, qui prévoit que le Tribunal doit annuler toute opération effectuée après la date de cessation de paiement, à l'instar de tout acte d'aliénation à titre gratuit ou de tout paiement d'une créance non encore échue.

688. Le droit direct issu de la stipulation pour autrui échappe à la succession du stipulant. Conséquence de son caractère propre, le produit de l'action du bénéficiaire reste à l'abri des héritiers du stipulant. Ces derniers ne disposent, en effet, d'aucun droit sur l'émolument attribué directement au bénéficiaire[3]. Pourtant, quelques réserves doivent être émises. Ainsi, lorsque le stipulant ne reçoit aucune contrepartie du bénéficiaire, la stipulation pour autrui, sorte de donation indirecte au profit de ce dernier[4], doit concilier avec les règles de la donation. La lecture combinée des articles 206[5] et 179[6] du Code du statut personnel, fait que dans deux hypothèses le bénéficiaire subit la concurrence des autres héritiers quant au fruit de son action. Il s'agit, d'une part, lorsque le tiers bénéficiaire a la qualité d'héritier. Il s'agit, d'autre part, lorsque n'ayant pas cette qualité, il a bénéficié, pendant la dernière maladie du stipulant d'une libéralité dont le montant dépasse le tiers de la succession.

689. Indifférence de la renonciation à la succession par le tiers bénéficiaire sur son action. L'article 241 du Code des obligations et des contrats prévoit que les héritiers peuvent refuser d'accepter la succession. Quid lorsqu'ils sont bénéficiaires d'une stipulation à leurs profits, une assurance sur la vie, par exemple ? Est-ce qu'ils seront déchus de leurs actions, en cas de défaillance de l'assureur ? L'article 39, alinéa premier, du Code des assurances,qui prévoit qu'ils ont un droit propre et direct contre l'assureur, permet de constater qu'ils ne seront pas déchus de cette action. La confirmation vient de l'alinéa dernier dudit article, qui prévoit que « nonobstant les dispositions de l'article 241 du code des obligations et des

---

[1] V. en ce sens :
محمد محفوظ، دروس في العقد، مرجع سابق، عدد 322، ص.320-321.أنظر الموقف المخالف: **محمد الزين**، مرجع سابق، عدد 454، ص.363-364. **منية العش المنيف**، رسالة سابقة، ص.82.

[2] Tel que prévu par la loi n°36-2016 du 29 avr. 2016, relative aux procédures collectives, préc.

[3]**H., L., J. MAZEAUD et F. CHABAS**, *ibid.*, n°794, pp.910-911 ; **J. GHESTIN**, **Ch. JAMIN et M. BILLAU**, *op.cit.*, n°632, p.689.

[4]**M. MIGNOT**, Fasc. préc., n^{os}56-57, p.11 ; **J. FLOURT, J.-L. AUBERT et E. SAVAUX**, Les obligations, T.1- L'acte juridique, *op.cit.*, n°487, p.399. *Adde* :
محمد المالقي، مرجع سابق، ص.75.

[5] L'art.206 du CSP dispose que « la donation faite par un malade pendant sa dernière maladie est réputée legs ».

[6] L'art.179 du CSP dispose qu'« on ne peut disposer par testament en faveur d'un héritier ; on ne peut non plus disposer de plus du tiers de son patrimoine. Le leg fait au profit d'un héritier, ou ce qui excède le tiers du patrimoine du disposant, ne s'exécute que si les héritiers y consentent après le décès du testateur ».

contrats, celui qui a renoncé à la succession ne perd pas le droit au bénéfice de l'assurance ». Les sommes assurées ne passent pas, en effet, par le patrimoine du souscripteur. Elles ne font pas, dès lors, partie de sa succession[1]. L'article 38, alinéa deux, du Code des obligations et des contrats, qui rappelle formellement le caractère direct du droit du tiers bénéficiaire contre le promettant, permet de reconduire le même raisonnement pour toute action fondée sur une stipulation pour autrui, expresse ou tacite, là où les bénéficiaires ont renoncé à leurs droits dans la succession du *de cujus*.

690. Indifférence du décès de l'un quelconque des intervenants à l'opération de stipulation sur l'action du bénéficiaire. Menu d'un droit direct, le tiers bénéficiaire dispose d'une action propre, qu'il peut exercer, en cas d'inexécution de l'obligation promise, abstraction faite de la situation juridique des parties à la stipulation. Le décès du stipulant ou du promettant n'a, en effet, aucune incidence sur le droit du bénéficiaire et partant sur son action. Mieux encore, si le tiers bénéficiaire décède avant l'exécution, sa créance contre le promettant passe à ses héritiers, car le droit est né immédiatement dans son patrimoine, dès l'instant où la stipulation a été conclue. En cas d'inexécution de l'obligation promise, les héritiers sont, dès lors, en droit d'exercer l'action de leur auteur, sauf lorsque le bénéfice de la stipulation lui était personnellement réservé[2].

691. Une action à caractère personnel. L'article 38, alinéa deux, du Code des obligations et des contrats dispose que : « la stipulation opère directement en faveur du tiers ; celui-ci peut, en son nom, en poursuivre l'exécution contre le promettant ». Il en découle que l'action du bénéficiaire lui appartient personnellement[3]. Elle se distingue de celle dont dispose le stipulant contre le promettant[4]. Par conséquent, à partir du moment où le bénéficiaire a manifesté son intention de mettre à contribution son action, il devient, en principe, seul maître de ses propres intérêts. Son action subsiste, malgré le désistement du stipulant[5], la résolution amiable ou la transaction intervenue entre ce dernier et le promettant. Les intérêts du stipulant et du bénéficiaire étant distincts, la chose jugée dans les rapports du stipulant et du promettant serait inopposable au bénéficiaire[6]. Le même raisonnement serait

---

[1] V. en ce sens :

محمد الزين، مرجع سابق، عدد 454، ص.364. **منية العش المنيف**، رسالة سابقة، ص.82-83.

[2]**M. MIGNOT**, Fasc. préc., n°216, p.35 ; **H., L., J. MAZEAUD et F. CHABAS**, *op.cit.*, n°791, p.908-909 ; **B. STARCK, H. ROLAND et L. BOYER**, Droit civil, Les obligations, 2- Contrat, *op.cit.*, n°1544, pp.534-535.

[3]**M. HAMOUDA**, « Les opération juridiques triangulaires dans le C.O.C. », art. préc., p.306.

[4]**M. MIGNOT**, Fasc. préc., n°221, p.36.

[5] Paris, 28 avr. 1920, DP, 1920, 2, pp.58-59.

[6]**Ch. LARROUMET**,Thèse préc., n°163, p.378 ; **Ch. LARROUMET et D. MONDOLONI**, Fasc. préc., n°63, pp.14-15. L'inopposabilité de cette exception se justifie, par ailleurs, par la qualité de tiers du bénéficiaire par rapport au lien unissant le stipulant au promettant. Par conséquent, il ne peut se voir opposer l'autorité de la chose jugée par application du principe de la relativité de la chose jugée (Art.481 du COC). V. en ce sens :

حسن علي الذنون، مرجع سابق، عدد 66، ص.91.

reconduit pour la compensation fondée sur les rapports stipulant-promettant. Ce moyen étant extérieur au contrat générateur de la stipulation pour autrui, il ne peut être invoqué par le promettant[1]. La compensation suppose, en effet, un rapport bipartite, chacun est créancier et débiteur de l'autre. Or, dans notre hypothèse le bénéficiaire est créancier du promettant, lequel est créancier du stipulant. Ce rapport étant tripartite, la compensation ne peut avoir lieu. La Cour de cassation, qui n'invoquait le droit de rétention que pour l'écarter, le confirme en étayant le mécanisme de la compensation qu'elle refusait au promettant à l'égard du bénéficiaire[2]. Étant un droit personnel, la preuve de la stipulation pour autrui est distincte de celle du contrat qui la contient. Ainsi, le bénéficiaire, qui s'en prévaut, peut en apporter la preuve par tous les moyens[3].

692. Une action à caractère dépendant. L'action du tiers bénéficiaire contre le promettant est, certes, une action propre, mais elle n'en a pas moins son origine dans l'acte fondateur de la stipulation. C'est dans ce contrat qu'elle puise sa source et trouve sa mesure[4]. La Cour de cassation le confirme[5]. Ce caractère de l'action du tiers bénéficiaire ne peut pas être sans incidence sur l'efficience de son action.

---

[1] **Ch. LARROUMET**, Droit civil, Les obligations, Le contrat, T.3, 2ème partie : Effets, n°820, pp.995-996 ; Cass. civ. fr., 07 juin 1989, RTD civ. 1990, pp.73-74, obs. **J. MESTRE**. *Adde* :

حسن علي الذنون، مرجع سابق، عدد 66، ص.92.

[2] Cass. civ. Ch. réun., arrêt n°2008-31747 en date du 30 mai 2014 (inédit), préc. :

" حيث يتمثل الإشكال القانوني في معرفة مدى أحقية الصندوق الوطني للتقاعد والحيطة الاجتماعية في حبس رأسمال عند الوفاة أو جزء منه لخلاص دين لفائدته على المورث... وحيث أن الفصل 309 من م.إ.ع. الذي اقتضى أنه... " فهو إذا **يفترض وجود شخصين كل منهما دائن ومدين للآخر**... وحيث أن المعقب ضدهم دائنين للصندوق المعقب بجزء من مبلغ رأسمال عند الوفاة بمقتضى حق مباشر لا يخضع لأحكام التركة بينما الصندوق المعقب دائن للمورثة بباقي قيمة القرض المسند إليها في قائم حياتها".

[3] V. en ce sens :

حسن علي الذنون، مرجع سابق، عدد 66، ص.92.

[4] La célèbre expression appartient à **Édouard LAMBERT**, Stipulation pour autrui, de la nature du droit conféré au bénéficiaire contre le promettant, Thèse pour le Doctorat en Droit, Paris, 1893, n°106, p.115. En ce sens : **Y. KNANI**, obs sous Cass. civ., 04 janv. 1983, préc., p.633 ; **Ch. LARROUMET**, Thèse préc., n°158, p.363 ; Droit civil, Les obligations, Le contrat, T.3, 2ème partie : Effets, n°819, p.995 et n°822, p.997 ; **B. STARCK, H. ROLAND et L. BOYER**, Droit civil, Les obligations, 2- Contrat, *op.cit.*, n°1546, p.535 ; **J. FLOURT, J.-L. AUBERT et E. SAVAUX**, Les obligations, T.1- L'acte juridique, *op.cit.*, n°484, p.397. *Adde* :

محمد الزين، مرجع سابق، عدد 452، ص.362.

[5] Cass. civ. arrêt n°2006-8604 en date du 18 avr. 2007 (inédit), préc. :

" حيث أن قاعدة النسبية التي استندت إليها محكمة القرار المنتقد في قضائها ليست مطلقة إذ نص الفصل 420 من م.إ.ع. على أن العقد لا يلزم إلا العاقدين ولا ينجر منه للغير ضرر ولا نفع إلا في الصور التي نص عليها القانون والفصل 26 من مجلة التأمين نص على أن للمتضرر الحق في مطالبة المؤمن مباشرة في حدود الضرر الحاصل وقيمة التأمين المحددة بالعقد وطالما أن الغير المتضرر ينتفع بعقد التأمين بموجب نص خاص وهو الفصل 26 المذكور فإنه يعارض كذلك بالشروط المضمنة بالعقد كما يعارض بها طرفيه تطبيقا للفصل 240 المشار إليه".

Adde : Cass. civ. n°11048 en date du 06 nov. 2007, Bull. civ., 2007, 1re partie, p.159 ; Cass. civ. n°8178 en date du 04 janv. 1983, préc. :

" وحيث... يصبح المنتفع دائنا للمتعهد أصالة وله الحق في استيفاء دينه منه مباشرة لكن على أساس أنه طرف في العهد يتقيد بشروطه كما لو كان شارك في انعقاده هو ذاته".

Adde : Cass. civ. Ch. réun., arrêt n°62590 en date du 28 mars 2002, préc.

Paragraphe II. L'efficience de l'action du tiers bénéficiaire

693. L'action du tiers bénéficiaire : une action propre mais pas indépendante. Certes, l'action du tiers bénéficiaire est propre, de ce point de vue, sa sécurité se trouve préservée. Mais il faut bien se garder d'oublier qu'elle résulte du contrat conclu entre le stipulant et le promettant. Les attentes légitimes de ce dernier, structure fondamentale de la sécurité juridique, doivent, dès lors, être préservées. C'est la raison pour laquelle, on s'accorde à dire que le promettant peut opposer au tiers bénéficiaire certaines exceptions tirées de son rapport avec le stipulant (A). Il peut même opposer certaines exceptions personnelles au tiers bénéficiaire (B).

A. L'opposabilité des exceptions tirées du rapport : stipulant–promettant

694. Le promettant peut opposer plusieurs exceptions tirées de son rapport avec le stipulant, au tiers bénéficiaire. Certaines ont trait à l'existence même de son engagement (1), d'autres plutôt à son étendue (2).

1. Exceptions ayant trait à l'existence de l'engagement entre le promettant et le stipulant

695. Ces exceptions peuvent être contemporaines de la conclusion du contrat (a), comme elles peuvent lui être postérieures (b).

a. Exceptions contemporaines de la conclusion du contrat

696. Opposabilité des causes de nullité. Le promettant peut opposer au tiers bénéficiaire toutes les causes de nullité qu'il pourrait opposer au stipulant, que la nullité soit relative ou absolue[1]. Le promettant peut, en effet, opposer au bénéficiaire le défaut de solennité. Ainsi en est-il, d'une donation avec charge, qui n'aurait pas été effectuée selon les modalités édictées par l'article 204, alinéa premier, du Code du statut personnel[2]. Il peut lui opposer l'absence ou l'immoralité de la cause. Le promettant est en droit, aussi, d'opposer la nullité relative découlant de son incapacité ou d'un vice de fond affectant son propre consentement[3].

---

[1] **M. PLANIOL et G. RIPERT**, *op.cit.*, n°363, p.469 ; **Ch. LARROUMET**, Droit civil, Les obligations, Le contrat, T.3, 2ème partie : Effets, n°822, p.997 ; **Ph. MALAURIE, L. AYNES et Ph. STOFFEL-MUNCK**, *op.cit.*, n°818, p.426 ; **Ch. LARROUMET**, Thèse préc., n°162, p.371 ; **J.-M. ROUX**, *op.cit.*, n°210, pp.261-262 ; **M. HAMOUDA**, « Les opération juridiques triangulaires dans le C.O.C. », art. préc., p.310.

[2] Art.204, al. premier, du CSP : « Pour être valable, toute donation doit être passée par acte authentique ».

[3] Le promettant ne peut pas opposer au tiers bénéficiaire les causes de nullité relative touchant le stipulant. Ainsi, il ne peut pas opposer au bénéficiaire les exceptions tirées de l'incapacité du stipulant ou d'un vice du consentement ayant altéré le consentement de ce dernier. En ce sens : **J. GHESTIN, Ch. JAMIN et M. BILLAU**, *op.cit.*, n°635, p.691 ; **Ch. LARROUMET**,Thèse préc., n°162, p.372. *Adde* :
منية العش المنيف، رسالة سابقة، ص.121. **محمد الزين**، مرجع سابق، عدد 279، ص.224-225.

Étant donné la règle qui veut que le dol n'est une cause de nullité que s'il émane du cocontractant de la partie par lequel elle est dupée, et que le tiers bénéficiaire n'est pas le cocontractant du stipulant, on se demande si le promettant peut opposer au bénéficiaire le dol du stipulant ? L'article 56 du Code des obligations et des contrats répond par l'affirmative, mais exige que le bénéficiaire ait connaissance de ce vice de consentement.Quid si le tiers bénéficiaire est de bonne foi ? Certes, l'application au pied de la lettre de l'article 56, fait que, du moment que le tiers bénéficiaire, qui a profité du dol n'en n'a pas eu connaissance, il ne peut se le voir opposer[1]. Mais, doit-on perdre de vue l'idée fondamentale de la dépendance du droit du tiers bénéficiaire par rapport au contrat conclu entre le stipulant et le promettant. Si le consentement de ce dernier a été extorqué suite à des manœuvres dolosives, on peut admettre que le promettant n'est pas tenu envers le bénéficiaire, puisqu'il n'est tenu qu'en vertu de l'engagement pris envers le stipulant. Le vice affectant cet engagement se répercutera inéluctablement sur le sort de l'engagement du promettant envers le tiers bénéficiaire. L'équilibre du montage à trois personnes est à ce prix[2].

697. Opposabilité de la simulation ?Est-ce que la contre-lettre contemporaine de l'acte apparent qui, en réalité, n'a fait naître aucun droit ou des droits moindres au profit du tiers bénéficiaire, est opposable à ce dernier ?Rétorquant,une partie de la doctrine estime que, du moment que le bénéficiaire tire des droits du contrat conclu entre le stipulant et le promettant, par exception au principe de la relativité de la force obligatoire du contrat, on ne peut le considérer comme tiers. Dès lors, l'article 1321 du Code civil français, pendant de l'article 26 du Code des obligations et des contrats, qui ne protège que les tiers, ne vise pas le bénéficiaire et il convient de permettre au promettant de lui opposer la contre-lettre[3]. Cette opinion prête, semble-t-il, le flanc à la critique. L'argument selon lequel l'extension de la force obligatoire du contrat au bénéficiaire lui ôte la qualité de tiers et lui permet de porter l'habit de partie contractante, porte peu. En effet, dire que l'extension de la force obligatoire du contrat au bénéficiaire constitue une exception à la relativité n'est qu'une reconnaissance de sa qualité de tiers. Sinon, pourquoi annoncer que c'est une exception ? Si le bénéficiaire était une partie à la stipulation, l'extension de la force obligatoire du contrat à son égard n'est que de principe. Tiers au contrat conclu entre le promettant et le stipulant, le bénéficiaire de bonne foi profite de la protection prévue par l'article 26 du Code des obligations et des contrats. En effet, n'ayant aucune connaissance de l'acte simulé, il peut s'abriter derrière cette disposition,pour

---

[1]**E. GAUDEMET**,Théorie générale des obligations, Sirey, 1965, réimpression, Dalloz, Paris, 2004, p.253.

[2]**J.-M. ROUX**, *op.cit.*, n°210 ; pp.261-262 ; **Ch. LARROUMET**, Thèse préc., n°162, p.371 ; **M. MIGNOT**, Fasc. préc., n°199, p.33 ; **Ch. LARROUMET et D. MONDOLONI**, Fasc. préc., n°55, p.13.

[3]**Ch. LARROUMET**, Thèse préc., n°162, pp.372-373 ; **Ch. LARROUMET**, Droit civil, Les obligations, Le contrat, T.3, 2ème partie : Effets, n°819, p.995 et n°822, p.998 ; **Ch. LARROUMET**,Thèse préc., n°162, pp.372-373 ; **J.-M. ROUX**, *ibid.*, n°211, pp.262-263.

exciper de l'inopposabilité de la contre-lettre, principe de la sécurité juridique exige[1]. Tel ne doit pas être le cas, lorsque sa mauvaise foi est établie. Dans ce cas, c'est la sécurité du promettant qui rebondit. La contre-lettre serait, dès lors, opposable au tiers.

b. Exceptions nées postérieurement à la conclusion du contrat

698. Opposabilité de l'exception d'inexécution ou de résolution du contrat. Lorsque la stipulation est contenue dans un contrat synallagmatique et que le stipulant n'exécute pas ses obligations envers le promettant, celui-ci est en droit d'exciper de l'exception d'inexécution. C'est ce qui ressort de l'article 247 du Code des obligations et des contrats. Il peut même obtenir la résolution du contrat[2]. La question est, alors, de savoir si le promettant peut opposer l'exception d'inexécution ou de résolution de la stipulation au tiers bénéficiaire ? Étant donné que le promettant n'entend s'engager envers le stipulant au profit du tiers bénéficiaire qu'en contrepartie d'un équivalent fourni par le stipulant, l'engagement du promettant envers le tiers bénéficiaire est tributaire de l'accomplissement de certaines obligations par le stipulant. L'inexécution de ces obligations permet au promettant de se prévaloir de l'exception d'inexécution ou de la résolution du contrat, non seulement contre le stipulant, mais encore contre le bénéficiaire. L'origine du droit du bénéficiaire, dans le contrat conclu entre le stipulant et le promettant, justifie cette possibilité[3]. L'idée va faire son chemin. Ainsi, si le stipulant donateur n'a pas livré le bien promis au donataire-promettant, ce dernier n'est pas tenu d'exécuter la charge prévue, au profit du tiers bénéficiaire. La même solution peut être reconduite en matière d'assurance. L'article 11 du Code des assurancesprévoit, en règle générale, la possibilité pour l'assureur de « suspendre le contrat d'assurance, quand l'assuré n'a pas payé à son échéance la prime ou la cotisation d'assurance ou la fraction de cette prime ou cotisation ». Cette suspension est opposable aux tiers bénéficiaires. Dans le même esprit, si en matière d'assurance sur la vie, le souscripteur n'a pas payé les primes, l'assureur n'est pas tenu de verser le capital prévu au tiers bénéficiaire. Le défaut de paiement des primes lui est opposable[4].

---

[1] V. en ce sens :

حسن علي الذنون، مرجع سابق، عدد 66، ص.92.

[2] Art.273, 275 et 276 du COC.

[3] **M. PLANIOL et G. RIPERT**, *op.cit.*, n°363, p.470 ; **Ch. LARROUMET**, Droit civil, Les obligations, Le contrat, T.3, 2ème partie : Effets, n°822, pp.997-998 ; **J. FLOURT, J.-L. AUBERT et E. SAVAUX**, Les obligations, T.1- L'acte juridique, *op.cit.*, n°484, p.397 ; **J.-M. ROUX**, *op.cit.*, n°210, p.262 ; **F. TERRÉ**, **Ph. SIMLER et Y. LEQUETTE**, *op.cit.*, n°526, p.541 ; **M. MIGNOT**, Fasc. préc., n°243, p.39 ; **Ch. LARROUMET et D. MONDOLONI**, Fasc. préc., n°s57-58, pp.13-14 ; **Ph. MALAURIE**, **L. AYNES et Ph. STOFFEL-MUNCK**, *op.cit.*, n°818, p.426 ; **B. STARCK, H. ROLAND et L. BOYER**, Droit civil, Les obligations, 2- Contrat, *op.cit.*, n°1546, p.535 ; **Ch. LARROUMET**,Thèse préc., n°162, p.373 ; Cass. civ. fr., 29 nov. 1994, RDT civ., 1995, pp.622-623, obs. **J. MESTRE** ; Rep. Defrénois, 1995, art. 36210, n°142, pp.1405 à 1407, obs. **Ph. DELEBECQUE**. *Adde* :

عبد النبي بن حامد، رسالة سابقة، ص.97-98.

[4] Art.41 du CA. V. **M. ZINE**, *op.cit.*, n°s604 à 611, pp.401 à 406.

699. Opposabilité de la prescription découlant de la nature du contrat. Le droit d'agir du tiers bénéficiaire est fonction du contrat, dans lequel stipulant et promettant ont manifesté leur accord. À s'en tenir aux conséquences de la qualification contractuelle de l'action du bénéficiaire, le délai de droit commun des actions de ce type est de quinze ans[1]. Ce délai commence à courir à partir de la date de prise de connaissance de la stipulation par le bénéficiaire[2]. L'application des règles spécifiques, notamment en matière d'assurance, peut bouleverser l'économie de la demande de l'action du tiers bénéficiaire. C'est ainsi que l'article 14 du Code des assurancesdispose que « toutes actions dérivant d'un contrat d'assurance sont prescrites dans un délai de deux ans à compter de l'évènement qui y donne naissance ».

2. Exceptions ayant trait à l'étendue de l'engagement entre le promettant et le stipulant

700. L'objet du droit du tiers bénéficiaire dépend, entièrement, du contenu du contrat conclu entre le stipulant et le promettant[3]. Cette règle est formellement prévue par l'article 38, alinéa deux, du Code des obligations et des contrats. Ledit article, après avoir rappelé que « la stipulation opère directement en faveur du tiers », ajoute que « celui-ci peut, en son nom, en poursuivre l'exécution contre le promettant, à moins que l'exercice de cette action n'ait été interdit par le contrat ou n'ait été subordonné à des conditions déterminées ». Dès lors, si le bénéficiaire acquiert bien un droit direct contre le promettant, il est clair que ce droit, dérivant du contrat principal conclu entre le stipulant et le promettant, lui emprunte sa mesure. Le promettant peut se prévaloir à l'encontre du bénéficiaire des exceptions qu'il serait en droit d'opposer au stipulant. La Cour de cassation dans sa formation la plus solennelle a eu l'occasion de le confirmer à propos d'une clause de limitation de responsabilité[4]. Tel n'était pas la position de la Cour d'appel de Tunis, qui a décidé que les clauses insérées au contrat d'assurance ne produisent aucun effet à l'égard de la victime. Celle-ci, précise la Cour,

---

[1] Art.402 du COC.

[2] **J.-M. ROUX**, *op.cit.*, n°206, pp.253 à 255. *Adde* :
منية العش المنيف، رسالة سابقة، ص.121. **أنور طلبة**، مرجع سابق، ص.110.

[3] **B. STARCK, H. ROLAND et L. BOYER**, Droit civil, Les obligations, 2- Contrat, *op.cit.*, n°1547-1548, pp.535-536 ; **M. MIGNOT**, Fasc. préc., n^{os}204 et 213, pp.33 et 35. *Adde* :
محمد الزين، مرجع سابق، عدد 452، ص.362-363.

[4] Cass. civ. Ch. réun., arrêt n°62590 en date du 28 mars 2002, préc. ; Cass. civ. n°11048 en date du 06 nov. 2007, préc. :
" وحيث أن القرار المنتقد القاضي على النحو المبين أعلاه جاء مؤسسا سليم المبنى والسند واقعا وقانونا لاعتماده التعليل السليم وحسن تطبيق القانون ضرورة أنه أستند إلى العقد المبرم بين صاحب الحمام وشركة التأمين التي تؤمن المسؤولية المدنية لصاحب الحمام تجاه من هم في حفظه والذي حدد سقف التعويض بعشرة آلاف دينار تعويضا عن الضرر... إن سقف التعويض هو من المسائل التي يجوز لشركة التأمين مواجهة المتضررين بها اعتمادا على أحكام لفصل 26 من مجلة التأمين وأن القول بالأثر النسبي للعقود لا ينطبق على هذه الحالة".
Adde : Cass. civ. arrêt n°8178 en date du 04 janv. 1983, préc. ; Cass. civ. fr., 12 avr. 1948, S., 1948, 1, p.115. V. pour l'opposabilité d'une clause de non-garantie : Cass. civ. fr., 31 janv. 1894, S., 1894, 1, p.246.

n'est pas partie au contrat d'assurance[1]. Par cette décision, la Cour s'est inscrite en porte-à-faux avec la lettre et l'esprit de la stipulation pour autrui.

B.L'opposabilité des exceptions personnelles au tiers bénéficiaire

701. Le promettant peut opposer au tiers bénéficiaire certaines exceptions personnelles qu'elles soient tirées de son rapport avec le stipulant (1) ou avec le promettant (2).

1. L'opposabilité des exceptions personnelles tirées du rapport : stipulant - tiers bénéficiaire

702. Opposabilité de l'illicéité de la cause. Dans les relations entre le stipulant et le bénéficiaire, la stipulation pour autrui ne doit pas être dépourvue de cause. Que le stipulant soit mû d'une intention libérale ou qu'il soit tenu d'une obligation envers le bénéficiaire, il convient de rechercher cette cause. La validité de l'opération ne saurait être, dès lors, appréciée uniquement à l'égard des rapports entre le stipulant et le promettant, mais aussi à l'égard de ceux entre le stipulant et le bénéficiaire. À côté de la cause de l'obligation du promettant envers le bénéficiaire, qui se trouve dans ses relations avec le stipulant, la stipulation pour autrui trouve une autre face de sa cause dans les relations entre le stipulant et le bénéficiaire. On se demande, donc, si le promettant doit tenir compte, non seulement de ses relations avec le stipulant, mais encore des relations entre ce dernier et le bénéficiaire, pour apprécier la validité de ses obligations envers le bénéficiaire. La réponse à cette question permettra de déterminer l'étendue des exceptions opposables aux tiers bénéficiaires par le promettant.

De l'avis de certains auteurs, si l'on doit apprécier la portée du droit du tiers bénéficiaire à l'égard des rapports entre le stipulant et le promettant, ainsi qu'à l'égard de ses rapports avec le stipulant, « on ne doit, par contre, apprécier la validité et la portée de l'obligation du promettant qu'à l'égard des rapports de ce dernier avec le stipulant. Le promettant ignore la raison pour laquelle le stipulant a entendu obtenir son engagement envers le bénéficiaire. Peu lui importe, du reste, cette raison.... Son obligation envers lui n'a qu'une seule cause qui est la même que celle de son obligation envers le stipulant »[2]. Et les auteurs de déduire que la validité des rapports entre le stipulant et le promettant doit être appréciée indépendamment de ceux unissant le stipulant au tiers bénéficiaire. Dès lors, la nullité des seconds pour cause illicite est sans incidence sur les premiers[3].

---

[1] Cour d'appel de Tunis, arrêt n°57884 en date du 25 nov. 1983 (inédit), cité par **A. BEN HAMED**, mémoire préc.(en annexe) :
" وحيثأنه زيادة على ذلك فقد اتضح من أوراق القضية أن المحكوم لفائدته ابتدائيا (المتضرر) لم يكن طرفا في عقد التأمين الرابط بين المحكوم عليهما بالتضامن ولذا فإنه لا يتضرر من نتائج ذلك العقد وبالتالي فإن الشروط المضمنة به تلزم طرفيه دون غيرهما".

[2] **Ch. LARROUMET et D. MONDOLONI**, Fasc. préc., n°68, pp.15-16.

[3] **Ch. LARROUMET et D. MONDOLONI**, Fasc. préc., n°69, p.16 ; **Ch. LARROUMET**, Thèse préc., n^{os}165-166, pp.380 à 384 ; **Ph. MALAURIE, L. AYNES et Ph. STOFFEL-MUNCK**, *op.cit.*, n°820,

Si cette approche force l'estime, lorsque le promettant ignore la cause de l'engagement du stipulant à l'égard du bénéficiaire, il semble qu'elle pêche par excès, lorsque, tout en sachant l'immoralité de cet engagement, le promettant serait forcé à s'acquitter de son obligation, au profit du bénéficiaire, en exécution d'une stipulation pour autrui mue par une cause illicite. Reconnaitre la validité d'un tel engagement, permet au stipulant toutes les fois que son engagement à l'égard du bénéficiaire est jugé contraire à l'ordre public, de le détourner via une stipulation pour autrui. C'est le mécanisme de la fraude pure et simple. Pour y faire face, « il ne suffit donc pas, précise une doctrine, que le contrat de base liant le promettant au stipulant soit valable et que le tiers bénéficiaire soit régulièrement désigné, il est encore nécessaire de s'assurer de la validité de l'opération intervenue entre le stipulant et le tiers. Cette condition est tout à fait logique, car, sans elle, la stipulation pour autrui pourrait servir à couvrir des obligations contraires, par leur objet ou leur cause, à l'ordre public et aux bonnes mœurs »[1]. Ainsi, lorsque l'assurance sur la vie sert à réaliser une donation du souscripteur au tiers bénéficiaire, le droit de ce dernier doit être exempt de tout vice, spécialement, dans ses rapports avec le stipulant[2].

On en déduit que, sans préjudice des rapports du stipulant et du promettant[3], l'illicéité de la cause, qui se situe dans les relations entre le stipulant et le bénéficiaire et qui a justifié la stipulation au profit du bénéficiaire, est opposable à ce dernier par le promettant[4]. S'il en est ainsi, il le sera *a fortiori* pour les créanciers du stipulant ou ses héritiers. Ces derniers peuvent se prévaloir du caractère illicite de l'obligation qui a justifié l'engagement du stipulant, à l'égard du promettant, au profit du bénéficiaire, pour faire échec à l'exécution de l'obligation du promettant envers le bénéficiaire[5].

703. Opposabilité de l'inexécution des conditions déterminées par le contrat de stipulation. Cette exception est expressément prévue par l'article 38, alinéa deux, du Code des obligations et des contrats, aux termes duquel,

---

pp.427-428 ; Cass. civ. fr., 08 oct. 1957, D., 1958, J., pp.317-318, note **P. ESMEIN** (À propos d'un contrat d'assurance sur la vie souscrit au profit de la concubine du stipulant). La Cour a décidé que « L'assurance sur la vie doit être envisagée distinctement dans les rapports, d'une part, du stipulant et du bénéficiaire, d'autre part dans ceux du stipulant et de l'assureur ; que ces deux ordres de rapports procèdent de fondements juridiques différents ; que la nullité des premiers est donc sans influence sur les seconds ». La Cour a approuvé la juridiction d'appel d'avoir décidé que « la validité de l'assurance demeure incontestable dans les rapports entre le stipulant et le promettant ». Le capital garanti devait, alors, être versé aux héritiers parce que les rapports entre le stipulant et le bénéficiaire sont taxés de nullité absolue pour immoralité de la cause. En ce sens : Paris, 14 juin 1955, JCP éd. G, 1956, II, 9303, obs. **A. RABUT** ; Poitiers, 17 janv. 1962, JCP éd. G, 1962, II, 12749, obs. **J. A.**

[1] **M. ZINE**, *op.cit.*, n°635, p.419.

[2] **M. ZINE**, *ibid.*, n°636, pp.419-420.

[3] Si l'engagement est à titre onéreux, la nullité de l'engagement du stipulant justifie le retour au *statu quo ante*, notamment la répétition de ce qui a été payé (Art.77 du COC).

[4] V. en ce sens :

منية العش المنيف، رسالة سابقة، ص.125.

[5] **Ch. LARROUMET et D. MONDOLONI**, Fasc. préc., n°68, p.15. *Adde* :

محمد محفوظ، دروس في العقد، مرجع سابق، عدد 319، ص.318. **محمد محفوظ**، النظرية العامة للإلتزام (I)، العقد، مرجع سابق، ص.102، هامش 2.

« la stipulation opère directement en faveur du tiers ; celui-ci peut, en son nom, en poursuivre l'exécution contre le promettant, à moins que l'exercice de cette action… n'ait été subordonné à des conditions déterminées ». La même restriction est prévue en matière d'assurance de groupe. L'article 32 du Code des assurancesprévoit, à cet effet, que « le souscripteur ne peut exclure un adhérent du bénéfice du contrat d'assurance de groupe que… si l'adhérent cesse de payer la prime ». *A contrario*, le souscripteur peut exclure un adhérent du bénéfice de l'assurance de groupe, s'il cesse de payer la prime. La même exception peut lui être opposée par l'assureur. Pareille solution peut être, aussi, rencontrée en matière de transport. En effet, l'article 632, alinéa deux, du Code de commerce, prévoit que « dans le cas d'expédition en port dû, l'expéditeur et le destinataire qui a accepté en sont solidairement tenus ». Dès lors, si le destinataire refuse d'honorer le transporteur, ce dernier peut refuser de délivrer la marchandise.

2. L'opposabilité des exceptions personnelles tirées du rapport : promettant - tiers bénéficiaire

704. Opposabilité des causes d'extinction de l'obligation. Le promettant est en droit d'opposer au bénéficiaire toutes les causes d'extinction de l'obligation tirées de son rapport avec le bénéficiaire. Ainsi, lorsque le promettant établit la preuve de sa qualité de créancier personnel du tiers bénéficiaire, il peut exciper de la compensation[1]. C'est ce que prescrit l'article 369 du Code des obligations et des contrats qui prévoit que « la compensation s'opère, lorsque les parties sont réciproquement et personnellement créancières et débitrices l'une de l'autre ». Pour être mise en œuvre, la compensation, précise l'article 373 dudit Code, doit être entre dettes de même espèce et l'article 374 d'exiger que les deux dettes soient liquides et exigibles.

705. La stipulation pour autrui : une institution à exhumer. Lastipulation pour autrui, en tant que technique permettant à un tiers bénéficiaire de revendiquer l'exécution d'une obligation souscrite à son profit, auprès d'un promettant, est une autre manifestation de l'immixtion du tiers dans la sphère contractuelle. Il est vrai, cette technique n'acquiert pas dans nos prétoires une place de choix. À notre connaissance, les syllogismes construits sur une stipulation pour autrui, particulièrement tacite, sont très rares. Pourtant, l'institution demeure vivante. Pourvu qu'elle soit fondée sur une volonté réelle, elle peut donner une assise solide à l'immixtion du tiers dans le bloc contractuel. La portée de cette institution est d'autant plus importante qu'elle offre aux différents protagonistes un plat équilibré. Le tiers dispose, en effet, d'une action propre, lui permettant d'obtenir l'exécution, en nature ou par équivalent, de l'obligation inexécutée. Sa

---

[1] V. art.369 à 381 du COC. *Adde* en ce sens :

حسن علي الذنون، مرجع سابق، عدد 66، ص.92.

sécurité est, ainsi, préservée. Le débiteur défaillant peut opposer au bénéficiaire toutes les exceptions tirées de son rapport avec le stipulant. Ses attentes légitimes sont, alors, sauvegardées. L'équilibre est, dès lors, établi. Qu'en est-il de l'action oblique ?

SECTION II. L'ACTION OBLIQUE DU TIERS, VICTIME DE L'INEXECUTION D'UNE OBLIGATION NON CONTRACTEE A SON PROFIT

706. Position du problème. L'hypothèse est celle d'un débiteur qui néglige d'exercer ses propres droits nés, suite à l'inexécution d'un contrat. Cette inaction étant préjudiciable à ses créanciers, la loi permet, alors, à ces derniers de se substituer à lui pour le faire. La technique est l'action oblique.

707. L'action oblique. Si l'expression « action oblique » n'est pas employée par le Code des obligations et des contrats, l'idée se trouve, néanmoins, consacrée par les articles 306, alinéa second, 307 et 308 dudit Code[1]. L'action oblique est « l'action qui autorise au créancier, dont le débiteur néglige d'exercer ses droits et actions, d'agir à sa place et en son nom »[2]. L'action oblique réalise ainsi une immixtion du créancier, tiers étranger au rapport contractuel[3], dans la gestion par le débiteur de son patrimoine.

708. La qualité du bénéficiaire de l'action oblique. Le bénéficiaire de l'action oblique, dit « créancier poursuivant », est un tiers au rapport unissant son débiteur, dit « débiteur principal ou intermédiaire », à son propre débiteur, dit « sous-débiteur ».Il s'agit, précisent les articles 306, alinéa second, 307 et 308 du Code des obligations et des contrats, des créanciers du débiteur intermédiaire, seuls admis au bénéfice de l'action oblique. L'expression « créancier », étant utilisée au sens large, doit être

---

[1] L'action oblique est aussi prévue par certaines dispositions particulières. Ainsi en est-il de l'action des sous-traitants contre le commettant au sens de l'art.887, al. second, du COC qui dispose que « Les sous-traitants employés par un entrepreneur, et les fournisseurs de matières premières, n'ont aucune action directe contre le commettant. **Ils ne peuvent exercer que les actions de leur débiteur** ». C'est nous qui soulignons.

[2]**Z. ABDELMOUMEN**, L'action oblique (Etude comparative des droits tunisien et français), Mémoire en vue de l'obtention du mastère en sciences juridiques fondamentales, FSJPST, 2008-2009, p.8 ; **G.LÉGIER, L. TRANCHANT et V. ÉGÉA**,Droit civil, Les obligations, Dalloz, 21ème éd., Dalloz, Paris, 2014, p.203 ; **Ph. MALAURIE, L. AYNES et Ph. STOFFEL-MUNCK**, Droit civil, Les obligations, *op.cit.*, n°1149, p.643 ; **F. TERRÉ, Ph. SIMLER et Y. LEQUETTE**, *op.cit.*, n°1141, p.1131. *Adde* :
ألفة الفرشيشي، خواطر حول الدعوى المنحرفة، بكتاب دراسات في قانون التأمينات، عمل جماعي لهيئة تدريس قانون التأمينات بكلية الحقوق والعلوم السياسية بتونس، تحت إشراف الأستاذ بشير المنوبي الفرشيشي، الطبعة الثانية، نشر المطبعة العصرية، 2003، ص.356.

[3] En règle générale, l'action oblique est une mesure ayant pour objectif de vaincre la carence du débiteur intermédiaire à exercer ses droits contre son propre débiteur nés d'une situation juridique quelconque, contractuelle ou extracontractuelle. Reste que l'hypothèse qui nous intéresse est celle d'une créance contractuelle dont l'inexécution préjudicie au tiers soit parce qu'il ne peut plus compter sur son droit de gage général, soit encore parce que ses droits se trouvent en péril. Sur les sources de la créance : V. **Z. ABDELMOUMEN**, mémoire préc., pp.65-66 et 67. *Adde* :
سامية العجيمي، الدعوى المنحرفة، مذكرة لنيل شهادة الدراسات المعمقة في القانون الخاص، كلية الحقوق والعلوم السياسية بتونس، 1995-1996، ص.83 إلى 87.

entendue en ce sens[1]. L'action oblique, en tant que garantie du droit de gage général, profite à tous les créanciers, qu'ils soient chirographaires ou munis de sûretés[2]. Ces derniers acquièrent, dans ce cadre, la qualité de tiers poursuivants.

709. L'action oblique, moyen de surmonter l'obstacle de la relativité de la force obligatoire du contrat. L'action oblique offre à un tiers, étranger au rapport contractuel, la possibilité d'introduire le champ contractuel, en exerçant lui-même les droits de son débiteur contre son propre débiteur. Vue sous cet angle, l'action oblique est conçue comme « une exception au principe de l'effet relatif du contrat »[3] ou comme un moyen ayant par nature « vocation à surmonter l'obstacle ordinairement constitué par l'effet relatif du contrat : le titulaire de l'action oblique, en exerçant le droit de son débiteur, le fait au lieu et place de celui-ci, ce qui lui permet de s'immiscer dans le rapport contractuel »[4].

710. L'action oblique, point de rencontre entre le droit du débiteur de gérer son patrimoine et celui du tiers poursuivant de préserver ses droits. Le régime de l'action oblique, tel que conçu par le législateur tunisien, permet de réaliser un équilibre savant entre le droit du débiteur principal de gérer son patrimoine et celui du tiers poursuivant, de préserver ses droits en péril. Équilibre qu'on peut démontrer aussi bien au niveau des conditions (Paragraphe I) qu'au niveau des effets (Paragraphe II) de l'action oblique.

Paragraphe I. Les conditions d'exercice de l'action oblique

711. Les conditions de l'action oblique permettent de concilier entre le droit du débiteur principal de gérer son patrimoine et celui du tiers poursuivant de préserver ses droits en péril. C'est ce qu'on peut constater de

---

[1] Art. 533 du COC.

[2] **F. TERRÉ, Ph. SIMLER et Y. LEQUETTE**, *op.cit.*, n°1146, p.1138 ; **A. SÉRIAUX**, Droit des obligations, *op.cit.*, n°210, p.662. *Adde* :

سامية العجيمي، رسالة سابقة، ص.21 إلى 30. **ألفة الفرشيشي**، مقال سابق، ص.360.

[3] **Z. ABDELMOUMEN**, mémoire préc., p.22 ; **G. WICKER et L. SAUTONIE-LAGUIONIE**, « Les actions ouvertes aux créanciers », *in* Projet d'ordonnance portant réforme du droit des contrats, du régime général et de la preuve des obligations, Observations et propositions de modifications, JCP éd. G, 2015, supplément au n°21 – 25 mai 2015, p.69, n°2 et p.70, n°6 ; **W. DROSS**, Effets des conventions à l'égard des tiers, Action oblique, J.-Cl., Fasc. 38, Art.1166, LexisNexis, 2012, n°13, p.6 ; **J. MESTRE**, obs. sous Cass. civ. fr., 4 déc. 1984, RTD civ., 1985, pp.580-582, n°6. *Adde* :

محمد المالقي، محاضرات في شرح القانون المدني التونسي، مرجع سابق، ص.263: " إستثناء من القاعدة القاضية بأن العقود ليس لها تأثير على غير المتعاقدين نفعا أو ضررا قد سمح المشرع التونسي للغرماء بحماية كسب المدين من التلاشي وذلك بإقامة ماله من الحقوق والدعاوى على الغير نيابة عنه في صورة ما إذا أهمل تلك الحقوق أو قصر في إجرائها تقصيرا مضرا بأولئك الغرماء لما هو معلوم من أن أموال المدين العاجلة والآجلة ضامنة للدين".

[4] **J.-L. AUBERT**, note sous Cass. civ. fr., 14 nov. 1985, D., 1986, J., p.369, 1re col. ; **J. NÉRET**, Le sous-contrat, *op.cit.*, n°306, pp.224-225 ; **G. GOUBEAUX**, « La carence du débiteur, condition de l'action oblique. Questions de fond et questions de preuve », *in* Propos sur les obligations et quelques autres thèmes fondamentaux du droit, Mélanges offerts à J.-L. AUBERT, Dalloz, 2005, n°11, p.156. *Contra* : **J. DUCLOS**, L'opposabilité (Essai d'une théorie générale), *op.cit.*, note 211, pp.89-90.

l'étude des conditions tenant au tiers poursuivant, (A) et celles relatives à son débiteur principal (B).

A. Conditions tenant au tiers poursuivant

712. Certaines conditions ont pour objectif de limiter l'ingérence du tiers poursuivantdans le patrimoine de son débiteur (1), d'autres de renforcer les droits de ce tiers (2). L'objectif est d'assoir un équilibre entre la sécurité juridique du débiteur principal, son droit de gérer son patrimoine et celle du tiers poursuivant, son droit à la protection de ses droits en péril.

1. Conditions limitant l'ingérence du tiers poursuivant dans le patrimoine de son débiteur

713. Exclusion des droits et actions patrimoniaux exclusivement personnels. Échappent à l'action oblique aux termes de l'article 306, alinéa second, les « droits exclusivement personnels », « ceux, précisent ledit alinéa, qui ne peuvent être ni saisis ni cédés ». Cette exclusion comporte, certainement, les droits et actions extra-patrimoniaux[1], mais elle englobe également, en dépit de leur nature patrimoniale, les droits et actions attachés à la personne. Il faut entendre par là « les droits et actions qui, bien que de nature patrimoniale, ont un caractère personnel ou familial marqué et dont l'exercice met en jeu des considérations d'ordre moral dont le débiteur seul peut apprécier la valeur »[2]. Ainsi, un créancier, tiers poursuivant, ne peut demander par la voie oblique, qu'un salaire fût versé à ce dernier par son épouse séparée de biens, propriétaire d'un hôtel, au sein duquel le mari avait exercé sans rémunération des fonctions de direction[3]. Pour la même raison, un créancier ne peut, par la voie oblique, exercer certaines actions en réparation du préjudice esthétique ou du *pretium doloris* dont le caractère personnel est particulièrement marqué. Par ailleurs, un créancier ne peut exercer, par la voie oblique, l'action en réparation d'un préjudice moral subi par son débiteur. Les actions qui visent à réparer ce type de préjudice, étant subordonnées à une appréciation individuelle et morale, relevant du libre arbitre du débiteur, se trouvent, dès lors, exclues du champ de l'action oblique[4]. L'intérêt moral du débiteur l'emporte sur l'intérêt financier du créancier.

---

[1] Les droits extra-patrimoniaux se divisent en deux catégories : droits familiaux et droits de la personnalité. Les droits extra-patrimoniaux sont, de part leur nature, insusceptibles d'intégrer le patrimoine du débiteur et faire partie du gage général de ses créanciers. Il est donc évident que si le droit ou l'action est exclusivement extrapatrimonial, l'action oblique est refusée. Le créancier n'a pas, dans ce cas, d'intérêt pour agir. En ce sens : **H., L., J. MAZEAUD et F. CHABAS**, Leçons de droit civil, T.II, Premier vol., Obligations, Théorie générale, *op.cit.*, n°963, p.1043.

[2] **F. TERRÉ, Ph. SIMLER et Y. LEQUETTE**, *op.cit.*, n°1144, p.1134 ; **A. SÉRIAUX**, Droit des obligations, *op.cit.*, n°211, p.664-665.

[3] Cass. civ. fr., 08 juin 1963, JCP éd. G, 1965, II, 14087, obs. sous **J. SAVATIER**.

[4] V. **Z. ABDELMOUMEN**, mémoire préc., pp.38 à 48 ; **F. TERRÉ, Ph. SIMLER et Y. LEQUETTE**, *ibid.*, n°1144, pp.1135 à 1137 ; **Ph. MALAURIE, L. AYNES et Ph. STOFFEL-MUNCK**, Droit civil,

714. Nécessité d'un contrôle judiciaire*a priori*. À la différence de l'action directe qui, en dépit de son appellation, n'exige pas que son auteur intente une action en justice pour atteindre le patrimoine du sous-débiteur, le tiers poursuivant, exerçant la voie oblique, doit inéluctablement obtenir l'aval judiciaire pour reconstituer le patrimoine de son débiteur. C'est ce qui ressort de l'alinéa second de l'article 306 du Code des obligations et des contrats, qui prévoit que, lorsque le débiteur a des droits sur d'autres personnes et que ses créanciers ne peuvent obtenir ce qui leur est dû, ces derniers,« peuvent soumettre leur affaire au juge »[1]. Aucune allusion n'a été faite à cette condition dans le cadre du Projet préliminaire de Code civil et commercial tunisien. C'est ce qu'on peut constater implicitement de la lecture de l'article 229, qui prévoit que « les créanciers peuvent exercer directement tous les droits et actions de leurs débiteurs… ». Mieux encore, le législateur de l'Avant-projet dudit Code a marqué une volonté délibérée d'écarter une telle condition. Il prévoyait, dans l'article 348, que « les créanciers peuvent, sans besoin de subrogation préalable, exercer tous les droits et actions de leur débiteur… ». En exigeant un contrôle judiciaire préalable, l'article 306, alinéa second, du Code des obligations et des contrats marque une orientation claire vers l'infliction d'une limite à toute immixtion abusive du tiers poursuivant, dans le patrimoine de son débiteur, fût-il récalcitrant[2]. L'empreinte du droit musulman est indéniable[3].

2. Conditions renforcant les droits du tiers poursuivant

715. Généralité des droits et actions. Le créancier, tiers poursuivant, peut, sous les réserves sus-indiquées, exercer toutes les actions de son

---

Les obligations, *op.cit.*, n°1151, pp.644-645 ; **J. FLOUR, J.-L. AUBERT et E. SAVAUX**, Droit civil, Les obligations, T.3, Le rapport d'obligation, *op.cit.*, n°81, pp.69 à 71 ; **W. DROSS**, Fasc. préc., n°74 à 90, pp.21 à 25 ; **H., L., J. MAZEAUD et F. CHABAS**, *op.cit.*, n°963, p.1044 ; **G. WICKER et L. SAUTONIE-LAGUIONIE**, Observations et propositions de modifications, préc., p.70, n°7 ; V. pour les libéralités : **D. GUÉVEL**, « Action oblique, ingratitude et indignité », *in* Études offertes à J. DUPICHOT, Bruylant, Bruxelles, 2004, pp.185-207.V. aussi : Cass. civ. fr., 03 juin 1998, JCP éd. G, 1998, II, 10167, note **J. CASEY** ; JCP éd. G, 1999, I, 132, n°2, obs. **R. LE GUIDEC** ; Rep. Defrénois, 1999, art.36928, p.93, note **X. SAVATIER**. *Adde* :

محمد المالقي، مرجع سابق، ص.265-266. **جلال بن حليمة**، إعسار المدين، أطروحة دكتورا في القانون الخاص، كلية الحقوق بصفاقس، 2012-2013، عدد 169-170، ص.151-152. **سامية العجيمي**، رسالة سابقة، ص.51 إلى 68.

[1]*Contra* : les droits français et égyptien : **W. DROSS**, Fasc. préc., n°14, p.6. *Adde* :

عبد الرزاق أحمد السنهوري،الوسيط في شرح القانون المدني الجديد، ج.2، نظرية الإلتزام بوجه عام: الإثبات- آثار الإلتزام، دار إحياء التراث العربي، بيروت، 1963، عدد 535، ص.951-952.

[2] **F. KOLSI**, « L'urgence et l'immixtion du tiers dans les affaires d'autrui », RJL, 2014, n°10, pp.25-26 ; **Z. ABDELMOUMEN**, mémoire préc., p.11. *Adde* :

سامية العجيمي، رسالة سابقة، ص.72 إلى 75. **ألفة الفرشيشي**، مقال سابق، ص.362-363.

[3] V. en ce sens :

محمد المالقي، مرجع سابق، ص.263-264: " وهذا القيام المستوحى من قاعدة الفصل 1166 الفرنسي إصطلح على وصفه بالدعوى المنحرفة أو غير المباشرة... لأن الشريعة لا ترى مثل ذلك عملا بقاعدة ولاية الإنسان على ماله التي من نتائجها أن ''لا يكون مديون المديون خصما للدائن'' غير أنه إذا ثبت دين الدائن على مدينه ثم تبين **للقاضي** أن لهذا المدين مالا عند الغير فللقاضي أن يأمر مدين المدين بدفع ما عليه لدائن دائنه".

Adde : Art.1640 du Code ottoman : ''لا يكون مديون المديون خصما للدائن...''

V. exceptionnellement à cette règle : Art.1639 du Code ottoman :

" لا يكون الوديع خصما لدائن المودع... لكن من كانت نفقته واجبة على الغائب له أن يدعي نفقته على الوديع ليأخذها من دراهم الغائب التي هي أمانة عنده".

débiteur, si celui-ci les néglige. La généralité du terme « actions » utilisée par l'article 306, alinéa second, du Code des obligations et des contrats permet de le constater[1]. Le droit d'agir du créancier ne se limite pas, donc, aux actions en paiement dont le débiteur est titulaire[2], il s'étend aux actions en exécution forcée[3], ou en dommages et intérêts[4]. Aux actions, il faut assimiler les voies d'exécution qui sont la suite naturelle du jugement de condamnation et l'une des phases de l'exercice du droit. Le créancier peut, dès lors, prendre les mesures d'exécution correspondantes, à l'instar des saisies-arrêts[5].

716. Généralité de l'objet de la créance. Est-il nécessaire que le droit du tiers poursuivant ait pour objet une somme d'argent, que sa créance soit en numéraire, ou peut-il agir obliquement en vue de faire respecter une créance en nature ?

De lege lata, l'expression « الخلاص »utilisée par l'article 306, alinéa second, permet de constater que l'action oblique a, exclusivement, pour cause et pour effet de sauvegarder le droit de gage général du tiers, créancier poursuivant, consacré dans l'article 192 du Code des droits réels, en lui donnant le moyen d'assurer le paiement de sa créance. La confirmation vient de l'article 308 du Code des obligations et des contrats. La récompense du créancier diligent, précise ledit article, est un « paiement ». Il s'agit donc de la réintégration dans le patrimoine du débiteur d'une valeur pécuniaire[6].

De lege ferenda, à l'instar de l'évolution qu'a connu l'interprétation de l'article 306, alinéa premier, du Code des obligations et des contrats[7], l'action oblique peut avoir pour objectif de protéger non seulement le créancier d'une somme d'argent, mais tous les cas où un créancier se trouve empêché d'exercer son droit de créance, alors même que ce droit est sans incidence sur la consistance du patrimoine de celui-ci[8].

---

[1]**Z. ABDELMOUMEN**, mémoire préc., pp.30 à 33. *Adde* :

محمد المالقي، مرجع سابق، ص.264-265.

[2]**J. FLOUR, J.-L. AUBERT et E. SAVAUX**, Droit civil, Les obligations, T.3, Le rapport d'obligation, *op.cit.*, n°80, p.69 ; **F. TERRÉ, Ph. SIMLER et Y. LEQUETTE**, *op.cit.*, n°1144, p.1133-1134 ; **Z. ABDELMOUMEN**, mémoire préc., pp.26 à 30.

[3] Pour l'action oblique d'un locataire contre un colocataire : Cass. civ. fr., 4 déc. 1984, RTD civ., 1985, pp.580-582, obs. **J. MESTRE** ; pour une action d'un salaire contre l'Etat, débiteur de son employeur, CE, 20 oct. 2000, D., 2001, somm. comm., pp.1919-1920, obs. **D.CHELLE** et **X. PRÉTOT**.

[4] Le créancier peut, en règle générale, intenter toutes les actions à caractère patrimonial, V. pour une action en nullité absolue : Cass. civ. fr., 23 avr. 1981, JCP éd. G, 1981, IV, p.235, 1re col. ; pour une action en revendication de chevaux: Cass. civ. fr., 14 déc. 1971, JCP éd. G, 1972, II, 17102, obs. **G. GOUBEAUX** ; pour une action en résiliation d'un bail : Cass. civ. fr., 14 nov. 1985, D., 1986, J., pp.386-387, note **J.-L. AUBERT** ; RTD civ., 1986, pp.599-601, obs. **J. MESTRE** ; pour une action en garantie : Cass. civ. fr., 16 juill. 1986, JCP éd. G, 1986, IV, p.283, 1re col.

[5] V. en ce sens :

سامية العجيمي، رسالة سابقة، ص.38-39.

[6] **Z. ABDELMOUMEN**, mémoire préc., pp.10-11. *Adde* :

محمد المالقي، مرجع سابق، ص.265 وضمنيا: ص.266-267: من خلال اشتراط عسر المدين وتقدير الدين.

[7] V. *supra*, nos216 à 219.

[8]**Z. ABDELMOUMEN**, mémoire préc., pp.67 à 69. *Adde* :

سامية العجيمي، رسالة سابقة، ص.87-88. **ألفة الفرشيشي**، مقال سابق، ص.364.

Cette extension du domaine de l'action oblique acquiert droit de cité en droit français. Le créancier poursuivant peut être « titulaire d'une créance quelconque »[1]. « La nature de l'action oblique, précise-t-on, importe peu. L'obligation du débiteur peut être de somme d'argent, mais aussi de faire, de ne pas faire ou de donner »[2]. En témoigne plusieurs arrêts rendus par la Cour de cassation française. Ainsi, un syndicat de copropriétaire a été admis à exercer par la voie oblique une action en résiliation d'un bail aux lieu et place d'un copropriétaire, bailleur. Ce dernier a, en effet, négligé d'agir contre son locataire qui n'a pas respecté le règlement de copropriété. Il est clair que ce n'est pas, en tant que créancier d'une somme d'argent que le syndicat a agi, mais afin de faire respecter la destination de l'immeuble telle qu'elle est prévue par le règlement de copropriété[3]. « L'exercice de l'action oblique se trouvait donc ouvert pour assurer l'exécution correcte d'un bail, à un tiers étranger à ce contrat »[4]. Dans la même veine, un premier locataire a été admis à exercer l'action oblique pour contraindre le second à exécuter les clauses de son bail. Son but n'était pas l'accroissement de son droit de gage, mais d'éviter que l'autre locataire ne lui fît concurrence[5]. Ainsi, « de plus en plus, la jurisprudence a tendance à faire jouer l'action oblique comme moyen de contraindre le débiteur d'un débiteur à exécuter envers ce dernier ses obligations de façon à permettre à l'auteur de l'action l'obtention d'un avantage que, autrement, il n'aurait pu obtenir. La voie oblique devient ainsi un mode d'exécution forcée d'un lien d'obligation auquel le titulaire de l'action n'est pas partie. Elle fait du même coup échec au principe de l'effet relatif des conventions et, au-delà, de tout lien d'obligation »[6].

---

[1]**G.LÉGIER, L. TRANCHANT et V. ÉGÉA**, *op.cit.*, p.203 ; **G. WICKER** et **L. SAUTONIE-LAGUIONIE**, Observations et propositions de modifications, préc., p.70, n°6. *Contra* : **A. SÉRIAUX**, *op.cit.*, n°215, p.668.

[2]**F. TERRÉ, Ph. SIMLER et Y. LEQUETTE**,*op.cit.*, n°1147 , p.1138 ; **Ph. MALAURIE, L. AYNES et Ph. STOFFEL-MUNCK**, Droit civil, Les obligations, *op.cit.*, n°1150, p.644 ; **J. FLOUR, J.-L. AUBERT et E. SAVAUX**, Droit civil, Les obligations, T.3, Le rapport d'obligation, *op.cit.*, n°78, p.67. **S. BECQUÉ-ICKOWICZ**, Effets des conventions à l'égard des tiers. Distinction entre les effets entre les parties et à l'égard des tiers, J.-Cl., Fasc. 37-1, Art.1165 : Fasc.10, LexisNexis, 2014, n°14, pp.5-6.

[3] Cass. civ. fr., 14 nov. 1985, D., 1986, J., pp.368-369, note **J.-L AUBERT** ; RTD civ, 1986, pp.599-601, obs. **J. MESTRE**. Aux dires de la Cour de cassation : « Attendu qu'aux termes de l'art.1166 c. civ., les créanciers peuvent exercer les droits et actions de leur débiteur, à l'exception de ceux exclusivement attachés à la personne ; qu'après avoir relevé que la Soc. ANLO avait contrevenu aux obligations découlant de son bail et que ses agissements, qui causaient un préjudice aux autres copropriétaires, étaient en outre contraires au règlement de copropriété, l'arrêt qui retient que ce règlement déclare chaque copropriétaire responsable des agissements répréhensibles de ses locataires, en a exactement déduit qu'en raison de la carence de M..., le Syndicat des copropriétaires avait le droit d'exercer l'action en résiliation du bail ». *Adde* : Cass. civ. fr., 20 déc. 1994, RDI, 1995, pp. 154-155, note **P. CAPOULADE et C. GIVERDON** ; Cass. civ. fr., 22 juin 2005, AJDI, 2005, pp. 914-915.

[4]**J.-L AUBERT**, note sous Cass. civ. fr., 14 nov. 1985, préc., p.369, 1re col.

[5] Cass. civ. fr., 04 déc. 1984, RTD civ., 1985, p.580, obs. **J. MESTRE**. Aux dires de la Cour de cassation : « l'article 1166 du Code civil permet aux créanciers d'exercer tous les droits et actions de leur débiteur, sans distinguer selon l'origine de l'obligation ».

[6]**A. SÉRIAUX**, *op.cit.*, n°215, pp.667-668 ; **Ph. MALAURIE, L. AYNES et Ph. STOFFEL-MUNCK**, *ibid.*, *loc.cit.* ; **W. DROSS**, Fasc. préc., nos12-13, p.6 ; **G. GOUBEAUX**, art. préc., n°13, p.159 ; **J. MESTRE**, obs. sous Cass. civ. fr., 14 nov. 1985, préc., p.600.

Deux domaines se trouvent, dès lors, ouverts à l'action oblique. « D'un côté, la protection du droit de gage des créanciers chirographaires, de l'autre la dérogation à l'effet relatif des contrats permettant à ces tiers intéressés que sont les créanciers d'une des parties dont le droit dépend de l'exécution du contrat de provoquer celle-ci afin d'obtenir satisfaction »[1]. L'immixtion du tiers dans la sphère contractuelle gagne, alors, du terrain.

717. Caractères de la créance. La question des caractères de la créance est liée à celle de la nature juridique de l'action oblique, pour laquelle on hésite entre mesure conservatoire et acte d'exécution.

Elle n'est pas une mesure d'exécution car le créancier poursuivant n'opère aucune saisie sur le patrimoine de son débiteur. L'action oblique ne se traduit pas directement par la satisfaction du créancier. Elle précède et prépare la phase d'exécution sur les biens ou valeurs réintégrés. Elle est cependant, plus qu'une mesure conservatoire, car le créancier fait plus que protéger le patrimoine de son débiteur, puisqu'il agit en exécution de l'obligation promise. L'action oblique est, dès lors, moins qu'un acte d'exécution et plus qu'une mesure conservatoire[2].

Parce qu'elle n'est pas un acte d'exécution, le créancier poursuivant n'a pas besoin d'un titre exécutoire pour l'exercer[3] et il n'a pas à interpeller le débiteur au sens de l'article 269 du Code des obligations et des contrats avant d'agir[4]. Parce qu'elle est plus qu'une mesure conservatoire, l'action oblique nécessite que la créance du tiers poursuivant soit certaine, exigible et liquide, lorsqu'elle a pour objet une somme d'argent[5]. L'appréciation de ces caractères doit se faire au jour de la décision, sécurité juridique du tiers exige.

718. Suffisance d'une créance certaine au jour de la décision. Une créance est dite certaine, lorsque son existence ne peut être contestée. Cette condition peut être déduite de l'alinéa 2 de l'article 306 du Code des obligations et des contrats qui prévoit que les créanciers poursuivants ne peuvent soumettre leur affaire au juge qu'« après avoir fait la preuve de leurs

---

[1]**G. GOUBEAUX**, art. préc., n°13, p.157.

[2]**H., L., J. MAZEAUD et F. CHABAS**, *op.cit.*, n°973, p.1048 ; **Z. ABDELMOUMEN**, mémoire préc., pp.15-16 ; **J. FLOUR, J.-L. AUBERT et E. SAVAUX**, Droit civil, Les obligations, T.3, Le rapport d'obligation, *op.cit.*, n°79, p.68. *Adde* :

ألفة الفرشيشي، مقال سابق، ص.357.

Pour certains, elle est plus proche à une mesure d'exécution : **F. TERRÉ, Ph. SIMLER et Y. LEQUETTE**, *op.cit.*, n°1147, pp.1138-1139 et n°1142, p.1132 : « C'est, en définitive, avec une mesure d'exécution que la parenté est la plus proche ». *Adde* :

محمد المالقي، مرجع سابق، ص.265. **ألفة الفرشيشي**، مقال سابق، ص.362.

Pour d'autres, elle a une valeur purement conservatoire. V. En ce sens : **V. TELLIER**, « La nature juridique de l'action oblique », RRJ, 2002, pp.1837 à 1846, n^{os}4 à 22.

[3] Lyon, 02 déc. 1957, RTD civ., 1958, p.262, obs. **H. et L. MAZEAUD** ; **H., L., J. MAZEAUD et F. CHABAS**, *ibid.*, n°970, p.1045.

[4] La Cour de cassation française a décidé que l'action oblique vaut mise en demeure du débiteur dès lors que celui-ci est mis en cause : Cass. civ. fr., 09 déc. 1970, JCP éd. G, 1971, II, 16920, obs. **M.D.P.S.**, RTD civ., 1971, pp.629-630, obs. **Y. LOUSSOUARN**.

[5] Cass. com. fr., 20 mars 2013, JCP éd. G, 2013, doc. 897, n° 7, pp.1541-1542, obs. **G. LOISEAU** ;**J. FLOUR, J.-L. AUBERT et E. SAVAUX**, Droit civil, Les obligations, T.3, Le rapport d'obligation, *op.cit.*, n°79, p.68 ; **F. TERRÉ, Ph. SIMLER et Y. LEQUETTE**, *ibid.*, n°1147, pp.1138-1139.

droits ». Cette preuve suppose que la créance ne soit pas éventuelle, litigieuse au sens de l'article 202 du Code des obligations et des contrats, ou même conditionnelle. D'aucuns estiment que cette condition est exagérée[1]. Il n'est pas nécessaire, estime-t-on, que la créance soit certaine. Il suffit qu'elle paraisse fondée en son principe. Le fondement est l'article 322, alinéa deux, du Code de procédure civile et commerciale, qui permet de pratiquer une saisie conservatoire « pour sûreté de toute créance paraissant fondée en son principe ». Dès lors, exiger du créancier qu'il se justifie d'une créance certaine, serait contraire à la nature de l'action oblique, qui est plutôt une mesure conservatoire. L'argument semble porter peu. En effet, l'action oblique est plus qu'une mesure conservatoire. Certes, elle vise à réintégrer un bien dans le patrimoine du débiteur et non le saisir, mais elle permet au tiers poursuivant dans un second temps, d'obtenir le paiement sur l'actif qu'il a fait entrer dans le patrimoine de son débiteur. Or, souvent, le tiers poursuivant agit à la fois contre le sous-débiteur par la voie de l'action oblique et en paiement contre son débiteur. Il ajoute à son action oblique une action personnelle en recouvrement de sa créance, ce qui lui est permis de faire dans la même instance. Telle démarche n'est possible qu'au titre d'une créance certaine[2]. L'appréciation de ce premier caractère doit se faire au jour où le juge statue pour que l'action oblique soit recevable[3]. La sécurité juridique du tiers est à ce prix.

719. Suffisance d'une créance exigible au jour de la décision. L'exigibilité est le caractère d'une dette, dont le créancier est en droit de réclamer l'exécution immédiate, sans être tenu de respecter un terme. À la créance exigible s'oppose la créance à terme. Cette condition n'a pas été formellement exprimée par le législateur. On peut cependant la déduire implicitement de l'article 308 du Code des obligations et des contrats, qui prévoit que le créancier substitué « profite seul du paiement qu'il a obtenu ». Le paiement, qui constitue l'issue de l'action oblique, suppose, inéluctablement, que la créance soit exigible[4]. Techniquement, on ne voit pas comment l'insolvabilité du débiteur serait établie, si la créance invoquée n'était pas exigible. Au même titre que la condition de certitude, il suffit que la créance soit exigible, au moment où le tribunal, saisi de l'action oblique, statue. Importe peu, dès lors, que la créance soit non encore échue au jour de la demande[5]. La protection du tiers poursuivant l'exige.

---

[1]**H., L., J. MAZEAUD et F. CHABAS**, *op.cit.*, n°969, p.1046 ; **Z. ABDELMOUMEN**, mémoire préc., pp.69 à 71. *Adde* :

حاتم بن عبد الحميد الرواتبي، الحماية القانونية للدائن العادي، مرجع سابق، عدد 137، ص.183.

[2]**A. SÉRIAUX**, Droit des obligations, *op.cit.*, n°210, p.662. *Adde* :

محمد المالقي، مرجع سابق، ص.266.**ألفة الفرشيشي**، مقال سابق، ص.361. **عبد الرزاق أحمد السنهوري**، مرجع سابق، عدد530، ص.945-946. **سامية العجيمي**، رسالة سابقة، ص.88 إلى 90.

[3]**H., L., J. MAZEAUD et F. CHABAS**, *ibid.*, n°969, p.1047.

[4]V. en cens sens :

محمد المالقي، مرجع سابق، ص.266. **سامية العجيمي**، رسالة سابقة، ص.90 إلى 92. **ألفة الفرشيشي**، مقال سابق، ص.361-362.

Contra : **Z. ABDELMOUMEN**, mémoire préc., pp.72 à 75.

[5]**H., L., J. MAZEAUD et F. CHABAS**, *ibid.*, *loc.cit.*

720. Suffisance d'une créance liquide au jour de la décision. La condition de liquidité n'a guère de sens, lorsque l'action oblique est utilisée comme technique assurant l'effectivité d'une obligation de faire, de ne pas faire ou de donner. Lorsque le tiers poursuivant est créancier d'une somme d'argent, la condition de liquidité, au sens d'évaluation en argent, est une condition de succès de l'action oblique[1]. Cette condition paraît inspirée par le souci de protéger le débiteur contre l'abus d'un créancier trop entreprenant qui cherche à étendre l'action à plusieurs biens alors même que certaines suffisent pour le désintéresser. Objectif non moins important, est le souci de préserver le droit de gage général du créancier. Raison pour laquelle, on estime qu'il suffit que la créance soit liquide le jour du jugement. La liquidation peut même résulter de la décision du juge qui statue sur l'action oblique[2].

B.Conditions tenant au débiteur principal

721. La mise à contribution de l'action oblique nécessite de la part du créancier, tiers poursuivant, la preuve d'un intérêt personnel[3]. Cet intérêt ne peut être étayé que lorsque deux conditions cumulatives soient réunies. La première consiste dans la carence du débiteur principal (1). La seconde, dans le préjudice subi par le tiers poursuivant(2). Deux conditions qui œuvrent au service de la protection du débiteur principal et de son droit de gérer son patrimoine.

1.La carence du débiteur principal

722. La carence. La carence du débiteur est une notion difficile à saisir. Elle se dissimule sous des appellations très variées. On parle aussi bien « d'inaction, d'inertie, de négligence, d'incurie ou de mauvais vouloir »[4]. La carence peut s'entendre de toute inaction ou négligence de la part du débiteur, dans l'exercice de ses propres droits[5]. Elle se vérifie aussi, lorsque le débiteur, après avoir saisi les tribunaux, néglige la poursuite de l'instance[6].

---

[1] **J. FLOUR, J.-L. AUBERT et E. SAVAUX**, Droit civil, Les obligations, T.3, Le rapport d'obligation, *op.cit.*, n°79, p.68. *Adde* :

محمد المالقي، مرجع سابق، ص.266.

[2] Lyon, 02 déc. 1957, préc., p.262, obs. **H. et L. MAZEAUD** ; **A. CERMOLACCE**, « État des lieux des actions oblique et paulienne », LPA, 2008, n°19, p.8, note 49. *Adde* :

عبد الرزاق أحمد السنهوري، مرجع سابق، عدد 531، ص.946-947 و948.

[3] Art.19 du CPCC. V. en ce sens :

عبد الرزاق أحمد السنهوري، مرجع سابق، عدد 529، ص.945. **سامية العجيمي**، رسالة سابقة، ص.93.

[4] **J. MESTRE et B.FAGES**, obs. sous RTD civ., 2002, p.513, 1re col.

[5] V. en ce sens :

جلال بن حليمة، أطروحة سابقة، عدد 165، ص.146-147. **سامية العجيمي**، رسالة سابقة، ص.95 إلى 97.

[6] Grenoble, 30 déc. 1896, D.P., 1897, 2, pp.238-239. *Adde* :

عبد الرزاق أحمد السنهوري، مرجع سابق، عدد 538، ص.955.

Un simple retard dans l'exercice des poursuites n'est pas, nécessairement, un signe de carence[1].

723. La carence du débiteur principal, condition nécessaire et suffisante. L'action oblique demeure une forme d'ingérence grave, qui ne peut se justifier qu'en cas de carence du débiteur dans l'exercice de ses droits[2]. Cette condition est nécessaire, mais aussi suffisante.

L'action oblique a, précisément, pour objet de vaincre l'inertie du débiteur. Elle n'a, donc, de raison d'être que si le débiteur principal n'agit pas lui-même contre son propre débiteur. Seule, donc, la carence du débiteur qui justifie l'ingérence de ses créanciers dans la mise en œuvre de ses droits[3]. Cette condition qui n'a pas été formellement prévue par le législateur, peut être implicitement déduite des termes de l'article 306, alinéa second, du Code des obligations et des contrats. En effet, si celui-ci permet la substitution des créanciers lorsque « le débiteur a des droits sur d'autres personnes », c'est que le débiteur néglige de les exercer. La condition de négligence est, donc, sous-jacente de tout recours des, créanciers, tiers poursuivants, par la voie oblique. Elle est une condition d'évidence même, puisque, si le débiteur exerce ses droits, les tiers n'ont aucun intérêt à agir. Or, l'intérêt est la condition première de toute action.

Parce qu'elle est une condition nécessaire, la substitution ne peut avoir lieu en présence d'un débiteur diligent, qui a déjà fait valoir ses droits en justice[4]. Il n'y a pas à tenir compte de la façon dont le débiteur agit, même s'il le fait mal[5], ses créanciers ne sont pas admis à se substituer à lui. La substitution ne peut, non plus, avoir lieu, si avant même toute saisine des juridictions, le débiteur a manifesté, par une sommation faite à son débiteur, son intention d'exiger le respect de ses droits. Dans ces hypothèses, le créancier poursuivant ne peut qu'intervenir dans l'instance introduite par son débiteur pour conserver ses droits[6].

---

[1] Cass. civ. fr., 14 avr. 1886, préc., p.222, 1re col. ; **H., L., J. MAZEAUD et F. CHABAS**, *op.cit.*, n°966, p.1045.

[2] Même dans ce cas, le débiteur peut à tout moment empêcher la substitution de son créancier en se décidant à agir lui-même. On fonde la solution sur cette considération que l'action oblique n'est pas la sanction d'une faute du débiteur.

[3] **F. KOLSI**, art. préc., pp.14-15 ; **G. GOUBEAUX**, « La carence du débiteur, condition de l'action oblique. Questions de fond et questions de preuve », art. préc., pp.147-160 ; **G. WICKER** et **L. SAUTONIE-LAGUIONIE**, Observations et propositions de modifications, préc., p.69, n°6 ; **Z. ABDELMOUMEN**, mémoire préc., pp.50 à 56 ; **J. FLOUR, J.-L. AUBERT et E. SAVAUX**, Droit civil, Les obligations, T.3, Le rapport d'obligation, *op.cit.*, n°78, pp.66-67 ; **F. TERRÉ, Ph. SIMLER et Y. LEQUETTE**, *op.cit.*, n°1149, pp.1140-1141 ; **Ph. MALAURIE, L. AYNES et Ph. STOFFEL-MUNCK**, Droit civil, Les obligations, *op.cit.*, n°1149, pp.643-644 ; **A. SÉRIAUX**, Droit des obligations, *op.cit.*, n°210, p.662 ; Cass. civ. fr., 14 déc. 1971, JCP éd. G, 1972, II, 17102, obs. **G. GOUBEAUX** ; Cass. com. fr., 19 déc. 2012, JCP éd. G, 2013, doc. 897, n° 7, p.1541, obs. **G. LOISEAU**. *Adde* :
ألفة الفرشيشي، مقال سابق، ص.363. **جلال بن حليمة**، أطروحة سابقة، عدد 164، ص.146.

[4] Cass. civ. fr., 14 avr. 1886, DP, 1886, 1, pp.220 à 222, 2ème arrêt, spéc. p.222, 1re col.

[5] Toutefois, lorsqu'il agit en fraude des droits de ses créanciers, ceux-ci seront en droit de mettre à contribution l'action oblique : Art.306, al. premier, du COC.

[6] Art.224, al.1er, CPCC : « Tout tiers ayant intérêt au procès-verbal a le droit d'intervention en tout état de cause ».

Parce qu'elle est une condition suffisance, les raisons de la carence sont indifférentes. À la différence de l'action paulienne, toute analyse subjective des mobiles, ayant guidé le débiteur, est superflue. Peu importe que le débiteur ait été simplement négligent ou qu'il ait été inspiré du désir de nuire à ses créanciers. Le seul constat de la carence, est suffisant[1]. « Le débat sur la recevabilité de l'action oblique devrait donc tourner dans l'avenir moins autour d'une recherche de la cause de l'inaction du débiteur qu'autour de l'appréciation de la réalité de ses diligences »[2].

L'orientation qui veut dépouiller la notion de carence du débiteur de toute coloration morale, trouve son achèvement dans la règle qui dispense le créancier de faire la preuve de cet élément.

724. Charge de la preuve de la carence du débiteur. En principe, s'agissant d'une condition de recevabilité de son action, c'est au créancier qui prétend la carence de son débiteur dans l'exercice de ses droits et actions d'en apporter la preuve. C'est ce que prescrit l'article 420 du Code des obligations et des contrats. Cependant, en vue de protéger davantage le droit de gage général du tiers, créancier poursuivant, une tendance louable vers l'allégement de sa charge probatoire se dessine en droit comparé. La carence du débiteur, précise la Cour de cassation française, le 28 mai 2002, « se trouve établie lorsqu'il ne justifie d'aucune diligence dans la réclamation de son dû »[3]. La même solution a été réitérée le 05 avril 2005[4]. La charge de la preuve est, alors, renversée. La carence devient présumée. Il n'appartient plus au créancier de démontrer l'inaction de son débiteur, il lui suffit d'alléguer que cette inaction compromet son droit de gage général. Le débiteur principal devrait, alors, établir quelles sont les diligences qu'il a accomplies. Une telle solution, jugée « de bon sens »[5], permet d'éviter de faire peser sur le tiers poursuivant la délicate preuve d'un fait négatif. Étant une question de fait, l'appréciation de la carence du débiteur principal relève du pouvoir souverain des juges du fond[6].

Certes,l'inaction du débiteur est une condition indispensable pour permettre au créancier poursuivant d'exercer obliquement les droits et actions de son débiteur, encore faut-il que l'inertie du débiteur nuise à son créancier pour qu'il soit en mesure d'invoquer un intérêt à se substituer à lui.

---

[1]**F. TERRÉ, Ph. SIMLER et Y. LEQUETTE**,*op.cit.*, n°1149, p.1140 ; **G. GOUBEAUX**, art. préc., n°7, pp.152-153 ; Cass. civ. fr., 14 nov. 1985, D., 1986, J., pp.368-369, note **J.-L AUBERT**, RTD civ, 1986, pp.599-601, obs. **J. MESTRE**. *Adde* :

جلال بن حليمة، أطروحة سابقة، عدد 166، ص.147-148.

[2]**V. PERRUCHOT-TRIBOULET**, obs. sous Cass. civ. fr., 28 mai 2002, D., 2002, J., p.3043, 2ème col.

[3] Cass. civ. fr., 28 mai 2002, D., 2002, J., pp.3041-3043, note **V. PERRUCHOT-TRIBOULET** ; D., 2002, J., p.2836, obs. **Ph. DELEBECQUE** ; RTD civ., 2002, pp.513-514, obs. **J. MESTRE et B.FAGES** ; **G. GOUBEAUX**, art. préc., nos5 à 10, pp.150 à 155.

[4] Cass. civ. fr., 05 avr. 2005, D., 2005, IR, p.1176 ; JCP éd. G, 2005, IV, n°2190,p.1033.

[5]**J. MESTRE et B.FAGES**, obs. sous Cass. civ. fr., 28 mai 2002, RTD civ., 2002, p.51, 1re col. ; **G. GOUBEAUX**, art. préc., n°5, p.150. *Adde* :

جلال بن حليمة، أطروحة سابقة، عدد 167، ص.148-149.

[6] V. en ce sens :

سامية العجيمي، رسالة سابقة، ص.97 إلى 99.

2.Le préjudice subi par le tiers poursuivant

725. Nécessité d'un préjudice. L'action oblique, précise l'article 306, alinéa second, du Code des obligations et des contrats, n'est ouverte que « lorsque les créanciers ne peuvent obtenir ce qui leur est dû ». Seule l'insatisfaction des créanciers justifie, dès lors, leur immixtion dans la gestion du patrimoine de leur débiteur. D'où la nécessité de la preuve du préjudice subi. Ce préjudice se décline en deux variantes. Il peut résulter soit de la mise en péril d'une créance de somme d'argent, en portant atteinte au droit de gage général du créancier, soit encore de la mise en péril d'une créance en nature, en empêchant l'exécution du droit du créancier[1].

726. L'atteinte au droit de gage général du tiers poursuivant, condition nécessaire dans les créances pécuniaires. Conçue traditionnellement comme un moyen de reconstitution du droit de gage général des créanciers de sommes d'argent, l'action oblique permet au titulaire d'une créance monétaire la réintégration dans le patrimoine de son débiteur d'une valeur pécuniaire. Cela suppose que seule la preuve de l'insolvabilité du débiteur qui puisse légitimer l'exercice par la voie oblique de ses droits et actions par son créancier[2]. L'article 306, alinéa second, du Code des obligations et des contrats, le confirme. Il pose comme condition première de l'action oblique l'hypothèse où « les créanciers ne peuvent obtenir ce qui leur est dû ». L'intérêt à agir est, alors, fonction de la preuve de l'insolvabilité du débiteur. Cette dernière peut être définie comme étant la situation dans laquelle se trouve un « débiteur de somme d'argent, dont l'actif est insuffisant pour l'acquittement de toutes ses dettes »[3]. La Cour de cassation a eu l'occasion de consacrer cette définition dans le cadre de l'action paulienne[4].

727. Charge de la preuve de l'insolvabilité du débiteur. La preuve de l'insolvabilité du débiteur incombe au créancier qui s'en prévaut. La solution se pare des atours les plus classiques du droit des obligations[5]. La Cour

---

[1] **J.-L. AUBERT**, note sous Cass. civ. fr., 14 nov. 1985, D., 1986, J., p.369, 2ème col.

[2] Cass. civ. fr., 02 déc. 1992, RTD civ., 1993, pp.824-825, obs. **J. MESTRE** ; **W. DROSS**, Fasc. préc., n°s38-39, p.12 ; **J. FLOUR, J.-L. AUBERT et E. SAVAUX**, Droit civil, Les obligations, T.3, Le rapport d'obligation, *op.cit.*, n°78, p.67 ; **F. TERRÉ, Ph. SIMLER et Y. LEQUETTE**, *op.cit.*, n°1148, pp.1139-1140 ; **Z. ABDELMOUMEN**, mémoire préc., pp.56 à 64 ; **H., L., J. MAZEAUD et F. CHABAS**, *op.cit.*, n°967, pp.1045-1046. *Adde* :
محمد المالقي، مرجع سابق، ص.266. **جلال بن حليمة**، أطروحة سابقة، عدد 163، ص.145-146. **سامية العجيمي**، رسالة سابقة، ص.99 إلى 100. **ألفة الفرشيشي**،مقال سابق، ص.363.

[3] **S.GINOSSAR**, *op.cit.*, n°34, p.84.*Adde* :
جلال بن حليمة، أطروحة سابقة، عدد 10 إلى 20، ص.8 إلى 16 وعدد 276 إلى 283، ص.251 إلى 259. **سامية العجيمي**، رسالة سابقة، ص.103.

[4] Cass. civ. n°25366 en date du 07 avr. 2009, Bull. civ., 2009, 1re partie, p.171 :
" المراد بإعسار المدين هو المؤدّي إلى افتقاره والمرتبط إرتباطا عضويّا بأنعدام أيّ مكاسب أخرى كافية لسداد ما عليه من ديون".
Adde : Cass. civ. n°16927 en date du 04 mars 2008, Bull. civ., 2008, 1re partie, p.173 ; Cass. civ. n°1695 en date du 30 oct. 2006, RJL, 2006, n°10, p.207 (partie en langue arabe) :
" عسر المدين هو مصطلح مستعمل في المادّة المدنيّة ويختلف عن التوقف عن الدّفع في المادّة التجاريّة وعرّفه الفقهاء بكونه عدم القدرة على الوفاء بحق الدّائن ".
En ce sens : art.232 du Projet Préliminaire de Code civil et commercial tunisien de 1897.

[5] Art.420 du COC.

suprême estime que la demeure du débiteur ne signifie pas *ipso facto* son insolvabilité[1]. Cette dernière peut, en revanche, être déduite d'une mise en demeure infructueuse[2]. À l'instar de l'action paulienne, elle peut, aussi, être établie par procès-verbal de carence[3]. La Cour de cassation, par faveur au créancier, tiers poursuivant, a même procédé, en la matière, à un renversement de la charge de la preuve. Ce n'est plus au créancier d'apporter la preuve de l'insolvabilité de son débiteur, mais c'est à ce dernier de prouver le contraire[4]. Qu'en pense-t-on ? Il semble que la règle de la liberté du débiteur de gérer son patrimoine et son corollaire l'interdiction de toute immixtion abusive de son créancier dans ses affaires, dictent que le créancier soit dans l'obligation d'apporter la preuve de l'insolvabilité de son débiteur. La preuve de l'intérêt d'agir, condition première de toute action, oblige. À défaut d'une telle preuve, l'action oblique du créancier serait non seulement injustifiée, mais constituerait une immixtion abusive dans les affaires du débiteur[5].

Qu'en est-il lorsque, tout en apportant la preuve de l'insolvabilité de son débiteur, le créancier a d'autres voies pour obtenir satisfaction ? C'est là une question dont la réponse dépend du caractère que l'on se propose de l'action oblique.

728. Le caractère subsidiaire de l'action oblique. On se demande si le créancier agissant par la voie oblique peut se prévaloir de l'existence d'un préjudice résultant de la carence de son débiteur alors même qu'il dispose d'autres voies de droit contre d'autres débiteurs de la même dette, notamment, contre une caution ou un codébiteur solidaire ? L'article 306, alinéa second, du Code des obligations et des contrats prévoit que l'action oblique n'est ouverte que « lorsque les créanciers ne peuvent obtenir ce qui leur est dû ». Implicitement, il semble que le législateur exige comme

---

[1] Cass. civ. n°7051 en date du 08 avr. 1958, RJL, 1960, n°s 9-10, p.31, n°42 (partie en langue arabe) :
" وعدم الخلاص والتأخر عن الدفع لا يدل على العسر".

[2] V. en ce sens :
سامية العجيمي، رسالة سابقة، ص.104-105.

[3] Cass. civ. n°2009-33704 en date du 25 mars 2010 (inédit), préc. :
" وحيث أنّ عسر المدين... ثابت من خلال المحضر... المحرّر من قبل عدل التنفيذ... إذ صرّح بأنّه عاجز عن التنفيذ ولم يجد عدل التنفيذ ما يمكن عقلته".

Adde : Cass. civ. n°25366 en date du 07 avr. 2009, Bull. civ., 2009, 1re partie, p.171 ; Cass. civ. n°21075 en date du 08 nov. 2008, RJL, 2009, n°3, p.151 (partie en langue arabe) :
"... ثمّ إنّ إعساره (المدين) ثابت... من خلال هروبه على إثر استحالة الخلاص الثابت من خلال محضر محاولة التنفيذ المنتهية بالعجز والتي تعتبر قرينة على هذا الإعسار".

Adde : Cass. civ. n°1695 en date du 30 oct. 2006, RJL, 2006, n°10, p.207 (partie en langue arabe) :
" يثبت ذلك (عسر المدين) بمجرّد العجز عن تنفيذ سندات تنفيذيّة تنفيذا جبريّا فتقوم عندئذ قرينة قانونيّة لإثبات العكس على أنّ المدين معسر وينتقل عبء الإثبات بفضل هذه القرينة إلى المدين الذي عليه أن يثبت أنّ له مالا يساوي قيمة الديون فإن لم يستطع إثبات ذلك اعتبر معسرا".

[4] Cass. civ. n°2009-43831 en date du 24 janv. 2011 (inédit), préc. :
" وحيث أنّ المدين هو المتحمّل لعبء إثبات أنّه لم يتعاقد مع الغير تغريرا أو تدليسا وبقصد الإضرار بدائنيه إذ لا أحد يعرف مكاسبه الشخصيّة أكثر منه وهو الذي يتعيّن عليه عرض الوفاء لإبراء ذمّته".

Adde :Cass. civ. n°61677 en date du 22 fév. 1999, Bull. civ., 1999, 2ème partie, p.57 :
" وحيث أن هذا الشرط أي شرط التسبّب في إعسار المدين أو الزيادة في إعساره بما صيّره عاجزا عن الوفاء يستوجب من رافع الدّعوى أن يدّعي هذا الأمر حتّى يمكن للمدين أن يثبت أنّ له مالا يساوي قيمة الدّين أو يزيد عليه".

[5] Cass. civ. fr., 11 juill. 1951, RTD civ., 1951, pp.544-545, obs. **P. HÉBRAUD et P. RAYNAUD**.

condition d'exercice de l'action oblique, l'impossibilité pour le créancier d'obtenir satisfaction par d'autres voies de droit contre d'autres débiteurs de la même dette. L'intérêt à agir est fonction de la preuve de cette condition[1]. L'action oblique est, certes, une garantie du droit de gage général du créancier, mais en posant une condition pareille, le législateur a marqué son intention de lui accoler un caractère subsidiaire. Il n'a pas emboité, sur ce point, le pas à son homologue français, qui prévoit dans l'article 1166 du Code civil que « les créanciers peuvent exercer tous les droits et actions de leur débiteur », sans condition aucune quant à l'inexistence d'autres voies de recours. Même en vertu de l'ordonnance n° 2016-131 du 10 février 2016,portant réforme du droit des contrats, du régime général et de la preuve des obligations, l'article 1341-1, abrogeant cette disposition, ne fait aucune allusion à cette condition[2]. La position du législateur tunisien est louable. Étant avant tout une immixtion dangereuse dans le patrimoine du débiteur, l'action oblique ne saurait être qu'un ultime recours, une fois les recours existant contre d'autres débiteurs de la même dette ont été épuisés. Qu'en est-il, lorsque, tout en étant ouvertes, ces voies sont moins efficaces que le résultat pouvant être procuré par l'action oblique ? Il semble que, dans ce cas, l'intérêt du créancier à agir obliquement est certain. Il devrait, alors, pouvoir se prévaloir de la voie oblique. Ainsi, l'équilibre entre la protection du patrimoine du débiteur de l'ingérence abusive de son créancier, tiers poursuivant, et l'intérêt de ce dernier à préserver ses droits dans les meilleures conditions, se trouve établi.

729. La mise en péril d'un droit, condition suffisante dans les créances en nature. L'action oblique peut être, non seulement mise au service d'un créancier d'une somme d'argent, mais aussi un instrument au service d'un créancier d'une obligation en nature[3]. Dans un tel cas de figure, le droit de gage général n'est plus en cause et par voie de conséquence, le préjudice que subit le créancier du fait de l'inaction du débiteur ne saurait résulter de l'insolvabilité de ce dernier. Cette condition devient « sans

---

[1] V. en ce sens :

محمد المالقي، مرجع سابق، ص.266.

[2] L'art. 1341-1 du C.civ.fr. de l'ordonnance n° 2016-131 du 10 fév. 2016 portant réforme du droit des contrats, du régime général et de la preuve des obligations, dispose que : « Lorsque la carence du débiteur dans l'exercice de ses droits et actions à caractère patrimonial compromet les droits de son créancier, celui-ci peut les exercer pour le compte de son débiteur, à l'exception de ceux qui sont exclusivement rattachés à sa personne ». En ce sens, dans le cadre de l'application de l'art.1166 du C.civ.fr, V. : Cass. civ. fr., 26 janv. 2011, n° 09-70.102 : JurisData n° 2011-000780 : l'action oblique « n'est soumise à aucune condition de subsidiarité » : cité par **G. WICKER et L. SAUTONIE-LAGUIONIE**, Observations et propositions de modifications, préc., note 8, p.70. V. déjà, Cass. civ. fr., 25 janv. 1865, D.P., 1865, 1, pp.162-163, péc. p.163, 2ème col. : « Attendu qu'aucune disposition n'établit que, dans le cas du concours de deux actions, dont l'une est personnelle au créancier, dont l'autre lui appartient du chef de son débiteur, il ne pourra exercer celle-ci qu'après avoir épuisé l'autre ». **W. DROSS**, Fasc. préc., n°101, p.28 : « le sous-débiteur, précise-t-on, n'a pas à son profit le bénéfice de discussion ». V. en ce sens :

عبد الرزاق أحمد السنهوري، مرجع سابق، عدد 534، ص.950-951.

[3] V. *supra*, n°716.

objet »[1]. Le créancier peut se contenter de la preuve d'une créance en péril, du fait de l'inaction du débiteur[2]. Cette preuve « s'étend à tous les cas où le créancier se trouve empêché d'exercer son droit de créance par le fait de la carence de son débiteur dans l'exercice d'un droit »[3]. Il suffit, dès lors, pour accepter le recours oblique que la carence du débiteur empêche l'exécution du droit du créancier, tiers.

L'intérêt du créancier d'une obligation, à exercer l'action oblique résultera alors d'une double démonstration. Le créancier devrait, d'une part, établir l'existence, à son profit, d'un droit de créance et, d'autre part, d'une carence de son débiteur dans la mise en œuvre de ses propres droits, carence de nature à compromettre l'effectivité du droit de créance invoqué[4]. Par exemple, c'est parce que le second locataire est créancier d'une obligation de jouissance paisible à l'égard du bailleur, et que ce dernier néglige de contraindre le premier locataire à se conformer à la destination des lieux, négligence qui est de nature à compromettre les droits du second locataire, que ce dernier a un intérêt suffisant à agir par la voie oblique, en cessation de l'activité concurrente exercée par le premier locataire.

Paragraphe II. Les effets de l'action oblique à l'égard du tiers poursuivant

730. Les effets de l'action oblique à l'égard du tiers poursuivant, tels que étayés par les articles 306, alinéa second, 307 et 308 du Code des obligations et des contrats, sont marqués par le souci de joindre la logique à l'efficacité. Parce que le créancier « ne fait qu'emprunter l'habit de son débiteur contre le débiteur de ce dernier »[5], il ne peut avoir plus de droits que celui à la place duquel il agit. Le tiers poursuivant a, de ce point de vue, un droit dérivé. L'étude de la portée de ses droits à l'égard du sous-débiteur poursuivi (A) permet de le démontrer. Parce que le créancier a pris l'initiative de renflouer le patrimoine de son débiteur, ses droits doivent être renforcés. Le tiers poursuivant a, de ce point de vue, un droit d'exclusivité. L'étude de la portée de ses droits à l'égard des créanciers du débiteur principal (B), permet de le confirmer.

---

[1]**G. GOUBEAUX**, art. préc., n°13, p.158 ; **W. DROSS**, Fasc. préc., n°40, p.12.
[2]**Ph. MALAURIE, L. AYNES et Ph. STOFFEL-MUNCK**, Droit civil, Les obligations, *op.cit.*, n°1150, p.644 ; **W. DROSS**, Fasc. préc., n°40, p.12 ; **F. TERRÉ, Ph. SIMLER et Y. LEQUETTE**, *op.cit.*, n°1148, pp.1139-1140.
[3]**J. FLOUR, J.-L. AUBERT et E. SAVAUX**, Droit civil, Les obligations, T.3, Le rapport d'obligation, *op.cit.*, n°78, p.67 ; **J. MESTRE**, obs. sous Cass. civ. fr., 14 nov. 1985, RTD civ., 1986, pp.599-601.
[4]**J.-L. AUBERT**, note sous 14 nov. 1985, D., 1986, J., p.369, 1re et 2ème col.
[5]**A. BÉNABENT**, Droit des obligations, *op.cit.*, n°852, p.617.

A.La portée des droits du tiers poursuivant à l'égard du sous-débiteur poursuivi

731. Un droit dérivé et non un droit propre. À la différence de l'action directe, le créancier qui prend l'initiative d'exercer l'action oblique « n'exerce pas un droit qui lui soit personnel mais seulement celui de son débiteur »[1]. D'ailleurs, si l'action est baptisée indirecte ou oblique, c'est parce qu'à la différence de l'action directe qui permet à un créancier d'obtenir directement paiement de sa créance entre les mains d'un débiteur de son débiteur, le créancier agissant par la voie oblique n'agit pas directement contre le débiteur de son débiteur. Il agit, au contraire, à la place de son propre débiteur, comme si ce dernier agissait lui-même contre son débiteur[2]. L'idée que le créancier s'est substitué au débiteurdans l'exercice de ses droits est formellement prévue par l'article 307 du Code des obligations et des contrats, qui précise que « le créancier qui agit aux lieu et place de son débiteur exerce les droits de ce dernier… ». Cette idée de substitution légale, spéciale[3], suggère une certaine parenté avec le concept de subrogation légale.

Certes, aucun paiement n'a été opéré par le créancier au profit de son débiteur, au sens de l'article 224 du Code des obligations et des contrats, mais c'est le mécanisme de la subrogation qui est emprunté par l'action oblique. Les conditions sont différentes. Ici, un créancier qui vient pallier la carence de son débiteur à l'égard de son propre débiteur. Là, un *solvens* qui désintéresse un créancier. Les effets sont, en revanche, les mêmes. Une personne, le tiers créancier dans l'action oblique ou le *solvens* dans l'action subrogatoire, se trouve subrogé dans les droits et actions d'une autre, le débiteur intermédiaire dans l'action oblique ou l'*accipiens* dans l'action subrogatoire, contre une troisième, le sous-débiteur dans l'action oblique ou le débiteur subrogé dans l'action subrogatoire. À l'instar du droit français, l'auteur de l'action oblique agit au nom et en l'acquit de son débiteur. Mais, à la différence du droit français, celui qui agit obliquement profite seul du paiement obtenu. C'est comme s'il agit en tant que titulaire des droits de son débiteur, ce qui le rapproche considérablement du subrogeant. On peut, dès lors, comprendre l'intitulé de la Section II, siège des articles 306 à 308 du

---

[1]**J. FLOUR, J.-L. AUBERT et E. SAVAUX**, Droit civil, Les obligations, T.3, Le rapport d'obligation, *op.cit.*, n°77, p.66 ; **A. SÉRIAUX**, Droit des obligations, *op.cit.*, n°214, p.667 ; **H., L., J. MAZEAUD et F. CHABAS**, *op.cit.*, n°959, p.1041 ; **G.LÉGIER, L. TRANCHANT et V. ÉGÉA**, *op.cit.*, p.204 ; **F. TERRÉ, Ph. SIMLER et Y. LEQUETTE**, *op.cit.*, n°1141, p.1131, note 3 et n°1150, p.1142.

[2]**A. SÉRIAUX**, Droit des obligations, *op.cit.*, n°209, p.661 ; **E. JEULAND**, Essai sur la substitution de personnes dans un rapport d'obligation, *op.cit.*, n°7, p.7 ; **J. FLOUR, J.-L. AUBERT et E. SAVAUX**, *ibid.*, n°82, p.71 ; **Ph. MALAURIE, L. AYNES** et **Ph. STOFFEL-MUNCK**, Droit civil, Les obligations, *op.cit.*, n°1152, pp.645-646. *Adde* :
ألفة الفرشيشي، مقال سابق، ص.365. **محمد المالقي**، مرجع سابق، ص.264. **عبد الرزاق أحمد السنهوري**، مرجع سابق، عدد 548، ص.969-970.

[3] Dans la mesure où à la différence de la substitution légale de droit commun, la substitution, objet de l'art.307 du COC, se fait dans l'intérêt personnel du créancier poursuivant. V. en ce sens :
جلال بن حليمة، أطروحة سابقة، عدد 194 إلى 196، ص.175 إلى 178. **سامية العجيمي**، رسالة سابقة، ص.13 إلى 19.

Code des obligations et des contrats, qui assimile l'action du créancier poursuivant contre le sous-débiteur à une action subrogatoire[1].

De ce que le débiteur agit aux lieu et place de son débiteur, plusieurs conséquences découlent. Elles reflètent, toutes, l'idée que le créancier poursuivant n'exerce pas un droit propre, mais plutôt dérivé de son débiteur.

Agissant au nom de son débiteur, le créancier, qui ne fait qu'exercer l'action de son débiteur, ne peut avoir plus de droits que celui à la place duquel il agit. Il peut, dès lors, se voir opposer par le sous-débiteur toutes les exceptions que celui-ci aurait pu faire valoir à l'encontre du débiteur principal si ce dernier avait exercé lui-même ses droits et actions[2]. L'article 307, 1), du Code des obligations et des contrats, le confirme. Les moyens de défense peuvent avoir trait à la forme, vice de compétence ou de procédure. Ils peuvent être tirés du fond du droit, son existence même. C'est ainsi que le sous-débiteur poursuivi peut exciper de la nullité du droit qu'entend exercer le créancier[3]. Il peut, par ailleurs, arguer de tous les moyens d'extinction de l'obligation au sens de l'article 339 du Code des obligations et des contrats[4]. La sécurité juridique du sous-débiteur, ses attentes légitimes, sont alors préservées.

De ce que le débiteur agit aux lieu et place de son débiteur, une autre conséquence, peut être tirée, cette fois aux dépens du sous-débiteur. Ce dernier ne saurait opposer des exceptions tirées des relations personnelles qu'il peut avoir avec le créancier poursuivant[5]. Ainsi, il ne peut arguer de la compensation entre ce qu'il doit à son débiteur et ce que le créancier lui doit personnellement pour faire échec à l'action oblique. Mieux encore, le sous-débiteur ne pourrait opposer au créancier l'autorité de la chose jugée attachée à une décision ayant rejeté l'action directe que celui-ci avait intentée à son encontre. Le créancier n'agit, en effet, plus à titre personnel mais du chef de son débiteur.

Dans le même esprit, le créancier, lorsqu'il agit par la voie oblique, ne peut invoquer d'autres droits qu'il tient de sa qualité de créancier. Il ne peut

---

[1] La Section II est intitulée : « De l'action révocatoire et subrogatoire ».

[2] **H., L., J. MAZEAUD et F. CHABAS**, *op.cit.*, n°975, p.1048 ; **W. DROSS**, Fasc. préc., n°93, p.26 ; **F. TERRÉ, Ph. SIMLER et Y. LEQUETTE**, *op.cit.*, n°1151, p.1142 ; **J. FLOUR, J.-L. AUBERT et E. SAVAUX**, Droit civil, Les obligations, T.3, Le rapport d'obligation, *op.cit.*, n°82, p.71 ; **Ph. MALAURIE, L. AYNES** et **Ph. STOFFEL-MUNCK**, Droit civil, Les obligations, *op.cit.*, n°1152, p.646 ; **A. SÉRIAUX**, Droit des obligations, *op.cit.*, n°212, pp.665-666. *Adde* :

محمد المالقي، مرجع سابق، ص.267.

[3] En l'occurrence, le créancier qui avait agi à la place de son débiteur défaillant contre les personnes à qui il avait prêté de l'argent, s'est vu opposer la nullité d'ordre public des prêts : Paris, 03 juin 1975, GP, 1975, 2, note **L.C.**, pp.739-741.

[4] V. en droit français : Cass. civ. fr., 07 mai 1980, G.P., 1980, 2, Pan, p.416 : exception de compensation ; Cass. civ. fr., 25 févr. 1986, RTD civ., 1988, pp.136-137, obs. **J. MESTRE** : exception tenant à l'existence d'une contre-lettre souscrite par le débiteur ; Cass. civ. fr., 09 oct. 1991, Rep. Defrénois, 1992, art. 35220, n°34, pp.388 à 390, obs. **L. AYNÈS** : exception tenant à la renonciation à une formalité protectrice ; Cass. civ. fr., 1er mars 2006, Rep. Defrénois, 2007, art.38553, n°20, pp.376-377, obs. **Ch. ATIAS** : exception de prescription.

[5] V. en ce sens :

ألفة الفرشيشي، مقال سابق، ص.367.

à la fois agir à la place de son débiteur et invoquer contre le débiteur de son débiteur des droits qui lui sont propres, à l'instar de la fraude paulienne.

732. La règle de l'antériorité de la cause de l'exception. En droit français, aucune précision n'a été apportée par l'article 1166 du Code civil, quant à la date de la naissance de l'exception pouvant être opposée au créancier poursuivant par le sous-débiteur. C'est la Cour de cassation qui va poser la règle de l'opposabilité absolue des exceptions. En l'occurrence, une transaction est intervenue, postérieurement, à l'introduction de l'action oblique, la Cour suprême a décidé que le débiteur intermédiaire « conserve la libre disposition ; il peut user de son droit quand bon lui semble et même y renoncer »[1].

Il s'ensuit que le débiteur intermédiaire peut conclure toute transaction ou remise de dette avec son débiteur, alors même que l'action oblique est en cours. Ces exceptions seront opposables au créancier poursuivant. Importe peu qu'elles aient existé, dès le moment de l'exercice de l'action oblique ou soient nées postérieurement[2]. Cette solution, sévère pour le créancier agissant par la voie oblique, n'a pas été surmontée par l'ordonnance du 10 février 2016 portant réforme du droit des contrats, du régime général et de la preuve des obligations. L'article 1341-1 du Code civil, est restée muet sur la question. Ainsi persiste, en droit français, l'une des marques patentes de l'infériorité de l'action oblique par rapport à l'action directe. Infériorité qu'on ne rencontre pas en droit tunisien. En effet, l'article 307, 1), du Code des obligations et des contrats, précise que seules sont recevables les exceptions ayant « une cause antérieure à l'action judiciaire formée par le créancier ». C'est la règle de l'antériorité de la cause de l'exception par rapport à l'action engagée. De ce point de vue, l'action oblique s'apparente à l'action directe. Toutes deux assurent une protection renforcée du tiers, créancier poursuivant.

733. L'effet d'immobilisation de la créance au profit du créancier poursuivant. L'action oblique, au même titre que l'action directe imparfaite, emporte immobilisation de la créance du débiteur intermédiaire contre son propre débiteur, dans le patrimoine de ce dernier, au moment de l'exercice de l'action. Cet effet d'immobilisation de la créance entre les mains du sous-débiteur peut être déduit de l'expression « saisie », utilisée par l'article 306, alinéa second, du Code des obligations et des contrats. Ce dernier prévoit que les créanciers « pourront obtenir la saisie des droits et créances appartenant à leur débiteur ». Telle expression ne doit, cependant, pas induire l'interprète en erreur. Par l'expression « saisie », on peut penser, que notre législateur ne vise que l'effet de l'immobilisation de la créance[3]. Il

---

[1] Cass. Req. fr., 18 fév. 1862, S., 1862, 1, p.148 ; DP, 1862, 1, p.248, 2ème col. : À propos d'une transaction intervenue postérieurement à l'introduction de l'action oblique.

[2] **W. DROSS**, Fasc. préc., n°100, p.28.

[3] V. en ce sens :

حاتم بن عبد الحميد الرواتبي، الحماية القانونية للدائن العادي، مرجع سابق، عدد 136، ص.180 وعدد 138، ص.184. **سامية العجيمي**، رسالة سابقة، ص.72.**جلال بن حليمة**، أطروحة سابقة، عدد 197، ص.178-179.

n'entend pas hausser l'action oblique au rang d'une saisie-arrêt. Intrinsèquement, l'action oblique n'est pas une mesure exécutoire. Elle ne fait que préparer la phase d'exécution sur les biens ou valeurs réintégrés.

Une autre interprétation est aussi plausible. L'expression « saisie » peut renvoyer aux mesures d'exécution. En effet, il ne faut pas perdre de vue que le tiers poursuivant agit, souvent, dans la même instance, à la fois contre le sous-débiteur, par la voie de l'action oblique et en paiement, contre son débiteur. La démarche est, souvent, la suivante. Dans une première étape, le créancier agit par la voie oblique pour faire valoir les droits et actions de son débiteur contre son propre débiteur. Une fois cette étape franchie, le créancier qui a reconstitué le patrimoine de son débiteur, procède à la saisie de ce qui lui est dû. L'article 306, alinéa second, a, donc, fait allusion à la saisie comme « prolongement logique »[1] d'une action oblique fructueuse. Faute de quoi cette action « serait illusoire »[2]. L'effet de l'immobilisation pourrait, au vue de cette interprétation, être déduit de la règle de l'antériorité de la cause de l'exception par rapport à l'action engagée et son corollaire l'inopposabilité des exceptions postérieures à ladite action. Si ces moyens de défense sont inopposables au créancier poursuivant, ce n'est que parce que son action a emporté immobilisation de sa créance entre les mains du sous-débiteur. L'effet de l'immobilisation est, par ailleurs, une conséquence de pure logique. À défaut, l'action oblique serait dépourvue de toute efficacité, ce qui est loin de révéler l'intention du législateur tunisien.

B.La portée des droits du tiers poursuivant à l'égard des créanciers du débiteur principal

734. L'action oblique confère au tiers poursuivant un droit d'exclusivité sur le produit de son recours (1), ce qui permet de la hausser au rang d'une véritable garantie à son profit (2). La sécurité juridique du tiers poursuivant, son droit à l'exécution de son obligation, est alors renforcée.

1.L'exclusivité du droit de gage du tiers poursuivant

735. En droit français, l'action oblique est une action individuelle par son exercice, mais collective par ses effets. Le créancier qui a exercé l'action oblique, qui a conjuré la carence de son débiteur et qui a supporté les charges de l'action, tire-t-il un avantage particulier ? Plus précisément, on se demande si le produit de l'action oblique bénéficie prioritairement au

---

[1] **F. TERRÉ, Ph. SIMLER et Y. LEQUETTE**,*op.cit.*, n°1150, p.1142 ; **A. SÉRIAUX**, Droit des obligations, *op.cit.*, n°209, pp.661-662 ; Cass. civ. fr., 23 juin 1903, D.P., 1903, 1, pp.454-455 ; S., 1904, 1, pp.289-290, note **A. TISSIER** ; Cass. com. fr., 15 oct. 1991, D., 1992, somm. comm., p.276, obs. **J.-L. AUBERT** ; JCP éd. G, 1992, II, 21905, note **G. BOLARD** ; Cass. civ. fr., 27 mai 1970, JCP éd. G, 1971, II, 16675, obs. **G. POULAIN**, RTD civ., 1971, p.629, obs. **Y. LOUSSOUARN** ; RTD civ., 1971, p.411, obs. **P. HÉBRAUD et P. RAYNAUD**.

[2] **H., L., J. MAZEAUD et F. CHABAS**, *op.cit.*, n°962, p.1043.

créancier agissant, ou intègre seulement le patrimoine du débiteur pour devenir simplement le gage général de tous les créanciers ?

En droit français, dans le silence de l'article 1166 du Code civil, aucun avantage n'est reconnu au créancier. « L'action oblique est, dit-on, individuelle par son exercice, mais collective par ses effets »[1]. Le créancier poursuivant n'a pas un droit de priorité sur les sommes qui auront réintégré le patrimoine de son débiteur. Il ne fait que reconstituer le patrimoine de son débiteur inactif. Après quoi, c'est la loi de la priorité qui acquiert droit de cité. Le créancier poursuivant peut, donc, être primé, voire évincé par d'autres créanciers de rang meilleur. C'est bien ce qu'exprime une décision ancienne. Aux dires de la Cour de cassation « le créancier qui, agissant en vertu du droit que lui confère l'article 1166 du Code civil, obtient la liquidation d'une créance due à son débiteur, n'a aucun droit exclusif ou privatif au résultat de cette liquidation. En conséquence, les autres créanciers doivent être admis à demander la distribution de la somme liquidée, au marc le franc, entre tous les créanciers du débiteur commun. Peu importe qu'ils n'aient formé opposition que depuis la liquidation »[2]. Cette solution a servi de leitmotive pour toutes les décisions postérieures[3]. Le bénéfice de l'action oblique est, dès lors, commun à l'ensemble des créanciers du débiteur. Cet effet *ergaomnes* de l'action oblique est depuis, sous les feux croisés de la doctrine[4], comme en témoigne la solution inverse retenue par les projets CATALA[5] et TERRÉ[6]. L'idée est d'accorder un droit de priorité à ceux qui ont exercé l'action oblique comme récompense de leurs diligences, le reliquat des sommes éventuellement recouvrées profitant, ensuite, aux autres créanciers[7]. Infligeant un démenti cinglant à ces projets, l'ordonnance du 10 février 2016 est restée muette sur la question. L'article 1341-1 n'apporte rien. La position demeure la même. Le bénéfice de l'action oblique n'est pas personnel au créancier qui l'a exercée, il est commun à l'ensemble des créanciers du débiteur. Ces derniers peuvent faire valoir leurs droits sur l'actif rendu disponible, qui fait partie de leur gage commun. On mesure

---

[1]**F. TERRÉ, Ph. SIMLER et Y. LEQUETTE**, *op.cit.*, n°1142, p.1132 et n°1153, p.1143. En ce sens : Art.236 du C. civ. égyptien. V. sur la question :

عبد الرزاق أحمد السنهوري، مرجع سابق، عدد 553، ص.976.

[2] Cass. civ. fr., 18 juill. 1838, S, 1838, 1, p.603, décision citée par : **W. DROSS**, Fasc. préc., n°104, p.28.

[3] Cass. civ. fr., 23 juin 1903, D.P., 1903, 1, pp.454-455 ; S., 1904, 1, pp.289-290, note **A. TISSIER** ;Cass. com. fr., 28 mai 2013, JCP éd. G, 2013, doc. 897, n° 7, pp.1541-1542, obs. **G. LOISEAU**.

[4]**A. CERMOLACCE**, « État des lieux des actions oblique et paulibenne », LPA, 2008, n°19, n°22, p.10 ; **H., L., J. MAZEAUD et F. CHABAS**, *op.cit.*, n°977 à 979, pp.1049-1050 ; **A. SÉRIAUX**, Droit des obligations, *op.cit.*, n°214, p.667 ; **Ph. MALAURIE, L. AYNES et Ph. STOFFEL-MUNCK**, Droit civil, Les obligations, *op.cit.*, n°1152, pp.646-647 ; **J. FLOUR, J.-L. AUBERT et E. SAVAUX**, Droit civil, Les obligations, T.3, Le rapport d'obligation, *op.cit.*, n°84, p.72.

[5] L'art.1167-1, al. 1er, de l'Avant-projet de réforme du droit des obligations et du droit de la prescription, prévoit que « les créanciers qui exercent l'action ouverte à l'article 1166 sont payés par prélèvement sur les sommes qui, par l'effet de leur recours, rentrent dans le patrimoine du débiteur négligeant ».

[6] L'art.133, al. 2, du Projet de réforme du droit des contrats de l'Académie des sciences morales et politiques, prévoit qu' : « ils (les créanciers) sont payés par prélèvement sur les sommes qui, par l'effet de leur recours, rentrent dans le patrimoine du débiteur négligent ».

[7]**A. CERMOLACCE**, art. préc., n°33, p.13.

ainsi les inconvénients de l'action oblique pour celui qui l'exerce. Le créancier poursuivant risque d'avoir ainsi travaillé pour les autres et engagé des frais en pure perte. Voilà ce qui est tirer les marrons du feu pour autrui[1]. Conscient de ces tares, le législateur tunisien s'est départi de cette position.

736. En droit tunisien, l'action oblique est une action individuelle par son exercice, mais aussi par ses effets. L'article 307 du Code des obligations et des contrats, dispose, en effet, que « le créancier qui agit aux lieu et place de son débiteur exerce les droits de ce dernier, mais dans son propre intérêt... », et l'article 308 d'ajouter que « le créancier qui agit au nom de son débiteur profite seul du paiement qu'il a obtenu ». Ces dispositions ont l'effet salutaire de préciser que le créancier poursuivant, bien qu'agissant au nom et en l'acquit de son débiteur, s'offre l'apanage d'accaparer le fruit des sommes susceptibles d'intégrer le patrimoine du débiteur à l'issue de l'action oblique. Le législateur tunisien précise, à bon escient, que le créancier poursuivant exerce les droits de son débiteur « dans son propre intérêt ». Il « profite seul, ajoute-t-il, du paiement qu'il a obtenu ». Il ressort, en clair, que l'effet de l'action oblique, en droit tunisien, est d'accorder au créancier poursuivant un droit de gage exclusif sur le produit de l'action oblique qui intègre le patrimoine du débiteur. Nous nous plierons, de bonne grâce, à cette règle. L'action oblique accorde au créancier poursuivant un véritable droit d'exclusivité plus efficace que le droit de préférence découlant des sûretés réelles. L'exclusivité exclut, en effet, toute référence à l'idée de concours. « Le créancier poursuivant ne se voit nullement concurrencé par les créanciers n'ayant pas pour gage les biens affectés »[2]. Ainsi, apparaît l'efficacité de l'action oblique, laquelle efficacité se confirme par le moment de l'exclusivité.

737. Le moment de l'exclusivité. L'action oblique emporte immobilisation de la créance du tiers poursuivant contre son débiteur dans le patrimoine du sous-débiteur. Reste à se demander sur le moment de cette immobilisation. Est-ce que c'est le moment de l'exercice de l'action ou la date du paiement. L'article 308 du Code des obligations et des contrats, qui prévoit que le créancier « profite seul du paiement qu'il a obtenu », ne permet pas de trancher. En effet, l'expression « paiement obtenu » peut être appréhendée au sens virtuel, comme elle peut l'être au sens réel. Dans la première alternative, le simple exercice de l'action emporte immobilisation de la créance du tiers poursuivant contre le débiteur principal dans le patrimoine du sous-débiteur. Si, au contraire, on perçoit l'expression « paiement obtenu » au sens effectif, on doit attendre le jour du paiement réel, à l'issue de l'exécution sur les biens du sous-débiteur, et la réintégration

---

[1]**H., L., J. MAZEAUD et F. CHABAS**, *op.cit.*, n°975, p.1049 ; **Ph. MALAURIE, L. AYNES et Ph. STOFFEL-MUNCK**, Droit civil, Les obligations, *op.cit.*, n°1152, p.646 ; **J. FLOUR, J.-L. AUBERT et E. SAVAUX**, Droit civil, Les obligations, T.3, Le rapport d'obligation, *op.cit.*, n°84, p.72.

[2]**H. NACHOUAN**, Le patrimoine d'affectation, Mémoire pour l'obtention du Mastère en Droit des Affaires, FDSPT, 2007-2008, p.21. *Adde* :

جلال بن حليمة، أطروحة سابقة، عدد 217، ص.196-197.

de ces biens dans le patrimoine du débiteur principal. Ces deux acceptions sont consacrées par le Code des obligations et des contrats, ce qui complique la tâche de l'interprète[1]. Pourtant on peut trouver dans l'article 307, 1), du Code des obligations et des contrats un élément de réponse. En effet, si le sous-débiteur ne peut opposer que les moyens de défense antérieurs à l'action judiciaire diligentée par le créancier poursuivant, c'est qu'à partir de l'action, la créance n'est plus à la disposition du débiteur intermédiaire. Elle est immobilisée dans le patrimoine du sous-débiteur[2]. Ce qui signifie qu'elle ne peut faire l'objet d'aucune mesure d'exécution[3]. C'est donc le sens virtuel qui est, semble t-il, visé par le législateur. À cet argument de texte, on peut ajouter un autre tiré de l'esprit de l'action oblique. Cette dernière se veut efficace pour le créancier diligent. Afin de ne pas brader cet esprit, c'est vers l'acception virtuelle du paiement qu'il faut, paraît-il, pencher.

2.L'action oblique, une véritable garantie

738. L'action oblique, un privilège spécial sur créance ?L'article 194 du Code des droits réels dispose que « le privilège est un droit réel de préférence que la loi accorde sur les biens du débiteur à raison de la cause de la créance ». Et l'article 195 dudit Code d'ajouter que « la créance privilégiée est préférée à toutes autres créances, même hypothécaires ». On se demande si le droit d'exclusivité, prévu à l'article 308 du Code des obligations et des contrats, recèle une intention d'accorder un privilège sur créance au profit du créancier poursuivant ? La question peut ne pas paraître saugrenue. En effet, l'article 193 du Code des droits réels, qui détermine les causes légitimes de préférence cite les privilèges, le nantissement et le droit de rétention. Comme il ne peut être question de nantissement ou de droit de rétention, il est vraisemblable que le droit d'exclusivité est la résultante d'un privilège spécial accordé par le législateur au créancier agissant par la voie oblique. Est-ce vrai ? Il semble difficile de considérer que le droit d'exclusivité, accordé par l'action oblique, est un privilège spécial sur créance. Trois arguments à l'appui. D'abord, le privilège, précise l'article 194 du Code des droits réels, est accordé « à raison de la cause de la créance ». L'action oblique accorde, en revanche, un droit d'exclusivité, à raison de la qualité de son auteur, en l'occurrence le créancier le plus diligent. Le critère de la cause de la créance, nécessaire pour la

[1] Tantôt, c'est le sens effectif qui est consacré : V. Art.71 et 81. La version arabe assimile l'obtention « قبضه » à la réception « إتصل». Tantôt c'est le sens virtuel : V. Art.584 du COC qui prévoit que « le vendeur peut céder son droit au prix, même avant le **paiement** » : « للبائع أن يحيل حقه في الثمن قبل **قبضه** », ce qui signifie que le paiement virtuel n'est pas ignoré par le législateur tunisien.

[2] V. en ce sens :

حاتم بن عبد الحميد الرواتبي، مرجع سابق، عدد 136، ص.181.

Contra :

سامية العجيمي، رسالة سابقة، ص.136 إلى 140.

[3] V. *Contra* :

جلال بن حليمة، أطروحة سابقة، عدد 218-219، ص.197 إلى 199.

caractérisation d'un privilège, fait, dès lors, défaut[1]. Ensuite, à la différence du privilège qui porte sur des créances limitativement énumérées par l'article 200 du Code des droits réels, l'action oblique est une garantie offerte au créancier d'une créance quelconque[2]. Enfin, rappelons que le privilège accorde au créancier un droit de préférence à l'égard des créanciers du même débiteur. Tel n'est pas le cas pour l'action oblique. En fait, l'exclusivité ne s'exerce pas contre les créanciers du sous-débiteur, mais contre ceux du débiteur principal.

739. L'action oblique, garantie ou sûreté ? Sans constituer une sûreté, l'action oblique constitue une garantie, au profit du créancier poursuivant, lui permettant de parer l'insolvabilité de son débiteur. En effet, à la différence de la sûreté dont la raison d'être est de ménager le paiement d'une créance, résultat qui est de son essence même, l'action oblique peut produire cet effet de sûreté sans qu'il soitde son essence[3]. Son objet immédiat n'est pas, rappelons-le, un paiement. Elle constitue, principalement, un mécanisme visant à conjurer la carence du débiteur dans l'exercice de ses droits et actions et ce n'est que par une conséquence subséquente qu'elle est une protection contre l'insolvabilité[4]. L'action oblique constitue, de ce point de vue, une véritable garantie au profit du créancier poursuivant.

740. Le produit de l'action oblique, une hypothèse de patrimoine d'affectation. L'article 307 du Code des obligations et des contrats prévoit que celui qui agit obliquement le fait « dans son propre intérêt ». Et l'article 308 dudit Code d'ajouter, on ne peut plus clairement, qu'il « profite seul du paiement qu'il a obtenu ». Cette disposition permet d'assoir un véritable droit d'exclusivité au profit du créancier poursuivant. Ce dernier prime tous les autres créanciers du débiteur intermédiaire, sans distinction aucune, entre créanciers chirographaires ou munis de sûretés[5]. L'action oblique se trouve, par le droit d'exclusivité qu'elle confère à son auteur, haussée au rang d'une garantie spéciale[6]. Le créancier poursuivant se voit reconnaître un droit de gage exclusif. Ce droit, précise une doctrine, « favorise une catégorie de créanciers, ceux au paiement desquels le patrimoine est affecté, par rapport à d'autres qui ne sont pas en droit d'appréhender les biens du dit patrimoine »[7]. Garantie et exclusivité, n'est-on pas en présence des indices

---

[1] V.en ce sens :

حاتم محمدي، "حق الأفضلية في التأمينات العينية"، بكتاب دراسات في قانون التأمينات، عمل جماعي لهيئة تدريس قانون التأمينات بكلية الحقوق والعلوم السياسية بتونس، تحت إشراف الأستاذ بشير المنوبي الفرشيشي، الطبعة الثانية، نشر المطبعة العصرية، 2003، عدد 8، ص.382-383. **جلال بن حليمة**، أطروحة سابقة، عدد 226-227، ص.205 إلى 207.

[2] V.en ce sens :

ألفة الفرشيشي، مقال سابق، ص.372.

[3]**M. CABRILLACetCh. MOULY**, Droit des sûretés, *op.cit.*, n°4, pp.4-5. *Adde* :

ألفة الفرشيشي، مقال سابق، ص.372 إلى 374. **سامية العجيمي**، رسالة سابقة، ص.117 وما يليها.

[4]**A. SÉRIAUX**, Droit des obligations, *op.cit.*, n°214, p.667.

[5] V. *Contra* :

محمد المالقي، مرجع سابق، ص.267.

[6] V.en ce sens :

جلال بن حليمة، أطروحة سابقة، عدد 227، ص.207. **سامية العجيمي**، رسالة سابقة، ص.110 وما يليها.

[7]**H. NACHOUAN**, Le patrimoine d'affectation, mémoire préc., p.21.

d'un patrimoine d'affectation ? L'action oblique ne débouche-t-elle pas sur la constitution d'un patrimoine d'affectation au profit du créancier poursuivant ?

Le patrimoine d'affectation se vérifie « chaque fois qu'il y a affectation d'une masse de biens à un but »[1]. Si le créancier poursuivant se faitpayer seul, par prélèvement sur les sommes qui, par l'effet de son recours, rentrent dans le patrimoine du débiteur négligent, c'est que ces sommes sont spécialement affectées à son profit. Rien n'empêche, dès lors, de voir dans le produit de l'action oblique une autre reconnaissance implicite de la théorie du patrimoine d'affectation[2].

741. L'action oblique, une technique à ressusciter. L'action oblique, en tant que technique permettant à un tiers, créancier poursuivant, de revendiquer aux lieu et place de son débiteur négligent, l'exécution d'une obligation quelconque, en numéraire ou en nature, est une nouvelle manifestation de l'immixtion du tiers dans la sphère contractuelle. L'inaction du débiteur permet, en effet, à son créancier qui en pâtit, de contraindre le sous-débiteur à exécuter l'obligation promise. Lorsque cette dernière a pour objet une somme d'argent, le produit de cette action revient, exclusivement, au tiers poursuivant. La solution que l'on voit aux idées de notre législateur, n'a pu être rencontrée dans les législations de l'époque, notamment, française, allemande et italienne[3].

En dépit de son efficience, l'observatoire du répertoire des décisions de la Cour de cassation, atteste d'une mise à contribution très mitigée de l'action oblique. Efficience qui se confirme par l'équilibre qu'elle offre entre les intérêts des différents protagonistes. D'abord, l'action oblique offre au tiers, créancier poursuivant, une parade lui permettant d'obtenir la protection de ses droits en péril. Il se voit, surtout, reconnaître un droit d'exclusivité sur le produit de son recours. La sécurité juridique du tiers poursuivant est, ainsi, affirmée. Ensuite, l'action oblique permet au débiteur principal de protéger son droit de gérer son patrimoine. L'exclusion des droits et actions patrimoniaux exclusivement personnels, la condition d'un contrôle judiciaire*a priori*, la preuve de sa carence ainsi que du préjudice subi par le tiers poursuivant, sont autant de conditions qui œuvrent au service de la protection du débiteur principal. La sécurité juridique de ce dernier est, alors, préservée. Enfin, le sous-débiteur peut exciper de toutes les exceptions qu'il aurait pu opposer à son créancier immédiat. Ses prévisions contractuelles sont, de ce point de vue, protégées.

L'immixtion prouvée, la sécurité juridique - point d'équilibre entre les différents intérêts antagonistes –préservée, l'action oblique, tout comme la stipulation pour autrui, est une institution qui mérite d'être ressuscitée.

---

[1] **H. NACHOUAN**, mémoire préc., p.4 ; **S. MELLOULI**, « Y a-t-il un patrimoine d'affectation en droit tunisien ? », AJT, 1990, n°3, p.10.

[2] Pour d'autres exemples : V. **S. MELLOULI**, art. préc., pp.17 et s.

[3] Aucun renvoi n'a été fait à ces droits, concernant les art.230 et 231 du Projet préliminaire de 1897, ou les art.349 et 350 de l'Avant-projet de 1899, devenus les art.307 et 308 du COC.

CONCLUSION DU SECOND TITRE

742. Effet direct du contrat et immixtion du tiers victime. L'étude de l'indemnisation du tiers, exceptionnellement au principe de la relativité de la force obligatoire du contrat, a permis de confirmer l'intensité de son immixtion dans la sphère contractuelle. Envahi par la marée économique, le contrat individuel, seul sur lequel le Code des obligations et des contrats avait bâti sa technique, est profondément sapé. Le dynamisme économique a conduit le contrat hors de son noyau traditionnel, entrainant son éclatement. La théorie des groupes de contrat en témoigne. L'étude de cette figure juridique a permis de démontrer que l'existence de deux contrats distincts, unis par une obligation identique, ouvre au tiers victime d'une défaillance strictement contractuelle, désormais partie au groupe, une action directe nécessairement contractuelle.

Le tiers, victime de l'inexécution d'un contrat isolé, peut revendiquer, à titre de bénéficiaire d'une stipulation pour autrui, l'exécution en nature ou par équivalent de l'obligation souscrite à son profit. Il peut revendiquer, à titre de créancier poursuivant, auteur d'une action oblique, l'exécution en numéraire ou en nature d'une obligation qui n'est pas souscrite à l'origine à son profit. Le préjudice subi le justifie.

Dans toutes ces alternatives, le tiers, victime de l'inexécution d'une obligation contractuelle, peut intégrer la sphère contractuelle et exiger l'exécution de l'obligation promise. L'immixtion ainsi démontrée, qu'en est-il de l'équilibre escompté ?

743. Un équilibre à double détente. L'étude a permis de démontrer que dans le cadre des contrats isolés, l'équilibre est préservé. Le tiers, bénéficiaire d'une stipulation pour autrui, dispose d'un droit propre lui permettant d'obtenir satisfaction. Le tiers poursuivant, auteur d'une action oblique, dispose d'un droit d'exclusivité qu'on ne rencontre pas dans le droit français en dépit de la réforme du 10 février 2016. Le débiteur est, dans les deux alternatives, protégé. Parce que le droit du bénéficiaire est dérivé, le promettant peut lui opposer toutes les exceptions tirées de son rapport avec le stipulant. La même faculté est reconnue au sous-débiteur contre le créancier poursuivant. Parce que le débiteur principal a un droit de gérer son patrimoine, sa subrogation par le créancier poursuivant ne peut se faire qu'autant que certaines conditions soient réunies. À la différence du droit français, un contrôle judiciaire préalable est exigé.

L''immixtion du tiers, victime de l'inexécution d'un contrat isolé, n'altère en rien la sécurité juridique des différents protagonistes. Tel ne semble pas être le cas lorsqu'il est victime d'un contrat intégré.

La voie du « tout extracontractuel », suivie par la jurisprudence pour les manquementsstrictement contractuels du débiteur défaillant à l'égard des tiers, appelle deux observations. D'une part, elle greffe abusivement une responsabilité extracontractuelle sur un manquement strictement contractuel. Solution qui ruine, dans son principe même, la distinction des deux ordres de responsabilité. D'autre part, elle expatrie le débiteur défaillant hors du champ de ses attentes légitimes.

L'étude de la théorie des groupes de contrats, appréhendée comme un remède à une carence législative, a permis de démontrer que la voie contractuelle pour les manquements strictement contractuels est une nécessité, voire une faveur. Une nécessité pour le débiteur défaillant pour garder ses prévisions contractuelles. Une faveur pour le tiers dépourvu de toute voie de recours. La voie extracontractuelle est, en effet, fermée, en raison de l'inaptitude de la faute strictement contractuelle de se doubler d'un fait générateur de responsabilité extracontractuelle. La voie contractuelle est aussi fermée, en raison du principe de la relativité de la faute contractuelle. L'alignement de la situation du tiers, victime de l'inexécution d'une obligation strictement contractuelle, sur celle du cocontractant permet, ainsi, de rétablir l'équilibre perdu. L'idée se pare des régimes spéciaux et uniformes de responsabilité instaurés dans le domaine professionnel. Dans ce cadre, la qualité de victime a absorbé celle de cocontractant ou de tiers. Une tendance haussière vers une conception « objectiviste » des responsabilités se dessine, réalisant ainsi le déplacement du débat de la victime et son identité vers la victime et son risque.

CONCLUSION DE LA SECONDE PARTIE

744. L'espoir d'un équilibre. L'étude du tiers, en tant que victime de l'inexécution du contrat, a permis de confirmer que l'immixtion de ce dernier dans la sphère contractuelle est une réalité. Victime principale ou par ricochet, le tiers se trouve aux lisières du contrat. C'est bien la règle de l'opposabilité qui reconnaît à ce tiers, ès qualités, le droit d'invoquer la situation juridique générée par l'inexécution d'un contrat. Mieux encore, le tiers peut, exceptionnellement à la relativité de la force obligatoire du contrat, intégrer ce dernier. Il est, alors, au cœur du contrat. Membre d'un groupe contractuel, bénéficiaire d'une stipulation pour autrui, auteur d'une action oblique, il revendique, au même titre qu'un cocontractant, l'exécution d'une obligation contractuelle. L'immixtion est,alors, patente.

L'étude a permis, aussi, de concevoir un statut au tiers, qui assure à chaque protagoniste la prévisibilité de sa situation juridique et, plus généralement, la sécurité juridique. Deux idées peuvent attirer l'attention. D'une part, lorsque le tiers est victime d'un manquement de portée générale, greffé artificiellement sur un contrat, la responsabilité extracontractuelle est de mise. D'autre part, lorsque le tiers est victime d'un manquement strictement contractuel, la responsabilité contractuelle rebondit. Le critère de la portée de l'obligation méconnue est, semble-t-il, fondamental pour donner à la responsabilité du débiteur défaillant, à l'égard des tiers victimes, la coloration appropriée. La distinction basée sur le fondement de la responsabilité, l'opposabilité ou exceptionnellement la relativité, ne remet pas en cause ce constat. Elle le confirme. L'opportunité du critère, tiré de l'obligation violée, se justifie d'autant plus qu'il s'inscrit dans le droit fil de l'équilibre escompté.

Pour un manquement à un devoir de comportement de portée générale, le tiers victime peut obtenir indemnisation sur un plan extracontractuel. La règle de l'opposabilité y trouve son domaine de prédilection. La protection du tiers est assurée. Les prévisions du débiteur défaillant ne sont, en rien, déjouées. Ce dernier s'attend, en effet, à ce que son manquement contractuel, envers le créancier, peut se doubler d'une défaillance extracontractuelle à l'égard des tiers. À l'égard des victimes par ricochet, la mise en place de régimes spéciaux et uniformes de responsabilité, ayant pour objectif de mieux protéger le débiteur défaillant, s'explique par le caractère dérivé de leurs droits. Elles sont, en effet, victimes par répercussion d'un manquement strictement contractuel, ce qui justifie de les rapprocher considérablement du régime du contrat, source de leurs préjudices.

Face à une défaillance strictement contractuelle, le tiers victime ne peut obtenir indemnisation que sur un plan nécessairement contractuel. L'exception à la relativité, appréhendée dans le cadre d'un contrat isolé, permet, au visa de l'article 240 du Code des obligations et des contrats, de le justifier. Parce que l'émergence des groupes de contrats est une réalité qui ne doit pas être délaissée dans l'espace du non droit, l'article 240 duditCode, conçu pour le contrat individuel, doit être revisité. L'interprétation déformante permettant d'adapter le texte aux nécessités de son époque acquiert dans ce cadre droit de cité. Pourtant, dénonçant à son œuvre créatrice, le juge a préféré se retrancher derrière une vision étriquée de l'article 240. La théorie des groupes de contrats est, à notre connaissance, inexploitée par nos prétoires. Face à un manquement contractuel, strictement fût-il, à l'égard des tiers, c'est donc la voie du « tout extracontractuel », qui est, abusivement, implantée. La logique juridique a payé un lourd tribut pour ce raccourci d'analyse. La distinction des deux ordres de responsabilité est faussée. Les prévisions du débiteur défaillant bafouées. L'équilibre est, alors, bouleversé.

L'étude a permis de démontrer que la théorie des groupes de contrats peut rétablir cet équilibre. Face à un manquement strictement contractuel, la lecture de l'article 240 du Code des obligations et des contrats, repensé, a permis de démontrer que si le contrat est obligatoire, ce n'est que dans le but d'assurer à cet acte de prévision, qui se veut emprise sur l'avenir, la sécurité suffisante et de réaliser la justice commutative. La prise en compte des prévisions du tiers, victime de l'inexécution d'un contrat intégré, ainsi que le respect du principe élémentaire de justice commutative, imposent qu'il soit habilité à agir par la voie contractuelle pour les manquements strictement contractuels en lien de causalité avec le préjudice subi. La sécurité du tiers est, alors, préservée. Les prévisions du débiteur sont gardées. Pour un manquement strictement contractuel, il est assigné sur un plan contractuel. Rien de plus logique. *De lege lata*, la solution n'est pas aux syllogismes de la Cour de cassation. *De lege ferenda*, rien n'empêchede la consacrer par nos prétoires. L'espoir de rétablir l'équilibre est condition de cette distinction.

CONCLUSION GÉNÉRALE

745. Le tiers, par le Code, mais au-delà du Code. Si le contrat est bien la loi des parties, peut-il être aussi la loi des tiers ? Désormais, le Code civil français, tel que modifié le 10 février 2016, a tranché la question. En principe, le contrat est la loi des parties et seulement les parties. C'est la règle de la relativité de la force obligatoire du contrat, prévue par l'article 1199 dudit Code[1]. Néanmoins, le contrat est un fait qui intègre l'ordre juridique et qui génère des situations, lesquelles peuvent être invoquées par les tiers et aux dépens de ces derniers. C'est la règle de l'opposabilité du contrat, prévue par l'article 1200 du Code Napoléon[2].

Cette distinction n'est pas consacrée par le Code des obligations et des contrats. Le Titre V, qui traite « Des effets des obligations » et non « Des effets du contrat », est révélateur. Notre législateur n'appréhende le contrat que de l'intérieur. Pourtant, la réalité atteste qu'à l'extérieur existe un troisième personnage qui développe des interactions croissantes avec le contrat, c'est bien le tiers. L'électron libre par rapport à l'acte qu'est ce tiers, doit-il être livré à l'état sauvage ? Marginalisé par le droit commun, le tiers a été récupéré par la doctrine et adopté par la jurisprudence. Fondé sur la théorie des droits subjectifs par certains, sous-tendusur la normativité par d'autres, un principe dit d'opposabilité du contrat prend naissance. Il offre au contrat, jadis, boiteux, le second pilier nécessaire pour son équilibre. Le tiers appréhendé, d'antan, par le Code, exceptionnellement à la relativité de la force obligatoire du contrat, est désormais agencé au-delà du Code par application de la règle de l'opposabilité. Les sources indirectes du droit marquent un point. Le tiers et le contrat peuvent, alors, faire leur chemin.

746. L'immixtion démontrée. On s'est proposé de démontrer que le tiers n'est plus cet étranger au contrat, dont le droit positif ne se préoccupait que pour l'expulser du foyer contractuel. **Appréhendé dans le cadre de**

[1] L'art.1199 du C.civ.fr., tel que modifié par l'ordonnance n°2016-131 du 10 fév. 2016 portant réforme du droit des contrats, du régime général et de la preuve des obligations, dispose que : « Le contrat ne crée d'obligation qu'entre les parties ». V. annotation de **M. MIGNOT**, « Commentaire article par article de l'ordonnance du 10 février 2016 portant réforme du droit des contrats, du régime général et de la preuve des obligations (V) », LPA, 2016, n°64, p.10.

[2] L'art.1200 du C.civ.fr., tel que modifié par l'ordonnance n°2016-131 du 10 fév. 2016, préc., dispose que : « Les tiers doivent respecter la situation juridique créée par le contrat. Ils peuvent s'en prévaloir notamment pour apporter la preuve d'un fait ». V. annotation de **M. MIGNOT**, *ibid.*, *loc. cit.*

l'inexécution du contrat, l'étude a permis de démontrer que cette hypothèse de recherche est largement confirmée en droit positif. La réalité est que le tiers intègre la sphère contractuelle. L'inexécution du contrat ne peut, dès lors, être l'affaire de ses seuls signataires. Le tiers peut être responsable de cette inexécution. Il peut, aussi, en être victime.

747. L'équilibre prouvé. L'immixtion du tiers dans la sphère contractuelle peut se réaliser, sans que les intérêts des différents protagonistes ne soient affectés.

L'immixtion du tiers, en tant que responsable de l'inexécution du contrat, peut se réaliser tout en préservant la sécurité juridique des intervenants potentiels. Grâce aux régimes proposés, notamment pour le tiers complice ou le préposé, l'action du tiers n'est en rien paralysée, sa sécurité dynamique peut, alors, être préservée. Le besoin du créancier d'être indemnisé est aussi préservé, sa sécurité statique est alors sauvegardée. Les attentes du débiteur contractuel ne sont en rien déjouées. En somme, l'équilibre pourrait être conservé.

L'immixtion du tiers, en tant que victime de l'inexécution du contrat, peut se réaliser, sans que les intérêts des différents protagonistes ne soient compromis. Le besoin du tiers d'être indemnisé peut être assuré. Grâce à la distinction entre obligations strictement contractuelles et obligations mixtes, les prévisions du débiteur peuvent être préservées. L'instauration de régimes spéciaux de responsabilité, ni contractuelle ni extracontractuelle, ne peut que le confirmer. Dans cette seconde paire de manches, l'équilibre pourrait aussi être préservé.

L'immixtion démontrée, l'équilibre prouvé, il est peut être temps de **repenser le statut du tiers dans la théorie du contrat**. L'attention ne devrait pas être obstinément rivée sur les parties contractantes. Le contrat n'est pas seulement les parties signataires. Le contrat est aussi les tiers. Ces derniers peuvent lui donner, au gré des cas, sa stabilité, son dynamisme, son efficience sociale, économique, en bref, sa pérennité.

Naguère, l'engouement pour la jurisprudence, en tant que source du droit civil, a fait dire que « la jurisprudence est la vie du droit »[1]. Aujourd'hui, la prise de conscience de la place qu'occupe ce troisième personnage dans la sphère contractuelle, permet de dire que **le tiers est la vie du contrat**.

---

[1]**L. CHÉRIF**, « En droit civil, la jurisprudence est une source du droit », RJL, 2014, n°5, pp.9 à 63, spéc. p.63.

BIBLIOGRAPHIE

I. En Langue Française

1. Ouvrages, cours et traités

ANCEL (P.)
Le cautionnement des dettes de l'entreprise, Dalloz, Paris, 1989.

ANTONMATTEI (P.-H.) et RAYNARD (J.)
Droit civil, Contrats spéciaux, 5ème éd., Litec, Paris, 2007.

ATIAS (Ch.)
Droit civil, Les biens, 8ème éd., Litec, Paris, 2005.

AUBERT (J.-L.)
Droit des obligations, Le contrat, 3ème éd., Dalloz, Paris, 2005.

AUBRY et RAU
Droit civil français, T.II, 7ème éd., par **P. ESMEIN**, Librairies Techniques, Paris, 1961.

AYNÈS (L.) et CROCQ (P.)
Les sûretés, La publicité foncière, 6ème éd., Defrénois, Paris, 2012.

BACACHE-GIBEILI (M.)
Droit civil, Les obligations, La responsabilité civile extracontractuelle, T.5, 1re éd., sous la direction de Ch. LARROUMET, Economica, Paris, 2007.

BARREAU-SALIOU (C.-T.)
Les publicités légales, information du public et preuve des actes, Paris, LGDJ, 1991.

BÉNABENT (A.)
Droit civil, Les contrats spéciaux civils et commerciaux, 9ème éd., Montchrestien, Paris, 2011.
Droit des obligations, 14ème éd., LGDJ, Paris, 2014.

BERGEL (J.- L.)
Méthodologie juridique, PUF, Paris, 2001.
Théorie générale du droit, 4ème éd., Dalloz, Paris, 2003.

BERGEL (J.-L.), BRUSCHI (M.) et CIMAMON (S.)
Traité de droit civil, tome I, Les biens, sous la direction de J. GHESTIN, LGDJ, Paris, 2000.
Traité de droit civil, Les biens, 2ème éd., LGDJ, Paris, 2010.

BOUBLI (B.)
La responsabilité et l'assurance des architectes, entrepreneurs et autres constructeurs, 3ème éd., Éditions du Journal des Notaires et des Avocats, Paris, 1991.

BRAHMI-ZOUAOUI (N.)
L'intervention judiciaire dans les procédures de redressement des entreprises en difficultés économiques, 1re éd., édition personnelle, Tunis, 2006.

BRUN (Ph.)
Responsabilité civile extracontractuelle, Litec, Paris, 2005.

BUFNOIR (C.)
Propriété et contrat, A. ROUSSEAU, 1900, réimpression, LGDJ, Paris, 2005.

CABRILLAC (M.) et MOULY (Ch.)
Droit des sûretés, 7ème éd., Litec, Paris, 2004.

CABRILLAC (R.)
Droit des obligations, 7ème éd., Dalloz, Paris, 2006.

CAMERLYNCK (G.-H.)
Droit du travail, T.I, 2ème éd., Dalloz, Paris, 1982.

CAPITANT (H.)
De la cause des obligations (Contrats, Engagements unilatéraux, Legs), 1927, réimpression, Éditions La Mémoire du Droit, Avant-propos de D. MAZEAUD, Paris, 2012.

CARBONNIER (J.)
Le procès et le jugement : Cours de sociologie juridique, 1961-1962, Association corporative des étudiants en droit, Paris, 1962.
Droit civil, T.4, Les obligations, 16èmeéd., PUF, Paris, 1992.
Droit civil, Introduction, 22ème éd., PUF, Paris, 1994.
Droit et passion du droit sous la Ve république, Flammarion, Paris, 1996.
Flexible droit, 9ème éd., LGDJ, Paris, 1998.
Droit civil, T.3, Les biens, 19ème éd., PUF, Thémis, Paris, 2000.
Droit civil, T.4, Les obligations, 22ème éd., PUF, Paris, 2000.

CHARTIER (Y.)
La réparation du préjudice dans la responsabilité civile, Dalloz, Paris, 1983.

COMPARATO (F.-K.)
Essai d'analyse dualiste de l'obligation en droit privé, Dalloz, Paris, 1963.

CORNU (G.)
Droit civil, Introduction, Les personnes, Les biens, 12ème éd., Montchrestien, Paris, 2005.

COURBE (P.)
Droit de la famille, 5ème éd., Dalloz, Paris, 2008

DABIN (J.)
Le droit subjectif, Dalloz, 1952, réimpression, Dalloz, Paris, 2008.

DAGOT (M.)
Le pacte de préférence, Litec, Paris, 1988.

DAVID (R.) et JAUFFRET SPINOSI (C.)
Les grands systèmes de droit contemporains, 11ème éd., Dalloz, Paris, 2002.

DE PAGE (H.)
L'obligation abstraite en droit interne et en droit comparé, Bruylant, Bruxelles, 1957.

DEMOGUE (R.)
Traité des obligations en général, Source des obligations, T.V., Rousseau, Paris, 1925.
Traité des obligations, Effets des obligations, T.VII, Paris, 1933.
Les notions fondamentales du droit privé : essai critique, 1911, réimpression LMD, Paris, 2001.

DEMOLOMBE (Ch.)
Traité des contrats ou des obligations conventionnelles en général, 2ème éd., A. Durand, Paris, 1871.

DESPAX (M.)
L'entreprise et le droit, LGDJ, Paris, 1957.

DURKHEIM
Les règles de la morale sociologique, Champs Flammarion, Paris, 1988.

DUTILLEUL (F.-C.) et DELEBECQUE (Ph.)
Contrats civils et commerciaux, 9ème éd., Dalloz, Paris, 2011.

FIESCHI-VIVET (P.)
Droit du travail, Sirey, Paris, 1995.

FLOUR (J.), AUBERT (J.-L.) et SAVAUX (É.)
Droit civil, Les obligations, T.1, L'acte juridique, 12ème éd., Sirey, 2006.
Droit civil, Les obligations, T.2, Le fait juridique, 14ème éd., Sirey, Paris, 2011.
Droit civil, Les obligations, T.3, Le rapport d'obligation, 7ème éd., Sirey, Paris, 2011.

FLOUR (J.), AUBERT (J.-L.), FLOUR (Y.) et SAVAUX (E.)
Droit civil, Les obligations, T.3, Le rapport d'obligation, 2ème éd., Delta, Paris, 2001.

FORIERS (P.-A.)
Groupes de contrats et ensembles contractuels. Quelques observations en droit positif, LARCIER-LGDJ, Paris, 2006.

FRANÇOIS (J.)
Droit civil, T.4, Les obligations, Régime général, 1re éd., sous la direction de Ch. LARROUMET, Economica, Paris, 2000.

GAUDEMET (E.)
Théorie générale des obligations, Sirey, 1965, réimpression, Dalloz, Paris, 2004.

GÉNY (F.)
Méthodes d'interprétation et source en droit privé positif, préface de R. SALEILLES, seconde éd., LGDJ, Paris, 1919.
Sciences et techniques en droit privé positif : nouvelle contribution à la critique de la méthode juridique, Sirey, Paris, 1914-1924.

GHESTIN (J.)
Conformité et garantie dans la vente (Produits mobiliers), LGDJ, Paris, 1983.
Traité de droit civil, La formation du contrat, 3ème éd., LGDJ, Paris, 1993.

GHESTIN (J.) et DESHÉ (B.)
Traité des contrats, La vente, LGDJ, Paris, 1990.

GHESTIN (J.), GOUBEAUX (G.) et FABRE-MAGNAN (M.)
Traité de droit civil, T.I, Introduction générale, 4ème éd., LGDJ-DELTA, Paris, 1994.

GHESTIN (J.), JAMIN (Ch.) et BILLIAU (M.)
Traité de droit civil, Les effets du contrat, 2ème éd., LGDJ et DELTA, Paris, 1996.

GINOSSAR (S.)
Droit réel, propriété et créance : élaboration d'un système rationnel des droits patrimoniaux, LGDJ, Paris, 1960.
Liberté contractuelle et respect des droits des tiers : émergence du délit civil de fraude, LGDJ, Paris, 1963.

GUIGA (J.)
Le droit tunisien de la concurrence à l'ère de mondialisation, CPU, Tunis, 2002.

JAVILLIER (J.-C.)
Droit du travail, 7ème éd., LGDJ, Paris, 1999.

JOSSERAND (L.)
Les mobiles dans les actes juridiques du droit privé, Dalloz, Paris, 1928.
De l'esprit des droits et de leur relativité, Théorie dite de l'abus des droits, 2ème éd., Dalloz, 1939, réimpression, Dalloz, Paris, 2006.

KHARROUBI (Kh.)
Droit des sociétés commerciales, T.1, Éditions Latrach, Tunis, 2016.

LABASTIE-DAHDOUH (Ch.) et DAHDOUH (H.)
Droit commercial, Vol.1, 1re éd., IORT, Tunis, 2002.
Droit commercial, Vol.2, Entreprises sociétaires, T.1, Règles communes, 1re éd., Institut des Hautes Études Editions, Tunis, 2003.
Droit commercial, Vol.2, Entreprises sociétaires et groupements privés, T.II, Règles particulières, 1re éd., Institut des Hautes Études Editions, Tunis, 2007.

LAMBERT-FAIVRE (Y.) et LEVENEUR (L.)
Droit des assurances, 13ème éd., Dalloz, Paris, 2011.

LAMBERT-FAIVRE (Y.) et PORCHY-SIMON (S.)
Droit du dommage corporel : Systèmes d'indemnisation, 7ème éd., Dalloz, Paris, 2012.

LARROUMET (Ch.)
Droit civil, T.2, Les biens, Droits réels principaux, 5ème éd., Economica, Paris, 2006.
Droit civil, T.3, Les obligations, Le contrat, 2ème partie : Effets, 6ème éd., Economica, Paris, 2007.

LE TOURNEAU (Ph.)
Droit de la responsabilité et des contrats, 9ème éd., Dalloz, Paris, 2012.

LEGEAIS (D.)
Sûretés et garanties du crédit, 8ème éd., LGDJ, Paris, 2011.

LÉGIER (G.), TRANCHANT (L.) et ÉGÉA (V.)
Droit civil, Les obligations, 21ème éd., Dalloz, Paris, 2014.

MALAURIE (Ph.)
Droit des obligations, 9ème éd., Litec, Paris, 2005.

MALAURIE (Ph.) et AYNÈS (L.)
Droit civil, Les biens, 2ème éd., Defrénois, Paris, 2005.

MALAURIE (Ph.) et AYNÈS (L.) et CROQ (P.)
Droit civil, Les sûretés, La publicité foncière, 6ème éd., Defrénois, Paris, 2012.

MALAURIE (Ph.), AYNÈS (L.) et GAUTIER (P.-Y.)
Droit civil, Les contrats spéciaux, 3ème éd., Defrénois, Paris, 2007.

MALAURIE (Ph.), AYNÈS (L.) et STOFFEL-MUNCK (Ph.)
Droit civil, Les obligations, 5ème éd., Defrénois, Paris, 2011.

MALINVAUD (Ph.) et JESTAZ (Ph.)
Droit de la promotion immobilière, 6ème éd., Dalloz, Paris, 1995.

MARTY (G.) et RAYNAUD (P.)
Droit civil, Les obligations, T.1, Les sources, 2ème éd., Sirey, Paris, 1988.

MARTY (G.), RAYNAUD (P.) et JESTAZ (Ph.)
Les sûretés, La publicité foncière, 2ème éd., Sirey, Paris, 1987.

MAZEAUD (H.) et (J.), et CHABAS (F.)
Leçon de droit civil, T.III, Vol.2, Principaux contrats : vente et échange, 7ème éd., par F. CHABAS, Montchrestien, Paris, 1987

MAZEAUD (H.) et (L.)
Traité théorique et pratique de la responsabilité civile délictuelle et contractuelle, T.I, 4ème éd., Sirey, Paris, 1947.
Traité théorique et pratique de la responsabilité civile délictuelle et contractuelle, T.II, 4ème éd., Sirey, Paris ,1949.
Traité théorique et pratique de la responsabilité civile délictuelle et contractuelle, T.III, 4ème éd., Sirey, Paris, 1950.

MAZEAUD (H.), (L.) et (J.)
Leçons de droit civil, T.II, Vol.1, Obligations, Théorie générale, 9ème éd., par F. CHABAS, Montchrestien-DELTA, Paris, 1998.

MECHRI (F.)
Droit des entreprises en difficultés économiques, Sud Editions, Tunis, 2008.
Le droit du travail en Tunisie, Sud Editions, Tunis, 2009.

MELLOULI (S.) et FRIKHA (S.)
Les sociétés commerciales, 2ème éd., La maison du livre, Tunis, 2013.

MEZGHANI (N.)
Droit commercial, Acte de commerce, Commerçants, fonds de commerce, 2ème éd., CPU, Tunis, 2006.

MONTANIER (J.-C.)
Les sources des obligations, I- Le contrat, PUG, Paris, 1996.

MOUSSERON (J.-M.)
Technique contractuelle, 4ème éd. par P. MOUSSERON, J. RAYNARD et J.-B. SEUBE, éd. Francis Lefebvre, Paris, 2010.

OMRANE (A.)
Cours de droit commercial disposé aux étudiants de la troisième année de la Maîtrise en Droit, FDSEPS, Année universitaire, 1990-1991.

PELISSIER (J.), AUZERO (G.) et DOCKÈS (E.)
Droit du travail, 27ème éd., Dalloz, Paris, 2013.

PICARD (M.) et BESSON (A.)
Les assurances terrestres, T.I, Le contrat d'assurance, 5ème éd., LGDJ, Paris, 1982.

PLANIOL (M.) et RIPERT (G.)
Traité pratique de droit civil français, T.VI, Obligations, première partie, 2ème éd., par P. ESMEIN, LGDJ, Paris, 1952.

POTHIER (R.-J.)
Traité des obligations, 1re éd. 1821, réédité en 2011, préface de J.-L. HALPÉRIN, Dalloz, Paris, 2011.

RIPERT (G.)
La règle morale dans les obligations civiles, 4ème éd., LGDJ, Paris, 1949.

RIPERT (G.) et BOULANGER (J.)
Traité de droit civil, T.1, Introduction générale, d'après le traité de M. PLANIOL LGDJ, Paris, 1956.

ROUBIER (P.)
Droits subjectifs et situations juridiques, préface de D. DEROUSSIN, Sirey, 1963, réimpression, Dalloz, Paris, 2005.
Le droit transitoire : Conflits des lois dans le temps, Dalloz-Sirey, 1960, réimpression, Dalloz, Paris, 2008.

SALEILLES (R.)
Introduction à l'étude du droit civil allemand, éd. F. PICHON, Paris, 1904.

SAVATIER (R.)
Les métamorphoses économiques et sociales du droit civil d'aujourd'hui, Dalloz, Paris, 1948.
Traité de la responsabilité civile en droit français, T.I, Les sources de la responsabilité civile, 2ème éd., LGDJ, Paris, 1951.
Traité de la responsabilité civile en droit français, T.II, Conséquences et aspects divers de la responsabilité, 2ème éd., LGDJ, Paris, 1951.

SÉRIAUX (A.)
Droit des obligations, 1re éd., PUF, Paris, 1992.

SERRA (Y.)
La non-concurrence en matière commerciale, sociale et civile (Droit interne et communautaire), Dalloz, Paris, 1991.

SIMLER (Ph.)
Le cautionnement, Litec, Toulouse, 1982.
Cautionnement et garanties autonomes, 2ème éd., Litec, Paris, 1991.

SIMLER (Ph.) et DELEBECQUE (Ph.)
Droit civil, Les sûretés, La publicité foncière, 5ème éd., Dalloz, Paris, 2005.

STARCK (B.), ROLAND (H.) et BOYER (L.)
Droit civil, Les obligations, 1- Responsabilité délictuelle, 5ème éd., Litec, Paris, 1996.
Droit civil, Les obligations, 2- Contrat, 6ème éd., Litec, Paris, 1998.
Droit civil, Les obligations, 3- Régime général, 6ème éd., Litec, Paris, 1999.

TERRÉ (F.), SIMLER (Ph.) et LEQUETTE (Y.)
Droit civil, Les obligations, 10ème éd., Dalloz, Paris, 2009.

UTUDJIAN (A.)
La location de véhicules pour le transport routier de marchandises, préface de R. RODIÈRE, Librairies techniques, Paris, 1964.

VINEY (G.)
Traité de droit civil, Introduction à la responsabilité, 3ème éd., sous la direction de J. GHESTIN, LGDJ, Paris, 2008.

VINEY (G.) et JOURDAIN (P.)
Traité de droit civil, Les effets de la responsabilité, 2ème éd., sous la direction de J. GHESTIN, LGDJ, Paris, 2001.
Traité de droit civil, Les conditions de la responsabilité, 3ème éd., sous la direction de J. GHESTIN, LGDJ, Paris, 2006.

ZÉNATI (F.) et REVET (Th.)
Droit civil, Les biens, 2ème éd., PUF, Paris, 1997.

ZINE (M.)
Droit du contrat d'assurance, Auto édition, Tunis, 1996.

2. Thèses et mémoires

ABD EL KADER (A.)
La filiation paternelle après la loi du 28 octobre 1998, Mémoire en vue de l'obtention du DEA en Sciences Juridiques Fondamentales, FSJPST, 1999-2000.

ABDELMOUMEN (Z.)
L'action oblique (Étude comparative des droits tunisien et français), Mémoire en vue de l'obtention du mastère en Sciences Juridiques Fondamentales, FSJPST, 2008-2009.

ABID MNIF (S.)
L'option entre la responsabilité contractuelle et la responsabilité délictuelle : comparaison des droits français et tunisien, préface de P. JOURDAIN, Avant-propos de S. JERBI, L'Harmattan, Paris, 2014.

AGNÈS (R.)
Théorie générale de l'apparence en droit privé, Thèse pour le Doctorat en Droit, Paris II, 2001.

AMBIALET (J.)
Responsabilité du fait d'autrui en droit médical, préface de M. DE JUGLART, LGDJ, Paris, 1964.

AMIEL-COSME (L.)
Les réseaux de distribution, préface d'Y. GUYON, coll. Bib. de droit privé, LGDJ, Paris, 1995, p.8.

AMOURI (I.)
L'adaptation de la causalité à l'évolution technoscientifique dans la responsabilité civile, Thèse pour le Doctorat en Droit, FDS et FDSP d'Aix-Marseille III, 2010.

ANTONMATTEI (P.-H.)
Contribution à l'étude de la force majeure, préface de B. TEYSSIÉ, LGDJ, Paris, 1992.

ARFAOUI (E.)
Les règles écrites d'interprétation de la loi : essai sur une méthode officielle d'interprétation des lois, Thèse pour le Doctorat d'État en Droit, Université de Droit, d'Economie et de Gestion (Tunis III), Tunis, 2000.

ARSAC-RIBEYROLLES (A.)
Essai sur la notion d'économie du contrat, Thèse pour le Doctorat en Droit, Université Clermont Ferrand I, 2005.

ARTEIL (D.)
L'exécution du contrat par un non-contractant, préface de R.-N. SCHÜTZ, LGDJ, Paris, 2006.

ARVIGLI (J.-P.)
Apparence et réalité en droit privé : contribution à l'étude des droits des tiers contre les situations apparentes, Thèse pour le Doctorat en Droit, Nice, 1974.

AUSSEL (J.-M.)
Essai sur la notion de tiers en droit civil français, Thèse pour le Doctorat en Droit, Montpellier, 1953.

B'CHIR (I.)
Le contrat de leasing (crédit-bail), Mémoire pour le Diplôme d'Études Approfondies en Droit Privé Général, FDSPT, 1989-1990.

BABAEI (I.)
La nature de la responsabilité des contractants à l'égard des tiers, Thèse pour le Doctorat en Droit, Paris I, 1997.

BACACHE-GIBEILI (M.)
La relativité des conventions et les groupes de contrats, préface d'Y. LEQUETTE, LGDJ, Paris, 1996.

BASTIAN (D.)
Essai d'une théorie générale de l'inopposabilité, Sirey, Paris, 1929.

BECQUART (J.)
Les mots à sens multiples en droit français : contribution au perfectionnement du vocabulaire juridique, préface de R. CASSIN, PUF, Paris, 1928.

BELAID (R.)
La responsabilité civile du fabricant envers le consommateur, Mémoire en vue de l'obtention du Diplôme d'Études Approfondies en Droit Privé Général, FDSPT, 2002-2003.

BELHADJ (M.)
Groupe de contrats et leasing, Mémoire pour l'obtention du Diplôme de Mastère en Droit Privé, FDS, 2010-2011.

BEN AMMOU (N.)
Essai sur l'abus des droits à travers l'article 103 du C.O.C., Mémoire pour le Diplôme d'Études Approfondies de Droit Privé, FDSPT, 1983-1984.

BEN MRAD (H.)
La liberté du commerce et de l'industrie, Thèse de Doctorat d'Etat en Droit, FDSPT, 1998.

BEN SMAIL (S.)
Le recours au sein des groupes de contrats, Mémoire pour l'obtention du Diplôme d'Études Approfondies en Droit Privé, FDSPT, 1991-1992.

BENOÎT-RENAUDIN (C.)
La responsabilité du préposé, préface de Ph. DELEBECQUE, LGDJ, Paris, 2010.

BERTRAND (F.)
L'opposabilité du contrat aux tiers, Thèse pour le Doctorat en Droit, Paris II, 1979.

BESROUR (T.) et TRIKI (M.)
La responsabilité du commettant du fait de ses préposés en droit tunisien comparé, Mémoire pour le Diplôme d'Étude Supérieure d'Histoire des Institutions, Université de Droit, d'Economie et de Sciences Sociales de Paris, 1975.

BESSA (F.)
L'extensibilité du contrat médical à un tiers. Essai sur la substitution du débiteur des soins, Thèse de Doctorat en Ethique et droit médical, Université Jean Moulin Lyon 3, 2010.

BOSCO (D.)
L'obligation d'exclusivité, préface de C. PRIETO, Aix-Marseille III, Forum Européen de la Communication - Bruylant, Bruxelles, 2008.

BOUKER (A.)
De la réparation du préjudice moral né de l'atteinte à l'intégrité corporelle ou à la vie, Mémoire pour le Diplôme d'Études Approfondies, Sciences Criminelles, FDSPT, 1983-1984.

CABRILLAC (R.)
L'acte juridique conjonctif en droit privé français, préface de P. CATALA, LGDJ, Paris, 1990.

CALAIS-AULOY (J.)
Essai sur la notion d'apparence en droit commercial, préface de H. CABRILLAC, LGDJ, Montpellier, 1959.

CALASTRENG (S.)
La relativité des conventions, Thèse pour le Doctorat en Droit, Toulouse, 1939.

CANIN (P.)
Les actions récursoires entre coresponsables, préface de N. DEJEAN DE LA BÂTI,Litec, Paris, 1996.

CHAABAN (R.)
La caducité des actes juridiques : étude de droit civil, préface d'Y. LEQUETTE, LGDJ, Paris, 2006.

CHABAS (F.)
L'influence de la pluralité des causes sur le droit à réparation, préface de H. MAZEAUD, LGDJ, Paris, 1967.

CHAFFAI (M.-M.)
La demeure du débiteur dans l'exécution du contrat en droit civil, Thèse pour le Doctorat d'État en Droit, FDSPT, 1984.

CHARFEDDINE (M.-K.)
Les droits des tiers et les actes translatifs de propriété immobilière, préface de M. LARBI HACHEM, CERP, Tunis, 1993.

CHEN (Ch.-Wu)
Apparence et représentation en droit positif français, préface de J. GHESTIN, LGDJ, Paris, 2000.

CHÉRIF (A.)
Commentaire de l'article premier de la loi n°94-9 du 31 janvier 1994, relative à la responsabilité et au contrôle technique dans le domaine de la construction, Mémoire en vue de l'obtention du Diplôme de Mastère en Droit de l'Environnement et de l'Urbanisme, FDSPT, 2005-2006.

COZIAN (M.)
L'action directe, préface d'A. PONSARD, LGDJ, Paris, 1969.

DAHDOUH (H.)
L'indemnisation des victimes d'accidents d'automobile : comparaison des droits français et tunisien, Thèse pour le Doctorat en Droit,Paris I, 1984.

DANOS (F.)
Propriété, possession et opposabilité, préface de L. AYNÈS, Economica, Paris, 2007.

DAOUD (W.)
L'obligation de non-concurrence dans les opérations portant sur le fonds de commerce, Mémoire pour l'obtention du Diplôme d'Études Approfondies en Droit des Affaires, FDS, 2001-2002.

DE GARY (D.)
La responsabilité contractuelle du fait d'autrui, Thèse pour le Doctorat en Droit, Toulouse, 1961.

DEJEAN DE LA BÂTI (N.)
Appréciation *in abstracto* et appréciation *inconcreto* en droit civil français, préface d'H. MAZEAUD, LGDJ, Paris, 1965.

DELCOURT (L.)
De l'effet des actes juridiques à l'égard des tiers, Thèse pour le Doctorat en Droit,Paris, 1902.

DESBOIS (H.)
La notion de fraude à la loi et la jurisprudence française, Thèse pour le Doctorat en Droit, Paris, 1927.

DUCLOS (J.)
L'opposabilité (Essai d'une théorie générale), préface de D. MARTIN, LGDJ, Paris, 1984.

DUPICHOT (J.)
Des préjudices réfléchis nés de l'atteinte à la vie ou à l'intégrité corporelle, LGDJ, Paris, 1969.

EL RAJAB (D.)
L'opposabilité des droits contractuels : étude de droit comparé français et libanais, Thèse pour le Doctorat en Droit, Paris II, 2013.

FAURE-ABBAD (M.)
Le fait générateur de la responsabilité contractuelle : contribution à la théorie de l'inexécution du contrat, préface de Ph. RÉMY, LGDJ, Paris, 2003.

GARRON (F.)
La caducité du contrat (Étude de droit privé), préface de J. MESTRE, PUAM, Paris, 1999.

GHALI (I.)
L'autonomie du droit de la vente aux consommateurs, Mémoire pour l'obtention du Mastère en Droit des Affaires, FDSPT, 2005-2006.

GOMY (M.)
Essai sur l'équilibre de la convention de non-concurrence, préface d'Y. SERRA, Presse Universitaire de Perpignan, Paris, 1999.

GOUBEAUX (G.)
La règle de l'accessoire en droit privé, préface de D. TALLON, LGDJ, Paris, 1969.

GOUNOT (E.)
Le principe de l'autonomie de la volonté en droit privé : contribution à l'étude critique de l'individualisme, Thèse pour le Doctorat en Droit, Dijon, 1912.

GOUTAL (J.-L.)
Essai sur le principe de l'effet relatif du contrat, préface de H. BATIFFOL, LGDJ, Paris, 1981.

GROSS (B.)
La notion d'obligation de garantie dans le droit des contrats, préface de D. TALLON, LGDJ, Paris, 1964.

GUELFUCCI-THIBIERGE (C.)
Nullité, restitutions et responsabilité, préface de J. GHESTIN, LGDJ, Paris, 1992.

HAOUACHI (O.)
Le contrat de sous-traitance, Mémoire en vue de l'obtention du Diplôme des Études Approfondies en Droit des Contrats et des Investissements, FDSPT, 2002-2003.

HARGUEM (L.)
Le contrat de sous-traitance, Mémoire en vue de l'obtention du Diplôme d'Études Approfondies en Droit des Affaires, FSJPST, 2002-2003.

HAUSER (J.)
Objectivisme et subjectivisme dans l'acte juridique, préface de P. RAYNAUD, LGDJ, Paris, 1971.

HUET (J.)
Responsabilité contractuelle et responsabilité délictuelle : essai de délimitation entre les deux ordres de responsabilité, Thèse pour le Doctorat en Droit, Paris II, 1978.

HUGENEY (P.)
Responsabilité civile du tiers complice de la violation d'une obligation contractuelle, Dijon, LNDJ, 1910.

JAMIN (Ch.)
La notion d'action directe, préface de J. GHESTIN, LGDJ, Paris, 1991.

JÉRÔME (J.)
La responsabilité civile du fait d'autrui : ruptures et continuités, Thèse pour le Doctorat en Droit, Université des Sciences Sociales, Toulouse I, 1999.

JEULAND (E.)
Essai sur la substitution de personnes dans un rapport d'obligation, préface de L. CADIET, LGDJ, Paris, 1999.

JMAL FARJALLAH (H.)
La protection des tiers à travers le régime de la fusion des sociétés commerciales, Thèse pour l'obtention du Doctorat en Droit Privé, FDS, 2013-2014.

JUILLE (E.)
Effet des actes juridiques à l'égard des tiers, Thèse pour le Doctorat en Droit,Lille, 1904.

KHAZRI (D.)
Le préjudice par ricochet en matière de responsabilité civile, Mémoire en vue de l'obtention du Diplôme des Études Approfondies en Sciences Juridiques Fondamentales, FSJPST, 2002-2003.

LABIDI (N.)
Les obligations des agences de voyages envers leurs clients, Mémoire pour l'obtention du Diplôme des Études Approfondies en Droit Privé, FDSPT, 1996-1997.

LADHAR (A.)
La faute et la responsabilité en matière médicale, préface de S. JERBI, CPU, Tunis, 2014.

LAITHIER (Y.-M.)
Étude comparative des sanctions de l'inexécution du contrat, préface de H. MUIR WATT, LGDJ – DELTA, Paris, 2004.

LAMBERT-FAIVRE (Y.)
De la responsabilité encourue envers les personnes autres que la victime initiale : le problème dit du « dommage par ricochet », Thèse pour le Doctorat en Droit, Lyon,1959.

LARROUMET (Ch.)
Les opérations juridiques à trois personnes en droit privé, Thèse pour le Doctorat en Droit,Bordeaux, 1968.

LE GALL (J.-P.)
L'obligation de garantie dans le louage de choses, préface d'A. TUNC, LGDJ, Paris, 1962.

LEBORGNE (F.)
L'action en responsabilité dans les groupes de contrats : étude de droit interne et de droit international privé, Centre de Recherche Juridique et Judiciaire de l'Ouest, Thèse pour le Doctorat en Droit,Rennes I, 1995.

LEPAGE (A.)
Recherche sur la connaissance du fait en droit, Thèse pour le Doctorat en Droit,Paris XI, 1998.

MALLET-BRICOUT (B.)
La substitution de mandataire, préface de Ch. LARROUMET, LGDJ, Paris, 2000.

MECHRI (F.)
La signification juridique du sentiment d'affection dans le droit des rapports familiaux, Thèse pour le Doctorat en Droit, Paris II, 1973.

MEJRI (S.)
La responsabilité délictuelle des constructeurs, Mémoire pour l'obtention du Diplôme de Mastère en Droit de l'Environnement et de l'Urbanisme, FDSPT, 2003-2004.

MELLOULI (S.)
La responsabilité du transporteur maritime de marchandises, Thèse pour le Doctorat d'État en Droit, FDSPET, 1993.

MESTRE (J.)
La subrogation personnelle, préface de P. KAYSER, LGDJ, Paris, 1979.

NACHOUAN (H.)
Le patrimoine d'affectation, Mémoire pour l'obtention du Mastère en Droit des Affaires, FDSPT, 2007-2008.

NAFTI (L.)
Le sort du cautionnement personnel dans le cadre des procédures collectives, Mémoire pour l'obtention du Diplôme des Études Approfondies en Droit Privé, FDSPT, 1996-1997.

NÉRET (J.)
Le sous- contrat, préface de P. CATALA, LGDJ, Paris,1979.

OMRANE (A.)
La force majeure en droit du travail, Thèse pour le Doctorat d'État en Droit, Université des Sciences Sociales de Toulouse, 1981.

PELLÉ (S.)
La notion d'interdépendance contractuelle : contribution à l'étude des ensembles de contrats, Thèse pour le Doctorat en Droit, Paris II, 2005.

PETIT (B.)
Le débiteur contractuel responsable ou garant de l'inexécution par le fait d'un tiers, Thèse pour le Doctorat en Droit, Grenoble, 1980.

PIAZZON (T.)
La sécurité juridique, préface de L. LEVENEUR, éd. Alpha et Defrénois, Paris, 2010.

PLANCQUEEL (A.)
Contribution à l'étude des actions directes, Thèse pour le Doctorat en Droit, Lille, 1935.

REKIK (N.)
L'ordre public et le contrat civil, préface de M.-K. CHARFEDDINE, éd. Latrach, Tunis, 2015.

RICHARD (A.)
Le paiement de la dette d'autrui, préface de J.-B. DONNIER, PUAM, 2007.

ROUHETTE (G.)
Contribution à l'étude critique de la notion de contrat, Thèse pour le Doctorat en Droit, Ronéo, Paris, 1965.

ROUJOU DE BOUBÉE (M.-E.)
Essai sur la notion de réparation, préface de P. HÉBRAUD, LGDJ, Paris, 1974.

ROUVIÈRE (F.)
Le contenu du contrat : essai sur la notion d'inexécution, préface de Ch. ATIAS, PUAM, Paris, 2005.

ROUX (J.-M.)
Le rôle créateur de la stipulation pour autrui, préface de J. MESTRE, PUAM, Paris, 2001.

SAINT-HILAIRE (Ph.-D.)
Le tiers à l'acte juridique, préface de J. HAUSER, LGDJ, Paris, 2000.

SAUTONIE-LAGUIONIE (L.)
La fraude paulienne, préface de G. WICKER, LGDJ, Paris, 2008.

SCHUMACHER (Y.)
La mauvaise foi en droit privé positif, Thèse pour le Doctorat en Droit, Faculté de Droit et de Sciences Économiques d'Aix, 1967.

SOULMAGNAN (G.)
La loi tunisienne du 1er juillet 1885 sur la propriété immobilière et le régime des livres fonciers, Sirey, Paris, 1933.

TEYSSIÉ (B.)
Les groupes de contrats, préface de J.-M. MOUSSERON, LGDJ, Paris, 1975.

THIBIERGE (L.)
Le contrat face à l'imprévu, préface de L. AYNÈS, Economica, Paris, 2011.

VIDAL (J.)
Essai d'une théorie générale de la fraude en droit français, Le principe « fraus omnia corrumpit », Dalloz, Paris, 1957.

VIGNERON (P.)
La fraude dans les transferts de droits, Thèse pour le Doctorat en Droit, Paris, 1923.

VINCENT (L.)
Essai sur la publicité des transmissions de meubles corporels, Thèse pour le Doctorat en Droit, Paris, 1949.

VOUIN (R.)
La bonne foi. Notion et rôle actuels en droit privé positif, LGDJ, Paris, 1939.

WEILL (A.)
Le principe de la relativité des conventions en droit français, Dalloz, Paris, 1938.

WINTGEN (R.)
Étude critique de la notion d'opposabilité : les effets du contrat à l'égard des tiers en droit civil français et allemand, préface de J. GHESTIN, LGDJ, Paris, 2004.

3. Articles, chroniques, rapports, conclusions, notes et observations

ABEL (O.)
« Le prix de la vie », *in* Colloque : La réparation du dommage corporel : le juste prix, GP, 11 au 13 fév. 2007, p.27.

ABID-MNIF (S.)
« L'évolution de la responsabilité civile médicale dans la jurisprudence tunisiennes », *in* Questions doctrinales et droit civil contemporain, sous la direction de M.-K. CHARFEDDINE, éd. Latrach, Tunis, 2014, p.131.

ACHER (J.)
« Essaie sur la nature de l'action paulienne », RTD civ., 1906, p.85.

AHMADI (A.)
« Réflexion à propos du droit de priorité à l'achat au profit des locataires et occupants de bonne foi », RTD, 1994, p.135.

AMMAR (D.)
Note sous Cass. civ., 08 fév. 2000, JCP éd. G, 2001, II, 10570.

ANCEL (M.)
« Force obligatoire et contenu obligationnel du contrat », RTD civ., 1999, p.771.

ANCEL (P.)
« Les arrêts de 1988 sur l'action en responsabilité contractuelle dans les groupes de contrats, quinze ans après », *in* La Cour de cassation, l'Université et le Droit, Mélangesen l'honneur d'A. PONSARD, Litec, Paris, 2003, p.3.
Note sous Cass. civ., 28 oct. 2003, LPA, 2003, n°255, p.11.
« Le contrat avec effet protecteur des tiers », RDC, 2004, p.471.
« Faut-il « faire avec » ? », RDC, 2007, p.538.
« La responsabilité contractuelle et ses relations avec la responsabilité extra-contractuelle : Présentation des solutions de l'avant-projet », *in* L'avant-projet de réforme du droit de la responsabilité, Actes du colloque organisé par l'Université Panthéon-Sorbonne, Paris I, 16 mai 2006, RDC, 2007, p.19.

AOUIJ-MRAD (A.)
Les Pratiques anti-concurrentielles, *in* Acte du colloque organisé les 13 et 14 janv. 1993, Concurrence et prix, AJT,FDSPT, 1993, n°7, p.153.

ARIBI (I.)
« Le cumul d'un mandat social et d'un contrat de travail dans les sociétés anonymes », RTD, 2001, p.1.
« L'article 273 du code des obligations et des contrats et l'option entre l'action en exécution et l'action en résolution », RTD, 2003, p.1.

ARMAND-PREVOST (M.) et RICHARD (D.)
« Le contrat déstabilisé (de l'autonomie de la volonté au dirigisme contractuel) », JCP éd. G, 1979, I, 2952.

ARTEIL (D.)
« L'effet des conventions à l'égard des tiers dans l'avant-projet de réforme du droit des obligations », LPA, 2006, n°228, p.11.

ATIAS (Ch.)
« La substitution judiciaire du bénéficiaire d'un pacte de préférence à l'acquéreur de mauvaise foi », D., 1998, chron., p.203.
Obs. sous Cass. civ., 1er mars 2006, Rep. Defrénois, 2007, art.38553, p.376.

AUBERT (J.-L.)
Note sous Cass. civ., 14 nov. 1985, D., 1986, J., p.368.
Note sous Civ. 1re, 21 juin 1988, D.S., 1989, somm. comm., p.232.
Note sous Cass. com., 23 mai 1989, Rep. Defrénois, 1989, art.34633, p.1389.
Obs. sous Cass. com., 15 oct. 1991, D., 1992, somm. comm., p.276.
« A propos d'une distinction renouvelée des parties et des tiers », RTD civ., 1993, p.263.
Note sous Cass. civ., 04 avr. 2006, Rep. Defrénois, 2006, art.38431, p.1194.

AUBERT De VINCELLES (C.)
« Réflexions sur les ensembles contractuels : un droit en devenir », RDC, 2007, p.983.

AUGUET (Y.)
« La légitimité de la clause de non-concurrence en droit du travail », LPA, 1998, n°75, p.14.
« L'équilibre, finalité du droit de la concurrence », *in* Mélanges en l'honneur d'Y. SERRA, Dalloz, Paris, 2006, p.29.

AULAGNON (L.)
Note sous Cass.civ. Ch. Req., 23 déc. 1940, JCP éd. G, 1941, II, 1688.

AUZERO (C.)
« L'application de la notion de faute personnelle détachable des fonctions en droit privé », D. Aff., 1998, p.502.

AYDALOT
Concl. sur Cass. civ. Ch. réun, 25 nov. 1964, D., 1964, J., p.733.

AYNÈS (L.)
Obs. sous Cass. civ., 09 oct. 1991, Rep. Defrénois, 1992, art.35220, n°34, p.388.
Obs. sous Cass. civ., 15 déc. 1993, D., 1995, somm. comm., p.87.
« Cession de contrat : nouvelles précisions sur le rôle du cédé », D., 1998, chron., p. 25.
« Préjudice de l'enfant né handicapé : la plainte de Job devant la Cour de cassation », D., 2001, chron., p.492.
« Les effets des contrats à l'égard des tiers (Art.1165 à 1172-3 de l'avant-projet de réforme) », RDC, 2006, p.63.
Note sous Cass. civ., 12 janv. 2011, D., 2011, J., p.851.

BABAY-YOUSSEF (S.)
« La caducité des actes juridiques, une notion à "exhumer" », RTD, 2006, p.43.

BAC (A.)
« Faut-il remplacer les cautionnements par des garanties à première demande? », JCP éd. E, 1995, p.182.

BACACHE (M.)
« La loi n°98-389 du 19 mai 1998, 10 ans après », RCA, 2008, Étude, n°7, p.7.

BACACHE-GIBEILI (M.)
« La nomenclature : une norme? », *in* Colloque : Autour de la nomenclature des préjudices corporels, organisé le 03 oct. 2014 en hommage au Président DINTILHAC, GP, 24 au 27 déc. 2014, p.7.

BAG BAG (M.)
« Le formalisme en droit privé tunisien : naissance ou réminiscence »,*in* Actes du colloque tenu les 23-24 et 25 avril 1998, Coll. Forum des Juristes, L'apport du XXème siècle au droit privé tunisien, n°8, Tunis, 2000, p.139.

BATIFFOL (H.)
« La "crise du contrat" et sa portée », Archives de philosophie du droit, n°13, Sirey, Paris, 1968, p.13.

BAYER (E.)
« La propriété du contrat », LPA, 2006, n°43, p.6.

BEAUGENDRE (S.)
Note sous Cass. civ., 05 fév. 2004, D., 2004, J., p.2520.

BECQUÉ (E.)
« Dela responsabilité du fait d'autrui en matière contractuelle (contribution à l'étude du droit comparé des obligations) », RTD civ., 1914, p.251.

BECQUÉ-ICKOWICZ (S.)
Effets des conventions à l'égard des tiers. Distinction entre les effets entre les parties et à l'égard des tiers, J.-Cl., Fasc. 37-1, Art.1165, LexisNexis, 2014.

BEL HAJ HAMMOUDA (A.)
« Le C.O.C. et les conditions de validité du contrat : étude rétrospective », RTD, 1997, p.11.
« La volonté est elle encore l'élément moteur du processus contractuel? », RTD, 2005, p.1.
« La franchise, contrat né de la pratique des affaires », RJL, 2008, n°2, p.137.

BEL HAJ HAMMOUDA (M.)
« Le contrat de franchise, contrat d'intégration », RTD, 2007, p.87.

BELKENANI (F.)
« Promesse de vente d'immeuble : le brouillard congénital », *in* Mélanges en l'honneur de H. AYADI, CPU, Tunis, 2000, p.125.
« Code des obligations et des contrats et la codification », *in* Livre du centenaire du code des obligations et des contrats 1906-2006, sous la direction de M.-K. CHARFEDDINE,CPU, Tunis, 2006, p.5.

BEN AMMOU (N.)
« L'évolution récente de la jurisprudence en matière de responsabilité civile », RTD, 1996, p.27.

BEN FADHEL (O.)
« Unité du statut de la filiation en droit tunisien (ou les préjugés sociaux combattus par la loi) », *in* Mouvements du droit contemporains, Mélanges offerts au Professeur S. BEN HALIMA, CPU, Tunis, 2005, p.683.

BEN GUIRAT (A.)
« Le nouveau code tunisien de l'aéronautique civile », RJL, 2000, n°1, p.9.
« Première révision des limites de responsabilité établies par la convention de Montréal de 1999 », RJL, 2011, n°9, p.95.

BEN MOHAMED NACEUR CHEBBI (T.)
« L'obligation médicale : vers une responsabilité élargie et non complexe », RJL, 2011, n°9, p.9.

BEN NASR (T.)
« Ombres et lumières sur la garantie à première demande en droit interne : À propos de l'arrêt de la Cour d'appel de Tunis n°24634 du 16 octobre 1996 », RTD, 2002, p.217.

BEN SLIMA (H.)
« La théorie de la cause et la justice contractuelle », RJL, 2005, n°2, p.9.

BÉNABENT (A.)
Note sous Ass. plén., 07 févr.1986, D.S., 1986, J., p.293.
« Rapport français », *in* La bonne foi, Travaux de l'association Henri CAPITANT, T.XLIII, Litec, 1994, p.291.

BENEDICTE (F.- C.)
Obs. sousCass. com., 05 avr. 2005, D., 2005, Pan., p.2848.

BENILSI (S.)
« La clause de non-sollicitation », JCP éd. S, 2007, n°51-52, doc., 1976, p.15.

BERGE (J.-S.)
Obs. sous Cass.com., 6 mai 2003, RDC, 2004, p.297.

BERLIOZ-HOUIN (B.) et BERLIOZ (G.)
« Le droit des contrats face à l'évolution économique », *in* Études offertes à R. HOUIN, Dalloz-Sirey, Paris, 1985.

BERR (J.-C.) et GROUTEL (H.)
Note sous Cass. civ., 03 juill. 1979, D., J., 1980, p.73.

BETANT-ROBERT (S.)
« La décharge de la caution par application de l'article 2037 », RTD civ., 1974, p.309.

BIGOT (J.)
Note sous Cass. civ., 30 oct. 1960, RTD, 1966-1967, p.208.

BILLIAU (M.)
Obs. sous Cass. civ., 22 oct.1991, JCP éd. G, 1992, I, 3570, p.147.
Note sous Ass. plén., 14 déc. 2001, JCP éd. G, 2002, II, 10026, p.345.
Note sous Ass. plén., 06 oct. 2006, JCP éd. G, 2006, II, 10181, p.2116 .

BILLIAU (M.) et MOURY (J.)
Obs. sous Cass. civ. 1re, 17 oct. 2000, D., 2001, J., p.952.

BLOCH (C.)
Obs. sous Cass. civ., 04 juill. 2013, JCP éd. G, 2014, chron., n°568, p.969.

BLOCH (L.)
« Relative relativité de la faute contractuelle ou absolue généralité de la faute délictuelle ? », RCA, 2006, Étude, n°17, p.5.

BLOCH (P.)
« L'extinction du cautionnement », Études Juridiques, FDS, 2001, n°8, p.229.

BOLARD (G.)
Note sous Cass. com., 15 oct. 1991, JCP éd. G, 1992, II, 21905.

BOLLÉE (S.)
Note sous Cass. civ., 27 mars 2007, D., 2007, J., p.2077.

BONET (G.) et GROSS (B.)
« La réparation des dommages causés aux constructions par les vices des matériaux », JCP éd. G, 1974, I, 2602.

BONNEAU (J.)
Note sous Paris, 04 mars 2004, GP, 2004, p.3843.

BORÉ (J.)
Note sous Cass. civ., 20 nov. 1963, D., 1964, J., p.549.
« Le recours entre coobligés *in solidum* », JCP éd. G, 1967, I, 2126.
« La causalité partielle en noir et blanc ou les deux visages de l'obligation"*in solidum*" », JCP éd. G, 1971, I, 2369.
« L'indemnisation pour les chances perdues : une forme d'appréciation quantitative de la causalité d'un fait dommageable », JCP éd. G, 1974, I, 2620.
Note sous Ass. plén., 19 juin 1981 (2 arrêts), GP, 1981, 2ème sem., J., p.529.

BORGHETTI (J.-S.)
« Les intérêts protégés et l'étendue des préjudices réparables en droit de la responsabilité civile extra-contractuelle », *in* Études offertes à G. VINEY, LGDJ, Paris, 2008, p.145.

BOUAZIZ (H.)
« La clause de non-concurrence en droit du travail », *in* Publication de l'École Doctorale de la FDS, n°4, 2012, n°1, p.49.

BOUBLI (A.)
« La responsabilité des constructeurs dans la loi du 4 janvier 1978 », RDI, 1979, p.1.

BOUBLI (B.)
« Soliloque sur la transmission de l'action en garantie (À propos de l'arrêt de la troisième Chambre civile du 9 juillet 1973) », JCP éd. G, 1974, I, 2646.

BOUCOBZA (X.) et SERINET (Y.-M.)
Note sous Cass. com., 08 févr. 2011, D., 2011, J., p.1535.

BOUDOT (M.)
Apparence, Encyclopédie Dalloz, Répertoire Droit civil, 2009.

BOULANGER (J.)
« Les conflits entre des droitsqui ne sont pas soumis à publicité », RTD civ., 1935, p.545.
« Principes généraux du droit et droit positif », *in*Le Droit privé français au milieu du XXesiècle, T.1, Études offertes à G. RIPERT, T.I, LGDJ, Paris, 1950, p.51.

BOULOC (B.)
Obs. sous Cass. civ., 25 nov. 1997, RTD com., 1998, p.664.
Obs. sous Cass. com., 13 fév. 2007, RTD com., 2007, p.589.

BOURAOUI DARGHOUTH (F.)
« Propos sur les opérations de transmission de créances (L'exemple de la convention de factoring : commentaire des arrêts n°16760 de la cour d'appel du Kef du 20/6/2005 statuant en tant que cour de renvoi et n°1967 de la Cour de Cassation du 1/10/2004 », RTD, 2005, p.299.

BOURRIÉ-QUENILLET (M.)
« Le préjudice moral des proches d'une victime blessée : Dérive litigieuse ou prix du désespoir », JCP éd. G, 1998, I, 186, p.2205.

BOYER (A.)
« Le prix de la mort : inversion des valeurs », *in* Dossier : Réparation du dommage corporel, GP, 25 au 29 déc. 2009, p.3726.

BOYER (L.)
« Les promesses synallagmatiques de vente : contribution à la théorie des avant-contrats », RTD civ., 1949, p.1.

BRAHMI ZOUAOUI (N.)
« La loi n°2016/36 du 29 avril 2016 relative aux procédures collectives (Étude comparative entre le droit tunisien et le droit français) », infos-juridiques, juin 2016, n^{os}222/223, p.16.

BREDIN (J.-D.)
Obs. sous Cass. civ., 2 fév.1965, RTD civ., 1965, p.676.
Obs. sous Cass. civ., 22 mars 1968, RTD civ., 1968, p.564.
Obs. sous Cass.civ., 16 juin 1971, RTD civ., 1972, p.153.

BROUSSEAU (E)
« L'économiste, le juriste et le contrat », *in* Le contrat au début du XXIe siècle, Études offertes à J. GHESTIN, LGDJ, Paris, 2001, p.153.

BRUN (Ph.)
Obs. sous Cass. civ., 10 févr. 1999, D., 2000, somm. comm., p.278.
« L'évolution des régimes particuliers de responsabilité du fait d'autrui », RCA, n° hors série, nov. 2000, p.10.
« Le nouveau visage de la responsabilité du fait d'autrui (vers l'irresponsabilité des petits?) », *in* Études à la mémoire de Ch. LAPOYADE-DESCHAMPS, PUB, Paris, 2003.

BRUNET (J.)
Note sous T. civ. Châteauroux, 24 janv. 1950, S., 1952, II, p.61.

BRUNOIS (A.)
Obs. sous Paris, 12 janv. 1984, D., 1984, IR, p.121.

BULTE (H.)
Note sous Cass. civ., 17 oct.1961, JCP éd. G, 1962, II, 12758.

CABANNES (J.)
Concl. sur Ass. plén., 19 juin 1981 (2 arrêts), D., 1982, J., p.85.

CABRILLAC (M.)
« Remarques sur la théorie générale du contrat et les créations récentes de la pratique commerciale », *in* Mélanges dédiés à G. MARTY, Université des sciences sociales de Toulouse, 1978, p.235.

CABRILLAC (R.)
Obs. sous Cass. com., 26 avr. 1984, D., 1985, somm. comm., p.31.
Note sous Cass. civ., 16 nov. 2005, D., 2006, J., p.971.

CADIET (L.)
« Les métamorphoses du préjudice », *in* Les métamorphoses de la responsabilité, Sixièmes Journées R. SAVATIER, PUF, 1998, p.37.

« Sur les faits et méfaits de l'idéologie de la réparation », *in* Le juge entre deux millénaires, Mélanges offerts à P. DRAI, Dalloz, Paris, 2000, p.495.

CAILLON (E.)
« Deuil normal et deuil pathologique : aspects médico-légaux », *in* Dossier : Réparation du dommage corporel, GP, 25 au 29 déc. 2009, p.3748.
« Réflexions sur l'évaluation médico-légale des victimes indirectes », *in* Dossier : Focus les victimes par ricochet en cas de survie de la victime directe, GP, 18 et 19 mars 2011, p.1220.

CALAIS-AULOY (J.)
« L'attente légitime une nouvelle source de droit subjectif? », *in* Aspects actuels du droit des affaires, Mélanges en l'honneur d'Y. Guyon, Dalloz, Paris, 2003, p.171.

CALBAIRAC (G.)
« Considération sur la règle "fraus omnia corrumpit" », D., 1961, chron., p.169.

CAPITANT (H.)
« Sur l'abus des droits », RTD civ., 1928, p.365.

CAPOULADE (P.) et GIVERDON (C.)
Cass. civ., 20 déc. 1994, RDI, 1995, p.154.

CARREAU (C.)
Note sous Cass. civ., 21 nov. 1978, D., 1980, J., p.309.

CARVAL (S.)
Obs. sous Cass. civ., 1er mars 2006, RDC, 2006, p.1237.
Obs. sous Ass. plén., 06 oct. 2006, RDC, 2007, p.279.
Obs. sous Cass.civ., 31 mai 2007, RDC, 2007, p.1140.
« La faute délictuelle du débiteur défaillant : quelques observations sur les pistes ouvertes par l'arrêt d'Assemblée plénière du 6 octobre 2006 », *in* Études offertes à G. VINEY, LGDJ, Paris, 2008, p.229.

CASEY (J.)
Note sous Cass. civ., 03 juin 1998, JCP éd. G, 1998, II, 10167.

CASSON (Ph.)
Dommages et intérêts, Encyclopédie Dalloz, Répertoire Droit civil, 2009.

CAYOL (A.)
Note sous Cass. civ., 15 déc. 2011, LPA, 2012, n°119, p.18.

CELESTE (P.-X.)
Note sous Cass. civ., n°3261 du 1er mars 1965, RTD, 1966-1967, p.256.

CERLES (A.)
« Le point sur la protection de la caution personnelle », RDP, 2003, n°117, p.54.

CERMOLACCE (A.)
« État des lieux des actions oblique et paulienne », LPA, 2008, n°19, p.5.

CHAABAN (R.)
« Nouvelle articulation des responsabilités cumulatives du commettant et du préposé », LPA, 2007, n°76, p.15.

CHABAS (F.)
« Remarques sur l'obligation " *in solidum* " », RTD civ., 1967, p.310.
« Bilan de quelques années de jurisprudence en matière de rôle causal », D., 1970, chron., p.113.
Note sous Cass. civ., 17 mars 1971, D., 1971, J., p.494.
Note sous Cass. civ., 15 nov. 1972, D., 1973, J., p.533.
Note sous Cass. civ., 25 oct. 1978, JCP éd. G, 1979, II, 19193.
« Du lien de parenté ou d'alliance entre la victime et l'auteur du dommage », *in* Mélanges dédiés à G. MARTY, Université des Sciences Sociales de Toulouse, 1978, p.291.
Concl. sur Ass. plén., 19 juin 1981 (2 arrêts), D., 1982, J., p.90.
« La responsabilité pour défaut de sécurité des produits, dans la loi du 19 mai 1998 », GP, 1998, 2ème sem., doc., p.1111.
« La loi du 19 mai 1998 et le droit commun », GP, 1999, 2ème sem., doc., p.565.
Obs. sous Cass. civ., 28 oct. 2003, RDP, 2004, n°3464, p.113.
Force majeure, Encyclopédie Dalloz, Répertoire Droit civil, 2007.

CHAGNY (M.)
« L'empiètement du droit de la concurrence sur le droit du contrat », RDC, 2004, p.861.
« Le droit de la concurrence? Instrument de protection des contractants? », Études Juridiques, FDS, 2005, n°12, p.215.

CHAMPAUD (C.)
« La concession commerciale », RTD com., 1963, p.451.

CHANTEPIE (G.)
« La responsabilité des tiers impliqués dans la conclusion d'un contrat déséquilibré », *in* Études offertes à G. VINEY, LGDJ, Paris, 2008, p.260.

CHARBONNEAU (C.) et PANSIER (F.-J.)
« Du renouveau de la notion de partie », Rep. Defrénois, 2000, art.37110, p.284.

CHARFEDDINE (M.-K.)
Obs. sous Cass. civ. Ch. réun., arrêt n° 6216 du 25 nov. 1983, RTD, 1984, p.593.
Obs. sous Cass. civ., n°12129 du 18 mars 1985, RTD, 1987, p.389.
« Esquisse sur la méthode normative retenue dans l'élaboration du code tunisien des obligations et des contrats », RIDC, 1996-2, p.421.

CHARMONT (J.)
« L'abus du droit », RTD civ., 1902, p.113.

CHARTIER (Y.)
Note sous Cass. pén., 03 nov. 1983 (2ème arrêt), JCP éd. G, 1985, II, 20360.

CHAZAL (F.)
« L'autonomie de la volonté et la "Libre recherche scientifique" », RDC, 2004, p.621.

CHAZAL (J.-P.) et VINCENTE (S.)
« Le transfert de propriété par l'effet des obligations dans le Code civil », RTD civ., 2000, p.477.

CHEKIR (H.)
« La signification de la concurrence », *in* Acte du colloque organisé les 13 et 14 janv. 1993, Concurrence et prix, AJT, FDSPT, 1993, n°7, p.15.

CHELLE (D.) et PRÉTOT (X.)
Obs. sous CE, 20 oct. 2000, D., 2001, somm. comm., p.1919.

CHÉRIF (L.)
« En droit civil, la jurisprudence est une source du droit », RJL, 2014, n°5, p.9.

CHEVRIER (E.)
Obs. sous Cass. com., 18 déc.2001, D., 2002, J., p.644.
Note sous Cass. com., 10 mai 2006, D., 2006, Act. Jur. p.1526.
Note sous Cass. com., 12 fév. 2008, D., 2008, Act. Jur. p.610.

CHIKHAOUI (L.)
« La liberté du commerce et de l'industrie à travers la nouvelle réglementation de la concurrence et des prix en Tunisie », *in* Acte du colloque organisé les 13 et 14 janv. 1993, Concurrence et prix, AJT, FDSPT, 1993, n°7, p.135.

COLLART DUTILLEUL (F.)
Obs. sous Cass.civ. Ch. mixte, 26 mai 2006, RDC, 2006, p.1131.

CONDEMINE (D.)
D., 2007, Pan., p.180, B- Clause de non-concurrence.

CORNESSE (I.)
« L'exécution forcée en nature des obligations contractuelles », RRJ, 2003, p. 2433.

CORNU (G.)
Obs. sous Cass. civ., 04 fév. 1963, RTD civ., 1963, p.564.
Obs. sous T.G.I. de Toulouse, 16 janv. 1980, RTD civ.,1981, p.169.

COSTA (J.-L.)
« La responsabilité des constructeurs d'après la loi du 4 janvier 1978 », D., 1979, chron., p.35.

COURTIER (J.-L.)
« La garantie à première demande : une nouvelle sûreté pour les créanciers », LPA, 1994, n°61, p.4.

COURTIEU (G.)
« L'ordre public de protection, heurs et malheurs d'une vieille notion neuve », *in* Études offertes à J. FLOUR, Defrénois, Paris, 1979, p.95.
Droit à réparation. Abus de droit. Notion, J.-Cl., Fasc. 131-10, Art.1382 à 1386, LexisNexis, 2005.
Droit à réparation. Concurrence déloyale. Applications pratiques : dénigrement et désorganisation, J.-Cl., Fasc. 132-20, Art.1382 à 1386, LexisNexis, 2006.
Droit à réparation. De la concurrence déloyale au parasitisme. Théorie générale, J.-Cl., Fasc. 1, Art.1382 à 1386, LexisNexis, 2006.

COVIAUX (A.)
« Frais d'obsèques », *in* Dossier : Indemnisation et Décès, GP, 25 au 29 déc. 2009, p.3737.

CROCQ (P.)
« L'évolution des garanties du paiement : de la diversité à l'unité », *in* Mélanges dédiés à Ch. MOULY, T.II, Litec, Paris, 1998.
Obs. sous Cass. civ., 12 janv. 2011, RTD civ., 2011, p.158.

DABIN (J.)
« Une nouvelle définition du droit réel », RTD civ., 1960, p.20.

DAGORNE-LABBE (Y.)
« La loi du 19 mai 1998 relative à la responsabilité du fait des produits défectueux », Rep. Defrénois, 1998, art.36888, p.1265.
« Le dol émanant d'un tiers au contrat », LPA, 2001, n°223, p.19.
Note sous Cass. civ., 30 oct. 2008, LPA, 2009, n°128, p. 19.

DAGOT (M.)
Publicité foncière, Généralités, J.-Cl., Fasc.30, LexisNexis, 2002.

DALCQ (R.)
« Les actions directes (Rapport belge) », *in* Les effets du contrat à l'égard des tiers (comparaisons franco- belges), sous la direction de M. FONTAINE et J. GHESTIN, LGDJ, Paris, 1992,p.303.

DALLAND (R.)
« Le respect des contrats par les tiers », JCP éd. G, 1939, I, 86.

DAMY (G.) et PELLI (S.)
« La clause de non-concurrence dans les relations de travail », JCP éd. G, 2008, I, 133. p.13.

DANET (D.)
« Le dirigeant et l'omnibus », RTD com., 1994, p.173.

DAVID (S.)
« L'indemnisation du dommage corporel à l'aune du droit patrimonial de la famille », *in* Dossier : Focus les victimes par ricochet en cas de survie de la victime directe, GP, 18 et 19 mars 2011, p.1230.

DE BERTIER-LESTRADE (B.)
« Retour sur la mauvaise foi dans les règles de publicité foncière et les règles de conflits d'actes », D., 2011, chron., p.2954.

DE LA MASSUË (H.)
« Responsabilité contractuelle et responsabilité délictuelle sous la notion de l'abus du droit », RTD civ., 1948, p.27.

DE LA MORANDIÈRE (L.)
« De l'action des administrations contre le tiers responsable de l'accident survenu à un membre de leur personnel », D., 1958, chron., p.179.

DE LAGRANGE (E.-G.)
Note sous Cass. civ., n°1556 du 3 mars 1959, RTD, 1968, p.91.
Note sous Cass. civ., n°6139 du 11 juill. 1968, RTD, 1969-1970, p.185.

DEBAT (O.)
« Le contrat source de responsabilité envers les tiers », LPA, 2003, n°190, p. 3.

DECOTTIGNIES (R.)
Ayant-cause, Encyclopédie Dalloz, Répertoire Droit civil, 1970.
Tiers, Encyclopédie Dalloz, Répertoire Droit civil, 1976.

DEGHICH (K.)
« La publicité légale : traitement des anomalies (seconde partie) », infos-juridiques, juin 2006, n°s4/5, p.22.

DEJEAN DE LA BATIE (N.)
Note sous Cass. civ., 07 juin 1977, JCP éd. G, 1978, II, 19003.

DELEBECQUE (Ph.)
Obs. sous Cass. civ., 21 juin 1988,JCP éd. E, 1988, II, 15294.
« L'appréhension judiciaire des groupes de contrats », *in* Le juge et l'exécution du contrat, Colloque I.D.A. Aix-en-Provence, 28 mai 1993, PUAM et Faculté de Droit et de Science Politique d'Aix-Marseille, Paris, 1993, p.117.
Obs. sous Cass. civ., 29 nov. 1994, Rep. Defrénois, 1995, art.36210, p.1405.
Obs. sous Cass. civ., 11 avr. 1995, D., 1995, somm. comm., p.231.
Note sous Cass. com., 20 févr. 1996, D., 1996, J, p.290.
Obs. sous Cass. com., 9 avr. 1996, D., 1997, somm.comm., p.26.
Obs. sous Cass. civ., 13 fév. 2001, D., 2001, somm. comm., p.2234.
Obs. sous Cass. civ., 28 mai 2002, D., 2002, J., p.2836.
Note sous Cass. civ., 28 oct. 2003, D., 2004, J., p.233.

DELGRANGE (O.) et BUCCIANO (M.)
« Quelques réflexions sur la force majeure en matière contractuelle », GP, janv.-fevr. 2004, doc. p.214.

DEMOGUE (R.)
Obs. sous Cass.civ. Ch. Req., 08 nov. 1904, RTD civ., 1905, p.330, n°5.
Obs. sous Paris, 24 nov. 1904, RTD civ., 1906, p.158.
Obs. sous Cass.civ., 27 mai 1908, RTD civ., 1908, p.536.
Obs. sous Chambéry, 04 oct. 1910, RTD civ., p.135.
Obs. sous Besançon, 13 nov. 1911, RTD civ., 1912, p.167.
Obs. RTD civ., 1921, p.727, n°2.
Obs. RTD civ., 1927, p.979, n°25.
Obs. RTD civ., 1928, p.910, n°19.
Obs. sous Cass.civ. Ch. Req., 02 juin 1930, RTD civ., 1930, p.798, n°21.
Obs. sous Colmar, 08 déc. 1936, RTD civ., 1937, p.839, n°18.

DENDENI (S.)
« L'évolution du droit des sûretés et ses répercussions sur les droits des créanciers », R.J.L., 2009, n°3, p.31.

DEPADT-SEBAG (V.)
Note sous Ass. plén., 06 oct. 2006, LPA, 2007, n°98, p.16.

DEREUX (G.)
« De la réparation due par l'auteur d'une seule des fautes dont le concours a causé le préjudice », RTD civ., 1944, p.155.

DERRIDA (F.) et MESTRE (J.)
Apparence, Encyclopédie Dalloz, Répertoire Droit civil, 1986.

DESHAYES (O.)
« Précisions sur la nature et les fonctions de la règle d'effet relatif des contrats », *in* Études offertes à G. VINEY, LGDJ, Paris, 2008, p.333.
Ayant-cause, Encyclopédie DALLOZ, Répertoire Droit civil, 2008.

DESSERTEAUX (M.)
« Abus de droit ou conflit de droits », RTD civ., 1906, p.119.

DIDIER (P.)
« Les biens négociables », *in* Aspects actuels du droit des affaires, Mélanges en l'honneur d'Y. GUYON, Dalloz, Paris, 2003, p.327.

DJOUDI (J.)
« La sanction de l'obligation d'information annuelle de la caution », RDBF, mai-juin, 2007, p.61.

DOMINO (X.)
Note sous CE, 11 juill. 2011, AJDA, 2011, p.1949.

DROSS (W.)
Biens, J.-Cl., Fasc.120, Art.543, LexisNexis, 2005.
Effets des conventions à l'égard des tiers, Action paulienne, J.-Cl., Fasc. 39, Art.1167, LexisNexis, 2011.
Effets des conventions à l'égard des tiers, Action directe, J.-Cl., Fasc. 38-1, Art.1166, LexisNexis, 2012.
Effets des conventions à l'égard des tiers, Action oblique,J.-Cl., Fasc. 38, Art.1166, LexisNexis, 2012.

DU GARREAU DE LA MÉCHENIE (J.-H.)
« La vocation de l'ayant cause à titre particulier aux droits et obligations de son auteur », RTD civ., 1944, p.219.

DU PONTAVICE (E.)
« Fraude dans les transferts immobiliers et sécurité des tiers », RTD civ., 1963, p. 649.

DUBARRY (J.-Cl.) et LOCQUIN (É.)
Obs. sous Cass. com., 08 févr. 2000, RTD com., 2000, p.596.

DUMERY (A.)
« Absence de causalité et force majeure : réflexions autour d'une dissonance », RRJ, 2009, p.629.

DUPEYROUX (J.-J.)
« Le maintien du salaire et les recours contre l'auteur de l'accident », D., 1961, chron., p.39.

DUPICHOT (J.)
Obs. sous Cass. civ., 20 janv. 1967 (1re espèce), JCP éd. G, 1968, 2, 15510.

DURAND (P. M.-F.)
Note sous Cass. com., 1er févr. 1955, D., 1956, J., p.338.

DURRY (G.)
Obs. sous Cass. civ., 24 oct. 1967, RTD civ., 1968, p.363.

Obs. sous Cass. soc., 21 mars 1972, RTD civ., 1973, p.128.
Obs. sous T.G.I. de Valence, 06 juill. 1972, RTD civ, 1973, p.130.
Obs. RTD civ., 1975, p.721, n°10.
Obs. sous T.G.I. de Nanterre, 22 oct. 1975, RTD civ., 1976, p.551.
Obs. RTD civ., 1977, p.768, n°2.
Obs. sous Cass. civ., 23 mai 1977, RTD civ., 1978, p.359.
Obs. sous Aix, 13 juin 1977, RTD civ., 1978, p.359.
Obs. sous Cass. civ., 13 déc. 1978, RTD civ., 1979, p.613.
Obs. sous Cass. civ., 09 oct. 1979, RTD civ., 1980, p.354.
Obs. RTD civ., 1980, p.112, n°1.
Obs. sous Ass. plén., 19 juin 1981 (2 arrêts), RTD civ., 1981, p.857.
« Responsabilité contractuelle et responsabilité délictuelle », *in* La responsabilité civile, Journée H., L. et J. Mazeaud, LPA, 2006, n°174, p.28.

ELBARHOUMI (A.)
« Le sort des conventions réglementées conclues sans l'autorisation préalable du conseil d'administration », RJL, 2009, n°5, p.65.

EL HAMZAOUI (M.-M.)
« De la responsabilité des commettants du fait de leurs préposés en droit tunisien, particulièrement en droit civil », Revue juridique et politique indépendance et coopération, p.601.

ELOI (M.), DE JACOBET DE NOMBEL (C.), RAYSSAC (M.), SOURD (J.)
« La faute de la victime dans la responsabilité civile extra-contractuelle », *in* Études à la mémoire de Ch. LAPOYADE-DESCHAMPS, PUB, 2003.

EMY (Ph.)
« A propos de l'opposabilité d'une cession de créance, Réflexion sur l'avant-projet de réforme du droit des obligations », D., 2008, chron., p.2886.

ESCHYLLE (J.-F.)
Note sous Cass. civ., 14 mai 1992, D., 1993, J., p.247.

ESMEIN (P.)
Note sous Cass. pén., 04 mai 1954, JCP éd. G, 1954, II, 8245.
« La commercialisation du dommage moral », D., 1954, chron., p.113.
« Le fondement du recours contre le tiers responsable d'un accident corporel du débiteur de prestations auxquelles l'accident donne lieu », JCP éd. G, 1958, I, 1422.
Note sous Cass. civ., 08 oct. 1957, D., 1958, J., p.317.
Obs. sous Cass. pén., 26 déc. 1960, JCP éd. G, 1961, II, 12193.
Obs. sous Cass. civ., 09 oct. 1962, JCP éd. G, 1962, II, 12910.
Obs. sous Cass. civ., 07 nov. 1962, JCP éd. G, 1963, II, 12987.
« Le nez de Cléopâtre ou les affres de la causalité », D., 1964, chron., p.205.
Obs. sous Ass. plén., 30 avril 1964, (2arrêts), JCP éd. G, 1964, 2, 13734.

ESPAGNON (M.)
Note sous Cass. civ., 08 juin 1979, D.S., 1980, J., p.563.
Droit à réparation. Rapport entre responsabilité délictuelle et contractuelle. Domaine. Nature de la responsabilité entre contractants et tiers, J.-Cl., Responsabilité civile, Fasc.176-20, Art.1146 à 1155, LexisNexis, 2005.

« La prévision contractuelle et l'action en responsabilité du tiers contre le contractant (de l'arrêt Lamborghini à l'article 1342 du projet de réforme du droit des obligations et de la prescription) », *in* Études offertes à G. VINEY, LGDJ, Paris, 2008,p.377.

ESSOUSSI (M.)
« L'obligation d'information du vendeur », RJL, 2012, n°6, p.7.
« L'indépendance juridique dans le contrat de franchise », Revue tunisienne d'études juridiques et politiques, FDSPS, 2014, n°2, p.61.

FABRE-MAGNAN (M.)
« Le mythe de l'obligation de donner », RTD civ., 1996, p.85.
« Propriété, patrimoine et lien social », RTD civ., 1997, p.583.

FADDOUL (J.)
Obs. sous Cass. civ., 06 janv. 1999, D. Aff., 1999, p.204.

FAGES (B.)
Obs. sous Cass. civ., 31 mai 2007, RTD civ., 2007, p.568.
Obs. sous Cass. com., 21 oct. 2008, RTD civ., 2009, p.318.
Obs. sous Cass. com., 08 févr. 2011, RTD civ., 2011, p.350.

FERRIER (D.)
Obs. sous Cass. com., 19 déc. 1989, D., 1990, somm. comm., p.368.

FISCHER (J.)
« Causalité, imputation, imputabilité : les liens de la responsabilité civile », *in* Libre droit, Mélanges en l'honneur de Ph. LE TOURNEAU, Dalloz, Paris, 2008, p.383.

FLOUR (J.)
Note sous Cass. civ., 22 fév. 1944, D., 1945, J., p.293.
« Quelques remarques sur l'évolution du formalisme », *in*Le Droit privé français au milieu du XXe siècle, Études offertes à G. RIPERT, T.I, LGDJ, Paris, 1950, p.93.

FONTAINE (M.)
« Les effets ''internes'' et les effets "externes" des contrats », *in* Les effets du contrat à l'égard des tiers (comparaisons franco- belges), sous la direction de M. FONTAINE et J. GHESTIN, LGDJ, Paris, 1992,p.40.

FOREST (G.)
Note sous Cass. civ., 25 mars 2009, D., 2009, Act. Jur. p.1019.

FOSSEREAU (J.)
« L'incidence de la faute de la victime sur le droit à réparation de ses ayants cause agissant à titre personnel », RTD civ., 1963, p.7.
« Le "clair obscur" de la responsabilité des constructeurs », D.S., 1977, chron., p.13.

FOURNIER (S.)
« La faute personnelle du préposé », LPA, 1997, n°88, p.15.

GALLMEISTER (I.)
« L'incidence de la faute du préposé sur la responsabilité de son commettant », GP, sept.- oct. 2005, doc., p. 3052.
Note sous Cass. civ. ch. mixte, 28 nov. 2008, D., 2008, Act. Jur. p.3079.

GARAUD (M.)
Note sous T.civ. de Melle, 08 fév. 1939, S., 1938, J., p.97.

GARIAZZO (A.)
Avis sous Ass. plén., 06 oct. 2006, JCP éd. G, 2006, II, 10181, p.2111.

GAUDEMET (J.)
« Naissance d'une notion juridique, Les débuts de l'"obligation" dans le droit de la Rome antique », *in* L'obligation, Archives de philosophie du droit, T.44, CNRS-Dalloz, 2000, p.19.

GAUDU (F.)
« La responsabilité civile du prêteur de main-d'œuvre », D., 1988, chron., p.235.

GAUTIER (P.-Y.)
Obs. sous Cass. com., 03 déc. 2002, RTD civ., 2003, p.312.
Note sous Ch. mixte, 26 mai 2006, D. 2006, J., 1861.
Obs. sous Cass. civ., 14 fév. 2007, RTD civ., 2007, p.366.
Note sous Ass. plén., 9 mai 2008,RTD civ., 2008, p.498.
Obs. sous Cass. civ., 25 mars 2009, RTD civ., 2009, p.337.
Obs. sous Cass. civ., 23 sept. 2009, RTD civ., 2010, p.127.

GENIVIEVE (V.)
La responsabilité contractuelle en question, *in* Le contrat au début du XXIe siècle, Études offertes à J. GHESTIN, LGDJ, Paris, 2001, p.921.

GERARDIN (N.)
« Le créancier, la caution et le débiteur surendetté », LPA, 2000, n°65, p.5.

GERNEZ-RYSSEN (V.)
« Légitimité des restrictions à la concurrence en droit commercial et social », Rep. Defrénois, 1993, art.35627, p.1170.

GERVÉSIE (P.)
Note sous Lyon, 26 janv. 1956, D., 1958, J., p.253.

GHAZOUANI (N.)
« Réflexions sur la sanction de la vente de la chose d'autrui », RTD, 1987, p.119.

GUERMAZI (M.)
« La protection des créanciers dans les procédures collectives : entre ombre et lumière », Études Juridiques, FDS, 2015, p.121.

GHESTIN (J.)
« La fraude paulienne », *in* Mélanges dédiés à G. MARTY, Université des Sciences Sociales de Toulouse, 1978, p.569.
« L'utile et le juste dans les contrats », D., 1982, chron., p.1.
« La notion de contrat », D., 1990, chron. p. 147.
« La distinction entre les parties et les tiers au contrat », JCP éd. G, 1992, I, 3628, p.517.
« Nouvelles propositions pour un renouvellement de la distinction entre les parties et les tiers », RTD civ., 1994, p.777.
« Le nouveau titre IV bis du Livre III du Code civil : de la responsabilité du fait des produits défectueux, l'application en France de la directive sur la responsabilité du

fait des produits défectueux après l'adoption de la loi n°98-389 du 19 mai 1998 », JCP éd. G, 1998, I, 148.
« L'absence de cause de l'engagement : absence de la contrepartie convenue », JCP éd. G, 2006, I, p.1883.

GIBIRILA (D.)
Note sous Cass. civ., 30 mai 2006, LPA, 2007, n°3, p.11.

GILLES (A.-M.)
« Quelques observations sur la mauvaise foi en droit privé », LPA, 2003, n°135, p.6.

GINOSSAR (S.)
« Pour une nouvelle définition du droit réel et du droit personnel », RTD civ., 1962, p.573.
« La fraude au droit d'autrui est-elle licite? », *in* Mélanges offerts à J. DABIN, Sirey, Paris, 1963, p.615.

GIVORD (F.)
Note sous Cass.civ. Ch. Req., 22 déc. 1942, D., 1945, J., p.99.
« Protection des tiers en matière de construction », GP, 1969, 1er sem., doc., p.17.

GOBERT (M.)
« La publicité foncière française, cette mal aimée », *in* Études offertes à J. FLOUR, Defrénois, Paris, 1979, p.207.

GOMAA (M.-K.)
« La réparation du dommage et l'exigence d'un intérêt légitime juridiquement protégé », D., 1970, chron., p.145.

GOMEZ (J.-R.)
« Les actions directes du mandant et du sous-mandataire dans la jurisprudence française : bilan et propositions (1re partie) », LPA, 2000, n°189, p.5.
« Les actions directes du mandant et du sous-mandataire dans la jurisprudence française : bilan et propositions (suite et fin) », LPA, 2000, n°190, p.4.

GOMY (M.)
« L'autonomie de la clause de non-concurrence post-contractuelle en doit du travail », *in* Mélanges en l'honneur d'Y. SERRA, Dalloz, Paris, 2006, p.199.

GOUBEAUX (G.)
Obs. sous Cass. civ., 14 déc. 1971, JCP éd. G, 1972, II, 17102.
« La carence du débiteur, condition de l'action oblique. Questions de fond et questions de preuve », *in* Propos sur les obligations et quelques autres thèmes fondamentaux du droit, Mélanges offerts à J.-L. AUBERT, Dalloz, Paris, 2005, p.147.

GOUR (O.)
Obs. sous Cass. civ., 17 juin 2010, D., 2011, Pan., p.35.

GRAS (M.-C.), et GUILLON (B.)
« Pertes ou diminutions», *in* Dossier : Indemnisation et Décès, GP, 25 au 29 déc. 2009, p.3739.

GRAVILLOU (J.-A.)
Note sous Civ.3ème, 10 févr. 2010, Rep. Defrénois, 2010, art.39116, p.1073.

GRÉAU (F.)
Action directe, Encyclopédie DALLOZ, Répertoire Droit civil, 2011.

GRIDEL (J.-P.) et LAITHIER (Y.-M.)
« Les sanctions civiles de l'inexécution du contrat imputable au débiteur : état des lieux », JCP éd. G, 2008, I, 143, p.13.

GRIMALDI (B.)
Obs. sous Cass. civ., 12 janv. 2011, Rep. Defrénois, 2011, art.39211, p.479.

GRIMALDI (C.)
« Toute faute contractuelle est une faute délictuelle, mais encore faut-il s'entendre sur le préjudice réparable! », RDC, 2007, p.563.

GRIMALDI (M.)
« Le contrat et les tiers », *in* Libres propos sur les sources du droit, Mélanges en l'honneur de Ph. JESTAZ, Dalloz, Paris, 2006, p.163.

GROUTEL (H.)
« Les recours entre coauteurs (suite- et fin ?) », D., 1992, chron., p.19.
« Les facettes de l'autonomie du préjudice sexuel », RCA, 1993, chron., n°7, p.1.
« Pension de réversion et préjudice du conjoint : une simple précision ou l'amorce d'un revirement en jurisprudence ? », RCA, 1995, chron., n°33, p.1.
Note sous Cass. civ., 23 oct. 2003, RCA, 2004, comm., n°25, p.15.
Obs. sous Cass. civ., 28 oct. 2003, RCA, 2004, comm., n°30, p.17.
Note sous Cass. civ., 12 mai 2005, RCA, 2005, comm., n°212, p.14.
Obs. sous cass. civ., 1er juill. 2010, RCA, 2010, comm., n°241, p.12.

GRUA (F.)
« Le cautionnement réel », JCP éd. G, 1984, I, 3167.

GRYNBAUM (L.)
« Responsabilité et contrat : l'union libre : variation sur la responsabilité contractuelle, le préjudice corporel et les groupes de contrats », *in* Libre droit, Mélanges en l'honneur de Ph. LE TOURNEAU, 2008, Dalloz, Paris, p.409.

GUEGAN-LECUYER (A.)
Note sous Cass. civ., 10 mai 2005, D., 2006, J., p.1156.

GUÉVEL (D.)
« Action oblique, ingratitude et indignité », *in* Études offertes à J. DUPICHOT, Bruylant, Bruxelles, 2004, p.185.

GUIDE (J.) et ESPER (C.)
« La responsabilité du fait anesthésique », GP, 1998, 2ème sem., doc., p.1384.

GUIGA (J.)
« Le droit de la concurrence dans l'ordre juridique tunisien et communautaire », RJL, 1998, n°6, p.9.

GUITIO (P.)
« Les actes de disposition sur la chose d'autrui », RTD civ., 1954, p.1.

GUYENOT (J.)
« Les conventions d'exclusivité de vente », RTD com., 1963, p.513.

GUYOT (I.)
« Le caractère extérieur de la force majeure », RRJ, 2002, p.213.

GWENNHAËL (F.)
Note sous Cass. civ., 30 mai 2006, D., 2006, J., p. 2717.

HAGE-CHAHINE (F.)
« Essai d'une nouvelle classification des droits privés », RTD civ., 1982, p.705.

HAMEL (J.)
Note sous Paris, 11 mai 1945, D.P., 1947, J., p.62.

HAMOUDA (M.)
« Les opérations juridiques triangulaires dans le C.O.C. », *in* Livre du centenaire du code des obligations et des contrats 1906-2006, sous la direction de M.-K. CHARFEDDINE, CPU, Tunis, 2006, p.297.

HAUSER (J.)
« Le solidarisme contractuel, mythe ou réalité? », *in* Le solidarisme contractuel, sous la direction de L. GRYNBAUM et M. NICOD, Economica, coll. Études Juridiques, T.18, Paris, 2004, p.193.

HÉBRAUD (P.) et RAYNAUD (P.)
Obs. sous Cass. civ., 11 juill. 1951, RTD civ., 1951, p.544.
Obs. sous Cass. civ., 27 mai 1970, RTD civ., 1971, p.411.

HÉCART (Ch.)
« L'article 1342 de l'avant-projet Catala : quelle cohérence? », D., 2006, chron., p.2268.

HOUIN (R.)
Note sous Cass. pén., 14 déc. 1938, S., 1939, I, p.233.
Note sous Cass.civ. Ch. Req., 22 déc. 1942, JCP éd. G, 1943, II, 2334.

HUET (J.)
Obs. sous Cass. civ., 05 oct. 1983, RTD civ., 1984, p.504.
« Des différentes sortes d'obligation, et plus particulièrement de l'obligation de donner, le mal nommée, le mal aimée », *in* Le contrat au début du XXIe siècle, Études offertes à J. GHESTIN, LGDJ, Paris, 2001, p.425.
« La responsabilité contractuelle et ses relations avec la responsabilité extracontractuelle : observations sur la distinction entre les responsabilités contractuelle et délictuelle dans l'avant-projet de réforme du droit des obligations », RDC, 2007, p.31.

IDOT (L.)
« L'empiètement du droit de la concurrence sur le droit du contrat », RDC, 2004, p.882.

J. (A.)
Obs. sous Poitiers, 17 janv. 1962, JCP éd. G, 1962, II, 12749.
Obs. sous Paris, 07 juill. 1970, JCP éd. G, 1971, II, 16611.

JACQUES (Ph.)
« Einstein à la Cour de cassation : la relativité de la théorie », RDC, 2007, p569.

JAIDANE (R.)
« L'évolution du droit tunisien de la concurrence à la lumière de la réforme du 10 mai 1999 », RTD, 2000, p.235.

JAMIN (Ch.)
« Une restauration de l'effet relatif du contrat », D.S., 1991, chron., p.257.
Obs. sous Cass. civ., 30 oct. 1991, JCP éd. G, 1992, I, 3570, p.150.
« Brèves réflexions sur un mécanisme correcteur : l'action directe en droit français », *in* Les effets du contrat à l'égard des tiers (comparaisons franco- belges), sous la direction de M. FONTAINE et J. GHESTIN, LGDJ, Paris, 1992, p.263.
Note sous Cass. soc., 19 juin 1993, D., 1994, J., p.270.

JAMIN (Ch.) et BILLIAU (M.)
« Cession conventionnelle du contrat : la portée du consentement du cédé », D., 1998, chron., p.145.

JEANDIDIER (W.)
« L'exécution forcée des obligations contractuelles de faire », RTD civ., 1976, p.700.

JELLOULI (A.)
« L'extinction du cautionnement », RTD, 2001, p.271.

JESTAZ (Ph.)
« Les malfaçons de l'immeuble, par qui et à qui la garantie est-elle due? », GP, 1969, 2ème sem., doc., p.225.
Note sous Riom, 04 janv. 1968, D., 1969, J. p.102.
Note sous Cass. civ., , 23 mars 1968, D.S., 1970, J., p.663.
Note sous Cass. civ. 05 juin 1968, D.S., 1970, J., p.453.

JOSSERAND (L.)
Note sous Cass.civ. Ch. Req., 30 nov. 1926, D., 1928, 1, p.49.
« Le contrat dirigé », D.H., 1933, chron., p.89.
Note sous Cass. civ., 06 déc. 1932 et 24 mai 1933, D.H., 1933, 1re partie, J., p.137.
« Aperçu général des tendances actuelles de la théorie des contrats », RTD civ., 1937, p.1.
« L'essor moderne du concept contractuel », *in* Recueil d'études sur les sources du droit, T.II, en l'honneur de F. GÉNY, Librairie Edouard Duchemin, Paris, 1977, p.333.

JOURDAIN (P.)
Obs. sous 08 mars 1988, JCP éd. G, 1988, II, 21070.
Obs. sous 08 mars 1988, RTD civ, 1988, p.764.
Obs. sous Cass. civ., 08 mars 1988 et 21 juin 1988, RTD civ., 1988, p.760.
Obs. sous Cass. civ., 21 juin 1988, RTD civ., 1989, p.553.
« Les réseaux de distribution et la responsabilité des tiers revendeurs hors réseau », D., 1990, chron., p.43.
« La nature de la responsabilité civile dans les chaînes de contrats après l'arrêt d'Assemblée plénière du 12 juillet 1991 », D.S., 1992, chron. p.149.
Obs. RTD civ., 1992, p. 567, n°2.
Obs. sous Cass. civ., 16 déc. 1992, RTD civ., 1993, p.362.
Obs. RTD civ., 1993, p.131, n°1.

Obs. sous Cass. com., 12 oct. 1993, RTD civ., 1994, p.111.
Obs. RTD civ., 1995, p.128, n°7.
Obs. sous Cass. civ., 17 janv. 1995, RTD civ., 1995, p.631.
Obs. sous Cass. pén., 15 févr. 1995, RTD civ., 1995, p.907.
Note sous Cass. civ., 17 janv. 1995, D., 1995, J., p.350.
Obs. sous Cass. civ., 17 mai 1995 et Cass. civ. 1re, 11 avr. 1995, RTD civ., 1995, p.895.
Obs. sous Cass. com., 20 févr. 1996, RTD civ., 1996, p.621.
Obs. sous Cass. civ., 30 avr. 1997, RTD civ., 1997, p.673.
Obs. sous Cass. com., 17 juin 1997, RTD civ., 1998, p.113.
« Une loi pour rien? (à propos de la loi du 19 mai 1998 relative à la responsabilité du fait des produits défectueux) », RCA, 1998, chron., n°16, p.4.
« Commentaire de la loi n°98-389 du 19 mai 1998 sur la responsabilité du fait des produits défectueux », JCP éd. N, 1999, p.1089.
Obs. sous Cass. civ., 06 janv. 1999, RTD civ., 1999, p.403.
Obs. sous Cass. civ., 26 janv. 1999, RTD civ., 1999, p. 405.
Obs. sous Cass. civ., 24 mars 1999, RTD civ., 1999, p.627.
« La responsabilité du fait d'autrui en matière médicale », LPA, 1999, n°189, p.29.
Obs. sous Cass. civ., 18 juill. 2000, RTD civ., 2001, p.146.
Obs. sous Cass. pén., 17 oct. 2000, RTD civ., 2001, p.379.
« Les clauses relatives à la responsabilité contractuelle en droit français », Études Juridiques, FDS, 2000, n°7, p.143.
Obs. sous Cass. civ., 13 févr. 2001, RTD civ., 2001, p.367.
Obs. sous Cass. civ. Ass. plén., 14 déc. 2001, RTD civ., 2002, p.109.
« La responsabilité professionnelle et les ordres de responsabilité civile », LPA, 2001, n°137, p.63.
« Impossibilité d'exécution, perte de la chose et théorie des risques en droit français », Études Juridiques, FDS, 2001, n°8, p.213.
Obs. sous Cass. civ., 09 avr. 2002, RTD civ., 2002, p.516.
« La responsabilité du fait d'autrui à la recherche de ses fondements », *in* Études à la mémoire de Ch. LAPOYADE-DESCHAMPS, PUB, Paris, 2003, p.67.
Obs. sous Cass. civ., 28 oct. 2003, RTD civ., 2004, p.96.
Obs. sous Cass. civ., 05 fév. 2004, RTD civ., 2004, p.740.
Obs. sous Cass. civ., 18 mai 2004, RTD civ., 2004, p.516.
Obs. sous Cass. civ., 09 nov. 2004 (2arrêts), RTD civ., 2005, p.143.
« Le régime des garanties décennale et biennale en droit privé français », Études Juridiques, FDS, 2004, n°11, p.123.
Obs. sous Cass. com., 05 avr. 2005, RTD civ., 2005, p.602.
Obs. sous Cass. civ., 10 mai 2007, D., 2007, Pan., p.2900.
« Où va la responsabilité du fait d'autrui ? »,AJT, FDSPT, 2004, n°17, p.23.
Obs. sous Ass. plén., 06 oct. 2006, RTD civ., 2007, p.123.
« Quelques réflexions sur la notion de garantie en droit privé », *in* Études offertes au Professeur Ph. MALINVAUD, LexisNexis, Litec, Paris, 2007, p.303.
« Retour sur l'imputabilité », *in* Mélanges dédiés à B. BOULOC, Dalloz, Paris, 2007.
Droit à réparation. Responsabilité fondée sur la faute, J.-Cl., Fasc. 130-10, Art.1382 à 1386, LexisNexis, 2008.
Obs. sous Ass. plén., 9 mai 2008, RTD civ., 2008, p.485.
Obs. sous Cass. civ., 17 juin 2010, RTD civ., 2010, p.562.

Obs. sous Cass. civ., 28 avr. 2011, RTD civ., 2011, p.538.
Droit à réparation, Lien de causalité, J.-Cl., Fasc.161, Art.1382 à 1386, LexisNexis, 2011.
Droit à réparation, Lien de causalité, Pluralité des causes du dommage, J.-Cl., Fasc.162, Art.1382 à 1386, LexisNexis, 2011.
Obs. sousCass. civ., 28 févr. 2013, RTD civ., 2013, p.612.
« Conclusion prospective », *in* Colloque : Autour de la nomenclature des préjudices corporels, organisé le 03 oct. 2014 en hommage au Président DINTILHAC, GP, 24 au 27 déc. 2014, p.36.

JUILLET (Ch.)
« La reconnaissance maladroite de la responsabilité contractuelle par la proposition de loi portant réforme de la responsabilité civile », D., 2011, chron., p.259.

KAHOUAJI (F.)
« Notations à propos des conventions passées entre la société anonyme et ses dirigeants à travers l'article 200 nouveau du C.S.C. », RJL, 2010, n°3, p.53.

KARAQUILLO (J.-P.)
« Les responsabilités civiles médicales découlant de l'acte d'anesthésie », D., 1974, chron., p.183.

KARI (M.)
« Note à propos d'un texte ambigu : l'article 535 du C.O.C. », RTD, 1992, p.203.

KARILA (J.-P.)
« La reconnaissance de responsabilité des constructeurs : conditions d'existence et effets », GP, 1978, 2ème sem., doc., p.347.

KENDÉRIAN (F.)
Obs. sous Cass. civ., 13 juill. 2010, RTD com., 2010, p.693.

KENFACK (H.)
« Le renforcement de la vigueur du pacte de préférence », Rep. Defrénois, 2007, art.38621, p.1003.

KESSLER (G.)
Note sous Cass. civ. 3ème, 6 oct. 2004, D., 2004, J. p.3098.

KHOUILDI (A.)
« L'introduction de la garantie à première demande en droit interne (commentaire de l'arrêt de la cour de cassation n°47628 du 28/06/1995) », RJL, 1997, n°2, p.63.

KNANI (Y.)
Obs. sous Cass. civ., n°8179 du 04 janv. 1983, RTD, 1984, p.630.
RTD, 1984, p.640, chron., Action paulienne.
« Le banquier et l'entreprise en difficulté », RTD, 1996, p.111.
« Les conventions entre la société anonyme et les dirigeants à la lumière de l'article 200 du Code des sociétés commerciales », RTD, 2001, p.335.
« Les conventions entre la société anonyme et ses dirigeants, à la lumière de la loi du 27 juillet 2005 », *in* Acte du colloque organisé les 3 et 4 fév. 2006 sur Le code des sociétés commerciales suite aux modifications de 2005, CEJJ, Tunis, 2006, p.13.

KOLSI (F.)
« L'urgence et l'immixtion du tiers dans les affaires d'autrui », RJL, 2014, n°10, p.7.

KOTRANE (H.)
« Responsabilité décennale et autres garanties dans le domaine de la construction », Études Juridiques, FDS, n°21, 2014, p.21.

KRAMPE (Ch.)
« Obligation comme bien, Droit français et allemand », *in* L'obligation, Archives de philosophie du droit, T.44, CNRS- Dalloz, 2000, p.205.

KULLMANN (J.)
Note sous Cass. civ., 13 déc. 1989 et 28 mars 1990, D.S., 1991, J., p.25.

LABARTHETTE (D.)
« Le débauchage de personnel, parent pauvre de l'action en concurrence déloyale », D., 2005, chron., p.1231.

LACROIX (C.)
Note sous Ass. plén., 06 oct. 2006, LPA, 2007, n°16, p.16.

LAFAY (F.)
« Le pacte en droit privé, convention autonome? », RRJ, 2006, p.2265.

LALOU (H.)
« 1382 contre 1165 ou la responsabilité délictuelle à l'égard d'un contractant et d'un contractant à l'égard des tiers », D., 1928, chron., p. 69.
« La gamme des fautes », D.H., 1940, chron., p.18.

LAMBERT-FAIVRE (Y.)
Note sous Cass. civ., 27 janv. 1965, D., 1965, J., p.619.
« Le préjudice sexuel (Damnum Sexuale) », GP, 1977, 2ème sem., doc., p.525.
« Le droit et la morale dans l'indemnisation des dommages corporels », D., 1992, chron., p.165.
« L'indemnisation des victimes post-transfusionnelles du sida : hier, aujourd'hui et demain… », RTD civ., 1993, p.1.
« Principes d'indemnisation des victimes post-transfusionnelles du sida », D., 1993, chron., p.67.
« Les effets de la responsabilité (Les articles 1367 à 1383 nouveau du code civil) », *in* L'avant-projet de réforme du droit de la responsabilité, Actes du colloque organisé par l'Université Panthéon-Sorbonne, Paris I, 16 mai 2006, RDC, 2007, p.163.

LAMBERT-PIERI (M.-C.)
« La responsabilité envers les voisins du fait de la construction », RDI, 1980,p.367.

LAMIAUX (S.)
« Conflit entre acquéreurs successifs d'un même immeuble, Retour au purisme de la publicité foncière? », JCP éd. N, 2010, 1146, p.21.

LAPOYADE-DESCHAMPS (Ch.)
« Responsabilité contractuelle ou responsabilité délictuelle? (Plaidoyer pour un retour aux sources) », RCA, 1992, chron., n°33, p.4.

LARDEUX (G.)
Note sous Cass. civ., 28 oct. 2003, JCP éd. G, 2004, II, 10006, p.84.

LARGUET (L.)
« La protection du consommateur », *in* Acte du colloque organisé les 13 et 14 janv. 1993, Concurrence et prix, AJT, FDSPT, 1993, n°7, p.165.

LARONDE-CLERAC (C.)
« La nature toujours controversée de la responsabilité dans les chaînes contractuelles », CCC, 2003, chron. n°6.

LARRIEU (J.)
« De la distribution en réseaux à la distribution sur le réseau », Études Juridiques, FDS, 1998-1999, n°6, p.215.

LARROUMET (Ch.)
Obs. sous Cass. civ., 12 juin et 27 nov. 1975, JCP éd. G, 1976, II, 18444.
Note sous Cass. civ., 07 juin 1977, D., 1978, J., p.289.
Note sous Cass. civ., 07 juin et 25 oct. 1978, D., 1979, J., p.114.
Obs. sous Bordeaux, 17 mai 1977, D., 1978, IR, p.34.
Obs. sous Cass. civ., 08 mars 1978, D.S., 1978, J., p.641.
Obs. sous Cass. civ., 27 juin 1978, D., 1978, IR, p.409.
Note sous Cass. com., 14 mai 1979, D., 1980, J., p.157.
Note sous Dijon, 04 avr. 1980 et Pau, 22 juill. 1980, D.S., 1981, J., p.159.
Note sous Ass. plén., 19 juin 1981, D.S., 1981, J., p.641.
Note sous Nîmes, 18 déc. 1980, D.S., 1983, J, p.29.
« L'action de nature nécessairement contractuelle et la responsabilité civile dans les ensembles contractuels », JCP éd. G, 1988, I, 3357.
Obs. sous Cass. civ., 21 juin 1989, D.S., 1989, J. p.5.
« La responsabilité du fait des produits défectueux après la loi du 19 mai 1998 », D., 1998, chron., p.311.

LARROUMET (Ch.) et MONDOLONI (D.)
Stipulation pour autrui, Encyclopédie Dalloz, Répertoire Droit civil, 2008.

LAUGIER (G.)
Note sous Cass. civ., n°5706 du 13 juin 1968, RTD, 1969-1970, p.224.

LAYDU (J.-B.)
« Responsabilité civile du salarié : la voie étroite? », RRJ, 2005, p.1935.
Note sous Cass. civ., 21 fév. 2008, D., 2008, Act. Jur., p.2125.

LE GUIDEC (R.)
Obs. sous Cass. civ., 03 juin 1998, JCP éd. G, 1999, I, 132, n°2.

LE ROY (M.)
Note sous T.G.I. de Nice, 09 mars 1962, D., 1962, J., p.414.

LE TOURNEAU (Ph.)
Obs.sousCass. pén., 24 fév. 1970, JCP éd. G, 1970, II, 16456.
« Quelques aspects de l'évolution des contrats », *in* Mélanges offerts à P. RAYNAUD, Dalloz-Sirey, Paris, 1985, p.349.
« Quelques aspects des responsabilités professionnelles », GP, 1986, 2ème sem., p.616.

« Brefs propos critiques sur la "responsabilité contractuelle" dans l'avant-projet de réforme du droit de la responsabilité », D., 2007, chron., p.2180.

LÉCUYER (H.)
« Le contrat, acte de prévision », *in* L'avenir du droit, Mélanges en l'hommage à F. TERRÉ, Dalloz-PUF, Paris, 1999, p.643.

LEGEAIS (D.)
« La faute du créancier, moyen de défense de la caution poursuivie », LPA, 1997, n°28, p.4.
« Le cautionnement à première demande », *in* Mélanges en l'honneur de M. VASSEUR, BANQUE éditeur, Paris, 2000, p.87.

LEHYANI HAMMAMI (N.)
« Le contrat de concession commerciale, Études Juridiques », FDS, 2007, n°14, p.111.

LELOUP (J.-M.)
« Les recours du locataire contre le vendeur en matière de crédit-bail », JCP éd. CI, 1968, 83102.

LEPARGNEUR (J.)
« De l'effet à l'égard de l'ayant cause particulier des contrats générateur d'obligations relatifs au bien transmis », RTD civ., 1924, p.481.

LEPAULLE (P.)
Obs. sous Montréal, 22 déc. 1938, RTD civ., 1939, p.835.

LEROUX (E.)
« Recherche sur l'évolutionde la théorie de la propriété apparente dans la jurisprudence depuis 1945 », RTD civ., 1974, p.509.

LESCOT (P.)
« Quelques aspects de la relativité des actes juridiques en droit privé positif », JCP éd. G, 1962, I, 1682.

LETURMY (L.)
« La responsabilité délictuelle du contractant », RTD civ., 1998, p.839.

LEVENEUR (L.)
Obs. sous Cass. com., 12 mars 1991, CCC, 1991, comm.135, p.5.
Note sous Cass. civ., 6 oct. 1993, CCC, janv. 1994, comm.3, p.5.
Obs. sous Cass. civ., 15 déc. 1998, CCC, 1999, comm.37, p.10.
Note sous Cass. civ., 28 oct. 2003, CCC, 2004, comm.1, p.10.
Note sous Cass. civ., 22 sept. 2004, CCC, janv. 2005, comm.3, p.16.
Obs. sous Cass. civ., 27 juin 2006, CCC, déc. 2006, comm.249, p.44.
Note sous Cass. civ., 16 janv. 2007, CCC, juin 2007, comm.144, p11.
Note sous Cass. com., 29 janv. 2008, CCC, avr. 2008, comm.111, p.41.

LEYMARIE (F.)
« Anesthésie et responsabilité civile des médecins en clientèle privée », JCP éd. G, 1974, I, 2630.

LIBCHABER (R.)
« Réflexions sur les effets du contrat », *in* « Propos sur les obligations et quelques autres thèmes fondamentaux du droit », Mélanges offerts à J.-L. AUBERT, Dalloz, Paris, 2005, p.211.
Obs. sous Cass. civ., 31 janv. 2007 et 14 fév. 2007, Rep. Defrénois, 2007, art.38624, p.1048.

LIENHARD (C.)
« Préjudices extrapatrimoniaux en cas de décès », *in* Dossier : Indemnisation et Décès, GP, 25 au 29 déc. 2009, p.3746.

LIET-VEAUX (G.)
Note sous Cass. civ., 09 oct. 1962, D., 1963, J, p.1.

LIMPENS (J.)
« De l'opposabilité des contrats à l'égard des tiers », *in* Mélanges P. ROUBIER, T.II, Dalloz-Sirey, Paris, 1965, p.89.

LIMPENS (J.) et VAN RYN (J.)
Note sous Gand, 12 avr. 1950, RCJB, 1951, p.81.

LINDON (R.)
Obs. sous Cass. civ., 24 oct. 1967, JCP éd. G, 1968, II, 15360.

LISANTI-KALCZYNSKI (C.)
« L'action directe dans les chaînes de contrats ? Plus de dix ans après l'arrêt Besse », JCP éd. G, 2003, II, 10192.

LOISEAU (G.)
Obs. sousCass. com., 20 mars 2013, Cass. civ., 19 déc. 2012 et Cass. com., 28 mai 2013, JCP éd. G, 2013, doc. 897, p.1541.

LOKIEC (P.)
« Le droit des contrats et la protection des attentes », D., 2007, chron., p.321.

LOKSAIER (F.)
« Le fondement de la responsabilité contractuelle du transporteur dans les transports terrestres internes », RJL, 1995, n°5, p.5.

LOMBARD (M.)
« La responsabilité des constructeurs et autres intervenants à l'acte de construire envers le maître de l'ouvrage sous l'empire de la loi du 4 janvier 1978 », GP, 1994, 1er sem., doc., p.256.

LOUSSOUARN (Y.)
Obs. sous Cass. civ., 27 mai 1970 et 09 déc. 1970, RTD civ., 1971, p.629.

LUSSEAU (J.-F.)
« Des problèmes actuels posés par la promesse unilatérale de vente immobilière », RTD civ., 1977, p.483.

LYON-CAEN (G.)
« De l'évolution de la notion de bonne foi »,RTD civ., 1946, p.75.

M'Zabi (A.)
« Le refus de vente, infos-juridiques », infos-juridiques, juill. 2006, n°s6/7, p.19.

MAHFOUDH (M.)
« Contribution à l'étude de l'apparence en droit tunisien : A propos de l'arrêt des chambres réunies n° 27632 du 4 avril 1997 », RTD, 2001, p.375.
« L'extinction du contrat pour impossibilité d'exécution (en droit tunisien) », Études Juridiques, FDS, 2001, n°8, p.167.
« Formalisme et théorie générale du contrat », *in* Actes du colloque organisé par : l'Association Tunisienne de Droit Privé les 9-10 et 11 déc., Coll. Forum des Juristes, Regard sur le formalisme en droit privé, n°12, Tunis, 2007, p.15.

MAHJOUB (F.)
« Les contrats de construction : faut-il reconnaître l'interdépendance contractuelle ? », Revue tunisienne d'études juridiques et politiques, FDSEPS, IORT, 2012, p.153.

MAINGUY (D.)
Note sous Cass. civ., 31 janv. 2007, D., 2007, J., p.1698.

MALAURIE-VIGNAL (M.)
Note sous Cass. com., 7 oct. 1997, D., 1998, J. p.206.
Note sous Cass. com., 25 avr. 2001, CCC, juill. 2001, comm.108, p.19.
Note sous Cass. com., 18 déc. 2001, CCC, avr. 2002, comm.59, p.29.
Note sous Cass. com., 12 fév. 2002, CCC, juill. 2002, comm.109, p.14.
Note sous Cass. com., 6 mai 2003, CCC, nov. 2003, comm.159, p.28.
Note sous décision du Conseil de la concurrence, 02 juill. 2004, CCC, janv. 2005, comm.6, p.18.
Note sous Cass. com., 10 mai 2006, CCC, août-sept. 2006, comm.164, p.34.
Note sous Cass. com., 18 déc. 2007, CCC, mars 2008, comm.86, p.33.
Note sous Cass. com., 23 oct. 2007, CCC, janv. 2008, comm.22, p.32.
Note sous Cass. com., 29 janv. 2008, CCC, avr. 2008, comm.97, p.30.
Note sous Toulouse, 25 mars 2008, CCC, oct. 2008, comm.246, p.35.
Note sous Colmar, 24 juin 2008, CCC, avr. 2009, comm.98, p.16.
Note sous Riom, 28 janv. 2009, CCC, juin 2009, comm.179, p34.

MALINVAUD (Ph.)
« La garantie des vices par le vendeur-promoteur de constructions immobilières ; unité ou diversité », JCP éd. G, 1969, I, 2284.
« La responsabilité civile du fabricant en droit français », GP, 1973, 2ème sem., doc., p.463.
« L'action directe du maître de l'ouvrage contre les fabricants et fournisseurs de matériaux et composants », D., 1984, chron., p.41.
« La loi du 31 décembre 1975 sur la sous-traitance revue et corrigée par la jurisprudence », *in* La Cour de cassation, l'Université et le Droit, Mélangesen l'honneur d'A. PONSARD, Litec, Paris, 2003, p.233.
Obs. sous Cass. civ., 14 sep. 2005, RDI, 2005, chron., p.460.

MALINVAUD (Ph.) et BOUBLI (A.)
Obs. sous Cass. civ., 08 oct. 1997, RDI, 1998, p.98.

MALINVAUD (Ph.) et JESTAZ (Ph.)
« La loi n°78-12 du 4 janvier 1978 relative à la responsabilité et à l'assurance dans le domaine de la construction », JCP éd. G, 1978, I, 2900.

MALLET-BRICOUT (B.)
« Contribution à l'étude de la théorie de la représentation : la substitution de mandataire », LPA, n°253, p.13.
Note sous Cass. com., 03 déc. 2002, D., 2003, J., p.786.

MAMLOUK (A.)
Note sous Tunis, arrêt n°69197 du 06 oct. 2000, rendu par la, RTD, 2000, p.463.
« La représentation des sociétés commerciales et la protection des tiers », Annales des sciences juridiques, FSJEGJ, 2010, p.69.

MANNAI (O.)
« La responsabilité civile des hôteliers : Les biens du client (I) », infos-juridiques, déc. 2006, n^{os}146/15, p.22.
« La responsabilité civile des hôteliers : La personne du client (II) », infos-juridiques, janv. 2007, n^{os}16/17, p.22.

MARTIN (D. R.)
« La stipulation pour autrui », D., 1994, chron., p.145.

MARTY (G.)
Note sous Cass. pén., 28 fév. 1930 et 31 oct. 1930, S., 1931, I, p.145.

MATHIEU (B.)
« Liberté contractuelle et sécurité juridique : les oracles ambigus des sages de la rue de Montpensier », LPA, 1997, n°29, p.5.
« La sécurité juridique : un principe constitutionnel clandestin mais efficient », *in* Mélanges P. GÉLARD, Montchrestien, Paris, 1999, p.301.

MATHIEU-IZORCHE (M.-L.)
« Une troisième personne bien singulière ou "2+1= tout autre chose" », RTD civ., 2003, p.51.

MAZEAUD (D.)
Note sous Cass. civ., 26 mai 1992, GP, 1993, 2ème sem., J, p.427.
« La responsabilité du fait de la violation d'un pacte de préférence », GP, 2 et 13 fév. 1994. I. 210.
« Les groupes de contrats », LPA, 2000, n°90, p.64.
Obs. sous Cass.civ., 15 janv. 2003, RDC, 2003, p.45.
Obs. sous Cass.civ., 28 oct. 2003, RDC, 2004, p.270.
Obs. sous Cass. civ., 18 mai 2004, D., 2005, Pan., p.187.
Obs. sous Cass. com., 05 avr. 2005, RDC, 2005, p.687.
Obs. sous Cass. civ., 16 nov. 2005, RDC, 2006, p.330.
« Exécution des contrats préparatoires », *in* Exécution en nature, exécution par équivalent, Actes d'une journée organisée par l'Université Panthéon-Sorbonne, Paris I, 14 oct. 2004, RDC, 2005, p.61.
Obs. sous Cass. civ. Ch. mixte, 26 mai 2006, RDC, 2006, p.1080.
Obs. sous Cass.civ., 14 fév. 2007, RDC, 2007, p.701.
Obs. sous Ass. plén., 06 oct. 2006, RDC, 2007, p.269.
« À partir d'un petit cas tragique outre-Rhin : retour sur le désordre de la distinction des ordres de responsabilités… », *in* Études offertes à G. VINEY, LGDJ, Paris, 2008, p.711.

« Contrat, responsabilité et tiers… (Du nouveau à l'horizon) », *in* Libre droit, Mélanges en l'honneur de Ph. LE TOURNEAU, Dalloz, Paris, 2008, p.745.
« Le contrat et les tiers : nouvelle leçon et nouvelle présentation », *in* Leçons du droit civil, Mélanges en l'honneur de F. CHABAS, Bruylant-Bruxelles, 2011, p.605.

MAZEAUD (H.)
« La maxime "Error communis facit jus" », RTD civ., 1924, p.929.
« Responsabilité délictuelle et responsabilité contractuelle », RTD civ., 1929, p.551.
« Comment limiter le nombre des actions intentées en réparation d'un préjudice moral à la suite d'un décès accidentel ? », D.H., 1932, chron., p.77.
« L'absorption des règles juridiques par le principe de la responsabilité », D.H., 1935, chron., p.5.
« Essai de classification des obligations : obligations contractuelles et extra-contractuelles ; "obligations déterminées" et "obligation générale de prudence et diligence" », RTD civ., 1936, p.1.
« La lésion d'un "intérêt juridiquement protégé", condition de la responsabilité civile », D., 1954, chron., p.39.

MAZEAUD (H.) et (L.)
Obs. RTD civ., 1954, p.655, n°28.
Obs. sous Lyon, 08 mars 1954, RTD civ., 1955, p.117.
Obs. sousCass. civ., 17 déc. 1954, RTD civ., 1955, p.300.
Obs. sous Lyon, 02 déc. 1957, RTD civ., 1958, p.262.
Obs. sous Cass. civ., 07 oct. 1958,RTD civ., 1959, p. 104.

MAZEAUD (J.)
« L'adage "fraus omnia corrumpit" et son application dans le domaine de la publicité foncière », Rep. Defrénois, 1962, art.28265, p.481.
Note sous Cass.civ., 22 mars 1968, D.S., 1968, J., p.413.
Note sous Cass. civ., 05 déc. 1972, D.S., 1973, J., p.401.
Note sous T.G.I. de Paris, 22 avr 1975, D., 1975, J., p.711.

MAZEAUD (L.)
« Obligation *in solidum* et solidarité entre codébiteurs délictuels », RCJB, 1930, p.159.

MELLOULI (S.)
« Y a-t-il un patrimoine d'affectation en droit tunisien ? », AJT, FDSPT, 1990, n°3, p.9.
« L'évolution des sûretés personnelles au cours du 20ème siècle : une évolution de caractère », RTD, 1999, 301.
« L'objet de la délivrance dans le contrat de vente (Étude des sources historiques du C.O.C.) », RTD, 2001, p.409.
« Aspects actuels de la responsabilité du transporteur maritime de marchandises », RTD, 2003, p.161.

MEMETEAU (G.)
« La réparation du préjudice d'affection ou : la pierre philosophale », GP, 1978, 2ème sem., doc., p.400.

MERTENS DE WILMARS (J.) et STEENBERGEN (J.)
« La notion de sécurité juridique dans la jurisprudence de la Cour de justice des Communautés européennes », *in* Mélanges offerts à R. LEGROS, éd. de l'Université de Bruxelles, Bruxelles, 1985, p.449.

MESTRE (J.)
Obs. sous Cass. civ., 4 déc. 1984, RTD civ., 1985, p.580.
Obs. sous Cass. civ., 14 nov. 1985, RTD civ., 1986, p.599.
« L'évolution du contrat en droit privé français », *in* L'évolution contemporaine du Droit des Contrats, Journée R. SAVATIER (Poitiers, 24-25 oct. 1985), PUF, Paris, 1986, p.41.
Obs. sous Cass. civ. Ass. plén., 07 févr. 1986, RTD civ., 1986, p.594.
Obs. sous Cass. civ., 25 févr. 1986, RTD civ., 1988, p.136.
Obs. RTD civ., 1987, p.88, n°2.
Obs. RTD civ., 1988, p.125, n°10.
Obs. sous Cass. civ., 12 juin 1987, RTD civ., 1988, p.107.
Obs. sous Cass. civ., 21 juin 1988, RTD civ., 1989, p.74.
Obs. sous Cass. com., 13 déc. 1988 (2 arrêts), RTD civ., 1989, p.326.
Obs. sous Cass.com., 7 mars 1989, RTD civ., 1990, p.70.
Obs. sous Cass. com., 23 mai 1989, RTD civ., 1990, p.71.
Obs. sous Cass. civ., 07 juin 1989, RTD civ., 1990, p.71.
Obs. RTD civ., 1991, p.739, n°8.
Obs. sous Versailles, 06 juin 1991, RTD civ., 1992, p.560.
Obs. sous Ass. plén., 12 juill. 1991, RTD civ., 1992, p.90.
Obs. sous Cass. civ., 02 déc. 1992, RTD civ., 1993, p.824.
Obs. sous Cass. civ., 29 nov. 1994, RTD civ., 1995, p.622.
Obs. sous Cass. com., 03 janv. 1996, RTD civ., 1997, p.130.
Obs. sous Cass. com., 03 janv. 1996 et obs. sous Cass. com., 13 fév. 1996, RTD civ. 1997, p.130, n°14.
Obs. RTD civ., 1997, p.940, n°14.
Obs. sous Cass. com., 25 nov. 1997 et sous Cass. com., 03 fév. 1998, RTD civ., 1998, p.361.
Obs. RTD civ., 1998, p.668, n°1.

MESTRE (J.) et BERTRAND (F.)
Obs. sous Cass. civ. 1re, 28 mai 2002, RTD civ., 2002, p.513.

MESTRE (J.) et FAGES (B.)
Obs. sous Cass. civ. Ch. mixte, 26 mai 2006, RTD civ., 2006, p.550.
Obs. sous Ass. plén., 06 oct. 2006, RTD civ., 2007, p.115.

MEURISSE (R.)
« Les ayants cause agissant à titre personnel peuvent-ils se voir opposer la faute de la victime? », D., 1962, chron., p.93.
Note sous Cass. civ. 1re, 04 fév. 1963, S., 1963, J., p.193.

MIGNOT (M.)
« Conditions d'existence de l'obligation in solidum : le problème de l'unicité du dommage ou de la pluralité des dommages et du choix de la théorie de la causalité », LPA, 2006, n°258, p.12.

Contrats et obligations, Stipulation pour autrui, J.-Cl., Fasc.7-3, Art.1121 et 1122, LexisNexis, 2008.
« Commentaire article par article de l'ordonnance du 10 février 2016 portant réforme du droit des contrats, du régime général et de la preuve des obligations (V) », LPA, 2016, n°64, p.7.

MOELLER (H.)
« De la double nature de l'action directe », *in* Études offertes à A. BESSON, LGDJ, Paris, 1976, p.249.

MOLFESSIS (N.)
« La sécurité juridique et la jurisprudence vue par elle-même », RTD civ., 2000, p.666.
« Les "avancées" de la sécurité juridique », RTD civ., 2000, p.660.
« Vie professionnelle, vie personnelle et responsabilité des commettants du fait de leurs préposés », RDS, 2004, p.31.
« Force obligatoire et exécution : un droit à l'exécution en nature? », RDC, 2005, p.37.

MOORE (B.)
« L'arrêt de l'Assemblée plénière du 6 octobre 2006 : perspectives québécoises », RDC, 2007, p.618.

MORANÇAIS-DEMEESTER (M.-L.)
« Contamination par transfusion du virus du SIDA : responsabilité et indemnisation », D., 1992, chron., p.189.

MOULY (C.)
« L'exécution forcée du pacte de préférence entre illusion et fiction », RRJ, 2008, p.873.

MOULY (J.)
Note sous Cass. crim., 28 mars 2006, JCP éd. G, 2006, II, 10188. p.2174.

MOUSSERON (J.-M.)
« La gestion des risques par le contrat », RTD civ., 1988, p.481.

MRABET (Z.)
« Le contrat de franchise dans le cadre de la loi du 12 août 2009 », infos-juridiques, oct. 2010, n^os^98/99, p.18.
« Les obligations des parties aux contrôles de franchise », infos-juridiques, janv. 2011, n^os^104/105, p.30.

MULLER (M.)
« L'acquéreur de bonne foi d'un meuble. Vers un nouvel équilibre entre ses droits et ceux du propriétaire injustement dépouillé », RTD civ., 1989, p.697.

N'GUYEN THANH-BOURGEAIS (D.) et REVEL (J.)
« La responsabilité du fabricant en cas de violation de l'obligation de renseigner le consommateur sur les dangers de la chose vendue (à propos d'un arrêt de la Cour de cassation, 1re chambre civile, du 31 janvier 1973) », JCP éd. G, 1975, I, 2679.

NAFTI (L.)
« La proportionnalité et l'équilibre contractuel », RTD, 2011, p.31.

Notes anonymes
Sous Cass. civ., 7 oct. 1958, D., 1958, J., p.763.
Sous Cass. com., 11 oct. 1971, D., 1972, J., p. 120.

OLIVIER (J.-M.)
« La caution et sa famille », LPA, 1986, n°50, p.23.

OPHÈLE (C.)
« Faute délictuelle et faute contractuelle », RCA, 2003, chron., n°21, p.78.

OUERFELLI (A.)
« La caution et le redressement : bénéficiaire ou évincée », RJL, 2002, n°7, p.9.

PACTEAU (B.)
« La sécurité juridique, un principe qui nous manque? » *in* Des principes fondateurs à l'effectivité de la règle : bilan et perspectives d'un droit en mutation, AJDA, 1995, n° spécial du cinquantenaire, p.151.

PAISANT (G.)
Obs. sous Cass. civ. 1re, 17 janv. 1995, D., 1996, somm. comm., p.15.

PEANO (M.-A.)
« L'incompatibilité entre les qualités de gardien et de préposé », D., 1991, chron., p.51.
« L'activité entreprise par la veuve depuis le décès », RCA, 1995, chron., n°8, p.3.

PENNEAU (J.)
Note sous Cass. civ., 30 janv. 1974, D., 1975, J., p.427.

PERIER (M.)
Modalités de la réparation, Évaluation du préjudice corporel : dommage à la personne en cas de décès, J.-Cl., Fasc.202-20, Art.1382 à 1386, LexisNexis, 2009.

PERRUCHOT-TRIBOULET (V.)
Obs. sous Cass. civ., 28 mai 2002, D., 2002, J., p.3041.

PICASSO (S.)
« La responsabilité contractuelle du fait d'autrui dans la jurisprudence récente, en particulier dans le domaine du droit médical », GP, mai-juin 2004, doc., p. 1461.

PICOD (Y.)
Note sous Cass. com., 18 janv. 1994, D., 1996, somm. comm., p.253.
Obs. sous Dijon 5 nov. 1998, D., 2000, somm. comm., p.321.
Obs. sous Cass. com., 18 déc. 2001, D., 2003, somm. comm., p.1029.
« L'évolution de l'obligation d'information de la caution pendant l'exécution du contrat », *in* Études offertes au Doyen Ph. SIMLER, Dalloz-Litec, Paris, 2006, p.395.

PIEDELIEVRE (S.)
Note sousCass. civ. 3ème, 10 févr. 2010, Rep. Defrénois, 2010, art.39123, p.1169.
Note sous Cass.civ. 2ème, 11 juill. 2002, Rep. Defrénois, 2003, p.782.

PIGNARRE (L.-F.)
Note sous Cass. soc., 10 déc. 2008, D., 2009, J., p.1019.

PIMONT (S.)
Obs. sous Cass. civ. 3ème, 10 fév. 2010, RDC, 2010, p.895.

PLANCQUEEL (A.)
Note sous Cass. civ. 1re, 05 janv. 1972, GP, 1973, 2ème sem., p.773.
Note sous Cass. com., 27 fév. 1973, GP, 1973, 2ème sem., p.737.
Note sous T.G.I. de Nanterre, 22 oct. 1975, GP, 1976, I, p.392.
« Réflexions sur les nouveaux articles 1792 à 1792-6 du Code civil », GP, 1978, 2ème sem., doc., p.586.

PLANQUET (A.)
Note sous Cass.civ. 3ème, 22 mars 1968, JCP éd. G, 1968, II, 15587.

POLLAUD-DULIAN (F.)
« A propos de la sécurité juridique », RTD civ., 2001, p.487.

POMBIEILH-JEAUNEAU (D.)
« L'élément psychologique de la théorie de l'apparence à la lumière de la jurisprudence de la Cour de cassation », RRJ, 2004, p.1547.

PONSARD (A.)
Rapport sur Ass. plén., 19 juin 1981 (2 arrêts), JCP éd. G, 1982, II, 19712.

POPINEAU-DEHAULLON (C.)
« Regards comparatistes sur la responsabilité du contractant à l'égard d'un tiers, victime de l'inexécution du contrat », RDC, 2007, p.622.

PORCHY-SIMON (S.)
Note sous Cass. civ. 1re, 09 nov. 2004, (2 arrêts), JCP éd. G, 2005, II, 10020, p.327.
« L'articulation des postes de préjudices », *in* Colloque : Autour de la nomenclature des préjudices corporels, organisé le 03 oct. 2014 en hommage au Président DINTILHAC, GP, 24 au 27 déc. 2014, p.24.

PORTAILLER (S.)
« Préjudice extra-patrimonial en cas de survie de la victime directe : les troubles dans les conditions d'existence », *in* Dossier : Focus les victimes par ricochet en cas de survie de la victime directe, GP, 18 et 19 mars 2011, p.1206.

POULAIN (G.)
Obs. sous Cass. civ. 1re, 27 mai 1970, JCP éd. G, 1971, II, 16675.

PREAUBERT (C.)
« Clause de non-concurrence : vers un renforcement de la protection des intérêts du salarié », LPA, 2004, n°59, p.11.

PRIGENT (S.)
« La responsabilité civile du fait d'autrui : essai d'une théorie », RRJ, 2008, p.953.

PUGSLEY (D.)
« L'évolution du droit des contrats vue par un comparatiste », *in* Le droit contemporain des contrats, Economica, Paris, 1987, p.155.

PUILL (B.)
« Les fautes des préposés : s'inspirer de certaines solutions de droits administratifs », JCP éd. G, 1996, I, 3939.

RABUT (A.)
Obs. sous Paris, 14 juin 1955, JCP éd. G, 1956, II, 9303.

RADÉ (Ch.)
« Les limites de l'immunité civile du préposé (à propos de l'arrêt Costedoat) », RCA, 2000, chron., n°22, p.6.

RADOUANT (J.)
Note sous Cass.civ., 04 mars 1931, D.P., 1933, I, p.73.
Note sous Cass. civ. 2ème, 15 janv. 1960, D. 1961, J., p.681.

RAYMOND (G.)
« Premières vues sur la loi n°98-389 du 19 mai 1998 relative à la responsabilité du fait des produits défectueux », CCC, juin 1998, chron.7.

RAYNAUD (P.)
« La nature de l'obligation des coauteurs d'un même dommage. Obligation "in solidum" ou solidarité? », *in* Mélanges dédiés à J. VINCENT, Dalloz, Paris, 1981, p.317.

REBAI (A.)
« La promesse de vente d'immeuble à construire », RTD, 1991, p.357.

REBOURG (M.)
Note sous Cass. civ. 1re, 08 juin 2004, JCP éd. G, 2005, II, 10023, p.391.

REBUT (D.)
« De la responsabilité contractuelle du fait d'autrui et de son caractère autonome », RRJ, 1996, p.409.

REKIK (N.)
« Réflexion sur la nullité des clauses relatives à la garantie légale des vices cachés et du défaut de qualité dans le contrat de vente », Études Juridiques, FDS, 1997, n°5, p.103.
« Les clauses abusives et la protection du consommateur », Études Juridiques, FDS, 2000, n°7, p.111.
« La responsabilité professionnelle des rédacteurs de l'acte civil », Études Juridiques, FDS, 2012, n°19, p.9.

RÉMERY (J.-P.)
Rapport sur Cass. com., 14 oct. 1997, D., 1998, J, p.115.

REMY (Ph.)
Obs. sous Cass. civ. 1re, 08 mars 1988, RTD civ., 1988, p.551.
Obs. sous Cass. civ. 1re, 08 mars 1988, RTD civ., 1988, p.764.
Obs. sous Cass. civ. 1re, 21 juin 1988, RTD civ., 1989, p.107.
Obs.RTD civ., 1989, p.106, n°2.
« La « responsabilité contractuelle » : histoire d'un faux concept », RTD civ., 1997, p.323.
Obs. sous Cass. civ. 1re, 15 déc. 1998, RGDA, 1999, p.689.
Obs. sous Cass. civ. 1re, 17 nov. 1999, RGDA, 2000, p.194.
« La genèse du solidarisme », *in* Le solidarisme contractuel, sous la direction de L. GRYNBAUM et M. NICOD, Economica, coll. Études Juridiques, T.18, Paris, 2004, p.3.

REMY-CORLAY (P.)
« Exécution et réparation : deux concepts ? », *in* Exécution en nature, exécution par équivalent, Actes d'une journée organisée par l'Université Panthéon-Sorbonne, Paris I, 14 oct. 2004, RDC, 2005, p.13.

RENARD (C.), GRAULICH (P.) et DAVID (S.)
Obs. sous Cass. civ. belge, 17 juin 1960 et 3 nov. 1961, RTD civ., 1962, p. 219.

RÉTIF (S.)
Droit à réparation, Conditions de la responsabilité délictuelle, Le dommage, Caractères du dommage réparable, J.-Cl., Fasc.101, Art.1382 à 1386, LexisNexis, 2013.

REVEL (J.)
« La coexistence du droit commun et de la loi relative à la responsabilité du fait des produits défectueux », RTD com., 1999, p.317.

RIAS (N.)
« Regard rétrospectif sur l'immunité du préposé agissant dans les limites de sa mission », RRJ, 2008, p.1957.

RIGAUD (L.)
« A propos d'une renaissance du "*jus ad rem*" et d'un essai de classification nouvelle des droits patrimoniaux », RIDC, 1963, p.557.

RIOT (C.)
« L'exercice "subordonné" de l'art médical », D., 2006, chron., p.111.

RIPERT (G.)
« Le prix de la douleur », D., 1948, chron., p.1.
« L'ordre économique et la liberté contractuelle », *in* Recueil d'études sur les sources du droit, T.II, en l'honneur de F. GÉNY, Librairie Edouard Duchemin, Paris, 1977, p.347.

RIVES-LANGE (M.- T.)
« Contribution à l'étude de la responsabilité des maîtres et commettants », JCP éd. G, 1970, I, n°2309.

ROBINNE (S.)
Obs. sous Paris, 22 sept. 2000, D., 2002, somm. comm., p.1271.
Obs. sous Paris, 3 avr. 2002, D., 2003, somm. comm., p.1031.

RODIÈRE (P.)
Obs. sous Cass. civ. 1re, 21 nov. 1978, JCP éd. G, 1980, II, 19315.

RODIÈRE (R.)
« Y a-t-il une responsabilité contractuelle du fait d'autrui ? », D. 1952, chron., p.79.
Obs. sous Aix, 05 oct. 1954, JCP éd. G, 1955, II, 8548.
Notesous Cass. civ., 17 déc. 1954, D., 1955, J., p.269.
Note sous Cass. civ. 2ème, 23 janv. 1959, D., 1959, J., p.281.
Note sous Cass. civ. 1re, 16 janv. 1962, D., 1962, J., p.199.
Obs. RTD civ., 1964, p.750, n°11.

ROLLAND (R.)
« Responsabilité contractuelle ou responsabilité à dommages contractuels ? La doctrine conservatrice face au code civil », RRJ, 2004, p.2199.

ROMAN (B.)
« La nature juridique de l'action paulienne », Rep. Defrénois, 2005, art.38146, p.655.

ROTONDI (M.)
« Considération en « fait » et en "droit" », RTD civ., 1977, n°1, p.1.

ROUAST (A.)
Note sous T.civ. de Bourgoin, 08 oct. 1920 et Grenoble, 15 mars 1921, D.P., 1922, 2, p.25.

ROULET (V.)
« Les nouvelles protections en faveur des sous-traitants », GP, 1976, 1er sem., doc., p.303.

ROULET(V.) et PEISSI (M.)
« Commentaire de la loi n°78-012 du 4 janvier 1978 relative à la responsabilité et à l'assurance dans le domaine de la construction », GP, 1978, 1er sem., doc., p.115.

ROUVIÈRE (F.)
« L'obligation comme garantie », RTD civ., 2011, p.1.

ROUX (J.-A.)
Note sous Cass. crim., 26 nov. 1926, S., 1927, I, p.273.

SACCO (R.)
« A la recherche de l'origine de l'obligation », *in* L'obligation, Archives de philosophie du droit, T.44, CNRS- Dalloz, 2000, p.33.

SAEDI (O.)
« Dommages-intérêts ou dommages et intérêts celle-ci ou celle-là ; ou bien les deux ? », LPA, 2005, n°112, p.6.

SAFI (Z.)
« Pérennité des dispositions techniques du code des obligations et des contrats : exemple la garantie des dommages à l'ouvrage », *in* Livre du centenaire du code des obligations et des contrats 1906-2006, sous la direction de M.-K. CHARFEDDINE, CPU, Tunis, 2006, p.347.

SAHNOUN (N.)
« La cession légale du contrat », Études Juridiques, FDS, 2013, n°20, p.243.

SAINT-ALARY-HOUIN (C.)
« Réflexions sur le transfert différé de la propriété immobilière », *in* Mélanges offerts à P. RAYNAUD, Dalloz-Sirey, Paris, 1985, p.733

SAINT-JOURS (Y.)
Obs. sous Cass. soc., 10 oct. 1991, D.S., 1992, J., p.212.

SAINT-PAU (J.-Ch.)
Droit à réparation, Conditions de la responsabilité contractuelle, fait générateur, inexécution imputable au débiteur, J.-Cl., Fasc.171-20, Art.1146 à 1155, LexisNexis, 2003

SAVATIER (J.)
Obs. sous Cass. civ. 1re, 08 juin 1963, JCP éd. G, 1965, II, 14087.

SAVATIER (R.)
Note sous Cass.civ. Ch. Req., 6 avr. 1925 et Cass.civ., 7 déc.1925, D.P., 1926, 1, p.185.
« Le prétendu principe de l'effet relatif du contrat », RTD civ., 1934, p.525.
Note sous Cass.civ. Ch. Req., 08 mars 1937, D.P., 1938, 1, p.76.
« Le dommage motel et ses conséquences au point de vue de la responsabilité civile », RTD civ., 1938, p.187.
Obs. sous Cass. civ., 17 déc. 1954, JCP éd. G, 1955, II, 8490 et 8559 bis.
Note sous Colmar, 20 avr. 1955, D., 1956, J., p.723.
Note sous Cass. civ. Ch. réun., 27 nov. 1956, D., 1957, J., p.373.
Obs. sous Cass. civ. 1re, 04 fév. 1963, JCP éd. G, 1963, II, 13159.
« La veuve et l'orphelin demandant réparation à l'homme dont la faute a contribué à la mort de leur époux ou de leur père, peuvent-ils négliger la part de la faute de cet époux ou de ce père dans l'accident? », D., 1964, chron., p.155.
« L'ordre public économique », D., 1965, chron., p.37.
Note sous Cass. Civ. 1re, 27 mai 1970 (2ème arrêt), JCP éd. G, 1971, II, 16833.
Note sous Cass. crim., 22 juin 1972, JCP éd. G, 1972, II, 17266.
Note sous Cass civ 1re, 27 mars 1973, JCP éd. G, 1974, II, 17643.
Obs. sous Cass. com., 17 déc. 1973, JCP éd. G, 1975, II, 17912.

SAVATIER (X.)
Note sous Cass. civ. 1re, 03 juin 1998, Rep. Defrénois, 1999, art.36928, p.93.

SAVAUX (É.)
Obs. sous Cass. civ. 1re, 13 févr. 2001, Rep. Defrénois, 2001, p.712.
Obs. sous Cass.com. 03 déc. 2002, Rep. Defrénois, 2003, art.37676, p.236.
Obs. sous Cass. Ch. mixte, 26 mai 2006, Rep. Defrénois, 2006, art.38433, p.1206.
« Brèves observations sur la responsabilité contractuelle dans l'avant-projet de réforme du droit de la responsabilité », *in* L'avant-projet de réforme du droit de la responsabilité, Actes du colloque organisé par l'Université Panthéon-Sorbonne, Paris I, 16 mai 2006, RDC, 2007, p.45.

SCHMIDT-SZALEWSKI (J.)
« La force obligatoire à l'épreuve des avant-contrats », RTD civ., 2000, p.25.

SERLOOTEN (P.)
« Vers une responsabilité professionnelle ?», *in* Mélanges offerts à P. HÉBRAUD, Université des Sciences Sociales de Toulouse, Paris, 1981, p.805.

SERRA (Y.)
Note sous Cass. civ., 13 mars 1979, D., 1980, J., p.1.
Obs. sous Angers, 10 janv. 1989, Paris, 8 juin 1989 et Lyon, 29 juin 1989, D., 1990, somm. comm., p.80.
Obs. sous Angers, 6 mars 1989, D., 1990, n°11, somm. comm., p.79.

Obs. sous Paris 17 fév. 1993, D., 1994, somm. comm., p.223.
Obs. sous Paris 10 avr. 1995, D., 1996, somm. comm., p.248.
Obs. sous Paris 25 oct. 2000 et 10 janv. 2001, D., 2001, somm. comm., p.1311.
Obs. sous Cass. com., 27 mars 2001, D., 2002, n°15, somm. comm., p.1258.
Tsunami sur la clause de non-concurrence, D. 2002, J., p.2491.

SEUBE (J.-B.)
« La responsabilité délictuelle du contractant : les prévisions contractuelles sacrifiées sur l'autel de la protection des victimes », RDC, 2007, p.379.

SIMLER (Ph.)
« Le juge et la caution, excès de rigueur ou excès d'indulgence », JCP éd. N, 1986, I, p.169.
« La sanction de l'absence de cause », *in* Mélanges en l'honneur d'Y. SERRA, Dalloz, Paris, 2006, p.409.
Cautionnement, Définition, critère distinctif et caractères, J.-Cl., Fasc.10, Art.2288 à 2320, LexisNexis, 2013.
Cautionnement, Différentes sortes de cautionnement, J.-Cl., Fasc.15, Art.2288 à 2320, LexisNexis, 2013.

SINAY (H.)
« Action paulienne et responsabilité délictuelle à la lumière de la jurisprudence récente », RTD civ., 1948, p.183.

SIRI (A.)
« L'évolution des interprétations du principe de la force obligatoire du contrat de 1804 à l'heure actuelle », RRJ, 2008, p.1339.

SOURIOUX (J.-L.)
« La croyance légitime »,JCP éd. G, 1982, I, 3058.

SOUSSI (M.)
« La responsabilité du banquier pour rupture de crédit », RJL, 2009, n°4, p.47.

SQUALLI (A.)
« La liberté d'entreprendre à l'épreuve du jeu de la concurrence », Revue marocaine de droit et d'économie du développement, n° spécial du colloque : Les prix et la concurrence : entre la liberté de l'entreprise et la protection du consommateur, 2004, n°49, p.135.

STARCK (B.)
« Des contrats conclus en violation des droits contractuels d'autrui », JCP éd. G, 1954, I, 1180.
« La pluralité des causes de dommage et la responsabilité civile (La vie brève d'une fausse équation : causalité partielle = responsabilité partielle) », JCP éd. G, 1970, I, 2339.
Action directe, Encyclopédie Dalloz, Répertoire Droit civil, 1970.

STEYAERT (E.)
« La transcription et les tiers de mauvaise foi », RTD civ., 1904, p.343.

STOFFEL-MUNCK (Ph.)
Obs. sous Cass.civ. 1re, 6 nov. 2002 et Cass. soc., 12 fév. 2003, RDC, 2003, p.59.
Obs. sous Cass.civ., 3 déc. 2003, RDC, 2004, p.280.

Note sous Cour d'appel de Lyon, 12 juill. 2005, Communication- Commerce électronique, 2006, comm., p.32.
« La clause de non-sollicitation, équivalent gratuit de la clause de non-concurrence », note sous Cour d'appel de Lyon, 12 juill. 2005, Communication-Commerce électronique, 2006, comm., p.32.
« La relativité de la faute contractuelle », RDC, 2007, p.587.
JCP éd. G, 2007, I, 185. p.23.
Note sous Cass. civ. 2ème, 21 fév. 2008, JCP éd. G, 2008, I, 186. p.25.
JCP éd. G, 2011, chron., p.713.

STOUFFLET (J.)
Note sous Cass.com., 03 janv. 1996, JCP éd. G, 1996, II, 22682, p.331.

TABOUBI (J.)
« L'anéantissement du cautionnement », infos-juridiques, déc. 2010, n°s102/103, p.24.

TACCHINI LAFOREST (V.)
« A propos du régime juridique du cautionnement réel », LPA, 2000, n°71, p.4.

TALEB ALI (H.)
« La protection du principe de la libre concurrence par le prix », RJL, 2011, n°7, p.35.

TALLON (D.)
« L'inexécution du contrat : pour une autre présentation », RTD civ., 1994, p.223.

TARCHOUNA (M.)
« La problématique des droits de l'homme en droit du travail », RTDS, 1995, n°7, p.53.

TCHENDJOU (M.)
« La faute extra-contractuelle », GP, 1er sem., 2000, doc., p.614.

TEISSIER (A.)
« La clause de non-concurrence en droit du travail : loyauté renforcée ou forcée ? », JCP éd. S, 2005, n°5-10, doc., 1085, p.11.

TELLIER (V.)
« La nature juridique de l'action oblique », RRJ, 2002, p.1835.

TENDLER (R.)
« Le cautionnement, reine éphémère des sûretés ? », D. S., 1981, chron., p.129.

TEYSSIE (B.)
« L'intérêt de l'entreprise, aspect de droit du travail », D., 2004, chron., p.1683.

THIBERGE-GUELFUCCI (C.)
« De l'élargissement de la notion de partie au contrat... à l'élargissement de la portée du principe de l'effet relatif », RTD civ., 1994, p.275.
« Libres propos sur la transformation du droit des contrats », RTD civ., 1997, p.357.

THOMAS (J.-P.)
« La répartition de la responsabilité entre commettant et préposé pour les fautes commises à l'occasion des fonctions », LPA, 2000, n°53, p.11.

TISSIER (A.)
Note sous Cass. civ., 23 juin 1903, S., 1904, 1, p.289.

TOSI (J.-P.)
« Le manquement contractuel dérelativisé », *in* Ruptures, mouvements et continuité du droit, Autour de M. GOBERT, Economica, 2004, p.479.

TRISTAN (A.)
« Les relations entre la responsabilité civile délictuelle et les droits subjectifs », RTD civ., 2007, p.227.

TUNC (A.)
« Force majeure et absence de faute en matière contractuelle », RTD civ., 1945, p.235.
Obs. sous Paris, 27 mai 1961, RTD civ., 1962, p.92.
Obs. RTD civ., 1962. p.121, n°36.
Obs. sous Cass. civ. 1re, 09 oct. 1962, RTD civ., 1963, p.332.
Obs. RTD civ., 1964, p.322, n°36.
« La distinction des obligations de résultat et des obligations de diligence », *in* Jalons dits et écrits d'A. TUNC, Société de Législation Comparée, Paris, 1991, p.135.

VASSEUR (M.)
« Essai sur la présence d'une personne à un acte juridique accompli par d'autres. Contribution à la théorie générale des actes juridiques », RTD civ., 1949, p.173.
« Un nouvel essor du concept contractuel. Les aspects juridiques de l'économie concertée et contractuelle », RTD civ., 1964, p.5.
Obs. sous Cass. civ. 1re, 21 nov. 1978, D., 1979, IR, p.363.

VERBRUGGEN (C.)
« La théorie de l'apparence : quelques acquis et beaucoup d'incertitudes », *in* Mélanges offerts à P.-V. OMMESLAGHE, Bruyant, Bruxelles, 2000, p.301.

VETU (F.)
« L'inexécution contractuelle et la faute délictuelle », RRJ, 2005, p.107.

VILAR (Ch.)
« L'évolution des responsabilités du chirurgien et de l'anesthésiste », RTD civ., 1974, p.739.

VINEY (G.)
« L'autonomie du droit à réparation de la victime par ricochet par rapport à celui de la victime initiale », D., 1974, chron., p.3.
« L'application du droit commun de la responsabilité aux fabricants et distributeurs de produits : Rapport » *in* La responsabilité des fabricants et distributeurs, Economica, 1975, p.69.
Obs. sous Cass. civ. 1re, 22 nov. 1978, JCP éd. G, 1979, II, 19139.
« L'action en responsabilité entre participants à une chaîne de contrats », *in* Mélanges dédiés à D. HOLLEAUX, Litec, Paris, 1990, p.399.
Obs. sous Ass. plén., 12 juill. 1991, JCP éd. G, 1991, II, 21743.
Obs. sous Cass. civ. 1re, 16 déc. 1992, JCP éd. G, 1993, I, 3664, n°7.

« Groupes de contrats et responsabilité du fait d'autrui », *in* Les effets du contrat à l'égard des tiers (comparaisons franco- belges), sous la direction de M. FONTAINE et J. GHESTIN, LGDJ, Paris, 1992,p.335.
Obs. sous Cass. com., 26 mai 1992, JCP éd. G, 1992, I, 3625, p.503.
Obs. sous Cass. com., 12 oct. 1993, D., 1994, J., p.124.
Obs. sous Cass. civ. 1re, 23 fév. 1994, JCP éd. G, 1994, I, 3809, p.556.
« Sous-contrat et responsabilité civile », *in* Responsabilités et assurances, Mélanges offerts à R. O. DALCQ, Larcier, Bruxelles, 1994, p. 611.
« L'introduction en droit français de la directive européenne du 25 juillet relative à la responsabilité du fait des produits défectueux », D., 1998, chron., p.291.
Obs. sous 4 arrêts, JCP éd. G, 1998, I, 144, p.1094.
« Existe-t-il une responsabilité contractuelle du fait d'autrui ? », RCA, n° hors série, nov. 2000, p.31.
Obs. sous Cass. civ. 1re, 17 oct. 2000, JCP éd. G, 2001, I, 338, p.1427.
Obs. sous Cass. civ. 1re, 18 juill. 2000 et 13 févr. 2001, JCP éd. G, 2001, I, 338, p.1427.
Obs. sous Ass. plén., 25 févr. 2000, Costedoat c/ Girard et a., JCP éd. G, 2000, I, 241.
Obs. sous Ass. plén., 14 déc. 2001, JCP éd. G, 2002, I, 124, p.604.
« La responsabilité contractuelle en question », *in* Le contrat au début du XXIè siècle, Études offertes à J. GHESTIN, LGDJ, Paris, 2001, p.921.
Obs. Sous Cass. com., 08 oct. 2002, JCP éd. G, 2003, I, 152, p.1253.
Obs. sous Cass. civ., 28 oct. 2003, JCP éd. G, 2004, I, 163, n°13.
« La responsabilité personnelle du préposé », *in* Études à la mémoire de Ch. LAPOYADE-DESCHAMPS, PUB, Paris, 2003, p.83.
Note sous Cass. civ. 1re, 23 sept. 2003, JCP éd. G, 2004, I, 101, p.23.
« La mise en place du système français de responsabilité des producteurs pour le défaut de sécurité de leurs produits », *in* « Propos sur les obligations et quelques autres thèmes fondamentaux du droit », Mélanges offerts à J.-L. AUBERT, Dalloz, Paris, 2005, p.329.
« La doctrine de la faute dans l'œuvre de Henri, Léon et Jean Mazeaud », *in* La responsabilité civile, Journée H., L. et J. Mazeaud, LPA, 2006, n°174, p.17.
Obs. sous Cass. civ. 3ème, 18 janv. 2006, RDC, 2006, p.814.
Obs. sous Ass. plén., 14 avr. 2006, RDC, 2006, p.1207.
Note sous Cass. civ. Ass. plén., 6 oct. 2006, D., 2006, J., p. 2825.
« Cessation de l'illicite et responsabilité civile », *in* Mélanges en l'honneur du Professeur G. GOUBEAUX, Dalloz-LGDJ, Paris, 2009, p.547.
Note sous CE, 11 juill. 2011, RDC, 2012, p.419.

VIRASSAMY (G.)
« La connaissance et l'opposabilité », *in* Les effets du contrat à l'égard des tiers (comparaisons franco-belges), sous la direction de M. FONTAINE et J. GHESTIN, LGDJ, Paris, 1992,p.132.

VOIRIN (P.)
Obs. sous Bordeaux, 10 déc.1928, D.P., 1929, 2, p.81.
« Le pacte de préférence », JCP éd. G, 1954, I, 1180.

WAHL (A.)
Note sous Amiens, 07 déc. 1902, S., 1903, II, p.257.

WEILL (A.)
Note sous Cass.civ., 20 juin 1938, D.P., 1939, I, p.26.
« Connaissance du motif illicite ou immoral déterminant et exercice de l'action en nullité », *in* Mélanges dédiés à G. MARTY, Université des Sciences Sociales de Toulouse, 1978, p.1165.

WICKER (G.)
« La sanction délictuelle du manquement contractuel ou l'intégration de l'ordre contractuel à l'ordre juridique général », RDC, 2007, p.593.

WICKER (G.) et SAUTONIE-LAGUIONIE (L.)
« Les actions ouvertes aux créanciers », *in* Projet d'ordonnance portant réforme du droit des contrats, du régime général et de la preuve des obligations, Observations et propositions de modifications, JCP éd. G, 2015, supplément au n°21, 25 mai 2015, p.68.

WIGNY (P.)
« Responsabilité contractuelle et force majeure », RTD civ., 1935, p.19.

WINTGEN (R.)
« "Tout fait quelconque..." : le manquement contractuel saisi par l'article 1382 du Code civil », RDC, 2007, p.609.

YAHYAOUI (I.)
« La protection du franchisé lors de la conclusion du contrat de franchise », RJL, 2011, n°1, p.29.

YAKOUBEN (D.)
Note sous Cass. civ. 2ème, 12 févr. 2009, GP, 25 au 29 déc. 2009, J, p.3846.

ZENATI (F.)
« Pour une rénovation de la théorie de la propriété », RTD civ., 1993, p.305.

ZENATI-CASTAING (F.)
« La propriété, mécanisme fondamental du droit », RTD civ., 2006, p.445.

ZINE (M.)
Note sous Cass. civ., n°1925 du 1er juill. 1976, RTD, 1978, n°2, p.99.
« De l'esprit et de l'effectivité de certaines dispositions du C.O.C. », *in* Livre du centenaire du code des obligations et des contrats 1906-2006, sous la direction de M.-K. CHARFEDDINE, CPU, Tunis, 2006, p.437.

4. Lexiques

Lexique des termes juridiques, publié sous la direction de **S. GUINCHARDetT. DEBARD**, 22ème éd., Dalloz, Paris, 2014-2015.
CORNU (G.), Vocabulaire juridique, Association Henri Capitant, 10ème éd., PUF, Paris, 2014.

II. En Langue Arabe

1. Ouvrages, cours et traités

أبو زهرة (محمد)
الملكية ونظرية العقد في الشريعة الإسلامية، دار الفكر العربي، القاهرة، 1977.
الأحمدي (عبد الله)
قانون مدني، العقود الخاصة، 1- البيع، مطبعة الوفاء، تونس، 1997.
الأحمر (عصام)
إشكالات في نزاعات الشغل الحلول القانونية والإجتهادات القضائية، سيفاد للنشر، تونس، 2008.
الدعوى الشغلية من خلال مجلة الشغل وفقه القضاء، م. م. د. ق. ق.، طبعة ثانية، تونس، 2008.
النظام القانوني للتعويض عن الأضرار البدنية الناتجة عن حوادث المرور، دليل تطبيقي، نشر للحساب الخاص، تونس، 2008.
بقْبق (محمد)
قانون مدني، النظرية العامة للإلتزام، منشورات مجمع الأطرش للكتاب المختص، تونس، 2009.
بن حليمة (ساسي)
مجموعة تعاليق على قرارات في مادة الأحوال الشخصية، م. ن. ج.، تونس، 2012.
محاضرات في قانون الأحوال الشخصية، م. ن. ج.، تونس، 2011.
بن سليمة (حسين) والأحمر (عصام)
النظرية العامة للإلتزام، مصادر الإلتزام غير الإرادية، المسؤولية عن الفعل الشخصي- المسؤولية عن فعل الغير- مسؤولية حافظ الشيء- الإثراء بلا سبب- دفع غير المستحق- الفضالة، نشر للحساب الخاص، تونس، 2009.
بن طالب (أحمد)
محاضرات في القانون العقاري، الإجازة في الحقوق، السنة الثالثة، درس غير مرقون، كلية الحقوق والعلوم الإقتصادية والسياسية بتونس، 2010-2011.
بن عمّو (نذير)
البيع والمعاوضة، م. ن. ج.، تونس، 2007.
بولعابي (كريم)
حسن النية في المادة التعاقدية، منشورات مجمع الأطرش للكتاب المختص، تونس، 2015.
تناغو (سمير عبد الستار)
التأمينات الشخصية والعينية، منشأة المعارف بالإسكندرية، 1986.
جبر(عزيز كاظم)
الضرر المرتد وتعويضه في المسؤولية التقصيرية، دراسة مقارنة، مكتبة دار الثقافة للنشر والتوزيع، عمان، 1998.
الجربي (سامي)
شروط المسؤولية المدنية في القانون التونسي والمقارن، طبعة ثانية منقحة، مطبعة التسفير الفني، تونس، 2015.
الجمل (رياض)
محاضرات في القانون العقاري، ج.1، منشورات مجمع الأطرش للكتاب المختص، تونس، 2016.
الجميل العدوى (محمد شكري)
سوء النية وأثره في عقود المعاوضات في الفقه الإسلامي والقانون المدني، دار الفكر الجامعي، الإسكندرية، 2008.
الخروبي (خليفة)
قانون مدني، العقود المسماة، الوكالة – البيع – الكراء، م. ن. ج.، تونس، 2007.
قانون مدني، أوصاف الإلتزام، منشورات مجمع الأطرش للكتاب المختص، تونس، 2008.

قانون مدني، التأمينات العينية والشخصية، منشورات مجمع الأطرش للكتاب المختص، تونس، 2014.
خماخم (رضا)
أحكام النفقة في مجلة الأحوال الشخصية بعد تنقيح 12 جويلية 1993، م. د. ق. ق.، تونس، 1995.
الذنون (حسن علي)
الإشتراط لمصلحة الغير، شركة الرابطة للطبع والنشر المحدودة، بغداد، 1954.
الزروقي (عبد المجيد)
الأموال (الحقوق العينية الأصلية)، منشورات مجمع الأطرش للكتاب المختص، تونس، 2014.
الزين (محمد)
النظرية العامة للإلتزامات 1- العقد، مطبعة الوفاء، طبعة ثانية، تونس،1997.
سعد (نبيل إبراهيم)،
التأمينات الشخصية، نشر للحساب الخاص، الإسكندرية، 2000.
التأمينات العينية والشخصية، دار المعرفة الجامعية، الإسكندرية، 1982.
السنهوري (عبد الرزاق أحمد)،
الوسيط في شرح القانون المدني، ج.10، التأمينات الشخصية والعينية، منشورات الحلبي الحقوقية، بيروت- لبنان، 1998.
الوسيط في شرح القانون المدني، ج.7، المجلد الثاني، عقود الغرر وعقد التأمين، دار إحياء التراث العربي، بيروت، لبنان، 1964.
الوسيط في شرح القانون المدني الجديد، ج.2، نظرية الإلتزام بوجه عام: الإثبات- آثار الإلتزام، دار إحياء التراث العربي، بيروت، 1963.
الوسيط في شرح القانون المدني، نظرية الإلتزام بوجه عام، مصادر الإلتزام، الطبعة الثانية، دار النهضة العربية، بيروت، 1964.
الشاطبي (أبو إسحاق)
الموافقات في أصول الشريعة، دار الكتب العلمية، بيروت، غير مؤرخ.
شرف الدين (محمد كمال)،
قانون مدني، النظرية العامة- الأشخاص- إثبات الحقوق، م. ر. ج. ت.، تونس، 2002.
محاضرات في قانون الأموال، الأستاذية في الحقوق، السنة الأولى، درس مرقون، كلية الحقوق والعلوم الإقتصادية والسياسية بتونس، 2002- 2003.
الشرفي (محمد) والمزغني (علي)
أحكام الحقوق، دار الجنوب للنشر، تونس،1995.
الصافي (زكية)
قانون الشغل (عقد الشغل)، طبعة ثانية، م. ن. ج.، تونس 2014.
طرشونة (المنجي)
محاضرات في القانون المدني، النظرية العامة للإلتزام، الأستاذية في الحقوق، السنة الثانية، درس مرقون، كلية الحقوق والعلوم الإقتصادية والسياسية بسوسة، 1993 - 1994.
طلبة (أنور)
المطول في شرح القانون المدني، ج.3، الطبعة الأولى، المكتب الجامعي الحديث، الإسكندرية، 2004.
عبد الباقي (عبد الفتاح)
نظرية العقد والإرادة المنفردة، دراسة معمقة ومقارنة بالفقه الإسلامي، نشر للحساب الخاص، 1984.
غجاتي (يونس)
قانون الشغل وتطبيقاته من خلال حالات واقعية وقرارات تعقيبية، منشورات الغجاتي للثقافة الشغلية، تونس، 2009.
فرج الصدة (عبد المنعم)

نظرية العقد في الشريعة الإسلامية والقانون الوضعي، دار النهضة العربية، القاهرة، 1990.
الفرشيشي (منير)
الملكية العقارية في التسجيل العقاري، سيفاد للنشر، تونس، 2007.
كحلون (علي)
القانون العقاري الخاص، طبعة ثانية، منشورات مجمع الأطرش للكتاب المختص، تونس، 2010.
النظرية العامة للإلتزامات، مصادر الإلتزامات، أحكام الإلتزامات، منشورات مجمع الأطرش للكتاب المختص، تونس، 2015.
قانون التأمينات وٱستخلاص الديون الخاصة والعامة، منشورات مجمع الأطرش للكتاب المختص، تونس، 2011.
الكناني (يوسف) وبالكناني (فوزي)
قانون الأموال، م. ن. ج.، تونس، 2003.
اللجمي (محمد)
التعويض عن الضرر البدني في القانون التونسي والمقارن، ج.1، نشر للحساب الخاص، تونس، 1997.
قانون الأسرة، نشر للحساب الخاص، تونس، 2008.
المالقي (محمد)
محاضرات في شرح القانون المدني التونسي، م. ر. ج. ت.، طبعة ثانية، تونس، 2003.
محفوظ (محمد)
النظرية العامة للإلتزام (I)، العقد، منشورات مجمع الأطرش للكتاب المختص، تونس، 2012.
النظرية العامة للإلتزام (II)، المسؤولية المدنية، منشورات مجمع الأطرش للكتاب المختص، تونس، 2012.
قانون عقاري، م. م. د. ق. ق.، تونس، 2012.
النظرية العامة للإلتزام، التصرف الأحادي والعقد والمسؤولية المدنية، م. م. د. ق. ق.، تونس، 2008.
دروس في العقد، م. ن. ج.، تونس، 2004.
محي الدين (إبراهيم سليم محمد)
نطاق الضرر المرتد (دراسة تحليلية لنظرية الضرر المرتد)، دار المطبوعات الجامعية، الإسكندرية، 2008.
مزيد (النوري)
القاضي وقانون الشغل، نشريات رؤوف يعيش، تونس، 2002.
ناصيف (إلياس)
موسوعة العقود المدنية والتجارية، ج.5، تنفيذ العقد، نشر للحساب الخاص، بيروت، 1995.

2. Thèses et mémoires

البراهمي (عادل)
نظام الرجوع في إطار الكفالة، مذكرة للإحراز على ديبلوم الدراسات المعمقة في القانون الخاص، كلية الحقوق والعلوم السياسية بتونس، 1989-1990.
البراهمي (نجاة)
إسقاط الدين في مجلة الإلتزامات والعقود، مذكرة لنيل شهادة الدراسات المعمقة في القانون الخاص، كلية الحقوق والعلوم السياسية بتونس، 1992-1993.
بالحاج (الحبيب)
البنود المتعلقة بالمسؤولية عن عدم تنفيذ العقد، أطروحة دكتورا في القانون الخاص، كلية الحقوق بصفاقس، 2010-2011.
بن أحمد (نوفل)
إنجاز العمل في عقد المقاولة، رسالة لنيل شهادة الدراسات المعمقة، شعبة عقود وٱستثمارات، كلية الحقوق والعلوم السياسية بتونس، 1998-1999.

بن حامد (عبد النبي)
الإشتراط لمصلحة الغير، مذكرة لنيل شهادة الماجيستير في الحقوق، كلية الحقوق والعلوم السياسية بتونس، 2009-2010.
بن حليمة (جلال)
إعسار المدين، أطروحة دكتورا في القانون الخاص، كلية الحقوق بصفاقس، 2012-2013.
بن طالب (أحمد)
التفويت في ملك الغير، أطروحة دكتورا دولة في القانون الخاص، دار الميزان للنشر، 2009.
تحليل الفصل 581 من مجلة الإلتزامات والعقود، مذكرة لنيل شهادة الدراسات المعمقة في القانون الخاص، كلية الحقوق والعلوم السياسية بتونس، 1989-1990.
بن علي (رجاء الحاج منصور)
ضمان عيوب البناء، رسالة بحث لنيل شهادة الدراسات المعمقة في العلوم القانونية الأساسية، كلية العلوم القانونية والسياسية والاجتماعية بتونس، 1994-1995.
بن عمارة حرم عيواز (سنية)
أساس قيام المسؤولية العقدية في قانون البناء، مذكرة للإحراز على شهادة الدراسات المعمقة في القانون الخاص، إختصاص قانون البيئة والتعمير، كلية الحقوق و العلوم السياسية بتونس، 2003-2004.
بن هويدي (فتحية)
عقد المقاولة الثانوي، مذكرة لنيل شهادة الدراسات المعمقة في القانون الخاص، كلية الحقوق والعلوم السياسية بتونس، 1995-1996.
بوستة (ليليا)
الكفالة العينية، مذكرة للإحراز على شهادة الدراسات المعمقة في العلوم الجنائية، كلية الحقوق والعلوم السياسية بتونس، 1996-1997.
بوقطاية (حنان)
إنتقال الإلتزامات العقدية إلى الخلف الخاص، أطروحة دكتورا في القانون الخاص، كلية الحقوق والعلوم السياسية بتونس، 2011-2012.
جبري (محمد)
عيوب البناء، مذكرة لنيل شهادة الماجيستير، إختصاص قانون البيئة والتعمير، كلية الحقوق والعلوم السياسية بتونس، 2006.
الجراية (رانية)
العلاقة بين الكفيل والمدين الأصلي في الكفالة، مذكرة لنيل شهادة الماجستير في قانون الأعمال، كلية العلوم القانونية والسياسية والاجتماعية بتونس، 2009-2010.
الجربي (سامي)
تفسير العقد، أطروحة دكتورا دولة في القانون الخاص، م. ن. ج.، تونس، 1999.
حمد خاطر (صبري)
الغير عن العقد '' دراسة في النظرية العامة للإلتزام''، أطروحة دكتورا في القانون الخاص، الدار العلمية الدولية ودار الثقافة للنشر والتوزيع، عمان، 2001.
خليفي (دليلة)
الإتفاقات المتعلقة بالضمان من خلال أحكام البيع في مجلة الإلتزامات والعقود، رسالة لنيل شهادة الدراسات المعمقة في القانون الخاص، كلية الحقوق والعلوم السياسية بتونس، 2003-2004.
دربال (علي)
مسؤولية الباعث العقاري وحماية المشتري، مذكرة لنيل شهادة الدراسات المعمقة في قانون الأعمال، كلية الحقوق بصفاقس، 2001-2002.
الرزقي (نورة)
الضرر من الترسيم، مذكرة لنيل شهادة الدراسات المعمقة في القانون الخاص، كلية الحقوق والعلوم السياسية بتونس، 2000-2001.

الرواتبي (حاتم بن عبد الحميد)
الحماية القانونية للدائن العادي، أطروحة دكتورا دولة في القانون الخاص، دار الميزان للنشر، تونس، 2008.
ريدان (إيمان)
التعويض عن الضرر المعنوي في المسؤولية المدنية، مذكرة للإحراز على شهادة الدراسات المعمقة في القانون الخاص، كلية الحقوق والعلوم السياسية بتونس، 2000-2001.
زمزم (إنصاف)
إلتزام الكفيل، رسالة لنيل شهادة الدراسات المعمقة في الحقوق، شعبة القانون الخاص، كلية الحقوق والعلوم السياسية بتونس، 2000-2001.
الزناتي (نجوى)
حماية الكفيل، مذكرة لنيل شهادة الدراسات المعمقة في قانون الأعمال، كلية الحقوق والعلوم الإقتصادية والسياسية بسوسة، 1999-2000.
ساسي (رمزي)
آثار حكم التسجيل، رسالة لنيل شهادة الدراسات المعمقة في القانون الخاص، كلية الحقوق والعلوم السياسية بتونس، 2001-2002.
إشهار الحق العيني العقاري، تقديم الأستاذ محمد كمال شرف الدين، أطروحة دكتورا في القانون الخاص، منشورات مجمع الأطرش للكتاب المختص، تونس، 2015.
العبيدي (الطاهر)
الكفالة في القانون المدني، مذكرة ختم تربص بالمعهد الأعلى للقضاء، 1993-1994.
العجيمي (سامية)
الدعوى المنحرفة، مذكرة لنيل شهادة الدراسات المعمقة في القانون الخاص، كلية الحقوق والعلوم السياسية بتونس، 1995-1996.
العش المنيف (منية)
الإشتراط لمصلحة الغير، رسالة لنيل شهادة الدراسات المعمقة في قانون الأعمال، كلية الحقوق بصفاقس، 1998-1999.
القلال (محمد)
تعليق على الفصل 337 جديد من مجلة الحقوق العينية، رسالة لنيل شهادة التخرج من المعهد الأعلى للقضاء، 2003-2004.
الكرّاي (نبيلة)
حسن النية في المادة العقارية، مذكرة لنيل شهادة الدراسات المعمقة في القانون الخاص، دار محمد علي للنشر، تونس، 2005.
المباركي الخذيري (نرجس)
عقد البيع والقانون الإقتصادي، رسالة لنيل شهادة الدراسات المعمقة في القانون، شعبة عقود وٱستثمار، كلية الحقوق والعلوم السياسية بتونس، 1999-2000.
ممّيش (عماد)
نجاعة الكفالة: قراءة في تبعية التزام الكفيل، أطروحة دكتورا دولة في القانون الخاص، م. ن. ج.، 2010.
المنصوري (ألفة)
الإستحالة في النظرية العامة للعقد، أطروحة دكتورا في القانون الخاص، كلية الحقوق والعلوم السياسية بتونس، 2007-2008.
نصير (نجلاء)
الغير وتنفيذ العقد، مذكرة لنيل شهادة الدراسات المعمقة في القانون الخاص، كلية الحقوق والعلوم السياسية بتونس، 1996-1997.

الهاني (حسنة)
ضمان عيوب المصنوع، مذكرة لنيل شهادة الماجيستير في الحقوق، إختصاص قانون خاص، كلية الحقوق والعلوم السياسية بتونس، 2009-2010.
اليعقوبي (كريمة)
الدعوى المباشرة، مذكرة لنيل شهادة الدراسات المعمقة في قانون العقود والإستثمارات، كلية الحقوق والعلوم السياسية بتونس، 1996-1997.

3. Articles, chroniques, rapports, conclusions, notes et observations

الأحمر (عصام)
"تعليق على حكم ابتدائي عدد 39131 صادر عن المحكمة الابتدائية بتونس بتاريخ 13 جانفي 2005"، م. ق. ت.، 2006، عدد 2، ص.129.
"التشغيل والمناولة"، م. ق. ت.، 2005، عدد 4، ص. 19.
"عقود المناولة وتدعيم القدرة التنافسية للمؤسسة"، م. ق. ت.، 2007، عدد 6، ص.15.
باباي يوسف (سعاد)
"تطبيق مبدأ المفعول المنشئ للترسيم من خلال قوانين سنتي 2000 و 2001"، م. ت. ق.، 2002، ص.81.
باكير (مليكة)
"حماية المستهلك في القانون التونسي"، م. ق. ت.، 1994، عدد 8، ص.41.
بالكناني (فوزي)
"دور الشكلية في رهن العقار"، في مجموع الأعمال المهداة إلى العميد عياض بن عاشور، م. ن. ج.، 2008، ص.553.
تعليق على قرار إستئنافي مدني عدد 641 مؤرخ في 25 أفريل 1992، م. ق. ت.، ، عدد 3، ص.79.
تعليق على قرار تعقيبي مدني عدد 775 مؤرخ في 18 فيفري 1983، مجلة العلوم القانونية والإقتصادية والتصرف بسوسة ، 1997، العدد الأول، جوان، ص.103.
باللطيف (محمد)
"المناولة في قانون الشغل على ضوء قرارات محكمة التعقيب"، م. ق. ت.، 2009، عدد 6، ص.59.
البراهمي (عادل)
"الإحتجاج بالبيع على الغير في العقارات غير المسجلة"، م. ق. ت.، 2006، عدد 10، ص.43.
"الرهن العقاري الإتفاقي"، م. ق. ت.، 1987، عدد 7، ص.7
"حصانة الحكم العقاري : ثنائية المفعول التطهيري والحجية المطلقة"، م. ق. ت.، 2007، عدد 7، ص.117.
"حولية فقه قضاء في الكفالة بالمال"، م. ق. ت.، 1992، عدد 6، ص.59.
برناز (محسن)
" الحقوق وحدودها"، م. ق. ت.، 1970، عدد 9، ص.11.
برهومي (مفيدة)
"الحماية القانونية لنفقة المتبنى"، م. ق. ت.، 2009، عدد 3، ص.53.
بريبش(توفيق)
"التعويض عن الأضرار اللاحقة بالأشخاص الناتجة عن حوادث المرور"، م. ق. ت.، 2009، عدد 8، ص87.
بسرور (نور الدين)
"التطهير الإرادي للعقارات من الرّهون"، بكتاب بحوث في التأمينات العينية و الشخصية، عمل جماعي لهيئة تدريس قانون التأمينات بكلية الحقوق والعلوم السياسية بتونس، نشر المطبعة العصرية، 1999، ص.111.

بقبق (محمد)
"الحلول الشخصي آداة ائتمان"، م. ت. ق.، 1988، ص. 55.
بلحاج جراد (أحمد)
المجال الزمني لمبدأ المفعول المنشئ للترسيم، مداخلة من الملتقى العلمي حول الجديد في نظام الإشهار العقاري التونسي، دراسات قانونية، كلية الحقوق بصفاقس، 2002، عدد 9، ص.123.
بن إدريس (هالة)
"التعويض عن الضرر الإقتصادي للحفيد عند وفاة جده بسبب حادث مرور طبق أحكام الفصل 143 من القانون عدد 86 لسنة 2005 وموقف الدوائر المجتمعة لمحكمة التعقيب ضمن قرارها عدد 49952 الصادر بتاريخ 25 افريل 2013، الأخبار القانونية، عدد 221/220، ماي 2016، ص.6.
بن البشير (محمد الطاهر)
"رهن العقار وبيعه فيما رهن فيه"، م. ق. ت.، 1960، عدد 3، ص.5.
بن حسين (محمد الصالح)
"مسؤولية ناقل الأشخاص"، م. ق. ت.، 1987، عدد 6، ص.7.
بن سليمة (حسين)
"الضمان عند أول طلب"، م. ق. ت.، 2005، عدد 6، ص.41.
بن طالب(أحمد)
"مجلة الإلتزامات والعقود أمام الدوائر المجتمعة لمحكمة التعقيب"، بكتاب مائوية مجلة الإلتزامات والعقود 1906-2006، تحت إشراف الأستاذ محمد كمال شرف الدين، م. ن. ج.، تونس، 2006، ص.241.
"إستحقاق المعقول"، م. ت. ق.، 1995، ص.85.
"التشطيب على الترسيم بالسجل العقاري"، م. ت. ق.، 1996، ص.73.
"القواعد العامة للقانون في فقه قضاء محكمة التعقيب"، بكتاب خمسون عاما من فقه القضاء المدني 1959-2009، تحت إشراف الأستاذ محمد كمال شرف الدين، م. ن. ج.، تونس، 2010، ص.145.
"تنقيح الفصل 581 من مجلة الإلتزامات والعقود في محيط الإصلاح العقاري"، الأحداث القانونية التونسية، كلية الحقوق والعلوم السياسية بتونس، 1995، عدد 9، ص.43.
"لمحة عن التأمينات في الفقه الإسلامي"، بكتاب دراسات في قانون التأمينات، عمل جماعي لهيئة تدريس قانون التأمينات بكلية الحقوق والعلوم السياسية بتونس تحت إشراف الأستاذ بشير المنوبيالفرشيشي، الطبعة الثانية، نشر المطبعة العصرية، 2003، ص.177.
"ما الرهن العقاري؟"، تقرير افتتاحي لملتقى الرّهون العقارية، م. ق. ت.، 2005، عدد 9، ص.19.
بن عاشور (نافلة)
"عقود الإستغلال تحت التسمية الأصلية وقانون المنافسة"، الأخبار القانونية، عدد 167/166، نوفمبر 2013، ص.10.
بن عباس (بديع)
"حقوق المشتري الناشئة عن الوعد بالبيع في ميدان البعث العقاري"، م. ق. ت.، 2012، عدد 9، ص.105.
بن عبد الله (نبيل)
"الضمان عند أول طلب"، م. ق. ت.، 1992، عدد 8، ص.203.
بنموسى (مبروك)
"الآثار القانونية لطلب التسجيل"، م. ق. ت.، 1999، عدد 3، ص. 11.
بو جاه (رياض)
"حكم التحيين والآثار المترتبة عنه"، مداخلة من الملتقى العلمي حول الجديد في نظام الإشهار العقاري التونسي، دراسات قانونية، كلية الحقوق بصفاقس، 2002، عدد 9، ص.171.
بو صيان (محرز)
"نظام الأسعار والمنافسة في القانون عدد 64 لسنة 1991"، م. ق. ت.، 1995، عدد 7، ص.23.
بوستة (ليليا)

"خصائص الكفالة"، م. ق. ت.، 2008، عدد 9، ص.95.
"دفوع الكفيل"، بكتاب بحوث في التأمينات العينية والشخصية، عمل جماعي لهيئة تدريس قانون التأمينات بكلية الحقوق والعلوم السياسية بتونس تحت إشراف الأستاذ بشير المنوبيالفرشيشي، نشر المطبعة العصرية، تونس، 1999، ص.319.

بوعزيز (حافظ)

"حولية فقه قضاء حوادث المرور، السنوات: 2006-2011"، بكتاب حولية فقه القضاء التونسي، منشورات مدرسة الدكتورا بكلية الحقوق بصفاقس، عدد 1، 2013، ص.167.

بوعصيدة (حافظ)

"أثر الترسيم على الغير"، م. ق. ت.، 1993، عدد1، ص.27.
"إثبات الأبوة"، م. ق. ت.، 1999، عدد 6، ص.11.
"الطبيعة القانونية للوعد بالبيع في قانون البعث العقاري"، م. ق. ت.، 1999، عدد3، ص.157.

بوعفيف (مصطفى)

"مفهوم التسليم في الهبة بين الشريعة و القانون بعد قانون 28 أكتوبر 2006"، الأخبار القانونية، عدد 19/18، فيفري 2007، ص.6.

بوقراص (الهادي)

"دعاوى ضمان عيوب البناء والمقاولات"، الأخبار القانونية، عدد 183/182، جويلية/أوت 2014، ص.10.

بوقرة (هاجر)

"الحقوق المدنية للجنين في القانون التونسي"، م. ق. ت.، 2013، عدد 2، ص.61.

بولو (هولو)

"مسؤولية المقاول"، م. ق. ت.، 1986، عدد 6، ص. 51.

بومية (صلوحة)

"دعوى ضمان العيوب الخفية في عقد البيع"،حوليات العلوم القانونية، كلية العلوم القانونية والإقتصادية والتصرف بجندوبة، 2010، ص.161.

جازي (حمادي)

"تعليق إجراءات التقاضي والتنفيذ على ضوء القانون عدد 79 لسنة 2003 المتعلق بتنفيح أحكام قانون إنقاذ المؤسسات التي تمر بصعوبات إقتصادية"، الأحداث القانونية التونسية، كلية الحقوق والعلوم السياسية بتونس، 2006، عدد 19، ص.1.

جريح (خليل)

"أنواع الدعاوى"، م. ق. ت.، 1962، عدد 4، ص.48.

الجطلاوي (كمال)

"التطور التشريعي لقانون إنقاذ المؤسسات التي تمر بصعوبات إقتصادية"، م. ق. ت.، 2006، عدد 8، ص.43.

الجلاصي (رشيدة)

"الإلتزام بضمان السّلامة الجسدية في فقه القضاء"، بكتاب خمسون عاما من فقه القضاء المدني 1959-2009، تحت إشراف الأستاذ محمد كمال شرف الدين، م. ن. ج.، تونس 2010، ص.991.

الجلولي (علي)

"المقر في القانون التونسي"، م. ق. ت.، 1983، عدد 7، ص.19.
"مراعاة مصلحة الدائن في الكفالة"، بكتاب محاضرات في قانون التأمينات العينية والشخصية، تحت إشراف الأستاذ بشير المنوبيالفرشيشي، نشر المطبعة العصرية، تونس، 2009، ص.413.
"مسؤولية مقاول البناء"، م. ق. ت.، 2011، عدد 4، ص.111.
تعليق على قرار تعقيبي مدني عدد 11257 مؤرخ في 22-4-1985،بيع ملك الغير، م. ت. ق.، 1988، ص.61.

الجمل (رياض)
"المفعول الزمني للتطهير بالنسبة لأحكام التسجيل العقاري"، الأخبار القانونية، عدد 67/66، أفريل 2009، ص.16.
الجويني (عبد الوهاب)
"الشكلية في تكوين الرّهون"، بكتاب دراسات قانون التأمينات، عمل جماعي لهيئة تدريس قانون التأمينات بكلية الحقوق و العلوم السياسية بتونس، نشر المطبعة العصرية، 1997، ص.442.
الحباسي (محمد)
"الحق في العمل في الدستور التونسي"، المجلة التونسية للدراسات القانونية والسياسية، عدد خاص مهدى إلى روح الفقيدة هادية غريب، مجلة كلية الحقوق والعلوم السياسية بسوسة، مجمع الأطرش للكتاب المختص، عدد 3، 2014، ص.289.
الحجري (محرزية)
"مبدأ المفعول المنشئ للترسيم يحتضر"، م. ق. ت.، 2011، عدد 4، ص.125.
الحمزاوي (محمد المنصف)
"تعويض الأضرار المادية ويقال لها الإقتصادية الناشئة عن حادث السيارات القاتل بالأقطار الأروبية"، م. ق. ت.، 1964، عدد 2، ص.29.
حمودة (محمد)
"في الوفاء بالإلتزام مع تمام الأمانة"، بمجموعة الأعمال المهداة للأستاذ ساسي بن حليمة، مركز النشر الجامعي، تونس، 2005، ص.1031.
"إشكالات الجزاء في النظرية العامة للعقد"، بكتاب خمسون عاما من فقه القضاء المدني1959-2009، تحت إشراف الأستاذ محمد كمال شرف الدين، م. ن. ج.، تونس 2010، ص.599.
"النظرية العامة للعقد"، بكتاب مسائل في فقه القانون المدني المعاصر، تحت إشراف الأستاذ محمد كمال شرف الدين، منشورات مجمع الأطرش للكتاب المختص، تونس، 2014، ص.223.
الحميدي (محمد)
"حقوق الغير والشركة ذات المسؤولية المحدودة"، م. ق. ت.، 2008، عدد7، ص.79.
الخبابي (عمار)
"قانون المنافسة والأسعار"، م. ق. ت.، 1996، عدد 8، ص.51.
الخروبي (خليفة)
"نقل الملكية في عقد البيع: أثر أم التزام ؟"، م. ت. ق.، 1997، ص.11.
الخزامي (محمد الغربي)
"خواطر حول تأويل الفصل 273 م إ ع"، م. ق. ت.، 1996، عدد 6، ص.7.
خماخم (رضا) وبن سليمة (حسين)
"نظرة فقه القضاء للعلاقة السببية في المسؤولية التقصيرية"، بكتاب خمسون عاما من فقه القضاء المدني1959-2009، تحت إشراف الأستاذ محمد كمال شرف الدين، م. ن. ج.، تونس 2010، ص.969.
دو لافرانج
«الغير "المتضرر"»، م. ق. ت.، 1971، عدد 3، ص.31.
دولة (سامية)
"مجلة الأحوال الشخصية ورعاية المسنين"، م. ق. ت.، 2008، عدد 4، ص.105.
ذويب (المنصف)
"حماية المستهلك في القانون التونسي والقانون المقارن"، م. ق. ت.، 1986، عدد 1، ص.13.
الرحموني (أحمد)
"خصائص التسجيل العقاري"، م. ق. ت.، 2002، عدد 6، ص. 43.

الرزقي (طارق)
"مسؤولية الكفيل"، بكتاب محاضرات في قانون التأمينات العينية والشخصية، عمل جماعي لهيئة تدريس قانون التأمينات بكلية الحقوق والعلوم السياسية بتونس تحت إشراف الأستاذ بشير المنوبيالفرشيشي، نشر المطبعة العصرية، تونس، 2009، ص.430. ق.م. 936.
رزيق (أحمد)
"الطعن لدى المحكمة العقارية"، م. ق. ت.، 1996، عدد 8، ص.145.
رمضانة (صباح)
"قانون الإنقاذ والقانون المقارن"، م. ق. ت.، 2002، عدد 7، ص.113.
الرقيق (نعمان)
"حماية حق الملكية في إجراءات التسجيل العقاري"، دراسات قانونية، كلية الحقوق بصفاقس، 2015، ص.27.
الرقيق (لبنى)
"مسؤولية الباعث العقاري الناشئة عن عقد البيع النهائي"، محاضرة مرقونة ألقيت بمناسبة الملتقى الجهوي حول "البعث العقاري وحماية المشتري في القانون التونسي"، المعهد الأعلى للقضاء، محاضرة غير منشورة، غير مؤرخة.
الرواتبي (حاتم بن عبد الحميد)
"إشهار الرّهن العقاري"، بكتاب دراسات في قانون التأمينات، عمل جماعي لهيئة تدريس قانون التأمينات بكلية الحقوق والعلوم السياسية بتونس، تحت إشراف الأستاذ بشير المنوبيالفرشيشي، الطبعة الثانية، نشر المطبعة العصرية، 2003، ص.245.
"مفهوم الإعسار"، بكتاب محاضرات في قانون التأمينات العينية والشخصية، عمل جماعي لهيئة تدريس قانون التأمينات بكلية الحقوق والعلوم السياسية بتونس تحت إشراف الأستاذ بشير المنوبيالفرشيشي، نشر المطبعة العصرية، 1999، ص.279.
رويس (أحمد)
"عقد الإستغلال تحت التسمية الأصلية"، م. ق. ت.، 2006، عدد 8، ص.303.
رويس (لطفي)
"الإلتزامات الناشئة عن عقد المناولة"، م. ق. ت.، 2009، عدد 5، ص.59.
زعبي (عمار)
"دفع مسؤولية المنتج عن طريق إثبات السبب الأجنبي: دراسة مقارنة"، دراسات قانونية، كلية الحقوق بصفاقس، 2015، ص.71.
زغاب (المنصف)
"مبدأ الأمانة في تنفيذ العقود"، م. ق. ت.، 2006، عدد 10، ص.89.
زهرة (البشير)
"حول الدعوى البوليانية تعليق على قرار إستئنافي عدد 70627"، م. ق. ت.، 1988، عدد 7، ص.45.
"كيفية تقدير الضرر البدني في حوادث الطرقات"، م. ق. ت.، 1973، عدد 5-6، ص.31.
زهية (بشاطة)
"المسؤولية المدنية للمنتج عن الأضرار التي تسببها المنتجات"، المجلة التونسية للدراسات القانونية والسياسية، عدد خاص مهدى إلى روح الفقيدة هادية غريب، مجلة كلية الحقوق والعلوم السياسية بسوسة، مجمع الأطرش للكتاب المختص، عدد 3، 2014، ص.7.
ساسي (رمزي)
"مفهوم الغير في الإشهار العقاري"، بكتاب خمسون عاما من فقه القضاء المدني1959-2009، تحت إشراف الأستاذ محمد كمال شرف الدين، م. ن. ج.، تونس 2010، ص.1477.
شرف الدين (محمد كمال)
"التطور التاريخي للنظام العقاري التونسي التسجيل والإشهار (1851/1885)" ، م. ق. ت.، 1987، عدد 9، ص. 21.

شفعة حالات ثبوت التاريخ تجاه الغير، تعليق على قرار تعقيبي مدني عدد 33562، مؤرخ في 18-11-1994، م. ت. ق.، 1988، ص.355.
"النظام العام للقيد الإحتياطي"، الأحداث القانونية التونسية، كلية الحقوق والعلوم السياسية بتونس، 1990، السداسي الأول، عدد 3، ص.83.
"مبدأ المفعول المنشئ للترسيم في قوانين 4 ماي 1992"، م. ت. ق.، 1993، ص. 99.
تعليق على حكم مدني عدد 94757 بتاريخ 22 ماي 1996، صادر عن المحكمة الإبتدائية بتونس، م. ت. ق.، 1996، ص.357.
تعليق على قرار تعقيبي جزائي عدد 52914 مؤرخ في 25-12-2000، م. ت. ق.، 2000، ص.297.
تعليق على قرار تعقيبي مدني عدد 22994/2002 صادر بتاريخ 11 جانفي 2003، م. ت. ق.، 2004، ص.333.
"خمسون عاما من فقه القضاء المدني : علامات فارقة" بكتاب خمسون عاما من فقه القضاء المدني1959-2009، تحت إشراف الأستاذ محمد كمال شرف الدين، م. ن. ج.، تونس، 2010، ص.43.
"قراءة في المبادئ التأصيلية للقانون المدني"، بكتاب مسائل في فقه القانون المدني المعاصر، تحت إشراف الأستاذ محمد كمال شرف الدين، منشورات مجمع الأطرش للكتاب المختص، تونس، 2014، ص.49.

الشرفي (محمد)

"كيفية تقدير الضرر المعنوي"، م. ق. ت.، 1973، عدد 5-6، ص.45.

الشريف (محمد الحبيب)

"حماية المستهلك في زمن التحولات الإقتصادية"، م. ق. ت.، 1996، عدد 10، ص.25.
"حول الدفع بالقوة القاهرة في قضايا حوادث المرور"، م. ق. ت.، 1992، عدد 5، ص.29.
"هل يجوز التمييز بين القوة القاهرة والأمر الطارئ؟"، م. ق. ت.، 1987، عدد 7، ص. 25.

الشريف (لسعد)

"حولية فقه قضاء الدعوى البوليانية (1939-2011)"،منشورات مدرسة الدكتوراه بكلية الحقوق بصفاقس، العدد الأول، 2013، ص.223.

الشطي (الحبيب)

"الجديد في تحرير الصكوك" بكتاب دراسات في القانون العقاري، المجموعة الثالثة، دار الميزان للنشر، 2007[2]، ص.7.
"الصكوك بين محرريها وتحريرها"، بكتاب دراسات في القانون العقاري، المجموعة الأولى، دار الميزان للنشر، 1996، ص.153.

شمام (محمود)

"تجاوز الحق بين الشريعة والقانون"، م. ق. ت.، 1978، عدد 5، ص.15.

شمامة (هنري)

"الغير"، محاضرة ألقيت بكتابة الدولة للعدل بتاريخ 6 ماي 1963، م. ق. ت.، 1963، عدد خاص.

شنيور (علي)

"الإتفاقات الحصرّية في قانون المنافسة"، م. ق. ت.، 1998، عدد 7، ص.125.

الصخري (زكية)

''في دعوى 'رفع المضرة' "، بكتاب خمسون عاما من فقه القضاء المدني1959-2009، تحت إشراف الأستاذ محمد كمال شرف الدين، م. ن. ج.، تونس 2010، ص.929.

الصخري (مصطفى)

"الدعوى البوليانية بين نص القانون واجتهادات المحاكم"، بكتاب مسائل في فقه القانون المدني المعاصر، تحت إشراف الأستاذ محمد كمال شرف الدين، منشورات مجمع الأطرش للكتاب المختص، تونس، 2014، ص.1183.

الصيد (المنذر)
"كراء ملك الغير في ضوء مجلة الإلتزامات والعقود التونسية"، م. ق. ت.، 1990، عدد 3، ص.33.
الطالب علي (هدى)
"حماية المستهلك من أثر الأحكام الخاصة بالإستهلاك على الأحكام العامة لعقد البيع صلب م إ ع"، القانون والسياسة: المجلة التونسية للدراسات القانونية والسياسية (مجلة محكمة)، كلية الحقوق والعلوم السياسية بسوسة، عدد2-2014، ص.167.
عبود (عبد المنعم)
"القوة الثبوتية للترسيمات العقارية"، م. ق. ت.، 2001، عدد 6، ص.95.
عبودة (عبد المجيد)
تعليق على قرار تعقيبي مدني عدد 32771 مؤرخ في 20-08-1992، م. ت. ق.، 1995، ص.213.
عبيد (محمد)
"الخطأ في المسؤولية عن العمل الشخصي في ضوء القانون التونسي والمغربي"، م. ق. ت.، 1982، عدد 2، ص.13.
عجينة (فيصل)
"تعليق على ثلاثة أحكام إستئنافية"، م. ق. ت.، 2006، عدد 1، ص.125.
العرعوري (نجيب)
"أثر تحديد المسؤولية على التعويضات المستحقة للمتضرر من حادث مرور (من خلال القانون عدد 86 لسنة 2005 المؤرخ في 2005/8/15)"، م. ق. ت.، 2007، عدد 5، ص.35.
عمران (نادر)
"نظام الدعوى البوليانية في ضوء فقه القضاء"، م. ق. ت.، 2003، عدد 10، ص.73.
العموري (حافظ)
"إشكالية المناولة بين التقنين والتشريع"، المجلة التونسية للقانون الاجتماعي، 2004، عدد 9، ص.20.
العنابي (أحمد)
"الوجيز في قانون النقل، تمهيد"، م. ق. ت.، 1981، عدد 3، ص.37.
"الوجيز في قانون النقل، ج.2، القسم الثالث"، م. ق. ت.، 1981، عدد 4، ص. 15.
العويني (أحمد)
"إندماج الشركات وانقسامها"، م. ق. ت.، 2001، عدد 9، ص.119.
العياري (كمال)
"الشكلية في تكوين الرّهون العقارية"، م. ق. ت.، 2005، عدد 9، ص.47.
"حماية المستهلك في القانون التونسي: أي مسيرة ؟"، م. ق. ت.، 2006، عدد 3، ص.163.
العياري (محمد الصالح)
"الحق وعيب الإعتساف" ، م. ق. ت.، 1959، عدد 6، ص.20.
"المسؤولية التقصيرية والعقدية"، م. ق. ت.، 1961، عدد 2، ص.9.
"حول تطبيق الفصل 38 من مجلة الإلتزامات والعقود في حوادث الطرقات"، م. ق. ت.، 1968، عدد 2، ص.20.
"ليس لما يرسم بسجل الملكية العقارية حصانة لا ترفع في كل الحالات"، منشور بمذكرات وبحوث قانونية للأستاذ محمد الصالح العياري، مؤسسات عبد الكريم عبد الله، 1987، ص.70.
العياري (منير)
"الحرية والقانون المدني"، بكتاب مسائل في فقه القانون المدني المعاصر، تحت إشراف الأستاذ محمد كمال شرف الدين، منشورات مجمع الأطرش للكتاب المختص، تونس، 2014، ص.115.
غرس الله (نبيل)
"أي دور للقاضي في نظام التعويض عن الأضرار البدنية الناجمة عن حوادث المرور"، م. ق. ت.، 2010، عدد 6، ص.41.

فرحات (عماد)
"مجلة الأحوال الشخصية وحماية المعوقين"، م. ق. ت.، 2008، عدد 4، ص.117.
الفرشيشي (بشير المنوبي)
"بعض الخواطر حول مآل التأمينات في قانون إنقاذ المؤسسات"، بكتاب دراسات في قانون التأمينات، تحت إشراف الأستاذ بشير المنوبي الفرشيشي، الطبعة الثانية، نشر المطبعة العصرية، 2003، ص.11.
"الضرر في نطاق القانون العقاري"، مائوية التسجيل العقاري بتونس، ملتقى نظمته كلية الحقوق و العلوم الاقتصادية و السياسية بسوسة بالتعاون مع إدارة الملكية العقارية أيام 11/10/9 أفريل 1987 بسوسة، نشر جامعة الوسط وكلية الحقوق والعلوم الإقتصادية والسياسية بسوسة، 1992، ص.133.
الفرشيشي (ألفة)
"خواطر حول الدعوى المنحرفة" بكتاب دراسات في قانون التأمينات، عمل جماعي لهيئة تدريس قانون التأمينات بكلية الحقوق والعلوم السياسية بتونس، تحت إشراف الأستاذ بشير المنوبيالفرشيشي، الطبعة الثانية، نشر المطبعة العصرية، 2003، ص.355.
الفرشيشي (منير)
"الطعن بالتعقيب في أحكام المحكمة العقارية من خلال حالاته"، الأخبار القانونية، عدد 67/66، فيفري 2009، ص.12.
"حسن النية في نطاق الطعن بالتعقيب في مادة التسجيل العقاري"، الأخبار القانونية، عدد 67/66، أفريل 2009، ص.32.
الفريخة (سامي)
"مساهمة محكمة التعقيب في تطور فقه القضاء: العقد أنموذجا (1994-2007)"، بكتاب خمسون عاما من فقه القضاء المدني 1959-2009، تحت إشراف الأستاذ محمد كمال شرف الدين، م. ن. ج.، تونس، 2010، ص.535.
الفطناسي (هاجر)
"إندماج الشركات التجارية"، الأحداث القانونية التونسية، كلية الحقوق والعلوم السياسية بتونس، منشورات مجمع الأطرش للكتاب المختص، 2012، عدد 22، ص.109.
الفقيه (نجيب)
"الخطأ على معنى الفصل 337 من مجلة الحقوق العينية"، مداخلة مرقونة ألقيت في إطار ملتقى حول الجديد في نظام الإشهار العقاري التونسي يومي 12 و13 نوفمبر 2001 بصفاقس، (غير منشورة).
فيڤة (جويدة)
" مجلة الإلتزامات والعقود وقانون المنافسة"، بكتاب مائوية مجلة الإلتزامات والعقود 1906-2006، تحت إشراف الأستاذ محمد كمال شرف الدين، م. ن. ج.، تونس 2006، ص.561.
القاضي (رشيد) وبو قارص (الأزهر)
"الضمانات الممنوحة للمتضرر من حكم التسجيل العقاري"، لقاء جهوي بمدنين حول اٌمتيازات التسجيل العقاري، يوم 20 نوفمبر 1995، منشورات المعهد الأعلى للقضاء، غير مؤرخ، ص.31.
القلسي (فاطمة)
"دور السبب الشخصي في العقود"، دراسات قانونية، كلية الحقوق بصفاقس، 2014، عدد 21، ص.293.
القهواجي (فدوى)
"المستهلك مفهوم مدني؟"، بكتاب مسائل في فقه القانون المدني المعاصر، تحت إشراف الأستاذ محمد كمال شرف الدين، منشورات مجمع الأطرش للكتاب المختص، تونس، 2014، ص.435.
القيزاني (حسان)
"العقود الناقلة للملكية العقارية في ظل مبدأ الأثر المنشئ للترسيم"، م. ق. ت.، 1999، عدد 3، ص. 259.

كحلون (علي)
"التطبيق التدريجي لمبدأ المفعول المنشئ للترسيم"، م. ق. ت.، 2001، عدد 6، ص.13.
"دعوى التعويض"، م. ق. ت.، 2002، عدد 5، ص. 45.
"أحكام التسجيل العقاري بين المراجعة والتعقيب"، الأخبار القانونية، عدد 61/60، جانفي 2009، ص.18.
"نظام التعويض في حوادث المرور من خلال القانون عدد 86 لسنة 2005 المؤرخ في 15 أوت 2005"، م. ق. ت.، 2010، عدد 4، ص.83.
"أي دعوى للمشتري الأول في وقف أثر البيع الثاني في نظام الإشهار العيني؟"، م. ق. ت.، 2013، عدد 10، ص.9.
"عقد الكفالة بمجلة الإلتزامات والعقود"، م. ق. ت.، 2014، عدد 6، ص.9.
كريد (بلقاسم)
"الكفالة بالمال وتحوير الشركات التجارية"، دراسات قانونية، كلية الحقوق بصفاقس، 2004، عدد 11، ص.47.
الكشو (المنصف)
"الصعوبات الاقتصادية في قانون الإنقاذ"، م. ق. ت.، 2012، عدد 6، ص.9.
محفوظ (محمد)
"نظرية توابع العقد"، م. ق. ت.، 2008، عدد 6، ص.99.
محمدي (حاتم)
"حق الأفضلية في التأمينات العينية"، بكتاب دراسات في قانون التأمينات، عمل جماعي لهيئة تدريس قانون التأمينات بكلية الحقوق والعلوم السياسية بتونس، تحت إشراف الأستاذ بشير المنوبيالفرشيشي، الطبعة الثانية، نشر المطبعة العصرية، 2003، ص.375.
مرزوق (الصادق)
"الوعد بالبيع ورخصة الولاية"، م. ت. ق.، 1975، ص.374.
مرقس (سليمان)
"ضبط معيار الخطأ في المسؤولية المدنية"، م. ق. ت.، 1973، عدد 5 - 6، ص.11.
ملاك العش (سنية)
"مساهمة الزوجة في الإنفاق على الأسرة"، م. ت. ق.، 2007، ص.1.
الملولي (صلاح الدين)
"تعليق على قرار مدني حول دعوى طعن الدائن في عقود مدينه، قرار عدد 773 بتاريخ 30 جانفي 1986 صادر عن محكمة الإستئناف بالمنستير"، م. ق. ت.، 1987، عدد 10، ص.19.
النفطي (لطفي)
"حماية الدائنين في اندماج الشركات التجارية"، م. ت. ق.، 2008، ص.229.
الوسلاتي (رضا)
"الحماية القانونية لمجهولي اللقب العائلي"، م. ق. ت.، 2004، عدد 4، ص.11.
الوصيف (محمد)
"جبر الضرر الناشئ عن الجريمة"، م. ق. ت.، 1963، عدد 6، ص.9.
الوغلاني (مصطفى)
"التعويض عن الأضرار الناتجة عن حوادث الطرقات في ظل القانون عدد 86 لسنة 2005 المؤرخ في 15 أوت 2005"، م. ق. ت.، 2007، عدد 5، ص.89.

4. Codes annotés

طرشونة (المنجي) ومزيد (النوري)
تعليق على مجلة الشغل، م. ر. ج. ت.، 2002.
كحلون (علي)
التعليق على مجلة الحقوق العينية و قانون التحيين، طبعة ثانية، منشورات مجمع الأطرش للكتاب المختص، تونس، 2011.

INDEX ALPHABETIQUE

(Les chiffres renvoient aux numéros de paragraphes)

TABLE DES MATIÈRES

DROIT
AUX ÉDITIONS L'HARMATTAN

Dernières parutions

REPÈRES DE FISCALITÉ DES PROFESSIONNELS ET DES PARTICULIERS
Rock Dieudonné Landze Mbere
La fiscalité est un système de collecte et de redistribution de richesses fondée sur la contribution des ménages, des professionnels et des entreprises. Pour mieux jouer leur partition et s'orienter dans les affaires, le citoyen et le manager ont besoin des repères de fiscalité. Car, en raison de la contrainte financière, le contentieux fiscal au Congo va progressivement s'intensifier.
(320 p., 33 euros)
ISBN : 978-2-343-18620-7, EAN EBOOK : 9782140131783

LA DÉCENTRALISATION DANS LES PAYS FRANCOPHONES D'AFRIQUE DE L'OUEST
Jean-Luc Pissaloux
Cet ouvrage, constitué de contributions écrites par des universitaires, des experts et/ou des hauts fonctionnaires, démontre parfaitement combien la décentralisation est encore une sorte d'idéal-type à atteindre, et qu'elle est loin d'être une pratique effective, efficiente et efficace dans les pays francophones d'Afrique de l'ouest.
(Coll. Droits Publics, 390 p., 38,5 euros)
ISBN : 978-2-343-18272-8, EAN EBOOK : 9782140131653

L'APPLICATION DU DROIT D'AUTEUR AUX HYPERLIENS
Analyse de droit français et de droit américain
Mickaël Le Borloch
Cet ouvrage propose un travail de fond sur les droits français et américain concernant une problématique peu traitée malgré son importance pour le développement de l'internet et la protection des auteurs : l'application du droit d'auteur aux hyperliens.
(Coll. Le Droit aujourd'hui, 632 p., 49 euros)
ISBN : 978-2-343-16341-3, EAN EBOOK : 9782140131660

LES DYNAMIQUES D'INTÉGRATION EN ZONE FRANC EN LIEN AVEC LA ZONE EURO TOME II
Les nouvelles régulations économiques et/ou l'économie de l'intégration
Thimoté Dongotou
Ce deuxième tome fait des propositions sur les nouvelles dynamiques d'intégration en Afrique. Ainsi la prise en compte des partenariats public-privé (PPP) et des dimensions institutionnelles, sociales et anthropologiques est considérée comme de nouvelles régulations économiques et monétaires en Zone Franc Africaine et en zone euro. L'auteur aborde entre autres les grandes familles institutionnelles en économie ou la macroéconomie historique du courant européen contemporain
(Coll. Études africaines, 348 p., 36 euros)
ISBN : 978-2-343-13844-2, EAN EBOOK : 9782140130915

LE CONSTITUTIONNALISME EN EUROPE DE L'EST ET DANS LE MONDE ARABE
Mohamed Ibrahim Hassan
Préface du Dr Lauréline Fontaine
Bien qu'éloignés dans le temps et l'espace, les mouvements révolutionnaires est-européens de la fin des années 80 et du monde arabe des années 2010 ont en commun le constitutionnalisme qui a été le

moyen immédiat de sortir du chaos révolutionnaire. S'il a été le dénominateur commun que les peuples ont utilisé pour instaurer les nouveaux régimes politiques qu'ils souhaitaient démocratiques, la singularité de chaque région et de chaque pays s'est imposée lors de la transition et de l'adoption des nouvelles Constitutions. Mais la démocratie ne se décrète pas. A l'instar de la Pologne ou de la Roumanie, les Etats arabes sont confrontés aux mêmes défis sur le chemin de la démocratisation.

(Coll. Droit comparé, 422 p., 40 euros)

ISBN : 978-2-343-17996-4, EAN EBOOK : 9782140131554

EXPÉRIENCES JURIDIQUES SUR LES DROITS HUMAINS

Marco Alberto Quiroz Vitale, Bassin Sandrine Marie-Thérèse Diringbin

Cet ouvrage collectif offre une contribution au débat sur les droits humains à la lumière des théories et de la méthodologie propres à la sociologie juridique. Parmi les questions analysées : les pratiques traditionnelles violant les droits des filles ; les violations de l'interdiction de torture dans la guerre contre la terreur ; les effets sociojuridiques de la globalisation sur le trafic humain...

(Coll. Harmattan Italia, 184 p., 28 euros)

ISBN : 978-2-336-31872-1, EAN EBOOK : 9782140131776

LA CRIMINALITÉ PHARMACEUTIQUE EN RÉPUBLIQUE DÉMOCRATIQUE DU CONGO

Une véritable menace au droit à la santé

Starmans Bofoe Lokangu

Préface de Mwayila Tshiyembe

Pendant que l'humanité assiste passivement à la criminalité pharmaceutique qui englobe la contrefaçon pharmaceutique, la fabrication et le commerce des médicaments falsifiés, gâtés, périmés, illicites ou de qualité douteuse, les patients mettent leur santé en danger. Comme instrument d'interpellation des autorités politiques et sanitaires, des professionnels de droit et de santé, l'ouvrage démontre qu'il est utopique de croire en l'exercice du droit à la santé en présence d'une criminalité pharmaceutique consacrée et institutionnalisée qui constitue une véritable menace pour lui. L'assainissement du secteur pharmaceutique et la répression dissuasive de pharmacriminels restent des mécanismes correctifs pour juguler ce fléau en RDC.

(Coll. Géopolitique mondiale, 238 p., 25,5 euros)

ISBN : 978-2-343-17537-9, EAN EBOOK : 9782140131448

LES DYNAMIQUES D'INTÉGRATION EN ZONE FRANC EN LIEN AVEC LA ZONE EURO TOME I

Les problèmes et scénarios

Thimoté Dongotou

Dans ce premier tome, Thimoté Dongotou étudie, en relation avec les crises économiques, les dynamiques d'intégration en zone franc à l'heure de l'euro. L'ensemble de l'ouvrage est construit autour de trois parties : la zone franc comme projet d'intégration et de développement économique (approches historiques et évolutives) ; les approches d'intégration par la fiscalité et les règles qui s'y appliquent ; la création monétaire en Zone Franc Africaine (ZFA).

(Coll. Études africaines, 498 p., 45 euros)

ISBN : 978-2-343-13843-5, EAN EBOOK : 9782140130908

COLLECTIVITÉS TERRITORIALES ET CINÉMA

Le droit public local du cinéma

David Chappat

Préface d'Olivier Henrard

À partir des années 1940, l'État a pris en charge la réglementation du cinéma en France pour aboutir à la création du Centre National du Cinéma. Depuis quelques dizaines d'années, c'est au niveau local que se poursuit cet effort. L'aide au cinéma permet de développer une politique culturelle, mais également de soutenir une politique sociale, éducative et surtout économique. Pour cela, une répartition des rôles s'est élaborée entre les différents niveaux de collectivités territoriales et de nombreux dispositifs ont été créés afin de couvrir toutes les activités cinématographiques. Mais la validité de certains mécanismes d'aide a été remise en cause, notamment vis-à-vis du droit européen et national de la concurrence.

(Coll. Droit des collectivités territoriales, 128 p., 14,5 euros)

ISBN : 978-2-343-18334-3, EAN EBOOK : 9782140130885

LA PROTECTION DES DROITS DES MIGRANTS

Interactions entre la protection des droits de l'hommes et la protection diplomatique et consulaire

Arafat Abi

Préface de Khadija Elmadmad

En 2018, respectivement le 10 décembre à Marrakech et le 17 décembre à New York, le Pacte mondial pour des migrations sûres, ordonnées et régulières et le Pacte mondial sur les réfugiés ont été adoptés. Premiers accords du genre, ils remplacent la question des migrations au coeur des défis. En effet, à l'heure de la mondialisation, une évidence est d'actualité : l'augmentation des flux migratoires. Et si les Etats tentent souverainement de gérer ces flux, on ne peut oublier que les droits de l'homme sont au-dessus de toutes considérations. La gestion harmonieuse et efficace des migrations doit donc être globale et prendre en compte à la fois les synergies de développement et la protection des droits des personnes migrantes.

(Coll. Le Droit aujourd'hui, 244 p., 25,5 euros)

ISBN : 978-2-343-18037-3, EAN EBOOK : 9782140130427

LES MUTATIONS CONSTITUTIONNELLES EN AFRIQUE NOIRE FRANCOPHONE

à partir des exemples du Congo, du Bénin et du Sénégal

Aimé Ange Wilfrid Bininga

Préface de Frédéric Joël Aïvo - Avant-propos de Babacar Gueye

Ce livre traite des mutations constitutionnelles dans les États d'Afrique noire francophone depuis le renouveau démocratique des années 1990. Ces mutations se manifestent au moyen de la révision constitutionnelle, des lois et règlements infra-constitutionnels, de l'interprétation des normes, de la pratique des acteurs de la vie politique et institutionnelle, de la suspension et de l'abrogation des constitutions. D'une part, elles favorisent le reflux des promesses démocratiques du début des années 1990 et d'autre part, à contresens de cette tendance, les mutations constitutionnelles participent à l'affirmation de l'irréversibilité de la dynamique démocratique.

(Coll. Harmattan Congo-Brazzaville, 360 p., 37 euros)

ISBN : 978-2-343-18410-4, EAN EBOOK : 9782140129926

SÉCURITÉ INTÉRIEURE : PROXIMITÉ ET GLOBALITÉ

Sous la direction de Franck Durand

Il est devenu nécessaire d'envisager la sécurité intérieure en termes de proximité et de globalité. Ainsi en est-il de la réforme emblématique de la nouvelle majorité : la police de sécurité du quotidien, entre présence au plus proche des citoyens et restauration de l'autorité de l'État sur le terrain. Dans le cadre de cette réforme, l'avenir du garde-champêtre, acteur traditionnel de la sécurité rurale, fait l'objet d'incertitudes. Les risques sociaux et sociétaux, les nouvelles menaces, s'inscrivent eux aussi dans plusieurs dimensions. Les rapports entre les acteurs de la sécurité reposent sur une nécessaire complémentarité. Enfin, la révolution numérique a créé un nouvel espace offrant aux prédateurs un nouveau terrain de chasse : cybercriminalité, cyberconflictualité et cyberguerre.

(Coll. Droit de la sécurité et de la défense, 186 p., 19,5 euros)

ISBN : 978-2-343-18095-3, EAN EBOOK : 9782140129100

DÉFIANCE, DOUTE, INCERTITUDE

Quelle place pour la notion de confiance dans les sociétés modernes ?

Sous la direction de Julie Tribolo

Héritières des Lumières, les sociétés modernes se caractérisent par un niveau de développement scientifique et technique toujours plus poussé. L'on pourrait s'attendre à ce que cette domination sans partage du scientifique rende les sociétés plus résilientes, mieux armées face à l'incertain, mais elle a plutôt abouti au contraire à les rendre intolérantes au doute et allergiques au risque. Dans un contexte de judiciarisation croissante des rapports sociaux, et en l'absence le plus souvent de toute certitude, comment le juge peut-il alors susciter l'adhésion des parties à ses décisions ? La confiance apparaît comme un antidote à l'incertitude.

(Coll. Droit privé et sciences criminelles, 90 p., 13 euros)

ISBN : 978-2-343-18231-5, EAN EBOOK : 9782140128677

AMNISTIE ET DROITS DES VICTIMES EN RÉPUBLIQUE CENTRAFRICAINE

Fleury Fulgence Banale

En début d'année 2019, la République Centrafricaine a amorcé une nouvelle page de son histoire par la signature d'un huitième accord entre « le Gouvernement et les Groupes armés ». Cet accord n'a pas fait mention explicite de l'amnistie car le peuple centrafricain ne veut pas en entendre parler et avait réclamé au forum de Bangui « zéro impunité ». Toutefois, parce que l'amnistie, dans le passé n'a pas fonctionné, faut-il l'exclure des solutions politiques possibles à la crise centrafricaine ? Comment garantir les droits des victimes au regard des expériences antérieures d'amnistie ?

(126 p., 14 euros)

ISBN : 978-2-343-18163-9, EAN EBOOK : 9782140128264

LE DROIT DOUANIER À L'ÉPREUVE DE LA CRIMINALITÉ TRANSNATIONALE ORGANISÉE DANS L'ESPACE CEDEAO

Ndiaga Soumaré

Le droit douanier comporte des mécanismes de lutte contre la fraude qui lui ont permis, jusque-là, de faire face au phénomène de la Criminalité transnationale organisée (CTO) tout en gardant sa spécificité et son autonomie. Mais très vite, les douanes vont se rendre compte que la lutte contre la CTO va devoir impliquer l'intégration d'autres mécanismes juridiques extra-douaniers. Il est devenu primordial de neutraliser l'action des organisations criminelles à travers le renforcement de la surveillance des frontières et la sécurisation du contrôle des opérations commerciales. La finalité, pour les douanes, étant de concilier la protection de la chaîne logistique internationale et la facilitation des échanges commerciaux.

(Coll. Harmattan Sénégal, 406 p., 40 euros)

ISBN : 978-2-343-17842-4, EAN EBOOK : 9782140128714

SELON (QUE) LA JURISPRUDENCE

Kambamutu Matadiwamba

Ce livre procède d'un souci d'équilibre, en livrant au public de quoi juger le travail des magistrats congolais. L'auteur affirme qu'il existe de bonnes et de mauvaises décisions judiciaires, sans oublier des décisions critiquables. Le tout est de savoir s'y retrouver. Hélas, depuis deux décennies, rien ni personne n'arrête la montée de la fièvre, la saturation des jugements acquis moyennant des influences de tout genre.

Academia (Coll. Bibliothèque de droit africain, 292 p., 30 euros)

ISBN : 978-2-8061-0461-8, EAN EBOOK : 9782806110282

NOUVEAU DROIT DE LA RESPONSABILITÉ DE PROTÉGER

Droit international public et régional

Jean-Nazaire Tama

Préface de Christophe Euzet

« Si l'intervention humanitaire constitue effectivement une atteinte inadmissible à la souveraineté, comment devons-nous réagir face à des situations comme celles dont nous avons été témoins au Rwanda ou à Srebrenica, durant des violations flagrantes, massives et systématiques des droits de l'Homme, qui vont à l'encontre de tous les principes sur lesquels est fondée notre condition d'êtres humains ? », s'est interrogé Kofi Annan dans son rapport du Millénaire. L'utilisation intéressée du principe de la responsabilité de protéger par les États l'a dévoyé de son esprit humanitaire. Cet ouvrage révèle et analyse le système international de mise en oeuvre dudit principe sous l'empire de la Charte des Nations Unies, et celui régional établi par l'Union Africaine et la Communauté économique des États de l'Afrique de l'Ouest (CEDEAO).

(Coll. Logiques Juridiques, 362 p., 37 euros)

ISBN : 978-2-343-17098-5, EAN EBOOK : 9782140127830

Structures éditoriales du groupe L'Harmattan

L'Harmattan Italie
Via degli Artisti, 15
10124 Torino
harmattan.italia@gmail.com

L'Harmattan Hongrie
Kossuth l. u. 14-16.
1053 Budapest
harmattan@harmattan.hu

L'Harmattan Sénégal
10 VDN en face Mermoz
BP 45034 Dakar-Fann
senharmattan@gmail.com

L'Harmattan Cameroun
TSINGA/FECAFOOT
BP 11486 Yaoundé
inkoukam@gmail.com

L'Harmattan Burkina Faso
Achille Somé – tengnule@hotmail.fr

L'Harmattan Guinée
Almamya, rue KA 028 OKB Agency
BP 3470 Conakry
harmattanguinee@yahoo.fr

L'Harmattan RDC
185, avenue Nyangwe
Commune de Lingwala – Kinshasa
matangilamusadila@yahoo.fr

L'Harmattan Congo
67, boulevard Denis-Sassou-N'Guesso
BP 2874 Brazzaville
harmattan.congo@yahoo.fr

L'Harmattan Mali
Sirakoro-Meguetana V31
Bamako
syllaka@yahoo.fr

L'Harmattan Togo
Djidjole – Lomé
Maison Amela
face EPP BATOME
ddamela@aol.com

L'Harmattan Côte d'Ivoire
Résidence Karl – Cité des Arts
Abidjan-Cocody
03 BP 1588 Abidjan
espace_harmattan.ci@hotmail.fr

L'Harmattan Algérie
22, rue Moulay-Mohamed
31000 Oran
info2@harmattan-algerie.com

L'Harmattan Maroc
5, rue Ferrane-Kouicha, Talaâ-Elkbira
Chrableyine, Fès-Médine
30000 Fès
harmattan.maroc@gmail.com

Nos librairies en France

Librairie internationale
16, rue des Écoles – 75005 Paris
librairie.internationale@harmattan.fr
01 40 46 79 11
www.librairieharmattan.com

Librairie l'Espace Harmattan
21 bis, rue des Écoles – 75005 Paris
librairie.espace@harmattan.fr
01 43 29 49 42

Lib. sciences humaines & histoire
21, rue des Écoles – 75005 Paris
librairie.sh@harmattan.fr
01 46 34 13 71
www.librairieharmattansh.com

Lib. Méditerranée & Moyen-Orient
7, rue des Carmes – 75005 Paris
librairie.mediterranee@harmattan.fr
01 43 29 71 15

Librairie Le Lucernaire
53, rue Notre-Dame-des-Champs – 75006 Paris
librairie@lucernaire.fr
01 42 22 67 13

www.ingramcontent.com/pod-product-compliance
Lightning Source LLC
LaVergne TN
LVHW011220061026
849535LV00001BA/103